2018ANTIQUES AUCTION RECORDS

拍卖年鉴 书画

2017.1.1～2017.12.31

欣 弘 主编

cns | 湖南美术出版社

图书在版编目(CIP)数据

2018古董拍卖年鉴·书画／欣弘编. -- 长沙：湖南美术出版社，2017.12
ISBN 978-7-5356-8315-1

Ⅰ.①2… Ⅱ.①欣… Ⅲ.①历史文物－拍卖－价格－中国－2018－年鉴②中国画－拍卖－价格－中国－2018－年鉴③汉字－法书－拍卖－价格－中国－2018－年鉴 Ⅳ.①F724.787-54

中国版本图书馆CIP数据核字(2017)第330714号

2018古董拍卖年鉴·书画

主　　编：欣　弘
策　　划：易兴宏
责任编辑：李　坚

湖南美术出版社出版发行(长沙市东二环一段622号)
湖南省新华书店经销
雅昌文化(集团)有限公司制版、印刷
(本书采用CTP工艺制版、印刷)
开本：787×1092　1/16　印张：35
版次：2017年12月第1版　印次：2018年1月第1次印刷
ISBN 978-7-5356-8315-1
定价：258.00元

邮购联系：0731-84787105　邮编：410016　网址：http://www.arts-press.com/
电子邮箱：market@arts-press.com

目　录

中国书画

唐代作者

五代作者

宋代作者

金代作者

元代作者

明代作者

清代作者

近现代及当代作者

作者年代不详

素　描

版　画

水粉水彩

油　画

漆　画

雕　塑

多媒体 装置

摄　影

综合媒材

当代艺术

其他艺术形式

凡　例

1.《2018古董拍卖年鉴》分瓷器卷、玉器卷、杂项卷、珠宝翡翠卷、书画卷共五册，收录了纽约、伦敦、巴黎、日内瓦、香港、澳门、台北、北京、上海、广州、昆明、天津、重庆、成都、合肥、南京、西安、沈阳、济南等城市或地区的几十家拍卖公司几百个专场的2017年度拍卖成交记录与拍品图片。

2.本书内文条目原则上保留了原拍卖记录，按拍品号、品名、估价、成交价、尺寸、拍卖公司名称、拍卖日期等排序，部分原内容缺或不详的不注明，书画卷内文条目还有作者姓名、作品形式、创作年代等内容。

3.因境外拍卖公司宿地不同，本书拍品中有多种币种：RMB人民币，USD美元，EUR欧元，GBP英磅，HKD港币，TWD台币。但本书所有拍品成交价均按汇率转换成RMB(人民币)币种。

4.多人合作的作品，目录中仅列出一位主要作者的名字。

5.需查看更多图片资料，请登陆“www.artron.net”进入《中国艺搜》栏目，输入要查看拍品的完整名称或名称的关键词语点击搜索即可。

中国书画

唐代作者

509 韩干 马性图 手卷
著录：1.《秘殿珠林石渠宝笈：石渠宝笈初编》，第951页；2.《藤田美术馆名品图录》，图版18。
估 价：USD 500,000~700,000
成交价：RMB 117,951,653
31.9cm×38.4cm 纽约佳士得 2017-03-15

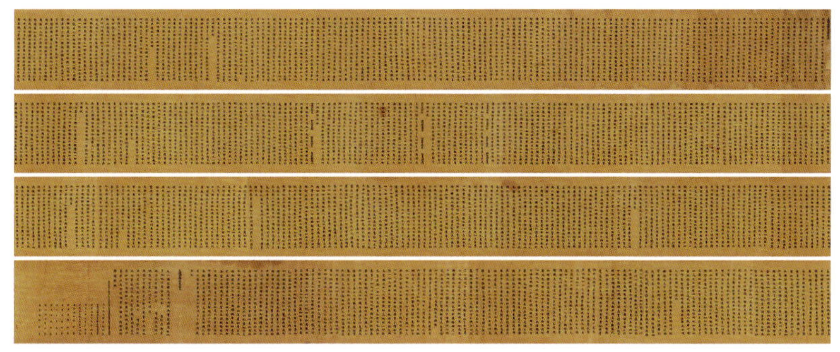

3547 薛崇徽 《大般涅槃经》卷九 手卷
出版：《有邻大观》玄部，昭和十七年四月八日发行。
估 价：RMB 20,000,000~35,000,000
成交价：RMB 29,325,000
25cm×1040cm 北京保利 2017-06-05

2088 唐太宗（款） 王羲之十七帖 手卷
估 价：RMB 300,000~400,000
成交价：RMB 575,000
尺寸不一 中国嘉德 2017-04-02

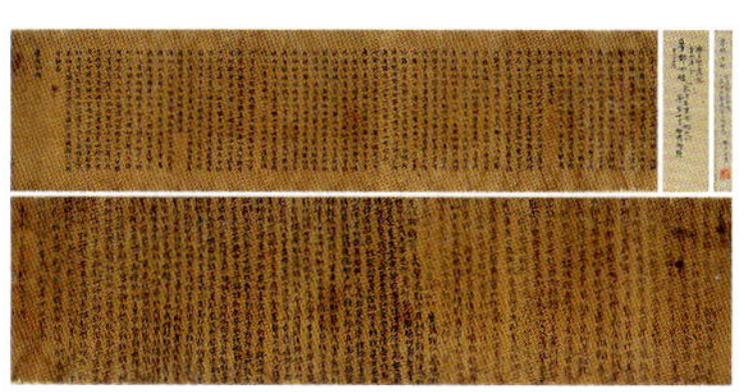

1602 佚名 摩邓女经（千字文一卷）敦煌写经
估 价：RMB 1,200,000~1,800,000
成交价：RMB 2,070,000
26.5cm×118cm 北京保利 2017-12-16

1913 周文矩（传） 赐梨图 手卷
估 价：RMB 6,000,000~6,500,000
成交价：RMB 8,050,000
本幅47cm×498cm 北京匡时 2017-12-04

788 佚名 唐人写经 手卷
估 价：RMB 5,000,000~8,000,000
成交价：RMB 17,940,000
25cm×260cm 中贸圣佳 2017-06-19

五代作者

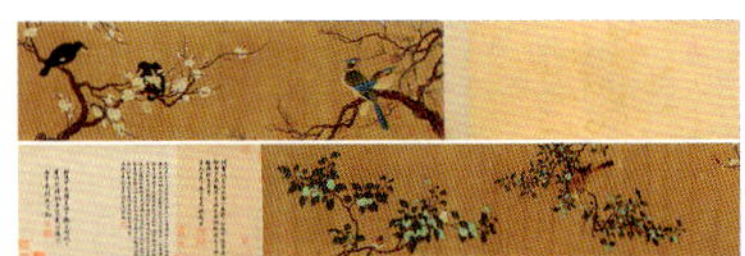

1040 黄荃（传） 梅花喜神 手卷
估　价：RMB 200,000~400,000
成交价：RMB 586,500
31.5cm×249cm 朵云轩 2017-06-25

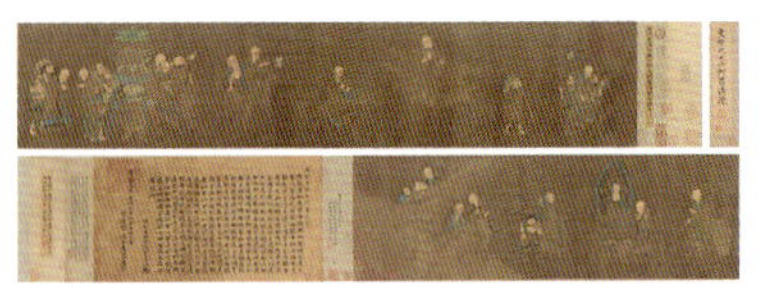

2778 支仲元（传） 十六罗汉象 手卷
估　价：HKD 300,000~500,000
成交价：RMB 1,348,750
28.5cm×235.9cm 香港苏富比 2017-10-01

宋代作者

1908 梁楷 雪景山水 立轴
备注：多处出版记录。
估　价：RMB 12,000,000~15,000,000
成交价：RMB 16,100,000
23cm×24cm 北京匡时 2017-12-04

786 方椿年（传） 绍定2年（1229年）作 瑶池献寿图 手卷
著录：1.《石渠宝笈初编·重华宫》《秘殿珠林石渠宝笈合编》第二册，第783页；2.《南宋京城杭州》，第344页；3.《历代著录画目》，第31页。
估　价：RMB 18,000,000~28,000,000
成交价：RMB 19,550,000
49cm×526cm 中国嘉德 2017-06-19

1237 董元（款） 1090年作 万木奇峰 立轴
估　价：HKD 800,000~1,200,000
成交价：RMB 3,721,720
190cm×95cm 中国嘉德 2017-10-03

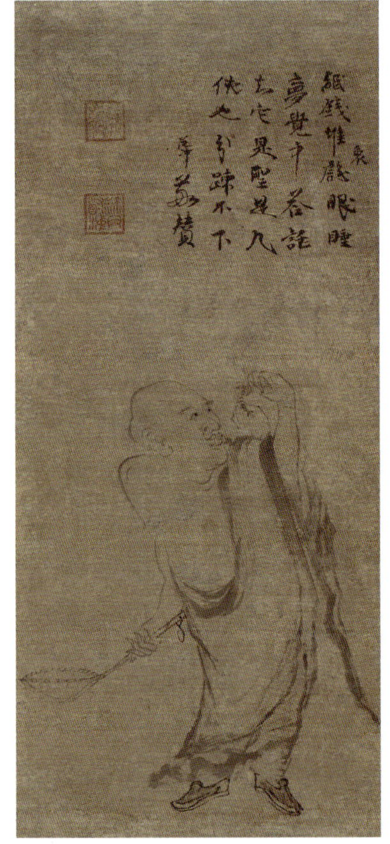

476 痴绝道冲 蚬子和尚图 立轴
估　价：RMB 600,000~800,000
成交价：RMB 747,500
69.5cm×28cm 西泠拍卖 2017-07-15

508 李公麟 便桥会盟图 手卷
著录：《秘殿珠林石渠宝笈：石渠宝笈初编》，第965页。
估　价：USD 800,000~1,000,000
成交价：RMB 121,826,293
26.4cm × 55.7cm；26.4cm × 895.4cm 纽约佳士得 2017-03-15

504 马麟（传） 林和靖孤山图 立轴
出版：铃木敬编《中国绘画总合图录第四卷》，第三卷，第267页。
估　价：USD 15,000~20,000
成交价：RMB 10,845,533
29.4cm × 30.2cm 纽约佳士得 2017-03-15

515 马宋英 松阁图 镜心
估　价：RMB 300,000~400,000
成交价：RMB 920,000
23cm × 20cm 北京荣宝 2017-04-02

501 马兴祖 雪猎图 团扇
估　价：RMB 50,000~60,000
成交价：RMB 920,000
直径27cm 北京荣宝 2017-04-02

58 马远（款） 观瀑图 立轴
估　价：RMB 300,000~500,000
成交价：RMB 483,000
159cm × 85cm 保利厦门 2017-06-26

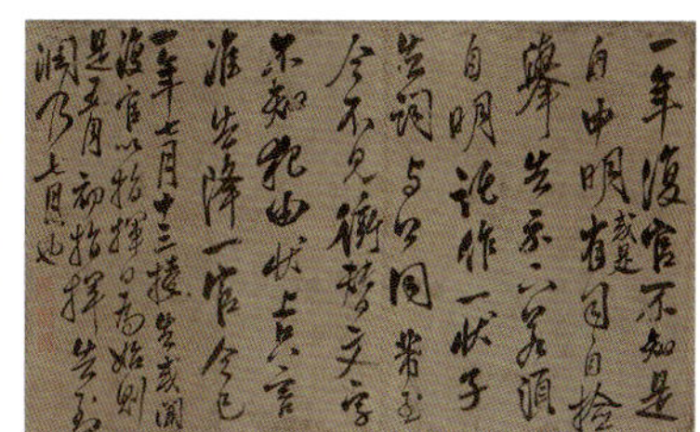

2788 米芾（款） 复官帖 一开
估　价：HKD 1,800,000~2,600,000
成交价：RMB 1,867,500
28.5cm × 47cm 香港苏富比 2017-10-01

3533 牟益（传） 游春图 镜心
估　价：RMB 6,000,000~8,000,000
成交价：RMB 6,900,000
171cm × 100cm 北京保利 2017-12-17

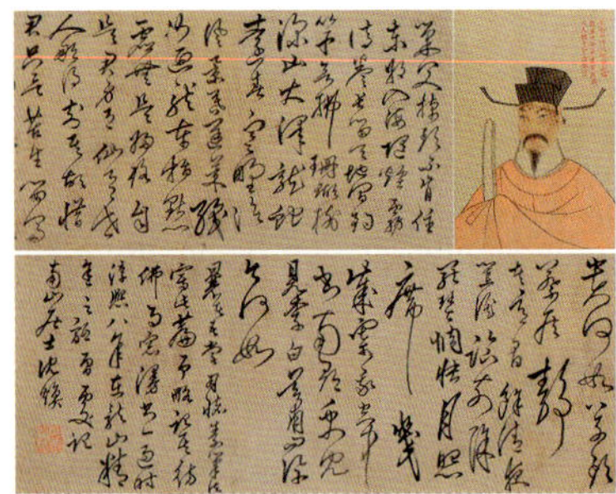

3666 沈焕（款） 1181年作 草书 手卷
估　价：RMB 200,000~300,000
成交价：RMB 632,500
画26cm×19cm；书26cm×119cm
北京保利 2017-12-18

924 宋徽宗（传） 梨花翠鸟 镜框
估　价：HKD 300,000~500,000
成交价：RMB 2,740,220
22.5cm×26.6cm 佳士得 2017-11-27

907 宋徽宗（传） 鸟在枝头 镜框
估　价：HKD 300,000~600,000
成交价：RMB 1,330,500
22.8cm×26.7cm 佳士得 2017-05-29

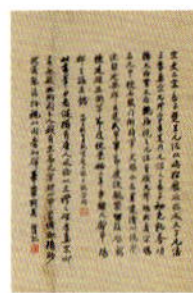

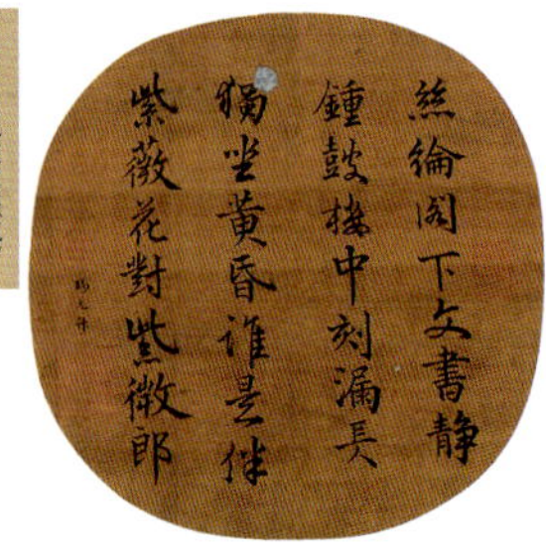

1368 宋真宗（传） 行书七言诗 镜心
估　价：RMB 800,000~1,000,000
成交价：RMB 1,035,000
字24.7cm×25.3cm 中国嘉德 2017-12-20

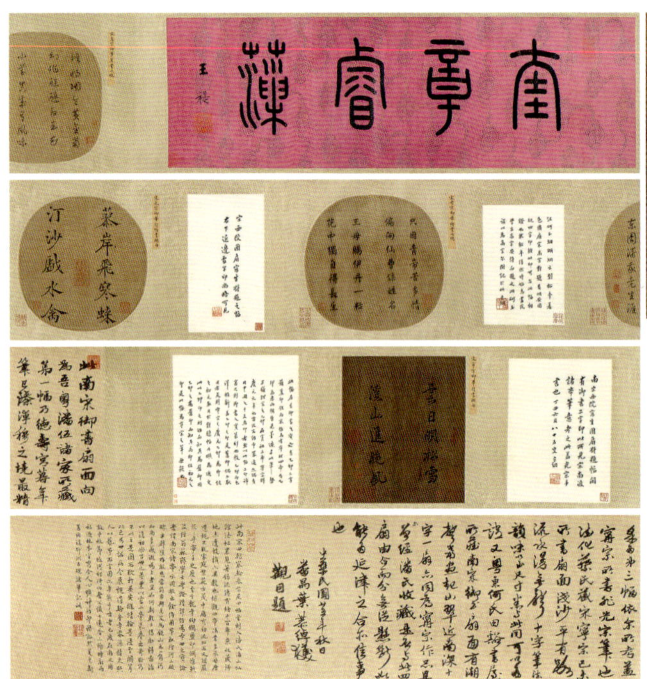

770 宋高宗 等 四朝宸翰—宋高宗等南宋皇帝御笔 手卷
备注：出版多处记录。
成交价：RMB 149,500,000
24cm×24.5cm；25cm×26cm；24.5cm×24.5cm；25cm×21.5cm 中国嘉德 2017-06-19

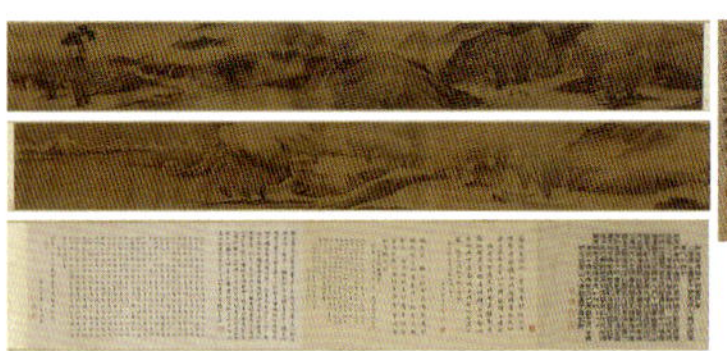

658 许道宁（款） 岭梅四观图 手卷
估　价：RMB 300,000~400,000
成交价：RMB 425,500
画心574cm×35cm 西泠拍卖 2017-07-15

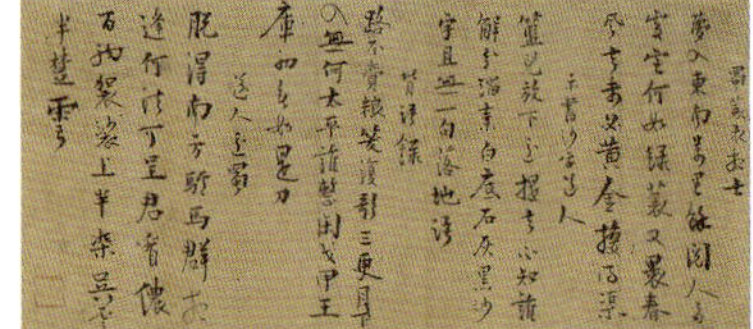

474 偃溪广闻 行书 诗偈四首 立轴
估　价：RMB 1,500,000~1,800,000
成交价：RMB 2,645,000
65cm×29cm 西泠拍卖 2017-07-15

768 夏圭（传） 山水 立轴
备注：多处出版著录。
估　价：RMB 16,000,000~26,000,000
成交价：RMB 18,400,000
97.5cm×49.5cm 中国嘉德 2017-06-19

935 佚名 秋林散牧图 扇面 镜框
估 价：HKD 600,000~800,000
成交价：RMB 11,318,300
直径24cm 佳士得 2017-11-27

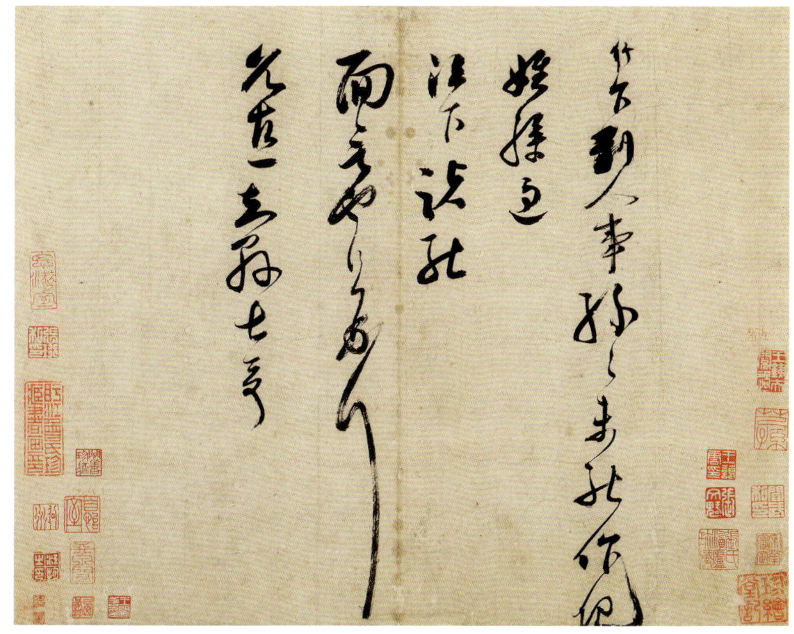

2801 曾纡 人事帖 镜心
备注：多处出版著录。
成交价：RMB 41,400,000
32cm×40cm 北京保利 2017-12-17

1468 佚名 安居图 立轴
估 价：RMB 280,000~300,000
成交价：RMB 4,830,000
34cm×47.5cm 北京匡时 2017-06-04

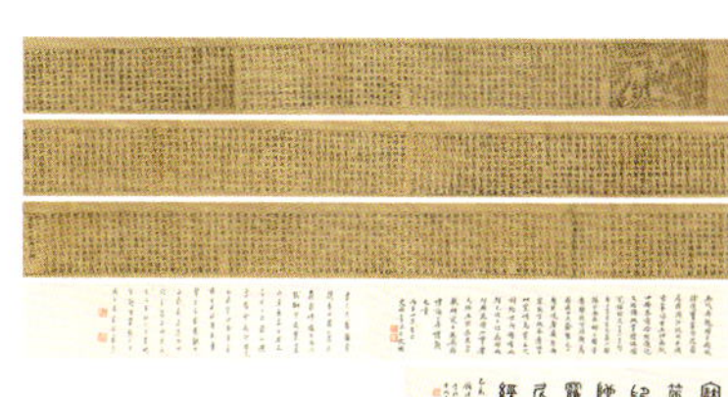

715 佚名 一切如来秘密全身舍利宝匣印陀罗尼经 镜心
估 价：RMB 300,000~500,000
成交价：RMB 977,500
本幅7cm×210cm 北京匡时 2017-06-03

3637 张即之 楷书七言诗 横披
估 价：RMB 800,000~1,200,000
成交价：RMB 1,955,000
24cm×83cm 北京保利 2017-12-18

3536 赵光辅 散牧图 圆光
估 价：RMB 2,200,000~3,200,000
成交价：RMB 2,760,000
直径24cm 北京保利 2017-06-05

511 赵令穰 鹅群图 手卷
著录：《秘殿珠林石渠宝笈：石渠宝笈初编》，第966页；《本间美术馆创立33周年纪念宋：元中国绘画展》、《中国绘画总合图录》、《中国绘画史》等。
估　价：USD 750,000~950,000
成交价：RMB 187,695,173
32.6cm×93.1cm 纽约佳士得 2017-03-15

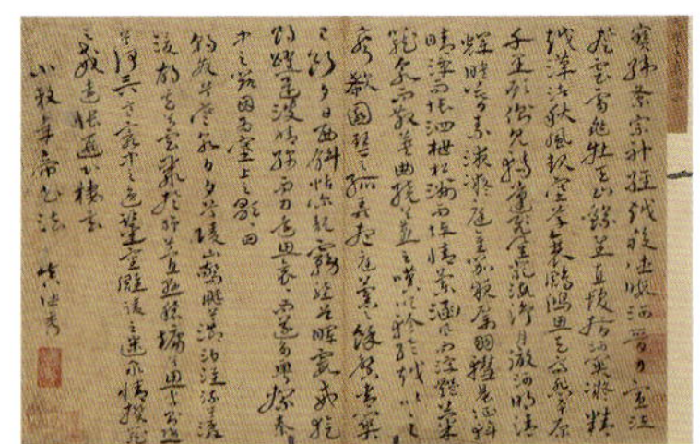

980 真德秀 章草诗帖 镜心
估　价：RMB 3,500,000~4,500,000
成交价：RMB 4,255,000
28.5cm×44.5cm 保利厦门 2017-06-25

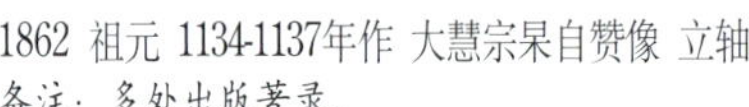

1862 祖元 1134-1137年作 大慧宗杲自赞像 立轴
备注：多处出版著录。
估　价：RMB 10,000,000~12,000,000
成交价：RMB 16,675,000
79cm×38.5cm；30cm×430cm
北京匡时 2017-06-04

金代作者

944 佚名 雪景山水图 立轴
估　价：HKD 1,800,000~2,800,000
成交价：RMB 7,504,020
95.5cm×48cm 佳士得 2017-05-29

元代作者

507 陈容 六龙图 手卷
著录：1.《秘殿珠林石渠宝笈：石渠宝笈续编（四）》，第1932页；2.《中国绘画总合图录》，第三卷，JM14-0023。
估　价：USD 1,200,000~1,800,000
成交价：RMB 338,806,133
34.3cm×440.4cm；35.1cm×82.8cm 纽约佳士得 2017-03-15

3545 郭畀 1327年作 云山图 手卷
备注：多处出版著录。
估　价：RMB 20,000,000~38,000,000
成交价：RMB 23,000,000
画心25cm×134cm 北京保利 2017-06-05

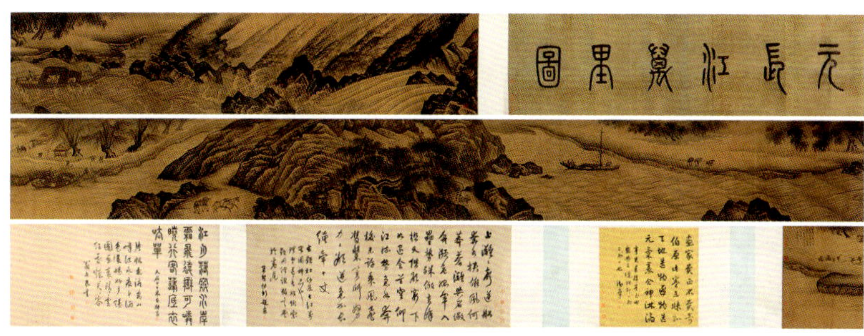

1942 杜本 长江万里图 手卷
估　价：RMB 6,000~12,000
成交价：RMB 690,000
48cm×676cm 中国嘉德 2017-04-02

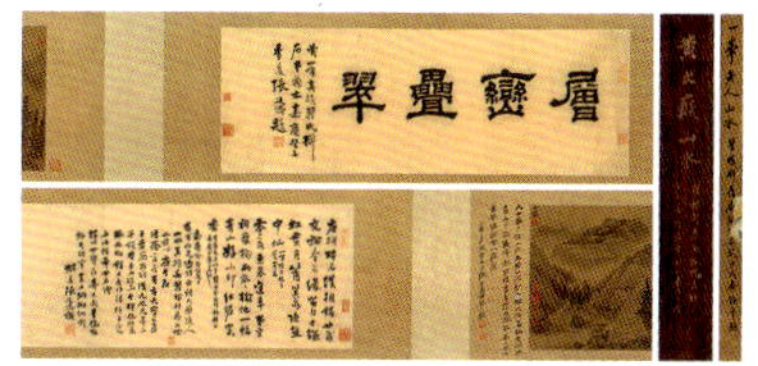

527 黄公望（款） 层峦叠翠 手卷
估　价：HKD 200,000~300,000
成交价：RMB 1,046,660
画芯29.5cm×30.5cm 中国嘉德 2017-05-29

979 黄公望 秋岩叠嶂图 镜心
估　价：RMB 2,800,000~3,800,000
成交价：RMB 5,060,000
25cm×46cm 保利厦门 2017-06-25

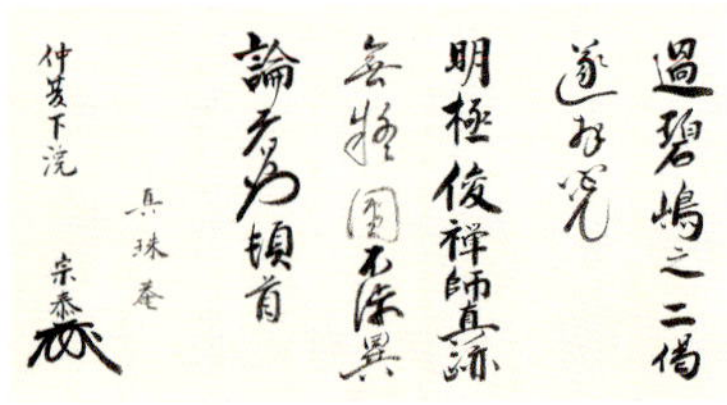
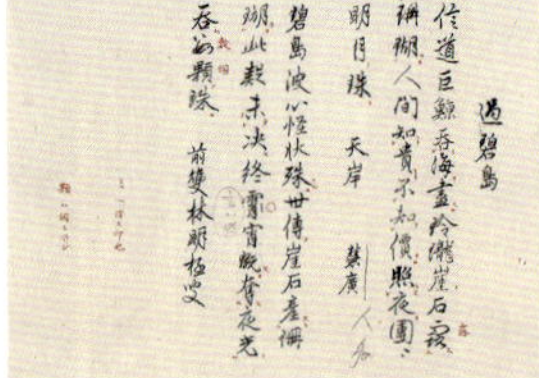

330 明极楚俊 行书“过碧岛” 立轴
估　价：RMB 1,000,000~1,200,000
成交价：RMB 1,265,000
26.5cm×98.5cm 荣宝斋（南京） 2017-07-08

19 倪瓒 1361年作 赠畔云山水小景 镜框
估　价：USD 150,000~300,000
成交价：RMB 4,618,433
30.9cm×21cm 纽约佳士得 2017-03-14

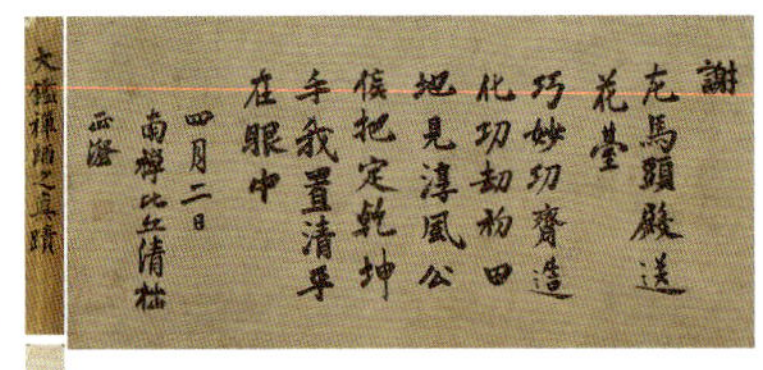

475 清拙正澄 楷书《谢龙马头殿送花台》诗 立轴
估　价：RMB 700,000~900,000
成交价：RMB 1,035,000
61.5cm×30cm 西泠拍卖 2017-07-15

3534 盛懋 渔樵问答图 镜心
估　价：RMB 3,000,000~5,000,000
成交价：RMB 5,865,000
直径26cm 北京保利 2017-12-17

3737 倪瓒（传） 溪山亭子 立轴
估　价：RMB 80,000~120,000
成交价：RMB 5,405,000
67cm×32cm 北京保利 2017-12-18

1825 倪瓒 1372年作 溪山亭子 立轴
估　价：RMB 3,000,000~3,500,000
成交价：RMB 5,980,000
73cm×32cm 北京匡时 2017-06-04

1531 苏弘道 元延佑甲寅江西乡试《石鼓赋》 手卷
估　价：RMB 500,000~800,000
成交价：RMB 7,130,000
27cm×144cm 中国嘉德 2017-06-21

505 王立本（传） 花笼之图 立轴
估　价：USD 25,000~35,000
成交价：RMB 415,140
24.5cm×29.2cm 纽约佳士得 2017-03-15

936 王蒙 天香深处图 手卷
备注：多处著录。
估　价：HKD 5,000,000~7,000,000
成交价：RMB 15,913,700
28cm×112.5cm 佳士得 2017-11-27

1435 王蒙 松溪隐秀 镜心
估　价：RMB 1,000,000~1,500,000
成交价：RMB 1,150,000
30cm×51cm×2 北京匡时 2017-06-04

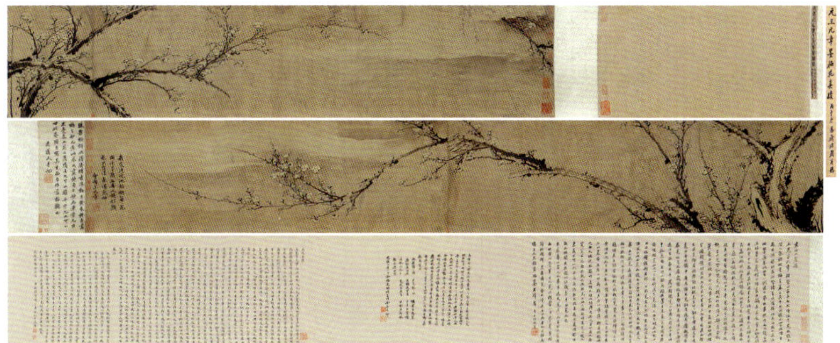

3537 王冕 墨梅 手卷
备注：多处出版著录。
估　价：RMB 8,000,000~16,000,000
成交价：RMB 11,270,000
画心29cm×338cm 北京保利 2017-06-05

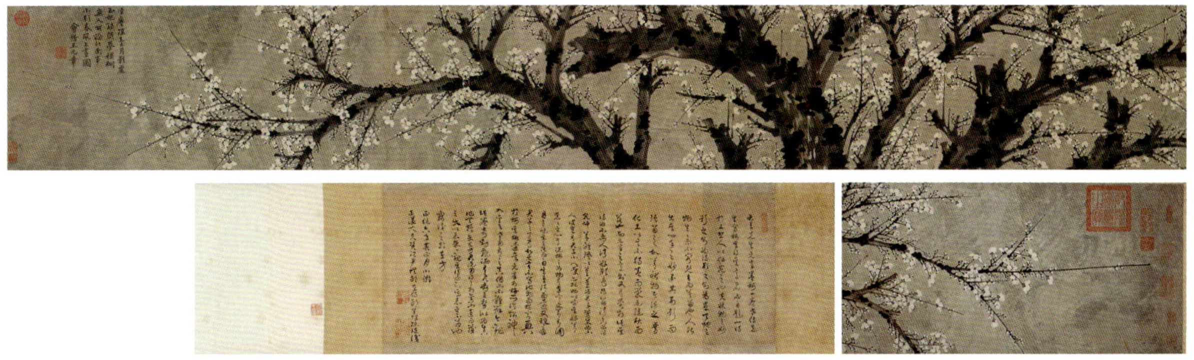

510 王冕 雪梅图 手卷
著录：《秘殿珠林石渠宝笈：石渠宝笈初编》，第1010页。
估　价：USD 500,000~700,000
成交价：RMB 59,832,053
29.7cm×298.9cm 纽约佳士得 2017-03-15

2882 吴镇 墨竹图 手卷
估　价：HKD 2,000,000~3,000,000
成交价：RMB 2,227,500
25.5cm×589cm 香港苏富比 2017-04-03

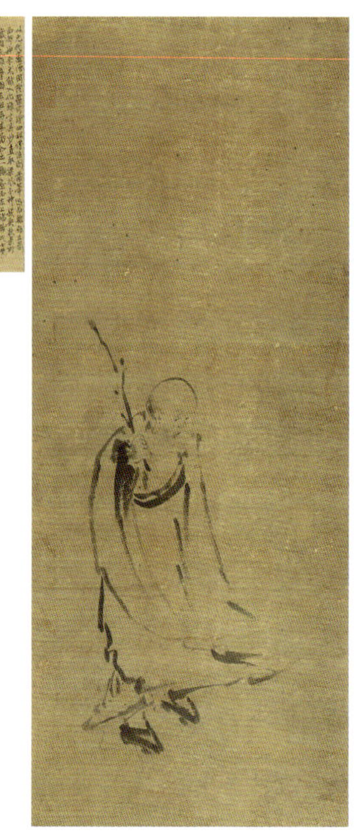

1863 因陀罗 14世纪 四祖传法图 立轴
估　价：RMB 1,500,000~2,000,000
成交价：RMB 2,070,000
87.5cm×35.5cm 北京匡时 2017-06-04

5061 佚名 青绿山水斗方
估　价：RMB 200,000~300,000
成交价：RMB 2,070,000
25cm×25cm 中国嘉德 2017-12-21

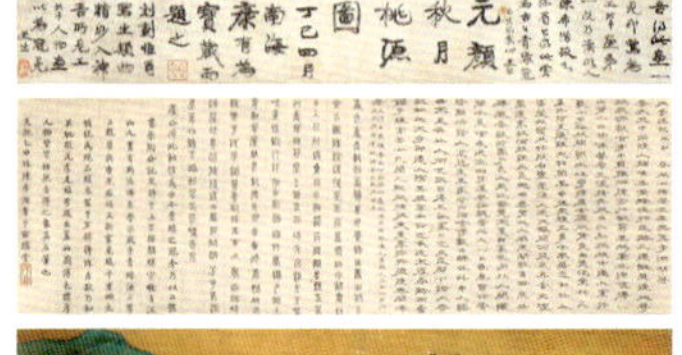

1690 颜辉（款） 桃园图 立轴
估　价：RMB 150,000~200,000
成交价：RMB 529,000
本幅127cm×85cm 北京匡时 2017-03-30

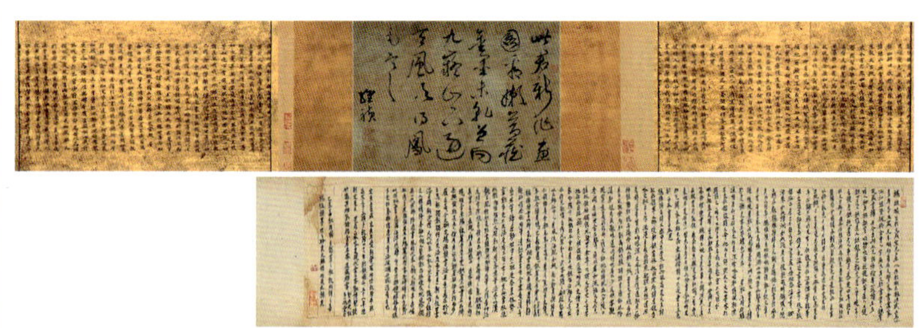

981 杨维祯 草书诗卷 镜心
估　价：RMB 200,000~300,000
成交价：RMB 805,000
36cm×25.5cm 保利厦门 2017-06-25

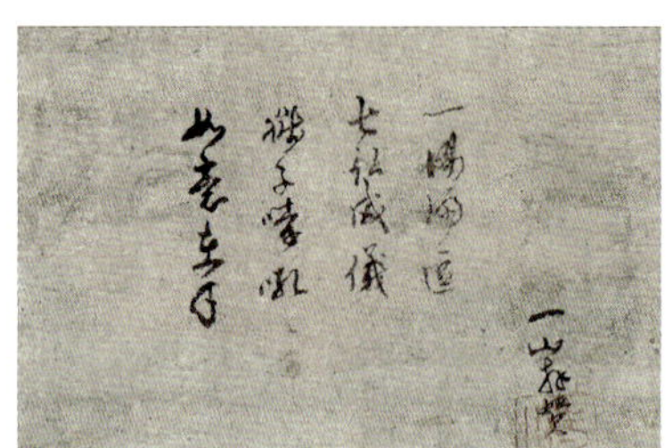

329 一山一宁 文殊菩萨图 立轴
估　价：RMB 1,200,000~1,500,000
成交价：RMB 1,725,000
56cm×27.5cm 荣宝斋（南京） 2017-07-08

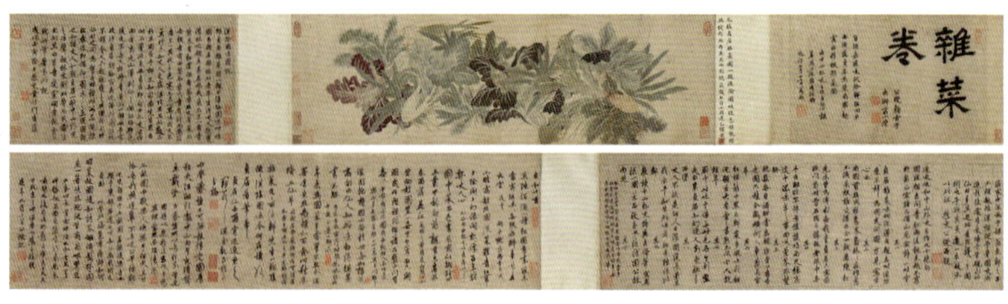

2719 张雨 画 姚绶 题 杂菜图 手卷
估　价：HKD 100,000~200,000
成交价：RMB 2,473,400
画29.4cm×98cm 香港苏富比 2017-10-01

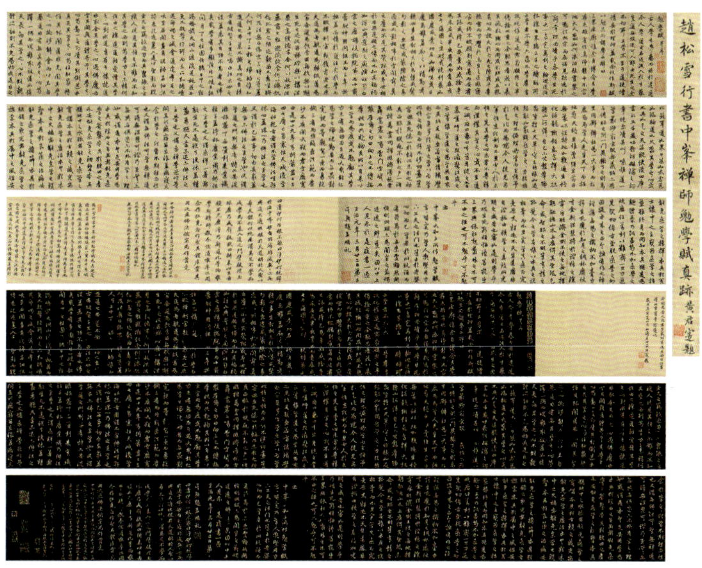

771 赵孟頫 1321年作 行书中峰禅师《勉学赋》并序 手卷
备注：多处出版记录。
估 价：RMB 18,000,000~28,000,000
成交价：RMB 21,850,000
24.5cm×470cm 中国嘉德 2017-06-19

2870 赵原（传） 晴川送客图 立轴
估 价：HKD 300,000~400,000
成交价：RMB 612,563
95.5cm×36.5cm 香港苏富比 2017-04-03

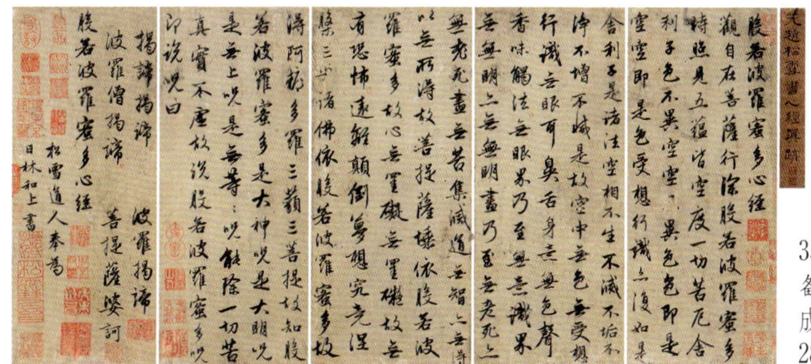

3535 赵孟頫 般若波罗蜜多心经 册页 （五开）
备注：出版著录多处。
成交价：RMB 190,900,000
28.6cm×11.9cm×5 北京保利 2017-12-17

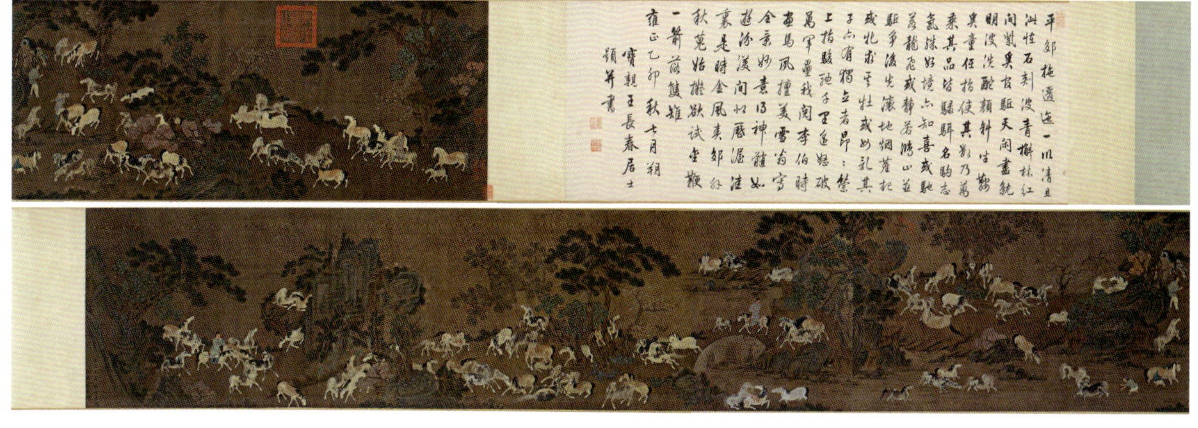

512 赵孟頫 洗马图 手卷
著录：《秘殿珠林石渠宝笈：石渠宝笈初编》，第1048页。
估 价：USD 500,000~700,000
成交价：RMB 31,159,717
37.9cm×309.4cm 纽约佳士得 2017-03-15

明代作者

545 边景昭（传） 丰年平安 立轴
估　价：RMB 120,000~200,000
成交价：RMB 977,500
95cm×44cm 上海敬华 2017-07-01

2732 卞文瑜 山水 立轴
估　价：HKD 150,000~220,000
成交价：RMB 1,245,000
96.5cm×27.3cm 香港苏富比 2017-10-01

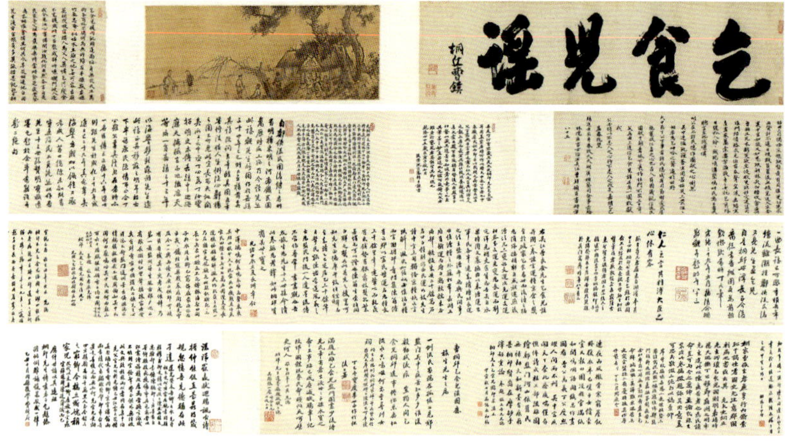

391 曹镤 1545年作 乞食儿图咏 手卷
估　价：RMB 1,600,000~2,600,000
成交价：RMB 1,955,000
画心25cm×60cm 观唐皕榷 2017-01-11

1435 常莹 1644年作 卿云补天 立轴
估　价：RMB 300,000~500,000
成交价：RMB 1,035,000
178cm×78cm 中国嘉德 2017-12-20

912 陈洪绶 仿唐人蕉荫赏古图 立轴
估　价：RMB 3,000,000~4,000,000
成交价：RMB 5,462,500
161cm×51.2cm 北京荣宝 2017-06-02

1481 陈洪绶 观音大士图 立轴
估　价：RMB 3,500,000~4,000,000
成交价：RMB 4,025,000
91cm×44cm 中国嘉德 2017-06-21

3519 陈洪绶 炼芝图 立轴
估　价：RMB 3,000,000~5,000,000
成交价：RMB 3,450,000
103cm×44cm 北京保利 2017-12-17

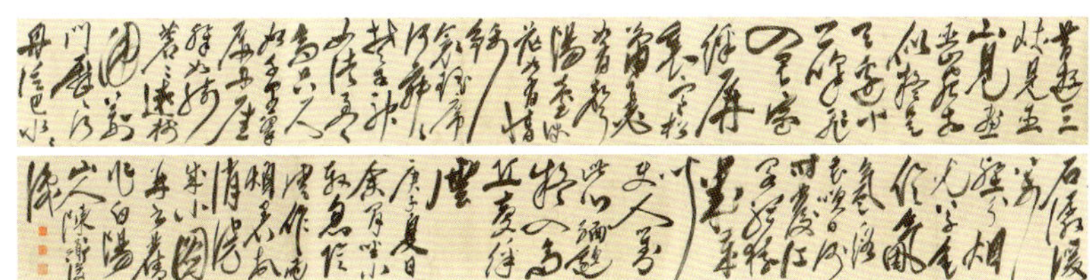

966 陈淳 1540年作 行草七言诗 手卷
估　价：HKD 1,500,000~3,000,000
成交价：RMB 7,029,260
25cm×458cm 佳士得 2017-11-27

1870 陈淳 菊石图书画合璧 手卷
估　价：RMB 5,500,000~6,000,000
成交价：RMB 6,325,000
本幅28cm×173cm；27cm×201cm 北京匡时 2017-06-04

976 陈裸 1647年作 春荫读书图 手卷
估　价：HKD 600,000~1,000,000
成交价：RMB 665,250
26.6cm×176.5cm 佳士得 2017-05-29

2826 陈继儒 仿倪瓒山水 扇面镜框
估　价：HKD 420,000~520,000
成交价：RMB 501,188
17cm×50.5cm 香港苏富比 2017-04-03

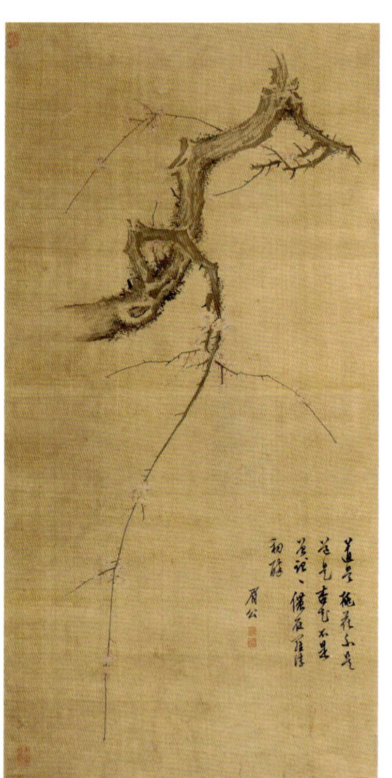

1886 陈继儒 梅 立轴
估　价：RMB 1,500,000~2,000,000
成交价：RMB 2,300,000
114cm×53.5cm 北京匡时 2017-06-04

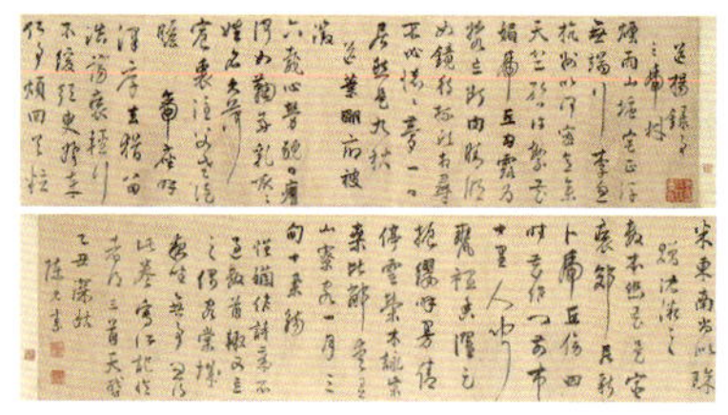

2781 陈元素 草书诗文三首 手卷
估　价：HKD 160,000~220,000
成交价：RMB 1,141,250
30.5cm×231cm 香港苏富比 2017-10-01

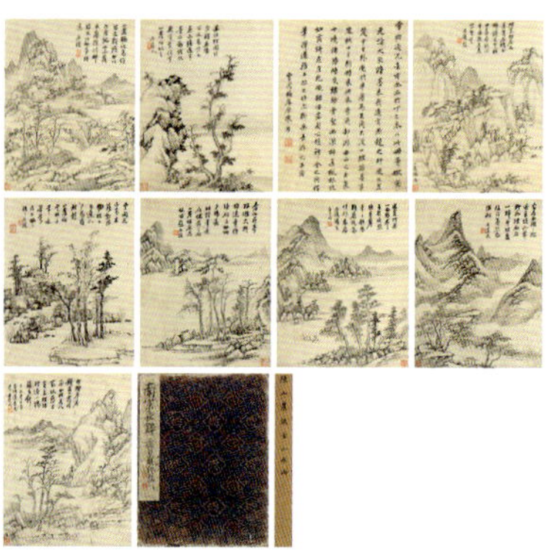

635 陈治 山水 册页 （九开）
估　价：RMB 800,000~1,200,000
成交价：RMB 920,000
26.5cm×20cm×9 广东崇正 2017-12-13

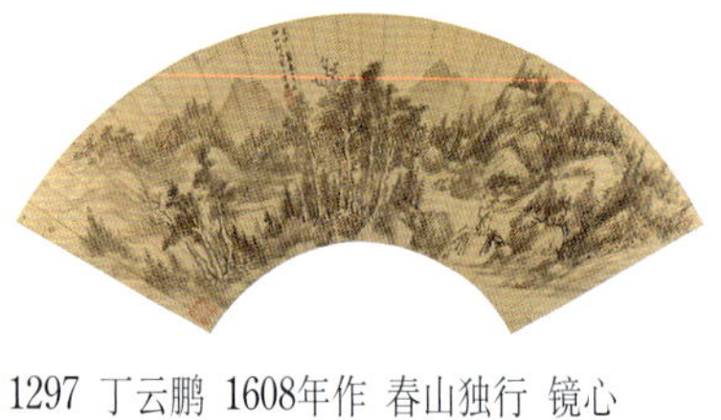

1297 丁云鹏 1608年作 春山独行 镜心
估　价：RMB 700,000~750,000
成交价：RMB 943,000
15.5cm×47.5cm 北京匡时 2017-12-04

2666 丁云鹏（款） 群仙祝寿图 十二条屏
估　价：RMB 60,000~90,000
成交价：RMB 632,500
155cm×50cm×12 中国嘉德 2017-04-02

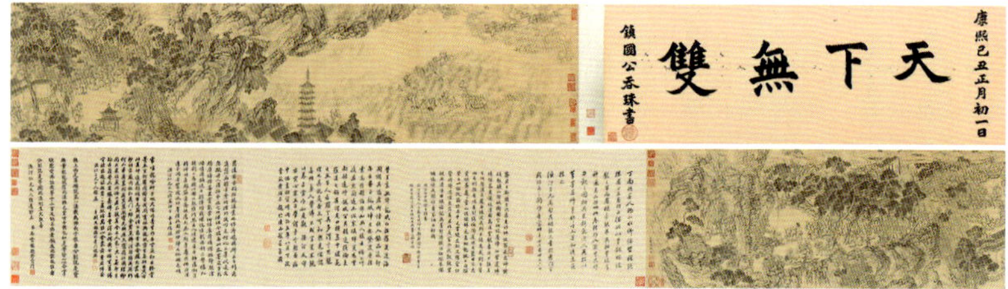

673 丁云鹏 五百罗汉 手卷
估　价：RMB 4,000,000~6,000,000
成交价：RMB 5,290,000
画心40cm×273cm 广东崇正 2017-06-15

926 陈沱江 1556年作 百燕图 手卷
估　价：RMB 1,200,000~1,800,000
成交价：RMB 2,185,000
30cm×804cm 北京荣宝 2017-06-02

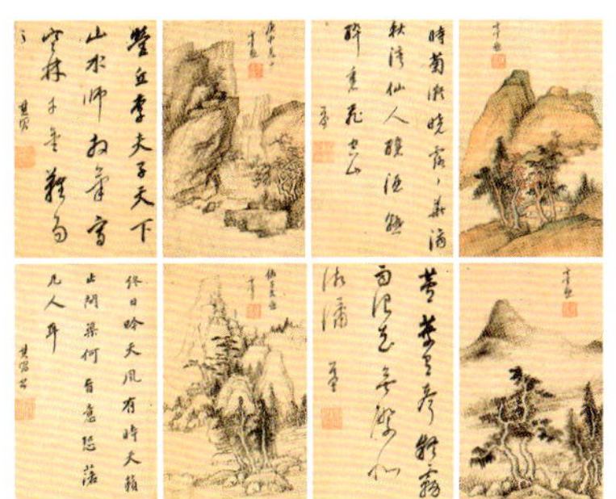

2531 董其昌（款） 1620年作 诗画 册页
估 价：RMB 50,000~80,000
成交价：RMB 1,552,500
21cm×13cm×8 中国嘉德 2017-04-02

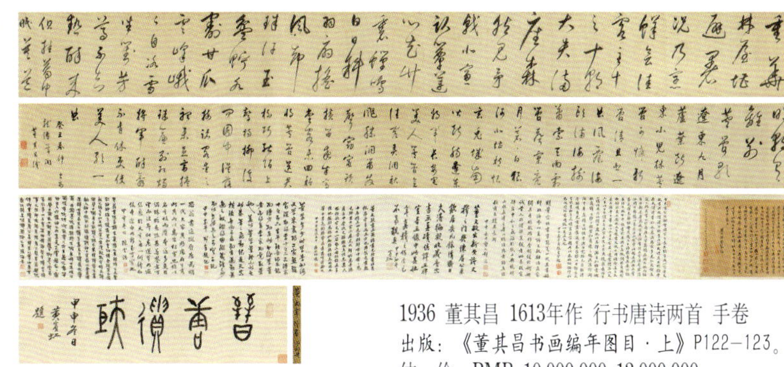

1936 董其昌 1613年作 行书唐诗两首 手卷
出版：《董其昌书画编年图目·上》P122—123。
估 价：RMB 10,000,000~12,000,000
成交价：RMB 22,425,000
本幅26cm×489cm 北京匡时 2017-06-04

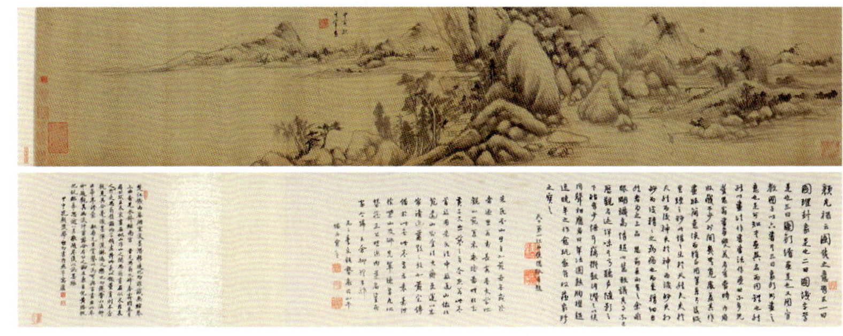

3532 董其昌 1614年作 溪山平远 手卷
估 价：RMB 3,000,000~5,000,000
成交价：RMB 3,450,000
画心28cm×146cm 北京保利 2017-06-05

8051 董其昌 仿董北苑山水 立轴
估 价：RMB 8,000,000~12,000,000
成交价：RMB 10,580,000
124cm×51cm 上海嘉禾 2017-07-01

1064 董其昌 仿北苑溪山亭子图 立轴
估 价：RMB 4,000,000~6,000,000
成交价：RMB 4,600,000
119cm×52cm 上海匡时 2017-11-05

1013 方以智 1646年作 山水 册页（八开）
估 价：RMB 600,000~800,000
成交价：RMB 1,265,000
23cm×28cm×8 中贸圣佳 2017-06-19

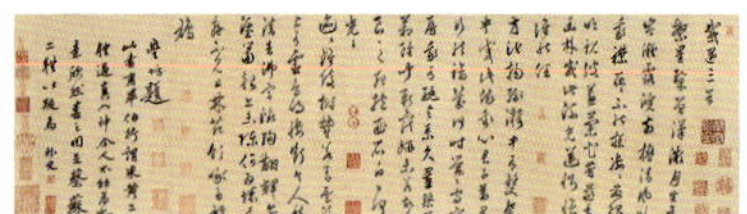

776 丰坊 草书《感遇三首》 横批
估 价：RMB 2,500,000~3,500,000
成交价：RMB 3,220,000
34cm×121cm 中国嘉德 2017-06-19

687 高寿祺 1430年作 十六应真像 卷
估 价：RMB 120,000~180,000
成交价：RMB 782,000
32cm×479cm 北京翰海 2017-12-15

1412 关思 日长山静图 立轴
估 价：RMB 1,200,000~1,800,000
成交价：RMB 1,344,000
161cm×40.5cm 上海联合 2017-12-17

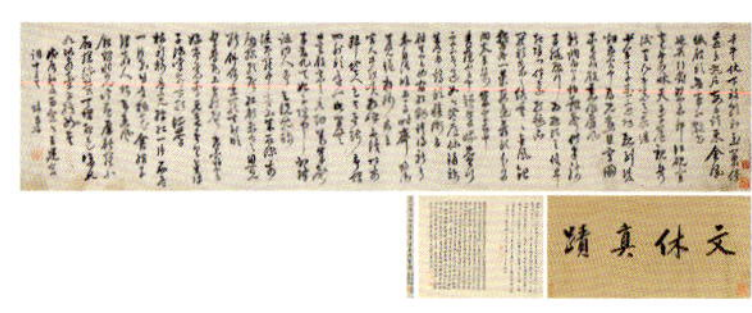

1402 归昌世 1628年作 草书王建宫词 手卷
估 价：RMB 500,000~800,000
成交价：RMB 575,000
字31.5cm×141cm 中国嘉德 2017-12-20

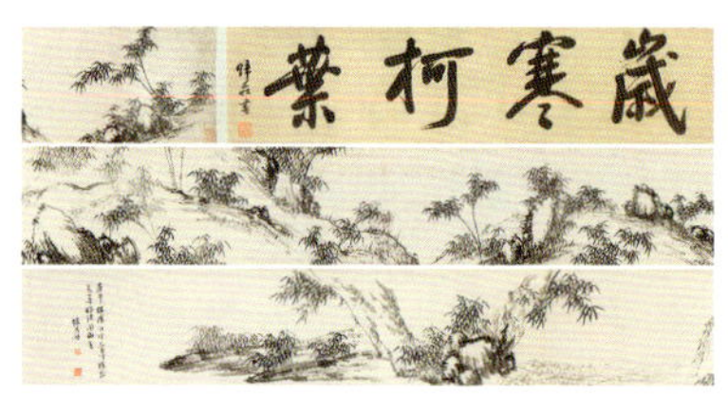

506 归文休 墨竹手卷 长卷
估 价：RMB 400,000~600,000
成交价：RMB 460,000
28cm×400cm 荣宝斋（济南） 2017-06-10

3538 郭诩 虢国夫人夜游图 立轴
著录：1.《石渠宝笈》三编（《秘殿珠林石渠宝笈合编》第10册，第1802页）；2.胡敬编《西清札记》第三卷，第1页；3.福开森编《历代著录画目》，第293页。
估 价：RMB 18,000,000~28,000,000
成交价：RMB 20,700,000
147cm×88cm 北京保利 2017-12-17

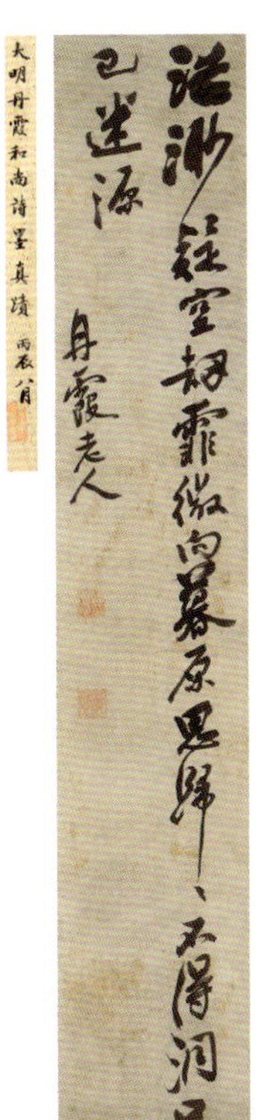

478 函是天然禅师 行书五言诗 立轴
估　价：RMB 1,200,000~1,800,000
成交价：RMB 2,070,000
184cm×33cm 西泠拍卖 2017-07-15

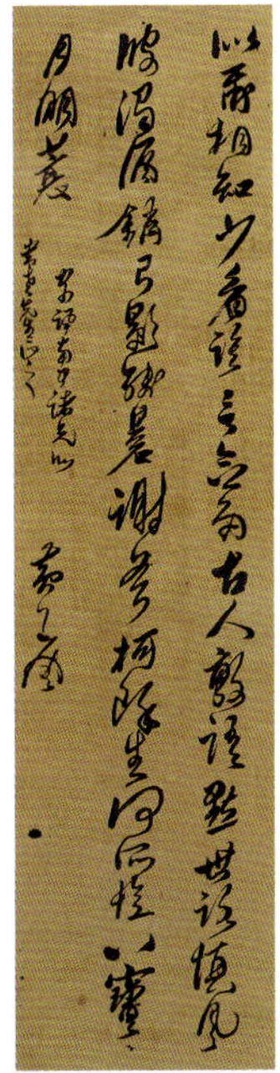

485 黄道周 草书五言律诗轴 立轴
估　价：HKD 4,000,000~6,000,000
成交价：RMB 4,016,720
193.5cm×51.5cm 中金国际 2017-11-25

1905 侯懋功 1637年作 山川说法图 手卷
估　价：RMB 1,500,000~2,000,000
成交价：RMB 2,932,500
本幅33cm×353cm 北京匡时 2017-12-04

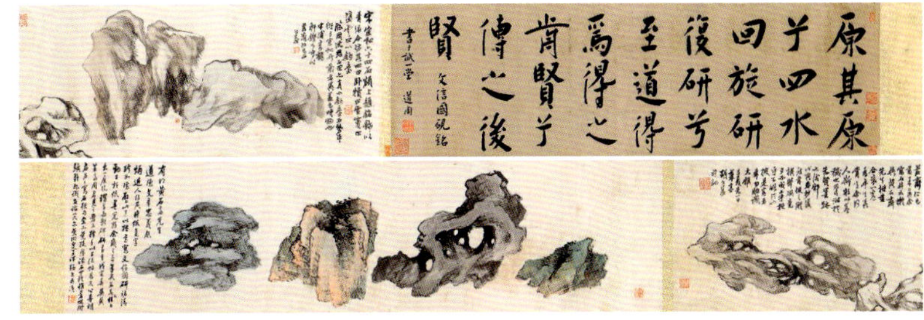

3512 黄道周 楷书文信国砚铭 手卷
估　价：RMB 2,200,000~3,200,000
成交价：RMB 2,530,000
书心31cm×105cm；画心31cm×265cm 北京保利 2017-06-05

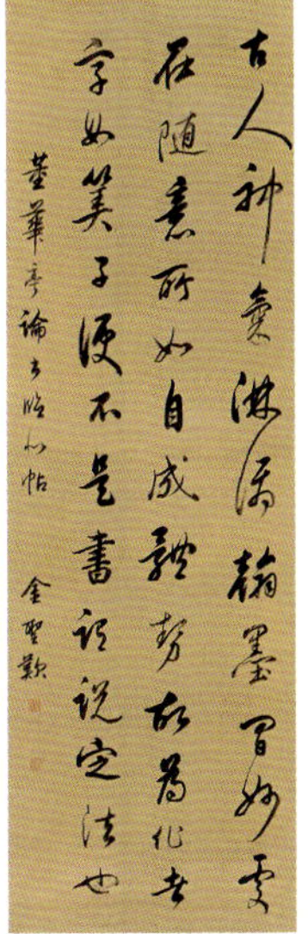

262 金圣叹 行书董华亭论书 立轴
估　价：HKD 200,000~300,000
成交价：RMB 710,124
112cm×34.5cm 中濠典藏 2017-05-22

485 居节 1562年作 溪山行旅 镜心
估　价：RMB 500,000~600,000
成交价：RMB 977,500
16.5cm×49.5cm 上海匡时 2017-11-05

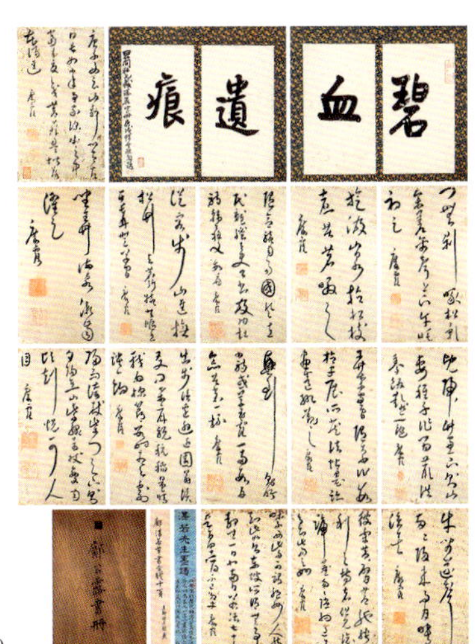

1414 邝露 草书字 册页 （十四开）
估　价：RMB 500,000~800,000
成交价：RMB 3,450,000
31.5cm×18.2cm×14 中国嘉德 2017-12-20

1437 蓝瑛 1646年作 嵩岳峙清 立轴
估 价：RMB 1,600,000~2,000,000
成交价：RMB 2,875,000
208cm×95.5cm 北京匡时 2017-06-04

499 蓝瑛 武陵源图 立轴
估 价：RMB 2,800,000~3,800,000
成交价：RMB 4,025,000
226.5cm×95.5cm 西泠拍卖 2017-07-15

8116 蓝瑛 玄亭清话 立轴
估 价：HKD 1,500,000~2,000,000
成交价：RMB 3,148,700
198cm×49.5cm 佳士得 2017-11-27

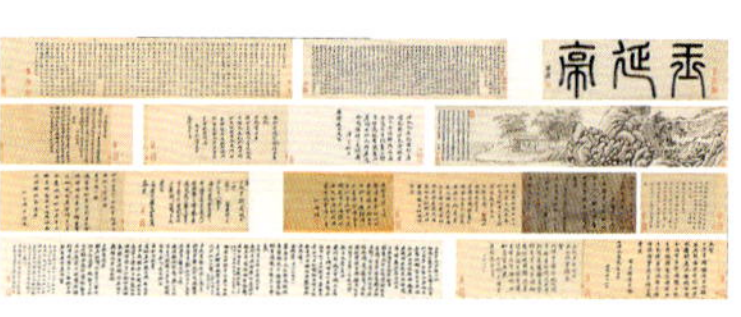

1000 李东阳 赵宽 张纯修 等 玉延亭图 手卷
估 价：RMB 600,000~800,000
成交价：RMB 977,500
本幅120cm×24cm 中贸圣佳 2017-06-19

1497 李汉 出猎图 手卷
估 价：RMB 720,000~800,000
成交价：RMB 897,000
55cm×691cm 北京匡时 2017-06-04

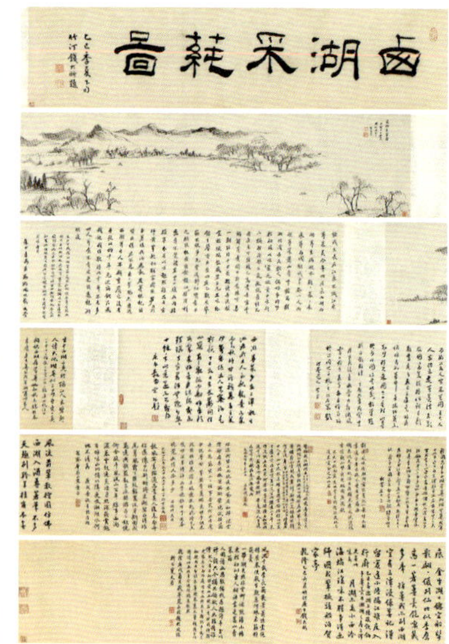

387 李流芳 1626年作 西湖采莼图 手卷
估 价：RMB 3,000,000~5,000,000
成交价：RMB 4,600,000
27cm×121cm 观唐皕榷 2017-01-11

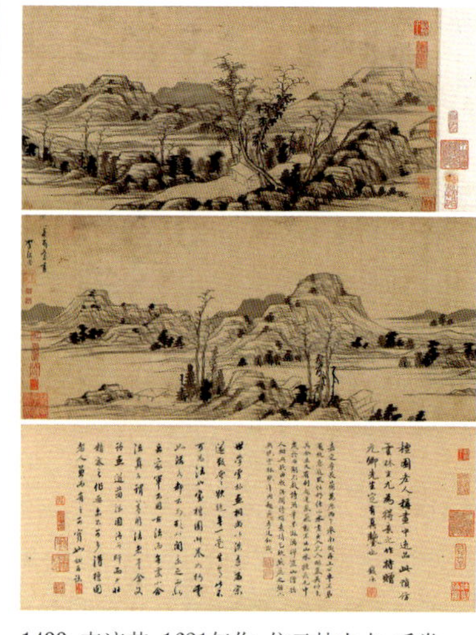

1433 李流芳 1621年作 仿云林山水 手卷
估 价：RMB 3,500,000~4,000,000
成交价：RMB 4,025,000
画25cm×105.5cm 中国嘉德 2017-12-20

985 李士达 万玉吟仙图 手卷
估 价：RMB 1,200,000~2,200,000
成交价：RMB 2,300,000
23.5cm×140cm 保利厦门 2017-06-25

1732 刘钰（传） 草堂十景 册页 （10开）
成交价：RMB 517,500
26cm×56cm×10 北京匡时 2017-03-30

70 刘若宰 红金书法扇面 镜心
估 价：RMB 800,000~1,000,000
成交价：RMB 920,000
16cm×52.5cm 北京银座 2017-12-20

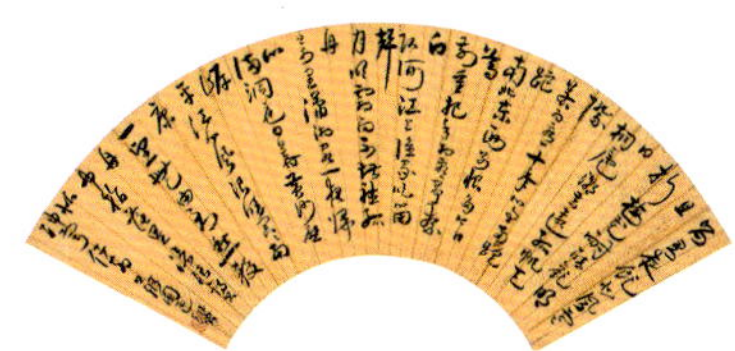

455 卢赞 行书七言诗 扇面
估 价：RMB 300,000~500,000
成交价：RMB 483,000
18cm×57.5cm 观唐皕榷 2017-01-11

1422 凌必正 1656年作 杏花柳燕图 立轴
估 价：RMB 50,000~80,000
成交价：RMB 471,500
108cm×43cm 中国嘉德 2017-06-21

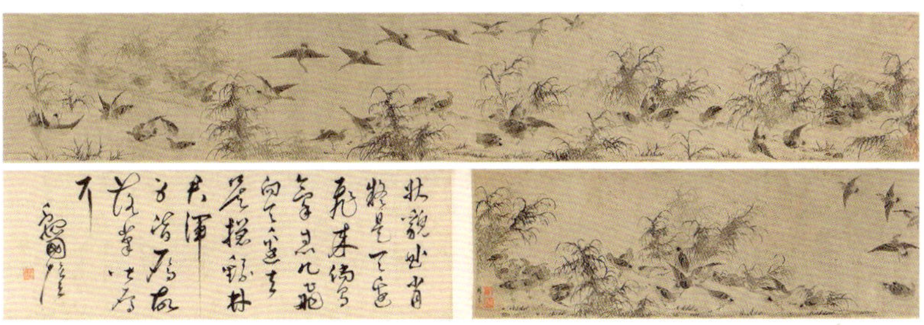

1651 林良 百雁图 手卷
估 价：RMB 1,100,000~1,400,000
成交价：RMB 1,552,500
本幅29cm×272cm 北京匡时 2017-12-04

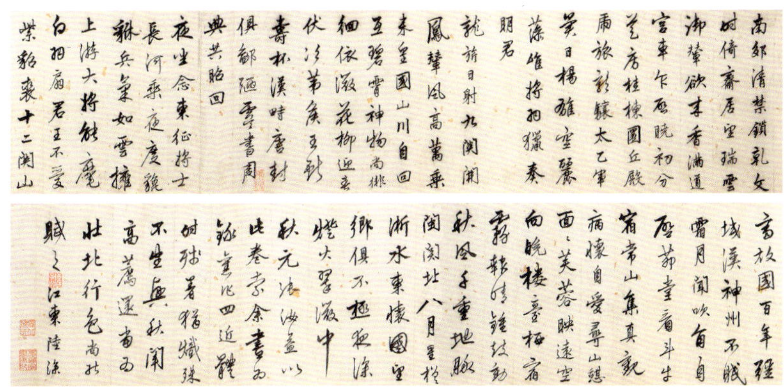

535 陆深 行书 卷
估 价：RMB 60,000~80,000
成交价：RMB 10,407,500
25cm×219cm 北京翰海 2017-12-15

1398 陆深 行书七言诗 立轴
估 价：RMB 50,000~80,000
成交价：RMB 1,610,000
116cm×45cm 中国嘉德 2017-12-20

1281 陆治 1535年作 茶花翠鸟 镜心
估 价：RMB 450,000~480,000
成交价：RMB 575,000
16cm×45cm 北京匡时 2017-12-04

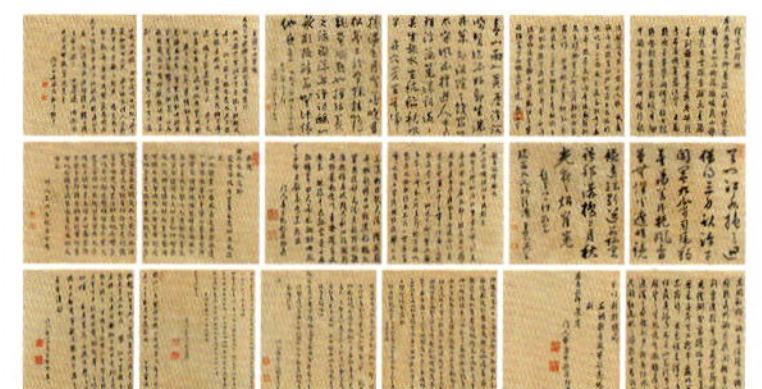

598 鲁可藻 王用极 张思九 等 祝寿 册页
估 价：RMB 480,000~520,000
成交价：RMB 552,000
31cm×33cm×18 北京荣宝 2017-04-02

11 马琬（款） 苍山幽居 立轴
估 价：USD 5,000~10,000
成交价：RMB 475,681
146.4cm×40.3cm 纽约佳士得 2017-03-14

3524 莫是龙 仿赵大年江乡小景 立轴
估 价：RMB 4,500,000~6,500,000
成交价：RMB 5,175,000
135cm×50cm 北京保利 2017-06-05

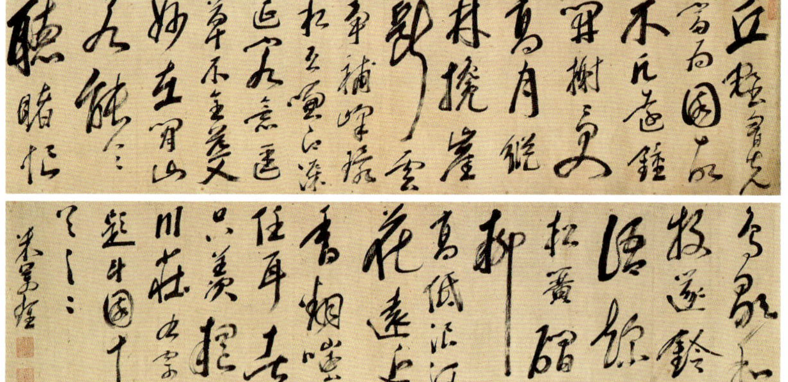

8112 米万钟 行草题画诗 手卷
估 价：HKD 1,500,000~2,000,000
成交价：RMB 2,127,500
37.5cm×315cm 佳士得 2017-11-27

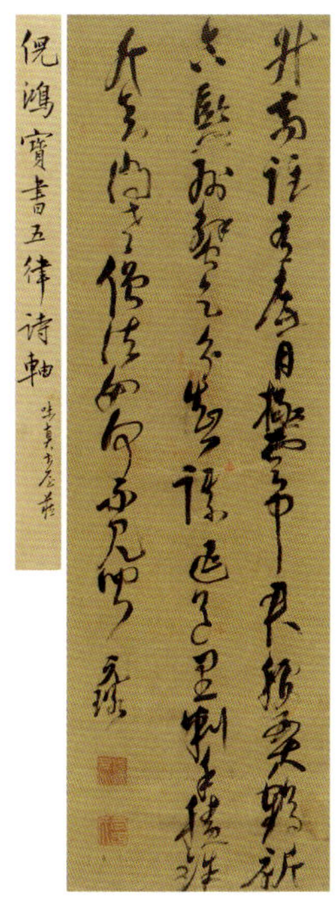

483 倪元璐 草书自作五言诗 立轴
估 价：RMB 3,800,000~4,500,000
成交价：RMB 4,830,000
151cm×46cm 西泠拍卖 2017-07-15

795 仇英（款） 洛神赋 手卷
估 价：RMB 1,200,000~1,500,000
成交价：RMB 3,450,000
52.5cm×481cm 中贸圣佳 2017-06-19

840 仇英（款） 山堂琴会 手卷
估 价：USD 5,000~7,000
成交价：RMB 4,653,028
32cm×99.3cm 纽约苏富比 2017-03-16

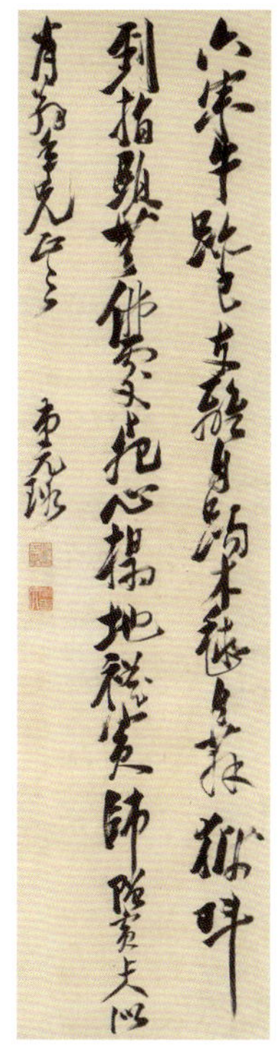

2761 倪元璐 行书七言诗 立轴
估 价：HKD 1,500,000~2,000,000
成交价：RMB 2,672,600
170.8cm×43.7cm 香港苏富比 2017-10-01

3534 祁守端 1467年作 梅石图 镜心
估 价：RMB 800,000~1,500,000
成交价：RMB 920,000
149cm×39cm 北京保利 2017-06-05

1293 仇英 江堤闲钓 镜心
估 价：RMB 500,000~550,000
成交价：RMB 1,840,000
18cm×48.5cm 北京匡时 2017-12-04

992 仇英 园林清课图 立轴
估 价：RMB 2,000,000~3,000,000
成交价：RMB 3,220,000
81cm×107cm 中贸圣佳 2017-06-19

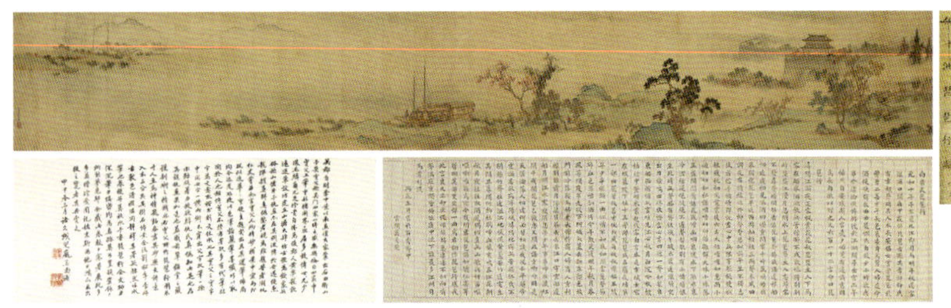

1829 仇英 《琵琶行》诗意图 手卷
出版：《中国民藏文物鉴赏丛书·书画宝鉴》P58-60。
估 价：RMB 10,000,000~12,000,000
成交价：RMB 20,700,000
本幅28.5cm×185cm 北京匡时 2017-06-04

1868 仇英 蓬莱仙弈图 手卷
著录：《石渠宝笈三编》乾清宫藏·十（《秘殿珠林石渠宝笈汇编》）第9册。
估 价：RMB 20,000,000~25,000,000
成交价：RMB 81,650,000
本幅29cm×93.5cm 北京匡时 2017-06-04

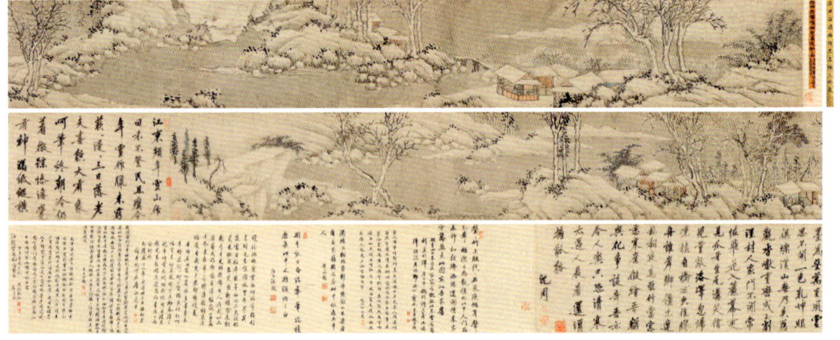

3508 沈周 灞桥诗思 手卷
估 价：RMB 6,000,000~8,000,000
成交价：RMB 7,590,000
画心27cm×374cm 北京保利 2017-12-17

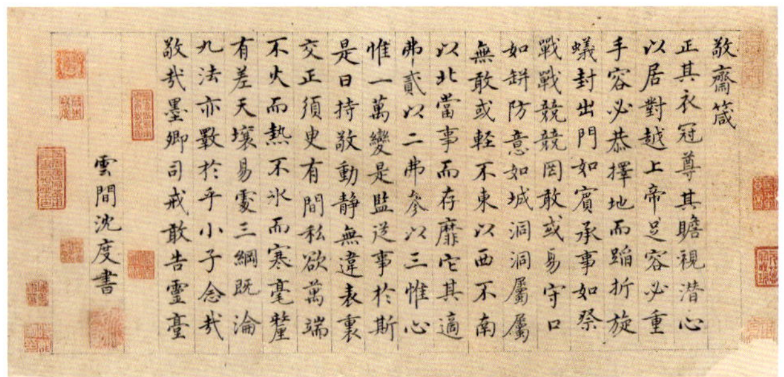

2453 沈度（款） 小楷 镜心
估 价：RMB 3,000
成交价：RMB 517,500
22cm×47cm 中国嘉德 2017-04-02

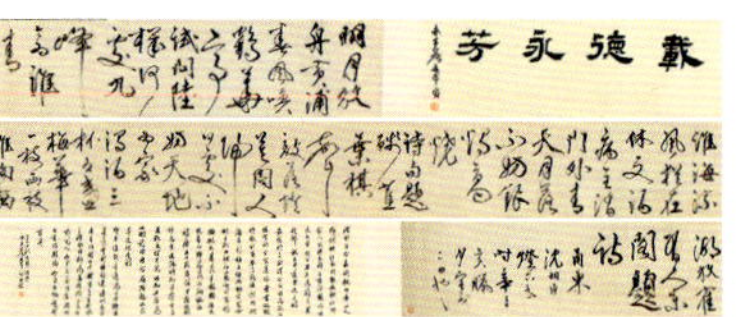

1131 沈明臣 1551年作 草书诗 手卷
估 价：RMB 180,000~250,000
成交价：RMB 471,500
31.5cm×483cm 朵云轩 2017-06-25

1867 沈周 刘珏 秋溪叠嶂 立轴
估 价：RMB 4,500,000~5,000,000
成交价：RMB 6,325,000
本幅135cm×40.5cm 北京匡时 2017-06-04

456 沈周 送吴文定行图并题 手卷
备注：出版著录多处。
成交价：RMB 148,350,000
卷首23.5cm×27cm；沈画31cm×1089cm；沈字31cm×108.5cm 中国嘉德 2017-12-18

1054 盛茂烨 1632年作 山居图 立轴
估　价：RMB 600,000~800,000
成交价：RMB 977,500
176cm×42cm 北京荣宝 2017-12-02

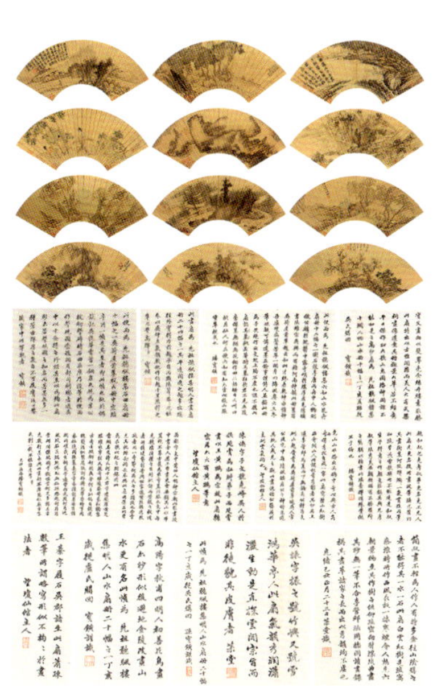

369 沈周 文徵明 唐寅 仇英 吴彬 陈焕 陆治 魏之克 王綦 高阳 吴振 姚允在 1501年作 1626年作 明人金扇集 册页 （十二开）
备注：多处出版记录
成交价：RMB 51,175,000
16cm×50cm×4；17cm×52cm×7；17cm×49cm 保利华谊 2017-12-08

514 沈周 松崖避暑图 立轴
备注：多处著录。
估　价：RMB 400,000~600,000
成交价：RMB 11,270,000
133cm×62cm 北京荣宝 2017-04-02

928 盛胤昌 1612年作 幽山觅句 立轴
估　价：HKD 80,000~120,000
成交价：RMB 609,813
92.2cm×36.5cm 佳士得 2017-05-29

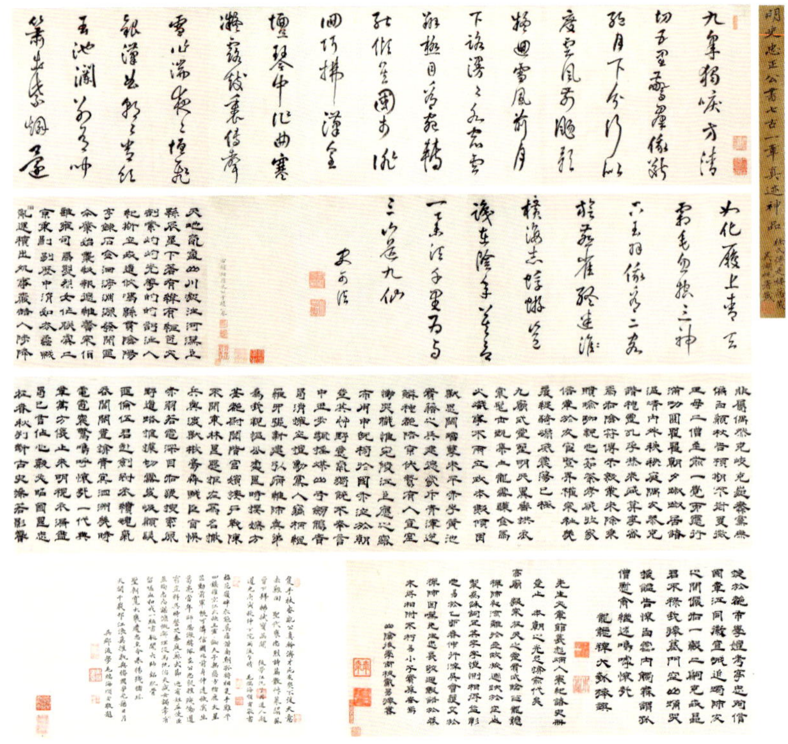

103 史可法 行书《仙鹤篇》 手卷
成交价：RMB 8,625,000
29.5cm×222cm 广东崇正 2017-06-14

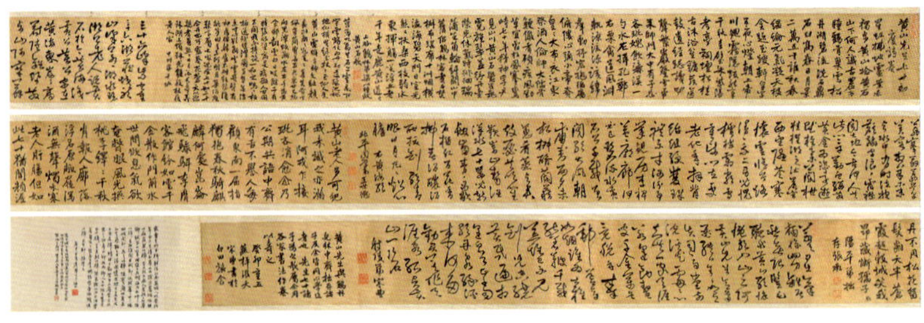

1537 宋曹 1663年作 二体书黄山先生七十初度诗 手卷
成交价：RMB 3,220,000
字25.5cm×773cm 中国嘉德 2017-06-21

1906 孙克弘 百花图卷 镜心
估 价：RMB 1,800,000~2,200,000
成交价：RMB 2,070,000
31cm×796cm；31cm×32cm
北京匡时 2017-12-04

1445 孙杕 1646年作 梅竹湖石图 立轴
估 价：RMB 120,000~180,000
成交价：RMB 552,000
149cm×67cm 中国嘉德 2017-12-20

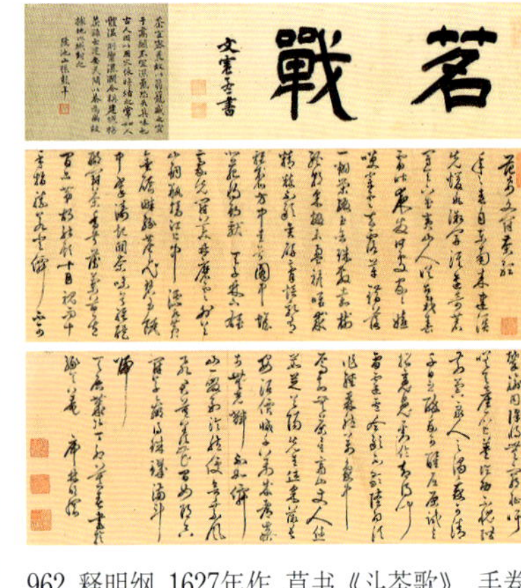

962 释明纲 1627年作 草书《斗茶歌》 手卷
估 价：HKD 120,000~200,000
成交价：RMB 1,010,563
29cm×218.5cm 佳士得 2017-11-27

662 唐寅 游春图 立轴
估　价：HKD 1,800,000~2,800,000
成交价：RMB 12,826,836
120cm×60.6cm 保利香港 2017-04-03

444 唐寅 石林消夏图 立轴
备注：出版著录多处。
估　价：RMB 30,000,000~40,000,000
成交价：RMB 83,950,000
110cm×42cm 中国嘉德 2017-12-18

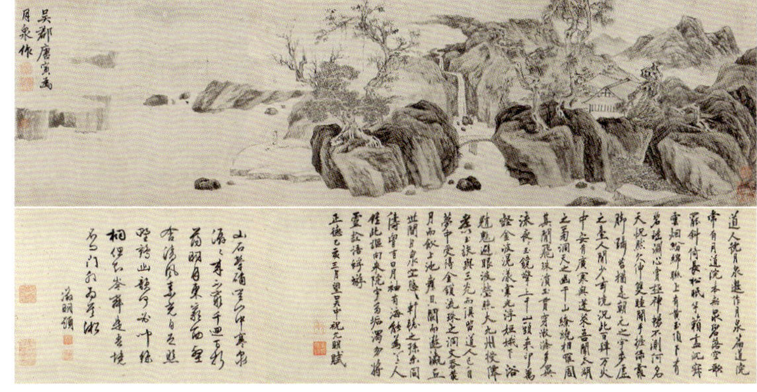

3539 唐寅 月泉图 手卷
著录：1.《怀星堂集》卷五；2.《香港苏富比三十周年》。
成交价：RMB 92,000,000
画心31cm×113cm 北京保利 2017-12-17

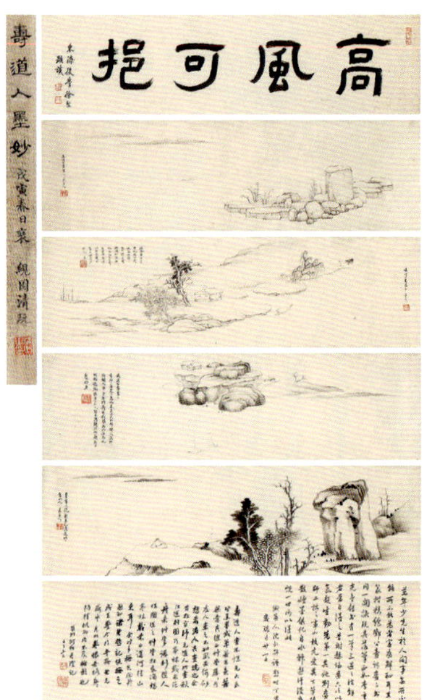

3515 万寿祺 高风可挹 镜心
估　价：RMB 2,000,000~3,000,000
成交价：RMB 3,680,000
画心21cm×76cm 北京保利 2017-12-17

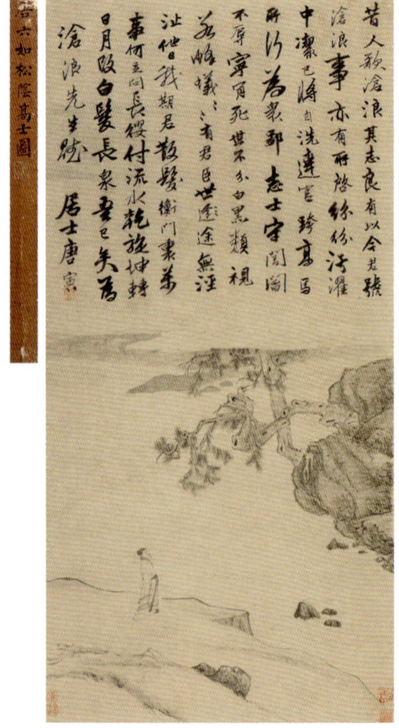

526 唐寅 松阴高士图 立轴
估　价：RMB 2,500,000~4,000,000
成交价：RMB 3,220,000
99.5cm×49cm 西泠拍卖 2017-07-15

2787 唐寅 文徵明 群卉图 手卷
备注：多处出版著录。
估　价：HKD 6,000,000~8,000,000
成交价：RMB 17,015,000
32cm×378.5cm 香港苏富比 2017-10-01

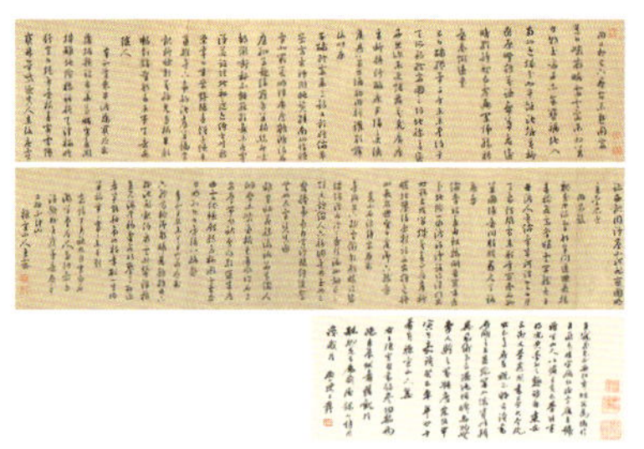

1388 王宠 1527年作 草书唐诗十首 手卷
估　价：RMB 1,600,000~2,000,000
成交价：RMB 2,242,500
本幅27cm×238cm 北京匡时 2017-06-04

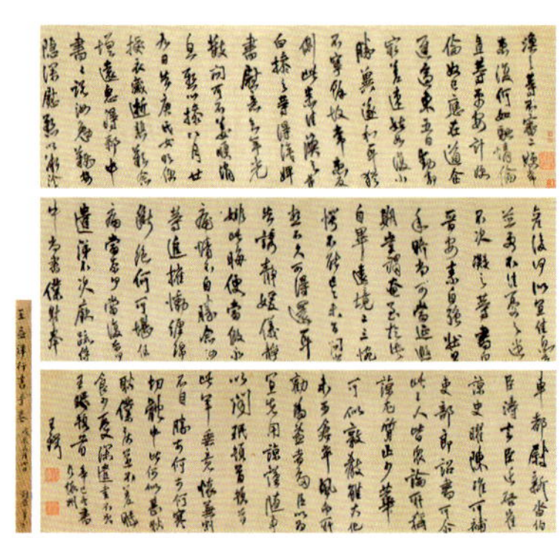

1938 王铎 1641年作 行书临《王涣之帖》手卷
估　价：RMB 7,000,000~8,000,000
成交价：RMB 9,890,000
25cm×246cm 北京匡时 2017-06-04

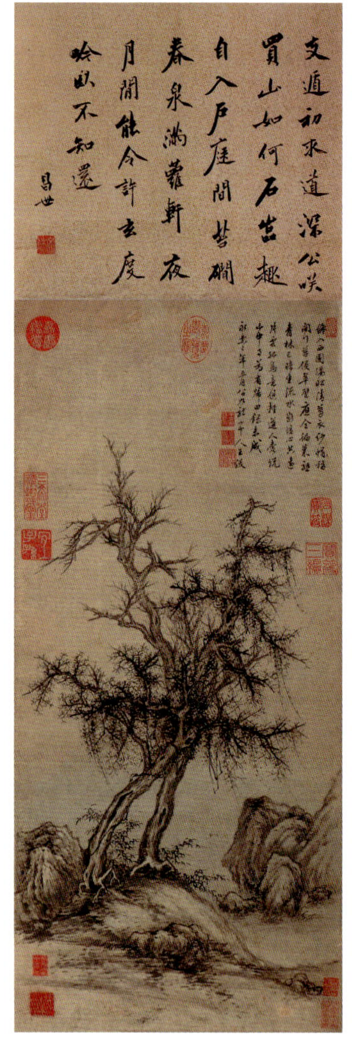

724 王绂 1404年作 古木竹石 镜心
著录：1.《石渠宝笈三编》卷一，见（《秘殿珠林石渠宝笈合编》）第十册，第1714页；2.福开森编《历代著录画目正续编》第92页；3. 徐邦达编《改订历代流传绘画编年表》第56页；……
估　价：HKD 8,000,000~10,000,000
成交价：RMB 9,989,880
诗塘27.5cm×31.5cm；画68.5cm×31.5cm
保利香港 2017-10-03

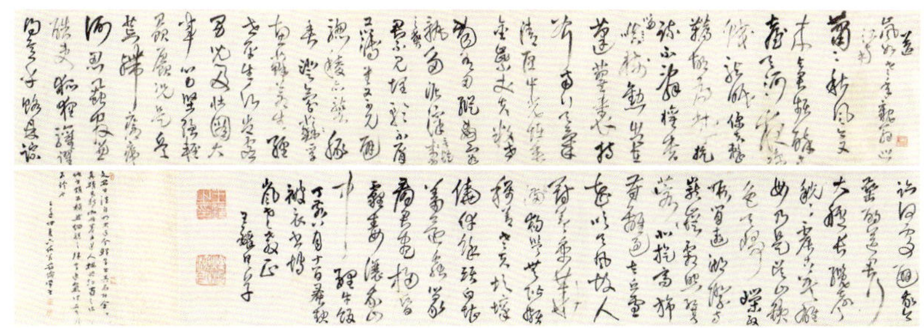

639 王铎 1647年作 草书送岚如老亲翁 手卷
估 价：RMB 6,000,000~8,000,000
成交价：RMB 9,545,000
字26.5cm×290cm 广东崇正 2017-12-13

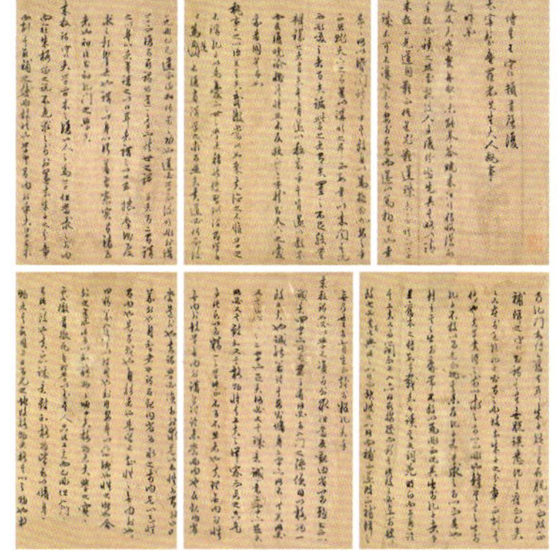

8110 王守仁 复罗整庵太宰书 册页 （十二开）
估 价：HKD 1,000,000~1,500,000
成交价：RMB 3,352,940
28cm×17.5cm×12 佳士得 2017-11-27

941 王世昌 群鸟伴木 立轴
估 价：HKD 120,000~200,000
成交价：RMB 1,649,820
177cm×112cm 佳士得 2017-05-29

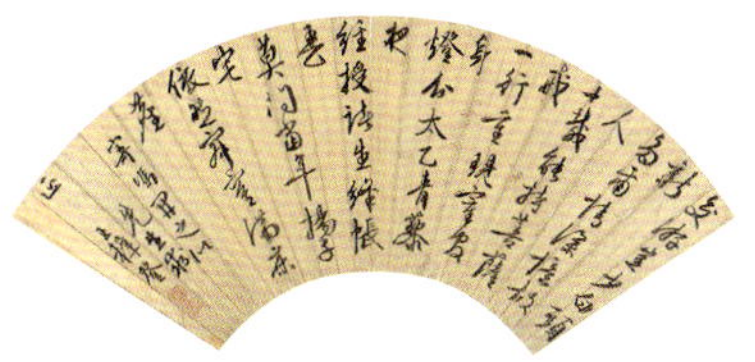

1286 王穉登 行书《寄冯开之》 镜心
估 价：RMB 480,000~520,000
成交价：RMB 632,500
18cm×53cm 北京匡时 2017-12-04

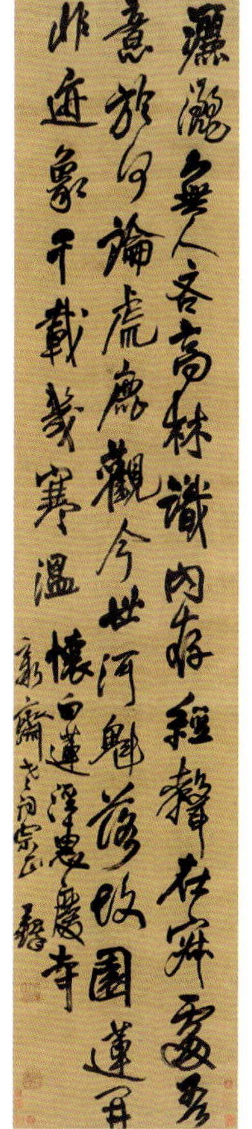

484 王铎 行书五言诗 立轴
估 价：RMB 5,000,000~8,000,000
成交价：RMB 7,475,000
247cm×50cm 西泠拍卖 2017-07-15

1587 王锡绶 1631年作 松下赏梅图 立轴
估 价：RMB 250,000~350,000
成交价：RMB 437,000
226cm×97cm 中国嘉德 2017-06-21

527 文伯仁 1531年作 溪山仙馆图 立轴
估 价：RMB 2,500,000~3,000,000
成交价：RMB 3,220,000
181cm×64cm 西泠拍卖 2017-07-15

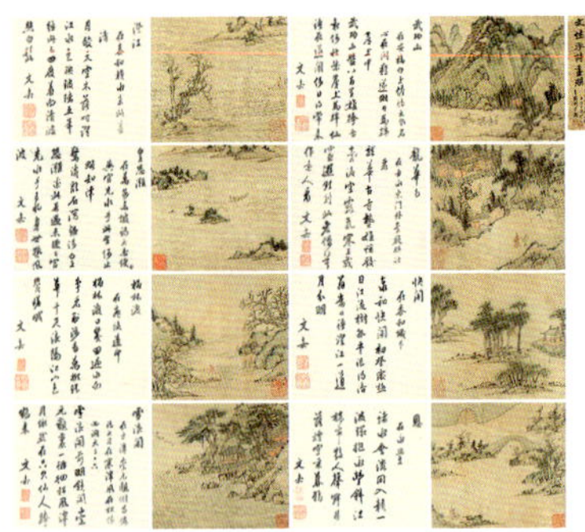

454 文嘉 庐陵各景书画 册页 （八开十六页）
估 价：RMB 2,800,000~3,800,000
成交价：RMB 5,175,000
16cm×18.5cm×16 中国嘉德 2017-12-18

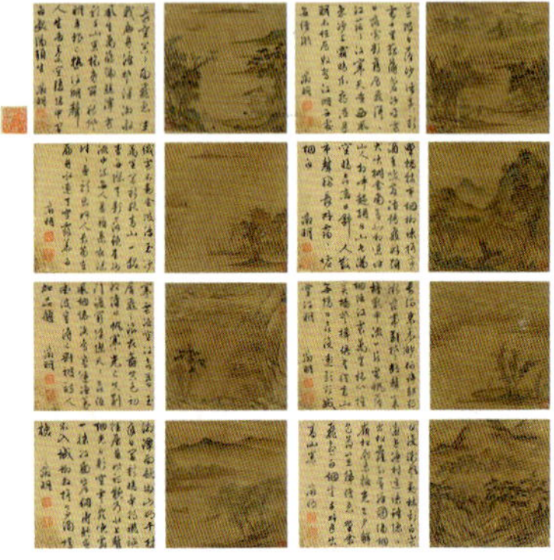

514 文徵明 山居八景 册页 （十六对开）
估 价：USD 120,000~220,000
成交价：RMB 5,448,713
22cm×21.2cm×16 纽约佳士得 2017-03-15

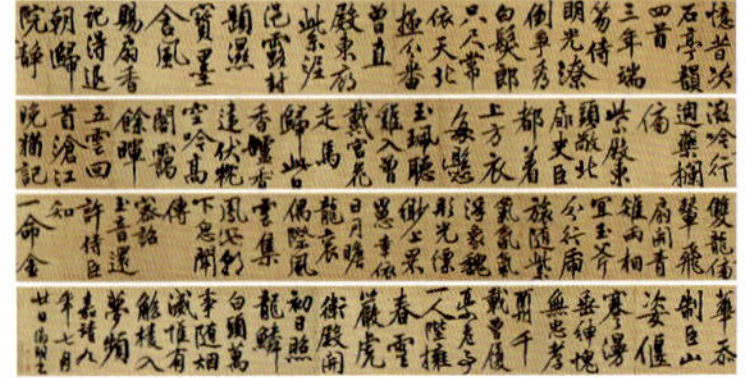

2762 文徵明 行书《忆昔次石亭韵四首》 手卷
估 价：HKD 3,800,000~4,200,000
成交价：RMB 6,059,000
36.5cm×1243.4cm 香港苏富比 2017-10-01

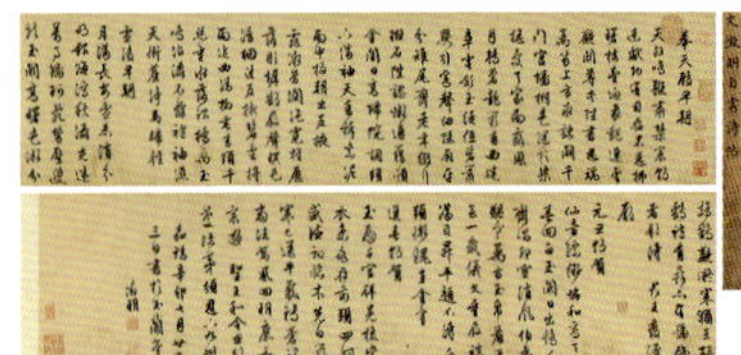

464 文徵明 1531年作 行书自书诗帖 手卷
估 价：RMB 6,000,000~8,000,000
成交价：RMB 18,975,000
23cm×192.5cm 中国嘉德 2017-12-18

3543 文徵明 1544年作 新燕篇诗意 手卷
著录：1.《石渠宝笈初编》卷六，见《秘殿珠林石渠宝笈合编》，第1055页；2.《故宫已佚书籍书画目录四种》，《历代书画录续编》卷五，第340页；3.江兆申《文徵明与苏州画坛》，第209页……。
出版：杨仁恺《国宝沉浮录》，第577页。
估 价：RMB 28,000,000~38,000,000
成交价：RMB 36,225,000
画心27.2cm×88cm；书心27cm×375cm 北京保利 2017-06-05

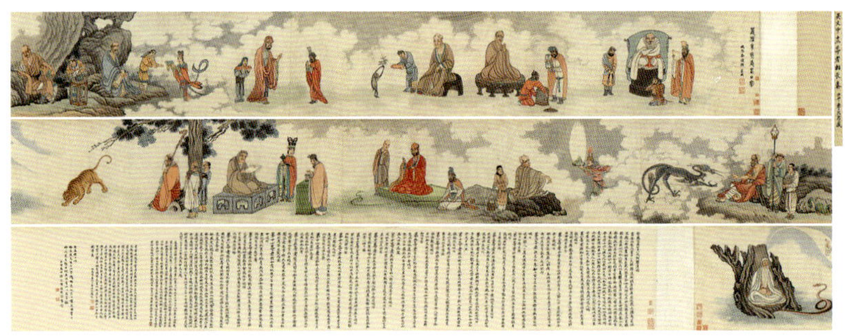

767 吴彬 1611年作 十二尊者相 手卷
备注：出版著录多处。
估 价：RMB 50,000,000~70,000,000
成交价：RMB 66,700,000
画38.5cm×644.5cm 中国嘉德 2017-06-19

577 文徵明 醉翁亭记 手卷
估 价：RMB 2,200,000~3,800,000
成交价：RMB 6,670,000
29cm×120cm 上海敬华 2017-07-01

773 吴宽 行书七言诗 立轴
估 价：RMB 7,000,000~9,000,000
成交价：RMB 8,050,000
121cm×51cm 中国嘉德 2017-06-19

233 吴彬 林泉幽居图 立轴
估　价：RMB 8,000,000~10,000,000
成交价：RMB 14,950,000
127cm×52.5cm 上海明轩 2017-06-30

3544 夏昶 1445年作 孤峰晴翠 立轴
备注：多处出版著录。
估　价：RMB 19,500,000~28,000,000
成交价：RMB 23,000,000
143cm×55cm 北京保利 2017-06-05

922 夏明远（款） 丰乐楼图 立轴
估 价：HKD 200,000~300,000
成交价：RMB 1,914,750
174.3cm×114cm 佳士得 2017-11-27

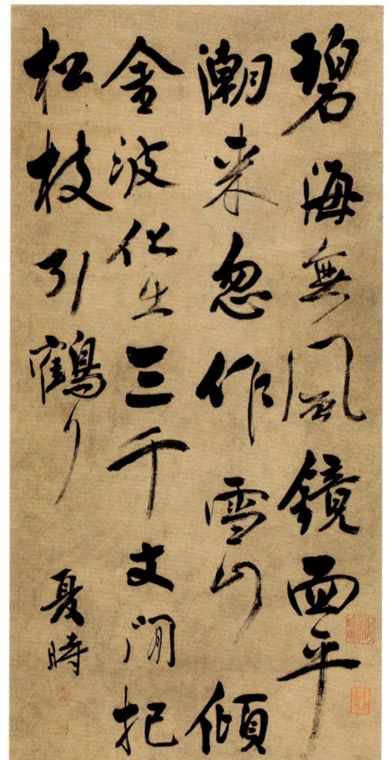

1319 夏时 行书七言诗 立轴
估 价：RMB 720,000~800,000
成交价：RMB 828,000
56cm×28.5cm 北京匡时 2017-06-04

433 夏寅 楷书送参政赵公诗 立轴
估 价：RMB 500,000~800,000
成交价：RMB 713,000
31cm×50.5cm 观唐皕榷 2017-01-11

1909 夏永（传） 楼阁山水 立轴
估 价：RMB 2,500,000~3,000,000
成交价：RMB 3,220,000
48.5cm×29.5cm 北京匡时 2017-12-04

328 项奎 夏木虚堂图 立轴
估 价：RMB 900,000~1,800,000
成交价：RMB 1,380,000
163cm×45.5cm 观唐皕榷 2017-01-11

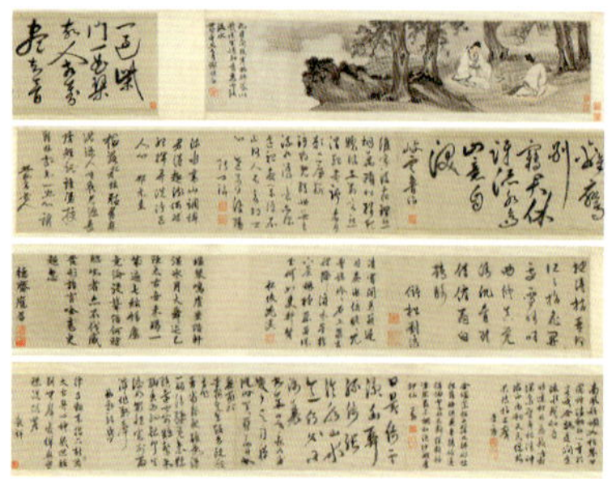

455 谢时臣 1541年作 寒林抚琴 手卷
估 价：RMB 1,000,000~1,800,000
成交价：RMB 1,840,000
画17.5cm×75cm 中国嘉德 2017-12-18

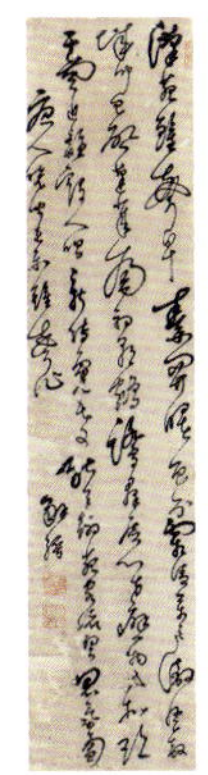

8048 解缙 草书《晓闻长乐终声》 立轴
估 价：RMB 1,800,000~2,800,000
成交价：RMB 3,220,000
159cm×36cm 上海嘉禾 2017-07-01

236 邢侗 1567年作 草书“高启诗两首” 四屏立轴
估 价：RMB 500,000~600,000
成交价：RMB 575,000
169cm×43cm×4 北京东正 2017-12-09

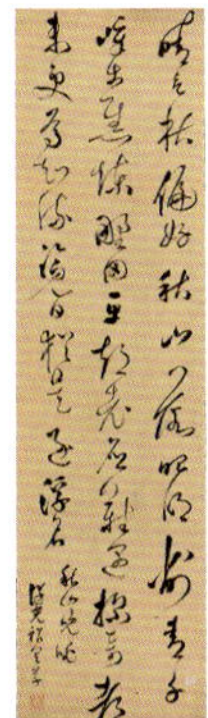

1320 许光祚 草书五言诗 立轴
估 价：RMB 400,000~450,000
成交价：RMB 460,000
183cm×50cm 北京匡时 2017-06-04

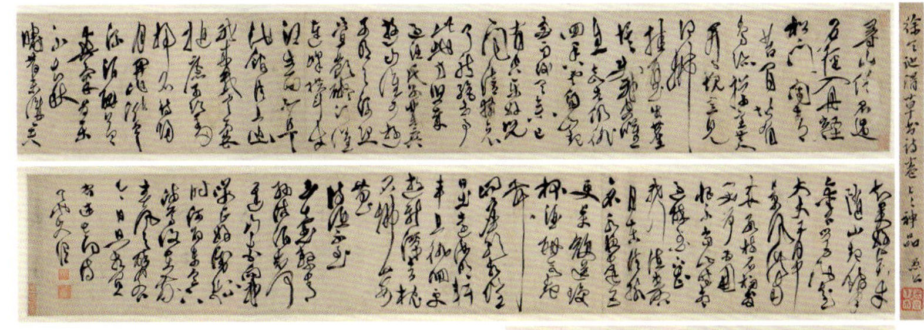

368 徐渭 草书李太白诗 手卷
估 价：RMB 20,000,000~30,000,000
成交价：RMB 23,575,000
30cm×383cm 保利华宜 2017-12-08

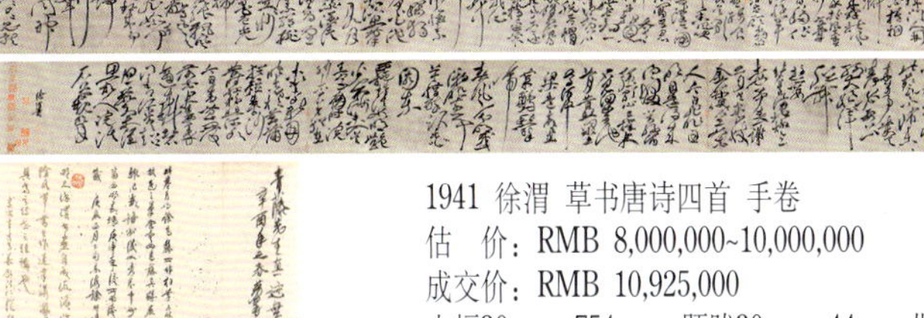

1941 徐渭 草书唐诗四首 手卷
估 价：RMB 8,000,000~10,000,000
成交价：RMB 10,925,000
本幅30cm×754cm；题跋30cm×44cm 北京匡时 2017-06-04

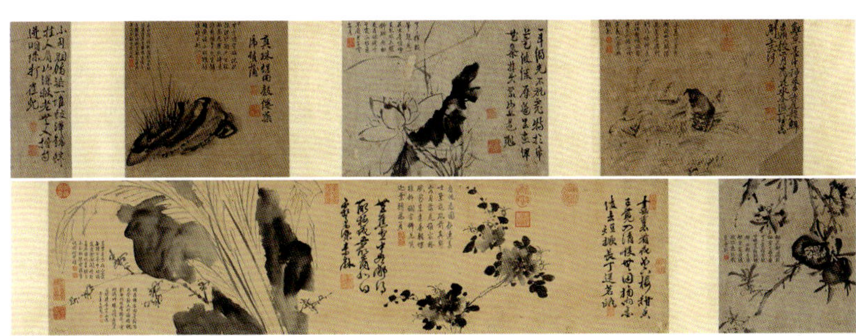

453 徐渭 写生 手卷
著录：1.《石渠宝笈续编》《秘殿珠林石渠宝笈合编》第五册，第1628—1629页；2.《故宫已佚书画目校注》，第22页；3.《重订清宫旧藏书画录》，第113页。
成交价：RMB 127,075,000
29cm×38.8cm；29cm×39.4cm；29cm×31cm；29cm×40.3cm；29cm×119.2cm 中国嘉德 2017-12-18

904 宣宗（款） 1428年作 耄耋图 镜框
估 价：HKD 300,000~600,000
成交价：RMB 665,250
32.5cm×227cm 佳士得 2017-05-29

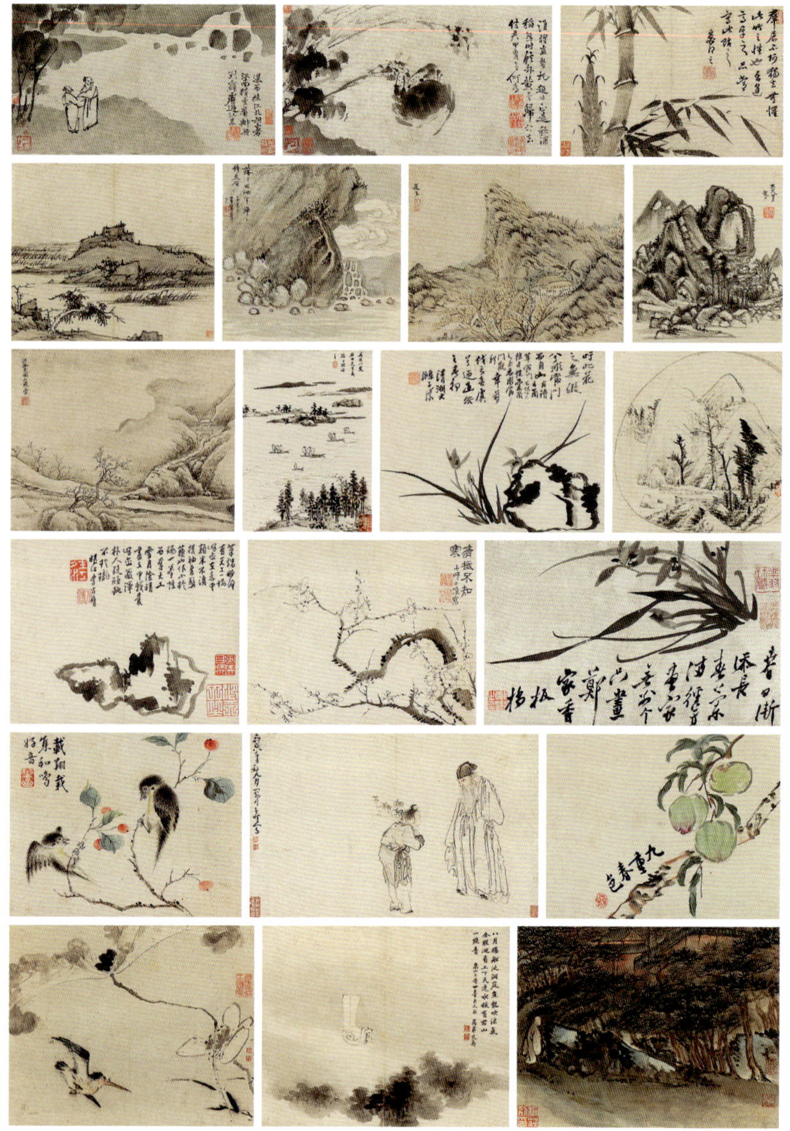

3526 徐渭 鲁得之 赵左 沈颢 浙江 八大山人 石涛 查士标 王翚 郑板桥 汪士慎 李方膺 李鱓 黄慎 华嵒 高凤翰 潘恭寿 翁仁 明清杂画 册页 （二十开）
估　价：RMB 15,000,000~28,000,000
成交价：RMB 17,250,000
尺寸不一 北京保利 2017-06-05

974 杨大临 寒鸦花木图 寒梅九翁图 立轴 镜心
估　价：RMB 2,600,000~3,500,000
成交价：RMB 3,450,000
226cm×102cm；188cm×86cm
保利厦门 2017-06-25

519 仰廷宣 松石图 立轴
估　价：RMB 300,000~400,000
成交价：RMB 1,127,000
200cm×110cm 北京荣宝 2017-04-02

473 姚绶 冈陵图 立轴
估　价：RMB 4,000,000~6,000,000
成交价：RMB 5,175,000
115cm×53cm 十竹斋 2017-01-01

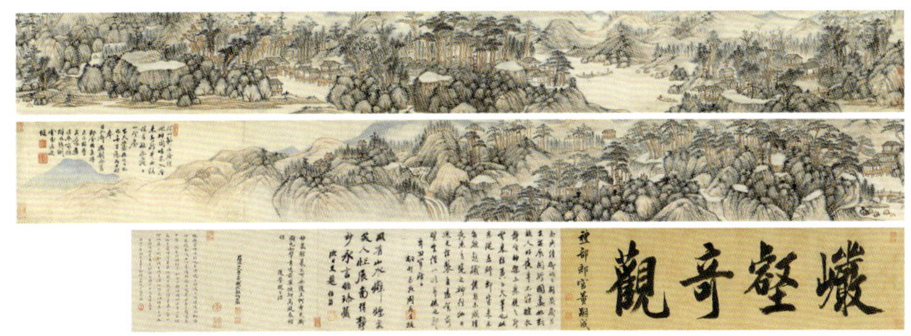

1871 姚绶 晴岚暖翠图 手卷
估 价：RMB 1,200,000~1,500,000
成交价：RMB 1,725,000
本幅23.5cm×417cm 北京匡时 2017-06-04

554 佚名 明永乐御制《三世佛六菩萨宝相》立轴
成交价：RMB 33,939,750
217cm×220cm 中濠典藏 2017-05-23

6 佚名 明 货郎图 木板镜框
估 价：USD 30,000~50,000
成交价：RMB 1,546,397
151.5cm×100.5cm 纽约佳士得 2017-03-14

227 佚名 明良真像 册页（33开）
估 价：HKD 600,000~1,200,000
成交价：RMB 1,068,480
32cm×25cm×33 中濠典藏 2017-11-29

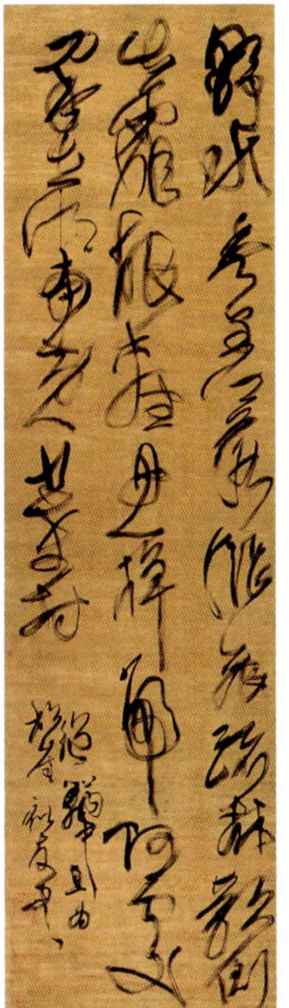

466 尹直 草书苏轼诗 立轴
估 价：RMB 800,000~1,600,000
成交价：RMB 2,875,000
254cm×70cm 中国嘉德 2017-12-18

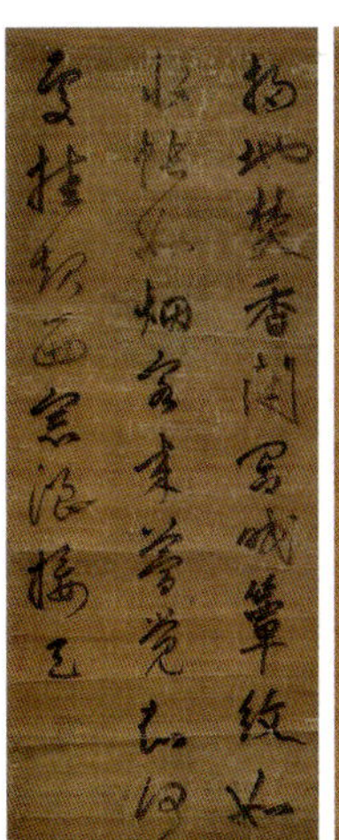

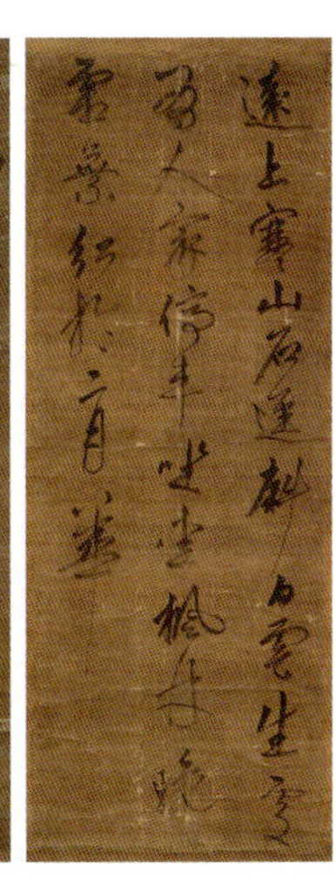

918 佚名 行书七言诗两首 立轴 镜框
估 价：HKD 300,000~600,000
成交价：RMB 4,169,900
123.6cm×48.5cm；124.5cm×49cm
佳士得 2017-11-27

1467 殷善 岁寒文禽图 镜心
估 价：RMB 680,000~750,000
成交价：RMB 782,000
98.5cm×47.5cm 北京匡时 2017-06-04

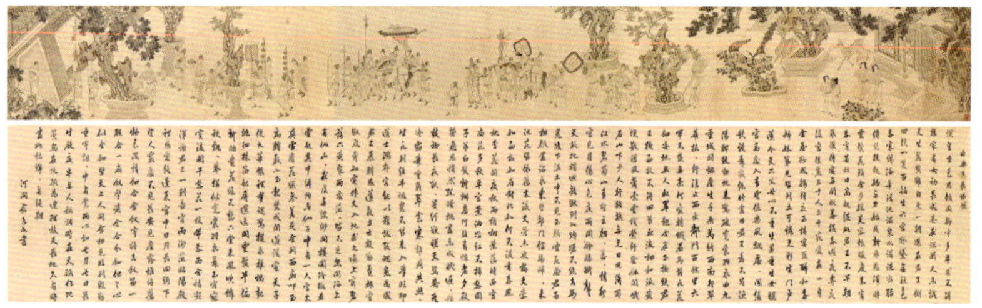

8105 尤求 1579年作 长恨歌－春游 手卷
估　价：HKD 800,000~1,000,000
成交价：RMB 7,029,260
32.5cm×275.5cm 佳士得 2017-11-27

3514 张复 1625年作 溪山幽邃图 手卷
估　价：RMB 800,000~1,200,000
成交价：RMB 1,840,000
30cm×467cm 北京保利 2017-12-17

3701 张宏 秋山隐居图 立轴
估　价：RMB 500,000~800,000
成交价：RMB 575,000
176cm×43cm 北京保利 2017-06-06

555 恽向 拟黄子久笔意 立轴
估　价：RMB 300,000~400,000
成交价：RMB 402,500
126cm×48.5cm 西泠拍卖 2017-07-15

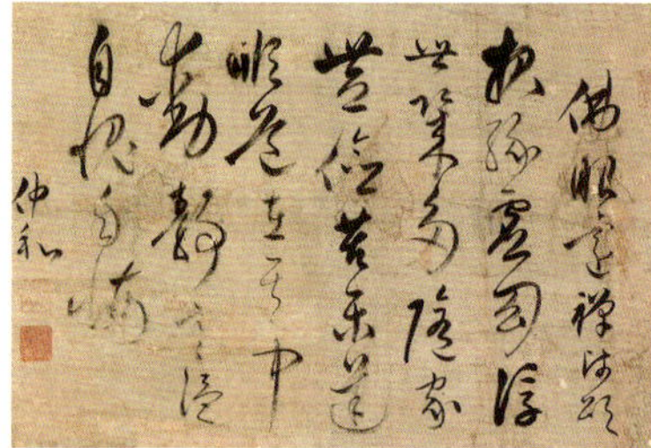

963 詹仲和 草书 立轴
估　价：HKD 60,000~80,000
成交价：RMB 744,625
32cm×47cm 佳士得 2017-11-27

512 袁尚统 1635年作 渔家乐 立轴
估　价：RMB 300,000~400,000
成交价：RMB 977,500
88cm×88cm 北京荣宝 2017-04-02

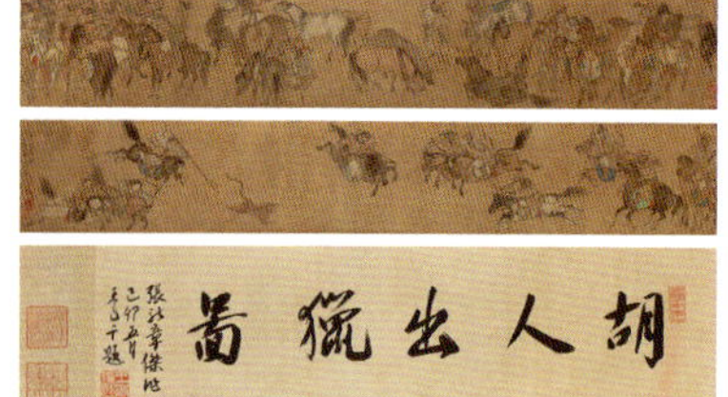

814 张龙章 胡人出猎图 手卷
来源：1.孔广陶旧藏；2.纽约苏富比，王季迁家族藏重要中国绘画（慈善拍卖），1997年9月22日，拍品编号10。
估　价：USD 100,000~150,000
成交价：RMB 1,729,750
304.4cm×24.1cm 纽约苏富比 2017-03-16

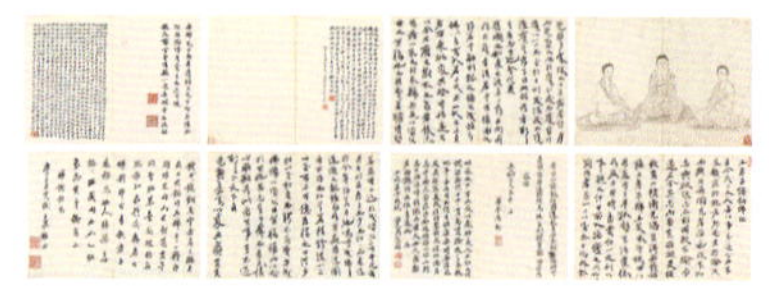

1007 张大风 铸铜佛像 册页 （十开选八）
估　价：RMB 80,000~120,000
成交价：RMB 471,500
25cm×36.5cm×10 中贸圣佳 2017-06-19

1903 张路 仙人烹芝图 立轴
估 价：RMB 1,800,000~2,200,000
成交价：RMB 4,140,000
128cm×51cm 北京匡时 2017-12-04

3517 张一奇 驻骑赏雪图 立轴
估 价：RMB 500,000~800,000
成交价：RMB 1,265,000
142cm×72cm 北京保利 2017-12-17

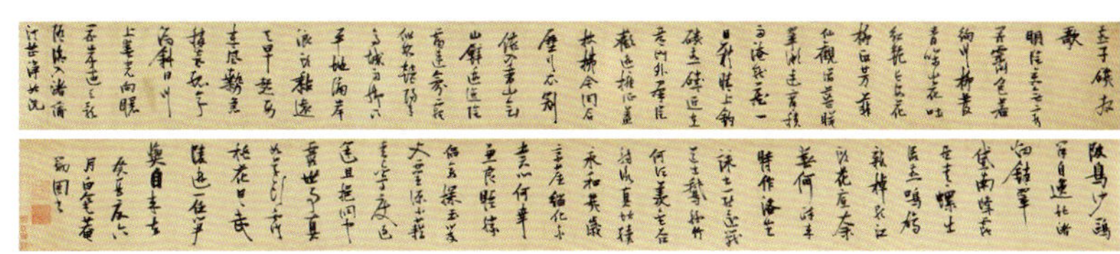

486 张瑞图 1633年作 行书燕子矶放歌 手卷
估 价：RMB 6,000,000~9,000,000
成交价：RMB 9,200,000
540cm×26cm 西泠拍卖 2017-07-15

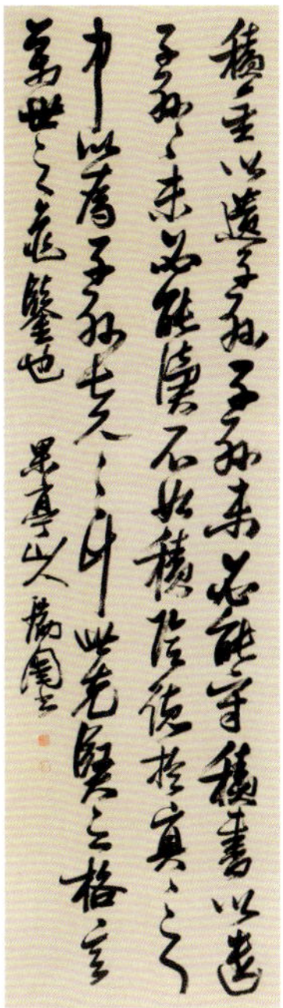

3513 张瑞图 格言巨轴 立轴
估 价：RMB 15,000,000~25,000,000
成交价：RMB 19,550,000
358cm×98cm 北京保利 2017-06-05

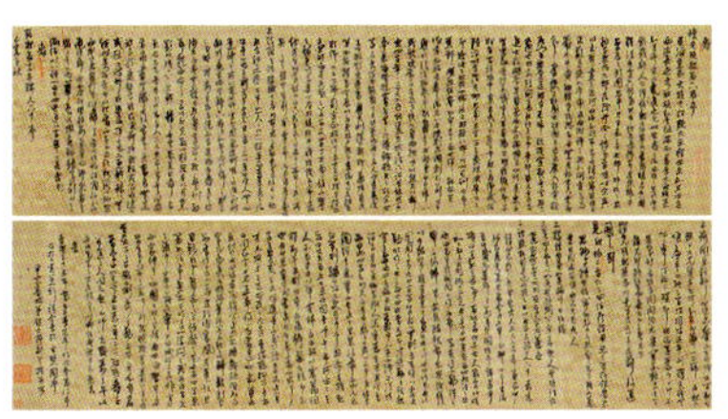

280 赵士麟 1696年作 草书序文 手卷
估 价：HKD 1,000,000~1,200,000
成交价：RMB 1,253,160
47.5cm×362cm 中濠典藏 2017-05-22

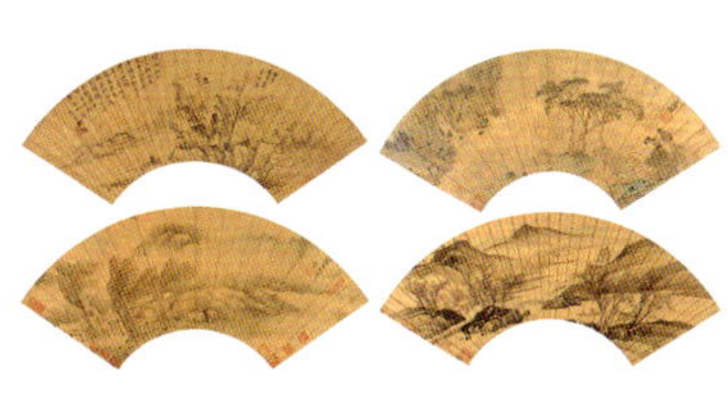

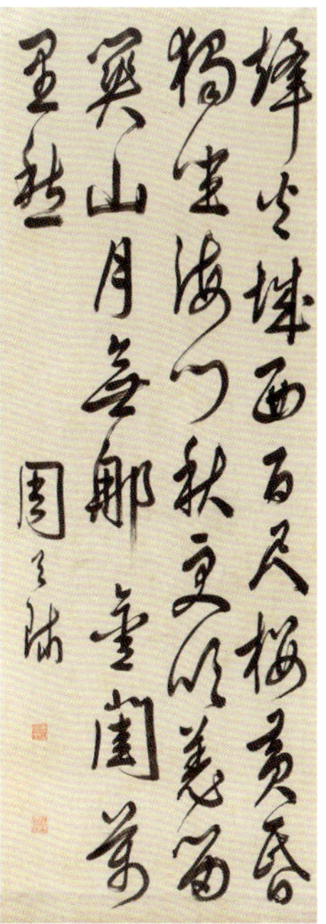

1448 周天球 行书七言诗 立轴
估 价：RMB 550,000~600,000
成交价：RMB 1,092,500
183cm×66.5cm 北京匡时 2017-12-04

1283 周之冕 春江水暖 镜心
估 价：RMB 550,000~580,000
成交价：RMB 759,000
16.5cm×52cm 北京匡时 2017-12-04

1429 赵左 李流芳 周臣 文徵明 扇面集锦 镜心
估 价：RMB 1,300,000~1,600,000
成交价：RMB 3,047,500
17cm×49cm×4 北京匡时 2017-06-04

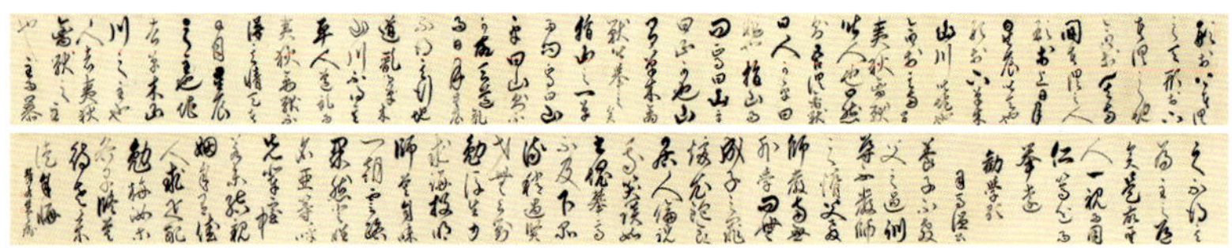

1932 朱舜水 草书唐宋文二则 手卷
估 价：RMB 1,800,000~2,000,000
成交价：RMB 2,070,000
37cm×835cm 北京匡时 2017-06-04

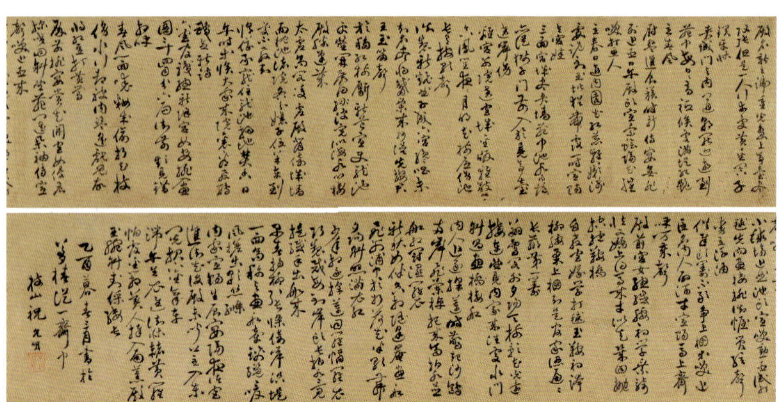

1934 祝允明 1525年作 草书花蕊夫人《宫词》 手卷
备注：多处出版著录。
估 价：RMB 10,000,000~12,000,000
成交价：RMB 12,650,000
28cm×232cm 北京匡时 2017-06-04

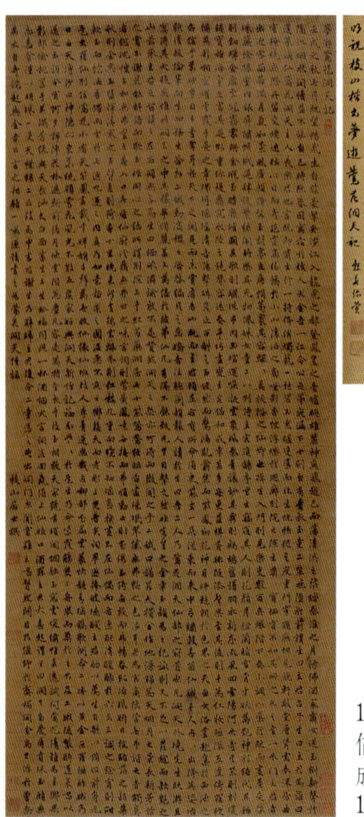

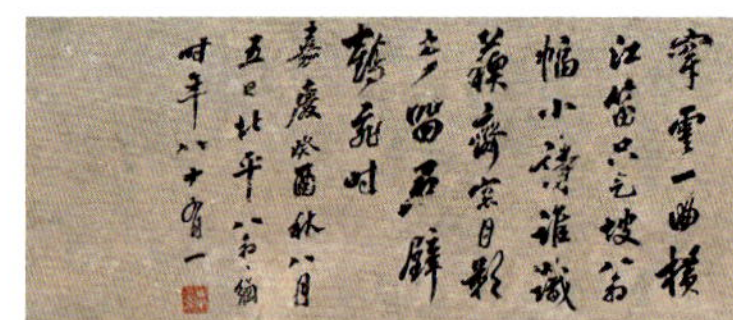

442 朱德润 1361年作 李委吹笛图 镜心
估 价：RMB 800,000~1,000,000
成交价：RMB 1,115,500
画心41.5cm×51cm；诗堂22cm×51cm
北京银座 2017-06-07

1520 祝允明 楷书《梦游莺花洞天记》 立轴
估 价：RMB 1,800,000~2,200,000
成交价：RMB 5,290,000
122cm×52.5cm 中国嘉德 2017-06-21

清代作者

502 八大山人 福禄长春图 立轴
备注：多处出版记录。
估 价：RMB 15,000,000~20,000,000
成交价：RMB 17,250,000
167.5cm×91.5cm 西泠拍卖 2017-07-15

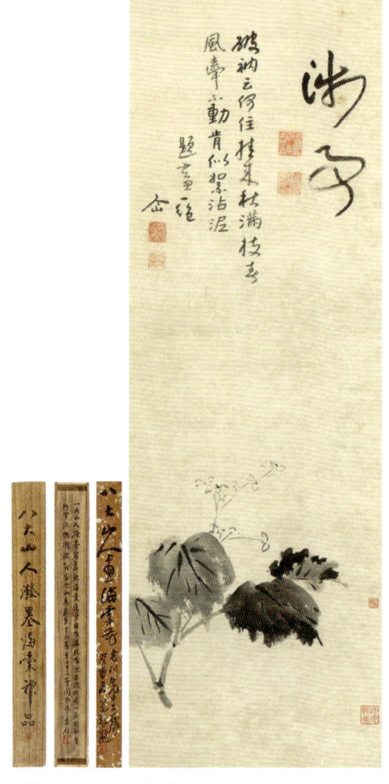

1900 八大山人 海棠 立轴
估 价：RMB 3,000,000~3,500,000
成交价：RMB 4,600,000
130cm×44.5cm 北京匡时 2017-12-04

844 八大山人 花鸟鱼果 十二开册
来源：1.石原菊女氏舊藏；2.山口良夫舊藏；3.張大千舊藏。
估 价：USD 2,500,000~3,500,000
成交价：RMB 21,673,768
28.7cm×19.7cm 纽约苏富比 2017-03-16

2843 边寿民 花鸟杂赏 册 十二开
估 价：HKD 300,000~500,000
成交价：RMB 723,938
24cm×31cm×12 香港苏富比 2017-04-03

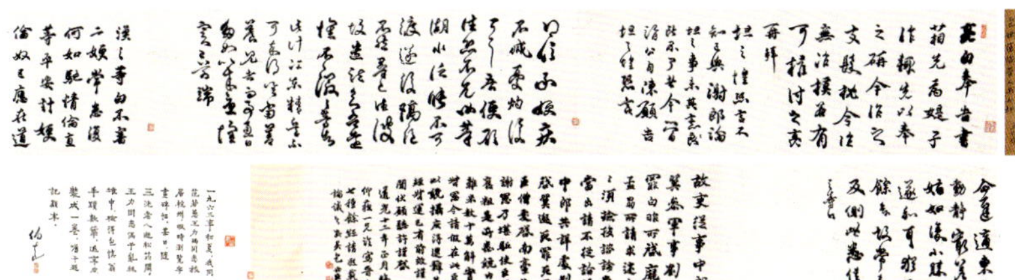

398 包世臣 1832年作 行草书临阁帖 手卷
估 价：RMB 800,000~1,200,000
成交价：RMB 1,150,000
31.5cm×378.5cm 观唐皕榷 2017-01-11

1880 八大山人 江山清远 立轴
出版：1.《八大山人书画集》（上册），香港，1969年；2.《八大山人全集》，艺术图书公司，1974年；3.《八大山人书画集》（上册），东京堂，1975年。
估 价：RMB 4,500,000~5,000,000
成交价：RMB 13,800,000
187cm×48.5cm 北京匡时 2017-06-04

563 八大山人 闲适图 对屏 立轴
估 价：RMB 2,200,000~3,800,000
成交价：RMB 4,830,000
29cm×29cm×2 上海敬华 2017-07-01

3623 蔡嘉 1735年作 荷乡清夏 立轴
估 价：RMB 280,000~380,000
成交价：RMB 1,207,500
195cm×54cm 北京保利 2017-06-06

994 蔡嘉 1717年作 溪山无尽图 手卷
估　价：HKD 2,000,000~4,000,000
成交价：RMB 20,509,100
35cm×277cm 佳士得 2017-11-27

1401 陈书 1712年作 湖石红莲 镜心
估　价：RMB 30,000~60,000
成交价：RMB 437,000
131cm×59cm 中国嘉德 2017-06-21

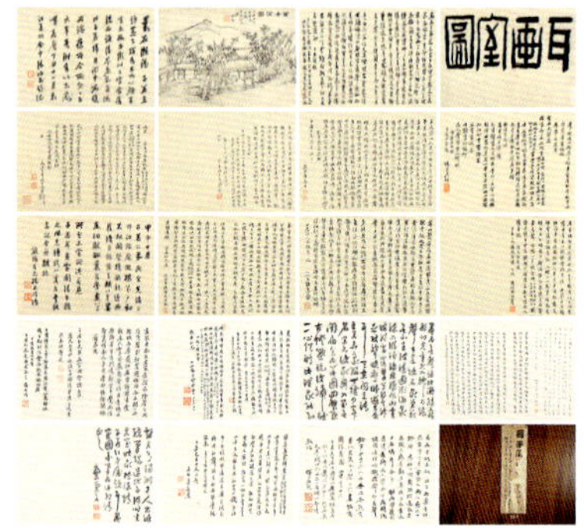

1025 陈鸿寿 耳画室图 册页 （十九开）
估　价：RMB 80,000~120,000
成交价：RMB 3,047,500
25.5cm×36.5cm×19 朵云轩 2017-06-25

864 陈三立 郑孝胥 沈曾植 行书诗 手卷
估　价：RMB 800,000~1,000,000
成交价：RMB 1,035,000
本幅31cm×83cm；31cm×278cm
北京匡时 2017-06-03

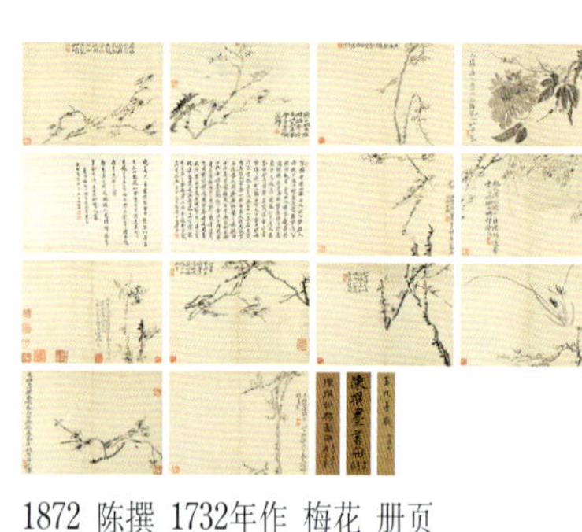

1872 陈撰 1732年作 梅花 册页
估　价：RMB 2,000,000~3,000,000
成交价：RMB 3,220,000
本幅19cm×26.5cm×12 北京匡时 2017-06-04

27 陈元龙 行楷中堂 镜心
估　价：RMB 500,000~800,000
成交价：RMB 575,000
155.5cm×49cm 保利厦门 2017-06-26

527 陈枚 富贵根基图 立轴
估　价：RMB 400,000~600,000
成交价：RMB 575,000
112.6cm×51.2cm 观唐皕榷 2017-01-11

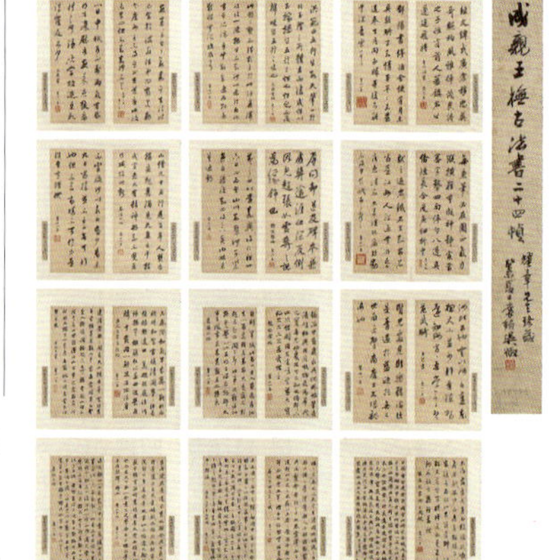

576 成亲王 樵古法书 册页 （二十四页）
估　价：RMB 200,000~300,000
成交价：RMB 1,955,000
36.5cm×18cm×24 西泠拍卖 2017-07-15

1272 程芳朝 行书七言诗 立轴
估 价：RMB 20,000~50,000
成交价：RMB 517,500
275cm×49cm 中国嘉德 2017-12-20

563 慈禧太后 山水翎毛 卷
估 价：RMB 40,000~60,000
成交价：RMB 655,500
直径24cm×4 北京翰海 2017-12-15

523 慈禧太后 1907年作 红梅图 四屏镜心
估 价：RMB 900,000~1,600,000
成交价：RMB 2,300,000
186.5cm×107.5cm×4 观唐皕榷 2017-01-11

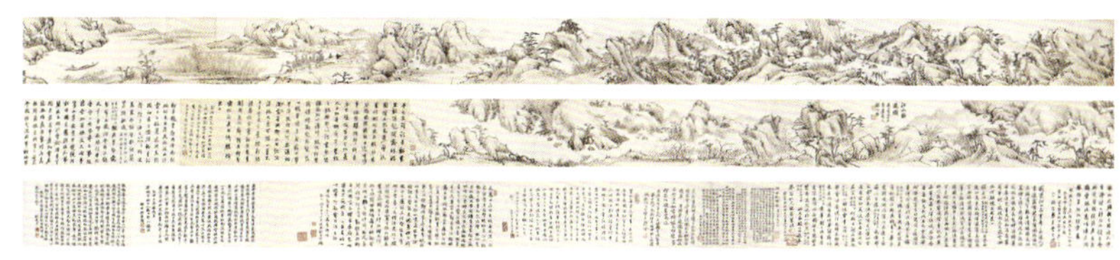

428 程正揆 江山卧游图第一百九十六 手卷
估 价：RMB 1,000,000~1,800,000
成交价：RMB 1,725,000
画心607cm×22cm 西泠拍卖 2017-07-15

415 达受 1833年作 静台圣域图 横披
估 价：RMB 1,000,000~1,500,000
成交价：RMB 1,150,000
40cm×206cm 中国嘉德 2017-12-18

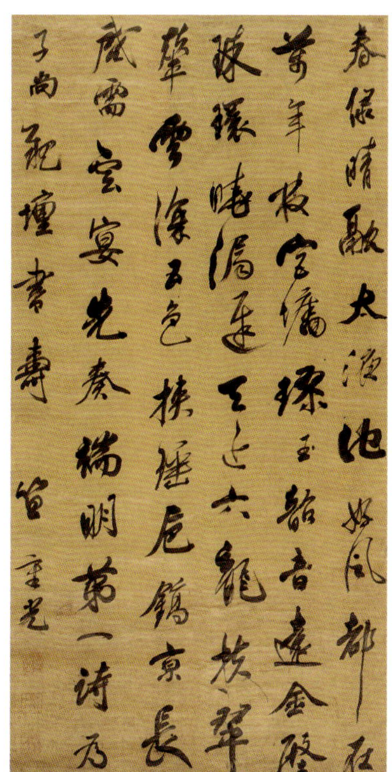

1993 笪重光 行书临米芾帖 立轴
估 价：RMB 600,000~700,000
成交价：RMB 862,500
183cm×92.5cm 北京匡时 2017-12-04

1480 崔思唯 草书五言诗 立轴
估 价：RMB 720,000~800,000
成交价：RMB 828,000
134cm×30cm 北京匡时 2017-12-04

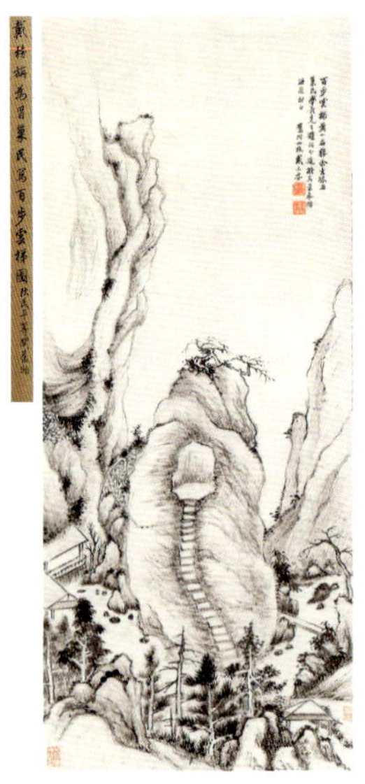

1438 戴本孝 百步云梯图 立轴
估　价：RMB 1,200,000~1,500,000
成交价：RMB 1,840,000
95cm×40.5cm 北京匡时 2017-06-04

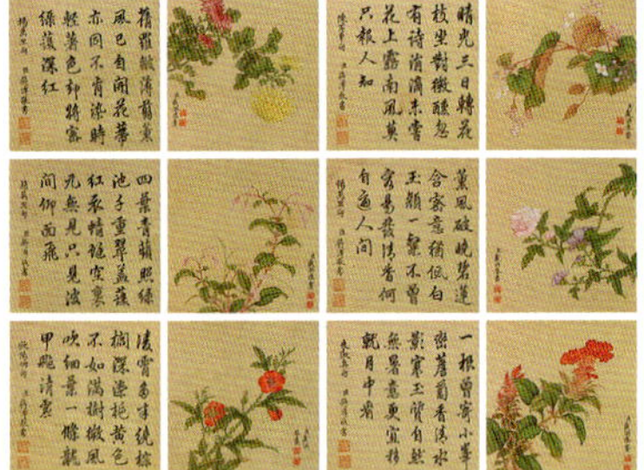

337 戴洪 蒋溥 秋芳六珍 册页 （六开）
估　价：RMB 650,000~850,000
成交价：RMB 805,000
13.5cm×13.5cm×6 华艺国际 2017-05-27

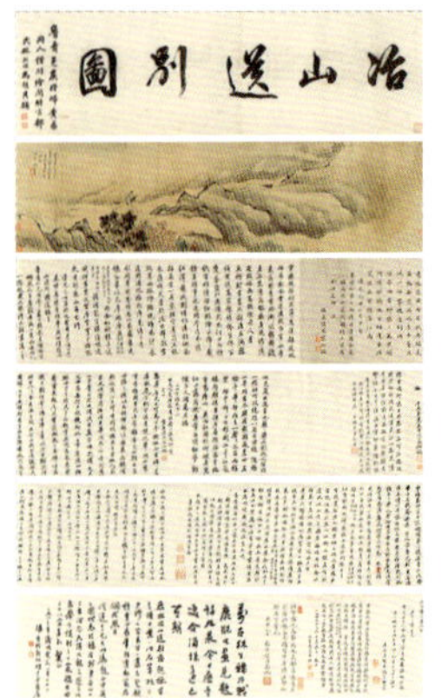

703 戴熙 林则徐 送别图 手卷
估　价：RMB 1,200,000~1,600,000
成交价：RMB 1,380,000
引首26cm×91cm；画30cm×113cm
广东崇正 2017-06-15

466 戴熙 如入云深 册页
估　价：RMB 1,000,000~1,500,000
成交价：RMB 1,495,000
23cm×31cm×10 北京匡时 2017-12-03

837 丁观鹏 大德谭经图 水墨纸本 手卷
估　价：USD 60,000~80,000
成交价：RMB 2,162,188
22.7cm×113cm 纽约苏富比 2017-03-16

2547 邓石如 隶书八言联 对联
估　价：RMB 400,000~500,000
成交价：RMB 460,000
168cm×39cm×2 北京保利 2017-06-06

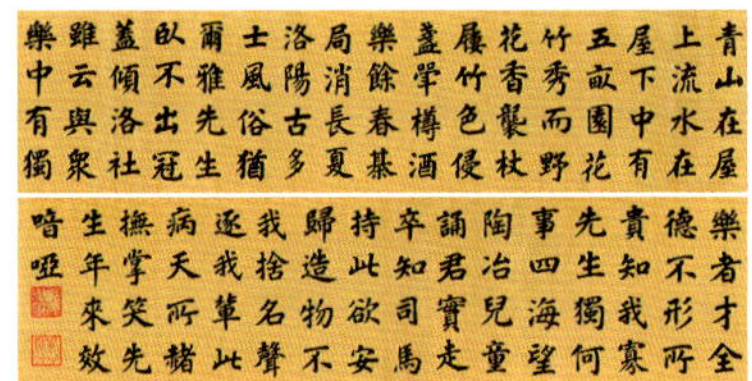

508 道光帝 楷书五言诗 手卷
估　价：RMB 500,000~800,000
成交价：RMB 690,000
40.5cm×323.5cm 观唐皕榷 2017-01-11

1363 丁观鹏 1736年作 行乐图 镜心
估　价：RMB 600,000~800,000
成交价：RMB 977,500
16cm×50cm 北京匡时 2017-12-04

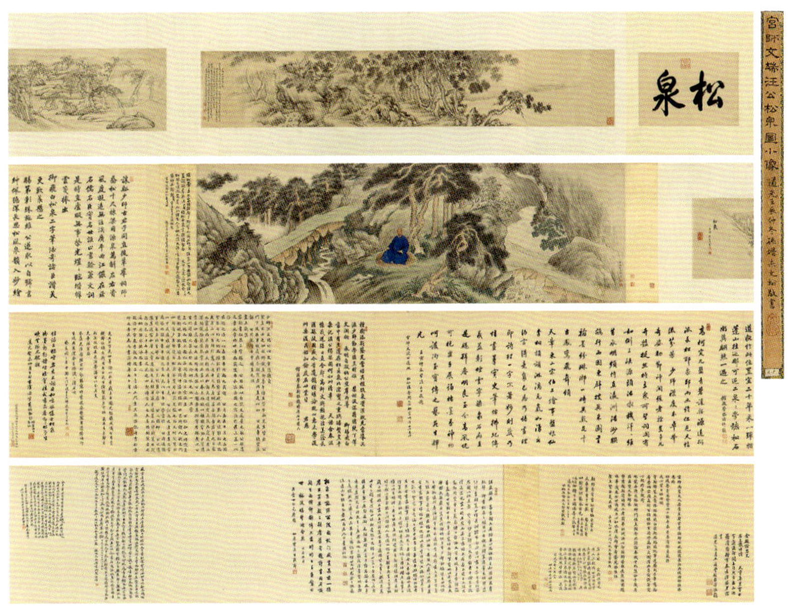

442 董邦达 李世倬 张洽 松泉图（并诸家题咏） 手卷
估 价：RMB 17,000,000~25,000,000
成交价：RMB 19,550,000
尺寸不一 中国嘉德 2017-12-18

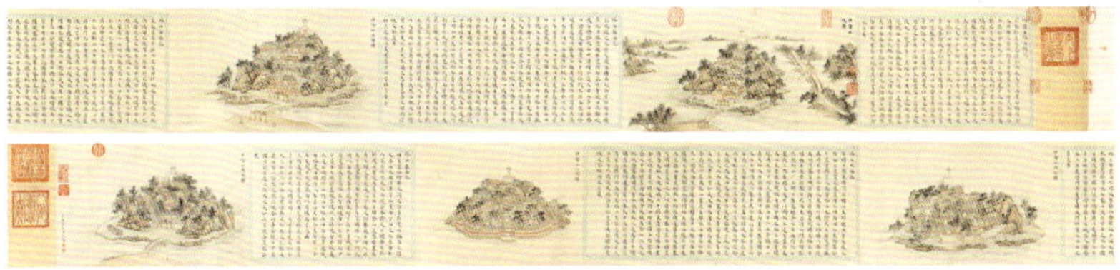

1237 董诰（款） 白塔山记 手卷
估 价：USD 2,000~4,000
成交价：RMB 2,411,272
纽约苏富比 2017-03-18

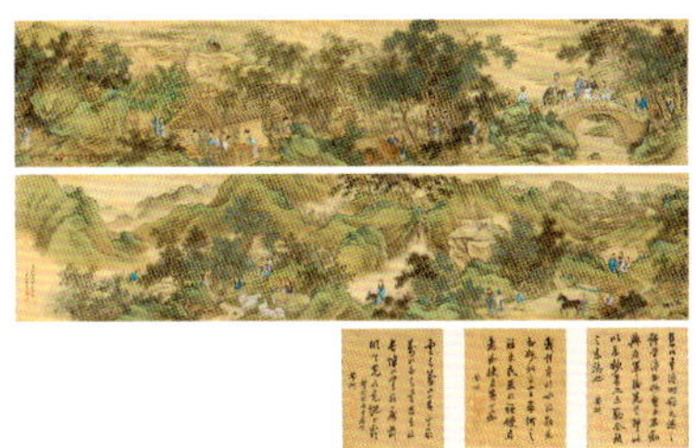

1251 杜衡 1833年作 村居图 手卷
估 价：HKD 100,000~150,000
成交价：RMB 979,400
画38.5cm×366cm 中国嘉德 2017-10-03

1178 董邦达 摹古 册页 （八开）
估 价：HKD 800,000~1,200,000
成交价：RMB 1,664,980
26.5cm×33cm×8 中国嘉德 2017-10-03

708 董诰 玉兰富贵 立轴
估 价：RMB 380,000~580,000
成交价：RMB 437,000
205cm×80cm 上海嘉禾 2017-07-02

509 董旭 1716年作 钟馗图 立轴
估 价：RMB 400,000~600,000
成交价：RMB 747,500
184cm×98cm 西泠拍卖 2017-07-15

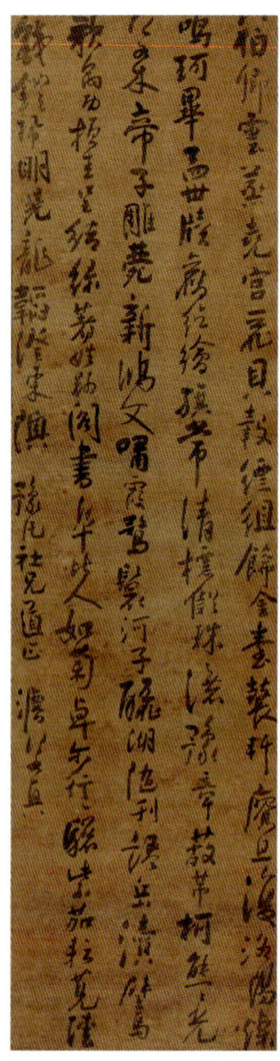

1329 法若真 行书五言诗 立轴
估　价：RMB 450,000~500,000
成交价：RMB 517,500
174cm×47cm 北京匡时 2017-06-04

522 樊沂 关山集素 立轴
估　价：RMB 500,000~800,000
成交价：RMB 713,000
47cm×28cm 上海敬华 2017-07-01

972 方士庶 1746年作 销夏 手卷
估　价：RMB 700,000~850,000
成交价：RMB 1,150,000
26cm×391cm 朵云轩 2017-12-14

3521 方士庶 独酌赏雨图 立轴
估　价：RMB 2,000,000~3,500,000
成交价：RMB 3,450,000
274cm×130cm 北京保利 2017-06-05

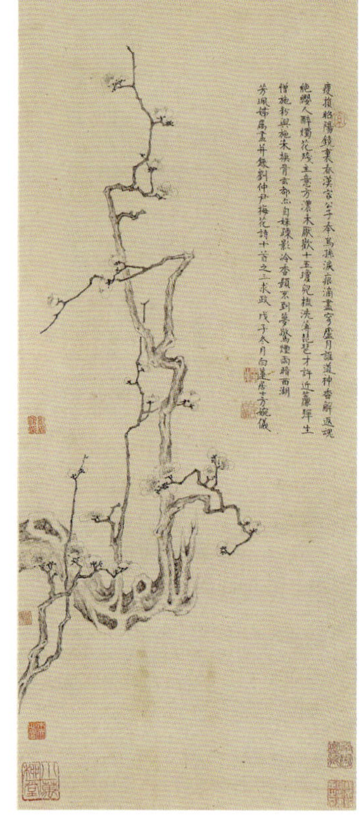

2801 方婉仪 墨梅 立轴
估　价：HKD 30,000~40,000
成交价：RMB 723,938
79.5cm×34.3cm 香港苏富比 2017-04-03

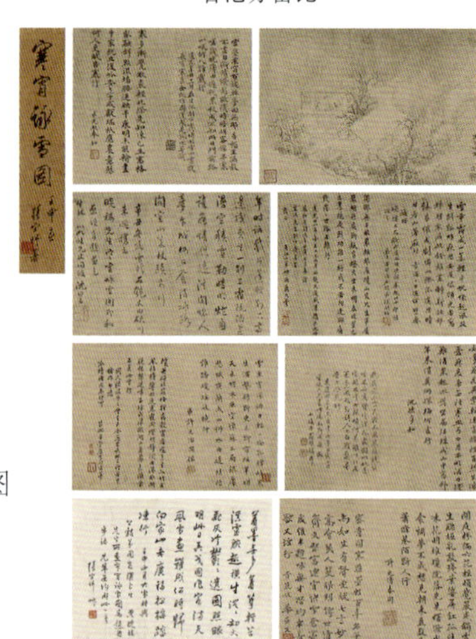

420 费丹旭 1841年作 为蒋光煦作 寒宵咏雪图册（共八页） 册页
估　价：RMB 30,000~50,000
成交价：RMB 828,000
画心27.5cm×19cm 西泠拍卖 2017-07-15

522 冯宁 1809年作 平安驌图 立轴
估 价：RMB 5,500,000~8,500,000
成交价：RMB 6,900,000
161cm×107cm 观唐皕榷 2017-01-11

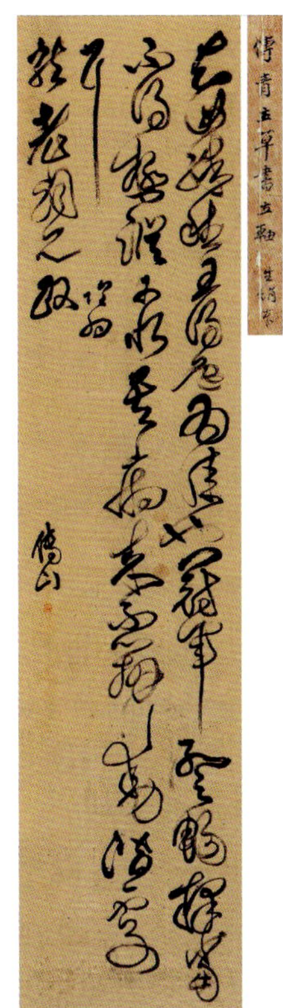

3511 傅山 草书节临“冠军帖” 立轴
估 价：RMB 2,600,000~3,500,000
成交价：RMB 2,990,000
189cm×44cm 北京保利 2017-06-05

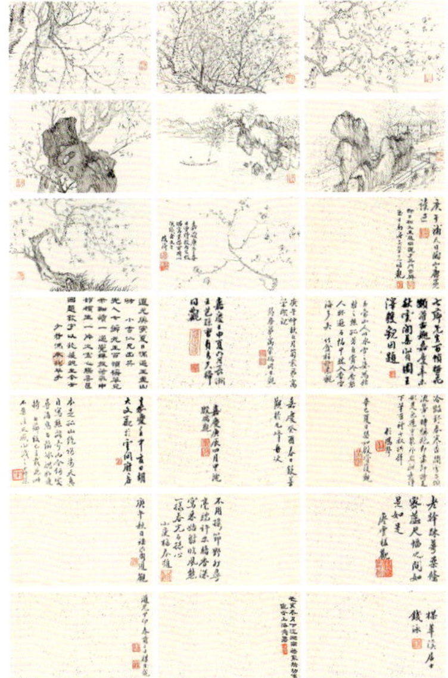

3519 改琦 百梅图 册页 （一百开）
估 价：RMB 1,600,000~2,600,000
成交价：RMB 1,840,000
9cm×14cm×100 北京保利 2017-06-05

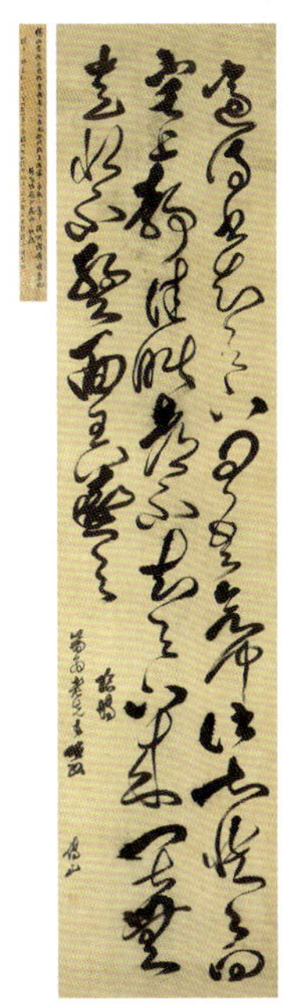

1984 傅山 草书临《适得帖》 立轴
估 价：RMB 2,500,000~3,000,000
成交价：RMB 4,370,000
186cm×46.5cm 北京匡时 2017-12-04

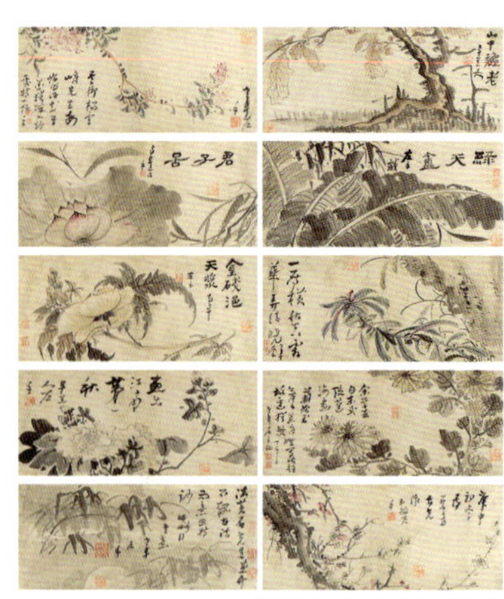
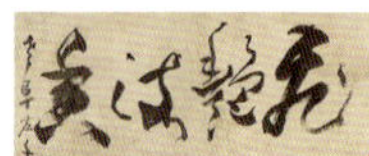

1654 高凤翰 1740年作 飞艳流香 册页
估　价：RMB 1,200,000~1,500,000
成交价：RMB 1,495,000
本幅18.5cm×44cm×10
北京匡时 2017-12-04

1269 高士奇 1682年作 行书七言诗 立轴
估　价：HKD 2,000~10,000
成交价：RMB 685,580
170.5cm×49cm 中国嘉德 2017-10-03

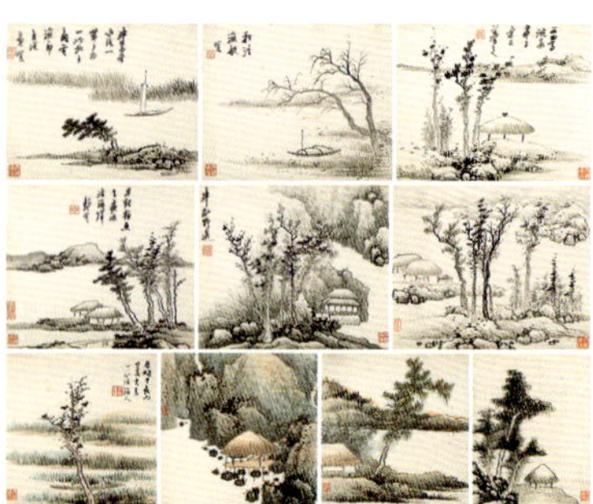

448 龚贤 山水 册页 （十开）
估　价：RMB 3,000,000~5,000,000
成交价：RMB 5,175,000
尺寸不一 中国嘉德 2017-12-18

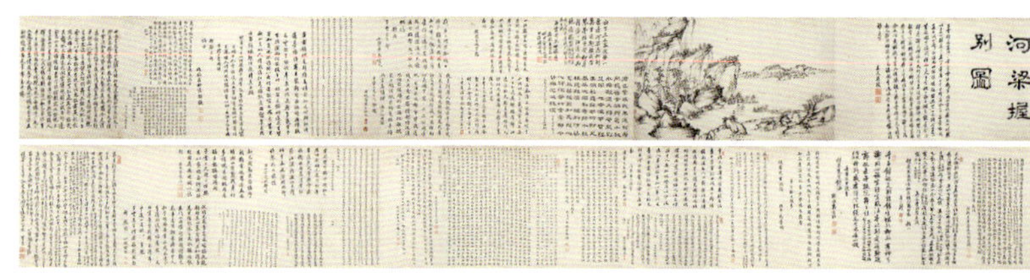

78 龚木夫 河梁握别图 立轴
估　价：RMB 500,000~600,000
成交价：RMB 977,500
画43.5cm×73cm 北京翰海 2017-06-02

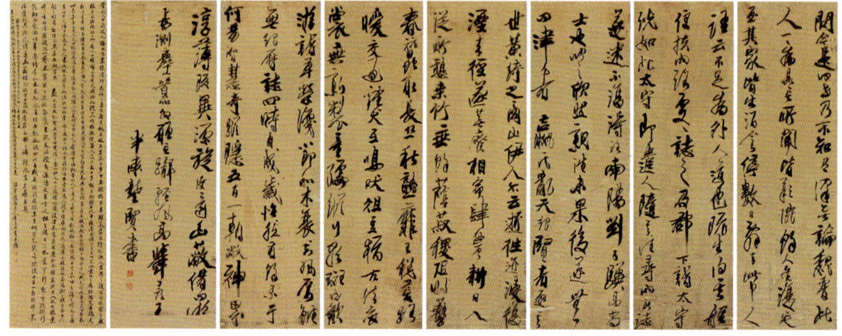

3507 龚贤 行书桃花源记 条屏
估　价：RMB 8,000,000~16,000,000
成交价：RMB 12,075,000
170cm×53cm 北京保利 2017-06-05

492 龚鼎孳 行书 五言诗 立轴
估　价：RMB 60,000~80,000
成交价：RMB 414,000
168cm×51cm 西泠拍卖 2017-07-15

1593 龚贤 夏山雨霁 立轴
估　价：RMB 800,000~1,200,000
成交价：RMB 5,635,000
174.5cm×96cm 中国嘉德 2017-06-21

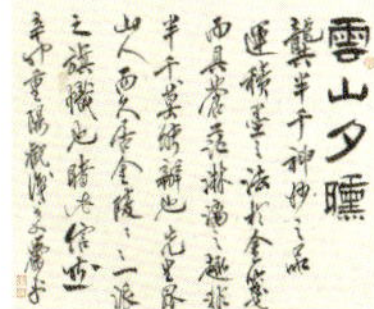

1881 龚贤 云山夕曛 立轴
估　价：RMB 6,500,000~7,000,000
成交价：RMB 8,625,000
本幅179.5cm×50cm 北京匡时 2017-06-04

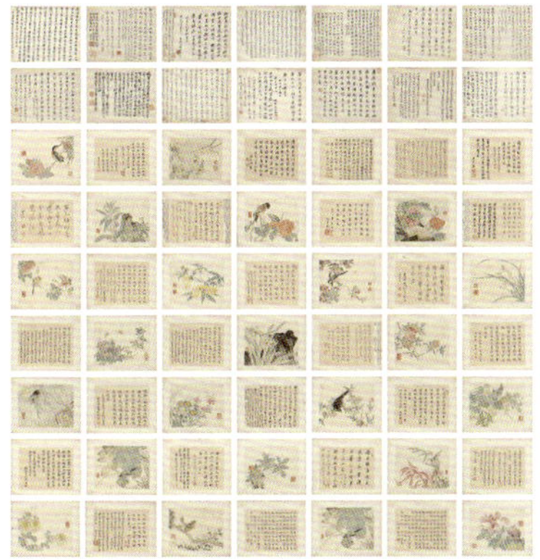

421 顾蕙 化机生趣花鸟 册页 （共六十五页）
估　价：RMB 100,000~200,000
成交价：RMB 1,012,000
画心21cm×15.5cm×24 西泠拍卖 2017-07-15

2814 顾符稹 溪山行旅图 立轴
估　价：HKD 120,000~220,000
成交价：RMB 2,004,750
125cm×55.5cm 香港苏富比 2017-04-03

1003 光绪帝 书法 镜框
估　价：HKD 100,000~200,000
成交价：RMB 532,200
36cm×104cm 佳士得 2017-05-29

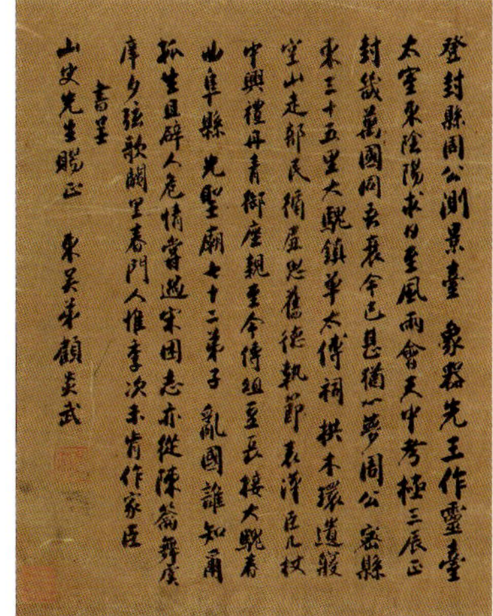

869 顾炎武 书呈王山史先生 立轴
估　价：RMB 20,000~30,000
成交价：RMB 632,500
30.5cm×24cm 北京荣宝 2017-06-02

927 顾见龙 1664年作 文苑雅集图 镜心
估　价：RMB 80,000~120,000
成交价：RMB 1,380,000
136cm×33cm×10 北京荣宝 2017-06-02

1446 顾澐 梦家山图 手卷
估　价：HKD 200,000~300,000
成交价：RMB 1,002,375
画心22.7cm×86cm 香港苏富比 2017-04-04

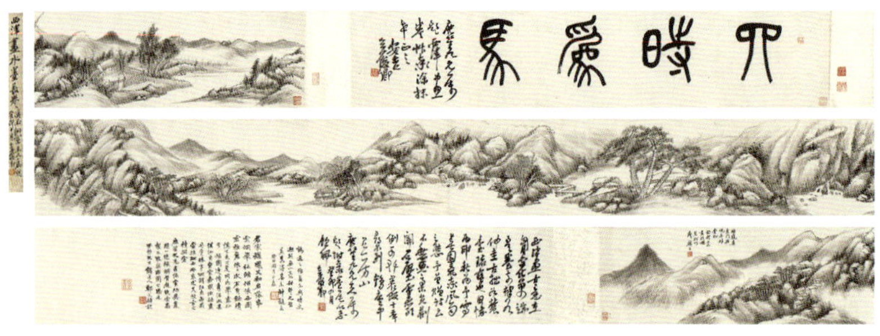

2330 顾麟士 1903年作 四时为马 手卷
估　价：RMB 800,000~1,200,000
成交价：RMB 920,000
画心303cm×20.5cm 西泠拍卖 2017-07-16

379 顾洛 名姬图 八屏立轴
估　价：RMB 600,000~1,000,000
成交价：RMB 862,500
138cm×31.7cm×8 观唐皕榷 2017-01-11

236 何绍基 1846年作 行书苏轼 黄庭坚等书论片语 立轴四屏
估　价：RMB 2,500,000~3,500,000
成交价：RMB 3,220,000
182.8cm×50.4cm×4 华艺国际 2017-11-25

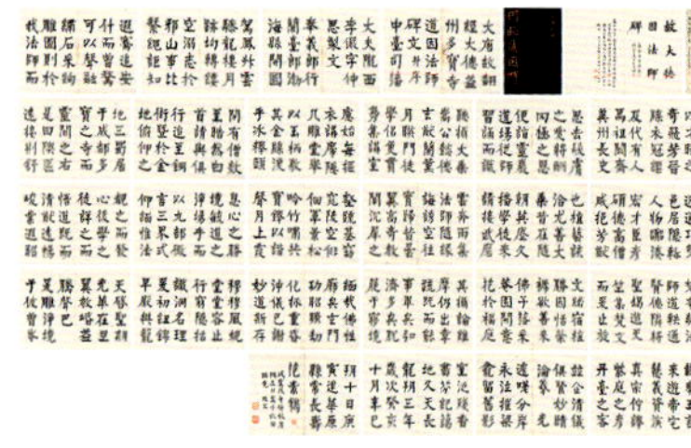

1573 何绍基 1858年作 楷书临《道因法师碑》 册页 （四册，一〇一开）
估　价：RMB 900,000~1,200,000
成交价：RMB 3,220,000
30cm×41.5cm×101 中国嘉德 2017-12-20

1579 赫奕 1707年作 平湖泛舟 立轴
估　价：RMB 800,000~1,200,000
成交价：RMB 920,000
84cm×71cm 中国嘉德 2017-06-21

449 弘仁 窗影群木图 立轴
备注：出版十处，著录三处。
估　价：RMB 6,000,000~8,000,000
成交价：RMB 30,475,000
103cm×47cm 中国嘉德 2017-12-18

458 弘旿 袖珍山水 手卷
估　价：HKD 300,000~400,000
成交价：RMB 732,662
3.7cm × 27.4cm 中国嘉德 2017-05-29

2331 胡锡珪 陆恢 花蝶图 手卷
估　价：RMB 1,500,000~2,000,000
成交价：RMB 2,875,000
引首92cm × 29cm；画心126cm × 29cm
西泠拍卖 2017-07-16

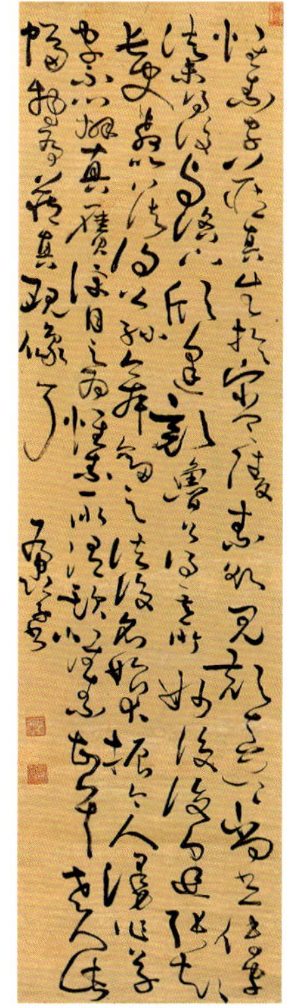

451 虎卧老人 草书书论一则 立轴
估　价：RMB 400,000~800,000
成交价：RMB 690,000
191.5cm × 51.3cm 观唐皕榷 2017-01-11

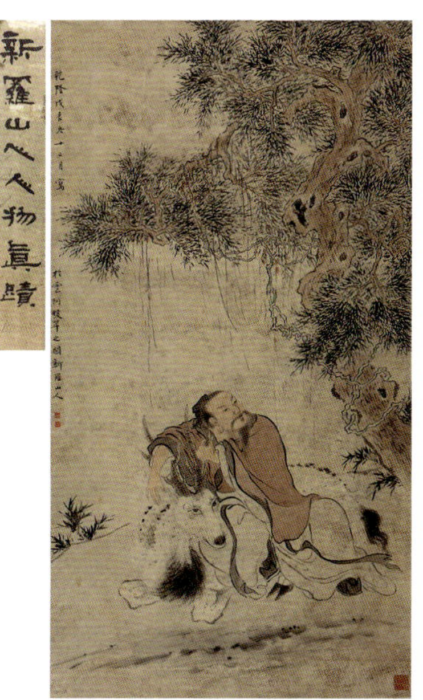

3528 华嵒 1748年作 仙人白鹿图 立轴
备注：多处出版著录。
估　价：RMB 11,000,000~15,000,000
成交价：RMB 19,550,000
179cm × 96cm 北京保利 2017-12-17

229 华嵒 1750年作 五伦图 立轴
估　价：HKD 5,000,000~6,500,000
成交价：RMB 6,787,950
267cm × 138cm 中濠典藏 2017-05-22

1477 华嵒 清涧古木 立轴
估　价：RMB 2,400,000~2,800,000
成交价：RMB 3,277,500
178cm × 66.5cm 北京匡时 2017-06-04

322 黄璧 四季揽胜图 手卷
估　价：RMB 3,000,000~5,000,000
成交价：RMB 3,450,000
画58cm × 2371cm 华艺国际 2017-05-27

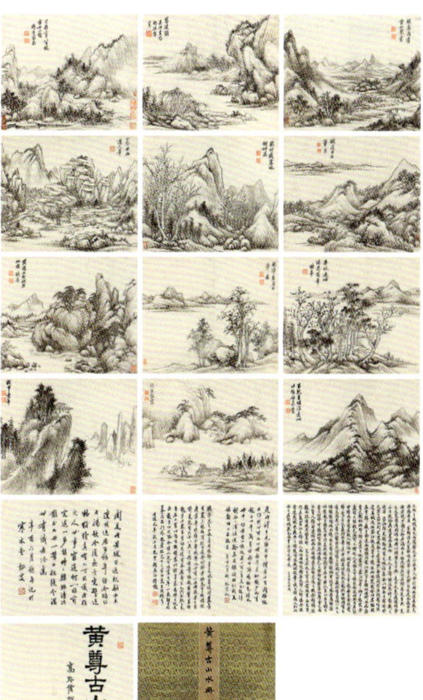

3523 黄鼎 1717年作 仿古山水 册页 （十二开）
估　价：RMB 5,000,000~6,000,000
成交价：RMB 5,750,000
24cm × 29cm × 12 北京保利 2017-06-05

721 黄鼎 1726年作 邻霄远眺 镜心
估 价：HKD 500,000~700,000
成交价：RMB 1,713,950
170cm×74.3cm 保利香港 2017-10-03

390 黄山寿 四时山色 四屏
估 价：RMB 400,000~600,000
成交价：RMB 460,000
199cm×58cm×4 上海敬华 2017-07-01

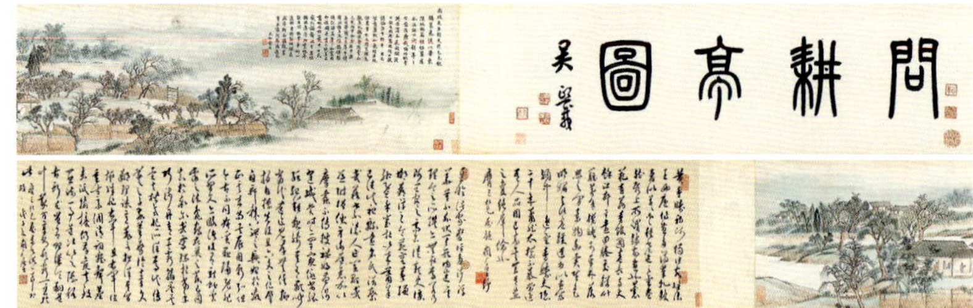

382 黄均 1801年作 问耕亭图 手卷
估 价：RMB 200,000~400,000
成交价：RMB 402,500
画心29cm×130cm 观唐皕榷 2017-01-11

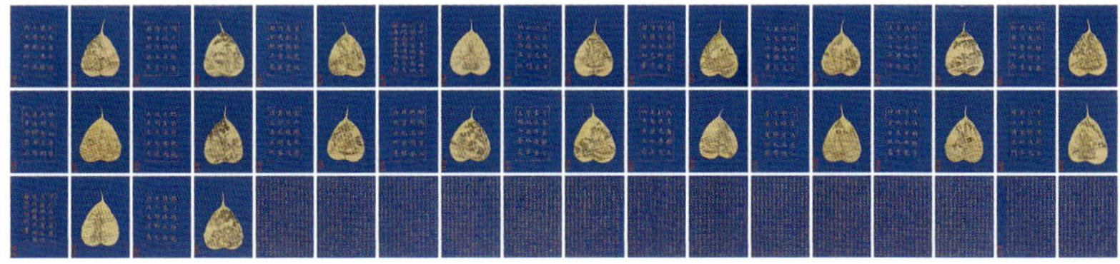

243 黄增 贝叶罗汉像 册页
估 价：HKD 500,000~700,000
成交价：RMB 731,010
21.5cm×15.5cm×54 中濠典藏 2017-05-22

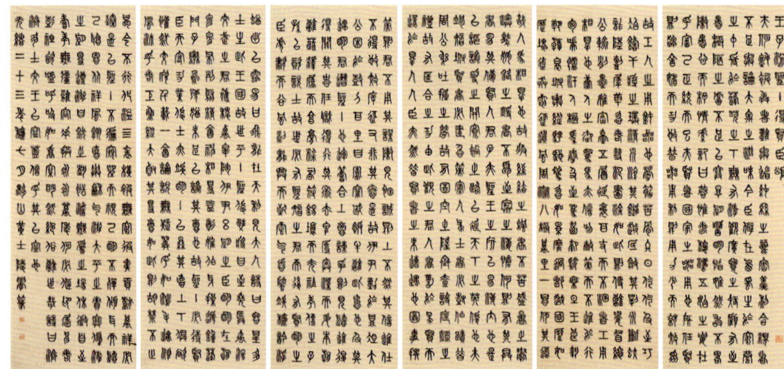

491 黄士陵 篆书《圣主得贤臣颂》 立轴
估 价：HKD 1,600,000~3,000,000
成交价：RMB 3,012,540
162.8cm×57cm×6 中金国际 2017-11-25

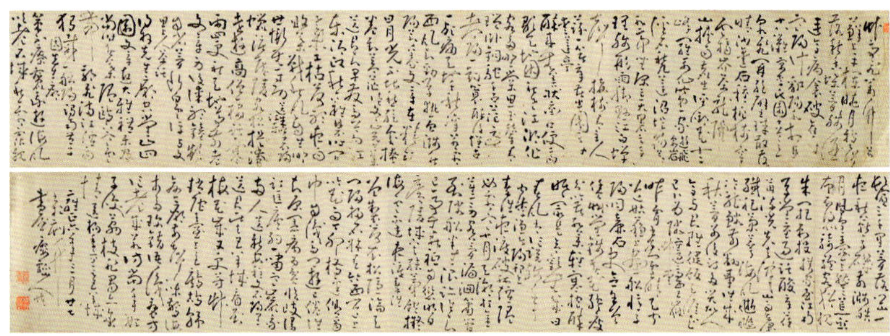

3839 黄慎 1728年作 草书诗卷 镜心
估 价：RMB 200,000~300,000
成交价：RMB 1,046,500
29cm×336cm 北京保利 2017-06-06

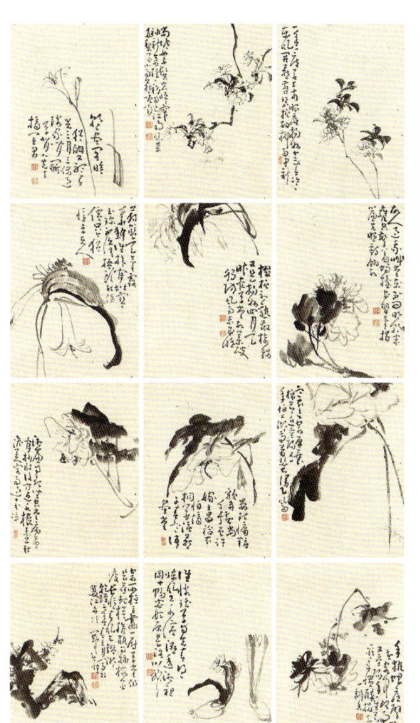

414 黄慎 1737年作 写意花卉 册页 （十二开）
估 价：RMB 1,600,000~2,800,000
成交价：RMB 2,875,000
30cm×23cm×12 观唐皕榷 2017-01-11

1266 黄易 1773年作 有斐轩作山水 册页 （八开）
估 价：RMB 50,000~80,000
成交价：RMB 552,000
22.7cm×28cm×8 中国嘉德 2017-12-20

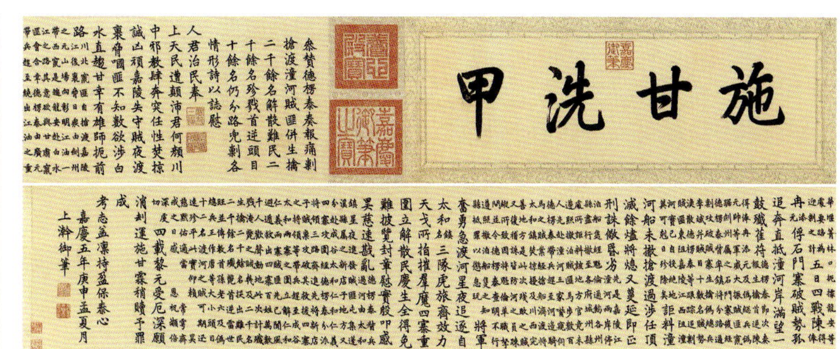

460 嘉庆皇帝 1800年作 御笔德楞泰奏报潼河大捷诗 手卷
著录：《石渠宝笈三编》，《秘殿珠林石渠宝笈合编》第9册，第721页。
出版：《翰海十周年·书画卷》，第12–13页。
估 价：RMB 16,000,000~20,000,000
成交价：RMB 18,400,000
书法28cm×190cm 中国嘉德 2017-12-18

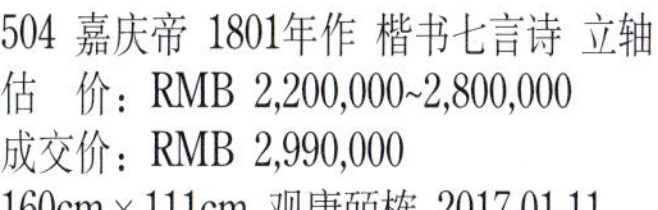

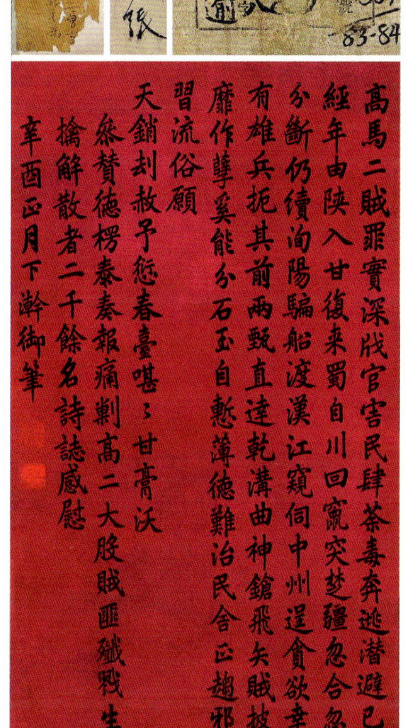

504 嘉庆帝 1801年作 楷书七言诗 立轴
估 价：RMB 2,200,000~2,800,000
成交价：RMB 2,990,000
160cm×111cm 观唐皕榷 2017-01-11

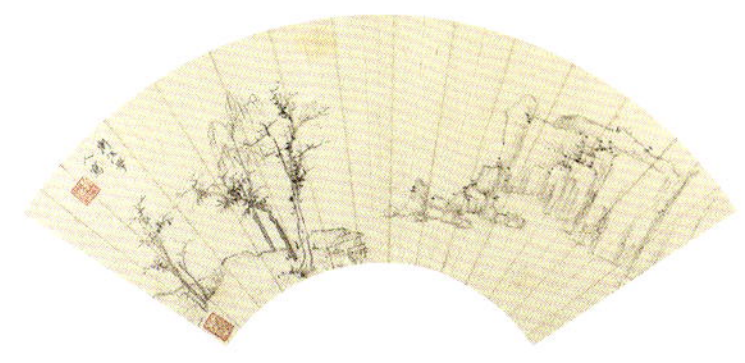

1384 渐江 空谷图 镜心
估 价：RMB 800,000~1,000,000
成交价：RMB 1,265,000
16cm×50cm 北京匡时 2017-12-04

241 渐江 山水（四帧） 镜框
估 价：RMB 2,800,000~3,800,000
成交价：RMB 4,945,000
22cm×17cm×4
上海明轩 2017-06-30

1044 姜泓 诸昇 幽谷春回 立轴
估 价：HKD 150,000~300,000
成交价：RMB 510,600
185cm×69.5cm 佳士得 2017-11-27

218 蒋溥 1759年作 平安献寿图 立轴
估 价：HKD 600,000~800,000
成交价：RMB 765,744
95.5cm×53cm 中濠典藏 2017-11-29

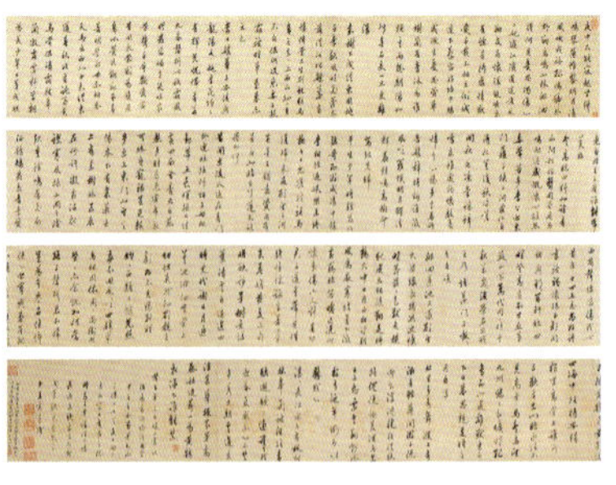

813 姜宸英 行书阮籍《咏怀》诗十七首 手卷
估 价：USD 20,000~40,000
成交价：RMB 2,328,244
22.2cm×518.6cm 纽约苏富比 2017-03-16

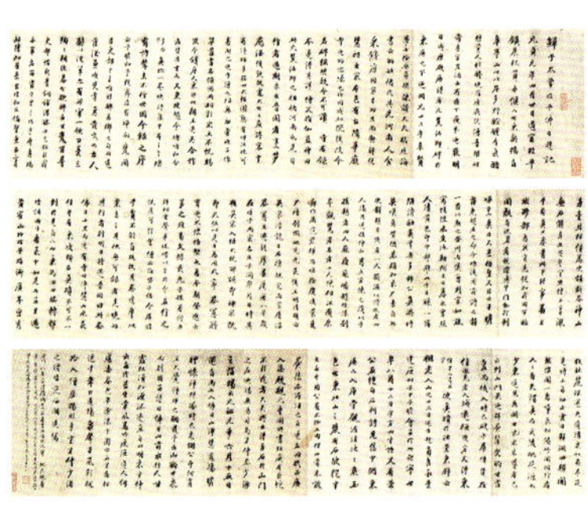

1005 蒋仁 1790年作 小书行楷 手卷
估 价：HKD 300,000~500,000
成交价：RMB 3,352,940
23.2cm×280cm 佳士得 2017-11-27

1875 金农 菖蒲图 立轴
估 价：RMB 1,500,000~2,000,000
成交价：RMB 1,725,000
31cm×47cm 北京匡时 2017-06-04

1874 金农 大宛良驹 镜心
估 价：RMB 6,000,000~7,000,000
成交价：RMB 8,625,000
95cm×40cm；96cm×41cm；
34.5cm×50.5cm 北京匡时 2017-06-04

1008 蒋廷锡 1706年作 香雪海（一对） 六折屏风
估 价：HKD 1,200,000~2,000,000
成交价：RMB 1,756,260
167cm×260cm×2 佳士得 2017-05-29

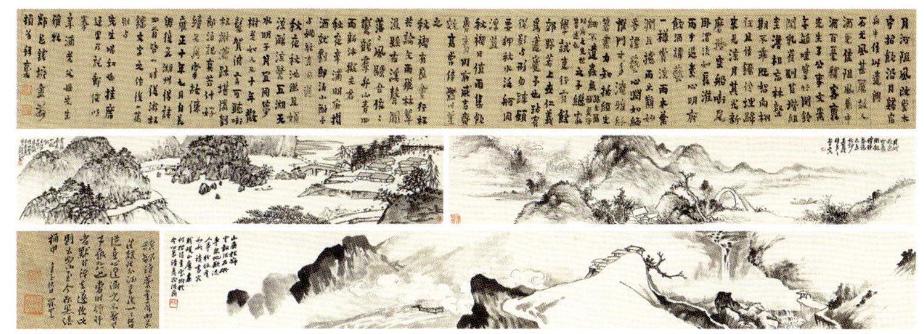

1992 金农 1732年作 自作诗四首 手卷
估 价：RMB 2,500,000~3,000,000
成交价：RMB 3,795,000
书法15cm×116cm；绘画17.5cm×96cm 北京匡时 2017-12-04

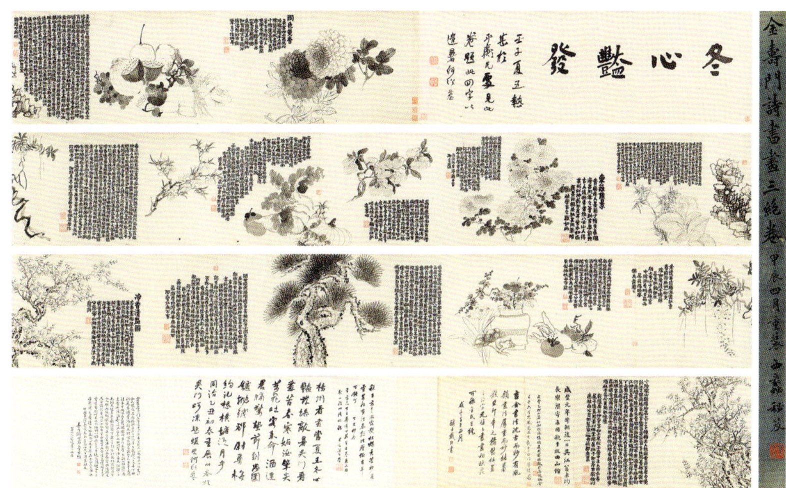

292 金农 诗书画三绝 手卷
著录：1.《东洲草堂诗钞》卷十七，续修四库全书，1529册；2.《东洲草堂日记》，国家图书馆收藏。
估 价：RMB 7,000,000~10,000,000
成交价：RMB 12,995,000
31.5cm×590cm 荣宝斋（上海） 2017-07-30

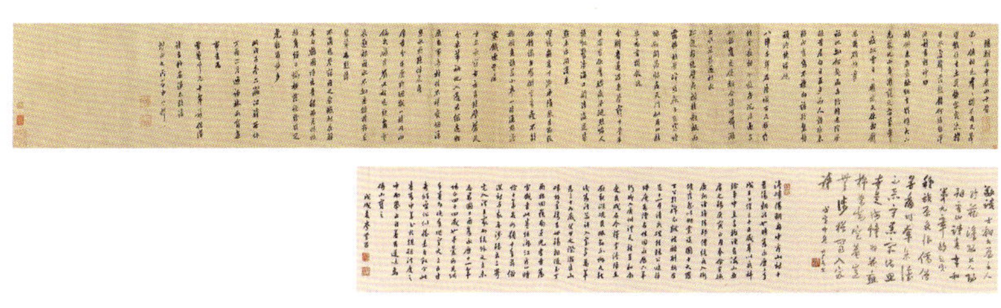

2859 今释澹归 行书《阳朔舟中看山十首》 手卷
估 价：HKD 300,000~400,000
成交价：RMB 2,116,125
27cm×217cm 香港苏富比 2017-04-03

518 金农 罗汉图 立轴
估 价：RMB 4,500,000~6,000,000
成交价：RMB 9,200,000
125.5cm×56cm 西泠拍卖 2017-07-15

981 金廷标 雨景 镜框
估 价：HKD 5,000,000~7,000,000
成交价：RMB 8,568,420
135cm×79cm 佳士得 2017-05-29

1051 居廉 1900年作 花卉草虫 镜框 （八幅）
估　价：HKD 280,000~380,000
成交价：RMB 609,813
40.5cm×29.5cm×8 佳士得 2017-05-29

3536 髡残 1662年作 在山画山图 立轴
备注：多处出版著录。
估　价：RMB 20,000,000~30,000,000
成交价：RMB 35,650,000
149.9cm×74.5cm 北京保利 2017-12-17

1282 康熙帝 行书“清静无为” 镜心
估　价：RMB 3,800,000~4,500,000
成交价：RMB 5,980,000
53.5cm×146.5cm 中国嘉德 2017-12-20

3524 髡残 高士幽居图 立轴
备注：多处出版著录。
估　价：RMB 3,000,000~5,000,000
成交价：RMB 12,075,000
31cm×64cm 北京保利 2017-12-17

1034 懒云 蒲塘禽乐图 立轴
估　价：HKD 150,000~350,000
成交价：RMB 609,813
216.5cm×113cm 佳士得 2017-05-29

527 赖廷 百禄图 立轴
估　价：RMB 480,000~520,000
成交价：RMB 552,000
162cm×98cm 北京荣宝 2017-04-02

3537 郎世宁 金廷标 火鸡图 镜心
备注：出版著录多处。
成交价：RMB 71,300,000
212cm×188.5cm 北京保利 2017-12-17

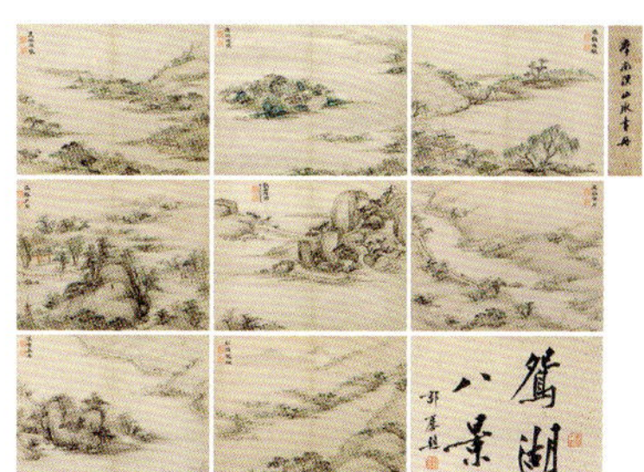

720 李含渼 鸳湖八景 册页
估 价：HKD 500,000~700,000
成交价：RMB 1,028,370
22.5cm×29cm×8 保利香港 2017-10-03

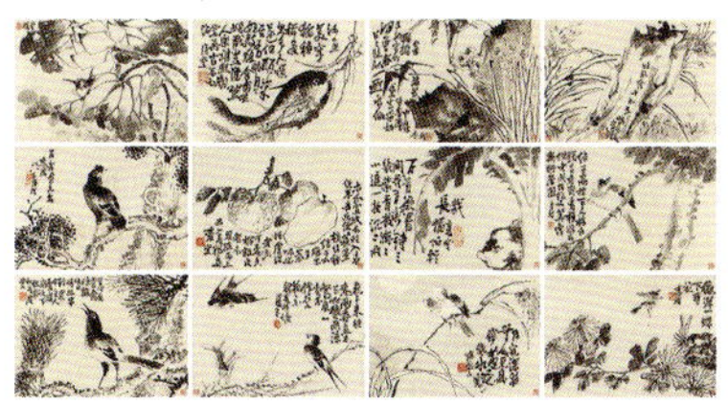

417 李鱓 1754年作 花鸟鱼虫 册页 （十二开）
估 价：RMB 900,000~1,600,000
成交价：RMB 1,610,000
23.8cm×33.5cm×12 观唐皕榷 2017-01-11

516 李鱓 1748年作 傲霜图 立轴
估 价：RMB 1,000,000~1,800,000
成交价：RMB 2,415,000
108cm×53cm 西泠拍卖 2017-07-15

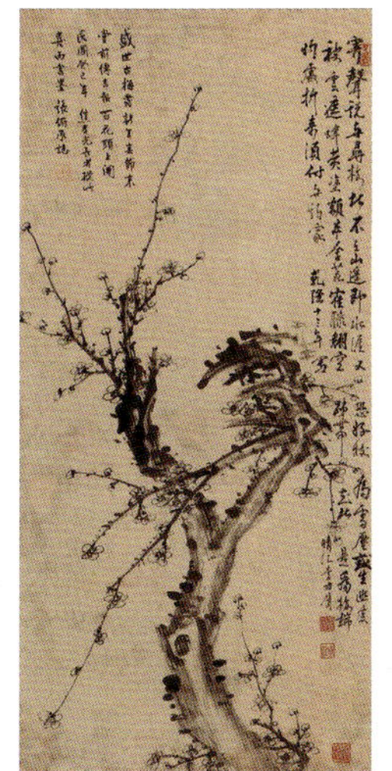

905 李方膺 1748年作 盛世古梅发 镜心
估 价：RMB 400,000~600,000
成交价：RMB 920,000
125cm×60cm 北京荣宝 2017-06-02

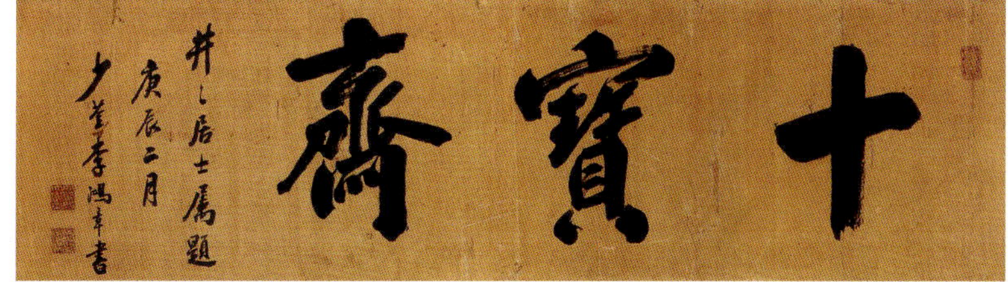

1925 李鸿章 1880年作 行书“十宝斋” 镜心
估 价：RMB 600,000~800,000
成交价：RMB 2,415,000
39.5cm×140cm 北京匡时 2017-06-04

1484 李鲜 1749年作 蕉荫睡鹅图 立轴
估 价：RMB 360,000~400,000
成交价：RMB 437,000
127cm×73cm 北京匡时 2017-06-04

773 李因 芦雁图 立轴
估 价：RMB 500,000~800,000
成交价：RMB 828,000
129cm×50cm 中贸圣佳 2017-06-19

678 李寅 1701年作 关山行旅 立轴
估 价：RMB 1,500,000~2,000,000
成交价：RMB 1,725,000
181cm×97cm 广东崇正 2017-06-15

530 梁德润 荷花 镜心
估 价：RMB 1,500,000~2,600,000
成交价：RMB 1,725,000
80cm×443.3cm 观唐皕榷 2017-01-11

239 梁德润 通景荷 八屏镜心
估 价：HKD 800,000~1,200,000
成交价：RMB 1,044,300
154cm×48cm×8 中濠典藏 2017-05-22

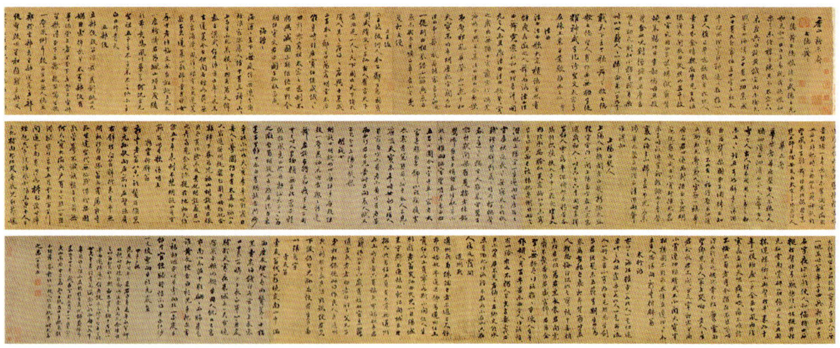

1994 梁同书 1807年作 行书《香山新乐府》 手卷
估 价：RMB 1,000,000~1,200,000
成交价：RMB 2,127,500
本幅26.5cm×621cm 北京匡时 2017-12-04

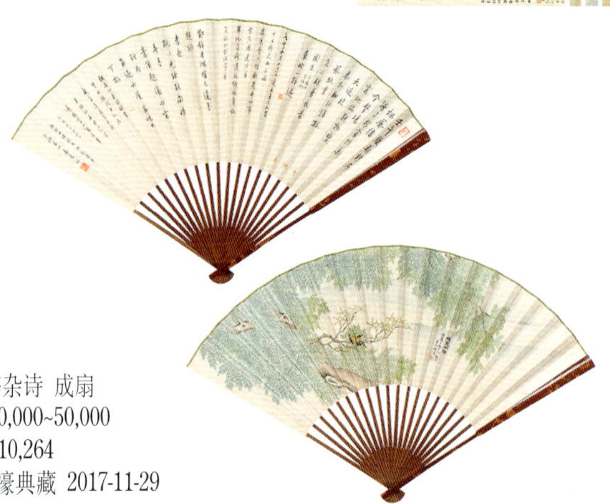

135 梁鼎芬 行书杂诗 成扇
估 价：HKD 40,000~50,000
成交价：RMB 810,264
26cm×80cm 中濠典藏 2017-11-29

1438 刘彦冲 1842年作 拟仇英竹垆煎茶图 手卷
估 价：HKD 400,000~600,000
成交价：RMB 1,296,875
画心27.9cm×77.6cm 香港苏富比 2017-10-02

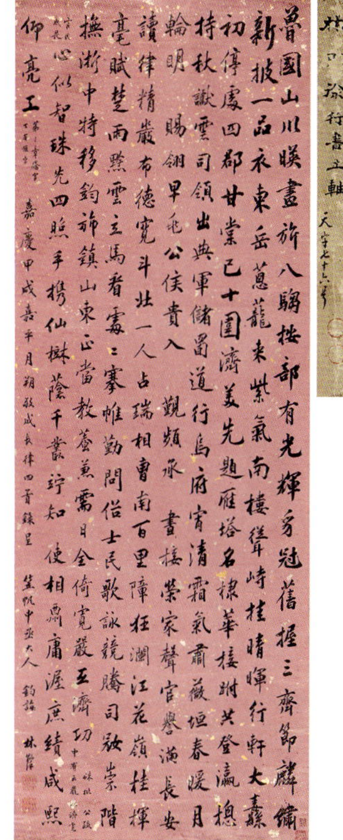

982 林则徐 行书自作诗 立轴
估 价：RMB 1,200,000~2,200,000
成交价：RMB 2,530,000
166cm×59cm 保利厦门 2017-06-25

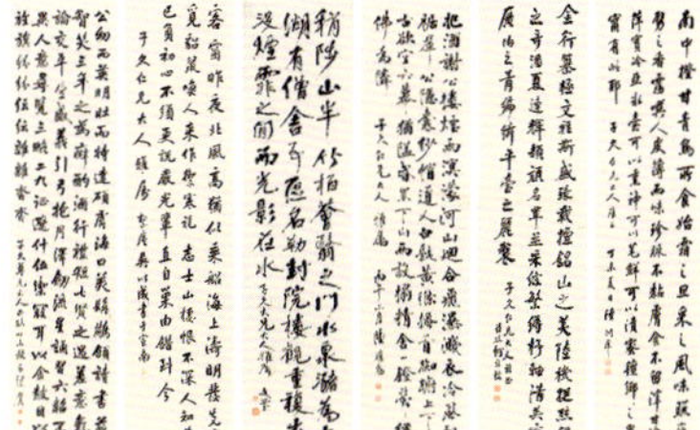

1003 陆润庠 何维朴 张祖翼 等 为瞿鸿禨作行书 六屏镜心
估 价：RMB 250,000~300,000
成交价：RMB 402,500
243cm×62cm×6 北京匡时 2017-06-04

1942 刘墉 1796年作 行书梅花诗 立轴
估 价：RMB 800,000~1,000,000
成交价：RMB 1,265,000
141cm×54.5cm 北京匡时 2017-06-04

2803 陆道淮 仿黄公望山水 立轴
估 价：HKD 30,000~50,000
成交价：RMB 534,600
142cm×74cm 香港苏富比 2017-04-03

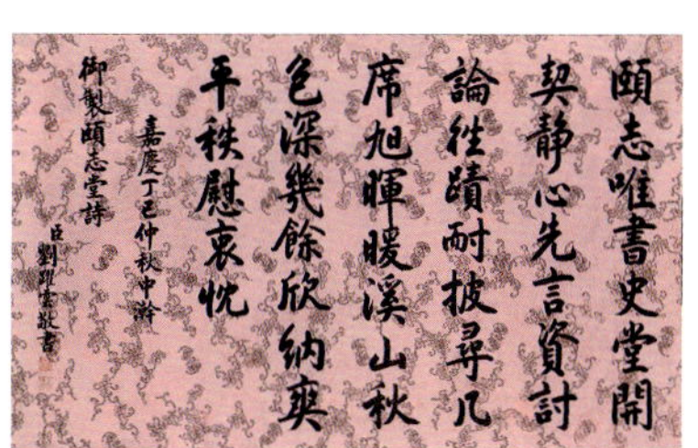

516 刘跃云 1797年作 楷书御制颐志堂诗 镜心
估 价：RMB 300,000~600,000
成交价：RMB 460,000
81cm×133.5cm 观唐皕榷 2017-01-11

1471 罗聘 1781年作 犬嬉图 立轴
估 价：RMB 800,000~1,000,000
成交价：RMB 1,092,500
80.5cm×30.5cm 北京匡时 2017-06-04

538 罗聘 药王图 立轴
估 价：RMB 1,600,000~2,200,000
成交价：RMB 2,875,000
126cm×37cm 南京经典 2017-07-23

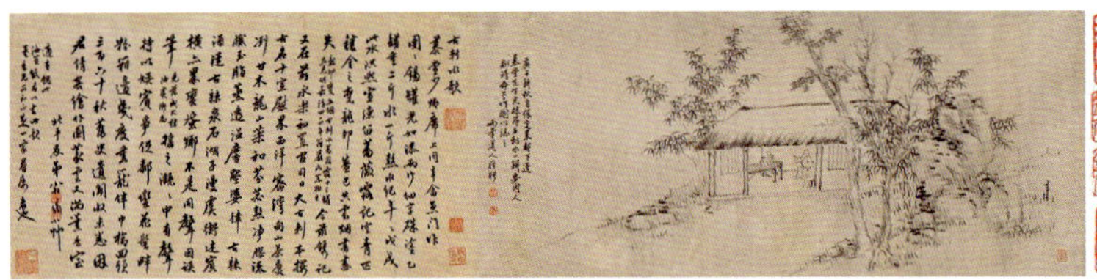

271 罗聘 翁方纲 1780年作 古刺水歌图 手卷
估　价：RMB 500,000~800,000
成交价：RMB 2,760,000
画25cm×60cm 上海明轩 2017-06-30

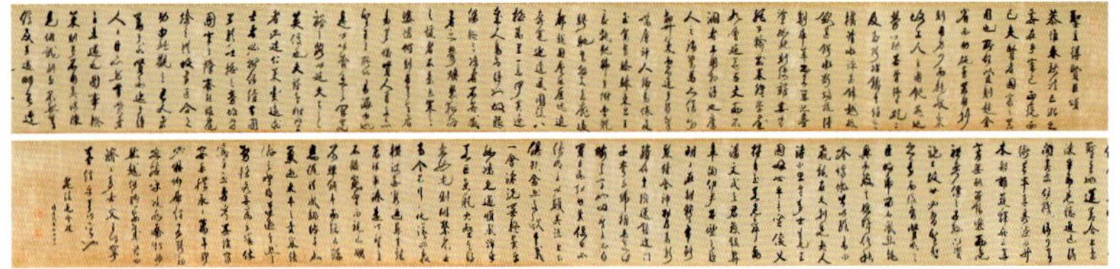

1933 毛会建 1682年作 行书《圣主得贤臣赋》 手卷
估　价：RMB 1,500,000~2,000,000
成交价：RMB 2,645,000
53cm×928cm 北京匡时 2017-06-04

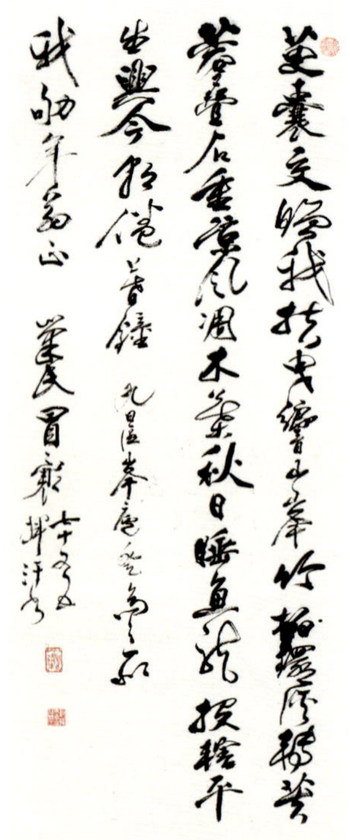

643 冒襄 行书五言联 立轴
估　价：RMB 380,000~480,000
成交价：RMB 437,000
118cm×47.5cm 上海嘉禾 2017-07-02

1883 吕学 秋山访客图 立轴
估　价：RMB 600,000~800,000
成交价：RMB 2,070,000
323cm×129.5cm 北京匡时 2017-06-04

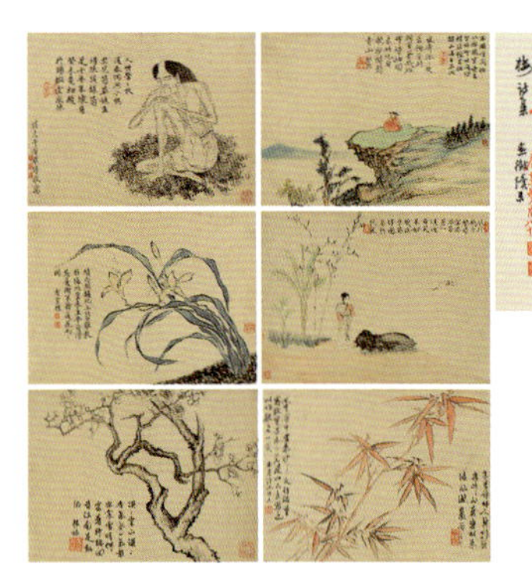

1060 罗聘 张栋 杂画 册页 （六开）
估　价：RMB 700,000~900,000
成交价：RMB 1,012,000
20.5cm×28cm×6 北京荣宝 2017-12-02

2480 孟永光 松下休憩 镜心
估　价：RMB 150,000~400,000
成交价：RMB 437,000
113cm×55cm 北京保利 2017-06-06

2723 梅清 泛舟响潭 立轴
估　价：HKD 400,000~600,000
成交价：RMB 1,245,000
143cm×55.2cm 香港苏富比 2017-10-01

3528 梅清 黄山十景 册页 （十开）
估　价：RMB 10,000,000~15,000,000
成交价：RMB 11,500,000
30cm×26cm×10 北京保利 2017-06-05

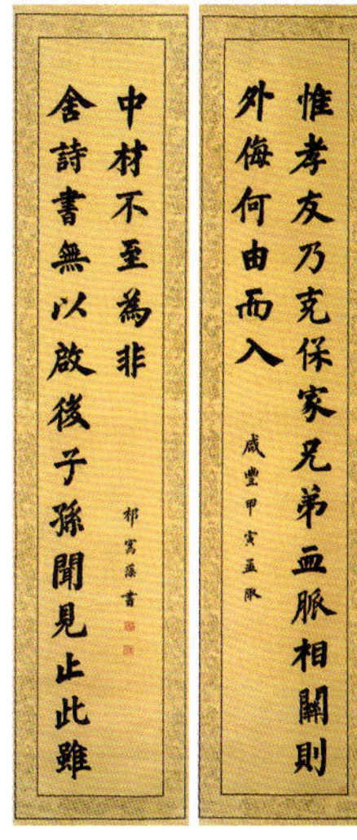

98 祁寯藻 1854年作 楷书二十言联 立轴
估　价：RMB 36,000~45,000
成交价：RMB 1,380,000
243cm×54.5cm×2 北京翰海 2017-12-15

528 闵贞 献寿图 立轴
估　价：RMB 400,000~600,000
成交价：RMB 460,000
130cm×59cm 上海敬华 2017-07-01

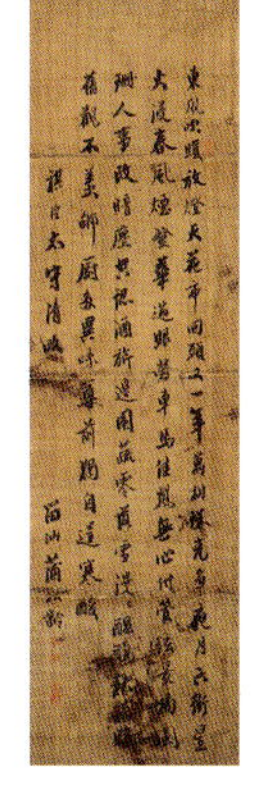

649 莫友芝 1870年作 篆书七言联 立轴
估　价：RMB 180,000~280,000
成交价：RMB 632,500
127cm×29cm×2 中国嘉德 2017-06-19

666 蒲松龄 行书 立轴
估　价：RMB 12,000~15,000
成交价：RMB 805,000
63.5cm×18cm 北京翰海 2017-12-15

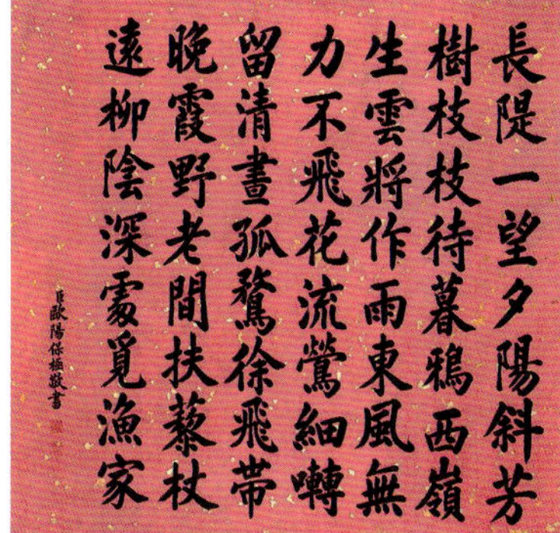

517 欧阳保极 楷书蕴端《春郊晚眺》诗 立轴
估　价：RMB 300,000~600,000
成交价：RMB 402,500
97cm×102.5cm 观唐皕榷 2017-01-11

510 潘恭寿 1782年作 山中玩月图 立轴
估　价：HKD 80,000~100,000
成交价：RMB 502,397
115cm×41cm 中国嘉德 2017-05-29

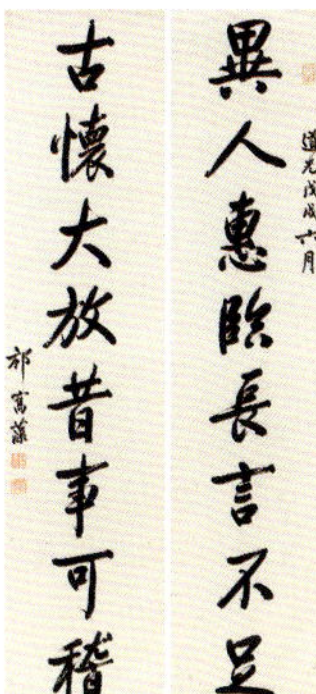

1651 祁寯藻 1838年作 行书八言联 立轴
估　价：RMB 800,000~1,200,000
成交价：RMB 920,000
245cm×58cm×2 中国嘉德 2017-06-21

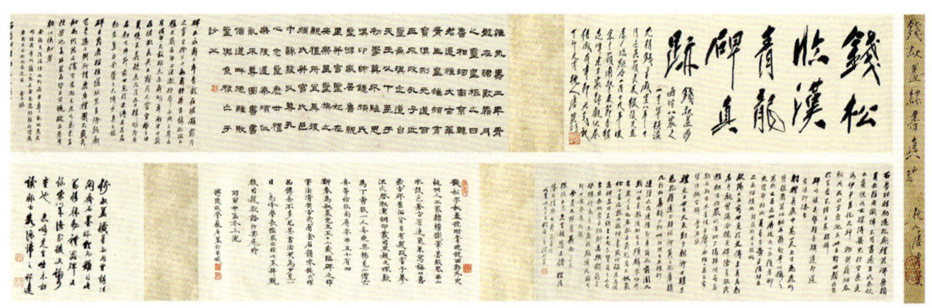

738 钱松 1858年作 隶书临礼器碑 手卷
估 价：RMB 1,200,000~1,800,000
成交价：RMB 1,667,500
画心177.5cm×27cm 西泠拍卖 2017-07-15

583 钱杜 1814年作 秋江闲居图 手卷
估 价：RMB 300,000~400,000
成交价：RMB 977,500
20cm×254cm 北京荣宝 2017-04-02

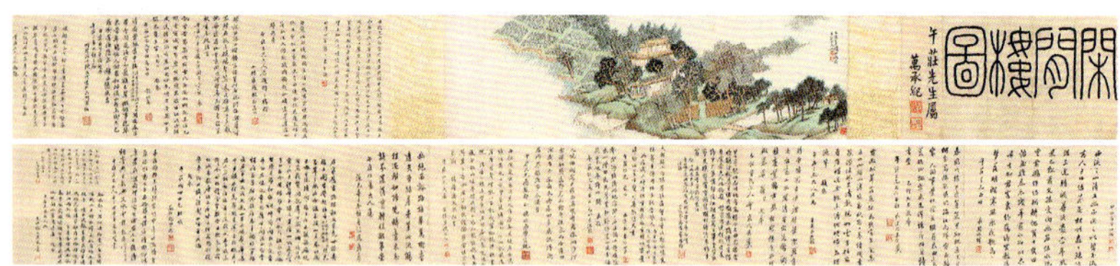

3518 钱杜 1815年作 闲闲楼图 手卷
估 价：RMB 1,800,000~2,800,000
成交价：RMB 2,070,000
画心30cm×101cm 北京保利 2017-06-05

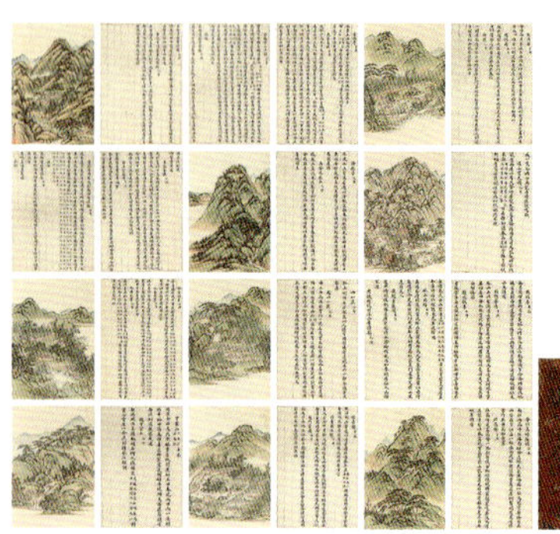

1892 钱维城 南巡盛典图 册页
估 价：RMB 3,000,000~4,000,000
成交价：RMB 4,715,000
画18.5cm×13cm×12；
书18.5cm×13cm×24 北京匡时 2017-06-04

977 祁豸佳 茅亭听涛 立轴
估 价：RMB 600,000~800,000
成交价：RMB 805,000
192.5cm×83.5cm 保利厦门 2017-06-25

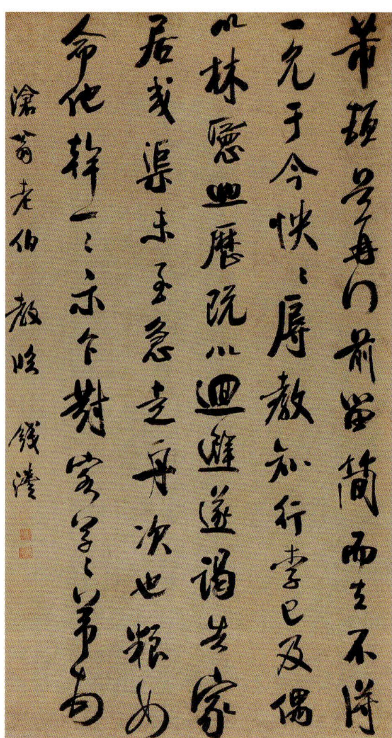

3750 钱沣 临米芾《留简帖》 立轴
估 价：RMB 380,000~580,000
成交价：RMB 437,000
182cm×101cm 北京保利 2017-06-06

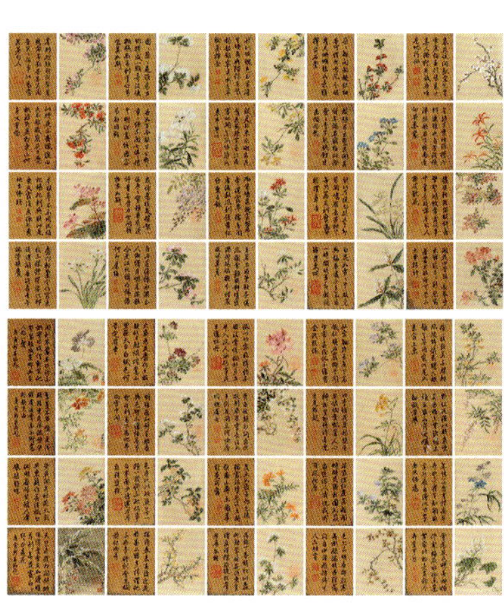

454 钱维城 四季花卉 册页 （四册四十开）
估 价：HKD 3,800,000~4,800,000
成交价：RMB 8,293,450
8.5cm×6cm×40 中国嘉德 2017-05-29

321 钱维城 富春秋色 手卷
出版：《五台山人藏——清乾隆宫廷书画》p104–129。
著录：1.《故宫已佚书籍书画目录四种》p19；2.《石渠宝笈续篇》（三）p2225；3.《国画沉浮录——故宫散佚书画见闻考略》p607–608。
成交价：RMB 36,800,000
36.5cm×562.5cm 华艺国际 2017-05-27

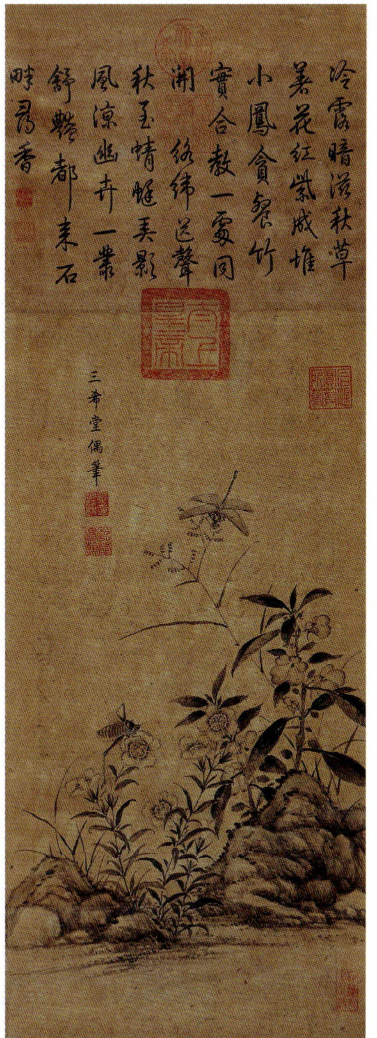

3531 乾隆帝 秋花图 立轴
著录：1.《秘殿珠林石渠宝笈续编》（五），第3872页；2.《清高宗（乾隆）御制诗文全集》，第一册，第420页；3.《钦定四库全书·集部·御制诗初集·卷一至四》。
估 价：RMB 8,800,000~18,000,000
成交价：RMB 10,580,000
79cm×29cm 北京保利 2017-12-17

1888 钱维城 渔浦翰烟 手卷
估 价：RMB 12,000,000~15,000,000
成交价：RMB 17,250,000
本幅13.5cm×410.5cm 北京匡时 2017-12-04

740 任伯年 1880年作 蕉荫纳凉 立轴
出版：1.《任伯年画集》图1；2.《中国近现代名家画集—任伯年》P41；3.《名家线描人物画精品—任伯年》封面；……
估　价：RMB 3,000,000~5,000,000
成交价：RMB 11,270,000
121cm×53cm 北京匡时 2017-06-03

306 任伯年 1893年作 秋圃德禽 立轴
估　价：RMB 3,000,000~4,000,000
成交价：RMB 4,830,000
132cm×65cm 北京银座 2017-06-07

436 任伯年 同治1872年作 五伦图 立轴
估　价：RMB 2,800,000~4,800,000
成交价：RMB 6,325,000
182.5cm×92.5cm 中国嘉德 2017-12-18

543 任伯年 松鹤延年图 立轴
估 价：RMB 3,000,000~4,000,000
成交价：RMB 5,520,000
170cm × 92cm 南京经典 2017-07-23

2803 任熊 1857年作 钟馗醉酒图 横披
估 价：RMB 800,000~1,200,000
成交价：RMB 5,520,000
151cm × 357.5cm 北京保利 2017-12-17

416 任伯年 花鸟 四屏立轴
估 价：RMB 1,600,000~2,000,000
成交价：RMB 4,830,000
148.8cm × 39.8cm × 4 北京荣宝 2017-06-02

3517 任熊 1850年作 百花 手卷
估 价：RMB 2,000,000~3,500,000
成交价：RMB 2,300,000
27cm × 689cm 北京保利 2017-06-05

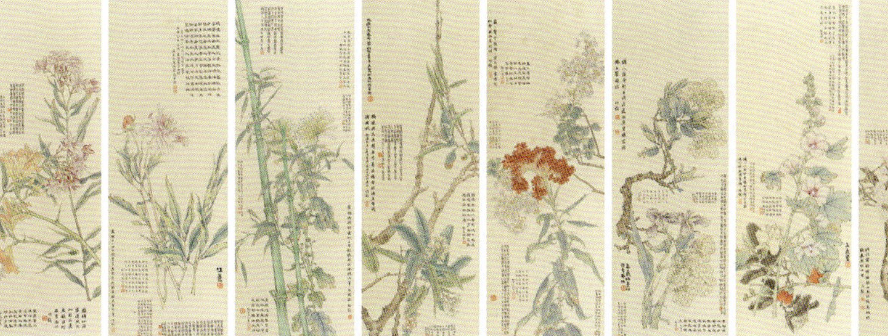

1808 任熏 1875年作 花卉 八屏立轴
估 价：RMB 5,000,000~6,000,000
成交价：RMB 6,670,000
89cm × 31cm × 8 北京匡时 2017-12-04

839 阮元 隶书八言联 立轴
成交价：RMB 747,500
172cm×29cm×2 北京匡时 2017-12-03

14 沈增植 行书九言联 立轴
成交价：RMB 1,035,000
242.5cm×54cm×2 北京翰海 2017-12-15

240 沈铨 1739年作 双鹿图 立轴
估　价：RMB 2,200,000~2,600,000
成交价：RMB 4,370,000
104cm×89cm 上海明轩 2017-06-30

573 沈益 1795年作 山水 手卷
估　价：RMB 200,000~300,000
成交价：RMB 977,500
48cm×1030cm 北京荣宝 2017-04-02

578 沈铨 1740年作 松鹤延年 立轴
估　价：RMB 300,000~500,000
成交价：RMB 1,897,500
263cm×130cm 北京翰海 2017-12-15

506 沈铨 1753年作 瑞兽图 立轴
估　价：USD 150,000~200,000
成交价：RMB 5,448,713
196cm×97.8cm 纽约佳士得 2017-03-15

322 沈铨 1754年作 百禄图 立轴
估　价：RMB 1,800,000~3,600,000
成交价：RMB 2,875,000
201.6cm×128cm 观唐皕榷 2017-01-11

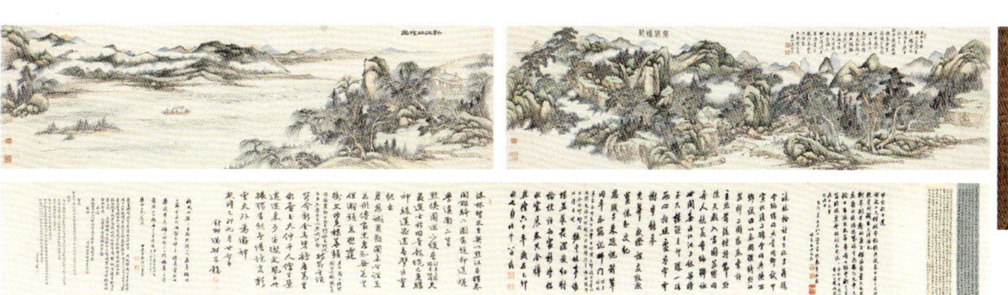

1638 盛惇大 黔江并棹、秦关联骑 手卷
估　价：RMB 800,000~1,000,000
成交价：RMB 1,035,000
本幅39.5cm×136.5cm×2 北京匡时 2017-12-04

1029 沈宗敬 1697年作 水墨山水 册页 （八开）
估　价：HKD 280,000~480,000
成交价：RMB 1,010,563
21cm×48cm×8 佳士得 2017-11-27

1029 石涛 1686年作 山居图 立轴
估　价：RMB 2,500,000~3,000,000
成交价：RMB 5,865,000
76cm×33.5cm 朵云轩 2017-06-25

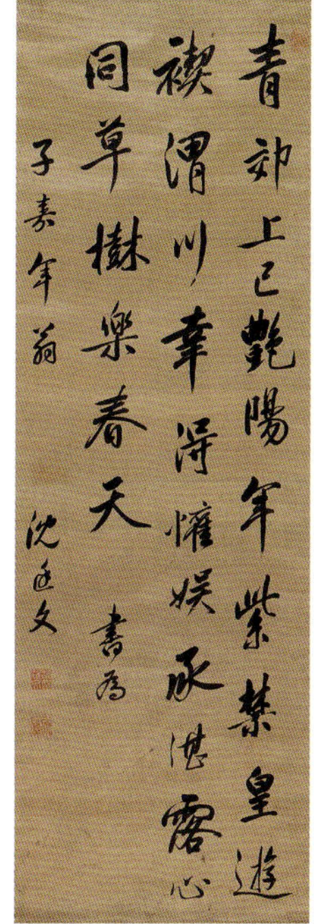

1451 沈廷文 行书七言诗 立轴
估　价：RMB 20,000~50,000
成交价：RMB 575,000
145cm×47.5cm 中国嘉德 2017-06-21

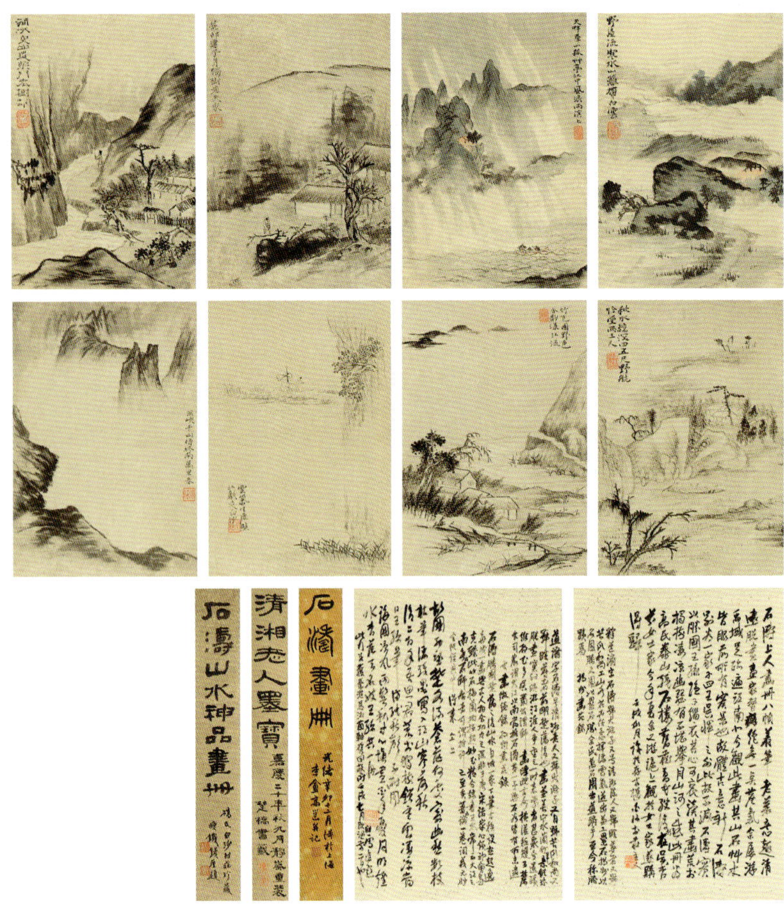

1902 石涛 杜甫诗意 册页 （八开）
备注：出版著录多处。高邕、吴杏芬、桥本关雪递藏。
成交价：RMB 69,000,000
本幅38.6cm×26.7cm×8 北京匡时 2017-12-04

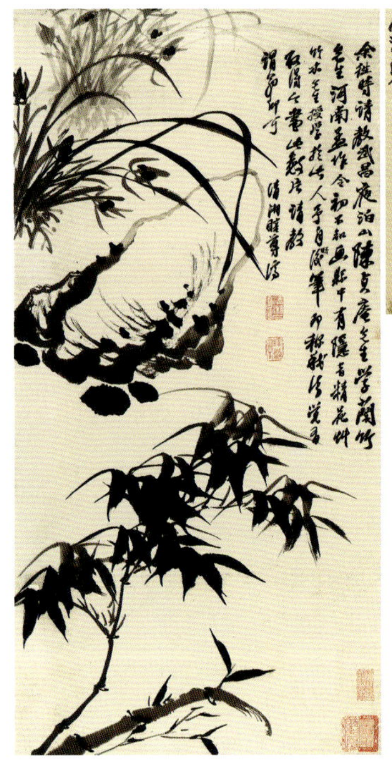

443 石涛 兰竹图 立轴
备注：多处著录。
估　价：RMB 12,000,000~18,000,000
成交价：RMB 17,250,000
77.5cm×38.5cm 中国嘉德 2017-12-18

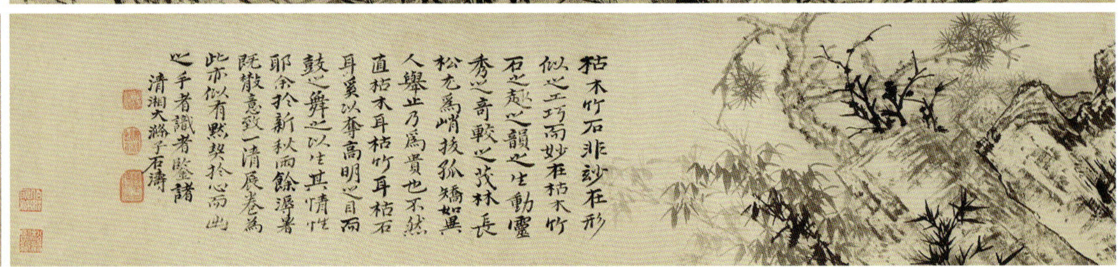

1878 石涛 枯木竹石图 镜心
备注：多处出版著录。
成交价：RMB 14,030,000
24cm×213cm 北京匡时 2017-06-04

3539 石涛 山水小景） 册页 （四开）
估 价：RMB 4,000,000~6,800,000
成交价：RMB 8,280,000
17.8cm × 10.8cm × 4 北京保利 2017-06-05

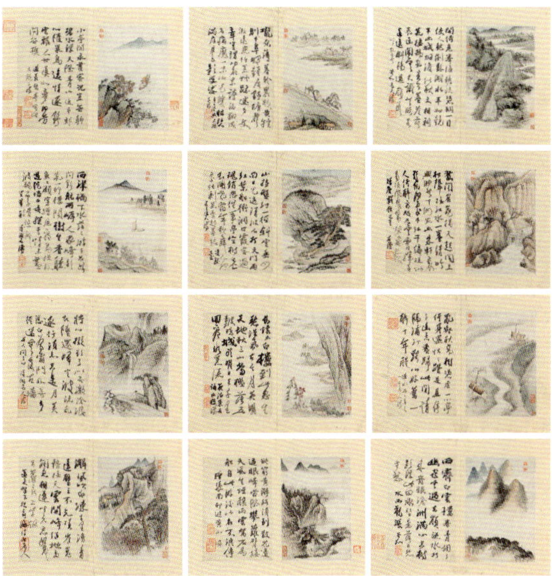

3527 石涛 书画合璧 册页 （十二开）
备注：多处出版记录。
估 价：RMB 8,500,000~10,000,000
成交价：RMB 26,450,000
23cm × 16cm × 12 北京保利 2017-06-05

1020 石涛 山水 册页 （八开）
估 价：HKD 3,000,000~5,000,000
成交价：RMB 9,275,900
21cm × 31.5cm × 4；15cm × 27cm × 4
佳士得 2017-11-27

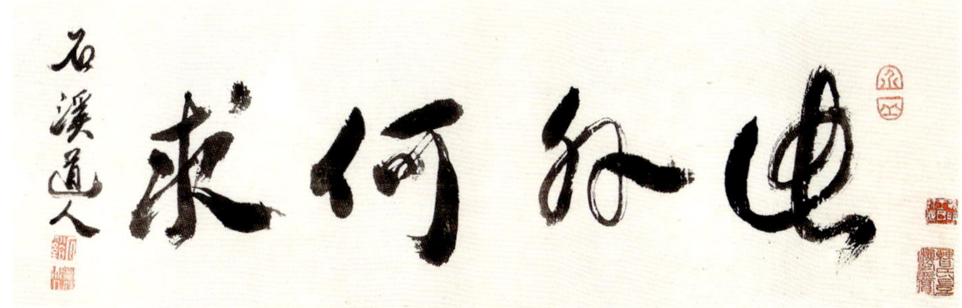

357 石溪 草书“此外何求” 镜心
估 价：RMB 350,000~450,000
成交价：RMB 529,000
16cm × 50.5cm 荣宝斋（南京）
2017-07-08

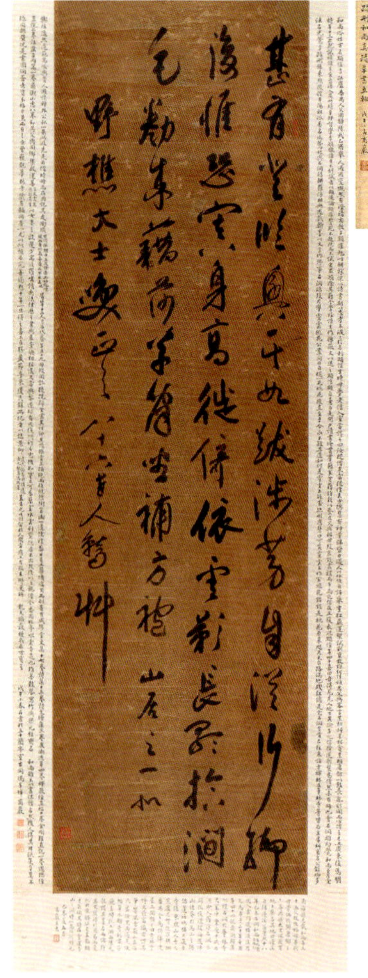

664 释成鹫 1722年作 行书 立轴
估 价：RMB 480,000~680,000
成交价：RMB 713,000
155cm×46cm 广东崇正 2017-06-15

482 释达受 1843年作 手拓程音田自磨墨并题咏册 （共十五页） 册页
估 价：RMB 280,000~400,000
成交价：RMB 437,000
画心22.5cm×21.5cm 西泠拍卖 2017-07-15

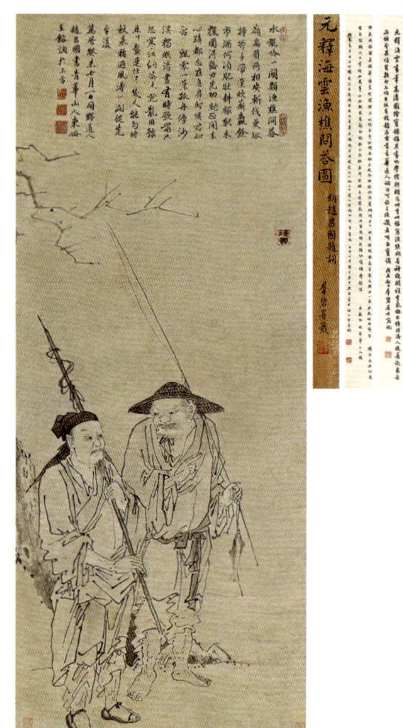

231 释海云 渔樵问答图 立轴
估 价：HKD 2,200,000~2,600,000
成交价：RMB 2,715,180
123.5cm×49.5cm 中濠典藏 2017-05-22

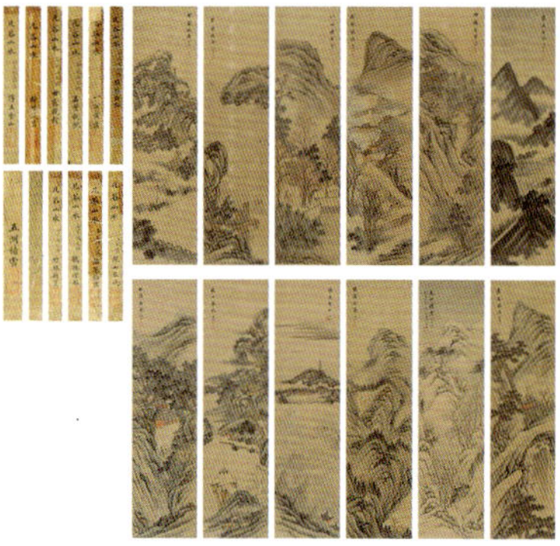

480 释明俭 1852年作 镇江寺院十二景 （十二帧） 镜片
估 价：RMB 600,000~900,000
成交价：RMB 943,000
178cm×46cm×12 西泠拍卖 2017-07-15

3627 顺治帝 1656年作 竹石图 镜心
估 价：RMB 300,000~800,000
成交价：RMB 1,150,000
153cm×51cm 北京保利 2017-12-18

1542 宋大业 楷书御制文集 册页
估 价：RMB 450,000~500,000
成交价：RMB 517,500
22.5cm×15cm×17 北京匡时 2017-12-04

2685 苏六朋 1856年作 罗浮沽酒图 立轴
估 价：RMB 350,000~450,000
成交价：RMB 402,500
195cm×98cm 中国嘉德 2017-04-02

2802 唐岱 邹一桂 董邦达 钱维城 山水 手卷
估 价：RMB 4,000,000~6,000,000
成交价：RMB 4,600,000
12cm×135cm×4 北京保利 2017-12-17

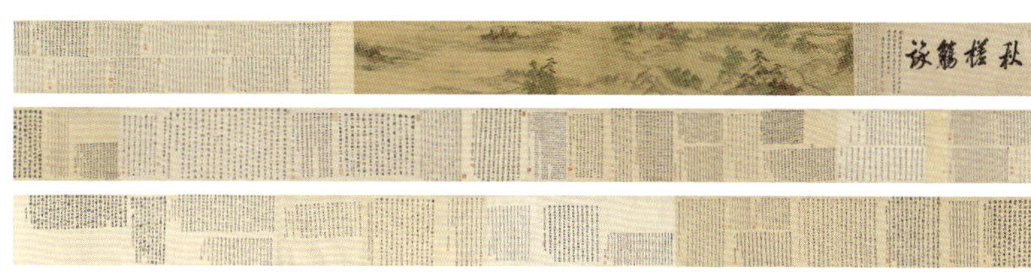

427 宋荦 纪晓岚 刘墉 伊秉绶 郁生 大通秋泛图咏长 手卷
备注：十余处出版著录。
估 价：RMB 2,800,000~4,500,000
成交价：RMB 11,040,000
画心335.5cm×48cm 西泠拍卖 2017-07-15

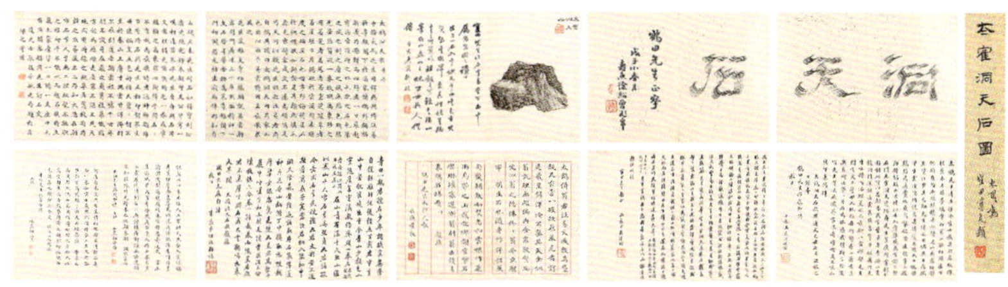

3696 汤贻汾 1830年作 太鹤洞天石图 册页（二十九开选十）
成交价：RMB 460,000
21cm×30cm×29 北京保利 2017-06-06

783 唐岱 仿关仝溪山雪霁图 手卷
著录：1.《石渠宝笈初编·乾清宫》《秘殿珠林石渠宝笈合编》第一册，第407页；2.《赏溥杰书画目》（载《故宫已佚书籍书画目录四种》），第21页；3.《历代著录画目》，第209页；4.乾隆帝：《御制诗》初集·卷一〇·壬戌三（乾隆七年，1742年），第6页；……
估 价：RMB 30,000,000~40,000,000
成交价：RMB 34,500,000
27.5cm×236.5cm 中国嘉德 2017-06-19

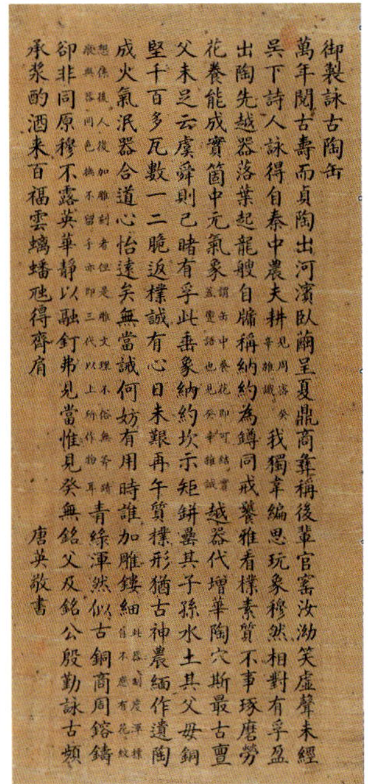

664 唐英 楷书《御制咏古陶缶》 镜框
估　价：RMB 400,000~600,000
成交价：RMB 690,000
130cm×61cm 北京荣宝 2017-06-02

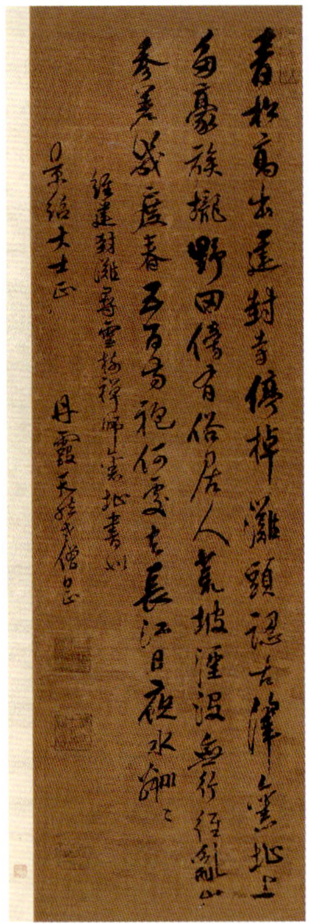

663 天然函昰 行书 立轴
估　价：RMB 1,200,000~1,800,000
成交价：RMB 2,760,000
146cm×46cm 广东崇正 2017-06-15

422 汪承霈 牡丹图 册页 （十二开）
估　价：RMB 600,000~1,200,000
成交价：RMB 977,500
30.6cm×50.8cm×12 观唐皕槯 2017-01-11

938 铁保 楷书 六条屏立轴
估　价：RMB 450,000~550,000
成交价：RMB 517,500
89cm×19cm×6 北京宣石 2017-05-21

205 童原 四喜图 立轴
估　价：HKD 380,000~500,000
成交价：RMB 522,150
134.5cm×66cm 中濠典藏 2017-05-22

1037 童锦 荷塘文禽图 立轴
估　价：HKD 200,000~450,000
成交价：RMB 831,563
155cm×93cm 佳士得 2017-05-29

1618 汪启淑 行书自作诗 立轴
估　价：RMB 500,000~800,000
成交价：RMB 575,000
117.5cm×45.5cm 中国嘉德 2017-06-21

3747 汪由敦 1740年作 道德经 册页
（二十一开 四十二页选十八）
估　价：RMB 450,000~650,000
成交价：RMB 1,495,000
26.5cm×24cm×21 北京保利 2017-06-06

238 王翚 1710年作 江山无尽图 手卷
估　价：RMB 8,000,000~12,000,000
成交价：RMB 9,545,000
33cm×355cm 华艺国际 2017-11-25

599 王概 1692年作 庐岳观泉 立轴
估　价：RMB 200,000~300,000
成交价：RMB 437,000
178cm×53cm 上海敬华 2017-07-01

1891 王翚 1711年作 竹溪真逸 立轴
估　价：RMB 4,000,000~5,000,000
成交价：RMB 8,280,000
64.5cm×50cm 北京匡时 2017-12-04

3542 王翚 1716年作 山庄静业图 立轴
备注：多处出版著录。
估　价：RMB 12,000,000~18,000,000
成交价：RMB 13,800,000
92cm×50cm 北京保利 2017-06-05

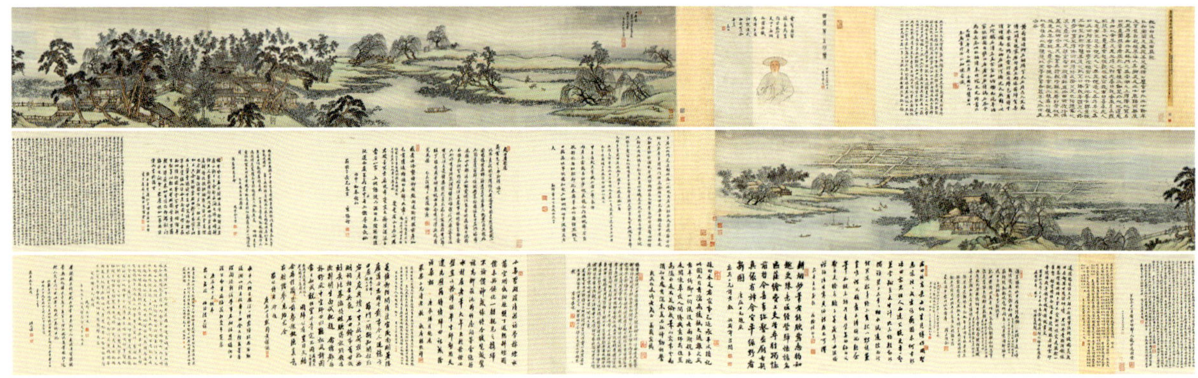

447 王翚 1714年作 龚蘅圃田居图（并诸家题咏） 手卷
备注：出版著录多处。
估　价：RMB 35,000,000~45,000,000
成交价：RMB 74,750,000
卷首43.7cm × 108.5cm；画像43.7cm × 45cm；画43.7cm × 430cm 中国嘉德 2017-12-18

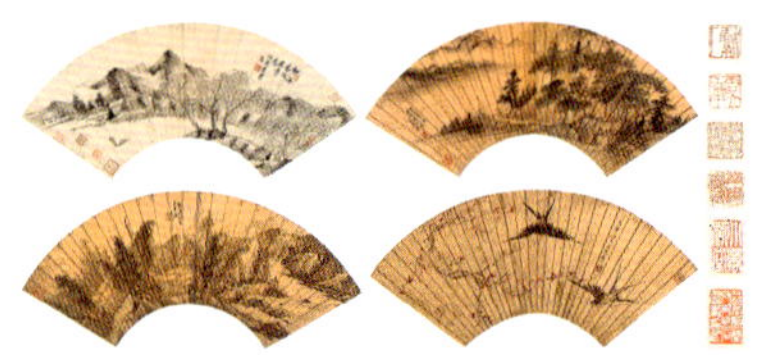

274 王建章 扇面集锦 镜片 （四帧）
估　价：RMB 500,000~600,000
成交价：RMB 575,000
125cm × 32cm × 4 上海明轩 2017-06-30

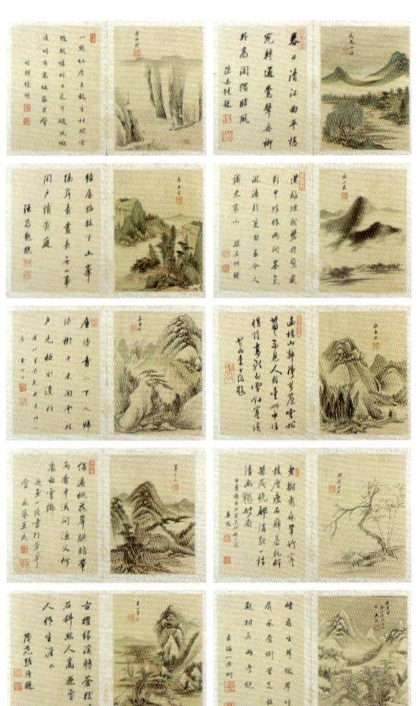

835 王鉴 仿古山水册 设色绢本 （十开）
估　价：USD 600,000~800,000
成交价：RMB 5,068,168
20.7cm × 15.1cm 纽约苏富比 2017-03-16

843 王鉴 仿古山水 设色绢本 册页（十开）
成交价：RMB 4,229,972
28cm × 20.8cm × 10 纽约苏富比 2017-03-16

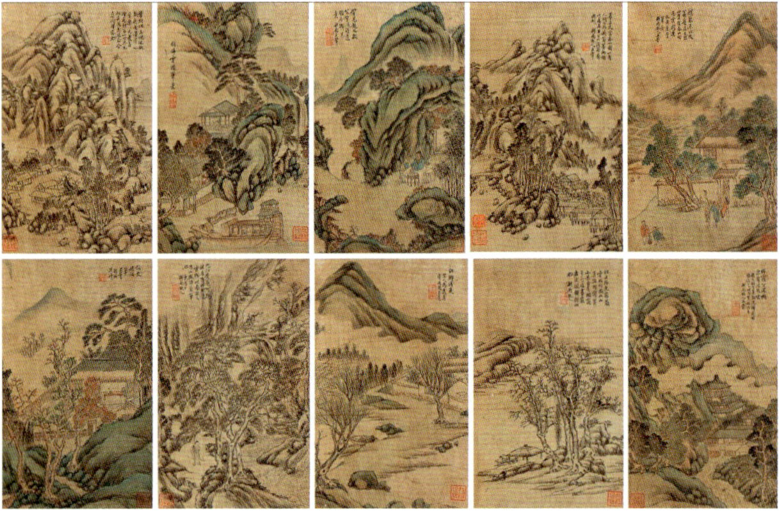

560 王荦 仿古山水 册页 （十开）
估　价：RMB 200,000~250,000
成交价：RMB 437,000
30cm × 18cm × 10 北京荣宝 2017-04-02

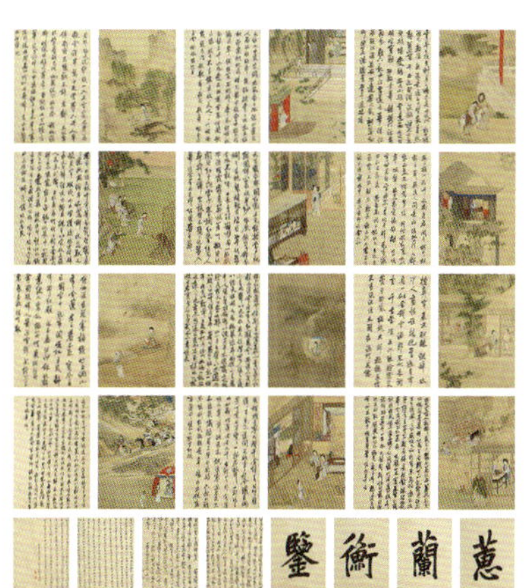

1893 王朴 陈奕禧 历代名姬图 册页
估 价：RMB 2,400,000~2,800,000
成交价：RMB 4,140,000
书法66cm×46cm×12；
绘画66cm×46cm×12 北京匡时 2017-06-04

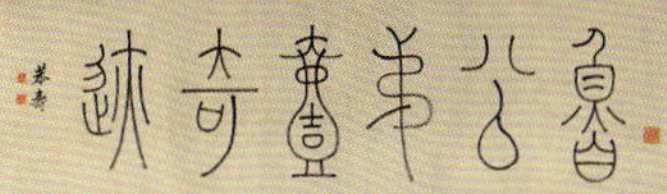

538 王澍 1725年作 行书临裴将军诗帖 手卷
估 价：RMB 500,000~700,000
成交价：RMB 575,000
画心238.5cm×40.5cm 西泠拍卖 2017-07-15

504 王时敏 1656年作 仿黄公望山水 立轴
估 价：RMB 3,800,000~5,000,000
成交价：RMB 4,370,000
96cm×44.5cm 西泠拍卖 2017-07-15

140 王文治 行楷书十一言联 立轴
估 价：RMB 30,000~50,000
成交价：RMB 1,610,000
285cm×33.5cm×2 北京翰海 2017-12-15

520 王仁堪 楷书节录王融《三月三日曲水诗序》 立轴
估 价：RMB 350,000~650,000
成交价：RMB 460,000
192cm×92.5cm 观唐皕榷 2017-01-11

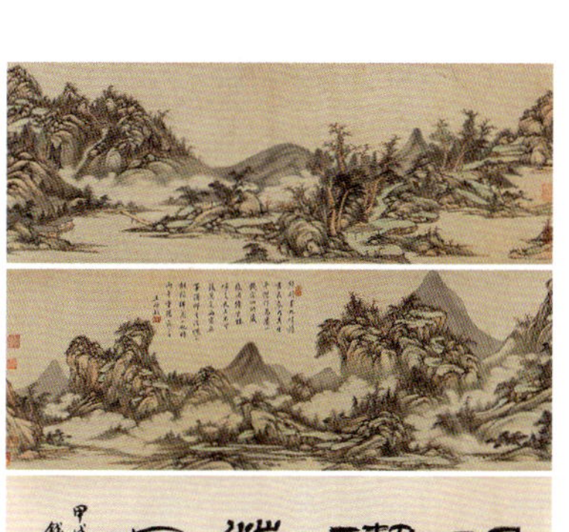

576 王时敏 1666年作 仿王蒙九峰读书 手卷
估 价：RMB 1,000,000~1,500,000
成交价：RMB 2,070,000
32cm×178cm 北京荣宝 2017-04-02

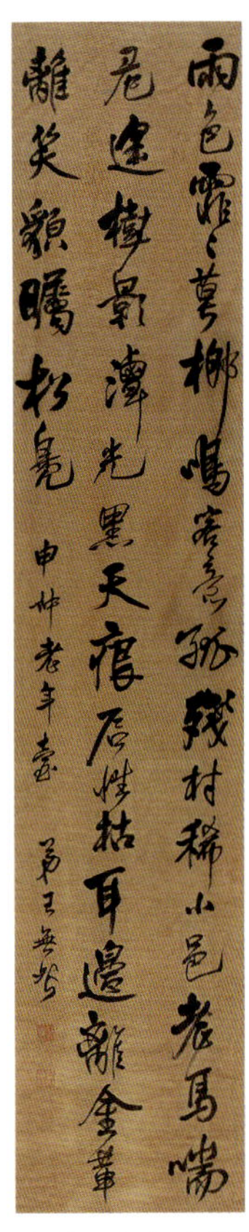

1419 王无咎 行书五言诗 立轴
估　价：RMB 150,000~250,000
成交价：RMB 736,000
264cm×53cm 中国嘉德 2017-12-20

326 王昱 1739年作 溪山把钓图 立轴
估　价：RMB 260,000~500,000
成交价：RMB 437,000
107.4cm×56cm 观唐皕榷 2017-01-11

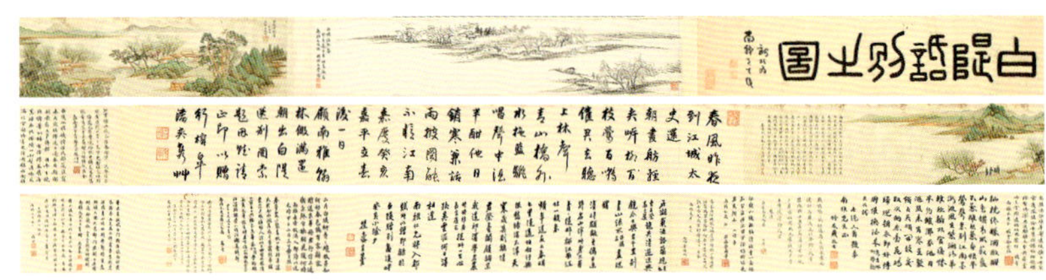

714 王学浩 陶怀玉 等 1803年作 致顾莼白堤话别图 手卷
来源：1.陈清华旧藏；2.苏富比2017.4.3 编号2862。
估　价：RMB 120,000~150,000
成交价：RMB 3,335,000
本幅14.5cm×75cm，16cm×116cm，15cm×113cm 北京匡时 2017-06-03

981 王原祁 1701年作 仿黄子久浅绛山水 手卷
备注：多处出版著录。
估　价：HKD 3,000,000~5,000,000
成交价：RMB 41,252,225
32cm×419.5cm 佳士得 2017-11-27

3541 王原祁 1699年作 仿大痴山水 立轴
备注：多处出版记录。
估　价：RMB 19,500,000~28,000,000
成交价：RMB 23,000,000
98cm×46cm 北京保利 2017-06-05

1890 王原祁 1700年作 仿梅道人山水 立轴
估　价：RMB 15,000,000~18,000,000
成交价：RMB 23,000,000
125cm×56cm 北京匡时 2017-12-04

318 王原祁 1702年作 仿梅道人山水 立轴
出版：《教育部第二次全国美术展览专集第一种晋唐五代宋元明清名家书画集》NO.316。
估 价：RMB 6,800,000~9,800,000
成交价：RMB 12,305,000
120cm×50.5cm 华艺国际 2017-05-27

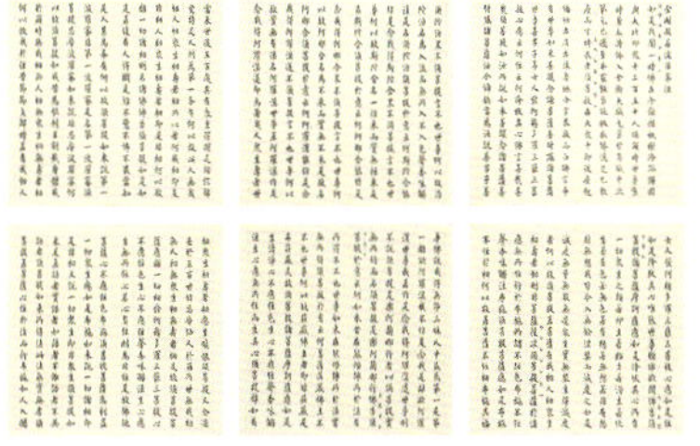

809 翁方纲 楷书《金刚般若波罗蜜经》册（二十六开选六）
估 价：USD 40,000~60,000
成交价：RMB 1,297,313
29.8cm×30.9cm 纽约苏富比 2017-03-16

1888 王原祁 1713年作 为周大酉拟黄鹤山樵笔意 立轴
备注：瞿中溶、李国松、荣子浩递藏。多处出版记录。
估 价：RMB 8,000,000~10,000,000
成交价：RMB 12,880,000
73.5cm×38cm 北京匡时 2017-06-04

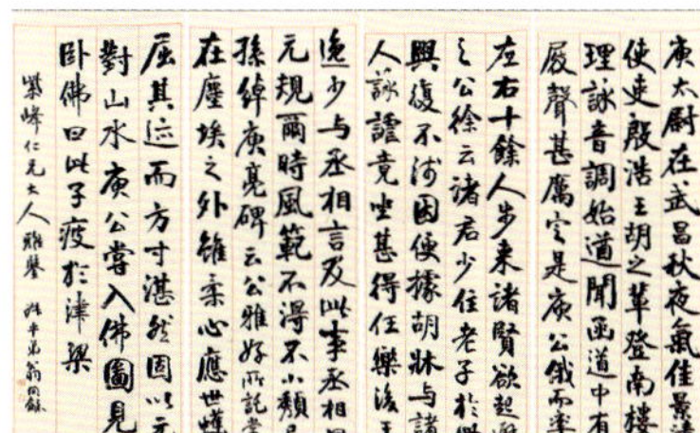

1130 翁同龢 行书 屏轴（四幅）
估 价：RMB 500,000~650,000
成交价：RMB 2,185,000
167cm×65.5cm×4 朵云轩 2017-06-25

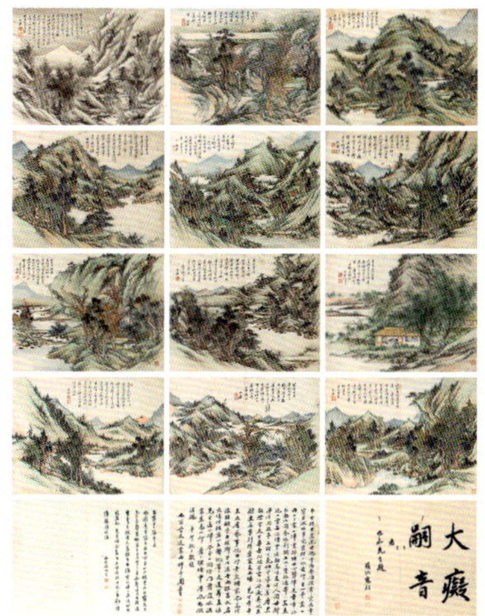

554 温一贞 1820年作、1821年作、1822年作、1823年作 仿古山水 册页
估 价：RMB 900,000~1,000,000
成交价：RMB 1,035,000
画心49cm×65cm×12 北京荣宝 2017-04-02

1471 吴谷祥 1902年作 姑苏二十四景 册页（二十四开）
估 价：HKD 160,000~240,000
成交价：RMB 3,296,700
各26.8cm×34cm 香港苏富比 2017-04-04

1439 吴大澂 1861年作 富春山图 镜框
估 价：HKD 300,000~400,000
成交价：RMB 1,660,000
23cm×107.5cm 香港苏富比 2017-10-02

977 吴历 1659年作 山水清音 册页 （八开）
估 价：HKD 2,000,000~4,000,000
成交价：RMB 3,352,860
21cm×13.5cm×8 佳士得 2017-05-29

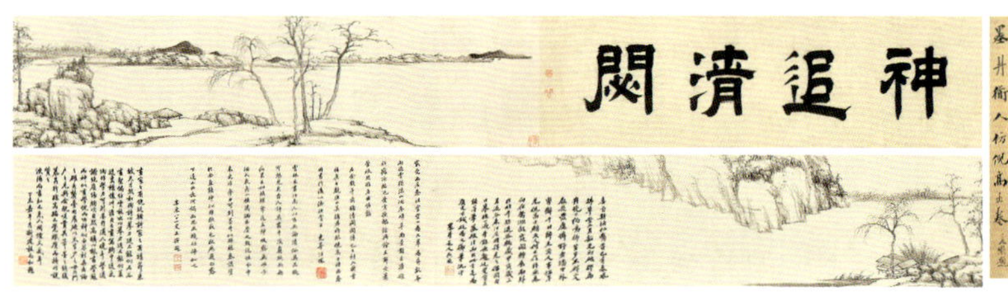

1893 吴历 1674年作 拟云林山水 手卷
估 价：RMB 1,200,000~1,500,000
成交价：RMB 1,380,000
本幅20cm×169cm 北京匡时 2017-12-04

574 吴伟业 晚春雨霁 手卷
估 价：RMB 500,000~600,000
成交价：RMB 2,070,000
25cm×357cm 北京荣宝 2017-04-02

2724 吴历 山窗读书图 立轴
估 价：HKD 400,000~600,000
成交价：RMB 1,037,500
73.2cm×29.8cm 香港苏富比 2017-10-01

1891 吴历 溪山春色图 立轴
估 价：RMB 2,000,000~3,000,000
成交价：RMB 3,680,000
59cm×22cm 北京匡时 2017-06-04

523 武丹 1675年作 松荫激泷图 立轴
估 价：RMB 200,000~300,000
成交价：RMB 747,500
189cm×90cm 北京荣宝 2017-04-02

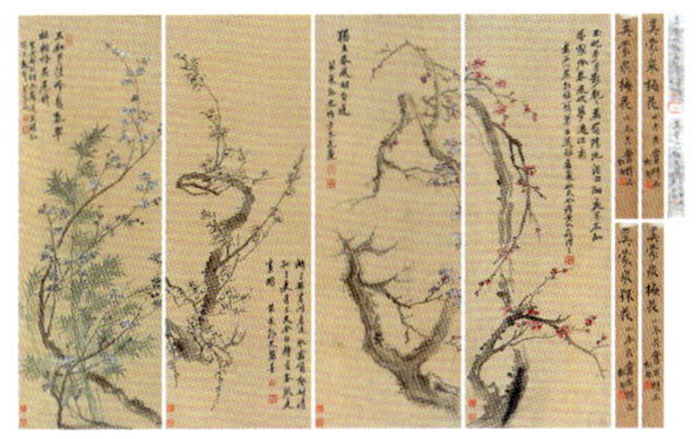

704 奚冈 花卉 四屏立轴
估　价：RMB 120,000~180,000
成交价：RMB 494,500
83cm×30cm×4 上海嘉禾 2017-07-02

509 咸丰帝 行书“安身寡欲” 镜心
估　价：RMB 400,000~600,000
成交价：RMB 552,000
46.5cm×111cm 观唐皕榷 2017-01-11

2316 虚谷 东篱佳色图 立轴
估　价：RMB 400,000~600,000
成交价：RMB 2,760,000
125cm×40.5cm 西泠拍卖 2017-07-16

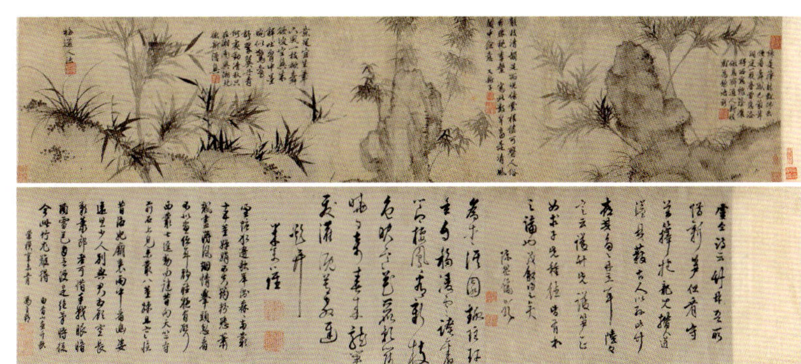

1514 项德新 墨竹并诸家题跋 手卷
估　价：RMB 800,000~1,200,000
成交价：RMB 920,000
画29cm×135.5cm 中国嘉德 2017-06-21

419 虚谷 餐英主人肖像 横披
估　价：RMB 3,000,000~5,000,000
成交价：RMB 3,450,000
44.5cm×110.5cm 中国嘉德 2017-12-18

1405 项圣谟 1637年作 涤暑图 镜心
估　价：RMB 150,000~250,000
成交价：RMB 805,000
72cm×35cm 中国嘉德 2017-06-21

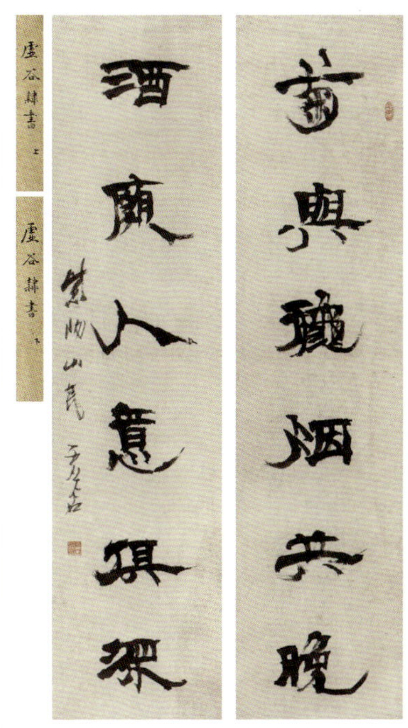

2315 虚谷 隶书六言联 对联
估　价：RMB 900,000~1,300,000
成交价：RMB 1,725,000
115cm×28.5cm×2 西泠拍卖 2017-07-16

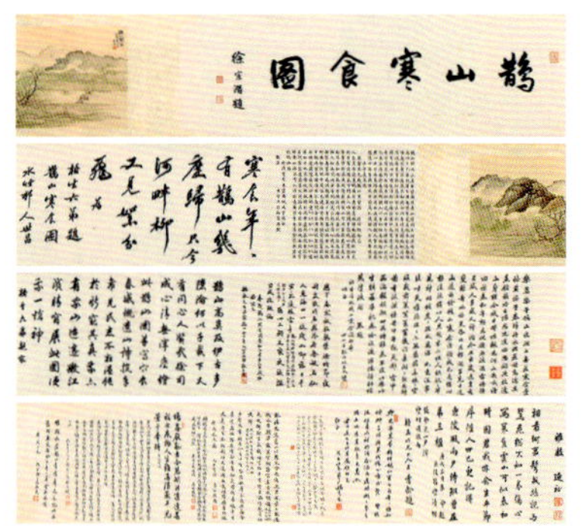

3645 徐坊 1908年作 鹊山寒食图 手卷
估 价：RMB 60,000~100,000
成交价：RMB 483,000
画心26cm×55cm 北京保利 2017-06-06

862 严复 楷书王安石诗 册页
估 价：RMB 600,000~700,000
成交价：RMB 897,000
68.5cm×35cm×4 北京匡时 2017-06-03

1927 徐三庚 1879年作 隶书荀子一则 立轴（四屏）
估 价：RMB 1,000,000~1,200,000
成交价：RMB 1,782,500
176cm×46.5cm×4 北京匡时 2017-06-04

789 严绳孙 嵩隐山庄图 手卷
估 价：RMB 300,000~500,000
成交价：RMB 506,000
32cm×297cm 中贸圣佳 2017-06-19

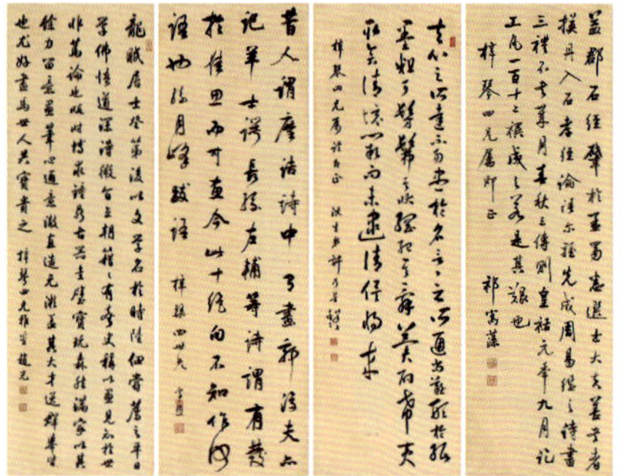

402 许乃普 祁寯藻 赵光 陈孚恩 1860年作 行书 四屏立轴
估 价：RMB 600,000~1,000,000
成交价：RMB 920,000
167cm×54.5cm×4 观唐皕榷 2017-01-11

1224 颜峄 1697年作 寒山行旅图 立轴
估 价：RMB 80,000~120,000
成交价：RMB 598,000
223cm×156cm 中国嘉德 2017-09-03

99 杨法 篆书八言联 立轴
估　价：RMB 100,000~200,000
成交价：RMB 586,500
104cm×25.5cm×2 广东崇正 2017-06-14

507 杨晋 春耕图 立轴
估　价：RMB 500,000~600,000
成交价：RMB 667,000
113cm×110cm 西泠拍卖 2017-07-15

958 杨守敬 1910年作 书法五则 立轴 （两件）
估　价：RMB 200,000~300,000
成交价：RMB 517,500
34cm×273cm；34cm×411cm
上海敬华 2017-07-01

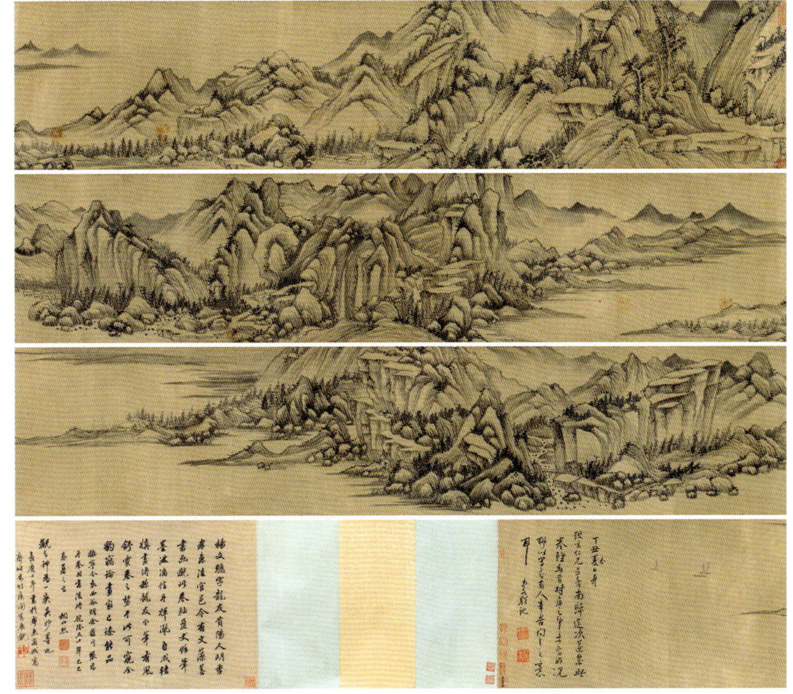

1179 杨文骢 1637年作 南归图 手卷
估　价：HKD 8,000,000~12,000,000
成交价：RMB 19,214,500
画26.5cm×424cm 中国嘉德 2017-10-03

1926 杨岘 1890年作 缶庐润目 镜心
估　价：RMB 400,000~500,000
成交价：RMB 1,150,000
33cm×142cm 北京匡时 2017-06-04

2616 姚鼐 行书七言诗 手卷
估　价：RMB 280,000~300,000
成交价：RMB 1,380,000
21cm×137cm 北京东正 2017-06-08

845 姚文燮 山水 八开册
估 价：USD 60,000~80,000
成交价：RMB 518,925
28.4cm×22.5cm 纽约苏富比 2017-03-16

1353 叶欣 万壑山居 镜心
估 价：RMB 450,000~650,000
成交价：RMB 713,000
15.5cm×46.5cm 北京匡时 2017-12-04

1627 伊秉绶 1815年作 隶书“道一堂” 镜心
估 价：RMB 800,000~1,200,000
成交价：RMB 4,715,000
43.5cm×138.5cm 中国嘉德 2017-06-21

3532 佚名 清宫廷画家 领队大臣贵州镇远镇总兵僧格巴图鲁敖成像 镜心
估 价：RMB 4,000,000~6,000,000
成交价：RMB 7,360,000
画心148cm×89cm；书法29cm×89cm
北京保利 2017-12-17

277 伊秉绶 1799年作 隶书五言联 立轴
估 价：RMB 1,500,000~2,000,000
成交价：RMB 2,990,000
218.5cm×60cm×2 上海明轩 2017-06-30

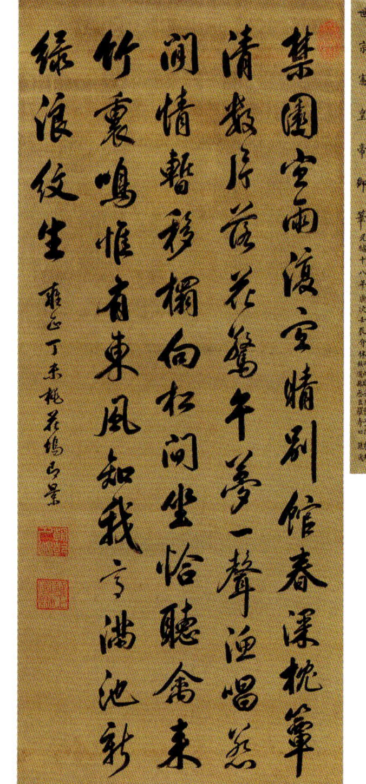

1477 雍正帝 1727年作 行书七言诗 立轴
估 价：RMB 1,000,000~1,800,000
成交价：RMB 5,980,000
157cm×65cm 中国嘉德 2017-06-21

1896 袁耀 湖山行旅图 立轴
估　价：RMB 2,500,000~3,000,000
成交价：RMB 4,025,000
204cm×132cm 北京匡时 2017-12-04

441 袁江 1722年作 携琴访友图 立轴
估　价：RMB 2,800,000~4,000,000
成交价：RMB 3,220,000
186cm×104cm 中国嘉德 2017-12-18

679 允禧 深林岩谷图 立轴
估　价：RMB 650,000~850,000
成交价：RMB 747,500
126cm×61cm 广东崇正 2017-06-15

529 袁瑛 圆明园淳化轩思永斋图 镜心
估　价：RMB 300,000~600,000
成交价：RMB 483,000
42.2cm×135cm 观唐皕榷 2017-01-11

1568 袁耀 1776年作 深柳读书堂图 立轴
估　价：RMB 600,000~800,000
成交价：RMB 690,000
86cm×118cm 中国嘉德 2017-09-03

1574 永瑢 岁朝图 立轴
估　价：RMB 620,000~680,000
成交价：RMB 713,000
138cm×60.5cm 北京匡时 2017-12-04

893 恽寿平 1684年作 枯木竹石 立轴
估　价：RMB 1,000,000~1,500,000
成交价：RMB 3,335,000
138cm×59cm 北京荣宝 2017-06-02

2844 恽寿平 拟古万景 册页 （十开）
估 价：HKD 2,000,000~3,000,000
成交价：RMB 2,227,500
26.5cm×38cm×10 香港苏富比 2017-04-03

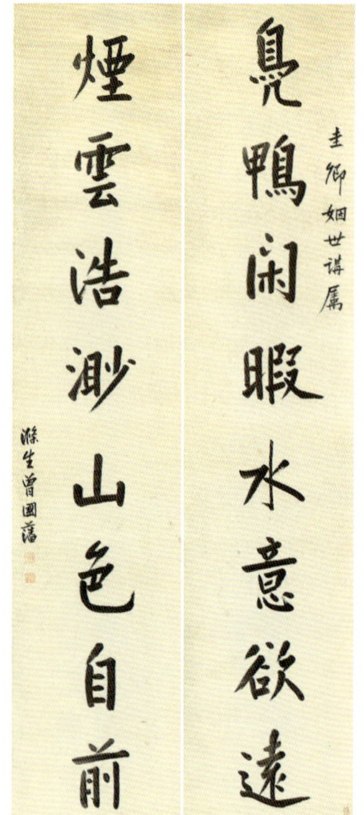

1970 曾国藩 楷书八言联 立轴
估 价：RMB 800,000~1,000,000
成交价：RMB 1,265,000
241cm×52cm×2 北京匡时 2017-12-04

639 曾我萧白 四面楼阁山水图 条屏
估 价：USD 80,000~120,000
成交价：RMB 1,297,313
175.6cm×92.7cm 纽约佳士得 2017-03-16

331 查士标 1657年作 清溪水阁图 立轴
估 价：RMB 4,000,000~8,000,000
成交价：RMB 8,625,000
163.5cm×48cm 观唐皕榷 2017-01-11

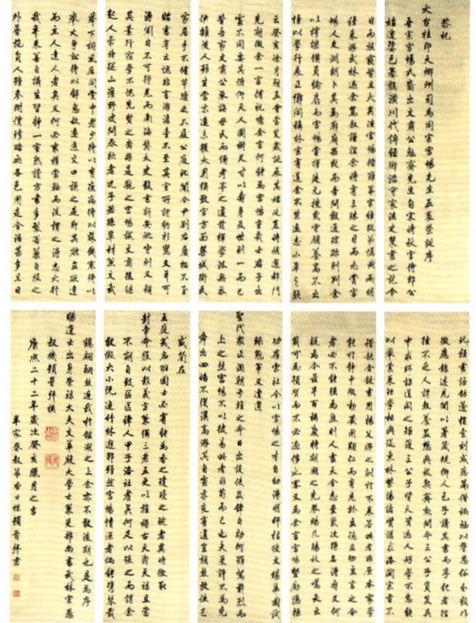

2617 查士标 1683年作 为黄宫畅先生书五轶荣诞序 十屏立轴
估 价：RMB 6,000,000~7,000,000
成交价：RMB 7,590,000
188cm×52.5cm×10 北京东正 2017-06-08

518 张百熙 楷书车鼎晋万寿诗 镜心
估 价：RMB 300,000~600,000
成交价：RMB 460,000
56.5cm×129cm 观唐皕榷 2017-01-11

1895 张风 秋林山色图 手卷
估　价：RMB 1,000,000~2,000,000
成交价：RMB 2,012,500
本幅29cm×318cm 北京匡时 2017-06-04

519 张亨嘉 楷书七言诗 镜心
估　价：RMB 300,000~600,000
成交价：RMB 517,500
95cm×217cm 观唐皕榷 2017-01-11

449 张謇 楷书八言联 对联
估　价：RMB 400,000~600,000
成交价：RMB 460,000
268cm×55.5cm×2 西泠拍卖 2017-07-15

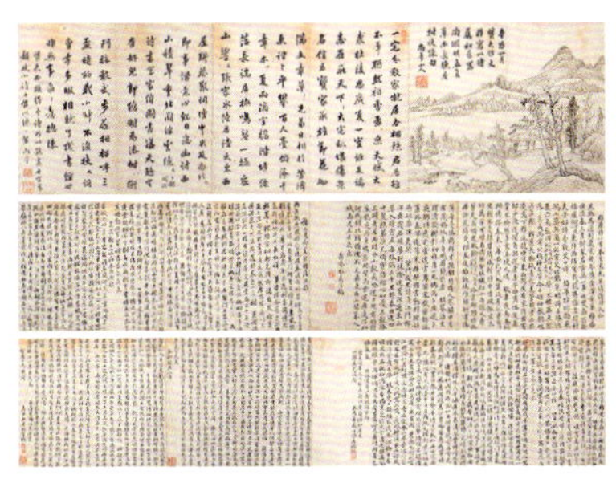

79 张鹏翀 1741年作 夏山隐居 手卷
估　价：RMB 300,000~500,000
成交价：RMB 517,500
24cm×307cm 北京翰海 2017-06-02

1468 张培敦 吴楷 1831及1839年作 山水花卉册 十二开册
估　价：HKD 120,000~180,000
成交价：RMB 891,000
各21.8cm×17.2cm 香港苏富比 2017-04-04

1394 张廷济 1846年作 一松一石之庐 镜框
估　价：HKD 30,000~50,000
成交价：RMB 466,875
34.5cm×170cm 香港苏富比 2017-10-02

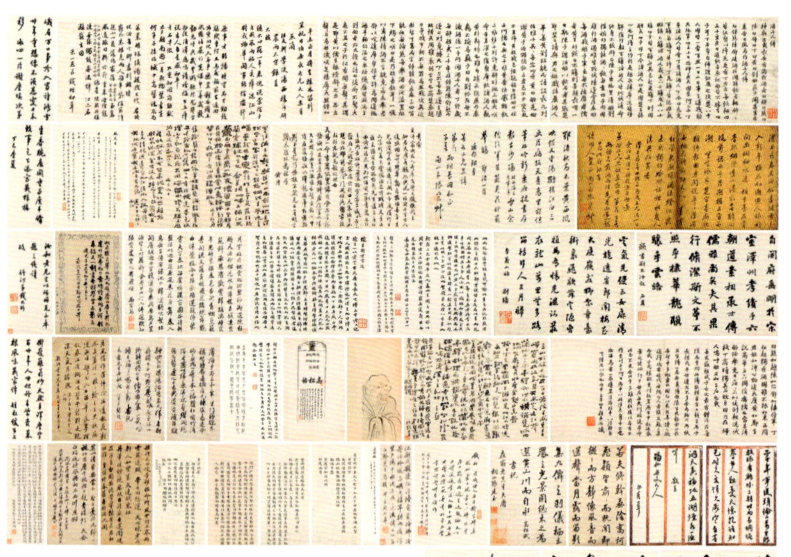

3636 张廷玉 程瑶田 等 高松贴 册页 （三十二开）
估　价：RMB 150,000~250,000
成交价：RMB 1,150,000
尺寸不一 北京保利 2017-12-18

1008 张学曾 山水 册页 （八开）
估　价：RMB 40,000~60,000
成交价：RMB 471,500
24cm×19cm×8 中贸圣佳 2017-06-19

544 张为邦 松下高士 立轴
估　价：RMB 600,000~800,000
成交价：RMB 690,000
153.5cm×70cm 北京翰海 2017-12-15

1436 张崟 顾鹤庆 1797年作 乐水图 立轴
估　价：HKD 400,000~600,000
成交价：RMB 1,089,375
画心135.5cm×62cm 香港苏富比 2017-10-02

440 张崟 松山观瀑图 立轴
估　价：RMB 800,000~1,200,000
成交价：RMB 1,552,500
133.5cm×55.5cm 中国嘉德 2017-12-18

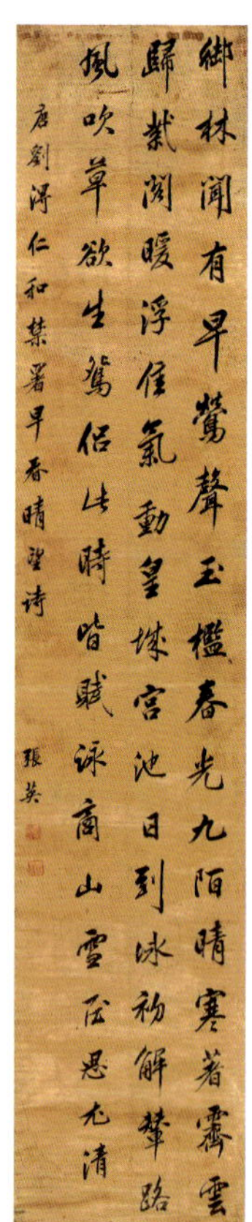

463 张英 行书唐诗 立轴
估　价：RMB 800,000~1,600,000
成交价：RMB 1,150,000
262.5cm×50.5cm 中国嘉德 2017-12-18

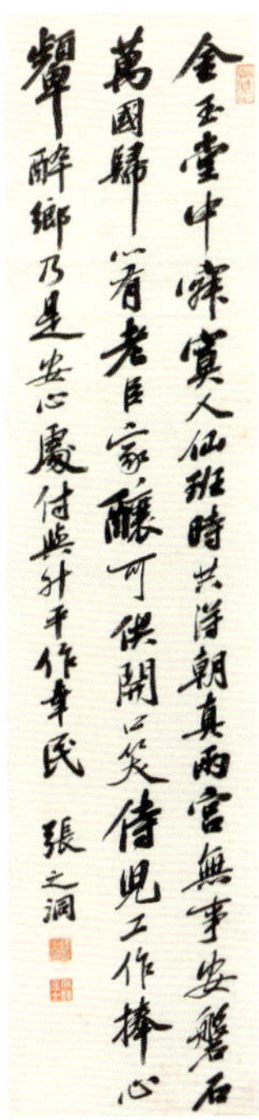

3818 张之洞 行书黄庭坚诗 立轴
估 价：RMB 150,000~250,000
成交价：RMB 552,000
179cm×42cm 北京保利 2017-12-18

3625 张宗苍 1746年作 拟黄鹤山樵 立轴
估 价：RMB 500,000~800,000
成交价：RMB 1,437,500
133cm×67cm 北京保利 2017-06-06

216 章采 松泉幽居图 立轴
估 价：HKD 680,000~800,000
成交价：RMB 835,440
161.5cm×71cm 中濠典藏 2017-05-22

1826 张宗苍 松阴清话图 镜心
著录：1.《石渠宝笈续编》重华宫藏·十二（《秘殿珠林石渠宝笈汇编》第5册P1848；2.《御制诗二集》卷八十四（《清高宗乾隆御制诗文全集》第三册P694。
估 价：RMB 15,000,000~18,000,000
成交价：RMB 51,175,000
93cm×46.5cm 北京匡时 2017-06-04

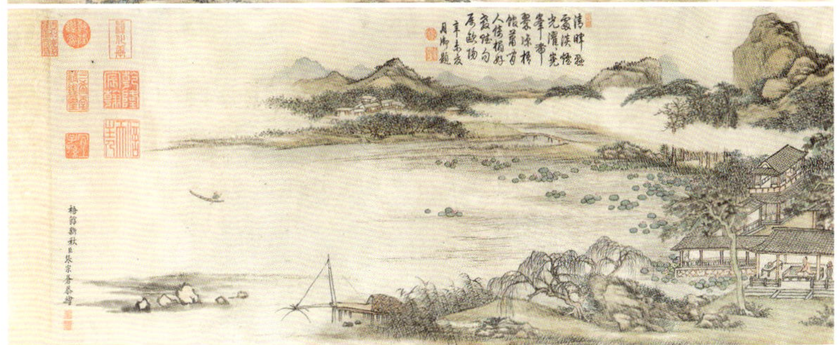

664 张宗苍 梧馆新秋 手卷
著录：1.《秘殿珠林石渠宝笈汇编》（《石渠宝笈三编》）第10册，第2407页；2.《清高宗（乾隆）御制诗文全集》第二册，第547页；3.《历代书画录续编》第五册，第301页；……
成交价：RMB 44,157,960
32.5cm×163cm 保利香港 2017-04-03

1512 章声 1690年作 双松图 立轴
估　价：RMB 250,000~350,000
成交价：RMB 529,000
179cm×92.5cm 中国嘉德 2017-06-21

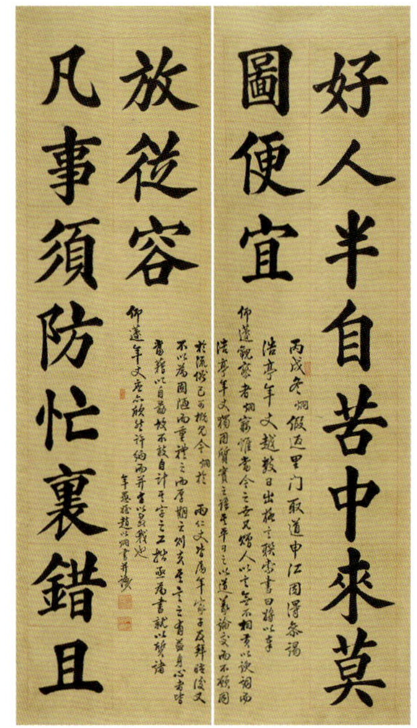

125 赵以炯 1886年作 楷书十一言联 立轴
估　价：RMB 250,000~350,000
成交价：RMB 862,500
148.5cm×41cm×2 北京银座 2017-12-20

733 赵之琛 顾骀 1840年作 元宵婴戏图 立轴
估　价：RMB 200,000~300,000
成交价：RMB 437,000
134.5cm×63.5cm 西泠拍卖 2017-07-15

438 赵之谦 1870年作 山茶腊梅图 立轴
估　价：RMB 3,800,000~5,800,000
成交价：RMB 7,590,000
125cm×61cm 中国嘉德 2017-12-18

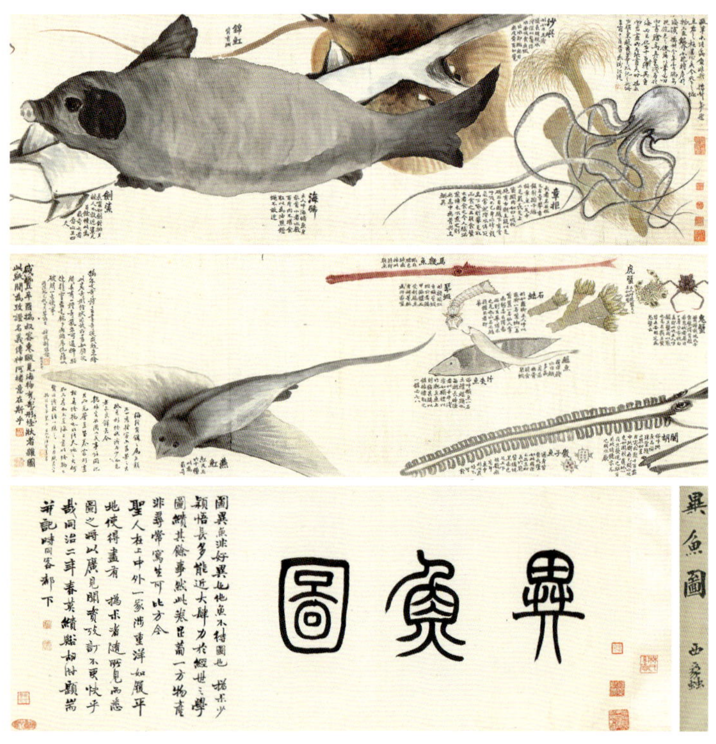

761 赵之谦 1861年作 异鱼图 手卷
备注：多处出版著录。
估　价：RMB 22,000,000~32,000,000
成交价：RMB 25,300,000
画35.5cm×224cm 中国嘉德 2017-06-19

2804 赵之谦 1871年作 楷书“芸隐居” 横幅
估　价：RMB 1,500,000~2,200,000
成交价：RMB 4,600,000
27cm×119cm 北京保利 2017-12-17

1037 赵之谦 延寿万岁 立轴
估　价：HKD 800,000~1,200,000
成交价：RMB 4,680,500
147cm×57cm 佳士得 2017-11-27

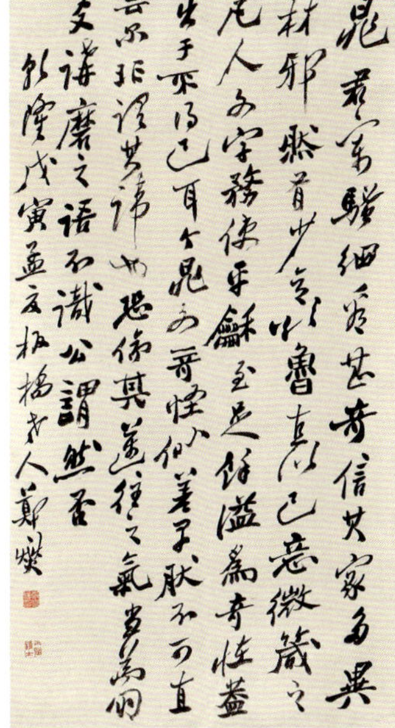

437 郑板桥 1758年作 行书中堂 立轴
估　价：RMB 2,200,000~3,600,000
成交价：RMB 3,392,500
177.4cm×93.5cm 观唐皕榷 2017-01-11

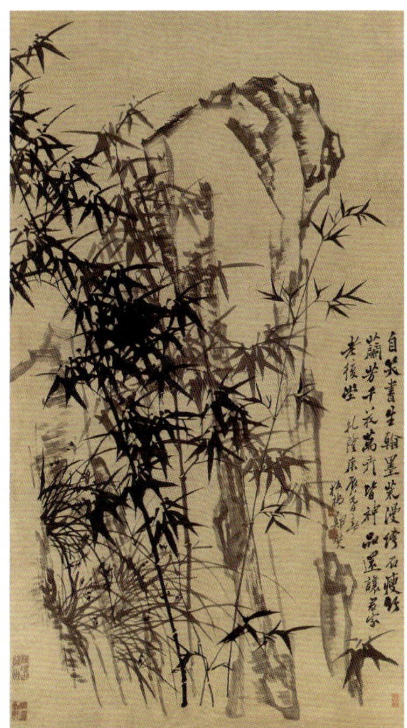

1052 郑板桥 1760年作 竹石图 立轴
出版：《郑板桥书画编年图目》（上）。
估　价：RMB 10,000,000~15,000,000
成交价：RMB 16,445,000
166cm×94cm 北京荣宝 2017-12-02

782 赵之谦 1872年作 篆书《潜夫论》 立轴
备注：多处出版记录。
估　价：RMB 8,500,000~10,000,000
成交价：RMB 12,075,000
169cm×39cm×8 中国嘉德 2017-06-19

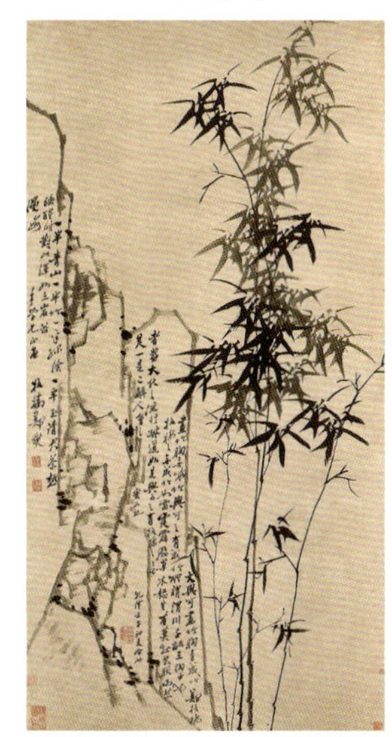

946 郑板桥 1762年作 竹石图 立轴
估　价：HKD 1,000,000~1,500,000
成交价：RMB 8,050,460
180.5cm×95cm 佳士得 2017-11-27

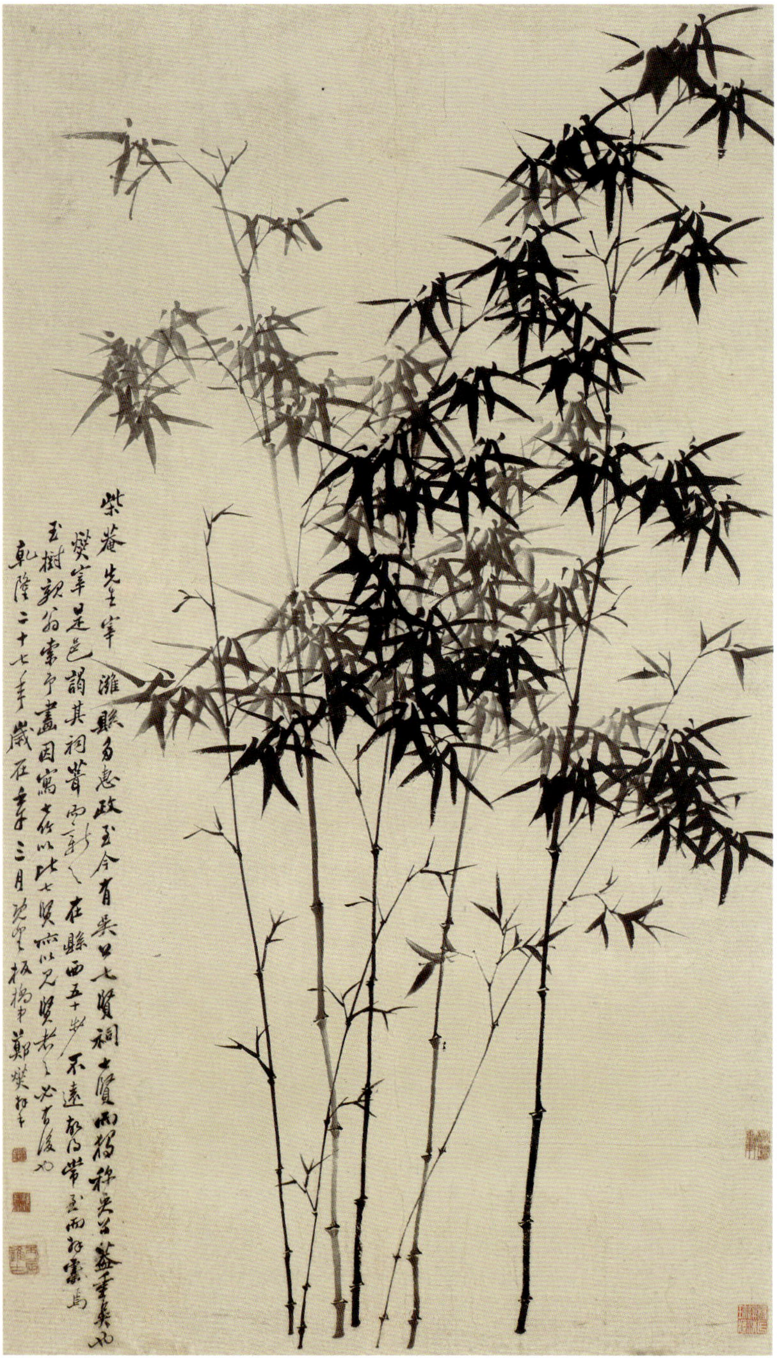

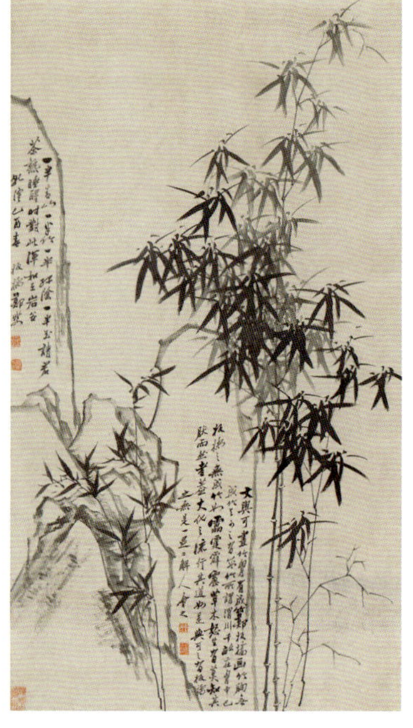

521 郑板桥 1765年作 墨竹图 立轴
备注：多处出版记录。
估 价：RMB 6,000,000~9,000,000
成交价：RMB 11,040,000
179.5cm×101cm 西泠拍卖 2017-07-15

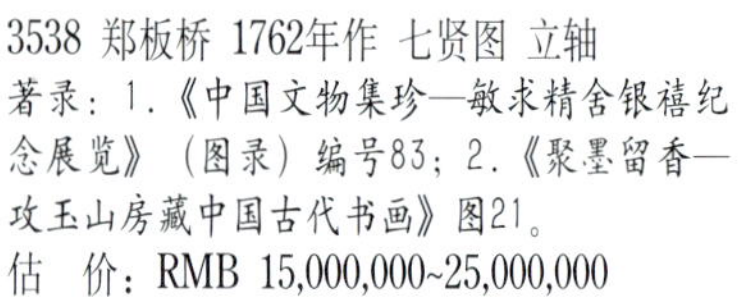

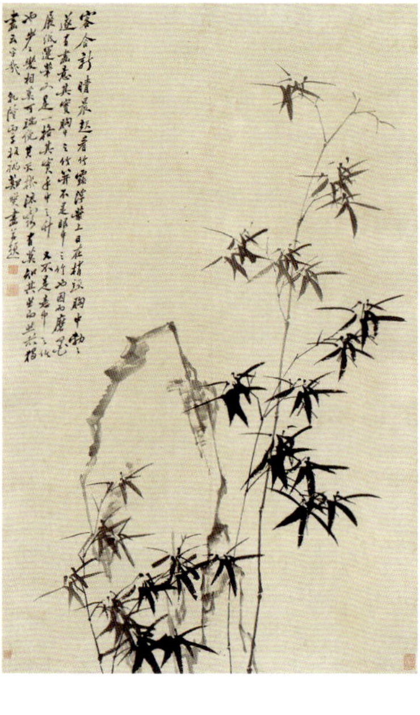

3538 郑板桥 1762年作 七贤图 立轴
著录：1.《中国文物集珍—敏求精舍银禧纪念展览》（图录）编号83；2.《聚墨留香—攻玉山房藏中国古代书画》图21。
估 价：RMB 15,000,000~25,000,000
成交价：RMB 31,625,000
193cm×114cm 北京保利 2017-06-05

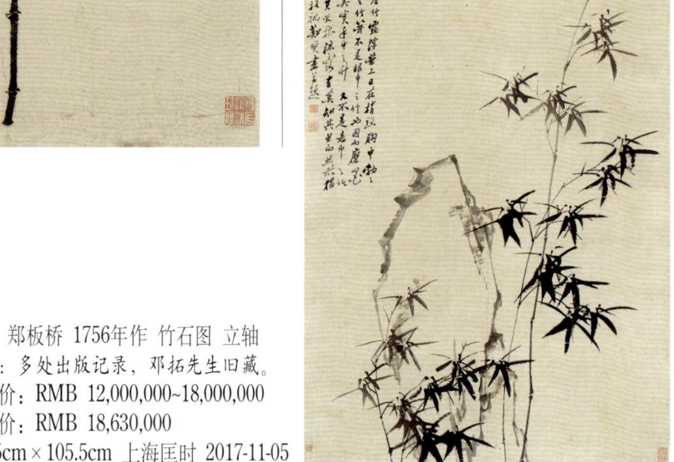

1067 郑板桥 1756年作 竹石图 立轴
备注：多处出版记录，邓拓先生旧藏。
估 价：RMB 12,000,000~18,000,000
成交价：RMB 18,630,000
167.5cm×105.5cm 上海匡时 2017-11-05

1560 郑簠 1679年作 隶书介雅三章 立轴
估　价：RMB 1,100,000~1,500,000
成交价：RMB 1,265,000
199cm×51.5cm 中国嘉德 2017-12-20

1004 郑旼 1670年作 山水六景 散册页 手卷 （六开）
估　价：HKD 1,000,000~2,000,000
成交价：RMB 8,050,460
15cm×26cm×3；15cm×188cm×3 佳士得 2017-11-27

1594 郑重 1669年作 达摩图 立轴
估　价：RMB 900,000~1,100,000
成交价：RMB 1,035,000
189.5cm×83cm 北京匡时 2017-12-04

988 周璜 达摩 镜心
估　价：RMB 400,000~600,000
成交价：RMB 690,000
108cm×40cm 中贸圣佳 2017-06-19

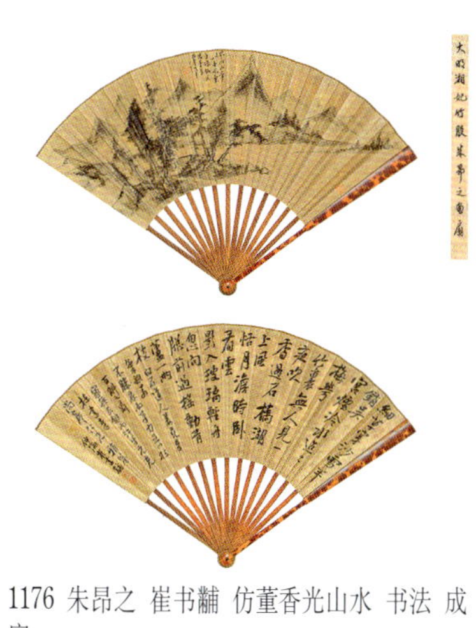

1176 朱昂之 崔书黼 仿董香光山水 书法 成扇
估　价：HKD 60,000~100,000
成交价：RMB 685,580
21cm×59cm 中国嘉德 2017-10-03

984 朱珪 楷书乾隆御制砚铭诗 手卷
估 价：RMB 1,200,000~1,800,000
成交价：RMB 2,875,000
36cm×1650cm 保利厦门 2017-06-25

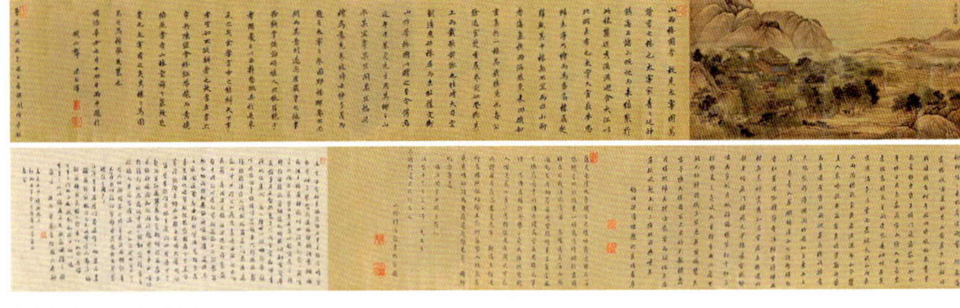

3851 朱珏 山雨楼图 手卷
估 价：RMB 500,000~800,000
成交价：RMB 1,035,000
画心33cm×64cm 北京保利 2017-06-06

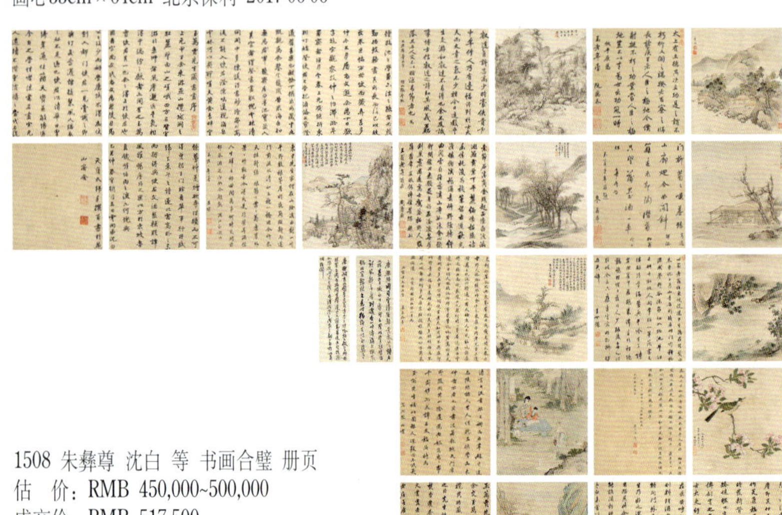

1508 朱彝尊 沈白 等 书画合璧 册页
估 价：RMB 450,000~500,000
成交价：RMB 517,500
书法35cm×32cm×19；
绘画32cm×32cm×10 北京匡时 2017-06-04

370 朱伦瀚 秋山鸣泉图 立轴
估 价：RMB 400,000~600,000
成交价：RMB 552,000
200.6cm×94.2cm 观唐皕榷 2017-01-11

677 诸升 1689年作 月夜风竹 立轴
估 价：RMB 480,000~680,000
成交价：RMB 552,000
178cm×98cm 广东崇正 2017-06-15

371 邹一桂 牡丹二十四品之“瑞露蝉” 立轴
估 价：RMB 180,000~300,000
成交价：RMB 920,000
128cm × 50cm 保利华谊 2017-12-08

339 邹喆 溪山林屋 立轴
估 价：RMB 600,000~800,000
成交价：RMB 690,000
140cm × 52cm 华艺国际 2017-05-27

2293 左宗棠 行书八言联 立轴
估 价：RMB 200,000~300,000
成交价：RMB 1,265,000
230cm × 41cm × 2 北京保利 2017-12-17

近现代及当代作者

1107 阿海 青龙于郊
估 价：RMB 200,000~300,000
成交价：RMB 575,000
92cm × 170cm 北京荣宝 2017-06-02

5043 艾轩 2015年作 西藏女孩
估 价：RMB 300,000~500,000
成交价：RMB 687,500
96cm × 89cm 香港苏富比 2017-10-01

1466 安和 临宋人《明皇击鞠图》
估 价：HKD 100,000~150,000
成交价：RMB 622,500
54.7cm × 225.8cm 香港苏富比 2017-10-02

168 安和 修禊图 镜心
估 价：HKD 6,000~12,000
成交价：RMB 429,131
186cm × 99cm 中国嘉德 2017-05-29

1323 安奇帮 2017年作 灵魂之梦 镜心
估 价：RMB 500,000~600,000
成交价：RMB 575,000
120cm×102cm 北京保利 2017-12-18

703 白雪石 1987年作 福如东海寿比南山 镜心
估 价：RMB 1,800,000~2,800,000
成交价：RMB 2,875,000
133cm×235cm 中国嘉德 2017-06-19

5 白雪石 1993年作 千峰万壑 镜心
估 价：RMB 800,000~1,000,000
成交价：RMB 1,265,000
96cm×178cm 北京荣宝 2017-09-24

2272 白雪石 1995年作 漓江 镜心
估 价：RMB 4,000,000~6,000,000
成交价：RMB 4,715,000
143cm×368cm 北京保利 2017-12-17

1212 柏林 2016年作 天路
估 价：RMB 350,000~450,000
成交价：RMB 402,500
135.5cm×69cm 北京翰海 2017-06-03

1482 白云乡 得山水清气极 镜心
估 价：RMB 1,000,000~1,200,000
成交价：RMB 1,380,000
145cm×366cm 北京荣宝 2017-06-02

156 包少茂 2011年作 云起祁连图 镜框
估 价：RMB 380,000~480,000
成交价：RMB 575,000
120cm×240cm 上海东方 2017-06-25

336 蔡逸溪 为安静停顿
估 价：HKD 380,000~550,000
成交价：RMB 467,775
97.5cm×179.5cm 香港苏富比 2017-04-03

700 蔡鹤汀 万壑响松风 立轴
估 价：RMB 300,000~500,000
成交价：RMB 437,000
180cm×95cm 中贸圣佳 2017-06-19

1286 蔡茂友 2017年作 家美
估 价：RMB 800,000~1,000,000
成交价：RMB 1,380,000
180cm×48cm 北京翰海 2017-06-03

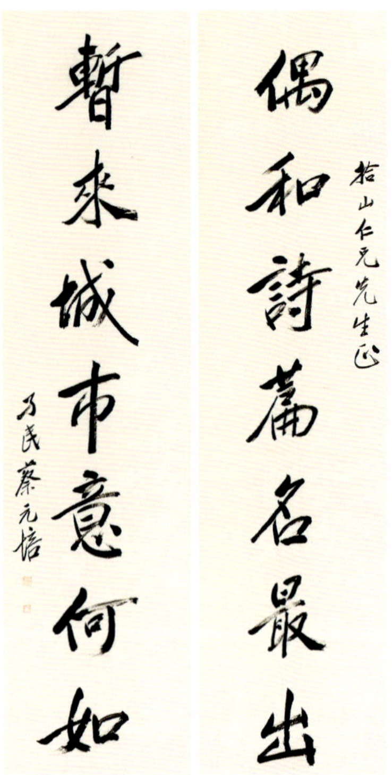

867 蔡元培 行书七言联 立轴
估 价：RMB 600,000~700,000
成交价：RMB 920,000
144cm×38.5cm×2 北京匡时 2017-06-03

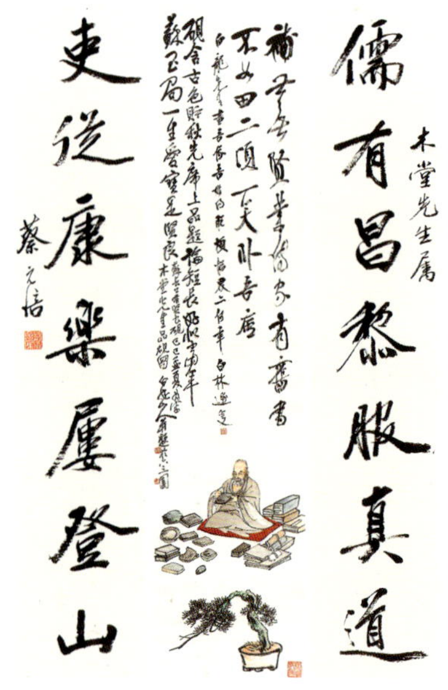

352 蔡元培 王一亭 行书七言联 品砚图 立轴
估 价：RMB 800,000~1,000,000
成交价：RMB 1,150,000
92.5cm×19.5cm×2；151cm×35cm
北京荣宝 2017-12-02

1325 曹俊 2010年作 万象入横 镜心
估 价：RMB 460,000~550,000
成交价：RMB 529,000
45cm×38cm 北京保利 2017-12-18

115 曹克家 陆抑非 溥儒 1944年作 耄耋图 书法 成扇
估 价：RMB 600,000~800,000
成交价：RMB 782,000
15cm×39cm 华艺国际 2017-11-25

4279 曹子玉 2016年作 草书 六条屏镜心
估 价：RMB 380,000~450,000
成交价：RMB 437,000
172cm×53cm×6 北京保利 2017-06-05

5054 常玉 男士肖像（双面画）
估 价：HKD 260,000~400,000
成交价：RMB 868,725
23cm×19cm 香港苏富比 2017-04-03

37 晁海 2011年作 春江水暖 镜框
估 价：RMB 700,000~800,000
成交价：RMB 977,500
120cm × 240cm 上海东方 2017-06-25

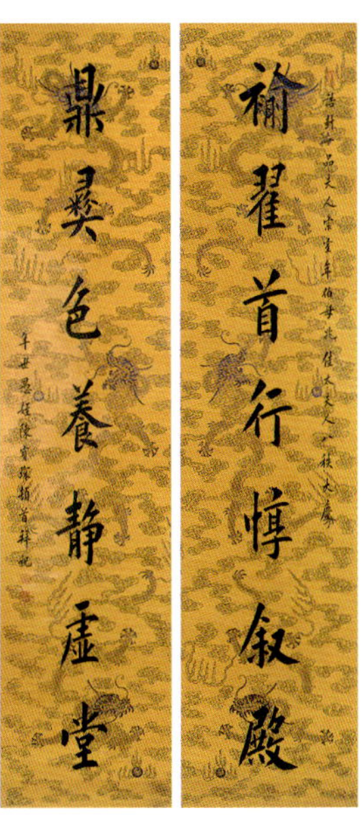

64 陈宝琛 楷书七言联 立轴
估 价：RMB 40,000~60,000
成交价：RMB 632,500
193cm × 44cm × 2 北京翰海 2017-12-15

387 陈半丁 1954年作 富贵长年 立轴
估 价：RMB 60,000~90,000
成交价：RMB 1,840,000
231cm × 94.5cm 北京翰海 2017-12-15

2684 陈半丁 1958年作 力争上游 镜心
估 价：RMB 600,000~800,000
成交价：RMB 2,875,000
119cm × 186cm 北京保利 2017-12-17

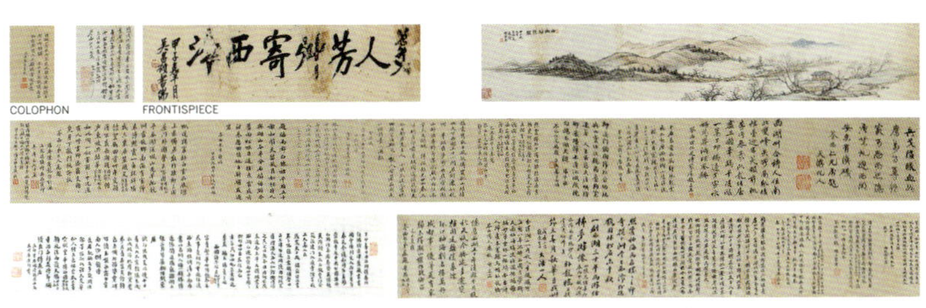

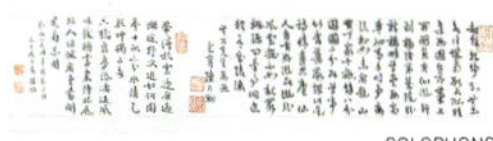

925 陈曾寿 西湖归隐 手卷
估 价：USD 12,000~16,000
成交价：RMB 1,297,313
14.3cm × 80.2cm 纽约苏富比 2017-03-16

85 陈大羽 1984年作 并蒂呈祥 立轴
估 价：RMB 1,000,000~1,800,000
成交价：RMB 2,070,000
137.5cm × 157.5cm 上海明轩 2017-06-30

640 陈大羽 松菊 镜心
估 价：RMB 1,000,000~1,800,000
成交价：RMB 1,150,000
90cm × 135cm 中国嘉德 2017-12-19

32 陈大羽 1979年作 鸡鸣震旦 镜片
估 价：RMB 30,000~80,000
成交价：RMB 1,955,000
138cm × 69.8cm 广东崇正 2017-06-14

1348 陈衡恪 兰石图 立轴
估 价：HKD 160,000~220,000
成交价：RMB 501,188
182cm × 44.2cm 香港苏富比 2017-04-04

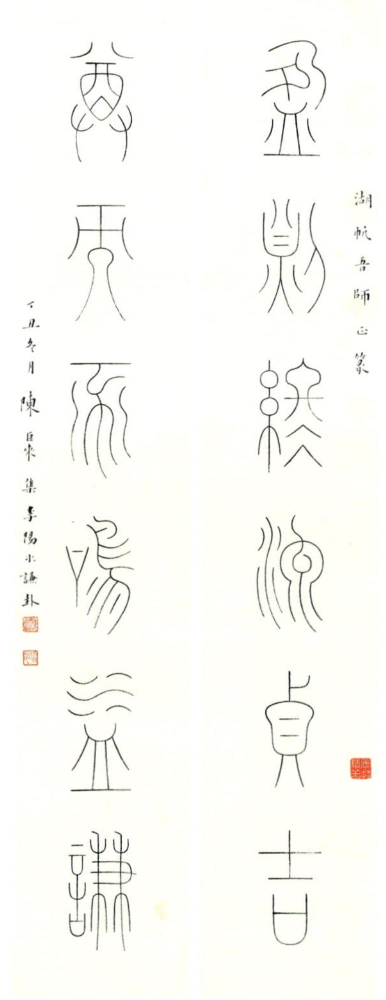

1497 陈巨来 1937年作 篆书六言联 立轴
估 价：HKD 100,000~150,000
成交价：RMB 1,837,688
各113cm × 20.5cm 香港苏富比 2017-04-04

441 陈佩秋 1998年作 溪山积翠图 卷
估　价：RMB 2,200,000~2,800,000
成交价：RMB 3,220,000
33cm×134cm 北京翰海 2017-12-15

808 陈佩秋 1998年作 花影书声图 镜片
估　价：RMB 2,000,000~2,800,000
成交价：RMB 3,220,000
179cm×98cm 西泠拍卖 2017-07-15

63 陈佩秋 1962年作 芙蓉鸳鸯 立轴
估　价：RMB 800,000~1,200,000
成交价：RMB 2,990,000
91cm×50cm 华艺国际 2017-05-27

926 陈平 2016年作 墨梅 镜心
估　价：RMB 700,000~900,000
成交价：RMB 805,000
90cm×48cm 中国嘉德 2017-04-01

658 陈平 山林小居 镜心
估　价：RMB 600,000~800,000
成交价：RMB 1,265,000
180cm×97cm 荣宝斋（济南） 2017-12-07

640 陈其宽 1989年作 风戏 立轴
估 价：RMB 180,000~220,000
成交价：RMB 540,500
61cm×61cm 北京诚轩 2017-06-19

832 陈少梅 1950年作 江阔帆影 镜心
估 价：RMB 4,000,000~4,500,000
成交价：RMB 4,600,000
135cm×56cm 北京匡时 2017-06-03

1843 陈少梅 1945年作 西园雅集图 立轴
备注：多处出版记录。
估 价：RMB 16,000,000~20,000,000
成交价：RMB 25,300,000
131cm×67.5cm 北京匡时 2017-12-04

697 陈少梅 1942年作 泉石怡情 八屏风
估 价：RMB 3,800,000~4,800,000
成交价：RMB 4,370,000
23cm×7.5cm×8 中国嘉德 2017-06-19

103 陈少梅 1939年作 春游载酒 立轴
估 价：RMB 2,000,000~2,800,000
成交价：RMB 3,680,000
70cm×32.8cm 北京诚轩 2017-06-18

3831 陈秋草 1977年作 小蝌蚪找妈妈
估 价：RMB 900,000~1,200,000
成交价：RMB 1,725,000
26.3cm×28.2cm×13；18cm×26.5cm
北京匡时 2017-12-04

1803 陈师曾 1917年作 山水 六屏镜心
估 价：RMB 500,000~600,000
成交价：RMB 575,000
124cm×281cm 北京匡时 2017-12-04

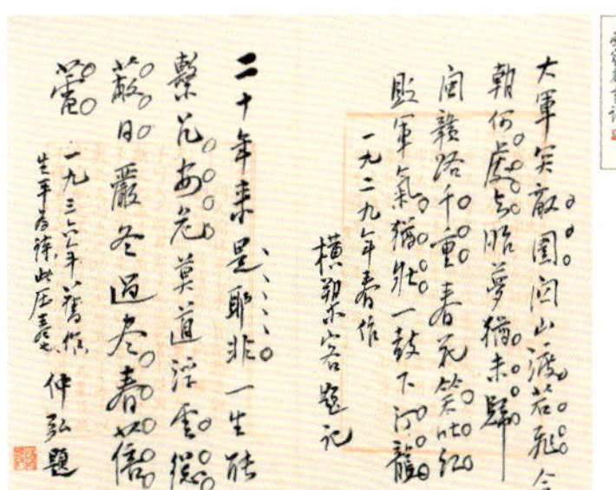

1801 陈毅 行书诗稿 镜心
估 价：RMB 400,000~600,000
成交价：RMB 517,500
27cm×40cm 北京保利 2017-06-05

68 陈树人 1946年作 峡谷秋光 镜心
估 价：RMB 18,000~28,000
成交价：RMB 759,000
66cm×42.5cm 中国嘉德 2017-12-18

295 陈文希 树上五猿嬉戏图
估 价：HKD 600,000~900,000
成交价：RMB 668,250
135.5cm×70cm 香港苏富比 2017-04-03

1759 陈玉圃 2015年作 乐志逍遥 镜心
估 价：RMB 300,000~350,000
成交价：RMB 552,000
96cm×180cm 中国嘉德 2017-12-20

882 陈玉圃 2005年作 山水 （四幅） 镜心
估 价：RMB 160,000~240,000
成交价：RMB 437,000
114cm×42cm×4 中国嘉德 2017-04-01

851 陈永锵 2010年作 雄姿英发 镜片
估 价：RMB 1,300,000~1,800,000
成交价：RMB 1,725,000
210cm×364cm 广东崇正 2017-06-15

753 陈钰铭 2017年作 醉歌 册页
估　价：RMB 350,000~400,000
成交价：RMB 690,000
44cm×29cm×10 北京匡时 2017-12-03

1903 陈子庄 1971年作 双吉加官 立轴
估　价：RMB 1,200,000~1,800,000
成交价：RMB 1,725,000
136cm×34cm 北京保利 2017-06-05

111 陈之佛 1946年作 繁花鹦鹉 立轴
成交价：RMB 1,380,000
91.5cm×29.6cm 中国嘉德 2017-12-18

411 陈之佛 1947年作 雪鹰白梅 立轴
估　价：RMB 800,000~1,200,000
成交价：RMB 1,150,000
98.5cm×41.3cm 中国嘉德 2017-12-18

995 程十发 1983年作 花木兰 立轴
估　价：RMB 2,200,000~2,500,000
成交价：RMB 2,300,000
136.5cm×68cm 上海匡时 2017-11-05

818 程十发 庚子（1960年）作 孔雀舞 镜片
估　价：RMB 1,800,000~2,500,000
成交价：RMB 2,300,000
75cm×119cm 朵云轩 2017-12-14

803 程十发 1978年作 蕉影饲鹿图 立轴
估　价：RMB 1,800,000~2,500,000
成交价：RMB 2,932,500
241cm×61.5cm 西泠拍卖 2017-07-15

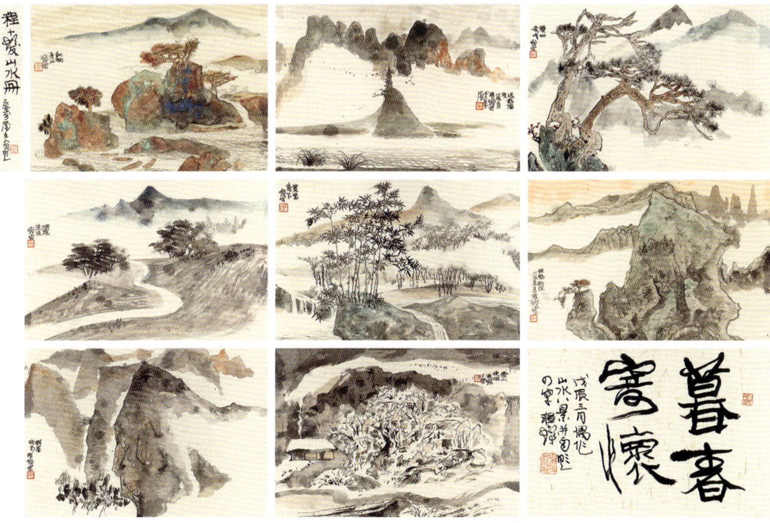

311 程十发 1988年作 暮春寄怀 册页
估　价：RMB 700,000~800,000
成交价：RMB 2,242,500
28cm×42cm×8 北京匡时 2017-03-29

470 程小青 七十寿诗 手卷
估　价：RMB 350,000~450,000
成交价：RMB 586,500
32cm×130cm 南京经典 2017-07-23

1218 崔如琢 2010年作 秋烟漠漠雨蒙蒙 镜心
成交价：RMB 126,165,600
178.5cm × 521cm 保利香港 2017-04-03

4310 崔如琢 2016年作 万里平铺雪满天 镜心
成交价：RMB 138,000,000
179cm × 553cm 北京保利 2017-06-04

1211 崔如琢 2013年作 听声 镜心
出版：《崔如琢大观》第二卷，故宫出版社，北京，2014年。
成交价：RMB 146,910,000
143cm × 524cm 保利香港 2017-10-03

1206 崔如琢 2012年作 满目荷花千万顷 镜心
出版：《崔如琢大观》第四卷。
估 价：HKD 38,000,000~45,000,000
成交价：RMB 39,176,000
143cm×297cm 保利香港 2017-10-03

1207 崔如琢 2016年作 冷碧新秋水，淡香醉万家 镜心
估 价：HKD 32,000,000~37,000,000
成交价：RMB 34,279,000
547.5cm×66cm 保利香港 2017-10-03

1212 崔如琢 2013年作 山涧晓雪 镜心
出版：《崔如琢大观》第二卷。
估　价：HKD 46,000,000~52,000,000
成交价：RMB 47,011,200
143cm×368cm 保利香港 2017-10-03

2808 崔如琢 2017年作 指墨山水 十二条屏镜心
成交价：RMB 241,500,000
216cm×76cm×12 北京保利 2017-12-17

1483 崔晓东 夕阳山外山 镜心
估 价：RMB 300,000~400,000
成交价：RMB 460,000
96cm×60cm 北京荣宝 2017-06-02

1258 邓芬 1959年作 春风白马访琼楼 镜框
估 价：HKD 500,000~700,000
成交价：RMB 5,859,800
94.5cm×184cm 香港苏富比 2017-10-02

1645 邓芬 1959年作 四美图 镜心
估 价：HKD 620,000~820,000
成交价：RMB 1,224,250
63cm×37cm×4 中国嘉德 2017-10-03

1922 戴敦邦 上寿图四屏通景 镜心
估 价：RMB 200,000~250,000
成交价：RMB 632,500
135.5cm×34.0cm×4 中国嘉德 2017-06-21

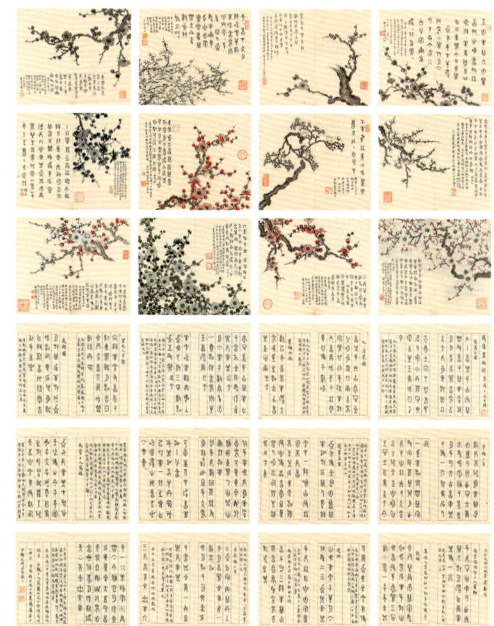

761 丁辅之 1942年作 为若瓢和尚作 梅花诗画册 （三十六页） 册页
估 价：RMB 600,000~800,000
成交价：RMB 2,185,000
19.5cm×16cm×12；16cm×9.5cm×24 西泠拍卖 2017-07-15

919 丁衍庸 八仙祝寿 镜片
估 价：USD 25,000~35,000
成交价：RMB 864,875
140.4cm×68cm 纽约苏富比 2017-03-16

232 董寿平 黄山云海 镜心
估 价：RMB 7,000,000~9,000,000
成交价：RMB 8,050,000
121.5cm×232cm 北京银座 2017-06-07

731 董寿平 红梅花开 镜心
估 价：RMB 2,200,000~3,200,000
成交价：RMB 4,830,000
153cm×83.5cm 中国嘉德 2017-06-19

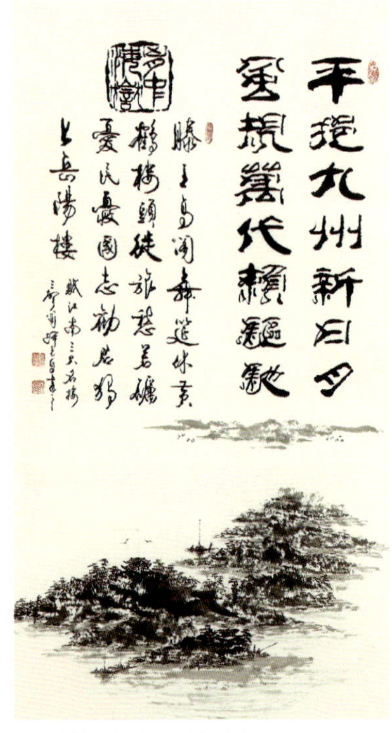

6115 杜新元 平挹九州 镜心
估 价：RMB 960,000~1,600,000
成交价：RMB 2,875,000
107cm×57cm 北京保利 2017-11-10

1230 渡海名家 杂画册 （十四开册）
估 价：HKD 500,000~700,000
成交价：RMB 1,763,750
30cm×41.8cm×14 香港苏富比 2017-10-02

476 杜滋龄 2006年作 虔诚的天界子民 镜心
估 价：RMB 500,000~800,000
成交价：RMB 1,265,000
211cm×358cm 中国嘉德 2017-09-02

982 杜滋龄 虔诚的天界子民 镜心
估 价：RMB 1,000,000~1,500,000
成交价：RMB 1,230,500
359cm×211cm 北京宣石 2017-05-21

6050 樊枫 2015年作 松树 镜心
估 价：RMB 300,000~600,000
成交价：RMB 690,000
138cm×70cm×4 北京保利 2017-11-10

1430 樊浩霖 1951年作 嬉趣图 手卷 三卷
估 价：HKD 80,000~120,000
成交价：RMB 779,625
尺寸不一 香港苏富比 2017-04-04

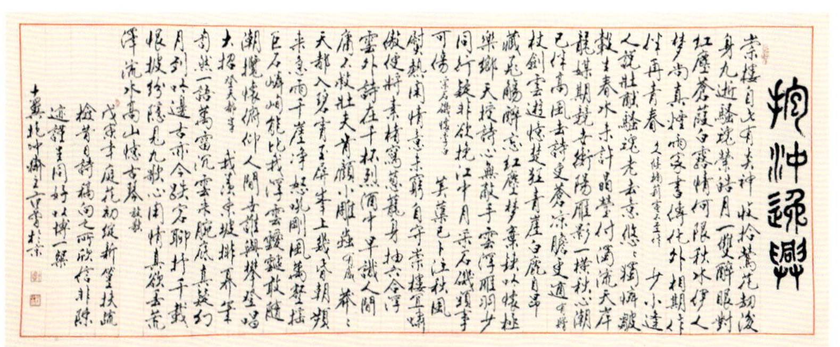

2357 范曾 1998年作 书法抱冲逸兴 镜心
估 价：RMB 4,400,000~5,000,000
成交价：RMB 5,060,000
138cm×355cm 北京保利 2017-12-17

4308 范曾 1982年作 载歌行 镜心
估　价：RMB 6,000,000~7,000,000
成交价：RMB 8,740,000
190cm×367cm 北京保利 2017-06-04

161 范曾 1997年作 十二生肖 镜框
估　价：RMB 3,000,000~4,000,000
成交价：RMB 5,750,000
35cm×49cm×13；33cm×48cm×13
北京荣宝 2017-06-02

4309 范曾 2002年作 日出东南隅 镜心
估　价：RMB 5,000,000~6,000,000
成交价：RMB 7,475,000
143cm×364cm 北京保利 2017-06-04

486 范曾 2002年作 老子出关 镜心
估　价：RMB 6,800,000~7,500,000
成交价：RMB 7,820,000
144cm×366cm 北京诚轩 2017-06-18

1318 范扬 2014年作 说禅图 镜心
估　价：RMB 1,000,000~1,200,000
成交价：RMB 1,472,000
142cm×71cm 北京荣宝 2017-06-02

750 范扬 2016年作 看山赏花图 册页
估　价：RMB 800,000~900,000
成交价：RMB 1,472,000
30cm×42cm×12 北京匡时 2017-12-03

2313 范扬 2017年作 甘南迭部县扎尕那业日村 镜心
估　价：RMB 2,000,000~2,600,000
成交价：RMB 3,220,000
52cm×197cm 北京荣宝 2017-12-02

343 范扬 2017年作 林泉高致 镜心
估　价：RMB 1,200,000~1,800,000
成交价：RMB 1,380,000
144cm×365cm 保利山东 2017-10-29

911 方楚雄 2011年作 长相依 镜片
估　价：RMB 800,000~1,200,000
成交价：RMB 920,000
68cm×138cm 广东崇正 2017-12-13

1225 方骏 山水四季图 镜心
估　价：RMB 200,000~300,000
成交价：RMB 517,500
136cm×34cm×4 北京保利 2017-12-18

357 方人定 少女饮马图 立轴
估　价：RMB 600,000~750,000
成交价：RMB 1,092,500
180cm×96cm 西泠拍卖 2017-07-15

127 方增先 1969年作 渡黄河 镜框
估　价：RMB 1,000,000~1,500,000
成交价：RMB 3,680,000
150cm×360cm 上海东方 2017-06-25

2611 方召麐 1986年作 理想家园
估　价：RMB 1,000,000~1,500,000
成交价：RMB 1,150,000
111.5cm×197.5cm 北京匡时 2017-06-03

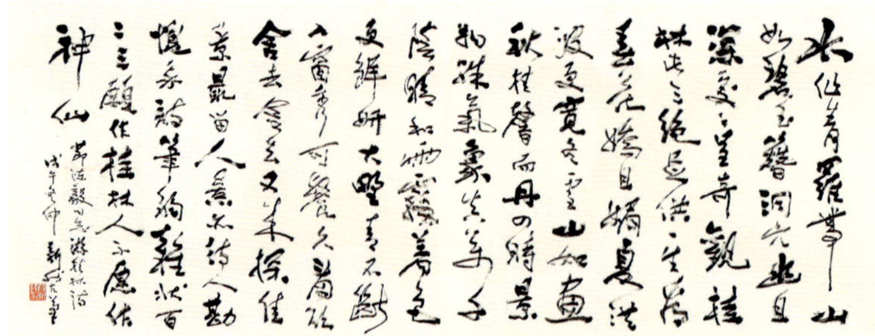

1959 费新我 1978年作 行书陈毅诗 镜心
估　价：RMB 1,000,000~2,000,000
成交价：RMB 1,150,000
193cm×503cm 北京保利 2017-06-05

2375 房毅 1941年作 生肖图 （六轴） 立轴
估　价：RMB 800,000~1,000,000
成交价：RMB 1,092,500
129cm×67cm×6 西泠拍卖 2017-07-16

80 丰子恺 村居图 镜心
估　价：HKD 380,000~500,000
成交价：RMB 2,197,986
100cm×50cm 中国嘉德 2017-05-29

930 丰子恺 故园夜月 镜片
估　价：RMB 1,200,000~1,500,000
成交价：RMB 2,875,000
138.5cm×70cm 朵云轩 2017-06-25

677 丰子恺 四条屏 立轴
估　价：RMB 1,800,000~3,500,000
成交价：RMB 3,105,000
26cm×20cm×4 北京宣石 2017-12-03

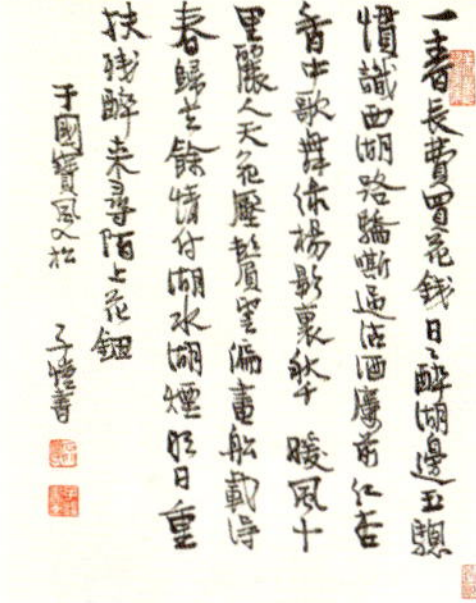

1330 丰子恺 有情人间 册页 （十二开）
估　价：HKD 1,500,000~2,500,000
成交价：RMB 9,786,500
33.8cm×27cm×12 佳士得 2017-11-28

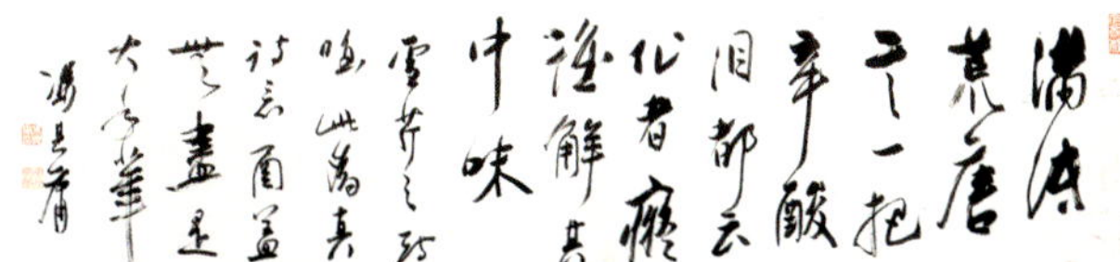

623 冯其庸 挂引首 长卷
估　价：RMB 2,000,000~4,000,000
成交价：RMB 3,680,000
北京宣石 2017-12-03

2392 冯超然 1915年作 四美图（四帧） 镜片
估 价：RMB 700,000~900,000
成交价：RMB 1,667,500
95cm×22.5cm×4 西泠拍卖 2017-07-16

1331 冯大中 1988年作 霜晓 镜框
估 价：HKD 500,000~700,000
成交价：RMB 1,862,700
121cm×113.5cm 佳士得 2017-05-30

4312 冯远 2001年作 金陵红楼十二钗 镜心
估 价：RMB 2,200,000~2,800,000
成交价：RMB 5,520,000
144cm×365cm 北京保利 2017-06-04

1306 冯远 王维诗意 镜心 （六幅）
估 价：RMB 3,800,000~4,500,000
成交价：RMB 4,945,000
60cm×45.5cm×6 北京荣宝 2017-06-02

503 冯玉祥 隶书自作诗
估 价：RMB 70,000~100,000
成交价：RMB 667,000
140cm×77cm 北京银座 2017-06-07

1473 傅抱石 1943年作 洗手图 立轴
来源：新加坡著名收藏家张庆重旧藏。
出版：1.《傅抱石年谱》，页68；2.《傅抱石的世界》，页200；3.《傅抱石全集》卷一，页161。
估 价：HKD 8,800,000~12,000,000
成交价：RMB 15,271,740
126.5cm×41.2cm 香港苏富比 2017-04-04

2650 傅抱石 1944年作 兰亭雅集图 镜心
备注：出版著录多处。
成交价：RMB 72,450,000
104cm×60cm 北京保利 2017-12-17

2250 傅抱石 1945年作 山鬼 立轴
成交价：RMB 63,825,000
133cm×66cm 北京保利 2017-06-05

2245 傅抱石 1965年作 茅山雄姿 镜心
备注：出版著录多处。
成交价：RMB 186,875,000
106.5cm×276.5cm 北京保利 2017-06-05

2234 傅抱石 1945年作 访石图 立轴
估　价：RMB 5,000,000~6,000,000
成交价：RMB 16,100,000
150cm×41cm 北京保利 2017-06-05

1291 傅抱石 1945年作 西山夜渡图 立轴
成交价：RMB 77,117,375
177.8cm×57cm 香港苏富比 2017-10-02

8801 傅抱石 1945年作 琵琶行
成交价：RMB 174,327,350
113cm×66cm 佳士得 2017-11-28

415 傅抱石 1959年作 早随烟月上瞿塘 镜心
估　价：RMB 8,000,000~12,000,000
成交价：RMB 27,600,000
107cm×87.5cm 北京荣宝 2017-06-02

417 傅抱石 1962年作 高山仰止 镜心
备注：多处出版记录
成交价：RMB 48,970,000
177cm×97cm 保利香港 2017-10-03

744 傅抱石 1944年作 早随烟月上瞿塘 立轴
估 价：RMB 30,000,000~40,000,000
成交价：RMB 80,500,000
185cm×60cm 中国嘉德 2017-06-19

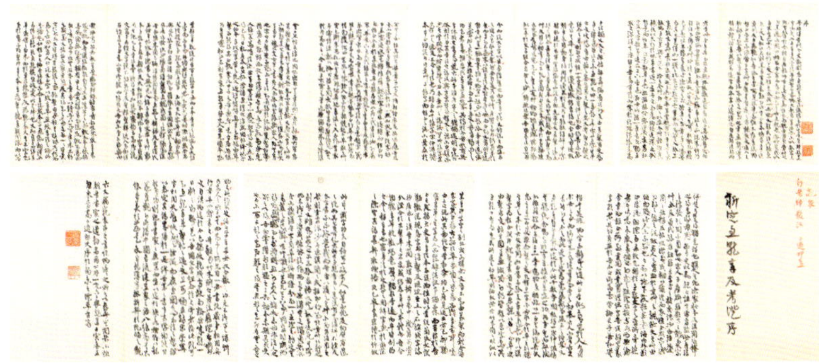

876 高二适 1962年作 新定急就章及考证序 册页
估 价：RMB 1,200,000~1,500,000
成交价：RMB 2,300,000
本幅36cm×45cm×7 北京匡时 2017-06-03

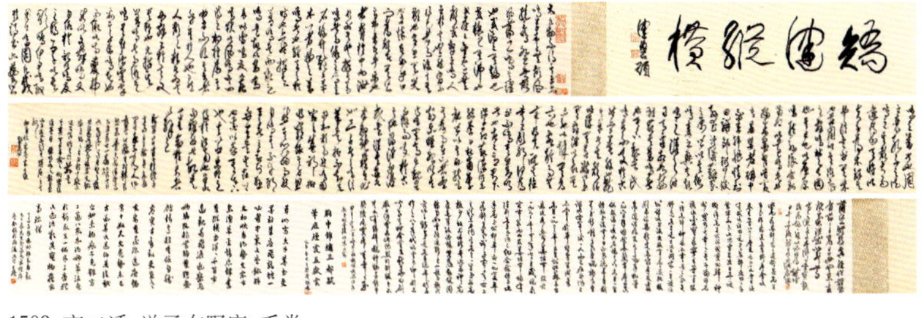

1593 高二适 送孟东野序 手卷
估 价：RMB 2,800,000~4,800,000
成交价：RMB 4,600,000
首28cm×593cm 北京保利 2017-12-16

2235 傅抱石 天女散花 立轴
备注：著录三处。
估 价：RMB 12,000,000~18,000,000
成交价：RMB 29,900,000
99cm×62.2cm 北京保利 2017-06-05

144 高剑父 1935年作 白凤凰 立轴
估 价：RMB 900,000~1,500,000
成交价：RMB 1,265,000
134.5cm×64.7cm 观唐皕榷 2017-01-11

204 高剑父 1950年作 孔雀 镜心
估　价：HKD 3,000,000~5,000,000
成交价：RMB 3,139,980
171.5cm×93cm 中国嘉德 2017-05-29

1323 高奇峰 紫藤鲤鱼 立轴
估　价：HKD 400,000~600,000
成交价：RMB 1,447,875
116cm×44.4cm 香港苏富比 2017-04-04

135 高奇峰 1928年作 白头大利 镜框
估　价：RMB 1,200,000~1,600,000
成交价：RMB 1,483,500
95.5cm×31.5cm 华艺国际 2017-05-27

533 高奇峰 1914年作 孔雀开屏 立轴
估　价：RMB 8,000,000~12,000,000
成交价：RMB 9,200,000
145cm×94cm 华艺国际 2017-11-25

4228 耿庆力 2017年作 春染天山 镜心
估　价：RMB 600,000~800,000
成交价：RMB 920,000
113cm×230cm 北京保利 2017-06-05

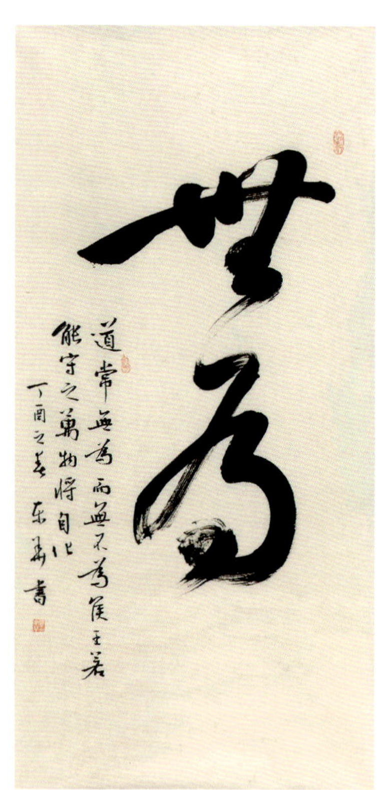

1442 关东华 2017年作 草书“无为” 镜心
估　价：RMB 500,000~600,000
成交价：RMB 1,265,000
138cm×96cm 北京保利 2017-12-18

242 关良 1984年作 李太白醉写蛮书图 镜框
估 价：RMB 1,500,000~2,000,000
成交价：RMB 7,935,000
96cm×132cm 华艺国际 2017-05-27

523 关良 戏剧人物 手卷
估 价：RMB 2,200,000~3,200,000
成交价：RMB 3,680,000
41.5cm×517cm 华艺国际 2017-11-25

742 关良 戏剧人物十二种 册页
估 价：RMB 1,800,000~2,500,000
成交价：RMB 5,520,000
34cm×34.5cm×12 中国嘉德 2017-06-19

337 关良 罗汉伏虎图 立轴
估 价：RMB 800,000~1,000,000
成交价：RMB 3,450,000
134cm×69cm 荣宝斋（济南） 2017-06-10

1370 关玉良 2014年作 云道 镜心
估 价：RMB 500,000~600,000
成交价：RMB 575,000
110cm×91cm 北京保利 2017-12-18

134 关山月 1949年作 万里长城图 镜框
估　价：RMB 4,000,000~6,000,000
成交价：RMB 6,670,000
145cm×81.5cm 华艺国际 2017-05-27

7 关山月 1972年作 天池飞瀑 立轴
估　价：RMB 6,800,000~8,800,000
成交价：RMB 16,330,000
144.5cm×105.5cm 广东崇正 2017-06-14

36 关山月 1961年作 北国风光 镜片
出版：《中华人民共和国建国30周年纪念·中国荣宝斋展览会》p35。
估　价：RMB 15,000,000~25,000,000
成交价：RMB 22,425,000
166.5cm×221.5cm 广东崇正 2017-12-12

241 郭德昌 秋菊 镜框
估　价：RMB 450,000~550,000
成交价：RMB 690,000
120cm×240cm 上海东方 2017-06-25

516 郭关 2015年作 净土 镜心
估　价：HKD 160,000~180,000
成交价：RMB 1,762,920
67cm×133cm 保利香港 2017-10-03

1978 郭沫若 1965年作 行书毛主席诗 镜心
估　价：RMB 2,800,000~3,500,000
成交价：RMB 5,175,000
134.5cm×237.5cm×4 北京匡时 2017-12-04

638 郭味蕖 1961年作 百花呈妍 镜心
估　价：RMB 1,500,000~2,000,000
成交价：RMB 1,725,000
161.5cm×222.5cm 北京银座 2017-12-20

880 郭西元 2011年作 万壑白云 镜框
估　价：HKD 400,000~600,000
成交价：RMB 797,813
130.5cm×65.2cm 佳士得 2017-11-27

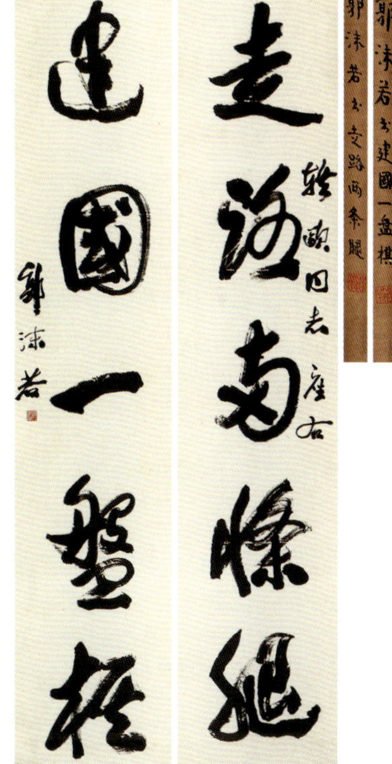

61 郭沫若 行书五言巨联 立轴
估　价：RMB 10,000,000~15,000,000
成交价：RMB 17,250,000
351cm×70cm×2 广东崇正 2017-12-12

746 郭怡孮 2017年作 花香深处 册页
估　价：RMB 700,000~800,000
成交价：RMB 1,265,000
48cm×39cm×10 北京匡时 2017-12-03

3073 韩美林 骆驼 镜心
估 价：RMB 400,000~600,000
成交价：RMB 1,150,000
160cm × 180cm 北京保利 2017-11-10

504 何怀硕 1996年作 梦幻之河 镜框
估 价：HKD 400,000~600,000
成交价：RMB 445,500
95cm × 130.7cm 香港苏富比 2017-04-04

1830 何海霞 长征 立轴
估 价：RMB 1,600,000~1,800,000
成交价：RMB 2,242,500
138cm × 69cm 北京匡时 2017-12-04

211 何海霞 黄河之水天上来 镜心
估 价：RMB 1,200,000~1,800,000
成交价：RMB 2,472,500
69cm × 139cm 北京荣宝 2017-06-02

210 何海霞 华岳清秋 镜心
估 价：RMB 2,000,000~3,000,000
成交价：RMB 4,197,500
70cm × 139cm 北京荣宝 2017-06-02

838 何海霞 激流勇进 镜心
估 价：RMB 1,200,000~1,500,000
成交价：RMB 2,357,500
131cm × 66cm 北京匡时 2017-06-03

2332 何家英 2005年作 消夏图 镜心
估　价：RMB 1,000,000~1,200,000
成交价：RMB 3,220,000
139cm×70.5cm 北京荣宝 2017-12-02

49 何家英 2012年作 丽人百合 镜心
估　价：RMB 1,200,000~1,500,000
成交价：RMB 3,335,000
137cm×69cm 北京荣宝 2017-04-02

284 何家英 裸女 镜心
估　价：RMB 2,200,000~3,500,000
成交价：RMB 3,910,000
86.5cm×123cm 上海匡时 2017-11-05

844 何家英 憩 镜心
估　价：RMB 2,500,000~3,000,000
成交价：RMB 2,875,000
95.5cm×130cm 北京匡时 2017-06-03

1728 何家英 2016年作 好书相伴意自闲 镜心
估　价：RMB 1,800,000~2,200,000
成交价：RMB 3,450,000
65cm×95cm 中国嘉德 2017-12-20

217 弘一 1932年作 书法十言联 立轴
估　价：RMB 2,800,000~3,500,000
成交价：RMB 4,370,000
139cm×20cm×2 上海明轩 2017-06-30

151 何家英 映月 镜心
估　价：RMB 1,200,000~1,200,000
成交价：RMB 5,290,000
134cm×83cm 鼎天国际 2017-06-24

489 贺天健 1941年作 临马远 立轴
估　价：RMB 800,000~1,200,000
成交价：RMB 1,380,000
194.5cm×114cm 北京荣宝 2017-06-02

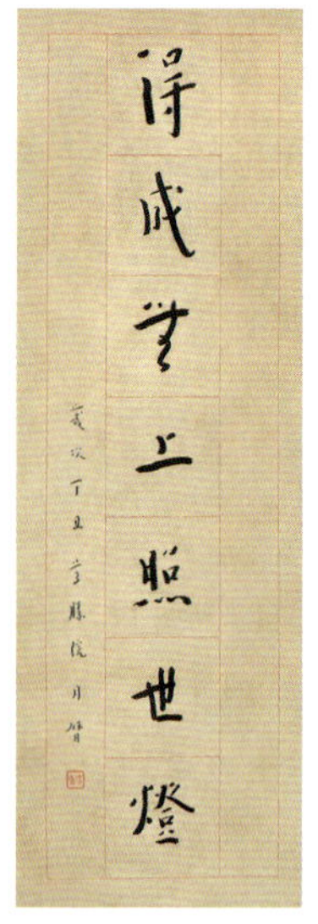

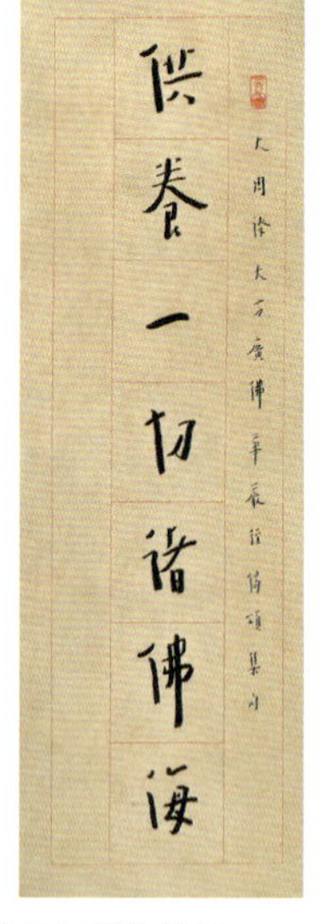

1280 弘一 1937年作 行书七言联 镜框
估　价：HKD 1,000,000~1,500,000
成交价：RMB 3,967,400
68cm×23cm×2 香港苏富比 2017-10-02

239 弘一 鶉火 1930年作 楷书 四屏镜心
估　价：RMB 2,800,000~3,800,000
成交价：RMB 6,325,000
50cm×16cm×4 中国嘉德 2017-12-18

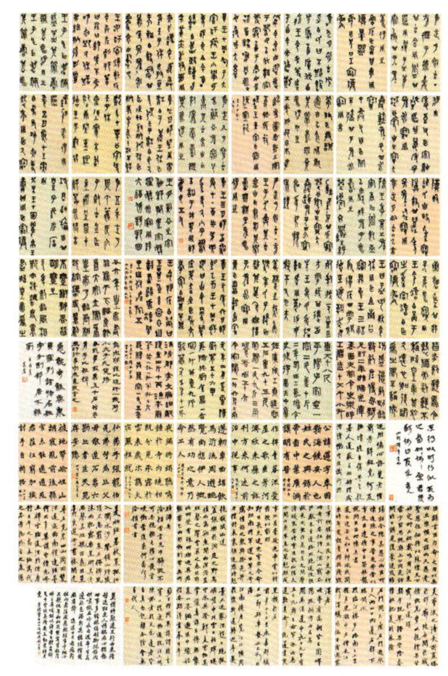

1546 胡小石 杂书 册页 （三十一开六十二页）
估　价：RMB 100,000~200,000
成交价：RMB 1,437,500
约29.5cm×19.5cm×62 中国嘉德 2017-12-20

242 侯晓峰 2014年作 清风荷韵 镜框
估　价：RMB 200,000~250,000
成交价：RMB 437,000
120cm×240cm 上海东方 2017-06-25

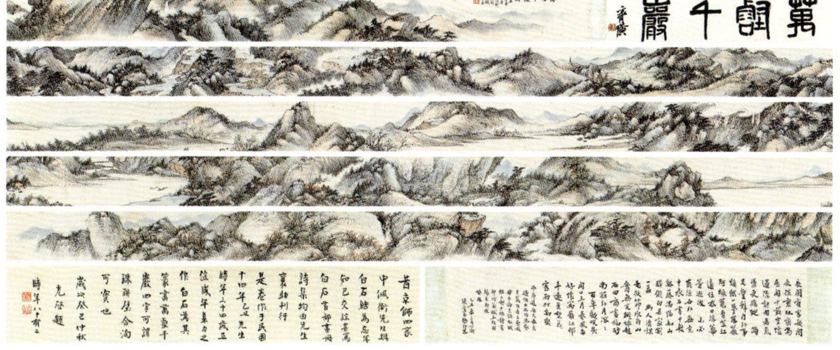

146 胡佩衡 1925年作 万壑千岩图 手卷
估　价：HKD 380,000~400,000
成交价：RMB 1,514,235
画心8.5cm×716.5cm 中濠典藏 2017-05-22

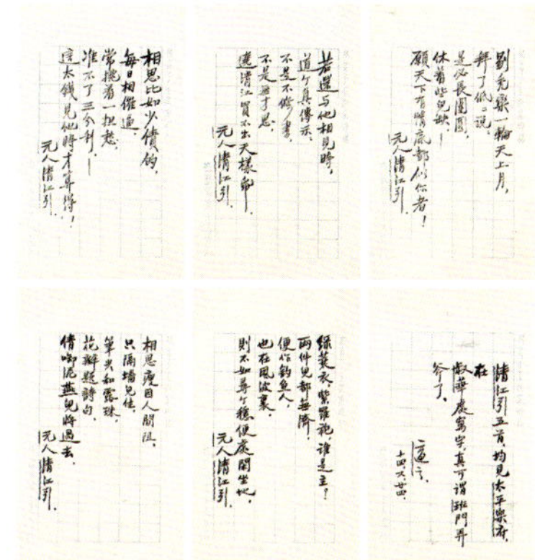

872 胡适 1925年作 致凌叔华《清江引》五首 册页
估　价：RMB 250,000~300,000
成交价：RMB 667,000
20cm×12.5cm×6 北京匡时 2017-06-03

259 胡海艺 2011年作 惠风和畅 镜框
估　价：RMB 350,000~400,000
成交价：RMB 552,000
120cm×240cm 上海东方 2017-06-25

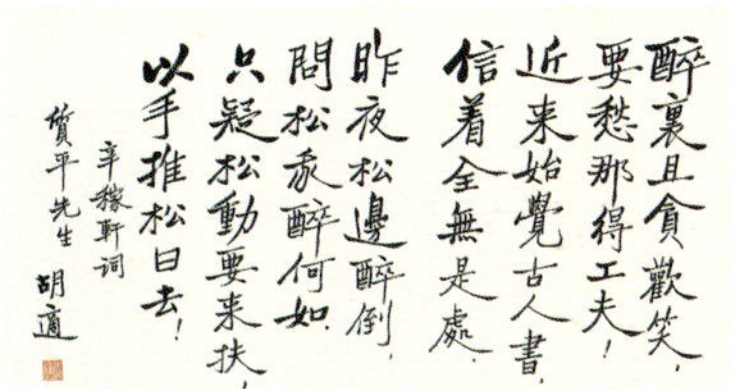

1302 胡适 行书稼轩词 镜框
估　价：HKD 220,000~300,000
成交价：RMB 850,750
30.5cm×55cm 香港苏富比 2017-10-02

993 胡也佛 柳塘浣纱 立轴
估　价：RMB 800,000~1,200,000
成交价：RMB 1,955,000
41cm×25.5cm 上海匡时 2017-11-05

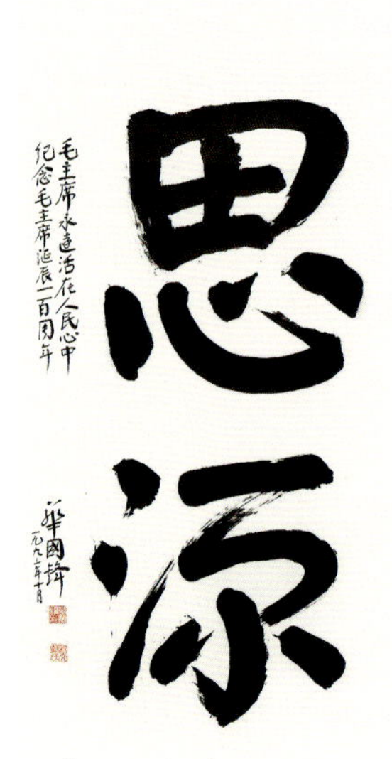

409 华国锋 1993年作 行书“思源” 立轴
估　价：RMB 100,000~200,000
成交价：RMB 494,500
135cm×64.5cm 北京银座 2017-06-07

1016 华拓 春夏秋冬四 镜心
估　价：RMB 720,000
成交价：RMB 828,000
81cm×49cm×4 北京翰海 2017-09-10

1 胡正伟 西域射猎 镜心
估　价：RMB 900,000
成交价：RMB 1,092,500
179cm×96cm 北京翰海 2017-01-08

960 黄宾虹 拟古山水 四屏 立轴
备注：多处出版著录。
估　价：RMB 8,000,000~10,000,000
成交价：RMB 11,385,000
160cm×40cm×4 上海匡时 2017-11-05

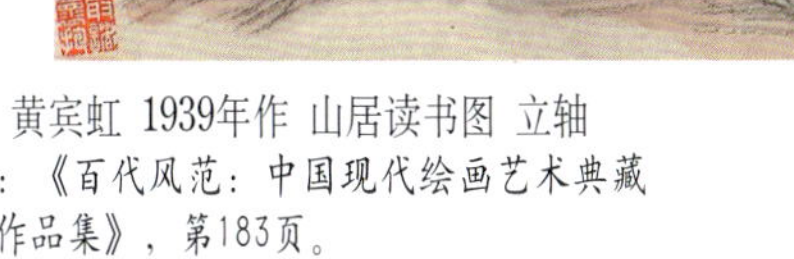

2280 黄宾虹 1939年作 山居读书图 立轴
著录：《百代风范：中国现代绘画艺术典藏大展作品集》，第183页。
估 价：RMB 10,000,000~15,000,000
成交价：RMB 11,500,000
130cm × 65cm 北京保利 2017-06-05

1303 黄宾虹 1946年作 多荫书屋图 立轴
估 价：HKD 4,000,000~6,000,000
成交价：RMB 15,057,900
118cm × 52.8cm 香港苏富比 2017-04-04

404 黄宾虹 1947年作 武夷山水 立轴
备注：多处出版记录。
估 价：RMB 6,000,000~8,000,000
成交价：RMB 21,275,000
136cm × 66cm 中国嘉德 2017-12-18

706 黄宾虹 黄山汤口 立轴
备注：出版著录已知达20余种。
估　价：RMB 80,000,000~120,000,000
成交价：RMB 345,000,000
171cm×96cm 中国嘉德 2017-06-19

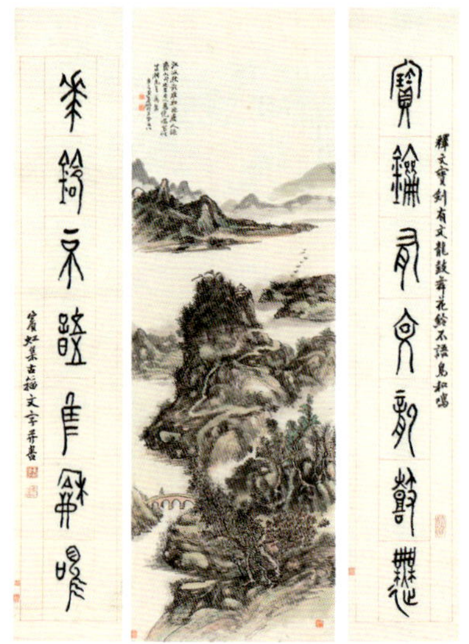

817 黄宾虹 为徐世泽作 秋山策杖图·篆书七言联书画一堂 立轴·对联
备注：多处出版记录。
估　价：RMB 10,000,000~15,000,000
成交价：RMB 14,950,000
148cm×48cm；147.5cm×26.5cm×2
西泠拍卖 2017-07-15

61 黄宾虹 1948年作 舟泛秋江赏红霜 立轴
出版：1.《侨眠华园藏画》第188至189页；
2.《南洋华园藏画》图版16。
估　价：RMB 5,000,000~6,000,000
成交价：RMB 14,030,000
129cm×66cm 北京诚轩 2017-06-18

392 黄宾虹 1950年作 新晴湖上游 镜心
成交价：RMB 27,325,610
65.5cm × 135cm 中金国际 2017-11-25

353 黄宾虹 西泠山水 立轴
估　价：RMB 12,000,000~22,000,000
成交价：RMB 44,275,000
74.5cm × 48.5cm 中国嘉德 2017-12-18

741 黄均 1940年作 仕女 四屏立轴
估　价：RMB 280,000~380,000
成交价：RMB 805,000
70cm × 27cm × 4 中国嘉德 2017-06-19

314 黄君璧 仿石溪笔意 镜心
估　价：RMB 2,000,000~3,000,000
成交价：RMB 2,300,000
137.5cm × 58cm 中国嘉德 2017-12-18

1257 黄君璧 1966年作 秋山云涌 四连屏 立轴
估 价：HKD 1,000,000~1,500,000
成交价：RMB 4,166,600
175.3cm×88.9cm×4 香港苏富比 2017-10-02

273 黄君璧 舞 立轴
估 价：RMB 900,000~1,200,000
成交价：RMB 1,725,000
120cm×60cm 广东小雅斋 2017-03-26

1651 黄君璧 1975年作 深谷采兰 横幅
估 价：RMB 4,500,000~5,500,000
成交价：RMB 5,175,000
145cm×370cm 北京保利 2017-12-16

566 黄君璧 1981年作 观瀑图 镜片
估 价：RMB 2,500,000~3,500,000
成交价：RMB 3,450,000
123cm×243cm 华艺国际 2017-11-25

371 黄秋园 1976年作 层岩秋色 镜心
估 价：HKD 500,000~700,000
成交价：RMB 1,567,040
120cm×84.5cm 保利香港 2017-10-03

433 黄炎培 1929年作 行书七言诗 立轴
估 价：RMB 2,000~6,000
成交价：RMB 471,500
85cm×30cm 中国嘉德 2017-03-31

1005 黄一瀚 女兵
估 价：RMB 600,000~700,000
成交价：RMB 690,000
154cm×83cm 广东崇正 2017-06-15

394 黄永玉 1978年作 荷花图 镜心
估 价：HKD 3,200,000~5,000,000
成交价：RMB 5,020,900
145cm×262cm 中金国际 2017-11-25

158 黄永玉 1985年作 花闹图 镜心
估 价：HKD 800,000~1,200,000
成交价：RMB 2,924,040
69cm×137cm 中濠典藏 2017-05-22

1426 黄永玉 秋色图 镜片
估 价：HKD 7,000,000~9,000,000
成交价：RMB 16,424,300
142cm×360cm 佳士得 2017-11-28

402 黄永玉 五色梅花 立轴
估　价：HKD 1,800,000~2,500,000
成交价：RMB 2,410,032
85.5cm×177.5cm 中金国际 2017-11-25

2262 黄胄 1963年作／1966年作 克拉贝尔 立轴
估　价：RMB 3,200,000~4,200,000
成交价：RMB 5,635,000
113cm×81cm 北京保利 2017-06-05

1457 黄永玉 1978年作 韶山毛泽东故居 立轴
估　价：HKD 600,000~700,000
成交价：RMB 2,075,580
102cm×96cm 佳士得 2017-05-30

1514 黄永玉 1988年作 冇棋 横披
估　价：HKD 700,000~900,000
成交价：RMB 1,175,280
52cm×227cm 中国嘉德 2017-10-03

51 黄胄 1972年作 今日宽裕勤读书 立轴
估　价：RMB 1,800,000~3,800,000
成交价：RMB 7,130,000
112cm×70cm 观唐皕榷 2017-01-11

338 黄胄 1976年作 出诊图 立轴
估　价：RMB 5,000,000~7,000,000
成交价：RMB 8,050,000
173cm×87cm 北京荣宝 2017-12-02

727 黄胄 1974年作 致张庆重学文化 立轴
估 价：RMB 1,000,000~2,000,000
成交价：RMB 7,935,000
101.8cm×104.5cm 中国嘉德 2017-06-19

729 黄胄 1976年作 飞雪迎春 立轴
出版：1.《中国美术家作品丛书·黄胄》；2.《中国名画家全集·黄胄》，第22页；3.《第一届黄胄艺术收藏大展作品集》，第25页；4.《中国近现代名家画集·黄胄》，第35页。
估 价：RMB 9,000,000~12,000,000
成交价：RMB 10,350,000
163.5cm×94.5cm 中国嘉德 2017-06-19

190 黄胄 1982年作 驼背上的小学生 立轴
备注：多处出版记录。
估 价：RMB 8,000,000~12,000,000
成交价：RMB 15,525,000
143cm×135cm 广东崇正 2017-06-15

2265 黄胄 1983年作 运粮图 镜心
估 价：RMB 6,000,000~8,000,000
成交价：RMB 9,775,000
137cm×68cm 北京保利 2017-06-05

96 黄胄 1976年作 日夜想念毛主席 立轴
成交价：RMB 57,500,000
189.5cm×144.5cm 广东崇正 2017-06-14

1344 贾国英 山水
估 价：RMB 400,000~500,000
成交价：RMB 460,000
75cm×47cm 北京翰海 2017-06-03

283 贾荣志 泰山云涌 镜框
估 价：RMB 350,000~400,000
成交价：RMB 460,000
120cm×240cm 上海东方 2017-06-25

95 黄胄 李可染 刘海粟 1983年作 水牛 镜片
估 价：RMB 6,000,000~8,000,000
成交价：RMB 9,430,000
96cm×179cm 广东崇正 2017-06-14

1738 贾又福 高山彩云图 镜心
估 价：RMB 600,000~800,000
成交价：RMB 1,610,000
62.5cm×37.5cm 中国嘉德 2017-12-20

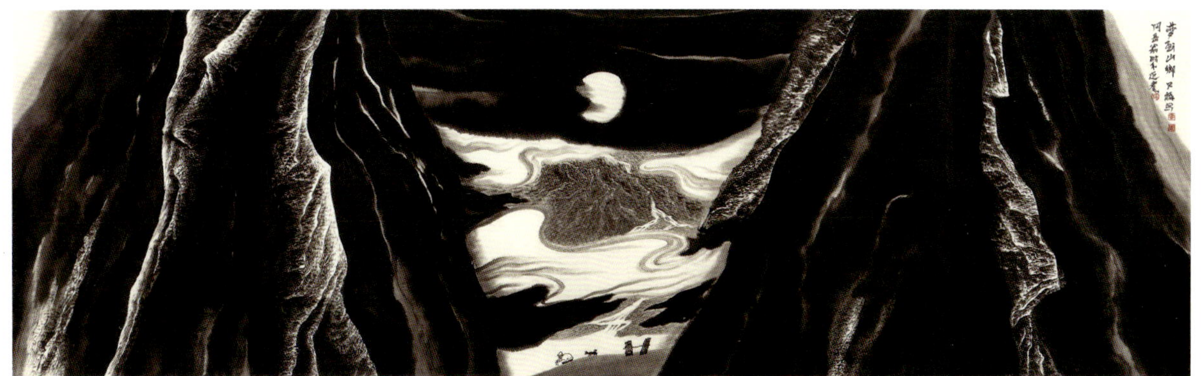

1467 贾又福 梦到山乡 镜心
备注：经作者本人鉴定为真迹。
估　价：RMB 6,500,000~7,500,000
成交价：RMB 10,580,000
67cm×220cm 北京荣宝 2017-06-02

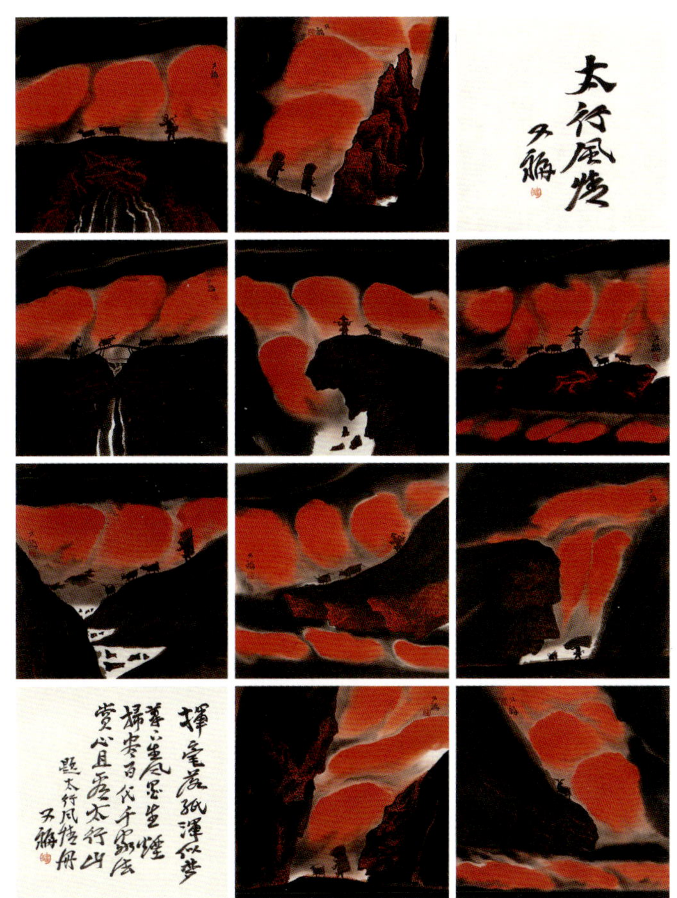

2685 贾又福 太行风情 镜心 （十二开）
估　价：RMB 3,600,000~4,000,000
成交价：RMB 4,600,000
26cm×26cm×12 北京荣宝 2017-12-02

839 贾又福 霞光云影 镜心
估　价：RMB 2,200,000~2,500,000
成交价：RMB 3,565,000
110cm×46.8cm 北京匡时 2017-06-03

117 江寒汀 1944年作 着手便成春 立轴
估 价：RMB 1,000,000~1,300,000
成交价：RMB 1,495,000
145cm×78cm 上海匡时 2017-11-05

390 江寒汀 花鸟 四屏镜心
估 价：RMB 300,000~500,000
成交价：RMB 575,000
96cm×33cm×4 荣宝斋（上海） 2017-07-30

752 江宏伟 2007年作 清塘荷韵 册页
估 价：RMB 700,000~800,000
成交价：RMB 1,380,000
33.5cm×23cm×10 北京匡时 2017-12-03

2338 江宏伟 四季花鸟 四屏镜心
估 价：RMB 1,000,000~1,200,000
成交价：RMB 2,070,000
136cm×37cm×4 北京荣宝 2017-12-02

312 江兆申 1991年作 彭蠡秋光
估 价：NTD 8,000,000~9,000,000
成交价：RMB 3,297,600
195cm×500cm 罗芙奥 2017-06-04

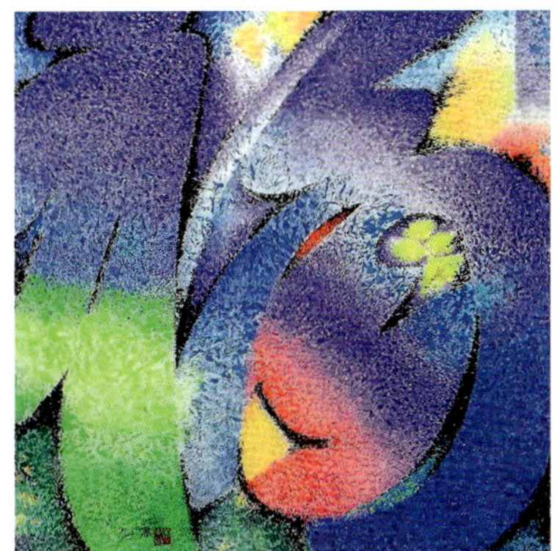

2 姜学炳 福 镜心
估　价：RMB 380,000
成交价：RMB 690,000
97cm×97cm 北京翰海 2017-01-08

1919 蒋山青 语鸣
估　价：RMB 480,000~580,000
成交价：RMB 598,000
24cm×25.5cm 北京翰海 2017-12-16

302 蒋兆和 给爷爷读报 镜心
估　价：RMB 8,000,000~15,000,000
成交价：RMB 9,200,000
96cm×83.5cm 中国嘉德 2017-12-18

1245 蒋兆和 1948年作 一篮春色 镜框
估　价：HKD 1,500,000~2,000,000
成交价：RMB 3,967,400
92.7cm×53.5cm 香港苏富比 2017-10-02

301 蒋兆和 还乡 立轴
备注：多处出版记录。
估　价：RMB 22,000,000~28,000,000
成交价：RMB 25,300,000
182cm×108.5cm 中国嘉德 2017-12-18

996 蒋兆和 1962年作 南国风光 镜心
估　价：RMB 2,000,000~2,500,000
成交价：RMB 3,220,000
118cm×54cm 上海匡时 2017-11-05

303 蒋兆和 毛主席在麦田 镜心
估　价：RMB 8,000,000~12,000,000
成交价：RMB 9,200,000
57cm×70cm 中国嘉德 2017-12-18

1299 金城 1909年作 溪山对谈 立轴
估 价：HKD 300,000~500,000
成交价：RMB 1,543,380
361cm×103cm 佳士得 2017-05-30

49 金城 1925年作 古木幽禽 立轴
估 价：HKD 850,000~1,200,000
成交价：RMB 2,155,329
133cm×63.5cm 北京匡时 2017-04-03

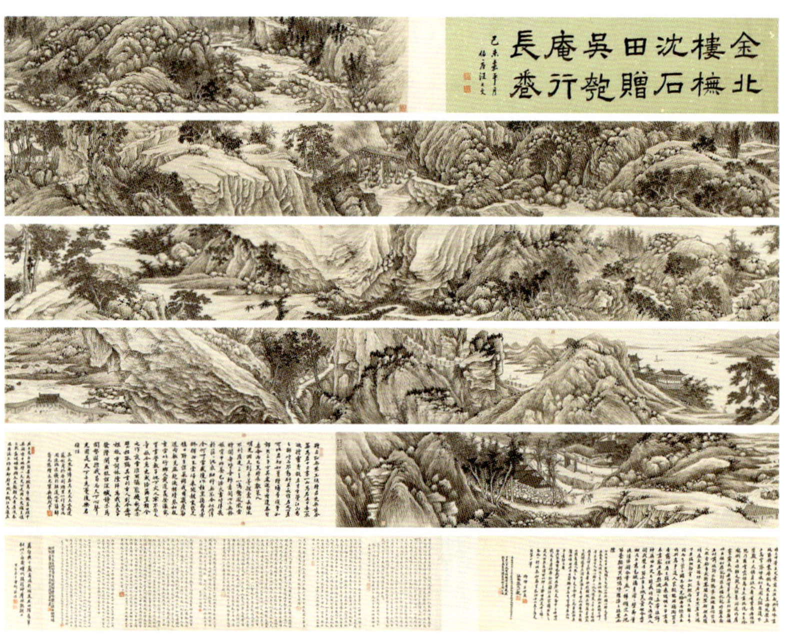

457 金城 1919年作 摹沈石田送吴匏庵行图并题 手卷
估 价：RMB 5,000,000~6,000,000
成交价：RMB 5,750,000
画32.5cm×1094cm 中国嘉德 2017-12-18

90 金城君 2011年作 画室 镜框
估 价：RMB 300,000~400,000
成交价：RMB 6,210,000
220cm×75cm×3 上海东方 2017-06-25

316 金城君 让人打开心扉的地方 镜框
估　价：RMB 3,000,000~4,000,000
成交价：RMB 7,475,000
216cm×76.5cm×11 上海东方 2017-12-10

6035 金延林 金陵十二钗 镜心
估　价：RMB 360,000~800,000
成交价：RMB 621,000
74cm×23cm×12 北京保利 2017-11-10

942 金章 1916年作 花鸟 册页 （十二开）
估　价：RMB 50,000~100,000
成交价：RMB 851,000
35cm×26cm×12 中国嘉德 2017-12-19

1472 京津名家 肥遯庐图 （八开册）
估　价：HKD 1,200,000~1,800,000
成交价：RMB 4,067,000
30cm×21.7cm×22 香港苏富比 2017-10-02

804 井上有一 1966年作 梦 镜框
估　价：HKD 400,000~600,000
成交价：RMB 1,245,000
125cm×218cm 香港苏富比 2017-10-02

4243 君寿 2000年作 荷塘 镜心
估　价：RMB 400,000~500,000
成交价：RMB 460,000
32cm×132cm 北京保利 2017-06-05

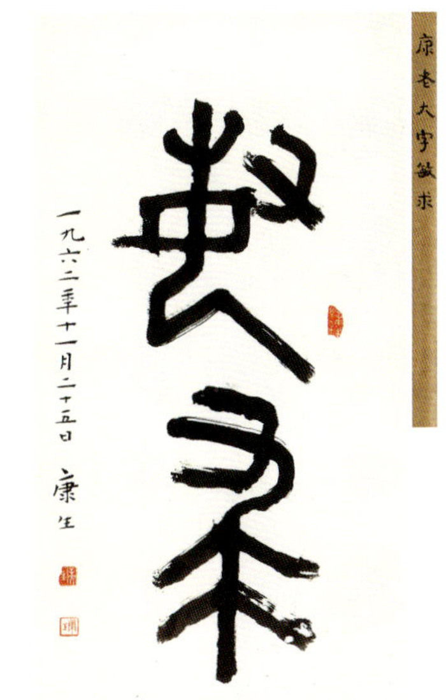

54 康生 1962年作 篆书敏求 立轴
估　价：RMB 2,000,000~3,000,000
成交价：RMB 4,485,000
122cm×61cm 广东崇正 2017-12-12

809 康师尧 1978年作 俏也不争春 镜心
估　价：RMB 400,000~600,000
成交价：RMB 483,000
180cm×88cm 北京荣宝 2017-06-02

929 康有为 行书鲍照《飞白书势铭》 八屏立轴
备注：多处出版记录。
估 价：RMB 8,000,000~10,000,000
成交价：RMB 14,950,000
238cm×57.5cm×8 北京匡时 2017-06-03

834 赖少其 1992年作 黄山始信峰 立轴
估 价：RMB 500,000~800,000
成交价：RMB 920,000
82cm×149cm 广东崇正 2017-06-15

28 赖少其 1987年作 海口新村 镜片
估 价：RMB 500,000~700,000
成交价：RMB 874,000
82.5cm×74cm 上海明轩 2017-06-30

328 寇月朋 丰碑 镜框
估 价：RMB 1,500,000~1,800,000
成交价：RMB 3,680,000
500cm×210cm 上海东方 2017-12-10

1505 赖少其 花卉 （四帧） 镜心
估 价：HKD 680,000~880,000
成交价：RMB 1,469,100
25cm×21cm×4 中国嘉德 2017-10-03

20 黎雄才 1953年作 渔港一角 立轴
估 价：RMB 800,000~1,200,000
成交价：RMB 3,335,000
140cm×68cm 广东崇正 2017-06-14

7 黎雄才 1962年作 大井 镜片
估　价：RMB 1,200,000~1,800,000
成交价：RMB 3,910,000
136.5cm×68cm 广东崇正 2017-12-12

21 黎雄才 1981年作 江西行洲河畔 镜片
估　价：RMB 800,000~1,200,000
成交价：RMB 2,530,000
138cm×68.5cm 广东崇正 2017-06-14

824 李华弌 2007年作 重岭氤氲 镜框
估　价：HKD 2,400,000~3,200,000
成交价：RMB 2,944,460
70cm×134cm 佳士得 2017-11-27

1907 李爱国 2015年作 陪你一起看草原 镜心
估　价：RMB 850,000~950,000
成交价：RMB 977,500
140.0cm×136.0cm 中国嘉德 2017-06-21

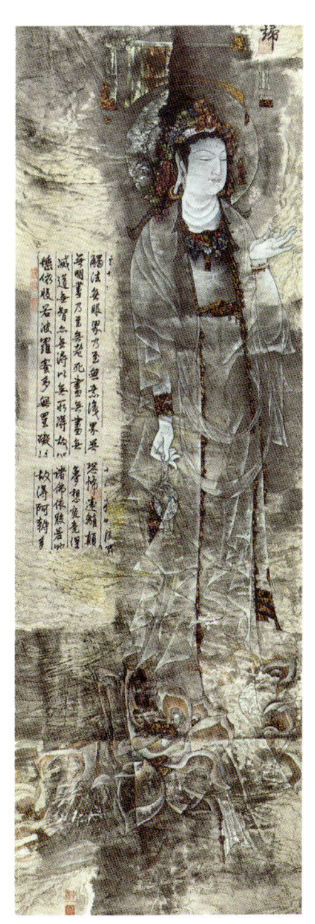

858 李华弌 约1980年代作 观自在 镜框
估　价：HKD 500,000~700,000
成交价：RMB 830,000
204cm×69cm 香港苏富比 2017-10-02

77 李庚 山乡图 镜心
估　价：RMB 500,000
成交价：RMB 690,000
69cm×46cm 北京翰海 2017-04-30

850 李津 2011年作 雅鲁赞布江水再长也有源
估　价：HKD 1,500,000~2,000,000
成交价：RMB 1,660,000
53cm×470cm 香港苏富比 2017-10-02

848 李津 2014年作 繁华如梦 镜框
估　价：HKD 650,000~850,000
成交价：RMB 720,688
70cm×138cm 佳士得 2017-05-29

914 李劲堃 秋渐深 镜片
估　价：RMB 900,000~1,200,000
成交价：RMB 1,035,000
190cm×173.5cm 广东崇正 2017-12-13

178 李劲堃 2012年作 夏风 镜框
估　价：RMB 500,000~700,000
成交价：RMB 575,000
232cm×102cm 华艺国际 2017-05-27

1450 李可染 1977年作 井冈山主峰图 镜框
估　价：HKD 7,000,000~9,000,000
成交价：RMB 17,615,820
136.8cm×68.5cm 佳士得 2017-05-30

1504 李可染 1964年作 丹霞秋色 镜心
估　价：HKD 16,000,000~22,000,000
成交价：RMB 27,580,900
画心67cm×46.5cm 中国嘉德 2017-10-03

665 李可染 1964年作 雄关漫道 镜心
估 价：RMB 68,000,000~88,000,000
成交价：RMB 87,975,000
134cm×82cm 中国嘉德 2017-06-19

178 李可染 1963年作 榕湖夕照 立轴
备注：多处出版著录。
估 价：RMB 8,000,000~12,000,000
成交价：RMB 21,850,000
68cm×45.8cm 广东崇正 2017-06-15

2661 李可染 1974年作 韶山 革命圣地毛主席旧居 镜心
成交价：RMB 178,250,000
141.5cm×243cm 北京保利 2017-12-17

1422 李可染 1978年作 千岩竞秀万壑争流 立轴
备注：出版著录多处。
成交价：RMB 101,394,875
171cm×94cm 香港苏富比 2017-10-02

70 李可染 桂林山水甲天下 立轴
估 价：RMB 6,000,000~8,000,000
成交价：RMB 18,400,000
69.7cm×45.6cm
广东崇正 2017-06-14

2662 李可染 1979年作 黄山烟云 镜心
著录：《中国书画》1980年第6期。
成交价：RMB 69,000,000
170cm×94cm 北京保利 2017-12-17

335 李可染 井冈山主峰图 立轴
备注：多处著录。
估 价：RMB 18,000,000~25,000,000
成交价：RMB 37,030,000
124cm×69cm 北京荣宝 2017-12-02

252 李苦禅 1945年作 荷塘白鹭 立轴
估 价：RMB 600,000~800,000
成交价：RMB 1,173,000
139cm×69cm 北京匡时 2017-03-29

62 李苦禅 小品 册页 （八开）
估　价：RMB 800,000~1,200,000
成交价：RMB 1,725,000
尺寸不一 广东崇正 2017-06-14

81 李苦禅 水乡 镜心
估　价：RMB 800,000~1,200,000
成交价：RMB 1,725,000
69cm×137cm 荣宝斋（济南） 2017-12-08

467 李苦禅 1979年作 天峰远瞻 立轴
估　价：RMB 1,600,000~2,000,000
成交价：RMB 2,300,000
139cm×68.5cm 北京荣宝 2017-06-02

2415 李老十 1996年作 风摧霜剉有余香 镜心
估　价：RMB 150,000~250,000
成交价：RMB 1,207,500
88cm×137cm 北京荣宝 2017-12-02

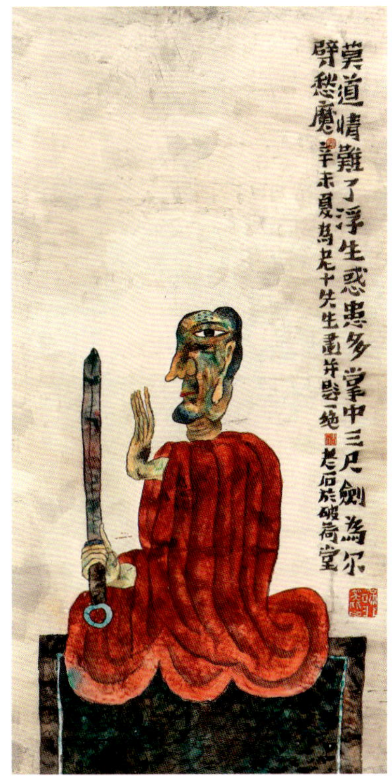

1465 李老十 执剑斩愁魔 镜心
估　价：RMB 200,000~300,000
成交价：RMB 862,500
134cm×68cm 北京荣宝 2017-06-02

186 李秋君 1938年作 摹宋人演乐图 镜片
估　价：RMB 500,000~580,000
成交价：RMB 667,000
31.5cm×94cm 上海明轩 2017-06-30

739 李唐 十二生肖 镜心
估　价：RMB 2,200,000~2,400,000
成交价：RMB 3,105,000
59.5cm×38.5cm×12 北京匡时 2017-12-03

711 李世南 血与火的洗礼 镜心
估　价：RMB 1,500,000~2,500,000
成交价：RMB 1,725,000
138cm×139cm 中贸圣佳 2017-06-19

566 李唐 四大菩萨 镜心
估　价：HKD 1,200,000~1,400,000
成交价：RMB 1,469,100
104cm×38cm 北京匡时 2017-10-02

741 李唐 2014年作 地藏王菩萨 镜心
估　价：RMB 2,400,000~2,600,000
成交价：RMB 4,600,000
190cm×108.5cm 北京匡时 2017-12-03

743 李唐 2017年作 青绿山水 镜心
估　价：RMB 800,000~1,000,000
成交价：RMB 1,150,000
207cm×97cm 北京匡时 2017-12-03

1004 李霞 1935年作 罗汉图 手卷
估　价：RMB 20,000~40,000
成交价：RMB 851,000
41cm×390.5cm 中国嘉德 2017-06-20

2342 李翔 2015年作 花动一山春 镜心
估　价：RMB 400,000~600,000
成交价：RMB 1,437,500
140.5cm×69cm 北京荣宝 2017-12-02

2340 李翔 2016年作 雨后春山 镜心
估　价：RMB 400,000~600,000
成交价：RMB 1,552,500
135cm×69cm 北京荣宝 2017-12-02

2704 李小可 2017年作 苍岩墨韵 镜心
估　价：RMB 1,500,000~1,600,000
成交价：RMB 1,380,000
138.5cm×70cm 北京荣宝 2017-12-02

1354 李小可 2017年作 山魂 镜心
估　价：RMB 800,000~1,000,000
成交价：RMB 1,840,000
105cm×102cm 北京保利 2017-12-18

268 李晓柱 人物 立轴
估　价：RMB 380,000~450,000
成交价：RMB 920,000
169cm×72cm 北京东正 2017-12-09

1500 李孝萱 荷塘清趣 手卷
估　价：RMB 200,000~300,000
成交价：RMB 460,000
47cm×338cm 北京荣宝 2017-06-02

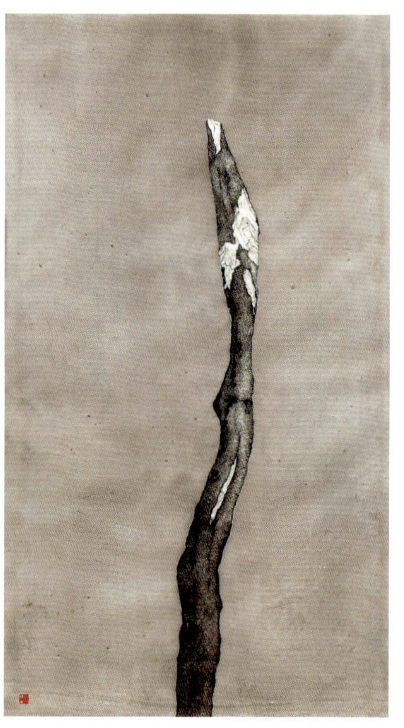

1655 李知弥 2008年作 松风高卧
估　价：RMB 630,000~850,000
成交价：RMB 724,500
150cm×85cm 上海敬华 2017-07-01

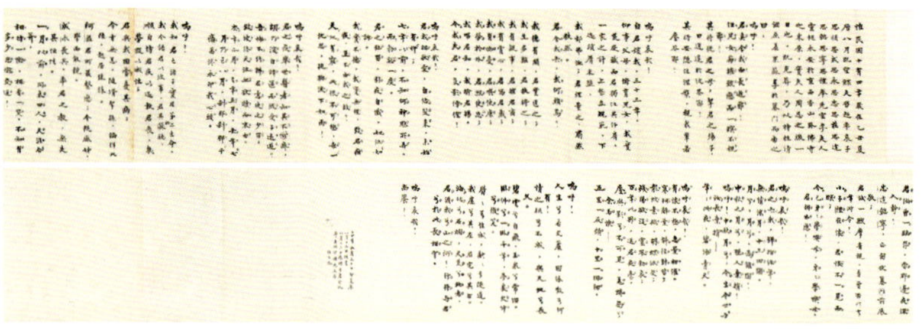

653 梁启超 1925年作 告李夫人墓文 手卷
估　价：RMB 2,200,000~3,200,000
成交价：RMB 2,875,000
24cm×251cm 中国嘉德 2017-06-19

601 林丰俗 2009年作 云山叠翠 镜片
估　价：RMB 1,800,000~2,800,000
成交价：RMB 7,820,000
145cm×367cm 华艺国际 2017-11-25

14 梁占岩 2010年作 康巴汉子 镜心
估　价：HKD 700,000~900,000
成交价：RMB 939,870
170cm×83cm 中濠典藏 2017-05-22

3222 林风眠 1985年作 双美图
估 价：RMB 4,800,000~5,800,000
成交价：RMB 6,440,000
69cm×68cm 西泠拍卖 2017-07-16

3221 林风眠 千帆竞发
估 价：RMB 1,600,000~2,600,000
成交价：RMB 5,462,500
48.5cm×60cm 西泠拍卖 2017-07-16

528 林风眠 春山翠岭 镜框
估 价：RMB 4,800,000~6,800,000
成交价：RMB 7,015,000
67cm×67cm 华艺国际 2017-11-25

30 林风眠 裸女
估 价：HKD 8,000,000~10,000,000
成交价：RMB 6,439,620
67.5cm×66.5cm 佳士得 2017-05-27

782 林风眠 群雄争霸
估 价：HKD 4,000,000~6,000,000
成交价：RMB 6,328,750
70cm×67cm 中国嘉德 2017-10-02

4406 林风眠 长江三峡 镜心
估 价：RMB 6,800,000~8,800,000
成交价：RMB 7,820,000
68cm×138cm 北京保利 2017-12-16

32 林容生 2009年作 江南胜景图 镜心
估 价：HKD 580,000~780,000
成交价：RMB 824,997
144cm×367cm 中濠典藏 2017-05-22

612 林墉 1982年作 桃园结义 镜片
估 价：RMB 4,800,000~6,800,000
成交价：RMB 5,520,000
143cm×244cm 华艺国际 2017-11-25

676 林散之 秋山红叶 立轴
估 价：RMB 300,000~500,000
成交价：RMB 920,000
68cm×40cm 中贸圣佳 2017-06-19

1327 林墉 1980年作 浴罢 镜框
估 价：HKD 70,000~90,000
成交价：RMB 622,500
98.8cm×45cm 香港苏富比 2017-10-02

819 林墉 1994年作 她在丛中笑 立轴
估 价：RMB 700,000~1,000,000
成交价：RMB 1,150,000
134cm×67cm 广东崇正 2017-06-15

92 林墉 旭日东升 镜框
估 价：RMB 800,000~1,500,000
成交价：RMB 1,495,000
176cm×96cm 华艺国际 2017-08-27

1281 林永松 2017年作 春醉峨嵋
估 价：RMB 3,000,000~4,000,000
成交价：RMB 10,120,000
137cm×68cm 北京翰海 2017-06-03

87 林墉 赤壁怀古 镜片
估 价：RMB 1,000,000~1,500,000
成交价：RMB 1,495,000
174cm×371cm 华艺国际 2017-08-27

1888 林永松 2017年作 横绝峨嵋
估 价：RMB 6,400,000~7,400,000
成交价：RMB 7,360,000
137cm×68cm 北京翰海 2017-12-16

1282 林永松 2017年作 山谷泉声
估 价：RMB 3,000,000~4,000,000
成交价：RMB 8,970,000
137cm×68cm 北京翰海 2017-06-03

1887 林永松 2017年作 太行通途
估 价：RMB 6,800,000~7,800,000
成交价：RMB 7,820,000
137cm×68cm 北京翰海 2017-12-16

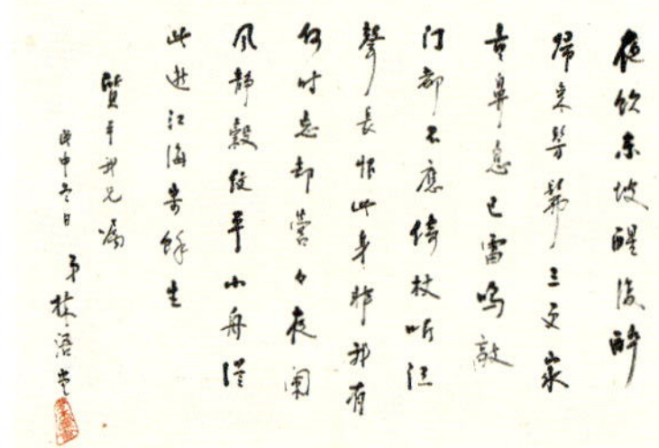

1303 林语堂 1968年作 行书东坡词 镜框
估 价：HKD 80,000~120,000
成交价：RMB 570,625
33cm×48.8cm 香港苏富比 2017-10-02

4311 刘大为 1999年作 秋郊饮马图 镜心
估 价：RMB 3,500,000~4,500,000
成交价：RMB 4,715,000
158cm×379cm 北京保利 2017-06-04

1552 刘大为 2012年作 跃马图
成交价：RMB 2,300,000
68cm×136cm 北京翰海 2017-12-16

530 刘丹 2004年作 烟山万壑拟李唐笔意
估 价：HKD 4,000,000~6,000,000
成交价：RMB 4,152,060
121.9cm×365.8cm 香港苏富比 2017-04-04

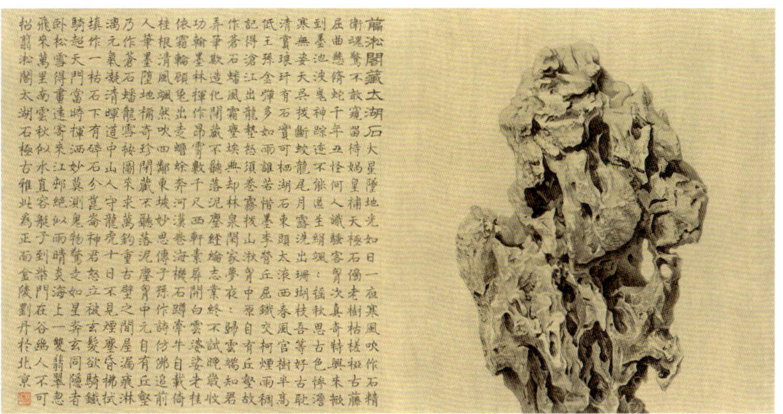

531 刘丹 2013年作 剪淞阁藏太湖石 镜框
估 价：HKD 2,200,000~3,000,000
成交价：RMB 3,403,620
70cm×136cm 香港苏富比 2017-04-04

527 刘丹 2013年作 山原的凝视 镜心
估 价：HKD 4,000,000~5,000,000
成交价：RMB 8,324,900
147.5cm×350cm 北京匡时 2017-10-02

556 刘丹 1979年作 观音 镜框
估 价：HKD 1,500,000~2,000,000
成交价：RMB 1,559,250
195.6cm×61cm 香港苏富比 2017-04-04

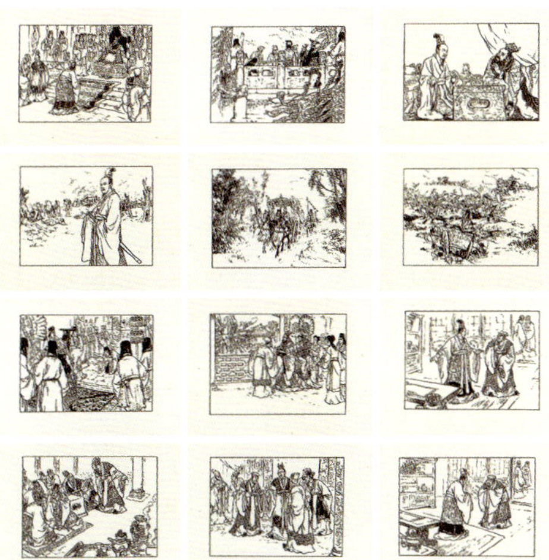

602 刘旦宅 《屈原》手稿 镜心
估 价：RMB 400,000~600,000
成交价：RMB 943,000
20cm×27cm×118 北京荣宝 2017-06-02

213 刘旦宅 1985年作 稼轩清夏图 镜心
估 价：RMB 500,000~600,000
成交价：RMB 1,265,000
137cm×68cm 北京匡时 2017-03-29

1114 刘广 2013年作 溪山访友图 镜心
估 价：RMB 3,000,000~4,000,000
成交价：RMB 5,980,000
141cm×325cm 北京保利 2017-12-18

1116 刘广 2014年作 长松卓立万壑风 镜心
估 价：RMB 1,200,000~1,500,000
成交价：RMB 2,300,000
92.5cm×173cm 北京保利 2017-12-18

818 刘国松 2005年作 夔门新貌 立轴
估 价：HKD 800,000~1,500,000
成交价：RMB 887,000
75cm×118.5cm 佳士得 2017-05-29

1111 刘广 2016年作 溪山春意图 镜心
估 价：RMB 800,000~1,000,000
成交价：RMB 1,794,000
281cm×109cm 北京保利 2017-12-18

869 刘国松 1970-1971年作 “地球何许？”之九十六 镜框
估 价：HKD 900,000~1,500,000
成交价：RMB 1,914,750
153.1cm×66.7cm 佳士得 2017-11-27

2694 刘海粟 1938年 / 1979年作 临石涛山水 立轴
估 价：RMB 1,200,000~2,000,000
成交价：RMB 1,380,000
238cm × 102cm 北京保利 2017-12-17

541 刘海粟 1976年作 熊猫 立轴
估 价：RMB 500,000~600,000
成交价：RMB 1,725,000
135.5cm × 69cm 中国嘉德 2017-12-19

1062 刘海粟 1988年作 黄山云海 横批
估 价：RMB 2,600,000~3,600,000
成交价：RMB 2,990,000
138.5cm × 365.5cm 中国嘉德 2017-06-20

288 刘海粟 1977年作 国色天香 立轴
估 价：RMB 800,000~1,200,000
成交价：RMB 3,220,000
132.5cm × 69.5cm 中国嘉德 2017-12-18

841 刘继卣 少女 立轴
估 价：RMB 800,000~1,000,000
成交价：RMB 2,300,000
136cm × 71.5 北京匡时 2017-06-03

940 刘继卣 狮子 立轴
估 价：RMB 200,000~300,000
成交价：RMB 782,000
138cm × 69.5cm 中国嘉德 2017-06-20

307 刘奎龄 1930年作 牵牛鹦鹉 立轴
估　价：RMB 600,000~1,000,000
成交价：RMB 1,725,000
109cm×40cm 北京荣宝 2017-12-02

751 刘进安 2017年作 水墨静物 册页
估　价：RMB 500,000~600,000
成交价：RMB 920,000
33cm×33.5cm×8 北京匡时 2017-12-03

108 刘奎龄 1933年作 花鸟 四屏立轴
估　价：HKD 1,800,000~2,800,000
成交价：RMB 4,177,200
120cm×33cm×4 中濠典藏 2017-05-22

740 刘奎龄 1938年作 花鸟 四屏
估　价：RMB 6,000,000~8,000,000
成交价：RMB 6,900,000
147cm×45cm×4 中国嘉德 2017-06-19

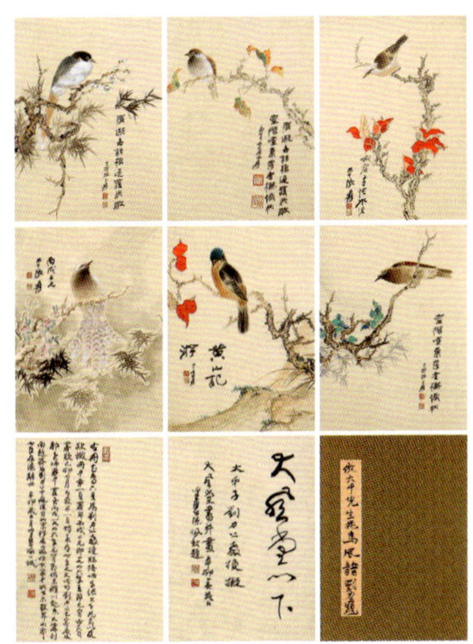

460 刘力上 仿大千花鸟风韵 册页 （六开）
成交价：RMB 575,000
43cm×32cm×6 荣宝斋（上海） 2017-07-30

268 刘立勇 2011年作 奇峰秀色 镜框
估　价：RMB 500,000~550,000
成交价：RMB 690,000
120cm×240cm 上海东方 2017-06-25

241 刘凌沧 1980年作 文成公主 立轴
估　价：RMB 200,000~300,000
成交价：RMB 632,500
131cm×66cm 北京匡时 2017-03-29

757 刘庆和 2016年作 退潮 册页
估　价：RMB 700,000~900,000
成交价：RMB 1,265,000
35.6cm×35.5cm×12 北京匡时 2017-12-03q

458 刘人岛 2012年作 百丈银河悬碧峰 镜心
估　价：HKD 3,800,000~4,800,000
成交价：RMB 3,995,244
143cm×177.5cm 保利香港 2017-04-03

2436 刘文西 1982年作 春江花月夜 镜心
估　价：RMB 150,000~180,000
成交价：RMB 920,000
133cm×65.5cm 北京荣宝 2017-12-02

1313 刘永明 夕阳红 镜框
估　价：HKD 400,000~600,000
成交价：RMB 638,250
100cm×100cm 佳士得 2017-11-28

4212 刘佑局 2015年作 草莽 镜心
估　价：RMB 600,000~700,000
成交价：RMB 862,500
68cm×136cm 北京保利 2017-06-05

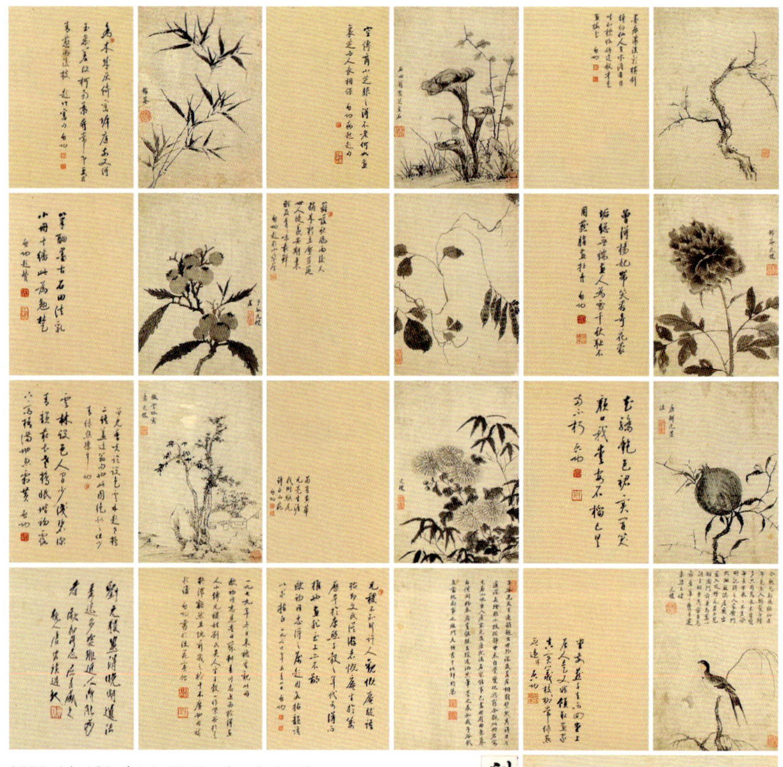

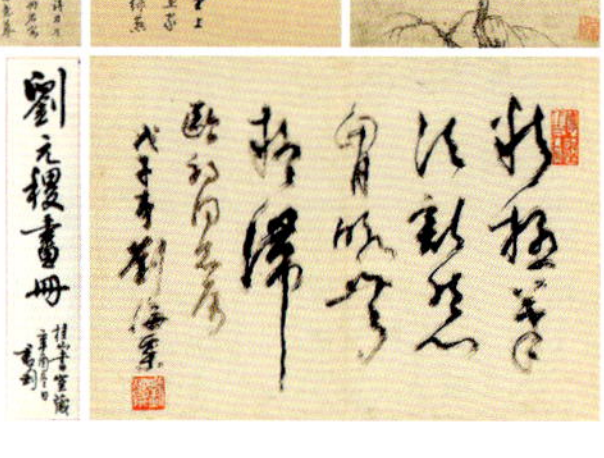

3656 刘元稷 杂画 册页 （二十六开）
估　价：RMB 500,000~800,000
成交价：RMB 1,092,500
26cm×18cm×26 北京保利 2017-12-18

4111 卢甫圣 东方图像志六 镜心
估　价：RMB 720,000~850,000
成交价：RMB 828,000
84cm×95cm 北京保利 2017-06-05

2628 卢禹舜 春溪诗意图 镜心
估　价：RMB 500,000~600,000
成交价：RMB 805,000
23.5cm×138cm 北京荣宝 2017-12-02

304 娄师白 春光明媚 镜心
估　价：RMB 150,000~200,000
成交价：RMB 517,500
124cm×246cm 北京荣宝 2017-04-02

2329 陆恢 1916年作 拟古花鸟 四屏
估　价：RMB 300,000~500,000
成交价：RMB 552,000
143cm×39cm×4 西泠拍卖 2017-07-16

8027 陆俨少 1977年作 毛泽东诗意井冈山《大井新貌》 镜片
备注：多处出版著录。
估 价：RMB 22,000,000~28,000,000
成交价：RMB 34,615,000
142cm×366cm 上海嘉禾 2017-07-01

33 陆俨少 1978年作 泰山观日 镜心
估 价：HKD 6,000,000~8,000,000
成交价：RMB 14,413,750
67cm×137cm 中国嘉德 2017-05-29

276 陆俨少 杜甫诗意图 册页 （十开）
估 价：RMB 18,000,000~28,000,000
成交价：RMB 32,200,000
43.5cm×27.5cm×10 中国嘉德 2017-12-18

836 陆俨少 女真人生活图 镜心
备注：多处出版记录。
估 价：RMB 32,000,000~35,000,000
成交价：RMB 34,500,000
79.5cm×252.5cm 北京匡时 2017-06-03

2614 陆俨少 峡江行 镜心
著录：1.《陆俨少》，第98—99页；2.《浙江四大家（一）》，第260—261页。
估 价：RMB 18,000,000~22,000,000
成交价：RMB 34,500,000
68cm×131cm 北京保利 2017-12-17

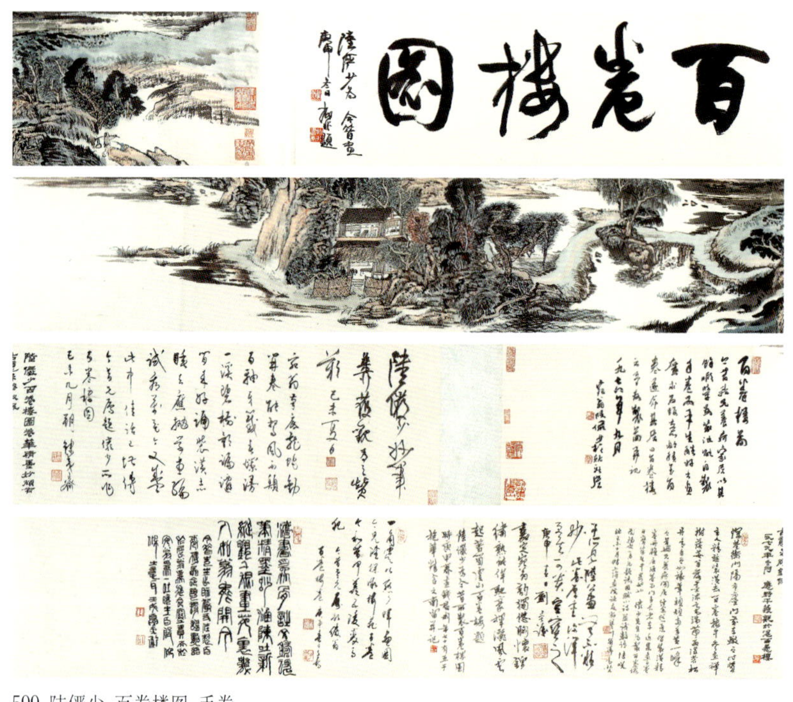

599 陆俨少 百卷楼图 手卷
估 价：RMB 5,000,000~6,000,000
成交价：RMB 7,820,000
画心27.5cm×240cm 中贸圣佳 2017-12-21

346 陆抑非 1939年作 抚周之冕双欢图意 镜心
估 价：RMB 600,000~800,000
成交价：RMB 1,380,000
133cm×67cm 北京荣宝 2017-12-02

42 陆俨少 1991年作 江深草阁 镜心
估 价：HKD 5,000,000~8,000,000
成交价：RMB 8,293,450
96.5cm×178cm 中国嘉德 2017-05-29

967 陆抑非 1944年作 日高花影重 镜心
估 价：RMB 800,000~1,200,000
成交价：RMB 1,092,500
116.5cm×48cm 上海匡时 2017-11-05

491 陆抑非 1959年作 紫藤八哥 镜心
估　价：RMB 1,200,000~1,600,000
成交价：RMB 1,380,000
99.5cm × 253.5cm 北京荣宝 2017-06-02

256 陆抑非 群鸟月下聚宿图 立轴
估　价：RMB 1,500,000~1,800,000
成交价：RMB 2,127,500
179cm × 99cm 上海匡时 2017-11-05

412 吕凤子 松下高士 立轴
估　价：RMB 500,000~800,000
成交价：RMB 862,500
169.5cm × 71.1cm 中国嘉德 2017-12-18

888 罗振玉 1913年作 篆书《孝经》 手卷
估　价：RMB 500,000~1,000,000
成交价：RMB 575,000
本幅40cm × 329cm 北京匡时 2017-12-03

815 吕寿琨 1970年作 禅 镜框
估　价：HKD 400,000~600,000
成交价：RMB 887,000
148cm × 86.5cm 佳士得 2017-05-29

129 吕吉人 1974年作 俔囡走的是金光道 镜框
估　价：RMB 500,000~700,000
成交价：RMB 828,000
104cm × 75cm 上海东方 2017-06-25

309 吕吉人 中华锦锈全图 镜框
备注：多处出版记录。
估　价：RMB 8,000,000~9,000,000
成交价：RMB 34,500,000
200cm×3400cm 上海东方 2017-12-10

150 马晋 1928年作 春溪八骏 镜心
估　价：RMB 300,000~400,000
成交价：RMB 1,380,000
44.8cm×223cm 北京诚轩 2017-06-18

353 马晋 1934年作 十二生肖卷 镜心
估　价：RMB 1,200,000~1,800,000
成交价：RMB 1,897,500
22.5cm×132cm 北京荣宝 2017-12-02

2682 马晋 1933年作 动物 册页
估　价：RMB 1,000,000~3,000,000
成交价：RMB 3,335,000
31cm×31cm×12 北京保利 2017-12-17

123 马欣乐 怀素狂草 镜片
估　价：USD 55,000~75,000
成交价：RMB 475,681
135.2cm×67.9cm 纽约佳士得 2017-03-14

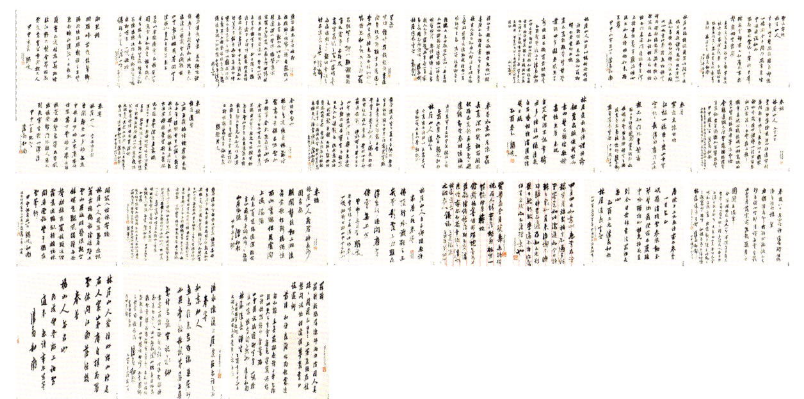

863 马一浮 1944-1946年作 致杨樵谷诗稿 （二十七帧） 镜心
估　价：RMB 2,000,000~3,000,000
成交价：RMB 3,220,000
41cm × 48cm × 25；28cm × 22cm × 2 北京匡时 2017-06-03

1963 马一浮 1961年作 为蒋国榜自作诗 手卷
估　价：RMB 2,200,000~2,500,000
成交价：RMB 3,622,500
32cm × 829cm 北京匡时 2017-12-04

1978 梅兰芳 荀慧生 程砚秋 等 群英会 册页
估　价：RMB 1,500,000~2,000,000
成交价：RMB 2,127,500
16cm × 47cm × 15 北京保利 2017-12-17

485 毛泽东 卜算子 · 咏梅 立轴
估　价：RMB 400,000~600,000
成交价：RMB 782,000
141cm × 46cm 南京经典 2017-07-23

239 茅盾 1979年作 行书《无题》 镜框
估　价：RMB 600,000~800,000
成交价：RMB 943,000
70cm × 35cm 北京荣宝 2017-12-02

4150 孟祥顺 2003年作 王者神威图 镜心
估　价：RMB 100,000~150,000
成交价：RMB 1,150,000
89cm × 96cm 北京保利 2017-06-05

55 苗再新 版纳春色 镜心
估 价：HKD 580,000~780,000
成交价：RMB 814,554
145cm×367cm 中濠典藏 2017-05-22

1908 南海岩 2017年作 家园 镜心
估 价：RMB 800,000~900,000
成交价：RMB 1,265,000
83.0cm×81.0cm 中国嘉德 2017-06-21

409 慕凌飞 1946年作 番女掣庞图 镜心
估 价：RMB 600,000~1,000,000
成交价：RMB 862,500
96.5cm×47.5cm 北京银座 2017-12-20

707 欧阳中石 1997年作 行书毛主席词 镜心
估 价：RMB 1,200,000~1,800,000
成交价：RMB 1,667,500
140.5cm×342cm 北京银座 2017-12-20

98 潘静淑 1937年作 桃花流水 立轴
估 价：RMB 120,000~150,000
成交价：RMB 920,000
64.5cm×30cm 北京翰海 2017-06-02

166 潘素 画 张伯驹等 题 1939年作 素心兰图咏 手卷
估 价：RMB 150,000~200,000
成交价：RMB 460,000
20cm×101.5cm 北京诚轩 2017-06-18

1342 潘天寿 1941年作 插了梅花便过年 立轴
估 价：HKD 1,800,000~2,500,000
成交价：RMB 2,655,180
74.7cm×41.2cm 香港苏富比 2017-04-04

377 潘天寿 1965年作 晴晨 立轴
估 价：RMB 2,200,000~3,000,000
成交价：RMB 5,750,000
69cm×44cm 北京荣宝 2017-06-02

735 潘天寿 荷花 立轴
估 价：RMB 5,000,000~8,000,000
成交价：RMB 5,750,000
68cm×67.5cm 中国嘉德 2017-06-19

369 潘天寿 1944年作 松下高士图 立轴
出版：《求知雅集珍藏近代中国书画》，图编67。
估 价：RMB 22,000,000~32,000,000
成交价：RMB 32,200,000
244.5cm × 61cm 中国嘉德 2017-12-18

733 潘天寿 耕罢 立轴
备注：出版著录达10余处。
成交价：RMB 158,930,000
227cm × 121cm 中国嘉德 2017-06-19

958 潘天寿 1945年作 江洲夜泊图 立轴
出版：1.《广州集雅斋藏画》P8；2.《南洋华园藏画》图版14。
估　价：RMB 10,000,000~15,000,000
成交价：RMB 14,950,000
151cm×48cm 上海匡时 2017-11-05

370 潘天寿 1961年作 微风燕子斜 立轴
备注：多处出版记录。
估　价：RMB 20,000,000~30,000,000
成交价：RMB 28,750,000
125cm×47cm 中国嘉德 2017-12-18

736 潘天寿 1928年作 双燕 立轴
估 价：RMB 6,000,000~8,000,000
成交价：RMB 6,900,000
126.5cm×32.2cm 中国嘉德 2017-06-19

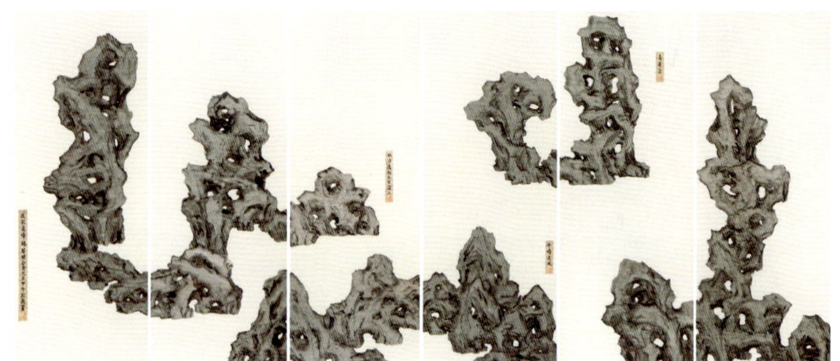

442 彭薇 2012-2014年作 艮岳遗峰
估 价：HKD 2,000,000~2,800,000
成交价：RMB 1,997,622
190.5cm×432cm 保利香港 2017-04-03

156 彭先诚 2001年作 昭君出塞图 手卷
估 价：RMB 350,000~450,000
成交价：RMB 552,000
画31cm×191cm 上海匡时 2017-11-05

20 潘玉良 1956年作 裸女与镜子
估 价：HKD 6,800,000~8,800,000
成交价：RMB 6,212,300
91.4cm×61cm 佳士得 2017-11-25

5019 庞熏琹 我欲乘风归去
估 价：HKD 200,000~300,000
成交价：RMB 501,188
66.5cm×39.8cm 香港苏富比 2017-04-03

1396 蒲华 1896年作 拟前贤山水册 镜框 （十二开）
估　价：HKD 120,000~180,000
成交价：RMB 830,000
26.1cm × 35.6cm × 12 香港苏富比 2017-10-02

118 蒲华 山水四景 镜心
估　价：RMB 1,000,000~1,500,000
成交价：RMB 1,610,000
135cm × 67cm × 4 北京匡时 2017-06-03

2320 蒲华 1897年作 松室论道图 立轴
估　价：RMB 600,000~800,000
成交价：RMB 1,092,500
177cm × 92cm 西泠拍卖 2017-07-16

383 溥伒 张大千 水村图·行书五言诗 成扇
估　价：RMB 1,000,000~1,500,000
成交价：RMB 1,150,000
18.5cm × 51.5cm 中国嘉德 2017-12-18

1270 溥儒 1937年作 溪堂道古图 立轴
估　价：HKD 200,000~300,000
成交价：RMB 1,608,125
113.2cm×46.6cm 香港苏富比 2017-10-02

805 溥儒 1956年作 观音大士像 立轴
估　价：RMB 1,000,000~1,500,000
成交价：RMB 6,440,000
120cm×55cm 中国嘉德 2017-06-20

1365 溥儒 四时景色 镜框 四帧
估　价：HKD 800,000~1,200,000
成交价：RMB 3,510,540
各127.6cm×31.4cm 香港苏富比 2017-04-04

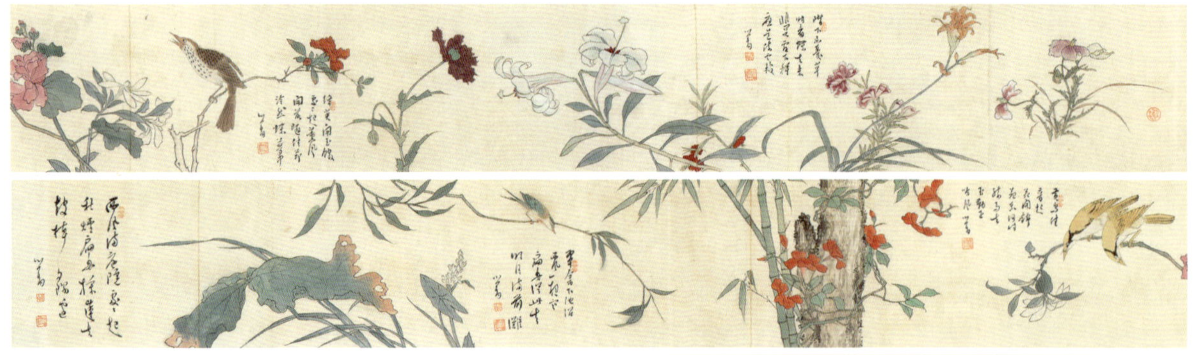

815 溥儒 仿宋花鸟 手卷
估　价：RMB 3,500,000~4,500,000
成交价：RMB 5,175,000
本幅27cm×388cm 北京匡时 2017-06-03

溥心畬先生仿宋花鳥卷

1385 溥儒 1960年作 骏马图 镜框
估 价：HKD 4,800,000~5,800,000
成交价：RMB 4,169,900
16cm × 117.4cm 佳士得 2017-11-28

1234 溥儒 钟馗嫁妹 镜框
估 价：HKD 1,500,000~2,000,000
成交价：RMB 4,949,460
75cm × 36.8cm 佳士得 2017-05-30

812 溥儒 煮茶图 镜心
估 价：RMB 600,000~1,000,000
成交价：RMB 4,255,000
90cm × 53cm 中国嘉德 2017-06-20

249 溥佐 1982年作 大宛名驹 立轴
估 价：RMB 200,000~300,000
成交价：RMB 517,500
128cm×66cm 北京匡时 2017-03-29

372 齐白石 动物 四屏镜心
来源： 中国嘉德，2010秋拍。
估 价：RMB 8,000,000~12,000,000
成交价：RMB 14,950,000
133cm×33cm×4 中国嘉德 2017-12-18

45 齐白石 山水 四屏立轴
来源：香港佳士得，1999年。
估 价：HKD 18,000,000~25,000,000
成交价：RMB 19,450,530
122cm×36.3cm 北京匡时 2017-04-03

159 齐白石 1951年作 荷花图 立轴
著录：第二届北京中国文物艺术品国际博览会《近现代书画》第28—29页。
估 价：HKD 8,000,000~16,000,000
成交价：RMB 16,708,800
137.5cm×68.5cm 中濠典藏 2017-05-22

713 齐白石 村塾晚归图 立轴
来源：中国嘉德，1999年秋拍。
出版：1.《嘉德十年精品录—中国近现代书画·油画·雕塑》第343—345页；2.《书画拍卖集成—齐白石1995-2002》，第149页；3.《嘉德二十周年精品录·近当代书画卷·一》，第148页；……
估 价：RMB 8,000,000~12,000,000
成交价：RMB 17,825,000
114.5cm×43cm 中国嘉德 2017-06-19

2806 齐白石 1925年作 山水十二条屏 立轴
备注：出版著录已知达30种。
成交价：RMB 931,500,000
180cm × 47cm × 12 北京保利 2017-12-17

2807 齐白石 1924年作 花卉禽石 四屏立轴
著录：1.《齐白石全集》第二卷；2.《齐白石绘画作品图录》上卷，第211页；3.《中国近现代名家作品选粹·齐白石花鸟》第40页；……
成交价：RMB 43,700,000
136cm×57cm×4 北京保利 2017-12-17

512 齐白石 1935年作 花卉草虫 册页 （八开）
著录：《世纪丹青—吴昌硕·齐白石作品集》P178－181。
估　价：RMB 8,000,000~10,000,000
成交价：RMB 16,790,000
32.5cm × 27.5cm × 8 北京荣宝 2017-12-02

364 齐白石 1923年作 多子多寿 立轴
著录：《古韵今情——宝熙斋精品集》P37。
估　价：RMB 4,000,000~6,000,000
成交价：RMB 11,500,000
174cm×47cm 北京荣宝 2017-06-02

2237 齐白石 教子图 立轴
估　价：RMB 6,800,000~8,000,000
成交价：RMB 8,970,000
110cm×62.5cm 北京保利 2017-06-05

1680 齐白石 1922年作 夏山图 立轴
出版：1.《齐白石全集》第二卷图120；
2.《中国近现代名家画集·齐白石》图11；
3.《齐白石画集》下，图66；……
估　价：RMB 10,000,000~12,000,000
成交价：RMB 16,100,000
135.5cm×33cm 北京匡时 2017-12-04

311 启功 1987年作 雨后竹青 立轴
估　价：RMB 1,000,000~2,000,000
成交价：RMB 3,392,500
136cm×69cm 北京荣宝 2017-12-02

235 启功 1981年作 坚净居习字 手卷
估 价：RMB 3,000,000~4,000,000
成交价：RMB 3,450,000
46cm×440cm 中国嘉德 2017-12-18

1083 启功 溥佐 1943年作 松溪三骏 立轴
估 价：RMB 200,000~300,000
成交价：RMB 1,725,000
110.5cm×49.5cm 中国嘉德 2017-06-20

818 钱行健 国色天香 镜片
估　价：RMB 80,000~120,000
成交价：RMB 598,000
100cm×69cm 上海嘉禾 2017-07-02

837 钱松喦 林泉幽趣图 镜心
估　价：RMB 2,800,000~3,500,000
成交价：RMB 3,220,000
96cm×180cm 北京匡时 2017-06-03

918 钱瘦铁 1930年作 黄山幽居 立轴
估　价：RMB 180,000~280,000
成交价：RMB 437,000
147.5cm×57.5cm 中国嘉德 2017-06-20

2264 钱松喦 朱修立 1973年作 太湖胜景 镜心
估　价：RMB 1,500,000~2,000,000
成交价：RMB 3,795,000
134cm×220cm 北京保利 2017-12-17

2296 钱松喦 1977年作 梅园新村 镜心
估 价：RMB 1,500,000~2,500,000
成交价：RMB 9,200,000
48cm×68cm 北京保利 2017-06-05

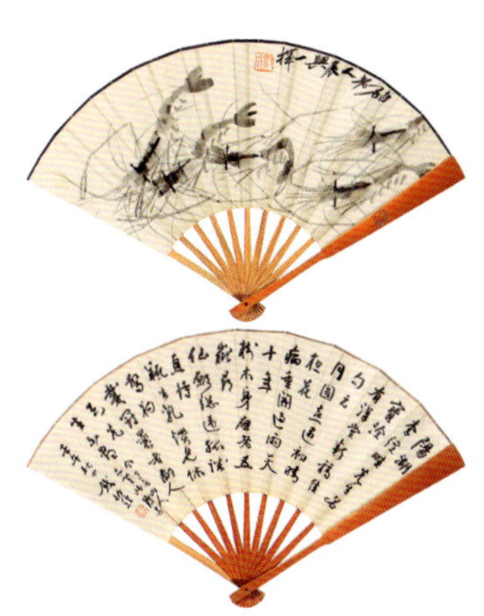

1867 钱振锽 齐白石 墨虾·书法 成扇
估 价：RMB 150,000~600,000
成交价：RMB 632,500
20cm×55cm 北京保利 2017-06-05

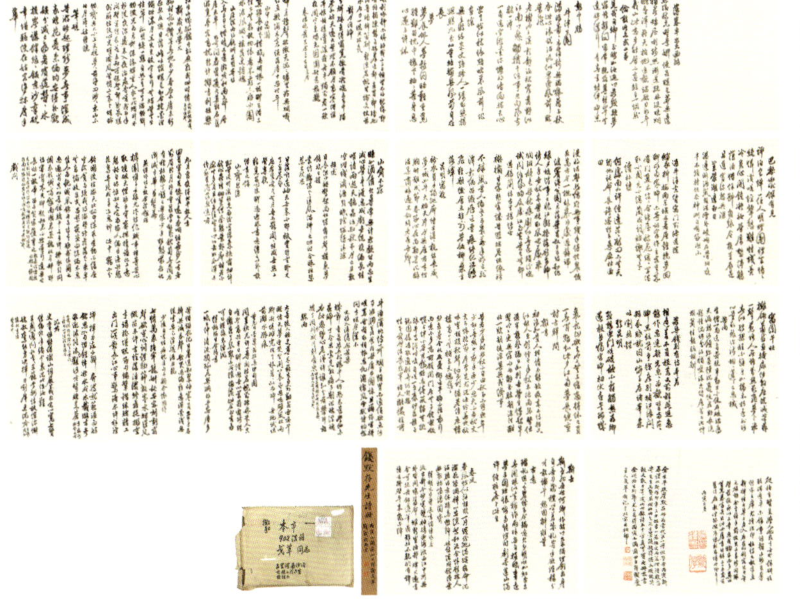

874 钱钟书 1986年作 钱默存诗 册页
估 价：RMB 2,000,000~3,000,000
成交价：RMB 3,680,000
本幅33.5cm×21.5cm×26
北京匡时 2017-06-03

843 秦风 西风东水 三连屏
估 价：HKD 1,600,000~2,200,000
成交价：RMB 1,756,260
320cm×220cm 佳士得 2017-05-29

12 乔十光 纺织姑娘
估　价：RMB 1,680,000~2,280,000
成交价：RMB 1,932,000
90cm × 180cm 福建东南 2017-05-21

1017 邱笑秋 黄山 镜心
估　价：RMB 1,300,000
成交价：RMB 1,495,000
96cm × 90cm 北京翰海 2017-09-10

240 饶宗颐 2011年作 行书四言联 立轴
估　价：RMB 300,000~400,000
成交价：RMB 517,500
233cm × 53cm × 2 北京荣宝 2017-12-02

1884 任重 2017年作 秋林敲句
估　价：RMB 1,200,000~2,200,000
成交价：RMB 3,220,000
168cm × 80cm 北京翰海 2017-12-16

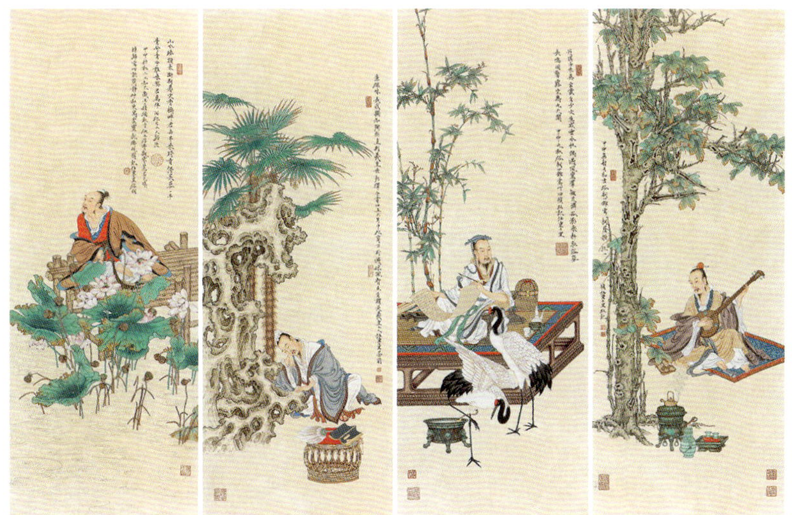

52 任重 2004年作 高士图 四屏镜心
估　价：HKD 1,600,000~2,400,000
成交价：RMB 2,506,320
91cm × 34.3cm × 4 中濠典藏 2017-05-22

805 森田子龙 1954年作 苍 画框
估　价：HKD 1,200,000~2,200,000
成交价：RMB 2,274,200
172.5cm × 95.5cm 香港苏富比 2017-10-01

1934 任重 逸侯双翼 镜心
估　价：RMB 300,000~350,000
成交价：RMB 1,150,000
32.5cm × 66.0cm × 2 中国嘉德 2017-06-21

1021 邵戈 老木溪边 卡纸
估　价：RMB 500,000
成交价：RMB 598,000
45cm × 53cm 北京翰海 2017-09-10

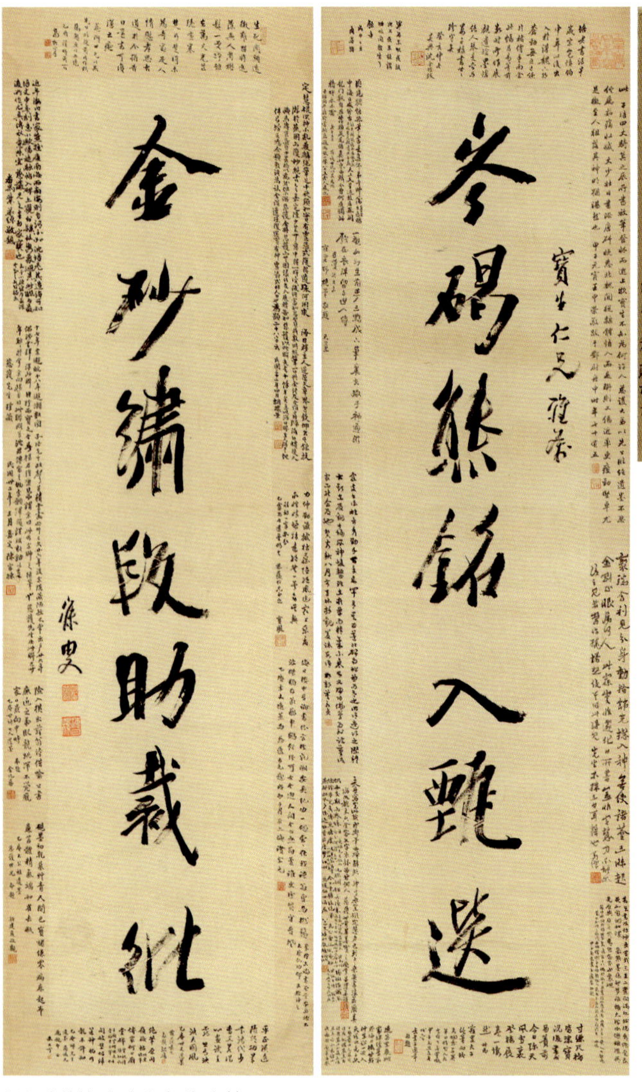

646 沈曾植 行书七言联 立轴
估 价：RMB 800,000~1,200,000
成交价：RMB 5,980,000
147.5cm × 36.5cm × 2 中国嘉德 2017-06-19

353 沈鹏 2006年作 春江花月夜 镜心
估 价：RMB 2,800,000~4,500,000
成交价：RMB 4,830,000
250cm × 712cm 保利山东 2017-10-29

51 沈从文 章草白居易诗 立轴
估 价：RMB 50,000~80,000
成交价：RMB 678,500
105cm × 24.5cm 广东崇正 2017-03-24

953 沈威峰 2016年作 紫气东来 镜心
估　价：RMB 100,000~180,000
成交价：RMB 517,500
70cm×138cm 中国嘉德 2017-04-01

382 沈剑知 吴湖帆 并蒂芙蕖·行书 成扇
估　价：RMB 600,000~800,000
成交价：RMB 690,000
18.5cm×51.5cm 中国嘉德 2017-12-18

1305 沈香吟 2014年作 上善若水 镜心
估　价：RMB 800,000~1,000,000
成交价：RMB 1,380,000
247cm×123cm 北京保利 2017-12-18

502 沈香吟 2017年作 希望之路 镜心
估　价：HKD 600,000~800,000
成交价：RMB 832,490
180cm×97cm 保利香港 2017-10-03

66 沈子丞 1947年作 八仙图 四屏
估　价：RMB 450,000~550,000
成交价：RMB 517,500
98.5cm×40.5cm×4 上海明轩 2017-06-30

304 沈子丞 渊明故实 手卷
估 价：RMB 200,000~250,000
成交价：RMB 575,000
28.5cm × 403cm 朵云轩 2017-12-14

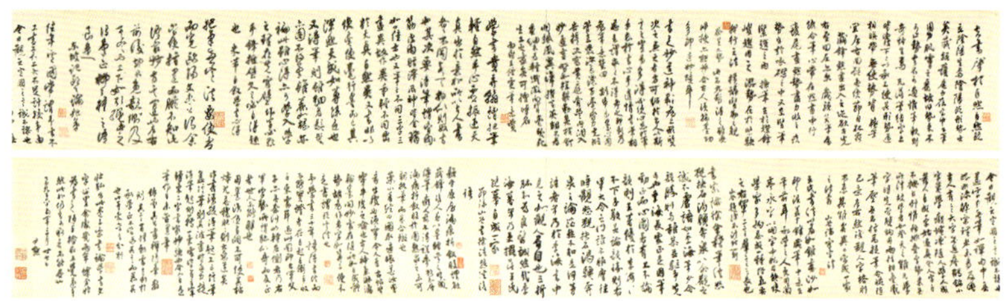

880 沈尹默 1965年作 论书诗 手卷
估 价：RMB 1,200,000~1,500,000
成交价：RMB 3,047,500
本幅28.5cm × 403.5cm 北京匡时 2017-06-03

1477 石虎 人体 镜心
估 价：RMB 200,000~300,000
成交价：RMB 667,000
180cm × 97cm 北京荣宝 2017-06-02

1284 石鲁 荷花 · 四言联 立轴
估 价：RMB 1,600,000~2,600,000
成交价：RMB 1,840,000
73cm × 67cm；180.5cm × 48cm × 2
中国嘉德 2017-06-20

539 石鲁 1956年作 埃及少女 镜心
估 价：RMB 400,000~600,000
成交价：RMB 4,255,000
77.5cm × 50.5cm 中国嘉德 2017-12-19

2253 石鲁 1962年作 牧牛图 立轴
来源：石鲁弟子张杲旧藏。
估 价：RMB 10,000,000~15,000,000
成交价：RMB 13,225,000
198cm×52cm 北京保利 2017-06-05

277 石鲁 华岳雪雾图 立轴
估 价：RMB 8,000,000~12,000,000
成交价：RMB 38,525,000
180cm×91cm 中国嘉德 2017-12-18

989 石鲁 秋林放牧 镜心
估 价：RMB 6,000,000~8,000,000
成交价：RMB 8,280,000
100cm×69.5cm 上海匡时 2017-11-05

2607 石鲁 1972年作 华山一丈峰 立轴
估 价：RMB 5,000,000~6,000,000
成交价：RMB 6,325,000
150cm×59cm 北京保利 2017-12-17

230 石齐 黄遵宪在香港 镜心
估 价：RMB 900,000~1,500,000
成交价：RMB 1,265,000
94cm×88cm 观唐皕槯 2017-01-11

1735 石齐 柔软的阳光 镜心
估　价：RMB 160,000~200,000
成交价：RMB 1,495,000
97cm×90cm 中国嘉德 2017-12-20

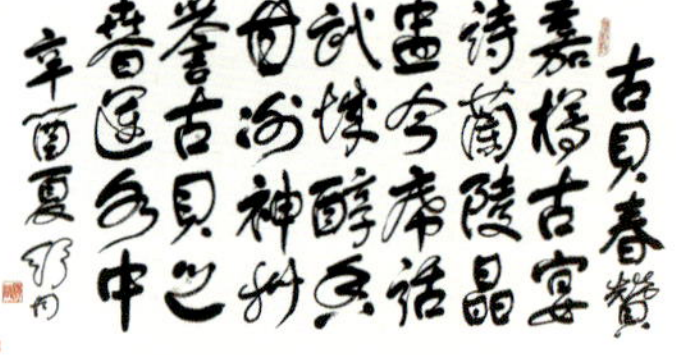

8 舒同 1981年作 古贝春赞 镜心
估　价：RMB 350,000~450,000
成交价：RMB 437,000
93cm×176cm 荣宝斋（济南） 2017-06-10

790 宋美龄 云山幽居 镜心
估　价：RMB 800,000~1,200,000
成交价：RMB 920,000
68.5cm×126.8cm 中国嘉德 2017-12-19

1220 史国良 捡土豆 镜心
估　价：RMB 3,000,000~4,000,000
成交价：RMB 4,025,000
121.5cm×241.5cm 北京保利 2017-12-18

285 史国良 天山舞步 手卷
估　价：RMB 1,200,000~1,600,000
成交价：RMB 1,725,000
画47.5cm×178cm 上海匡时 2017-11-05

84 史国良 放生图 镜心
估　价：RMB 600,000~800,000
成交价：RMB 1,610,000
67cm×136cm 荣宝斋（济南） 2017-06-10

343 宋文治 1958年作 长江之晨 镜片
估　价：RMB 2,000,000~3,000,000
成交价：RMB 4,945,000
56cm×176cm 广东崇正 2017-12-13

378 宋文治 1984年作 云壑飞流图 镜心
估　价：RMB 2,500,000~3,500,000
成交价：RMB 2,875,000
85cm×150cm 北京荣宝 2017-09-24

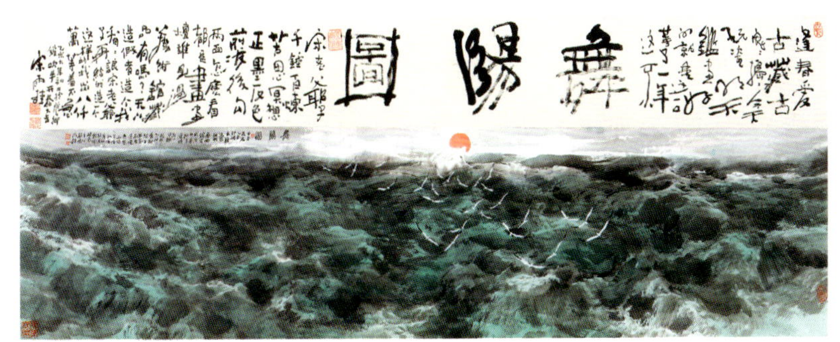

873 宋雨桂 2015年作 舞阳图 镜心
估　价：RMB 400,000~600,000
成交价：RMB 736,000
34cm×135cm 中国嘉德 2017-04-01

54 宋吟可 1975年作 洱海渔女 镜片
估　价：RMB 30,000~50,000
成交价：RMB 414,000
97cm×66cm 广东崇正 2017-06-14

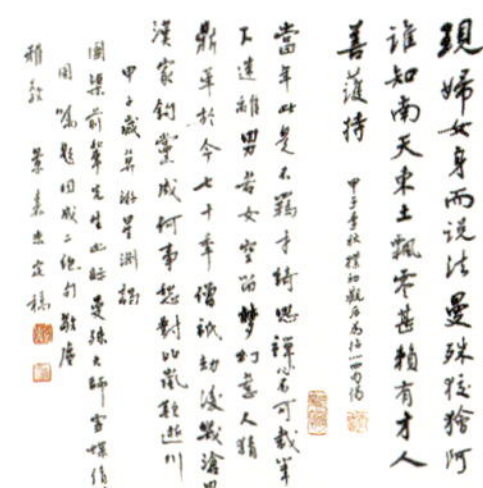

843 苏曼殊 1914年作 雪蝶倩影 赵朴初等题诗堂 镜片
估　价：RMB 500,000~700,000
成交价：RMB 575,000
画心61cm×31cm 广东崇正 2017-12-13

1551 苏宇光 颂秋图 镜心
估 价：RMB 300,000~360,000
成交价：RMB 414,000
68cm×41cm 北京荣宝 2017-06-02

1882 孙浩2016年作 岁月如歌 镜心
估 价：RMB 250,000~350,000
成交价：RMB 483,000
145.0cm×182.0cm 中国嘉德 2017-06-21

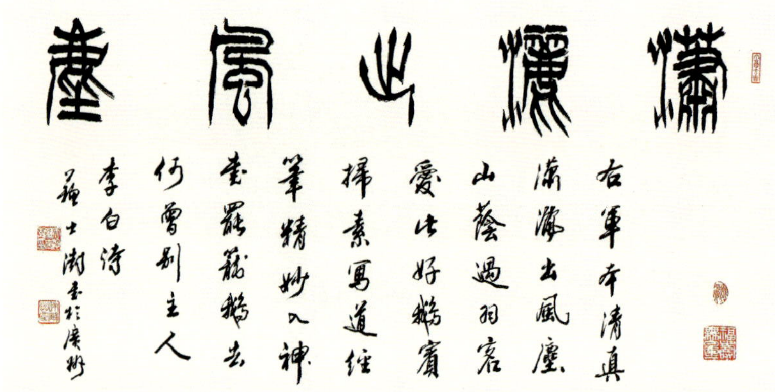

1577 苏士澍 书法“潇洒出风尘” 镜心
估 价：RMB 300,000~400,000
成交价：RMB 460,000
69cm×138cm 北京荣宝 2017-06-02

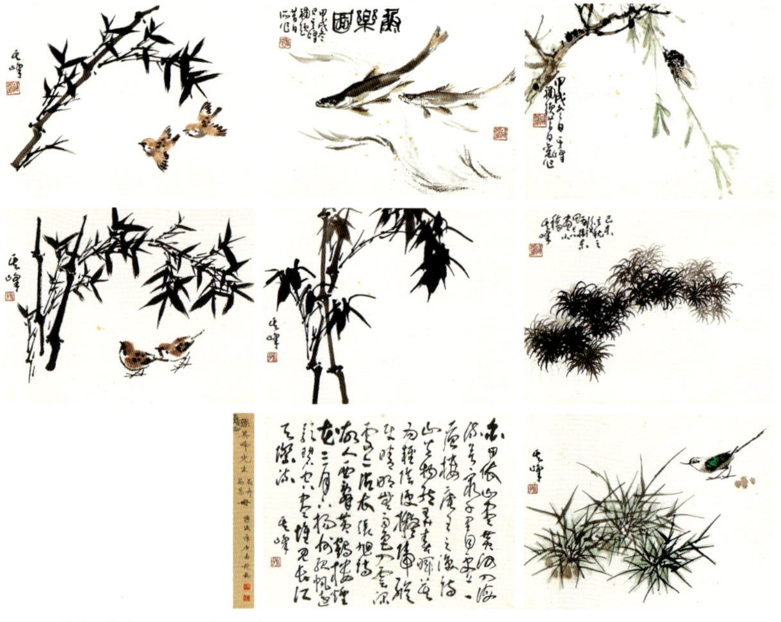

311 孙其峰 花鸟 册页 （八开）
估 价：RMB 300,000~400,000
成交价：RMB 517,500
33cm×45cm×8 北京荣宝 2017-04-02

1400 孙文 天下为公 镜心
估 价：RMB 2,000,000~2,600,000
成交价：RMB 2,990,000
32cm×130cm 北京保利 2017-06-04

1315 孙宗慰 1952年作 天津新港
估 价：RMB 800,000~1,000,000
成交价：RMB 977,500
44cm×210cm 北京翰海 2017-12-16

1303 唐勇力 读史通今图 镜框
估 价：RMB 600,000~700,000
成交价：RMB 1,150,000
93cm×59.6cm 北京荣宝 2017-06-02

8 汤万清 江山多娇 镜心
估 价：RMB 450,000
成交价：RMB 552,000
69cm×138cm 北京翰海 2017-01-08

1302 唐勇力 2007年作 香雾空蒙月满庭 镜框
估 价：RMB 300,000~350,000
成交价：RMB 517,500
68cm×48.8cm 北京荣宝 2017-06-02

2617 唐勇力 2017年作 观音 镜框
估 价：RMB 600,000~800,000
成交价：RMB 1,380,000
69.5cm×47cm 北京荣宝 2017-12-02

802 唐云 1980年作 松鹰图 立轴
估 价：RMB 600,000~700,000
成交价：RMB 805,000
135cm×67cm 西泠拍卖 2017-07-15

800 唐云 1964年作 新安小景写生册（二十四页） 册页
估　价：RMB 700,000~900,000
成交价：RMB 1,092,500
16cm×13cm×24 西泠拍卖 2017-07-15

1830 唐云 春江水暖 镜心
估　价：RMB 800,000~1,600,000
成交价：RMB 1,150,000
93cm×180cm 北京保利 2017-06-05

866 陶行知 1926年作 楷书六言联 立轴
估　价：RMB 800,000~900,000
成交价：RMB 1,058,000
132cm×32cm×2 北京匡时 2017-06-03

842 陶冷月 芝柏梅石图 立轴
估　价：RMB 300,000~400,000
成交价：RMB 1,035,000
121cm×48cm 中贸圣佳 2017-06-19

385 陶一清 春风杨柳映碧江 镜片
估　价：RMB 350,000~450,000
成交价：RMB 632,500
57cm×78cm 上海敬华 2017-07-01

508 陶一清 更喜岷山千里雪 镜心
估　价：RMB 600,000~1,000,000
成交价：RMB 805,000
120cm×169cm 中国嘉德 2017-06-19

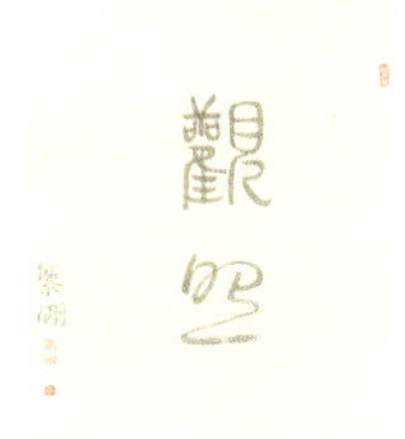

748 田黎明 2017年作 观照 册页
估　价：RMB 4,000,000~4,500,000
成交价：RMB 6,670,000
55cm×41cm×8 北京匡时 2017-12-03

149 陶一清 1972年作 万水千山图 镜心
估　价：RMB 2,800,000~3,800,000
成交价：RMB 4,025,000
143cm×288cm 观唐皕榷 2017-01-11

1456 田黎明 村姑 镜心
估　价：RMB 350,000~450,000
成交价：RMB 920,000
68cm×141cm 北京荣宝 2017-06-02

286 田黎明 吉祥图 镜心
估　价：RMB 600,000~800,000
成交价：RMB 1,127,000
55.2cm×82.8cm 北京匡时 2017-06-03

288 田世光 春霞玉羽 镜框
估　价：RMB 1,200,000~1,800,000
成交价：RMB 1,380,000
141cm×174cm 华艺国际 2017-11-25

329 田世光 红荷 镜片
估　价：RMB 1,000,000~1,500,000
成交价：RMB 1,667,500
121cm×82cm 广东崇正 2017-12-13

654 汪兆铭 双照楼诗词稿 册页 （两册节选）
估　价：RMB 5,000,000~6,000,000
成交价：RMB 9,430,000
26cm×17cm×97 中国嘉德 2017-06-19

1448 王福厂 1958年作 篆书“羣玉斋” 镜框
估　价：HKD 80,000~120,000
成交价：RMB 467,775
60.1cm×132.8cm 香港苏富比 2017-04-04

832 王冠军 暗香 镜心
估　价：RMB 100,000~180,000
成交价：RMB 575,000
134cm×83cm 中国嘉德 2017-04-01

345 田世光 峭壁白猿图 立轴
估　价：RMB 800,000~1,000,000
成交价：RMB 1,035,000
98cm×32cm 西泠拍卖 2017-07-15

727 王国维 楷书成扇 成扇
估　价：RMB 400,000~600,000
成交价：RMB 1,092,500
16.5cm×45cm 北京匡时 2017-06-03

270 王鸿亮 2001年作 惊蛰 镜框
估　价：RMB 200,000~250,000
成交价：RMB 1,495,000
120cm×240cm 上海东方 2017-06-25

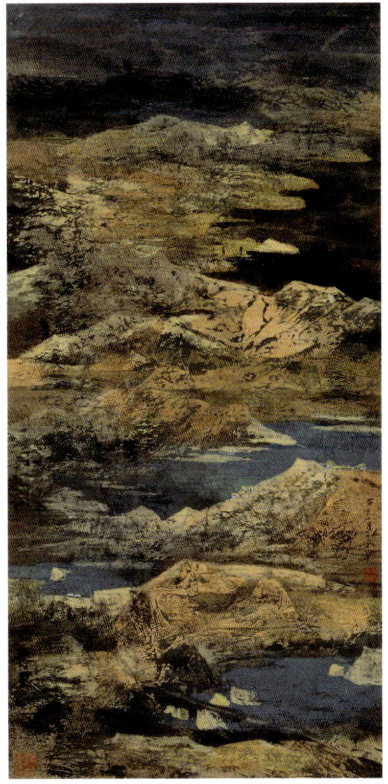

505 王己千 1983年作 山水第472号 镜框
估　价：HKD 800,000~1,200,000
成交价：RMB 2,655,180
100.4cm×49.5cm 香港苏富比 2017-04-04

701 王蘧常 草书龙门对 立轴
估　价：RMB 150,000~200,000
成交价：RMB 471,500
68.5cm×13cm×2 北京匡时 2017-06-03

1319 王久斌 2016年作 十三太保
估　价：RMB 1,200,000~1,500,000
成交价：RMB 1,495,000
95cm×180cm 北京翰海 2017-06-03

1318 王久斌 2017年作 狼图腾
估　价：RMB 1,600,000~1,800,000
成交价：RMB 1,840,000
137cm×68cm×2 北京翰海 2017-06-03

2310 王明明 2012年作 林泉清韵图 镜心
估 价：RMB 1,500,000~1,800,000
成交价：RMB 3,162,500
234cm×53cm 北京荣宝 2017-12-02

1585 王明明 2016年作 兰亭修禊图 手卷
估 价：HKD 5,000,000~8,000,000
成交价：RMB 9,049,075
画心46.5cm×677.5cm 中国嘉德 2017-10-03

1963 王其智 2017年作 福寿
估 价：RMB 500,000~600,000
成交价：RMB 805,000
74cm×71cm 北京翰海 2017-12-16

1906 王明明 2016年作 醉翁亭同乐图 镜心
估 价：RMB 2,800,000~3,500,000
成交价：RMB 6,555,000
133cm×154cm 中国嘉德 2017-06-21

119 王肃达 1937年作 受难图 镜心
成交价：RMB 575,000
112cm×76.5cm 中国嘉德 2017-12-18

1730 王明明 四季风情 镜心
估 价：RMB 2,800,000~3,200,000
成交价：RMB 4,427,500
97cm×44.5cm×4
中国嘉德 2017-12-20

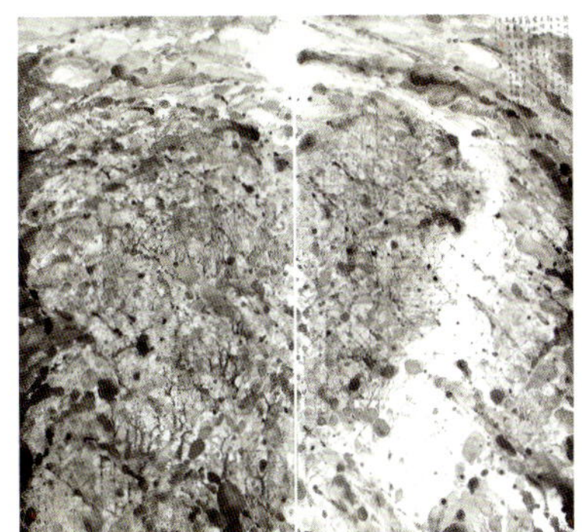

359 王无邪 2004年作 城梦十二
估 价：HKD 500,000~700,000
成交价：RMB 554,375
整体179cm×192cm 佳士得 2017-05-28

258 王霞 菩萨像（三十三帧） 镜心
估 价：RMB 300,000~500,000
成交价：RMB 552,000
54cm×41cm×33 荣宝斋（上海） 2017-07-30

309 王雪涛 荷塘鱼戏图 立轴
估 价：RMB 2,000,000~2,600,000
成交价：RMB 2,645,000
130cm×76.5cm 北京荣宝 2017-06-02

313 王雪涛 花卉 四屏立轴
估 价：RMB 3,000,000~4,000,000
成交价：RMB 5,520,000
164.5cm×43.5cm×4 北京荣宝 2017-06-02

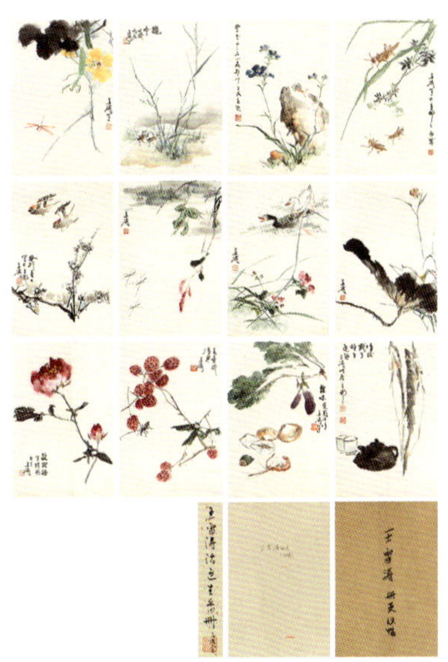

326 王雪涛 花卉 册页（十二开）
估 价：RMB 3,000,000~4,000,000
成交价：RMB 5,175,000
29cm×20cm×12 北京荣宝 2017-06-02

724 王雪涛 1979年作 桃花牡丹八哥 镜心
估 价：RMB 2,800,000~3,800,000
成交价：RMB 5,060,000
82cm×150cm 中国嘉德 2017-06-19

2299 王西京 2014年作 竹林兴会图 镜心
估 价：RMB 2,800,000~3,200,000
成交价：RMB 4,370,000
211cm×635cm 北京保利 2017-06-05

310 王雪涛 孔雀古松 立轴
估 价：RMB 2,600,000~3,000,000
成交价：RMB 6,325,000
131cm×67cm 北京荣宝 2017-06-02

1295 王镛 2011年作 空山泉响图 镜框
估　价：RMB 900,000~1,000,000
成交价：RMB 1,150,000
66.5cm×137cm 北京荣宝 2017-06-02

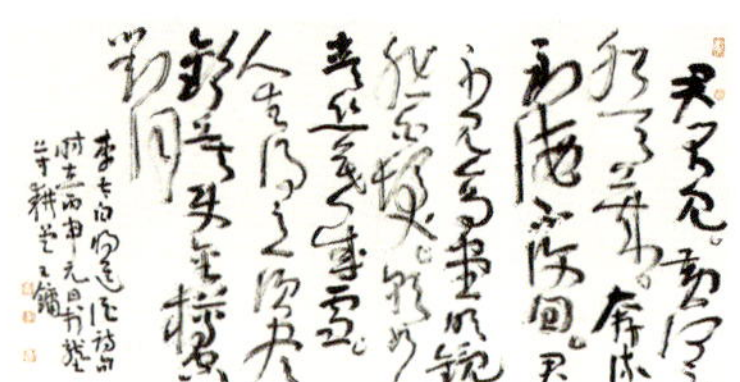

2303 王镛 2016年作 李白将进酒诗句 镜框
估　价：RMB 1,000,000~1,200,000
成交价：RMB 1,380,000
123.6cm×248.6cm 北京荣宝 2017-12-02

1389 王震 1922年作 一帆风顺 镜框
估　价：HKD 350,000~500,000
成交价：RMB 1,559,250
135.5cm×57cm 香港苏富比 2017-04-04

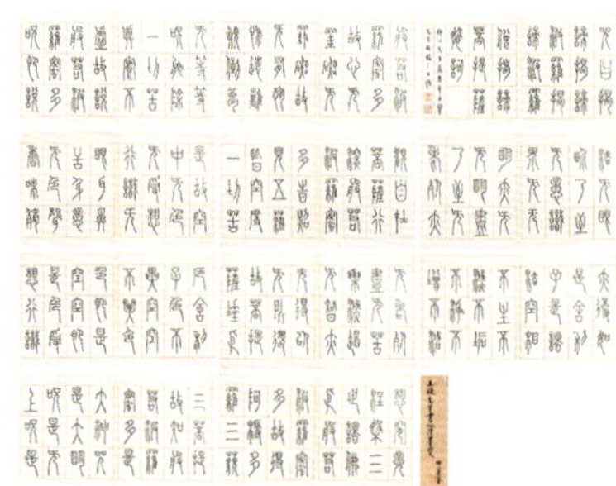

74 王禔 1935年作 篆书《金刚般若波罗蜜多心经》 册页 （十一开）
估　价：RMB 250,000~350,000
成交价：RMB 483,000
19.5cm×20cm×11 北京翰海 2017-06-02

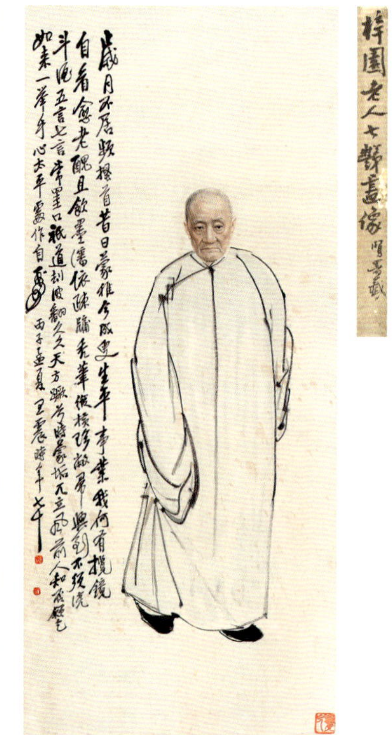

161 王震 1936年作 七十自画像 立轴
估　价：RMB 400,000~600,000
成交价：RMB 1,380,000
131.5cm×57.5cm 西泠拍卖 2017-07-15

352 王子武 1987年作 李白送晁衡图 立轴
估　价：RMB 1,500,000~2,000,000
成交价：RMB 5,865,000
175cm×93cm 北京荣宝 2017-06-02

701 王子武 杜甫像 立轴
估　价：RMB 1,200,000~1,800,000
成交价：RMB 1,725,000
129cm×67cm 中贸圣佳 2017-06-19

4226 卫德章 2015年作 杨家岭记事之二 镜心
估　价：RMB 500,000~600,000
成交价：RMB 575,000
143.5cm × 96.5cm 北京保利 2017-06-05

112 魏紫熙 1992年作 太行秋色图 镜心
估　价：RMB 500,000~800,000
成交价：RMB 747,500
50cm × 68cm 观唐皕榷 2017-01-11

822 吴昌硕 1914年作 清供图 瓜实图 镜心
估　价：RMB 4,500,000~6,000,000
成交价：RMB 6,670,000
56.5cm × 104cm；57.5cm × 102.5cm
北京匡时 2017-06-03

414 吴昌硕 1908年作 佛手石榴图 镜心
估　价：RMB 1,600,000~2,000,000
成交价：RMB 5,980,000
67cm × 138cm 北京荣宝 2017-06-02

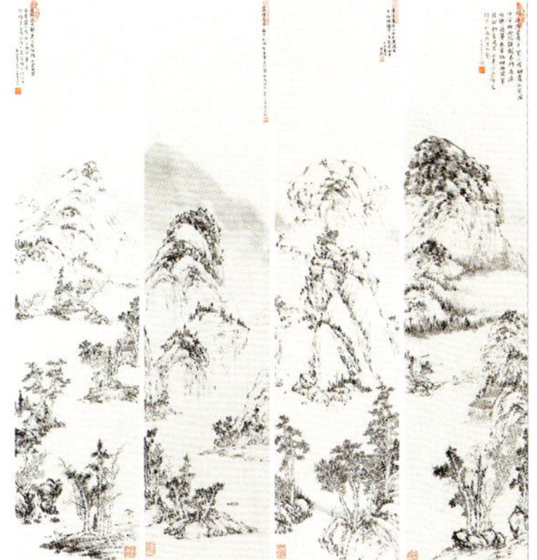

1367 文蔚 2017年作 唐人诗意山水 四屏镜心
估　价：RMB 400,000~500,000
成交价：RMB 529,000
107cm × 24cm × 4 北京保利 2017-12-18

1226 文蔚 2017年作 唐人诗意
估　价：RMB 280,000~380,000
成交价：RMB 402,500
108cm × 25cm × 4 北京翰海 2017-06-03

2239 吴昌硕 1905年作 花卉 四屏立轴
估　价：RMB 5,800,000~6,800,000
成交价：RMB 6,900,000
152cm × 42cm × 4 北京保利 2017-06-05

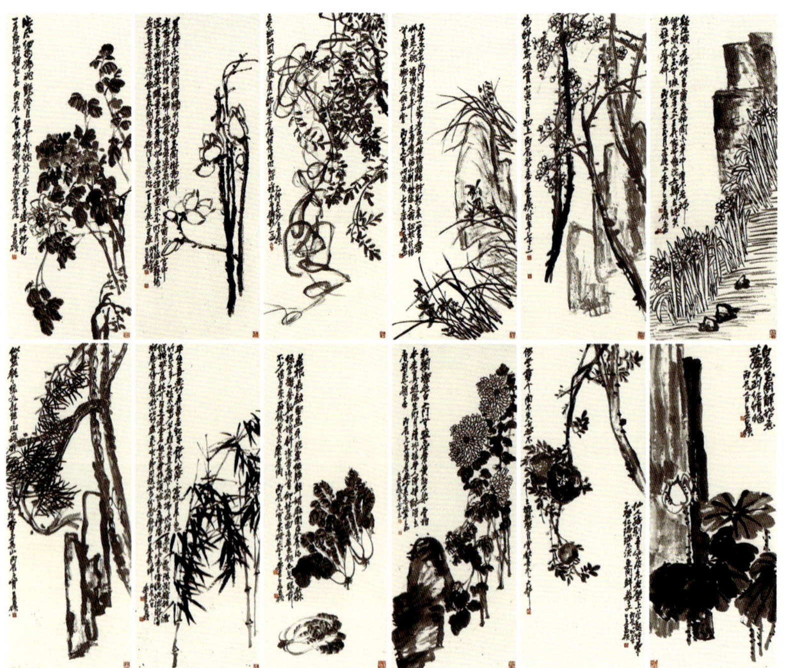

2638 吴昌硕 1915-1916年作 花卉十二屏 镜心
著录：1.《海上双璧耀东方—吴昌硕 王一亭书画精品集》第84—85页；2.《嘉德二十年精品录—近现代书画卷一》；3.《吴昌硕金石书画集》第136–143页；4.《吴昌硕全集》卷二，第250–261页。
成交价：RMB 209,300,000
133.5cm×52.8cm×12 北京保利 2017-12-17

325 吴昌硕 1915年作 绵绵红锦 立轴
估 价：RMB 4,800,000~5,800,000
成交价：RMB 6,325,000
151cm×81cm 北京荣宝 2017-12-02

249 吴昌硕 墨荷 立轴
估 价：RMB 3,000,000~4,000,000
成交价：RMB 6,325,000
243cm×60.5cm 中国嘉德 2017-12-18

8045 吴昌硕 1917年作 曼倩偷来 立轴
估 价：RMB 1,800,000~2,800,000
成交价：RMB 3,162,500
137.5cm×41.5cm 上海嘉禾 2017-07-01

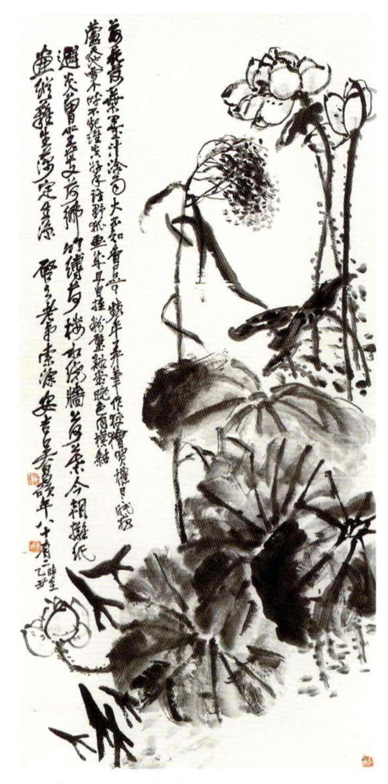

425 吴昌硕 1925年作 墨荷 立轴
备注：多处出版著录。
估 价：RMB 2,000,000~3,000,000
成交价：RMB 12,650,000
137cm×67cm 中国嘉德 2017-12-18

650 吴昌硕 1924年作 篆书汉书语 镜心
估　价：RMB 380,000~580,000
成交价：RMB 3,105,000
40cm×147cm 中国嘉德 2017-06-19

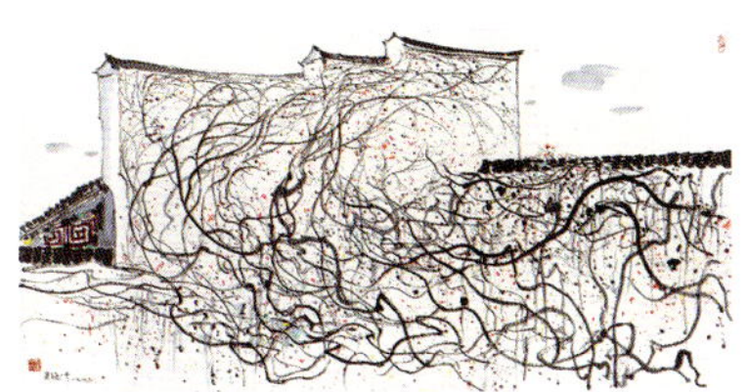

487 吴冠中 1993年作 墙 镜心
出版：1.《吴冠中作品收藏集 II》，第248–249页；2.《吴冠中全集7》，第221页。
估　价：HKD 5,000,000~8,000,000
成交价：RMB 12,732,200
68.5cm×137.5cm 保利香港 2017-10-03

1256 吴冠中 1979年作 张家界写生 镜框
备注：多处出版记录。
估　价：HKD 6,000,000~9,000,000
成交价：RMB 13,988,700
103.2cm×103.4cm 香港苏富比 2017-04-04

126 吴冠中 1986年作 忆玉龙山 镜心
出版：1.《吴冠中作品收藏集 II》 P82–83 ；2.《吴冠中全集 VI》 P79。
估　价：RMB 10,000,000~20,000,000
成交价：RMB 17,825,000
96cm×179cm 保利华谊 2017-12-08

308 吴待秋 1942年作 慎思斋图 手卷
估　价：RMB 150,000~200,000
成交价：RMB 805,000
画心29cm×127cm 北京匡时 2017-03-29

2219 吴冠中 1984年作 故乡 镜心
备注：多处出版记录。
估　价：RMB 2,800,000~3,800,000
成交价：RMB 10,925,000
68cm×137.5cm 北京保利 2017-06-05

1423 吴冠中 1997年作 榕树与海 镜框
来源：香港佳士得，2014年。
出版：1.《生命的风景—吴冠中艺术专集III》，第234页；2.《情感·创新—吴冠中水墨里程》，图版92；3.《吴冠中全集第八卷》，第64页；……
估　价：HKD 10,000,000~15,000,000
成交价：RMB 11,761,620
90cm × 96.2cm 佳士得 2017-05-30

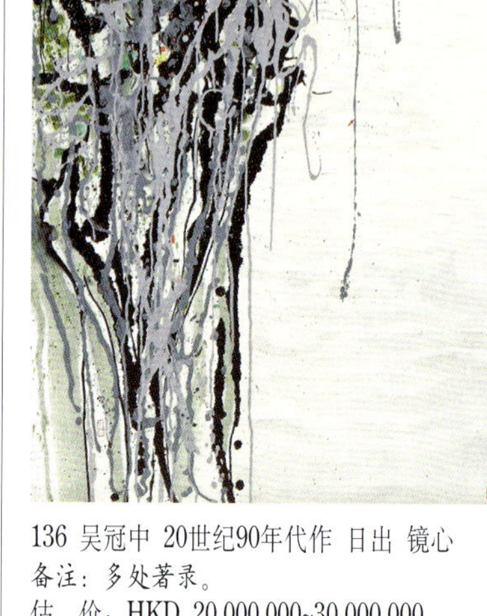

136 吴冠中 20世纪90年代作 日出 镜心
备注：多处著录。
估　价：HKD 20,000,000~30,000,000
成交价：RMB 31,329,000
178cm × 96cm 中濠典藏 2017-05-22

351 吴冠中 弥勒佛 镜心
备注：多处著录。
估　价：RMB 8,000,000~12,000,000
成交价：RMB 14,950,000
81cm × 149cm 北京荣宝 2017-12-02

43 吴冠中 贵州侗家山寨 镜心
估　价：HKD 7,000,000~9,000,000
成交价：RMB 20,534,050
95cm × 90cm 中国嘉德 2017-05-29

911 吴湖帆 1938年作 万松金阙 立轴
备注：多处出版记录
成交价：RMB 49,450,000
95cm×49cm 朵云轩 2017-06-25

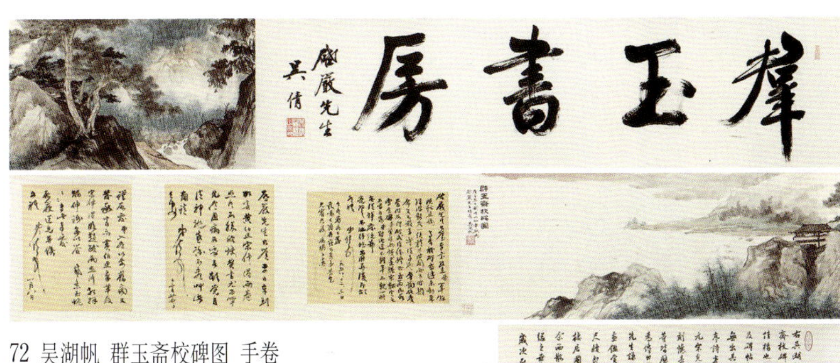

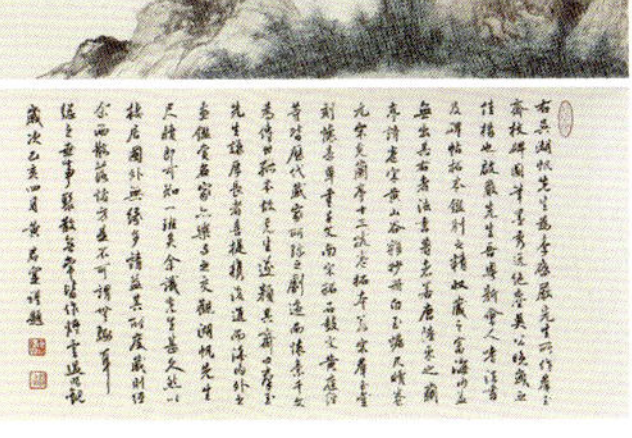

72 吴湖帆 群玉斋校碑图 手卷
估　价：RMB 6,000,000~8,000,000
成交价：RMB 8,625,000
28cm×126.8cm 华艺国际 2017-05-27

2243 吴湖帆 1959年作 风熏大地三春绿 立轴
估　价：RMB 6,000,000~7,000,000
成交价：RMB 7,820,000
画65cm×47cm 北京保利 2017-06-05

699 吴湖帆 1957年作 玉屏秋色 立轴
估　价：RMB 8,000,000~12,000,000
成交价：RMB 9,200,000
92.5cm×46cm 中国嘉德 2017-06-19

2242 吴湖帆 仿古山水 册页 （二十开）
备注：多处著录。
估 价：RMB 6,000,000~8,000,000
成交价：RMB 15,525,000
23cm×28cm×20
北京保利 2017-06-05

818 吴湖帆 1939年作 翠岫琼林 镜心
估 价：RMB 6,000,000~8,000,000
成交价：RMB 9,775,000
59cm×36cm 北京匡时 2017-06-03

490 吴镜汀 1962年作 峨眉揽胜 镜心
估 价：RMB 800,000~1,200,000
成交价：RMB 1,955,000
144cm×363cm 北京荣宝 2017-06-02

1493 吴梅 楷书“梅影书屋” 镜框
成交价：RMB 534,600
27.4cm×97.2cm 香港苏富比 2017-04-04

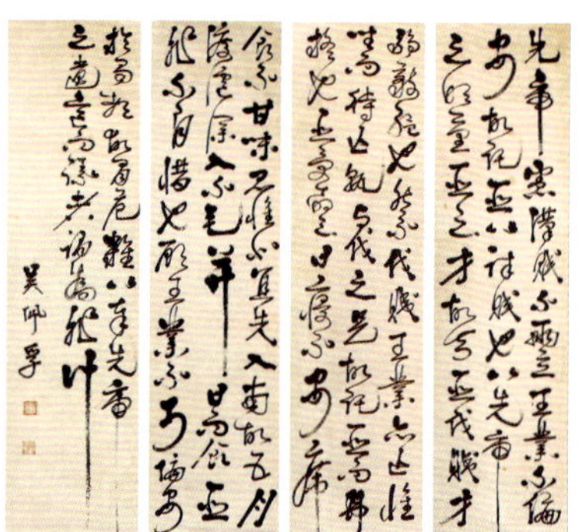

940 吴佩孚 草书 四条屏立轴
成交价：RMB 437,000
142cm×38cm×4 北京宣石 2017-05-21

719 吴琴木 万壑松涛 立轴
成交价：RMB 402,500
134cm×68cm 北京匡时 2017-03-29

968 吴青霞 1981年作 九鲤图 镜心
估　价：RMB 1,500,000~2,000,000
成交价：RMB 2,300,000
185cm×488cm 上海匡时 2017-11-05

1415 吴悦石 松鹰图 镜心
估　价：RMB 1,600,000~1,800,000
成交价：RMB 2,300,000
141cm×84cm 北京荣宝 2017-06-02

1725 吴山明 2017年作 高原女儿 镜心
估　价：RMB 450,000~500,000
成交价：RMB 575,000
68.5cm×69cm 中国嘉德 2017-12-20

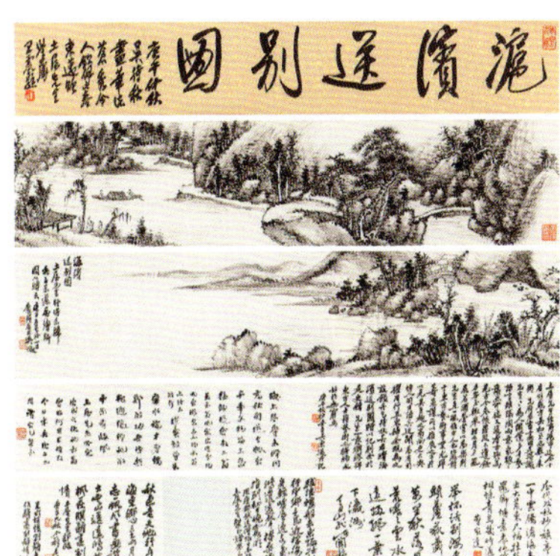

532 吴征 1930年作 海滨送别图 手卷
估　价：RMB 120,000~180,000
成交价：RMB 575,000
画10.7cm×103.3cm 中国嘉德 2017-06-19

2718 吴悦石 2010年作 抬头见喜 立轴
估　价：RMB 800,000~1,000,000
成交价：RMB 1,173,000
137cm×68cm 北京荣宝 2017-12-02

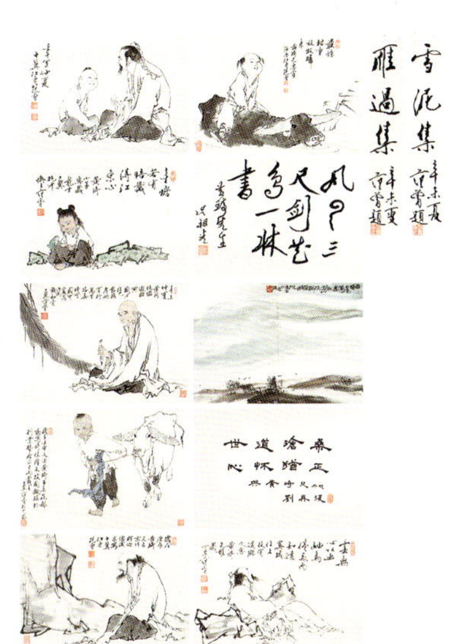

399 吴祖光 范曾 宋雨桂 雪泥集 雁过集 册页 （十开）
估　价：RMB 600,000~800,000
成交价：RMB 1,725,000
38cm×54.5cm×10 中国嘉德 2017-06-19

203 吴作人 1987年作 啸传万里 镜心
估　价：RMB 800,000~1,200,000
成交价：RMB 977,500
128cm×68cm 北京银座 2017-06-07

190 吴作人 高瞻 立轴
估　价：RMB 600,000~800,000
成交价：RMB 1,265,000
87cm×67cm 荣宝斋（济南） 2017-06-10

725 吴作人 一览众山小 镜心
估　价：RMB 3,000,000~5,000,000
成交价：RMB 4,485,000
画117cm×82cm 中国嘉德 2017-06-19

567 萧晖荣 2012年作 君子之风 镜心
估　价：HKD 1,500,000~2,000,000
成交价：RMB 1,664,980
103cm×178.5cm 北京匡时 2017-10-02

1283 萧瀚 2016年作 荷塘月色
估　价：RMB 1,800,000~2,600,000
成交价：RMB 3,220,000
138cm×69cm 北京翰海 2017-06-03

247 夏墨 2011年作 溪深树密 镜框
估　价：RMB 560,000~600,000
成交价：RMB 805,000
120cm×240cm 上海东方 2017-06-25

4314 萧平 2012年作 碧叶映娇花 镜心
估　价：RMB 1,200,000~1,500,000
成交价：RMB 2,300,000
144cm×501cm 北京保利 2017-06-04

152 萧淑芳 向日葵 镜框
估　价：RMB 800,000~1,200,000
成交价：RMB 2,070,000
85cm×116cm 华艺国际 2017-05-27

21 萧愻 1931年作 拟古山水 立轴
估　价：RMB 18,000~28,000
成交价：RMB 552,000
66.5cm×21.5cm×4 中国嘉德 2017-12-18

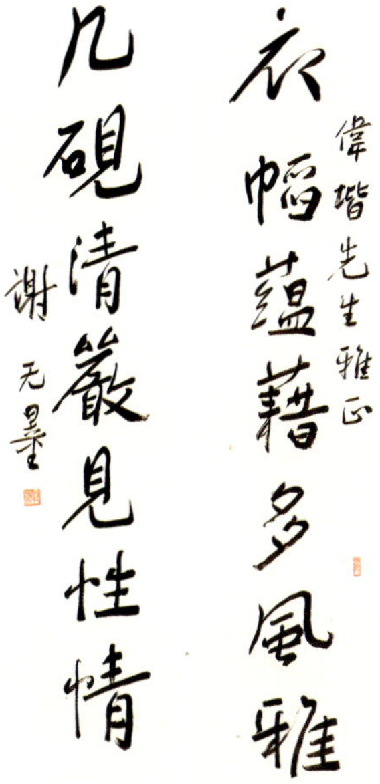

644 谢无量 1940年作 行书七言联 立轴
估　价：RMB 60,000~150,000
成交价：RMB 862,500
133cm×31.5cm×2 中国嘉德 2017-06-19

88 谢稚柳 1949作 秋浦雁影 镜心
出版：1.《谢稚柳诗画选集》第56至57页；2.《虚怀斋藏中国书画精品集》第129页；3.《海派百年代表画家系列作品集·谢稚柳》第49页。
估　价：RMB 7,800,000~8,800,000
成交价：RMB 11,270,000
82cm×41.6cm 北京诚轩 2017-06-18

112 谢稚柳 1958年作 荷花湖石 立轴
估　价：RMB 2,500,000~3,500,000
成交价：RMB 5,290,000
143cm×83cm 朵云轩 2017-12-14

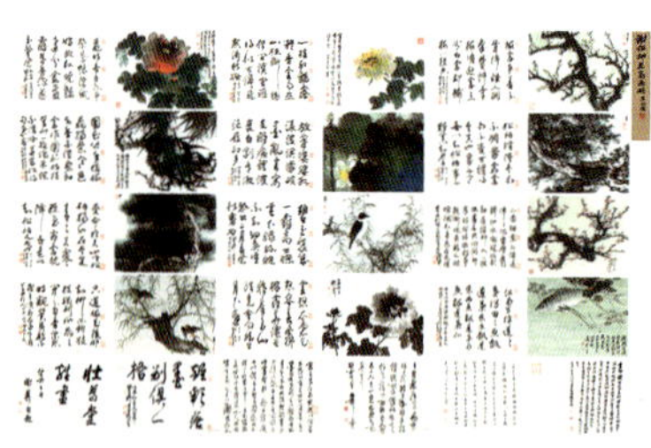

253 谢稚柳 花鸟 册页 （十二开）
估　价：RMB 5,800,000~7,800,000
成交价：RMB 9,545,000
34cm×46cm×12 华艺国际 2017-11-25

1396 谢稚柳 1978年作 松鹤图 镜框
估　价：HKD 2,800,000~3,500,000
成交价：RMB 5,221,260
64.8cm×130cm 香港苏富比 2017-04-04

1511 谢稚柳 青山绿水 立轴
估　价：HKD 3,000,000~4,000,000
成交价：RMB 4,310,820
82cm×58cm 佳士得 2017-05-30

817 谢稚柳 1947年作 秋塘图 立轴
估　价：RMB 6,800,000~8,500,000
成交价：RMB 7,820,000
83cm×42cm 朵云轩 2017-12-14

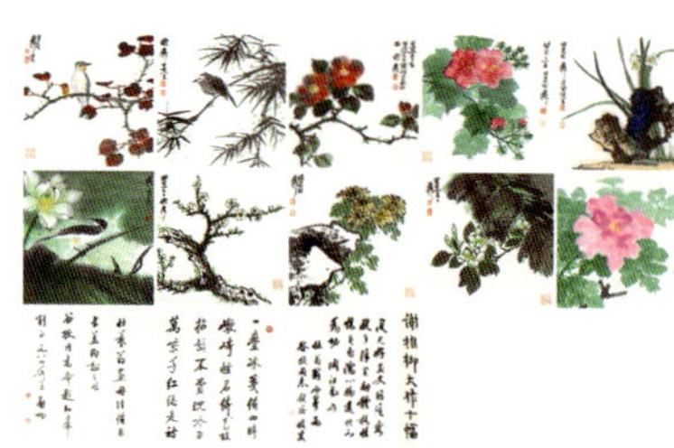

69 谢稚柳 1983年作 花鸟精品 册页 （十开）
估　价：RMB 2,000,000~3,000,000
成交价：RMB 9,660,000
画34cm×34cm×10 广东崇正 2017-06-14

331 谢稚柳 1944年作 唐装仕女 镜心
估　价：RMB 2,800,000~3,800,000
成交价：RMB 3,220,000
102.5cm×36.2cm 中国嘉德 2017-12-18

2256 徐悲鸿 1942年作 四吉图 立轴
估　价：RMB 12,000,000~18,000,000
成交价：RMB 28,750,000
92cm×61cm 北京保利 2017-06-05

45 徐邦达 199年作 贵妃醉酒 立轴
估　价：RMB 200,000~300,000
成交价：RMB 483,000
126.5cm×37.5cm 上海明轩 2017-06-30

1283 徐悲鸿 1939年作 飞扬跋扈为谁雄 立轴
估　价：HKD 5,000,000~7,000,000
成交价：RMB 14,027,000
154.7cm×82cm 香港苏富比 2017-10-02

687 徐悲鸿 1936年作 乾坤峥嵘 立轴
估　价：RMB 16,000,000~22,000,000
成交价：RMB 18,400,000
130.5cm×77.5cm 中国嘉德 2017-06-19

4120 熊红钢 2016年作 云峰水亭 镜心
估　价：RMB 500,000~600,000
成交价：RMB 782,000
248cm×93cm 北京保利 2017-06-05

2623 徐悲鸿 1943年作 奔马 立轴
备注：多处著录。
估　价：RMB 12,000,000~18,000,000
成交价：RMB 28,750,000
101cm×61cm 北京保利 2017-12-17

682 徐悲鸿 1938年作 喜气 立轴
出版：《香港佳士得廿周年中国古代及近现代画精选》，第74页。
估　价：RMB 8,000,000~12,000,000
成交价：RMB 17,825,000
63cm×96cm 中国嘉德 2017-06-19

688 徐悲鸿 1935年作 蜀妇汲水图 立轴
估　价：RMB 12,000,000~18,000,000
成交价：RMB 13,800,000
66cm×115cm 中国嘉德 2017-06-19

8031 徐悲鸿 1948年作 采芝图 立轴
出版：1.《第二届中国文物艺术品国际博览会—近现代书画》P76—77；2.《徐悲鸿作品集》（续二），P102。
估　价：RMB 12,000,000~18,000,000
成交价：RMB 28,750,000
110cm×68cm 上海嘉禾 2017-07-01

683 徐悲鸿 1944年作 跃进 立轴
估　价：RMB 5,000,000~8,000,000
成交价：RMB 23,575,000
104cm×61cm 中国嘉德 2017-06-19

40 徐操 1936年作 千秋舞马图 镜心
估　价：RMB 600,000~1,000,000
成交价：RMB 897,000
130cm×54.5cm 观唐皕榷 2017-01-11

122 徐世昌 行书“临苏东坡卷” 手卷
估　价：RMB 200,000~300,000
成交价：RMB 632,500
18cm×522cm 荣宝斋（南京） 2017-07-08

230 徐累 2014年作 Green Mountain After Rain
估　价：RMB 2,000,000~3,000,000
成交价：RMB 2,880,000
89.5cm×148.5cm 佳士得（上海） 2017-09-24

842 徐累 2014年作 马·逸 镜框
估　价：HKD 2,400,000~3,200,000
成交价：RMB 2,535,980
88cm×148cm 佳士得 2017-11-27

785 徐义生 2009年作 秦中自古帝王州 镜心
估　价：RMB 650,000~850,000
成交价：RMB 747,500
124cm×247.5cm 北京匡时 2017-12-03

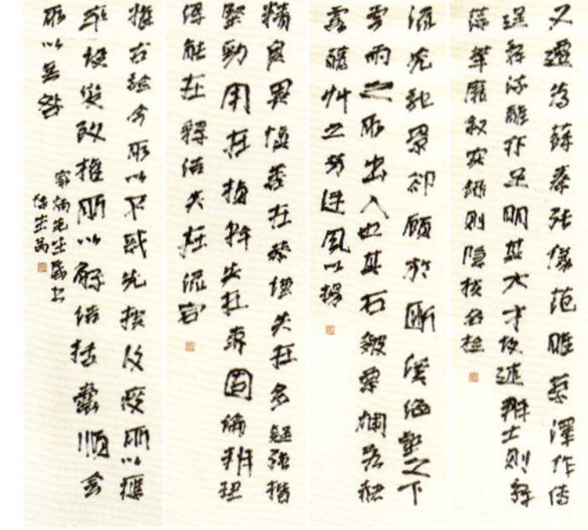

1967 徐生翁 行书四屏 立轴
估　价：RMB 300,000~400,000
成交价：RMB 943,000
147cm×39.5cm×4 北京匡时 2017-12-04

1489 徐玥 芬陀仙伴 立轴
估　价：HKD 50,000~70,000
成交价：RMB 570,625
93.5cm×47.8cm 香港苏富比 2017-10-02

713 徐乐乐 清明宴图 镜心
估　价：RMB 1,500,000~2,500,000
成交价：RMB 2,300,000
66cm×135cm 中贸圣佳 2017-06-19

125 许麟庐 2003年作 事事大吉图 镜心
估　价：HKD 500,000~800,000
成交价：RMB 1,044,300
137cm×69cm 中濠典藏 2017-05-22

4124 许钦松 2017年作 南岭春晖 镜心
估　价：RMB 1,900,000~2,300,000
成交价：RMB 2,185,000
96cm×177cm 北京保利 2017-06-05

1313 许钦松 2017年作 松谷清晓
估　价：RMB 1,000,000~1,500,000
成交价：RMB 2,530,000
91cm×180cm 北京翰海 2017-06-03

34 薛亮 2008年作 黔山生态图 镜心
估　价：HKD 800,000~1,200,000
成交价：RMB 1,253,160
47.5cm×179cm 中濠典藏 2017-05-22

1324 薛宣林 1988年作 牛 镜心
估　价：RMB 500,000~600,000
成交价：RMB 575,000
101cm×133cm 北京保利 2017-12-18

331 亚明 1998年作 采菊东篱 镜心
估　价：RMB 200,000~300,000
成交价：RMB 460,000
138.6cm×69cm 北京荣宝 2017-04-02

2297 亚明 1973年作 钟山晴晓 镜心
估　价：RMB 2,580,000~3,000,000
成交价：RMB 3,220,000
145cm×275cm 北京保利 2017-06-05

692 颜伯龙 1943年作 花鸟四屏 镜心
估 价：RMB 200,000
成交价：RMB 379,500
104cm×35cm×4 北京翰海 2017-04-30

169 晏济元 执扇仕女 镜片
估 价：RMB 350,000~550,000
成交价：RMB 575,000
120.5cm×48.5cm 广东崇正 2017-06-15

8033 颜伯龙 1945年作 百鸟朝凤 镜片
估 价：RMB 300,000~500,000
成交价：RMB 793,500
138.5cm×69.5cm 上海嘉禾 2017-07-01

1284 杨佴旻 2017年作 天鹅湖
估 价：RMB 800,000~1,200,000
成交价：RMB 1,725,000
69cm×138cm 北京翰海 2017-06-03

1858 杨佴旻 2016年作 原野
估 价：RMB 780,000~880,000
成交价：RMB 2,127,500
68cm×136cm 北京翰海 2017-12-16

141 杨善深 2001年作 忆西湖旧游 镜心
估　价：RMB 1,800,000~2,200,000
成交价：RMB 2,070,000
48.5cm×180cm 北京荣宝 2017-12-02

398 杨善深 苍鹰 镜心
估　价：HKD 1,800,000~2,500,000
成交价：RMB 3,012,540
180cm×97cm 中金国际 2017-11-25

275 杨善深 1983年作 十二生肖图 册页（十二开）
估　价：RMB 1,500,000~2,500,000
成交价：RMB 4,255,000
36cm×48cm×12 中国嘉德 2017-12-182

1325 杨善深 鱼乐图 立轴
估　价：HKD 120,000~180,000
成交价：RMB 445,500
105cm×30cm 香港苏富比 2017-04-04

79 杨先让 1977年作 大庆油田会战 横披
估 价：RMB 200,000~300,000
成交价：RMB 1,035,000
124cm×198cm 广东崇正 2017-06-14

1549 杨长槐 雄关漫道真如铁 镜心
估 价：RMB 300,000~350,000
成交价：RMB 437,000
123cm×110cm 北京荣宝 2017-06-02

126 杨之光 1968年作 火车大夫 镜框
估 价：RMB 4,000,000~4,500,000
成交价：RMB 5,060,000
180cm×360cm 上海东方 2017-06-25

598 杨之光 至美集 册页 （十开）
估 价：RMB 4,800,000~6,800,000
成交价：RMB 6,900,000
65.4cm×42.9cm×10 华艺国际 2017-11-25

810 杨之光 2003年作 西班牙舞 镜片
估 价：RMB 800,000~1,200,000
成交价：RMB 1,437,500
68cm×137cm 广东崇正 2017-06-15

997 杨之光 鸥洋 永远进击 立轴
估 价：RMB 1,800,000~2,000,000
成交价：RMB 2,645,000
159cm×95cm 上海匡时 2017-11-05

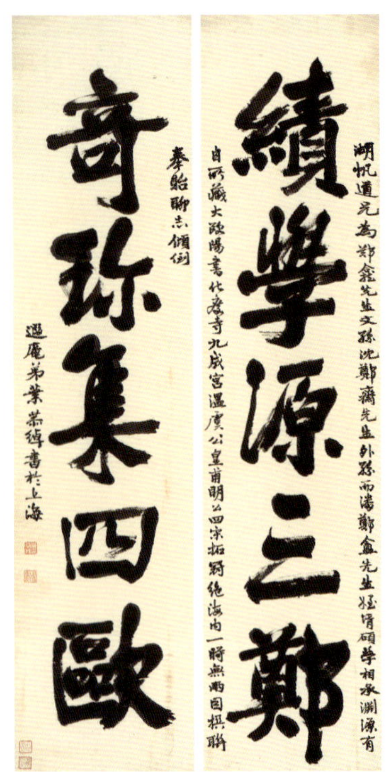

1494 叶恭绰 1933年作 行书五言联 立轴
估 价：HKD 260,000~300,000
成交价：RMB 1,782,000
各245cm×60cm 香港苏富比 2017-04-04

843 叶浅予 1964年作 为李铁梅造像 镜心
估 价：RMB 700,000~900,000
成交价：RMB 1,012,000
136.5cm×69cm 北京匡时 2017-06-03

3407 佚名 民国年间《牛郎织女》国画 四屏
估 价：RMB 200,000~300,000
成交价：RMB 517,500
27cm×34.4cm×16 西泠拍卖 2017-07-16

710 姚有多 1998年作 版纳春景 手卷
估 价：RMB 200,000~300,000
成交价：RMB 563,500
47cm×535cm 北京荣宝 2017-04-02

328 于非闇 1942年作 临梁楷白描十六应真图 手卷
出版：《百代风范——中国现代绘画艺术典藏大展作品集》，第32页。
估 价：RMB 12,000,000~18,000,000
成交价：RMB 13,800,000
画30.5cm×516.5cm 中国嘉德 2017-12-18

315 于非闇 1952年作 萃锦图 立轴
估　价：RMB 4,000,000~6,000,000
成交价：RMB 8,970,000
117cm×61cm 北京荣宝 2017-12-02

1385 于非闇 1941年作 佳偶 立轴
估　价：HKD 1,800,000~2,800,000
成交价：RMB 3,885,060
96cm×48cm 佳士得 2017-05-30

1263 于非闇 1948年作 秋梨戴胜 立轴
估　价：HKD 1,200,000~1,800,000
成交价：RMB 4,365,800
89.5cm×50.3cm 香港苏富比 2017-10-02

314 于非闇 1936年作 牡丹富贵图 立轴
估　价：RMB 3,000,000~4,000,000
成交价：RMB 8,050,000
88cm×41.5cm 北京荣宝 2017-12-02

355 于非闇 瓜蝶图 立轴
估　价：RMB 800,000~1,200,000
成交价：RMB 1,380,000
100cm×34cm 北京荣宝 2017-06-02

5012 余承尧 蓝天白石
估　价：HKD 400,000~600,000
成交价：RMB 445,500
119.5cm×44.3cm 香港苏富比 2017-04-03

439 于右任 对联 立轴
估　价：RMB 4,000,000~6,000,000
成交价：RMB 4,600,000
358cm×50.5cm×2 华艺国际 2017-05-27

359 于右任 千字文 八屏镜心
估　价：RMB 3,000,000~5,000,000
成交价：RMB 5,577,500
134cm × 29cm × 8 荣宝斋（上海） 2017-07-30

1218 俞明 1917年作 枯树古佛 月下赏荷 成扇
估　价：HKD 120,000~150,000
成交价：RMB 498,000
18.2cm × 54cm 香港苏富比 2017-10-02

588 俞致贞 刘力上 红叶枝鸟 镜心
估　价：RMB 200,000~300,000
成交价：RMB 632,500
尺寸不一 北京荣宝 2017-06-02

1504 俞子才 1948年作 阿里山纪游图 镜框
估　价：HKD 250,000~350,000
成交价：RMB 2,869,020
93.2cm × 42.5cm 香港苏富比 2017-04-04

446 郁达夫 1931年作 行书七言联 立轴
估　价：RMB 350,000~550,000
成交价：RMB 552,000
160cm × 35cm × 2 广东崇正 2017-06-15

556 喻慧 海棠依旧 镜框
估　价：HKD 500,000~600,000
成交价：RMB 509,288
124cm × 92.5cm 北京匡时 2017-10-02

120 袁克文 行书五言联 立轴
估　价：RMB 400,000~600,000
成交价：RMB 713,000
143.5cm×39cm×2 北京银座 2017-06-07

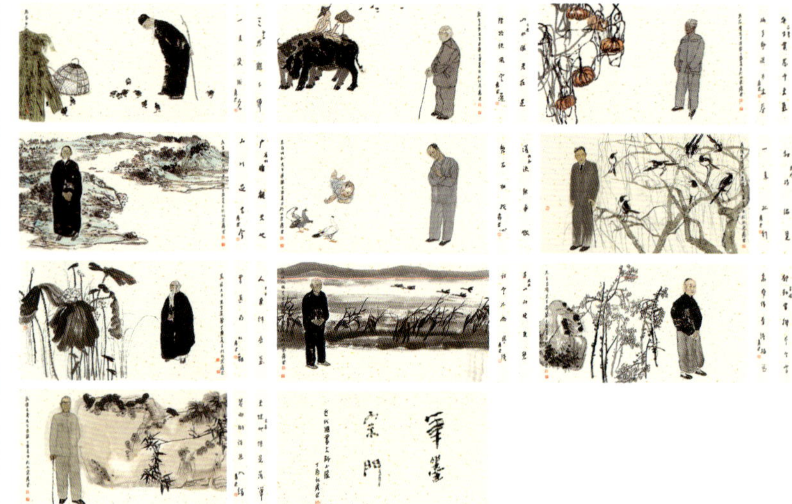

754 袁武 2017年作 笔墨宗门 册页
估　价：RMB 1,800,000~2,200,000
成交价：RMB 3,105,000
34cm×61cm×10 北京匡时 2017-12-03

1891 袁熙坤 比翼
估　价：RMB 1,200,000~1,600,000
成交价：RMB 2,012,500
69cm×46cm 北京翰海 2017-12-16

4316 袁武 2003年作 老子出关 镜心
估　价：RMB 550,000~650,000
成交价：RMB 1,150,000
270cm×96cm 北京保利 2017-06-04

33 圆霖 灵山法会 手卷
估 价：RMB 250,000~380,000
成交价：RMB 483,000
44cm × 485cm 南京经典 2017-07-23

839 曾小俊 2004年作 清奇古怪
估 价：HKD 600,000~1,000,000
成交价：RMB 830,000
130.5cm × 320.5cm 香港苏富比 2017-10-02

1973 张伯英 楷书 四屏
估 价：RMB 80,000~120,000
成交价：RMB 552,000
167cm × 41cm × 4 中国嘉德 2017-04-02

2804 袁旃 2011年作 飞石 镜心
估 价：RMB 380,000~480,000
成交价：RMB 437,000
150cm × 95cm 北京匡时 2017-06-03

802 圆瑛 行书 镜心
估 价：RMB 350,000~450,000
成交价：RMB 517,500
127cm × 47cm 上海匡时 2017-11-05

408 张大千 1936年作 五色荷花 镜心
著录：《张大千精品集上卷》P62，人民美术出版社。
估　价：RMB 8,000,000~10,000,000
成交价：RMB 27,600,000
185cm×94.7cm 北京荣宝 2017-06-02

8001 张大千 1965年作 云山古寺 镜框
来源：1.梅云堂珍藏；2.香港苏富比，2011年。
备注：出版著录多处。
成交价：RMB 90,882,020
172cm×89.5cm 佳士得 2017-05-30

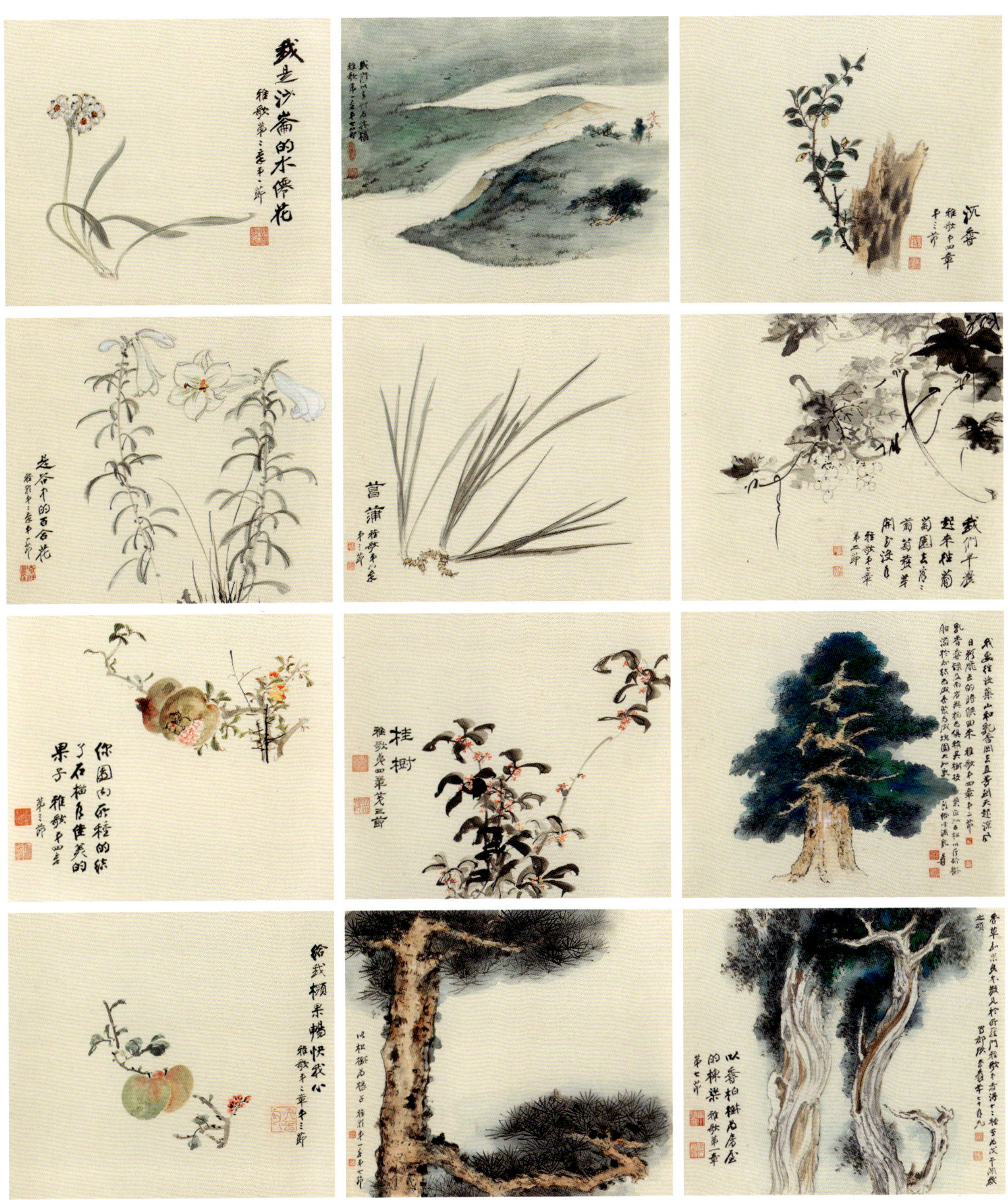

2229 张大千 1977年作 雅歌·香草嘉果良木 册页 （十二开）
备注：多处出版著录。
估　价：RMB 12,000,000~18,000,000
成交价：RMB 37,950,000
45.5cm×53cm×12 北京保利 2017-06-05

71 张大千 1941年作 飞天图 立轴
来源：孔祥熙家族藏品。
出版：1.《张大千精品集上卷》P152；2.《中国历代名家书画精品集 张大千/人物》P12。
成交价：RMB 43,700,000
182cm×94cm 华艺国际 2017-05-27

428 张大千 1943年作 水月观音 镜心
备注：出版著录多处。
估 价：RMB 80,000,000~120,000,000
成交价：RMB 101,200,000
158.5cm×87.5cm 中国嘉德 2017-12-18

1376 张大千 1947年作 仿敦煌南无观世音菩萨 镜框
估　价：HKD 15,000,000~20,000,000
成交价：RMB 35,249,380
142cm×72.5cm 佳士得 2017-05-30

1828 张大千 晚波鱼艇 立轴
估　价：RMB 15,000,000~18,000,000
成交价：RMB 36,800,000
353cm×130cm 北京匡时 2017-12-04

34 张仃 王鲁湘 1992年作 石板岩 隶书对联 镜心
估　价：RMB 800,000~1,200,000
成交价：RMB 1,782,500
138cm×69cm 北京荣宝 2017-12-02

49 张仃 1994年作 石村暮韵 镜心
估　价：RMB 800,000~1,200,000
成交价：RMB 1,552,500
95cm×89cm 北京荣宝 2017-09-24

1232 张尔宾 2013年作 数峰如画
估　价：RMB 280,000~350,000
成交价：RMB 402,500
70cm×140cm 北京翰海 2017-06-03

52 张晋 1977年作 夔门柚 镜片
估　价：RMB 20,000~30,000
成交价：RMB 609,500
92cm×52cm 广东崇正 2017-06-14

13 张江舟 2009年作 清风边地 镜心
估　价：HKD 500,000~800,000
成交价：RMB 856,326
144.5cm×366cm 中濠典藏 2017-05-22

727 张捷 2014年作 林泉雅会图 镜心
估 价：RMB 550,000~650,000
成交价：RMB 690,000
49cm×180.5cm 北京匡时 2017-12-03

146 张继馨 2017年作 天风摇曳宝花垂 镜框
估 价：RMB 350,000~400,000
成交价：RMB 1,725,000
120cm×240cm 上海东方 2017-06-25

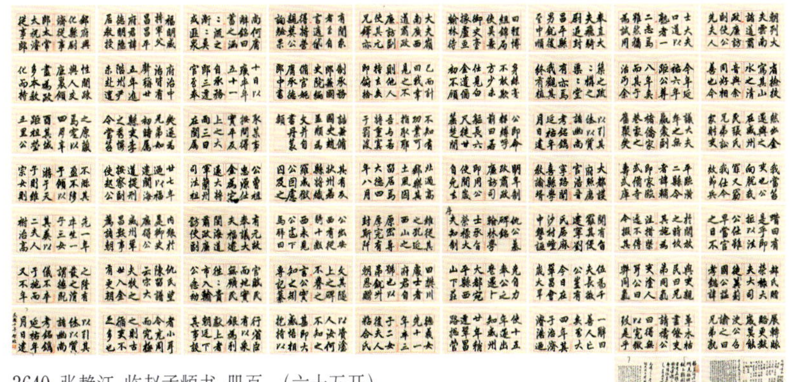

3640 张静江 临赵孟頫书 册页 （六十五开）
估 价：RMB 500,000~600,000
成交价：RMB 1,610,000
27cm×48cm×6 北京保利 2017-12-18

1365 张坤仪 鼠食 立轴
估 价：HKD 150,000~200,000
成交价：RMB 570,625
86.8cm×40cm 香港苏富比 2017-10-02

220 张书旗 1929年作 玉堂文采 立轴
估 价：RMB 35,000~55,000
成交价：RMB 563,500
140.5cm×60cm 朵云轩 2017-06-25

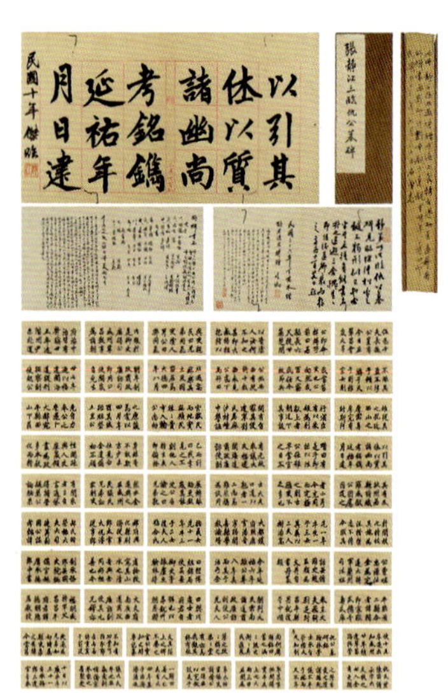

404 张人杰 1921年作 楷书 临赵孟頫书 册页 （一百三十页）
估　价：RMB 30,000~50,000
成交价：RMB 782,000
26.5cm×24cm×130 西泠拍卖 2017-05-05

992 张善孖 1928年作 芦溪虎啸 立轴
估　价：RMB 700,000~800,000
成交价：RMB 862,500
172.5cm×92.5cm 上海匡时 2017-11-05

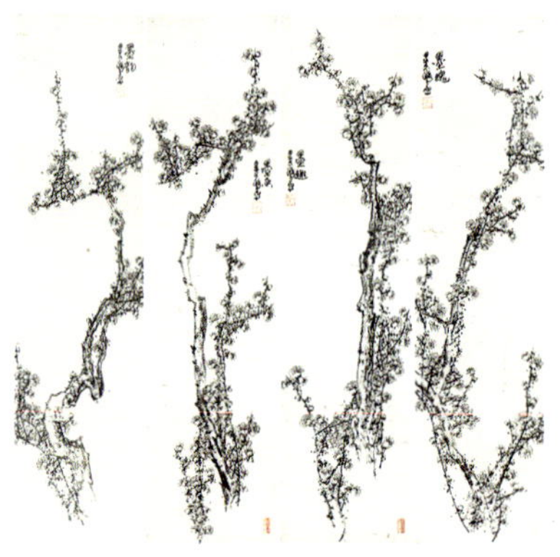

658 赵鸿月 梅花四条屏 镜心
估　价：RMB 350,000~550,000
成交价：RMB 552,000
143cm×36cm×4 北京宣石 2017-12-03

1434 赵建成 情系圣域 镜心
估　价：RMB 300,000~500,000
成交价：RMB 920,000
144cm×176cm 北京荣宝 2017-06-02

374 赵冷月 节临《爨龙颜碑》 六屏镜心
估　价：RMB 1,500,000~2,000,000
成交价：RMB 2,760,000
182cm×48cm×6 北京匡时 2017-06-03

291 赵冷月 隶书 六屏镜心
估　价：RMB 1,500,000~2,000,000
成交价：RMB 2,990,000
181cm×48cm×6 北京匡时 2017-12-03

795 赵少昂 1952年作 山水 四屏镜心
估　价：RMB 2,800,000~3,800,000
成交价：RMB 4,140,000
105cm×40cm×4 中国嘉德 2017-12-19

138 赵少昂 1975年作 湖畔幽禽 镜框
估　价：RMB 800,000~1,200,000
成交价：RMB 1,472,000
46cm×92cm 华艺国际 2017-05-27

1307 赵少昂 1961年作 灯塔 镜框
估　价：HKD 280,000~500,000
成 交价：RMB 1,867,500
86cm×61cm 香港苏富比 2017-10-02

1800 赵叔孺 1941年作 岁朝清供 镜心
估　价：RMB 500,000~600,000
成交价：RMB 632,500
67.5cm×40cm 北京匡时 2017-12-04

2608 赵望云 1927年作 洛神 镜心
估　价：RMB 1,200,000~1,800,000
成交价：RMB 2,990,000
64cm×31cm 北京保利 2017-12-17

409 赵望云 1947年作 草原放骑 立轴
估　价：RMB 600,000~800,000
成交价：RMB 1,437,500
107.5cm × 39.5cm 北京匡时 2017-03-29

8030 赵望云 林间山径 立轴
估　价：RMB 2,800,000~3,800,000
成交价：RMB 4,082,500
91cm × 96cm 上海嘉禾 2017-07-01

3056 赵望云 宝城铁路修筑写景 镜心
估　价：RMB 2,500,000~3,500,000
成交价：RMB 2,875,000
178cm × 94cm 北京保利 2017-11-10

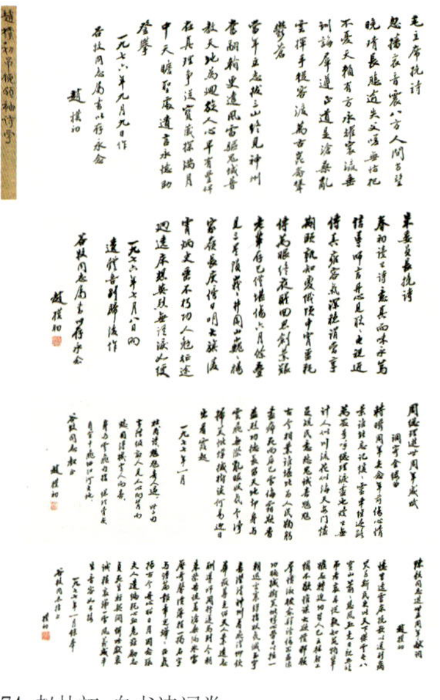

74 赵朴初 自书诗词卷
估　价：RMB 500,000~800,000
成交价：RMB 1,207,500
尺寸不一 广东崇正 2017-06-14

567 赵无极 2004年作 无题NO.1
估　价：RMB 1,050,000~1,200,000
成交价：RMB 1,265,000
140cm × 70cm 上海明轩 2017-06-30

119 赵云壑 1939年作 繁花四锦 立轴
估　价：RMB 250,000~350,000
成交价：RMB 529,000
153cm × 40.5cm × 4 上海匡时 2017-11-05

4123 赵准旺 2016年作 世外桃源 镜心
估　价：RMB 600,000~700,000
成交价：RMB 690,000
124cm×246cm 北京保利 2017-06-05

1704 郑力 1992年作 秋园舞鹤图 手卷
估　价：RMB 1,200,000~1,500,000
成交价：RMB 1,380,000
33cm×797cm 中国嘉德 2017-12-20

1371 郑慕康 1951年作 四大美人 （四幅） 镜框
估　价：HKD 80,000~120,000
成交价：RMB 687,425
107cm×35.5cm×4 佳士得 2017-05-30

1358 郑百重 黄海揽胜 镜心
估　价：RMB 300,000~400,000
成交价：RMB 690,000
136cm×67cm 北京保利 2017-12-18

669 郑乃珖 1972年作 孔雀 镜心
估　价：RMB 150,000~200,000
成交价：RMB 575,000
147cm×79cm 北京荣宝 2017-06-02

347 郑午昌 1945年作 观云图 镜心
估　价：RMB 1,200,000~1,600,000
成交价：RMB 1,725,000
133cm×66cm 北京荣宝 2017-12-02

313 郑午昌 富春泛棹 立轴
估　价：RMB 600,000~1,000,000
成交价：RMB 1,150,000
180.4cm×94.5cm 荣宝斋（上海） 2017-07-30

1014 郑孝胥 行书八言联 立轴
估　价：RMB 400,000~500,000
成交价：RMB 920,000
234cm×55cm×2 上海匡时 2017-11-05

178 周昌谷 丛花图 立轴
估　价：RMB 520,000~650,000
成交价：RMB 598,000
68.5cm×51cm 朵云轩 2017-12-14

1673 周京新 2014年作 暗香浮动 册页
估　价：RMB 400,000~500,000
成交价：RMB 575,000
34.5cm×34cm×8 中国嘉德 2017-12-20

640 周怀民 1940年作 江干行旅图 立轴
估　价：RMB 200,000~300,000
成交价：RMB 402,500
126cm×65cm 北京荣宝 2017-06-02

1339 周抡园 1978年作 剑门关 镜心
估　价：RMB 900,000
成交价：RMB 1,035,000
49cm×69cm 北京翰海 2017-01-08

6044 周韶华 2009年作 海之奏鸣 镜心
估　价：RMB 800,000~1,600,000
成交价：RMB 3,450,000
178cm×95cm 北京保利 2017-11-10

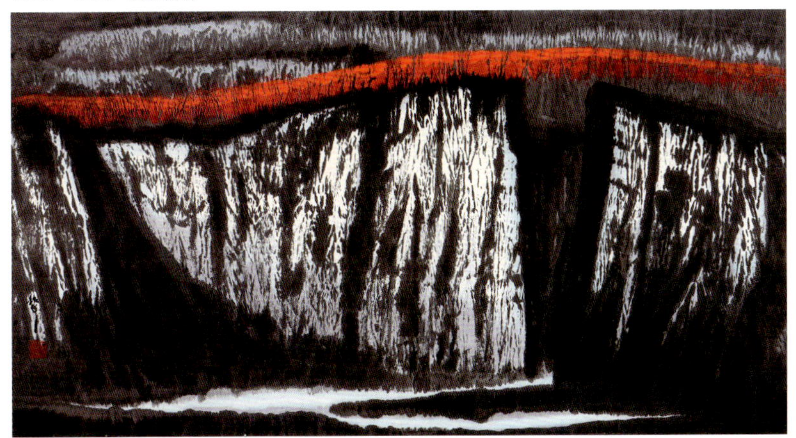

6048 周韶华 2002年作 横断山新篇 镜心
估　价：RMB 800,000~1,200,000
成交价：RMB 4,025,000
96cm×179cm 北京保利 2017-11-10

6019 周韶华 2008年作 云松亭立 镜心
估　价：RMB 400,000~800,000
成交价：RMB 1,495,000
70cm×137cm 北京保利 2017-04-27

732 周思聪 1989年作 秋收图 镜心
估　价：RMB 2,800,000~3,500,000
成交价：RMB 5,865,000
40.5cm×242cm 中国嘉德 2017-06-19

174 周彦生 荷花翠鸟 镜框
估　价：RMB 1,000,000~1,200,000
成交价：RMB 1,150,000
96cm×179cm 华艺国际 2017-05-27

173 周彦生 牡丹 镜框
估　价：RMB 2,000,000~3,000,000
成交价：RMB 2,300,000
94cm×171.5cm 华艺国际 2017-05-27

2298 周思聪 1990年作 高原风情 册页
估　价：RMB 3,200,000~5,000,000
成交价：RMB 4,830,000
37.6cm×54.3cm×18 北京保利 2017-06-05

609 周彦生 玉堂富贵 镜片
估 价：RMB 15,000,000~25,000,000
成交价：RMB 21,850,000
194cm×506cm 华艺国际 2017-11-25

4219 周艺文 2017年作 诗与远方 镜心
估 价：RMB 150,000~200,000
成交价：RMB 483,000
90cm×97cm 北京保利 2017-06-05

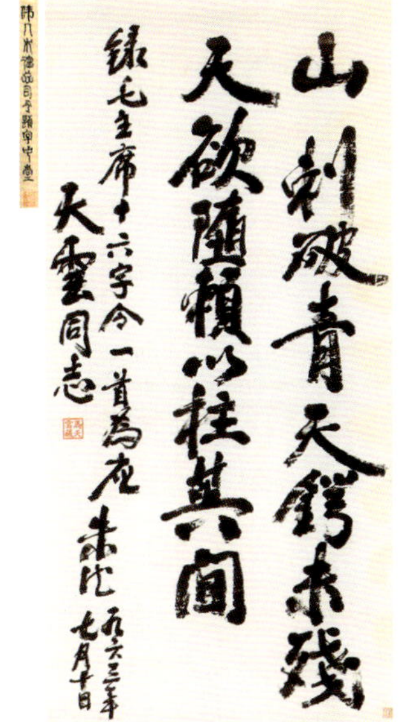

877 朱德 1963年作 行书毛主席词 立轴
估 价：RMB 500,000~600,000
成交价：RMB 575,000
135.5cm×68cm 北京匡时 2017-06-03

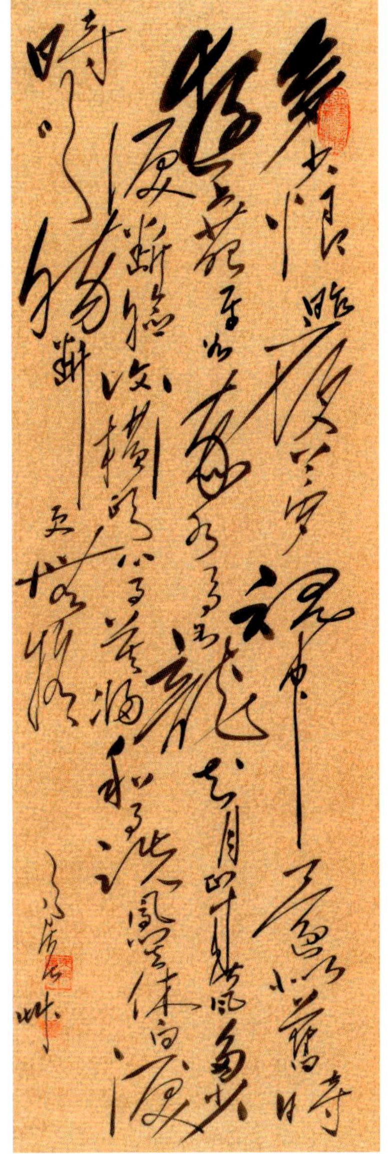

358 朱德群 望江南 · 多少恨
估 价：HKD 400,000~600,000
成交价：RMB 554,375
100cm×33cm 佳士得 2017-05-28

953 朱梅邨 1974年作 采茶歌声满山岗 立轴
估 价：RMB 1,650,000~1,800,000
成交价：RMB 1,897,500
139cm×69cm 上海匡时 2017-11-05

206 朱屺瞻 1965年作 山山无荒土 立轴
估 价：RMB 400,000~500,000
成交价：RMB 897,000
135cm×68.5cm 北京匡时 2017-03-29

354 朱新建 花鸟 四屏镜心
估　价：RMB 400,000~600,000
成交价：RMB 1,380,000
138cm×33.5cm×4 荣宝斋（济南） 2017-06-10

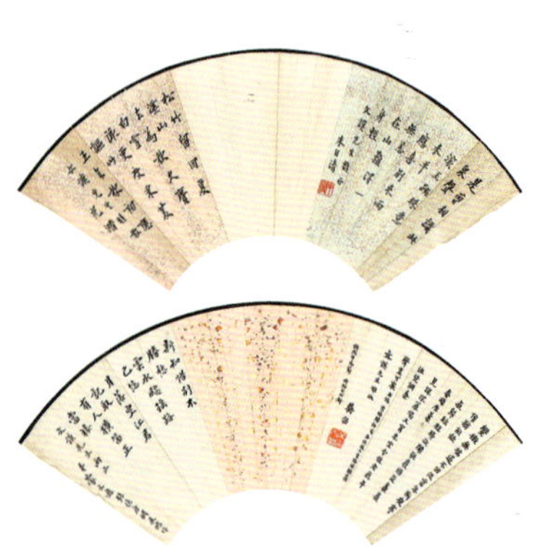

694 朱自清 朱光潜 吴宓 蒙文通 书法集锦 扇面
估　价：RMB 100,000~200,000
成交价：RMB 828,000
18.5cm×52.5cm 中国嘉德 2017-12-19

6091 庄毓聪 2014年作 天寒有鹤守梅花 镜心
估　价：RMB 700,000~1,200,000
成交价：RMB 920,000
136cm×68cm 北京保利 2017-11-10

作者年代不详

301 佚名 幽居图 镜片
估　价：RMB 150,000~250,000
成交价：RMB 2,300,000
25.5cm×26.5cm 华艺国际 2017-05-27

1604 佚名 楼阁山水 立轴
估　价：RMB 2,000,000~2,600,000
成交价：RMB 5,750,000
116.5cm×56.5cm×2 中国嘉德 2017-06-21

素 描

1991 艾轩 1993年 龙日坝女孩
估 价：RMB 30,000~50,000
成交价：RMB 287,500
48cm×32cm 中国嘉德 2017-12-19

48 昂利·马谛斯 1938年2月11日作 两个女人和狗（习作）
估 价：USD 400,000~600,000
成交价：RMB 2,704,091
56.7cm×38.3cm 纽约佳士得 2017-05-15

40A 巴布罗·毕加索 1937年3月2日作 睡觉的多拉·玛尔
估 价：USD 800,000~1,200,000
成交价：RMB 14,399,330
37.7cm×51cm 纽约佳士得 2017-11-13

767 曹晓阳 2017年 云山图
估 价：RMB 450,000~480,000
成交价：RMB 575,000
直径111cm 华艺国际 2017-11-25

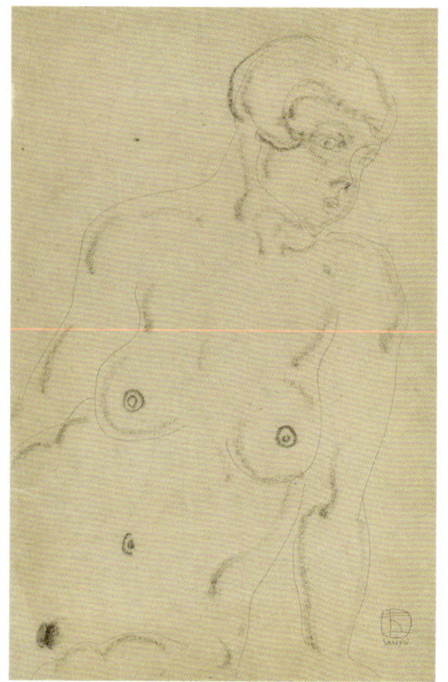

5056 常玉 裸女
估　价：HKD 90,000~150,000
成交价：RMB 467,775
44.5cm×30.5cm 香港苏富比 2017-04-03

1862 陈丹青 1980年 西藏组画素描稿 （一组8件）
估　价：RMB 400,000~600,000
成交价：RMB 483,000
尺寸不一 中国嘉德 2017-12-19

290 池根旭 2017年作 真实动力 - 004
估　价：HKD 40,000~60,000
成交价：RMB 101,056
130cm×130cm 佳士得 2017-11-26

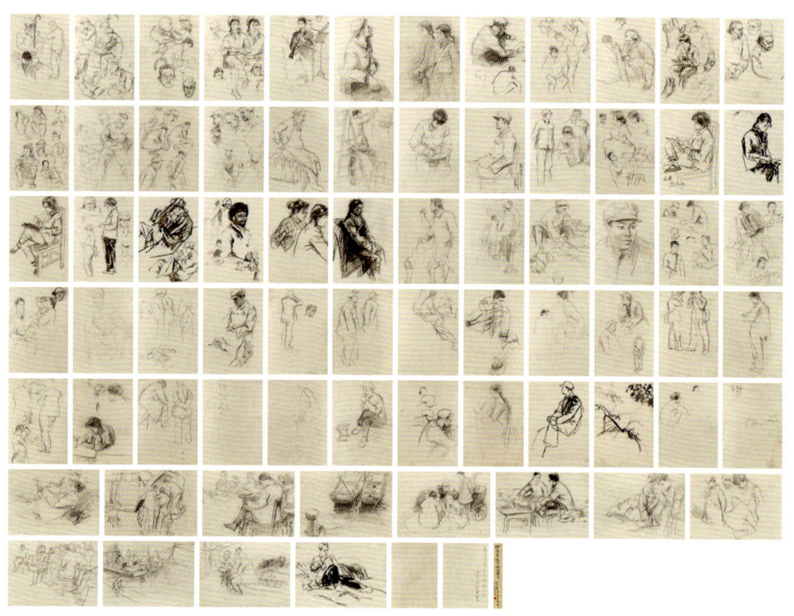

1346 何家英 速写精品 册页
估　价：RMB 800,000~1,000,000
成交价：RMB 1,725,000
25cm×17.5cm×72 北京荣宝 2017-06-02

104 克劳德·莫内 1857年作 船只
估 价：HKD 100,000~150,000
成交价：RMB 904,188
22.9cm×30.7cm 佳士得 2017-11-26

6228 雷诺阿 《少年》素描创作稿
估 价：RMB 280,000~500,000
成交价：RMB 460,000
20.5cm×30cm 中国嘉德 2017-12-19

510 刘丹 约1996至1997年作 祈祷书 镜框
估 价：HKD 260,000~350,000
成交价：RMB 289,575
10cm×15.1cm 香港苏富比 2017-04-04

813 罗工柳 1976年 伟大的创举
估 价：RMB 180,000~230,000
成交价：RMB 253,000
100cm×150cm 华艺国际 2017-11-25

5718 莫迪利亚尼 《坐着的裸女》素描作品
估 价：RMB 600,000~1,500,000
成交价：RMB 690,000
26.3cm×40.5cm 中国嘉德 2017-06-20

254 奈良美智 1996年作 Untitled
估 价：HKD 320,000~420,000
成交价：RMB 691,438
21cm×29cm 佳士得 2017-11-26

5717 欧仁·布丹 《海滩风景》画稿
估 价：RMB 150,000~400,000
成交价：RMB 218,500
11.9cm×9.9cm 中国嘉德 2017-06-20

8 齐白石 草虫写生册 （7开）
估　价：HKD 200,000~300,000
成交价：RMB 607,063
7cm×10cm×7 中国嘉德 2017-05-29

5020 藤田嗣治 1931年作 站姿裸女
估　价：RMB 500,000~700,000
成交价：RMB 1,125,000
150.6cm×62.6cm 香港苏富比 2017-10-01

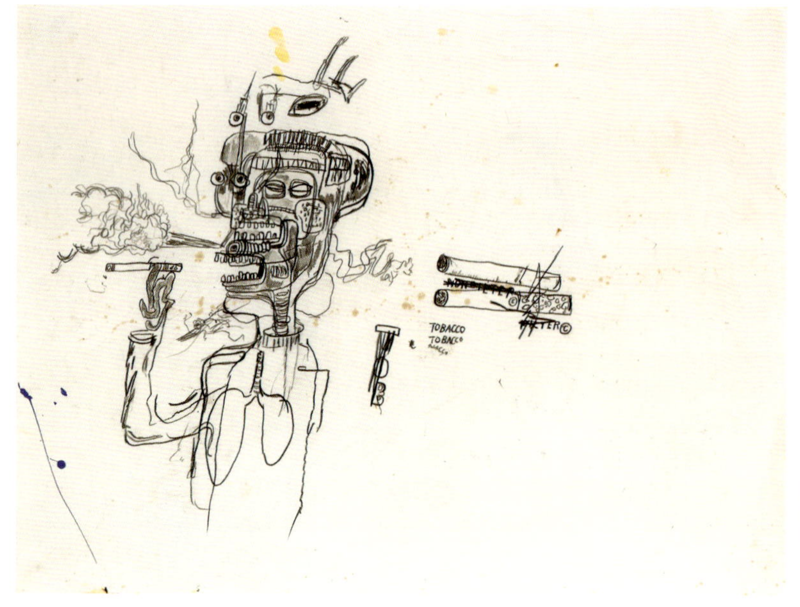

9 尚・米榭・巴斯基亚 1984年作 无题（烟草）
估　价：USD 600,000~800,000
成交价：RMB 8,374,738
57cm×77cm 纽约苏富比 2017-05-18

5048 藤田嗣治 1948年作 少女坐像
估　价：HKD 150,000~250,000
成交价：RMB 534,600
52.7cm×32.5cm 香港苏富比 2017-04-03

1992 王沂东 1995年 《早春》油画素描稿
估 价：RMB 80,000~120,000
成交价：RMB 368,000
52cm×38cm 中国嘉德 2017-12-19

1528 吴冠中 北国春
估 价：RMB 400,000~500,000
成交价：RMB 483,000
28cm×38cm 北京翰海 2017-06-03

3052 吴冠中 速写稿册 镜心 （30开）
估 价：RMB 1,500,000~2,500,000
成交价：RMB 1,725,000
57cm×39cm×30 北京保利 2017-04-27

175 吴冠中 1979年作 大巴山中桃李正开
估　价：HKD 3,000,000~4,000,000
成交价：RMB 4,897,000
46.5cm×103.5cm 保利香港 2017-10-02

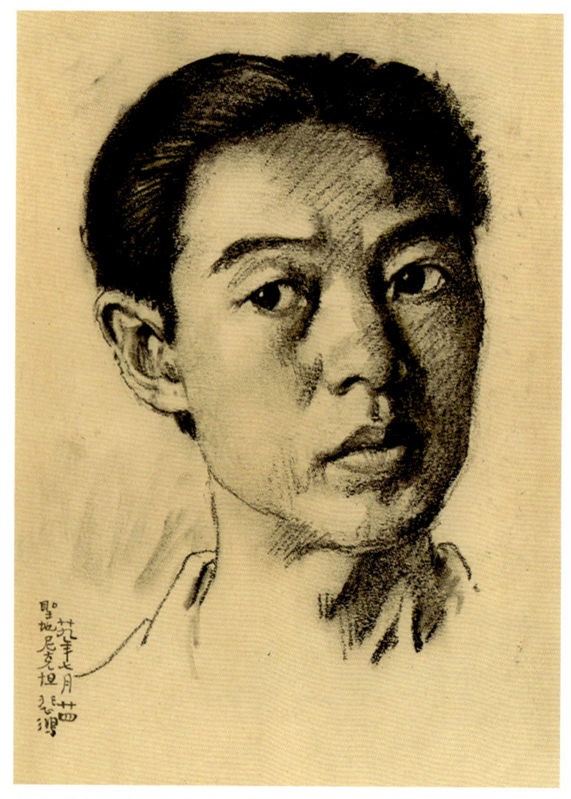

4512 徐悲鸿 1940年作 自画像
成交价：RMB 1,667,500
25cm×18cm 北京保利 2017-06-04

747 赵无极 1951年作 拥抱
估　价：HKD 380,000~680,000
成交价：RMB 1,273,220
37cm×28cm 中国嘉德 2017-10-02

版 画

Geschrei

28 爱德华 · 孟克 《呐喊》
估　价：GBP 1,000,000~1,500,000
成交价：RMB 11,954,360
41cm × 25.2cm；45.9cm × 37.7cm 伦敦苏富比 2017-03-01

0067A 昂利·马谛斯 1946年作 大洋洲，海洋
估 价：USD 800,000~1,200,000
成交价：RMB 6,445,730
169cm×369cm 纽约佳士得 2017-11-13

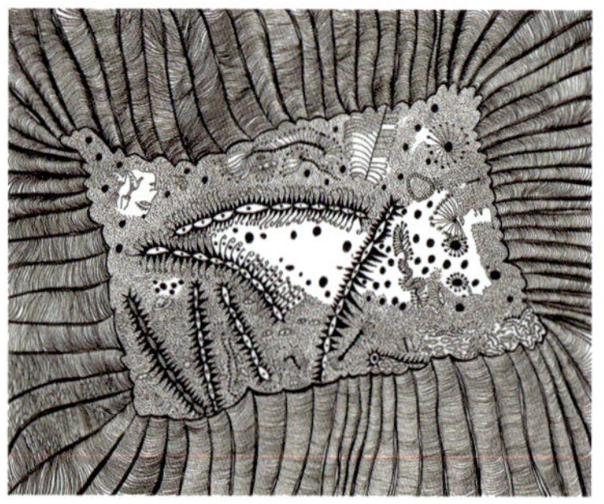

725 草间弥生 2006年作 发芽 （TOXZS）
估 价：HKD 200,000~300,000
成交价：RMB 570,625
130.6cm×162cm 香港苏富比 2017-10-01

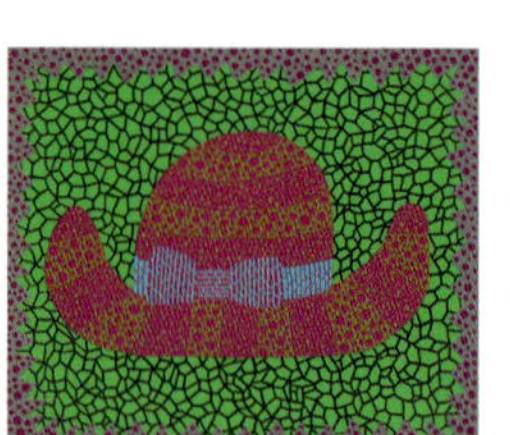

216 草间弥生 2000年作 无限的爱 （一组10件）
估 价：NTD 950,000~1,600,000
成交价：RMB 1,154,160
38cm×45.5cm×11 羅芙奥 2017-06-04

1321 古元 1980年作 水镇
估 价：RMB 100,000~120,000
成交价：RMB 126,500
44cm×32.5cm 北京翰海 2017-12-16

1561 何家英 毛泽东北戴河吟诵图 镜心
估 价：RMB 60,000~80,000
成交价：RMB 207,000
196cm×143cm 北京荣宝 2017-06-02

0066A 亨利·德·图卢兹-劳特累克 她们 （一套共12件）
估　价：USD 600,000~800,000
成交价：RMB 10,422,530
52.5cm×40.3cm×12 纽约佳士得 2017-11-13

80 赖少其 师松龄 陶天月 林之耀 1976年作 淮北人民学大寨 镜片
估　价：RMB 100,000~200,000
成交价：RMB 460,000
172cm×91cm 广东崇正 2017-06-14

707 山口长男 1966年 趺坐 画框
估　价：HKD 1,000,000~1,500,000
成交价：RMB 2,116,125
70.8cm×117cm 香港苏富比 2017-04-03

832 赵无极 1994年作 无题
估　价：RMB 360,000~380,000
成交价：RMB 414,000
53cm×41cm 华艺国际 2017-11-25

758 张晓刚 《说书人的魔法》版画集 （共20件）
估 价：RMB 1,000,000~1,500,000
成交价：RMB 1,265,000
尺寸不一 华艺国际 2017-11-25

3391 阿老 欢迎中国人民志愿军
估 价：RMB 200,000~300,000
成交价：RMB 276,000
45.5cm×70.5cm 西泠拍卖 2017-07-16

水粉水彩

24 艾德加·德加 约1893年作 拭脚的女子
估 价：USD 1,200,000~1,600,000
成交价：RMB 14,142,083
54.8cm×62cm 纽约佳士得 2017-05-15

0062A 昂利·马谛斯 1953年作 格栅
估 价：USD 1,000,000~2,000,000
成交价：RMB 15,194,690
300cm×109.9cm 纽约佳士得 2017-11-13

23A 奥迪隆·雷东 约1876年作 手持带翼头颅的人（伊卡洛斯的堕落）
估　价：USD 800,000~1,200,000
成交价：RMB 6,445,730
48.2cm×44.8cm 纽约佳士得 2017-11-13

48 保罗·克利 1918年作 突尼西亚沙龙（突尼斯大道的交通）
估　价：GBP 1,500,000~2,000,000
成交价：RMB 17,762,663
22.5cm×28.5cm 伦敦苏富比 2017-06-21

5 巴布罗·毕加索 1906年夏至秋作 女人侧脸
估　价：GBP 350,000~550,000
成交价：RMB 5,037,270
21cm×13cm 伦敦佳士得 2017-06-27

204 草间弥生 1959年作 No. 10. F.B.
估　价：HKD 700,000~900,000
成交价：RMB 3,352,940
60cm×70.8cm　佳士得 2017-11-26

18 常玉 约1920-1930年代作 立姿裸女
估　价：HKD 380,000~580,000
成交价：RMB 1,978,020
44.5cm×20.3cm 佳士得 2017-03-23

2 保罗·高更 1889年作 水之女神(III) 布列塔尼女孩裸像
估　价：USD 600,000~800,000
成交价：RMB 4,396,306
扇面12cm×38cm；纸张22.8cm×41cm 纽约苏富比 2017-05-16

2A 弗朗西斯·毕卡比亚 1914年作于巴黎 活力
估 价：USD 900,000~1,200,000
成交价：RMB 19,171,490
53.7cm×64.4cm 纽约佳士得 2017-11-13

2608 关良 1940年作 终南山
估 价：RMB 250,000~350,000
成交价：RMB 322,000
29cm×38cm 北京匡时 2017-06-03

3 古元 1975年作 滨海农忙
估 价：RMB 120,000~180,000
成交价：RMB 391,000
32.5cm×49cm 中国嘉德 2017-06-19

2687 冯法祀 农民送子弟上中学
估 价：RMB 500,000~800,000
成交价：RMB 552,000
尺寸不一 北京匡时 2017-06-03

863 郭仁植 1982年作 作品82-K 镜框
估 价：HKD 300,000~400,000
成交价：RMB 334,125
95.2cm×125.3cm 香港苏富比 2017-04-03

1649 郭伟 人物
估 价：RMB 200,000~250,000
成交价：RMB 230,000
250cm×113cm 上海敬华 2017-07-01

45 胡安·米罗 1940年4月13日作 女子与鸟
成交价：RMB 213,032,738
38cm × 46cm 伦敦苏富比 2017-06-21

4A 吉诺·塞维里尼 约1914年作 舞者
估　价：USD 1,000,000~2,000,000
成交价：RMB 9,627,170
102.6cm × 72.7cm 纽约佳士得 2017-11-13

3 雷尼·马格利特 1962年作 提升
估　价：GBP 450,000~550,000
成交价：RMB 9,198,870
32.625.9cm 伦敦佳士得 2017-06-27

1022 黎谱 约1937-39年作 《家庭生活》
估　价：HKD 1,800,000~2,400,000
成交价：RMB 8,108,100
82cm × 66cm 香港苏富比 2017-04-02

286 黎谱 1940年作 采莲
估　价：HKD 780,000~1,600,000
成交价：RMB 2,075,000
95.5cm × 59cm 香港苏富比 2017-10-01

131 李超士 1962年作 花瓣豹
估 价：HKD 320,000~550,000
成交价：RMB 509,288
54.5cm×35.5cm 保利香港 2017-10-02

15A 马克·夏卡尔 1969年至1970年作 彩虹马戏团
估 价：USD 1,500,000~2,000,000
成交价：RMB 10,422,530
91cm×60.5cm 纽约佳士得 2017-11-13

260 刘野 2000年作 无题（天使）
估 价：HKD 160,000~240,000
成交价：RMB 297,850
31.5cm×24cm 佳士得 2017-11-26

3821 卢是 1954年作 青草地
估 价：RMB 450,000~550,000
成交价：RMB 517,500
37cm×29.3cm 北京匡时 2017-12-04

290 梅忠恕 五少女图
估　价：HKD 380,000~550,000
成交价：RMB 933,750
34.5cm×92cm 香港苏富比 2017-10-01

297 梅忠恕 阳台
估　价：HKD 300,000~400,000
成交价：RMB 643,250
46cm×26.5cm 香港苏富比 2017-10-01

5024 藤田嗣治 1939年作 带白色帽子的女人
估　价：RMB 550,000~650,000
成交价：RMB 812,500
27.2cm×24.1cm 香港苏富比 2017-10-01

6 瓦西里·康丁斯基 1925年12月作 《清晰连结》
估　价：GBP 800,000~1,200,000
成交价：RMB 12,470,840
48.2cm×31.8cm 伦敦苏富比 2017-03-01

808 王肇民 1977年 荔枝
估 价：RMB 500,000~700,000
成交价：RMB 575,000
39cm×58cm 华艺国际 2017-11-25

26 王肇民 1987年作 苹果
估 价：RMB 450,000~650,000
成交价：RMB 517,500
39cm×54.5cm 中国嘉德 2017-06-19

403 武高谈 约1939年作 越南少女
估 价：HKD 250,000~350,000
成交价：RMB 340,400
40cm×30cm 佳士得 2017-11-26

180 吴冠中 1975年作 桂林山石
估 价：HKD 3,000,000~4,600,000
成交价：RMB 2,938,200
39.3cm×35.5cm 保利香港 2017-10-02

2660 吴冠中 1988年作 白桦林居
估 价：RMB 3,500,000~4,500,000
成交价：RMB 4,600,000
70cm×69.5cm 北京匡时 2017-06-03

373 席德进 1980年作 日月潭风光
估 价：HKD 240,000~350,000
成交价：RMB 498,938
57cm×76.5cm 佳士得 2017-05-28

4513 徐悲鸿 1940年作 风景
成交价：RMB 943,000
18cm×25cm 北京保利 2017-06-04

362 曾海文 1974-1975年作 无题
估 价：HKD 400,000~600,000
成交价：RMB 421,325
整体69.7cm×99.4cm 佳士得 2017-05-28

141 朱德群 1985年作 无题 32
估 价：HKD 500,000~1,000,000
成交价：RMB 788,535
50cm×32.5cm 保利香港 2017-04-03

3192 徐悲鸿 1920年作 蒋碧薇肖像
估 价：RMB 80,000~120,000
成交价：RMB 1,058,000
29cm×22.5cm 西泠拍卖 2017-07-16

9 赵无极 1949年作 无题
估 价：HKD 800,000~1,200,000
成交价：RMB 1,764,180
36cm×45cm 佳士得 2017-03-23

5089 赵无极 1963年作 无题
估 价：RMB 900,000~1,200,000
成交价：RMB 2,000,000
50cm×65cm 香港苏富比 2017-10-01

油 画

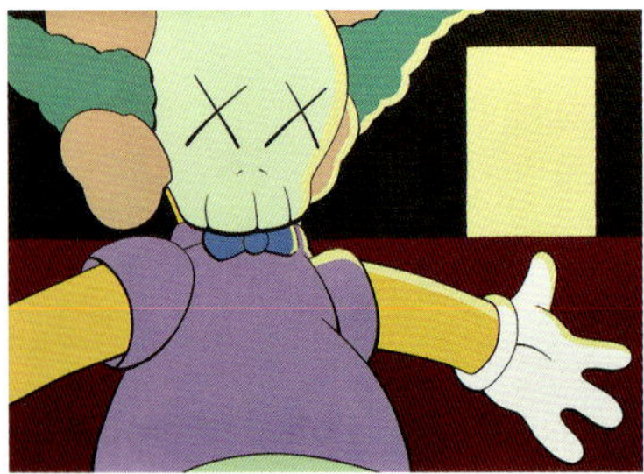

691 KAWS 2001年作 黄色通道
估 价：HKD 1,500,000~2,600,000
成交价：RMB 3,170,600
122.5cm × 173cm 香港苏富比 2017-10-01

195 MR. 2012年作 真我
估 价：HKD 1,800,000~2,600,000
成交价：RMB 3,134,080
291cm × 727.2cm 保利香港 2017-10-02

18 阿尔弗雷德·希斯里 1874年作 《路维希安雪景》
估 价：GBP 6,000,000~8,000,000
成交价：RMB 63,344,120
54cm × 65cm 伦敦苏富比 2017-03-01

17 阿列克榭·冯·雅佛林斯基 1912至1913年作 公主（西班牙人）
估 价：GBP 2,500,000~3,500,000
成交价：RMB 27,648,630
53.4cm × 49.5cm 伦敦佳士得 2017-06-27

1047 阿凡迪 《罗马竞技场》
估　价：HKD 2,200,000~3,500,000
成交价：RMB 2,869,020
99.5cm × 130cm 香港苏富比 2017-04-02

5007 艾轩 1989年作 西藏少女
估　价：HKD 1,800,000~2,800,000
成交价：RMB 2,004,750
98cm × 79cm 香港苏富比 2017-04-03

156 艾中信 1946年作 滑冰
估　价：RMB 1,800,000~2,800,000
成交价：RMB 2,185,000
71.5cm × 88cm 中国嘉德 2017-06-19

2066 艾轩 1995年 风暴撼动窗格
估　价：RMB 3,200,000~4,200,000
成交价：RMB 4,140,000
130cm × 130cm 中国嘉德 2017-12-19

600 艾轩 2003年作 白雪覆盖了午后
估　价：RMB 2,500,000~3,500,000
成交价：RMB 2,875,000
80.3cm × 80cm 上海明轩 2017-06-30

24 埃德加·德加 1860年作 斯巴达女孩挑衅男孩
估 价：USD 4,000,000~6,000,000
成交价：RMB 42,046,363
65.6cm×81.6cm 纽约苏富比 2017-05-16

1059 艾珠·克里丝汀 《黑色与小片白色》
估 价：HKD 500,000~700,000
成交价：RMB 3,189,780
170cm×200cm 香港苏富比 2017-04-02

0013A 埃米尔·诺尔德 1917年作 印度舞者
估 价：USD 2,500,000~3,500,000
成交价：RMB 34,879,850
86.7cm×100.4cm 纽约佳士得 2017-11-13

1041 艾珠·克里丝汀 自由之路
估 价：HKD 900,000~1,500,000
成交价：RMB 3,668,600
180cm×200cm 香港苏富比 2017-09-30

0050A 爱德华·维亚尔 约1891至1892年作 拿手杖与戴帽子的自画像
估 价：USD 2,000,000~3,000,000
成交价：RMB 34,879,850
36cm×28.3cm 纽约佳士得 2017-11-13

1030 安迪·沃荷 1973年作 毛主席
估 价：HKD 90,000,000~120,000,000
成交价：RMB 87,796,913
127cm×106.6cm 香港苏富比 2017-04-02

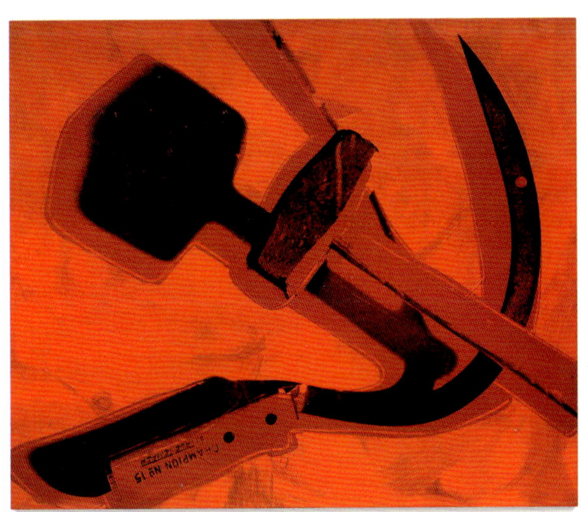

27 安迪·沃荷 锤子与镰刀
估 价：USD 6,000,000~8,000,000
成交价：RMB 38,161,175
182.2cm×218.8cm 纽约苏富比 2017-05-18

1038 安妮塔·马赛赛·何 女子与果篮
估 价：HKD 5,000,000~7,000,000
成交价：RMB 10,043,000
77cm×102cm 香港苏富比 2017-09-30

0018A 昂利·马谛斯 1921年作于尼斯 尼斯的帆船赛
估 价：USD 12,000,000~18,000,000
成交价：RMB 110,190,500
81cm×65.1cm 纽约佳士得 2017-11-13

18 昂利·马谛斯 1922年作 红色背景前的裸女
估　价：GBP 4,000,000~6,000,000
成交价：RMB 38,330,070
55.5cm×33.6cm 伦敦佳士得 2017-06-27

7 巴布罗·毕加索 1917至1920年作 坐在扶手椅上的女人
估　价：USD 20,000,000~30,000,000
成交价：RMB 210,577,163
130.2cm×88.9cm 纽约佳士得 2017-05-15

12 巴布罗·毕加索 1939年作10月25日作 静坐的蓝袍女子
估　价：USD 35,000,000~50,000,000
成交价：RMB 311,143,083
73cm × 60cm 纽约佳士得 2017-05-15

82 班克斯 2002年作 做自己
估　价：HKD 700,000~1,000,000
成交价：RMB 837,188
25cm × 20cm 香港苏富比 2017-01-19

32 巴托洛梅·埃斯特万·牟利罗 耶稣荆冠像
估　价：GBP 2,000,000~3,000,000
成交价：RMB 23,809,988
63.7cm × 53.3cm 伦敦苏富比 2017-07-05

622 白发一雄 1988年作 达陀 画框
估　价：HKD 4,000,000~6,000,000
成交价：RMB 4,900,500
112cm × 162cm 香港苏富比 2017-04-02

15 保罗·高更 1896年作 《王后—女子与芒果（II）》
估　价：GBP 7,000,000~10,000,000
成交价：RMB 72,059,720
26.2cm×32.7cm 伦敦苏富比 2017-03-01

0045A 保罗·塞尚 1879冬至1880年作于默论 白色盘子上的梨
估　价：USD 5,000,000~7,000,000
成交价：RMB 45,318,950
18.5cm×38.2cm 纽约佳士得 2017-11-13

19 保罗·塞尚 约1877年作 蓬图瓦兹的圣丹尼斯海岸
估　价：USD 5,000,000~7,000,000
成交价：RMB 59,728,283
65.4cm×54.2cm 纽约佳士得 2017-05-15

9 保罗·希涅克 1899-1900年作 贝尔托酒庄的松树
估　价：USD 3,500,000~5,000,000
成交价：RMB 28,059,688
65cm×81cm 纽约苏富比 2017-05-16

70 贝尔纳多·贝洛拓 威尼斯圣马可广场，东望圣马尔谷圣殿宗主教座堂
估　价：GBP 2,500,000~3,500,000
成交价：RMB 21,859,238
61cm×92.7cm 伦敦苏富比 2017-07-05

39 保罗·希涅克 1918年作 昂蒂布港码头
估　价：USD 2,500,000~3,500,000
成交价：RMB 27,237,755
60cm×72.9cm 纽约佳士得 2017-05-15

0025A 彼埃·奥古斯特·雷诺阿 1884年作 少女半身像（女人侧面像）
估　价：USD 7,000,000~10,000,000
成交价：RMB 54,266,750
65.1cm×54.2cm 纽约佳士得 2017-11-13

14 彼埃·奥古斯特·雷诺阿 约1906-1907年作 喝茶 或 花园
估　价：USD 3,000,000~5,000,000
成交价：RMB 29,558,507
80.1cm×65.1cm 纽约佳士得 2017-05-15

17 彼得·保罗·鲁本斯爵士 《马与骑师习作》
估　价：USD 1,000,000~1,500,000
成交价：RMB 35,164,675
118cm×56cm 纽约苏富比 2017-01-25

4846 蔡杰 2013年作 花语
估　价：RMB 450,000~550,000
成交价：RMB 517,500
110cm × 55cm 北京保利 2017-06-04

3248 曹力 2001年作 城市喧嚣之一
估　价：RMB 950,000~1,350,000
成交价：RMB 1,092,500
114cm × 99cm 西泠拍卖 2017-07-16

170 曹涌 2007年作 现代悲剧的图式之二
估　价：RMB 1,500,000~2,000,000
成交价：RMB 1,725,000
128cm × 182.5cm 中国嘉德 2017-06-19

1051 草间弥生 1970年作 雪莉·麦克琳
估　价：HKD 18,000,000~25,000,000
成交价：RMB 24,827,375
119cm × 99cm 香港苏富比 2017-09-30

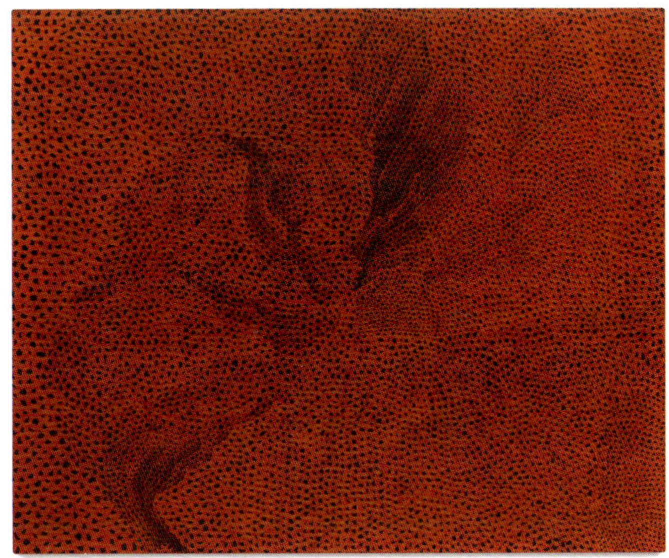

2 草间弥生 密西根湖
估　价：USD 2,000,000~3,000,000
成交价：RMB 36,607,100
64.8cm × 80cm 纽约苏富比 2017-05-18

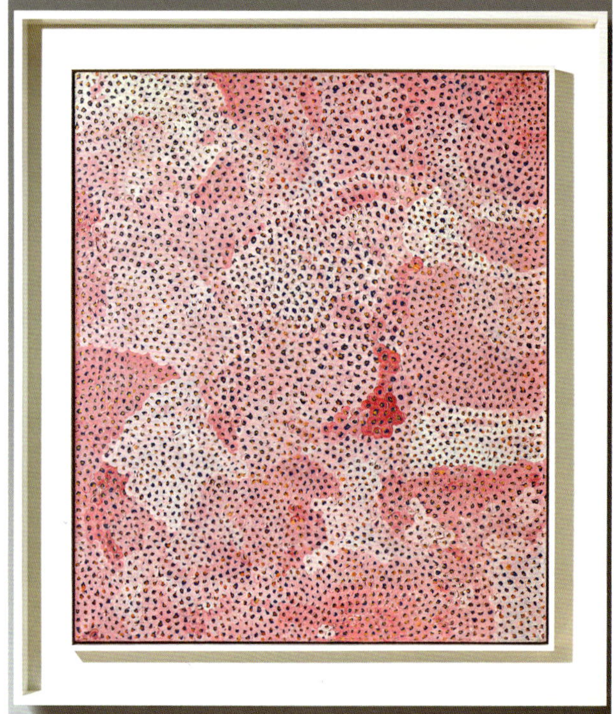

1067 草间弥生 1972年作 无题
估 价：HKD 32,000,000~45,000,000
成交价：RMB 35,098,625
106.7cm×91.8cm 香港苏富比 2017-09-30

12 常玉 1930年作 白瓶花卉
估 价：HKD 45,000,000~55,000,000
成交价：RMB 66,046,020
115cm×88cm 佳士得 2017-05-27

1018 常玉 1931年作 花豹
成交价：RMB 65,912,375
香港苏富比 2017-09-30

133 常玉 1931年作 白瓶粉红菊
估 价：HKD 40,000,000~60,000,000
成交价：RMB 49,414,860
100cm×70.6cm 保利香港 2017-04-03

45 常玉 1930年作 电线上的麻雀
估 价：HKD 18,000,000~28,000,000
成交价：RMB 17,935,140
50cm × 80cm 佳士得 2017-05-27

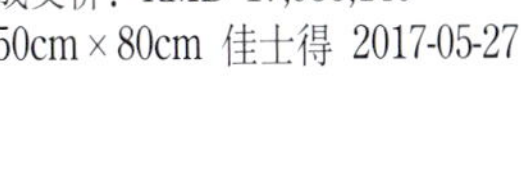

2026 常书鸿 李承仙 1993年作 敦煌春天
估 价：RMB 3,500,000~4,500,000
成交价：RMB 4,025,000
191.5cm × 372cm 中国嘉德 2017-12-19

4882 朝戈 2000年作 阴山的田野
估 价：RMB 800,000~1,200,000
成交价：RMB 897,000
50cm × 180cm 北京保利 2017-06-04

3197 陈澄波 1934年作 码头
估 价：RMB 450,000~550,000
成交价：RMB 540,500
35.5cm × 49cm 西泠拍卖 2017-07-16

237 陈建伟 2011年作 你是如此特别，就像其他人一样
估 价：HKD 200,000~300,000
成交价：RMB 691,438
200cm × 200cm 佳士得 2017-11-26

43 陈钧德 1994年作 别墅
估 价：RMB 100,000~150,000
成交价：RMB 402,500
80cm × 70cm 中国嘉德 2017-06-19

412 陈钧德 2005年作 远眺上海音乐学院
估 价：RMB 800,000~1,000,000
成交价：RMB 1,207,500
80cm × 116cm 上海东方 2017-12-10

2064 陈丹青 1985年 进城
估 价：RMB 6,800,000~8,800,000
成交价：RMB 7,935,000
86cm × 65.5cm 中国嘉德 2017-12-19

2009 陈飞 2008年 勤劳致富
估 价：RMB 300,000~500,000
成交价：RMB 1,897,500
200cm × 180.5cm 中国嘉德 2017-12-19

110 陈可 2017年作 星孩
估 价：RMB 300,000~500,000
成交价：RMB 360,000
直径150cm 佳士得（上海） 2017-09-24

528 陈利 高原的阳光 镜心
估 价：HKD 400,000~500,000
成交价：RMB 391,760
104cm × 76cm 保利香港 2017-10-03

1877 陈树中 2006年 野草滩物语之三十一
估 价：RMB 280,000~380,000
成交价：RMB 460,000
130cm × 183cm 中国嘉德 2017-12-19

318 陈文希 静物
估 价：HKD 380,000~550,000
成交价：RMB 423,225
49cm × 61cm 香港苏富比 2017-04-03

2061 陈文骥 1993年 牛仔裤·人民币
估 价：RMB 800,000~1,200,000
成交价：RMB 2,530,000
135cm × 100cm 中国嘉德 2017-12-19

11 陈文希 约1949年作 新加坡河
估 价：HKD 1,000,000~1,800,000
成交价：RMB 2,021,125
87cm × 104.5cm 佳士得 2017-11-25

1636 陈逸鸣 清丽仕女
估 价：RMB 200,000~300,000
成交价：RMB 322,000
120cm × 90cm 朵云轩 2017-12-15

1015 陈文华 2004年作 马嵬坡
估 价：RMB 1,200,000
成交价：RMB 4,370,000
453cm × 223cm 际华春秋 2017-06-23

2068 陈逸飞 1993年 玉堂春暖
估　价：RMB 25,000,000~35,000,000
成交价：RMB 149,500,000
169.5cm×243.5cm 中国嘉德 2017-12-19

3266 陈逸飞 1989年作 法国号1
估　价：RMB 4,500,000~5,500,000
成交价：RMB 5,750,000
60cm×73cm 西泠拍卖 2017-07-16

162 陈逸飞 1988年作 吹箫
估　价：RMB 4,200,000~6,200,000
成交价：RMB 7,015,000
107cm×76.5cm 中国嘉德 2017-06-19

9 陈永森 1956年作 塔黄碧瑶台 框
估　价：NTD 3,200,000~6,500,000
成交价：RMB 771,720
114cm×88.5cm 台北艺流 2017-10-28

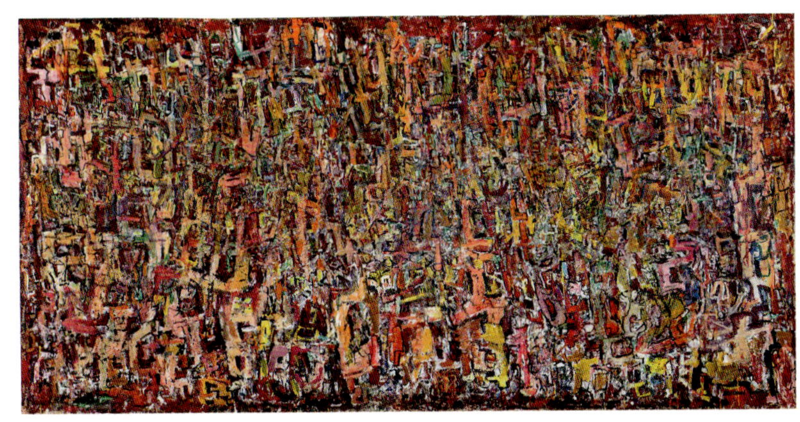

127 陈荫罴 1970年代作 桃花源
估　价：HKD 2,500,000~3,800,000
成交价：RMB 3,679,830
183cm×370cm 保利香港 2017-04-03

4910 晨晓 2015年作 海湾中的色彩3
估　价：RMB 450,000~550,000
成交价：RMB 517,500
100cm×240cm 北京保利 2017-06-04

106 程丛林 2004年作 二郎腿
估　价：RMB 300,000~400,000
成交价：RMB 345,000
200cm×50cm 中国嘉德 2017-06-19

619 崔小冬 2003年作 画室密语
估　价：RMB 600,000~800,000
成交价：RMB 690,000
130cm×160cm 华艺国际 2017-05-27

991 崔泉溪 2016年作 根系黄土
估　价：RMB 380,000~420,000
成交价：RMB 437,000
139cm×209cm 广东崇正 2017-06-15

9b 达芬奇 救世主
成交价：RMB 2,986,022,187
65.7cm×45.7cm 纽约佳士得 2017-11-15

248 大竹伸朗 1986年作 她的黑板
估　价：HKD 800,000~1,000,000
成交价：RMB 957,375
227.2cm × 182cm 佳士得 2017-11-26

604 嶋本昭三 1964年作 爆发64-1 画框
估　价：HKD 10,000,000~15,000,000
成交价：RMB 18,265,500
239cm × 179cm 香港苏富比 2017-04-02

1883 丁方 1983年 浇灌及画稿一张
估　价：RMB 4,500,000~6,500,000
成交价：RMB 5,175,000
122cm × 199cm；38cm × 54cm
中国嘉德 2017-12-19

21 戴维·霍克尼 建筑、潘兴广场、洛杉矶
估　价：USD 6,000,000~8,000,000
成交价：RMB 54,478,963
147.3cm × 147.3cm 纽约苏富比 2017-05-18

128 丁雄泉 1975年作 世界小姐
估 价：NTD 22,000,000~32,000,000
成交价：RMB 5,016,000
211cm×295cm 羅芙奧 2017-12-02

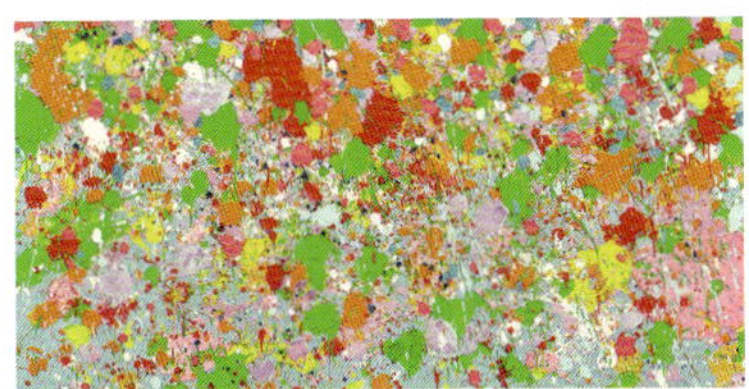

210 丁雄泉 炎夏
估 价：HKD 700,000~900,000
成交价：RMB 1,782,000
102cm×203.5cm 香港苏富比 2017-04-03

2043 丁衍庸 蓝色风景
估 价：RMB 4,500,000~6,500,000
成交价：RMB 5,405,000
90cm×61cm 中国嘉德 2017-12-19

5013 丁衍庸 1963年作 裸女J
估 价：HKD 500,000~700,000
成交价：RMB 1,893,375
45.8cm×30.4cm 香港苏富比 2017-04-03

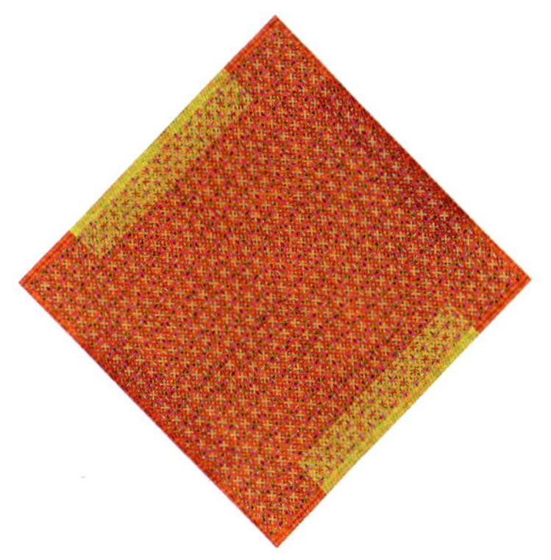

184 丁乙 2000年作 十示 2000-10
估 价：HKD 900,000~1,500,000
成交价：RMB 1,314,225
197cm×197cm 保利香港 2017-04-03

1057 丁乙 1995年作 十示95-18（双联作）
估 价：HKD 3,000,000~5,000,000
成交价：RMB 4,465,400
整张160cm×280cm 香港苏富比 2017-09-30

4826 段建宇 2012年作 乡恋 No·3
估 价：RMB 700,000~1,000,000
成交价：RMB 1,495,000
120cm×250cm 北京保利 2017-06-04

4438 段正渠 2010年作 梳妆
估　价：RMB 1,100,000~1,800,000
成交价：RMB 1,265,000
160cm×130cm 北京保利 2017-12-16

2024 方君璧 1935年作 隐者
估　价：RMB 1,200,000~1,800,000
成交价：RMB 1,380,000
102cm×92cm 中国嘉德 2017-12-19

4425 方君璧 1942年作 北京香山碧云寺
估　价：RMB 1,300,000~1,800,000
成交价：RMB 2,127,500
100cm×81cm 北京保利 2017-12-16

0064A 恩斯特·路德维格·基尔希纳 1913年作 斯达柏霍夫农场 III
估　价：USD 4,000,000~6,000,000
成交价：RMB 31,897,250
81.6cm×90.5cm 纽约佳士得 2017-11-13

760 方君璧 梅映禅思
估　价：HKD 500,000~700,000
成交价：RMB 1,469,100
73cm×54cm 中国嘉德 2017-10-02

4569 方力钧 1997年作 1997 No.7
估 价：RMB 2,400,000~3,000,000
成交价：RMB 2,760,000
150cm×110cm 北京保利 2017-06-04

656 方力钧 2004年作 2004.5.3
估 价：HKD 1,200,000~1,800,000
成交价：RMB 1,245,000
180cm×80cm 香港苏富比 2017-10-01

0014A 费尔南·雷杰 1913年作 形式的对比
成交价：RMB 464,374,250
92.4cm×73.2cm 纽约佳士得 2017-11-13

1037 费南度·索培尔 SAETA 1956
估 价：HKD 2,000,000~3,000,000
成交价：RMB 4,565,000
93cm×152cm 香港苏富比 2017-09-30

29 冯法祀 1996年作 护士的早晨
估 价：RMB 400,000~600,000
成交价：RMB 460,000
180cm×136.5cm 中国嘉德 2017-06-19

640 冯峰 2012-2013年作 鸭兔图
估 价：RMB 300,000~400,000
成交价：RMB 368,000
136cm×70cm×2 华艺国际 2017-05-27

123 郜少华 2014年作 美术馆
估 价：RMB 350,000~450,000
成交价：RMB 575,000
120cm×160cm 中国嘉德 2017-06-19

4429 高潮 1959-1979年作 走合作化道路
估 价：RMB 1,600,000~2,600,000
成交价：RMB 2,070,000
125cm×300cm 北京保利 2017-12-16

40 高野绫 2013年作 千年螺旋的秘密：大家
估 价：HKD 800,000~1,200,000
成交价：RMB 942,438
162cm×130cm 佳士得 2017-05-27

4462 耿建翌 1998年作 Those in the Light
估 价：RMB 400,000~600,000
成交价：RMB 862,500
120cm×80cm 北京保利 2017-12-16

16 葛鹏仁 1985年作 寒晨
估 价：RMB 380,000~480,000
成交价：RMB 402,500
125cm×115cm 北京华辰 2017-12-16

8 格哈德·里希特 《冰山》
估　价：GBP 8,000,000~12,000,000
成交价：RMB 152,436,920
100.5cm×151cm 伦敦苏富比 2017-03-08

14 格哈德·里希特 抽象画
估　价：USD 12,000,000~18,000,000
成交价：RMB 106,540,475
200cm×160cm 纽约苏富比 2017-05-18

1065 格哈德·里希特 抽象画（679-2）
估　价：HKD 32,000,000~48,000,000
成交价：RMB 40,701,125
120cm×100cm 香港苏富比 2017-09-30

23 古斯塔夫·克林姆 1897-1898年作 扶手椅中的女子
估　价：USD 7,000,000~9,000,000
成交价：RMB 51,370,813
52cm×52cm 纽约苏富比 2017-05-16

1866 宫立龙 1994年 打台球
估　价：RMB 250,000~350,000
成交价：RMB 598,000
170cm×190cm 中国嘉德 2017-12-19

32 古那弯 斗志昂扬
估　价：HKD 2,000,000~3,000,000
成交价：RMB 3,246,420
100cm×168cm 佳士得 2017-05-27

11 古斯塔夫·克林姆 1907年作 《花草农园》
成交价：RMB 412,936,520
110cm×110cm 伦敦苏富比 2017-03-01

4590 顾德新 1981年作 B23
估　价：RMB 150,000~200,000
成交价：RMB 437,000
95cm×65cm 北京保利 2017-06-04

229 关则驹 1998年作 初夏
估　价：RMB 600,000~650,000
成交价：RMB 690,000
100cm×75cm 广东保利 2017-11-26

1556 顾致农 痕迹5
估　价：RMB 600,000~800,000
成交价：RMB 1,035,000
150cm×150cm 北京翰海 2017-06-03

153 关良 1950年代初作 小皮匠
估　价：RMB 600,000~800,000
成交价：RMB 2,645,000
35cm×25cm 中国嘉德 2017-06-19

792 关良 花卉与瓜果
估　价：HKD 1,000,000~1,500,000
成交价：RMB 3,036,140
50cm×50cm 中国嘉德 2017-10-02

3268 郭润文 1993年作 画室
估　价：RMB 680,000~800,000
成交价：RMB 782,000
91.5cm×73cm 西泠拍卖 2017-07-16

32 关紫兰 1930年代作 菊花
估　价：RMB 350,000~450,000
成交价：RMB 402,500
36cm×26cm 中国嘉德 2017-06-19

20 郭润文 2016年作 丁晨的肖像
估　价：RMB 850,000~1,200,000
成交价：RMB 1,035,000
80cm×50cm 北京华辰 2017-12-16

2071 郭伟 2013年作 故事待定
估 价：RMB 400,000~600,000
成交价：RMB 460,000
105cm×150cm 北京荣宝 2017-12-02

757 贺丹 2017年 集体主义
估 价：RMB 850,000~950,000
成交价：RMB 977,500
230cm×450cm 华艺国际 2017-11-25

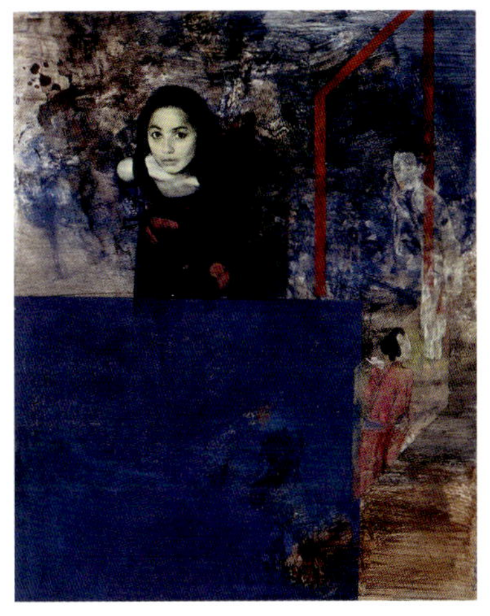

2065 何多苓 1996年 窥听者
估 价：RMB 1,600,000~2,600,000
成交价：RMB 2,990,000
160cm×130cm 中国嘉德 2017-12-19

2766 郝量 2009年作 移用解剖学系列
估 价：RMB 2,800,000~3,800,000
成交价：RMB 5,750,000
尺寸不一 北京匡时 2017-06-03

161 何绍教 1972年作 学耕
估 价：RMB 2,800,000~3,800,000
成交价：RMB 3,335,000
138cm×207cm 中国嘉德 2017-06-19

2028 贺慕群 1968年作 玩具系列
估 价：RMB 600,000~900,000
成交价：RMB 977,500
130cm×97cm 中国嘉德 2017-12-19

14 贺慕群 1989年作 桌上静物
估 价：RMB 400,000~500,000
成交价：RMB 460,000
146.5cm×114.5cm 中国嘉德 2017-06-19

1564 恒旺 2008年作 枫叶
估 价：RMB 200,000~300,000
成交价：RMB 345,000
107cm×96cm 北京翰海 2017-06-03

1034 亨德拉·古拿温 鱼贩
估 价：HKD 4,200,000~5,500,000
成交价：RMB 4,465,400
143cm×292cm 香港苏富比 2017-09-30

319 洪救国 静物九号
估 价：HKD 200,000~300,000
成交价：RMB 501,188
25.5cm×83.5cm 香港苏富比 2017-04-03

629 洪凌 2006年作 黄山清雪
估 价：RMB 600,000~750,000
成交价：RMB 713,000
100cm×200cm 华艺国际 2017-05-27

165 鸿池朋子 2007年作 污点
估 价：HKD 300,000~500,000
成交价：RMB 315,414
160cm×300cm 保利香港 2017-04-03

31A 胡安·米罗 1933年4月4日作 绘画
估 价：USD 18,000,000~25,000,000
成交价：RMB 154,929,500
129.8cm×161.9cm 纽约佳士得 2017-11-13

164 胡建成 1993年作 折射
估　价：RMB 1,500,000~2,500,000
成交价：RMB 1,725,000
111cm × 147cm 中国嘉德 2017-06-19

9A 华西里·康定斯基 1911年作 即兴—马（即兴第20号习作）
估　价：USD 9,000,000~15,000,000
成交价：RMB 84,092,750
71.1cm × 99.1cm 纽约佳士得 2017-11-13

158 胡善余 20世纪50年代作 柿子与壶
估　价：RMB 400,000~600,000
成交价：RMB 517,500
38cm × 46cm 中国嘉德 2017-06-19

608 黄海清 2011-2012年作 春夏秋冬
估　价：RMB 380,000~400,000
成交价：RMB 437,000
200cm × 600cm 华艺国际 2017-05-27

2046 胡善余 1963年作 水果与花
估　价：RMB 1,200,000~1,800,000
成交价：RMB 1,380,000
50.5cm × 65.5cm 中国嘉德 2017-12-19

876 黄锐 1991年作 红一号 （两张一组）
估　价：HKD 400,000~600,000
成交价：RMB 389,813
130.5cm×130.5cm×2 香港苏富比 2017-04-03

196 黄建南 天泉
成交价：RMB 4,370,000
146cm×75cm 中联环球 2017-06-18

3811 黄显之 1963年作 修建水库
估　价：RMB 800,000~1,200,000
成交价：RMB 1,782,500
54cm×79cm 北京匡时 2017-12-04

211 黄建南 惊涛骇浪 镜心
估　价：RMB 200,000~300,000
成交价：RMB 575,000
46cm×50cm 荣宝斋（南京） 2017-09-10

4270 黄礼攸 2017年作 寒风孤石图
估　价：RMB 350,000~450,000
成交价：RMB 402,500
160cm×150cm 北京保利 2017-12-16

393 黄铭昌 1995年作 河西走廊（金色田园）
估　价：NTD 3,000,000~4,000,000
成交价：RMB 686,400
141cm×202cm 羅芙奧 2017-12-03

1812 黄养辉 1956年 齐白石像
估　价：RMB 800,000~1,000,000
成交价：RMB 920,000
66cm×51cm 中国嘉德 2017-12-19

41 黄宇兴 2014年作 气泡不会消灭 时间也不会流向未来 （一组共两件）
估　价：HKD 600,000~900,000
成交价：RMB 1,053,313
175cm×275cm；30cm×60cm 佳士得 2017-05-27

504 黄用烨 1975年作 人间
估　价：HKD 180,000~280,000
成交价：RMB 498,938
130.5cm×96.5cm 佳士得 2017-05-28

50 黄宇兴 2015-2016年作 滋生之地
估　价：HKD 500,000~800,000
成交价：RMB 1,010,563
145cm×230cm 佳士得 2017-11-25

4821 黄宇兴 2014年作 光之教堂
估　价：RMB 350,000~550,000
成交价：RMB 632,500
145cm×230cm；12cm×12cm
北京保利 2017-06-04

1895 季大纯 2013年 神情备忘录
估　价：RMB 550,000~750,000
成交价：RMB 632,500
152cm × 126.5cm 中国嘉德 2017-12-19

478 菅井汲 1956年作 KO-ONI
估　价：HKD 800,000~1,100,000
成交价：RMB 887,000
123.9cm × 97.2cm 佳士得 2017-05-28

969 江衡 2016年作 花开花落No · 11
估　价：RMB 260,000~320,000
成交价：RMB 368,000
86cm × 135cm 广东崇正 2017-06-15

2070 贾蔼力 2007年作 无题
估　价：RMB 2,000,000~3,500,000
成交价：RMB 4,485,000
220cm × 300cm 北京荣宝 2017-12-02

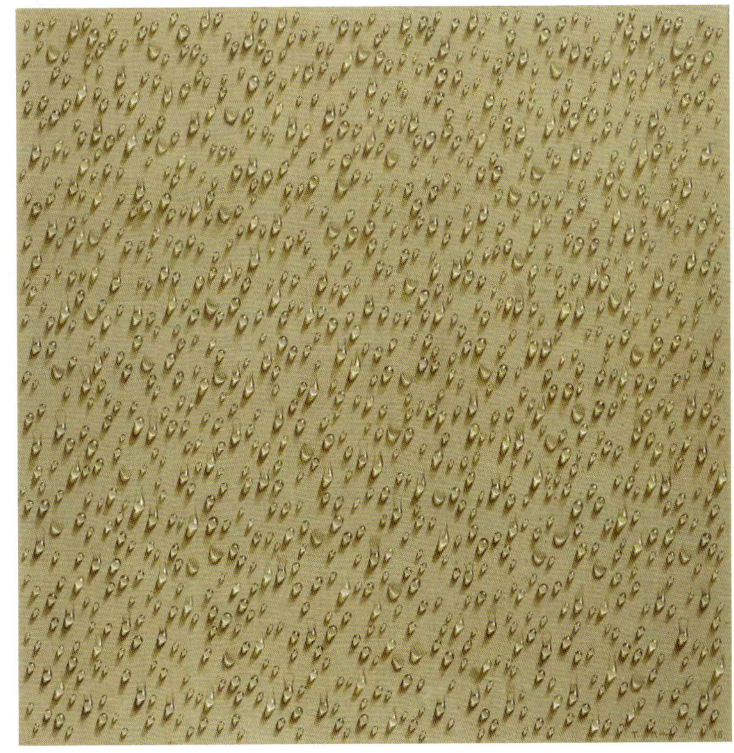

60 金昌烈 1978年作 ENS No 42
估　价：HKD 2,600,000~3,800,000
成交价：RMB 3,139,980
150cm × 150cm 佳士得 2017-05-27

614 金昌烈 1973年作 水珠 画框
估 价：HKD 2,000,000~3,000,000
成交价：RMB 2,548,260
198.5cm×123.3cm 香港苏富比 2017-04-02

1023 靳尚谊 1981年作 塔吉克老人
估 价：RMB 1,200,000~1,800,000
成交价：RMB 1,725,000
50cm×50cm 北京荣宝 2017-06-02

2063 靳尚谊 1996年 祈祷
估 价：RMB 2,800,000~3,800,000
成交价：RMB 3,220,000
50cm×50cm 中国嘉德 2017-12-19

5 柯比意（或译柯布西耶） 1935年作 两名红衣女子
估 价：USD 2,000,000~3,000,000
成交价：RMB 15,005,458
88.8cm×129.8cm 纽约苏富比 2017-05-16

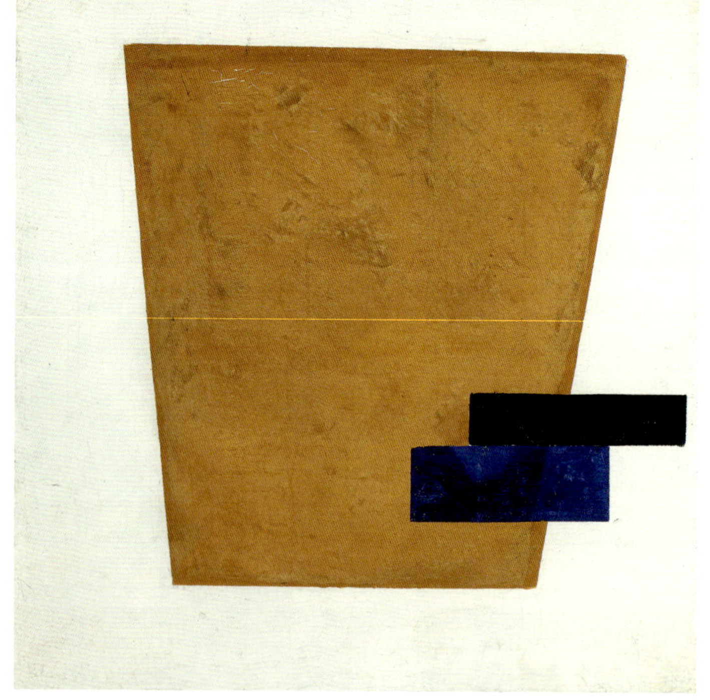

32 卡兹米尔·马列维奇 1915年作 至上主义构图与平面投射
估 价：USD 12,000,000~18,000,000
成交价：RMB 146,169,388
53.3cm×53cm 纽约苏富比 2017-05-16

34 克尔顿 1980年作 交通
估　价：HKD 1,500,000~2,000,000
成交价：RMB 1,436,940
71cm×122.5cm 佳士得 2017-05-27

20 克劳德·莫内 1879年作 通往弗特伊的道路（雪景）
估　价：USD 10,000,000~15,000,000
成交价：RMB 79,067,883
61.1cm×81.1cm 纽约佳士得 2017-05-15

22 克劳德·莫内 约1917-20年作 睡莲池
估 价：USD 14,000,000~18,000,000
成交价：RMB 110,425,663
97.2cm×129.9cm 纽约苏富比 2017-05-16

432 劳宜超 农村
估 价：RMB 150,000~180,000
成交价：RMB 333,500
150cm×150cm 上海东方 2017-12-10

10 老杨·凡·凯塞尔 蝴蝶、飞蛾、瓢虫、昆虫与一小枝报春花
估 价：GBP 200,000~300,000
成交价：RMB 2,572,823
13.7cm×19cm 伦敦苏富比 2017-07-05

1025 勒迈耶 蔓棚
估　价：HKD 6,000,000~9,000,000
成交价：RMB 6,059,000
100cm×120cm 香港苏富比 2017-09-30

265 黎谱 花卉
估　价：HKD 800,000~1,500,000
成交价：RMB 1,024,650
89cm×116cm 香港苏富比 2017-04-03

3267 冷军 2011年作 秀竹
估　价：RMB 1,200,000~1,500,000
成交价：RMB 1,380,000
25cm×100cm 西泠拍卖 2017-07-16

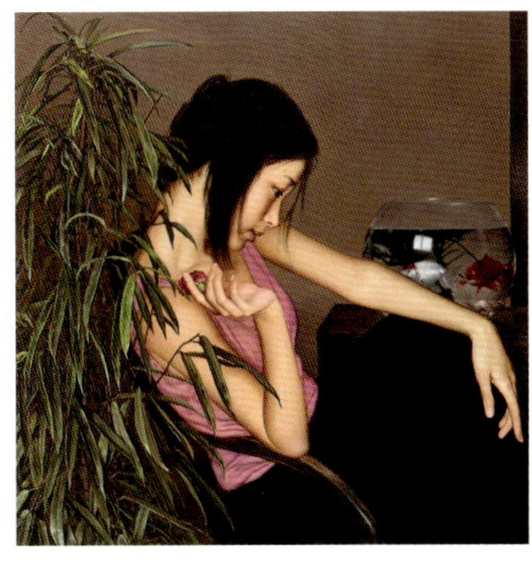

1996 李贵君 2005年 小金鱼
估　价：RMB 200,000~300,000
成交价：RMB 414,000
65cm×65cm 中国嘉德 2017-12-19

759 冷军 2013年 大提琴手
估　价：RMB 1,700,000~1,800,000
成交价：RMB 2,990,000
40cm×80cm 华艺国际 2017-11-25

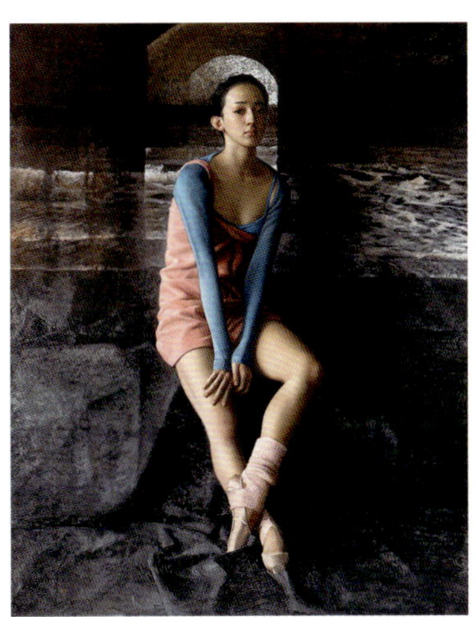

27 李晓刚 2015年作 潮
估　价：RMB 850,000~1,200,000
成交价：RMB 897,000
162cm×130cm 北京华辰 2017-12-16

1024 李曼峰 《峇里巡游队伍》
估　价：HKD 10,000,000~15,000,000
成交价：RMB 13,988,700
90cm × 180cm 香港苏富比 2017-04-02

379 李曼峰 光顾沙爹小贩
估　价：HKD 1,000,000~1,500,000
成交价：RMB 1,447,875
89.5cm × 121.5cm 香港苏富比 2017-04-03

70 李洪涛 2010年作 橘光
估　价：RMB 480,000~580,000
成交价：RMB 575,000
80cm × 100cm 北京华辰 2017-12-16

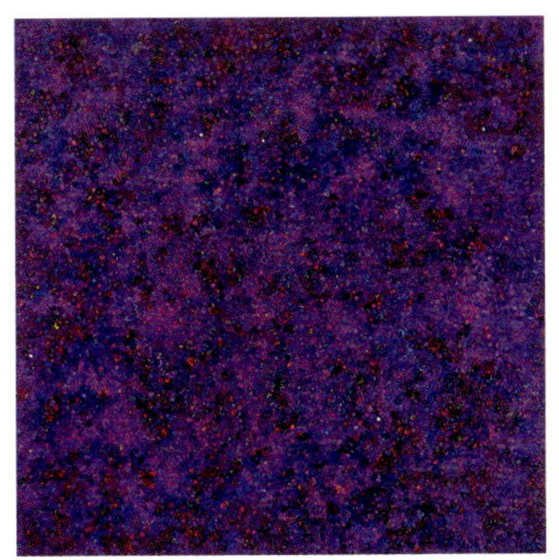

234 李绫瑄 2010年作 紫色忧郁 I
估　价：HKD 400,000~600,000
成交价：RMB 744,625
150cm×150cm 佳士得 2017-11-26

4426 李骆公 1945-1947年作 哈尔滨街景
估　价：RMB 500,000~800,000
成交价：RMB 598,000
38cm×46cm 北京保利 2017-12-16

4848 李鸣鸣 2016年作 九儿
估　价：RMB 400,000~500,000
成交价：RMB 460,000
124cm×130cm 北京保利 2017-06-04

409 李自力 向梵高致敬
成交价：RMB 1,955,000
89cm×116cm 上海东方 2017-12-10

4904 李牧遥 2008年作 悉尼歌剧院
估　价：RMB 880,000~1,200,000
成交价：RMB 1,012,000
120cm×150cm 北京保利 2017-06-04

30 李青萍 1994年作 峡谷倩影
估　价：RMB 350,000~450,000
成交价：RMB 402,500
58cm×72cm 中国嘉德 2017-06-19

157 李瑞年 1984年作 五里湖鸭场
估　价：RMB 1,200,000~2,200,000
成交价：RMB 1,380,000
73.5cm×131cm 中国嘉德 2017-06-19

1031 李山 胭脂系列C
估　价：HKD 2,400,000~3,200,000
成交价：RMB 2,655,180
107cm × 163cm 香港苏富比 2017-04-02

1971 李天元 1991-1992年 单刀赴会
估　价：RMB 150,000~250,000
成交价：RMB 943,000
184.5cm × 250cm 中国嘉德 2017-12-19

3857 李秀实 1992年作 京华遗韵-钟楼胡同
估　价：RMB 160,000~260,000
成交价：RMB 437,000
60cm × 80cm 北京匡时 2017-12-04

567 李圣子 1961年作 青春
估　价：HKD 350,000~550,000
成交价：RMB 1,170,125
64.7cm × 46.3cm 佳士得 2017-11-26

5086 李石樵 1987年作 玫瑰花
估　价：RMB 350,000~550,000
成交价：RMB 437,500
53cm × 45.5cm 香港苏富比 2017-10-01

4816 李世贤 2009年作 红色之间 - 099
估　价：RMB 500,000~600,000
成交价：RMB 575,000
300cm × 300cm 北京保利 2017-06-04

4240 李尤松 2017年作 三番魔戏图
估　价：RMB 450,000~650,000
成交价：RMB 517,500
95cm × 120cm 北京保利 2017-12-16

811 李铁夫 1943年 刘思健肖像
估　价：RMB 6,800,000~10,000,000
成交价：RMB 10,810,000
92.5cm × 64cm 华艺国际 2017-11-25

613 李禹焕 1987年作 从风
估　价：HKD 1,000,000~1,500,000
成交价：RMB 1,348,750
91.1cm × 72.7cm 香港苏富比 2017-10-01

610 李禹焕 1984年作 从风 画框
估　价：HKD 2,000,000~3,000,000
成交价：RMB 2,869,020
100cm × 80.3cm　香港苏富比 2017-04-02

1006 李元佳 1960年作 无题
估　价：HKD 70,000~140,000
成交价：RMB 518,750
香港苏富比 2017-09-30

1871 李忠良 1980年 西藏牧人
估 价：RMB 200,000~300,000
成交价：RMB 437,000
175.5cm×140.5cm 中国嘉德 2017-12-19

1811 李宗津 1973年 青年毛泽东
估 价：RMB 400,000~600,000
成交价：RMB 713,000
65.5cm×46.5cm 中国嘉德 2017-12-19

2675 梁锡鸿 1934年作 花
估 价：RMB 350,000~450,000
成交价：RMB 391,000
40cm×31cm 北京匡时 2017-06-03

1042 梁远苇 2013年作 无题
估 价：HKD 600,000~800,000
成交价：RMB 1,660,000
140cm×120cm 香港苏富比 2017-09-30

1018 廖继春 1967年作 花
估 价：HKD 3,000,000~4,000,000
成交价：RMB 4,365,900
45cm×38cm 香港苏富比 2017-04-02

47 廖继春 1962年作 西班牙古城
估　价：HKD 8,000,000~12,000,000
成交价：RMB 12,293,820
72cm×91cm 佳士得 2017-05-27

1008 林风眠 1950年代作 丰收的早晨
估　价：HKD 25,000,000~30,000,000
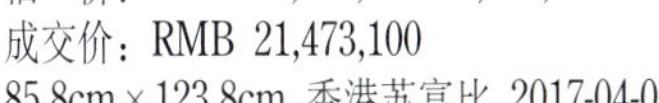
成交价：RMB 21,473,100
85.8cm×123.8cm 香港苏富比 2017-04-02

4883 林茂 2016年作 三秋
估　价：RMB 200,000~300,000
成交价：RMB 437,000
50cm×70cm 北京保利 2017-06-04

4852 凌健 2007年作 摩登女郎
估　价：RMB 300,000~400,000
成交价：RMB 345,000
180cm×150cm 北京保利 2017-06-04

586 林寿宇 1969年作 爱德华路
估　价：HKD 450,000~650,000
成交价：RMB 3,250,820
111.8cm×101.6cm 佳士得 2017-11-26

321 刘国松 2008年作 月之律动（C）
估 价：NTD 8,000,000~9,000,000
成交价：RMB 2,244,000
99.5cm×183.5cm 羅芙奧 2017-12-03

6197 刘浩锋 2009年作 失道 镜心
估 价：RMB 800,000~1,000,000
成交价：RMB 1,150,000
180cm×140cm 北京保利 2017-11-10

1968 刘大鸿 1988年 惊蛰
估 价：RMB 300,000~500,000
成交价：RMB 1,897,500
129cm×166.5cm 中国嘉德 2017-12-19

415 刘玖通 2011年作 仍怜故乡水
估 价：HKD 150,000~250,000
成交价：RMB 388,063
100cm×120cm 佳士得 2017-05-28

4562 刘海粟 1931年作 裸女
估　价：RMB 3,500,000~5,500,000
成交价：RMB 5,175,000
80cm×50cm 北京保利 2017-06-04

314 刘抗 休憩中的峇里少女
估　价：HKD 450,000~600,000
成交价：RMB 801,900
73cm×95.5cm 香港苏富比 2017-04-03

3274 刘孔喜 2009年作 青春纪事之十一——寂静山林
估　价：RMB 500,000~650,000
成交价：RMB 805,000
122cm×65.5cm 西泠拍卖 2017-07-16

1059 刘炜 1991年作 革命家庭系列
估 价：HKD 10,000,000~15,000,000
成交价：RMB 12,533,000
100cm×100.5cm 香港苏富比 2017-09-30

1060 刘炜 1995年作 1989年生于北京
估 价：HKD 18,000,000~24,000,000
成交价：RMB 18,011,000
200cm×200cm 香港苏富比 2017-09-30

1029 刘炜 1992至1999年作 毛泽东的一代
估 价：HKD 10,000,000~15,000,000
成交价：RMB 9,711,900
123.5cm×103.8cm 香港苏富比 2017-04-02

2081 刘炜 1992年 自画像
估 价：RMB 15,000,000~20,000,000
成交价：RMB 24,150,000
177cm×129.5cm 中国嘉德 2017-12-19

4600 刘韡 2015年作 无题
估 价：RMB 4,000,000~6,000,000
成交价：RMB 4,600,000
300cm×200cm×3； 北京保利 2017-06-04

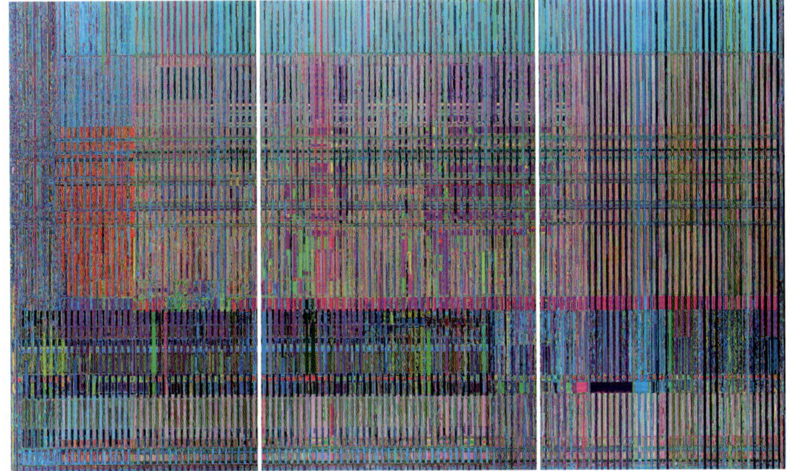

4465 刘韡 2015年作 真实的维度No.18
估 价：RMB 5,600,000~6,600,000
成交价：RMB 6,440,000
300cm×200cm；300cm×150cm×2 北京保利 2017-12-16

180 刘小东 2012年作 麻将馆
估 价：HKD 1,500,000~2,500,000
成交价：RMB 2,102,760
90cm×100cm
保利香港 2017-04-03

2090 刘小东 2002年 小龟、小雄
估 价：RMB 1,200,000~1,800,000
成交价：RMB 2,875,000
162.5cm×130cm 中国嘉德 2017-12-19

1972 刘小东 1990年 人鸟
估 价：RMB 8,000,000~10,000,000
成交价：RMB 9,200,000
167cm×120cm 中国嘉德 2017-12-19

166 刘野 1999年作 朝阳
估 价：RMB 3,000,000~5,000,000
成交价：RMB 4,715,000
60cm×40cm 中国嘉德 2017-06-19

1054 刘野 2001年作 下午的蒙德里安
估 价：HKD 5,200,000~6,200,000
成交价：RMB 7,145,820
160cm×160cm 香港苏富比 2017-04-02

178 刘野 1999年作 诗人
估 价：HKD 12,000,000~18,000,000
成交价：RMB 12,616,560
169.5cm×199.8cm 保利香港 2017-04-03

4442 刘野 2002年作 小芳抱猪
估 价：RMB 3,000,000~4,500,000
成交价：RMB 3,680,000
60cm×60cm 北京保利 2017-12-16

269 刘野 2008年作 来 & 去
估 价：HKD 4,000,000~6,000,000
成交价：RMB 4,374,140
60cm×45cm×2 佳士得 2017-11-26

2697 罗尔纯 1980年作 躺姿的女人体
估 价：RMB 550,000~650,000
成交价：RMB 632,500
80cm×70cm 北京匡时 2017-06-03

1089 刘溢 纸玩具系列
估 价：RMB 800,000~1,200,000
成交价：RMB 1,495,000
151cm×76cm 际华春秋 2017-06-23

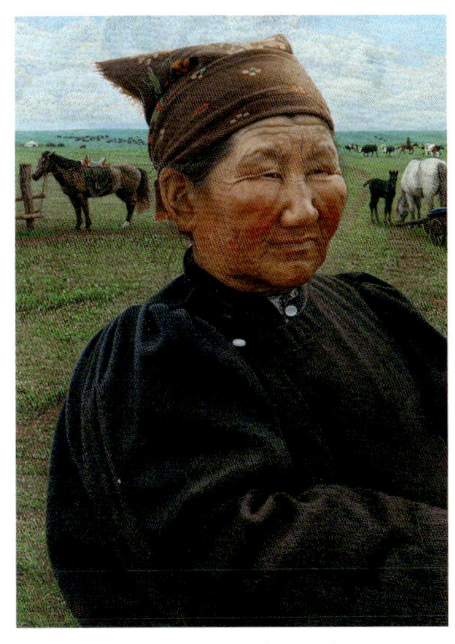

109 龙力游 1996年作 诃额伦妈妈
估 价：RMB 280,000~380,000
成交价：RMB 483,000
46.5cm×35cm 中国嘉德 2017-06-19

4436 罗尔纯 1996年作 乡居
估 价：RMB 600,000~800,000
成交价：RMB 1,840,000
90cm×100cm 北京保利 2017-12-16

18 罗伯特·劳森伯格 1961年作 索具架
估　价：USD 8,000,000~12,000,000
成交价：RMB 84,783,425
259.1cm × 152.4cm × 26.7cm 纽约苏富比 2017-05-18

25 罗伯特·印第安纳 爱
估　价：USD 500,000~700,000
成交价：RMB 14,176,618
61cm × 61cm 纽约苏富比 2017-05-18

381 罗中立 1984年作 岁月
估　价：HKD 3,500,000~5,500,000
成交价：RMB 3,778,620
147.7cm × 96.5cm 佳士得 2017-05-28

137 罗中立 1989年作 牛和老人
估　价：RMB 3,500,000~4,500,000
成交价：RMB 4,715,000
97cm × 126cm 保利华谊 2017-12-08

8 罗伊·李奇登斯坦 裸体日光浴
成交价：RMB 165,768,000
147.6cm×152.4cm
纽约苏富比 2017-05-18

136 罗中立 1997年作 母与子
估　价：RMB 3,800,000~4,800,000
成交价：RMB 4,370,000
118.5cm×160cm 保利华谊 2017-12-08

159 罗中立 1982年作 春蚕
估　价：RMB 8,000,000~12,000,000
成交价：RMB 49,450,000
216cm×140cm 中国嘉德 2017-06-19

139 吕斯百 晒蓝·望晴
估　价：HKD 400,000~600,000
成交价：RMB 538,670
45cm×53cm 保利香港 2017-10-02

4276 马东民 2017年作 烟云——蓝马系列
估　价：RMB 800,000~1,000,000
成交价：RMB 920,000
150cm×200cm 北京保利 2017-12-16

4829 马轲 2008年作 请君入瓮
估　价：RMB 350,000~450,000
成交价：RMB 437,000
200cm×150cm 北京保利 2017-06-04

3814 吕斯百 1948年作 海角
估　价：RMB 1,800,000~2,200,000
成交价：RMB 2,990,000
62cm×82cm 北京匡时 2017-12-04

4 马克·格罗亚恩 无题（色面41·05）
估　价：USD 6,000,000~8,000,000
成交价：RMB 48,262,663
127cm×100.7cm 纽约苏富比 2017-05-18

6 马克·夏卡尔 1939年作 三支蜡烛
估　价：USD 8,000,000~12,000,000
成交价：RMB 100,728,235
130.2cm×97.1cm 纽约佳士得 2017-05-15

11 马克斯·贝克曼 1937至1938年作 鸟的地狱
成交价：RMB 312,163,350
120cm×160.5cm 伦敦佳士得 2017-06-27

9 马克斯·恩斯特 1946年作 夜之相位
估　价：USD 4,000,000~6,000,000
成交价：RMB 44,256,603
91.3cm×162.4cm
纽约佳士得 2017-05-15

171 毛旭辉 1990年作 坐在白色通道上的人
估 价：RMB 800,000~1,200,000
成交价：RMB 920,000
120cm×150cm 中国嘉德 2017-06-19

3905 毛焰 2008年作 托马斯No.2
估 价：RMB 1,000,000~1,500,000
成交价：RMB 1,380,000
110cm×75cm 北京匡时 2017-12-04

4571 毛焰 1996年作 X的肖像
估 价：RMB 8,000,000~12,000,000
成交价：RMB 10,120,000
200cm×100cm 北京保利 2017-06-04

4259 米巧铭 2017年作 穆桂英挂帅
估 价：RMB 2,600,000~3,000,000
成交价：RMB 3,047,500
132cm×99cm 北京保利 2017-12-16

118 莫大风 2016年作 金山岭长城
估 价：RMB 400,000~600,000
成交价：RMB 460,000
80cm×160.5cm 中国嘉德 2017-06-19

4849 米巧铭 2017年作 霸王别姬
估 价：RMB 4,000,000~4,500,000
成交价：RMB 5,060,000
188cm×288cm 北京保利 2017-06-04

1417 墨客 2012年作 ADORE
估　价：RMB 900,000~1,000,000
成交价：RMB 1,150,000
44.5cm×30.5cm 北京翰海 2017-12-16

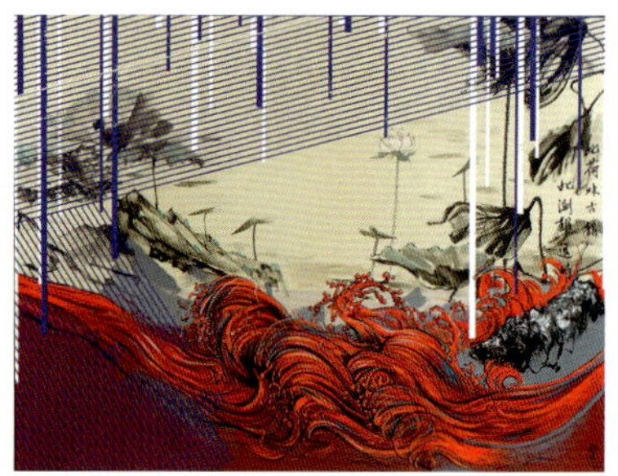

319 那危 2014年作 红潮图
估　价：HKD 220,000~320,000
成交价：RMB 478,688
150cm×200cm　佳士得 2017-11-26

1055 奈良美智 衫户洋 2004年作 玛丽安
估　价：HKD 3,000,000~4,000,000
成交价：RMB 4,365,900
66cm×60cm 香港苏富比 2017-04-02

1060 墨客 云渍
估　价：RMB 750,000~800,000
成交价：RMB 897,000
30cm×20cm 北京荣宝 2017-06-02

54 奈良美智 2001年作 MIA
估　价：HKD 12,000,000~16,000,000
成交价：RMB 19,487,900
180cm×180cm×26cm 佳士得 2017-11-25

2653 倪贻德 1950年作 女孩肖像与苏堤茶室（双面画）
估　价：RMB 550,000~650,000
成交价：RMB 2,507,000
45.5cm×70.5cm 北京匡时 2017-06-03

38 欧拉齐奥·简提列斯基 《女子头像》
估　价：USD 2,000,000~3,000,000
成交价：RMB 12,558,813
42cm×37cm 纽约苏富比 2017-01-25

1058 尼奥·劳赫 2013年作 登岸假期
估　价：HKD 4,700,000~6,000,000
成交价：RMB 5,561,000
300cm×250cm 香港苏富比 2017-09-30

757 潘玉良 1958年作 窗前裸女（双面画）
估　价：HKD 3,000,000~5,000,000
成交价：RMB 4,309,360
30.5cm×22.2cm 中国嘉德 2017-10-02

5085 庞均 2017年作 鼓浪屿
估　价：RMB 800,000~1,200,000
成交价：RMB 1,062,500
130cm×162cm 香港苏富比 2017-10-01

611 庞均 2017年作 花满状元楼
估　价：HKD 1,300,000~2,000,000
成交价：RMB 1,465,324
200cm×200cm 中国嘉德 2017-05-29

388 庞均 2017年作 周庄双桥
估　价：HKD 1,200,000~2,200,000
成交价：RMB 2,075,580
200cm×250cm 佳士得 2017-05-28

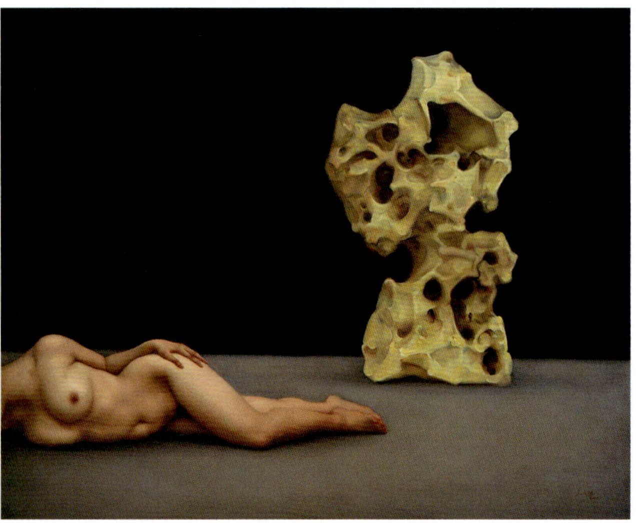

618 庞茂琨 2011年作 沉溺之四
估　价：RMB 2,000,000~3,000,000
成交价：RMB 2,070,000
160cm×200cm 华艺国际 2017-05-27

1024 庞茂琨 2015年作 镜花缘之九
估　价：RMB 1,200,000~1,500,000
成交价：RMB 1,116,500
160cm×120cm 北京华辰 2017-06-05

4277 彭常安 2003年作 邛海三月
估 价：RMB 1,600,000~1,800,000
成交价：RMB 1,840,000
60cm×80cm 北京保利 2017-12-16

2811 彭常安 2013年作 垂柳·睡莲
估 价：RMB 1,000,000~1,500,000
成交价：RMB 1,840,000
78.5cm×58cm 北京匡时 2017-06-03

4902 彭常安 2013年作 邻居婆婆的窗台
估 价：RMB 1,700,000~2,200,000
成交价：RMB 1,725,000
50cm×60cm 北京保利 2017-06-04

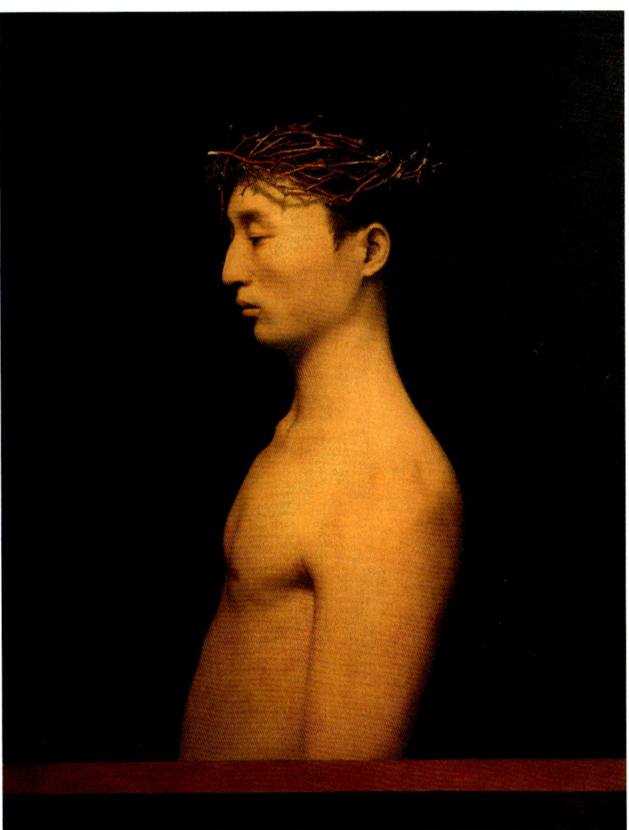

4455 彭斯 2008年作 怀忧
估 价：RMB 700,000~1,000,000
成交价：RMB 805,000
138cm×108cm 北京保利 2017-12-16

41 朴栖甫 描法 NO. 45-75
估 价：USD 800,000~1,200,000
成交价：RMB 8,374,738
129.9cm×161.9cm 纽约苏富比 2017-05-18

621 七户优 2012年作 少女的祈祷
估　价：HKD 700,000~1,000,000
成交价：RMB 732,662
130cm×97cm 中国嘉德 2017-05-29

616 前川强 1963年作 无题 画框
估　价：HKD 700,000~1,000,000
成交价：RMB 1,336,500
162.5cm×131cm 香港苏富比 2017-04-02

1 乔纳斯·伍德 黑色静物画
估　价：USD 250,000~350,000
成交价：RMB 7,960,318
222.9cm×208.3cm 纽约苏富比 2017-05-18

1961 祁志龙 1993年 消费形象十二号
估　价：RMB 120,000~180,000
成交价：RMB 805,000
170cm×200cm 中国嘉德 2017-12-19

37 乔瓦尼·巴蒂斯塔·帖波洛 妆成花神福罗拉的女子肖像
估　价：GBP 2,000,000~3,000,000
成交价：RMB 20,883,863
88.3cm×69.9cm 伦敦苏富比 2017-07-05

6190 钱德湘 2015年作 平安果 镜心
估　价：RMB 150,000~300,000
成交价：RMB 322,000
92cm×120cm 北京保利 2017-11-10

5 乔治·布拉克 1911年作 独脚小圆桌
估　价：USD 4,000,000~6,000,000
成交价：RMB 69,784,875
41cm×32.9cm 纽约佳士得 2017-05-15

29 乔治·布拉克 1937年作 钢琴师
估　价：USD 6,000,000~8,000,000
成交价：RMB 49,039,700
145cm×102.5cm 纽约苏富比 2017-05-16

842 秦风 2015年作 欲望风景系列：生命之悦 镜框
估　价：HKD 320,000~420,000
成交价：RMB 354,800
161cm×130.5cm 佳士得 2017-05-29

15 乔治·德·基里科 1917年4月至8月作 托比亚斯之梦
估　价：USD 5,000,000~7,000,000
成交价：RMB 63,803,413
59cm×49cm 纽约苏富比 2017-05-16

4586 秦琦 2009年作 三个篮板
估 价：RMB 300,000~500,000
成交价：RMB 517,500
133cm×183cm 北京保利 2017-06-04

633 邱光平 2014年作 单独者
估 价：RMB 700,000~850,000
成交价：RMB 782,000
120cm×160cm 华艺国际 2017-05-27

804 邱亚才 1993年作 模特儿
估 价：HKD 1,200,000~1,500,000
成交价：RMB 1,273,220
191.5cm×130cm 中国嘉德 2017-10-02

360 邱亚才 仕女
估 价：NTD 3,200,000~4,200,000
成交价：RMB 1,374,000
131cm×97cm 羅芙奧 2017-06-04

4614 仇晓飞 2012年作 反复
估 价：RMB 1,500,000~2,000,000
成交价：RMB 2,530,000
尺寸不一 北京保利 2017-06-04

825 仇德树 裂变—晴日霞光
估 价：HKD 500,000~800,000
成交价：RMB 489,700
182.5cm×182.5cm 中国嘉德 2017-10-02

1611 沙耆 1987年作 港口
估　价：RMB 900,000~1,200,000
成交价：RMB 1,035,000
77cm×117cm 上海敬华 2017-07-01

6 塞·托姆布雷 闪耀的火石
估　价：USD 5,000,000~7,000,000
成交价：RMB 57,587,113
尺寸不一 纽约苏富比 2017-05-18

2651 沙耆 1995年作 门前的盆花
估　价：RMB 800,000~1,200,000
成交价：RMB 2,070,000
46cm×35.5cm 北京匡时 2017-06-03

50 山口长男 黄色眼睛
估　价：USD 200,000~300,000
成交价：RMB 6,551,290
121.9cm×90.8cm 纽约苏富比 2017-05-18

24 尚·米榭·巴斯基亚 无题
成交价：RMB 763,137,163
183.2cm×173cm 纽约苏富比 2017-05-18

187 尚·米榭·巴斯基亚 1984年作 无题
估　价：HKD 30,000,000~50,000,000
成交价：RMB 36,727,500
183cm×122cm 保利香港 2017-10-02

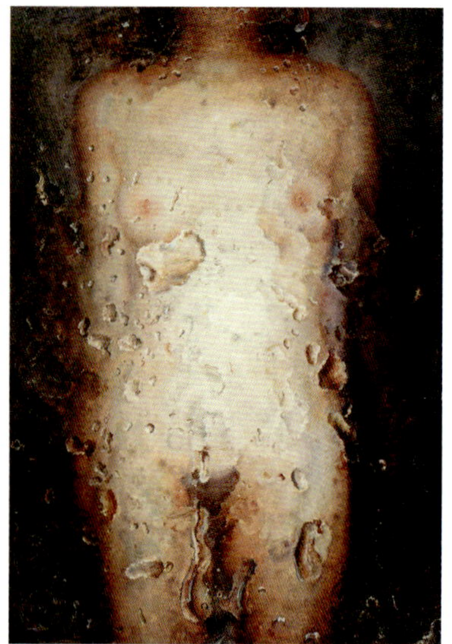

1856 石冲 2006年 物语——水、空气和身体之二
估 价：RMB 350,000~450,000
成交价：RMB 402,500
50cm×36cm 中国嘉德 2017-12-19

3241 尚扬 1991-1999年作 E地风景之十六
估 价：RMB 1,500,000~2,200,000
成交价：RMB 2,070,000
61.5cm×122cm 西泠拍卖 2017-07-16

4565 尚扬 1995年作 SALE
估 价：RMB 5,000,000~6,000,000
成交价：RMB 5,175,000
153cm×192cm 北京保利 2017-06-04

4275 石村 2017年作 佛·莲花
估 价：RMB 800,000~1,000,000
成交价：RMB 920,000
116cm×76cm 北京保利 2017-12-16

1853 沈行工 1996年 春暖
估 价：RMB 300,000~400,000
成交价：RMB 345,000
114cm×162.5cm 中国嘉德 2017-12-19

8 石田彻也 1996年作 丰田汽车IPSUM
估　价：HKD 2,000,000~3,000,000
成交价：RMB 3,033,540
59.4cm×84.1cm 佳士得 2017-05-27

0006A 苏珊·杜尚 1916至1920年作 两个孤独者在远处的辐射
估　价：USD 700,000~1,500,000
成交价：RMB 12,013,250
73.1cm×50cm 纽约佳士得 2017-11-13

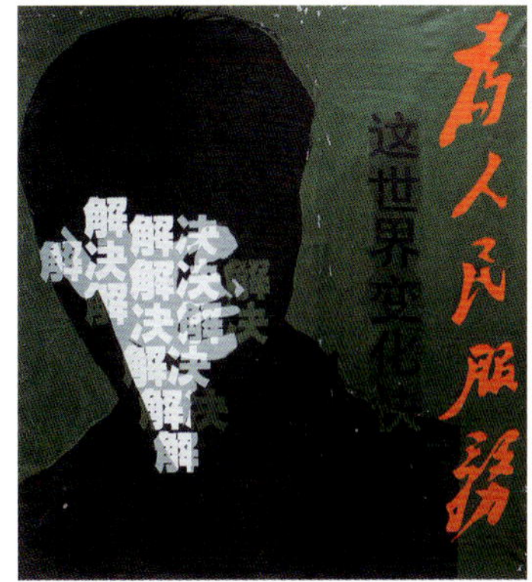

3912 舒群 1991年作 文化POP系列·崔健D
估　价：RMB 1,500,000~2,000,000
成交价：RMB 1,667,500
130cm×120cm 北京匡时 2017-12-04

407 苏加那·克尔顿 吃西瓜的阿凡迪
估　价：HKD 400,000~600,000
成交价：RMB 985,625
89cm×57cm 香港苏富比 2017-10-01

2031 苏天赐 1980年代作 苏南初春
估　价：RMB 1,200,000~2,200,000
成交价：RMB 8,050,000
80cm×64cm 中国嘉德 2017-12-19

818 苏天赐 1990年作 静静的溪流
估 价：HKD 250,000~350,000
成交价：RMB 568,052
55cm×55cm 中国嘉德 2017-10-02

115 苏笑柏 2007年作 大圆
估 价：HKD 1,200,000~1,800,000
成交价：RMB 1,261,656
尺寸不一 保利香港 2017-04-03

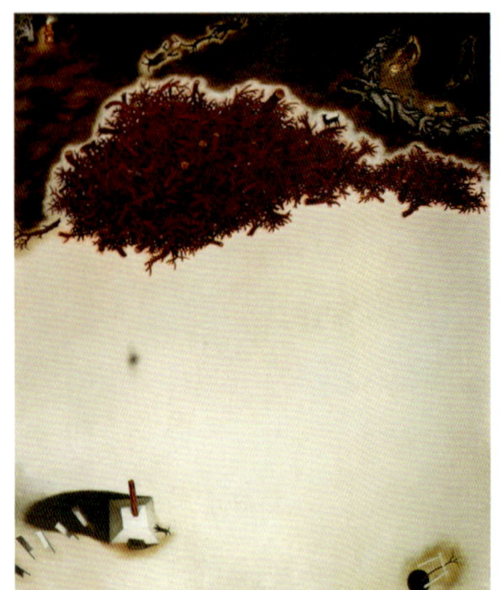

313 苏旺伸 2000年作 破土典礼
估 价：HKD 400,000~600,000
成交价：RMB 372,313
200cm×170cm 佳士得 2017-11-26

3228 苏天赐 1996年作 玉瓶银花
估 价：RMB 750,000~950,000
成交价：RMB 1,150,000
56cm×56cm 西泠拍卖 2017-07-16

50 苏佐佐诺 1956年作 遗址和钢琴
估 价：HKD 8,000,000~12,000,000
成交价：RMB 8,036,220
125.5cm×200cm 佳士得 2017-05-27

4428 孙宗慰 1943年作 蒙藏人民歌舞图
估　价：RMB 4,000,000~5,000,000
成交价：RMB 5,175,000
90cm×120cm 北京保利 2017-12-16

2685 孙宗慰 1955年作 女车工
估　价：RMB 1,400,000~1,600,000
成交价：RMB 1,610,000
55.5cm×68cm 北京匡时 2017-06-03

3893 谭平 2015年作 无题
估　价：RMB 280,000~380,000
成交价：RMB 322,000
100cm×120cm 北京匡时 2017-12-04

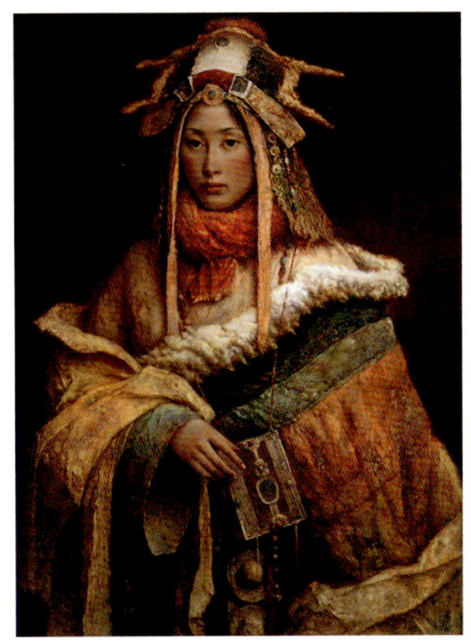

993 唐伟民 2011年作 节日
估　价：RMB 450,000~600,000
成交价：RMB 517,500
147cm×110cm 广东崇正 2017-06-15

10 唐一禾 1932年作 静物
估　价：RMB 200,000~300,000
成交价：RMB 747,500
24cm×33cm 中国嘉德 2017-06-19

4561 唐蕴玉 1930年代作 女子肖像
估　价：RMB 600,000~1,200,000
成交价：RMB 690,000
79cm×64cm 北京保利 2017-06-04

1982 唐志冈 2001年 儿童开会之四
估　价：RMB 380,000~480,000
成交价：RMB 460,000
169.5cm×200cm 中国嘉德 2017-12-19

859 唐志冈 2005年作 中国童话系列
估　价：HKD 250,000~350,000
成交价：RMB 445,500
180cm×150cm 香港苏富比 2017-04-03

1020 藤田嗣治 1925年作 织女与猎犬（双联作）
估　价：HKD 3,200,000~4,200,000
成交价：RMB 9,047,000
142cm×58cm；142cm×60cm 香港苏富比 2017-09-30

95 屠宏涛 2010年作 集书崖
估　价：RMB 280,000~380,000
成交价：RMB 322,000
150.5cm×210.5cm 中国嘉德 2017-06-19

53 瓦西里·康丁斯基 1913年10月作 白线构图
成交价：RMB 286,185,863
119.5cm × 110cm 伦敦苏富比 2017-06-21

3195 王道源 蓝衣肖像
估　价：RMB 450,000~550,000
成交价：RMB 517,500
73cm × 60cm 西泠拍卖 2017-07-16

1028 王德威 1972年作 进度
估　价：RMB 350,000~450,000
成交价：RMB 431,250
64.5cm × 129cm 北京荣宝 2017-06-02

132 汪亚尘 1931年作 巴黎教堂
估　价：HKD 450,000~700,000
成交价：RMB 734,550
45.7cm × 38cm 保利香港 2017-10-02

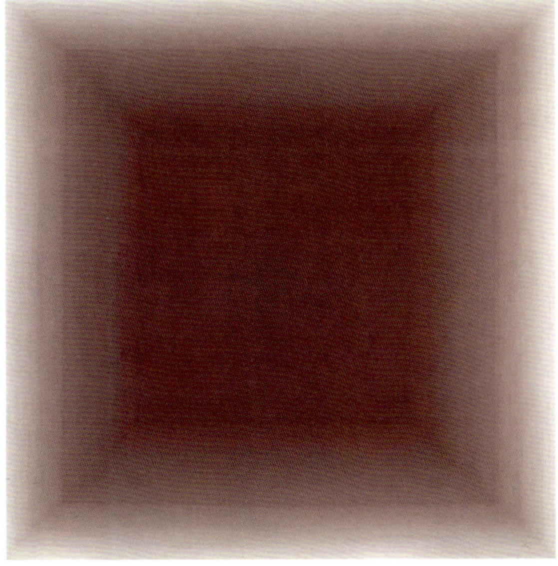

221 王光乐 2009年作 90917
估　价：RMB 1,000,000~1,500,000
成交价：RMB 2,160,000
180cm × 160cm 佳士得（上海） 2017-09-24

4597 王光乐 2012年作 120103
估　价：RMB 550,000~650,000
成交价：RMB 1,092,500
114cm×146cm 北京保利 2017-06-04

169 王广义 1987年作 黑色理性——病理学（双面画）
估　价：RMB 4,200,000~5,200,000
成交价：RMB 4,945,000
65.5cm×88.5cm 中国嘉德 2017-06-19

4823 王海洋 2013年作 无题
估　价：RMB 250,000~350,000
成交价：RMB 402,500
135cm×180cm 北京保利 2017-06-04

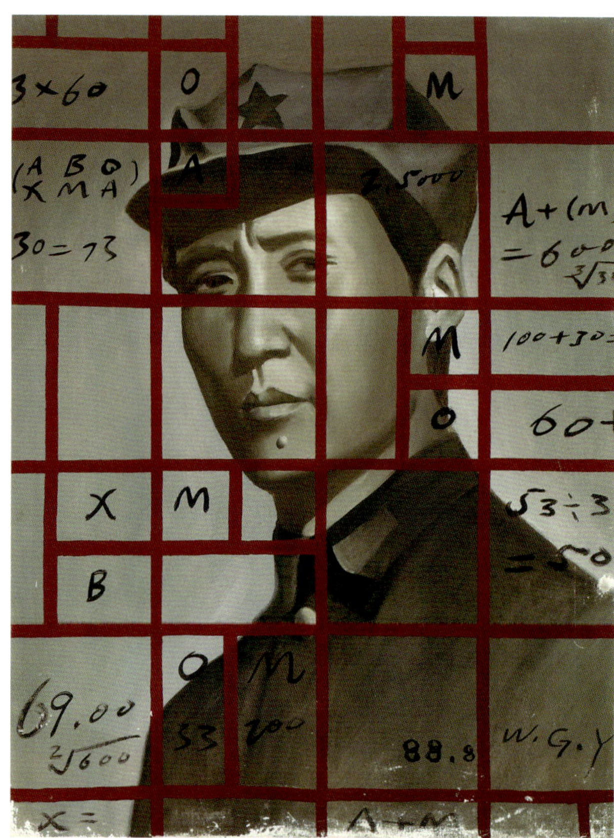

2074 王广义 1988年 毛主席在延安
估　价：RMB 4,800,000~6,800,000
成交价：RMB 5,520,000
84.5cm×64.5cm 中国嘉德 2017-12-19

1007 王怀庆 2002年作 房中房—红色之床（双联作）
估　价：HKD 20,000,000~30,000,000
成交价：RMB 19,334,700
200cm×240cm；200cm×120cm 香港苏富比 2017-04-02

5038 王济远 1951年作 水果静物
估　价：RMB 100,000~200,000
成交价：RMB 937,500
76.3cm×92cm 香港苏富比 2017-10-01

309 王金成 尼泊尔
估　价：HKD 220,000~350,000
成交价：RMB 645,975
170cm×300cm 香港苏富比 2017-04-03

4881 王劼音 2012年作 古典花卉
估　价：RMB 480,000~680,000
成交价：RMB 632,500
194cm×140cm 北京保利 2017-06-04

62 王克举 2017年作 丰收的花朵之二
估　价：RMB 320,000~380,000
成交价：RMB 345,000
100cm×120cm 北京华辰 2017-12-16

1973 王劲松 1994年 舞台游乐园
估　价：RMB 150,000~200,000
成交价：RMB 609,500
170cm×200cm 中国嘉德 2017-12-19

1561 王其钧 流水抚轻舟
估　价：RMB 480,000~580,000
成交价：RMB 552,000
83cm×130cm 北京翰海 2017-06-03

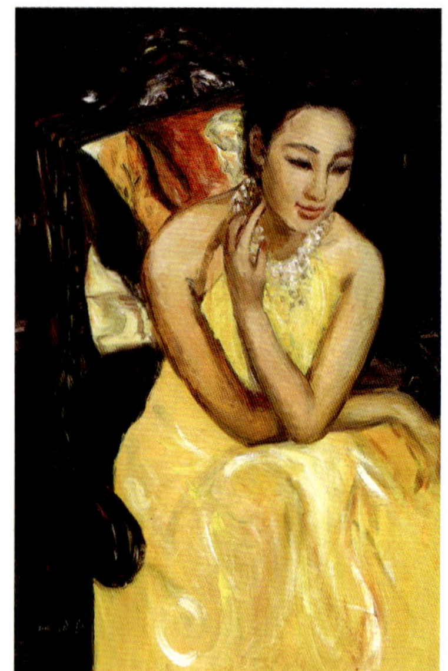

1553 王晓燕 2016年作 自画像
估 价：RMB 200,000~300,000
成交价：RMB 345,000
100cm×80cm 北京翰海 2017-06-03

1557 王其智 2016年作 毛主席像
估 价：RMB 1,200,000~1,500,000
成交价：RMB 4,370,000
90cm×70cm 北京翰海 2017-06-03

1653 王兴伟 2005年作 无题
估 价：RMB 480,000~550,000
成交价：RMB 552,000
88cm×99.7cm 上海敬华 2017-07-01

1046 王兴伟 1998年作 新兵
估 价：HKD 2,500,000~3,500,000
成交价：RMB 2,672,600
195cm×118cm 香港苏富比 2017-09-30

4446 王兴伟 1999年作 觉醒的道德
估 价：RMB 2,600,000~3,600,000
成交价：RMB 4,830,000
92cm×80cm 北京保利 2017-12-16

4906 王雅桐 2017年作 马说
估　价：RMB 600,000~800,000
成交价：RMB 1,380,000
260cm × 150cm 北京保利 2017-06-04

2762 王音 2005年作 花
估　价：RMB 2,000,000~3,000,000
成交价：RMB 2,300,000
225cm × 420cm 北京匡时 2017-06-03

167 王音 2012年作 加油站
估　价：RMB 1,200,000~2,200,000
成交价：RMB 1,380,000
201cm × 251cm 中国嘉德 2017-06-19

4477 王衍成 2014年作 无题
估　价：RMB 9,000,000~15,000,000
成交价：RMB 18,400,000
180cm × 180cm 北京保利 2017-12-16

3092 王沂东 红绣球 镜心
估　价：RMB 5,000,000~8,000,000
成交价：RMB 7,015,000
100cm × 150cm 北京保利 2017-11-10

1047 王音 2014年作 民族舞
估 价：HKD 1,200,000~2,500,000
成交价：RMB 1,245,000
150cm×230cm 香港苏富比 2017-09-30

831 韦嘉 2008年作 哭墙 画框
估 价：HKD 260,000~350,000
成交价：RMB 423,225
99cm×200cm 香港苏富比 2017-04-03

2698 韦启美 1994年作 群花
成交价：RMB 667,000
80cm×99.5cm 北京匡时 2017-06-03

578 王玉平 2000年作 鱼
估 价：RMB 320,000~380,000
成交价：RMB 368,000
100cm×220cm 上海明轩 2017-06-30

1867 韦尔申 1994年 守望者
估 价：RMB 500,000~800,000
成交价：RMB 943,000
175cm×175cm 中国嘉德 2017-12-19

4550 王中军 2017年作 北京红色1号
估 价：RMB 1,500,000~2,000,000
成交价：RMB 3,680,000
180cm×180cm 北京保利 2017-06-04

4886 卫天霖 1930年代早期 紫禁城外
估 价：RMB 500,000~800,000
成交价：RMB 575,000
44.5cm×45.5cm 北京保利 2017-06-04

1202 魏巨川 2017年作 《中国制造—工业2.0》（1）
估 价：RMB 300,000~400,000
成交价：RMB 345,000
135cm×150cm 广东崇正 2017-12-13

371 魏乐唐 1975年作 山水
估 价：HKD 450,000~600,000
成交价：RMB 609,813
61.5cm×92cm 佳士得 2017-05-28

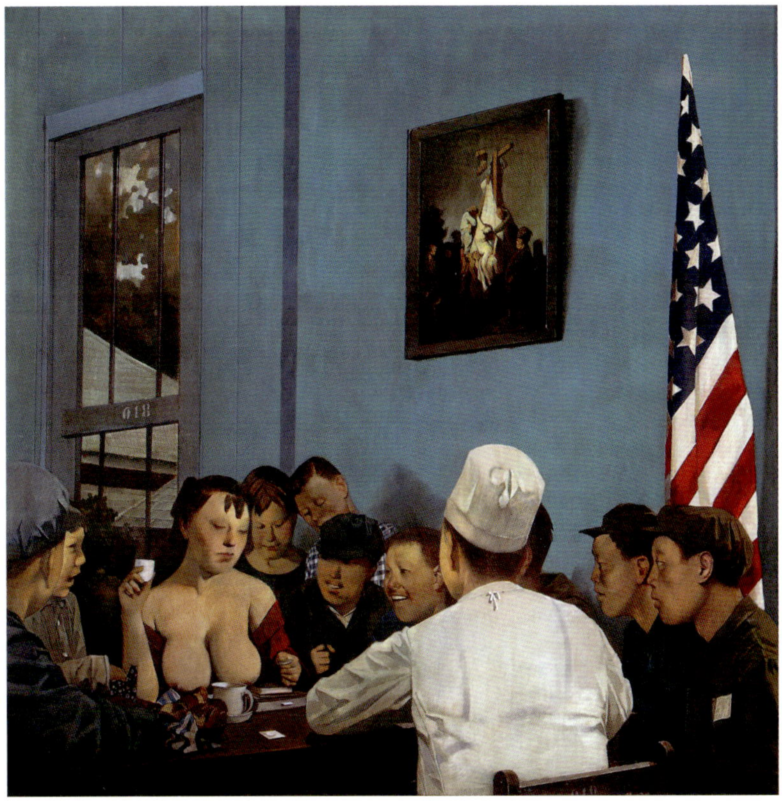

4844 魏东 2012年作 我的叙事者
估 价：RMB 600,000~800,000
成交价：RMB 747,500
100cm×100cm 北京保利 2017-06-04

0028A 文森·梵谷 1889年9月初作于圣雷米 田野里犁地的农夫
成交价：RMB 538,939,250
50.3cm×64.9cm 纽约佳士得 2017-11-13

6 文森·梵谷 1889年作 收割者（摹米勒）
估 价：GBP 12,500,000~16,500,000
成交价：RMB 210,204,150
43.3cm×24.3cm 伦敦佳士得 2017-06-27

2036 吴大羽 1980年代作 采韵
估 价：RMB 3,800,000~5,800,000
成交价：RMB 7,015,000
53cm×38cm 中国嘉德 2017-12-19

2658 吴大羽 1980年作 绿韵
估 价：RMB 6,800,000~8,800,000
成交价：RMB 9,200,000
53cm×39cm 北京匡时 2017-06-03

1013 吴大羽 繁花争艳
估 价：HKD 6,000,000~8,000,000
成交价：RMB 7,573,500
45.5cm×32.5cm 香港苏富比 2017-04-02

4219 吴笛笛 2004年作 十二生肖
成交价：RMB 483,000
200cm×85cm×12 北京保利 2017-12-16

1039 吴冠中 1961年作 格桑花儿开
估　价：RMB 10,000,000~15,000,000
成交价：RMB 18,975,000
158cm×81cm 际华春秋 2017-06-23

1019 吴冠中 1974年作 七十年代上海
估　价：HKD 5,000,000~8,000,000
成交价：RMB 20,003,000
45.5cm×60cm 香港苏富比 2017-09-30

4551 吴冠中 1974年作 红莲
估　价：RMB 15,000,000~25,000,000
成交价：RMB 32,775,000
54cm×73cm 北京保利 2017-06-04

135 吴冠中 1974年作 松林
估　价：HKD 6,000,000~8,000,000
成交价：RMB 27,335,880
46cm×46cm 保利香港 2017-04-03

4554 吴冠中 1975年作 乞力马扎罗雪山
估　价：RMB 28,000,000~38,000,000
成交价：RMB 32,200,000
100cm × 180cm 北京保利 2017-06-04

177 吴冠中 1975年作 坦桑尼亚大瀑布
估　价：HKD 36,000,000~56,000,000
成交价：RMB 44,562,700
100.3cm × 179.6cm 保利香港 2017-10-02

127 吴冠中 1990年作 姐妹（人体）
估　价：RMB 16,000,000~26,000,000
成交价：RMB 25,300,000
92cm × 60cm 保利华谊 2017-12-08

179 吴冠中 1991年作 桂林
估　价：HKD 15,000,000~25,000,000
成交价：RMB 14,691,000
44cm × 53cm 保利香港 2017-10-02

136 吴冠中 1993年作 彩谷
估　价：HKD 8,000,000~12,000,000
成交价：RMB 25,233,120
50cm×61.2cm 保利香港 2017-04-03

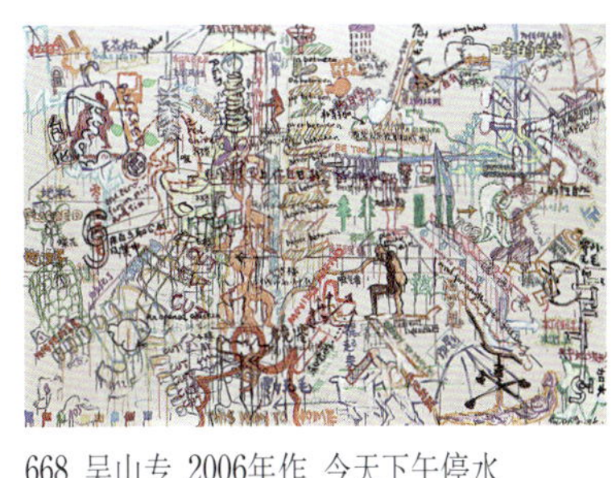

668 吴山专 2006年作 今天下午停水
估　价：HKD 280,000~350,000
成交价：RMB 373,500
199cm×298cm 香港苏富比 2017-10-01

994 吴宇芳 2011年作 谷雨
估　价：RMB 300,000~320,000
成交价：RMB 345,000
130cm×120cm 广东崇正 2017-06-15

983 吴宜恩 荷花一组
估　价：RMB 1,200,000~1,300,000
成交价：RMB 1,380,000
200cm×80cm×4 广东崇正 2017-06-15

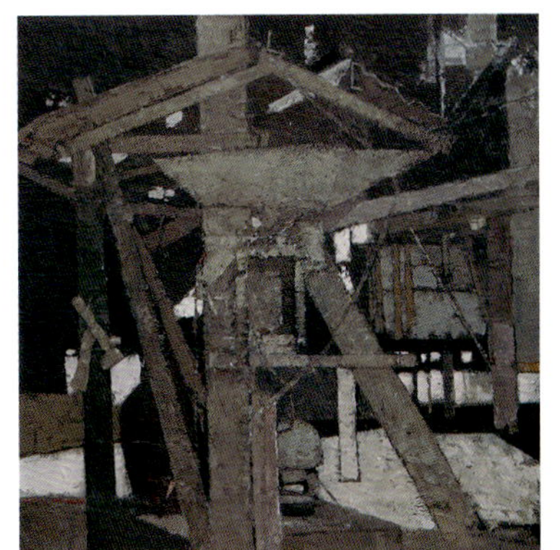

1418 吴长富 2004年作 工业日记
估　价：RMB 1,600,000~1,800,000
成交价：RMB 2,127,500
150cm×150cm 北京翰海 2017-12-16

1567 吴长富 2006年作 工业日记2006
估 价：RMB 800,000~1,000,000
成交价：RMB 1,288,000
150cm×150cm 北京翰海 2017-06-03

424 武高谈 1960年作 万斯村
估 价：HKD 180,000~240,000
成交价：RMB 585,063
92cm×65cm 佳士得 2017-11-26

316 武高谈 1984年作 构图
估 价：HKD 750,000~850,000
成交价：RMB 1,330,500
113cm×145cm 佳士得 2017-05-28

3805 吴作人 1934年作 蔷薇
估 价：RMB 1,800,000~2,500,000
成交价：RMB 3,450,000
50cm×40cm 北京匡时 2017-12-04

59 西奥·凡·利赛尔伯格 1892年作 黄昏的安特卫普埃斯科河上游 或 埃斯科河上的帆船
估 价：GBP 7,000,000~10,000,000
成交价：RMB 73,554,113
66.7cm×90.5cm 伦敦苏富比 2017-06-21

129 席德进 1961年作 躺卧的裸女（林丝缎）
估 价：HKD 2,100,000~3,000,000
成交价：RMB 4,626,072
80.5cm × 116cm 保利香港 2017-04-03

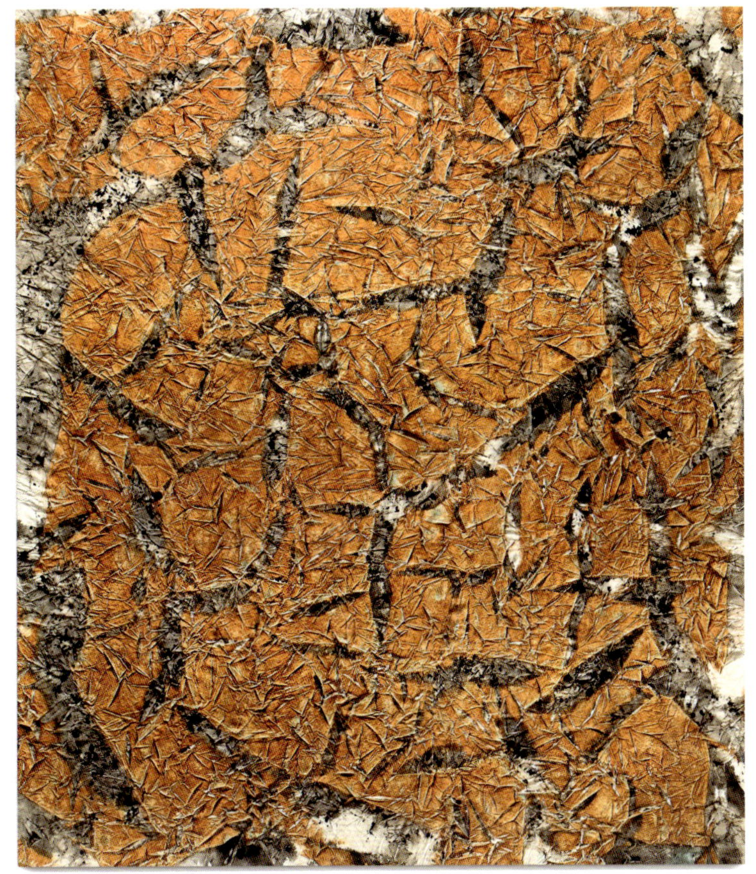

49 西蒙·韩泰 M·D·4（玛丽安）
估 价：USD 2,000,000~3,000,000
成交价：RMB 22,465,018
235.5cm × 207cm 纽约苏富比 2017-05-18

5083 席德进 1967年作 西门町
估 价：RMB 800,000~1,200,000
成交价：RMB 1,250,000
61.5cm × 61.5cm 香港苏富比 2017-10-01

1441 西茜 2016年作 默声
估 价：RMB 580,000
成交价：RMB 713,000
40cm × 50cm 北京翰海 2017-01-08

172 夏小万 1992年作 爱
估 价：RMB 1,200,000~1,800,000
成交价：RMB 1,495,000
144cm × 112cm 中国嘉德 2017-06-19

4454 夏星 2017年作 清风不识字
估 价：RMB 3,800,000~4,800,000
成交价：RMB 4,370,000
200cm × 200cm 北京保利 2017-12-16

3263 肖峰 1959年作 站姿女人体·女裸之三（双面画）
估 价：RMB 800,000~1,200,000
成交价：RMB 1,012,000
150cm × 81cm 西泠拍卖 2017-07-16

5031 夏阳 1975年作 苏豪漫步5
估 价：HKD 250,000~450,000
成交价：RMB 757,350
147.5cm × 183.5cm 香港苏富比 2017-04-03

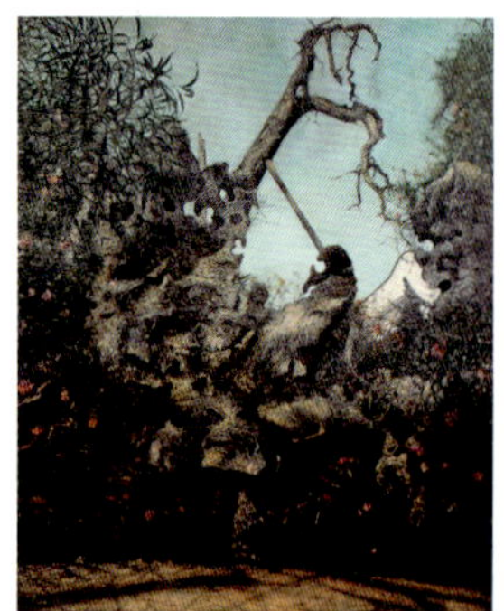

1880 肖芳凯 2014年 景物·园林卷：1405
估 价：RMB 280,000~380,000
成交价：RMB 368,000
180cm × 150cm 中国嘉德 2017-12-19

1004 萧勤 1964年作 光之跃动 17
估 价：HKD 600,000~1,000,000
成交价：RMB 4,963,400
130cm × 160cm 香港苏富比 2017-09-30

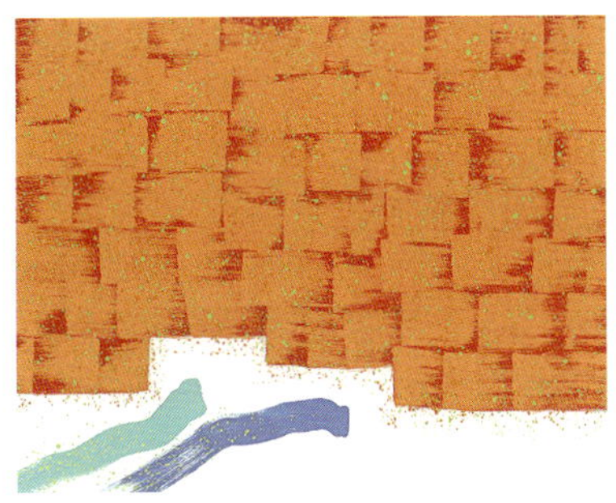

5033 萧勤 1999年作 心灵的体现 37
估 价：HKD 400,000~600,000
成交价：RMB 723,938
110cm×140cm 香港苏富比 2017-04-03

2020 萧淑芳 1954年作 北京冬季的什刹海
估 价：RMB 1,200,000~1,800,000
成交价：RMB 4,140,000
53.5cm×40cm 中国嘉德 2017-12-19

825 谢墨凛 2011年作 爻No·1
估 价：HKD 350,000~450,000
成交价：RMB 389,813
150cm×199cm 香港苏富比 2017-04-03

12 小彼得·布吕赫尔 婚宴
估 价：GBP 1,000,000~1,500,000
成交价：RMB 15,681,863
71.8cm×104.7cm 伦敦苏富比 2017-07-05

1015 谢景兰 1988年作 无题
估 价：HKD 1,000,000~1,500,000
成交价：RMB 1,556,250
206cm×123cm 香港苏富比 2017-09-30

755 谢楚余 2000年 湖
估 价：RMB 550,000~700,000
成交价：RMB 713,000
120cm×100cm 华艺国际 2017-11-25

4599 谢南星 2006年作 无题 No·1
估 价：RMB 1,500,000~2,500,000
成交价：RMB 1,610,000
220cm×325cm 北京保利 2017-06-04

2067 忻东旺 1996年 客
估 价：RMB 1,500,000~2,000,000
成交价：RMB 2,990,000
132cm×108cm 中国嘉德 2017-12-19

4447 徐冰 2001年作 鸟飞了
估 价：RMB 6,000,000~8,000,000
成交价：RMB 6,900,000
尺寸不一 北京保利 2017-12-16

165 忻东旺 1996年作 明天，多云转晴
估 价：RMB 2,800,000~3,800,000
成交价：RMB 4,255,000
150cm×160.5cm 中国嘉德 2017-06-19

3999 徐骥 2017年作 盛世花开
估 价：RMB 180,000~250,000
成交价：RMB 368,000
59cm×49cm 北京匡时 2017-12-04

3921 徐里 2017年作 风高气清
估 价：RMB 600,000~800,000
成交价：RMB 1,150,000
90cm×120cm 北京匡时 2017-12-04

2021 徐悲鸿 1928年作 人体
估 价：RMB 1,200,000~1,800,000
成交价：RMB 1,380,000
33cm×40.5cm 中国嘉德 2017-12-19

116 徐里 2014年作 追忆
估 价：RMB 600,000~800,000
成交价：RMB 805,000
80cm×100cm 中国嘉德 2017-06-19

827 徐震 2014年作 天下系列：
2232MT2151 镜框
估 价：HKD 700,000~1,000,000
成交价：RMB 668,250
130cm×180cm 香港苏富比 2017-04-03

24 徐芒耀 2014年作 油画工作室系列之一
估 价：RMB 8,500,000~10,000,000
成交价：RMB 13,800,000
160cm×120cm 北京华辰 2017-12-16

4467 徐渠 2013-2014年作 瞬间
成交价：RMB 529,000
200cm×250cm×2 北京保利 2017-12-16

1658 徐文华 2014年作 G弦上的咏叹调
估 价：RMB 330,000~380,000
成交价：RMB 379,500
89cm×219cm 上海敬华 2017-07-01

1663 徐唯辛 2015年作 长城之二
估 价：RMB 220,000~250,000
成交价：RMB 322,000
80cm×100cm 上海敬华 2017-07-01

118 许江 1998年作 山水的谐音之三
估 价：HKD 450,000~750,000
成交价：RMB 440,730
98cm×160cm 保利香港 2017-10-02

112 许江 夏日之网
估 价：HKD 480,000~780,000
成交价：RMB 504,662
100cm×160cm 保利香港 2017-04-03

2657 许幸之 1962年作 化肥烟涌
估　价：RMB 1,800,000~2,200,000
成交价：RMB 2,300,000
44cm × 62cm 北京匡时 2017-06-03

85 薛保瑕 2013年作 记号空间（三联作）
估　价：RMB 400,000~600,000
成交价：RMB 460,000
86cm × 216.5cm 中国嘉德 2017-06-19

149 薛松 2011年作 山村雪霁图
估　价：RMB 260,000~360,000
成交价：RMB 299,000
180cm × 85cm 保利华谊 2017-12-08

122 薛广陈 2016年作 有蜂来仪
成交价：RMB 598,000
26cm × 70cm 中国嘉德 2017-06-19

23 亚当·德·科斯特 《烛光前手持纺纱杆的少女》
估　价：USD 1,500,000~2,000,000
成交价：RMB 33,605,650
134cm × 94.9cm 纽约苏富比 2017-01-25

21 亚美迪欧·莫迪利安尼 1913年作 女神柱
估　价：GBP 6,000,000~9,000,000
成交价：RMB 59,692,950
80cm×45.8cm 伦敦佳士得 2017-06-27

10 亚美迪欧·莫迪瑞安尼 1918年作 《巴拉诺夫斯基肖像》
估　价：GBP 10,000,000~15,000,000
成交价：RMB 137,910,920
112cm×56cm 伦敦苏富比 2017-03-01

1050 闫平 2013年作 新年的忧伤
估 价：RMB 1,000,000~1,500,000
成交价：RMB 1,380,000
200cm×180cm 北京华辰 2017-06-05

130 严培明 2004年作 李小龙
估 价：HKD 1,200,000~1,600,000
成交价：RMB 1,108,750
200cm×200cm 佳士得 2017-05-28

1044 颜文樑 江南
估 价：RMB 800,000~1,200,000
成交价：RMB 1,029,250
26.5cm×34.5cm 北京荣宝 2017-06-02

4242 闫振铎 2014年作 无题之一、二、三
估 价：RMB 500,000~800,000
成交价：RMB 575,000
64cm×50cm×3 北京保利 2017-12-16

4592 颜磊 2008年作 猛龙过江
估 价：RMB 150,000~200,000
成交价：RMB 1,265,000
200cm×1000cm 北京保利 2017-06-04

5 杨·桑德·凡·赫米森 匈牙利安妮皇后之弄臣伊莉萨白肖像
估 价：GBP 400,000~600,000
成交价：RMB 18,803,063
49.4cm×40.4cm 伦敦苏富比 2017-07-05

608 杨飞云 2000年作 湖水
估 价：RMB 7,500,000~10,000,000
成交价：RMB 8,050,000
115.5cm×81cm 上海明轩 2017-06-30

4431 杨飞云 1992年作 窗前
估 价：RMB 1,200,000~1,800,000
成交价：RMB 1,725,000
80cm×70cm 北京保利 2017-12-16

11 杨立光 1940年作 抽烟的人
估 价：RMB 400,000~600,000
成交价：RMB 782,000
46cm×38cm 中国嘉德 2017-06-19

407 杨识宏 2015年作 变奏
估 价：HKD 240,000~380,000
成交价：RMB 720,688
96.3cm×128.2cm 佳士得 2017-05-28

613 杨飞云 2006年作 镜中无人
估 价：RMB 3,500,000~4,500,000
成交价：RMB 4,025,000
200cm×100cm 上海明轩 2017-06-30

4453 杨茂源 1998年作 1998 No.18
估 价：RMB 800,000~1,000,000
成交价：RMB 1,207,500
180cm×230cm 北京保利 2017-12-16

1041 杨述 1988年作 旧梦
估 价：RMB 150,000~250,000
成交价：RMB 322,000
170cm×180cm 北京华辰 2017-06-05

1963 杨少斌 1993年 无题
估 价：RMB 200,000~300,000
成交价：RMB 575,000
185cm×200cm 中国嘉德 2017-12-19

1891 叶永青 2007年 鸟
估 价：RMB 320,000~420,000
成交价：RMB 483,000
197cm×197cm 中国嘉德 2017-12-19

354 叶子奇 2000-03年作 大榕树
估　价：NTD 3,200,000~5,500,000
成交价：RMB 2,143,440
86.5cm×127cm 羅芙奧 2017-06-04

1036 尹朝阳 2001年作 失乐园4号 画框
估　价：HKD 1,000,000~2,000,000
成交价：RMB 1,559,250
200cm×150cm 香港苏富比 2017-04-02

3256 尹朝阳 2007年作 广场
估　价：RMB 800,000~1,200,000
成交价：RMB 920,000
200cm×350cm 西泠拍卖 2017-07-16

41 尹亨根 1992年作 焦赭和深蓝
估　价：HKD 1,000,000~1,500,000
成交价：RMB 1,595,625
162cm×130cm 佳士得 2017-11-25

613 尹亨根 1978年作 UMBER BLUE 画框
估　价：HKD 800,000~1,200,000
成交价：RMB 1,113,750
65.1cm×80.5cm 香港苏富比 2017-04-02

222 由金 2015年作 路径-后花园
估　价：RMB 280,000~580,000
成交价：RMB 1,104,000
180cm×260cm 佳士得（上海） 2017-09-24

4835 于向溟 2016年作 繁花如伊
估　价：RMB 500,000~600,000
成交价：RMB 632,500
225cm×185cm 北京保利 2017-06-04

2033 余本 1937年作 期盼
估　价：RMB 2,000,000~3,000,000
成交价：RMB 2,300,000
88cm×68cm 中国嘉德 2017-12-19

146 余本 1962年作 镜泊湖储木场
成交价：RMB 636,610
54.5cm×79.1cm 保利香港 2017-10-02

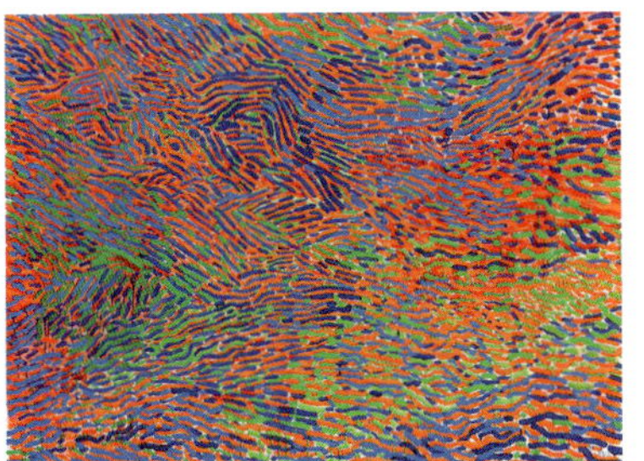

23 余友涵 1991年作 抽象 1991-2
成交价：RMB 4,310,820
116.5cm×162cm 佳士得 2017-05-27

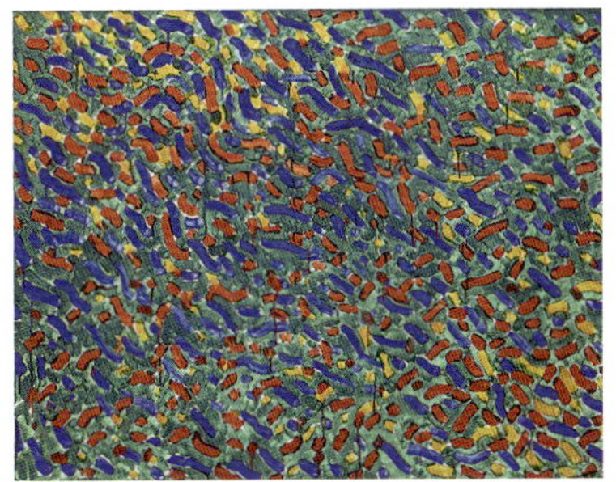

620 余友涵 1991年作 33451
成交价：RMB 1,452,500
92cm×116cm 香港苏富比 2017-10-01

2089 喻红 1989年 怀旧的肖像（自画像）
成交价：RMB 3,680,000
129.5cm×97cm 中国嘉德 2017-12-19

1016 余承尧 春盛江山美
成交价：RMB 3,831,300
94cm×185.5cm 香港苏富比 2017-04-02

1040 余友涵 1990年作 圆
成交价：RMB 2,655,180
109cm×89.5cm 香港苏富比 2017-04-02

42 袁远 2011年作 无助
估 价：HKD 500,000~700,000
成交价：RMB 942,438
180cm × 147cm 佳士得 2017-05-27

134 岳敏君 2004年作 闲云野鹤之十一
估 价：HKD 4,000,000~5,000,000
成交价：RMB 4,310,820
218cm × 299cm 佳士得 2017-05-28

1074 岳敏君 2005年作 后花园
估 价：HKD 4,000,000~5,000,000
成交价：RMB 3,569,000
280cm × 400cm 香港苏富比 2017-09-30

21 约瑟夫·马洛德·威廉·泰纳 埃伦布赖特施泰因，或拜伦《恰尔德·哈罗尔德游记》中光辉的荣耀之石与马索之墓
估 价：GBP 17,000,000~25,000,000
成交价：RMB 160,687,613
93cm × 123cm 伦敦苏富比 2017-07-05

605 元永定正 1963年作 作品 画框
估 价：HKD 4,000,000~6,000,000
成交价：RMB 9,177,300
116.7cm × 90.9cm 香港苏富比 2017-04-02

4903 臧瑾 2016年作 知音
估 价：RMB 500,000~600,000
成交价：RMB 632,500
60cm × 80cm 北京保利 2017-06-04

4204 臧坤坤 2014年作 容器 III
估 价：RMB 250,000~350,000
成交价：RMB 287,500
200cm × 150cm 北京保利 2017-12-16

1976 曾梵志 1994年 面具系列第十六号
估　价：RMB 12,000,000~18,000,000
成交价：RMB 20,700,000
150cm×180cm 中国嘉德 2017-12-19

173 曾梵志 1996年作 面具系列 1996 No· 6
成交价：RMB 93,572,820
199cm×179.3cm；199cm×358.6cm
保利香港 2017-04-03

116 曾梵志 1999年作 无题（面具系列）
估　价：RMB 380,000~580,000
成交价：RMB 1,440,000
11cm×14.5cm 佳士得（上海） 2017-09-24

1033 曾传兴 回味
估　价：RMB 300,000~500,000
成交价：RMB 713,000
115cm×108cm 际华春秋 2017-06-23

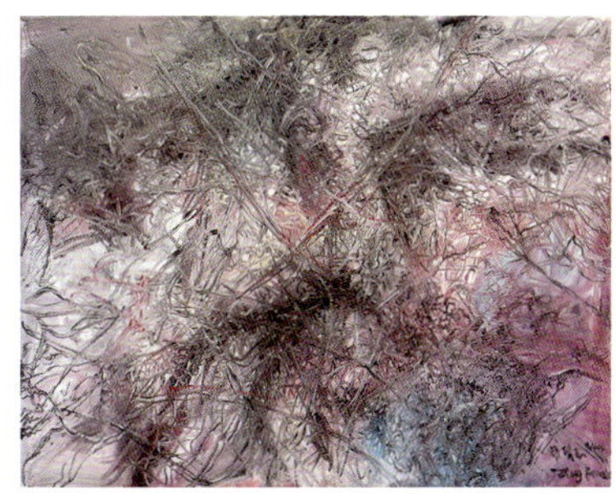

3904 曾梵志 2004年作 无题
估　价：RMB 2,600,000~3,600,000
成交价：RMB 2,760,000
170cm×220cm 北京匡时 2017-12-04

1049 曾梵志 2006年作 江山如此多娇之二
估　价：HKD 7,000,000~9,000,000
成交价：RMB 6,557,000
215cm×330cm 香港苏富比 2017-09-30

146 曾梵志 2007年作 无题 07-10-8
估　价：RMB 8,000,000~12,000,000
成交价：RMB 9,775,000
215cm×330cm 保利华谊 2017-12-08

225 詹建俊 1987年作 遥远的地方
估　价：RMB 2,600,000~3,600,000
成交价：RMB 3,600,000
162cm×131cm 佳士得（上海） 2017-09-24

137 张充仁 春郊放牧
估　价：HKD 900,000~1,300,000
成交价：RMB 3,427,900
96.3cm×152.5cm 保利香港 2017-10-02

174 曾梵志 2010年作 鹿
估　价：HKD 10,000,000~15,000,000
成交价：RMB 10,513,800
220cm×180cm 保利香港 2017-04-03

115 张闯 2006年作 都市精灵之三
估　价：RMB 1,200,000~1,800,000
成交价：RMB 1,380,000
198cm×100cm 中国嘉德 2017-06-19

33 张恩利 1998年作 静物
估　价：HKD 1,700,000~2,200,000
成交价：RMB 1,764,180
167.3cm×148cm 佳士得 2017-03-23

1070 张恩利 2008年作 摄影展
估　价：HKD 1,200,000~1,800,000
成交价：RMB 1,141,250
209cm×199cm 香港苏富比 2017-09-30

6038 张广军 2015年作 芦荡深处
估　价：RMB 350,000~550,000
成交价：RMB 575,000
120cm×200cm 中贸圣佳 2017-12-21

181 张嘉应 拉小提琴的女孩
估　价：RMB 100,000
成交价：RMB 115,000
91cm×60cm 北京翰海 2017-09-10

41 张京生 1996年作 敦煌印象 （一组3件）
估　价：RMB 280,000~380,000
成交价：RMB 287,500
99cm×78cm×3；114cm×83cm
北京华辰 2017-12-16

2083 张恩利 1997年 扑克牌
估　价：RMB 2,200,000~3,200,000
成交价：RMB 3,450,000
168cm×148cm 中国嘉德 2017-12-19

1032 张荔英 约1960-1969年作 海边
估　价：HKD 1,200,000~1,800,000
成交价：RMB 1,660,000
60cm×80cm 香港苏富比 2017-09-30

359 张淑芬 2017年作 春晨曙光
估　价：NTD 850,000~1,000,000
成交价：RMB 1,003,200
145cm×112cm 羅芙奧 2017-12-03

1033 张荔英 《月饼与灯笼》
估　价：HKD 1,200,000~2,200,000
成交价：RMB 1,893,375
65cm×53cm 香港苏富比 2017-04-02

4439 张晓刚 2002-2005年作 全家福
成交价：RMB 29,325,000
280cm×450cm 北京保利 2017-12-16

868 张晓刚 1997年作 血缘系列第五十二号 油彩 画布
估 价：HKD 1,200,000~1,500,000
成交价：RMB 1,762,920
48cm×38cm 中国嘉德 2017-10-02

616 张晓刚 2006年作 血缘：大家庭系列
估 价：HKD 9,000,000~12,000,000
成交价：RMB 9,313,500
160cm×200cm 中国嘉德 2017-05-29

79 章剑 2001年作 两个人
估 价：RMB 250,000~350,000
成交价：RMB 414,000
200cm×150cm 中国嘉德 2017-06-19

1559 赵梦歌 2012年作 惊鸿
估 价：RMB 300,000~400,000
成交价：RMB 345,000
100cm×100cm 北京翰海 2017-06-03

4568 张晓刚 2006年作 里和外4号
估 价：RMB 4,500,000~6,500,000
成交价：RMB 5,175,000
170cm×330cm 北京保利 2017-06-04

5010 赵春翔 一九七三年作 五福临门II
估 价：HKD 500,000~600,000
成交价：RMB 556,875
178cm×95cm 香港苏富比 2017-04-03

1413 赵梦歌 2015年作 自在
估 价：RMB 400,000~500,000
成交价：RMB 460,000
140cm×95cm 北京翰海 2017-12-16

1016 赵无极 1963年作 09.01.63
估 价：HKD 50,000,000~70,000,000
成交价：RMB 63,111,125
130cm×195cm 香港苏富比 2017-09-30

1004 赵无极 1967年作 17·07·67
估 价：HKD 20,000,000~28,000,000
成交价：RMB 35,673,413
130cm×96.5cm 香港苏富比 2017-04-02

4 赵无极 1964年作 29·09·64
估 价：HKD 38,000,000~48,000,000
成交价：RMB 135,586,820
230cm×345cm 佳士得 2017-05-27

32 赵无极 1979年作 8.11.79
估 价：HKD 12,000,000~18,000,000
成交价：RMB 42,209,600
90cm×116.7cm 佳士得 2017-11-25

181 赵无极 1959年作 24.03.59-31.12.59
估 价：HKD 40,000,000~60,000,000
成交价：RMB 50,928,800
162.3cm×99.5cm 保利香港 2017-10-02

1055 正延正俊 1961年作 作品
估　价：HKD 950,000~1,250,000
成交价：RMB 1,348,750
162cm×97cm 香港苏富比 2017-09-30

330 郑丽云 2015年作 艾丽斯 III
估　价：HKD 280,000~350,000
成交价：RMB 297,850
167cm×155cm 佳士得 2017-11-26

193 郑英胄 2016年作 高山乡村 1220
估　价：HKD 60,000~100,000
成交价：RMB 388,063
112cm×162cm 佳士得 2017-05-28

612 郑相和 1984年作 无题84-8-16
估　价：HKD 1,200,000~1,800,000
成交价：RMB 1,141,250
67.6cm×68cm 香港苏富比 2017-10-01

43 郑相和 1985 年作 无题85-8-9
估　价：HKD 2,000,000~3,000,000
成交价：RMB 1,914,750
130cm×97cm 佳士得 2017-11-25

588 中西夏之 1987年作 LIR-87-I
估　价：HKD 700,000~900,000
成交价：RMB 4,884,740
194cm×142cm 佳士得 2017-11-26

765 郑在东 2006年 月夜山水
估　价：RMB 220,000~300,000
成交价：RMB 345,000
120cm×120cm 华艺国际 2017-11-25

48 钟泗宾 1948年作 森林
估　价：HKD 2,000,000~2,800,000
成交价：RMB 2,182,020
56.5cm×68.5cm 佳士得 2017-05-27

1031 钟泗滨 女子坐像
估　价：HKD 1,300,000~1,800,000
成交价：RMB 3,867,800
56.5cm×45cm 香港苏富比 2017-09-30

10 钟泗宾 1977年作 耕耘
估　价：HKD 1,200,000~1,800,000
成交价：RMB 2,021,125
102cm×81.5cm 佳士得 2017-11-25

2085 周春芽 1993年 中国风景
估　价：RMB 10,000,000~15,000,000
成交价：RMB 44,275,000
194cm×130cm 中国嘉德 2017-12-19

2759 周春芽 1997年作 绿狗系列—名牌时装
估　价：RMB 6,500,000~7,500,000
成交价：RMB 8,050,000
249cm×199cm 北京匡时 2017-06-03

650 周春芽 2006年作 桃花风景系列2006 - 蓝色的天空
估　价：HKD 2,500,000~3,500,000
成交价：RMB 4,764,200
250cm×200cm 香港苏富比 2017-10-01

4441 周春芽 2007年作 3个TT
估　价：RMB 10,000,000~15,000,000
成交价：RMB 23,575,000
220cm×320cm 北京保利 2017-12-16

2034 周碧初 1952年作 少女
估 价：RMB 3,000,000~4,000,000
成交价：RMB 3,450,000
55cm×46cm 中国嘉德 2017-12-19

34 朱德群 1998-1999年作 岩晶的挺现
估 价：HKD 10,000,000~16,000,000
成交价：RMB 18,977,300
200cm×200cm 佳士得 2017-11-25

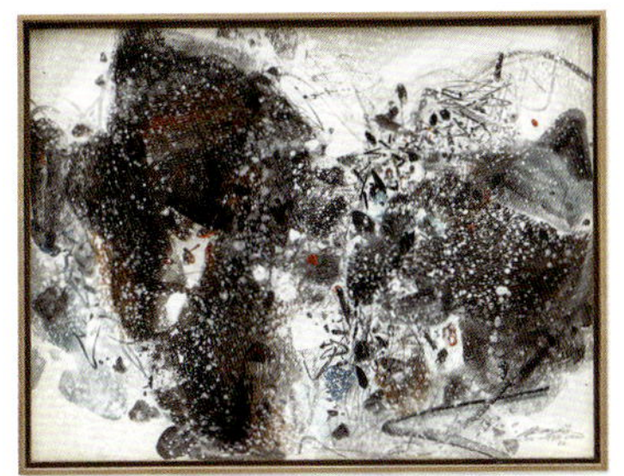

1014 朱德群 1987年作 雪之舞
估 价：HKD 4,200,000~5,800,000
成交价：RMB 5,221,260
55cm×75cm 香港苏富比 2017-04-02

872 朱金石 1985年作 无题 画框
估 价：HKD 300,000~500,000
成交价：RMB 612,563
100.5cm×75.5cm 香港苏富比 2017-04-03

789 朱德群 1986年作 冬之圆舞曲
估 价：HKD 6,500,000~8,000,000
成交价：RMB 6,615,100
60cm×73cm 中国嘉德 2017-10-02

1017 朱沅芷 1932年作 工业之轮在纽约
估 价：HKD 80,000,000~120,000,000
成交价：RMB 87,388,625
香港苏富比 2017-09-30

1018 朱乃正 1980年作 神秘的青海湖
估 价：RMB 1,000,000~1,200,000
成交价：RMB 1,150,000
60cm×140cm 北京华辰 2017-06-05

610 庄普 1985年作 一块岩石
估 价：HKD 400,000~500,000
成交价：RMB 418,664
130cm×189.5cm 中国嘉德 2017-05-29

104 庄哲 2007年作 堤岸天光
估 价：HKD 350,000~450,000
成交价：RMB 367,983
167.8cm×167.8cm 保利香港 2017-04-03

347 庄喆 2000年作 相依
估 价：NTD 900,000~1,600,000
成交价：RMB 302,280
76cm×168cm 羅芙奧 2017-06-04

4278 左晋 2016年作 紫气东来
估　价：RMB 200,000~300,000
成交价：RMB 287,500
140cm×200cm 北京保利 2017-12-16

漆 画

13 范厚 约1936年作 奇尼风景
估　价：HKD 500,000~700,000
成交价：RMB 1,010,563
105cm×30cm×6 佳士得 2017-11-25

298 阮嘉智 约1940年作 外省村庄
成交价：RMB 4,266,200
整体93.5cm×201cm 香港苏富比 2017-10-01

1918 胡本七 2016年 徽州·秋韵
估　价：RMB 400,000~600,000
成交价：RMB 2,070,000
120cm×180cm 中国嘉德 2017-12-19

1028 范光厚 林间鹿群
估　价：HKD 800,000~1,500,000
成交价：RMB 1,245,000
100cm×93cm×3 香港苏富比 2017-09-30

1029 阮嘉智 风景
估　价：HKD 700,000~900,000
成交价：RMB 2,473,400
整体97.5cm×198cm 香港苏富比 2017-09-30

雕 塑

57 阿尔伯托·贾柯梅蒂 大型人像
估 价：GBP 15,000,000~25,000,000
成交价：RMB 155,485,613
高130.3cm 伦敦苏富比 2017-06-21

0021A 阿里斯蒂德·马约尔 1930年构思；约1935年铸 站立的浴者
估 价：USD 1,200,000~1,800,000
成交价：RMB 12,013,250
155.6cm 纽约佳士得 2017-11-13

190 草间弥生 2011年作 南瓜
估 价：HKD 9,000,000~15,000,000
成交价：RMB 11,263,100
175cm×180cm×190cm 保利香港 2017-10-02

19 阿尔伯托·贾柯梅蒂 约1957年构思，1957-58年铸造 迪亚哥头像
估 价：USD 10,000,000~15,000,000
成交价：RMB 75,458,975
高62.9cm 纽约苏富比 2017-05-16

321 草间弥生 2013年作 我与南瓜相伴的生活
估 价：NTD 28,000,000~36,000,000
成交价：RMB 7,144,800
180cm×180cm×30cm 羅芙奧 2017-06-04

17 亨利·摩尔 1957年构思，1960年铸造。 女子坐像
估　价：USD 4,000,000~6,000,000
成交价：RMB 51,370,813
高159.7cm 纽约苏富比 2017-05-16

41 亨利·摩尔 1972至1973年作 四个组件的侧卧像 （大型）
估　价：USD 6,000,000~8,000,000
成交价：RMB 56,633,947
长400cm 纽约佳士得 2017-05-15

3023 渐新世（三千万年前） 法国枫丹白露宫固结砂岩
估　价：HKD 250,000~350,000
成交价：RMB 1,058,063
125cm×120cm 香港苏富比 2017-04-04

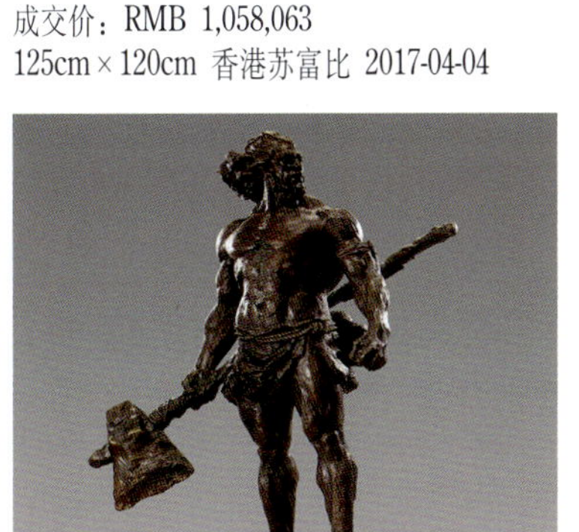

4901 家昌 2015年作 赣巨人
估　价：RMB 800,000~1,200,000
成交价：RMB 1,380,000
160cm×96cm×210cm 北京保利 2017-06-04

32 康斯坦丁·布朗库西 1913年作 沉睡的缪斯
估　价：USD 25,000,000~35,000,000
成交价：RMB 396,237,323
长26.7cm 纽约佳士得 2017-05-15

4235 李占洋 2004年作 武松杀嫂
估　价：RMB 350,000~500,000
成交价：RMB 402,500
70cm×60cm×105cm 北京保利 2017-12-16

662 李真 1998年作 无忧国土
估 价：HKD 500,000~700,000
成交价：RMB 1,193,125
73cm×125cm×23cm 香港苏富比 2017-10-01

38 李真 2007年作 天阙轻舟
估 价：HKD 2,800,000~3,800,000
成交价：RMB 6,971,820
224cm×107cm×82cm 佳士得 2017-05-27

3850 刘开渠 1960年作 牦牛
估 价：RMB 250,000~350,000
成交价：RMB 264,500
26cm×11cm×19cm 北京匡时 2017-12-04

137 卢征远 2016年作 包裹的中正枪
估 价：RMB 600,000~800,000
成交价：RMB 690,000
151cm×81cm×32cm 中国嘉德 2017-06-19

104 奈良美智 1999年作 QUIET
估 价：HKD 3,000,000~5,000,000
成交价：RMB 2,714,220
243.8cm×94cm×94cm 佳士得 2017-05-28

4 马克斯·恩斯特 1944年构思，20世纪50年代由Modern Art Foundry铸造。 国王与王后嬉戏
估 价：USD 4,000,000~6,000,000
成交价：RMB 110,425,663
高97.8cm 纽约苏富比 2017-05-16

698 奈良美智 2003年作 MELTING MOON
估 价：HKD 2,800,000~3,500,000
成交价：RMB 3,170,600
180.3cm 香港苏富比 2017-10-01

831 潘鹤 1956年 艰苦岁月
估 价：RMB 230,000~330,000
成交价：RMB 1,840,000
53cm×40cm×53cm 华艺国际 2017-11-25

16 让·阿尔普 1959年构思，1962年1月铸造。 比利牛斯躯干
估 价：USD 1,500,000~2,500,000
成交价：RMB 33,498,950
高102.8cm 纽约苏富比 2017-05-16

1329 钱绍武 舞蹈
估 价：RMB 300,000~400,000
成交价：RMB 345,000
43cm×28cm×18cm 北京翰海 2017-12-16

1331 钱绍武 1998年作 观音
估 价：RMB 500,000~600,000
成交价：RMB 575,000
97cm×22cm×20cm 北京翰海 2017-12-16

215 萨尔瓦多·达利 1975年作
Eléphant du triomphe
估 价：RMB 2,800,000~4,000,000
成交价：RMB 13,200,000
高265cm 佳士得（上海） 2017-09-24

4628 隋建国 1997年作 衣钵（中山装）
成交价：RMB 1,035,000
140cm×190cm×240cm 北京保利 2017-06-04

128 田世信 2005年作 牧羊人
估 价：RMB 150,000~200,000
成交价：RMB 517,500
42cm×50cm×81cm 中国嘉德 2017-06-19

1654 王广义 2002年作 唯物主义者
估 价：RMB 950,000~1,200,000
成交价：RMB 1,104,000
180cm×180cm×170cm 上海敬华 2017-07-01

4581 吴为山 2000年作 齐白石
估 价：RMB 800,000~1,200,000
成交价：RMB 3,450,000
20cm×15cm×150cm 北京保利 2017-06-04

4583 向京 2005年作 全黑的瞬间
估 价：RMB 1,500,000~2,000,000
成交价：RMB 1,725,000
110cm×46cm×170cm 北京保利 2017-06-04

578 许东荣 2016年作 魁星
估 价：HKD 140,000~260,000
成交价：RMB 404,225
72cm×63cm×32cm 佳士得 2017-11-26

2514 佚名 当代 铜曙光2016
估 价：RMB 800,000~800,000
成交价：RMB 920,000
102cm×126cm×80cm 北京翰海 2017-04-30

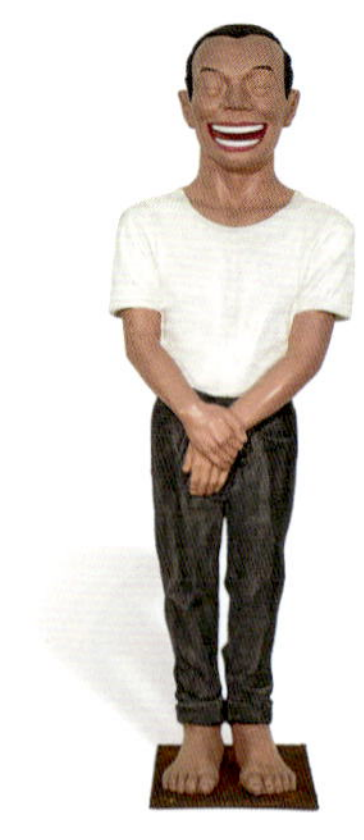

81 岳敏君 2000年作 现代兵马俑
估 价：HKD 200,000~400,000
成交价：RMB 468,825
182cm×61cm×53.3cm 香港苏富比 2017-01-19

2088 展望 1990年 坐着的女孩
估　价：RMB 1,800,000~2,800,000
成交价：RMB 3,910,000
130cm × 110cm × 49cm 中国嘉德 2017-12-19

4605 张晓刚 2008年作 工农商学兵
估　价：RMB 800,000~1,200,000
成交价：RMB 920,000
尺寸不一 北京保利 2017-06-04

3808 张充仁 1990年作 吴湖帆像
估　价：RMB 900,000~1,200,000
成交价：RMB 1,092,500
50cm × 50cm × 32cm 北京匡时 2017-12-04

1006 朱铭 1991年作 太极系列：单鞭下势 铜雕
估　价：HKD 8,000,000~12,000,000
成交价：RMB 12,919,500
165cm × 265cm × 122cm 香港苏富比 2017.04.02

1023 朱铭 1996年作 太极系列
估　价：HKD 9,000,000~15,000,000
成交价：RMB 10,541,000
a.148.2cm × 170.2cm × 191.5cm；b.175.3cm × 178cm × 239.4cm 香港苏富比 2017-09-30

301 舟越桂 2000年作 图书馆中的草原
估　价：HKD 1,000,000~1,500,000
成交价：RMB 904,188
尺寸不一 佳士得 2017-11-26

882 朱伟 2008年作 中国中国
估　价：HKD 450,000~800,000
成交价：RMB 835,313
尺寸不一 香港苏富比 2017-04-03

多媒体 装置

30 麦克·凯利 1991年作 粉红与灰
估　价：USD 2,000,000~3,000,000
成交价：RMB 13,347,778
尺寸不一 纽约苏富比 2017-05-18

40 米拉·申德尔 1966年作 无题，来自一无所有系列
估　价：USD 1,200,000~1,800,000
成交价：RMB 10,446,838
66.7×26×15.7cm 纽约苏富比 2017-05-18

861 李禹焕 1986年作 相依关系
估　价：HKD 900,000~1,200,000
成交价：RMB 1,782,000
尺寸不一 香港苏富比 2017-04-03

3937 邱志杰 1990-95年作 重复书写一千遍兰亭序 （五件一组）
估　价：RMB 500,000~600,000
成交价：RMB 529,000
65cm×149.8cm 北京匡时 2017-12-04

摄 影

117 杨福东 2010年作 国际饭店No.8
估　价：RMB 180,000~280,000
成交价：RMB 420,000
120cm×180cm 佳士得（上海） 2017-09-24

综合媒材

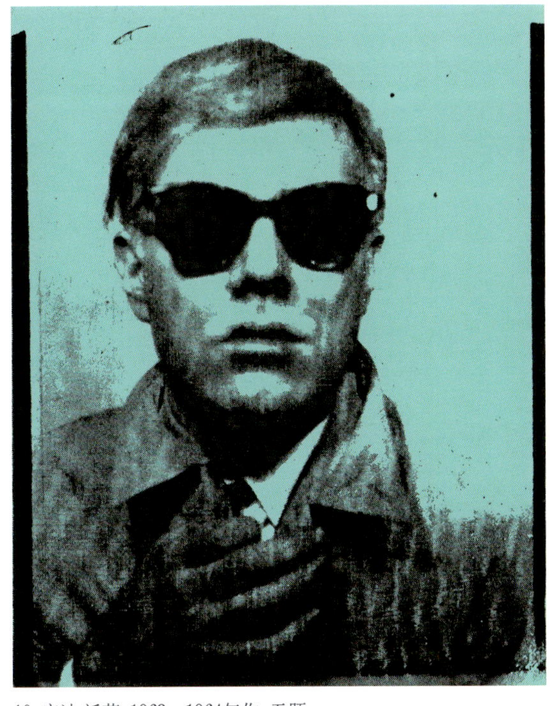

10 安迪·沃荷 1963~1964年作 无题
估 价：GBP 5,000,000~7,000,000
成交价：RMB 52,095,863
50.5cm×40.4cm 伦敦苏富比 2017-06-28

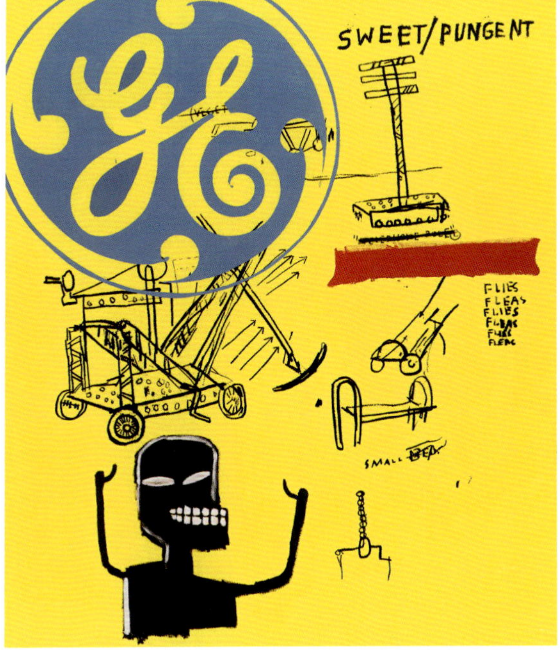

13 安迪·沃荷 尚·米榭·巴斯基亚 1984~1985年作 无题
估 价：GBP 1,400,000~1,800,000
成交价：RMB 38,440,613
244.5cm×206.1cm 伦敦苏富比 2017-06-28

52 陈箴 1998年作 持续不断的声音
估 价：RMB 2,800,000~3,800,000
成交价：RMB 3,335,000
160cm×150cm×100cm 中国嘉德 2017-06-19

1063 草间弥生 1998年作 南瓜 （HHP）
估 价：HKD 1,000,000~1,500,000
成交价：RMB 2,672,600
30cm×36cm×27cm 香港苏富比 2017-09-30

16 嶋本昭三 1965年作 黑色涡流
估 价：HKD 13,000,000~18,000,000
成交价：RMB 15,487,020
183cm×231cm 佳士得 2017-05-27

116 丁乙 1991年作 十示91-11
估 价：HKD 650,000~950,000
成交价：RMB 609,813
85cm×114cm 佳士得 2017-05-28

86 冯放 2014年作 鹤·太极（双联作）
估 价：RMB 400,000~600,000
成交价：RMB 460,000
122cm×340cm 中国嘉德 2017-06-19

372 冯钟睿 1984年作 绘画1984-26综
估 价：HKD 80,000~120,000
成交价：RMB 665,250
122cm×153cm 佳士得 2017-05-28q

2736 关乃平 捷克布拉格 镜框
估 价：RMB 200,000~250,000
成交价：RMB 437,000
36cm×54cm 北京荣宝 2017-12-02

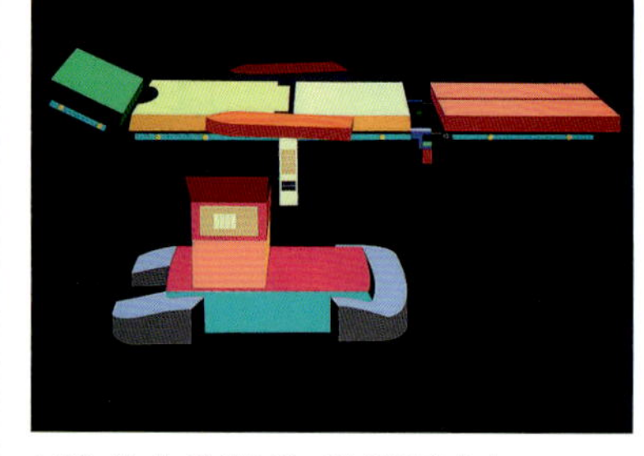

1458 韩啸 2015年作 CMYK手术台
估 价：RMB 600,000
成交价：RMB 690,000
130cm×170cm 北京翰海 2017-01-08

26 凯斯·哈林 1982年作 无题
估 价：USD 4,000,000~6,000,000
成交价：RMB 45,154,513
308.6cm×301.6cm 纽约苏富比 2017-05-18

26 黎谱 1938年作 音乐会
估 价：HKD 2,000,000~3,000,000
成交价：RMB 4,523,700
60cm×50cm 佳士得 2017-05-27

3891 李禹焕 1979年作 从线系列 No.79013
估 价：RMB 1,400,000~1,600,000
成交价：RMB 1,725,000
73cm×60.5cm 北京匡时 2017-12-04

1007 李元佳 约1962年作 宇宙点之研究 （十件）
估 价：HKD 80,000~160,000
成交价：RMB 1,452,500
香港苏富比 2017-09-30

4449 梁铨 1986年作 山山水水
估　价：RMB 450,000~650,000
成交价：RMB 552,000
78cm×111cm 北京保利 2017-12-16

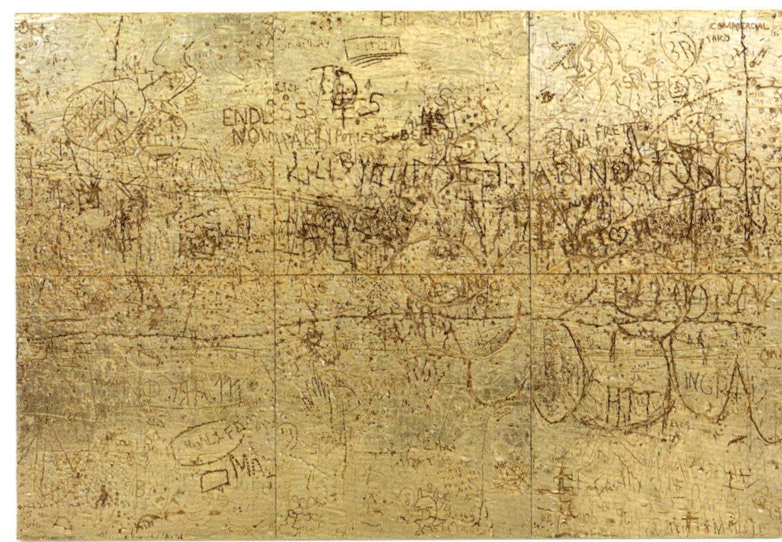

5 鲁道夫·斯丁格尔 2012年作 无题
估　价：USD 5,000,000~7,000,000
成交价：RMB 47,485,625
整體240cm×360cm×4cm 纽约苏富比 2017-05-18

1009 林寿宇 1961年作 绘画浮雕
估　价：HKD 800,000~1,200,000
成交价：RMB 2,672,600
香港苏富比 2017-09-30

255 奈良美智 2007年作
Our Thai House Mini
估　价：HKD 4,000,000~6,000,000
成交价：RMB 7,846,220
尺寸不一 佳士得 2017-11-26

1056 朴栖甫 1975年作 描法NO.38-75
估　价：HKD 6,000,000~8,000,000
成交价：RMB 11,039,000
130.5cm×162.5cm 香港苏富比 2017-09-30

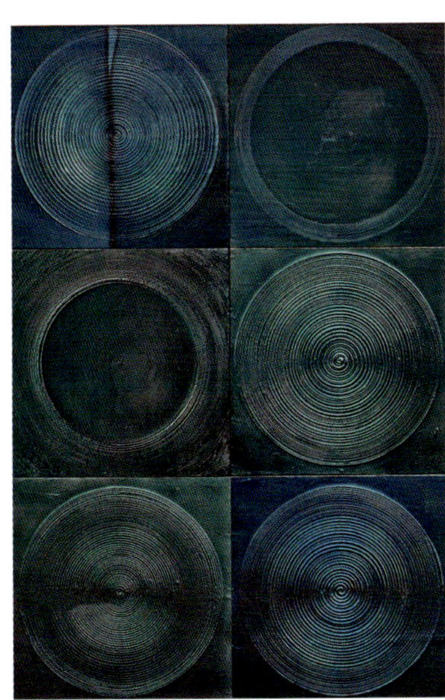

604 名坂有子 1962年作 537-2
估　价：HKD 400,000~500,000
成交价：RMB 881,875
120.3cm×80cm 香港苏富比 2017-10-01

618 全光荣 2004年作 集合04-MA029
估　价：HKD 200,000~300,000
成交价：RMB 435,750
163cm×228.2cm 香港苏富比 2017-10-01

2078 尚扬 2007年 山语-1
估 价：RMB 2,500,000~3,500,000
成交价：RMB 2,875,000
118cm×167.5cm 中国嘉德 2017-12-19

218 苏笑柏 2013年 三色–殷白
估 价：RMB 800,000~1,600,000
成交价：RMB 960,000
223cm×205cm×10cm 佳士得（上海）
2017-09-24

5020 王沂东 2016年作 远方的太阳
估 价：HKD 200,000~300,000
成交价：RMB 757,350
56cm×76cm 香港苏富比 2017-04-03

4 唐纳德·贾德 1988年作
估 价：GBP 800,000~1,200,000
成交价：RMB 9,959,663
49.8cm×100.3cm×50.2cm×2
伦敦苏富比 2017-06-28

5021 吴冠中 1991年作 太行山中
估 价：HKD 400,000~600,000
成交价：RMB 801,900
31cm×41cm 香港苏富比 2017-04-03

829 吴松 2016年作 瓶子．147
估 价：HKD 350,000~550,000
成交价：RMB 607,228
130cm×110cm 中国嘉德 2017-10-02

51 西格马·波尔克 2003年作 无题
估 价：USD 1,000,000~1,500,000
成交价：RMB 6,717,058
122.6cm×142.6cm 纽约苏富比 2017-05-18

619 薛松 2002年作 时尚系列–收租院
估 价：RMB 480,000~600,000
成交价：RMB 552,000
198cm×128cm 上海明轩 2017-06-30

4266 张修竹 2016年作 山水之间No.6
估　价：RMB 400,000~550,000
成交价：RMB 517,500
60cm×120cm 北京保利 2017-12-16

432 钟泗宾 1972年作 女子综
估　价：HKD 350,000~450,000
成交价：RMB 388,063
95cm×71.5cm 佳士得 2017-05-28

当代艺术

693 安迪·沃荷 1980年作 钻石粉红鞋子
估　价：HKD 800,000~1,200,000
成交价：RMB 1,037,500
45.7cm×35.5cm 香港苏富比 2017-10-01

223 阿戈斯帝诺·波纳鲁米 1965年作 Rosso
估　价：RMB 1,000,000~1,200,000
成交价：RMB 1,080,000
104cm×98cm×27cm
佳士得（上海） 2017-09-24

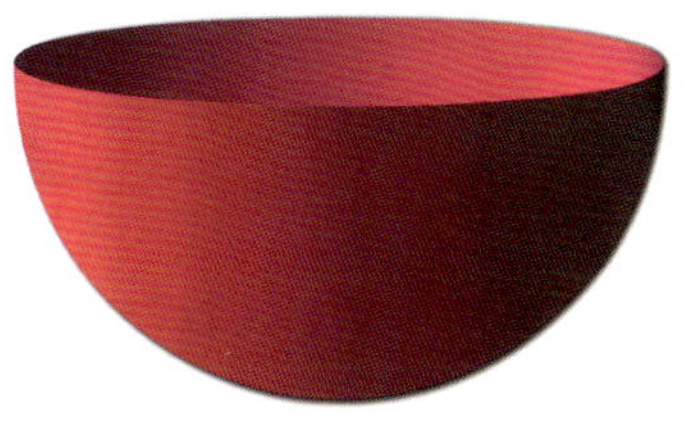

3892 陈文骥 2009年作 满意
估　价：RMB 1,500,000~2,000,000
成交价：RMB 2,242,500
197.5cm×351.5cm 北京匡时 2017-12-04

43 布尔奇·巴勒莫 红／黄
估　价：USD 1,500,000~2,000,000
成交价：RMB 31,167,838
200.3cm×70.2cm 纽约苏富比 2017-05-18

1A 亨利·劳伦斯 1915-1916年作 伯尔尼酒瓶
估　价：USD 1,000,000~1,500,000
成交价：RMB 8,831,810
24.2cm × 23.6cm × 19.2cm 纽约佳士得
2017-11-13

38 迪亚哥·贾柯梅蒂 约1966-1969年作 圣路易岛书架
估　价：USD 2,000,000~3,000,000
成交价：RMB 43,600,438
329.57cm × 433.71cm × 362.7cm 纽约苏富比 2017.05.16

42 弗兰克·史蒂拉 百事影院素描I
估　价：USD 3,500,000~4,500,000
成交价：RMB 31,167,838
175.3cm × 175.3cm 纽约苏富比 2017-05-18

1050 村上隆 1997年作 MISS KO2
估　价：HKD 15,000,000~20,000,000
成交价：RMB 20,403,900
182.9cm × 63.5cm × 82.6cm 香港苏富比 2017-04-02

46 卢齐欧·封塔纳 1965年作 空间概念，等待
估　价：USD 2,000,000~3,000,000
成交价：RMB 21,636,178
73cm × 60.3cm 纽约苏富比 2017-05-18

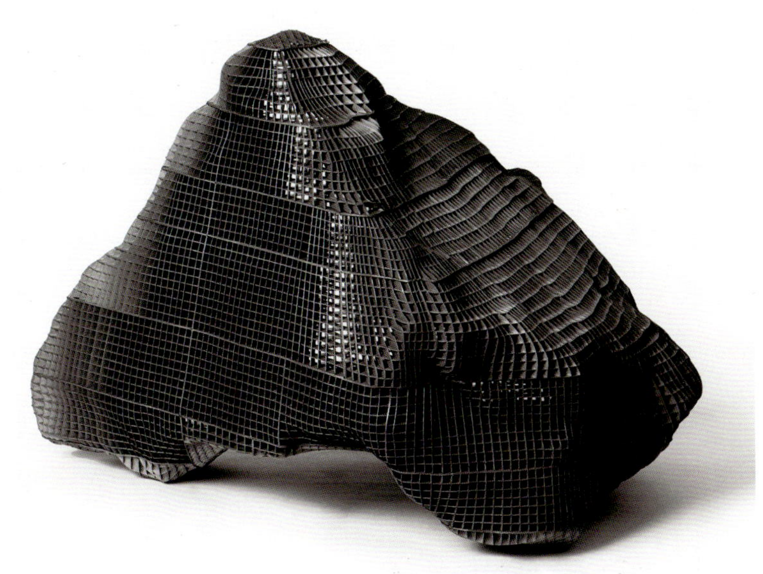

3922 隋建国 2010年作 梦之石
估　价：RMB 650,000~750,000
成交价：RMB 713,000
57cm×85cm×65cm 北京匡时 2017-12-04

1920 肖禹蓁 2016年 万物无象系列之九
估　价：RMB 100,000~150,000
成交价：RMB 517,500
130cm×100cm 中国嘉德 2017-12-19

129 赵无极 1952年作 无题
估　价：RMB 1,800,000~2,800,000
成交价：RMB 2,530,000
27cm×35cm 保利华谊 2017-12-08

1068 田中敦子 1988年作 88B
估　价：HKD 7,000,000~9,000,000
成交价：RMB 10,541,000
194cm×258.3cm 香港苏富比 2017-09-30

159 徐冰 为人民服务
估　价：HKD 150,000~350,000
成交价：RMB 332,625
55cm×167.5cm 佳士得 2017-05-28

其他艺术形式

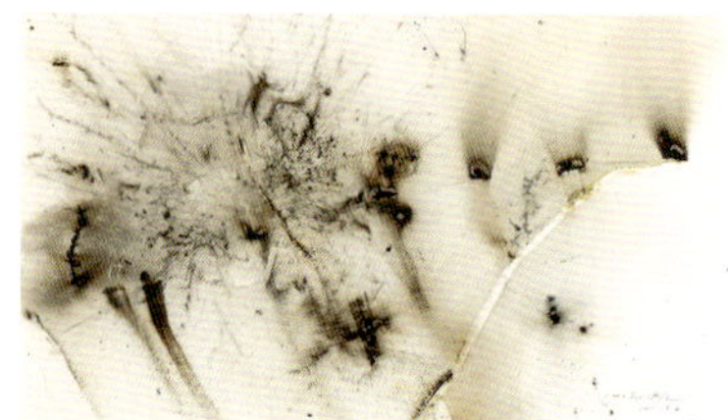

326 蔡国强 2001年作 热煤
估　价：HKD 250,000~350,000
成交价：RMB 319,125
45cm × 81.2cm　佳士得 2017-11-26

2249 程向君 2001年作 家书
估　价：RMB 500,000~600,000
成交价：RMB 575,000
60cm × 80cm 朵云轩 2017-06-26

4616 胡晓媛 2014年作 木
估　价：RMB 200,000~300,000
成交价：RMB 437,000
8cm × 38cm × 396cm 北京保利 2017-06-04

37 安德烈亚斯·古尔斯基 2003年作
估　价：GBP 400,000~600,000
成交价：RMB 5,069,783
297cm × 207cm 伦敦苏富比 2017-06-28

0003A 曼·雷 1920年作 凯瑟琳气压计
估 价：USD 2,000,000~4,000,000
成交价：RMB 21,557,570
122.2cm × 30.4cm × 5.9cm 纽约佳士得 2017-11-13

580 黄渊青 2016年作 陶渊明的诗 禅花
估 价：RMB 280,000~350,000
成交价：RMB 322,000
19cm × 25cm；150cm × 150cm
上海明轩 2017-06-30

4609 李晖 2010年作 轮回
估 价：RMB 1,000,000~1,200,000
成交价：RMB 1,150,000
225cm × 176cm × 550cm 北京保利 2017-06-04

59 田中敦子 1988年作 1993年艺术家加笔 ’88A-93
估 价：HKD 5,500,000~7,500,000
成交价：RMB 5,162,340
162cm×130.5cm 佳士得 2017-05-27

40 田中敦子 1984年作 ‘84A
估 价：IIKD 10,000,000~12,000,000
成交价：RMB 9,275,900
218.5cm×291.5cm 佳士得 2017-11-25

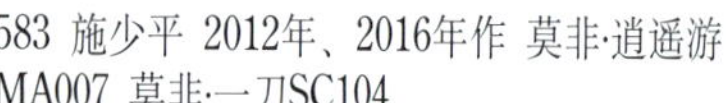

583 施少平 2012年、2016年作 莫非·逍遥游MA007 莫非·一刀SC104
估 价：RMB 320,000~400,000
成交价：RMB 598,000
40cm×30cm×87cm 上海明轩 2017-06-30

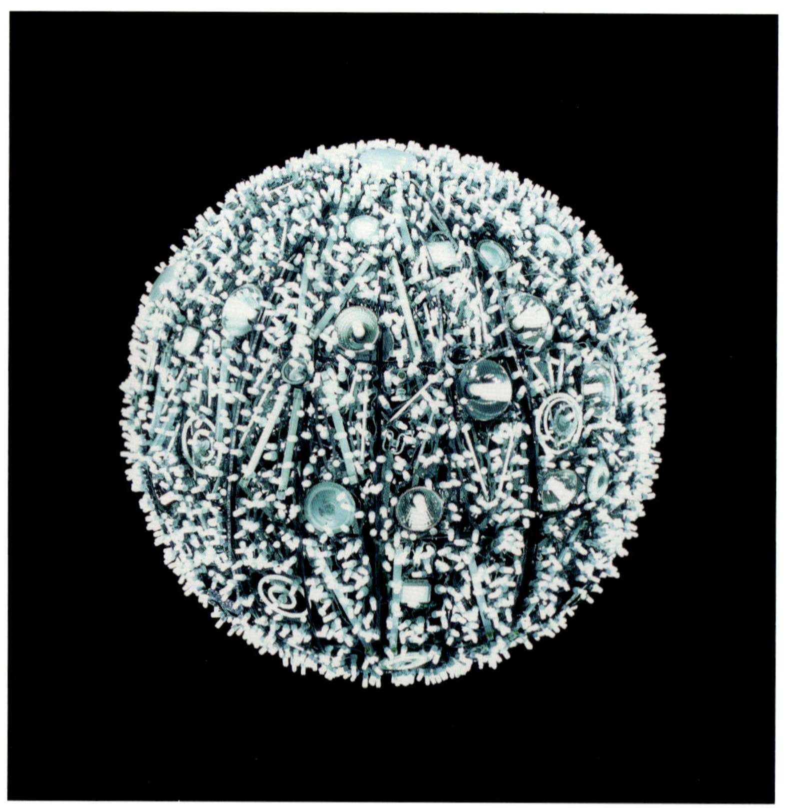

4606 王郁洋 2007年作 人造月
估 价：RMB 700,000~1,000,000
成交价：RMB 2,070,000
直径400cm 北京保利 2017-06-04

4610 赵赵 2012年作 重复
估 价：RMB 400,000~800,000
成交价：RMB 460,000
150cm×150cm×150cm 北京保利 2017-06-04

2017书画拍卖成交汇总
(成交价RMB：15万元以上)

拍品名称	物品尺寸	成交价RMB	拍卖公司	拍卖日期
中国书画				
唐代作者				
韩干 马性图 手卷	31.9cm×38.4cm	117,951,653	纽约佳士得	2017-03-15
唐太宗（款）王羲之十七帖 手卷	尺寸不一cm×26	575,000	中国嘉德	2017-04-02
薛崇徽《大般涅盘经》卷九手卷	25cm×1040cm	29,325,000	北京保利	2017-06-05
佚名《称赞净土佛摄受经》一卷 单经首尾全（一卷）卷轴装	26cm×600cm	1,782,500	上海泓盛	2017-06-27
佚名 8世纪 妙法莲花经 手卷	26cm×158cm	310,500	北京匡时	2017-06-03
佚名 唐人写经 手卷	25cm×260cm	17,940,000	中贸圣佳	2017-06-19
佚名 摩邓女经（千字文一卷）敦煌写经	26.5cm×118cm	2,070,000	北京保利	2017-12-16
周昉 画显神通图 手卷	44.5cm×525cm	184,000	印千山	2017-07-09
周文矩（传）赐梨图 手卷	引首47cm×115cm；本幅47cm×498cm；题跋47cm×88cm	8,050,000	北京匡时	2017-12-04
五代作者				
黄荃（传）梅花喜神 手卷	31.5cm×249cm	586,500	朵云轩	2017-06-25
徐熙（款）鹌鹊图 镜框	111cm×50cm	207,000	上海嘉禾	2017-07-02
支仲元（传）十六罗汉象 手卷	28.5cm×235.9cm	1,348,750	香港蘇富比	2017-10-01
宋代作者				
陈居中（款）文姬归汉图 手卷	41cm×257cm	345,000	北京保利	2017-06-06
痴绝道冲 蚬子和尚图 立轴	69.5cm×28cm	747,500	西泠拍卖	2017-07-15
崔白（款）山茶黄雀 立轴	26cm×31cm	207,000	中国嘉德	2017-04-02
董元（款）元佑五年（1090年）作 万木奇峰 立轴	190cm×95cm	3,721,720	中国嘉德	2017-10-03
方椿年（传）绍定2年（1229年）作 瑶池献寿图 手卷	49cm×526cm	19,550,000	中国嘉德	2017-06-19
郭忠恕（款）明 山居图 手卷	29cm×209cm	404,225	佳士得	2017-11-27
徽宗（传）宋 梨花翠鸟 镜框	22.5cm×26.6cm	2,740,220	佳士得	2017-11-27
柯九思（传）次谦父诗帖 镜心	33cm×57cm	161,000	北京保利	2017-12-18
柯九思（款）行书七言诗 镜心	26.5cm×41cm	218,500	北京匡时	2017-03-30
李成（传）山水 手卷	31.3cm×399cm	167,063	香港苏富比	2017-04-03
李公麟 便桥会盟图 手卷	26.4cm×55.7cm；26.4cm×895.4cm	121,826,293	纽约佳士得	2017-03-15
李唐（款）林泉高逸图 立轴	134cm×63cm	184,000	北京保利	2017-06-06
梁楷 雪景山水 立轴	23cm×24cm	16,100,000	北京匡时	2017-12-04
刘松年（款）仙山楼阁 立轴	175cm×114cm	259,463	纽约苏富比	2017-03-16
刘松年 清明上河图 手卷	29.5cm×547cm；29.5cm×109cm	230,000	十竹斋	2017-01-01
鲁宗贵（款）鹅图 立轴	60cm×80cm	397,731	中国嘉德	2017-05-29
陆佃 撰 宋 埤雅	33.5cm×25.5cm	195,500	中贸圣佳	2017-06-19
马麟（传）深山探梅图 立轴	165cm×100cm	460,000	中国嘉德	2017-12-20
马麟（传）宋林和靖孤山图立轴	29.4cm×30.2cm	10,845,533	纽约佳士得	2017-03-15
马宋英 松阁图 镜心	23cm×20cm	920,000	北京荣宝	2017-04-02
马兴祖 雪猎图 团扇	直径27cm	920,000	北京荣宝	2017-04-02
马远（款）观瀑图 立轴	159cm×85cm	483,000	保利厦门	2017-06-26
马远（款）山水 立轴 四屏	169cm×84cm×4	276,000	北京保利	2017-04-28
马远（款）树下高士 立轴	153.4cm×94.7cm	207,500	香港蘇富比	2017-10-01
马远（款）卧龙高隐图 立轴	161cm×82cm	333,500	北京匡时	2017-06-04
马远 观溪图 圆光	直径25cm	920,000	北京荣宝	2017-04-02
马远 天柱三十六峰 手卷	32.5cm×435cm	1,035,000	印千山	2017-07-09
米芾（款）复官帖 一开	28.5cm×47cm	1,867,500	香港蘇富比	2017-10-01
米友仁（款）山水 手卷	画21cm×86cm；画23cm×104cm	184,000	北京保利	2017-06-06
牟益（传）游春图 镜心	171cm×100cm	6,900,000	北京保利	2017-12-17
沈焕（款）1181年作 草书 手卷	画26cm×19cm；书26cm×119cm	632,500	北京保利	2017-12-18
宋高宗 等 四朝宸翰—宋高宗等南宋皇帝御笔 手卷	尺寸不一	149,500,000	中国嘉德	2017-06-19
宋徽宗（传）鸟在枝头 镜框	22.8cm×26.7cm	1,330,500	佳士得	2017-05-29

拍品名称	物品尺寸	成交价RMB	拍卖公司	拍卖日期
宋真宗（传）行书七言诗 镜心	字24.7cm×25.3cm；跋25cm×20cm	1,035,000	中国嘉德	2017-12-20
王安石 金陵即事 立轴	106cm×34cm	172,500	南京经典	2017-07-23
夏圭（传）山水 立轴	97.5cm×49.5cm	18,400,000	中国嘉德	2017-06-19
许道宁（款）岭梅四观图 手卷	画心574cm×35cm；题跋195cm×35cm	425,500	西泠拍卖	2017-07-15
偃溪广闻 行书 诗偈四首 立轴	65cm×29cm	2,645,000	西泠拍卖	2017-07-15
燕公楠（传）扳饯帖 镜心	33cm×57cm	253,000	北京保利	2017-12-18
佚名 安居图 立轴	34cm×47.5cm	4,830,000	北京匡时	2017-06-04
佚名 甲辰（1064）年作 寿星图 立轴	110cm×45cm	184,000	上海嘉禾	2017-07-02
佚名 金蟾图 立轴	81cm×33.5cm	2,932,500	北京匡时	2017-06-04
佚名 南宋嘉定三年刻本《佛顶心大陀罗尼经》	18.5cm×288cm	1,897,500	北京匡时	2017-12-04
佚名 宋人大观 册页（9开）	尺寸不一	1,610,000	北京保利	2017-06-06
佚名 宋人醉酒图 镜片	21cm×24cm	172,500	朵云轩	2017-06-25
佚名 无款 宋 秋林散牧图 扇面镜框	直径24cm	11,318,300	佳士得	2017-11-27
佚名 一切如来秘密全身舍利宝匣印陀罗尼经 镜心	引首7.5cm×60cm；本幅7cm×210cm；题跋8cm×68cm	977,500	北京匡时	2017-06-03
易元吉（款）三羊开泰 立轴	124cm×73cm	230,000	中国嘉德	2017-04-02
曾纡 人事帖 镜心	32cm×40cm	41,400,000	北京保利	2017-12-17
张即之 楷书七言诗 横披	24cm×83cm	1,955,000	北京保利	2017-12-18
赵光辅 散牧图 圆光	直径24cm	2,760,000	北京保利	2017-06-05
赵令穰 鹅群图 手卷	32.6cm×93.1cm	187,695,173	纽约佳士得	2017-03-15
真德秀 章草诗帖 镜心	28.5cm×44.5cm	4,255,000	保利厦门	2017-06-25
朱羲 春郊归牧图 立轴	25cm×28cm	598,000	上海敬华	2017-07-01
祖元 1134-1137年作 大慧宗杲自赞像 立轴	79cm×38.5cm；30cm×430cm	16,675,000	北京匡时	2017-06-04
金代作者				
佚名 无款 雪景山水图 立轴	95.5cm×48cm	7,504,020	佳士得	2017-05-29
元代作者				
班惟志 真草千字文 手卷	24.5cm×584cm	1,058,000	印千山	2017-07-09
陈容 六龙图 手卷	34.3cm×440.4cm；35.1cm×82.8cm	338,806,133	纽约佳士得	2017-03-15
杜本 长江万里图 手卷	48cm×676cm	690,000	中国嘉德	2017-04-02
高克恭（传）夏山雨霁 卷	31cm×190cm	218,500	北京翰海	2017-12-15
龚璛 静春堂诗集序 镜心	29.5cm×43cm	207,000	北京匡时	2017-03-30
郭畀 1327年作 云山图 手卷	引首26cm×88cm；画心25cm×134cm；题跋26cm×230cm	23,000,000	北京保利	2017-06-05
黄公望（款）层峦迭翠 手卷	引首29.5cm×86cm；画芯29.5cm×30.5cm；题跋29.5cm×63cm	1,046,660	中国嘉德	2017-05-29
黄公望秋岩叠嶂图镜心 （两栏）	25cm×46cm	5,060,000	保利厦门	2017-06-25
马祖常 楷书 呈友人诗 镜片	51.5cm×25cm	276,000	西泠拍卖	2017-07-15
明极楚俊 行书“过碧岛” 立轴	26.5cm×98.5cm	1,265,000	荣宝斋（南京）	2017-07-08
倪瓒（传）溪山亭子 立轴	67cm×32cm	5,405,000	北京保利	2017-12-18
倪瓒（款）山居读书图 立轴	50cm×40cm	977,500	中国嘉德	2017-09-03
倪瓒 1361年作 赠畔云山水小景 镜框	30.9cm×21cm	4,618,433	纽约佳士得	2017-03-14
倪瓒 1368年作 秋山草庐图 立轴	94cm×30cm	207,000	北京翰海	2017-09-10
倪瓒 1372年作 溪山亭子 立轴	73cm×32cm	5,980,000	北京匡时	2017-06-04
倪瓒 霜林远岫图 立轴	34cm×26cm	172,500	印千山	2017-07-09
钱选（传）芙蓉鹧鸪图 手卷	34cm×249.5cm	157,707	保利香港	2017-04-03

*查看图片请参照凡例4方法

拍品名称	物品尺寸	成交价RMB	拍卖公司	拍卖日期
钱选 临江庭院 手卷	36cm×350cm	178,250	朵云轩	2017-09-18
钱选 群仙图 手卷	28cm×346cm	747,500	印千山	2017-07-09
钱选 说法图 镜片	110cm×48.5cm	402,500	朵云轩	2017-06-25
清拙正澄 楷书《谢龙马头殿送花台》诗 立轴	61.5cm×30cm	1,035,000	西泠拍卖	2017-07-15
邵弥 1637年作 观瀑图 立轴	69cm×33cm	1,035,000	北京匡时	2017-12-04
邵弥 明；1640年作 桐江归棹图 手卷	25cm×212.5cm	531,875	佳士得	2017-11-27
盛懋（款）青嶂万重图 镜心	46cm×140cm×2	184,000	中国嘉德	2017-09-03
盛懋（款）松林幽居 镜片	46.5cm×279.5cm	172,500	上海嘉禾	2017-07-02
盛懋 青绿山水 镜芯	68cm×38cm	230,000	印千山	2017-07-09
盛懋 渔樵问答图 镜心	直径26cm	5,865,000	北京保利	2017-12-17
苏弘道 元延佑甲寅江西乡试《石鼓赋》手卷	27cm×144cm	7,130,000	中国嘉德	2017-06-21
王立本（传）花笼之图 立轴	24.5cm×29.2cm	415,140	纽约佳士得	2017-03-15
王蒙 1346年作 听松图 立轴	画心37cm×57.5cm；题跋29cm×57cm；28.5cm×63cm	1,840,000	北京银座	2017-12-20
王蒙 1346年作 幽壑听泉图 立轴	129cm×51cm	8,050,000	北京保利	2017-06-05
王蒙 秋山读书图 立轴	92cm×41.5cm	287,500	保利厦门	2017-06-26
王蒙 松溪隐秀 镜心	30cm×51cm×2	1,150,000	北京匡时	2017-06-04
王蒙 元 天香深处图 手卷	28cm×112.5cm	15,913,700	佳士得	2017-11-27
王冕 墨梅 手卷	画心29cm×338cm；题跋29cm×205cm	11,270,000	北京保利	2017-06-05
王冕 雪梅图 手卷	29.7cm×298.9cm	59,832,053	纽约佳士得	2017-03-15
王振鹏（款）人物故事图 四屏		242,165	纽约苏富比	2017-03-18
吴镇（款） 风竹图 立轴	140cm×69cm	538,670	中国嘉德	2017-10-03
吴镇（款）明 竹谱 手卷	27.5cm×385.3cm	404,225	佳士得	2017-11-27
吴镇（款）秋山图 手卷	画心35cm×659cm；引首35cm×109cm；题跋35cm×199cm	805,000	上海嘉禾	2017-07-02
吴镇 1343年作 墨竹图 立轴	36cm×53cm	1,150,000	北京保利	2017-12-17
吴镇 1348年作 竹石 手卷	引首33cm×543cm；画心33cm×80cm；题跋33cm×131cm	1,150,000	北京保利	2017-06-06
吴镇 墨竹图 手卷	25.5cm×589cm	2,227,500	香港苏富比	2017-04-03
颜辉（款）桃园图 立轴	诗堂13cm×100cm；30cm×85cm；本幅127cm×85cm	529,000	北京匡时	2017-03-30
杨维祯 草书诗卷 镜心	36cm×25.5cm	805,000	保利厦门	2017-06-25
一山一宁 文殊菩萨图 立轴	56cm×27.5cm	1,725,000	荣宝斋（南京）	2017-07-08
佚名 元 青绿山水斗方	25cm×25cm	2,070,000	中国嘉德	2017-12-21
佚名 元人 摹巨然《萧翼赚兰亭图》立轴	142.5cm×52cm	977,500	北京匡时	2017-12-04
佚名 元人狩猎图 手卷	218cm×35.5cm	690,000	北京华辰	2017-06-04
因陀罗 14世纪 四祖传法图 立轴	87.5cm×35.5cm	2,070,000	北京匡时	2017-06-04
张雨 姚绶 画 题 杂菜图 手卷	尺寸不一	2,473,400	香港蘇富比	2017-10-01
张远 说法图 手卷	396cm×30cm	224,250	朵云轩	2017-12-14
赵孟頫（款）行书唐诗四首 四开册	尺寸不一	245,025	香港苏富比	2017-04-03
赵孟頫（款）书札合 手卷	29cm×406cm	299,000	北京保利	2017-11-10
赵孟頫 1321年作 行书中峰禅师《勉学赋》并序 手卷	24.5cm×470cm；跋24.5cm×100cm；拓24.5cm×538cm	21,850,000	中国嘉德	2017-06-19
赵孟頫 般若波罗蜜多心经 册页（五开）	28.6cm×11.9cm×5	190,900,000	北京保利	2017-12-17
赵孟頫 列仙传 十开册四本	14.3cm×17.1cm	1,470,288	纽约苏富比	2017-03-16
赵孟頫 阮籍归隐图 立轴	158cm×36cm	345,000	印千山	2017-07-09
赵孟頫 洗马图 手卷	37.9cm×309.4cm	31,159,717	纽约佳士得	2017-03-15

拍品名称	物品尺寸	成交价RMB	拍卖公司	拍卖日期
赵雍 胡人骑射图 镜心	32cm×206cm	172,500	北京保利	2017-11-10
赵原（传）晴川送客图 立轴	95.5cm×36.5cm	612,563	香港苏富比	2017-04-03
郑基元 楷书自作诗六首 镜心	24cm×47cm	230,000	北京匡时	2017-03-30
明代作者				
边景昭（传）丰年平安 立轴	95cm×44cm	977,500	上海敬华	2017-07-01
卞文瑜 山水 立轴	96.5cm×27.3cm	1,245,000	香港蘇富比	2017-10-01
蔡道宪 草书七言诗 立轴	160cm×49cm	195,500	北京匡时	2017-12-04
蔡道宪 行书七绝诗 立轴	160.5cm×49cm	218,500	观唐皕榷	2017-01-11
蔡远 仿洪谷子山水图 立轴	184cm×94cm	368,000	观唐皕榷	2017-01-11
曹化淳 行书 立轴	114cm×52cm	322,000	中贸圣佳	2017-06-19
曹镤 1545年作 乞食儿图咏 手卷	画心25cm×60cm	1,955,000	观唐皕榷	2017-01-11
曹镤 1545年作 乞食儿谣 手卷	尺寸不一	1,610,000	北京匡时	2017-06-04
常莹 甲申（1644年）作 卿云补天 立轴	178cm×78cm	1,035,000	中国嘉德	2017-12-20
陈淳 1540年作 行草七言诗 手卷	25cm×458cm	7,029,260	佳士得	2017-11-27
陈淳 1540年作 行书崔颢游天竺寺诗 镜心	16cm×52cm	402,500	北京匡时	2017-12-04
陈淳 1541年作 行书对酒诗 镜心	18.5cm×51.5cm	345,000	中贸圣佳	2017-06-19
陈淳 白牡丹 立轴	117cm×47.5cm	2,070,000	广东崇正	2017-06-14
陈淳 二山图 镜心	17cm×50cm	313,408	中国嘉德	2017-10-03
陈淳 菊石图书画合璧 手卷	尺寸不一	6,325,000	北京匡时	2017-06-04
陈淳 米家山水合璧 手卷	尺寸不一	6,095,000	北京匡时	2017-06-04
陈淳 壬寅（1542年）作 花卉图 镜心	29cm×53.5cm	954,500	福建东南	2017-05-21
陈祼 1647年作 春荫读书图 手卷	26.6cm×176.5cm	665,250	佳士得	2017-05-29
陈洪绶（款） 渊明赏菊图 立轴	94cm×52cm	575,000	中国嘉德	2017-04-02
陈洪绶 1645年作 劝蒲觞图 立轴	127cm×62cm	1,092,500	北京荣宝	2017-12-02
陈洪绶 仿唐人蕉荫赏古图 立轴	161cm×51.2cm	5,462,500	北京荣宝	2017-06-02
陈洪绶 高士图 立轴	92cm×32.5cm	690,000	中国嘉德	2017-06-21
陈洪绶 观音大士图 立轴	91cm×44cm	4,025,000	中国嘉德	2017-06-21
陈洪绶 甲子（1624）年作 墨梅 立轴	15cm×48cm	172,500	广东崇正	2017-06-15
陈洪绶 礼佛图 立轴	93cm×52cm	1,667,500	北京匡时	2017-06-04
陈洪绶 炼芝图 立轴	103cm×44cm	3,450,000	北京保利	2017-12-17
陈洪绶 山水 对屏立轴	27cm×26cm×2	2,300,000	保利华谊	2017-12-08
陈洪绶 水仙 镜心	16.5cm×51cm	920,000	北京匡时	2017-12-04
陈洪绶 水仙栖禽图 立轴	114cm×51cm	690,000	中贸圣佳	2017-06-19
陈洪绶 听阮图 镜心	87cm×47cm	322,000	北京保利	2017-12-18
陈洪绶 新梅漱石 镜心	17cm×53cm	437,000	北京匡时	2017-12-04
陈洪绶 倚石雅吟 立轴	130cm×51cm	1,380,000	上海敬华	2017-07-01
陈洪绶 长生图 立轴	115cm×50cm	920,000	上海敬华	2017-07-01
陈洪绶 芝仙祝寿图 立轴	130cm×52cm	1,380,000	北京匡时	2017-06-04
陈继儒 1639年作 行书苏轼诗 手卷	25cm×290cm	221,750	佳士得	2017-05-29
陈继儒 仿倪瓒山水 扇面镜框	17cm×50.5cm	501,188	香港苏富比	2017-04-03
陈继儒 行书苏东坡《节饮食说》手卷	25.5cm×266cm	920,000	广东崇正	2017-06-15
陈继儒 梅 立轴	114cm×53.5cm	2,300,000	北京匡时	2017-06-04
陈继儒 梅花书法（十六帧）册页	21cm×29cm×16	1,150,000	广东崇正	2017-06-15
陈继儒 墨梅图 立轴	122cm×61.2cm	598,000	观唐皕榷	2017-01-11
陈继儒 虞山佳色 镜片	127.5cm×58.5cm	310,500	朵云轩	2017-06-25
陈鎏 行书七言诗 镜心	18cm×54.5cm	172,500	北京匡时	2017-12-04
陈沱江 1556年作 百燕图 手卷	30cm×804cm	2,185,000	北京荣宝	2017-06-02
陈贤 黄檗隐元 蚬子和尚图 立轴	133cm×57cm	322,000	西泠拍卖	2017-07-15
陈献章 弘治庚戌（1490年）作 草书唐诗 手卷	29cm×175cm	161,000	中国嘉德	2017-06-21
陈元素 草书诗文三首 手卷	30.5cm×231cm	1,141,250	香港蘇富比	2017-10-01
陈元素 丁巳（1617年）作 墨兰及诸家题 扇面	17cm×52cm	299,000	中国嘉德	2017-12-20
陈元素 行书 横幅	46cm×131cm	207,000	北京翰海	2017-12-15
陈治 山水 册页（九开）	26.5cm×20cm×9	920,000	广东崇正	2017-12-13

拍品名称	物品尺寸	成交价RMB	拍卖公司	拍卖日期
陈子壮 草书千字文 25开册(25开选8开)	25.5cm×16.5cm(廿五开册)	345,263	香港苏富比	2017-04-03
戴明说 竹 立轴	170cm×47cm	460,000	广东崇正	2017-06-15
戴文进(传)晴峦幽居 立轴	151cm×85cm	782,000	上海嘉禾	2017-07-02
丁云鹏(传)渡海罗汉 手卷	29.7cm×384cm	178,200	香港苏富比	2017-04-03
丁云鹏(款)1585年作 罗汉 手卷	引首18.7cm×58cm；画23.2cm×100cm；跋28.5cm×45cm	172,500	中国嘉德	2017-06-21
丁云鹏(款)白描应真 手卷	33cm×567cm	322,000	中国嘉德	2017-12-20
丁云鹏(款)群仙祝寿图 十二条屏	155cm×50cm×12	632,500	中国嘉德	2017-04-02
丁云鹏(款)十八罗汉渡海图 手卷	26cm×386cm	161,000	中国嘉德	2017-09-03
丁云鹏 1602年作 洗象图 立轴	92cm×35cm	345,000	观唐皕榷	2017-01-11
丁云鹏 1608年作 春山独行 镜心	15.5cm×47.5cm	943,000	北京匡时	2017-12-04
丁云鹏 1610年作 翠林幽亭 镜心	16.5cm×47.5cm	747,500	北京匡时	2017-12-04
丁云鹏 五百罗汉 手卷	尺寸不一	5,290,000	广东崇正	2017-06-15
董其昌 清溪幽壑图 立轴	113cm×45cm	222,750	香港苏富比	2017-04-03
董其昌(款)仿董源山水 立轴		207,570	纽约苏富比	2017-03-18
董其昌(款)庚申(1620年)作 诗画 册页	21cm×13cm×8	1,552,500	中国嘉德	2017-04-02
董其昌(款)行书节临米芾《西园雅集图记》十开册	27cm×16.8cm	345,950	纽约苏富比	2017-03-16
董其昌(款)甲辰(1604年)作 山居图 立轴	71cm×31cm	460,000	中国嘉德	2017-04-02
董其昌(款)乙巳(1605年)作 临大观贴 手卷	25cm×169cm；25cm×264cm	414,000	中国嘉德	2017-09-03
董其昌(款)云山图 手卷	26cm×238cm	333,500	中国嘉德	2017-04-02
董其昌 1604年作 山居图 立轴	70.5cm×31cm	575,000	华艺国际	2017-11-25
董其昌 1612年作 山居图 镜心	17cm×51.5cm	483,000	北京匡时	2017-12-04
董其昌 1613年作 行书唐诗两首 手卷	引首27cm×93cm；本幅26cm×489cm；题跋26cm×31cm；31cm×230cm	22,425,000	北京匡时	2017-06-04
董其昌 1614年作 苍林白石图 立轴	87cm×40cm	3,450,000	北京保利	2017-12-17
董其昌 1614年作 溪山平远 手卷	画心28cm×146cm；题跋28cm×145cm	3,450,000	北京保利	2017-06-05
董其昌 1615年作 仿倪瓒《溪山亭子》立轴	90.5cm×32cm	2,070,000	北京匡时	2017-06-04
董其昌 1615年作 行书诗 手卷	尺寸不一	1,725,000	北京银座	2017-06-07
董其昌 1619年作 草书五言诗 手卷	尺寸不一	1,610,000	北京匡时	2017-12-04
董其昌 1620年作 行书《兰亭序》手卷	题跋33.5cm×55cm；正33.5cm×364cm	1,207,500	上海匡时	2017-11-05
董其昌 1620年作 行书元律四首 手卷	28.4cm×306.5cm	354,800	佳士得	2017-05-29
董其昌 1627年作 隔岸清泉 镜框	16.5cm×53.8cm	2,530,000	华艺国际	2017-11-25
董其昌 1627年作 小楷心经 册页	60cm×22.5cm	816,500	北京荣宝	2017-12-02
董其昌 1633年作 书法《孝经》册页(四十七开)	22.3cm×10.8cm×47	332,625	佳士得	2017-05-29
董其昌 沧渚泊舟图 立轴	64cm×31cm	172,500	北京翰海	2017-06-02
董其昌 草楷二体法书册(二十开)	25cm×19cm×20	368,000	北京翰海	2017-12-15
董其昌 草书 镜片	28cm×159cm	299,000	朵云轩	2017-09-18
董其昌 草书 立轴	143cm×45.5cm	517,500	北京翰海	2017-12-15
董其昌 草书 临自叙帖 立轴	128cm×56cm	713,000	西泠拍卖	2017-07-15
董其昌 草书 七言诗 扇页	52.5cm×16.5cm	299,000	西泠拍卖	2017-07-15
董其昌 草书《赠李玉完侍御督学》其一 立轴	180cm×44cm	897,000	北京匡时	2017-06-04
董其昌 草书临米芾写杜甫诗句 手卷	30cm×243.5cm	1,245,000	香港蘇富比	2017-10-01
董其昌 草书诗 立轴	201cm×55cm	632,500	朵云轩	2017-06-25
董其昌 草书唐人诗 手卷	34.5cm×338cm	414,000	北京匡时	2017-06-04
董其昌 丁巳(1617年)作 临张芝《冠军帖》册页	尺寸不一	4,140,000	广东崇正	2017-06-15
董其昌 仿北苑溪山亭子图 立轴	119cm×52cm	4,600,000	上海匡时	2017-11-05
董其昌 仿董北苑山水 立轴	124cm×51cm	10,580,000	上海嘉禾	2017-07-01
董其昌 仿高克恭云山图 手卷	23cm×156cm	415,000	香港蘇富比	2017-10-01
董其昌 仿云林笔意 镜心	画23cm×14cm；字23cm×13.5cm	218,500	中国嘉德	2017-06-21
董其昌 庚申(1620年)作 溪山烟障图 立轴	124cm×51cm	575,000	中国嘉德	2017-04-02
董其昌 行草书《圣母帖》卷	28.5cm×394cm	1,265,000	北京翰海	2017-06-02
董其昌 行楷书杂册(十九帧)册页	本幅22cm×9.5cm×10；20cm×11cm×9；题跋20cm×10.5cm	690,000	北京匡时	2017-06-04
董其昌 行书 册页(十开选九)	41.5cm×28cm×10	690,000	朵云轩	2017-12-14
董其昌 行书 手卷	正文27.5cm×278cm；题跋27.5cm×104cm	1,380,000	广东崇正	2017-12-13
董其昌 行书 手卷	26cm×254cm	166,750	北京翰海	2017-01-08
董其昌 行书 雪赋 册页	22cm×11.5cm×21	483,000	南京经典	2017-07-23
董其昌 行书《禅说》手卷	34.8cm×241.2cm	311,850	香港苏富比	2017-04-03
董其昌 行书《归去来辞》手卷	26.5cm×325cm	920,000	中国嘉德	2017-06-21
董其昌 行书《送薛存义之任序》手卷	24cm×280cm	467,775	香港苏富比	2017-04-03
董其昌 行书<送郭天谷入贺万寿二首之一>镜心	21.5cm×116.5cm	372,172	保利香港	2017-10-03
董其昌 行书杜甫诗句 立轴	88cm×24cm	172,500	中国嘉德	2017-12-20
董其昌 行书范浚《心箴》册页	24cm×15.5cm×15	1,265,000	北京匡时	2017-12-04
董其昌 行书节录《真率铭》立轴	138cm×55cm	299,000	北京华辰	2017-12-16
董其昌 行书柳宗元《送薛存义之任序》手卷	本幅24cm×280cm；题跋25.5cm×61cm	1,127,000	北京匡时	2017-12-04
董其昌 行书满庭芳 立轴	51cm×27cm	920,000	北京保利	2017-06-05
董其昌 行书七言诗 镜框	191cm×52cm	1,725,000	华艺国际	2017-11-25
董其昌 行书七言诗 立轴	244.8cm×56cm	2,075,700	纽约苏富比	2017-03-16
董其昌 行书七言诗 扇面	16.5cm×51cm	368,000	华艺国际	2017-05-27
董其昌 行书七言诗 扇面镜心	17cm×53.5cm	379,500	北京翰海	2017-06-02
董其昌 行书七言诗 扇片	18cm×51cm	345,000	十竹斋	2017-01-01
董其昌 行书诗两首 手卷	25cm×253cm	942,438	佳士得	2017-05-29
董其昌 行书诗六篇 手卷	32.5cm×785cm	4,863,800	香港蘇富比	2017-10-01
董其昌 行书唐人诗 手卷	24cm×290cm	437,000	北京保利	2017-06-06
董其昌 行书唐诗二首 立轴	156.5cm×51cm×8	2,875,000	中国嘉德	2017-12-20
董其昌 行书唐诗三首 镜框	26cm×111.5cm	830,000	香港蘇富比	2017-10-01
董其昌 行书韦应物诗 立轴	156cm×48cm	230,000	北京保利	2017-06-06
董其昌 行书五言诗 立轴	149.5cm×50.5cm	575,000	北京匡时	2017-06-04
董其昌 湖山疏亭 镜心	17cm×46.5cm	230,000	北京匡时	2017-12-04
董其昌 节临《淳化阁帖》廿四开册二本	22cm×12.7cm	4,237,888	纽约苏富比	2017-03-16
董其昌 节临黄庭各种 手卷	本幅28cm×354.5cm；题跋28cm×182.2cm	3,565,000	北京匡时	2017-06-04
董其昌 节录《书谱》手卷	书26cm×267cm；跋26cm×36cm	644,000	北京保利	2017-08-02
董其昌 节录陈继儒《笔记》镜心	92.5cm×47cm	402,500	北京银座	2017-12-20
董其昌 明 草书 册页(十七开)	24.5cm×13.5cm×17	478,688	佳士得	2017-11-27
董其昌 青山平湖图 镜片	49.5cm×16.5cm	299,000	西泠拍卖	2017-07-15
董其昌 清凉图 立轴	98cm×39cm	1,840,000	华艺国际	2017-11-25
董其昌 秋山图 立轴	85.5cm×36.5cm	977,500	广东崇正	2017-06-15
董其昌 壬申(1632年)作 草书李白《将进酒》手卷	23.5cm×392cm	506,000	中国嘉德	2017-06-21

2017书画拍卖成交汇总

(成交价RMB：15万元以上)

拍品名称	物品尺寸	成交价RMB	拍卖公司	拍卖日期
董其昌 壬戌（1622）年作 行书临苏帖 手卷	24.5cm×143.5cm	448,500	广东崇正	2017-12-13
董其昌 山水 立轴	82cm×30cm	690,000	北京华辰	2017-12-16
董其昌 诗画册 十六开册（选八开）	20.7cm×12.7cm	186,750	香港蘇富比	2017-10-01
董其昌 书法高士传 手卷	28cm×230cm	1,265,000	南京经典	2017-07-23
董其昌 书画合璧 手卷	25cm×109.3cm；25cm×131cm	2,660,356	纽约苏富比	2017-03-16
董其昌 王维诗意图 镜心	75.5cm×25cm	1,610,000	北京匡时	2017-06-04
董其昌 西都赋 册页（十八开）	25cm×20cm×18	2,012,500	北京保利	2017-06-05
董其昌 溪山烟霭图 手卷	26.7cm×119.8cm；26cm×231.5cm	2,871,800	香港蘇富比	2017-10-01
董其昌 辛亥（1611年）作 苕溪春晓图 立轴	92cm×35.5cm	1,782,500	中国嘉德	2017-12-20
董其昌 辛亥（1611年）作 云山欲雨 立轴	105.5cm×40cm	207,000	中国嘉德	2017-12-20
董其昌 云居寺孤桐诗 册页（十三开）	26cm×18cm×13	1,380,000	华艺国际	2017-05-27
杜大绶 行书 立轴	14.7cm×45.2cm	172,500	广东崇正	2017-12-13
杜堇 十八罗汉渡海图	28.5cm×2830cm	345,000	中国嘉德	2017-06-21
方以智 1646年作山水册页（八开）	23cm×28cm×8	1,265,000	中贸圣佳	2017-06-19
方以智 湖庄山色 扇片		218,500	上海敬华	2017-07-01
方以智 枯树图 立轴	105.5cm×35.5cm	598,000	中国嘉德	2017-12-20
丰坊 草书《感遇三首》横批	34cm×121cm	3,220,000	中国嘉德	2017-06-19
丰坊 行书中峰祖师行脚歌 立轴	118.5cm×28.5cm	207,000	中国嘉德	2017-06-21
冯可宾 寿石图 立轴	26.6cm×26cm	207,500	香港蘇富比	2017-10-01
高寿祺 1430年作 十六应真像 卷	32cm×479cm	782,000	北京翰海	2017-12-15
顾起元 草书诗意 手卷	31cm×697cm	391,000	中国嘉德	2017-04-02
关思 丁卯（1627）年作 夏木垂阴 立轴	150cm×58cm	690,000	广东崇正	2017-12-13
关思 日长山静图 立轴	161cm×40.5cm	1,344,000	上海联合	2017-12-17
关思 山市晴岚 立轴	128cm×38.5cm	299,000	中国嘉德	2017-12-20
关思 疏林远山图 立轴	115cm×45cm	155,925	香港苏富比	2017-04-03
贯名菘翁 行书五言诗 立轴	118.5cm×49.5cm	198,000	北京银座	2017-06-07
归昌世 丙寅（1626年）作 行书《后赤壁赋》扇面	17.5cm×53cm	253,000	中国嘉德	2017-06-21
归昌世 草书李白《蜀道难》手卷	引首26cm×99.5cm；本幅26cm×260cm；题跋28cm×153cm	322,000	北京匡时	2017-12-04
归昌世 墨竹 扇面	17cm×51cm	150,627	中金国际	2017-11-25
归昌世 戊辰（1628年）作 草书王建宫词 手卷	引首28cm×57cm；字31.5cm×141cm；跋31.5cm×40cm	575,000	中国嘉德	2017-12-20
归文休 墨竹手卷 长卷	28cm×400cm	460,000	荣宝斋（济南）	2017-06-10
郭诩 虢国夫人夜游图 立轴	147cm×88cm	20,700,000	北京保利	2017-12-17
函是天然禅师 行书 五言诗 立轴	184cm×33cm	2,070,000	西泠拍卖	2017-07-15
侯懋功 1637年作 山川说法图 手卷	引首33cm×66cm；本幅33cm×353cm；题跋33cm×25cm	2,932,500	北京匡时	2017-12-04
胡宗仁 明；1620年作 拟倪瓒雪屋图 镜框	54.4cm×35cm	180,838	佳士得	2017-11-27
黄道周 草书《途次偶拈八首》手卷	引首28cm×83cm；本幅28cm×206cm	1,725,000	北京匡时	2017-06-04
黄道周 草书五言律诗轴 立轴	193.5cm×51.5cm	4,016,720	中金国际	2017-11-25
黄道周 庚辰（1640）年作 松林图 立轴	108cm×43.5cm	195,500	上海嘉禾	2017-07-02
黄道周 楷书文信国砚铭 手卷	书心31cm×105cm；画心31cm×265cm	2,530,000	北京保利	2017-06-05
黄道周 石养山九串阁三十人赞 手卷	27cm×259cm	1,840,000	北京荣宝	2017-12-02
黄道周 自书诗草 册页	21cm×10cm×18；题跋28cm×31cm	2,070,000	北京保利	2017-06-06
蒋蔼 甲子（1624年）作 乔松仙桂 立轴	175cm×67.5cm	345,000	中国嘉德	2017-12-20
蒋德璟 1628年作 行书《宝王论》手卷	26.5cm×194cm	2,070,000	北京荣宝	2017-06-02
蒋乾 癸丑（1553年）作 秋山访友 立轴	116cm×29cm	322,000	中国嘉德	2017-12-20
金圣叹 行书董华亭论书 立轴	112cm×34.5cm	710,124	中濠典藏	2017-05-22
晋王 行书岑参诗 立轴	171.5cm×47.5cm	483,000	中国嘉德	2017-06-21
晋王（朱棡）行书七言诗 立轴	225cm×49cm	1,150,000	中贸圣佳	2017-06-19
居节 1562年作 溪山行旅 镜心	16.5cm×49.5cm	977,500	上海匡时	2017-11-05
居节 仿云林山水 镜心	15cm×46cm	636,610	中国嘉德	2017-10-03
邝露 1642年作 书法 立轴	72cm×33cm	184,000	华艺国际	2017-05-27
邝露 草书字 册页（十四开）	31.5cm×18.2cm×14	3,450,000	中国嘉德	2017-12-20
蓝瑛（传）白云红树图 立轴	186cm×102.5cm	345,000	北京匡时	2017-03-30
蓝瑛 1622年作 仿赵仲穆山水 立轴	50cm×29cm	805,000	北京保利	2017-06-06
蓝瑛 1625年作 弄璋图 立轴	104cm×42cm	299,000	北京保利	2017-06-06
蓝瑛 1625年作 山水（四帧）镜心	28cm×19.5cm×4	1,265,000	观唐皕榷	2017-01-11
蓝瑛 1646年作 拟吴镇画意 镜心	16cm×50.5cm	253,000	北京匡时	2017-12-04
蓝瑛 1646年作 嵩岳峙清 立轴	208cm×95.5cm	2,875,000	北京匡时	2017-06-04
蓝瑛 1648年作 千载丝纶图 立轴	172cm×82cm	2,300,000	北京保利	2017-12-17
蓝瑛 1651年作 万山积雪图 立轴	170.5cm×42cm	2,070,000	西泠拍卖	2017-07-15
蓝瑛 1657年作 云山仙隐图 立轴	192.5cm×91.5cm	2,645,000	西泠拍卖	2017-07-15
蓝瑛 1673年作 观音大士 立轴	60.5cm×30.5cm	1,265,000	北京匡时	2017-12-04
蓝瑛 层峦嘉树 立轴	173cm×98cm	2,875,000	上海明轩	2017-06-30
蓝瑛 崇祯七年（1634年）作 碧巘松年 立轴	225cm×97.5cm	1,725,000	中国嘉德	2017-12-18
蓝瑛 丁酉（1657）年作 松荫会友图 立轴	166.5cm×91cm	2,702,500	广东崇正	2017-06-15
蓝瑛 泛舟图 立轴	149cm×61cm	1,207,500	华艺国际	2017-05-27
蓝瑛 仿董北苑山水 立轴	149.5cm×93.5cm	609,813	佳士得	2017-05-29
蓝瑛 仿吴镇山水 立轴	160cm×46cm	997,875	佳士得	2017-05-29
蓝瑛 花卉 册页	24cm×31cm×10	920,000	南京经典	2017-07-23
蓝瑛 甲午（1654年）作 秋溪读书图 立轴	173.5cm×65cm	2,357,500	中国嘉德	2017-06-21
蓝瑛 姜泓 等 山水 册页（八开）	23cm×17cm×8	667,000	中国嘉德	2017-06-19
蓝瑛 泉石水仙 立轴	154cm×45cm	345,000	广东崇正	2017-12-13
蓝瑛 山林渔隐 立轴	136cm×57.7cm	1,763,750	香港蘇富比	2017-10-01
蓝瑛 山水 立轴	141.8cm×46.2cm	726,250	香港蘇富比	2017-10-01
蓝瑛 蜀山飞雪 立轴	191cm×95cm	690,000	上海敬华	2017-07-01
蓝瑛 王蒙画意 立轴	166cm×61cm	425,500	佳士得	2017-11-20
蓝瑛 武陵源图 立轴	226.5cm×95.5cm	4,025,000	西泠拍卖	2017-07-15
蓝瑛 戊戌（1658）年作 云壑清声 立轴	122.5cm×46.5cm	1,150,000	朵云轩	2017-06-25
蓝瑛 溪山舟游 立轴	157cm×47cm	977,500	上海敬华	2017-07-01
蓝瑛 溪上仙家 立轴	178cm×48cm	1,610,000	北京匡时	2017-12-04
蓝瑛 仙源图 立轴	158.5cm×48cm	2,530,000	西泠拍卖	2017-07-15
蓝瑛 谢彬 1651年作 鹤寿图 手卷	32cm×197cm	345,000	北京保利	2017-12-18
蓝瑛 玄亭清话 立轴	198cm×49.5cm	3,148,700	佳士得	2017-11-27
李东阳 赵宽 张纯修 等 玉延亭图 手卷	尺寸不一	977,500	中贸圣佳	2017-06-19
李汉 出猎图 手卷	55cm×691cm	897,000	北京匡时	2017-06-04
李流芳 1620年作 云山图 立轴	102cm×34cm	230,000	北京保利	2017-06-06
李流芳 1625年作山水册页（八开）	23cm×15.5cm×8	3,455,060	佳士得	2017-11-27
李流芳 1626年作 西湖采莼图手卷	27cm×121cm	4,600,000	观唐皕榷	2017-01-11
李流芳 辛酉（1621年）作 仿云林山水 手卷	画25cm×105.5cm；跋24cm×57cm	4,025,000	中国嘉德	2017-12-20

拍品名称	物品尺寸	成交价RMB	拍卖公司	拍卖日期
李士达 万玉吟仙图 手卷	23.5cm×140cm	2,300,000	保利厦门	2017-06-25
李子长 画骑驴寻春图（一轴）	55cm×26cm	460,000	北京保利	2017-12-18
林良 百雁图 手卷	本幅29cm×272cm；题跋29cm×103cm	1,552,500	北京匡时	2017-12-04
凌必正 丙申（1656年）作 杏花柳燕图 立轴	108cm×43cm	471,500	中国嘉德	2017-06-21
刘枋 执卷老者 立轴	116cm×74cm	218,500	上海敬华	2017-07-01
刘若宰 行书七言诗 扇面	15.5cm×52.5cm	667,000	观唐皕榷	2017-01-11
刘若宰 红金书法扇面 镜心	16cm×52.5cm	920,000	北京银座	2017-12-20
刘钰（传）草堂十景册页（10开）	26cm×56cm×10	517,500	北京匡时	2017-03-30
刘钰 草堂十景 镜心	26cm×56cm×10	483,000	北京荣宝	2017-06-02
刘重庆 行书李白诗句 立轴	179.5cm×53cm	231,304	保利香港	2017-04-03
柳如是 1641年作 米氏云山图 镜框	18cm×57cm	184,000	上海泓盛	2017-06-27
卢赞 行书七言诗 扇面	18cm×57.5cm	483,000	观唐皕榷	2017-01-11
鲁可藻 王用极 张思九 等 祝寿册页	31cm×33cm×18	552,000	北京荣宝	2017-04-02
陆深 行书卷	25cm×219cm	10,407,500	北京翰海	2017-12-15
陆深 行书七言诗 立轴	116cm×45cm	1,610,000	中国嘉德	2017-12-20
陆师道 行书宋·罗大经《山静日长》镜心	28cm×118cm	184,000	北京保利	2017-12-18
陆士仁 戊申（1608年）作 楷书《赤壁赋》扇面	15.5cm×47cm	368,000	中国嘉德	2017-06-21
陆治（款）梧荫读书图 立轴	125cm×31.9cm	394,250	香港蘇富比	2017-10-01
陆治 1535年作 茶花翠鸟 镜心	16cm×45cm	575,000	北京匡时	2017-12-04
陆治 山斋朗吟图 镜心	16.5cm×50cm	460,000	北京匡时	2017-12-04
陆治 溪畔幽居图 镜心	18cm×54.5cm	230,000	北京匡时	2017-12-04
吕纪（传）花鸟（二帧）立轴	152cm×78cm×2	345,000	北京保利	2017-06-06
吕纪（款）寒鹭图 镜心	165cm×74cm	368,000	中国嘉德	2017-04-02
吕纪 孔雀 镜心	16cm×48cm	483,000	北京匡时	2017-12-04
吕纪 双鹰图 立轴	104cm×63cm	690,000	华艺国际	2017-05-27
吕健 明 柳鹭图 立轴	142cm×53.2cm	276,575	佳士得	2017-11-27
吕健 明 松鹭图 立轴	136cm×55cm	159,563	佳士得	2017-11-27
吕健 三思图 立轴	142cm×53cm	166,750	北京保利	2017-06-06
马琬（款）苍山幽居 立轴	146.4cm×40.3cm	475,681	纽约佳士得	2017-03-14
马湘兰 兰竹富贵 立轴	93cm×32cm	345,000	保利厦门	2017-06-26
茅坤 行书七言诗 扇面	16.5cm×51cm	184,000	华艺国际	2017-05-27
米万钟 草书 杜甫诗 立轴	31.5cm×29.5cm	172,500	西泠拍卖	2017-07-15
米万钟 行草题画诗 手卷	37.5cm×315cm	2,127,500	佳士得	2017-11-27
米万钟 行书七言诗 立轴	178cm×52cm	626,580	中濠典藏	2017-05-22
米万钟 灵石图 立轴	127cm×48cm	1,437,500	保利华宜	2017-12-08
明晋王 行楷五言诗 立轴	183cm×51cm	161,000	北京保利	2017-06-06
莫是龙 1581年作 高山行旅图 立轴	185.5cm×43cm	2,300,000	北京匡时	2017-06-04
莫是龙 仿赵大年江乡小景 立轴	135cm×50cm	5,175,000	北京保利	2017-06-05
倪元璐 1646年作 草书七言诗 镜心	17cm×52cm	1,035,000	北京匡时	2017-12-04
倪元璐 草书 自作五言诗 立轴	151cm×46cm	4,830,000	西泠拍卖	2017-07-15
倪元璐 行书七言诗 立轴	170.8cm×43.7cm	2,672,600	香港蘇富比	2017-10-01
倪元璐 行书自作诗 立轴	119cm×42.5cm	161,000	中国嘉德	2017-06-21
倪元璐 烟云山居 立轴	112cm×55cm	1,150,000	上海敬华	2017-07-01
区大相 行书 镜片	28cm×51cm	172,500	广东崇正	2017-12-13
彭睿壦 草书 立轴	145cm×40cm	253,000	广东崇正	2017-12-13
祁守端 1467年作 梅石图 镜心	149cm×39cm	920,000	北京保利	2017-06-05
钱贡 秋林闲话 扇面	15.5cm×47cm	150,627	中金国际	2017-11-25
钱穀 溪山居图 手卷	画心30cm×516cm；题跋30cm×85cm	230,000	北京保利	2017-12-18
钱穀 幽人策杖 立轴	86cm×42cm	345,000	北京东正	2017-12-09
钱谷 隆庆元年（1567）作 古寺寻幽 扇面	16cm×49cm	241,500	中国嘉德	2017-06-21
钱谷 论道图 立轴	98cm×28cm	345,000	荣宝斋（南京）	2017-07-08
邱天民《临怀素自叙帖》手卷	23cm×560cm	172,500	广东崇正	2017-12-13
邵弥 丁卯（1627年）作 悠然图 立轴	119cm×49.2cm	209,332	中国嘉德	2017-05-29
邵弥 戊寅（1638年）作山水 六屏	123cm×41cm×6	172,500	中国嘉德	2017-09-03
仇英（传）山清水静 成扇	19cm×52.5cm	1,436,063	佳士得	2017-11-27
仇英（款）汉宫春晓 手卷		302,706	纽约苏富比	2017-03-18
仇英（款）汉宫春晓 手卷	29cm×524cm	264,500	上海嘉禾	2017-07-02
仇英（款）洛神赋 手卷	52.5cm×481cm	3,450,000	中贸圣佳	2017-06-19
仇英（款）明 春山行旅 镜框	43.8cm×172.2cm	797,813	佳士得	2017-11-27
仇英（款）明皇赐浴图 手卷	30.5cm×215cm	177,400	佳士得	2017-05-29
仇英（款）清明上河图 手卷	34cm×825cm	598,000	中国嘉德	2017-04-02
仇英（款）清明上河图 手卷	34cm×849cm	1,437,500	中国嘉德	2017-09-03
仇英（款）山堂琴会 手卷	32cm×99.3cm	4,653,028	纽约苏富比	2017-03-16
仇英（款）十宫图 手卷	34cm×28cm×10	690,000	中国嘉德	2017-04-02
仇英（款）仕女 手卷	29cm×401cm	218,500	保利厦门	2017-06-26
仇英（款）田家春晓 手卷	30cm×138cm	3,450,000	中国嘉德	2017-04-02
仇英（款）仙山楼阁图 手卷	21cm×165cm	184,000	中国嘉德	2017-09-03
仇英（款）雪山行旅 立轴	202cm×64cm	483,000	北京匡时	2017-03-30
仇英（款）饮中八僊图 手卷	27.3cm×448.8cm	311,250	香港蘇富比	2017-10-01
仇英《琵琶行》诗意图 手卷	本幅28.5cm×185cm；题跋28.5cm×106cm；33cm×70cm	20,700,000	北京匡时	2017-06-04
仇英 15-16世纪 蓬莱仙弈图 手卷	引首29cm×111cm；本幅29cm×93.5cm；题跋：29cm×15cm	81,650,000	北京匡时	2017-06-04
仇英 春山高隐图 手卷	47cm×250cm	575,000	印千山	2017-07-09
仇英 会贤图 扇面	54cm×18cm	207,000	北京翰海	2017-04-30
仇英 江堤闲钓 镜心	18cm×48.5cm	1,840,000	北京匡时	2017-12-04
仇英 秋风画扇 立轴	99cm×38cm	552,000	北京匡时	2017-12-04
仇英 世外桃源 手卷	30cm×444cm	207,000	朵云轩	2017-09-18
仇英 雪山行旅 立轴	206cm×64cm	2,012,500	印千山	2017-07-09
仇英 渔樵耕读 镜芯	34cm×32cm	230,000	印千山	2017-07-09
仇英 园林清课图 立轴	81cm×107cm	3,220,000	中贸圣佳	2017-06-19
仇英 簪花仕女图 立轴	34cm×112cm	1,840,000	印千山	2017-07-09
沈焯 仿古山水册 十四开	各31.5cm×40cm	222,750	香港苏富比	2017-04-04
沈度（款）小楷 镜心	22cm×47cm	517,500	中国嘉德	2017-04-02
沈明臣 辛亥（1551）年作 草书诗 手卷	31.5cm×483cm	471,500	朵云轩	2017-06-25
沈士充 明 桃花源图 立轴	32cm×27cm	414,000	北京翰海	2017-09-10
沈仕 牡丹瘦石 立轴	132.4cm×45.5cm	363,248	纽约苏富比	2017-03-16
沈周（款）山水 册页（六开）	27cm×55cm×6	345,000	华艺国际	2017-08-27
沈周（款）踏雪寻梅图 手卷	画心395.5cm×32cm；题跋123cm×32.5cm	218,500	西泠拍卖	2017-07-15
沈周（款）夕台万重 立轴	200.8cm×53cm	302,706	纽约苏富比	2017-03-16
沈周（款）溪山新霁 卷	28.5cm×412cm	264,500	北京翰海	2017-06-02
沈周 1471年作 榴开多子 立轴	64.2cm×27.5cm	957,375	佳士得	2017-11-27
沈周 1471年作 山林竹庄 镜心	18cm×52.5cm	253,000	北京匡时	2017-12-04
沈周 灞桥诗思 手卷	画心27cm×374cm；题跋27cm×260cm	7,590,000	北京保利	2017-12-17
沈周 傍水草芦 镜心	18cm×52cm	1,840,000	北京匡时	2017-12-04
沈周 慈乌图 镜心	56cm×32cm	2,760,000	北京保利	2017-12-17
沈周 仿李晞古笔意 立轴	304cm×103cm	920,000	印千山	2017-07-09
沈周 临李董山水 手卷	34cm×124cm	920,000	保利华宜	2017-12-08
沈周 刘珏 秋溪叠嶂 立轴	诗堂40cm×42cm；本幅135cm×40.5cm	6,325,000	北京匡时	2017-06-04
沈周 清溪渔父 镜心	17.5cm×54cm	632,500	北京匡时	2017-12-04
沈周 秋江泛棹 立轴	96.3cm×32.5cm	432,438	纽约苏富比	2017-03-16

(成交价RMB：15万元以上)

拍品名称	物品尺寸	成交价RMB	拍卖公司	拍卖日期
沈周 秋林读书图 镜心	29cm×53.5cm	885,500	北京匡时	2017-12-04
沈周 秋林晚眺图 立轴	36cm×35cm	552,000	西泠拍卖	2017-07-15
沈周 秋山策杖 手卷	本幅 26cm×134cm；题跋26cm×85cm；26cm×65cm	5,060,000	北京匡时	2017-06-04
沈周 山水六段锦 手卷	引首 32cm×75.5cm；画32cm×53.5cm；跋32cm×100cm	690,000	中国嘉德	2017-06-21
沈周 松崖避暑图 立轴	133cm×62cm	11,270,000	北京荣宝	2017-04-02
沈周 送吴文定行图并题 手卷	尺寸不一	148,350,000	中国嘉德	2017-12-18
沈周 天平上河图 立轴	150cm×74cm	1,058,000	印千山	2017-07-09
沈周 王宠 1489年作 1527年作 书法（两幅）镜框	28cm×36cm；28cm×19.7cm	388,063	佳士得	2017-05-29
沈周 文徵明 唐寅 仇英 吴彬 陈焕 陆治 魏之克 王綦 高阳 吴振 姚允在 1501年作 1626年作 明人金扇集 册页（十二开）	16cm×50cm×4；17cm×52cm×7；17cm×49cm	51,175,000	保利华谊	2017-12-08
沈周 吴宽 1488年作 柳燕图 立轴	77cm×32cm	1,725,000	上海明轩	2017-06-30
沈周 鸳湖弄棹图 卷	31.5cm×148cm	368,000	北京翰海	2017-12-15
沈周 竹梧高隐图 镜心	19.5cm×53.5cm	552,000	北京匡时	2017-12-04
盛茂烨 1620年作 寒江独钓 扇面	18cm×55cm	195,500	上海嘉禾	2017-07-02
盛茂烨 1632年作 山居图 立轴	176cm×42cm	977,500	北京荣宝	2017-12-02
盛茂烨 仿李咸熙山水 立轴	181.5cm×43.5cm	222,750	香港苏富比	2017-04-03
盛茂烨 雪景山水 立轴	152.5cm×67cm	517,500	保利厦门	2017-06-25
盛胤昌 1612年作 幽山觅句 立轴	92.2cm×36.5cm	609,813	佳士得	2017-05-29
石锐 1430年作 蓬莱仙阁 手卷	31cm×162cm	172,500	朵云轩	2017-12-14
史可法 行书《仙鹤篇》手卷	29.5cm×222cm；后跋一 29.5cm×234cm；后跋二 29.5cm×51cm	8,625,000	广东崇正	2017-06-14
释函美 鱼 虾 螺 鸡（四帧）册页	跋 28.5cm×32cm×2；画 22cm×21cm×4；字21cm×24cm×2	460,000	广东崇正	2017-06-15
释函诸 行书 立轴	148cm×37cm	253,000	广东崇正	2017-06-15
释明纲 1627年作 草书《斗茶歌》手卷	29cm×218.5cm	1,010,563	佳士得	2017-11-27
释深度 罗浮八景图（八帧）镜片	31.5cm×22.5cm×8	368,000	西泠拍卖	2017-07-15
释深度 送程可则诗 扇面	16.5cm×50cm	253,000	广东崇正	2017-06-15
宋曹 草书 卷	25cm×249cm	184,000	北京翰海	2017-12-15
宋曹 草书节临《阁帖》手卷	37.5cm×370cm	805,000	北京匡时	2017-12-04
宋曹 草书临帖 立轴	162cm×50cm	184,000	中国嘉德	2017-06-21
宋曹 癸卯（1663年）作 二体书黄山先生七十初度诗 手卷	字 25.5cm×773cm；跋29.5cm×40cm	3,220,000	中国嘉德	2017-06-21
宋曹 行书杜诗秋兴八首 手卷	引首 30cm×80cm；书心30cm×516cm；题跋30cm×79cm	2,530,000	北京保利	2017-06-05
宋曹 节临《十七帖》立轴	176.5cm×54.5cm	195,500	北京匡时	2017-06-04
宋懋晋 林屋销夏图 扇面	16.5cm×49cm	218,500	中国嘉德	2017-12-20
眭明永 明 书法（两幅）立轴	130cm×26cm×2	159,563	佳士得	2017-11-27
孙杕 丙戌（1646年）作 梅竹湖石图 立轴	149cm×67cm	552,000	中国嘉德	2017-12-20
孙杕 庚寅（1650）年作 平安图 立轴	题 25.5cm×45.5cm；画103cm×45.5cm	264,500	广东崇正	2017-12-13
孙杕 行书陆游《村居》扇面镜心	16.5cm×51cm	161,000	北京翰海	2017-06-02
孙璜 崇祯丙子（1636年）作 奎星成龙图 立轴	113cm×62cm	241,500	中国嘉德	2017-12-20
孙克弘 百花图卷 镜心	31cm×796cm；31cm×32cm	2,070,000	北京匡时	2017-12-04
孙枝 1631年作 山水 册（八开）	23.5cm×18cm×8	230,000	北京翰海	2017-12-15
汤焕 行书立轴	162cm×60cm	320,000	上海驰翰	2017-02-25
汤有光 草书七言诗 立轴	130cm×31cm	207,000	北京保利	2017-06-06
唐寅（款）蕉园听琴图 立轴	98cm×57cm	184,000	中国嘉德	2017-09-03
唐寅（款）明；清 黄茅会友 立轴	98cm×43cm	191,475	佳士得	2017-11-27
唐寅（款）晚翠图 手卷	30.3cm×135.2cm	328,653	纽约佳士得	2017-03-14
唐寅（款）渔郎送礼 立轴	173cm×71.5cm	243,925	佳士得	2017-05-29
唐寅 碧山听泉 镜心	15.5cm×47cm	2,990,000	北京匡时	2017-12-04
唐寅 春风桃花 立轴	133cm×64cm	230,000	朵云轩	2017-09-18
唐寅 春日闲居 镜心	17.5cm×55.5cm	506,000	北京匡时	2017-12-04
唐寅 风雨归庄图 立轴	126cm×53cm	920,000	北京保利	2017-12-18
唐寅 高士图 镜心	17.5cm×48cm	920,000	北京匡时	2017-06-04
唐寅 行书七言诗 扇面	15cm×45cm	609,500	北京保利	2017-06-06
唐寅 梅雀图 镜心	19cm×52cm	747,500	北京匡时	2017-12-04
唐寅 秋林读书图 立轴	84.5cm×28cm	230,000	上海嘉禾	2017-07-02
唐寅 群仙图 立轴	136cm×90cm	184,000	印千山	2017-07-09
唐寅 石林消夏图 立轴	110cm×42cm	83,950,000	中国嘉德	2017-12-18
唐寅 双清图 立轴	35cm×60.5cm	2,070,000	北京匡时	2017-06-04
唐寅 松阴高士图 立轴	99.5cm×49cm	3,220,000	西泠拍卖	2017-07-15
唐寅 文徵明 群卉图 手卷	32cm×378.5cm	17,015,000	香港蘇富比	2017-10-01
唐寅 溪上泛舟 立轴	180.5cm×96.5cm	2,702,500	保利厦门	2017-06-25
唐寅 雪溪访旧 镜心	18cm×50cm	161,000	北京匡时	2017-12-04
唐寅 游春图 立轴	120cm×60.6cm	12,826,836	保利香港	2017-04-03
唐寅 月泉图 手卷	画心 31cm×113cm；题跋31cm×135cm	92,000,000	北京保利	2017-12-17
唐寅 醉翁亭赏梅 立轴	197cm×106cm	690,000	保利厦门	2017-06-26
万寿祺 高风可挹 镜心	引首 25cm×99cm；画心21cm×76cm；题跋25cm×97cm	3,680,000	北京保利	2017-12-17
万寿祺 十八罗汉 册页（十八开）	25.5cm×17.5cm×18	322,000	朵云轩	2017-06-25
王宠 1527年作 草书唐诗十首 手卷	本幅 27cm×238cm；题跋27cm×60cm	2,242,500	北京匡时	2017-06-04
王宠 草书《岩上人房》镜心	17cm×50cm	460,000	北京匡时	2017-12-04
王宠 草书《幽兰赋》立轴	117cm×27cm	920,000	北京匡时	2017-12-04
王宠 草书七言诗 扇面		345,000	上海明轩	2017-06-30
王宠 草书七言诗 扇面 镜框	18cm×51.5cm	311,250	香港蘇富比	2017-10-01
王宠 行书《寄题楞伽新竹》立轴	118.6cm×31.1cm	172,975	纽约苏富比	2017-03-16
王铎 1630年作 草书《临王献之知铁石帖》立轴	161cm×49cm	997,875	佳士得	2017-05-29
王铎 1641年作 行书临《王涣之帖》手卷	25cm×246cm	9,890,000	北京匡时	2017-06-04
王铎 1643年作 草书节临《阁帖》手卷	本幅 28cm×114cm；题跋27.5cm×37cm	2,185,000	北京匡时	2017-06-04
王铎 1643年作 行草五言诗 手卷	21.2cm×165cm	5,191,100	佳士得	2017-11-27
王铎 1646年作 草书《临王蒙帖》立轴	203cm×51cm	2,300,000	北京荣宝	2017-06-02
王铎 1646年作 草书临王献之《知铁石帖》镜心	18cm×55cm	345,000	北京匡时	2017-12-04
王铎 1647年作 草书 立轴	170.1cm×51.1cm	3,450,000	北京荣宝	2017-06-02
王铎 1647年作 行书临《淳化阁帖》立轴	137cm×50cm	805,000	北京保利	2017-06-06
王铎 1647年作 行书自作五言诗 立轴	237cm×52cm	5,750,000	北京保利	2017-12-17
王铎 1648年作 临颜真卿《鹿脯帖》立轴	182.5cm×51.5cm	3,277,500	上海匡时	2017-11-05
王铎 1649年作 草书诗册（十九页）册页（十开）	23cm×15cm×19	989,000	北京保利	2017-06-06
王铎 1650年作 草书 临王羲之帖 立轴	175.5cm×50cm	1,725,000	西泠拍卖	2017-07-15
王铎 1651年作 行书临阁帖 立轴	200cm×47cm	5,520,000	北京保利	2017-06-06
王铎 草书 立轴	16.5cm×50cm	345,000	广东崇正	2017-06-15
王铎 草书《望阕口号》立轴	175cm×48cm	575,000	北京保利	2017-06-06

拍品名称	物品尺寸	成交价RMB	拍卖公司	拍卖日期
王铎 草书杜工部诗 镜心	19cm×57cm	538,670	中国嘉德	2017-10-03
王铎 草书临阁帖 立轴	152cm×52cm	2,070,000	北京保利	2017-06-05
王铎 草书临褚遂良《山河帖》立轴	131cm×27cm	172,500	广东崇正	2017-12-13
王铎 草书王徽之《得信》帖 立轴	250.5cm×47cm	3,082,860	香港苏富比	2017-04-03
王铎 丁亥（1647）年作 草书送岚如老亲翁 手卷	字26.5cm×290cm；后跋26.5cm×23cm	9,545,000	广东崇正	2017-12-13
王铎 行书 五言诗 立轴	247cm×50cm	7,475,000	西泠拍卖	2017-07-15
王铎 行书《绝粮帖》十六开册	尺寸不一	1,867,500	香港蘇富比	2017-10-01
王铎 行书词组 立轴	105.2cm×38.5cm	259,463	纽约苏富比	2017-03-16
王铎 行书临《兰惹帖》立轴	167.5cm×52cm	1,495,000	北京匡时	2017-12-04
王铎 行书五言诗 立轴	190cm×48cm	2,530,000	北京保利	2017-06-05
王铎 行书张说诗 立轴	158cm×43cm	402,500	北京匡时	2017-12-04
王铎 墨竹图 立轴	137cm×53cm	1,840,000	北京匡时	2017-06-04
王铎三体书自作诗册页（十六页）	23cm×14cm×16	1,035,000	中国嘉德	2017-12-20
王铎 书法《怀友五言诗》立轴	192cm×47.5cm	2,185,000	北京荣宝	2017-06-02
王铎 书柳公权《奉荣帖》立轴	165cm×47.5cm	920,000	广东崇正	2017-06-15
王铎 辛巳（1641）年作 行书五言诗 立轴	284.0cm×51.5cm	7,475,000	中国嘉德	2017-06-19
王铎 辛巳（1641年）作行书《米芾跋欧阳询《度尚帖》》立轴	244cm×47.5cm	5,175,000	中国嘉德	2017-06-19
王绂 1404年作 古木竹石 镜心	诗塘27.5cm×31.5cm；画68.5cm×31.5cm	9,989,880	保利香港	2017-10-03
王福庵 篆书七言联 立轴	131cm×21cm×2	161,000	荣宝斋（济南）	2017-06-10
王福厂 1935年作 篆书集梅溪词联 立轴	each: 142cm×25cm×2	383,875	香港蘇富比	2017-10-02
王福厂 1940年作 篆书十二言联 立轴	each: 144.1cm×25.4cm×2	166,000	香港蘇富比	2017-10-02
王谷祥 行书五言诗 扇面	16cm×50cm	172,500	中国嘉德	2017-06-21
王行冲 草书 立轴	179cm×47.5cm	310,500	中贸圣佳	2017-06-19
王汝翼 淇园图 手卷	画心28cm×325cm；引首28cm×56cm；尾跋28cm×181cm	253,000	南京经典	2017-07-23
王世昌 群鸟伴木 立轴	177cm×112cm	1,649,820	佳士得	2017-05-29
王守 书法册页（十二开）册页	38cm×29.5cm×12	287,500	北京东正	2017-12-09
王守仁 复罗整庵太宰书 册页（十二开）	28cm×17.5cm×12	3,352,940	佳士得	2017-11-27
王守仁 行书临《圣教序》手卷	引首28cm×89cm；本幅26cm×213cm；题跋29cm×90cm	2,185,000	北京匡时	2017-12-04
王璲（款）小楷茶事十品 镜心	24cm×43cm	172,500	中国嘉德	2017-09-03
王雯 仿大痴意 立轴	124.5cm×45cm	252,331	保利香港	2017-04-03
王问 1548年作 巽泉图 手卷	引首26cm×96cm；画26cm×103cm；跋26cm×39cm	667,000	上海明轩	2017-06-30
王问 高士图 镜心	16cm×50cm	207,000	北京匡时	2017-12-04
王锡绶 1631年作 松下赏梅图 立轴	226cm×97cm	437,000	中国嘉德	2017-06-21
王穉登 行书《寄冯开之》镜心	18cm×53cm	632,500	北京匡时	2017-12-04
文伯仁（款）戊子（1528年）作 携琴访友 立轴	164cm×95cm	172,500	中国嘉德	2017-04-02
文伯仁 1531年作 溪山僊馆图 立轴	181cm×64cm	3,220,000	西泠拍卖	2017-07-15
文伯仁 1574年作 山居图 镜心	68cm×27cm	1,840,000	北京保利	2017-12-17
文伯仁 仿古山水 册页（十开）	22cm×19cm×10	460,000	观唐皕榷	2017-01-11
文俶 花卉 册页（八开）	19cm×12cm×8	207,000	观唐皕榷	2017-01-11
文俶 写生花卉 册页（共十一页）	19cm×12.5cm×11	402,500	西泠拍卖	2017-07-15
文徽明 古石新篁 立轴	146.1cm×52.7cm	345,950	纽约苏富比	2017-03-16
文徽明 行书自作词 扇面	16cm×48cm	259,463	纽约苏富比	2017-03-16

拍品名称	物品尺寸	成交价RMB	拍卖公司	拍卖日期
文嘉（款）庚午（1570年）作山市晴岚图 手卷	32cm×453cm	195,500	中国嘉德	2017-04-02
文嘉 1543年作 倚木听泉 镜心	16.5cm×48cm	287,500	北京匡时	2017-12-04
文嘉 1553年作 望山图 镜心	17.5cm×51cm	230,000	北京匡时	2017-12-04
文嘉 1564年作 秋江独钓 镜心	19cm×56.5cm	172,500	北京匡时	2017-12-04
文嘉 1578年作 溪南醉归 镜心	19cm×54cm	805,000	北京匡时	2017-12-04
文嘉 行草五言诗 镜心	16cm×50cm	598,000	北京匡时	2017-12-04
文嘉 庐陵各景书画 册页（八开十六页）	16cm×18.5cm×16	5,175,000	中国嘉德	2017-12-18
文嘉 山水 立轴	23.5cm×123cm	690,000	荣宝斋（南京）	2017-07-08
文嘉 天际归帆图 立轴	107.5cm×30.5cm	253,000	中国嘉德	2017-06-21
文彭 草书《风入松》镜心	17cm×51cm	345,000	北京匡时	2017-12-04
文彭 草书七言诗 扇面	14cm×45cm	230,000	北京华辰	2017-06-04
文彭 明 草书七绝 立轴	129cm×51.5cm	297,850	佳士得	2017-11-27
文震孟 草书 五言诗 立轴	121.5cm×58cm	230,000	西泠拍卖	2017-07-15
文震孟 癸卯（1603年）作 清荫消夏 镜心	15cm×46cm	274,232	中国嘉德	2017-10-03
文徵明 明 山居八景 册页（十六对开）	22cm×21.2cm×16	5,448,713	纽约佳士得	2017-03-15
文徵明 1516年作 书画合璧 卷	画23.5cm×65cm；字23.5cm×55.5cm	2,530,000	北京翰海	2017-12-15
文徵明 1519年作 细笔雪景山水 镜心	74cm×28cm	5,175,000	北京保利	2017-12-17
文徵明 1522年作 花满深溪 镜心	19.5cm×60cm	897,000	北京匡时	2017-12-04
文徵明 1530年作 行书自作诗 册页（十开）	26cm×17cm×10	1,782,500	北京匡时	2017-12-04
文徵明 1532年作 雨歇云归图 卷	30.5cm×152cm	3,507,500	北京翰海	2017-12-15
文徵明 1538年作 行书《西苑诗》卷	27cm×614cm	1,495,000	北京翰海	2017-12-15
文徵明 1540年作 书画合璧 卷	画38cm×330cm；字38cm×124cm	368,000	北京翰海	2017-12-15
文徵明 1544年作 新燕篇诗意 手卷	引首27cm×104cm；画心27.2cm×88cm；书心27cm×375cm	36,225,000	北京保利	2017-06-05
文徵明 1547年作 山居图 立轴	216cm×105cm	207,000	北京翰海	2017-04-30
文徵明 1551年作 濯足图 镜心	16cm×47cm	218,500	北京匡时	2017-06-04
文徵明 1553年作 行书自作诗词 手卷	28.5cm×98.5cm；28.5cm×240cm；28.5cm×99cm	1,667,500	北京匡时	2017-06-04
文徵明 1553年作 楷书《胡笳十八拍》镜心	16cm×51cm	1,092,500	北京匡时	2017-06-04
文徵明 1632年作 雪岭行吟图 立轴	141cm×60cm	3,220,000	北京荣宝	2017-12-02
文徵明 春山草庐 镜片	17.5cm×49.5cm	207,000	广东崇正	2017-06-15
文徵明 丁未（1547）年作 追和杨维桢花游曲 手卷	32cm×889cm	1,897,500	上海敬华	2017-07-01
文徵明 访山图 镜心	16cm×49cm	345,000	北京匡时	2017-12-04
文徵明 癸卯（1543年）作 行书《归去来辞》手卷	30cm×409cm	4,025,000	中国嘉德	2017-06-19
文徵明 行草诗文两首 扇面 镜框	16.8cm×54.1cm	435,750	香港蘇富比	2017-10-01
文徵明 行楷书 立轴	178cm×63cm	184,000	北京翰海	2017-12-15
文徵明 行书《风入松》词 扇面	18.5cm×53.5cm	230,000	中国嘉德	2017-06-21
文徵明 行书《进春朝贺》诗 立轴	349.5cm×99.5cm	2,274,200	香港蘇富比	2017-10-01
文徵明 行书《忆昔次石亭韵四首》手卷	36.5cm×1243.4cm	6,059,000	香港蘇富比	2017-10-01
文徵明 行书春夜宴桃李园序 立轴	137cm×35cm	230,000	印千山	2017-07-09
文徵明 行书七言诗 镜心	19.5cm×54cm	575,000	北京匡时	2017-12-04
文徵明 行书七言诗 镜心	18.5cm×54.5cm	299,000	北京匡时	2017-12-04
文徵明 行书七言诗 镜心	29cm×50cm	161,000	北京匡时	2017-06-04
文徵明 行书七言诗 立轴	106.5cm×48.5cm	230,000	中国嘉德	2017-12-20
文徵明 行书七言诗 立轴	126cm×62cm	287,500	印千山	2017-07-09

2017书画拍卖成交汇总

(成交价RMB：15万元以上)

拍品名称	物品尺寸	成交价RMB	拍卖公司	拍卖日期
文徵明 行书诗 册页（二十开）	尺寸不一	253,000	北京保利	2017-06-06
文徵明 行书西湖诗 镜心	28.5cm×121cm	287,500	北京匡时	2017-03-29
文徵明 行书自作诗 手卷	引首 36cm×86cm；本幅 35.5cm×226cm；题跋35.5cm×67cm	483,000	北京匡时	2017-12-04
文徵明 行书自作诗《暮春》立轴	285cm×94cm	835,440	中濠典藏	2017-05-22
文徵明 花港观鱼 南屏话别图 镜心	31cm×45cm×2	517,500	北京荣宝	2017-06-02
文徵明 嘉靖丁巳（1557年）作 行书《九歌》册页（二十五开 四十九页）	25cm×17.3cm×49	4,600,000	中国嘉德	2017-12-18
文徵明 嘉靖辛卯（1531年）作 行书自书诗帖 手卷	23cm×192.5cm	18,975,000	中国嘉德	2017-12-18
文徵明 甲辰（1544年）作 行书《山静日长》立轴	131cm×29.5cm	172,500	中国嘉德	2017-12-20
文徵明 枯木竹石图 立轴	30cm×56cm	1,610,000	观唐皕榷	2017-01-11
文徵明 陆治 花鸟 书法（八帧）镜片	23.6cm×12cm×8	862,500	广东崇正	2017-06-15
文徵明 名花十咏 册页	34cm×17cm	575,000	北京保利	2017-12-17
文徵明 泉瀑图 镜心	18.5cm×49cm	805,000	北京匡时	2017-12-04
文徵明 书法 册页（十五开）	20cm×14cm×15	831,563	佳士得	2017-05-29
文徵明 幽然南山 扇片	17cm×47cm	632,500	朵云轩	2017-12-14
文徵明 雨过寒原 立轴	129cm×46.5cm	1,762,920	中国嘉德	2017-10-03
文徵明 祝允明 陆师道 等 明贤手翰 册页（十三开）	尺寸不一	1,265,000	中贸圣佳	2017-06-19
文徵明 醉翁亭记 手卷	29cm×120cm	6,670,000	上海敬华	2017-07-01
吴彬 1611年作 十二尊者相 手卷	画 38.5cm×644.5cm；题39cm×230cm	66,700,000	中国嘉德	2017-06-19
吴彬 林泉幽居图 立轴	127cm×52.5cm	14,950,000	上海明轩	2017-06-30
吴宽 行书七言诗 立轴	121cm×51cm	8,050,000	中国嘉德	2017-06-19
吴宽 行书五言诗 镜心	15.5cm×46cm	345,000	中国嘉德	2017-06-21
吴令 桃花源图 手卷	画心 32cm×360cm；题跋32cm×186cm	504,662	保利香港	2017-04-03
夏昶 1445年作 孤峰晴翠 立轴	143cm×55cm	23,000,000	北京保利	2017-06-05
夏明远（款）丰乐楼图 立轴	174.3cm×114cm	1,914,750	佳士得	2017-11-27
夏时 行书七言诗 立轴	56cm×28.5cm	828,000	北京匡时	2017-06-04
夏寅 楷书送参政赵公诗 立轴	31cm×50.5cm	713,000	观唐皕榷	2017-01-11
夏永（传）楼阁山水 立轴	48.5cm×29.5cm	3,220,000	北京匡时	2017-12-04
项奎 夏木虚堂图 立轴	163cm×45.5cm	1,380,000	观唐皕榷	2017-01-11
项元汴 1577年作 墨竹图 镜心	16.5cm×45.5cm	253,000	北京匡时	2017-12-04
谢时臣 戊午（1558年）作 梅花高士 扇面	16.5cm×48.5cm	156,999	中国嘉德	2017-05-29
谢时臣 溪山高隐 立轴	242.6cm×121.3cm	783,520	保利香港	2017-10-03
谢时臣 辛丑（1541年）作 寒林抚琴 手卷	画17.5cm×75cm；跋 19.5cm×144cm；跋17.5cm×234cm	1,840,000	中国嘉德	2017-12-18
解缙 草书《晓闻长乐终声》立轴	159cm×36cm	3,220,000	上海嘉禾	2017-07-01
邢侗 草书七言诗 立轴	159.5cm×44cm	460,000	北京匡时	2017-06-04
邢侗 丁卯（1567）年作 草书“高启诗两首”四屏立轴	169cm×43cm×4	575,000	北京东正	2017-12-09
徐渭 1581年作 一鹭莲科 立轴	159cm×87cm	345,000	北京翰海	2017-01-08
徐渭 草书李太白诗 手卷	30cm×383cm	23,575,000	保利华谊	2017-12-08
徐渭 草书唐诗四首 手卷	本幅 30cm×754cm；题跋30cm×44cm	10,925,000	北京匡时	2017-06-04
徐渭 鲁得之 赵左 沈颢 渐江 八大山人 石涛 查士标 王翚 郑板桥 汪士慎 李方膺 李鱓 黄慎 华嵒 高凤翰 潘恭寿 翁仁 明清杂画 册页（二十开）	尺寸不一	17,250,000	北京保利	2017-06-05
徐渭 写生 手卷	尺寸不一	127,075,000	中国嘉德	2017-12-18
许初 梅竹双喜 扇面	15.1cm×53.3cm	302,706	纽约苏富比	2017-03-16
许光祚 草书五言诗 立轴	183cm×50cm	460,000	北京匡时	2017-06-04

拍品名称	物品尺寸	成交价RMB	拍卖公司	拍卖日期
许光祚 行书五言诗 立轴	218cm×62.5cm	494,500	中国嘉德	2017-12-20
宣宗（款）1428年作 耄耋图 镜框	32.5cm×227cm	665,250	佳士得	2017-05-29
杨大临 寒鸦花木图 寒梅九翁图 立轴 镜心	226cm×102cm；188cm×86cm	3,450,000	保利厦门	2017-06-25
杨大临 花鸟 立轴	183cm×86.5cm	437,000	上海嘉禾	2017-07-02
杨涟 秋海棠诗三首 扇面	17cm×53cm	230,000	北京保利	2017-06-06
杨治卿 梅竹良禽图 立轴	182cm×86cm	345,000	印千山	2017-07-09
仰廷宣 松石图 立轴	200cm×110cm	1,127,000	北京荣宝	2017-04-02
姚绶 冈陵图 立轴	115cm×53cm	5,175,000	十竹斋	2017-01-01
姚绶 晴岚暖翠图 手卷	引首 24cm×83cm；本幅 23.5cm×417cm；题跋 23.5cm×84cm；27cm×20cm	1,725,000	北京匡时	2017-06-04
姚贞 山中寻友图 镜心	17cm×51cm	207,000	北京匡时	2017-12-04
叶向高 行草 立轴	205.5cm×45.5cm	345,000	北京荣宝	2017-06-02
佚名（晚明）猿戏图 镜框	30cm×115.5cm	245,025	香港苏富比	2017-04-03
佚名 明 行书七言诗两首 立轴 镜框	123.6cm×48.5cm；124.5cm×49cm	4,169,900	佳士得	2017-11-27
佚名 明 花鸟图 木板镜片	151.5cm×83.5cm	172,975	纽约佳士得	2017-03-14
佚名 明 货郎图 木板镜框	151.5cm×100.5cm	1,546,397	纽约佳士得	2017-03-14
佚名 明 清夏图 镜心	34cm×31cm	207,000	北京宣石	2017-05-21
佚名 明 驯马图 手卷镜框	29cm×117cm	518,925	纽约佳士得	2017-03-14
佚名 明成化皇帝佛装像 立轴	95cm×60.5cm	1,092,500	北京匡时	2017-06-04
佚名 明代 三皇上圣 立轴	178cm×84cm	218,500	古天一	2017-06-07
佚名 明永乐 永乐御制《三世佛六菩萨宝相》立轴	217cm×220cm；画心 185cm×220cm；写经32cm×220cm	33,939,750	中濠典藏	2017-05-23
殷善 岁寒文禽图 镜心	98.5cm×47.5cm	782,000	北京匡时	2017-06-04
尹直 草书苏轼诗 立轴	254cm×70cm	2,875,000	中国嘉德	2017-12-18
尤求 明；1579年作 长恨歌－春游 手卷	32.5cm×275.5cm	7,029,260	佳士得	2017-11-27
俞山 草书七言诗 立轴	177cm×54cm	345,000	北京华辰	2017-06-04
袁尚统 1635年作 渔家乐 立轴	88cm×88cm	977,500	北京荣宝	2017-04-02
袁尚统 鹰塔龙池图 立轴	126.5cm×62cm	200,475	香港苏富比	2017-04-03
袁尚维 赵璐 春塘鸭嬉 扇面	16.5cm×47cm	322,000	观唐皕榷	2017-01-11
袁尚维 赵璐 红金山水扇面 镜心	17cm×47.5cm	345,000	北京银座	2017-12-20
月舟和尚 钟馗 立轴	79cm×41cm	172,500	北京翰海	2017-12-15
恽本初 1642年作 枯木奇石图 立轴	38cm×34cm	230,000	北京荣宝	2017-04-02
恽向 超山越海之势 立轴	125.5cm×39.5cm	345,000	北京荣宝	2017-06-02
恽向 京口江山图 立轴	画40cm×41cm；字40.5cm×40cm	241,500	中国嘉德	2017-06-21
恽向 拟黄子久笔意 立轴	126cm×48.5cm	402,500	西泠拍卖	2017-07-15
恽向 玄墓香雪图 立轴	画41cm×41cm；字41.5cm×38.5cm	276,000	中国嘉德	2017-06-21
詹景凤 庚午（1570年）作 草书杜甫诗 立轴	129cm×58cm	402,500	中国嘉德	2017-06-21
詹景凤 松鹤图 立轴	79.5cm×30cm	322,000	北京荣宝	2017-04-02
詹僖 行书“醉足”立轴	24cm×45cm	161,000	北京匡时	2017-06-04
詹仲和 明 草书 立轴	32cm×47cm	744,625	佳士得	2017-11-27
张弼 明 草书七言诗 立轴	151.8cm×39cm	319,125	佳士得	2017-11-27
张翀 醉翁亭图 手卷	引首书法 30.5cm×93cm；画心 30.5cm×428.5cm；后跋30.5cm×70cm	1,035,000	华艺国际	2017-05-27
张大风 铸铜佛像册页（十开选八）	25cm×36.5cm×10	471,500	中贸圣佳	2017-06-19
张复 1625年作 溪山幽邃图 手卷	30cm×467cm	1,840,000	北京保利	2017-12-17
张復 秋山萧寺图 镜心	17cm×50cm	368,000	北京匡时	2017-12-04
张宏（款）雪山行旅图 立轴	199cm×96cm	172,500	中国嘉德	2017-09-03
张宏 1629年作 策杖闲眺 扇面	17cm×53cm	218,500	中国嘉德	2017-06-21

拍品名称	物品尺寸	成交价RMB	拍卖公司	拍卖日期
张宏 1639年作 松山石涧 镜心	18.5cm×52cm	575,000	上海匡时	2017-11-05
张宏 高阁远浦图 立轴	125cm×40.5cm	172,500	中国嘉德	2017-06-21
张宏 秋山隐居图 立轴	176cm×43cm	575,000	北京保利	2017-06-06
张煌言 临王羲之帖 立轴	34cm×35cm	299,000	北京匡时	2017-03-30
张介 行书 五言诗 立轴	165cm×47cm	356,500	西泠拍卖	2017-07-15
张龙章 胡人出猎图 手卷	304.4cm×24.1cm	1,729,750	纽约苏富比	2017-03-16
张路 伏眠图 立轴	103cm×42cm	356,500	上海明轩	2017-06-30
张路 会棋图 立轴	134.5cm×132cm	805,000	西泠拍卖	2017-07-15
张路 石岸泊舟 扇面	18cm×49cm	188,399	中国嘉德	2017-05-29
张路 仙人烹芝图 立轴	128cm×51cm	4,140,000	北京匡时	2017-12-04
张路 仙人捧蚌 镜心	152cm×80cm	448,500	保利厦门	2017-06-26
张潜夫 行书 五言诗 立轴	206cm×45.5cm	747,500	西泠拍卖	2017-07-15
张瑞图 1616年作 草书《辰州道中》手卷	引首 33.5cm×105.5cm；本幅 33cm×408cm；题跋33cm×89cm	1,610,000	北京匡时	2017-06-04
张瑞图 1625年作 草书《诗评》册页（十四开）	26cm×34cm×14	1,955,000	上海匡时	2017-11-05
张瑞图 1625年作 草书《辰州道中》册页	28cm×18cm×20	816,500	北京匡时	2017-12-04
张瑞图 1626年作 草书《骢马行》手卷	26cm×283cm	3,105,000	北京匡时	2017-06-04
张瑞图 1631年作 深山幽居图 立轴	151cm×39cm	522,150	中濠典藏	2017-05-22
张瑞图 1632年作 行书《真率斋铭》立轴	111cm×36cm	2,415,000	上海匡时	2017-11-05
张瑞图 1633年作 行书 燕子矶放歌 手卷	540cm×26cm	9,200,000	西泠拍卖	2017-07-15
张瑞图 1633年作 山水 立轴对屏	23cm×29cm×2	1,265,000	北京保利	2017-12-17
张瑞图 草书 立轴	194cm×52cm	2,415,000	南京经典	2017-07-23
张瑞图 草书《春日登金华观》立轴	186cm×44cm	2,185,000	北京匡时	2017-06-04
张瑞图 草书《后赤壁赋》卷	31cm×247cm	506,000	北京翰海	2017-12-15
张瑞图 草书杜甫《渼陂行》手卷	27cm×219cm	1,782,500	北京匡时	2017-06-04
张瑞图 草书李梦阳诗 册页（十八开）	28cm×18cm×18	598,000	北京保利	2017-12-18
张瑞图 草书李梦阳诗四首 手卷	本幅 31.5cm×605cm；37cm×55cm	7,475,000	北京匡时	2017-06-04
张瑞图 草书七言诗 立轴	191.5cm×52cm	1,955,000	北京匡时	2017-12-04
张瑞图 草书王维《终南别业》立轴	138.5cm×44.5cm	186,750	香港蘇富比	2017-10-01
张瑞图 草书五言诗 立轴	131.5cm×29.5cm	322,000	上海明轩	2017-06-30
张瑞图 格言巨轴 立轴	358cm×98cm	19,550,000	北京保利	2017-06-05
张瑞图 行书杜甫诗 立轴	200cm×59cm	1,150,000	保利厦门	2017-06-26
张瑞图 行书诗 立轴	308cm×38cm	517,500	北京东正	2017-12-09
张瑞图 行书书法 立轴	137.5cm×30.5cm	448,500	保利厦门	2017-06-26
张瑞图 行书孙逖诗 扇面	17cm×52cm	220,790	保利香港	2017-04-03
张瑞图 行书五言诗 立轴	106cm×32.6cm	483,000	观唐皕槯	2017-01-11
张瑞图 行书五言诗 立轴	167.5cm×56.5cm	920,000	华艺国际	2017-05-27
张瑞图 甲子（1624年）作 书法条幅 立轴	116cm×50cm	690,000	福建东南	2017-05-21
张瑞图 明 草书李梦阳诗 立轴	186.3cm×56.8cm	3,965,660	佳士得	2017-11-27
张瑞图 山高月小图 立轴	130cm×38cm	2,300,000	北京保利	2017-06-05
张瑞图 天启丙寅（1926）年作 草书唐刘眘虚诗二首 册页（九开十七页）	27.5cm×13.5cm×17	1,380,000	中国嘉德	2017-06-21
张瑞图 乙亥（1635）年作 山水 立轴	150cm×49cm	287,500	广东崇正	2017-12-13
张睿 行书 镜心	170cm×52cm	172,500	北京翰海	2017-12-15
张一奇 驻骑赏雪图 立轴	142cm×72cm	1,265,000	北京保利	2017-12-17
赵伯驹（款）昭君出塞 手卷	31cm×299cm	391,000	中贸圣佳	2017-06-19
赵华 草书 临王羲之帖 立轴	181cm×47cm	172,500	西泠拍卖	2017-07-15

拍品名称	物品尺寸	成交价RMB	拍卖公司	拍卖日期
赵善鸣 行书 镜片	23.5cm×46cm	172,500	广东崇正	2017-12-13
赵士麟 1696年作 草书序文 手卷	47.5cm×362cm	1,253,160	中濠典藏	2017-05-22
赵文俶 榴花双莺 立轴	123cm×32cm	575,000	中贸圣佳	2017-06-19
赵珣 寒林烟树 立轴	95cm×40.5cm	188,399	中国嘉德	2017-05-29
赵左 等 书画合璧 册（二十开）	26cm×16.5cm×20	310,500	北京翰海	2017-06-02
赵左 李流芳 周臣 文徵明 扇面集锦 镜心	17cm×49cm×4	3,047,500	北京匡时	2017-06-04
赵左 林交石隐图 立轴	45cm×35cm	322,000	西泠拍卖	2017-07-15
赵左 秋山清逸图 手卷	画心 505.5cm×23cm；题跋 73cm×26cm；45cm×26cm	460,000	西泠拍卖	2017-07-15
赵左 云海春山图 手卷	27.5cm×88.5cm	517,500	南京经典	2017-07-23
周臣（款）人物山水 册页（十二开）	23.5cm×26.5cm×12	166,313	佳士得	2017-05-29
周臣 琼岛仙迹 手卷	26cm×339cm	172,500	北京保利	2017-04-28
周臣 松月抱阮图 镜心	18cm×52cm	483,000	北京匡时	2017-12-04
周官 游园图 卷	31.5cm×290cm	402,500	北京翰海	2017-12-15
周天球 1546年作 草书自作诗 手卷	26cm×171cm	322,000	北京匡时	2017-12-04
周天球 1580年作 行书 手卷	引首 122cm×29cm；本幅621cm×29cm	828,000	中贸圣佳	2017-06-19
周天球 行书七言诗 立轴	183cm×66.5cm	1,092,500	北京匡时	2017-12-04
周天球 兰草图 镜心	16cm×49cm	402,500	北京匡时	2017-12-04
周天球 王穉登 叶绪昌 陈橦 行草书古诗 扇面镜心	18cm×49cm	172,500	北京翰海	2017-06-02
周禧 辛卯（1651）年作 杏花山雀 立轴	95cm×46cm	299,000	上海敬华	2017-07-01
周用（款）列侯世封 手卷	25.1cm×239.6cm	224,868	纽约苏富比	2017-03-16
周之冕 春江水暖 镜心	16.5cm×52cm	759,000	北京匡时	2017-12-04
周之冕 墨梅 扇面	15cm×44cm	315,414	保利香港	2017-04-03
周之冕 紫薇 镜心	17cm×47cm	632,500	北京匡时	2017-12-04
朱德润 1361年作 李委吹笛图 镜心	画心 41.5cm×51cm；诗堂22cm×51cm	1,115,500	北京银座	2017-06-07
朱继祚 草书七言诗 立轴	167.5cm×47.5cm	713,000	观唐皕槯	2017-01-11
朱舜水 草书唐宋文二则 手卷	37cm×835cm	2,070,000	北京匡时	2017-06-04
祝允明 1525年作 草书花蕊夫人《宫词》手卷	28cm×232cm	12,650,000	北京匡时	2017-06-04
祝允明 草书 立轴	34.3cm×23cm	332,625	佳士得	2017-05-29
祝允明 草书《生年不满百》镜心	16cm×48cm	253,000	北京匡时	2017-12-04
祝允明 草书出师表 手卷	28.3cm×290.3cm	2,300,000	广东崇正	2017-06-15
祝允明 楷书《梦游莺花洞天记》立轴	122cm×52.5cm	5,290,000	中国嘉德	2017-06-21
祝允明 临怀素《藏真》《律公》帖 立轴	212cm×56cm	920,000	北京华辰	2017-12-16
祝枝山 草书七言诗 镜心	16cm×52cm	690,000	北京荣宝	2017-12-02
清代作者				
奥村铎堂 行书格言 立轴	134cm×39.5cm	198,000	北京银座	2017-06-07
八大山人（传）相思图 立轴	29.5cm×33cm	575,000	华艺国际	2017-05-27
八大山人（款）懒猫图 立轴	72cm×26cm	379,500	中国嘉德	2017-04-02
八大山人 1689年作 百合拳石 镜心	58cm×36cm	3,450,000	北京保利	2017-12-17
八大山人 1699年作 行书临兰亭集序 镜心	26cm×21.5cm	862,500	北京匡时	2017-06-04
八大山人 翠堤晓岸 镜心	18cm×51cm	632,500	北京匡时	2017-12-04
八大山人 福禄长春图 立轴	167.5cm×91.5cm	17,250,000	西泠拍卖	2017-07-15
八大山人 海棠 立轴	130cm×44.5cm	4,600,000	北京匡时	2017-12-04
八大山人 海棠图 立轴	130cm×44cm	4,025,000	观唐皕槯	2017-01-11
八大山人 行书白居易《北窻三友》立轴	149.7cm×42.7cm	5,063,000	香港蘇富比	2017-10-01
八大山人 荷塘鱼趣图 镜芯	44cm×52cm	448,500	印千山	2017-07-09
八大山人 花鸟鱼果 十二开册	28.7cm×19.7cm	21,673,768	纽约苏富比	2017-03-16

拍品名称	物品尺寸	成交价RMB	拍卖公司	拍卖日期
八大山人 江山清远 立轴	187cm×48.5cm	13,800,000	北京匡时	2017-06-04
八大山人 临董其昌行书 立轴	29.5cm×28.5cm	612,563	香港苏富比	2017-04-03
八大山人 墨荷 镜芯	54cm×78cm	230,000	印千山	2017-07-09
八大山人 墨鱼 镜片	29cm×28cm	690,000	上海敬华	2017-07-01
八大山人 鸟石图 立轴	77cm×38.5cm	1,610,000	朵云轩	2017-06-25
八大山人 葡萄 镜芯	30cm×30cm	287,500	印千山	2017-03-30
八大山人 双鸟图 立轴	121cm×49cm	207,000	北京匡时	2017-12-04
八大山人 双鹰图 立轴	179cm×88.5cm	1,495,000	北京匡时	2017-12-04
八大山人 松柏图 立轴	182.5cm×49	3,105,000	北京匡时	2017-06-04
八大山人 松鹤图 立轴	154cm×65cm	690,000	北京翰海	2017-06-02
八大山人 松灵芝寿 立轴	172cm×61cm	2,875,000	广东崇正	2017-12-13
八大山人 闲适图 对屏 立轴	29cm×29cm×2	4,830,000	上海敬华	2017-07-01
包栋 临陈老莲竹林七贤 手卷	引首 22cm×55cm；本幅22cm×260cm；题跋22.5cm×20cm	322,000	北京匡时	2017-06-04
包世臣 1832年作 行草书临阁帖 手卷	31.5cm×378.5cm	1,150,000	观唐皕榷	2017-01-11
边寿民 癸丑（1733年）作 清供图 镜心	92cm×40cm	460,530	中国嘉德	2017-05-29
边寿民 花卉芦雁 册页（八开）	28cm×37.5cm×8	460,000	中国嘉德	2017-12-20
边寿民 花鸟杂赏 册 十二开	24cm×31cm（十二开册）	723,938	香港苏富比	2017-04-03
边寿民 芦雁图 立轴	画心 71cm×79cm；诗堂48cm×79cm	575,000	北京荣宝	2017-12-02
边寿民 芦雁图 立轴	104cm×48.5cm	241,500	中国嘉德	2017-12-20
蔡嘉 1731年作 秋沐草庐 立轴	183cm×81.5cm	345,000	北京匡时	2017-06-04
蔡嘉 1735年作 荷乡清夏 立轴	195cm×54cm	1,207,500	北京保利	2017-06-06
蔡嘉 清；1717年作 溪山无尽图 手卷	35cm×277cm	20,509,100	佳士得	2017-11-27
蔡嘉 霞庄旧庐图 手卷	31.5cm×195.5cm	552,000	观唐皕榷	2017-01-11
蔡嘉 霞庄旧庐图 手卷	引首 32cm×89cm；本幅 31.5cm×195cm；题跋32cm×52cm	575,000	北京匡时	2017-12-04
陈宝琛 罗振玉 宝熙 1933年作 致垚生诗（三帧）册页镜片	24cm×35cm×3	253,000	上海泓盛	2017-06-27
陈恭尹 隶书 镜片	30cm×68cm	172,500	广东崇正	2017-12-13
陈豪 戊子（1888年）作 山水 册页（十二开）	画 25.5cm×28cm×12；跋35cm×66.5cm	287,500	中国嘉德	2017-12-20
陈鑅 1837年作 漓江话别图 手卷	31.5cm×135cm；题跋 21.5cm×12.5cm；尾跋 31.5cm×548cm	345,000	北京银座	2017-06-07
陈鸿寿 1801年作 为郭麐作松竹图 立轴	75.5cm×37.5cm	322,000	西泠拍卖	2017-07-15
陈鸿寿耳画室图 册页（十九开）	25.5cm×36.5cm×19	3,047,500	朵云轩	2017-06-25
陈鸿寿 行书 古诗四首 四屏	110cm×25cm×4	747,500	西泠拍卖	2017-07-15
陈鸿寿 行书 七言联 对联	130cm×28.5cm×2	632,500	西泠拍卖	2017-07-15
陈鸿寿 行书节录《文心雕龙》镜心	18cm×53cm×2	230,000	北京匡时	2017-12-04
陈鸿寿 行书临俞安东书 立轴	130cm×29cm	207,000	北京匡时	2017-03-30
陈鸿寿 行书七言联 立轴	132cm×31.5cm×2	253,000	北京翰海	2017-12-15
陈鸿寿 行书七言诗 立轴	119.5cm×36.7cm	176,375	香港蘇富比	2017-10-01
陈鸿寿 行书俗语 镜心	117.5cm×23cm	172,500	中国嘉德	2017-06-21
陈鸿寿 行书五言联 立轴	131cm×30.5cm×2	161,000	北京匡时	2017-06-04
陈鸿寿 己卯（1819年）作 隶书八言联 立轴	231cm×48cm×2	345,000	北京华辰	2017-06-04
陈鸿寿 菊枝酒坛 立轴	119cm×31cm	230,000	北京翰海	2017-06-02
陈鸿寿 隶书“小万卷楼”镜心	25cm×105cm	207,000	北京匡时	2017-12-03
陈鸿寿 隶书七言联 立轴	126.2cm×28.8cm×2	287,500	观唐皕榷	2017-01-11
陈鸿寿 隶书五言联 立轴	164cm×37.5cm×2	184,000	上海匡时	2017-11-05
陈鸿寿 溪山春霭 镜心	16cm×49cm	230,000	北京匡时	2017-12-04
陈鸿寿 乙亥（1815）年作 行书立轴	132.5cm×38.5cm	184,000	朵云轩	2017-12-14
陈焕 1639年作 梅花书屋 镜心	19cm×53cm	287,500	北京匡时	2017-12-04
陈继儒 1618年作 行书七言诗 镜心	17.5cm×52cm	437,000	北京匡时	2017-12-04
陈继儒 溪山幽居图 镜心	16cm×50.5cm	552,000	北京匡时	2017-12-04
陈家冷 向日葵 镜心	96cm×178cm	407,277	中濠典藏	2017-05-22
陈介祺 金文七言联 立轴	各127.7cm×31.1cm	334,125	香港苏富比	2017-04-04
陈介祺 书法 对联	165cm×32cm×2	287,500	广东小雅斋	2017-05-26
陈介祺 篆书七言联 立轴	165cm×31.5cm×2	172,500	上海匡时	2017-11-05
陈澧 书法 立轴六屏	135cm×33cm×6	172,500	华艺国际	2017-11-25
陈枚 1741年作 群仙雅聚 镜框	39.5cm×31.5cm	177,400	佳士得	2017-05-29
陈枚 富贵根基图 立轴	112.6cm×51.2cm	575,000	观唐皕榷	2017-01-11
陈枚 御鹰图 立轴	92.5cm×46cm	184,000	观唐皕榷	2017-01-11
陈三立 郑孝胥 沈曾植 行书诗合手卷	引首 31cm×85cm；本幅31cm×83cm；31cm×278cm；题跋33.5cm×400cm	1,035,000	北京匡时	2017-06-03
陈书 1712年作 湖石红莲 镜心	131cm×59cm	437,000	中国嘉德	2017-06-21
陈书 梅花 册页	31cm×21cm×10	322,000	中贸圣佳	2017-06-19
陈希祖 行书七言联 立轴	155cm×34.5cm×2	287,500	北京翰海	2017-12-15
陈铣 1814年作 秋鸿馆图 手卷	画一 22cm×91cm；画二20cm×133cm；跋26cm×72cm	322,000	中国嘉德	2017-06-21
陈奕禧 1694年作 行书 立轴	278cm×99cm	552,000	北京翰海	2017-12-15
陈奕禧 成亲王 书 题 康熙四十三年（1704）作《大理寺诫约》手卷	33cm×192.5cm	172,500	北京诚轩	2017-06-18
陈奕禧 行书五言诗 立轴	216cm×47cm	483,000	北京匡时	2017-12-04
陈元龙 行楷中堂 镜心	155.5cm×49cm	575,000	保利厦门	2017-06-26
陈撰 1723年作 杂画 册页（共十四页）	画心 23.5cm×15cm×12；题跋23.5cm×15cm；26cm×17.5cm	690,000	西泠拍卖	2017-07-15
陈撰 1732年作 梅花 册页	本幅 19cm×26.5cm×12；题跋24cm×34cm×2	3,220,000	北京匡时	2017-06-04
成亲王 1786年作 楷书金刚经 册页（四十一开）	21.9cm×17.2cm×41	1,265,000	观唐皕榷	2017-01-11
成亲王 1797年作 楷书《毕士安传》立轴	171cm×88cm	333,500	北京匡时	2017-06-04
成亲王 1813年作 临历代名家书法 手卷	引首 27.5cm×97cm；本幅27cm×323cm	1,725,000	北京匡时	2017-12-04
成亲王 1814年作 草书临二王法帖 手卷	28.5cm×339cm	368,000	北京匡时	2017-06-04
成亲王 1820年作 楷书 司马相如文（十六页）册页		471,500	西泠拍卖	2017-07-15
成亲王 1820年作 楷书《司马长卿喻巴蜀檄》册页（八开）	6cm×9cm×16	241,500	观唐皕榷	2017-01-11
成亲王 楷书“嘉荫簃”立轴	45.5cm×123.5cm	172,500	北京东正	2017-12-09
成亲王 楷书“乐善阁”镜心	43cm×104cm	192,100	北京银座	2017-12-20
成亲王 楷书七言联 立轴	164.5cm×29cm×2	166,750	北京匡时	2017-06-04
成亲王 檃古法书 册页（二十四页）	36.5cm×18cm×24	1,955,000	西泠拍卖	2017-07-15
成亲王 通临《淳化阁帖》册页（十册）	23cm×33cm×225	1,150,000	北京匡时	2017-12-04
程芳朝 行书七言诗 立轴	275cm×49cm	517,500	中国嘉德	2017-12-20
程庭鹭 1853年作 仿古山水 册页（二十二开）	15cm×23cm×24	195,500	北京保利	2017-06-06
程庭鹭 1855年作 驱海图 蹈海图 手卷	各46.5cm×74cm	389,813	香港苏富比	2017-04-04

拍品名称	物品尺寸	成交价RMB	拍卖公司	拍卖日期
程正揆 江山卧游图第一百九十六 手卷	画心 607cm×22cm；题跋494cm×22cm	1,725,000	西泠拍卖	2017-07-15
池大雅 行书题句 立轴	129.5cm×28cm	220,000	北京银座	2017-06-07
慈禧 光绪戊申（1908年）作 松柏 对屏立轴	125cm×33cm×2	215,468	中国嘉德	2017-10-03
慈禧皇太后 山水翎毛 卷	直径24cm×4	655,500	北京翰海	2017-12-15
慈禧太后 1904年作 满园秋色图 立轴	156.5cm×66cm	471,500	观唐皕榷	2017-01-11
慈禧太后 1907年作 红梅图 四屏镜心	186.5cm×107.5cm×4	2,300,000	观唐皕榷	2017-01-11
慈禧太后 富贵图 立轴	129cm×60cm	575,000	南京经典	2017-07-23
慈禧太后 甲午（1894年）作 九桃图 立轴		920,000	北京华辰	2017-06-04
慈禧太后 楷书“祉绵宝箓” 镜心	69.5cm×207cm	920,000	观唐皕榷	2017-01-11
崔思唯 草书五言诗 立轴	134cm×30cm	828,000	北京匡时	2017-12-04
崔鏏 仕女（两帧） 镜片	29.5cm×23cm×2	218,500	广东崇正	2017-06-14
达受 1840年作 篆书七言联 对联	110cm×28cm×2	460,000	上海泓盛	2017-06-27
达受 飞白书七言联 立轴	84.5cm×14.5cm×2	215,468	中国嘉德	2017-10-03
达受 癸巳（1833年）作 静台圣域图 横披	40cm×206cm	1,150,000	中国嘉德	2017-12-18
笪重光 行书临米芾帖 立轴	183cm×92.5cm	862,500	北京匡时	2017-12-04
笪重光 清康熙 隶书五言联	101.5cm×24cm×2	287,500	中国嘉德	2017-12-21
戴本孝 百步云梯图 立轴	95cm×40.5cm	1,840,000	北京匡时	2017-06-04
戴洪 蒋溥 秋芳六珍册页（六开）	13.5cm×13.5cm×6	805,000	华艺国际	2017-05-27
戴熙（款） 山水 十六件镜框		302,706	纽约苏富比	2017-03-18
戴熙（款） 戊午（1858年）作 草堂春暖图 手卷	29cm×237cm	207,000	中国嘉德	2017-04-02
戴熙 1840年作 仿倪黄山水 卷	29.5cm×300cm	368,000	北京翰海	2017-12-15
戴熙 1848年作 鹿林野趣 册页	19cm×25cm×9	546,718	保利香港	2017-04-03
戴熙 1853年作 销寒画课 册页	16cm×22.5cm×10	989,000	北京匡时	2017-12-03
戴熙 1855年作 山明水秀 手卷	引首 32cm×91cm；画 32cm×224cm；题 30cm×22.5cm	195,880	保利香港	2017-10-03
戴熙 丙午（1846）年作 桂林八景图 册页（十一开）	28cm×37cm×11	218,500	上海嘉禾	2017-07-02
戴熙 林则徐 送别图 手卷	林则徐引首 26cm×91cm；戴熙画 30cm×113cm；后跋28.5cm×36cm；29cm×88cm；27cm×241cm；32cm×90cm	1,380,000	广东崇正	2017-06-15
戴熙 如入云深 册页	23cm×31cm×10	1,495,000	北京匡时	2017-12-03
戴熙 山水 册页	33cm×24cm×8	184,000	北京荣宝	2017-04-02
戴熙 演雅诗意图 册页	17cm×23cm×8	517,500	北京匡时	2017-12-03
道光帝 楷书《嘉瑞赋》立轴	165cm×66cm	311,640	中濠典藏	2017-11-29
道光帝 楷书五言诗 手卷	40.5cm×323.5cm	690,000	观唐皕榷	2017-01-11
道光帝 御笔题“古干梅”诗	158cm×80cm	805,000	北京保利	2017-06-07
邓石如 1801年作 篆书 四屏立轴	177cm×45.5cm×4	218,500	北京匡时	2017-12-03
邓石如 1805年作 对联 立轴	204cm×32cm×2	575,000	华艺国际	2017-11-25
邓石如 楷书白居易《醉吟先生传》册页	30.5cm×6.5cm×8	172,500	北京匡时	2017-12-04
邓石如 隶书八言联 对联	168cm×39cm×2	460,000	北京保利	2017-06-06
丁观鹏 1736年作 行乐图 镜心	16cm×50cm	977,500	北京匡时	2017-12-04
丁观鹏 大德谭经图 水墨纸本手卷	22.7cm×113cm	2,162,188	纽约苏富比	2017-03-16
董邦达 李世倬 张治 松泉图（并诸家题咏） 手卷	尺寸不一	19,550,000	中国嘉德	2017-12-18
董邦达 摹古 册页（八开）	26.5cm×33cm×8	1,664,980	中国嘉德	2017-10-03
董邦达 钱维城 等 清人书画合 手卷	前跋 19cm×204cm；中 19cm×109cm；跋后19cm×16cm	862,500	华艺国际	2017-05-27
董邦达 乾隆御题放鹤图 立轴	125.7cm×61.9cm	1,265,000	观唐皕榷	2017-01-11
董邦达 山水 立轴	133cm×49cm	414,000	北京华辰	2017-12-16
董邦达 书法 立轴	199cm×57cm	172,500	华艺国际	2017-11-25
董邦达 袖珍山水 册页（八开）	2.5cm×3.5cm×8	502,397	中国嘉德	2017-05-29
董诰（款） 白塔山记 手卷		2,411,272	纽约苏富比	2017-03-18
董诰 1781年作 行书 临古 手卷	241cm×28cm	230,000	西泠拍卖	2017-07-15
董诰 行书八言联 立轴	210.5cm×37cm×2	552,000	北京匡时	2017-12-04
董诰 玉兰富贵 立轴	205cm×80cm	437,000	上海嘉禾	2017-07-02
董讷 行书李白诗 立轴	136cm×54cm	230,000	北京保利	2017-06-06
董澍 吴云 等 戊申（1848年）；己酉（1849年）作 辟疆主人五十寿 册页（三十九开）	27.5cm×38cm×39	310,500	中国嘉德	2017-06-21
董旭 1716年作 钟馗图 立轴	184cm×98cm	747,500	西泠拍卖	2017-07-15
杜笃祜 行书《湖上喜雨》立轴	203cm×52cm	287,500	北京保利	2017-06-06
杜衡 道光癸巳（1833年）作 村居图 手卷	画 38.5cm×366cm；题跋 28cm×24cm×3	979,400	中国嘉德	2017-10-03
渡边霞亭 行书七言诗 立轴	122.5cm×31.5cm	198,000	北京银座	2017-06-07
端康皇贵妃 1919年作 楷书“福寿齐长”横披	64.5cm×137cm	195,500	观唐皕榷	2017-01-11
法若真 1690年作 泛舟江阔 镜心	18cm×53.5cm	345,000	北京匡时	2017-12-04
法若真 行书五言诗 立轴	174cm×47cm	517,500	北京匡时	2017-06-04
法若真 溪山云霭图 手卷	引首 30.5cm×129cm；画 30.5cm×258cm；跋30.5cm×90cm	437,000	广东崇正	2017-06-15
法若真 谢起凤 倪灏 1633年作 二体书法 卷	23.5cm×418cm	402,500	北京翰海	2017-12-15
法式善 黎简 张维屏 等 甲戌（1814年）、乙丑（1805年）作 奉和诗 册页	23cm×34cm×12	299,000	中国嘉德	2017-04-02
樊坤 山水楼阁 立轴	190.5cm×102cm	1,150,000	保利厦门	2017-06-26
樊圻 1675年作 仙人图 立轴	68cm×45.5cm	517,500	北京匡时	2017-12-04
樊圻 1676年作 山水 立轴	162cm×52cm	287,500	北京荣宝	2017-04-02
樊圻 兰亭雅集 扇片		322,000	上海敬华	2017-07-01
樊沂 关山集素 立轴	47cm×28cm	713,000	上海敬华	2017-07-01
方大猷 行书《雍丘感怀》立轴	168cm×53cm	311,640	中濠典藏	2017-11-29
方大猷 山水 八屏立轴	205cm×50cm×8	1,380,000	华艺国际	2017-05-27
方尔谦 行书六言联 立轴	133.5cm×22cm×2	322,000	北京匡时	2017-06-04
方士庶 丙寅（1746）年作 销夏手卷	26cm×391cm	1,150,000	朵云轩	2017-12-14
方士庶 独酌赏雨图 立轴	274cm×130cm	3,450,000	北京保利	2017-06-05
方婉仪 墨梅 立轴	79.5cm×34.3cm	723,938	香港苏富比	2017-04-03
方熏1798年作养蚕图册页（十开）	16cm×26cm×10	172,500	观唐皕榷	2017-01-11
方熏 各体书法自书诗 册页	本幅 14cm×35.5cm×8；题跋23.5cm×24cm	345,000	北京匡时	2017-06-04
方熏 瓶花蔬荀 立轴	102cm×35cm	230,000	华艺国际	2017-05-27
方薰 1781年作 书画合璧 册（十开）	23cm×31.5cm×10	230,000	北京翰海	2017-12-15
方薰 1790年作 百禄图 卷	18cm×137cm	322,000	北京翰海	2017-12-15
费丹旭 1838年作 汉宫秋月琴意图 立轴	151cm×45cm	208,860	中濠典藏	2017-05-22
费丹旭 1841年作 为蒋光煦作 寒宵咏雪图册（共八页） 册页	画心 27.5cm×19cm；题跋22cm×19cm；27.5cm×19cm×6	828,000	西泠拍卖	2017-07-15
费丹旭 丙午（1846年）作 仕女册页（十二开）	27cm×33.5cm×12	460,000	中国嘉德	2017-06-21
费丹旭 仿唐寅仕女 扇面	16.5cm×52cm	156,645	中濠典藏	2017-05-22
费丹旭 冯箕 等 雪景山水 册页（八开）	17cm×27cm×8	207,000	上海敬华	2017-07-01
费丹旭 钱聚朝 1846年作 书森先生小像 立轴	107cm×32cm	575,000	北京匡时	2017-06-04

拍品名称	物品尺寸	成交价RMB	拍卖公司	拍卖日期
费丹旭 钱聚朝 1846年作 书森小像图 立轴	106cm×32cm	667,000	观唐皕槯	2017-01-11
费丹旭 人物故事（四件）屏轴	110.5cm×23cm×4	172,500	朵云轩	2017-06-25
冯宁 1809年作 平安驎图 立轴	161cm×107cm	6,900,000	观唐皕槯	2017-01-11
冯湜 1777年作 千岩深处 立轴	152cm×27cm	195,500	北京翰海	2017-09-10
傅山 草书 立轴	201cm×46cm	287,500	北京翰海	2017-04-30
傅山 草书 立轴	224cm×64cm	575,000	上海敬华	2017-07-01
傅山 草书杜甫《南邻》立轴	29cm×67cm	690,000	北京匡时	2017-06-04
傅山 草书杜甫诗《冬日怀李白》立轴	154cm×50cm	1,261,656	保利香港	2017-04-03
傅山 草书杜审言诗 立轴	29cm×41cm	690,000	北京匡时	2017-12-04
傅山 草书节临“冠军帖”立轴	189cm×44cm	2,990,000	北京保利	2017-06-05
傅山 草书临《适得帖》立轴	186cm×46.5cm	4,370,000	北京匡时	2017-12-04
傅山 草书诗句 立轴	64cm×47cm	2,523,312	保利香港	2017-04-03
傅山 草书四言联 立轴	150.5cm×40.5cm×2	218,500	北京匡时	2017-06-04
傅山 行书 七言诗 立轴	45.5cm×26cm	805,000	西泠拍卖	2017-07-15
傅山 行书五言诗 镜心	31.5cm×46cm	943,000	北京匡时	2017-12-04
傅山 行书五言诗 立轴	149cm×46.5cm	460,000	中国嘉德	2017-12-20
傅山 楷书般若波罗蜜多心经 手卷	27cm×68.5cm	1,035,000	观唐皕槯	2017-01-11
傅山 落叶石 扇面	16cm×45cm	230,000	上海嘉禾	2017-07-02
傅山 牡丹 扇面	16.5cm×51cm	184,000	中国嘉德	2017-12-20
改琦 八美图册（共二十二页）册页	题端 27.5cm×18.5cm×4；画心 23cm×16cm×8；题跋23cm×16cm×8；27.5cm×18.5cm×2	322,000	西泠拍卖	2017-07-15
改琦 百梅图 册页（一百开）	9cm×14cm×100	1,840,000	北京保利	2017-06-05
改琦 拈花仕女图 镜片	87cm×30cm	172,500	上海明轩	2017-06-30
改琦 人物花卉 四屏立轴	128cm×32cm×4	253,000	上海嘉禾	2017-07-02
改琦 文会图 立轴	148.5cm×61cm	667,000	西泠拍卖	2017-07-15
甘士调 松鹰图 立轴	157cm×45cm	322,000	北京保利	2017-06-06
高岑 山水 册页（八开）	31cm×30cm×8	460,000	北京华辰	2017-06-04
高岑 疏林曳杖图 扇面	17cm×51cm	207,000	北京荣宝	2017-04-02
高凤翰 1740年作 飞艳流香 册页	册首 18.5cm×44cm；本幅 18.5cm×44cm×10	1,495,000	北京匡时	2017-12-04
高凤翰 1741年作 松鹤图 立轴	162cm×81.5cm	368,000	观唐皕槯	2017-01-11
高凤翰 1744年作 草书 八屏立轴	134.5cm×44cm×8	322,000	北京匡时	2017-12-04
高凤翰 1745年作 隶书五言联 立轴	87cm×49cm×2	345,000	北京荣宝	2017-12-02
高凤翰 1747年作 荷花林塘 立轴	138cm×48cm	368,000	北京荣宝	2017-06-02
高凤翰 1748年作 拟青藤白阳法 立轴	108cm×45cm	368,000	北京匡时	2017-12-04
高凤翰 癸亥（1743）年作 左书自作诗 镜片	125cm×43.4cm	517,500	广东崇正	2017-06-15
高凤翰 寒林归巢 镜心	16.5cm×49cm	575,000	北京匡时	2017-12-04
高凤翰 荷花 立轴	56.5cm×87.5cm	345,000	广东崇正	2017-06-15
高凤翰 君子图 立轴	138cm×70cm	368,000	中国嘉德	2017-12-20
高凤翰 严绳孙 王启磊 山水书法册（共二十页）册页		287,500	西泠拍卖	2017-07-15
高凤翰 野林寒鸦 镜心	17cm×51cm	690,000	北京匡时	2017-12-04
高凤翰 乙丑（1745年）作 诗书画三绝 册页（十二开）	19.5cm×27.5cm×12	897,000	中国嘉德	2017-12-20
高其佩 龙马图 立轴	诗堂 31cm×49cm；绘画33cm×44cm	494,500	北京匡时	2017-06-03
高其佩 龙升在天 立轴	186cm×109cm	172,500	北京翰海	2017-12-15
高其佩 清 松鹰 镜框	184cm×108.5cm	276,575	佳士得	2017-11-27
高其佩 群英荟萃 立轴	122cm×52cm	345,000	华艺国际	2017-05-27
高其佩 钟馗图 立轴	113.5cm×57.5cm	805,000	朵云轩	2017-06-25
高士奇 壬戌（1682年）作 行书七言诗 立轴	170.5cm×49cm	685,580	中国嘉德	2017-10-03

拍品名称	物品尺寸	成交价RMB	拍卖公司	拍卖日期
高钊中 楷书七言句 立轴	124cm×91cm	345,000	中贸圣佳	2017-06-19
龚橙 见微书屋 立轴	31cm×125cm	230,000	广东崇正	2017-12-13
龚鼎孳 行书 五言诗 立轴	168cm×51cm	414,000	西泠拍卖	2017-07-15
龚木夫 河梁握别图 立轴	跋43.5cm×63cm；画43.5cm×73cm；字43.5cm×620cm	977,500	北京翰海	2017-06-02
龚晴皋 1813年作 行书 四屏立轴	120cm×28.5cm×4	356,500	北京匡时	2017-12-04
龚贤（款）苍岭楼居图 立轴	218.5cm×87.5cm	415,000	香港蘇富比	2017-10-01
龚贤（款）深居幽壑图 立轴	171.1cm×61.6cm	363,125	香港蘇富比	2017-10-01
龚贤 行书桃花源记 条屏	170cm×53cm	12,075,000	北京保利	2017-06-05
龚贤 麦穗两岐图 立轴	168cm×47cm	1,150,000	西泠拍卖	2017-07-15
龚贤 山水 册页（十开）	尺寸不一；约 21.3cm×27cm；26cm×31cm；27.2cm×19.8cm；24.5cm×23.2cm×10	5,175,000	中国嘉德	2017-12-18
龚贤 思隐图 立轴	150cm×47cm	2,070,000	北京保利	2017-06-05
龚贤 夏山雨霁 立轴	174.5cm×96cm	5,635,000	中国嘉德	2017-06-21
龚贤 僊客楼居图 立轴	76.1cm×42.1cm	2,573,000	香港蘇富比	2017-10-01
龚贤 辛亥（1671）年作 烟寺晚钟 立轴	68cm×53cm	552,000	广东崇正	2017-06-15
龚贤 乙卯（1675）年作 仙客楼台 立轴	72cm×41.5cm	460,000	广东崇正	2017-06-15
龚贤 幽邃茅舍 扇面镜框	17.5cm×55.5cm	779,625	香港苏富比	2017-04-03
龚贤 云山夕曛 立轴	诗堂 45.5cm×50cm；本幅179.5cm×50cm	8,625,000	北京匡时	2017-06-04
顾符稹 溪山行旅图 立轴	125cm×55.5cm	2,004,750	香港苏富比	2017-04-03
顾鹤庆 龙湫听泉图 立轴	239cm×119cm	437,000	观唐皕槯	2017-01-11
顾鹤庆 清 红树山水 横批	122.7cm×313.5cm	404,225	佳士得	2017-11-27
顾蕙 化机生趣花鸟 册页（共六十五页）	画心 21cm×15.5cm×24；题跋 28cm×21.5cm×17；21cm×15.5cm×24	1,012,000	西泠拍卖	2017-07-15
顾见龙 1664年作 文苑雅集图 镜心	136cm×33cm×10	1,380,000	北京荣宝	2017-06-02
顾麟士 1903年作 四时为马 手卷	引首 104cm×20.5cm；画心 303cm×20.5cm；题跋97cm×20.5cm	920,000	西泠拍卖	2017-07-16
顾麟士 1911年作 胥江送别图 手卷	25cm×134.5cm	851,000	佳士得	2017-11-27
顾麟士 摹吴历山水 立轴	131.5cm×64cm	253,000	中国嘉德	2017-12-18
顾洛 名姬图 八屏立轴	138cm×31.7cm×8	862,500	观唐皕槯	2017-01-11
顾洛 仙女图（八帧）四屏	25cm×23cm×8	161,000	中国嘉德	2017-09-03
顾镡 清 行书 立轴	219cm×48cm	212,750	佳士得	2017-11-27
顾炎武 1661年作 行书五言诗 立轴	125cm×52cm	402,500	北京荣宝	2017-04-02
顾炎武 画呈山史先生 镜心	16.5cm×47.5cm	230,000	北京荣宝	2017-06-02
顾炎武 书呈王山史先生 立轴	30.5cm×24cm	632,500	北京荣宝	2017-06-02
顾澐 1892年作 湖山烟霭图 手卷	引首：26cm×92.7cm；画心：26cm×162cm；题跋：26cm×43cm	269,750	香港蘇富比	2017-10-02
顾澐 梦家山图 手卷	引首：26cm×119.5cm；23cm×119.5cm；画心：22.7cm×86cm；后跋：30cm×802cm	1,002,375	香港苏富比	2017-04-04
光绪皇帝 书法 镜框	36cm×104cm	532,200	佳士得	2017-05-29
桂馥 庚戌（1790年）作 隶书《说文解字》表 立轴	113cm×29cm	195,500	中国嘉德	2017-12-20
桂馥 隶书 镜框	40cm×116cm	221,750	佳士得	2017-05-29
桂馥 隶书八言句 立轴	128cm×40.5cm	264,500	北京匡时	2017-12-04
桂馥 隶书八言联 立轴	各140cm×21.3cm	389,813	香港苏富比	2017-04-04
郭尚先 行书梅赋 手卷	36.5cm×240cm	198,865	中国嘉德	2017-05-29
果亲王 行书五言诗 立轴	161cm×37.6cm	299,000	观唐皕槯	2017-01-11

拍品名称	物品尺寸	成交价RMB	拍卖公司	拍卖日期
果亲王 行书五言诗 立轴	161.5cm×37.5cm	264,500	北京匡时	2017-12-04
韩菼 行草书七言联 立轴	126.5cm×30.5cm×2	345,000	北京翰海	2017-12-15
何凌汉 行书 八屏立轴	197cm×43cm×8	345,000	北京保利	2017-12-17
何绍基 "闇斋"隶书横额	65.5cm×35cm	483,000	中国嘉德	2017-12-21
何绍基《米海岳自题云山卷》四屏立轴	125cm×40.5cm×4	540,500	北京匡时	2017-06-03
何绍基 1838年作 研花馆 横幅	32cm×88cm	437,000	北京保利	2017-06-05
何绍基 1846年作 行书苏轼 黄庭坚等书论片语 立轴四屏	182.8cm×50.4cm×4	3,220,000	华艺国际	2017-11-25
何绍基 1856年作 行书 录苏轼游径山诗 四屏	193.5cm×50.5cm×4	1,782,500	西泠拍卖	2017-07-15
何绍基 1858年作 行书 七言诗 镜片	181cm×33cm	402,500	西泠拍卖	2017-07-15
何绍基 1858年作 行书自作诗 镜心	34cm×181cm	230,000	北京匡时	2017-03-29
何绍基 1858年作 楷书临《道因法师碑》册页（四册，一〇一开）	30cm×41.5cm×101	3,220,000	中国嘉德	2017-12-20
何绍基 1859年作 双钩碑文 立轴	134cm×63cm	2,817,500	北京保利	2017-06-06
何绍基 1863年作 行书 立轴四屏	245cm×59cm×4	609,500	北京翰海	2017-01-08
何绍基 1863年作 行书文 立轴	206cm×58cm	253,000	上海匡时	2017-11-05
何绍基 1864年作 隶书七言联 对联	134.5cm×30.5cm×2	198,417	中濠典藏	2017-05-22
何绍基 1867年作 篆书 四屏立轴	171cm×44cm×4	299,000	北京匡时	2017-12-04
何绍基 1871年作 隶书八言联 镜心	254cm×37cm×2	345,000	北京匡时	2017-06-03
何绍基 丙辰（1856年）作 楷书四箴 手卷	29cm×697cm	460,000	中国嘉德	2017-04-02
何绍基 丁酉（1837年）作 草书临争座位帖（二十四页）册页	书法 23cm×13cm×24； 跋 29.5cm×35cm×3	1,897,500	中国嘉德	2017-06-19
何绍基 癸亥（1863年）作 隶书镜心 四屏	210cm×51cm×4	195,880	中国嘉德	2017-10-03
何绍基 行书 对屏 立轴	241cm×59cm×2	460,000	上海匡时	2017-11-05
何绍基 行书 立轴四屏	190cm×47.5cm×4	1,058,000	北京翰海	2017-01-08
何绍基 行书 七言联 对联	109cm×19.5cm×2	184,000	西泠拍卖	2017-07-15
何绍基 行书 七言联 对联	124.5cm×29.5cm×2	207,000	西泠拍卖	2017-07-15
何绍基 行书 四屏镜心	146cm×38cm×4	782,000	北京匡时	2017-12-03
何绍基 行书 四屏立轴	169cm×43cm×4	287,500	北京保利	2017-11-10
何绍基 行书 四屏立轴	137.5cm×30.5cm×4	218,500	观唐皕槯	2017-01-11
何绍基 行书 苏轼文 立轴	130cm×30.5cm	414,000	西泠拍卖	2017-07-15
何绍基 行书《金陵杂述绝句》四首 四屏	188.7cm×50cm	518,750	香港蘇富比	2017-10-01
何绍基 行书《金陵杂述绝句》四首 四屏	188.5cm×50.3cm	172,975	纽约苏富比	2017-03-16
何绍基 行书《兰茗馆》横批	44.8cm×103.4cm	269,750	香港蘇富比	2017-10-01
何绍基 行书《石林诗话》立轴	129cm×59cm×4	862,500	上海匡时	2017-11-05
何绍基 行书《水龙吟·万里》词 四屏立轴	132.5cm×62cm×4	690,000	北京匡时	2017-06-03
何绍基 行书《醉花阴》词 立轴	243cm×59cm×4	690,000	北京匡时	2017-06-03
何绍基 行书八言联 立轴	195.5cm×39cm×2	207,000	中国嘉德	2017-12-20
何绍基 行书八言联 立轴	158cm×32cm×2	195,500	中国嘉德	2017-12-20
何绍基 行书东坡诗 立轴	183.6cm×54.5cm	467,775	香港苏富比	2017-04-04
何绍基 行书东坡诗 手卷	32.5cm×260cm	552,000	北京匡时	2017-06-03
何绍基 行书东坡书论 横披	32cm×134cm	483,000	北京匡时	2017-06-03
何绍基 行书汉书补注稿（一册三十九页）线装	21.5cm×15cm×39	2,530,000	中国嘉德	2017-06-19
何绍基 行书画论一则 立轴	169cm×45.5cm×4	1,265,000	观唐皕槯	2017-01-11
何绍基 行书节录《北齐书·杨愔传》四屏立轴	129cm×29.5cm×4	207,000	北京翰海	2017-06-02
何绍基 行书节录《历代名画记》四屏	169cm×43cm	881,875	香港蘇富比	2017-10-01
何绍基 行书节录驰射赋 四屏立轴	134.5cm×34cm×4	782,000	中国嘉德	2017-12-20
何绍基 行书陆继辂《七家文钞序》四屏立轴	each: 93.2cm×20.3cm×4	166,000	香港蘇富比	2017-10-02

拍品名称	物品尺寸	成交价RMB	拍卖公司	拍卖日期
何绍基 行书七言联 立轴	128cm×30cm×2	368,000	北京翰海	2017-12-15
何绍基 行书七言联 立轴	167.5cm×32.5cm×2	345,000	中国嘉德	2017-12-20
何绍基 行书七言联 立轴	170.5cm×37.5cm×2	299,000	中国嘉德	2017-12-20
何绍基 行书七言联 立轴	129cm×29.5cm×2	276,000	中国嘉德	2017-12-20
何绍基 行书七言联 立轴	174cm×35.5cm×2	172,500	广东崇正	2017-12-13
何绍基 行书七言联 立轴	163cm×38.5cm×2	161,000	北京匡时	2017-12-04
何绍基 行书七言联 立轴	130cm×29cm×2	172,500	广东崇正	2017-06-15
何绍基 行书七言诗 立轴	174cm×67cm	207,000	保利华谊	2017-12-08
何绍基 行书苏东坡诗 镜片	144cm×79cm	345,000	广东崇正	2017-06-15
何绍基 行书文稿 手卷	25cm×595cm	1,495,000	北京匡时	2017-06-03
何绍基 行书文与可琴铭 立轴	219.7cm×59cm	402,500	观唐皕槯	2017-01-11
何绍基 甲子（1864年）作 金陵杂述三十二绝句 手卷	29cm×289.5cm	2,990,000	中国嘉德	2017-06-19
何绍基 楷书十一言联 立轴	242cm×41.5cm×2	172,500	北京匡时	2017-06-03
何绍基 隶书 八言联 对联	235.5cm×39cm×2	1,265,000	西泠拍卖	2017-07-15
何绍基 隶书 横幅	47cm×165cm	253,000	北京翰海	2017-12-15
何绍基 隶书 横幅	31cm×127cm	517,500	中国嘉德	2017-04-02
何绍基 隶书 立轴	142.8cm×83.6cm	332,625	佳士得	2017-05-29
何绍基 隶书 四屏立轴	142cm×36cm×4	230,000	广东崇正	2017-06-15
何绍基 隶书《古松赞》四屏立轴	133cm×32cm×4	2,357,500	北京匡时	2017-06-03
何绍基 隶书临礼器碑（一册五十六页）线装	31.5cm×28cm×56	1,265,000	中国嘉德	2017-06-19
何绍基 隶书七言联 对联	126cm×21cm×2	161,000	中国嘉德	2017-09-03
何绍基 隶书四言联 立轴	97cm×24cm×2	172,500	上海匡时	2017-11-05
何绍基 壬戌（1862年）作 篆书杜甫诗 立轴	144.5cm×40cm×4	1,725,000	中国嘉德	2017-06-19
何绍基 壬寅（1842年）作 赠汪菊士诗 册页（十六开）	25cm×34cm×16	2,415,000	中国嘉德	2017-06-19
何绍基 书法 镜框	36cm×160cm	897,000	华艺国际	2017-05-27
何绍基 书法 镜框	30cm×89.3cm	332,625	佳士得	2017-05-29
何绍基 书法 四屏	134cm×34cm×4	276,000	广东小雅斋	2017-05-26
何绍基 戊申（1848年）作 楷书张受之传略（十页）册页	27.1cm×13.3cm×10	943,000	中国嘉德	2017-06-19
何绍基 辛未（1871年）作 行书自作诗 手卷	引首 30.5cm×98.5cm； 跋30.5cm×45cm； 书法 30.5cm×265cm	862,500	中国嘉德	2017-06-19
何绍基 蝯叟诗稿 手卷	隶书 27cm×138cm；行书27cm×255.5cm	2,070,000	中国嘉德	2017-06-19
何绍基 篆书"文石山房"横披	47.5cm×169cm	632,500	北京匡时	2017-12-04
何绍基 篆书《镜赋》手卷	31.5cm×276cm	570,000	上海驰翰	2017-06-26
何深 云山拥翠 镜片	192cm×98cm	207,000	广东崇正	2017-12-13
赫奕 丁亥（1707年）作 平湖泛舟 立轴	84cm×71cm	920,000	中国嘉德	2017-06-21
赫奕 书画对扇 成扇两柄	17cm×48cm×2	230,000	中贸圣佳	2017-06-19
弘历 行书《清绮诗屋有会》立轴	61.1cm×29.8cm	2,871,800	香港蘇富比	2017-10-01
弘仁 丙申（1656）年作 溪岸钓艇 镜片	101.5cm×36cm	1,058,000	朵云轩	2017-12-14
弘仁 窗影群木图 立轴	103cm×47cm	30,475,000	中国嘉德	2017-12-18
弘旿 1799年作 山水 册页（十开）	22cm×28.5cm×10	368,000	中贸圣佳	2017-06-19
弘旿 袖珍山水 册页（八开）	2.5cm×3.5cm×8	366,331	中国嘉德	2017-05-29
弘旿 袖珍山水 手卷	3.7cm×27.4cm	732,662	中国嘉德	2017-05-29
弘旿 永瑛 行书御制诗扇 成扇	17cm×50cm	411,348	保利香港	2017-10-03
洪范 杂画 册页（八开）	23.5cm×15.5cm×8	333,500	中国嘉德	2017-12-20
洪亮吉 篆书九言联 立轴	138.5cm×23cm×2	264,500	中国嘉德	2017-06-21
侯汝承 1926年作 花鸟 册页（二十二开）	42.5cm×27cm×22	207,000	北京荣宝	2017-04-02
胡方 草书 镜片	23.5cm×154cm	230,000	广东崇正	2017-12-13

(成交价RMB：15万元以上)

拍品名称	物品尺寸	成交价RMB	拍卖公司	拍卖日期
胡公寿 光绪乙酉（1885年）作 蕉窗读画图 手卷	引首 27cm×123.4cm；画 27.2cm×273.5cm	414,000	中国嘉德	2017-12-20
胡公寿 张熊 费以耕 王礼 集锦双挖 四屏立轴	34cm×42cm×8	276,000	印千山	2017-07-09
胡湄 荷塘禽趣图 立轴	155.6cm×43cm	199,575	佳士得	2017-05-29
胡湄 老寿星 立轴	126cm×47.5cm	172,500	北京匡时	2017-12-04
胡铁梅 十二鹤鸣图（十二帧）屏风	122.5cm×34.5cm×12	184,000	西泠拍卖	2017-07-16
胡锡珪 1882年作 春妍秋艳 手卷	引首：13.9cm×53.4cm；画心：each14cm×51.6cm；题跋：14cm×193.7cm	423,225	香港苏富比	2017-04-04
胡锡珪 陆恢 花蝶图 手卷	引首 92cm×29cm；画心126cm×29cm；题跋38cm×29cm	2,875,000	西泠拍卖	2017-07-16
胡震 行书七言联 立轴	113.5cm×24cm×2	276,000	北京匡时	2017-06-03
胡震 行书七言联 立轴	113cm×24cm×2	264,500	北京匡时	2017-12-03
虎卧老人 草书书论一则 立轴	191.5cm×51.3cm	690,000	观唐皕榷	2017-01-11
虎卧老人 行书七言诗 立轴	212.5cm×45.5cm	368,000	中国嘉德	2017-12-20
华峻 耕织图 立轴	140cm×34cm×4	207,000	北京翰海	2017-01-08
华世奎 1933年作 楷书八言联 立轴	165cm×26cm×2	230,000	北京翰海	2017-12-15
华世奎 楷书七言联 立轴	241cm×59cm×2	345,000	北京匡时	2017-03-30
华嵒 1746年作 观鱼图 镜心	18.5cm×54cm	172,500	北京匡时	2017-12-04
华嵒（款）戊辰（1748年）作 白鹅图 镜心	91cm×33cm	195,500	中国嘉德	2017-09-03
华嵒 1724年作 郑玄诫子图 立轴	143.5cm×92cm	3,450,000	西泠拍卖	2017-07-15
华嵒 1726年作 山水 册页（十二开）	21cm×29cm×12	3,565,000	北京保利	2017-12-17
华嵒 1740年作 清赏图 立轴	127cm×58cm	552,000	北京匡时	2017-06-04
华嵒 1748年作 仙人白鹿图 立轴	179cm×96cm	19,550,000	北京保利	2017-12-17
华嵒 1750年作 五伦图 立轴	267cm×138cm	6,787,950	中濠典藏	2017-05-22
华嵒 高士图 镜心	21cm×28cm×2	667,000	北京保利	2017-06-06
华嵒 接福图 立轴	149cm×59cm	1,380,000	北京保利	2017-06-05
华嵒 空翠溪藤图 立轴	148cm×44.5cm	460,000	中国嘉德	2017-06-21
华嵒 柳荫垂钓 立轴	129.5cm×32.5cm	494,500	朵云轩	2017-06-25
华嵒 清涧古木 立轴	178cm×66.5cm	3,277,500	北京匡时	2017-06-04
华嵒 商山四皓图 立轴	167cm×98cm	1,081,000	中国嘉德	2017-06-21
华嵒 戊辰（1748）年作 谷鸟春花图 立轴	119cm×50cm	2,990,000	上海敬华	2017-07-01
华嵒 夏日山居图 立轴	172cm×82.5cm	2,415,000	北京匡时	2017-12-04
华嵒 竹动鸟声清 立轴	127cm×47.5cm	3,220,000	西泠拍卖	2017-07-15
皇六子 仿大痴山水 立轴	101.5cm×50cm	167,088	中濠典藏	2017-05-22
皇六子永瑢 楷书七言联 对联	150cm×33cm×2	187,974	中濠典藏	2017-05-22
黄璧 山水 册页（八开）	29cm×20cm×8	230,000	华艺国际	2017-11-25
黄璧 四季揽胜图 手卷	引首 58cm×126cm；画 58cm×2371cm	3,450,000	华艺国际	2017-05-27
黄鼎 1694年作 仿沈周庐山高 立轴	199cm×93cm	345,000	北京保利	2017-06-06
黄鼎 1711年作 山水拟元人笔意 立轴	132cm×71cm	575,000	北京荣宝	2017-12-02
黄鼎 1714年作 桐花书屋 扇面	18cm×54cm	157,707	保利香港	2017-04-03
黄鼎 1717年作 仿古山水 册页（十二开）	24cm×29cm×12	5,750,000	北京保利	2017-06-05
黄鼎 1721年作 仿古山水 册页	书法 29cm×39cm；绘画 27cm×35.5cm×8	805,000	北京匡时	2017-12-04
黄鼎 1726年作 邻霄远眺 镜心	170cm×74.3cm	1,713,950	保利香港	2017-10-03
黄鼎 临倪高士山阴丘壑图 立轴	96.5cm×45cm	862,500	华艺国际	2017-05-27
黄鼎 山水 册页	26cm×33cm×8	172,500	荣宝斋（济南）	2017-06-10
黄均（古）1801年作 问耕亭图 手卷	画心29cm×130cm	402,500	观唐皕榷	2017-01-11
黄均（古）1836年作 秋山读书图 手卷	20cm×120cm	230,000	北京荣宝	2017-04-02
黄均（古）1837年作 怀松图 手卷	引首 29cm×60cm；画心 29cm×128.5cm；题跋29cm×64cm	287,500	北京保利	2017-06-06
黄均（古）1848年作 梅竹双清馆图 立轴	113cm×46cm	172,500	华艺国际	2017-05-27
黄山寿 四时山色 四屏	199cm×58cm×4	460,000	上海敬华	2017-07-01
黄山寿 人物故事（四幅）镜片	130cm×66.5cm×4	172,500	朵云轩	2017-06-25
黄山寿 松壑携琴图 立轴	146cm×82cm	207,000	南京经典	2017-07-23
黄慎 1728年作 草书诗卷 镜心	29cm×336cm	1,046,500	北京保利	2017-06-06
黄慎 1733年作 高士观瀑图 镜心	114.3cm×56.8cm	930,430	保利香港	2017-10-03
黄慎 1737年作 写意花卉 册页（十二开）	30cm×23cm×12	2,875,000	观唐皕榷	2017-01-11
黄慎 1743年作 赏梅图 立轴	180cm×87cm	690,000	广东崇正	2017-06-15
黄慎 1756年作 钟进士像 立轴	117cm×57.5cm	460,000	西泠拍卖	2017-07-15
黄慎 草书无题诗（十五页）册页	37cm×18cm×15	690,000	北京保利	2017-06-06
黄慎 草书七言联 立轴	129.7cm×25cm×2	253,000	观唐皕榷	2017-01-11
黄慎 东坡得砚图 立轴	128.5cm×59.5cm	575,000	广东崇正	2017-06-15
黄慎 柳燕 立轴	134cm×61cm	230,000	中贸圣佳	2017-06-19
黄慎 山水 立轴	174cm×94cm	632,500	北京东正	2017-12-09
黄慎 听琴图 横披	36.5cm×90cm	460,000	十竹斋	2017-01-01
黄慎 雨雪送君 立轴	112.5cm×41cm	334,125	香港苏富比	2017-04-03
黄士陵 1892年作 篆书《韩诗外传》四屏立轴	216cm×27cm×4	632,500	北京匡时	2017-12-03
黄士陵 1893年作 博古四屏 立轴	各82cm×31cm	167,063	香港苏富比	2017-04-04
黄士陵 博古图（四帧）镜心	56cm×39cm×4	161,000	中国嘉德	2017-03-31
黄士陵 癸卯(1903)年作 篆书七言联 立轴	143cm×30cm×2	172,500	广东崇正	2017-06-15
黄士陵 癸巳（1893年）作 博古花卉 四屏立轴	83cm×31cm×4	368,000	中国嘉德	2017-12-18
黄士陵 全角拓并题跋 立轴	130cm×50.5cm	161,000	中国嘉德	2017-06-20
黄士陵 篆书《圣主得贤臣颂》立轴	162.8cm×57cm×6	3,012,540	中金国际	2017-11-25
黄廷海 江山永固水长流 镜心	68cm×138cm	184,000	南京经典	2017-07-23
黄廷海 云峰神秀任我游 镜心	68cm×138cm	172,500	南京经典	2017-07-23
黄易 1796年作 仿古山水 册页	19cm×30.5cm×12	345,000	北京匡时	2017-12-03
黄易 癸巳（1773年）作 有斐轩作山水 册页（八开）	22.7cm×28cm×8	552,000	中国嘉德	2017-12-20
黄钺 乾隆壬子（1792年）作 秋溪幽居 立轴	86.5cm×26.5cm	345,000	中国嘉德	2017-12-20
黄增 贝叶罗汉像 册页	21.5cm×15.5cm×54	731,010	中濠典藏	2017-05-22
纪大复 崇山峻岭 立轴	82.5cm×30.5cm	218,500	中国嘉德	2017-06-21
纪昀 翁方纲等干嘉学人翰墨册页	17.5cm×19.5cm×36	1,840,000	保利厦门	2017-06-25
寄尘 1788年作 行书《集英春殿鸣捎歌》四条屏	125cm×47.5cm×4	178,080	中濠典藏	2017-11-29
寄尘 1788年作 节临米芾《蜀素帖》四屏立轴	125.5cm×47.6cm×4	402,500	观唐皕榷	2017-01-11
加藤宽治 行书格言 立轴	125.5cm×32cm	220,000	北京银座	2017-06-07
嘉庆帝 1801年作 楷书七言诗 立轴	160cm×111cm	2,990,000	观唐皕榷	2017-01-11
嘉庆帝 1815年作 楷书《报雪》立轴	149.5cm×81.5cm	400,680	中濠典藏	2017-11-29
嘉庆皇帝 嘉庆五年（1800年）作 御笔德楞泰奏报潼河大捷诗 手卷	引首 28cm×75cm；书法28cm×190cm	18,400,000	中国嘉德	2017-12-18
渐江 空谷图 镜心	16cm×50cm	1,265,000	北京匡时	2017-12-04

拍品名称	物品尺寸	成交价RMB	拍卖公司	拍卖日期
渐江 山水（四帧）镜框	22cm×17 cm×4	4,945,000	上海明轩	2017-06-30
江大来 花卉 十二屏镜片	131cm×51cm×12	172,500	广东崇正	2017-12-13
江介 扑蝶图 立轴	115cm×50cm	322,000	北京匡时	2017-12-04
江木翼 行书联语 立轴	129.5cm×41.5cm	198,000	北京银座	2017-06-07
姜宸英 行书阮籍《咏怀》诗十七首 手卷	22.2cm×518.6cm	2,328,244	纽约苏富比	2017-03-16
姜宸英 辛未（1691年）作 行书七言联 立轴	125cm×24cm×2	207,000	中国嘉德	2017-12-20
姜泓 诸昇 清 幽谷春回 立轴	185cm×69.5cm	510,600	佳士得	2017-11-27
姜鉴 1803年作 拟古山水 册页（十二开）	20cm×30cm×12	207,000	北京荣宝	2017-04-02
姜筠 癸丑（1913年）作 山水 六屏	159cm×49cm×6	230,000	中国嘉德	2017-04-02
姜文载 空桐仙馆图 立轴	127cm×37cm	287,500	华艺国际	2017-05-27
姜渔 春水游鱼图 立轴	160cm×45.5cm	322,000	北京荣宝	2017-04-02
蒋宝龄 1854年作 南湖避地图 手卷	26cm×70cm；题26cm×158cm	345,000	北京保利	2017-08-02
蒋立镛 楷书节曲水诗序 横披	65cm×150cm	201,250	上海泓盛	2017-06-27
蒋溥 1759年作 平安献寿图 立轴	95.5cm×53cm	765,744	中濠典藏	2017-11-29
蒋仁 1790年作 小书行楷 手卷	23.2cm×280cm	3,352,940	佳士得	2017-11-27
蒋廷锡 1704年作 花石灵芝 镜心	16.5cm×49cm	253,000	北京匡时	2017-12-04
蒋廷锡 1706年作 香雪海（一对）六折屏风	167cm×260cm×2	1,756,260	佳士得	2017-05-29
蒋孝初 金士松 沈初 书画对扇 成扇	17cm×53cm×2	172,500	中贸圣佳	2017-06-19
戒文 1749年作 兰竹 手卷	37.5cm×412cm	345,000	中贸圣佳	2017-06-19
今释澹归 行书《阳朔舟中看山十首》手卷	27cm×217cm	2,116,125	香港苏富比	2017-04-03
今释像 镜片	字32cm×39cm；画44cm×39cm	575,000	广东崇正	2017-12-13
金俊明 梅花 册页（十二开）	23.5cm×17cm×12	805,000	华艺国际	2017-05-27
金农 1731年作 无量寿佛 立轴	66cm×28cm	402,500	北京翰海	2017-01-08
金农 1732年作 自作诗四首 手卷	书法15cm×116cm；题跋15cm×52cm；绘画17.5cm×96cm；17.5cm×88cm；17.5cm×139cm；	3,795,000	北京匡时	2017-12-04
金农 1744年作 隶书七言联 立轴	130.8cm×25.7cm×2	1,840,000	观唐皕榷	2017-01-11
金农 1754年作 隶书七绝诗 手卷	32.5cm×160cm	782,000	观唐皕榷	2017-01-11
金农 1754年作 墨松 立轴	35.5cm×24.2cm	554,375	佳士得	2017-05-29
金农 1755年作 蕉林清暑图 立轴	103cm×36cm	460,000	北京东正	2017-12-09
金农 1763年作 漆书七言联 立轴	168cm×43.1cm×2	230,000	观唐皕榷	2017-01-11
金农 菖蒲图 立轴	31cm×47cm	1,725,000	北京匡时	2017-06-04
金农 大宛良驹 镜心	95cm×40cm；96cm×41cm；34.5cm×50.5cm	8,625,000	北京匡时	2017-06-04
金农 己卯（1759年）作 漆书七言联 立轴	100cm×19.5cm×2	264,500	中国嘉德	2017-12-20
金农 楷书七言诗 立轴	126cm×21.5cm	747,500	北京匡时	2017-06-04
金农 礼佛图 立轴	97.5cm×37.5cm	891,000	香港苏富比	2017-04-03
金农 隶书节录南山素言 立轴	131cm×43.5cm	920,000	中国嘉德	2017-12-20
金农 隶书七言联 对联	119cm×25cm×2	396,834	中濠典藏	2017-05-22
金农 隶书四言联 立轴	133cm×33.5cm×2	161,000	北京匡时	2017-06-04
金农 隶书四言联 立轴	61cm×16cm（一对）	556,875	香港苏富比	2017-04-03
金农 隶书五言联 立轴	89cm×19.5cm×2(每幅)	747,500	北京匡时	2017-06-04
金农 罗汉图 立轴	125.5cm×56cm	9,200,000	西泠拍卖	2017-07-15
金农 梅花 立轴	132cm×32cm	2,070,000	广东崇正	2017-12-13
金农 墨竹图 立轴	112.5cm×29.5cm	2,645,000	北京匡时	2017-12-04
金农 菩提罗汉 立轴	88cm×32cm	747,500	北京华辰	2017-06-04
金农 漆书自作诗 立轴	130cm×60cm	552,000	北京匡时	2017-12-04

拍品名称	物品尺寸	成交价RMB	拍卖公司	拍卖日期
金农 清 墨竹 立轴	136cm×43.3cm	446,775	佳士得	2017-11-27
金农 清；1760年作 国色天香 镜框	19.5cm×29cm	478,688	佳士得	2017-11-27
金农 诗书画三绝 手卷	31.5cm×590cm	12,995,000	荣宝斋（上海）	2017-07-30
金农 郑板桥 黄慎 王桂 等 枫落吴江书画合璧 手卷	引首：24.5cm×61.5cm；本幅：24.5cm×31.5cm；题跋：25cm×949cm	1,955,000	北京匡时	2017-06-04
金廷标 雨景 镜框	135cm×79cm	8,568,420	佳士得	2017-05-29
居巢 1864年作 梨花蝶簇 扇面镜框	18.4cm×53.3cm	289,575	香港苏富比	2017-04-04
居巢 花鸟草虫图 十二开册（十二开选六开）	尺寸不一	289,575	香港苏富比	2017-04-03
居巢 昆虫花卉	两件扇面18.5cm×51.7cm	345,950	纽约苏富比	2017-03-16
居廉 1898年作 醉钟馗 立轴	78.1cm×38.4cm	245,025	香港苏富比	2017-04-04
居廉 1900年作 花卉草虫 镜框（八幅）	40.5cm×29.5cm×8	609,813	佳士得	2017-05-29
居廉 草虫花卉 四屏	99.2cm×25.5cm	190,273	纽约苏富比	2017-03-16
居廉 庚子（1900年）作 花卉草虫（四幅）立轴	61cm×37cm×4	411,348	中国嘉德	2017-10-02
居廉 花鸟 四屏立轴	99.5cm×25.5cm×4	230,000	保利厦门	2017-06-26
居廉 花鸟集锦 册页（八开）	22cm×28cm×8	322,000	华艺国际	2017-05-27
居廉 昆虫花卉 团扇	直径25.5cm×2	475,681	纽约苏富比	2017-03-16
居廉 戊戌（1898）年作 佛手 镜片	直径25cm	172,500	广东崇正	2017-12-13
居廉 辛卯（1891年）作 花鸟 四屏镜心	136cm×34.5cm×4	177,932	中国嘉德	2017-05-29
居廉 乙亥（1875）年作 文姬归汉 镜片	33cm×38cm	345,000	广东崇正	2017-12-13
康熙帝 行草书 镜心	139cm×67cm	920,000	北京翰海	2017-12-15
康熙帝 行草书 立轴	154cm×56cm	2,185,000	北京翰海	2017-12-15
康熙帝 行书 立轴	94.5cm×59cm	1,207,500	北京翰海	2017-06-02
康熙帝 行书 立轴	168cm×47.5cm	1,150,000	中贸圣佳	2017-06-19
康熙帝 行书“将宿归垣”镜心	36.5cm×166.7cm	1,265,000	观唐皕榷	2017-01-11
康熙帝 行书“清静无为”镜心	53.5cm×146.5cm	5,980,000	中国嘉德	2017-12-20
康熙帝 行书《相州昼锦堂记》立轴	190cm×45cm	1,322,500	北京匡时	2017-12-04
康熙帝 行书七言诗 立轴	183cm×50cm	437,000	上海嘉禾	2017-07-02
康熙帝 行书五言联 立轴	126cm×28cm×2	186,086	中国嘉德	2017-10-03
康熙帝 楷书 横幅镜心	58cm×124cm	471,500	北京翰海	2017-06-02
康熙帝 御笔“雏凤先声”镜框	58cm×124cm	3,450,000	华艺国际	2017-11-25
康熙皇帝 行书意外吟 扇面	15.5cm×48cm	172,500	中国嘉德	2017-06-21
孔继涑 行书米芾诗 立轴	112cm×66cm	172,500	中国嘉德	2017-06-21
髡残（传）1651年作 春景山水 立轴	129.5cm×61.5cm	221,750	佳士得	2017-05-29
髡残 1662年作 在山画山图 立轴	149.9cm×74.5cm	35,650,000	北京保利	2017-12-17
髡残 高士幽居图 立轴	31cm×64cm	12,075,000	北京保利	2017-12-17
髡残 辛亥（1671）年作 白云隐者 立轴	88.8cm×35cm	3,622,500	广东崇正	2017-12-13
赖春水 行书联语 立轴	134.5cm×38.5cm	220,000	北京银座	2017-06-07
赖复 行书七言诗 立轴	111.5cm×31.5cm	165,000	北京银座	2017-06-07
赖廷 百禄图 立轴	162cm×98cm	552,000	北京荣宝	2017-04-02
赖襄 行书七言诗 立轴	125cm×33cm	242,000	北京银座	2017-06-07
赖襄 行书七言诗 立轴	119.5cm×33cm	198,000	北京银座	2017-06-07
赖襄 行书七言诗 立轴	86cm×24.5cm	220,000	北京银座	2017-06-07
赖襄 行书七言诗 立轴	116.5cm×46.5cm	198,000	北京银座	2017-06-07
赖襄 行书七言诗 立轴	130cm×49cm	198,000	北京银座	2017-06-07
赖襄 行书七言诗 立轴	138cm×33cm	198,000	北京银座	2017-06-07
赖襄 行书七言诗 立轴	129cm×28cm	220,000	北京银座	2017-06-07
赖襄 行书七言诗 立轴	141cm×37.5cm	198,000	北京银座	2017-06-07
赖襄 行书七言诗 立轴	135cm×45.5cm	198,000	北京银座	2017-06-07

2017书画拍卖成交汇总

（成交价RMB：15万元以上）

拍品名称	物品尺寸	成交价RMB	拍卖公司	拍卖日期
赖襄 行书七言诗 立轴	126cm×37cm	165,000	北京银座	2017-06-07
赖襄 行书题画菊 立轴	131.5cm×37cm	198,000	北京银座	2017-06-07
赖襄 行书题句 立轴	132cm×28cm	198,000	北京银座	2017-06-07
蓝孟 1683年作 山水 四屏立轴	157cm×41cm×4	230,000	北京荣宝	2017-04-02
蓝孟 桃源高逸 立轴	171.5cm×54cm	253,000	上海嘉禾	2017-07-02
懒云 蒲塘禽乐图 立轴	216.5cm×113cm	609,813	佳士得	2017-05-29
郎世宁 金廷标 火鸡图 镜心	212cm×188.5cm	71,300,000	北京保利	2017-12-17
冷枚 麻姑献寿 立轴	175cm×114cm	310,500	北京匡时	2017-06-04
冷枚 仕女图 立轴	102cm×47cm	155,250	北京翰海	2017-12-15
黎简 1799年作 书法 手卷	29cm×461cm	172,500	华艺国际	2017-11-25
李方膺 1748年作 盛世古梅发 镜心	125cm×60cm	920,000	北京荣宝	2017-06-02
李方膺 清；1744年作 竹石图 立轴	124.2cm×57.2cm	372,313	佳士得	2017-11-27
李方膺 杂画 册页（四开）	画 24cm×27.5cm×4； 跋25.5cm×29.5cm	598,000	中国嘉德	2017-12-20
李光地 行书书法 横批	39.5cm×132.5cm	195,500	保利厦门	2017-06-26
李含渼 鸳湖八景 册页	22.5cm×29cm×8	1,028,370	保利香港	2017-10-03
李鸿章 1875年作 录东坡七言绝句 册页	25.5cm×21cm×32	1,150,000	上海明轩	2017-06-30
李鸿章 1880年作 行书“十宝斋”镜心	39.5cm×140cm	2,415,000	北京匡时	2017-06-04
李鸿章 1881年作 行书七言联 立轴	130.5cm×29.5cm×2	327,750	北京匡时	2017-12-04
李鸿章 1882年作 行书节录《训俗遗规》立轴	161cm×55cm	391,000	北京保利	2017-12-18
李鸿章 行书 八言联 对联	192cm×39cm×2	632,500	西泠拍卖	2017-07-15
李鸿章 行书 七言联 对联	127.5cm×30cm×2	345,000	西泠拍卖	2017-07-15
李鸿章 行书八言联 镜心	164cm×39.5cm×2	287,500	北京匡时	2017-06-03
李鸿章 行书八言联 立轴	168cm×36cm×2	437,000	北京翰海	2017-12-15
李鸿章 行书八言联 立轴	176cm×46cm×2	184,000	北京匡时	2017-06-04
李鸿章 行书欧阳玄跋文 立轴	168cm×77cm	414,000	北京匡时	2017-12-04
李鸿章 行书七言联 镜片	130cm×30cmcm×2	322,000	北京东正	2017-12-09
李鸿章 行书七言联 镜心	140cm×33.5cm×2	276,000	北京匡时	2017-06-03
李鸿章 行书七言联 立轴	130cm×28.5cm×2	368,000	保利厦门	2017-06-26
李鸿章 行书七言联 立轴	125.5cm×27.5cm×2	299,000	中国嘉德	2017-06-19
李鸿章 行书书论 立轴	161cm×64cm	953,971	中金国际	2017-11-25
李鸿章 行书苏轼七绝 立轴	136cm×50.5cm	345,000	北京荣宝	2017-06-02
李鸿章 清；1881年作 行书 镜框	61cm×167.6cm	255,300	佳士得	2017-11-27
李鸿章 俞樾 为黄开泰书联（两幅）（二对）对联	155cm×29cm×2； 166cm×34cm×2	184,000	西泠拍卖	2017-07-15
李吉寿 己巳（1869）年作 石室传经图 手卷	画心 30cm×90cm；引首30cm×90cm； 题跋30cm×256cm	155,250	上海嘉禾	2017-07-02
李嘉福 叶直 山水册（十二帧）册页（十二开）	32cm×40cm×12	342,790	中国嘉德	2017-10-03
李鳝 1744年作 兰石牡丹 立轴	135cm×71.5cm	690,000	北京匡时	2017-12-04
李鳝 1747年作 乔柯图 立轴	171cm×80cm	483,000	北京匡时	2017-12-04
李鳝 1748年作 傲霜图 立轴	108cm×53cm	2,415,000	西泠拍卖	2017-07-15
李鳝 1752年作 三友图 立轴	123cm×73cm	747,500	广东崇正	2017-06-15
李鳝 1753年作 花鸟（四桢）册页片	34.5cm×33cm×4	172,500	北京翰海	2017-06-02
李鳝 1754年作 花鸟鱼虫 册页（十二开）	23.8cm×33.5cm×12	1,610,000	观唐皕榷	2017-01-11
李鳝 1755年作 孤松片石图 立轴	162cm×47.5cm	368,000	北京匡时	2017-12-04
李鳝 百事大吉图 立轴	139cm×72cm	402,500	北京匡时	2017-06-04
李鳝 行书七言诗 立轴	95.5cm×72cm	195,500	北京匡时	2017-06-04
李鳝 花卉 册页（八开）	26cm×33cm×8	747,500	广东崇正	2017-06-15
李鳝 花卉 册页（九开）	20cm×30cm×9	1,265,000	华艺国际	2017-05-27
李鳝 藤花图 立轴	40cm×35cm	172,500	西泠拍卖	2017-07-15
李鳝 戊戌（1718）年作 瓶菊 立轴	76cm×42cm	253,000	朵云轩	2017-06-25
李鳝 啄食图 屏轴	130cm×52cm	1,012,000	上海敬华	2017-07-01
李鱓 1725年作 百事大吉图 立轴	158cm×70.5cm	345,000	北京翰海	2017-12-15

拍品名称	物品尺寸	成交价RMB	拍卖公司	拍卖日期
李鱓 花鸟 立轴	177cm×47.5cm	172,500	华艺国际	2017-11-25
李鱓 李培源 1745年作 群芳图对题 册页（十六开）	27.5cm×29.5cm×16	862,500	北京荣宝	2017-12-02
李鱓 乾隆18年（1753年）作 富贵白头 镜心	121cm×43.5cm	207,000	中国嘉德	2017-12-20
李鱓 清 花鸟蔬果 册页（十开）	16cm×24cm×10	340,400	佳士得	2017-11-27
李鱓 岁寒君子 镜心	20cm×56cm	632,500	北京匡时	2017-12-04
李世倬 携琴访友 立轴	134.5cm×48cm	299,000	中国嘉德	2017-06-21
李鲜 1749年作 蕉荫睡鹅图 立轴	127cm×73cm	437,000	北京匡时	2017-06-04
李修易 1851年作 山涧渔猎图 手卷	33cm×136cm	207,000	北京荣宝	2017-04-02
李因 芦雁图 立轴	129cm×50cm	828,000	中贸圣佳	2017-06-19
李寅 辛巳（1701）年作 关山行旅 立轴	181cm×97cm	1,725,000	广东崇正	2017-06-15
李植林 李钟豫 书画格景扇 成扇	16.5cm×51.5cm	207,000	北京诚轩	2017-06-18
励杜讷 行书 册（十二开）	25cm×10cm×12	437,000	北京翰海	2017-12-15
励杜讷 行书 立轴	362cm×102cm	402,500	北京翰海	2017-12-15
励杜讷 行书 临兰亭序 立轴	166cm×48.5cm	218,500	西泠拍卖	2017-07-15
励宗万 行书陆游五言诗 立轴	141cm×58.2cm	402,500	观唐皕榷	2017-01-11
励宗万 行书前人句 立轴	165cm×62cm	517,500	北京匡时	2017-06-03
梁川星岩 行书五言诗 立轴	129.5cm×31cm	198,000	北京银座	2017-06-07
梁德润 荷花 镜心	80cm×443.3cm	1,725,000	观唐皕榷	2017-01-11
梁德润 通景荷 八屏镜心	154cm×48cm×8	1,044,300	中濠典藏	2017-05-22
梁鼎芬 1900年作 书法 镜框	21cm×91cm	218,500	华艺国际	2017-11-25
梁鼎芬 行书杂诗 成扇	26cm×80cm	810,264	中濠典藏	2017-11-29
梁鼎芬 竹石图 立轴	135cm×34.5cm	186,086	中国嘉德	2017-10-03
梁同书 1765年作 行书《退谷消夏记》手卷	21.5cm×334cm	222,600	中濠典藏	2017-11-29
梁同书 1797年作 行书七言联 立轴	139.5cm×31cm×2	195,500	上海匡时	2017-11-05
梁同书 1797年作 隶书《山居吟》立轴	123cm×58cm	460,000	北京匡时	2017-12-04
梁同书 1800年作 二体书法 册（三十六开）	16.5cm×14cm×36	184,000	北京翰海	2017-12-15
梁同书 1803年作 行书七言联 立轴	136cm×30cm×2	251,045	中金国际	2017-11-25
梁同书 1805年作 行书七言联 立轴	139.5cm×31.5cm×2	284,928	中濠典藏	2017-11-29
梁同书 1807年作 行书《香山新乐府》手卷	引首 25cm×64cm； 本幅 26.5cm×621cm； 题跋27cm×83cm	2,127,500	北京匡时	2017-12-04
梁同书 1811年作 行书“寿”立轴	124cm×60cm	230,000	北京匡时	2017-12-04
梁同书 1814年作 行书 立轴	163cm×61cm	230,000	北京翰海	2017-12-15
梁同书 行书 八言联 对联	174cm×33.5cm×2	552,000	西泠拍卖	2017-07-15
梁同书 行书《东坡竹木石赞》立轴	69cm×31cm	172,500	北京保利	2017-06-06
梁同书 行书《销夏记》手卷	22cm×157cm	178,250	十竹斋	2017-01-01
梁同书 行书录《四时读书乐》卷	34.5cm×348.5cm	1,725,000	北京翰海	2017-12-15
梁同书 行书七言联 立轴	122cm×27cm×2	230,000	北京翰海	2017-12-15
梁同书 行书七言联 立轴	128cm×30.5cm×2	156,704	中国嘉德	2017-10-03
梁同书 清；1787年作 行书-白居易诗（六幅）立轴	134.5cm×37cm×6	319,125	佳士得	2017-11-27
梁巘 1779年作 草书《书谱》册页	27.5cm×34.5cm×10	201,250	北京匡时	2017-06-04
梁巘 草书节录《南史》立轴	181.5cm×88cm	267,120	中濠典藏	2017-11-29
梁同书 书法集锦 册页（二十二页）	尺寸不一cm×22	207,000	中国嘉德	2017-06-21
林则徐 1841年作 行书七言联 立轴	128cm×28cm×2	402,500	北京荣宝	2017-12-02
林则徐 1843年作 行书《天马赋》四联	165cm×41cm×4	1,148,730	中濠典藏	2017-05-22
林则徐 行书 册页	21.5cm×12cm×10	368,000	保利厦门	2017-06-26
林则徐 行书 立轴	232cm×107cm	920,000	荣宝斋（济南）	2017-06-10
林则徐 行书 四屏立轴	64.5cm×20.5cm×4	747,500	保利厦门	2017-06-26

拍品名称	物品尺寸	成交价RMB	拍卖公司	拍卖日期
林则徐 行书 研经肄史之斋 镜片	105cm×39.5cm	1,150,000	西泠拍卖	2017-07-15
林则徐 行书八言联 立轴	174cm×34cm×2	207,000	保利厦门	2017-06-26
林则徐 行书七言联 立轴	127cm×29cm×2	299,000	广东崇正	2017-12-13
林则徐 行书圣主得贤臣颂 镜心	83cm×163.6cm	1,610,000	观唐皕棔	2017-01-11
林则徐 行书自作诗 立轴	166cm×59cm	2,530,000	保利厦门	2017-06-25
林则徐 楷书八言联 对联	168cm×38cm×2	494,500	上海敬华	2017-07-01
林则徐 清 行书《呻吟语》（四幅）立轴	128cm×30cm×4	744,625	佳士得	2017-11-27
凌畹 竹石图 扇面	16.6cm×52cm	172,500	中国嘉德	2017-12-20
凌以封 甲寅（1854）年作 严氏家庙松 手卷	28cm×33.5cm；引首28cm×100cm；尾跋 28cm×1070cm	310,000	上海驰翰	2017-06-26
刘春霖 楷书七言联 立轴	129cm×32cm×2	161,000	北京匡时	2017-03-30
刘春霖 朱汝珍 商衍鎏 张启后 书法（四帧）四屏镜片	130.5cm×32cm×4	161,000	西泠拍卖	2017-07-15
刘春霖 朱益藩 徐世昌 张建勋 书法 四屏	173cm×41cm×4	172,500	北京保利	2017-12-18
刘鹗 篆书 千字文	34cm×21.5cm	184,000	中国嘉德	2017-12-20
刘彦冲 1842年作 拟仇英竹炉煎茶图 手卷	引首：28cm×78cm；画心：27.9cm×77.6cm	1,296,875	香港蘇富比	2017-10-02
刘彦冲 1843年作 临麓台山水 立轴	95.3cm×50.5cm	690,525	香港苏富比	2017-04-04
刘愔 清 燕京八景 册页（八开）	24.7cm×29.6cm×8	259,463	纽约佳士得	2017-03-14
刘墉 1796年作 行书《报殷诰书》十二条屏立轴	171.5cm×43cm×12	1,092,500	北京匡时	2017-06-04
刘墉 1796年作 行书梅花诗 立轴	141cm×54.5cm	1,265,000	北京匡时	2017-06-04
刘墉 行书对屏 立轴	66cm×31cm×2	218,500	北京匡时	2017-06-04
刘墉 行书临古帖 册页	26cm×12cm×12	207,000	北京匡时	2017-06-04
刘墉 行书临古帖 立轴	142.5cm×55cm	207,000	北京匡时	2017-12-04
刘墉 行书七言联 立轴	166.5cm×38cm×2	287,500	北京匡时	2017-03-30
刘墉 翁方纲 楷书合册（十二开）	21cm×21.5cm×5；16cm×21.5cm×4	1,035,000	北京东正	2017-12-09
刘墉（古）1793年作 行书 立轴	184cm×93.5cm	552,000	北京翰海	2017-12-15
刘墉（古）1796年作 行书 六屏立轴	62.5cm×25cm×6	920,000	观唐皕棔	2017-01-11
刘墉（古）1797年作 临古书法手卷	16cm×103cm	713,000	北京保利	2017-06-06
刘墉（古）1798年作 行书 册（十八开）	23.5cm×12cm×18	184,000	北京翰海	2017-12-15
刘墉（古）1799年作 行书 卷	33.5cm×380cm	391,000	北京翰海	2017-06-02
刘墉（古）1803年作 行书录《楞伽阿跋多罗宝经序》镜片	30cm×77cm	207,000	上海明轩	2017-06-30
刘墉（古）癸丑（1793）年作 行书 手卷	30cm×134cm	218,500	朵云轩	2017-06-25
刘墉（古）行楷二体法书 卷	31cm×372cm	230,000	北京翰海	2017-12-15
刘墉（古）行书册页（十二开）	36.5cm×23cm×24	253,000	上海嘉禾	2017-07-01
刘墉（古）行书 立轴	120cm×30cm	195,500	北京翰海	2017-12-15
刘墉（古）行书 立轴	138cm×73cm	172,500	北京翰海	2017-12-15
刘墉（古）行书 论诗语 立轴	131cm×59.5cm	195,500	西泠拍卖	2017-07-15
刘墉（古）行书七言联 对联	164cm×33cm×2	805,000	北京保利	2017-06-06
刘墉（古）行书七言联 对联	176cm×36cm×2	586,500	北京保利	2017-12-18
刘墉（古）行书七言联 对联	128cm×28cm×2	575,000	北京保利	2017-06-05
刘墉（古）行书七言联 镜框	129cm×26cm×2	207,000	北京保利	2017-08-02
刘墉（古）行书七言诗卷 镜心	40.5cm×314cm	1,092,500	观唐皕棔	2017-01-11
刘墉（古）行书书法 立轴	143cm×55cm	172,500	保利厦门	2017-06-26
刘墉（古）行书御制荷花诗（二本）册页（共二十八开）	10.5cm×31.8cm×28	243,925	佳士得	2017-05-29
刘墉（古）己丑（1769）年作 临书 册面（十二开）	17cm×10cm×12	172,500	上海敬华	2017-07-01
刘墉（古）己未（1799）年作 行书 镜片	39cm×131.5cm	178,250	上海嘉禾	2017-07-01
刘墉（古）楷书大学 手卷	31cm×320cm	368,000	上海敬华	2017-07-01
刘墉（古）清 临唐宋诸家书法 手卷	23.5cm×222cm	372,313	佳士得	2017-11-27
刘墉（古）壬子（1792）年作 书法横 手卷	36.5cm×300cm	287,500	上海嘉禾	2017-07-01
刘墉（古）诗文册（共二十九页）册页	画心 25.5cm×12cm×2；21cm×14cm×24；题跋 35cm×28cm×3	483,000	西泠拍卖	2017-07-15
刘墉（古）书法（二帧）镜心	41cm×177cm×2	575,000	八益拍卖	2017-09-24
刘墉（古）书法 册页	25cm×12cm×6	172,500	北京荣宝	2017-06-02
刘墉（古）辛亥（1791）年作 行书 手卷	30cm×124cm	172,500	广东崇正	2017-06-15
刘墉（古）乙卯（1795）年作 行书 镜片	63.5cm×311cm	299,000	朵云轩	2017-06-25
刘墉（古）乙卯（1795）年作；辛酉（1801）年作 行书 册页（十八开选八）	尺寸不一	161,000	朵云轩	2017-04-21
刘跃云 1797年作 楷书御制颐志堂诗 镜心	81cm×133.5cm	460,000	观唐皕棔	2017-01-11
刘正扃 等 诗稿 册页	尺寸不一cm×7	161,000	中国嘉德	2017-04-02
陆宝忠 楷书节录《佩文斋咏物诗选》镜心	45cm×247cm	249,312	中濠典藏	2017-11-29
陆宝忠 楷书七言联 立轴	344cm×63cm×2	172,500	保利山东	2017-10-29
陆宝忠 楷书七言联 立轴	344cm×64cm×2	155,250	荣宝斋（南京）	2017-07-08
陆道淮（清）仿黄公望山水 立轴	142cm×74cm	534,600	香港苏富比	2017-04-03
陆鸿 锦绣笙簧 立轴	261.5cm×51.5cm	241,500	中国嘉德	2017-06-21
陆嶙 仿巨然山居图 立轴	85.5cm×35.5cm	299,000	观唐皕棔	2017-01-11
陆润庠 行书七言 对联	125cm×30cm×2	224,250	朵云轩	2017-12-14
陆润庠 何维朴 张祖翼 等 为瞿鸿禨作行书 六屏镜心	243cm×62cm×6	402,500	北京匡时	2017-06-04
陆暭 秋岩行旅 手卷	36cm×135cm	207,000	北京保利	2017-06-06
陆云鹄 1835年作 西园雅集图 立轴	129.5cm×87.5cm	322,000	北京匡时	2017-06-04
罗牧 1696年作 山居图 立轴	266cm×97cm	207,000	北京匡时	2017-03-30
罗牧 1697年作 枯木竹石 立轴	102cm×40cm	287,500	北京荣宝	2017-04-02
罗牧 行书 镜片	120cm×50cm	172,500	广东崇正	2017-06-15
罗聘 1765年作 倚窗赏柳 立轴	132cm×33cm	287,500	北京翰海	2017-01-08
罗聘 1781年作 犬嬉图 立轴	80.5cm×30.5cm	1,092,500	北京匡时	2017-06-04
罗聘 1783年作 归舟第二图 手卷	26.5cm×120.5cm	1,610,000	观唐皕棔	2017-01-11
罗聘 1791年作 梅花 立轴	111cm×30cm	218,500	北京翰海	2017-04-30
罗聘 仿陈老莲笔意 扇面	18.5cm×55.5cm	172,500	中国嘉德	2017-12-20
罗聘 翁方纲 1780年作 古刺水歌图 手卷	画25cm×60cm；跋25cm×51cm	2,760,000	上海明轩	2017-06-30
罗聘 药王图 立轴	126cm×37cm	2,875,000	南京经典	2017-07-23
罗聘 幽兰图 册页（六开）	16.5cm×23cm×6	1,265,000	观唐皕棔	2017-01-11
罗聘 张栋 杂画 册页（六开）	20.5cm×28cm×6	1,012,000	北京荣宝	2017-12-02
罗聘 钟馗觅句 镜心	诗堂 43cm×37cm；本幅23cm×37cm	322,000	北京匡时	2017-12-04
吕焕成 1703年作 有凤来仪 立轴	175cm×95cm	287,500	北京翰海	2017-12-15
吕齐 吴元绍 王桢 姚弘绪 等 清初名人贺寿诗翰 册页（十开）	尺寸不一	460,000	中贸圣佳	2017-06-19
吕世宜 隶书 四屏立轴	200cm×48cm×4	287,500	保利厦门	2017-06-26
吕学 秋山访客图 立轴	323cm×129.5cm	2,070,000	北京匡时	2017-06-04
马安吉 动物花卉册页（十八开）	37cm×52cm×18	172,500	北京荣宝	2017-04-02
马元钦 桃源问津 立轴	148cm×79cm	184,000	保利华宜	2017-12-08
马元驭 1689年作 墨戏 镜心	18cm×52cm	218,500	北京匡时	2017-12-04
麦文震 仿王石谷山水 手卷	28cm×105cm；28cm×371.5cm；题跋28cm×128cm	230,000	华艺国际	2017-11-25

2017书画拍卖成交汇总

(成交价RMB：15万元以上)

拍品名称	物品尺寸	成交价RMB	拍卖公司	拍卖日期
毛怀 行书《吴梅村集》诗句十首 手卷	35.5cm×236.1cm	518,750	香港蘇富比	2017-10-01
毛会建 1682年作 行书《圣主得贤臣赋》手卷	53cm×928cm	2,645,000	北京匡时	2017-06-04
毛西河 1665年作 宜男图 立轴	60.5cm×35cm	207,000	中贸圣佳	2017-06-19
冒襄 1691年作 行书庚午秋菊饮倡和诗 手卷	26cm×256cm	368,000	北京匡时	2017-12-04
冒襄 草书 立轴	179cm×79cm	230,000	北京翰海	2017-12-15
冒襄 草书五言诗 立轴	117.5cm×40cm	207,000	北京匡时	2017-06-04
冒襄 仿云林小景 立轴	66.5cm×35.5cm	172,500	北京荣宝	2017-06-02
冒襄 行书五言联 立轴	118cm×47.5cm	437,000	上海嘉禾	2017-07-02
梅清 泛舟响潭 立轴	143cm×55.2cm	1,245,000	香港蘇富比	2017-10-01
梅清 黄山十景 册页（十开）	30cm×26cm×10	11,500,000	北京保利	2017-06-05
孟永光 松下休憩 镜心	113cm×55cm	437,000	北京保利	2017-06-06
孟兆祥 行书七言诗 镜心	210.5cm×53cm	184,000	中国嘉德	2017-12-20
闵贞 太师少师图 立轴	131cm×65cm	156,645	中濠典藏	2017-05-22
闵贞 献寿图 立轴	130cm×59cm	460,000	上海敬华	2017-07-01
名人书法 手卷	29cm×775cm	598,000	荣宝斋（上海）	2017-07-30
莫友芝 庚午（1870年）作 篆书七言联 立轴	127cm×29cm×2	632,500	中国嘉德	2017-06-19
乃木希典 楷书七言诗 立轴	104cm×31.5cm	198,000	北京银座	2017-06-07
牛石慧 枯梢眠雀 镜片	29cm×30.6cm	328,653	纽约苏富比	2017-03-16
欧阳保极 楷书蕴端《春郊晚眺》诗 立轴	97cm×102.5cm	402,500	观唐皕榷	2017-01-11
潘澄 癸未（1643年）作 高士听泉图 立轴	185cm×95.5cm	322,000	中国嘉德	2017-06-21
潘恭寿 蒲塘双禽图 立轴	142.5cm×35cm	396,834	中濠典藏	2017-05-22
潘恭寿 任寅（1782年）作 山中玩月图 立轴	115cm×41cm	502,397	中国嘉德	2017-05-29
潘恭寿 王文治 清 山水花卉 册页（六开）	24.2cm×15.2cm×6	159,563	佳士得	2017-11-27
潘恭寿 王文治 折枝花卉对题 册页	31cm×54cm×10	437,000	北京匡时	2017-06-04
潘思牧 庚寅（1830年）作 仿董山水 镜心	42.5cm×100cm	156,999	中国嘉德	2017-05-29
潘祖荫 行书八言联 立轴	170cm×40cm×2	184,000	北京荣宝	2017-06-02
彭玉麐 丙子（1876年）作 墨梅 立轴	251cm×60.5cm×4	667,000	中国嘉德	2017-12-18
彭玉麟 画梅课徒稿 手卷	31.5cm×585cm	402,500	北京翰海	2017-06-02
蒲松龄 行书 立轴	63.5cm×18cm	805,000	北京翰海	2017-12-15
祁隽藻 楷书七言联 立轴	158cm×37.5cm×2	264,500	北京匡时	2017-03-30
祁寯藻 1838年作 行书《王尊传》四屏镜心	121cm×32cm×4	517,500	北京匡时	2017-12-04
祁寯藻 1842年作 行书"宝澄堂"横批	61.5cm×162cm	368,000	北京银座	2017-12-20
祁寯藻 1854年作 楷书二十言联 立轴	243cm×54.5cm×2	1,380,000	北京翰海	2017-12-15
祁寯藻 道光戊戌（1838年）作 行书八言联 立轴	245cm×58cm×2	920,000	中国嘉德	2017-06-21
祁寯藻 行书 四屏镜心	129cm×29cm×4	322,000	北京银座	2017-06-07
祁寯藻 行书八言联 对联	169cm×37cm×2	258,750	北京保利	2017-06-06
祁豸佳 1654年作 水仙竹石图 立轴	109.5cm×28cm	333,500	西泠拍卖	2017-07-15
祁豸佳 丙午（1666年）作 仿北苑溪桥图 立轴	133cm×46.5cm	253,000	中国嘉德	2017-06-21
祁豸佳 仿大痴山水 镜心	16cm×47cm	184,000	北京匡时	2017-12-04
祁豸佳 行书米芾《天马赋》五十开册（选十八开）	尺寸不一	518,750	香港蘇富比	2017-10-01
祁豸佳 行书五言诗 立轴	184cm×43cm	230,000	北京保利	2017-12-18
祁豸佳 茅亭听涛 立轴	192.5cm×83.5cm	805,000	保利厦门	2017-06-25
祁豸佳 书法 立轴	186cm×47cm	230,000	南京经典	2017-07-23
祁豸佳 长松古岳图 立轴	223cm×96.6cm	322,000	观唐皕榷	2017-01-11
前田默凤 比翼鸟书画一堂 立轴	142cm×19cm×2	198,000	北京银座	2017-06-07
钱大昕 隶书七言联 立轴	129cm×30.5cm×2	184,000	中国嘉德	2017-12-20
钱东 长江无尽图 手卷	210cm×22cm	161,000	西泠拍卖	2017-07-15
钱杜 1813年作 绿野堂图 立轴	109.5cm×33.5cm	276,000	上海明轩	2017-06-30
钱杜 1814年作 秋江闲居图 手卷	20cm×254cm	977,500	北京荣宝	2017-04-02
钱杜 1815年作 闲闲楼图 手卷	引首 29cm×54cm；画心30cm×101cm；题跋30cm×364cm	2,070,000	北京保利	2017-06-05
钱杜 1819年作 秋山烟寺 扇面镜框	18.2cm×52cm	178,200	香港苏富比	2017-04-04
钱杜 楷书诗品 山居图（双挖）立轴	27.5cm×24cm；32.5cm×22.5cm	184,000	西泠拍卖	2017-07-15
钱杜 钱泳 赏梅图 隶书 成扇	18.5cm×49cm	166,750	上海嘉禾	2017-07-02
钱丰 楷书 册页（二十四开）	25cm×12cm×24	287,500	北京保利	2017-12-18
钱沣 行书节临坐位帖 立轴	137.5cm×63cm	287,500	中国嘉德	2017-06-21
钱沣 行书节录《山居赋》立轴	133.5cm×64.5cm	222,600	中濠典藏	2017-11-29
钱沣 楷书 立轴	71cm×117cm	207,000	中贸圣佳	2017-06-19
钱沣 临米芾《留简帖》立轴	182cm×101cm	437,000	北京保利	2017-06-06
钱松 1858年作 隶书 临礼器碑 手卷	引首 67cm×27cm；画心 177.5cm×27cm；题跋 56.5cm×27cm；30cm×27cm	1,667,500	西泠拍卖	2017-07-15
钱维城　临王觳祥写生（廿六帧）册页（二十六开）	22.5cm×13cm×26	979,440	中濠典藏	2017-11-29
钱维城（款）众芳竞秀 手卷	引首 40.5cm×88.5cm；本幅 40.5cm×327cm	322,000	北京匡时	2017-06-04
钱维城 仿各家山水 册页	12.5cm×9.5cm×8	209,332	中国嘉德	2017-05-29
钱维城 富春秋色 手卷	36.5cm×562.5cm	36,800,000	华艺国际	2017-05-27
钱维城 南巡盛典图 册页	绘画 18.5cm×13cm×12；书法 18.5cm×13cm×24	4,715,000	北京匡时	2017-06-04
钱维城 青绿山水 手卷	27cm×184cm	172,500	印千山	2017-07-09
钱维城 清供图 镜芯	123cm×54cm	230,000	印千山	2017-07-09
钱维城 山水 册（八开）	20cm×31cm×8	690,000	北京翰海	2017-12-15
钱维城 山水 册页	17.5cm×22.5cm×10	399,524	保利香港	2017-04-03
钱维城 山水 册页（八开）	9cm×17cm×8	207,000	中贸圣佳	2017-06-19
钱维城 石山空寂 立轴	102cm×49cm	920,000	北京匡时	2017-12-04
钱维城 四季花卉 册页（四册四十开）	8.5cm×6cm×40	8,293,450	中国嘉德	2017-05-29
钱维城 松声琴韵图 立轴	122cm×40cm	575,000	印千山	2017-07-09
钱维城 万寿恒春 立轴	108cm×53.5cm	356,500	观唐皕榷	2017-01-11
钱维城 渔浦翰烟 手卷	本幅 13.5cm×410.5cm；题跋13.5cm×60cm	17,250,000	北京匡时	2017-12-04
钱维城 云壑飞泉 立轴	93.5cm×45.5cm	230,000	中国嘉德	2017-12-20
钱维乔 看山图 立轴	127.5cm×42.5cm	368,000	北京银座	2017-06-07
钱维乔 山水 四屏立轴	230cm×54cm×4	345,000	北京东正	2017-12-09
钱维乔 辛丑（1781年）作 仿王麓台山水 立轴	109cm×43cm	172,500	中国嘉德	2017-06-21
钱泳 对联 立轴	235cm×44.5cm×2	460,000	华艺国际	2017-11-25
钱载 1779年作 梅花古松图 立轴	画心 72cm×46.5cm；题跋46.5cm×28cm	161,000	西泠拍卖	2017-07-15
乾隆（款）楷书 镜片	165cm×62cm	161,000	广东崇正	2017-06-15
乾隆 1779年作 行书《快雪堂记》镜心	67.5cm×160cm	1,357,590	中濠典藏	2017-05-22
乾隆 1781年作 御笔《篇留洞》立轴	71cm×27cm	920,000	北京匡时	2017-06-04
乾隆 行书《石矶观鱼》镜框	26cm×30cm	172,500	北京荣宝	2017-06-02

拍品名称	物品尺寸	成交价RMB	拍卖公司	拍卖日期
乾隆 行书九言联 镜心	228cm×29cm×2	920,000	北京荣宝	2017-12-02
乾隆 行书七言联 对联	132cm×27cm×2	345,000	上海敬华	2017-07-01
乾隆 行书七言诗 镜心	34cm×46.5cm	690,000	中贸圣佳	2017-06-19
乾隆 行书御制诗 横批	69.5cm×172cm	943,000	保利厦门	2017-06-26
乾隆 甲戌（1754）年作 兰石图 立轴	44cm×26cm	805,000	广东崇正	2017-06-15
乾隆 秋花图 立轴	79cm×29cm	10,580,000	北京保利	2017-12-17
乾隆 壬午（1762）年作 行书试马歌应制 手卷	38cm×279cm	230,000	上海敬华	2017-07-01
乾隆 书法 镜心	170cm×83cm	172,500	北京华辰	2017-06-04
乾隆 紫碧山房 横幅	69.5cm×156cm	2,300,000	北京保利	2017-06-05
乾隆帝（传）行书 立轴	148.5cm×26.8cm	167,466	中国嘉德	2017-05-29
乾隆帝（款）行书五言联 镜心	144cm×34cm×2	293,820	中国嘉德	2017-10-03
乾隆帝 1736年作 行书七言诗 四屏镜心	132cm×33cm×4	1,610,000	北京翰海	2017-06-02
乾隆帝 1741年作 行书御制诗 镜心	60cm×234.5cm	1,265,000	北京匡时	2017-12-04
乾隆帝 1742年作 行书 立轴	102.5cm×46.5cm	552,000	北京翰海	2017-06-02
乾隆帝 1760年作 行书 立轴	53cm×28cm	2,357,500	北京翰海	2017-12-15
乾隆帝 1764年作 行书《云罩寺》立轴	64cm×31.5cm	1,725,000	北京匡时	2017-12-04
乾隆帝 1764年作 行书五言诗 立轴	63cm×31cm	483,000	观唐皕榷	2017-01-11
乾隆帝 1776年作 墨梅 立轴	62.5cm×29cm	2,070,000	北京翰海	2017-06-02
乾隆帝 1780年作 金娑罗树图 立轴	215cm×100cm	4,600,000	北京匡时	2017-12-04
乾隆帝 1781年作 行书五言诗 立轴	131cm×64cm	4,600,000	观唐皕榷	2017-01-11
乾隆帝 高云情 镜心	59cm×160cm	1,725,000	南京经典	2017-07-23
乾隆帝 行书 横幅	71.5cm×216cm	943,000	北京翰海	2017-06-02
乾隆帝 行书八言联 对联	172cm×41cm×2	2,070,000	上海嘉禾	2017-07-01
乾隆帝 行书五言诗 立轴	171.8cm×67.3cm	2,530,000	观唐皕榷	2017-01-11
乾隆帝 楷书 横幅	69cm×217cm	1,897,500	北京翰海	2017-12-15
乾隆帝 楷书"介寿" 立轴	188cm×99cm	1,380,000	上海匡时	2017-11-05
乾隆帝 御笔"名阀令器" 横批	71.5cm×216cm	9,430,000	华艺国际	2017-11-25
乾隆帝 御笔行楷五言联 镜框	128cm×37cm×2	920,000	华艺国际	2017-11-25
秦休 行书 立轴	172cm×45cm	195,000	上海驰翰	2017-06-26
秦祖永 壬申（1872年）作 临麓台山水 册页（十二开）	37cm×27.6cm×12	414,000	中国嘉德	2017-12-20
清；1684年作 山水书法（六幅）镜框	31cm×35cm×6	297,850	佳士得	2017-11-27
清浦奎吾 行书五言诗 立轴	158.5cm×45cm	220,000	北京银座	2017-06-07
清诸家 蜀镜辞 册页（二十四开）	22.5cm×26.5cm×24	1,265,000	中国嘉德	2017-06-21
瞿子冶 花卉富贵图 立轴	157.5cm×60cm	241,500	西泠拍卖	2017-07-15
任伯年 1864年作 三星拱寿 立轴	184cm×96cm	2,300,000	北京荣宝	2017-06-02
任伯年 1870年作 人物 镜心	159cm×84cm	172,500	北京翰海	2017-06-02
任伯年 1878年作 花鸟走兽集锦四屏立轴	34.5cm×39.5cm×12	3,220,000	北京保利	2017-06-05
任伯年 1880年作 蕉荫纳凉 立轴	121cm×53cm	11,270,000	北京匡时	2017-06-03
任伯年 1880年作 猫蝶图 立轴	128cm×34cm	575,000	北京匡时	2017-06-03
任伯年 1882年作 花鸟（四帧）镜片	100cm×18.5cm×4	552,000	西泠拍卖	2017-07-16
任伯年 1882年作 没骨花卉 立轴	149cm×39cm	172,500	上海匡时	2017-11-05
任伯年 1882年作 松林人物 立轴	143cm×38cm	184,000	北京翰海	2017-06-02
任伯年 1882年作 指日高升 立轴	142cm×74cm	747,500	北京保利	2017-12-17
任伯年 1883年作 终南进士像 立轴	96cm×46.5cm	920,000	西泠拍卖	2017-05-05
任伯年 1884年作 德禽双栖图 立轴	97cm×45.5cm	264,500	西泠拍卖	2017-07-16
任伯年 1886年作 桃花双禽 立轴	108cm×53cm	195,500	北京保利	2017-06-06
任伯年 1890年作 荷塘清趣 镜心	135cm×64.5cm	1,150,000	北京银座	2017-12-20
任伯年 1890年作 江陵归棹 横批	78cm×149cm	1,035,000	上海匡时	2017-11-05
任伯年 1891年作 老牛图 立轴	146cm×80cm	805,000	北京荣宝	2017-06-02
任伯年 1891年作 墨竹双吉图 立轴	95.5cm×51.5cm	920,000	保利厦门	2017-06-25
任伯年 1891年作 松下听箫 立轴	123cm×49.5cm	402,500	上海匡时	2017-11-05
任伯年 1892年作 蕉园双鹅图 立轴	130.5cm×65cm	379,500	西泠拍卖	2017-07-16

拍品名称	物品尺寸	成交价RMB	拍卖公司	拍卖日期
任伯年 1892年作 拳石立鸟图 立轴	91.5cm×41cm	184,000	西泠拍卖	2017-05-05
任伯年 1893年作 秋圃德禽 立轴	132cm×65cm	4,830,000	北京银座	2017-06-07
任伯年 1893年作 芍药鸟鸡图 立轴	132.5cm×31cm	874,000	北京翰海	2017-12-15
任伯年 1893年作 喜从天降 立轴	133cm×63.5cm	3,392,500	北京荣宝	2017-12-02
任伯年 1895年作 东山丝竹图 立轴	173cm×91cm	862,500	西泠拍卖	2017-07-16
任伯年 芭蕉双栖图 立轴	100cm×44cm	402,500	保利厦门	2017-06-26
任伯年 春燕逐飞图 立轴	93cm×38cm	313,290	中濠典藏	2017-05-22
任伯年 大富贵亦寿考 镜心	147cm×78cm	1,380,000	上海匡时	2017-11-05
任伯年 光绪庚辰（1880年）作 听秋图 立轴	149cm×81.5cm	1,725,000	中国嘉德	2017-06-19
任伯年 光绪己卯（1879年）作 羲之爱鹅图 立轴	130cm×64.5cm	3,795,000	中国嘉德	2017-12-18
任伯年 光绪甲申（1884年）作 陔兰草堂图 立轴	25.4cm×32.5cm	207,000	中国嘉德	2017-06-19
任伯年 癸未（1883）年作 桃花鸳鸯 立轴	136cm×66.5cm	782,000	朵云轩	2017-12-14
任伯年 花卉草虫 立轴（四屏）	147.5cm×27cm×4	391,000	北京翰海	2017-12-15
任伯年 花鸟（二帧）镜心	30.5cm×39cm×2	287,500	北京匡时	2017-06-03
任伯年 花鸟 四屏立轴	148.8cm×39.8cm×4	4,830,000	北京荣宝	2017-06-02
任伯年 甲戌（1874年）作 雏菊雀鸟 扇面	18.5cm×51.5cm	184,000	中国嘉德	2017-06-21
任伯年 陆恢 等 1883年作 梅石庵图 卷	31cm×111.5cm	345,000	北京翰海	2017-12-15
任伯年 牧羊图 镜框	29cm×32cm	218,500	朵云轩	2017-06-25
任伯年 清 牡丹图 镜框	24cm×46cm	372,313	佳士得	2017-11-27
任伯年 日暖春长 立轴	143cm×39cm	379,500	北京保利	2017-04-27
任伯年 山茶幽禽 立轴	149cm×39cm	345,000	上海匡时	2017-11-05
任伯年 松鹤延年图 立轴	170cm×92cm	5,520,000	南京经典	2017-07-23
任伯年 松鼠 立轴	140cm×40cm	299,000	荣宝斋（南京）	2017-07-08
任伯年 送子观音 镜心	92cm×41.5cm	667,000	北京荣宝	2017-04-02
任伯年 汤经常 戊寅（1878年）作 仙人乘槎·行书节录海岳名言 成扇	19cm×52.5cm	437,000	中国嘉德	2017-06-21
任伯年 同治庚午（1870年）作 湖石榕叶 镜心	24cm×24cm	184,000	中国嘉德	2017-06-21
任伯年 同治壬申（1872年）作 五伦图 立轴	182.5cm×92.5cm	6,325,000	中国嘉德	2017-12-18
任伯年 吴昌硕 等 庚寅（1890年）作 书画集锦对屏 立轴	93cm×21cm×2	207,000	中国嘉德	2017 06 20
任伯年 辛巳（1881）年作 动物册页（十二开）	33.5cm×45cm×12	1,012,000	朵云轩	2017-12-14
任伯年 婴戏图 立轴	108.5cm×50.5cm	299,000	北京匡时	2017-12-03
任伯年 鹦鹉图 镜片	30cm×33cm	195,500	朵云轩	2017-06-25
任伯年 幽禽图 镜片	30cm×33cm	201,250	朵云轩	2017-06-25
任熊 1850年作 百花 手卷	27cm×689cm	2,300,000	北京保利	2017-06-05
任熊 1853年作 东坡玩砚图 立轴	128cm×54.5cm	575,000	西泠拍卖	2017-07-16
任熊 1855年作 仿古人物（八帧）镜框	each: 28.9cm×33cm×8	518,750	香港蘇富比	2017-10-02
任熊 1857年作 钟馗醉酒图 横披	151cm×357.5cm	5,520,000	北京保利	2017-12-17
任熊 花鸟杂画 册页（八开）	24.5cm×35.7cm×8	2,300,000	中国嘉德	2017-12-20
任熊 礼佛图 镜心	30cm×27cm	368,000	中国嘉德	2017-12-18
任熏 1875年作 花卉 八屏立轴	89cm×31cm×8	6,670,000	北京匡时	2017-12-04
任熏 花鸟 四屏立轴	136.5cm×32cm×4	333,500	上海嘉禾	2017-07-02
任熏 历史人物故事 四屏镜心	101cm×21.7cm×4	264,500	观唐皕榷	2017-01-11
任薰 献寿图 立轴	169.4cm×91.8cm	1,879,740	中濠典藏	2017-05-22
任耀义 2007年作 紫气东来 镜框	90cm×245cm	161,000	上海东方	2017-06-25
任耀义 2017年作 枫下牛自乐 镜框	145cm×364cm	230,000	上海东方	2017-12-10
任耀义 2017年作 秋声秋色 镜框	78cm×180cm	195,500	上海东方	2017-12-10
任颐 1878年作 牧牛童子 扇面 镜框	18.6cm×51.2cm	311,250	香港蘇富比	2017-10-02

拍品名称	物品尺寸	成交价RMB	拍卖公司	拍卖日期
任颐 1883年作 松风听瀑 团扇面镜框	25.2cm×26.6cm	207,500	香港蘇富比	2017-10-02
任颐 乙亥（1875年）作 舟行图 成扇	19cm×49cm	391,760	中国嘉德	2017-10-03
任预 丙申（1896年）作 山水 册页（八开）	25cm×22cm×8	172,500	福建东南	2017-05-21
日下部鸣鹤 行书七言诗 立轴	142.5cm×39.5cm	242,000	北京银座	2017-06-07
日下部鸣鹤 行书五言诗 立轴	126cm×45.5cm	198,000	北京银座	2017-06-07
日下部鸣鹤 行书五言诗 立轴	134cm×33.5cm	242,000	北京银座	2017-06-07
阮元 行书七言联 立轴	175.5cm×35.5cm×2	241,500	北京翰海	2017-12-15
阮元 甲午（1834）年作 书论稿 册页（二十四开选六）	18cm×24cm×24	678,500	上海敬华	2017-07-01
阮元 隶书 八言联 对联	206cm×34.5cm×2	483,000	西泠拍卖	2017-07-15
阮元 隶书 立轴	79cm×51cm	172,500	北京翰海	2017-12-15
阮元 隶书八言联 立轴	172cm×29cm×2	747,500	北京匡时	2017-12-03
阮元 隶书七言联 立轴	各128cm×28.7cm	311,850	香港苏富比	2017-04-04
阮元 隶书五言联 立轴	155cm×36cm×2	172,500	广东崇正	2017-12-13
三岛毅 行书七言诗 立轴	136cm×34.5cm	198,000	北京银座	2017-06-07
三条实美 行书七言诗 立轴	155.5cm×46cm	242,000	北京银座	2017-06-07
三条实美 行书七言诗 立轴	138.5cm×44.5cm	198,000	北京银座	2017-06-07
沙馥 白描人物 册页	22cm×33.5cm×12	160,669	中金国际	2017 11 25
山本竟山 周兹太子鼎铭 镜心	133cm×34cm	198,000	北京银座	2017-06-07
山中信天翁 行书五言诗 立轴	133.5cm×33.5cm	198,000	北京银座	2017-06-07
杉听雨 行书七言诗 立轴	95cm×32.5cm	198,000	北京银座	2017-06-07
杉听雨 行书题句 立轴	134cm×31.5cm	198,000	北京银座	2017-06-07
杉听雨 行书五言诗 立轴	133.5cm×53cm	165,000	北京银座	2017-06-07
上官周 秋山论道 立轴	237cm×57cm	184,000	中贸圣佳	2017-06-19
上官周 四曲小屏风 屏风	30cm×20.5cm×8	299,000	中贸圣佳	2017-06-19
沈宝桢 行书七言联 对联	117cm×27cm×2	224,250	北京保利	2017-06-06
沈荃 1662年作 行书送刘太冲序 立轴	206.7cm×45.5cm	322,000	观唐皕榷	2017-01-11
沈荃 1677年作 行书 节临苕溪诗帖 横披	95cm×24.5cm	184,000	西泠拍卖	2017-07-15
沈荃 采药图	180cm×45cm	207,000	北京宣石	2017-05-21
沈铨 1753年作 瑞兽图 立轴	196cm×97.8cm	5,448,713	纽约佳士得	2017-03-15
沈铨 1734年写 双猴 镜心	15.5cm×47cm	287,500	北京匡时	2017-12-04
沈铨 1735年作 耄耋富贵 立轴	92cm×48cm	344,619	中濠典藏	2017-05-22
沈铨 1737年作 大吉图 立轴	128cm×50cm	207,000	保利华谊	2017-12-08
沈铨 1739年作 春风一路 镜心	17cm×51.5cm	230,000	北京匡时	2017-12-04
沈铨 1739年作 双鹿图 立轴	104cm×89cm	4,370,000	上海明轩	2017-06-30
沈铨 1740年作 松鹤延年 立轴	263cm×130cm	1,897,500	北京翰海	2017-12-15
沈铨 1754年作 百禄图 立轴	201.6cm×128cm	2,875,000	观唐皕榷	2017-01-11
沈铨 丁丑（1757）年作 锦鸡富贵图 立轴	173cm×81.5cm	322,000	上海嘉禾	2017-07-02
沈铨 庚午（1750年）作 百鹿图 立轴	148cm×71cm	690,000	中国嘉德	2017-04-02
沈铨 耄耋图 立轴	70cm×56.5cm	1,265,000	上海明轩	2017-06-30
沈铨 眉寿图 立轴	112cm×43cm	943,000	观唐皕榷	2017-01-11
沈铨 乾隆癸酉（1753年）作 松鹤图 立轴	36cm×49cm	172,500	中国嘉德	2017-12-20
沈铨 乾隆甲子（1744年）作 墨龙图 立轴 对屏	110cm×46cm×2	506,000	中国嘉德	2017-06-21
沈铨 戊年（1738）年作 福禄寿 立轴	100cm×53cm	230,000	朵云轩	2017-06-25
沈铨 戊戌（1718）年作 桂子飘香 立轴	122.5cm×43cm	322,000	上海嘉禾	2017-07-02
沈铨 戊寅（1758年）作 春水鸳鸯 立轴	166cm×62cm	195,880	中国嘉德	2017-10-03
沈廷文 行书七言诗 立轴	145cm×47.5cm	575,000	中国嘉德	2017-06-21
沈益 1795年作 山水 手卷	48cm×1030cm	977,500	北京荣宝	2017-04-02

拍品名称	物品尺寸	成交价RMB	拍卖公司	拍卖日期
沈增植 1920年作 行书七言联 立轴	131cm×31.5cm×2	368,000	上海匡时	2017-11-05
沈增植 行书八言联 立轴	169.5cm×28cm×2	230,000	上海匡时	2017-11-05
沈增植 行书九言联 立轴	242.5cm×54cm×2	1,035,000	北京翰海	2017-12-15
沈振麟 仙人乘槎图 立轴	128.5cm×60.5cm	207,000	观唐皕榷	2017-01-11
沈宗骞 1786年作 仙人乘槎图 立轴	87cm×40.6cm	172,500	观唐皕榷	2017-01-11
沈宗敬 1697年作 水墨山水 册页（八开）	21cm×48cm×8	1,010,563	佳士得	2017-11-27
沈宗敬 1721年作 山水 册页（十二开）	28cm×40cm×12	230,000	北京荣宝	2017-04-02
慎毓林 同治丁卯（1861年）作 行书十一言联 立轴	182.5cm×32cm×2	209,332	中国嘉德	2017-05-29
盛惇大 黔江并棹、秦关联骑 手卷	尺寸不一	1,035,000	北京匡时	2017-12-04
施端教 草书五言诗 立轴	178cm×48cm	402,500	上海匡时	2017-11-05
施原 秋山行旅图 立轴	184cm×102cm	184,000	中国嘉德	2017-09-03
石桥二洲 行书七言诗 立轴	119.5cm×33.5cm	198,000	北京银座	2017-06-07
石涛（款）法元人墨妙山水 立轴	193.5cm×98.5cm	228,250	香港蘇富比	2017-10-01
石涛（款）凉月开蓬图 立轴	165.1cm×77cm	435,750	香港蘇富比	2017-10-01
石涛 1704年作 三清图 镜心	66cm×36cm	5,520,000	北京保利	2017-12-17
石涛 丙寅（1686）年作 山居图 立轴	76cm×33.5cm	5,865,000	朵云轩	2017-06-25
石涛 巉岩飞瀑 镜心	17cm×46cm	207,000	北京匡时	2017-12-04
石涛 杜甫诗意 册页（八开）	本幅 38.6cm×26.7cm×8; 题跋47cm×67cm	69,000,000	北京匡时	2017-12-04
石涛 杜甫诗意 镜心	18cm×49cm	230,000	北京匡时	2017-12-04
石涛 静思图 立轴	45.5cm×27.5cm	690,000	北京荣宝	2017-12-02
石涛 枯木竹石图 镜心	24cm×213cm	14,030,000	北京匡时	2017-06-04
石涛 兰竹图 立轴	77.5cm×38.5cm	17,250,000	中国嘉德	2017-12-18
石涛 临流独啸图 镜心	63cm×37cm	4,025,000	北京保利	2017-12-17
石涛 楼阁叙语 立轴	106cm×35cm	460,000	上海敬华	2017-07-01
石涛 墨荷 立轴	120cm×56cm	517,500	北京保利	2017-12-18
石涛 秋山行吟图 镜片	95cm×47cm	207,000	上海泓盛	2017-06-27
石涛 山居秋意图 立轴	100.5cm×59.5cm	1,113,750	香港苏富比	2017-04-03
石涛 山水 册页（八开）	21cm×31.5cm×4; 15cm×27cm×4	9,275,900	佳士得	2017-11-27
石涛 山水清音 立轴	42cm×100cm	352,000	湖北中盛	2017-12-03
石涛 山水小景（四帧）册页（四开）	17.8cm×10.8cm×4	8,280,000	北京保利	2017-06-05
石涛 书画合璧 册页（十二开）	23cm×16cm×12	26,450,000	北京保利	2017-06-05
石涛 四清图 镜心	97cm×48cm	4,600,000	北京保利	2017-12-17
石涛 夏山图 镜心	132cm×58cm	172,500	北京保利	2017-04-28
石涛 闲居图 立轴	34cm×31cm	230,000	北京保利	2017-12-18
石涛 一壑松风图 立轴	167cm×87cm	920,000	北京匡时	2017-06-04
石涛 云山秋晓 立轴	216cm×108cm	2,415,000	上海嘉禾	2017-07-01
石溪 草书“此外何求”镜心	16cm×50.5cm	529,000	荣宝斋（南京）	2017-07-08
石庄 1782年作 松壑静居图 手卷	26cm×260cm	1,725,000	北京荣宝	2017-06-02
释成鹫 1722年作 行书 立轴	155cm×46cm	713,000	广东崇正	2017-06-15
释达受 1843年作 手拓程音田自磨墨并题咏册（共十五页）册页	画心 22.5cm×21.5cm; 题跋 23cm×23cm; 29.5cm×26cm×13	437,000	西泠拍卖	2017-07-15
释海云 渔樵问答图 立轴	123.5cm×49.5cm	2,715,180	中濠典藏	2017-05-22
释明俭 1852年作 镇江寺院十二景（十二帧）镜片	178cm×46cm×12	943,000	西泠拍卖	2017-07-15
释明俭 仿耕烟散人山水册（十页）册页	50cm×32cm×10	172,500	西泠拍卖	2017-07-15
顺治帝 1656年作 竹石图 镜心	153cm×51cm	1,150,000	北京保利	2017-12-18
顺治帝 楷书“汲古深处”镜心	43cm×95cm	345,000	观唐皕榷	2017-01-11
宋大业 楷书御制文集 册页	22.5cm×15cm×17	517,500	北京匡时	2017-12-04

拍品名称	物品尺寸	成交价RMB	拍卖公司	拍卖日期
宋荦 纪晓岚 刘墉（古）伊秉绶 郁生 大通秋泛图咏长 手卷	引首 104cm×48cm；画心 335.5cm×48cm；题跋 48cm×15.5cm；268.5cm×48cm；1291cm×48cm	11,040,000	西泠拍卖	2017-07-15
宋湘 行书《过香积寺》立轴	158cm×76cm	207,000	上海泓盛	2017-06-27
苏六朋 1850年作 十八学士图 立轴	121.2cm×58.5cm	289,575	香港苏富比	2017-04-04
苏六朋 1854年作 人物 扇面	17cm×53cm	172,500	华艺国际	2017-05-27
苏六朋 丙辰（1856年）作 罗浮沽酒图 立轴	195cm×98cm	402,500	中国嘉德	2017-04-02
肃亲王 楷书《佛说阿弥陀佛经》立轴	126cm×51cm	230,000	华艺国际	2017-11-25
肃亲王 正气歌 立轴	145cm×44cm	200,836	中金国际	2017-11-25
孙岳颁 行书临米芾《闰月帖》立轴	202cm×50cm	322,000	北京匡时	2017-12-04
孙在丰 行书七言诗 立轴	171cm×51.5cm	195,500	中国嘉德	2017-12-20
谭行义 行书唐·岑参五言诗 立轴	161cm×45cm	322,000	北京荣宝	2017-04-02
汤贻汾 1830年作 太鹤洞天石图 册页（二十九开选十）	21cm×30cm×29	460,000	北京保利	2017-06-06
汤贻汾 1848年作 诗窟图 手卷	引首 99cm×26.5cm；画心198cm×30cm	368,000	西泠拍卖	2017-07-15
汤贻汾 山水册 十二开册（选九开）	20.3cm×23.7cm	207,500	香港蘇富比	2017-10-01
汤贻汾 山水对题 册页	26.5cm×33cm×20	460,000	北京匡时	2017-06-04
汤右曾 行书五言诗 立轴	148cm×38cm×2	172,500	荣宝斋（南京）	2017-07-08
唐岱 1724年作 山水 立轴	105cm×57.5cm	977,500	北京荣宝	2017-04-02
唐岱 仿关仝溪山雪霁图 手卷	27.5cm×236.5cm；跋27.5cm×25cm	34,500,000	中国嘉德	2017-06-19
唐岱 邹一桂 董邦达 钱维城 山水 手卷	12cm×135cm×4	4,600,000	北京保利	2017-12-17
唐俊 1671年作 千山叠嶂图 立轴	151cm×72cm	230,000	北京荣宝	2017-04-02
唐英 楷书《御制咏古陶缶》镜框	130cm×61cm	690,000	北京荣宝	2017-06-02
陶琮 临石谷庚寅山水 成扇	19cm×54cm	244,850	中国嘉德	2017-10-03
藤田东湖 行书题句 立轴	106cm×28cm	275,000	北京银座	2017-06-07
藤泽南岳 行书七言诗 立轴	121cm×39.5cm	198,000	北京银座	2017-06-07
天然函昰 行书 立轴	146cm×46cm	2,760,000	广东崇正	2017-06-15
铁保 1797年作 临怀素 手卷	引首 34cm×98cm；书心35cm×54cm	253,000	北京保利	2017-06-06
铁保 1800年作 草书《千字文》手卷	31cm×281cm	517,500	北京匡时	2017-12-04
铁保 行书 镜心	131cm×39.5cm	331,379	中金国际	2017-11-25
铁保 楷书 六条屏立轴	89cm×19cm×6	517,500	北京宣石	2017-05-21
同治 御笔"双源汇泽"镜心	62cm×194cm	322,000	北京匡时	2017-06-04
同治帝 楷书"益寿""延年"立轴	135cm×63cm×2	365,505	中濠典藏	2017-05-22
童锦 荷塘文禽图 立轴	155cm×93cm	831,563	佳士得	2017-05-29
童原 四喜图 立轴	134.5cm×66cm	522,150	中濠典藏	2017-05-22
屠隆 行草五言诗 立轴	123cm×26cm	172,500	北京保利	2017-12-16
屠倬 1814年作 仿白阳山人意 手卷	28cm×505cm	336,442	保利香港	2017-04-03
万经 隶书 五言诗	270cm×31cm	368,000	中国嘉德	2017-06-21
万上遴 青绿山水 四屏立轴	163cm×41cm×4	207,000	中国嘉德	2017-12-20
万上遴 山水双挖 立轴	49cm×47cm×2	368,000	中贸圣佳	2017-06-19
汪宝荣 戊申（1848年）作 汪祥芝像图 手卷	34cm×106.5cm	178,250	北京诚轩	2017-06-18
汪承霈 春色盎然 立轴	145cm×52cm	437,000	中国嘉德	2017-09-03
汪承霈 花卉扇 册页（十二开）	16cm×49.5cm×12	690,000	北京华辰	2017-12-16
汪承霈 牡丹图 册页（十二开）	30.6cm×50.8cm×12	977,500	观唐皕榷	2017-01-11
汪亮 朱千 桐荫书屋图·桐荫草堂图·柳岸江帆图 立轴	22.5cm×27cm；29.5cm×33cm	299,000	北京银座	2017-06-07
汪启淑 行书自作诗 立轴	117.5cm×45.5cm	575,000	中国嘉德	2017-06-21
汪士鋐 1719年作 行书东坡句 立轴	诗堂 41cm×64cm；本幅94.5cm×74cm	195,500	北京匡时	2017-03-30
汪士鋐 行书 立轴	178cm×47cm	230,000	北京翰海	2017-12-15
汪士鋐 行书李贺《将进酒》立轴	180.5cm×60.5cm	368,000	中国嘉德	2017-12-20
汪士慎 1736年作 寒梅 立轴	108cm×62cm	266,100	佳士得	2017-05-29
汪士慎 墨梅图 立轴	125cm×34.5cm	322,000	西泠拍卖	2017-07-15
汪由敦 1740年作 道德经 册页（二十一开 四十二页选十八）	26.5cm×24cm×21	1,495,000	北京保利	2017-06-06
汪由敦 1755年作 行书 临颜真卿三种 手卷	画心 152cm×25.5cm；154cm×25.5cm；题跋36cm×25.5cm	218,500	西泠拍卖	2017-07-15
汪由敦 楷书 十二屏	175cm×37cm×12	402,500	中国嘉德	2017-04-02
汪由敦 彭启丰 等 雍干间名士书法 册页	20cm×12cm×22	207,000	北京荣宝	2017-04-02
王宸 1760年作 仿宋元笔意 册页	绘画 29cm×16.5cm×12；书法 29cm×16.5cm×2	310,500	北京匡时	2017-06-04
王宸 1790年作 疏林远岫 立轴	125cm×51cm	402,500	北京荣宝	2017-12-02
王宸 1793年作 秋山茅屋 立轴	122cm×50cm	1,173,000	中贸圣佳	2017-06-19
王宸 己卯（1759年）作 山水 册页（四开）	15cm×20cm×4	207,000	中国嘉德	2017-06-21
王概 壬申（1692）年作 庐岳观泉 立轴	178cm×53cm	437,000	上海敬华	2017-07-01
王概 邵长蘅 朱彝尊 等 清初诸家为骏翁作诗画 册页（十二开二十四页）	尺寸不一	7,935,000	中国嘉德	2017-12-18
王弘撰 清 行书 立轴	221cm×78cm	255,300	佳士得	2017-11-27
王鸿绪 庚寅（1710年）作 行书望江南净土词 手卷	引首 25.5cm×111cm；书法 25.5cm×267.5cm；题跋 25.5cm×220cm	355,864	中国嘉德	2017-05-29
王鸿绪 行书王右丞五言古诗 手卷	16cm×252cm	155,925	香港苏富比	2017-04-03
王鸿绪 李铠 章云鹭 等 为刘母陈太夫人祝寿诗 册页（十二开）	36cm×42cm×12	287,500	中国嘉德	2017-06-21
王翚（款）仿王右丞笔意 立轴	153cm×69cm	155,625	香港蘇富比	2017-10-01
王翚（款）秋山行旅 镜心	120.5cm×52.5cm	188,399	中国嘉德	2017-05-29
王翚 1693年作 水村图 立轴	172.5cm×81.2cm	1,219,625	佳士得	2017-05-29
王翚 1696年作 溪山幽谷图 立轴	90cm×40cm	3,335,000	华艺国际	2017-05-27
王翚 1697年作 竹居图 手卷	35.5cm×216cm	517,500	北京匡时	2017-06-04
王翚 1698年作 荷锄图 手卷	画心 28.3cm×88.5cm	7,475,000	观唐皕榷	2017-01-11
王翚 1702年作 溪林隐居图 镜心	16cm×51cm	155,250	中贸圣佳	2017-06-19
王翚 1710年作 江山无尽图 手卷	33cm×355cm	9,545,000	华艺国际	2017-11-25
王翚 1711年作 竹溪真逸 立轴	64.5cm×50cm	8,280,000	北京匡时	2017-12-04
王翚 1714年作 秋江渔乐图 立轴	81cm×51cm	6,971,820	佳士得	2017-05-29
王翚 1716年作 山庄静业图 立轴	92cm×50cm	13,800,000	北京保利	2017-06-05
王翚 仿惠崇水邨图 立轴	142cm×51cm	7,820,000	华艺国际	2017-05-27
王翚 浮岚暖翠图 镜心	20cm×51.5cm	253,000	北京匡时	2017-06-03
王翚 庚申（1680年）作 秋树晚鸦图 立轴	72.5cm×29.5cm	690,000	中国嘉德	2017-06-21
王翚 康熙甲午（1714年）作 龚蘅圃田居图（并诸家题咏）手卷	卷首 43.7cm×108.5cm；画像 43.7cm×45cm；画 43.7cm×430cm；后跋 43.7cm×690cm	74,750,000	中国嘉德	2017-12-18
王翚 四季山水 镜心	24cm×27cm×6	402,500	北京荣宝	2017-06-02
王翚 万壑松风图 立轴	157cm×51.5cm	5,290,000	南京经典	2017-07-23

2017书画拍卖成交汇总

（成交价RMB：15万元以上）

拍品名称	物品尺寸	成交价RMB	拍卖公司	拍卖日期
王翚 王鉴 王时敏 王原祁 山水（四帧）扇面	尺寸不一	4,025,000	观唐皕楼	2017-01-11
王翚 围廊春寂 镜片		1,297,313	纽约苏富比	2017-03-16
王翚 夏山真逸图 手卷	画心36cm×330cm；题跋36cm×106cm	6,518,556	保利香港	2017-04-03
王翚 辛卯（1711）年作 仿董北苑万木奇峰图 立轴	189cm×101cm	8,280,000	上海嘉禾	2017-07-01
王翚 杨晋 冯武 1710年作 兰亭修禊图 手卷	画心126.5cm×32cm；题跋110cm×29.5cm	1,092,500	西泠拍卖	2017-07-15
王翚 恽寿平 庚戌（1670年）作 桃源图 立轴	176cm×47cm	4,830,000	中国嘉德	2017-12-18
王建章 白云青霭图 立轴	28.5cm×35cm	460,000	南京经典	2017-07-23
王建章 扇面集锦 镜片（四帧）	125cm×32cm×4	575,000	上海明轩	2017-06-30
王建章 云山图 立轴	63cm×27cm	207,000	北京荣宝	2017-04-02
王鉴 1675年作 仿巨然山水 立轴	画23cm×21cm；诗堂12cm×21cm	1,840,000	华艺国际	2017-05-27
王鉴 仿董源山水 镜心	26.5cm×23cm	322,000	北京匡时	2017-06-04
王鉴 仿古山水 设色绢本 册页（十开）	28cm×20.8cm×10	4,229,972	纽约苏富比	2017-03-16
王鉴 仿古山水册 设色绢本(十开)	20.7cm×15.1cm	5,068,168	纽约苏富比	2017-03-16
王鉴 仿赵雍山水 镜心	27cm×22.5cm	402,500	北京匡时	2017-06-04
王鉴 临倪瓒《松林亭子图》镜心	27cm×23cm	299,000	北京银座	2017-12-20
王鉴 山居图 手卷	32.5cm×52cm	690,000	上海明轩	2017-06-30
王鉴 叶方蔼 等 山水格景 镜心	16cm×51.5cm	195,880	中国嘉德	2017-10-03
王杰 董诰 等 国朝名人墨迹（三十二页）册页（十六开）	25cm×17cm×32	322,000	北京保利	2017-06-06
王杰 行书 立轴	169cm×91cm	161,000	中贸圣佳	2017-06-19
王敬铭 三友图 成扇	18.5cm×56cm	230,000	北京翰海	2017-12-15
王玖 东庄消夏图 手卷	25cm×645cm	218,500	北京荣宝	2017-04-02
王闿运 行书 节录《陈夷务疏》	38.4cm×147cm	230,000	中国嘉德	2017-06-21
王闿运 行书七言联 立轴	169cm×32cm×2	230,000	北京翰海	2017-12-15
王荦 仿古山水 册页（十开）	30cm×18cm×10	437,000	北京荣宝	2017-04-02
王朴 陈奕禧 历代名姬图 册页	册首60cm×46cm×4；书法66cm×46cm×12；绘画66cm×46cm×12；题跋60cm×47cm×4	4,140,000	北京匡时	2017-06-04
王仁堪 1891年作 楷书《麦秋至赋》册页（八开）	25cm×11cm×8	322,000	北京保利	2017-06-06
王仁堪 楷书节录王融《三月三日曲水诗序》立轴	192cm×92.5cm	460,000	观唐皕楼	2017-01-11
王时敏（款）戊申（1668年）作 远山秋水 立轴	133cm×61cm	299,000	中国嘉德	2017-09-03
王时敏 1656年作 仿黄公望山水 立轴	96cm×44.5cm	4,370,000	西泠拍卖	2017-07-15
王时敏 1666年作 仿大痴笔意 立轴	189cm×48.5cm	1,035,000	北京匡时	2017-12-04
王时敏 1666年作 仿王蒙九峰读书 手卷	32cm×178cm	2,070,000	北京荣宝	2017-04-02
王时敏 仿黄公望山水 立轴	34cm×36.2cm	221,750	佳士得	2017-05-29
王时敏 己巳（1629）年作 溪山秋霁 立轴	92cm×39cm	1,092,500	朵云轩	2017-12-14
王时敏 隶书 立轴	157cm×44cm	368,000	北京翰海	2017-12-15
王世琛 1710年作 秋水茅亭 立轴	79cm×48cm	230,000	中国嘉德	2017-06-21
王树谷 望山图 立轴	140cm×37.5cm	172,500	北京荣宝	2017-06-02
王澍 1725年作 行书 临裴将军诗帖 手卷	引首138.5cm×40.5cm；画心238.5cm×40.5cm；题跋44cm×40.5cm	575,000	西泠拍卖	2017-07-15
王澍 1727年作 草书千字文 册页	28cm×32cm×30	161,000	中国嘉德	2017-04-02
王澍 行书临《李太师帖》立轴	126.5cm×56cm	207,000	中国嘉德	2017-06-21
王澍 临《九成宫醴泉铭》十二屏	168.8cm×43.5cm	363,125	香港蘇富比	2017-10-01
王澍 雍正十一年（1733年）作 草书临十七帖 手卷	引首18cm×100cm；书法18cm×415cm	471,500	中国嘉德	2017-12-20
王愫 仿古山水册（共十三页）册页	画心22.5cm×19cm×12；题跋24.5cm×21cm	575,000	西泠拍卖	2017-07-15
王愫 山水 册页	25cm×32cm×8	184,000	北京荣宝	2017-04-02
王文治 1781年作 行书 诗文册（二十四页）册页		414,000	西泠拍卖	2017-07-15
王文治 庚子（1780）年作 行书 立轴	93cm×39.5cm	195,500	朵云轩	2017-06-25
王文治 行楷书十一言联 立轴	285cm×33.5cm×2	1,610,000	北京翰海	2017-12-15
王文治 行书 立轴	145cm×40cm	172,500	北京翰海	2017-12-15
王文治 行书 立轴	134cm×60cm	170,000	上海驰翰	2017-06-26
王文治 行书《十洲志》立轴	173cm×42cm	207,000	北京匡时	2017-06-04
王文治 行书八言联 立轴	176cm×31cm×2	172,500	上海匡时	2017-11-05
王文治 行书七言联 对联	115cm×23cm×2	195,500	上海敬华	2017-07-01
王文治 行书七言联 立轴	128.5cm×28.5cm×2	230,000	北京翰海	2017-12-15
王文治 行书七言诗 镜片	149cm×87cm	436,800	上海联合	2017-12-17
王文治 行书七言诗 立轴	127cm×42cm	276,000	北京保利	2017-04-28
王文治 行书七言诗 立轴	121cm×58cm	290,500	香港蘇富比	2017-10-01
王文治 行书十二言联 对联	249cm×33cm×2	299,000	上海嘉禾	2017-07-02
王文治 行书十一言联（一对）立轴	236cm×31.8cm	570,625	香港蘇富比	2017-10-01
王文治 楷书吕纯阳雁字诗 立轴	131cm×60cm	1,322,500	中贸圣佳	2017-06-19
王文治 乾隆44（1779年）作 行书临笪重光、王宠书 册页（十开）	24.5cm×31.5cm×10	322,000	中国嘉德	2017-06-21
王文治 清 行书-苏轼米芾诗帖（六幅）立轴	124cm×33.3cm×6	372,313	佳士得	2017-11-27
王文治 书法 立轴	129.5cm×36cm	160,669	中金国际	2017-11-25
王文治 戊申（1788）年作 行书 册页（三十二开）	25.5cm×14.5cm×32	230,000	上海嘉禾	2017-07-02
王文治 戊申（1788年）作 行书 "如水"横披	58cm×132.5cm	690,000	中国嘉德	2017-12-20
王无咎 行书五言诗 立轴	264cm×53cm	736,000	中国嘉德	2017-12-20
王武 1684年作 寒芳竞艳 立轴	129cm×79cm	399,524	保利香港	2017-04-03
王武 花卉 册页（八开）	28.5cm×35cm×8	391,000	中国嘉德	2017-06-21
王学浩 1804年作 山水册（十六页）册页	40.5cm×29cm×16	230,000	西泠拍卖	2017-07-15
王学浩 1824年作 梦游佛境图 手卷	40cm×97cm；诗堂40cm×128cm；题跋40cm×275cm	402,500	上海嘉禾	2017-07-02
王学浩 仿高克恭山水 立轴	125cm×29cm	230,000	中贸圣佳	2017-06-19
王学浩 仿元人富春一角 手卷	31.5cm×185cm	172,500	印千山	2017-07-09
王学浩 壬午（1822年）作 秋夜读书图 手卷	引首32.5cm×94.5cm；画32.5cm×96cm；跋32.5cm×300cm	517,500	中国嘉德	2017-12-20
王学浩 陶怀玉 白堤话别图 手卷	（画）王学浩:15cm×75cm；（画）陶怀玉:16cm×115.7cm	1,225,125	香港苏富比	2017-04-03
王学浩 陶怀玉 等 1803年作 致顾莼白堤话别图 手卷	引首：15cm×70.5cm；本幅：14.5cm×75cm，16cm×116cm，15cm×113cm；题跋：15cm×154cm，20cm×58cm	3,335,000	北京匡时	2017-06-03
王昱 1739年作 溪山把钓图 立轴	107.4cm×56cm	437,000	观唐皕楼	2017-01-11
王昱 仿王蒙笔意山水 立轴	95.8cm×52cm	415,000	香港蘇富比	2017-10-01
王昱 烟雨五洲图 手卷	画心20cm×350cm；引首15cm×66.5cm	575,000	上海嘉禾	2017-07-02

拍品名称	物品尺寸	成交价RMB	拍卖公司	拍卖日期
王原祁 1686年作 仿倪黄山水 立轴	62.5cm×33cm	2,645,000	北京匡时	2017-12-04
王原祁 1689年作 富春山居图 镜心	18cm×52cm	1,058,000	北京匡时	2017-06-04
王原祁 1699年作 仿大痴山水 立轴	98cm×46cm	23,000,000	北京保利	2017-06-05
王原祁 1700年作 仿梅道人山水 立轴	125cm×56cm	23,000,000	北京匡时	2017-12-04
王原祁 1700年作 仿梅道人山水图 立轴	101cm×46.7cm	2,300,000	观唐皕榷	2017-01-11
王原祁 1701年作 仿大痴笔意图 立轴	94cm×49cm	1,253,160	中濠典藏	2017-05-22
王原祁 1702年作 仿梅道人山水 立轴	120cm×50.5cm	12,305,000	华艺国际	2017-05-27
王原祁 1703年作 溪流深处 立轴	41.5cm×29cm	2,242,500	北京匡时	2017-06-04
王原祁 1711年作 古意山水 立轴	99.3cm×47.5cm	6,013,860	佳士得	2017-05-29
王原祁 1713年作 米家云山 立轴	73cm×42cm	1,150,000	北京银座	2017-12-20
王原祁 1713年作 为周大西拟黄鹤山樵笔意 立轴	73.5cm×38cm	12,880,000	北京匡时	2017-06-04
王原祁 1714年作 仿大痴山水 镜心	16.5cm×49cm	747,500	北京匡时	2017-12-04
王原祁 1714年作 仿倪黄小景 立轴	64cm×35cm	5,175,000	上海明轩	2017-06-30
王原祁 等 研山图 册页（十一开）	25cm×31cm×11	1,380,000	中国嘉德	2017-12-18
王原祁 癸巳（1713）年作 仿米家山水 立轴	73cm×42cm	1,380,000	上海嘉禾	2017-07-02
王原祁 清；1701年作 仿黄子久浅绛山水 手卷	32cm×419.5cm	41,252,225	佳士得	2017-11-27
王原祁 壬辰（1712）年作 疏林晓色 立轴	100cm×52cm	172,500	朵云轩	2017-04-20
王原祁 终南山诗意图 扇面	16cm×48cm	1,207,500	南京经典	2017-07-23
王云 江帆楼阁图 镜心	85cm×58cm	207,000	北京保利	2017-12-16
王云 山水 立轴	134cm×61cm	172,500	北京华辰	2017-06-04
王撰 晴峦远岫 手卷	绘画 25cm×184.5cm；题跋26cm×80cm	230,000	北京匡时	2017-06-03
王宗诚 行书八言联 立轴	173cm×38cm×2	161,000	北京银座	2017-12-20
为霖禅师 书法 立轴	83.5cm×38.5cm	172,500	南京经典	2017-07-23
魏畹 柳荫牧羊 立轴	223cm×113cm	172,500	北京荣宝	2017-04-02
温一贞 1820年作、1821年作、1822年作、1823年作 仿古山水 册页	画心 49×65cm×12；跋文58.5×7cm；3.5×25cm；8.5cm×37cm	1,035,000	北京荣宝	2017-04-02
温仪 仿古山水 册页（十二开）	20cm×26.5cm×12	195,500	中国嘉德	2017-12-20
文烺 李铠 等 书法扇面	尺寸不一	230,000	中国嘉德	2017-12-20
翁方纲 1798年作 行书 七言联 对联	129cm×29.5cm×2	184,000	西泠拍卖	2017-07-15
翁方纲 行书 横披	42cm×183cm	178,250	十竹斋	2017-01-01
翁方纲 行书《元康砖歌》立轴	33.2cm×62.7cm	197,125	香港蘇富比	2017-10-01
翁方纲 行书七言联 立轴	152.5cm×34cm×2	184,000	观唐皕榷	2017-01-11
翁方纲 行书书法 手卷	20cm×233.5cm	172,500	保利厦门	2017-06-26
翁方纲 金刚般若波罗蜜心经 册页	30cm×13cm×60	1,156,518	保利香港	2017-04-03
翁方纲 楷书《金刚般若波罗蜜经》册（二十六开选六）	29.8cm×30.9cm	1,297,313	纽约苏富比	2017-03-16
翁同和 行草临裴将军诗（四帧）镜片	243cm×61cm×4	1,012,000	上海泓盛	2017-06-27
翁同龢 1873年作 行书《韦丹传》立轴	166cm×80.5cm	483,000	北京匡时	2017-12-04
翁同龢 1880年作 行书八言联 立轴	266.5×55.5cm×2	517,500	北京匡时	2017-12-04
翁同龢 1901年作 行书 八言联 对联	247cm×54cm×2	713,000	西泠拍卖	2017-07-15
翁同龢 草书节临书谱 册页（二十开）	35.5cm×63cm×20	391,000	中国嘉德	2017-12-20
翁同龢 对联 立轴	172cm×41cm×2	172,500	华艺国际	2017-11-25
翁同龢 对联 立轴	233cm×49.5cm×2	230,000	华艺国际	2017-05-27
翁同龢 行书 屏轴（四幅）	167cm×65.5cm×4	2,185,000	朵云轩	2017-06-25
翁同龢 行书 临宋四家帖 四屏	81.5×36.5cm×4	287,500	西泠拍卖	2017-07-15
翁同龢 行书 七言联 对联	132cm×31.5cm×2	460,000	西泠拍卖	2017-07-15
翁同龢 行书 四屏	156cm×41cm×4	966,000	上海敬华	2017-07-01
翁同龢 行书 五言联 对联	141.5cm×37cm×2	218,500	西泠拍卖	2017-07-15
翁同龢 行书《温泉颂》节选 立轴	169cm×42cm×6	943,000	北京荣宝	2017-06-02
翁同龢 行书八言 对联	172cm×41cm×2	212,750	朵云轩	2017-09-17
翁同龢 行书八言联 立轴	245cm×54cm×2	368,000	广东崇正	2017-12-13
翁同龢 行书八言联 立轴	201cm×49cm×2	172,500	北京华辰	2017-06-04
翁同龢 行书八言联 立轴	168cm×40.5cm×2	212,750	北京匡时	2017-06-03
翁同龢 行书东坡诗 四屏立轴	167cm×39cm×4	575,000	北京匡时	2017-12-04
翁同龢 行书七言联 对联	240cm×40cm×2	1,127,000	北京保利	2017-12-18
翁同龢 行书七言联 立轴	132cm×32cm×2	460,000	北京翰海	2017-12-15
翁同龢 行书七言联 立轴	165cm×39cm×2	276,000	中国嘉德	2017-12-20
翁同龢 行书七言联 立轴	167.5cm×39cm×2	253,000	北京匡时	2017-03-29
翁同龢 行书七言联 立轴	174cm×46cm×2	299,000	北京匡时	2017-03-30
翁同龢 行书七言联 立轴	166.5×38.5cm×2	218,500	北京银座	2017-06-07
翁同龢 行书七言联 立轴	128cm×30.6cm×2	207,000	观唐皕榷	2017-01-11
翁同龢 行书苏轼《送鲁元翰少卿知卫洲》四屏立轴	138cm×33cm×4	322,000	上海嘉禾	2017-07-02
翁同龢 行书五言联 立轴	171cm×44cm×2	563,500	北京荣宝	2017-12-02
翁同龢 行书五言联 立轴	144.5cm×39cm×2	218,500	北京翰海	2017-12-15
翁同龢 行书五言联 立轴	172cm×45cm×2	253,000	北京匡时	2017-03-29
翁同龢 己卯（1879年）作 行书中堂 镜心	176cm×91cm	235,056	中国嘉德	2017-10-03
翁同龢 楷书 四屏立轴	134cm×32cm×4	218,500	北京匡时	2017-03-30
翁同龢 楷书 五言联 对联	177cm×47cm×2	241,500	西泠拍卖	2017-07-15
翁同龢 楷书《礼记》四屏 立轴	130cm×31cm×4	172,500	上海匡时	2017-11-05
翁同龢 楷书七言联 对联	131cm×32cm×2	264,500	中国嘉德	2017-04-02
翁同龢 隶书节临礼器碑 四屏立轴	149.5×80.5cm×4	816,500	中国嘉德	2017-12-20
翁同龢 隶书七言联 对联	150cm×39cm×2	184,000	北京保利	2017-06-06
翁同龢 梁山舟 姚文田 书法扇面三帧	16cm×50.5cm	161,000	中国嘉德	2017-06-21
翁同龢 林崖幽隐图 立轴	120cm×34cm	161,000	西泠拍卖	2017-07-15
翁同龢 清 行书对联（两幅）立轴	240cm×50.5cm×2	638,250	佳士得	2017-11-27
翁同龢 壬寅（1902）年作 行书七言联 对联	238cm×51cm×2	563,500	上海嘉禾	2017-07-01
翁同龢 书法（四幅）扇面	18cm×53.5cm×4	218,500	中国嘉德	2017-06-21
翁同龢 松桥晚归图 立轴	128cm×50cm	184,000	印千山	2017-07-09
翁同龢 逸笔山水 十开册	各14.2cm×14.3cm	334,125	香港苏富比	2017-04-04
翁小海 辛未（1811年）作 花卉册页（十二开）	24cm×26cm×12	195,500	福建东南	2017-05-21
吴大澂 1891年作 夏山图 手卷	31cm×99cm	184,000	北京保利	2017-12-16
吴大澂 清 篆书《诗经-行苇》（六幅）立轴	128cm×32cm×6	851,000	佳士得	2017-11-27
吴大澂 篆书 “静契古欢” 横披	34cm×124cm	253,000	中国嘉德	2017-12-20
吴大澄 1892年作 篆书七言联 立轴	各129cm×30cm	723,938	香港苏富比	2017-04-04
吴大澄 洪钧 墨梅图・行书古文 成扇	52cm×18.5cm	172,500	西泠拍卖	2017-07-15
吴大澄 己丑（1889）年作 篆书 立轴	129cm×58cm	253,000	上海嘉禾	2017-07-02

拍品名称	物品尺寸	成交价RMB	拍卖公司	拍卖日期
吴大澂 翁同龢 孤屿探梅 · 行书成扇	18.5cm×52cm	184,000	中国嘉德	2017-06-21
吴大澂 篆书《李太淑人六秩寿叙》册页（一百一十二开）	27×18cm×112	1,725,000	华艺国际	2017-05-27
吴大澂 篆书八言联 镜框	199cm×41.5cm×2	345,000	华艺国际	2017-05-27
吴大澂 篆书八言联 立轴	206cm×43cm×2	322,000	广东崇正	2017-06-15
吴东发 林壑溪桥 立轴	79cm×34cm	368,000	北京保利	2017-06-06
吴谷祥 1902年作 姑苏二十四景 册页 (二十四开)	各26.8cm×34cm	3,296,700	香港苏富比	2017-04-04
吴谷祥 何维朴 玉钩润古色 行书成扇	18cm×51cm	172,500	荣宝斋（上海）	2017-07-30
吴榖祥 1890年作 层峦积翠 立轴	85cm×51cm	155,625	香港蘇富比	2017-10-02
吴榖祥 黄树仁 癸卯（1903）年作 蒲石墨梅 行书 成扇	18.5cm×51cm	230,000	朵云轩	2017-12-14
吴榖祥 辛丑（1901）年作 松下听泉 立轴	104cm×48.5cm	195,500	朵云轩	2017-12-14
吴榖祥 雪夜清谈 卷	33cm×132.5cm	230,000	北京翰海	2017-12-15
吴宏 溪山楼阁 立轴	178cm×94.5cm	3,105,000	北京匡时	2017-12-04
吴宏 溪山幽居 立轴	157cm×87cm	460,000	荣宝斋（济南）	2017-06-10
吴澐 山水 册页（十一开）	18cm×22cm×11	172,500	北京荣宝	2017-04-02
吴历 1659年作 山水清音 册页（八开）	21cm×13.5cm×8	3,352,860	佳士得	2017-05-29
吴历 1693年作 仿王蒙山水 手卷	32cm×502cm	1,725,000	北京荣宝	2017-04-02
吴历 青绿山水 立轴	131cm×32cm	287,500	印千山	2017-07-09
吴历 山窗读书图 立轴	73.2cm×29.8cm	1,037,500	香港蘇富比	2017-10-01
吴历 溪山春色图 立轴	59cm×22cm	3,680,000	北京匡时	2017-06-04
吴让之 隶书节录《古文尚书考序》四屏	144cm×36cm×4	322,000	北京保利	2017-12-17
吴让之 咸丰壬子（1852年）作 篆书节录易经 四屏立轴	135cm×31cm×4	172,500	中国嘉德	2017-12-20
吴让之 篆书 四屏立轴	58.5×21.5cm×4	184,000	中国嘉德	2017-12-20
吴荣光 1825年作 临多宝塔 手卷	21cm×913cm	264,500	北京银座	2017-06-07
吴荣光 戊戌(1838)年作 行书十一言联 立轴	239cm×41cm×2	391,000	广东崇正	2017-06-15
吴伟业 秋山对谈 立轴	130.8cm×46.5cm	155,678	纽约苏富比	2017-03-16
吴伟业 晚春雨霁 手卷	25cm×357cm	2,070,000	北京荣宝	2017-04-02
吴熙载 1852年作 篆书 节录芦山记 四屏	118cm×34.5cm×4	287,500	西泠拍卖	2017-07-15
吴熙载 隶书长卷 立轴	29cm×403.5cm	172,500	荣宝斋（济南）	2017-12-08
吴允楷 水墨荷花 立轴	132cm×30.5cm	199,575	佳士得	2017-05-29
武丹 1675年作 松荫激泷图 立轴	189cm×90cm	747,500	北京荣宝	2017-04-02
武丹 清峦烟嶂图 立轴	181cm×90cm	510,600	佳士得	2017-11-27
奚冈 1770年作 翠玲珑馆纳凉图 册页	绘画 22.5cm×28cm；书法 22.5cm×28cm×9	322,000	北京匡时	2017-06-03
奚冈 1780年作 仿古山水 册页	29.5cm×22cm×6	156,645	中濠典藏	2017-05-22
奚冈 1787年作 隶书七言联 立轴	126.5cm×30cm×2	437,000	北京翰海	2017-12-15
奚冈 1791年作 溪桥散策 立轴	140cm×37cm	184,000	北京荣宝	2017-12-02
奚冈 1796年作 拟古山水 四屏镜心	118cm×31cm×4	253,000	北京保利	2017-12-18
奚冈 1801年作 松冈山馆图 立轴	135cm×34cm	230,000	北京保利	2017-06-06
奚冈 丙辰（1796）年作 墨笔山水 册页（九开）	18cm×13cm×9	172,500	上海敬华	2017-07-01
奚冈 草书七言诗 立轴	171.5cm×34cm	414,000	北京匡时	2017-12-03
奚冈 花卉 四屏立轴	83cm×30cm×4	494,500	上海嘉禾	2017-07-02
奚冈 秋山远景 立轴	114cm×34cm	161,000	上海明轩	2017-06-30
奚冈 山水 立轴	133cm×56cm	575,000	北京华辰	2017-06-04
奚冈 山水 书法 对屏	27.5cm×25cm×4	172,500	西泠拍卖	2017-07-15

拍品名称	物品尺寸	成交价RMB	拍卖公司	拍卖日期
奚冈 溪山佳趣 手卷	26cm×520cm	230,000	北京保利	2017-06-06
奚冈 溪山深秀 立轴	119.5cm×35.7cm	363,125	香港蘇富比	2017-10-01
咸丰帝 行书“安身寡欲”镜心	46.5cm×111cm	552,000	观唐皕榷	2017-01-11
显亲王富绶 行书 立轴	185cm×56cm	195,500	北京翰海	2017-12-15
项悰 山水 立轴	113.5cm×58cm	195,500	荣宝斋（南京）	2017-07-08
项德新 墨竹并诸家题跋 手卷	画 29cm×135.5cm；跋29cm×117.5cm	920,000	中国嘉德	2017-06-21
项圣谟 丁丑（1637年）作 涤暑图 镜心	72cm×35cm	805,000	中国嘉德	2017-06-21
项圣谟 二乔 立轴	25cm×18.5cm	644,000	中国嘉德	2017-06-21
项圣谟 秋江远近 镜心	16.5cm×51cm	517,500	北京匡时	2017-12-04
项圣谟 戊子（1648）年作 秋江山居 手卷	29cm×258cm	747,500	上海敬华	2017-07-01
筱琦小竹 行书题桃源图 立轴	130.5cm×29.5cm	198,000	北京银座	2017-06-07
筱田桃红 秋	51.5cm×233.5cm	202,113	佳士得	2017-11-26
谢定 仕女图 册页（十开）	26cm×21cm×10	345,000	北京保利	2017-06-06
虚谷 竹篱菊蝶 立轴	127cm×64cm	862,500	上海敬华	2017-07-01
虚谷 1893年作 松鼠 立轴	104.2cm×44.2cm	648,656	纽约佳士得	2017-03-16
虚谷 餐英主人肖像 横披	44.5cm×110.5cm	3,450,000	中国嘉德	2017-12-18
虚谷 春柳游鱼 立轴	135cm×68cm	759,000	中国嘉德	2017-06-20
虚谷 戴以恒 山水鱼藻 立轴	直径25cm；19cm×52cm	253,000	北京保利	2017-06-06
虚谷 东篱佳色图 立轴	125cm×40.5cm	2,760,000	西泠拍卖	2017-07-16
虚谷 庚辰（1880年）作 松树瓜果 扇面	19cm×51cm	172,500	中国嘉德	2017-06-21
虚谷 甲申（1884年）作 踏雪寻梅 立轴	123.8cm×40cm	1,610,000	中国嘉德	2017-12-18
虚谷 菊寿图 立轴	137cm×33cm	483,000	北京荣宝	2017-09-24
虚谷 李经畬 双鱼 篆书 成扇	16.5cm×46cm	264,500	荣宝斋（上海）	2017-07-30
虚谷 隶书 六言联 对联	115cm×28.5cm×2	1,725,000	西泠拍卖	2017-07-16
虚谷 落花时鱼 立轴	94cm×45.5cm	401,672	中金国际	2017-11-25
虚谷 任预 等 甲午（1894）年作 乙未（1895）年作 暗香浮动（四幅）镜片	130cm×31.5cm×4	632,500	朵云轩	2017-06-25
虚谷 岁朝清供 镜心	155cm×76cm	747,500	中国嘉德	2017-04-02
虚谷 乙未（1895年）作 松鼠图 立轴	133cm×35cm	195,880	中国嘉德	2017-10-03
虚谷 竹石扇面 对屏镜心	18.5cm×51.5cm；18.5cm×53cm	460,000	中国嘉德	2017-06-21
虚谷 紫绶金章 镜片	30.5cm×42cm	345,000	朵云轩	2017-12-14
徐坊 1908年作 鹊山寒食图 手卷	引首 26cm×85cm；画心26cm×55cm；题跋26cm×393cm	483,000	北京保利	2017-06-06
徐会沣 楷书五言诗 手卷	20cm×375.5cm	240,408	中濠典藏	2017-11-29
徐三庚 1868年作 篆书七言联 立轴	110.5cm×20cm×2	345,000	北京匡时	2017-03-29
徐三庚 1871年作 篆书石鼓文 立轴	144cm×39.5cm	177,531	中濠典藏	2017-05-22
徐三庚 1879年作 隶书荀子一则 立轴 (四屏)	176×46.5cm×4(每幅)	1,782,500	北京匡时	2017-06-04
徐三庚 1881年作 隶书 八言联 对联	150cm×39cm×2	1,035,000	西泠拍卖	2017-07-15
徐三庚 隶书五言联 立轴	132cm×31cm×2	517,500	北京匡时	2017-12-03
徐三庚 乙酉（1885年）作 隶书七言联 立轴	106cm×21.5cm×2	264,438	中国嘉德	2017-10-03
徐三庚 篆书节录《汉书》手卷	引首32×68cm；本幅32×340cm；题跋28.5×37.5cm；32×78cm	1,322,500	北京匡时	2017-06-04

拍品名称	物品尺寸	成交价RMB	拍卖公司	拍卖日期
徐三庚 篆书七言联 对联	109cm×19cm×2	287,500	中贸圣佳	2017-06-19
徐三庚 篆书七言联 立轴	各125cm×21.3cm	200,475	香港苏富比	2017-04-04
许乃普 祁寯藻 赵光 陈孚恩 1860年作 行书 四屏立轴	167cm×54.5cm×4	920,000	观唐皕榷	2017-01-11
宣统帝 行书“福寿”镜心	123.2cm×58.8cm	253,000	观唐皕榷	2017-01-11
宣统帝 壬戌（1922）年作 瑞龄仙寿图 立轴	130cm×61.5cm	195,500	上海嘉禾	2017-07-02
薛怀 1776年作 芦雁图 立轴	172.5cm×89.5cm	172,500	观唐皕榷	2017-01-11
严诚 山水册（共十四页）册页	25×12.5cm×8；25×12.5cm×6	172,500	西泠拍卖	2017-07-15
严复 1899年作 行书正气歌 镜片	134cm×31cm	379,500	上海敬华	2017-07-01
严复 行书节录《争座位帖》镜心	22cm×30.5cm	483,000	中国嘉德	2017-12-18
严复 行书诗词集锦 横披	26.7cm×135.5cm	690,000	中国嘉德	2017-12-19
严复 楷书王安石诗 册页	68.5cm×35cm×4	897,000	北京匡时	2017-06-03
严绳孙 1664年作 罗汉图 册页	31.5×31.5cm×18	345,000	上海匡时	2017-11-05
严绳孙 嵩隐山庄图 手卷	32cm×297cm	506,000	中贸圣佳	2017-06-19
严钰 嘉庆戊辰（1808年）作 山水（十二帧）册页（十二开选八）	11cm×30cm×12	207,000	中国嘉德	2017-12-20
岩谷一六 行书格言 立轴	128cm×31cm	242,000	北京银座	2017-06-07
岩谷一六 行书五言诗 立轴	137.5cm×33.5cm	198,000	北京银座	2017-06-07
岩谷一六 行书五言诗 立轴	132cm×32 cm	220,000	北京银座	2017-06-07
岩谷一六 行书五言诗 立轴	17cm×28cm	220,000	北京银座	2017-06-07
岩谷一六 清供 立轴	125cm×44cm	198,000	北京银座	2017-06-07
颜峄 丁丑（1697年）作 寒山行旅图 立轴	223cm×156cm	598,000	中国嘉德	2017-09-03
杨法 篆书八言联 立轴	104cm×25.5cm×2	586,500	广东崇正	2017-06-14
杨继盛 草书陆龟蒙诗 立轴	103.5cm×34.5cm	345,000	北京匡时	2017-06-04
杨晋 1710年作 范石湖诗意 立轴	80cm×56cm	414,000	北京保利	2017-06-06
杨晋 春耕图 立轴	113cm×110cm	667,000	西泠拍卖	2017-07-15
杨晋 松月夜窗 立轴	139cm×48cm	184,000	中国嘉德	2017-06-21
杨晋 戊戌（1718年）作 携琴访友图 立轴	111cm×46cm	356,500	中国嘉德	2017-12-20
杨守敬 1900年作 隶书五言联 立轴	255cm×59cm×2	253,000	北京匡时	2017-12-03
杨守敬 庚戌（1910）年作 书法五则 立轴（两件）	34cm×273cm；34cm×411cm	517,500	上海敬华	2017-07-01
杨守敬 行书 四屏镜心	138cm×35cm×4	207,000	北京匡时	2017-12-03
杨文骢 1629年作 为娄坚仿徐幼文山水 立轴	149cm×41cm	690,000	北京保利	2017-06-05
杨文骢 1634年作 秋山策杖图 立轴	106.5cm×45cm	1,495,000	观唐皕榷	2017-01-11
杨文骢 1635年作 仿松雪翁笔意 立轴	144cm×55cm	218,500	北京荣宝	2017-06-02
杨文骢 1640年作 山水 立轴	147.2cm×46cm	354,800	佳士得	2017-05-29
杨文骢 丁丑（1637年）作 南归图 手卷	画26.5cm×424cm；跋26.5cm×39cm	19,214,500	中国嘉德	2017-10-03
杨文骢 甲戌（1634）年作 秋山策杖 立轴	107cm×45cm	1,035,000	上海敬华	2017-07-01
杨文骢 松壑听泉 立轴	186.5cm×54.5cm	172,500	北京荣宝	2017-06-02
杨岘 1890年作 缶庐润目 镜心	33cm×142cm	1,150,000	北京匡时	2017-06-04
杨岘 丙子（1876年）作 隶书十二言联 立轴	170cm×24cm×2	244,850	中国嘉德	2017-10-03
杨沂孙 1879年作 篆书十一言联 镜框	150cm×30cm×2	184,000	上海东方	2017-12-10
杨沂孙 辛未（1871）年作 篆书节录《淮南子》四屏 立轴	232cm×54.5cm×4	184,000	上海嘉禾	2017-10-14
杨沂孙 篆书 四屏立轴	162cm×44cm×4	168,221	保利香港	2017-04-03
杨沂孙 篆书节录《淮南子》立轴	232cm×54.5cm×4	276,000	北京匡时	2017-06-04

拍品名称	物品尺寸	成交价RMB	拍卖公司	拍卖日期
杨照 楷书圣驾春巡 册页	15cm×19cm×16	276,000	北京匡时	2017-06-04
姚鼐 行书七言诗 立轴	111cm×42cm	437,000	北京保利	2017-06-06
姚鼐 行书七言诗 手卷	21cm×137cm	1,380,000	北京东正	2017-06-08
姚文瀚 绢本人物 手卷	33cm×271cm	172,500	北京荣宝	2017-06-02
姚文燮 山水 八开册	28.4cm×22.5cm	518,925	纽约苏富比	2017-03-16
姚元之 1841年作 隶书“敦诗说书”镜心	28.5cm×132cm	218,500	中贸圣佳	2017-06-19
姚元之 隶书八言联 立轴	222cm×46.5cm×2	161,000	北京匡时	2017-06-04
叶承 行书 论诗语 立轴	93.5cm×40.5cm	161,000	西泠拍卖	2017-07-15
叶欣 1663年作 溪山策杖 镜框		552,000	上海明轩	2017-06-30
叶欣 万壑山居 镜心	15.5cm×46.5cm	713,000	北京匡时	2017-12-04
伊秉绶（款）行书七言诗 立轴	98cm×49cm	345,000	北京保利	2017-12-18
伊秉绶 1791年作 篆书七言联 立轴	131cm×28cm×2	437,000	北京荣宝	2017-12-02
伊秉绶 1797年作 隶书八言句 立轴	91.5cm×20.5cm	1,552,500	北京匡时	2017-06-03
伊秉绶 1797年作 隶书五言联 立轴	134cm×24.5cm×2	253,000	北京匡时	2017-06-04
伊秉绶 1799年作 行书 诗三首 扇页	49.5cm×16cm	529,000	西泠拍卖	2017-07-15
伊秉绶 1799年作 隶书五言联 立轴	218.5cm×60cm×2	2,990,000	上海明轩	2017-06-30
伊秉绶 1802年作 行书 册（九开）	16.5cm×9cm×9	299,000	北京翰海	2017-12-15
伊秉绶 1803年作 隶书八言联 立轴	174cm×33cm×2（每幅）	575,000	北京匡时	2017-06-04
伊秉绶 1807年作 隶书五言联 立轴	135cm×30cm×2	322,000	北京匡时	2017-03-29
伊秉绶 1814年作 行书七言联 对联	167cm×30cm×2	1,322,500	中贸圣佳	2017-06-19
伊秉绶 1815年作 隶书五言联 立轴	114cm×31cm×2	977,500	北京翰海	2017-12-15
伊秉绶 对联隶书五言联 立轴	87.5cm×25cm×2	230,000	中贸圣佳	2017-06-19
伊秉绶 行书 镜框	181cm×104cm	1,725,000	上海明轩	2017-06-30
伊秉绶 行书 试砚诗一首 立轴	90.5cm×27.5cm	322,000	西泠拍卖	2017-07-15
伊秉绶 行书五言对联 镜心	96cm×29cm×2	345,000	荣宝斋（上海）	2017-07-30
伊秉绶 行书五言诗 立轴	128cm×29cm	218,500	北京匡时	2017-06-04
伊秉绶 隶书“德邻堂”镜心	54.2cm×185.5cm	1,265,000	观唐皕榷	2017-01-11
伊秉绶 隶书自作诗 镜心	165cm×60cm	356,500	北京保利	2017-06-06
伊秉绶 临黄庭坚书 立轴	121cm×41cm	172,500	北京保利	2017-06-06
伊秉绶 诗 手卷	23.5cm×184cm	1,610,000	中国嘉德	2017-06-21
伊秉绶 五言联 立轴	131cm×25cm×2	3,450,000	福建东南	2017-10-28
伊秉绶 乙亥（1815年）作 隶书“道一堂”镜心	43.5cm×138.5cm	4,715,000	中国嘉德	2017-06-21
伊秉绶 乙亥（1815年作）隶书经国以礼 立轴	128.5cm×34cm	402,500	中国嘉德	2017-12-20
伊秉绶 朱锡珍 书画扇面	18cm×53cm	333,500	中国嘉德	2017-06-21
伊藤博文 行书七言诗 立轴	134cm×41cm	352,000	北京银座	2017-06-07
伊藤若冲 日本 章鱼 挂轴		363,248	纽约苏富比	2017-03-18
佚名（清）仙山楼阁图 立轴	144.5cm×49cm	356,400	香港苏富比	2017-04-03
佚名 19世纪 闲夏对弈图	142cm×78cm	510,025	佳士得	2017-05-31
佚名 暗八宝 立轴	166cm×47cm	207,000	观唐皕榷	2017-01-11
佚名 达受像 立轴	142cm×72.5cm	162,232	中国嘉德	2017-05-29
佚名 读书煮茶图 设色绢本	31cm×73cm	253,000	北京保利	2017-06-06
佚名 古玉图谱	26.5cm×17.5cm	414,000	中国嘉德	2017-06-21
佚名 明 佛画一佛二菩萨	长107cm×48cm；长107cm×48cm；长107cm×48cm	172,500	北京保利	2017-12-20
佚名 明顺治八年（1652年）韦驮菩萨像 镜框	121.3cm×65.4cm	434,350	伦敦佳士得	2017-11-07

2017书画拍卖成交汇总

（成交价RMB：15万元以上）

拍品名称	物品尺寸	成交价RMB	拍卖公司	拍卖日期
佚名 清 春宴游园图 手卷	34.5cm×446.4cm	242,165	纽约佳士得	2017-03-14
佚名 清宫廷画家 领队大臣贵州镇远镇总兵僧格巴图鲁敖成像 镜心	画心148cm×89cm；书法29cm×89cm	7,360,000	北京保利	2017-12-17
佚名 清流修竹图 立轴	173cm×99cm	178,250	上海嘉禾	2017-07-02
佚名 清宣统 御笔"宜家富寿"	长159cm×59cm	345,000	北京保利	2017-12-20
佚名 武夷山图	28cm×312cm	368,000	中贸圣佳	2017-06-19
奕 楷书七言诗 立轴	131cm×67.5cm	253,000	北京匡时	2017-06-04
瑛宝 雪窗课读图 卷	36.5cm×94cm	402,500	北京翰海	2017-12-15
雍正 行书七言联 对联	141cm×25.5cm×2	814,554	中濠典藏	2017-05-22
雍正帝 行书御制诗《宴月》立轴	156cm×73cm	1,602,720	中濠典藏	2017-11-29
雍正皇帝 1727年作 行书七言诗 立轴	157cm×65cm	5,980,000	中国嘉德	2017-06-21
雍正皇帝 行书对联（两幅）立轴	134cm×30cm×2	609,813	佳士得	2017-05-29
永瑢 1756年作 楷书唐·骆宾王《冒雨寻菊序》立轴	86cm×32cm	184,000	北京荣宝	2017-04-02
永瑢 1780年作 月晷仪说 册页（十二开）	19cm×19cm×7	310,500	中贸圣佳	2017-06-19
永瑢 斗鹿图并楷书御制斗鹿赋 手卷	画23.5cm×120cm；书法23.5cm×117.5cm	977,500	北京荣宝	2017-04-02
永瑢 临宋四家帖 七十开册（选十二开）	尺寸不一	155,625	香港蘇富比	2017-10-01
永瑢 岁朝图 立轴	138cm×60.5cm	713,000	北京匡时	2017-12-04
永瑆 楷书八言联 立轴	167.5×36.5cm×2	368,000	北京翰海	2017-12-15
永瑆 楷书慎郡王诗 手卷	31cm×1345cm	1,012,000	观唐皕榷	2017-01-11
永瑆 刘墉 王文治 行书诗卷	（永瑆）35cm×82.4cm；（刘墉）26cm×98.5cm；（王文治）22.2cm×73.5cm	228,250	香港蘇富比	2017-10-01
于寿伯 花鸟 立轴 十屏	182cm×47cm×10	207,000	北京保利	2017-06-06
余赞年 1887年作 行书十七言联 立轴	352cm×34cm×2	195,500	北京匡时	2017-06-04
俞俊 三清图 立轴	186cm×89.5cm	207,000	观唐皕榷	2017-01-11
俞樾 1891年作 篆书八言联 立轴	各135cm×24.2cm	155,925	香港苏富比	2017-04-04
俞樾 1892年作 隶书 四屏	168cm×47cm×4	345,000	北京保利	2017-06-06
俞樾 1901年作 隶书龙门对 立轴	167cm×39cm×2	184,000	北京匡时	2017-12-03
俞樾 光绪八年（1882年）作 隶书七言联 立轴	176cm×40cm×2	172,500	中国嘉德	2017-12-20
俞樾 篆书 三言联	110cm×29.5cm	299,000	中国嘉德	2017-06-21
虞沅 1727年作 文姬归汉图 手卷	22cm×66cm；尾跋22cm×90cm	230,000	北京银座	2017-06-07
禹之鼎 樱桃 立轴	68cm×35.5cm	322,000	北京荣宝	2017-04-02
元度 草书五言联 立轴	135cm×38cm×2	195,500	北京匡时	2017-06-04
袁江（款）海屋松涛 立轴	254cm×151cm	805,000	广东崇正	2017-06-15
袁江 己亥（1719年）作 观莲图 扇面	17cm×49cm	195,500	中国嘉德	2017-12-20
袁江 壬寅（1722）年作 蓬莱仙境 屏风	186.7cm×375.9cm	2,070,000	朵云轩	2017-12-14
袁江 壬寅（1722年）作 携琴访友图 立轴	186cm×104cm	3,220,000	中国嘉德	2017-12-18
袁枚 王文治 骆绮兰 诗文酬唱 扇面镜框	16cm×49.3cm	245,025	香港苏富比	2017-04-04
袁耀 丙申（1776年）作 深柳读书堂图 立轴	86cm×118cm	690,000	中国嘉德	2017-09-03
袁耀 湖光山色 立轴	57.1cm×61.8cm	166,000	香港蘇富比	2017-10-01
袁耀 湖山行旅图 立轴	204cm×132cm	4,025,000	北京匡时	2017-12-04
袁耀 设色小景 立轴	106.2cm×51cm	585,063	佳士得	2017-11-27
袁耀 水殿荷风 立轴	119cm×59cm	1,667,500	中贸圣佳	2017-06-19

拍品名称	物品尺寸	成交价RMB	拍卖公司	拍卖日期
袁耀 水殿荷风 立轴	119cm×59cm	1,610,000	北京保利	2017-11-10
袁耀 中秋赏月图 立轴	169cm×47cm	690,000	北京保利	2017-06-06
袁瑛 圆明园淳化轩思永斋图 镜心	42.2cm×135cm	483,000	观唐皕榷	2017-01-11
原敬 行书格言 立轴	68.5cm×27cm	242,000	北京银座	2017-06-07
源有容 行书七言联 立轴	133.5×29×2cm	198,000	北京银座	2017-06-07
允禧 深林岩谷图 立轴	126cm×61cm	747,500	广东崇正	2017-06-15
恽冰 花鸟 四屏镜片	222cm×47cm×4	155,250	上海嘉禾	2017-07-02
恽寿平（款）仿古 册页（八开）	26cm×34cm×8	198,865	中国嘉德	2017-05-29
恽寿平 1673年作 古松翠峤 立轴	170.8cm×51.2cm	1,330,500	佳士得	2017-05-29
恽寿平 1680年作 仿云林笔意 立轴	99cm×42cm	230,000	北京匡时	2017-12-04
恽寿平 1684年作 枯木竹石 立轴	138cm×59cm	3,335,000	北京荣宝	2017-06-02
恽寿平 1685年作 春色无边 立轴	62.5cm×31.5cm	345,000	观唐皕榷	2017-01-11
恽寿平 丙辰（1676）年作 浮岚暖翠 立轴	76cm×32cm	299,000	朵云轩	2017-04-21
恽寿平 翠岚图 立轴	77cm×32cm	1,380,000	上海敬华	2017-07-01
恽寿平 翠削秋岩 立轴	129cm×55cm	195,880	保利香港	2017-10-03
恽寿平 仿倪云林笔意 立轴	41cm×40cm	1,725,000	北京荣宝	2017-04-02
恽寿平 国香春霁图 立轴	134cm×51cm	667,000	上海敬华	2017-07-01
恽寿平 花卉（四帧）镜片	22.2×30.5cm×4	1,265,000	广东崇正	2017-06-15
恽寿平 莲池逸趣图卷 镜心	20cm×150cm	2,300,000	北京保利	2017-12-17
恽寿平 临文徵明 仙桂新枝 立轴	51cm×33.5cm	345,000	广东崇正	2017-12-13
恽寿平 拟古万景 册页（十开）	26.5cm×38cm（十开册）	2,227,500	香港苏富比	2017-04-03
恽寿平 拟徐崇嗣法 镜心	18cm×51cm	437,000	北京匡时	2017-12-04
恽寿平 三清图 立轴	128cm×59.5cm	943,000	北京匡时	2017-06-04
恽寿平 山水杂赏 册页（六开）	画:20×21.7cm；后一开:19.5×23.5cm；20×21.7cm	891,000	香港苏富比	2017-04-03
恽寿平 蔬果 册页（十六开）	25cm×23cm×16	977,500	北京保利	2017-12-18
恽寿平 松峤流泉图 镜心	16.5cm×50cm	552,000	北京匡时	2017-12-04
恽寿平 天中丽景 立轴	50.8cm×34.3cm	622,500	香港蘇富比	2017-10-01
恽寿平 竹石花鸟 立轴	135cm×23cm	920,000	北京宣石	2017-05-21
曾国藩 1864年作 行书八言联 立轴	each: 302.5×56.6cm×2	415,000	香港蘇富比	2017-10-02
曾国藩 1864年作 行书七言联 立轴	163cm×43.5cm×2	747,500	保利厦门	2017-06-26
曾国藩 行书八言联 立轴	237cm×38cm×2	345,000	北京华辰	2017-06-04
曾国藩 行书七言 对联	164.5cm×40cm×2	184,000	朵云轩	2017-06-25
曾国藩 行书七言 对联片	168cm×39cm×2	414,000	朵云轩	2017-12-14
曾国藩 行书七言联 立轴	162.5×35cm×2(每幅)	1,058,000	北京匡时	2017-06-04
曾国藩 行书七言联 立轴	169.5×36.5cm×2	287,500	中国嘉德	2017-06-21
曾国藩 行书五言联 对联	168cm×38cm×2	690,000	北京保利	2017-12-18
曾国藩 楷书《伯夷颂》节录 立轴	171cm×46cm×4	690,000	北京荣宝	2017-06-02
曾国藩 楷书八言联 立轴	241cm×52cm×2	1,265,000	北京匡时	2017-12-04
曾国藩 楷书七言联 对联	148cm×37cm×2	1,035,000	北京保利	2017-12-17
曾国藩 楷书七言联 对联	168cm×40cm×2	322,000	北京保利	2017-06-06
曾国藩 楷书七言联 立轴	153cm×37.5cm×2	345,000	北京翰海	2017-12-15
曾国藩 楷书七言联 立轴	188cm×45cm×2	391,000	北京匡时	2017-06-04
曾国藩 楷书七言联 立轴	163cm×32cm×2	299,000	北京匡时	2017-06-04
曾国藩 楷书七言联 水墨纸本 镜片	136.2cm×33.5cm	1,124,338	纽约苏富比	2017-03-16
曾国藩 清 行书对联（两幅）立轴	159.8×31.6cm×2	234,025	佳士得	2017-11-27
曾国藩 书法 对联	171cm×32cm×2	862,500	广东小雅斋	2017-05-26
曾国藩 篆书八言联 立轴	173cm×39.5cm×2	230,000	中国嘉德	2017-06-19

拍品名称	物品尺寸	成交价RMB	拍卖公司	拍卖日期
曾我萧白 18世纪 四面楼阁山水图袄	175.6cm×92.7cm	1,297,313	纽约佳士得	2017-03-16
查培继 行书 立轴	187cm×43.5cm	230,000	上海嘉禾	2017-07-02
查昇 1693年作 行书册（八开）	27cm×20cm×8	172,500	北京翰海	2017-12-15
查士标 1683年作 为黄宫畅先生书五轶荣诞序 十屏立轴	188×52.5cm×10	7,590,000	北京东正	2017-06-08
查士标 1684年作 秋林策杖 立轴	187cm×53cm	805,000	北京保利	2017-12-18
查士标 1694年作 仿文湖州笔意立轴	145.5cm×41cm	1,058,000	北京匡时	2017-06-04
查士标 行书七言诗 立轴	218cm×61.5cm	1,012,000	中国嘉德	2017-12-20
查士标 行书七言诗 立轴	121.5cm×57.5cm	322,000	北京匡时	2017-12-04
查士标 行书七言诗 手卷	21cm×383cm	828,000	北京匡时	2017-12-04
查士标 行书五言诗 立轴	119cm×52.5cm	425,500	荣宝斋（南京）	2017-07-08
查士标 洪亮吉 等 素月帖 册页（三十三开）	尺寸不一	667,000	北京保利	2017-12-18
查士标 康熙丁丑（1697年）作书画合 手卷	画 30.5cm×161cm；书法 31.5cm×164.5cm	1,035,000	中国嘉德	2017-12-20
查士标 临董文敏帖 立轴	190cm×43.5cm	540,500	北京匡时	2017-12-04
查士标 清溪进艇图 立轴	188cm×61.5cm	522,150	中濠典藏	2017-05-22
查士标 山水 册页（六开）	24cm×16.5cm×6	690,000	北京荣宝	2017-06-02
查士标 山水 立轴	170.7cm×52.5cm	466,875	香港蘇富比	2017-10-01
查士标 溪山访幽 立轴	85cm×50cm	230,000	北京保利	2017-12-16
查士标 长林邃壑图 立轴	156cm×51.5cm	747,500	上海嘉禾	2017-07-02
查祥 行书 屏轴	209cm×80cm	150,000	上海驰翰	2017-02-25
查士标 1657年作 清溪水阁图 立轴	163.5cm×48cm	8,625,000	观唐皕榷	2017-01-11
查士标 1678年作 仿李营丘山水扇面	18cm×56cm	651,856	保利香港	2017-04-03
查士标 行书皮日休诗 立轴	150cm×61.5cm	184,000	北京匡时	2017-06-04
查士标 行书五言诗 立轴	119cm×52cm	391,000	印千山	2017-03-30
查士标 行书五言诗 立轴	123cm×40cm	230,000	印千山	2017-03-30
张百熙 楷书车鼎晋万寿诗 镜心	56.5cm×129cm	460,000	观唐皕榷	2017-01-11
张风 秋林山色图 手卷	引首 29cm×92cm；本幅29cm×318cm；题跋29cm×80cm	2,012,500	北京匡时	2017-06-04
张庚 1747年作 松林亭子图 立轴	96cm×27.5cm	172,500	西泠拍卖	2017-07-15
张亨嘉 楷书七言诗 镜心	95cm×217cm	517,500	观唐皕榷	2017-01-11
张謇 草书 节临自叙帖 四屏	145cm×37cm×4	299,000	西泠拍卖	2017-07-15
张謇 行书 四屏立轴	142cm×38cm×4	172,500	北京保利	2017-06-05
张謇 行书八言联 对联	207cm×44.5cm×2	230,000	上海嘉禾	2017-07-02
张謇 行书八言联 立轴	203cm×39cm×2	230,000	中国嘉德	2017-06-20
张謇 行书八言联 立轴	200cm×42.5cm×2	184,000	中国嘉德	2017-12-19
张謇 行书七言巨联 立轴	215cm×50cm×2	172,500	北京保利	2017-12-17
张謇 行书五言联 立轴	146cm×38.5cm×2	207,000	北京翰海	2017-12-15
张謇 楷书 八言联 对联	268cm×55.5cm×2	460,000	西泠拍卖	2017-07-15
张经 秋涧奔泉 扇面	17.5cm×54cm	253,000	观唐皕榷	2017-01-11
张培敦 吴楷 1831及1839年作 山水花卉册 十二开册	各21.8cm×17.2cm	891,000	香港苏富比	2017-04-04
张鹏翀 1741年作 夏山隐居 手卷	24cm×307cm	517,500	北京翰海	2017-06-02
张廷济 1846年作 一松一石之庐镜框	34.5cm×170cm	466,875	香港蘇富比	2017-10-02
张廷济 丁未（1847年）作 书法条幅 立轴	78cm×33.5cm	172,500	福建东南	2017-05-21
张廷济 隶书七言联 立轴	132cm×24cm×2	218,500	中国嘉德	2017-12-20
张廷济 张叔未为阮伯元画北湖草堂图（一轴）	78cm×54.6cm	575,000	北京保利	2017-12-18
张廷玉 程瑶田 等 高松贴 册页（三十二开）	尺寸不一	1,150,000	北京保利	2017-12-18
张廷玉 行书七言联 对联	136cm×27cm×2	161,000	北京保利	2017-12-18
张廷玉 行书五言诗 立轴	136.5cm×64cm	598,000	中国嘉德	2017-12-20
张为邦 松下高士 立轴	153.5cm×70cm	690,000	北京翰海	2017-12-15
张熊 花卉 四屏立轴	131cm×31cm×4	230,000	荣宝斋（济南）	2017-12-08
张熊 俞樾 等 春宵听雨图咏 册页（十二开二十四页）	画 34×34cm×12；字 32.5×33.5cm×12	333,500	中国嘉德	2017-06-21
张学曾 仿倪云林山水图 立轴	84cm×28cm	437,000	观唐皕榷	2017-01-11
张学曾 行书陆放翁诗 镜心	18.5cm×55cm	274,232	中国嘉德	2017-10-03
张学曾 山水 册页（八开）	24cm×19cm×8	471,500	中贸圣佳	2017-06-19
张崟 1784年作 山水 手卷	32cm×440cm	460,000	保利华谊	2017-12-08
张崟 顾鹤庆 1797年作 乐水图 立轴	诗堂：33.9cm×62cm；画心：135.5cm×62cm	1,089,375	香港蘇富比	2017-10-02
张崟 拟白石翁笔意 立轴	123cm×52cm	172,500	北京保利	2017-04-28
张崟 清；1812年作 吴中山水 镜框	179cm×92.5cm	234,025	佳士得	2017-11-27
张崟 松山观瀑图 立轴	133.5cm×55.5cm	1,552,500	中国嘉德	2017-12-18
张英 行书唐诗 立轴	262.5cm×50.5cm	1,150,000	中国嘉德	2017-12-18
张裕钊 光绪庚寅（1890年）作楷书陆游诗 四屏立轴	164cm×38.5cm×4	333,500	中国嘉德	2017-12-20
张裕钊 楷书七言联 立轴	148cm×37cm×2	172,500	北京匡时	2017-12-04
张照 1726年作 渡天心湖记 册（十四开）	18cm×11cm×14	184,000	北京翰海	2017-12-15
张照 董其昌评画墨迹 册页（三十六开）	15cm×18.5cm×36	805,000	朵云轩	2017-06-25
张照 行书 立轴	186cm×92cm	287,500	上海嘉禾	2017-07-02
张之洞 行书东坡诗 立轴	166cm×43.5cm	437,000	北京匡时	2017-06-03
张之洞 行书黄庭坚诗 立轴	179cm×42cm	552,000	北京保利	2017-12-18
张之洞 行书五言诗 立轴	101cm×35cm	287,500	上海匡时	2017-11-05
张之洞 杨守敬 行书节录《荀子》《庄子》立轴 立轴	141cm×45.5cm	494,500	北京匡时	2017-06-04
张之万 甲申（1884年）作 拟黄小松笔意 册页（八开）	18cm×25.5cm×8	184,000	中国嘉德	2017-12-20
张之万 山水 册页	21cm×27cm×12	230,000	北京荣宝	2017-04-02
张宗苍（款）山水 手卷	19cm×53cm；19cm×38.5cm；18.5cm×25.5cm	402,500	北京荣宝	2017-06-02
张宗苍 1736年作 仿洪谷子寒林图 手卷	25cm×348cm	1,322,500	观唐皕榷	2017-01-11
张宗苍 1746年作 拟黄鹤山樵 立轴	133cm×67cm	1,437,500	北京保利	2017-06-06
张宗苍 寒林山色 成扇	23cm×63cm	253,000	北京匡时	2017-03-30
张宗苍 松阴清话图 镜心	93cm×46.5cm	51,175,000	北京匡时	2017-06-04
张宗苍 梧馆新秋 手卷	32.5cm×163cm	44,157,960	保利香港	2017-04-03
张宗苍 溪山仿友 立轴	34cm×26cm	231,304	保利香港	2017-04-03
张宗苍 袖珍山水双 册页（二册十六开）	2.7cm×4cm×16	627,996	中国嘉德	2017-05-29
张宗祥 壬戌（1922）年作 行书四屏立轴	169cm×44cm×4	345,000	广东崇正	2017-06-15
章采 松泉幽居图 立轴	161.5cm×71cm	835,440	中濠典藏	2017-05-22
章声 庚午（1690年）作 双松图立轴	179cm×92.5cm	529,000	中国嘉德	2017-06-21
章声 牡丹锦鸡图 立轴	175cm×92cm	230,000	华艺国际	2017-05-27
章声 牡丹雉鸡图 立轴	172cm×91cm	215,468	保利香港	2017-10-03
章声 松山清话图 立轴	181cm×39cm	253,000	中国嘉德	2017-12-20
赵秉冲 1801年作 隶书八言联 立轴	117cm×19.5cm×2	172,500	北京荣宝	2017-06-02
赵古泥 行书 秋窗论画图诗 镜片（四帧）	241cm×58.5cm×4	264,500	西泠拍卖	2017-07-16

拍品名称	物品尺寸	成交价RMB	拍卖公司	拍卖日期
赵以炯 1886年作 楷书十一言联 立轴	148.5cm×41cm×2	862,500	北京银座	2017-12-20
赵之琛 顾骀 1840年作 元宵婴戏图 立轴	134.5cm×63.5cm	437,000	西泠拍卖	2017-07-15
赵之谦（款）乙丑（1865年）作 魏碑八言联 对联	181cm×32cm×2	195,500	中国嘉德	2017-09-03
赵之谦 1861年作 异鱼图 手卷	引首35.5cm×92cm；画35.5cm×224cm	25,300,000	中国嘉德	2017-06-19
赵之谦 1865年作 楷书集《禊帖》四言联 立轴	122cm×25cm×2	460,000	北京匡时	2017-06-03
赵之谦 1868年作 繁花似锦 镜心	直径24cm	529,000	上海匡时	2017-11-05
赵之谦 1868年作 行书七言联 立轴	132cm×31.5cm×2	667,000	北京匡时	2017-06-03
赵之谦 1868年作 隶书五言联 立轴	126.5cm×27cm×2	897,000	北京翰海	2017-12-15
赵之谦 1869年作 缀玉串珠 镜框	30cm×115.2cm	1,971,250	香港蘇富比	2017-10-02
赵之谦 1870年作 山茶腊梅图 立轴	125cm×61cm	7,590,000	中国嘉德	2017-12-18
赵之谦 1871年作 楷书 乐府诗 四屏	149cm×39cm×4	1,840,000	西泠拍卖	2017-07-15
赵之谦 1871年作 楷书"芸隐居"横幅	27cm×119cm	4,600,000	北京保利	2017-12-17
赵之谦 1878年作 行书南田诗 四联	291cm×67cm×4	2,715,180	中濠典藏	2017-05-22
赵之谦 1880年作 溪山孤棹图并行书诗 镜心	17cm×51.5cm	1,380,000	上海匡时	2017-11-05
赵之谦 1882年作 行书《琼台夜月》立轴	17cm×53cm	368,000	北京匡时	2017-12-03
赵之谦 百事如意 立轴	88cm×41cm	3,335,000	北京匡时	2017-12-04
赵之谦 丙寅（1866）年作 书画合璧 成扇		2,530,000	上海敬华	2017-07-01
赵之谦 陈豪 1869年作 云林先生授经图 册页	绘画35cm×45cm；书法35cm×45cm×30	1,035,000	北京匡时	2017-06-03
赵之谦 大富贵图 立轴	30cm×33cm	195,500	北京保利	2017-12-18
赵之谦 扶桑赪桐 团扇面镜框	25.2cm×26cm	1,336,500	香港苏富比	2017-04-04
赵之谦 富贵长春图 立轴	222cm×96cm	2,472,500	南京经典	2017-07-23
赵之谦 行书七言联 立轴	129.5×32.5cm×2	2,300,000	中国嘉德	2017-12-18
赵之谦 行书七言联 立轴	121.5cm×28cm×2	2,760,000	北京匡时	2017-06-03
赵之谦 行书四屏 立轴	130.5×15.5cm×4	2,357,500	北京匡时	2017-12-04
赵之谦 花卉 书法 成扇	18cm×54cm	575,000	华艺国际	2017-11-25
赵之谦 楷书七言联 立轴	124cm×30cm×2	1,035,000	北京匡时	2017-06-03
赵之谦 楷书七言联 立轴	119cm×35cm×2	1,840,000	北京匡时	2017-06-03
赵之谦 楷书七言联 立轴	162cm×43cm×2	207,000	北京匡时	2017-12-04
赵之谦 隶书 屏轴	131cm×34cm	172,500	朵云轩	2017-12-14
赵之谦 清 1865年作 节录古训 册页（十开）	31.5cm×33cm×10	1,150,000	北京东正	2017-06-08
赵之谦 清 延寿万岁 立轴	147cm×57cm	4,680,500	佳士得	2017-11-27
赵之谦 秋华锦石 立轴	143cm×74cm	1,667,500	荣宝斋（济南）	2017-06-10
赵之谦 壬申（1872年）作 篆书《潜夫论》立轴	169cm×39cm×8	12,075,000	中国嘉德	2017-06-19
赵之谦 吴云 行书赠陈璚 镜心	直径25.5cm	150,627	中金国际	2017-11-25
赵之谦 乙丑（1865）年作 岁朝图 立轴	89cm×46cm	1,667,500	上海敬华	2017-07-01
赵之谦 乙亥（1875年）作 楷书《项王疏食文》镜心	131cm×79.5cm	345,000	中国嘉德	2017-06-21
郑板桥（款）癸未（1763年）作 行书七言联 对联	136cm×25cm×2	1,092,500	中国嘉德	2017-04-02
郑板桥（款）竹石图 镜心	86.5cm×177cm	253,000	中贸圣佳	2017-09-03
郑板桥（款）竹石图 立轴	162cm×43cm	713,000	中国嘉德	2017-04-02
郑板桥 1735年作 楷书手记 手卷	31.5cm×129.5cm	2,875,000	观唐皕榷	2017-01-11
郑板桥 1757年作 兰竹图 立轴	135.5cm×76.5cm	2,070,000	西泠拍卖	2017-07-15
郑板桥 1758年作 行书东坡尺牍 立轴	177cm×94cm	3,220,000	北京匡时	2017-06-04
郑板桥 1758年作 行书中堂 立轴	177.4cm×93.5cm	3,392,500	观唐皕榷	2017-01-11
郑板桥 1760年作 竹石图 立轴	166cm×94cm	16,445,000	北京荣宝	2017-12-02
郑板桥 1762年作 七贤图 立轴	193cm×114cm	31,625,000	北京保利	2017-06-05
郑板桥 1762年作 竹石图 立轴	180.5cm×95cm	8,050,460	佳士得	2017-11-27
郑板桥 1763年作 行书 七言联 对联	136cm×25cm×2	1,725,000	西泠拍卖	2017-07-15
郑板桥 1765年作 墨竹图 立轴	179.5cm×101cm	11,040,000	西泠拍卖	2017-07-15
郑板桥 翠竹当风 立轴	94cm×18cm	345,000	上海东方	2017-12-10
郑板桥 分书七言诗 立轴	173cm×46cm	345,000	北京保利	2017-06-06
郑板桥 观沧海诗 立轴	167cm×45cm	241,500	印千山	2017-03-30
郑板桥 行书 立轴	196cm×113cm	1,725,000	上海敬华	2017-07-01
郑板桥 行书 立轴	132cm×70cm	575,000	华艺国际	2017-11-25
郑板桥 行书七言联 对联	124cm×24cm×2	437,000	北京保利	2017-12-18
郑板桥 行书七言诗 立轴	147cm×38cm	345,000	北京华辰	2017-06-04
郑板桥 隶书七言联 立轴	129cm×22.5cm×2	713,000	广东崇正	2017-06-15
郑板桥 墨兰 立轴	89.5cm×44cm	4,312,500	广东崇正	2017-06-14
郑板桥 墨竹 立轴	125cm×61cm	665,250	佳士得	2017-05-29
郑板桥 墨竹图 立轴	139.5cm×68.5cm	230,000	朵云轩	2017-06-25
郑板桥 乾隆乙亥（1755年）作 新篁图 立轴	172cm×92.5cm	2,645,000	中国嘉德	2017-06-21
郑板桥 青竹柱石图 立轴	145cm×75cm	4,025,000	上海敬华	2017-07-01
郑板桥 神远笔近 册页	24cm×31cm×2	391,760	保利香港	2017-10-03
郑板桥 书法 镜框	131cm×31.5cm	289,575	香港苏富比	2017-04-03
郑板桥 书苏轼记承天寺夜游 册页	36cm×24cm×8	690,000	南京经典	2017-07-23
郑板桥 竹石 立轴	133.5cm×74cm	2,394,900	佳士得	2017-05-29
郑板桥 竹石图 镜心	89cm×48cm	345,000	北京保利	2017-06-06
郑板桥 竹石图 立轴	142cm×71cm	3,220,000	北京匡时	2017-06-04
郑板桥 竹石图 立轴	59cm×92cm	3,277,500	南京经典	2017-07-23
郑板桥1756年作 竹石图 立轴	167.5cm×105.5cm	18,630,000	上海匡时	2017-11-05
郑板桥1763年作 墨竹 立轴	134cm×63.5cm	253,000	北京翰海	2017-12-15
郑板桥行书杂论 手卷	29cm×156cm	1,357,590	中濠典藏	2017-05-22
郑岱 1728年作 松下高士图 立轴	98.5cm×139.5cm	195,500	观唐皕榷	2017-01-11
郑岱 松下高士图 立轴	193cm×113cm	322,000	北京荣宝	2017-04-02
郑岱 松荫清话图 立轴	163cm×98cm	322,000	北京荣宝	2017-04-02
郑岱 松荫弈棋图 立轴	171cm×92cm	437,000	北京保利	2017-12-18
郑簠 己未（1679年）作 隶书介雅三章 立轴	199cm×51.5cm	1,265,000	中国嘉德	2017-12-20
郑簠 隶书 立轴	136cm×56.6cm	415,000	香港蘇富比	2017-10-01
郑簠 隶书 立轴	161cm×50cm	345,000	北京翰海	2017-12-15
郑簠 隶书七言诗 立轴	152.5cm×55cm	731,010	中濠典藏	2017-05-22
郑簠 王维《田家》棣成手卷 八开册页	26.5cm×24cm	475,681	纽约苏富比	2017-03-16
郑旼 1670年作 山水六景 散册页 手卷（六开）	15cm×26cm×3；15cm×188cm×3	8,050,460	佳士得	2017-11-27
郑旼 空山疏树 立轴	109cm×45cm	575,000	上海敬华	2017-07-01
郑重 1669年作 达摩图 立轴	189.5cm×83cm	1,035,000	北京匡时	2017-12-04
中林梧竹 行书七言诗 立轴	132.5cm×23.5cm	198,000	北京银座	2017-06-07
周颢 清；1756年作 秋风竹石 立轴	146cm×94cm	372,313	佳士得	2017-11-27
周笠 呼龙耕烟种瑶草图 手卷	尺寸不一	293,820	保利香港	2017-10-03
周升桓 刘墉（古）尹楚珍 丁酉（1777）年作 癸卯（1783）年作 御制诗唱咏稿 册页（六十开）	18.5×21.5cm×60	172,500	朵云轩	2017-12-14
周瓒 达摩 镜心	108cm×40cm	690,000	中贸圣佳	2017-06-19
朱昂之 1818年作 山水 成扇	16cm×47.5cm	189,750	北京翰海	2017-12-15

拍品名称	物品尺寸	成交价RMB	拍卖公司	拍卖日期
朱昂之 崔书黼 仿董香光山水 书法 成扇	21cm×59cm	685,580	中国嘉德	2017-10-03
朱偁 辛巳（1881年）作 花鸟 册页（十二开）	35cm×39cm×12	276,000	中国嘉德	2017-12-20
朱珪 楷书乾隆御制砚铭诗 手卷	36cm×1650cm	2,875,000	保利厦门	2017-06-25
朱珏 山雨楼图 手卷	画心33cm×64cm；题跋33cm×390cm	1,035,000	北京保利	2017-06-06
朱伦瀚 1743年作 松下高士 立轴	149cm×80cm	207,000	中贸圣佳	2017-06-19
朱伦瀚 秋山鸣泉图 立轴	200.6cm×94.2cm	552,000	观唐皕榷	2017-01-11
朱伦瀚 松鹤图 立轴	226cm×130cm	517,500	北京保利	2017-08-02
朱汝珍 行书十二言联 立轴	245cm×38cm×2	184,000	北京匡时	2017-06-04
朱汝珍 张启后 等 翰林 六屏立轴	148.5×39.5cm×6	172,500	中国嘉德	2017-12-19
朱轼 行书七言诗 立轴	126cm×39.5cm	218,500	观唐皕榷	2017-01-11
朱彝尊 行书七言诗 立轴	94cm×41cm	161,000	观唐皕榷	2017-01-11
朱彝尊 沈白 等 书画合璧 册页	书法35×32cm×19；绘画32×32cm×10	517,500	北京匡时	2017-06-04
诸升 己巳（1689）年作 月夜风竹 立轴	178cm×98cm	552,000	广东崇正	2017-06-15
诸昇 清；1689年作 竹石飞燕 立轴	167cm×52.5cm	425,500	佳士得	2017-11-27
竹禅 松竹梅兰 四屏立轴	245.5×59.5cm×4	244,025	荣宝斋（南京）	2017-07-08
庄有恭 1747年作 行书 镜心	149cm×62.5cm	201,250	北京翰海	2017-12-15
邹一桂（款）一捻红 立轴	56cm×40cm	184,000	北京保利	2017-04-28
邹一桂 花开竞艳 册页（八开）	25cm×20.2cm×8	554,375	佳士得	2017-05-29
邹一桂 牡丹二十四品之“瑞露蝉”立轴	128cm×50cm	920,000	保利华谊	2017-12-08
邹一桂 桃花 镜心	19cm×56cm	172,500	北京匡时	2017-12-04
邹喆 三友图 立轴	60cm×30cm	230,000	上海敬华	2017-07-01
邹喆 溪山林屋 立轴	140cm×52cm	690,000	华艺国际	2017-05-27
左宗棠 1880年作 篆书八言联 对联	162cm×34.5cm×2	575,000	中贸圣佳	2017-06-19
左宗棠 行书《将品投地》镜心	33cm×71cm	322,000	北京翰海	2017-09-10
左宗棠 行书八言联 立轴	230cm×41cm×2	1,265,000	北京保利	2017-12-17
左宗棠 行书八言联 立轴	231×49cm×2(每幅)	713,000	北京匡时	2017-06-04
左宗棠 行书节录《张子全书》镜心	42cm×133cm	345,000	北京匡时	2017-06-04
左宗棠 行书六言联 立轴	120cm×33cm×2	218,500	北京匡时	2017 06-04
左宗棠 行书六言联 立轴	139cm×37cm×2	230,000	广东崇正	2017-06-15
左宗棠 行书七言联 立轴	174.5×41.5cm×2	805,000	北京银座	2017-06-07
左宗棠 行书七言联 立轴	162cm×43.5cm×2	598,000	北京匡时	2017-06-03
左宗棠 行书七言联 立轴	171cm×42cm×2	903,762	中金国际	2017-11-25
左宗棠 行书七言联 立轴	147cm×37cm×2	517,500	北京匡时	2017-12-04
左宗棠 行书七言联 立轴	141cm×36cm×2	402,500	广东崇正	2017-12-13
左宗棠 行书七言联 立轴	160.5cm×31cm×2	402,500	上海匡时	2017-11-05
左宗棠 行书七言联 立轴	174cm×41.5cm×2	195,500	中国嘉德	2017-12-20
左宗棠 行书七言联 立轴	134cm×30.5cm×2	287,500	北京匡时	2017-06-04
左宗棠 行书七言联 立轴	150cm×39cm×2	224,250	北京匡时	2017-06-04
左宗棠 行书七言联 立轴	130cm×32.5cm×2	437,000	中国嘉德	2017-06-21
左宗棠 行书五言联 对联	162cm×39cm×2	480,000	上海驰翰	2017-06-26
左宗棠 清 行书（四幅）立轴	124.5×28.3cm×4	744,625	佳士得	2017-11-27
左宗棠 篆书七言联 立轴	216×54cm×2(每幅)	529,000	北京匡时	2017-06-04
近现代及当代作者　（二级标题）				
阿海 青龙于郊	92cm×170cm	575,000	北京荣宝	2017-06-02
艾轩 2011年作 少女 硬卡	100cm×70cm	195,500	北京荣宝	2017-12-02
艾轩 2012年作 少女	47cm×77.5cm	258,750	北京荣宝	2017-06-02
艾轩 2013年作 冬日的期盼	68cm×68cm	440,730	中国嘉德	2017-10-02
艾轩 2014年作 春风得意马蹄疾	96cm×90cm	287,500	北京华辰	2017-12-16

拍品名称	物品尺寸	成交价RMB	拍卖公司	拍卖日期
艾轩 2014年作 诗意的远方	70cm×70cm	241,500	上海明轩	2017-06-30
艾轩 2014年作 小女孩	68cm×68cm	322,000	北京保利	2017-12-16
艾轩 2015年作 西藏女孩	96cm×89cm	687,500	香港蘇富比	2017-10-01
艾轩 2015年作 远方	96cm×90cm	391,000	北京翰海	2017-06-03
艾轩 2015年作 远方飘来歌声	91cm×97cm	333,500	北京荣宝	2017-12-02
艾轩 2017年作 少女	95cm×90cm	368,000	北京荣宝	2017-06-02
艾轩 藏农 镜心	66cm×68cm	172,500	北京翰海	2017-01-08
艾轩 高原女孩 镜心	90.5cm×97.5cm	365,505	中濠典藏	2017-05-22
艾轩 人物 镜心	95cm×68cm	207,000	北京翰海	2017-01-08
艾轩 少女 镜心	68cm×68cm	172,500	北京荣宝	2017-06-02
艾轩 少女 镜心	81cm×49cm	172,500	北京荣宝	2017-06-02
爱新觉罗·永瑆 1765年作 小楷书论 册页（十六开）	9cm×14cm×16	218,500	北京荣宝	2017-12-02
爱新觉罗·允禧 策杖访友图 镜心	29.5cm×125.5cm	172,500	北京荣宝	2017-12-02
安和 临宋人《明皇击鞠图》	54.7cm×225.8cm	622,500	香港蘇富比	2017-10-02
安和 修禊图 镜心	186cm×99cm	429,131	中国嘉德	2017-05-29
安和 游春图 镜心	45cm×124.5cm	411,348	中国嘉德	2017-10-03
安佳 转经系列 镜心	53cm×45cm	172,500	北京保利	2017-12-18
安奇帮 2016年作 重彩花鸟 镜心	84cm×67cm	207,000	北京保利	2017-04-27
安奇帮 2017年作 灵魂之梦 镜心	120cm×102cm	575,000	北京保利	2017-12-18
安奇帮 花鸟	86cm×66cm	230,000	北京翰海	2017-12-16
安奇帮 重彩 镜心	69cm×69cm	287,500	荣宝斋（南京）	2017-09-10
白伯骅 宝黛蔽诗图 镜心	95.5cm×184cm	299,000	北京荣宝	2017-04-02
白伯骅 兰亭诗意图 条屏	29cm×76cm×2	172,500	北京荣宝	2017-06-02
白伯骅 迎福钟馗 立轴	135cm×51cm	207,000	北京荣宝	2017-04-02
白蕉 1942年作 对联 立轴	125.5×20.5cm×2	172,500	华艺国际	2017-05-27
白蕉 1943年作 兰石图 立轴	64cm×30cm	161,000	中贸圣佳	2017-06-19
白蕉 1947年作 行书杜甫诗 立轴	138cm×34cm×4	322,000	上海东方	2017-12-10
白蕉 结契云岑 立轴	97cm×33cm	253,000	北京保利	2017-12-17
白雪石 1944年作 万里风帆 镜心	101cm×47cm	437,000	北京匡时	2017-12-03
白雪石 1946年作 拟古山水 四屏镜心	99.5×31.5cm×4	1,265,000	北京银座	2017-12-20
白雪石 1973年作 红旗水库 立轴	49.5cm×44.5cm	253,000	上海匡时	2017-11-05
白雪石 1973年作 湘江老屋 镜框	47cm×36cm	368,000	北京荣宝	2017-09-24
白雪石 1975年作 漓江春色 镜片	34.5cm×69cm	166,750	上海嘉禾	2017-07-02
白雪石 1978年作 喜雨 立轴	68cm×90cm	494,500	中国嘉德	2017-12-18
白雪石 1981年作 漓江 镜心	69.5cm×45.5cm	172,500	北京荣宝	2017-12-02
白雪石 1983年作 秋山红树 镜心	66cm×135cm	690,000	北京匡时	2017-03-29
白雪石 1985年作 烟雨漓江 镜心	66cm×66cm	178,250	中贸圣佳	2017-06-19
白雪石 1986年作 幽谷泉声 立轴	95cm×60cm	172,500	北京保利	2017-06-05
白雪石 1987年作 漓江一曲千峰 镜心	70cm×151cm	483,000	中贸圣佳	2017-06-19
白雪石 1990年作 雨后漓江万树春 立轴	68cm×136cm	506,000	北京荣宝	2017-04-02
白雪石 1991年作 万壑松风 镜框	67cm×133cm	1,035,000	北京荣宝	2017-09-24
白雪石 1991年作 雨后山泉 镜心	126cm×69cm	333,500	北京荣宝	2017-12-02
白雪石 1993年作 漓江一曲千峰秀	67cm×136cm	2,300,000	北京翰海	2017-12-16
白雪石 1993年作 千峰竞秀 镜心	69cm×138cm	1,127,000	北京荣宝	2017-09-24
白雪石 1993年作 千峰竞秀 立轴	53cm×178cm	690,000	北京荣宝	2017-12-02
白雪石 1993年作 千峰万壑 镜心	96cm×178cm	1,265,000	北京荣宝	2017-09-24
白雪石 1995年作 漓江 镜心	143cm×368cm	4,715,000	北京保利	2017-12-17
白雪石 1998年作 千峰竞秀 镜心	50cm×97cm	379,500	北京荣宝	2017-09-24
白雪石 1998年作 青峰山下渔家 立轴	69cm×47cm	230,000	北京荣宝	2017-09-24
白雪石 2002年作 古塞春晖 镜心	77cm×148cm	1,150,000	北京荣宝	2017-12-02
白雪石 2003年作 骑行图 镜框	86cm×30cm	184,000	北京荣宝	2017-04-02
白雪石 2003年作 象山春早图 镜心	50cm×94cm	622,600	观唐皕榷	2017-01-11

2017书画拍卖成交汇总

(成交价RMB：15万元以上)

拍品名称	物品尺寸	成交价RMB	拍卖公司	拍卖日期
白雪石 2008年作 象山春早 镜心	82cm×204cm	1,219,000	北京荣宝	2017-12-02
白雪石 春风又绿江南岸 镜框	27cm×38cm	207,000	北京荣宝	2017-12-02
白雪石 翠岭横云 立轴	50cm×65cm	172,500	北京保利	2017-06-05
白雪石 叠绿山一拳亭 镜心	51cm×43cm	218,500	北京荣宝	2017-09-24
白雪石 丁卯（1987年）作 福如东海寿比南山 镜心	133cm×235cm	2,875,000	中国嘉德	2017-06-19
白雪石 庚申（1980年）作 漓江春早 镜框	60cm×135cm	207,000	北京华辰	2017-12-16
白雪石 癸亥（1983年）作 漓江春早 立轴	90cm×65cm	184,000	中国嘉德	2017-09-02
白雪石 癸酉（1993）年作 盛夏穿岩 镜片	69cm×68.5cm	172,500	朵云轩	2017-06-25
白雪石 黄山松云 立轴	68.5cm×45cm	161,000	荣宝斋（济南）	2017-12-08
白雪石 甲子（1984年）作 千峰竞秀 立轴	61.5cm×82.5cm	195,500	中国嘉德	2017-12-19
白雪石 漓江风景 立轴	68cm×68cm	184,000	荣宝斋（南京）	2017-09-10
白雪石 漓江山水 立轴	89cm×48cm	172,500	北京荣宝	2017-06-02
白雪石 漓江胜景 立轴	69cm×30cm	230,000	荣宝斋（济南）	2017-06-10
白雪石 漓江渔歌 立轴	68cm×46cm	322,000	荣宝斋（济南）	2017-12-08
白雪石 千峰竞秀 镜片	67cm×136cm	1,322,500	广东崇正	2017-12-13
白雪石 秋林 镜框	51cm×42cm	230,000	北京荣宝	2017-06-02
白雪石 秋意浓 镜框	67cm×63cm	379,500	北京荣宝	2017-04-02
白雪石 源远流长 镜心	68cm×67cm	368,000	北京荣宝	2017-09-24
白云乡 得山水清气极 镜心	145cm×366cm	1,380,000	北京荣宝	2017-06-02
柏林 2016年作 天路	135.5cm×69cm	402,500	北京翰海	2017-06-03
柏林 2016年作 西藏晒佛节	135.5cm×69cm	402,500	北京翰海	2017-06-03
包洪波 2011年作 溪山知音图 镜框	120cm×240cm	184,000	上海东方	2017-12-10
包洪波 2012年作 白云诗意图 手卷	34cm×272cm	218,500	上海东方	2017-06-25
包科骏 山水 书法 成扇	19cm×55cm	196,650	华艺国际	2017-08-27
包少茂 2011年作 云起祁连图 镜框	120cm×240cm	575,000	上海东方	2017-06-25
鲍鸾 花香鸟语（二十幅）镜片	44.5cm×33cm×20	230,000	朵云轩	2017-12-14
卞文瑜 己卯（1639年）作 月夜泛舟 立轴	画25.5cm×20.5cm；题17.5cm×20.5cm	437,000	中国嘉德	2017-12-20
蔡鹤汀 万壑响松风 立轴	180cm×95cm	437,000	中贸圣佳	2017-06-19
蔡茂友 2016年作 牡丹 镜心	直径42cm	184,000	北京翰海	2017-01-08
蔡茂友 2017年作 家美	180cm×48cm	1,380,000	北京翰海	2017-06-03
蔡铣 仿恽氏花鸟长 手卷	31.5cm×650cm	195,500	保利厦门	2017-06-26
蔡逸溪 为安静停顿	97.5cm×179.5cm	467,775	香港苏富比	2017-04-03
蔡元培 行书七言联（一对）立轴	135.3cm×32.1cm	259,463	纽约苏富比	2017-03-16
蔡元培 行书七言联 立轴	144cm×38.5cm×2	920,000	北京匡时	2017-06-03
蔡元培 集字八言联 立轴	208cm×40cm×2	345,000	观唐皕榷	2017-01-11
蔡元培 王一亭 行书七言联 品砚图 立轴	92.5×19.5cm×2；151×35cm	1,150,000	北京荣宝	2017-12-02
蔡哲夫 袁克文 秋花倚石图 立轴	82cm×41cm	184,000	北京保利	2017-12-17
曹俊 2010年作 万象入横 镜心	45cm×38cm	529,000	北京保利	2017-12-18
曹俊 2014年作 江边一望楚天长 镜心	53cm×45cm	460,000	北京保利	2017-06-05
曹克家 1935年作 封侯万里 立轴	100cm×33cm	166,750	上海明轩	2017-06-30
曹克家 己丑（1949年）作 耄耋图 镜心	33.5cm×85cm	230,000	中国嘉德	2017-12-18
曹克家 陆抑非 溥儒 1944年作 耄耋图 书法 成扇	15cm×39cm	782,000	华艺国际	2017-11-25
曹锟 1931年作 冷梅一树 手卷	33cm×267cm	172,500	北京保利	2017-12-17
曹锟 楷书七言联 立轴	172cm×28cm×2	230,000	中贸圣佳	2017-06-19
曹锟 墨梅 立轴	138cm×67cm	368,000	北京匡时	2017-03-29
曹锟 墨梅 立轴	120cm×59cm	402,500	北京宣石	2017-12-03
曹锟 墨梅图 立轴	130cm×55.5cm	207,000	上海匡时	2017-11-05
曹汝霖 辛巳（1941）年作 行书十八言 对联	138.5cm×22cm×2	414,000	朵云轩	2017-12-14
曹子玉 2016年作 草书 六条屏镜心	172cm×53cm×6	437,000	北京保利	2017-06-05
岑学恭 1978年作 花桥图 立轴	48cm×60cm	207,000	观唐皕榷	2017-01-11
岑学恭 1992年作 杜甫诗意图 镜心	120cm×247cm	345,000	北京荣宝	2017-04-02
柴宗洁 2003年作 古道遐思 镜框	190cm×180cm	253,000	上海东方	2017-12-10
常玉 1920-1930年作 侧倚裸女	28.1cm×22.6cm	494,640	罗芙奥	2017-06-04
常玉 1920年作 蒙巴纳斯的琦琦	45cm×27cm	329,760	罗芙奥	2017-06-03
常玉 1928年作 黑帽女士与老人（双面画）	47cm×29cm	690,000	北京匡时	2017-06-03
常玉 1930年作 坐姿女人	45.5cm×28.4cm	202,113	佳士得	2017-11-26
常玉 裸女	44cm×20cm	310,450	佳士得	2017-05-28
常玉 男士肖像（双面画）	23cm×19cm	868,725	香港苏富比	2017-04-03
常玉 女人体	58cm×31cm	172,500	北京保利	2017-12-16
常玉 学院中的女子	45.7cm×27.4cm	534,600	佳士得	2017-03-23
常玉 学院中画速写的女子	45.5cm×28.1cm	556,875	佳士得	2017-03-23
常玉 约1920年代作 俯卧裸女	31cm×47cm	168,221	保利香港	2017-04-03
常玉 坐板凳少女	23.5cm×31cm	414,000	北京诚轩	2017-06-19
常玉 坐姿裸女	44.9cm×28.2cm	425,500	佳士得	2017-11-26
常玉 坐姿男子	42cm×25.5cm	255,300	佳士得	2017-11-26
常玉 坐姿女子	42cm×27cm	680,800	佳士得	2017-11-26
晁海（吉林）2009年作 湖光山色 镜框	138cm×68cm	230,000	上海东方	2017-06-25
晁海（吉林）2009年作 清幽山居 镜框	69cm×69cm	161,000	上海东方	2017-06-25
晁海（吉林）2009年作 燕山深处 镜框	138cm×68cm	276,000	上海东方	2017-06-25
晁海（吉林）2011年作 春江水暖 镜框	120cm×240cm	977,500	上海东方	2017-06-25
晁海（吉林）2011年作 秋溪山居图 镜框	120cm×240cm	920,000	上海东方	2017-06-25
陈艾 2016年作 漫坡闲情图 镜框	137cm×66cm	172,500	北京荣宝	2017-12-02
陈半丁 1926年作 风林相逢图 立轴	99cm×33cm	184,000	北京翰海	2017-12-15
陈半丁 1931年作 紫蔓 立轴	132cm×35cm	172,500	北京匡时	2017-06-03
陈半丁 1932年作 篆书八言联 立轴	171.5×40.5cm×2	172,500	北京翰海	2017-12-15
陈半丁 1942年作 繁杏压枝 立轴	96cm×31cm	218,500	北京东正	2017-12-09
陈半丁 1942年作 设色山水 立轴	91cm×43cm	310,500	北京荣宝	2017-06-02
陈半丁 1946年作 菊石秋意图 镜片	100cm×50.5cm	218,500	西泠拍卖	2017-07-15
陈半丁 1950年作 论江秋思 镜心	78cm×28cm	207,000	北京保利	2017-06-05
陈半丁 1954年作 富贵长年 立轴	231cm×94.5cm	1,840,000	北京翰海	2017-12-15
陈半丁 1958年作 力争上游 镜心	119cm×186cm	2,875,000	北京保利	2017-12-17
陈半丁 1959年作 富贵延年 立轴	135cm×68cm	287,500	北京匡时	2017-03-29
陈半丁 1960年作 菊石图 画心	84cm×34.5cm	172,500	西泠拍卖	2017-07-15
陈半丁 1961年作 禅门立雪 立轴	118cm×40cm	368,000	北京翰海	2017-12-15
陈半丁 1961年作 锦绣长青 镜心	138cm×69.5cm	322,000	北京银座	2017-12-20
陈半丁 芭蕉牡丹 立轴	138cm×34cm	172,500	北京保利	2017-12-17
陈半丁 丙戌（1946年）作 虚阁晚凉 立轴	68.5cm×36cm	368,000	中国嘉德	2017-06-20
陈半丁 曹汝贤 花卉·猫 四屏镜心	101.5cm×34cm×4	805,000	荣宝斋（济南）	2017-12-08

拍品名称	物品尺寸	成交价RMB	拍卖公司	拍卖日期
陈半丁 大利 镜心	67cm×34cm	161,000	北京保利	2017-12-17
陈半丁 杜鹃 立轴	107cm×39cm	218,500	荣宝斋（济南）	2017-06-10
陈半丁 繁花似锦 镜心	66cm×30.5cm×4	212,750	鼎天国际	2017-06-24
陈半丁 庚寅（1950）年作 松瀑闲谈 镜片	79.5cm×27.3cm	264,500	广东崇正	2017-12-13
陈半丁 庚子（1960）年作 花艳芬芳 四屏	99cm×32cm×4	230,000	上海敬华	2017-07-01
陈半丁 花卉 成扇	20cm×61cm	207,000	北京翰海	2017-12-15
陈半丁 甲申（1944年）作 竹林学舍 立轴	102cm×33cm	552,000	中国嘉德	2017-06-19
陈半丁 墨牡丹 镜心	105cm×32cm	321,338	中金国际	2017-11-25
陈半丁 牡丹 镜心	103cm×34cm	172,500	北京保利	2017-12-17
陈半丁 齐子如 1956年作 宿雨初收图 镜心	70cm×42cm	189,750	北京荣宝	2017-12-02
陈半丁 松阁清话图 镜心	100cm×33.5cm	322,000	中国嘉德	2017-12-18
陈半丁 王雪涛 书画合璧 对屏镜心	画29cm×30cm；字26cm×30cm	218,500	中国嘉德	2017-12-19
陈半丁 辛丑（1961年）作 富贵长春 镜心	136cm×60cm	460,000	中国嘉德	2017-03-31
陈半丁 辛巳（1941年）作 达摩 镜心	90.5cm×42cm	391,000	中国嘉德	2017-12-19
陈半丁 姚华 金城 凌文渊 萧愻 1925年作 群贤毕至 立轴	113cm×190cm	230,000	北京保利	2017-06-06
陈宝琛 1868年作 楷书录自作词 立轴	24cm×26cm	172,500	北京保利	2017-12-18
陈宝琛 1933年作 行书柳宗元诗 立轴	130cm×49.5cm	150,627	中金国际	2017-11-25
陈宝琛 楷书七言联 对联	130cm×20cm×2	172,500	北京保利	2017-12-18
陈宝琛 楷书七言联 立轴	193cm×44cm×2	632,500	北京翰海	2017-12-15
陈璧君 1941年作 双照楼诗《春暮》立轴	89.5cm×40cm	155,225	佳士得	2017-05-30
陈布雷 1930年作 陈布雷抄接王达善先生笔畴 册	16.5cm×9.5cm	333,500	北京翰海	2017-12-15
陈曾寿 西湖归隐 手卷	14.3cm×80.2cm	1,297,313	纽约苏富比	2017-03-16
陈达 1941年作 桃花源诗意图 镜框	79cm×150cm	212,750	佳士得	2017-11-28
陈达 曲水流觞 立轴	133cm×70cm	180,000	上海驰翰	2017-06-26
陈达 王同愈 1939年作 雪霁郊游并行书文 成扇	19cm×51cm	172,500	上海匡时	2017-11-05
陈大羽 1976年作 万代欢腾 镜片	95cm×58cm	322,000	上海嘉禾	2017-07-02
陈大羽 1977年作 除害全无敌 镜心	98cm×45cm	483,000	北京银座	2017-12-20
陈大羽 1979年作 大福大寿 镜框	89cm×48cm	218,500	华艺国际	2017-05-27
陈大羽 1979年作 紫藤蜜蜂 镜框	97cm×48cm	172,500	华艺国际	2017-05-27
陈大羽 1980年作 公鸡 立轴	84cm×50cm	230,000	华艺国际	2017-11-25
陈大羽 1980年作 紫藤 镜心	97cm×90.5cm	218,500	北京匡时	2017-12-03
陈大羽 1984年作 并蒂呈祥 立轴	137.5cm×157.5cm	2,070,000	上海明轩	2017-06-30
陈大羽 1985年作 大寿 立轴	68cm×48cm	287,500	鼎天国际	2017-06-24
陈大羽 报春图 立轴	82cm×50cm	230,000	南京经典	2017-07-23
陈大羽 扁豆鸡 镜心	120cm×46cm	287,500	中贸圣佳	2017-06-19
陈大羽 朝晖 扇面		195,500	上海敬华	2017-07-01
陈大羽 大福寿 镜片	68cm×136cm	460,000	十竹斋	2017-01-01
陈大羽 大吉图 镜框	68cm×45cm	195,500	华艺国际	2017-11-25
陈大羽 大吉图 镜片	68cm×48cm	178,250	上海嘉禾	2017-10-14
陈大羽 大吉图 镜片	69cm×46cm	264,500	广东崇正	2017-06-15
陈大羽 大吉图 镜片	86cm×50.5cm	230,000	上海嘉禾	2017-07-02
陈大羽 大吉图 镜心	86cm×50.5cm	230,000	北京银座	2017-12-20
陈大羽 大吉图 镜心	89cm×47cm	356,500	荣宝斋（南京）	2017-07-08
陈大羽 大吉图 立轴	81cm×44cm	270,250	南京经典	2017-07-23
陈大羽 丁丑（1997年）作 大福寿 镜心	47cm×59cm	218,500	中国嘉德	2017-12-19
陈大羽 丁卯（1987年）作 荷塘 立轴	137.5cm×67cm	345,000	中国嘉德	2017-06-19
陈大羽 丁巳（1977）年作 大吉图 镜片	69cm×46cm	345,000	广东崇正	2017-06-15
陈大羽 福寿酒 镜片	67cm×68cm	230,000	广东崇正	2017-12-13
陈大羽 庚申（1980年）作 雄鸡鸣春 立轴	96cm×69cm	391,000	中国嘉德	2017-06-19
陈大羽 冠上加冠 镜心	67cm×45.5cm	172,500	中贸圣佳	2017-06-19
陈大羽 酣歌黎明大地春 镜心	100cm×60cm	345,000	南京经典	2017-07-23
陈大羽 贺寿图 镜心	68cm×45cm	195,500	中贸圣佳	2017-06-19
陈大羽 红梅大吉图 立轴	95cm×44cm	345,000	广东崇正	2017-06-15
陈大羽 己未（1979）年作 昂首迎春图 立轴	88cm×47cm	184,000	上海敬华	2017-07-01
陈大羽 己未（1979）年作 红荷游鱼图 镜片	95cm×59cm	230,000	广东崇正	2017-06-15
陈大羽 己未（1979）年作 鸡鸣震旦 镜片	138cm×69.8cm	1,955,000	广东崇正	2017-06-14
陈大羽 甲子（1984年）作 秋霜独秀 镜心	66.5cm×67.5cm	230,000	中国嘉德	2017-12-19
陈大羽 甲子（1984年）作 篆书七言句 镜心	178.5cm×57cm	195,500	中国嘉德	2017-12-19
陈大羽 绿梅公鸡 立轴	137cm×69cm	644,000	十竹斋	2017-01-01
陈大羽 默林雄鸡图 镜心	137.5cm×69.5cm	783,520	北京匡时	2017-10-02
陈大羽 松菊 镜心	90cm×135cm	1,150,000	中国嘉德	2017-12-19
陈大羽 戊午（1978）年作 报春图 立轴	137cm×69cm	920,000	上海嘉禾	2017-07-01
陈大羽 戊午（1978）年作 迎春 立轴	69cm×45cm	230,000	广东崇正	2017-06-15
陈大羽 辛酉（1981年）作 报春 镜心	96.5cm×61cm	402,500	中国嘉德	2017-06-20
陈大羽 雄鸡 镜片	68.5cm×46.5cm	178,250	十竹斋	2017-01-01
陈大羽 雄鸡 立轴	180.5cm×96cm	2,070,000	中国嘉德	2017-12-19
陈大羽 雄鸡图 镜心	69.5cm×66cm	414,000	中贸圣佳	2017-06-19
陈大羽 雄鸡图 立轴	71.5cm×46cm	207,000	南京经典	2017-07-23
陈大羽 雄鸡图 立轴	68cm×45cm	172,500	西泠拍卖	2017-05-05
陈大羽 乙丑（1985）年作 大寿 镜片	90cm×48.5cm	230,000	广东崇正	2017-12-13
陈大羽 乙丑（1985年）作 紫藤公鸡 立轴	69cm×46cm	176,292	中国嘉德	2017-10-02
陈大羽 迎春图 立轴	88cm×48cm	322,000	荣宝斋（上海）	2017-07-30
陈大羽 迎新图 镜心	95.5cm×44.5cm	161,000	北京匡时	2017-12-03
陈大羽 赵良翰 2002年作 大吉 镜片	92cm×179cm	460,000	广东小雅斋	2017-05-26
陈大羽 紫藤腊嘴 立轴	89cm×48cm	218,500	华艺国际	2017-11-25
陈独秀 行书苏轼《书李伯时山在图后》立轴	145cm×39cm×4	322,000	北京荣宝	2017-12-02
陈福善 1976年作 公园 镜框	75cm×115cm	266,100	佳士得	2017-05-29
陈衡恪 1913年作 清白家风 立轴	98cm×38.5cm	280,125	香港蘇富比	2017-10-02
陈衡恪 兰石图 立轴	182cm×44.2cm	501,188	香港苏富比	2017-04-04
陈家泠 1990年作 晨荷·化境（两幅作品）镜框	每幅：94.5cm×58.5cm	197,125	香港蘇富比	2017-10-02
陈家泠 白荷 镜框	96cm×177.5cm	334,125	香港苏富比	2017-04-04
陈金章 1994年作 清江夏日 镜片	60.5cm×85cm	172,500	广东崇正	2017-12-13
陈巨来 1937年作 篆书六言联 立轴	各113cm×20.5cm	1,837,688	香港苏富比	2017-04-04
陈巨来 1948年作 篆书七言联 镜心	132.3×28.6cm×2	150,627	中金国际	2017-11-25

拍品名称	物品尺寸	成交价RMB	拍卖公司	拍卖日期
陈立夫 1995年作 行书 镜片	101.5cm×35cm	368,000	广东崇正	2017-06-14
陈利 高原的阳光 镜心	104cm×76cm	391,760	保利香港	2017-10-03
陈利 母与子 镜心	55cm×39cm	293,820	保利香港	2017-10-03
陈佩秋 1962年作 芙蓉鸳鸯 立轴	91cm×50cm	2,990,000	华艺国际	2017-05-27
陈佩秋 1979年作 山村秋景 镜心	69cm×132cm	2,760,000	上海匡时	2017-11-05
陈佩秋 1982年作 秋意 立轴	88.5cm×46cm	667,000	北京银座	2017-06-07
陈佩秋 1987年作 翠竹水鸟 镜心	86cm×47cm	172,500	北京匡时	2017-06-03
陈佩秋 1997年作 春山隐居 立轴	102cm×34cm	1,437,500	北京保利	2017-12-17
陈佩秋 1998年作 花影书声图 镜片	179cm×98cm	3,220,000	西泠拍卖	2017-07-15
陈佩秋 1998年作 溪山积翠图 卷	33cm×134cm	3,220,000	北京翰海	2017-12-15
陈佩秋 2011年作 草书 孟浩然诗手卷	引首101cm×29cm；画心320cm×29cm	161,000	西泠拍卖	2017-07-15
陈佩秋 丙申（2016）年作 行书十一言联 对联	134cm×22cm×2	161,000	上海嘉禾	2017-07-02
陈佩秋 丙子（1996年）作 竹石双蝶 手卷	引首44cm×133.5cm；画48cm×186cm	1,035,000	中国嘉德	2017-06-20
陈佩秋 草书 立轴 十屏	120.5×27cm×10	460,000	上海嘉禾	2017-07-02
陈佩秋 丁卯（1987）年作 风信子 楷书 镜片	32cm×43.5cm×2	517,500	朵云轩	2017-06-25
陈佩秋 丁巳除夕前十日 1978年作 茶花珍禽 镜心	34.2cm×69.2cm	172,500	北京诚轩	2017-06-18
陈佩秋 癸亥（1983）年作 秋禽山果图 立轴	90cm×48cm	368,000	上海敬华	2017-07-01
陈佩秋 癸亥（1983）年作 比翼双飞 立轴	64cm×53cm	150,000	上海驰翰	2017-06-26
陈佩秋 癸亥（1983年）作 兰花蛱蝶 立轴	67.5cm×45.5cm	805,000	中国嘉德	2017-12-19
陈佩秋 红花绿蛙 立轴	97cm×44cm	345,000	广东崇正	2017-12-13
陈佩秋 红蓼小鸟 镜心	78cm×50cm	177,932	中国嘉德	2017-05-29
陈佩秋 花卉 镜框	69.5cm×37.5cm	1,380,000	华艺国际	2017-11-25
陈佩秋 夹竹桃 横幅镜心	33cm×66.5cm	172,500	北京翰海	2017-12-15
陈佩秋 菊花蝴蝶行书 成扇	20.5cm×58cm	253,000	朵云轩	2017-12-14
陈佩秋 兰竹图 立轴	67.5cm×45.5cm	184,000	西泠拍卖	2017-07-15
陈佩秋 刘旦宅 等 集粹 册页（十二开）	32.5cm×45cm×12	373,750	上海嘉禾	2017-10-14
陈佩秋 绿荫 镜心	95.5cm×32.5cm	230,000	中国嘉德	2017-06-20
陈佩秋 秋风送爽图 手卷	引首121.5cm×32cm；画心87.5cm×32cm；题跋103.5cm×32cm	345,000	西泠拍卖	2017-07-15
陈佩秋 秋树喜鹊 立轴	64cm×42.5cm	402,500	上海嘉禾	2017-07-02
陈佩秋 疏柳双蝶 手卷	引首35.5cm×123cm；画36cm×65cm；跋36cm×133.8cm	345,000	广东崇正	2017-06-15
陈佩秋 四季花鸟 镜心	99cm×39cm×4	1,265,000	中国嘉德	2017-12-19
陈佩秋 芋头 行书 镜片双挖	23cm×31cm	172,500	朵云轩	2017-06-25
陈佩秋 云山 册页（十二开）	33cm×40cm×12	1,380,000	北京保利	2017-06-05
陈佩秋 长春 镜心	67.5cm×136cm	575,000	北京匡时	2017-03-29
陈佩秋 枝头小鸟 立轴	68cm×40cm	207,000	北京荣宝	2017-06-02
陈佩秋 竹蝶图 立轴	67cm×58.5cm	345,000	北京匡时	2017-06-03
陈佩秋 竹蕉憩禽 立轴	68.5cm×44cm	241,500	中国嘉德	2017-06-19
陈平 1990年作 费洼山庄 镜心	134.5cm×67.5cm	437,000	北京荣宝	2017-12-02
陈平 1990年作 疏雨乍收 镜心	118.5cm×118.5cm	437,000	北京保利	2017-12-18
陈平 1990年作 听得天畔几声雷 镜心	136cm×67.5cm	437,000	北京荣宝	2017-12-02
陈平 1990年作 云锁溪山一片青 镜心	118cm×118cm	437,000	北京荣宝	2017-12-02
陈平 1990年作 云致秋行 镜心	135.5cm×68cm	437,000	北京荣宝	2017-12-02
陈平 1994年作 家山意绪多 镜心	94.5cm×88.5cm	241,500	北京荣宝	2017-12-02
陈平 1994年作 日闲时与云来往 镜心	137cm×67.5cm	299,000	北京荣宝	2017-12-02
陈平 1994年作 濡笔梦山家 镜心	画117.5×38.5cm；书法117.5×11cm	207,000	北京荣宝	2017-12-02
陈平 2001年作 费洼山庄	140cm×79cm	322,000	广东崇正	2017-12-13
陈平 2001年作 云山深处人家多 镜心	97cm×180cm	621,000	北京荣宝	2017-12-02
陈平 2001年作 云中居 镜心	136cm×68cm	391,000	北京保利	2017-12-18
陈平 2002年作 河畔秋色 镜心	94.5cm×177cm	621,000	北京保利	2017-12-18
陈平 2002年作 黄山水 镜心	136cm×68cm	310,500	北京荣宝	2017-12-02
陈平 2004年作 山居图 镜心	136cm×68cm	552,000	北京荣宝	2017-06-02
陈平 2017年作 梅兰竹菊 镜心	直径30cm×4	195,500	北京荣宝	2017-12-02
陈平 伴山农舍 镜心	118cm×118cm	425,500	北京荣宝	2017-12-02
陈平 丙申（2016年）作 墨梅 镜心	90cm×48cm	805,000	中国嘉德	2017-04-01
陈平 家山意绪 镜心	95.5cm×88.5cm	230,000	北京荣宝	2017-12-02
陈平 青山深处有人家 镜心	67.5cm×137cm	276,000	北京荣宝	2017-12-02
陈平 山居图 镜心	91cm×91cm	345,000	北京保利	2017-12-18
陈平 山林小居 镜心	180cm×97cm	1,265,000	荣宝斋（济南）	2017-12-07
陈平 扇面（五帧）镜心	59cm×20cm	253,000	北京荣宝	2017-12-02
陈平 小河湾湾 镜心	137.5cm×101cm	584,808	中濠典藏	2017-05-22
陈平 最是江南好风景 镜心	136cm×69cm	356,500	北京荣宝	2017-12-02
陈其宽 1953年作 秋郊试风 镜框	24.5cm×121cm	255,300	佳士得	2017-11-27
陈其宽 1960年作 聚 镜框	31cm×182cm	249,000	香港蘇富比	2017-10-02
陈其宽 1964年作 灯 镜框	46cm×45.9cm	245,025	香港苏富比	2017-04-04
陈其宽 1969年作 空间 立轴	121cm×22cm	334,125	香港苏富比	2017-04-04
陈其宽 1979年作 鹤 立轴	184cm×30.2cm	437,000	北京诚轩	2017-06-19
陈其宽 1983年作 方壶 立轴	178.2cm×59.2cm	830,000	香港蘇富比	2017-10-02
陈其宽 1989年作 风戏 立轴	61cm×61cm	540,500	北京诚轩	2017-06-19
陈其宽 朝雾 镜框	22cm×92.5cm	289,575	香港苏富比	2017-04-04
陈其宽 千里江流 立轴	22.5cm×92cm	197,125	香港蘇富比	2017-10-02
陈其宽 虾舟 手卷	22cm×122cm	311,250	香港蘇富比	2017-10-02
陈其美 书法 镜片	137cm×41cm	184,000	华艺国际	2017-05-27
陈秋草 1973年作 双兔	66.5cm×68cm	575,000	北京匡时	2017-12-04
陈秋草 1977年作 小蝌蚪找妈妈	26.3×28.2cm×13；18×26.5cm	1,725,000	北京匡时	2017-12-04
陈全胜 牧民 镜心	181cm×97cm	172,500	荣宝斋（济南）	2017-06-10
陈少梅 1929年作 抚琴图 立轴	64.5cm×32cm	2,070,000	北京东正	2017-06-08
陈少梅 1933年作 山居图 立轴	109cm×20.5cm	782,000	北京匡时	2017-12-03
陈少梅 1936年作 徵聘图 立轴	58cm×26.5cm	3,450,000	北京荣宝	2017-12-02
陈少梅 1940年作 观音 立轴	100.2cm×32.4cm	1,002,375	香港苏富比	2017-04-04
陈少梅 1940年作 观音大士像 立轴	100cm×32cm	1,380,000	上海匡时	2017-11-05
陈少梅 1940年作 洛神图 立轴	132cm×68cm	3,220,000	北京匡时	2017-03-29
陈少梅 1941年作 秋江渔艇图 立轴	72cm×38cm	379,500	观唐皕榷	2017-01-11
陈少梅 1941年作 竹溪高隐图 镜心	102cm×29.5cm	841,104	北京匡时	2017-04-03
陈少梅 1942年作 梅亭仕女 立轴	32cm×58cm	489,700	北京匡时	2017-10-02
陈少梅 1942年作 南极仙翁 立轴	103.5cm×50.5cm	1,150,000	华艺国际	2017-11-25
陈少梅 1942年作 溪山访友 立轴	101cm×30.5cm	609,813	佳士得	2017-05-30
陈少梅 1942年作 祝寿图 镜心	78cm×40cm	195,500	北京银座	2017-06-07
陈少梅 1943年作 吹箫引凤图 镜心	129cm×67.5cm	3,105,000	中贸圣佳	2017-06-19
陈少梅 1944年作 观音像 立轴	59cm×32.5cm	402,500	上海东方	2017-12-10
陈少梅 1945年作 高士图 镜心	123.8cm×39.5cm	200,836	中金国际	2017-11-25
陈少梅 1945年作 山水 四屏立轴	171cm×26cm×4	1,566,450	中濠典藏	2017-05-22
陈少梅 1945年作 四老图 成扇	20cm×51cm	598,000	北京翰海	2017-12-15

拍品名称	物品尺寸	成交价RMB	拍卖公司	拍卖日期
陈少梅 1945年作 西园雅集图 立轴	131cm×67.5cm	25,300,000	北京匡时	2017-12-04
陈少梅 1946年作 桃花书屋 成扇	17.5cm×48cm	460,000	北京荣宝	2017-04-02
陈少梅 1947年作 四季山水 立轴	135cm×22.5cm×4	1,725,000	上海东方	2017-12-10
陈少梅 1948年作 西山隐居图 镜心	21.5cm×95.5cm	402,500	北京银座	2017-06-07
陈少梅 1950年作 江阔帆影 镜心	135cm×56cm	4,600,000	北京匡时	2017-06-03
陈少梅 丙戌（1946年）作 观瀑图 立轴	41cm×29cm	322,000	中国嘉德	2017-06-20
陈少梅 泛舟图 立轴	34cm×44cm×2	161,000	荣宝斋（济南）	2017-06-10
陈少梅 仿古山水 立轴 四屏	107cm×33.5cm×4	2,497,470	北京匡时	2017-10-02
陈少梅 冯忠莲 王文珍 松下仕女 立轴	98cm×17cm	391,000	北京保利	2017-04-27
陈少梅 傅增湘 松下高士·楷书古诗 成扇	18cm×50cm	207,000	北京保利	2017-04-27
陈少梅 高士观瀑图 立轴	93cm×26cm	1,892,484	北京匡时	2017-04-03
陈少梅 甲申（1944年）作 梅下高士图 立轴	105cm×44.5cm	1,380,000	中国嘉德	2017-12-19
陈少梅 柳下仕女 立轴	63.5cm×29cm	340,400	佳士得	2017-11-28
陈少梅 墨梅 立轴	79cm×28cm	287,500	北京荣宝	2017-04-02
陈少梅 溥修 柳荫仕女 节临《书谱》成扇	20.1cm×54cm	667,000	北京诚轩	2017-06-18
陈少梅 壬午（1942）年作 倚柳仕女 立轴	94cm×15cm	299,000	上海敬华	2017-07-01
陈少梅 壬午（1942年）作 泉石怡情 八屏风	23cm×7.5cm×8	4,370,000	中国嘉德	2017-06-19
陈少梅 山水	37cm×60cm	828,000	北京保利	2017-06-07
陈少梅 山水	88cm×56cm	1,380,000	福建东南	2017-05-21
陈少梅 深谷樵翁图 立轴	74cm×34cm	805,000	华艺国际	2017-11-25
陈少梅 松下泛舟 立轴	102cm×48cm	713,000	荣宝斋（济南）	2017-06-10
陈少梅 松下高士图 立轴	103cm×33cm	517,500	上海敬华	2017-07-01
陈少梅 桐荫仕女 镜框	128.8cm×32cm	1,711,875	香港蘇富比	2017-10-02
陈少梅 戊寅十二月（1939年）作 春游载酒 立轴	70cm×32.8cm	3,680,000	北京诚轩	2017-06-18
陈少梅 俞祖鑫 壬午（1942）年作 浣纱女 篆书 成扇		287,500	上海敬华	2017-07-01
陈少梅 郑世芬 夏日山居 书法成扇	18cm×46cm	460,000	华艺国际	2017-11-25
陈少梅 棕榈高士 立轴	102.7cm×31.8cm	1,606,688	中金国际	2017-11-25
陈师曾 1917年作 山水 六屏镜心	124cm×281cm	575,000	北京匡时	2017-12-04
陈师曾 1922年作 古木寒岩图 立轴	104cm×47cm	207,000	北京荣宝	2017-06-02
陈师曾 壬戌（1922年）作 花卉四屏镜心	135cm×33.5cm×4	207,000	中国嘉德	2017-12-19
陈师曾 四时花卉 册页（八开）	23.9×29.9cm×8	288,275	佳士得	2017-05-30
陈树人 1923年作 柳荫鸣禽 镜心	129cm×45.5cm	483,635	北京匡时	2017-04-03
陈树人 1925年作 梨花斑鸠 立轴	97cm×48cm	517,500	华艺国际	2017-11-25
陈树人 1930年作 木棉小鸟 立轴	114cm×47cm	293,250	华艺国际	2017-05-27
陈树人 1932年作 桃花鹦鹉 镜心	101cm×31.5cm	586,500	中国嘉德	2017-12-18
陈树人 1940年作 花鸟 立轴	144cm×78.5cm	322,000	华艺国际	2017-11-25
陈树人 1942年作 剑门关内 立轴	81.5cm×47.5cm	517,500	中国嘉德	2017-12-18
陈树人 1944年作 富贵长春 立轴	110cm×60cm	425,500	华艺国际	2017-11-25
陈树人 1946年作 峡谷秋光 镜心	66cm×42.5cm	759,000	中国嘉德	2017-12-18
陈树人 汪精卫 1930年作 紫藤 双照楼诗 扇面	10cm×43cm	332,625	佳士得	2017-05-30
陈卫健 守望 镜框	120cm×240cm	172,500	上海东方	2017-06-25
陈文希 1961年作 抽象景观	90cm×90cm	443,500	佳士得	2017-05-28
陈文希 花鸟 立轴	90cm×97cm	230,961	中金国际	2017-11-25

拍品名称	物品尺寸	成交价RMB	拍卖公司	拍卖日期
陈文希 麻雀	42cm×45cm	155,625	香港蘇富比	2017-10-01
陈文希 潘受 1978年作 莲塘锦鲤	124.5cm×65cm	643,250	香港蘇富比	2017-10-01
陈文希 山水	67cm×67cm	243,925	佳士得	2017-05-28
陈文希 树上三猿与红花	68cm×43.5cm	222,750	香港苏富比	2017-04-03
陈文希 树上五猿嬉戏图	135.5cm×70cm	668,250	香港苏富比	2017-04-03
陈文希 双猴 镜框	66.2cm×42.5cm	172,975	纽约佳士得	2017-03-14
陈文希 双猿 立轴	68cm×43cm	207,000	福建东南	2017-10-28
陈文希 松鼠 立轴	121cm×60.5cm	322,000	福建东南	2017-05-21
陈文希 蛙	35cm×45cm	228,250	香港蘇富比	2017-10-01
陈文希 鸭子嬉水	135cm×67cm	723,350	佳士得	2017-11-26
陈文希 游虾 镜心	33cm×43cm	215,468	中国嘉德	2017-10-03
陈文希 猿	137.5cm×69cm	622,500	香港蘇富比	2017-10-01
陈文希 猿戏图 立轴	67.5cm×68.5cm	489,700	中国嘉德	2017-10-03
陈文希 约1980年代作 一对长臂猿	69cm×47cm	288,275	佳士得	2017-05-28
陈文希 长臂猿与紫花	68cm×43cm	255,300	佳士得	2017-11-26
陈文希 枝头三猿嬉戏图	68cm×44.5cm	200,475	香港苏富比	2017-04-03
陈衍 书法 四屏	131cm×23cm×4	166,750	广东小雅斋	2017-05-26
陈逸飞 水乡 镜心	56cm×74.5cm	241,817	保利香港	2017-04-03
陈毅 行书诗稿 镜心	27cm×40cm	517,500	北京保利	2017-06-05
陈毅 行书诗稿 镜心	27cm×20cm	460,000	北京保利	2017-06-05
陈毅 行书诗稿 镜心	27cm×20cm	460,000	北京保利	2017-06-05
陈永锵 2010年作 版纳雨晴 立轴	179cm×96cm	207,000	广东小雅斋	2017-05-26
陈永锵 庚寅（2010）年作 雄姿英发 镜片	210cm×364cm	1,725,000	广东崇正	2017-06-15
陈永锵 辛卯（2011）年作 雄姿英发 镜片	97cm×180cm	230,000	广东崇正	2017-06-15
陈幼华 2008年作 山水 镜心	136cm×69cm	287,500	北京翰海	2017-04-30
陈幼华 2015年 荷塘	68cm×136cm	287,500	北京翰海	2017-12-16
陈幼华 2015年作 李白诗意图 镜心	69cm×136cm	287,500	北京翰海	2017-09-10
陈幼华 2015年作 山水 镜心	69cm×136cm	287,500	北京翰海	2017-01-08
陈幼华 山水	68cm×136cm	287,500	北京翰海	2017-06-03
陈玉圃 2007年作 溪山揽胜图 镜心	97cm×60cm	172,500	北京荣宝	2017-12-02
陈玉圃 丙戌（2006年）作 山水（四帧）扇面	21cm×61cm×4	172,500	中国嘉德	2017-04-01
陈玉圃 庚寅（2010年）作 山水镜心	83.5cm×153.0cm	402,500	中国嘉德	2017-06-21
陈玉圃 甲午（2014年）作 湖山渔乐图 镜心	69cm×138cm	230,000	中国嘉德	2017-09-02
陈玉圃 溪山渔隐（四帧）镜心	52cm×45cm×4	345,000	北京保利	2017-06-05
陈玉圃 夏山垂钓 镜心	97cm×60cm	184,000	北京荣宝	2017-12-02
陈玉圃 乙未（2015年）作 乐志逍遥 镜心	96cm×180cm	552,000	中国嘉德	2017-12-20
陈玉圃 乙酉（2005年）作 山水（四幅）镜心	114cm×42cm×4	437,000	中国嘉德	2017-04-01
陈钰铭 2017年作 醉歌 册页	44cm×29cm×10	690,000	北京匡时	2017-12-03
陈缘督 人物 立轴	198cm×39cm	322,000	华艺国际	2017-11-25
陈缘督 圣母圣子（二帧）镜心	20.5cm×13cm×2	184,000	中国嘉德	2017-12-18
陈缘督 至尊天主圣母像 镜心	51cm×31.5cm	368,000	中国嘉德	2017-12-18
陈正隆 2016年作 竹影千字 镜心	178cm×96cm	509,288	保利香港	2017-10-03
陈之佛 1944年作 寒梅幽禽 立轴	76cm×41cm	368,000	北京保利	2017-12-16
陈之佛 1946年作 繁花鹦鹉 立轴	91.5cm×29.6cm	1,380,000	中国嘉德	2017-12-18
陈之佛 1947年作 罗浮梦影 立轴	109cm×28.5cm	356,500	北京匡时	2017-06-03
陈之佛 丙戌（1946年）作 雪梅立轴	117.5cm×23cm	264,500	中国嘉德	2017-12-18
陈之佛 丁亥（1947年）作 雪鹰白梅 立轴	98.5cm×41.3cm	1,150,000	中国嘉德	2017-12-18
陈之佛 花卉鸽子 立轴	87.5cm×40cm	690,000	北京翰海	2017-06-02

拍品名称	物品尺寸	成交价RMB	拍卖公司	拍卖日期
陈之佛 黄起凤 竹报平安 书法成扇	18.5cm×51cm	207,000	华艺国际	2017-11-25
陈之佛 名花禽憩图 镜片	98cm×31.5cm	862,500	西泠拍卖	2017-07-15
陈之佛 双雀图 镜心	45cm×45.5cm	575,000	北京匡时	2017-12-03
陈之佛 雪禽图 立轴	104.5cm×35.5cm	460,000	中国嘉德	2017-12-18
陈之佛 月下清幽 立轴	114cm×47cm	632,500	北京保利	2017-12-16
陈之佛 竹雀图 立轴	110cm×28.5cm	1,035,000	北京匡时	2017-12-03
陈子庄 1959年作 墨荷 立轴	132cm×62cm	805,000	北京保利	2017-06-05
陈子庄 1962年作 猫石图 轴	42.5cm×132cm	460,000	八益拍卖	2017-09-24
陈子庄 1971年作 双吉加官 立轴	136cm×34cm	1,725,000	北京保利	2017-06-05
陈子庄 1972年作 红梅图 镜片	32cm×25.5cm	166,750	西泠拍卖	2017-07-15
陈子庄 1972年作 花果清供册之六 镜心	38cm×30cm	287,500	八益拍卖	2017-04-22
陈子庄 1972年作 墨梅图 立轴	136cm×56.5cm	184,000	北京匡时	2017-06-03
陈子庄 1972年作 赏梅 镜心	26cm×33cm	172,500	北京保利	2017-06-05
陈子庄 1973年作 百合花 轴	20.5cm×69cm	264,500	八益拍卖	2017-09-24
陈子庄 荷花 立轴	135cm×69cm	1,552,500	北京保利	2017-06-05
陈子庄 花鸟山水 册页片（十二开）	29cm×17.5cm×12	414,000	北京翰海	2017-06-02
陈子庄 鸟石图 轴	34.5cm×134.5cm	172,500	八益拍卖	2017-04-22
陈子庄 秋山霜叶 镜心	25cm×32cm	195,880	保利香港	2017-10-03
陈子庄 壬子（1972年）作 山水册页（六开）	24.5×32.5cm×6	287,500	中国嘉德	2017-06-19
陈子庄 山水花鸟 册页	25.5cm×32cm×10	293,820	保利香港	2017-10-03
陈子庄 松雉图 轴	30cm×97cm	333,500	八益拍卖	2017-09-24
陈子庄 幽居图 镜心	33cm×22cm	195,880	保利香港	2017-10-03
成多禄 行书"爱智书屋"镜片	30cm×87cm	230,000	广东崇正	2017-12-13
程大利 2015年作 秋云浩荡 镜心	144cm×37cm	345,000	北京荣宝	2017-12-02
程十发 1682年作 菊竹双雉 立轴	96cm×60cm	437,000	上海匡时	2017-11-05
程十发 1960年作 武则天人物故事 镜片（八开）	38cm×24.5cm×8	1,357,000	上海嘉禾	2017-07-01
程十发 1962年作 辛安驿 扇面	19cm×52.5cm	166,498	保利香港	2017-10-03
程十发 1962年作 彝族少女 镜心	68cm×34cm	273,359	保利香港	2017-04-03
程十发 1973年作 春天的花朵 镜心	142cm×75cm	1,035,000	北京翰海	2017-12-15
程十发 1977年作 蒙族少女 镜心	81cm×45cm	230,000	朵云轩	2017-04-20
程十发 1977年作 少女与牛 立轴	70cm×46.5cm	264,500	上海嘉禾	2017-07-02
程十发 1978年作 飞天图 镜片	94.5cm×184cm	1,207,500	朵云轩	2017-06-25
程十发 1978年作 蕉影饲鹿图 立轴	241cm×61.5cm	2,932,500	西泠拍卖	2017-07-15
程十发 1978年作 少女与鹿 立轴	68cm×46cm	172,500	北京荣宝	2017-06-02
程十发 1978年作 迎春图 立轴	76cm×30cm	195,500	上海嘉禾	2017-07-02
程十发 1979年作 荷塘奏乐图 立轴	80cm×61cm	690,000	北京保利	2017-06-05
程十发 1979年作 刘三姐 镜片	68cm×42cm	414,000	朵云轩	2017-09-17
程十发 1979年作 人物故事 镜心	46cm×34cm	230,000	北京翰海	2017-06-02
程十发 1979年作 重九赋诗图 立轴	133.5cm×65.5cm	713,000	西泠拍卖	2017-07-15
程十发 1980年作 滇西少女 镜片	45cm×68cm	218,500	朵云轩	2017-12-14
程十发 1981年作 阿Q画传 立轴	诗堂 45.5cm×23.5cm；画心 65.5cm×45.5cm	230,000	西泠拍卖	2017-07-15
程十发 1981年作 少女与鹿 镜心	78cm×50cm	356,500	上海匡时	2017-11-05
程十发 1981年作 钟馗玩蟀图 立轴	67.7cm×47.4cm	518,750	香港蘇富比	2017-10-02
程十发 1982年作 松山幽境 立轴	95cm×59cm	328,653	纽约佳士得	2017-03-14
程十发 1983年作 花木兰 立轴	136.5cm×68cm	2,300,000	上海匡时	2017-11-05
程十发 1983年作 秋爽图 镜片	44.5cm×62.5cm	218,500	西泠拍卖	2017-07-16
程十发 1983年作 双清·行书《己亥杂诗》成扇	18cm×46.5cm	161,000	上海嘉禾	2017-07-02
程十发 1984年作 长乐迎春图 镜片	233cm×112.5cm	920,000	西泠拍卖	2017-07-15
程十发 1985年作 东篱采菊图 立轴	98cm×54.5cm	437,000	西泠拍卖	2017-07-16
程十发 1986年作 芭蕉树下 立轴	131cm×65.5cm	437,000	北京翰海	2017-06-02
程十发 1986年作 九如图 立轴	68cm×68cm	322,000	上海匡时	2017-11-05
程十发 1986年作 群鹿图 镜心	161cm×81cm	184,000	上海匡时	2017-11-05
程十发 1986年作 山水 册页（十八开）	40.5cm×30cm×18	1,053,313	佳士得	2017-05-30
程十发 1986年作 养鹿场 镜心	84cm×161cm	207,000	北京荣宝	2017-06-02
程十发 1987年作 爱菊图 立轴	91cm×67cm	598,000	上海匡时	2017-11-05
程十发 1987年作 少女与兔 立轴	65.5cm×41cm	241,003	中金国际	2017-11-25
程十发 1988年作 繁花图 立轴	91cm×48cm	172,500	北京华辰	2017-06-04
程十发 1988年作 暮春寄怀 册页	28cm×42cm×8	2,242,500	北京匡时	2017-03-29
程十发 1988年作 秋山图 镜框	100cm×61cm	191,475	佳士得	2017-11-28
程十发 1989年作 夏雨图 立轴	47cm×69cm	287,500	观唐皕榷	2017-01-11
程十发 1990年作 蕉荫读书图 立轴	135.5cm×67cm	207,000	北京匡时	2017-12-03
程十发 1994年作 庆生图 立轴	60.5cm×41cm	155,250	朵云轩	2017-12-14
程十发 1994年作 乡思 立轴	88cm×94cm	345,000	华艺国际	2017-05-27
程十发 1997年作 报春 镜框	95.7cm×57.2cm	259,375	香港蘇富比	2017-10-02
程十发 1999年作 瓶花 镜心	69cm×47cm	172,500	北京匡时	2017-06-03
程十发 50年代作 海瑞的故事 连环画原稿	62.5cm×28cm（封面）；30cm×23cm；24cm×19cm×7	431,250	西泠拍卖	2017-07-16
程十发 丙辰（1976年）作 橘颂 镜心	109cm×51cm	483,000	中国嘉德	2017-12-19
程十发 丙寅（1986）年作 暗香疏影 立轴	134cm×67cm	989,000	上海嘉禾	2017-07-02
程十发 丙寅（1986）年作 秋色镜框	88.5cm×48cm	345,000	朵云轩	2017-12-14
程十发 丙寅（1986年）作 阆苑仙踪 立轴	131.5cm×66cm	1,150,000	中国嘉德	2017-12-19
程十发 丙寅（1986年）作 烟雨江南 立轴	102cm×54.8cm	276,000	中国嘉德	2017-12-19
程十发 丙子（1996）年作 烟峰秋霭 立轴	51cm×63cm	207,000	广东崇正	2017-12-13
程十发 插图绘画（七帧）镜心	24.5cm×17cm×7	195,880	保利香港	2017-10-03
程十发 翠竹双雀 立轴	85.5cm×45.5cm	322,000	中国嘉德	2017-06-19
程十发 大吉图 立轴	66cm×49cm	172,500	福建东南	2017-05-21
程十发 傣村节日图 立轴	41.5cm×71.5cm；43.5cm×71.5cm	1,035,000	北京诚轩	2017-06-18
程十发 丁卯（1987）年作 富贵有余图 镜片	69cm×136cm	690,000	上海嘉禾	2017-07-02
程十发 丁卯（1987）年作 秋树双雉 镜片	137cm×67.5cm	345,000	朵云轩	2017-06-25
程十发 丁卯（1987年）作 喂羊图 镜心	41cm×61cm	184,000	中国嘉德	2017-04-01
程十发 丁卯（1987年）作 渊明赏菊 立轴	91cm×59cm	402,500	中国嘉德	2017-06-19
程十发 丁巳（1977）年作 喜洋洋 行书辛稼轩词 扇面	18.6cm×50cm	161,000	广东崇正	2017-12-13
程十发 范蠡泛舟图 立轴	134cm×68cm	322,000	广东小雅斋	2017-05-26
程十发 仿古集锦 册页（四开）	27cm×32.5cm×4	690,000	华艺国际	2017-05-27
程十发 丰收图 镜心	诗堂 30cm×56cm；本幅79cm×56cm	667,000	北京匡时	2017-12-03
程十发 凤女图 立轴	74.5cm×49cm	160,272	中濠典藏	2017-11-29
程十发 庚申（1980）年作 赶集镜片	71cm×70cm	736,000	上海敬华	2017-07-01
程十发 庚申（1980）年作 长乐图 立轴	82.5cm×48.5cm	494,500	朵云轩	2017-06-25

拍品名称	物品尺寸	成交价RMB	拍卖公司	拍卖日期
程十发 庚申（1980年）作 双美图 立轴	92cm×49.5cm	759,000	中国嘉德	2017-06-19
程十发 庚午（1990年）作 少女双吉 镜心	90cm×59.5cm	483,000	中国嘉德	2017-12-18
程十发 庚子（1960）年作 孔雀舞 镜片	75cm×119cm	2,300,000	朵云轩	2017-12-14
程十发 庚子（1960）年作 牧羊少女 镜片	31cm×80.5cm	166,750	朵云轩	2017-06-25
程十发 庚子（1960）年作 小羊羔 镜片	55.5cm×32.5cm	345,000	朵云轩	2017-09-18
程十发 姑娘与鹿 立轴	82cm×51cm	402,500	广东崇正	2017-12-13
程十发 癸亥（1983）年作 长乐平安有余 立轴	90cm×58cm	253,000	上海敬华	2017-07-01
程十发 花开四季 立轴	96cm×60cm	632,500	朵云轩	2017-06-25
程十发 花鸟（四帧）镜心	33.5×44.5cm×4	414,000	中国嘉德	2017-12-19
程十发 怀素书蕉 镜心	104cm×68.5cm	161,000	北京匡时	2017-12-03
程十发 吉祥团扇 团扇	高40cm；22.5cm×23cm	161,000	福建东南	2017-05-21
程十发 己巳（1989）年作 赏梅读书 镜片	117cm×63cm	529,000	朵云轩	2017-06-25
程十发 己未（1979年）作 莲塘立轴	65.5cm×43.5cm	299,000	中国嘉德	2017-06-20
程十发 甲戌（1994）年作 宋人词意图 镜框	78cm×69cm	575,000	上海嘉禾	2017-07-02
程十发 甲戌（1994年）作 寿星镜心	96cm×39cm	253,000	中国嘉德	2017-12-19
程十发 甲子1984年作 散花天女与维摩诘 镜心	96.5cm×60cm	483,000	北京诚轩	2017-06-18
程十发 甲子（1984）年作 福德羊·行书李长吉诗 成扇	18cm×48cm	345,000	上海嘉禾	2017-07-02
程十发 甲子（1984）年作 少女双羊 立轴	68cm×45.5cm	322,000	上海嘉禾	2017-07-02
程十发 甲子（1984年）作 闻香仕女 镜心	68cm×48cm	253,000	中国嘉德	2017-04-01
程十发 接喜图 软片	68.5cm×46cm	299,000	上海嘉禾	2017-07-02
程十发 连环画《列宁在一九一八》手稿 镜心	27cm×20cm×130	920,000	北京荣宝	2017-06-02
程十发 鹿苑长春 立轴	69cm×47cm	322,000	北京翰海	2017-12-15
程十发 牧羊少女 立轴	66cm×34cm	156,704	中国嘉德	2017-10-03
程十发 彭泽故事 镜片	134cm×67cm	920,000	上海敬华	2017-07-01
程十发 清静图 立轴	67cm×50cm	402,500	中贸圣佳	2017-06-19
程十发 壬申（1992）年作 季季平安有余 立轴	44cm×61cm	184,000	上海敬华	2017-07-01
程十发 壬申（1992年）作 行吟图 镜心	95.5cm×60cm	437,000	中国嘉德	2017-12-18
程十发 壬申（1992年）作 橘颂立轴	129.5cm×81cm	805,000	中国嘉德	2017-06-19
程十发 壬申（1992年）作 申年有余 镜心	53cm×53cm	517,500	中国嘉德	2017-12-19
程十发 壬戌（1982）年作 大吉图 立轴	95.5cm×59cm	943,000	朵云轩	2017-06-25
程十发 壬戌（1982）年作 右军笼鹅去 镜片	156cm×83cm	1,725,000	上海嘉禾	2017-07-01
程十发 壬子（1972年）作 牧羊少女 立轴	81cm×76cm	460,000	中国嘉德	2017-06-19
程十发 赏花少女 立轴	102cm×53.5cm	172,500	荣宝斋（济南）	2017-12-08
程十发 少女 立轴	33cm×59cm	195,500	中国嘉德	2017-12-19
程十发 少女 立轴	67cm×45cm	184,000	十竹斋	2017-01-01
程十发 少女牧牛图 立轴	68cm×39cm	287,500	上海嘉禾	2017-07-02
程十发 少女牧羊 立轴	88.5cm×47.5cm	494,500	朵云轩	2017-06-25
程十发 少女与鹿 镜心	89cm×47.5cm	333,500	上海匡时	2017-11-05
程十发 少女与鹿 镜心	135cm×33cm	287,500	观唐皕榷	2017-01-11
程十发 少女与鹿 镜心	27.5cm×34.5cm	172,500	荣宝斋（上海）	2017-07-30
程十发 双吉图 镜心	48.5cm×40cm	230,000	荣宝斋（济南）	2017-06-10
程十发 卧游山水图（九帧）镜片	33cm×33cm×9	1,380,000	西泠拍卖	2017-07-15
程十发 戊辰（1988）年作 松江泖塔 立轴	96.5cm×73.5cm	690,000	朵云轩	2017-12-14
程十发 戊午 1978年作 山茶双吉立轴	67cm×44.6cm	172,500	北京诚轩	2017-06-18
程十发 戊午（1978）年作 钟馗出游图 立轴	68cm×46cm	172,500	上海嘉禾	2017-07-02
程十发 戊午（1978年）作 斗草图 立轴	89cm×47.5cm	540,500	中国嘉德	2017-12-18
程十发 戊午（1978年）作 李长吉诗意 立轴	79cm×48cm	621,000	中国嘉德	2017-06-19
程十发 戊午（1978年）作 牧羊立轴	59.5cm×41cm	161,000	中国嘉德	2017-06-20
程十发 戊午（1978年）作 少女与鹿 立轴	69.5cm×49cm	632,500	中国嘉德	2017-06-20
程十发 献寿图 立轴	103cm×69cm	851,000	北京匡时	2017-03-29
程十发 辛未（1991）年作 赏花图 镜片	94cm×57.5cm	460,000	上海嘉禾	2017-07-02
程十发 辛酉（1981）年作 饲鹿图 镜心	75cm×61cm	333,500	朵云轩	2017-04-21
程十发 辛酉（1981年）作 双鱼立轴	94.5cm×86.5cm	156,704	中国嘉德	2017-10-02
程十发 鱼 镜心	86cm×47cm	253,000	北京宣石	2017-12-03
程十发 云中君稿 立轴	128.5cm×65.5cm	218,500	中国嘉德	2017-12-19
程十发 智取威虎山 扇面	19cm×52.5cm	176,292	保利香港	2017-10-03
程十发 中国古代成语典故画（十二帧）四屏 立轴	23.5×21.5cm×8；直径23cm×4	1,437,500	上海嘉禾	2017-07-01
程十发 周昌谷 陈子奋 郑晓沧 等册页（共二十开）	18cm×25.5cm×20	218,500	福建东南	2017-05-21
程十髪 1964年作 归牧 立轴	95.5cm×44.9cm	311,850	香港苏富比	2017-04-04
程向君 2011年作 漆书·三	80cm×56cm	287,500	北京华辰	2017-12-16
程小青 七十寿诗 手卷	32cm×130cm	586,500	南京经典	2017-07-23
程砚秋 楷书七言联 立轴	103cm×23.5cm×2	207,000	北京匡时	2017-06-04
程璋 1928年作 得鱼图 立轴	142.5cm×71.5cm	172,500	中贸圣佳	2017-06-19
程璋 壬申（1932）年作 秋露阑干立轴	134cm×66cm	184,000	朵云轩	2017-12-14
程璋 壬申（1932年）作 乔松鸳鸯 立轴	151cm×81.5cm	161,000	中国嘉德	2017-06-20
崔岱 丁卯（1927年）作 百美图手卷	引首38.5cm×102cm；画39cm×954cm	195,500	中国嘉德	2017-06-20
崔如琢 2006年作 波上寒烟翠 镜心	46cm×37cm	1,577,070	保利香港	2017-04-03
崔如琢 2006年作 春晚绿墅秀 镜心	46cm×37cm	1,366,794	保利香港	2017-04-03
崔如琢 2006年作 江流日夜变秋声 镜心	46cm×37cm	1,471,932	保利香港	2017-04-03
崔如琢 2006年作 清风扫地收残暑 镜心	46cm×37cm	1,577,070	保利香港	2017-04-03
崔如琢 2006年作 秋色无边远，出门尽寒山 镜心	46cm×37cm	1,366,794	保利香港	2017-04-03
崔如琢 2006年作 松里云深夏亦寒 镜心	46cm×37cm	1,577,070	保利香港	2017-04-03

拍品名称	物品尺寸	成交价RMB	拍卖公司	拍卖日期
崔如琢 2006年作 万里风烟接素秋 镜心	46cm×37cm	1,577,070	保利香港	2017-04-03
崔如琢 2006年作 夏木阴阴正可人 镜心	46cm×37cm	1,682,208	保利香港	2017-04-03
崔如琢 2006年作 萧萧乱叶报新秋 镜心	46cm×37cm	1,366,794	保利香港	2017-04-03
崔如琢 2006年作 晓夕重轻烟 镜心	46cm×37cm	1,471,932	保利香港	2017-04-03
崔如琢 2006年作 心色苍茫酿雪天 镜心	46cm×37cm	1,471,932	保利香港	2017-04-03
崔如琢 2006年作 野渡无人舟自横 镜心	46cm×37cm	1,682,208	保利香港	2017-04-03
崔如琢 2008年作 乘雨归舟 镜心	67.5cm×45cm	1,380,000	北京匡时	2017-12-03
崔如琢 2010年作 秋烟漠漠雨蒙蒙 镜心	178.5cm×521cm	126,165,600	保利香港	2017-04-03
崔如琢 2010年作 无边光景一时新 镜心	44cm×44cm	1,892,484	保利香港	2017-04-03
崔如琢 2011年至2012年作 十六开册页及书法一件 镜心	书法 45cm×35cm；册页 48cm×38.5cm×16	29,382,000	保利香港	2017-10-03
崔如琢 2011年作 不知山路遥 镜心	144cm×74.5cm	11,752,800	保利香港	2017-10-03
崔如琢 2011年作 看云疑是青山动 镜心	144cm×75.5cm	12,732,200	保利香港	2017-10-03
崔如琢 2011年作 林发花岸口，气色动江新 镜心	74.5cm×49cm	3,154,140	保利香港	2017-04-03
崔如琢 2011年作 疏林映雪见江峰 镜心	142.3cm×74.4cm	10,773,400	保利香港	2017-10-03
崔如琢 2012年作 古木千寻雪，寒山万丈云 镜心	74cm×47cm	2,943,864	保利香港	2017-04-03
崔如琢 2012年作 狂风骤雨暗江千 镜心	144cm×74.5cm	11,752,800	保利香港	2017-10-03
崔如琢 2012年作 留连朗月清风 镜心	47cm×179cm	1,682,208	保利香港	2017-04-03
崔如琢 2012年作 满目荷花千万顷 镜心	143cm×297cm	39,176,000	保利香港	2017-10-03
崔如琢 2013年作 苍山连冻浦，雪屋入寒林 镜心	143.5cm×74cm	13,711,600	保利香港	2017-10-03
崔如琢 2013年作 春深高树绿成帏，遇雨寒泉带雪飞 镜心	143.5cm×74cm	9,794,000	保利香港	2017-10-03
崔如琢 2013年作 春雨积篱落，声声响春树 镜心	143.5cm×74cm	11,752,800	保利香港	2017-10-03
崔如琢 2013年作 孤舟蓑笠翁	47cm×38cm	1,610,000	北京翰海	2017-06-03
崔如琢 2013年作 日出远岫明，鸟散空林寂 镜心	144cm×74.5cm	12,732,200	保利香港	2017-10-03
崔如琢 2013年作 山涧晓雪 镜心	143cm×368cm	47,011,200	保利香港	2017-10-03
崔如琢 2013年作 谁将平地万堆雪（指墨雪景）	74cm×143cm	13,800,000	北京翰海	2017-12-16
崔如琢 2013年作 听声 镜心	143cm×524cm	146,910,000	保利香港	2017-10-03
崔如琢 2013年作 溪光初透彻	47cm×38cm	1,725,000	北京翰海	2017-06-03
崔如琢 2014年作 风高秋月白 镜心	41cm×41cm	1,577,070	保利香港	2017-04-03
崔如琢 2014年作 湖山吟雪 镜心	41cm×41cm	1,682,208	保利香港	2017-04-03
崔如琢 2014年作 秋高木影疏 镜心	44cm×44cm	1,471,932	保利香港	2017-04-03
崔如琢 2014年作 深雪村路夜 镜心	44cm×44cm	1,577,070	保利香港	2017-04-03
崔如琢 2014年作 晚来天欲雪 镜心	44cm×44cm	1,682,208	保利香港	2017-04-03

拍品名称	物品尺寸	成交价RMB	拍卖公司	拍卖日期
崔如琢 2014年作 夏山雨后 镜心	44cm×44cm	1,787,346	保利香港	2017-04-03
崔如琢 2015年作 香醉步蹒跚 立轴	138cm×68cm	17,250,000	北京荣宝	2017-12-02
崔如琢 2016年作 冷碧新秋水，淡香醉万家 镜心	547.5cm×66cm	34,279,000	保利香港	2017-10-03
崔如琢 2016年作 万里平铺雪满天 镜心	179cm×553cm	138,000,000	北京保利	2017-06-04
崔如琢 2017年作 指墨山水 十二条屏镜心	216cm×76cm×12	241,500,000	北京保利	2017-12-17
崔如琢 癸巳（2013年）作 春来早 镜心	48.0cm×37.5cm	1,725,000	中国嘉德	2017-06-21
崔如琢 癸巳（2013年）作 山涧小雪 镜心	48.0cm×37.5cm	1,725,000	中国嘉德	2017-06-21
崔如琢 癸巳（2013年）作 雪处疑花满 镜心	120cm×290.5cm	32,200,000	中国嘉德	2017-12-20
崔如琢 壬辰（2012年）作 梅雪 镜心	48.5cm×180.0cm	7,475,000	中国嘉德	2017-06-21
崔如琢 雨中桃色 镜框	142cm×75cm	8,050,000	北京荣宝	2017-06-02
崔如琢 指墨“良辰美景” 镜心	95.0cm×58.5cm	1,380,000	中国嘉德	2017-06-21
崔晓东 2008年作 大巴山深处 镜心	33cm×44cm	230,000	北京保利	2017-12-18
崔晓东 2011年作 岭上有多云 镜心	137cm×34cm	276,000	北京荣宝	2017-12-02
崔晓东 2012年作 瑞士乡村纪游 镜心	33cm×137cm	276,000	北京荣宝	2017-12-02
崔晓东 2015年作 江畔秋色 镜心	70cm×85cm	345,000	北京保利	2017-06-05
崔晓东 夕阳山外山 镜心	96cm×60cm	460,000	北京荣宝	2017-06-02
崔子范 春色 立轴	132cm×64cm	195,500	荣宝斋（济南）	2017-12-08
崔子范 荷花 镜心	96cm×180cm	218,500	荣宝斋（济南）	2017-12-08
崔自默 仁爱	24.5cm×33cm	207,000	北京翰海	2017-12-16
崔自默 造化天来	16.7cm×13.5cm	207,000	北京翰海	2017-12-16
大壶 江上秋风 镜心	33cm×130cm	299,000	北京保利	2017-12-18
大壶 墨色小品四则 镜心	23cm×35cm×4	253,000	北京保利	2017-06-05
大土三阳 周尊圣 许俊 穆家善 2016年作 万壑松风	144cm×366cm	230,000	北京翰海	2017-12-16
戴敦邦 上寿图四屏通景 镜心	135.5×34.0cm×4	632,500	中国嘉德	2017-06-21
戴敦邦 王白水《海青天》连环画原稿119页（一册选八）	18.5×26cm×119	207,000	朵云轩	2017-06-25
戴季陶 1941年作 行书民权歌 四屏立轴	127.4×29.3cm×4	218,500	观唐皕榷	2017-01-11
戴季陶 行书节录《礼记》立轴	174.5×44.5cm×4	161,000	北京匡时	2017-12-04
德富苏峰 行书格言 立轴	129cm×31.5cm	209,000	北京银座	2017-06-07
德富苏峰 行书题句 立轴	37.5cm×40cm	198,000	北京银座	2017-06-07
邓尔疋 癸未（1943年）作 行书“清风明月” 横披	29.5cm×100.5cm	195,500	中国嘉德	2017-12-18
邓尔疋 行书《心经》手卷	引首 22cm×31cm；本幅22cm×111cm	205,674	中国嘉德	2017-10-03
邓尔雅 篆书“十分春色” 镜心	20cm×54cm	230,000	北京保利	2017-06-05
邓芬 1932年作 月下待客 镜心	84cm×28cm	262,845	北京匡时	2017-04-03
邓芬 1937年作 莲塘泛舟 镜框	86cm×32.8cm	197,125	香港蘇富比	2017-10-02
邓芬 1942年作 罗汉 立轴	68cm×34cm	195,500	上海匡时	2017-11-05
邓芬 1944年作 人物 扇面	18cm×50cm	264,500	华艺国际	2017-05-27
邓芬 1946年作 仕女 镜框	106cm×40cm	402,500	华艺国际	2017-11-25
邓芬 1947年作 持扇仕女 镜框	98cm×34.5cm	287,500	华艺国际	2017-05-27
邓芬 1949年作 秋院停琴 镜框		245,025	香港苏富比	2017-04-04
邓芬 1951年作 调鹦图 镜框		269,750	香港蘇富比	2017-10-02
邓芬 1959年作 春风白马访琼楼 镜框	94.5cm×184cm	5,859,800	香港蘇富比	2017-10-02

拍品名称	物品尺寸	成交价RMB	拍卖公司	拍卖日期
邓芬 1959年作 芳园静伫 横披	56.5cm×91cm	558,258	北京匡时	2017-10-02
邓芬 1961年作 柳荫清音 立轴	88.5cm×33cm	170,200	佳士得	2017-11-28
邓芬 1961年作 仕女执扇 镜框	134.6cm×65.5cm	310,450	佳士得	2017-05-30
邓芬 1962年作 不二价图 镜框	100cm×50.5cm	202,113	佳士得	2017-11-28
邓芬 1962年作 执扇仕女 立轴	122cm×40cm	166,498	北京匡时	2017-10-02
邓芬 1964年作 花鸟 山水 四屏	95cm×30cm×4	184,000	广东小雅斋	2017-05-26
邓芬 1964年作 英风图 立轴	95cm×31.5cm	207,000	上海匡时	2017-11-05
邓芬 丙申（1956年）作 小园扑蝶 立轴	92.5cm×34cm	161,000	北京诚轩	2017-06-18
邓芬 丁亥（1947年）作 桐阴静伫 立轴	101.6cm×33.6cm	253,000	北京诚轩	2017-06-18
邓芬 癸未（1943）年作 荔香引蝶 立轴	92cm×32cm	172,500	上海敬华	2017-07-01
邓芬 己亥（1959年）作 四美图 镜心	63cm×37cm×4	1,224,250	中国嘉德	2017-10-03
邓芬 人物 竹 对联 镜框四屏	竹95cm×30cm；人物110cm×46cm；对联103cm×22cm×2	460,000	华艺国际	2017-11-25
邓国源 2004年 在花园No.10	122cm×122cm	287,500	华艺国际	2017-11-25
邓国源 2004年作 IN DEM BERG 在山中 No.10	122cm×122cm	230,000	华艺国际	2017-05-27
邓散木 1944年作 飒飒清风 行书黄庭坚诗 成扇	19cm×53cm	172,500	北京保利	2017-06-04
邓散木 隶书四言联 对联	150cm×39cm×2	189,750	上海泓盛	2017-06-27
邓散木 辛巳（1941年）作 草书临《绝交书》册页（十五开）	48.5cm×41cm×15	161,000	中国嘉德	2017-12-20
邓拓 墨趣 镜心	159cm×80cm	274,428	保利香港	2017-04-03
丁宝书 丁卯（1927）年作 松鹤祝寿图 横批	125cm×250cm	184,000	上海嘉禾	2017-07-02
丁辅之 1934年作 篆书 十一言联 对联	146cm×19cm×2	161,000	西泠拍卖	2017-07-15
丁辅之 1942年作 为若瓢和尚作梅花诗画册（三十六页）册页	19.5×16cm×12；16×9.5cm×24	2,185,000	西泠拍卖	2017-07-15
丁辅之 1946年作 荔枝 书法 成扇	17.5cm×47cm	264,500	华艺国际	2017-05-27
丁辅之 庚辰（1940）年作 果香图 立轴	90cm×34.5cm	207,000	上海嘉禾	2017-07-02
丁辅之 黄葆戉 佳果四品 节临《孔宙碑》成扇	18.5cm×48.5cm	212,750	北京诚轩	2017-06-18
丁辅之 四色梅花 镜片	34cm×37cm×4	207,000	广东崇正	2017-06-15
丁辅之 辛未（1931年）作 三多图 镜心	26.2cm×33.5cm	184,000	中国嘉德	2017-12-18
丁辅之 贞松永茂 立轴	82.5cm×36.5cm	195,500	中国嘉德	2017-12-18
丁观加 癸未（2003年）作 水乡渔歌 镜心	67cm×133cm	207,000	中国嘉德	2017-12-20
丁观加 己卯（1999年）作 江南十月 镜心	67cm×135cm	207,000	中国嘉德	2017-12-20
丁桥 2012年作 后母戊鼎 镜心	160cm×140cm	632,500	北京保利	2017-12-18
丁汝昌 1889年作 行楷节录《庐山东林寺夜怀》立轴	105cm×46.5cm	345,000	上海明轩	2017-06-30
丁筱芳 2012年作 土山湾记忆 镜心	200cm×207cm	375,948	中濠典藏	2017-05-22
丁雄泉 约1990年作 帘幕后的蓝眼猫	63.1cm×69.2cm	178,620	罗芙奥	2017-06-04
丁衍庸 1962年作 花鸟 手卷	770cm×38cm	788,535	北京匡时	2017-04-03
丁衍庸 1968年作 鱼 蝉 花鸟 海棠花开是暮春 兰 多子图 竹 脚踏实地 小鸟白菜图 镜片	35cm×34cm×10	184,000	广东小雅斋	2017-05-26
丁衍庸 1972年作 击鼓骂曹 行书 成扇	18.8cm×45.4cm	155,925	香港苏富比	2017-04-04
丁衍庸 1972年作 人物 镜框	136cm×69cm	241,500	华艺国际	2017-11-25
丁衍庸 1974年作 八仙祝寿 镜心	36cm×69cm	273,359	北京匡时	2017-04-03
丁衍庸 1975年作 繁花吟禽 立轴	138cm×68.5cm	218,500	北京匡时	2017-03-29
丁衍庸 1977年作 霸王与虞姬	138cm×69cm	342,790	中国嘉德	2017-10-02
丁衍庸 八仙祝寿 镜片	140.4cm×68cm	864,875	纽约苏富比	2017-03-16
丁衍庸 八仙捉鬼 立轴	137.7cm×68.7cm	691,900	纽约苏富比	2017-03-16
丁衍庸 霸王别姬	23.5cm×35cm	200,475	香港苏富比	2017-04-03
丁衍庸 丙辰（1976年）作 重九登高 立轴	138.5cm×69cm	293,820	中国嘉德	2017-10-03
丁衍庸 仿天池八大手 手卷	37cm×324cm	345,000	北京保利	2017-06-06
丁衍庸 花鸟 册页（八开）	27cm×34cm×8	184,000	华艺国际	2017-03-19
丁衍庸 兰竹蛙鸟图 手卷	35.7cm×387.1cm	288,275	佳士得	2017-05-30
丁衍庸 龙舟 立轴		224,868	纽约苏富比	2017-03-16
丁衍庸 吕布与貂婵 镜框	34.8cm×40cm	207,500	香港蘇富比	2017-10-02
丁衍庸 清游遐览 手卷	引首38cm×98cm；本幅38cm×692cm	489,700	北京匡时	2017-10-02
丁衍庸 人物集锦 册页（九开）	38cm×54cm×9	607,228	中国嘉德	2017-10-03
丁衍庸 三顾草庐 立轴	139.7cm×69cm	518,925	纽约苏富比	2017-03-16
丁衍庸 松树双鸽	137.5cm×69cm	150,000	香港蘇富比	2017-10-01
丁衍庸 乙卯（1975）年作 集锦手卷	38cm×685cm	253,000	朵云轩	2017-06-25
丁衍庸 竹石双雀 立轴	138.5cm×69cm	184,000	中国嘉德	2017-12-18
董必武 陈毅 1965年作 1966年作 行书毛主席七律一首 行草《咏梅》镜心	27.5cm×55cm×2	920,000	北京东正	2017-06-08
董青源 临白描人物 镜心	220cm×43cm	230,000	北京荣宝	2017-12-02
董寿平 1944年作 墨竹 立轴	148cm×45.5cm	437,000	北京荣宝	2017-04-02
董寿平 1946年作 松瀑图 立轴	112cm×41.5cm	230,000	北京翰海	2017-12-15
董寿平 1949年作 粉梅 镜心	111.5cm×34cm	350,300	北京银座	2017-12-20
董寿平 1960年作 粉梅 镜心	90.5cm×33.5cm	920,000	北京银座	2017-06-07
董寿平 1964年作 毛主席诗意图 立轴	170cm×93cm	2,702,500	中国嘉德	2017-12-18
董寿平 1972年作 黄山松云 镜心	56.5cm×127cm	920,000	北京银座	2017-06-07
董寿平 1981年作 墨梅 镜心	直径93cm	1,322,500	北京银座	2017-06-07
董寿平 1982年作 水墨山水 立轴	直径93cm	1,054,389	中金国际	2017-11-25
董寿平 1983年作 墨竹图 立轴	133cm×68cm	230,000	北京翰海	2017-01-08
董寿平 1983年作 竹石图 立轴	68cm×101.5cm	451,881	中金国际	2017-11-25
董寿平 1984年作 何可一日无此君 立轴	136cm×68cm	563,500	北京银座	2017-12-20
董寿平 1984年作 黄山松云图 镜心	82cm×150cm	885,500	北京荣宝	2017-09-24
董寿平 1984年作 群峰竞秀 镜心	130cm×65cm	1,380,000	北京荣宝	2017-12-02
董寿平 1985年作 风竹 立轴	138cm×68cm	483,000	北京荣宝	2017-12-02
董寿平 1985年作 墨竹图 立轴	179cm×95cm	172,500	观唐皕榷	2017-01-11
董寿平 1987年作 红梅 立轴	86cm×68cm	230,000	北京翰海	2017-12-15
董寿平 1989年作 墨竹图 立轴	96.5cm×58cm	172,500	北京荣宝	2017-06-02
董寿平 1989年作 葡萄图 镜心	136cm×68cm	483,000	观唐皕榷	2017-01-11
董寿平 1989年作 竹石兰花 镜心	100cm×55cm	632,500	北京银座	2017-06-07
董寿平 丙寅（1986年）作 墨竹 镜心	133cm×69cm	310,500	中国嘉德	2017-09-02
董寿平 春像 镜片	39cm×64cm	172,500	上海敬华	2017-07-01
董寿平 丁亥（1947年）作 梅花 立轴	125cm×55.5cm	172,500	中国嘉德	2017-12-19
董寿平 二郎山秋色 立轴	135.5cm×68cm	2,875,000	北京银座	2017-06-07
董寿平 高松 镜心	150cm×83cm	575,000	北京荣宝	2017-04-02
董寿平 红梅 镜框	70cm×34cm	172,500	北京荣宝	2017-09-24
董寿平 红梅 镜心	96.5cm×180cm	4,025,000	中国嘉德	2017-12-18
董寿平 红梅 镜心	69cm×100.5cm	713,000	中国嘉德	2017-06-20
董寿平 红梅 镜心	49cm×69.5cm	230,000	北京荣宝	2017-12-02
董寿平 红梅 镜心	70cm×104cm	575,000	观唐皕榷	2017-01-11
董寿平 红梅 立轴	87cm×56cm	747,500	北京荣宝	2017-12-02
董寿平 红梅花开 镜心	153cm×83.5cm	4,830,000	中国嘉德	2017-06-19

拍品名称	物品尺寸	成交价RMB	拍卖公司	拍卖日期
董寿平 红梅图 镜心	104cm×52cm	230,000	观唐皕榷	2017-01-11
董寿平 黄山人字瀑 立轴	101cm×33cm	632,500	北京银座	2017-06-07
董寿平 黄山散花坞 立轴	书法 59cm×66.5cm；画 41.5cm×66.5cm	460,000	中国嘉德	2017-12-19
董寿平 黄山松云 立轴	131.5cm×66cm	575,000	中贸圣佳	2017-06-19
董寿平 黄山西海 立轴	90.5cm×60.5cm	460,000	北京银座	2017-06-07
董寿平 黄山云海 镜心	121.5cm×232cm	8,050,000	北京银座	2017-06-07
董寿平 黄胄 1977年作 竹荫鸡趣 镜片	79cm×49cm	241,500	广东崇正	2017-06-15
董寿平 劲松长春 立轴	135cm×67cm	437,000	北京保利	2017-04-27
董寿平 兰石图 立轴	47.5cm×67cm	299,000	北京荣宝	2017-12-02
董寿平 鸣泉图 镜心	174cm×96cm	1,610,000	中国嘉德	2017-06-20
董寿平 墨竹 镜片	174cm×96cm	322,000	上海敬华	2017-07-01
董寿平 墨竹 立轴	110cm×44cm	161,000	北京翰海	2017-12-15
董寿平 墨竹 立轴	107.5cm×48cm	172,500	荣宝斋（济南）	2017-06-10
董寿平 墨竹 立轴	67cm×43.5cm	161,000	北京东正	2017-03-31
董寿平 溥佺 1981年作 梅竹双清图 镜框	83cm×50.5cm	184,000	北京荣宝	2017-06-02
董寿平 启功 劲节迎风 立轴	95cm×58.5cm	943,000	荣宝斋（济南）	2017-06-10
董寿平 秦仲文 红梅图 月竹图 对屏	26cm×41.5cm×2	345,000	上海明轩	2017-06-30
董寿平 山岚松风 镜心	51.5cm×59cm	402,500	北京翰海	2017-12-15
董寿平 松风云涛 镜片	94cm×53cm	437,000	广东崇正	2017-06-15
董寿平 松瀑图 立轴	123cm×80cm	920,000	北京银座	2017-06-07
董寿平 天池瀑布 镜框	40cm×60.5cm	268,290	伦敦佳士得	2017-05-12
董寿平 戊辰（1988年）作 黄山 立轴	92.5cm×92.5cm	402,500	中国嘉德	2017-06-19
董寿平 戊午（1978）年作 黄山松云 镜片	36cm×48cm	207,000	朵云轩	2017-06-25
董寿平 许麟庐 周怀民 黄永玉 等 结翰墨缘册 镜心	32cm×47cm×22	299,000	中国嘉德	2017-09-02
董寿平 亚明 田世光 白雪石 俞致贞 宋文治 朱屺瞻 叶浅予 关山月 黎雄才 刘力上 方济众 李可染 魏紫熙 启功 1984-1986年作 云锦精裁 册页（15开）	54cm×37.5cm×15	1,495,000	北京东正	2017-06-08
董天昊 勤书图 镜心	66.5cm×222cm	460,000	北京保利	2017-12-16
董希源 2017年作 高士行吟图 镜心	68cm×70cm	253,000	北京匡时	2017-06-03
董希源 国色英华 镜心	69cm×66.5cm	218,500	中贸圣佳	2017-06-19
董欣宾 放歌万里云天图 镜心	79cm×68cm	287,500	南京经典	2017-07-23
董欣宾 江南渔牧雪意图 镜心	70cm×68cm	218,500	南京经典	2017-07-23
董欣宾 黎明时的乡村小河 镜心	66cm×42cm	218,500	南京经典	2017-07-23
董欣宾 浓荫飞瀑	138cm×68cm	195,500	北京翰海	2017-06-03
董欣宾 三余图 镜心	34cm×137cm	161,000	南京经典	2017-07-23
董欣宾 松下高士图 立轴	137cm×69cm	299,000	南京经典	2017-07-23
董欣宾 无题	134cm×67cm	184,000	北京翰海	2017-12-16
董欣宾 新荷图 立轴	69cm×68cm	253,000	南京经典	2017-07-23
董欣宾 鱼乐图 立轴	105cm×40cm	333,500	南京经典	2017-07-23
董作宾 甲骨文 七言诗	67.5cm×32.5cm	172,500	中国嘉德	2017-06-21
董作宾 书法 对联	132cm×24cm×2	178,250	广东小雅斋	2017-05-26
杜大伟 2009年作 大富贵 镜心	95cm×178cm	207,000	北京保利	2017-11-10
杜小同 观潮 镜心	191.5cm×106cm	261,075	中濠典藏	2017-05-22
杜新元 平挹九州 镜心	107cm×57cm	2,875,000	北京保利	2017-11-10
杜滋龄 丙戌（2006年）作 虔诚的天界子民 镜心	211cm×358cm	1,265,000	中国嘉德	2017-09-02
杜滋龄 虔诚的天界子民 镜心	359cm×211cm	1,230,500	北京宣石	2017-05-21
渡海名家 杂画册（十四开册）	each: 30cm×41.8cm×14	1,763,750	香港蘇富比	2017-10-02
段保国 2016年作 圣山云梦 镜心	52cm×135cm	172,500	北京保利	2017-12-18
段朝林 2012年作 夏山访友图 手卷	34cm×272cm	161,000	上海东方	2017-06-25
段新明 2013年作 夏日晓晴图 镜心	68cm×136cm	230,000	北京保利	2017-12-18
樊枫 2015年作 松树 镜心	138cm×70cm×4	690,000	北京保利	2017-11-10
樊浩霖 1951年作 馗趣图 手卷 三卷	尺寸不一	779,625	香港苏富比	2017-04-04
樊增祥 1915年作 行书 六屏立轴	242cm×55cm×6	437,000	北京荣宝	2017-12-02
樊增祥 行书十三言联 立轴	各 131.8cm×15.7cm	245,025	香港苏富比	2017-04-04
范曾 1975年作 彭泽荫憩图 镜框	54cm×78cm	299,000	北京荣宝	2017-06-02
范曾 1977年作 观瀑图 立轴	135cm×69cm	1,207,500	北京银座	2017-06-07
范曾 1978年作 达摩 立轴	81.5cm×49.5cm	273,359	保利香港	2017-04-03
范曾 1978年作 行书毛主席词 镜心	62cm×27cm	345,000	中国嘉德	2017-06-19
范曾 1978年作 人物 镜心	58cm×48cm	271,518	中濠典藏	2017-05-22
范曾 1979年作 高士图 镜心	127cm×68cm	747,500	北京荣宝	2017-09-24
范曾 1979年作 灵均图 立轴	138cm×69cm	506,000	中国嘉德	2017-06-19
范曾 1979年作 梦蝶 镜框	67cm×45cm	563,500	北京荣宝	2017-04-02
范曾 1979年作 钟馗解痒图 立轴	83cm×50cm	402,500	北京荣宝	2017-12-02
范曾 1980年作 松下长吟 镜心	135cm×66cm	713,000	北京匡时	2017-03-29
范曾 1980年作 钟馗搜神图 立轴	135cm×66.5cm	288,275	佳士得	2017-05-30
范曾 1981年作 度何图 镜心	82cm×149cm	2,415,000	北京荣宝	2017-06-02
范曾 1981年作 林冲休妻 立轴	67cm×68cm	1,322,500	北京荣宝	2017-06-02
范曾 1981年作 灵运吟图 立轴	134cm×67cm	517,500	鼎天国际	2017-06-24
范曾 1981年作 折馨所思 托片	90cm×68cm	2,070,000	鼎天国际	2017-06-24
范曾 1981年作 钟馗 镜心	139cm×69.5cm	1,606,688	中金国际	2017-11-25
范曾 1982年作 东坡得砚图 立轴	95cm×45cm	452,093	保利香港	2017-04-03
范曾 1982年作 童子与鹤 镜心	96.5cm×61.5cm	690,000	北京荣宝	2017-06-02
范曾 1982年作 载歌行 镜心	190cm×367cm	8,740,000	北京保利	2017-06-04
范曾 1982年作 庄周梦蝶 镜框	58.5cm×119.3cm	207,500	香港蘇富比	2017-10-02
范曾 1983年作 赤壁游 镜框	24.2cm×27.2cm	501,188	香港苏富比	2017-04-04
范曾 1983年作 行书七言句 立轴	69cm×49.5cm	161,000	北京荣宝	2017-04-02
范曾 1983年作 李贺小像 镜心	66cm×127cm	1,035,000	北京荣宝	2017-06-02
范曾 1983年作 灵运歌啸图 立轴	120cm×68cm	690,000	上海东方	2017-12-10
范曾 1984年作 钟馗神威图 立轴	185cm×104cm	4,370,000	上海匡时	2017-11-05
范曾 1984年作 钟馗神威图 立轴	184cm×105cm	3,450,000	北京荣宝	2017-06-02
范曾 1985年作 古趣图 镜框	95.8cm×57.8cm	466,875	香港蘇富比	2017-10-02
范曾 1985年作 老子出关 立轴	137.7cm×68.5cm	388,063	佳士得	2017-05-30
范曾 1985年作 相看两不厌 镜心	45cm×68cm	494,500	北京荣宝	2017-04-02
范曾 1986年作 山鬼 立轴	67cm×34cm	287,500	北京保利	2017-12-17
范曾 1986年作 钟馗治鬼图 镜框	137.7cm×33.8cm	622,500	香港蘇富比	2017-10-02
范曾 1989年作 一书一画 镜心	直径50cm×2	897,000	北京保利	2017-06-04
范曾 1989年作 一书一画 镜心	直径50cm×2	897,000	北京保利	2017-06-04
范曾 1991年作 观世音菩萨造像 镜心	83.5cm×50cm	1,840,000	北京荣宝	2017-06-02
范曾 1994年作 河伯 镜心	69cm×136cm	1,670,880	中濠典藏	2017-05-22
范曾 1995年作 九韶之舞 扇面	36.5cm×22cm	302,847	中濠典藏	2017-05-22
范曾 1995年作 絮语桑麻 镜心	68cm×96.5cm	186,086	保利香港	2017-10-03
范曾 1995年作 渔翁 镜心	96cm×51cm	575,000	北京荣宝	2017-04-02
范曾 1996年作 老子出关 镜心	50cm×69cm	602,508	中金国际	2017-11-25
范曾 1997年作 十二生肖 镜框	35×49cm×13；33×48cm×13	5,750,000	北京荣宝	2017-06-02
范曾 1998年作 补天 镜心	81cm×150cm	2,185,000	北京保利	2017-06-04
范曾 1998年作 行书“龙游澄潭”镜心	40cm×143cm	230,000	北京保利	2017-12-18
范曾 1998年作 书法抱冲逸兴 镜心	138cm×355cm	5,060,000	北京保利	2017-12-17
范曾 1999年作 梦蝶 镜心	68cm×137cm	713,000	北京保利	2017-06-04

拍品名称	物品尺寸	成交价RMB	拍卖公司	拍卖日期
范曾 2000年作 归牧图 镜心	16cm×45cm	322,000	北京保利	2017-06-05
范曾 2000年作 行书词一首 镜框	146cm×28cm×2	333,500	北京荣宝	2017-12-02
范曾 2000年作 夏塘 镜心	55cm×137cm	1,150,000	北京保利	2017-06-05
范曾 2002年作 行书《过武侯庐》诗一首 镜框	97cm×45cm	322,000	北京荣宝	2017-06-02
范曾 2002年作 行书诗一首 镜框	97cm×46cm	287,500	北京荣宝	2017-06-02
范曾 2002年作 日出东南隅 镜心	143cm×364cm	7,475,000	北京保利	2017-06-04
范曾 2004年作 行书“群莺乱飞”镜心	34cm×138cm	276,000	北京荣宝	2017-12-02
范曾 2004年作 牧放归来 镜心	直径22cm	287,500	北京保利	2017-06-05
范曾 2004年作 牧放归去牛啼香 镜心	97cm×60cm	437,000	北京匡时	2017-06-03
范曾 2007年作 行书 镜框	32cm×66cm	172,500	北京荣宝	2017-06-02
范曾 2007年作 行书“十翼童心”镜框	15cm×45cm	172,500	北京荣宝	2017-12-02
范曾 2007年作 老子出关 镜心	直径34cm	632,500	北京保利	2017-06-05
范曾 2007年作 诗思天岸马 镜心	138cm×70cm	517,500	北京保利	2017-06-04
范曾 2007年作 庄生观鱼 镜框	28cm×40cm	287,500	北京荣宝	2017-12-02
范曾 2008年作 行书“霞蔚蓬瀛”镜心	35cm×138cm	218,500	北京匡时	2017-06-03
范曾 2008年作 行书“鱼知我乐”镜心	35cm×138cm	230,000	北京匡时	2017-06-03
范曾 2008年作 三人行必有我师焉 镜心	69cm×210cm	2,645,000	北京荣宝	2017-12-02
范曾 2009年作 大黄牛 镜心	68cm×136cm	1,725,000	北京荣宝	2017-12-02
范曾 2009年作 蹀躞人生 镜心	137cm×68cm	1,495,000	北京荣宝	2017-04-02
范曾 2009年作 行书元伯颜诗 立轴	136cm×68cm	345,000	北京荣宝	2017-12-02
范曾 2009年作 少年诗人 镜心	52cm×38cm	747,500	北京保利	2017-06-05
范曾 2010年作 老子出关 立轴	138cm×69cm	2,127,500	北京保利	2017-06-04
范曾 2011年作 达摩神悟 镜心	137cm×70cm	747,500	北京保利	2017-06-04
范曾 2011年作 书圣临池 镜心	53cm×160cm	1,610,000	北京荣宝	2017-12-02
范曾 2011年作 有事西畴 镜心	60cm×123cm	1,380,000	北京荣宝	2017-12-02
范曾 2012年作 老子演易 镜心	68cm×45cm	805,000	北京荣宝	2017-09-24
范曾 2013年作 老子出关 镜心	68cm×68cm	805,000	北京荣宝	2017-12-02
范曾 2014年作 神童聘驹 镜心	96cm×60cm	230,000	保利山东	2017-10-29
范曾 2016年作 有事西畴 镜框	69cm×136cm	1,207,500	鼎天国际	2017-06-24
范曾 丙寅（1986年）作 高士图 立轴	68cm×38cm	172,500	中国嘉德	2017-03-31
范曾 丙寅（1986年）作 老子出关 镜心	137cm×68.5cm	1,495,000	中国嘉德	2017-06-19
范曾 达摩得悟图 镜心	43cm×68cm	345,000	荣宝斋（济南）	2017-12-07
范曾 达摩神悟 镜框	15cm×45cm	287,500	北京荣宝	2017-12-02
范曾 庚申 1980年作 书画合璧扇成扇	18cm×51cm	368,000	北京诚轩	2017-06-18
范曾 庚申 1980年作 陶渊明诗意图 镜心	67cm×66cm	448,500	北京华辰	2017-06-04
范曾 庚申（1980）年作 梦蝶 镜片	68cm×68cm	287,500	朵云轩	2017-12-14
范曾 庚申（1980年）作 杜甫 立轴	131cm×68cm	805,000	中国嘉德	2017-12-19
范曾 癸未（2003年）作 梅花百树鼻功德 镜心	96cm×44.5cm	782,000	中国嘉德	2017-12-20
范曾 癸酉（1993）年作 牧童 立轴	136cm×34cm	230,000	广东崇正	2017-12-13
范曾 行书“芳草旧诗”镜心	35cm×138cm	212,750	荣宝斋（济南）	2017-12-07
范曾 行书“佛镜无垢”镜心	132.5cm×65cm	172,500	荣宝斋（济南）	2017-12-07

拍品名称	物品尺寸	成交价RMB	拍卖公司	拍卖日期
范曾 行书龙门对 镜心	137.5×34.5cm×2	713,000	北京荣宝	2017-06-02
范曾 行书七言联 镜心	138cm×34.5cm×2	322,000	荣宝斋（济南）	2017-06-10
范曾 行书七言联 立轴	131cm×33cm×2	230,000	荣宝斋（济南）	2017-12-07
范曾 鹤寿 镜心	137cm×67.5cm	310,500	荣宝斋（济南）	2017-12-07
范曾 怀素学书图 镜心	59cm×110cm	448,500	荣宝斋（上海）	2017-07-30
范曾 己巳（1989年）作 达摩 镜心	67.5cm×68.5cm	575,000	中国嘉德	2017-06-21
范曾 甲戌（1994年）作 无愁怨 镜心	92cm×65.5cm	828,000	中国嘉德	2017-12-20
范曾 教子图 镜心	44cm×68cm	402,500	荣宝斋（济南）	2017-06-10
范曾 老子出关 镜心	69cm×69cm	943,000	荣宝斋（济南）	2017-06-10
范曾 老子出关 七言对联 镜心	136cm×68cm；138cm×34cm×2	1,437,500	北京保利	2017-11-10
范曾 莲池游踪 立轴	82.2cm×49.3cm	498,000	香港蘇富比	2017-10-02
范曾 柳荫骏马 立轴	95cm×43cm	517,500	北京保利	2017-06-05
范曾 清奇古怪雅集图 镜心	122cm×252cm	4,600,000	北京保利	2017-11-10
范曾 壬午 2002年作 老子出关 镜心	144cm×366cm	7,820,000	北京诚轩	2017-06-18
范曾 壬戌（1982年）作 东坡得砚图 镜心	70cm×70cm	253,000	中国嘉德	2017-09-02
范曾 山林钟馗 镜心	67.5cm×67.0cm	644,000	中国嘉德	2017-06-21
范曾 搜神图 立轴	134cm×66.5cm	1,058,000	中国嘉德	2017-12-20
范曾 昔年花黄 镜框	35cm×24cm	218,500	北京荣宝	2017-12-02
范曾 辛酉（1981年）作 钟馗 立轴	90.5cm×56.5cm	656,198	中国嘉德	2017-10-03
范曾 姚有多红雨画稿 镜框（十开）	47.5cm×35cm×10	816,500	北京荣宝	2017-12-02
范曾 乙丑（1985）年作 庄生梦蝶图 立轴	画67cm×67cm；题19cm×67cm	345,000	广东崇正	2017-12-13
范曾 乙丑（1985年）作 达摩 立轴	135.5cm×34.5cm	552,000	中国嘉德	2017-12-18
范曾 钟馗 镜心	46cm×34cm	155,250	荣宝斋（上海）	2017-07-30
范琛 2016年作 家在桃源深处安 镜心	137.5cm×70cm	253,000	北京匡时	2017-12-03
范国荣 2011年作 香浓韵清 镜框	120cm×240cm	230,000	上海东方	2017-06-25
范国荣 2011年作 竹林七贤 镜框	120cm×240cm	230,000	上海东方	2017-06-25
范扬 2008年作 罗汉图 镜心	130cm×66cm	178,250	北京荣宝	2017-09-24
范扬 2009年作 阿罗汉图 镜心	50cm×50cm	187,974	中濠典藏	2017-05-22
范扬 2010年作 草虫 镜心	44.4cm×35cm	230,000	北京荣宝	2017-06-02
范扬 2010年作 敦煌第九十七窟 镜心	53cm×34cm	460,000	北京荣宝	2017-06-02
范扬 2010年作 敦煌供养菩萨 镜心	54cm×34cm	460,000	北京荣宝	2017-06-02
范扬 2010年作 敦煌伎乐天 镜心	54cm×34.5cm	460,000	北京荣宝	2017-06-02
范扬 2010年作 金狮罗汉 镜心	46cm×34cm	437,000	北京荣宝	2017-06-02
范扬 2010年作 康熙本芥子园 镜心	44.8cm×35cm	230,000	北京荣宝	2017-06-02
范扬 2010年作 挠背罗汉 镜心	53.8cm×34cm	460,000	北京荣宝	2017-06-02
范扬 2010年作 松果蜻蜓 镜心	46.9cm×35cm	230,000	北京荣宝	2017-06-02
范扬 2012年作 清溪放艇 镜心	180cm×48cm	355,062	中濠典藏	2017-05-22
范扬 2014年作 说禅图 镜心	142cm×71cm	1,472,000	北京荣宝	2017-06-02
范扬 2016年作 看山赏花图 册页	30cm×42cm×12	1,472,000	北京匡时	2017-12-03
范扬 2017年作 甘南迭部县益哇乡写生 镜心	52cm×197cm	3,047,500	北京荣宝	2017-12-02

拍品名称	物品尺寸	成交价RMB	拍卖公司	拍卖日期
范扬 2017年作 甘南迭部县扎尕那业日村 镜心	52cm×197cm	3,220,000	北京荣宝	2017-12-02
范扬 2017年作 高杂村口木匠在劳作 镜心	68cm×46cm	782,000	北京荣宝	2017-12-02
范扬 2017年作 卡机岗村小朋友 镜心	48cm×75cm	713,000	北京荣宝	2017-12-02
范扬 2017年作 林泉高致 镜心	144cm×365cm	1,380,000	保利山东	2017-10-29
范扬 2017年作 牦牛（若尔盖县然多村）镜心	45cm×69cm	667,000	北京荣宝	2017-12-02
范扬 2017年作 然多村口 镜心	48cm×75cm	989,000	北京荣宝	2017-12-02
范扬 2017年作 桑吉才让 镜心	68cm×46cm	667,000	北京荣宝	2017-12-02
范扬 2017年作 山头之上有白云 镜心	52cm×48cm	747,500	北京荣宝	2017-12-02
范扬 2017年作 扎尕那业日村 镜心	75cm×48cm	977,500	北京荣宝	2017-12-02
范扬 范扬拟古 镜心	46.7cm×38cm	230,000	北京荣宝	2017-06-02
范扬 红衣罗汉 立轴	136cm×68cm	207,000	荣宝斋（济南）	2017-12-07
范扬 花卉草虫 镜心	46.7cm×35cm	230,000	北京荣宝	2017-06-02
范扬 菩提本无树 镜心	180cm×89cm	414,000	北京荣宝	2017-06-02
范扬 山水有清音 镜心	183cm×44cm	218,500	荣宝斋（济南）	2017-06-10
范扬 听泉悟禅 镜心	154cm×50cm	195,500	荣宝斋（济南）	2017-06-10
范扬 张立柱 王辅民 潘金玲 何加林 2012年作 临泉清兴	144cm×364cm	184,000	北京翰海	2017-12-16
方楚乔 2016年作 惠风和畅	25cm×15cm×12	287,500	北京翰海	2017-06-03
方楚雄 1983年作 一苇渡江 镜心	94cm×54cm	218,500	中贸圣佳	2017-06-19
方楚雄 1989年作 五德图 立轴	137cm×69cm	287,500	广东小雅斋	2017-05-26
方楚雄 1993年作 双虎 立轴	68cm×69cm	218,500	广东崇正	2017-12-13
方楚雄 1994年作 母子情 镜框	68cm×68cm	166,750	华艺国际	2017-05-27
方楚雄 1995年作 群鸡图 镜片	68cm×68cm	230,000	华艺国际	2017-05-27
方楚雄 2000年作 玉堂富贵 镜框	95.5cm×62cm	287,500	华艺国际	2017-11-25
方楚雄 2003年作 松鼠 镜心	68cm×136cm	292,404	中濠典藏	2017-05-22
方楚雄 2005年作 雄狮 镜片	68cm×135cm	304,750	广东小雅斋	2017-05-26
方楚雄 癸巳（2013）年作 凤凰雏 镜片	137cm×68cm	230,000	广东崇正	2017-12-13
方楚雄 癸酉（1993年）作 秋林鼠戏 立轴	136cm×68cm	184,000	中国嘉德	2017-04-01
方楚雄 花间觅食 镜心	69cm×69cm	333,500	中国嘉德	2017-12-20
方楚雄 花荫群兔 镜框	97cm×45cm	230,000	华艺国际	2017-11-25
方楚雄 黄叶满山鼠自乐 镜框	65cm×133cm	264,500	华艺国际	2017-11-25
方楚雄 己卯（1999年）作 花卉动物图（一组）镜框	40.5×29.5cm×4	287,500	福建东南	2017-05-21
方楚雄 双犬图 镜心	69cm×68cm	230,000	荣宝斋（济南）	2017-06-10
方楚雄 辛卯（2011）年作 长相依 镜片	68cm×138cm	920,000	广东崇正	2017-12-13
方济众 1978年作 大河上下 镜心	99cm×62cm	345,000	北京荣宝	2017-06-02
方骏 1993年作 青山白云图 镜心	137cm×68cm	184,000	北京荣宝	2017-12-02
方骏 2006年作 橹声出泷图 镜心	570cm×34cm	402,500	北京荣宝	2017-12-02
方骏 东川十景图 镜心	46cm×36cm×11	460,000	北京保利	2017-12-18
方骏 山水四季图 镜心	136cm×34cm×4	517,500	北京保利	2017-12-18
方人定 1961年作 兰亭图 立轴	131.5cm×66cm	690,000	观唐皕榷	2017-01-11
方人定 丁亥（1947年）作 时迁盗鸡 立轴	125cm×66cm	538,670	中国嘉德	2017-10-03
方人定 耕罢 立轴	171.5cm×95.5cm	1,004,180	中金国际	2017-11-25
方人定 耕罢 立轴	171cm×95.5cm	753,595	中国嘉德	2017-05-29
方人定 花鸟 镜框	99cm×30cm	184,000	华艺国际	2017-11-25
方人定 农夫 立轴	126.5cm×67cm	509,288	中国嘉德	2017-10-03
方人定 少女饮马图 立轴	180cm×96cm	1,092,500	西泠拍卖	2017-07-15
方向 2006年作 红楼秋叶图	69cm×137cm	207,000	北京翰海	2017-06-03
方向 2007年作 春晖 镜心	89cm×96cm	207,000	北京银座	2017-12-20
方向 2016年作 蒙特利尔街景 镜框	138cm×69cm	483,000	北京荣宝	2017-12-02
方向 丽江老磨坊 镜框	96cm×180cm	287,500	华艺国际	2017-11-25
方严 2006年作 山溪白禽图 立轴	132cm×65.5cm	316,250	北京荣宝	2017-12-02
方增先 1969年作 渡黄河 镜框	150cm×360cm	3,680,000	上海东方	2017-06-25
方增先 1972年作 藏人汲水图 镜片	75cm×40.5cm	207,000	西泠拍卖	2017-07-15
方增先 1972年作 批林批孔 立轴	138cm×68cm	345,000	上海东方	2017-06-25
方增先 1980年作 红衣钟馗 立轴	69cm×45cm	241,500	西泠拍卖	2017-07-16
方增先 2004年作 咏梅图 画心	133cm×67cm	368,000	西泠拍卖	2017-07-16
方增先 2005年作 达摩参悟 镜心	68.5cm×136cm	897,000	北京匡时	2017-03-29
方召麐 1985年作 壮美河山 立轴	178.5cm×96cm	517,500	北京银座	2017-12-20
方召麐 1986年作 理想家园	111.5cm×197.5cm	1,150,000	北京匡时	2017-06-03
方召麐 1989年作 高原淳朴 立轴	142.5cm×70cm	368,000	中国嘉德	2017-12-19
方召麐 行书《橘颂》章句 立轴	135.5cm×61.5cm	207,000	中国嘉德	2017-12-19
方召麐 山泉村乐图 镜心	137cm×70cm	460,000	北京匡时	2017-03-29
方召麟 1979年作 冬日垂钓 镜框	108cm×106cm	276,575	佳士得	2017-11-27
方召麟 1985年作 幸福安宁 镜心	70cm×69cm	198,865	中国嘉德	2017-05-29
方召麟 1992年作 安居乐业 镜心	138cm×69cm	204,930	保利香港	2017-04-03
方召麟 1992年作 福寿康宁 镜心	138cm×69cm	210,276	保利香港	2017-04-03
方召麟 1993年作 太平盛世 镜心	69cm×138cm	210,276	保利香港	2017-04-03
方召麟 1994年作 船人 镜心	83cm×54cm	294,386	保利香港	2017-04-03
方召麟 1996年作 山高水长图 立轴	96cm×117cm	172,500	中国嘉德	2017-04-01
方召麟 1997年作 山水1997年2月 立轴	179cm×96.5cm	665,250	佳士得	2017-05-29
方召麟 1998年作 太平乐业 立轴	180cm×96cm	388,063	佳士得	2017-05-29
方召麟 空山秋景 镜心	110cm×136cm	336,442	保利香港	2017-04-03
方召麟 水长流 镜心	52cm×151cm	198,865	中国嘉德	2017-05-29
房毅 1941年作 生肖图（六轴）立轴	129cm×67cm×6	1,092,500	西泠拍卖	2017-07-16
费新我 1978年作 行书陈毅诗 镜心	193cm×503cm	1,150,000	北京保利	2017-06-05
费新我 行草杂咏三首 立轴	133cm×218cm	575,000	北京荣宝	2017-06-02
费新我 行书毛主席词 镜片	122cm×334cm	483,000	北京保利	2017-12-17
费新我 己巳（1989）年作 行书前后赤壁赋 手卷	引首 30.5cm×60cm; 30.5cm×456cm; 30.5cm×309cm	368,000	广东崇正	2017-06-15
费新我 杂画稿 镜心	尺寸不一	276,000	北京匡时	2017-06-03
丰子恺 无量寿佛 镜片	54cm×33cm	207,000	上海敬华	2017-07-01
丰子恺（1942）年作 释迦牟尼佛 立轴	65.5cm×33cm	471,500	广东崇正	2017-06-15
丰子恺 1935年作 释迦牟尼佛像 立轴	95cm×63cm	350,750	广东小雅斋	2017-05-26
丰子恺 1938年作 流离图 镜心	34.5cm×68cm	736,000	中国嘉德	2017-12-19
丰子恺 1938年作 书法 立轴	82cm×38cm	172,500	华艺国际	2017-05-27
丰子恺 1939年作 溪边不垂钓 镜框	60cm×31cm	207,000	朵云轩	2017-04-20
丰子恺 1940年作 次第春风到草庐 镜心	47cm×34cm	322,000	中国嘉德	2017-04-01
丰子恺 1942年作 田翁乐饮图 镜片	67cm×33cm	747,500	西泠拍卖	2017-07-15
丰子恺 1944年作 对联 立轴	82cm×20cm×2	414,000	华艺国际	2017-11-25
丰子恺 1947年作 行书诗四屏 立轴	142cm×37cm×4	828,000	北京匡时	2017-12-04
丰子恺 1947年作 鸡鹤争食 镜心	25.7cm×17.6cm	437,000	中国嘉德	2017-12-19
丰子恺 1947年作 释迦牟尼佛 立轴	70cm×34.9cm	188,488	佳士得	2017-05-30

拍品名称	物品尺寸	成交价RMB	拍卖公司	拍卖日期
丰子恺 1947年作 为官图 镜心	25.7cm×17.6cm	230,000	中国嘉德	2017-12-19
丰子恺 1947年作 夜深满载月明归 镜心	33cm×82.5cm	218,500	观唐皕榷	2017-01-11
丰子恺 1947年作 逐鹿图 镜心	25.7cm×17.6cm	310,500	中国嘉德	2017-12-19
丰子恺 1948年作 饮酒图 镜心	100cm×40cm	1,840,000	北京匡时	2017-12-04
丰子恺 1949年作 行书七言联 立轴	150cm×40cm×2	253,000	上海东方	2017-06-25
丰子恺 1949年作 客从远方来 立轴	58.5cm×29.5cm	632,500	北京匡时	2017-12-04
丰子恺 1956 年作 夜花深处 立轴	22cm×14cm	276,000	朵云轩	2017-06-25
丰子恺 1959年作 星辰长似太平年 立轴	画30cm×23cm；诗塘41cm×28cm	212,750	广东小雅斋	2017-05-26
丰子恺 1961年作 儿童节 立轴		579,150	香港苏富比	2017-04-04
丰子恺 1961年作 丰收图 镜框	39.3cm×27.9cm	556,875	香港苏富比	2017-04-04
丰子恺 1961年作 好风又落桃花片 扇面 镜框	18.2cm×52cm	363,125	香港蘇富比	2017-10-02
丰子恺 1961年作 天气清和 镜心	34.5cm×27.5cm	1,495,000	中国嘉德	2017-06-19
丰子恺 1961年作 野火寒林倦旅游 书法 双挖立轴	42.5×34.5cm×2	691,438	佳士得	2017-11-28
丰子恺 1964年作 锣鼓响 镜框	32.2cm×50.8cm	290,500	香港蘇富比	2017-10-02
丰子恺 丙午（1966）年作 植树节 镜片	51cm×31cm	207,000	广东崇正	2017-06-15
丰子恺 参天百丈树 镜片	53cm×40.5cm	805,000	西泠拍卖	2017-07-15
丰子恺 次第春风到草庐 立轴	45.7cm×33.2cm	778,125	香港蘇富比	2017-10-02
丰子恺 从小爱劳动 镜心	32cm×32cm	241,500	中国嘉德	2017-06-19
丰子恺 村居 镜框	42.1cm×33.5cm	797,813	佳士得	2017-11-28
丰子恺 村居 镜心	48cm×32.5cm	368,000	中国嘉德	2017-12-19
丰子恺 村居图 镜心	100cm×50cm	2,197,986	中国嘉德	2017-05-29
丰子恺 丁亥（1947年）作 嘉兴写景 镜心	31cm×26cm	264,500	中国嘉德	2017-12-19
丰子恺 东风浩荡扶摇直上 镜片	33cm×34cm	345,000	上海明轩	2017-06-30
丰子恺 东园载酒 立轴	89.5cm×45cm	805,000	北京匡时	2017-12-03
丰子恺 东园载酒西园醉 镜框	69.5cm×36cm	234,025	佳士得	2017-11-28
丰子恺 独树老夫家 镜片	34.5cm×27cm；信26.8cm×17.6cm	230,000	广东崇正	2017-06-15
丰子恺 儿童种树图 立轴	50.3cm×30cm	478,688	佳士得	2017-11-28
丰子恺 扶摇直上 立轴	37.2cm×30cm	340,400	佳士得	2017-11-28
丰子恺 浮云看山 立轴	34cm×22.5cm	172,500	北京银座	2017-06-07
丰子恺 故园夜月 镜片	138.5cm×70cm	2,875,000	朵云轩	2017-06-25
丰子恺 行书 白居易诗 镜片	67.5cm×33.5cm	161,000	西泠拍卖	2017-07-15
丰子恺 何日平胡虏 镜心	80cm×31.5cm	552,000	北京诚轩	2017-06-18
丰子恺 湖上人家 立轴	33.5cm×27cm	437,000	西泠拍卖	2017-07-16
丰子恺 湖上仙源 镜心	33.5cm×28cm	402,500	北京银座	2017-12-20
丰子恺 花好月圆 立轴	68cm×34cm	977,500	上海匡时	2017-11-05
丰子恺 黄葆戉 "海内存知己" 一堂 镜心	画33cm×41.5cm；对联33cm×8cm×2	414,000	北京保利	2017-12-17
丰子恺 黄葆戉 山水人物 对联 镜片	丰30.8cm×21.2cm；黄32.4cm×8cm×2	345,000	广东崇正	2017-06-15
丰子恺 家住夕阳 立轴	34cm×27cm	667,000	西泠拍卖	2017-07-16
丰子恺 蛱蝶春光 镜框	66cm×30cm	221,750	佳士得	2017-05-30
丰子恺 甲辰（1964）年作 萤火虫 行书 成扇	18.5cm×50cm	368,000	朵云轩	2017-09-17
丰子恺 江山无恙觉情生 立轴	65.5cm×32cm	598,000	上海匡时	2017-11-05
丰子恺 解门塞井 镜心	25.7cm×17.6cm	161,000	中国嘉德	2017-12-19
丰子恺 举杯邀明月 立轴	67cm×28cm	345,000	广东崇正	2017-06-15
丰子恺 抗美援朝 镜心	67.5cm×37cm	287,500	北京匡时	2017-03-29
丰子恺 客船落日 立轴	34.5cm×28cm	345,000	中国嘉德	2017-12-19
丰子恺 肯与邻翁相对饮 立轴	35cm×28cm	368,000	中国嘉德	2017-06-19
丰子恺 拉车图 镜心	25.7cm×17.6cm	207,000	中国嘉德	2017-12-19
丰子恺 篱下梅初发 镜心	25.7cm×17.6cm	713,000	中国嘉德	2017-12-19

拍品名称	物品尺寸	成交价RMB	拍卖公司	拍卖日期
丰子恺 两个世界 扇面镜框	15.6cm×48.5cm	389,813	香港苏富比	2017-04-04
丰子恺 落红有情 镜心	65cm×32.5cm	1,209,087	保利香港	2017-04-03
丰子恺 落日残僧立水边 镜心	25.7cm×17.6cm	368,000	中国嘉德	2017-12-19
丰子恺 满山红叶女郎樵 镜框	43cm×24.5cm	255,300	佳士得	2017-11-28
丰子恺 满山红叶女郎樵 镜心	65cm×33.5cm	552,000	上海匡时	2017-11-05
丰子恺 牧童横笛 立轴	67cm×31cm	230,000	上海敬华	2017-07-01
丰子恺 南无地藏王菩萨 镜片	44cm×28.5cm	402,500	广东崇正	2017-06-15
丰子恺 鸟为食亡 镜心	25.7cm×17.6cm	253,000	中国嘉德	2017-12-19
丰子恺 盼归图 镜心	32cm×25.5cm	161,000	中国嘉德	2017-12-19
丰子恺 清晨公园一角 镜心	25cm×57cm	368,000	中国嘉德	2017-06-19
丰子恺 清晨闻叩门 镜片	33.5cm×25.5cm	190,273	纽约苏富比	2017-03-16
丰子恺 庆千秋 1959年作 行书八言 镜片 对联片	绘画82.5cm×37cm；书法82.5cm×14cm×2	1,897,500	朵云轩	2017-09-17
丰子恺 求神图 镜心	25.7cm×17.6cm	230,000	中国嘉德	2017-12-19
丰子恺 染坊一角 镜心	25.7cm×17.6cm	172,500	中国嘉德	2017-12-19
丰子恺 壬午（1942）年作 释迦摩尼 镜片	37.5cm×28cm	172,500	朵云轩	2017-12-14
丰子恺 山高流水 镜心	48cm×32cm	759,000	上海匡时	2017-11-05
丰子恺 山高月小 镜心	66cm×32cm	483,000	北京匡时	2017-12-03
丰子恺 邵章 锣鼓响·行书《庆清朝》成扇	20cm×52cm×2	402,500	北京银座	2017-12-20
丰子恺 适履便冠 镜心	25.7cm×17.6cm	241,500	中国嘉德	2017-12-19
丰子恺 书法 册页（十二开）	22cm×33cm×12	172,500	北京荣宝	2017-06-02
丰子恺 四条屏 立轴	26cm×20cm×4	3,105,000	北京宣石	2017-12-03
丰子恺 饲鱼图 镜心	25.7cm×17.6cm	437,000	中国嘉德	2017-12-19
丰子恺 榻旁容人睡 镜心	25.7cm×17.6cm	299,000	中国嘉德	2017-12-19
丰子恺 贪泉图 镜心	25.7cm×17.6cm	218,500	中国嘉德	2017-12-19
丰子恺 天涯静处无征战 立轴	80cm×35cm	1,035,000	西泠拍卖	2017-07-16
丰子恺 童趣（四帧）镜心	31cm×21.5cm×4	805,000	北京诚轩	2017-06-18
丰子恺 无言独上西楼月如钩 镜心	42cm×26cm	287,500	北京匡时	2017-03-29
丰子恺 洗砚鱼儿触手来 镜心	25.7cm×17.6cm	195,500	中国嘉德	2017-12-19
丰子恺 夏日速写 镜心	25.7cm×17.6cm	172,500	中国嘉德	2017-12-19
丰子恺 闲看儿童采枣梨 立轴	96.5cm×40cm	575,000	北京银座	2017-12-20
丰子恺 小松勤灌溉 立轴	87cm×32cm	287,500	中国嘉德	2017-12-19
丰子恺 新妇变婆 镜心	25.7cm×17.6cm	161,000	中国嘉德	2017-12-19
丰子恺 学种瓜 镜框	68cm×35cm	609,813	佳士得	2017-05-30
丰子恺 一肩担尽古今愁 立轴	32.5cm×22.5cm	270,250	上海匡时	2017-11-05
丰子恺 饮水思源 镜框	66cm×37cm	805,000	北京东正	2017-12-09
丰子恺 饮水思源 立轴	67cm×38cm	747,500	北京银座	2017-06-07
丰子恺 游子寻春 镜心	34cm×41cm	195,500	北京银座	2017-06-07
丰子恺 有情人间 册页（十二开）	33.8cm×27cm×12	9,786,500	佳士得	2017-11-28
丰子恺 渊明诗意 镜心	25.7cm×17.6cm	414,000	中国嘉德	2017-12-19
丰子恺 月上柳梢头 立轴	69cm×28.5cm	632,500	西泠拍卖	2017-07-16
丰子恺 长堤树老阅人多 立轴	42cm×33cm	230,000	北京荣宝	2017-12-02
丰子恺 种瓜得瓜 立轴	诗堂：28.7cm×37.4cm；画心：52.7cm×37.4cm	394,250	香港蘇富比	2017-10-02
丰子恺 众望所归 镜心	25.7cm×17.6cm	299,000	中国嘉德	2017-12-19
丰子恺 自缘身在最高层 立轴	68.6cm×34.6cm	354,800	佳士得	2017-05-30
丰子恺 奏凯归来 镜心	40.5cm×25.5cm	411,348	北京匡时	2017-10-02
丰子恺 奏凯归来解战袍 镜心	41cm×25cm	230,000	北京匡时	2017-03-29
丰子恺 醉归图 镜心	25.7cm×17.6cm	218,500	中国嘉德	2017-12-19
丰子恺 醉翁图 立轴	66cm×33cm	747,500	北京保利	2017-06-06
冯超然 1907年作 临南楼人物图册 册本（八开）	27cm×34cm×8	276,000	上海明轩	2017-06-30
冯超然 1909年作 梅窗春情 立轴	130cm×52cm	414,000	上海明轩	2017-06-30
冯超然 1911年作 松荫论道图 立轴	148cm×80.5cm	189,248	北京匡时	2017-04-03

拍品名称	物品尺寸	成交价RMB	拍卖公司	拍卖日期
冯超然 1913年作 秋林暮霭图 立轴	117.5cm×49cm	172,500	北京匡时	2017-12-03
冯超然 1915年作 四美图（四帧）镜片	95cm×22.5cm×4	1,667,500	西泠拍卖	2017-07-16
冯超然 1927年作 策蹇寻梅图 立轴	106cm×50cm	276,000	观唐皕榷	2017-01-11
冯超然 1929年作 东阁观梅 成扇	18.8cm×44cm	207,500	香港蘇富比	2017-10-02
冯超然 1931年作 听鹂图 立轴	104.8cm×52cm	164,326	纽约佳士得	2017-03-14
冯超然 1932年作 湖山泛舟 立轴	90cm×46cm	184,000	上海东方	2017-06-25
冯超然 1932年作 牡丹月季 立轴	108cm×49.5cm	334,125	香港苏富比	2017-04-04
冯超然 1935年作 青山隐居图 立轴	105.5cm×51.5cm	207,000	西泠拍卖	2017-07-16
冯超然 1937年作 松隐图 立轴	112cm×43cm	230,000	西泠拍卖	2017-07-16
冯超然 1939年作 水邨仿隐 立轴	146cm×56cm	195,500	北京翰海	2017-12-15
冯超然 1940年作 携琴访友 立轴	126cm×41cm	264,500	上海匡时	2017-11-05
冯超然 1941年作 柳荫渔乐图 立轴	108cm×52.5cm	172,500	北京匡时	2017-06-03
冯超然 1941年作 篆书《基业》镜心	31cm×75cm	161,000	上海匡时	2017-11-05
冯超然 1944年作 江山萧寺图 镜心	144cm×79.5cm	253,000	北京匡时	2017-06-03
冯超然 1947年作 江天帆影图 立轴	110.5cm×51.5cm	253,000	西泠拍卖	2017-07-16
冯超然 丙寅（1926）年作 九夏松风 立轴	139cm×70.5cm	552,000	朵云轩	2017-12-14
冯超然 丙寅（1926年）作 竹林掬月图 立轴	133.5cm×34cm	529,000	中国嘉德	2017-06-20
冯超然 楚山暮色图 镜片	130cm×65cm	172,500	西泠拍卖	2017-07-16
冯超然 狄平子 等 画 题 庚戌（1910年）作 钟馗瞌睡 镜心	99.3cm×38cm	241,500	北京诚轩	2017-06-18
冯超然 丁巳（1917年）作 浮峦暖翠图 镜心	103.5cm×45.5cm	172,500	中国嘉德	2017-06-20
冯超然 庚午（1930年）作 双松积翠 镜心	77cm×32.5cm	293,820	中国嘉德	2017-10-03
冯超然 庚午（1930年）作 煮茶图 横披	68cm×136cm	943,000	中国嘉德	2017-12-19
冯超然 癸酉（1933年）作 仿李唐山水 立轴	143.8cm×81.6cm	690,000	中国嘉德	2017-12-18
冯超然 己丑（1949年）作 云开锦绣 立轴	111cm×52.5cm	345,000	中国嘉德	2017-06-20
冯超然 甲子（1924年）作 听松图 立轴	150.5cm×80cm	184,000	中国嘉德	2017-06-20
冯超然 壬戌（1922）年作 柳溪垂钓 镜片	172.5cm×93cm	172,500	朵云轩	2017-06-25
冯超然 狩猎图 镜心	136cm×68cm	178,250	中国嘉德	2017-03-31
冯超然 四时山水屏 镜心	217cm×51cm×4	1,035,000	北京保利	2017-12-17
冯超然 戊午（1918）年作 倚窗仕女 屏轴	103cm×41.5cm	178,250	朵云轩	2017-12-14
冯超然 戊寅（1938年）作 庭琴擘阮图 立轴	123cm×55.5cm	299,000	中国嘉德	2017-12-18
冯超然 辛卯（1951）年作 赏秋图 立轴	103cm×41cm	333,500	上海敬华	2017-07-01
冯超然 辛未嘉平月（1932年）作 松溪渔隐 立轴	103cm×50.5cm	218,500	北京诚轩	2017-06-18
冯超然 杨度 1929年作 桐阴清暑 行书五言诗 成扇	19cm×51cm	184,000	北京匡时	2017-03-29
冯超然 乙丑（1925年）作 春溪闲眺 立轴	111cm×39.5cm	598,000	中国嘉德	2017-12-19
冯超然 云山远眺 立轴	78.5cm×37.5cm	230,000	保利厦门	2017-06-26
冯超然 竹炉图 镜心	105cm×52cm	287,500	北京匡时	2017-03-29

拍品名称	物品尺寸	成交价RMB	拍卖公司	拍卖日期
冯超然 篆书五言联 立轴	各102cm×21.8cm	222,750	香港苏富比	2017-04-04
冯大中 1988年作 霜晓 镜框	121cm×113.5cm	1,862,700	佳士得	2017-05-30
冯大中 1996年作 王者出山图 镜心	174cm×123cm	710,124	中濠典藏	2017-05-22
冯大中 君临山野 镜心	69.5cm×60cm	207,000	北京荣宝	2017-12-02
冯大中 踏雪觅春 镜心	66cm×66cm	690,000	北京荣宝	2017-06-02
冯大中 雄心不老 镜框	140cm×70cm	345,000	上海东方	2017-12-10
冯建吴 1978年作 万竿竹屋图 轴	45cm×69cm	368,000	八益拍卖	2017-04-22
冯建吴 黄山云海 镜心	118cm×303cm	207,000	北京保利	2017-11-10
冯其庸 挂引首 长卷	33cm×100（33cm×678）cm×4；框32cm×134cm	3,680,000	北京宣石	2017-12-03
冯其庸 壬午（2002年）作 书法《心经》镜框	31.5cm×77.5cm	264,500	北京华辰	2017-06-04
冯其庸 西域葫芦图 立轴	264cm×94cm	172,500	北京宣石	2017-12-03
冯师韩 1934年作 隶书十二言联 立轴	each: 170.8cm×22cm×2	166,000	香港蘇富比	2017-10-02
冯一峰 2016年作 灼烁其花	98cm×56cm	221,750	佳士得	2017-05-28
冯一鸣 2009年作 深溪横古树 镜框	68cm×136cm	340,400	佳士得	2017-11-28
冯玉祥 1939年作 隶书十六言联 立轴	231cm×26cm×2	184,000	北京华辰	2017-12-16
冯玉祥 楷书（四幅）立轴	98cm×40cm×4	552,000	北京宣石	2017-05-21
冯玉祥 隶书自作诗	140cm×77cm	667,000	北京银座	2017-06-07
冯远 1999年作 古人诗意图 册页	43cm×32cm×4	1,058,000	北京匡时	2017-12-03
冯远 2001年作 金陵红楼十二钗 镜心	144cm×365cm	5,520,000	北京保利	2017-06-04
冯远 2002年作 牧牛图 镜心	132cm×65cm	575,000	北京保利	2017-06-04
冯远 2002年作 牧牛图 镜心	132cm×62cm	517,500	保利山东	2017-10-29
冯远 2003年作 秋实图 镜心	70cm×70cm	448,500	北京荣宝	2017-12-02
冯远 唐人击鞠图 镜心	34.5cm×69cm	690,000	北京荣宝	2017-12-02
冯远 王维诗意 镜心（六幅）	60cm×45.5cm×6	4,945,000	北京荣宝	2017-06-02
冯远 乙酉（2005年）作 人物 四条屏	90cm×33cm×4	713,000	中国嘉德	2017-04-01
冯钟云 2015年作 白羽 镜心	91cm×68.5cm	184,000	北京匡时	2017-12-03
冯钟云 2017年作 缠绕 镜心	136cm×68cm	299,000	北京保利	2017-12-18
符祥康 2011年作 红林渔归图 镜框	120cm×240cm	230,000	上海东方	2017-06-25
福田雅太郎 行书题句 立轴	148cm×36cm	198,000	北京银座	2017-06-07
傅抱石 1942年作 烟云一见又商量 立轴	47cm×53.4cm	5,648,940	香港苏富比	2017-04-04
傅抱石 1943年作 洗手图 立轴	126.5cm×41.2cm	15,271,740	香港苏富比	2017-04-04
傅抱石 1943年作 洗桐图 立轴	87cm×60cm	14,950,000	北京保利	2017-12-17
傅抱石 1944年作 罢阮图 立轴	112cm×42.5cm	8,970,000	上海匡时	2017-11-05
傅抱石 1944年作 东山逸致 立轴	83cm×41.5cm	4,715,000	北京匡时	2017-06-03
傅抱石 1944年作 兰亭雅集图 镜心	104cm×60cm	72,450,000	北京保利	2017-12-17
傅抱石 1944年作 六如居士着画图 立轴	103.5cm×37.5cm	11,775,456	北京匡时	2017-04-03
傅抱石 1944年作 深岭急瀑图 镜框	101.6cm×20cm	2,227,500	香港苏富比	2017-04-04
傅抱石 1944年作 松涧寻幽 镜心	72cm×40cm	3,220,000	北京荣宝	2017-06-02
傅抱石 1944年作 听瀑图 立轴	108cm×39.5cm	1,552,500	北京匡时	2017-12-04
傅抱石 1944年作 早随烟月上瞿塘 立轴	115.4cm×39cm	8,165,000	北京诚轩	2017-06-18
傅抱石 1945年作 访石图 立轴	150cm×41cm	16,100,000	北京保利	2017-06-05
傅抱石 1945年作 观瀑图 镜心	38cm×57cm	1,058,000	北京匡时	2017-12-03
傅抱石 1945年作 暮年留眼但看山 镜心	84cm×55cm	5,865,000	北京保利	2017-06-05
傅抱石 1945年作 清风拂幽 立轴	102cm×34.5cm	4,370,000	保利山东	2017-10-29

拍品名称	物品尺寸	成交价RMB	拍卖公司	拍卖日期
傅抱石 1945年作 山鬼 立轴	133cm×66cm	63,825,000	北京保利	2017-06-05
傅抱石 1945年作 西山夜渡图 立轴	177.8cm×57cm	77,117,375	香港蘇富比	2017-10-02
傅抱石 1946年作 唐人行乐图 立轴	105cm×52.5cm	5,974,340	北京匡时	2017-10-02
傅抱石 1946年作 亭中畅谈 镜心	40cm×23cm	1,150,000	北京保利	2017-06-06
傅抱石 1947年作 听雨图 立轴	88.5cm×56cm	5,060,000	上海匡时	2017-11-05
傅抱石 1947年作 云山清话 镜心	18cm×51cm	517,500	北京保利	2017-12-16
傅抱石 1953年作 毛泽东词意图 立轴	50cm×69cm	920,000	北京华辰	2017-12-16
傅抱石 1954年作 金刚坡回忆 立轴	76cm×49cm	5,290,000	上海匡时	2017-11-05
傅抱石 1954年作 蜀山图 镜心	28cm×39.5cm	3,565,000	观唐皕榷	2017-01-11
傅抱石 1959年作 湘夫人 成扇	17.9cm×53.3cm	5,007,420	香港苏富比	2017-04-04
傅抱石 1959年作 早随烟月上瞿塘 镜心	107cm×87.5cm	27,600,000	北京荣宝	2017-06-02
傅抱石 1960年作 登山图 镜片	26.3cm×54.9cm	5,520,000	广东崇正	2017-06-14
傅抱石 1960年作 毛泽东《浪淘沙·北戴河》词意 镜框	108cm×38.5cm	4,374,140	佳士得	2017-11-28
傅抱石 1961年作 二湘图 扇面	19cm×50cm	2,300,000	北京保利	2017-12-17
傅抱石 1961年作 飞泉图 立轴	145cm×47cm	13,800,000	北京保利	2017-08-02
傅抱石 1961年作 高山策杖 立轴	82.5cm×49cm	2,394,900	佳士得	2017-05-30
傅抱石 1961年作 观瀑图 立轴	93cm×45cm	1,380,000	上海东方	2017-12-10
傅抱石 1961年作 湘夫人 立轴	86cm×47cm	9,200,000	北京保利	2017-12-17
傅抱石 1961年作 湘夫人 立轴	48.5cm×56.5cm	4,204,380	佳士得	2017-05-30
傅抱石 1961年作 一望大江开 镜片	44cm×51cm	1,725,000	上海匡时	2017-11-05
傅抱石 1962年作 赤壁夜游 立轴	125cm×32cm	2,070,000	北京翰海	2017-06-02
傅抱石 1962年作 春风杨柳万千条 立轴	52.8cm×61cm	2,373,800	香港蘇富比	2017-10-02
傅抱石 1962年作 登高图 立轴	76cm×60cm	2,644,380	北京匡时	2017-10-02
傅抱石 1962年作 高山仰止 镜心	177cm×97cm	48,970,000	保利香港	2017-10-03
傅抱石 1962年作 行书节录《文说》立轴	174cm×48cm	1,897,500	北京匡时	2017-12-04
傅抱石 1962年作 秋风吹下红雨来 立轴	67cm×41cm	3,105,000	北京匡时	2017-12-04
傅抱石 1962年作 秋水高士图 镜心	72.5cm×42.5cm	224,250	八益拍卖	2017-09-24
傅抱石 1962年作 卧船观雁 立轴	42cm×68cm	4,025,000	北京保利	2017-12-17
傅抱石 1962年作 湘夫人 立轴	80.9cm×57cm	13,800,000	北京保利	2017-06-05
傅抱石 1962年作 湘夫人 立轴	105.5cm×67cm	4,830,000	北京匡时	2017-03-29
傅抱石 1963年作 观瀑图 立轴	34cm×43cm	782,000	北京匡时	2017-06-03
傅抱石 1963年作 峡江航帆 镜心	43cm×66cm	1,610,000	上海匡时	2017-11-05
傅抱石 1963年作 湘夫人 成扇	13.5cm×38cm	3,622,500	华艺国际	2017-11-25
傅抱石 1963年作 游山图 扇面	18cm×51.5cm	1,127,000	中国嘉德	2017-12-19
傅抱石 1964年作 杜甫行吟图 立轴	125cm×38cm	7,820,000	北京保利	2017-12-17
傅抱石 1964年作 镜泊飞泉 镜片	82cm×109cm	10,350,000	上海明轩	2017-06-30
傅抱石 1964年作 秋江捕鱼图 书法 成扇	19cm×45cm	2,300,000	华艺国际	2017-11-25
傅抱石 1964年作 峡江图 立轴	94cm×33cm	2,530,000	北京荣宝	2017-12-02
傅抱石 1965年作 江山多娇 立轴	33cm×45.5cm	3,506,311	中国嘉德	2017-05-29
傅抱石 1965年作 茅山雄姿 镜心	106.5cm×276.5cm	186,875,000	北京保利	2017-06-05
傅抱石 1965年作 西风吹下红雨来 镜心	96cm×48.2cm	9,200,000	北京荣宝	2017-04-02
傅抱石 Dated yiyou year（1945）琵琶行 Hanging scroll，mounted and framed	113cm×66cm	174,327,350	佳士得	2017-11-28
傅抱石 丙申（1956年）作 红日升 镜心	51.5cm×71.5cm	4,600,000	中国嘉德	2017-12-19
傅抱石 丙戌（1946年）作 观瀑图 镜心	68.5cm×47.5cm	4,600,000	中国嘉德	2017-12-18

拍品名称	物品尺寸	成交价RMB	拍卖公司	拍卖日期
傅抱石 陈佩秋 观泉论道图·行书李白诗 成扇	51cm×18cm	977,500	西泠拍卖	2017-07-15
傅抱石 赤壁夜游 镜心	62cm×33cm	690,000	北京翰海	2017-06-02
傅抱石 二湘图 镜心	130cm×65.5cm	9,200,000	荣宝斋（上海）	2017-07-30
傅抱石 二湘图 立轴	136.5cm×68cm	17,250,000	中国嘉德	2017-12-18
傅抱石 风雨归舟 镜框	28cm×39cm	1,949,063	香港苏富比	2017-04-04
傅抱石 风雨归舟图 镜心	28cm×39.5cm	4,600,000	观唐皕榷	2017-01-11
傅抱石 高山流水 立轴	97cm×59cm	5,520,000	保利山东	2017-10-29
傅抱石 关山月 1961年作 观瀑图 立轴	136cm×68cm	3,867,800	香港蘇富比	2017-10-02
傅抱石 关山月 群鸡图 立轴	74cm×32cm	1,150,000	华艺国际	2017-11-25
傅抱石 观瀑图 镜心	75cm×46cm	5,865,000	荣宝斋（济南）	2017-06-10
傅抱石 观瀑图 镜心	49.5cm×33cm	1,955,000	荣宝斋（济南）	2017-06-10
傅抱石 观瀑图 立轴	103cm×43cm	1,322,500	北京匡时	2017-12-03
傅抱石 观瀑图 立轴	33.5cm×39.5cm	862,132	北京匡时	2017-04-03
傅抱石 癸卯（1963年）作 松山策杖 镜心	109.5cm×51.5cm	3,565,000	中国嘉德	2017-12-18
傅抱石 癸巳（1963）年作 一生好入名山游 扇片		1,495,000	上海敬华	2017-07-01
傅抱石 癸未（1943年）作 风雨归舟 立轴	137cm×33.5cm	11,500,000	中国嘉德	2017-12-18
傅抱石 癸未（1943年）作 柳荫仕女图 立轴	109.5cm×41cm	4,255,000	福建东南	2017-10-28
傅抱石 何香凝　1962年作 春光一片 立轴	101.5cm×34cm	4,025,000	北京匡时	2017-12-04
傅抱石 虎溪三笑 立轴	68cm×45cm	4,025,000	华艺国际	2017-05-27
傅抱石 甲辰（1964）年作 松壑观瀑 立轴	34cm×45.5cm	3,335,000	广东崇正	2017-06-15
傅抱石 甲辰（1964年）作 镜泊飞泉 立轴	78cm×123cm	6,519,650	中国嘉德	2017-10-02
傅抱石 甲申（1944年）作 云山高士图 镜心	91cm×60.5cm	11,270,000	中国嘉德	2017-06-19
傅抱石 甲申（1944年）作 早随烟月上瞿塘 立轴	185cm×60cm	80,500,000	中国嘉德	2017-06-19
傅抱石 甲午（1954年）作 湘夫人 扇面	18.5cm×51.5cm	552,000	中国嘉德	2017-12-18
傅抱石 江海风帆 镜心	87cm×45cm	5,750,000	北京荣宝	2017-06-02
傅抱石 金刚坡山色 镜心	138.5cm×60.5cm	8,050,000	北京匡时	2017-06-03
傅抱石 毛主席词意 镜心	36.5cm×63cm	2,102,760	保利香港	2017-04-03
傅抱石 千山 立轴	107cm×71cm	9,775,000	保利厦门	2017-06-25
傅抱石 清晨过歌乐山 镜心	27.5cm×39.5cm	1,150,000	北京保利	2017-06-05
傅抱石 秋风吹下红雨来 立轴	67cm×41.5cm	2,760,000	保利厦门	2017-06-26
傅抱石 秋江泛舟图 镜片	34cm×48.5cm	1,150,000	十竹斋	2017-01-01
傅抱石 壬寅（1962）年作 虎跑泉 镜框	37.5cm×28cm	920,000	上海嘉禾	2017-07-02
傅抱石 壬寅（1962）年作 虎溪三笑 镜片	70cm×45cm	805,000	上海敬华	2017-07-01
傅抱石 壬寅（1962年）作 初春镜心	45cm×56cm	7,015,000	中国嘉德	2017-06-19
傅抱石 山居读书图 立轴	91.5cm×61.5cm	7,820,000	中国嘉德	2017-06-19
傅抱石 赏菊图 立轴	27cm×21cm	1,265,000	北京匡时	2017-12-04
傅抱石 石涛诗意 立轴	200.5cm×30.5cm	41,400,000	华艺国际	2017-11-25
傅抱石 松下悟道图 扇片	18cm×50.5cm	1,725,000	十竹斋	2017-01-01
傅抱石 天池林海手卷 立轴	502cm×36cm	759,000	湖北中盛	2017-12-03
傅抱石 天女散花 立轴	99cm×62.2cm	29,900,000	北京保利	2017-06-05
傅抱石 听泉图 镜心	40cm×28cm	3,220,000	北京宣石	2017-12-03
傅抱石 万竿烟雨 镜心	115cm×60cm	13,800,000	保利华宜	2017-12-08

拍品名称	物品尺寸	成交价RMB	拍卖公司	拍卖日期
傅抱石 无限风光 立轴	130cm×64cm	6,325,000	朵云轩	2017-06-25
傅抱石 溪山泛舟 立轴	28.5cm×31cm	598,000	北京匡时	2017-06-03
傅抱石 溪山行旅图 立轴	63cm×41cm	4,025,000	北京荣宝	2017-09-24
傅抱石 湘夫人 立轴	44cm×48cm	6,325,000	华艺国际	2017-05-27
傅抱石 湘夫人 立轴	119cm×57.5cm	1,840,000	北京翰海	2017-12-15
傅抱石 湘夫人 立轴	125cm×59cm	1,069,500	印千山	2017-07-09
傅抱石 雪夜访友图 立轴	177cm×57cm	28,750,000	北京匡时	2017-12-04
傅抱石 一生好入名山游 立轴	93cm×33cm	2,242,500	南京经典	2017-07-23
傅抱石 幽谷雅集 立轴	90cm×57cm	8,510,000	中国嘉德	2017-12-18
傅抱石 云峰缥缈 立轴	27.5cm×40cm	862,500	上海嘉禾	2017-07-02
傅抱石 重岩赏泉 镜心	50cm×57.5cm	3,450,000	中国嘉德	2017-06-19
傅二石 1998年作 皖南风光 手卷	70.5cm×362cm	287,500	北京荣宝	2017-09-24
傅二石 虹江千尺 立轴	95cm×176cm	299,000	荣宝斋（济南）	2017-12-08
傅小石 马生生游西湖 立轴	66cm×135cm	161,000	南京经典	2017-07-23
傅益瑶 1976年作 林海雪原 镜片	27.5cm×219.5cm	207,000	广东崇正	2017-06-14
傅增湘 楷书七言联 立轴	129.5cm×30cm×2	172,500	北京翰海	2017-12-15
高德星 花鸟 四屏镜心	136cm×34cm×4	184,000	南京经典	2017-07-23
高二适 1962年作 新定急就章及考证序 册页	册首36cm×20.5cm；本幅36cm×45cm×7	2,300,000	北京匡时	2017-06-03
高二适 1976年作 行书 自作诗 立轴	66cm×38cm	230,000	西泠拍卖	2017-07-15
高二适 1976年作 题亚明《佐酒图》绝句等书法（二帧）画心	34.5cm×29.5cm；26.5cm×17cm	161,000	西泠拍卖	2017-07-16
高二适 草书 四屏立轴	69cm×35cm×4	586,500	荣宝斋（南京）	2017-07-08
高二适 草书《七律·登庐山》立轴	136cm×67.5cm	690,000	十竹斋	2017-01-01
高二适 送孟东野序 手卷	首28cm×593cm；题28cm×265cm	4,600,000	北京保利	2017-12-16
高剑父 1926年作 剑门关 镜心	95.5cm×44cm	440,730	北京匡时	2017-10-02
高剑父 1930年作 萱花灵石 立轴	76cm×39.5cm	200,836	中金国际	2017-11-25
高剑父 1931年作 墨松 立轴	130cm×58.5cm	575,000	广东崇正	2017-06-15
高剑父 1935年作 白凤凰 立轴	134.5cm×64.7cm	1,265,000	观唐皕榷	2017-01-11
高剑父 1939年作 老干红梅 镜框	34cm×40.5cm	445,500	香港苏富比	2017-04-04
高剑父 1946年作 渔舟唱晚 立轴	88cm×38cm	287,500	北京银座	2017-06-07
高剑父 1949年作 晚香 立轴	126cm×30cm	230,000	广东崇正	2017-12-13
高剑父 1950年作 草书五言联 立轴	145cm×35cm×2	287,500	广东崇正	2017-06-15
高剑父 1950年作 孔雀 镜心	171.5cm×93cm	3,139,980	中国嘉德	2017-05-29
高剑父 岸上人牵名利船 立轴	68cm×34cm	402,500	华艺国际	2017-05-27
高剑父 草书五言联（一对）立轴	135.6cm×29.7cm	276,760	纽约苏富比	2017-03-16
高剑父 陈树人 高奇峰 居秋海 1923年作 秋卉图 立轴	101cm×47cm	552,000	西泠拍卖	2017-07-15
高剑父 大吉图 立轴	132cm×65.5cm	367,983	北京匡时	2017-04-03
高剑父 丁未（1907年）作 春江水暖 立轴	144cm×62.5cm	293,820	中国嘉德	2017-10-03
高剑父 对联 立轴	132cm×34cm×2	184,000	华艺国际	2017-11-25
高剑父 高奇峰 陈树人 居秋海 1923年作 花卉 立轴	101cm×44cm	402,500	华艺国际	2017-11-25
高剑父 瓜花虫雀 立轴	60cm×91cm	920,000	华艺国际	2017-11-25
高剑父 行书“积健为雄”镜心	31cm×128cm	274,232	中国嘉德	2017-10-03
高剑父 红梅 立轴	57.3cm×33.1cm	224,868	纽约苏富比	2017-03-16
高剑父 红梅 扇面	18cm×52cm	207,000	华艺国际	2017-05-27
高剑父 鸡鸣天下 立轴	110cm×57cm	157,707	保利香港	2017-04-03
高剑父 甲子（1924）年作 秋林觅句 立轴	96cm×38cm	460,000	广东崇正	2017-06-15
高剑父 葡萄 立轴	96cm×25.7cm	230,000	广东崇正	2017-06-15
高剑父 香远益清 横披	32cm×102cm	207,000	广东崇正	2017-06-15

拍品名称	物品尺寸	成交价RMB	拍卖公司	拍卖日期
高剑父 杨善深 骑驴访友 立轴	139cm×54cm	345,000	广东崇正	2017-06-15
高剑父 竹枝栖禽 立轴	72cm×34cm	460,000	上海东方	2017-12-10
高马得 戏剧 册页（二十二开）	24cm×18cm×22	184,000	上海东方	2017-12-10
高木栖鹤 楷书联语 立轴	133.5cm×43.5cm	198,000	北京银座	2017-06-07
高奇峰 1914年作 孔雀开屏 立轴	145cm×94cm	9,200,000	华艺国际	2017-11-25
高奇峰 1922年作 枇杷螳螂 立轴	111.5cm×33.3cm	389,813	香港苏富比	2017-04-04
高奇峰 1928年作 白头大利 镜框	95.5cm×31.5cm	1,483,500	华艺国际	2017-05-27
高奇峰 1928年作 牡丹 镜心	184.5cm×35.5cm	345,000	北京翰海	2017-12-15
高奇峰 1932年作 白猿 立轴	101cm×32cm	253,000	北京保利	2017-12-17
高奇峰 达摩 镜心	75cm×33cm	1,035,000	中国嘉德	2017-06-20
高奇峰 丁巳（1917）年作 白鹭 镜片	120cm×47cm	690,000	广东崇正	2017-06-15
高奇峰 封侯图 立轴	111.5cm×36cm	489,700	北京匡时	2017-10-02
高奇峰 壬戌（1922年）作 雄鸡 立轴	118cm×39.5cm	166,498	中国嘉德	2017-10-03
高奇峰 松涧雀饮图 立轴	132.5cm×52cm	1,046,500	广东崇正	2017-12-13
高奇峰 雪山双鹿图 立轴	78cm×54cm	261,665	中国嘉德	2017-05-29
高奇峰 竹禽图 立轴	122cm×40.5cm	230,000	上海东方	2017-12-10
高奇峰 紫藤鲤鱼 立轴	116cm×44.4cm	1,447,875	香港苏富比	2017-04-04
高田忠周 篆书“天壤无穷”立轴	120cm×32.5cm	198,000	北京银座	2017-06-07
高喜占 双吉图 镜心	137cm×70cm	230,000	北京保利	2017-06-05
高喜占 双吉图 镜心	137cm×70cm	230,000	北京保利	2017-12-18
高翔 凌寒傲骨图 立轴	画69cm×29cm；题68cm×3.5cm	176,292	保利香港	2017-10-03
高野侯 1951年作 幽香冷艳 十六开册	各23.5cm×16.8cm	334,125	香港苏富比	2017-04-04
高邕 1913年作 临李邕《叶有道碑》四屏四屏条	181cm×46cm×4	207,000	中贸圣佳	2017-06-19
高云 山势霄天 镜心	138cm×69cm	218,500	中国嘉德	2017-09-02
郜宗远 峡江飞瀑 镜心	80cm×156cm	178,250	荣宝斋（南京）	2017-07-08
戈湘岚 1948年作 春郊散牧 镜心	101cm×50cm	207,000	北京匡时	2017-03-29
戈湘岚 1948年作 春郊散牧 镜心	101cm×50cm	299,000	上海匡时	2017-11-05
戈湘岚 春林骏马 立轴	92cm×48cm	172,500	荣宝斋（上海）	2017-07-30
戈湘岚 龙种骏骨（四幅）镜框	63cm×32.5cm×4	184,000	朵云轩	2017-12-14
葛冠中 空·2016 镜心	96cm×141cm	184,000	北京保利	2017-06-05
葛炎 2011年作 莫斯科的田园交响 镜框	120cm×240cm	218,500	上海东方	2017-12-10
耿庆力 2017年作 春染天山 镜心	113cm×230cm	920,000	北京保利	2017-06-05
龚继先 1999年作 空山鸟语话金秋 立轴	104cm×52cm	264,500	上海东方	2017-12-10
龚继先 2016年作 映日 镜框	143cm×70cm	230,000	上海东方	2017-12-10
龚文桢 花卉写生 镜心	91cm×85cm	184,000	北京荣宝	2017-06-02
龚文桢 乙酉（2005年）作 双喜双清 镜心	90.0cm×175.5cm	207,000	中国嘉德	2017-06-21
龚文祯 1985年作 芙蓉 镜心	90cm×130cm	230,000	北京翰海	2017-12-15
古元 80年代作 果菲的黑眼镜 连环画原稿（全）	10cm×14cm×77	161,000	西泠拍卖	2017-07-16
谷文达 1995年作 遗失的王朝系列：浮沉	340cm×150cm	402,500	北京匡时	2017-12-04
顾坤伯 壬午（1942年）作 山水 立轴	149cm×78.5cm	215,468	中国嘉德	2017-10-03
关东华 2017年作 草书“无为”镜心	138cm×96cm	1,265,000	北京保利	2017-12-18
关良 1931年作 拾玉镯 镜心	65cm×82cm	230,000	北京匡时	2017-06-03
关良 1943年作 宝鸡写生 立轴	50cm×37cm	207,000	北京保利	2017-06-05
关良 1960年作 武likely图 立轴	44cm×56.5cm	489,700	中国嘉德	2017-10-03
关良 1961年作 小放牛图 立轴	55cm×37cm	253,000	北京保利	2017-12-16

拍品名称	物品尺寸	成交价RMB	拍卖公司	拍卖日期
关良 1962年作 乌龙院一节 立轴	69.5cm×46cm	489,700	中国嘉德	2017-10-03
关良 1965年作 红灯记 立轴	44cm×34cm	276,000	北京保利	2017-06-05
关良 1965年作 沙家浜一节 立轴	28cm×34cm	597,434	中国嘉德	2017-10-03
关良 1973年作 三打白骨精 镜心	40.5cm×46cm	189,248	保利香港	2017-04-03
关良 1973年作 孙悟空三打白骨精 镜框	65cm×69cm	379,500	华艺国际	2017-11-25
关良 1976年作 打渔杀家 立轴	40.5cm×32cm	172,500	华艺国际	2017-11-25
关良 1976年作 大圣得蟠桃 镜片	64cm×35cm	218,500	西泠拍卖	2017-07-16
关良 1976年作 今日欢呼孙大圣 镜心	54cm×54cm	552,000	北京银座	2017-06-07
关良 1976年作 戏剧人物 镜心	45cm×34.5cm	345,000	北京荣宝	2017-12-02
关良 1977年作 大闹天宫 镜心	36cm×48.5cm	333,500	保利山东	2017-10-29
关良 1977年作 葡萄 镜框	53cm×32cm	224,250	华艺国际	2017-11-25
关良 1977年作 戏剧人物 立轴	137cm×68cm	820,076	北京匡时	2017-04-03
关良 1978年作 霸王别姬 立轴	诗堂23cm×44.5cm；本幅68.5cm×44.5cm	176,292	北京匡时	2017-10-02
关良 1978年作 花果图 立轴	68cm×44.5cm	498,000	香港蘇富比	2017-10-02
关良 1978年作 金猴奋起千钧棒 立轴	138cm×68cm	920,000	华艺国际	2017-11-25
关良 1978年作 空城计图 立轴	68cm×45cm	229,746	中濠典藏	2017-05-22
关良 1978年作 晴雯补裘 镜框	182cm×97cm	2,817,500	华艺国际	2017-11-25
关良 1978年作 戏剧人物 镜心	68.5cm×46cm	161,000	北京翰海	2017-12-15
关良 1978年作 戏剧人物 立轴	字31cm×68.5cm；画80.5cm×68.5cm	195,500	中国嘉德	2017-12-19
关良 1979年作 东郭先生受教图 镜心	68cm×46cm	322,000	观唐皕榷	2017-01-11
关良 1979年作 伏虎罗汉 立轴	66cm×44cm	161,000	北京保利	2017-12-17
关良 1979年作 鸿鸾禧 立轴	66cm×46cm	368,000	北京银座	2017-12-20
关良 1979年作 鸿鸾禧 立轴	67cm×45cm	437,000	北京保利	2017-06-05
关良 1979年作 花团锦簇 镜框	66.3cm×45.2cm	334,125	香港苏富比	2017-04-04
关良 1979年作 火焰山一段、芙奴传一节 立轴	76cm×46cm×2	420,552	北京匡时	2017-04-03
关良 1979年作 拷红图 镜心	68cm×46cm	207,000	北京匡时	2017-12-03
关良 1979年作 牡丹亭 镜心	51cm×34cm	195,500	北京匡时	2017-06-03
关良 1979年作 女起解 镜心	66cm×44.5cm	333,500	北京荣宝	2017-06-02
关良 1979年作 武剧图 镜心	35.5cm×34cm	253,000	北京银座	2017-12-20
关良 1979年作 献桃图 镜心	68.5cm×46.2cm	502,090	中金国际	2017-11-25
关良 1979年作 献桃图 立轴	68cm×45cm	322,000	华艺国际	2017-11-25
关良 1980年作 过招图 立轴	46.5cm×35cm	575,000	北京匡时	2017-06-03
关良 1980年作 晴雯补裘 立轴	108cm×55cm	920,000	北京荣宝	2017-12-02
关良 1980年作 武剧图	70cm×46cm	345,000	中国嘉德	2017-06-19
关良 1980年作 武剧图 立轴	34cm×137cm	632,500	北京荣宝	2017-06-02
关良 1981年作 平贵回窑图 镜心	69cm×68.5cm	517,500	上海匡时	2017-11-05
关良 1981年作 戏曲人物十二种 册页（十二开）	33cm×33.5cm×12	1,610,000	上海匡时	2017-11-05
关良 1982年作 贵妃图 镜框	67cm×48cm	345,000	华艺国际	2017-05-27
关良 1982年作 贵妃醉酒 立轴	93cm×84cm	1,092,500	北京保利	2017-06-06
关良 1982年作 过火焰山 立轴	68cm×45cm	379,500	北京保利	2017-06-05
关良 1983年作 武剧图 镜心	67cm×45cm	592,250	北京荣宝	2017-06-02
关良 1983年作 戏剧人物 立轴	67cm×44.5cm	253,000	北京翰海	2017-01-08
关良 1983年作 虞姬舞剑 镜心	69.5cm×46.5cm	368,000	北京匡时	2017-06-03
关良 1984年作 茶花 成扇	19cm×54cm	184,000	华艺国际	2017-05-27
关良 1984年作 达摩面壁 镜框	66cm×45cm	2,300,000	华艺国际	2017-05-27
关良 1984年作 德国风景 立轴	79cm×53.5cm	1,495,000	华艺国际	2017-05-27
关良 1984年作 古瓶新花图 镜心	68.5cm×50cm	690,000	上海匡时	2017-11-05
关良 1984年作 贵妃醉酒 镜框	67cm×135cm	2,875,000	华艺国际	2017-05-27
关良 1984年作 花果图 镜框	80cm×60cm	1,380,000	华艺国际	2017-05-27
关良 1984年作 花果图 立轴	91cm×67cm	1,437,500	华艺国际	2017-05-27
关良 1984年作 孔明斩马稷图 镜框	66.5cm×44.5cm	1,012,000	华艺国际	2017-05-27
关良 1984年作 漓江帆影 立轴	78cm×54cm	690,000	华艺国际	2017-05-27
关良 1984年作 李太白醉写蛮书图 镜框	96cm×132cm	7,935,000	华艺国际	2017-05-27
关良 1984年作 皮德逊大瀑布	68cm×48cm	690,000	西泠拍卖	2017-07-16
关良 1984年作 孙悟空斗长龙图 镜框	54cm×40cm	1,035,000	华艺国际	2017-05-27
关良 1984年作 孙悟空三打白骨精图 镜框	54cm×40cm	747,500	华艺国际	2017-05-27
关良 1984年作 踏雪寻梅 镜框	69cm×37cm	920,000	华艺国际	2017-05-27
关良 1984年作 天平山秋收图 镜框	68cm×38cm	1,035,000	华艺国际	2017-05-27
关良 1984年作 伍子胥过昭关图 镜框	66cm×45cm	345,000	华艺国际	2017-05-27
关良 1984年作 戏剧人物 立轴	67cm×45cm	402,500	北京荣宝	2017-12-02
关良 1984年作 戏曲人物 横批	45cm×123cm	2,530,000	华艺国际	2017-05-27
关良 1984年作 戏曲人物 镜框	24.5cm×68cm	241,500	华艺国际	2017-05-27
关良 1984年作 戏曲人物集锦 镜框	38.5cm×122cm	943,000	华艺国际	2017-05-27
关良 1984年作 玉兰花卉 镜框	54cm×54cm	437,000	华艺国际	2017-05-27
关良 1984年作 钟馗嫁妹图 立轴	78cm×53.5cm	345,000	华艺国际	2017-05-27
关良 霸王别姬 立轴	69cm×44cm	540,500	北京银座	2017-12-20
关良 宝钗扑蝶 镜框	60.5cm×48cm	402,500	华艺国际	2017-05-27
关良 成都武侯祠 镜心	39cm×27cm	376,798	中国嘉德	2017-05-29
关良 打花鼓 镜框	38cm×45cm	218,500	华艺国际	2017-05-27
关良 打渔杀家 立轴	81.5cm×59.5cm	195,880	中国嘉德	2017-10-03
关良 丁亥（1947年）作 戏曲人物 镜心	23.7cm×35.5cm	391,000	中国嘉德	2017-12-18
关良 丁巳（1977年）作 今日欢呼孙大圣 镜心	68cm×41cm	276,000	中国嘉德	2017-06-20
关良 丁巳（1977年）作 西游记 镜心	41cm×74cm	607,228	中国嘉德	2017-10-03
关良 东郭先生受教图 立轴	67.5cm×44.5cm	598,000	华艺国际	2017-05-27
关良 伏虎罗汉 镜框	68cm×58.5cm	402,500	华艺国际	2017-05-27
关良 伏虎图 镜框	38cm×46cm	172,500	华艺国际	2017-05-27
关良 庚申（1980年）作 漓江归帆 立轴	67cm×46cm	901,048	中国嘉德	2017-10-03
关良 庚申（1980年）作 时迁火烧翠云楼 立轴	68cm×45cm	858,261	中国嘉德	2017-05-29
关良 庚申（1980年）作 苏三起解 立轴	68cm×45cm	313,408	中国嘉德	2017-10-03
关良 庚申（1980年）作 武松大闹鸳鸯楼 立轴	69cm×46cm	313,998	中国嘉德	2017-05-29
关良 癸亥（1983年）作 孙悟空与铁扇公主 立轴	67cm×45cm	251,198	中国嘉德	2017-05-29
关良 贵妃醉酒 镜框	38cm×45cm	161,000	华艺国际	2017-05-27
关良 贵妃醉酒 镜心	46cm×34cm	161,000	中国嘉德	2017-12-19
关良 贵妃醉酒 镜心	61cm×48cm	418,664	中国嘉德	2017-05-29
关良 红娘 镜框	60.5cm×48cm	368,000	华艺国际	2017-05-27
关良 火焰山 镜心	34cm×31cm	218,500	中国嘉德	2017-12-19
关良 己未（1979年）作 霸王别姬 立轴	33cm×44cm	254,644	中国嘉德	2017-10-03
关良 己未（1979年）作 虹霓关 立轴	67cm×44cm	215,468	中国嘉德	2017-10-03
关良 己未（1979年）作 齐天大圣 立轴	33cm×44cm	470,112	中国嘉德	2017-10-03
关良 己未（1979年）作 钟馗嫁妹 立轴	43cm×67.5cm	714,962	中国嘉德	2017-10-03
关良 甲寅 1974年作 孙悟空三打白骨精 立轴	97cm×41.3cm	414,000	北京诚轩	2017-06-18
关良 甲子（1984年）作 古瓶新花 镜心	68cm×48cm	439,597	中国嘉德	2017-05-29

拍品名称	物品尺寸	成交价RMB	拍卖公司	拍卖日期
关良 甲子（1984年）作 晴雯补裘 立轴	96cm×68.5cm	287,500	中国嘉德	2017-12-19
关良 金猴奋起千钧棒 立轴	120cm×60cm	747,500	北京匡时	2017-03-29
关良 京剧人物 镜心	67.5cm×46cm	448,500	荣宝斋（济南）	2017-12-08
关良 京剧人物图 八开册	尺寸不一	957,825	香港苏富比	2017-04-04
关良 康乃馨 镜框	31.8cm×41cm	186,750	香港蘇富比	2017-10-02
关良 李逵 镜框	38cm×45cm	161,000	华艺国际	2017-05-27
关良 林冲风雪山神庙 镜框	39cm×44cm	172,500	华艺国际	2017-05-27
关良 罗汉伏虎图 立轴	134cm×69cm	3,450,000	荣宝斋（济南）	2017-06-10
关良 缅甸舞蹈 镜框	51cm×36cm	287,500	华艺国际	2017-11-25
关良 牧牛图 镜框	38cm×46cm	166,750	华艺国际	2017-11-25
关良 牧牛图 镜心	66cm×58cm	397,731	中国嘉德	2017-05-29
关良 闹桃	67.5cm×46cm	172,500	西泠拍卖	2017-07-16
关良 盆花双鱼 镜框	66.8cm×50cm	352,750	香港蘇富比	2017-10-02
关良 瓶花 镜心	69.5cm×51cm	552,000	中国嘉德	2017-06-20
关良 瓶花图 镜框	70cm×53.5cm	1,380,000	华艺国际	2017-05-27
关良 齐天大圣 成扇	19cm×54cm	230,000	华艺国际	2017-05-27
关良 三岔口 镜框	38cm×45cm	161,000	华艺国际	2017-05-27
关良 三打白骨精 镜片	68cm×48cm	172,500	广东崇正	2017-12-13
关良 三打白骨精 镜心	52cm×60cm	287,500	北京荣宝	2017-12-02
关良 三打白骨精 镜心	31.5cm×46.5cm	207,000	北京银座	2017-12-20
关良 三打白骨精 镜心	48cm×36cm	287,500	北京翰海	2017-06-02
关良 拾玉镯 镜框	38cm×46cm	155,250	华艺国际	2017-11-25
关良 孙大圣 镜框	27cm×23cm	368,000	北京荣宝	2017-06-02
关良 孙大圣 镜框	38cm×45cm	230,000	华艺国际	2017-05-27
关良 孙大圣 镜心	35cm×28cm	215,468	中国嘉德	2017-10-03
关良 孙悟空 镜心	34cm×35cm	264,500	北京荣宝	2017-09-24
关良 孙悟空 镜心	34cm×30cm	209,332	中国嘉德	2017-05-29
关良 孙悟空斗沙僧 镜框	38cm×45.5cm	172,500	华艺国际	2017-05-27
关良 孙悟空三打白骨精图 镜心	37cm×46cm	172,500	鼎天国际	2017-06-24
关良 唐僧西天取经图 镜片	53cm×155cm	345,000	上海嘉禾	2017-07-01
关良 伍子胥过昭关图 镜框	38.5cm×45cm	172,500	华艺国际	2017-05-27
关良 武剧人物 镜片	18.5cm×66.7cm	621,000	广东崇正	2017-06-15
关良 武剧图 镜框	53cm×40cm	276,000	华艺国际	2017-11-25
关良 武松打店 镜框	38.5cm×45cm	172,500	华艺国际	2017-05-27
关良 戊午（1978年）作 文昭关·野猪林 镜心	40.5cm×90cm	636,610	中国嘉德	2017-10-03
关良 悟空斗二郎神 镜框	40cm×43cm	345,000	华艺国际	2017-11-25
关良 西天取经图 镜心	37.5cm×74cm	391,760	北京匡时	2017-10-02
关良 戏剧人物（两帧）镜框	27cm×23cm×2	184,000	上海嘉禾	2017-07-02
关良 戏剧人物 镜心	82cm×70cm	437,000	中国嘉德	2017-12-19
关良 戏剧人物 立轴	66.5cm×33cm	414,000	广东崇正	2017-12-13
关良 戏剧人物 手卷	41.5cm×517cm	3,680,000	华艺国际	2017-11-25
关良 戏剧人物十二种 册页	34cm×34.5cm×12	5,520,000	中国嘉德	2017-06-19
关良 戏曲人物 镜框	38cm×45cm	161,000	华艺国际	2017-05-27
关良 戏曲人物 镜心	66cm×44.5cm	172,500	荣宝斋（济南）	2017-06-10
关良 戏曲人物 立轴	67cm×33.5cm	345,000	荣宝斋（济南）	2017-06-10
关良 辛酉（1981年）作 金玉奴镜心	64cm×44.5cm	470,997	中国嘉德	2017-05-29
关良 辛酉（1981年）作 张义得宝图 设色纸本	89cm×43cm	368,000	北京华辰	2017-06-04
关良 逸趣盎然 手卷	26.5×79cm；26.5×33cm×4；26.5×221cm	1,150,000	上海匡时	2017-11-05
关良 游龙戏凤 镜框	38cm×45cm	161,000	华艺国际	2017-05-27
关良 虞姬舞剑 立轴	62cm×34cm	207,000	荣宝斋（济南）	2017-06-10
关良 虞姬舞剑图 镜心	69cm×47cm	782,000	北京宣石	2017-12-03
关良 早期人物册 镜心	16.5×15.5cm×5	1,811,890	中国嘉德	2017-10-03
关良 智取威虎山 立轴	68cm×45cm	437,000	北京保利	2017-06-05
关良 智深拔柳 镜框	38cm×44.5cm	218,500	华艺国际	2017-05-27
关良 钟馗嫁妹图 镜框	38cm×44.5cm	241,500	华艺国际	2017-05-27
关良 钟馗接福 立轴	67.5cm×45cm	1,265,000	华艺国际	2017-05-27
关良 朱屺瞻 1977年作 王烈像 镜片	154.5cm×77cm	322,000	西泠拍卖	2017-07-16
关良 捉放曹 镜框	38cm×45cm	207,000	华艺国际	2017-05-27
关乃平 乘风破浪 镜框	37cm×56cm	310,500	北京荣宝	2017-06-02
关山月（1975年）作 梅花 立轴	69cm×37cm	299,000	中国嘉德	2017-06-19
关山月 1939年作 哨兵 立轴	93.5cm×41.5cm	378,497	保利香港	2017-04-03
关山月 1942年作 峡江帆影 立轴	122cm×28.6cm	415,000	香港蘇富比	2017-10-02
关山月 1944年作 秋山幽溪图 镜心	41cm×112cm	391,000	八益拍卖	2017-09-24
关山月 1945年作 寒鸦双雀 镜心	126.5cm×46cm	230,000	北京匡时	2017-06-03
关山月 1947年作 雄鸡一鸣天下白 镜心	123cm×62cm	368,000	中国嘉德	2017-12-18
关山月 1948年作 红玫瑰与白玫瑰 立轴	122cm×32cm	176,375	香港蘇富比	2017-10-02
关山月 1948年作 珠江渔村 镜心	47cm×58.5cm	575,000	北京荣宝	2017-06-02
关山月 1949年作 万里长城图 镜框	145cm×81.5cm	6,670,000	华艺国际	2017-05-27
关山月 1959年作 子母鸡图 立轴	74cm×49cm	805,000	中国嘉德	2017-03-31
关山月 1961年作 北国风光 镜片	166.5cm×221.5cm	22,425,000	广东崇正	2017-12-12
关山月 1961年作 树茂云横 立轴	134.5cm×61.5cm	814,554	中濠典藏	2017-05-22
关山月 1972年作 天池飞瀑 立轴	144.5cm×105.5cm	16,330,000	广东崇正	2017-06-14
关山月 1975年作 红梅 镜框	91.3cm×60.5cm	388,063	佳士得	2017-05-30
关山月 1975年作 红梅 镜心	52cm×82cm	529,000	北京保利	2017-06-05
关山月 1976年作 雪山飞骑 扇面镜心	15.4cm×47.4cm	172,500	北京诚轩	2017-06-18
关山月 1977年作 黄山百步梯 立轴	96cm×35cm	322,000	广东崇正	2017-12-12
关山月 1979年作 鹤顶兰 立轴	69cm×47cm	345,000	广东崇正	2017-06-14
关山月 1979年作 双清图 镜片	111cm×34.5cm	517,500	广东崇正	2017-12-12
关山月 1980年作 红梅 立轴	91cm×35cm	191,475	佳士得	2017-11-28
关山月 1981年作 虬梅图 镜心	69cm×137cm	402,500	北京匡时	2017-12-03
关山月 1981年作 树杪百重泉 镜片	68cm×138cm	2,645,000	广东崇正	2017-06-14
关山月 1982年作 鸟雀报晴 立轴	91cm×34cm	207,000	广东崇正	2017-12-12
关山月 1982年作 双清图 镜框	69.5cm×34.5cm	612,563	香港苏富比	2017-04-04
关山月 1983年作 月影墨梅 镜片	59cm×96cm	690,000	广东小雅斋	2017-05-26
关山月 1984年作 红梅 横披	44cm×96cm	667,000	北京匡时	2017-06-03
关山月 1984年作 梅花 镜心	135.5cm×68.5cm	1,092,500	中国嘉德	2017-12-19
关山月 1984年作 太平洋拾稿 镜心	54cm×80cm	897,000	中国嘉德	2017-12-18
关山月 1985年作 暗香浮动 镜片	68cm×44cm	207,000	广东崇正	2017-12-12
关山月 1985年作 荔枝小鸟 立轴	131cm×48cm	632,500	北京保利	2017-12-17
关山月 1985年作 荔枝小鸟 立轴	131cm×48.5cm	368,000	北京保利	2017-06-05
关山月 1985年作 雨尽秋山野壑深 镜心	146.5cm×78cm	782,000	北京诚轩	2017-06-18
关山月 1986年作 梅花 立轴	68cm×41.5cm	437,000	中国嘉德	2017-06-19
关山月 1987年作 双清图 手卷	引首19cm×52cm；本幅19cm×138cm	172,500	北京匡时	2017-06-03
关山月 1988年作 万点春光 镜片	67cm×136cm	494,500	朵云轩	2017-12-14
关山月 1989年作 但愿墨痕永留香 镜框	25.5cm×136.5cm	443,500	佳士得	2017-05-30
关山月 1989年作 谷鸣飞瀑 镜心	138cm×68.5cm	3,277,500	上海匡时	2017-11-05
关山月 1991年作 双清图 镜片	47cm×69cm	230,000	上海敬华	2017-07-01
关山月 1991年作 一帆风顺 镜片	42.8cm×65cm	345,000	广东崇正	2017-06-14

拍品名称	物品尺寸	成交价RMB	拍卖公司	拍卖日期
关山月 1991年作 迎春图 镜片	67cm×137cm	2,760,000	广东崇正	2017-12-12
关山月 1992年作 草书二十八言联 镜心	365cm×75cm×2	943,000	北京翰海	2017-12-15
关山月 1993年作 暗香疏影 镜片	48cm×73.2cm	287,500	广东崇正	2017-06-14
关山月 1996年作 红梅赞 镜片	67cm×124cm	977,500	朵云轩	2017-06-25
关山月 1999年作 雄鸡一唱天下白 镜心	138cm×70cm	874,000	北京匡时	2017-03-29
关山月 报春图 立轴	135cm×67cm	920,000	华艺国际	2017-08-27
关山月 丙寅（1986）年作 雨后春笋 立轴	67cm×65cm	287,500	广东崇正	2017-12-12
关山月 丙子（1996）年作 竹荫佳趣 镜片	50.5cm×81cm	253,000	广东崇正	2017-06-14
关山月 春讯图 镜片	139cm×69cm	1,380,000	广东崇正	2017-12-12
关山月 红梅 镜框	74cm×142cm	2,127,500	华艺国际	2017-05-27
关山月 红梅 镜心	89cm×41cm	517,500	北京匡时	2017-12-03
关山月 红梅 镜心	69cm×32cm	460,000	荣宝斋（济南）	2017-12-08
关山月 甲申（1944）年作 锦江春晓 立轴	68cm×33.5cm	437,000	广东崇正	2017-06-14
关山月 甲申（1944）年作 秋山幽溪图 镜片	112.2cm×41.2cm	667,000	广东崇正	2017-12-12
关山月 甲戌（1994）年作 报春图 镜片	68cm×99.4cm	874,000	广东崇正	2017-12-12
关山月 甲子（1984）年作 双清 立轴	65.5cm×31.5cm	195,500	广东崇正	2017-12-13
关山月 剑门关 立轴	99cm×40cm	736,000	北京匡时	2017-03-29
关山月 剑门雄峰 立轴	98.5cm×40cm	575,000	广东崇正	2017-12-12
关山月 孔德成 行旅图 篆书临孝经 立轴	20cm×55cm×2	230,265	中国嘉德	2017-05-29
关山月 兰花 立轴	69.5cm×46.5cm	345,000	华艺国际	2017-11-25
关山月 黎雄才 壬戌（1982年）作 梅松合 手卷	21.5cm×305cm	782,000	中国嘉德	2017-12-19
关山月 梅花 镜框	69.5cm×121cm	1,808,375	佳士得	2017-11-28
关山月 梅花 镜心	39cm×56.5cm	230,000	荣宝斋（济南）	2017-06-10
关山月 墨梅 镜心	68cm×136cm	805,000	北京宣石	2017-12-03
关山月 墨梅 镜心	66cm×46cm	322,000	保利山东	2017-10-29
关山月 墨梅 立轴	诗堂22cm×65cm；画42cm×65cm	379,500	广东崇正	2017-06-14
关山月 墨梅图 立轴	69cm×44cm	253,000	华艺国际	2017-05-27
关山月 俏也不争春 镜片	52cm×233cm	4,370,000	华艺国际	2017-05-27
关山月 壬戌（1982）年作 墨梅 镜片	61cm×50cm	322,000	广东崇正	2017-06-14
关山月 壬子（1972）年作 东风第一枝 立轴	68.5cm×45.5cm	368,000	广东崇正	2017-06-14
关山月 寿松图 立轴	130cm×48cm	1,035,000	华艺国际	2017-11-25
关山月 双清 镜片	83cm×49cm	460,000	广东崇正	2017-06-14
关山月 双清图 立轴	69.5cm×45.5cm	389,194	纽约苏富比	2017-03-16
关山月 水仙图 立轴	95cm×44cm	402,500	华艺国际	2017-11-25
关山月 乡野牧归 镜片	32cm×45cm	195,500	十竹斋	2017-01-01
关山月 辛酉（1981）年作 墨梅 立轴	138cm×69cm	1,127,000	广东崇正	2017-06-14
关山月 雪里红 镜片	50.5cm×80.5cm	345,000	广东崇正	2017-06-14
关山月 烟树云峰 立轴	46cm×60cm	172,500	广东崇正	2017-12-12
关山月 乙丑（1985）年作 新加坡游记诗 立轴	127cm×47cm	166,750	广东崇正	2017-12-12
关山月 渔村即景 立轴	82cm×48cm	437,000	广东崇正	2017-12-12
关友声 飞瀑图 镜心	111cm×67cm	253,000	荣宝斋（济南）	2017-06-10
关玉良 2014年作 云道 镜心	110cm×91cm	575,000	北京保利	2017-12-18
管峻 楷书千字文 镜心	26cm×109.5cm	161,000	中贸圣佳	2017-06-19
管念慈 1904年作 玉堂富贵 立轴	98cm×35cm	161,000	北京荣宝	2017-12-02
管伟邦 幻林一瞬 镜框四屏	135.5×64.5cm×4	293,820	北京匡时	2017-10-02
郭德昌 秋菊 镜框	120cm×240cm	690,000	上海东方	2017-06-25
郭关 2014年作 蝉悟 镜心	67cm×67cm	685,580	保利香港	2017-10-03
郭关 2015年作 净土 镜心	67cm×133cm	1,762,920	保利香港	2017-10-03
郭关 2015年作 牧心 镜心	115cm×80cm	1,366,794	保利香港	2017-04-03
郭关 入冥 镜心	31cm×57cm	368,000	北京保利	2017-06-05
郭兰枝 吴孟庄 1926年作 闲亭幽居并行书诗 成扇	18cm×51cm	230,000	北京匡时	2017-03-30
郭沫若 1922年作 行书论语句 立轴	81.5cm×38cm	356,500	北京匡时	2017-06-03
郭沫若 1948年作 书法 镜框	65cm×32cm	155,250	广东小雅斋	2017-05-26
郭沫若 1960年作 行书五言诗 横幅	43cm×56cm	253,000	中国嘉德	2017-04-01
郭沫若 1962年作 行书七言诗 立轴	67.5cm×33cm	437,000	中国嘉德	2017-12-20
郭沫若 1963年作 行草书 镜心	105.5cm×60cm	460,000	北京翰海	2017-12-15
郭沫若 1963年作 行书自作诗 立轴	136cm×68.5cm	287,500	北京匡时	2017-06-03
郭沫若 1963年作 行书自作诗 立轴	136cm×67.5cm	943,000	北京匡时	2017-06-03
郭沫若 1964年作 行书“见义勇为”立轴	87cm×47cm	207,000	中国嘉德	2017-04-01
郭沫若 1964年作 行书《卜算子·咏梅》镜心	37.5cm×73cm	402,500	北京荣宝	2017-06-02
郭沫若 1964年作 行书毛主席词 立轴	73.5cm×130cm	1,207,500	中国嘉德	2017-12-19
郭沫若 1965年作 行书“毛主席语录”镜心	89.5cm×291cm	3,680,000	北京荣宝	2017-06-02
郭沫若 1965年作 行书毛主席诗 镜心	134.5×237.5cm×4	5,175,000	北京匡时	2017-12-04
郭沫若 1965年作 行书七言诗 镜心	86cm×45cm	334,931	中国嘉德	2017-05-29
郭沫若 1965年作 行书咏趵突泉诗 镜心	111cm×41cm	690,000	北京匡时	2017-03-29
郭沫若 1965年作 行书自作诗 镜片	38cm×16.5cm	805,000	广东崇正	2017-12-12
郭沫若 1965年作 行书自作诗 镜心	87cm×45.5cm	598,000	北京匡时	2017-03-29
郭沫若 1965年作 毛主席语录 镜心	90cm×291cm	3,392,500	北京荣宝	2017-12-02
郭沫若 1966年作 行书毛主席诗句 立轴	66cm×45cm	287,500	北京银座	2017-06-07
郭沫若 1966年作 行书水调歌头·赞焦裕禄同志 册页	郭书法24cm×236.5cm；于立群题跋24cm×17cm	862,500	广东崇正	2017-12-12
郭沫若 1969年作 书法（二帧）镜心	尺寸不一	1,955,000	观唐皕榷	2017-01-11
郭沫若 1971年作 行书 镜心	44cm×71cm	690,000	北京保利	2017-08-02
郭沫若 1984年作 行书八言联 立轴	132.5cm×33cm×2	816,500	北京匡时	2017-06-03
郭沫若 丙午（1966）年作 行书 镜片	70cm×137cm	345,000	上海敬华	2017-07-01
郭沫若 草书 立轴	130cm×63cm	1,725,000	荣宝斋（济南）	2017-06-10
郭沫若 草书 立轴	35cm×80cm	460,000	荣宝斋（济南）	2017-12-08
郭沫若 草书“毛主席诗词”立轴	131cm×67cm	3,335,000	荣宝斋（上海）	2017-07-30

拍品名称	物品尺寸	成交价RMB	拍卖公司	拍卖日期
郭沫若 行草卢照邻诗 立轴	139cm×33cm	207,000	北京保利	2017-12-17
郭沫若 行书 立轴	131cm×63cm	1,610,000	荣宝斋（南京）	2017-09-10
郭沫若 行书 立轴	142cm×77cm	632,500	荣宝斋（南京）	2017-09-10
郭沫若 行书近作诗 立轴	133cm×66cm	690,000	北京保利	2017-04-27
郭沫若 行书七言联 立轴	142cm×38cm×2	494,500	北京诚轩	2017-06-18
郭沫若 行书七言联 立轴	135cm×29cm×2	690,000	北京匡时	2017-06-03
郭沫若 行书七言诗 立轴	143cm×37cm×2	460,000	上海匡时	2017-11-05
郭沫若 行书诗一首 立轴	142.5cm×76.5cm	632,500	北京荣宝	2017-06-02
郭沫若 行书十六字令 立轴	63cm×41.5cm	299,000	中国嘉德	2017-06-20
郭沫若 行书条幅 立轴	161.5cm×34.5cm	460,000	保利厦门	2017-06-25
郭沫若 行书五言巨联 立轴	351cm×70cm×2	17,250,000	广东崇正	2017-12-12
郭沫若 行书五言联 立轴	147.5×39.5cm×2	425,500	中国嘉德	2017-12-19
郭沫若 行书五言诗 立轴	65cm×42cm	402,500	北京保利	2017-04-27
郭沫若 行书自作诗 镜片	31cm×97cm	402,500	广东崇正	2017-06-15
郭沫若 行书自作诗 镜片	65cm×39cm	322,000	广东崇正	2017-06-15
郭沫若 行书自作诗 立轴	133cm×61cm	1,437,500	广东崇正	2017-06-15
郭沫若 华国锋 书法（两帧）镜心	25cm×18cm；23cm×20cm	172,500	北京匡时	2017-06-03
郭沫若 钱松喦 乙酉（1945）年作 行书 寿菊图 成扇		281,750	上海敬华	2017-07-01
郭沫若 书法 立轴	101cm×44cm	575,000	南京经典	2017-07-23
郭沫若 于立群 1964年作 隶书七言联 镜心	180cm×49cm×2	195,500	上海匡时	2017-11-05
郭石夫 2011年作 富贵牡丹 镜心	138cm×69cm	161,000	北京荣宝	2017-12-02
郭石夫 2013年作 墨竹图 镜心	136cm×34cm	448,500	北京荣宝	2017-12-02
郭石夫 朱葵 谢永增 王镛 姚鸣京 赵贵德 程宝泓 2000、2001、2002年作 不可一日无此君 册页	45cm×78cm×9	195,500	北京荣宝	2017-06-02
郭味蕖 1961年作 百花呈妍 镜心	161.5cm×222.5cm	1,725,000	北京银座	2017-12-20
郭味蕖 1962年作 四时花卉 手卷	引首 26.5cm×67cm；画心 26.5cm×484cm；题跋26.5cm×67cm	517,500	保利山东	2017-10-29
郭味蕖 霜色 立轴	126cm×70cm	184,000	北京荣宝	2017-04-02
郭西元 2011年作 万壑白云 镜框	130.5cm×65.2cm	797,813	佳士得	2017-11-27
郭西元 2016年作 古溪秋水	91cm×33cm	184,000	北京翰海	2017-12-16
郭怡孮 2014年作 泰山红杜鹃 镜心	139cm×70cm	172,500	保利山东	2017-10-29
郭怡孮 2017年作 花香深处 册页	48cm×39cm×10	1,265,000	北京匡时	2017-12-03
郭怡孮 新春大吉图 镜心	直径44.8cm	207,000	北京匡时	2017-06-03
韩美林 1978年作 清玩（六帧）镜框	36cm×39cm×6	322,000	上海东方	2017-12-10
韩美林 1981年作 孺子牛 镜框	36cm×38cm	253,000	上海明轩	2017-06-30
韩美林 1992年作 骏马 镜心	68cm×81cm	172,500	北京荣宝	2017-09-24
韩美林 1993年作 八骏行云追风图	123cm×1000cm	8,740,000	北京华辰	2017-06-05
韩美林 奔马 镜心	46cm×69cm	161,000	北京东正	2017-03-31
韩美林 丁卯（1987年）作 动物（二帧）镜心	45.0×52.5cm×2	184,000	中国嘉德	2017-06-21
韩美林 鸡 镜心	69cm×86cm	230,000	北京荣宝	2017-06-02
韩美林 骆驼 镜心	160cm×180cm	1,150,000	北京保利	2017-11-10
韩美林 猫头鹰 镜心	96cm×89.5cm	172,500	北京荣宝	2017-04-02
韩敏 芭蕉仕女 镜心	83.5cm×57cm	161,000	荣宝斋（上海）	2017-07-30
韩敏 抚琴吹箫图 镜心	98.5cm×50.5cm	161,000	荣宝斋（上海）	2017-07-30
韩天衡 丁酉（2017）年作 篆书十三言联 镜心	120cm×17.4cm×2	241,500	上海匡时	2017-11-05
韩天衡 绿丛逐红之图 镜心	97.5cm×63.5cm	207,000	北京匡时	2017-12-03

拍品名称	物品尺寸	成交价RMB	拍卖公司	拍卖日期
韩英凌 清气乾坤 镜框	120cm×240cm	172,500	上海东方	2017-12-10
郝鹤君 2016年作 雨霁 立轴	181cm×71cm	230,000	广东崇正	2017-12-13
郝世明 椅子 镜心	180.0cm×120.0cm	172,500	中国嘉德	2017-06-21
何百里 1998年作 碧嶂鸣泉 镜框	61.6cm×120cm	340,400	佳士得	2017-11-28
何百里 2012年作 翠谷妙韵 镜框	71.5cm×72cm	388,063	佳士得	2017-05-30
何百里 璀璨香江二十载 镜框	61.2cm×60.8cm	446,775	佳士得	2017-11-28
何百里 黄山峻岭 镜框	69.5cm×70cm	354,800	佳士得	2017-05-30
何百里 牡丹	56cm×43.5cm	158,400	羅芙奧	2017-12-02
何百里 曦望 镜框	72.5cm×72.5cm	372,313	佳士得	2017-11-27
何百里 曦望23 镜框	69.5cm×71cm	388,063	佳士得	2017-05-29
何海霞 1939年作 江山清霁图 立轴	103cm×39cm	977,500	北京保利	2017-06-05
何海霞 1946年作 青云山郭图 镜片	96.5cm×16.5cm	690,000	西泠拍卖	2017-07-15
何海霞 1947年作 墨松图 立轴	134.5cm×68cm	178,250	北京翰海	2017-01-08
何海霞 1970年作 暮色苍茫看劲松 镜心	52.5cm×83cm	437,000	北京荣宝	2017-12-02
何海霞 1972年作 古黄鹤楼图 镜框	47cm×100.5cm	1,552,500	北京荣宝	2017-06-02
何海霞 1973年作 万山红遍 立轴	48cm×87cm	805,000	北京荣宝	2017-12-02
何海霞 1974年作 西岳峥嵘何壮哉 立轴	89cm×47cm	632,500	北京荣宝	2017-12-02
何海霞 1977年作 清荷图 立轴	121.5cm×37cm	207,000	西泠拍卖	2017-07-15
何海霞 1977年作 深谷峰峦图 镜心	87.5cm×58cm	345,000	观唐皕榷	2017-01-11
何海霞 1979年作 湖光山色 立轴	136.6cm×67.5cm	1,037,850	纽约佳士得	2017-03-14
何海霞 1980年作 鸟鸣山更幽 轴	45cm×68.5cm	575,000	八益拍卖	2017-09-24
何海霞 1981年作 唐人诗意 立轴	69cm×46.5cm	253,000	北京匡时	2017-06-03
何海霞 1983年作 仙山琼关图 镜片	122.8cm×245cm	665,250	佳士得	2017-05-30
何海霞 1984年作 峡江帆影 镜心	67.5cm×44.5cm	166,750	北京匡时	2017-03-29
何海霞 1986年作 独往秋山深 镜心	91cm×48cm	253,000	北京荣宝	2017-09-24
何海霞 1988年作 明人诗意 镜心	137cm×68.5cm	575,000	北京荣宝	2017-06-02
何海霞 1989年作 归云拥树图 镜心	69.5cm×45.5cm	253,000	观唐皕榷	2017-01-11
何海霞 1989年作 青城雨后 镜心	30cm×96cm	437,000	北京荣宝	2017-06-02
何海霞 1992年作 深山探踪 镜心	136cm×68cm	2,070,000	北京荣宝	2017-06-02
何海霞 1994年作 平沙飞雁 镜心	49cm×68cm	218,500	北京荣宝	2017-12-02
何海霞 1994年作 山间铃声 立轴	66cm×44cm	253,000	北京匡时	2017-06-03
何海霞 1995年作 春游湖 镜心	40cm×85cm	230,000	北京荣宝	2017-06-02
何海霞 1995年作 梅雀双清图 立轴	63.5cm×137cm	667,000	观唐皕榷	2017-01-11
何海霞 白雪石 田世光 等 静观自得集 册页	41cm×59cm×17	667,000	北京华辰	2017-12-16
何海霞 翠岭苍松 镜片	95cm×54cm	161,000	鼎天国际	2017-06-24
何海霞 村流小景 立轴	69cm×45cm	230,000	北京荣宝	2017-06-02
何海霞 范曾 松下问童子 镜心	57.5cm×96cm	828,000	北京荣宝	2017-06-02
何海霞 仿赵文敏笔 立轴	91cm×39.5cm	368,000	北京匡时	2017-06-03
何海霞 飞越秦岭 立轴	69cm×48cm	172,500	印千山	2017-07-09
何海霞 革命圣地延安 镜心	100cm×65.5cm	897,000	北京荣宝	2017-06-02
何海霞 革命胜地 镜心	125cm×64cm	1,725,000	上海匡时	2017-11-05
何海霞 海阔天作岸 镜心	68.5cm×45cm	333,500	荣宝斋（上海）	2017-07-30
何海霞 汉张良庙 镜心	137cm×55cm	1,495,000	北京银座	2017-06-07
何海霞 行书 手卷	28cm×356cm	345,000	北京荣宝	2017-06-02
何海霞 荷花 镜心	81cm×48.5cm	207,000	北京荣宝	2017-12-02
何海霞 荷花 轴	49.5cm×68.5cm	287,500	八益拍卖	2017-04-22
何海霞 花卉 四屏镜框	70cm×35cm×4	977,500	北京荣宝	2017-06-02
何海霞 华山图 立轴	66cm×44cm	437,000	北京荣宝	2017-12-02

拍品名称	物品尺寸	成交价RMB	拍卖公司	拍卖日期
何海霞 华山西峰 立轴	139cm×75cm	2,070,000	北京荣宝	2017-12-02
何海霞 华岳清秋 镜心	70cm×139cm	4,197,500	北京荣宝	2017-06-02
何海霞 黄河之水天上来 镜心	69cm×139cm	2,472,500	北京荣宝	2017-06-02
何海霞 激流勇进 镜心	131cm×66cm	2,357,500	北京匡时	2017-06-03
何海霞 激流勇进 镜心	28cm×39cm	230,000	中贸圣佳	2017-06-19
何海霞 柳阴清夏 镜框	65cm×32cm	368,000	北京荣宝	2017-06-02
何海霞 梅花欢喜漫天雪 镜心	16cm×83cm	202,500	北京银座	2017-12-20
何海霞 梅竹麻雀 镜心	69cm×45.5cm	172,500	北京翰海	2017-06-02
何海霞 青山红树 镜心	82cm×56cm	2,070,000	北京荣宝	2017-06-02
何海霞 琼岛仙侣图 立轴	111cm×49cm	1,237,500	北京银座	2017-12-20
何海霞 琼鸟仙侣图 立轴	111cm×49cm	1,092,500	北京荣宝	2017-06-02
何海霞 秋林昏鸦图 镜心	42cm×67cm	322,000	观唐皕榷	2017-01-11
何海霞 壬戌（1982年）作 渔归图 立轴	69cm×45cm	189,750	中国嘉德	2017-03-31
何海霞 三门峡 镜心	35cm×47cm	241,500	北京匡时	2017-03-29
何海霞 山花灿漫 立轴	115cm×68cm	1,265,000	北京荣宝	2017-12-02
何海霞 山间铃声响 立轴	74cm×45cm	184,000	北京荣宝	2017-09-24
何海霞 山色空蒙雨亦奇 镜片	83cm×50cm	299,000	广东崇正	2017-12-13
何海霞 山水（二帧）镜心	34cm×42cm；38cm×44cm	253,000	北京荣宝	2017-12-02
何海霞 山雨欲来风满林 立轴	68.5cm×45cm	161,000	荣宝斋（济南）	2017-12-08
何海霞 书法中堂 对联 镜心	136×33cm×2；135×66.5cm	299,000	北京荣宝	2017-06-02
何海霞 松涛流水 镜心	70cm×45cm	345,000	北京荣宝	2017-06-02
何海霞 万绿丛中 镜心	75cm×40cm	1,150,000	北京荣宝	2017-06-02
何海霞 万山红遍 镜心	41cm×98cm	310,500	北京保利	2017-06-05
何海霞 西岳雄姿图 镜片	100.8cm×197.3cm	2,182,020	佳士得	2017-05-30
何海霞 西岳峥嵘 镜片	91.5cm×53cm	414,000	广东崇正	2017-06-15
何海霞 西岳峥嵘 立轴	136cm×68cm	747,500	北京匡时	2017-03-29
何海霞 仙阁图 镜心	35cm×89cm	920,000	北京保利	2017-12-17
何海霞 香雪海 镜心	95cm×175.5cm	460,000	中国嘉德	2017-12-19
何海霞 辛未（1991）年作 西北风景 镜片	140cm×100cm	2,070,000	广东崇正	2017-06-15
何海霞 杨家沟 镜心	34cm×44cm	287,500	中贸圣佳	2017-06-19
何海霞 于右任 湖天小景 行书对联 立轴	41.5cm×46cm；36.5cm×12cm×2	207,000	北京荣宝	2017-12-02
何海霞 长征 立轴	138cm×69cm	2,242,500	北京匡时	2017-12-04
何怀硕 1983年作 空茫 镜框	67cm×66.5cm	207,500	香港蘇富比	2017-10-02
何怀硕 1985年作 宜歌	86.5cm×66cm	267,300	香港苏富比	2017-04-04
何怀硕 1986年作 独立苍茫 立轴	66cm×66cm	176,375	香港蘇富比	2017-10-02
何怀硕 1986年作 月光 立轴	87.5cm×94.5cm	186,750	香港蘇富比	2017-10-02
何怀硕 1988年作 平林漠漠 立轴	130cm×65cm	166,313	佳士得	2017-05-29
何怀硕1988年作吾土吾人之四立轴	65cm×96.5cm	186,750	香港蘇富比	2017-10-02
何怀硕 1996年作 梦幻之河 镜框	95cm×130.7cm	445,500	香港苏富比	2017-04-04
何怀硕 天心月圆 立轴	137.2cm×33cm	345,263	香港苏富比	2017-04-04
何加林 宿建德江 镜心	48cm×179cm	313,290	中濠典藏	2017-05-22
何家英 1985年作 李白醉酒 立轴	66cm×39cm	471,500	北京荣宝	2017-12-02
何家英 1987年作 秋思图 镜心	68cm×94cm	1,207,500	北京荣宝	2017-12-02
何家英 1988年作 白衣少女清暑图 镜心	69cm×45cm	552,000	北京荣宝	2017-06-02
何家英 1989年作 冰雪林中 镜框	77cm×67cm	1,380,000	北京荣宝	2017-06-02
何家英 1993年作 白描仕女 镜心	94cm×73cm	1,840,000	北京荣宝	2017-04-02
何家英 1996年作 赏梅图 立轴	77cm×67cm	1,265,000	北京荣宝	2017-06-02
何家英 1998年作 女人体 镜心	91cm×57cm	2,297,460	中濠典藏	2017-05-22
何家英 2000年作 醉花荫 金卡	27cm×48cm	586,500	鼎天国际	2017-06-24
何家英 2004年作 绣花女	60cm×51cm	460,000	北京翰海	2017-12-16
何家英 2005年作 消夏图 镜心	139cm×70.5cm	3,220,000	北京荣宝	2017-12-02
何家英 2009年作 一枝红杏淡春晖 镜框	48cm×55cm	414,000	北京荣宝	2017-04-02

拍品名称	物品尺寸	成交价RMB	拍卖公司	拍卖日期
何家英 2012年作 丽人百合 镜心	137cm×69cm	3,335,000	北京荣宝	2017-04-02
何家英 2016年作 塔吉克少女 镜心	74cm×62cm	2,760,000	北京荣宝	2017-12-02
何家英 沉思图 镜框	76.5cm×58cm	920,000	北京荣宝	2017-06-02
何家英 丁酉（2016年）作 好书相伴意自闲 镜心	65cm×95cm	3,450,000	中国嘉德	2017-12-20
何家英 丁酉（2017）年作 行书十四言联 镜心	120cm×17cm×2	207,000	上海匡时	2017-11-05
何家英 读书少女 镜框	55cm×45cm	322,000	鼎天国际	2017-06-24
何家英 繁花仕女 镜心	67cm×67cm	828,000	中国嘉德	2017-12-20
何家英 高云 己巳（1989年）作 梳妆图 镜心	72cm×60cm	230,000	中国嘉德	2017-04-01
何家英 花季 镜片	78cm×46cm	437,000	鼎天国际	2017-06-24
何家英 裸女 镜心	86.5cm×123cm	3,910,000	上海匡时	2017-11-05
何家英 裸女 镜心	69cm×80cm	1,380,000	北京荣宝	2017-06-02
何家英 裸女 镜心	34cm×46cm	207,000	北京华辰	2017-12-16
何家英 凝眸 镜心	60cm×80cm	1,380,000	北京荣宝	2017-06-02
何家英 憩 镜心	95.5cm×130cm	2,875,000	北京匡时	2017-06-03
何家英 入梦 镜心	80cm×92cm	2,530,000	北京荣宝	2017-12-02
何家英 少年 镜心	51.5cm×41cm	253,000	北京荣宝	2017-06-02
何家英 少女 镜心	80cm×58cm	1,150,000	北京保利	2017-06-04
何家英 少女 镜心	34cm×33.5cm	287,500	北京银座	2017-12-20
何家英 戊寅（1988年）作 女人体 镜心	91cm×57cm	2,070,000	北京华辰	2017-12-16
何家英 映月 镜心	134cm×83cm	5,290,000	鼎天国际	2017-06-24
何家英 悠思 镜心	88cm×69cm	1,495,000	北京荣宝	2017-09-24
何家英 早春 镜心	88.5cm×57cm	1,840,000	荣宝斋（济南）	2017-12-07
何维朴 伊立勋 陈修榆 童大年 书法 四屏立轴	147.6×39.5cm×4	230,000	观唐皕榷	2017-01-11
何香凝 1935年作 虎 立轴	130.5cm×64cm	782,000	中国嘉德	2017-12-19
何香凝 富贵祥瑞图 立轴	178cm×49cm	690,000	北京荣宝	2017-06-02
何香凝 梁启超 1920年作 墨梅·行书 成扇	18cm×49cm	322,000	北京保利	2017-12-17
何香凝 廖仲恺 1921年作 三清图?行书 成扇	19cm×46cm	207,000	北京保利	2017-06-05
何雨春 杨门女将 镜心	134cm×68cm	287,500	北京翰海	2017-01-08
贺斌 2011年作 沱江印象 镜框	120cm×240cm	207,000	上海东方	2017-12-10
贺天健 1935年作 钟英诗意图 立轴	115.5cm×48.5cm	626,580	中濠典藏	2017-05-22
贺天健 1939年作 松鹤双寿 立轴	112cm×52cm	222,750	香港苏富比	2017-04-04
贺天健 1941年作 临马远 立轴	194.5cm×114cm	1,380,000	北京荣宝	2017-06-02
贺天健 1944年作 松山观瀑 立轴	136cm×69cm	517,500	北京匡时	2017-03-29
贺天健 1966年作 红日新安江 镜心	40.5cm×62cm	230,000	中国嘉德	2017-06-20
贺天健 采芝上寿图 立轴	240.5cm×121cm	667,000	中贸圣佳	2017-06-19
贺天健 庚午（1930年）作 无量寿佛 立轴	102cm×40cm	299,000	中国嘉德	2017-06-20
贺天健 壬申（1932年）作 意在高山流水间 立轴	151cm×82cm	920,000	北京诚轩	2017-06-18
贺天健 山水 册页（十二开）	尺寸不一cm×12	207,000	中国嘉德	2017-06-19
贺天健 沈尹默 1935年作 倚竹春思·行书诗 成扇	18cm×48.5cm×2	345,000	北京银座	2017-06-07
贺天健 乙酉（1945年）作 一鞭斜日看秋山 镜心	33.3cm×33.7cm	195,500	中国嘉德	2017-12-18
贺友直 2009年作 老上海 册页（十二开）	20cm×28cm×12	172,500	上海东方	2017-06-25
贺友直 自说自画话平生 手卷	38cm×420cm	195,500	上海东方	2017-12-10
黑伯龙 1962年作 松鹰图 镜心	139cm×70cm	184,000	中国嘉德	2017-03-31
黑伯龙 松下高仕 立轴	130cm×41cm	172,500	荣宝斋（济南）	2017-06-10

拍品名称	物品尺寸	成交价RMB	拍卖公司	拍卖日期
弘一 1917年作 行书六言联 立轴	116cm×21.5cm×2	575,000	北京翰海	2017-06-02
弘一 1917年作 楷书六言联 镜心	116cm×21.5cm×2	2,530,000	观唐皕榷	2017-01-11
弘一 1928年作 南无阿弥陀佛 立轴	77cm×34cm	920,000	北京荣宝	2017-09-24
弘一 1930年作 楷书五言联 立轴	67cm×17cm×2	1,380,000	华艺国际	2017-11-25
弘一 1932年作 对联 立轴	141cm×20.5cm×2	4,140,000	华艺国际	2017-05-27
弘一 1932年作 行书“普令众生”立轴	31.5cm×11cm	230,000	观唐皕榷	2017-01-11
弘一 1932年作 行书八言联 镜心	130cm×20.5cm×2	805,000	上海匡时	2017-11-05
弘一 1932年作 书法十言联 立轴	139cm×20cm×2	4,370,000	上海明轩	2017-06-30
弘一 1937年作 行书七言联 镜框	each：68cm×23cm×2	3,967,400	香港蘇富比	2017-10-02
弘一 1942年作 行书“苦行修身”镜心	20cm×58cm	575,000	北京匡时	2017-03-29
弘一 1942年作 行书论句 镜心	21.5cm×14.5cm	420,552	保利香港	2017-04-03
弘一 1942年作 行书五言联 立轴	63cm×16cm×2	690,000	北京银座	2017-12-20
弘一 1942年作 楷书七言联 立轴	107cm×17cm×2	1,127,000	华艺国际	2017-11-25
弘一 半闲屋 镜心	8cm×20cm	575,000	北京保利	2017-12-17
弘一 鹑火（1930年）作 楷书 四屏镜心	50cm×16cm×4	6,325,000	中国嘉德	2017-12-18
弘一 佛尘 立轴	70cm×27cm	253,000	北京华辰	2017-06-04
弘一 行书 立轴	75cm×28.5cm	230,000	北京翰海	2017-06-02
弘一 行书《华严经句》镜心	73cm×41cm	1,046,660	中国嘉德	2017-05-29
弘一 行书八言联 立轴	130cm×20cm×2	575,000	印千山	2017-07-09
弘一 行书华严经偈 镜心	65.5cm×34cm	322,000	中国嘉德	2017-12-19
弘一 行书华严经句 镜心	61cm×24cm	517,500	保利山东	2017-10-29
弘一 行书七言联 镜心	90cm×18cm×2	943,000	北京银座	2017-06-07
弘一 行书七言联 镜心	107.5cm×24cm×2	920,000	荣宝斋（南京）	2017-07-08
弘一 行书七言联 立轴	132cm×30cm×2	322,000	观唐皕榷	2017-01-11
弘一 行书十言联 对联片	40cm×5cm×2	345,000	上海敬华	2017-07-01
弘一 行书四言联 对联	89cm×26.5cm×2	437,000	上海嘉禾	2017-07-02
弘一 行书五言联 镜心	66cm×14cm×2	1,012,000	观唐皕榷	2017-01-11
弘一 华严经对联 镜心	62cm×16cm×2	1,207,500	北京匡时	2017-12-04
弘一 己卯（1939年）作 楷书七言联 立轴	114cm×20cm×2	2,357,500	北京华辰	2017-06-04
弘一 楷书 节录华严经 立轴	120.5cm×33.5cm	690,000	西泠拍卖	2017-07-15
弘一 楷书 镜片	30.5cm×64cm	1,150,000	朵云轩	2017-12-14
弘一 楷书《佛说弥勒下生成佛经》立轴	134.5cm×34.5cm	632,500	北京匡时	2017-12-04
弘一 楷书禅语 立轴	52cm×15.5cm	609,500	中贸圣佳	2017-06-19
弘一 楷书华严经句 镜心	60.5cm×24.5cm	632,500	保利厦门	2017-06-26
弘一 楷书七言联（一对）立轴	94.7cm×19.2cm	2,743,384	纽约苏富比	2017-03-16
弘一 楷书四言联 镜心	136cm×33.5cm×2	1,207,500	北京匡时	2017-12-03
弘一 楷书晚晴呓语 册页（四开）	22.6×23.2cm×4	598,000	观唐皕榷	2017-01-11
弘一 南无阿弥陀佛 镜框	68cm×17cm	1,426,000	北京荣宝	2017-12-02
弘一 南无阿弥陀佛 镜框	16cm×66.5cm	575,000	华艺国际	2017-11-25
弘一 壬申（1932年）作 行书八言联 立轴	130cm×20.5cm×2	1,092,500	中国嘉德	2017-06-19
弘一 三省 立轴	59cm×24cm	575,000	华艺国际	2017-11-25
弘一 书法 立轴	41cm×26cm	862,500	华艺国际	2017-05-27
弘一 书法五言联 镜心	62cm×16cm×2	1,092,500	北京银座	2017-06-07
弘一 魏碑“雪夜华时”	46.6cm×42.6cm	644,000	中国嘉德	2017-12-21
弘一 无上清凉 立轴	67cm×33cm	1,840,000	上海敬华	2017-07-01
弘一 小瓶闲插一枝梅 镜心	98cm×15cm	897,000	北京保利	2017-12-16
弘一 小书房对联华严集句	4.8cm×26.5cm	402,500	中贸圣佳	2017-06-18
弘一 辛未（1931年）作 行书七言联 立轴	90.5×15.8cm×2	3,105,000	中国嘉德	2017-12-18
弘一 血书“南无观世音菩萨”立轴	50cm×16cm	299,000	印千山	2017-07-09
弘一 一心求佛 镜框	16cm×47cm	575,000	华艺国际	2017-11-25
弘一 以戒为师 立轴	23cm×50cm	460,000	上海敬华	2017-07-01
弘一 篆书《普贤行愿品偈》镜框	31cm×95cm	2,645,000	北京华辰	2017-06-04
弘一 篆书四言联 对联片	63cm×19cm×2	517,500	上海敬华	2017-07-01
弘一法师 1915年作 魏碑陶渊明词 立轴	94.5cm×45cm	2,070,000	上海匡时	2017-11-05
弘一法师 行书“常乐柔和忍辱法”镜框	13cm×78cm	2,185,000	上海嘉禾	2017-07-01
洪波 2017年作 垂岩叠嶂 镜心	34.5cm×138cm	230,000	北京保利	2017-06-05
侯晓峰 2014年作 清风荷韵 镜框	120cm×240cm	437,000	上海东方	2017-06-25
胡海艺 2009年作 秋风 镜框	138cm×68cm	161,000	上海东方	2017-06-25
胡海艺 2010年作 惠风和畅 镜框	138cm×68cm	172,500	上海东方	2017-06-25
胡海艺 2011年作 古韵清风 镜框	120cm×240cm	552,000	上海东方	2017-06-25
胡海艺 2011年作 惠风和畅 镜框	120cm×240cm	552,000	上海东方	2017-06-25
胡海艺 2014年作 五月石榴 镜框	68cm×180cm	207,000	上海东方	2017-06-25
胡海艺 古风 手卷	34cm×272cm	218,500	上海东方	2017-06-25
胡海艺 金城君 等 2016年作 山家都在绿荫中 镜框	120cm×240cm	172,500	上海东方	2017-12-10
胡兰成 天官赐福 立轴	34cm×48.5cm	150,627	中金国际	2017-11-25
胡佩衡 1925年作 万壑千岩图 手卷	画心 8.5cm×716.5cm；引首 8.5cm×43cm；题跋8.5cm×43cm；题跋8.5cm×48cm	1,514,235	中濠典藏	2017-05-22
胡若思 1944年作 白云红树图 立轴	116.5cm×50cm	186,086	保利香港	2017-10-03
胡若思 吴湖帆 1942年作 秋色老梧桐 书法 成扇	18cm×47cm	172,500	华艺国际	2017-05-27
胡适 1925年作 致凌叔华《清江引》五首 册页	20cm×12.5cm×6	667,000	北京匡时	2017-06-03
胡适 行书杜甫诗 镜框	31.4cm×63.3cm	622,500	香港蘇富比	2017-10-02
胡适 行书格言 镜心	30cm×18cm	402,500	北京保利	2017-12-17
胡适 行书稼轩词 镜框	30.5cm×55cm	850,750	香港蘇富比	2017-10-02
胡适 行书诗句 镜心	30cm×18cm	782,000	北京保利	2017-12-17
胡适 行书五言诗 镜心	27cm×20cm	172,500	北京匡时	2017-12-03
胡适 集屈原楚辞书对 对联	131.5cm×33cm×2	575,000	西泠拍卖	2017-07-16
胡适 楷书词组 镜框	40.5cm×23.8cm	302,706	纽约苏富比	2017-03-16
胡适 楷书杜诗句 立轴	56.9cm×34cm	245,025	香港苏富比	2017-04-04
胡适 书法 立轴	83.5cm×37.5cm	212,750	佳士得	2017-11-28
胡铁生 1976年作 篆书 镜片	34.8cm×136.5cm	218,500	广东崇正	2017-12-12
胡小石 1946年作 为卞孝萱母亲作《娱亲雅言》原稿 画心	68cm×34.5cm	172,500	西泠拍卖	2017-07-16
胡小石 隶书 四屏镜心	132cm×33.5cm×4	414,000	荣宝斋（南京）	2017-07-08
胡小石 杂书 册页（三十一开六十二页）	约29.5×19.5cm×62	1,437,500	中国嘉德	2017-12-20
胡也佛 1946年作 岚气松涛 立轴	67cm×33cm	437,000	上海明轩	2017-06-30
胡也佛 春郊祝寿图 镜心	54.5cm×125cm	690,000	中国嘉德	2017-12-18
胡也佛 观松图 镜心	97.5cm×50cm	345,000	北京匡时	2017-03-29
胡也佛 红叶飘飘 镜框	38cm×28.5cm	276,575	佳士得	2017-11-28
胡也佛 黄侃 松林高士・行书 成扇	18cm×50cm	241,500	中国嘉德	2017-06-21
胡也佛 柳塘浣纱 立轴	41cm×25.5cm	1,955,000	上海匡时	2017-11-05
胡也佛 山水 立轴	79cm×53cm	207,000	北京华辰	2017-06-04
胡也佛 松郊乐趣 立轴	46cm×28cm	207,000	上海嘉禾	2017-07-02
胡也佛 桐荫仕女 镜心	98cm×50cm	517,500	北京匡时	2017-03-29
胡也佛 朱梅邨 松荫赏花・行书十三言联 镜片	50cm×15cm；50cm×6cm×2	494,500	上海嘉禾	2017-07-02
胡应祥 春夜宴桃李园图 立轴	165cm×83cm	172,500	印千山	2017-07-09
胡正伟 行驼 镜心	68cm×136cm	598,000	北京翰海	2017-09-10

拍品名称	物品尺寸	成交价RMB	拍卖公司	拍卖日期
胡正伟 西域射猎 镜心	179cm×96cm	1,092,500	北京翰海	2017-01-08
华国锋 1993年作 行书"思源"立轴	135cm×64.5cm	494,500	北京银座	2017-06-07
华国锋 1993年作 思源 镜心	135cm×68cm	253,000	北京匡时	2017-06-03
华国锋 1996年作 行书四言联 立轴	136cm×33.5cm×2	437,000	北京银座	2017-06-07
华国锋 行书 立轴	53cm×36cm	172,500	上海嘉禾	2017-07-02
华三川 金陵十二钗 镜心	98cm×52cm×12	391,000	北京匡时	2017-03-29
华拓 春夏秋冬四 镜心	81cm×49cm×4	828,000	北京翰海	2017-09-10
华拓 忆洞庭 镜心	136cm×68cm	575,000	北京翰海	2017-01-08
宦栋槐 2017年作 品画图 镜心	68cm×136cm	184,000	北京保利	2017-12-18
宦栋槐 2017年作 贤乐图 镜心	69cm×136cm	172,500	北京荣宝	2017-12-02
黄宾虹 1924年作 草堂诗意图 立轴	59.5cm×30.5cm	287,500	北京匡时	2017-06-03
黄宾虹 1925年作 白描山水 立轴	50.7cm×21.6cm	985,625	香港蘇富比	2017-10-02
黄宾虹 1925年作 春雨清话图 镜心	94.5cm×45.5cm	1,023,500	北京翰海	2017-12-15
黄宾虹 1925年作 前贤诗意册 镜框（八开）	each: 19.4cm×31.8cm×8	4,266,200	香港蘇富比	2017-10-02
黄宾虹 1925年作 晴峦掩霭 镜心	66.5cm×37cm	575,000	北京荣宝	2017-06-02
黄宾虹 1925年作 松林高士图 立轴	103cm×29cm	3,565,000	北京保利	2017-06-05
黄宾虹 1925年作 夏山图 立轴	68cm×29.5cm	1,725,000	华艺国际	2017-05-27
黄宾虹 1926年作 江村寒林 镜心	18.5cm×50cm	529,000	上海匡时	2017-11-05
黄宾虹 1928年作 黟山云影 镜框	110.6cm×37.8cm	933,750	香港蘇富比	2017-10-02
黄宾虹 1929年作 溪山闲居图 立轴	116cm×29cm	1,207,500	北京荣宝	2017-06-02
黄宾虹 1930年作 风轩水槛图 立轴	128cm×38.5cm	1,028,370	北京匡时	2017-10-02
黄宾虹 1930年作 泉石茅屋 立轴	125cm×41cm	920,000	北京匡时	2017-12-04
黄宾虹 1931年作 雁荡山 立轴	89cm×40cm	356,500	北京匡时	2017-03-29
黄宾虹 1932年作 峨眉春色 立轴	130.5cm×46cm	1,092,500	上海明轩	2017-06-30
黄宾虹 1934年作 山静日长 立轴	150cm×46cm	5,635,000	北京荣宝	2017-12-02
黄宾虹 1935年作 泛舟图 镜心	17cm×50cm	287,500	中贸圣佳	2017-06-19
黄宾虹 1935年作 清水湾畔 立轴	54.3cm×35.6cm	466,875	香港蘇富比	2017-10-02
黄宾虹 1935年作 闲居苍崖 镜心	107cm×43.5cm	920,000	保利山东	2017-10-29
黄宾虹 1937年作 海山揽胜 立轴	104.2cm×53.3cm	3,270,200	香港蘇富比	2017-10-02
黄宾虹 1939年作 山居读书图 立轴	130cm×65cm	11,500,000	北京保利	2017-06-05
黄宾虹 1939年作 篆书七言联 立轴	137.5cm×29cm×2	575,000	北京银座	2017-06-07
黄宾虹 1940年作 岛峡渔舠 镜心	76cm×33.5cm	2,300,000	北京荣宝	2017-06-02
黄宾虹 1941年作 峦山雅居 立轴	93.5cm×33cm	437,000	北京荣宝	2017-09-24
黄宾虹 1941年作 篆书五言联 对联	101cm×23cm×2	195,500	上海泓盛	2017-06-27
黄宾虹 1942年作 碧山闲居 成扇	19cm×48cm	388,063	佳士得	2017-05-30
黄宾虹 1943年作 节临金文 立轴	100cm×32.5cm	253,000	北京匡时	2017-03-29
黄宾虹 1943年作 节临金文 立轴	100cm×32.5cm	276,000	北京匡时	2017-06-03
黄宾虹 1943年作 秋山晴霭 立轴	132cm×65.5cm	10,350,000	上海匡时	2017-11-05
黄宾虹 1943年作 秋溪泛舟 成扇	18cm×48cm	851,000	北京翰海	2017-12-15
黄宾虹 1943年作 山郫眺晚 镜框	68cm×33cm	776,125	佳士得	2017-05-30
黄宾虹 1943年作 烟云仙台 立轴	76.5cm×35cm	440,730	北京匡时	2017-10-02
黄宾虹 1945年作 董巨笔意 立轴	112.5cm×40cm	2,185,000	北京荣宝	2017-06-02
黄宾虹 1946年作 池阳筑居 行书诗 成扇	19.1cm×52cm	1,141,250	香港蘇富比	2017-10-02
黄宾虹 1946年作 多荫书屋图 立轴	118cm×52.8cm	15,057,900	香港苏富比	2017-04-04
黄宾虹 1946年作 落日五湖浮 立轴	113cm×47cm	6,670,000	北京保利	2017-12-17
黄宾虹 1946年作 青峦直上 立轴	62.5cm×31.5cm	693,911	保利香港	2017-04-03

拍品名称	物品尺寸	成交价RMB	拍卖公司	拍卖日期
黄宾虹 1947年作 丰溪甲秀 立轴	72cm×43cm	4,600,000	北京保利	2017-12-17
黄宾虹 1947年作 黄山连理松 立轴	117cm×49cm	8,280,000	北京匡时	2017-12-04
黄宾虹 1947年作 金文七言联 立轴	132.5×25.5cm×2	644,000	北京翰海	2017-12-15
黄宾虹 1947年作 林峦雨气图 立轴	85.5cm×43cm	332,625	佳士得	2017-05-30
黄宾虹 1947年作 山中观星 立轴	45cm×46cm	1,437,500	北京翰海	2017-09-10
黄宾虹 1947年作 湘江纪游 镜心	68cm×34cm	1,725,000	北京保利	2017-06-05
黄宾虹 1948年作 澄光翠微 镜心	95cm×39.5cm	1,495,000	北京诚轩	2017-06-18
黄宾虹 1948年作 湖汀山色 镜心	101cm×42cm	3,220,000	北京保利	2017-06-05
黄宾虹 1948年作 黄山云门 镜心	112cm×40cm	7,475,000	北京保利	2017-12-17
黄宾虹 1948年作 浔江纪游 立轴	89.5cm×48cm	3,220,000	北京银座	2017-06-07
黄宾虹 1948年作 阳朔山水 成扇	18cm×48cm	901,048	北京匡时	2017-10-02
黄宾虹 1948年作 篆书 集古文字七言联句 立轴	86.5cm×37cm	287,500	西泠拍卖	2017-07-15
黄宾虹 1948年作；1951年作 为陶广作 八十感言书画册·附金石书画论（共十三页 六帧）册页·画心	31.5cm×25cm×12 37cm×34cm; 26cm×18cm×6	7,015,000	西泠拍卖	2017-07-15
黄宾虹 1949年作 湖舍清读图 镜心	70cm×33cm	3,680,000	北京银座	2017-06-07
黄宾虹 1949年作 梅花水仙图 立轴	68cm×34.5cm	575,000	上海明轩	2017-06-30
黄宾虹 1949年作 山居图 立轴	86cm×42cm	7,475,000	北京荣宝	2017-06-02
黄宾虹 1949年作 山明水秀 立轴	85cm×32cm	9,085,000	北京荣宝	2017-12-02
黄宾虹 1949年作 西山垂钓图 立轴	68cm×33.5cm	3,679,830	北京匡时	2017-04-03
黄宾虹 1949年作 闲亭琴趣图 立轴	76cm×37cm	920,000	华艺国际	2017-05-27
黄宾虹 1950年作 纪游西湖 立轴	109cm×47cm	7,846,220	佳士得	2017-11-28
黄宾虹 1950年作 为陶广作松林青霭图·篆书自作诗 成扇	51cm×18cm	1,610,000	西泠拍卖	2017-07-15
黄宾虹 1950年作 武夷山水 立轴	90cm×31cm	862,500	北京荣宝	2017-06-02
黄宾虹 1950年作 西泠桥上图·篆书自作诗 成扇	51cm×19cm	1,495,000	西泠拍卖	2017-07-15
黄宾虹 1950年作 新晴湖上游 镜心	65.5cm×135cm	27,325,610	中金国际	2017-11-25
黄宾虹 1951年作 花卉 立轴	69.5cm×30cm	319,125	佳士得	2017-11-28
黄宾虹 1951年作 花卉草虫 立轴	57cm×32cm	1,840,000	北京匡时	2017-06-03
黄宾虹 1951年作 纪游旧草 镜心	32.5cm×131.5cm	9,775,000	北京荣宝	2017-12-02
黄宾虹 1951年作 严陵春泛 镜心	69cm×30cm	2,200,000	北京保利	2017-06-05
黄宾虹 1952年作 渴笔山水 立轴	131cm×23.2cm	622,500	香港蘇富比	2017-10-02
黄宾虹 1952年作 冷泉片石·金文七言联 立轴	中堂 87cm×32cm; 对联 106cm×22cm×2	3,680,000	北京保利	2017-12-17
黄宾虹 1952年作 南屏山 立轴	126cm×64.4cm	864,875	纽约佳士得	2017-03-16
黄宾虹 1952年作 山林幽居 镜心	47.5cm×33cm	2,012,500	北京匡时	2017-12-04
黄宾虹 1952年作 疏林云岫图 立轴	诗堂 27cm×21cm；画心30.5cm×21cm	782,000	西泠拍卖	2017-07-15
黄宾虹 1953年作 秋山晴霭 立轴	58cm×30.5cm	6,095,000	北京荣宝	2017-12-02
黄宾虹 1953年作 秋山图 立轴	84cm×31cm	8,395,000	北京荣宝	2017-06-02
黄宾虹 1953年作 山林读易图 镜心	71cm×34cm	3,890,106	北京匡时	2017-04-03
黄宾虹 1953年作 深山幽居 立轴	90cm×48cm	6,212,300	佳士得	2017-11-28
黄宾虹 1953年作 西泠桥上望北高峰 立轴	88cm×49cm	7,130,000	北京保利	2017-12-17
黄宾虹 1954年作 湖山清晓 立轴	58cm×33cm	3,450,000	保利华谊	2017-12-08
黄宾虹 1954年作 溪山秋霁 立轴	67.5cm×41cm	3,565,000	保利华谊	2017-12-08
黄宾虹 1979年作 春水野航 镜框	44.3cm×69.7cm	415,000	香港蘇富比	2017-10-02
黄宾虹 百步云梯 立轴	33cm×32cm	1,150,000	北京荣宝	2017-06-02

拍品名称	物品尺寸	成交价RMB	拍卖公司	拍卖日期
黄宾虹 宝林山 立轴	70.5cm×40.5cm	4,600,000	中国嘉德	2017-12-19
黄宾虹 报春图 镜心	71cm×31cm	195,500	北京保利	2017-04-27
黄宾虹 北碚纪游 立轴	121.5cm×40cm	3,220,000	中国嘉德	2017-12-18
黄宾虹 别业山居图 镜片	111cm×40cm	2,645,000	西泠拍卖	2017-07-15
黄宾虹 丙戌（1946）年作 湖光山色 镜片	101cm×47cm	920,000	广东崇正	2017-12-13
黄宾虹 丙戌（1946年）作 翠微深处 镜心	110.5cm×40.5cm	5,175,000	中国嘉德	2017-06-19
黄宾虹 丙子（1936年）作 齐云山一角 立轴	123cm×50.5cm	2,530,000	中国嘉德	2017-12-19
黄宾虹 策杖归隐 立轴	79.5cm×41.5cm	425,500	佳士得	2017-11-28
黄宾虹 层叠冈峦 立轴	103cm×39cm	1,063,750	佳士得	2017-11-28
黄宾虹 层峦叠嶂 立轴	68cm×33cm	920,000	北京荣宝	2017-12-02
黄宾虹 曾■ 山水 书法（两帧）镜片	18cm×51cm×2	184,000	广东崇正	2017-12-13
黄宾虹 陈蝶衣 水抱荒村生暮烟《低徊词》六章 成扇	19cm×51cm	460,000	北京诚轩	2017-06-18
黄宾虹 陈衡恪 1914至17年作 追祭陈后山诗画册 十五开册	各24.8cm×29.1cm	2,227,500	香港苏富比	2017-04-04
黄宾虹 陈后山诗意图 立轴	47cm×27cm	437,000	中贸圣佳	2017-06-19
黄宾虹 陈祖壬 临江高士・行书七言诗 成扇	18cm×51cm	575,000	中国嘉德	2017-06-21
黄宾虹 丹霞峰红朮泉 立轴	113.5cm×41cm	1,543,380	佳士得	2017-05-30
黄宾虹 等 隔景扇面 立轴	23cm×70cm×2	345,000	北京翰海	2017-12-15
黄宾虹 等 乙酉（1945年）作 江山泛舟图 行书 成扇		276,000	中国嘉德	2017-09-02
黄宾虹 丁丑（1937年）作 层峦清晖 立轴	107cm×39.5cm	2,070,000	北京诚轩	2017-06-18
黄宾虹 丁亥（1947）年作 山野清趣 立轴	45.5cm×46cm	1,725,000	朵云轩	2017-12-14
黄宾虹 丁亥（1947年）作 春深花坞 立轴	103cm×41cm	2,702,500	中国嘉德	2017-06-20
黄宾虹 丁亥（1947年）作 武夷山水 立轴	136cm×66cm	21,275,000	中国嘉德	2017-12-18
黄宾虹 丁亥（1947年）作 粤西舟行 立轴	34.5cm×32cm	293,065	中国嘉德	2017-05-29
黄宾虹 峨眉高秋 扇面镜框	18.2cm×51.4cm	501,188	香港苏富比	2017-04-04
黄宾虹 泛舟图 扇面	18cm×51cm	253,000	南京经典	2017-07-23
黄宾虹 仿古花卉 立轴	92cm×35cm	460,000	北京保利	2017-12-17
黄宾虹 仿宋元山水 立轴	68cm×33cm	2,760,000	保利厦门	2017-06-25
黄宾虹 丰溪甲秀 镜框	30.5cm×137cm	997,875	佳士得	2017-05-30
黄宾虹 高士隐居图 镜片	诗堂32.5cm×26.5cm；画心46.5cm×27cm	552,000	西泠拍卖	2017-07-15
黄宾虹 高岩筑居 立轴	101cm×34cm	3,967,500	上海明轩	2017-06-30
黄宾虹 庚辰（1940年）作 池阳归棹 镜心	163.5cm×44cm	1,782,500	中国嘉德	2017-06-19
黄宾虹 庚戌（1910）年作 山水对屏 镜片	134.5cm×32cm×2	460,000	广东崇正	2017-12-13
黄宾虹 龚心钊 1945年作 山水 书法 成扇	20cm×50cm	1,058,000	华艺国际	2017-11-25
黄宾虹 古道烟云 立轴	76.5cm×36.5cm	517,500	中国嘉德	2017-12-18
黄宾虹 广西纪游 立轴	82cm×38cm	2,990,000	中国嘉德	2017-06-20
黄宾虹 癸亥（1923年）作 癸亥山水 扇面	20cm×55cm	209,332	中国嘉德	2017-05-29
黄宾虹 癸未（1943）年作 青山雅会 立轴	76cm×35cm	1,587,000	上海嘉禾	2017-07-01
黄宾虹 癸未（1943年）作 金文七言联 立轴	155.5cm×26cm×2	943,000	中国嘉德	2017-12-18
黄宾虹 癸未（1943年）作 遵义纪游 镜心	76cm×33cm	4,945,000	中国嘉德	2017-06-20

拍品名称	物品尺寸	成交价RMB	拍卖公司	拍卖日期
黄宾虹 癸酉（1933）年作 花幽石清 立轴	135cm×34cm	402,500	上海敬华	2017-07-01
黄宾虹 桂江纪游 立轴	146cm×38cm	1,380,000	华艺国际	2017-11-25
黄宾虹 行书蜀游诗 手卷	30cm×115cm	1,371,160	中国嘉德	2017-10-03
黄宾虹 红蓼花 立轴	129cm×34.2cm	199,575	佳士得	2017-05-30
黄宾虹 湖舍幽亭 立轴	48.5cm×24.5cm	166,498	中国嘉德	2017-10-03
黄宾虹 湖乡安居图 镜片	75cm×39cm	402,500	广东崇正	2017-06-15
黄宾虹 花卉 镜心	32cm×66cm	368,000	上海匡时	2017-11-05
黄宾虹 花卉寿石 立轴	120.5cm×40.5cm	5,635,000	北京匡时	2017-12-04
黄宾虹 花意浓 立轴	54.5cm×28cm	483,000	上海匡时	2017-11-05
黄宾虹 黄山汤口 立轴	171cm×96cm	345,000,000	中国嘉德	2017-06-19
黄宾虹 黄山小景 镜心	99cm×33cm	4,025,000	保利山东	2017-10-29
黄宾虹 己丑（1949年）作 黄山归耕图 立轴	130cm×64.5cm	10,925,000	中国嘉德	2017-12-18
黄宾虹 己丑（1949年）作 黄山异卉 立轴	69.5cm×33cm	3,335,000	中国嘉德	2017-12-18
黄宾虹 己卯（1939）年作 空谷山居 镜框	52cm×30cm	2,070,000	上海敬华	2017-07-01
黄宾虹 己卯（1939年）作 山水镜心	29.6cm×20.5cm	598,000	中国嘉德	2017-12-19
黄宾虹 己卯（1939年）作 蜀游立轴	73.5cm×27cm	805,000	中国嘉德	2017-06-20
黄宾虹 己巳（1929）年作 柴门教子 镜片	28.5cm×33cm	471,500	广东崇正	2017-06-15
黄宾虹 己巳（1929年）作 山水・行书 成扇	18.5cm×50.5cm	506,000	中国嘉德	2017-12-19
黄宾虹 嘉陵春色 立轴	89.5cm×42cm	230,000	印千山	2017-07-09
黄宾虹 嘉陵江上所见 镜框	29.5cm×23cm	277,188	佳士得	2017-05-30
黄宾虹 嘉陵山水 立轴	108cm×34cm	1,150,000	荣宝斋（南京）	2017-07-08
黄宾虹 甲戌（1934年）作 秋山落日图 设色纸本	109cm×44cm	2,185,000	北京华辰	2017-06-04
黄宾虹 甲子（1924）年作 黄山图 立轴	149cm×38.5cm	1,035,000	广东崇正	2017-06-15
黄宾虹 甲子（1924）年作 黄山图 立轴	148.5cm×38.5cm	575,000	广东崇正	2017-12-13
黄宾虹 江皋风露 立轴	诗堂40cm×65cm；本幅127cm×65cm	6,440,000	北京匡时	2017-06-03
黄宾虹 江行晚泊 镜心	116cm×39cm	690,000	北京保利	2017-11-10
黄宾虹 江行舟中 立轴	81.8cm×37.5cm	4,686,660	香港苏富比	2017-04-04
黄宾虹 江上行舟 立轴	101cm×39cm	8,625,000	北京荣宝	2017-06-02
黄宾虹 江棹图 立轴	18.5cm×27cm	287,500	北京匡时	2017-12-03
黄宾虹 金文七言联 立轴	144cm×25cm×2	690,000	北京保利	2017-12-17
黄宾虹 金文七言联 立轴	147cm×26.5cm×2	460,000	北京翰海	2017-12-15
黄宾虹 金文七言联 立轴	133.5cm×32cm×2	747,500	中国嘉德	2017-06-19
黄宾虹 净光山会景亭 镜心	78cm×38cm	1,610,000	中国嘉德	2017-12-19
黄宾虹 九华山拜经台 立轴	110cm×40cm	1,412,991	中国嘉德	2017-05-29
黄宾虹 九华山东崖 镜心	37cm×25cm	540,500	北京保利	2017-12-16
黄宾虹 九华山鹤立峰 立轴	118.5cm×40.5cm	1,610,000	中国嘉德	2017-12-18
黄宾虹 枯树 书法 镜心	黄27cm×75cm；程28cm×79cm	690,000	中国嘉德	2017-06-19
黄宾虹 夔峡一角 立轴	68cm×25.5cm	897,000	广东崇正	2017-06-15
黄宾虹 岚翠接云图 立轴	69cm×25cm	460,000	北京匡时	2017-06-03
黄宾虹 漓江泊舟 立轴	75.5cm×30cm	734,550	保利香港	2017-10-03
黄宾虹 林和靖访梅 立轴	32.5cm×33 cm	253,000	北京诚轩	2017-06-18
黄宾虹 临李晞古山水 立轴	70cm×33cm	322,000	广东崇正	2017-06-15
黄宾虹 楼台烟雨图 立轴	80cm×33cm	690,000	北京东正	2017-12-09
黄宾虹 泸州山水 立轴	102cm×39cm	1,495,000	荣宝斋（济南）	2017-12-08
黄宾虹 陆深诗意图 立轴	104cm×39.5cm	3,139,980	佳士得	2017-05-30

拍品名称	物品尺寸	成交价RMB	拍卖公司	拍卖日期
黄宾虹 罗惇　春溪泛舟 临四体书 扇面	19.5cm×53.5cm	391,000	中国嘉德	2017-12-19
黄宾虹 绿荫庭宇 立轴	115.2cm×40cm	2,820,660	佳士得	2017-05-30
黄宾虹 梅道人笔意 立轴	74cm×25.5cm	552,000	中国嘉德	2017-06-20
黄宾虹 拟古山水 四屏 立轴	160cm×40cm×4	11,385,000	上海匡时	2017-11-05
黄宾虹 瓯香馆诗意图 立轴	101cm×35.5cm	2,357,500	印千山	2017-07-09
黄宾虹 潘天寿 陆俨少 牵牛花诗画 立轴	诗堂29.5cm×21cm；画心29.5cm×22cm	632,500	西泠拍卖	2017-07-15
黄宾虹 缥缃祥云 镜框	26cm×32.5cm	167,063	香港苏富比	2017-04-04
黄宾虹 瀑布屏风图 立轴	129.5cm×32cm	517,500	北京东正	2017-12-09
黄宾虹 琴铭十言联 镜心	54cm×11.5cm×2	1,173,000	北京银座	2017-12-20
黄宾虹 青城第一峰 立轴	89cm×32.3cm	3,450,000	中国嘉德	2017-12-19
黄宾虹 秋风发微凉 立轴	67.5cm×32.5cm	414,000	北京匡时	2017-06-03
黄宾虹 秋江钓艇 镜心	18.5cm×51cm	425,500	上海匡时	2017-11-05
黄宾虹 秋江小景 立轴	125cm×39cm	2,300,000	北京保利	2017-12-17
黄宾虹 秋山烟树 立轴	68cm×33cm	2,070,000	北京荣宝	2017-06-02
黄宾虹 秋斋清话 镜心	66cm×37.5cm	6,900,000	中国嘉德	2017-12-18
黄宾虹 壬辰（1952）年作 林汀远渚 镜片	80cm×31cm	632,500	上海敬华	2017-07-01
黄宾虹 壬辰（1952年）作 秋山萧寺 立轴	115cm×40.5cm	1,762,920	中国嘉德	2017-10-03
黄宾虹 壬申（1932）年作 洗象池景色 立轴	130cm×45.5cm	1,782,500	广东崇正	2017-12-13
黄宾虹 壬申（1932年）作 疏林平远・行书诗 成扇	18cm×49cm	313,408	中国嘉德	2017-10-03
黄宾虹 壬子（1912年）作 山居图 立轴	67cm×32.5cm	368,000	中国嘉德	2017-12-19
黄宾虹 山川行吟图 立轴	116cm×40cm	2,300,000	上海匡时	2017-11-05
黄宾虹 山静日长 立轴	73cm×40cm	437,000	中国嘉德	2017-12-19
黄宾虹 山舍夜坐 立轴	175.5cm×92cm	10,235,000	中国嘉德	2017-12-18
黄宾虹 山水（三帧）立轴	18.6cm×23cm×3	345,000	广东崇正	2017-06-15
黄宾虹 山水 册页	25.5cm×33cm×8	1,506,270	中金国际	2017-11-25
黄宾虹 山水 成扇	20cm×52cm	195,500	北京翰海	2017-12-15
黄宾虹 山水 镜片	75cm×37cm	2,242,500	广东小雅斋	2017-05-26
黄宾虹 山水 镜心	68cm×34cm	2,197,986	中国嘉德	2017-05-29
黄宾虹 山水 立轴	26cm×39.5cm	1,782,500	华艺国际	2017-05-27
黄宾虹 山水 立轴	34.5cm×23.5cm	345,000	北京翰海	2017-12-15
黄宾虹 山水 立轴	61cm×26cm	598,000	印千山	2017-07-09
黄宾虹 山水 新安江上 立轴	68cm×136cm	286,000	湖北中盛	2017-12-03
黄宾虹 山水画稿（十帧）册页	21cm×30cm×10	483,000	中国嘉德	2017-09-02
黄宾虹 山水纪游 册页（十开）	26cm×36cm×10	2,012,500	北京匡时	2017-12-03
黄宾虹 山水清音 镜心	76cm×41cm	598,000	北京匡时	2017-06-03
黄宾虹 山水写生毛笔画稿（八帧）镜片	31.5×21.5cm×8	977,500	西泠拍卖	2017-07-15
黄宾虹 山溪茅亭 镜心	32.5cm×40cm	517,500	中国嘉德	2017-06-20
黄宾虹 山云飞瀑 立轴	110cm×39cm	1,667,500	北京匡时	2017-03-29
黄宾虹 深山泛舟 立轴	129cm×44cm	5,750,000	保利山东	2017-10-29
黄宾虹 深山幽居图 立轴	103cm×34.5cm	2,760,000	荣宝斋（南京）	2017-07-08
黄宾虹 沈浦梅 湖山小隐 墨梅图 成扇	18.5cm×51cm	322,000	中国嘉德	2017-12-19
黄宾虹 沈尹默 山水・书法 成扇	18cm×43cm	920,000	十竹斋	2017-01-01
黄宾虹 师山诗意图 立轴	68cm×33.5cm	667,000	华艺国际	2017-05-27
黄宾虹 书法 手卷	24cm×280cm	1,725,000	上海东方	2017-06-25
黄宾虹 书画一堂 立轴	99cm×34cm；112cm×19.5cm×2	782,000	北京匡时	2017-06-03
黄宾虹 蜀中山水（二帧）镜心	22.5×26.5cm×2	322,000	中国嘉德	2017-12-19
黄宾虹 双清图 镜心	26.5cm×39.5cm	1,127,000	北京荣宝	2017-12-02
黄宾虹 松溪清远 立轴	150.5cm×40.5cm	356,500	北京匡时	2017-06-03
黄宾虹 松下抚琴 立轴	95cm×53cm	1,664,980	中国嘉德	2017-10-03

拍品名称	物品尺寸	成交价RMB	拍卖公司	拍卖日期
黄宾虹 松荫读书 立轴	109.5cm×31.5cm	1,380,000	上海嘉禾	2017-07-01
黄宾虹 天都古松 镜片	99.5cm×34cm	1,782,500	广东崇正	2017-06-15
黄宾虹 桐庐晚渡 立轴	68cm×34cm	1,840,000	北京保利	2017-06-05
黄宾虹 宛陵纪游图 立轴	99cm×32cm	2,530,000	西泠拍卖	2017-07-15
黄宾虹 王福厂 梅道人笔意　书法 成扇	19cm×49cm	157,707	保利香港	2017-04-03
黄宾虹 王济远 等 书画合璧 册页（四开八页）	31.5×31.5cm×8	437,000	中国嘉德	2017-12-19
黄宾虹 王一亭 1934年作 平江帆影 古木寒鸦 镜心	31cm×42cm×2	172,500	北京保利	2017-06-06
黄宾虹 危峰灵岫 立轴	113.5cm×39.3cm	744,625	佳士得	2017-11-28
黄宾虹 为曹昧蘅作 碧树烟岚图 立轴	97.5cm×30cm	862,500	西泠拍卖	2017-07-15
黄宾虹 为顾诒谷作 亿庆园图 手卷	102cm×33cm	4,025,000	西泠拍卖	2017-07-15
黄宾虹 为何适斋作 流水鸣琴图 立轴	113.5cm×46.5cm	1,840,000	西泠拍卖	2017-07-15
黄宾虹 为潘飞声作 草堂幽居图 扇页	49cm×17cm	218,500	西泠拍卖	2017-07-15
黄宾虹 为徐世泽作 秋山策杖图・篆书七言联书画一堂 立轴・对联	148cm×48cm；147.5cm×26.5cm×2	14,950,000	西泠拍卖	2017-07-15
黄宾虹 为张汉文作 春山茅屋图 扇页	50.5cm×17.5cm	345,000	西泠拍卖	2017-07-15
黄宾虹 巫峡江行 镜心	76cm×31cm	1,380,000	北京银座	2017-06-07
黄宾虹 吴大澂 池阳湖舍 篆书 成扇	17cm×51cm	523,250	北京荣宝	2017-09-24
黄宾虹 戊寅（1938年）作 复岭重峦图 镜心	74.5cm×31cm	1,224,250	中国嘉德	2017-10-03
黄宾虹 戊子（1948）年作 流水清音 立轴	75cm×41cm	690,000	上海敬华	2017-07-01
黄宾虹 戊子（1948）年作 秋江行舟 镜片	40cm×28.5cm	1,380,000	上海嘉禾	2017-07-01
黄宾虹 戊子（1948年）作 春溪泛舟 镜心	93cm×30cm	4,025,000	中国嘉德	2017-06-19
黄宾虹 戊子（1948年）作 舟泛秋江赏红霜 立轴	129cm×66cm	14,030,000	北京诚轩	2017-06-18
黄宾虹 戊子（1948年）作 篆书七言联 立轴	129cm×25.5cm×2	1,058,000	中国嘉德	2017-06-20
黄宾虹 西泠山水 立轴	74.5cm×48.5cm	44,275,000	中国嘉德	2017-12-18
黄宾虹 西泠雨过 镜框	26.7cm×31cm	674,375	香港蘇富比	2017-10-02
黄宾虹 溪桥渔隐图 镜心	103.5cm×36.5cm	1,610,000	北京荣宝	2017-06-02
黄宾虹 溪山访友 立轴	106cm×39cm	2,300,000	中国嘉德	2017-06-20
黄宾虹 溪山清远 立轴	87.5cm×38.5cm	979,400	北京匡时	2017-10-02
黄宾虹 溪山雨阴 立轴	74cm×30.5cm	1,092,500	荣宝斋（南京）	2017-09-10
黄宾虹 溪舟访友图 镜片	67cm×27.5cm	1,150,000	西泠拍卖	2017-07-15
黄宾虹 夏山欲雨图 镜心	51.2cm×31cm	6,900,000	中国嘉德	2017-12-18
黄宾虹 写生（四帧）镜心	21.8cm×24.3cm×4	195,880	中国嘉德	2017-10-03
黄宾虹 辛卯（1951）年作 西泠桥畔 立轴	58.5cm×30cm	402,500	朵云轩	2017-12-14
黄宾虹 辛巳（1941年）作 仿宋元山水 立轴	134cm×24cm	747,500	北京华辰	2017-12-16
黄宾虹 辛酉（1921年）作 幽谷卜筑 立轴	101.5cm×29.5cm	287,500	中国嘉德	2017-06-19
黄宾虹 新安江 镜框	75cm×39cm	2,127,500	华艺国际	2017-05-27
黄宾虹 颜伯龙 等 饮马图 书法 成扇	19cm×51cm	253,000	华艺国际	2017-11-25
黄宾虹 雁荡龙湫 立轴	101cm×37.5cm	3,220,000	中国嘉德	2017-06-20
黄宾虹 雁山泉瀑 镜片	17.5cm×24cm	184,000	广东崇正	2017-12-13
黄宾虹 阳朔纪游 镜心	148cm×39cm	667,000	中国嘉德	2017-06-19

拍品名称	物品尺寸	成交价RMB	拍卖公司	拍卖日期
黄宾虹 阳朔纪游 立轴	101cm×34cm	2,530,000	北京保利	2017-12-17
黄宾虹 阳朔山水 镜心	73cm×33cm	2,070,000	北京银座	2017-06-07
黄宾虹 阳朔山水 立轴	96cm×31.5cm	4,603,180	保利香港	2017-10-03
黄宾虹 杨千里 1951年作 湖上泛舟并行书词 镜心	14cm×42cm	851,000	上海匡时	2017-11-05
黄宾虹 夜雨茅屋 立轴	67cm×33.5cm	402,500	广东崇正	2017-12-13
黄宾虹 乙丑（1925年）作 湖山清夏图 信札三通 立轴、镜心	画 108cm×40.5cm；信 28.5cm×17.5cm×6	4,312,500	中国嘉德	2017-12-18
黄宾虹 乙亥 1935年作 盘庐焚香图 手卷	17cm×133cm	1,150,000	北京华辰	2017-06-04
黄宾虹 乙酉（1945）年作 策杖访友图 立轴	121cm×40.7cm	2,472,500	广东崇正	2017-06-15
黄宾虹 易大厂 山水 立轴	53cm×34cm	207,000	广东崇正	2017-06-15
黄宾虹 雨过西涧 镜心	137cm×68cm	5,750,000	北京匡时	2017-03-29
黄宾虹 玉垒山 镜心	26.5cm×38cm	253,000	北京匡时	2017-06-03
黄宾虹 玉霜簃图 立轴	66.6cm×32.8cm	2,441,340	香港苏富比	2017-04-04
黄宾虹 远树孤村 立轴	29.3cm×30cm	242,165	纽约苏富比	2017-03-16
黄宾虹 粤南纪游 册页（十二开）	20cm×23cm×12	3,795,000	北京匡时	2017-12-04
黄宾虹 云起山亭 立轴	131.5cm×67cm	2,300,000	中国嘉德	2017-06-20
黄宾虹 云山归棹 镜心	71.5cm×26.5cm	783,520	中国嘉德	2017-10-03
黄宾虹 云闲水静 立轴	145cm×40cm	8,050,000	北京保利	2017-08-02
黄宾虹 张大千 草书 山水扇面双挖 横批	18.5cm×50cm×2	402,500	荣宝斋（上海）	2017-07-30
黄宾虹 章炳麟 山水行书双挖 镜片	18.5cm×51.5cm×2	253,000	广东崇正	2017-06-15
黄宾虹 长松山房 立轴	40cm×26cm	414,000	中国嘉德	2017-03-31
黄宾虹 浙东纪游 立轴	115cm×38cm	4,025,000	北京保利	2017-06-05
黄宾虹 致癯公山水 立轴	67cm×32cm	366,331	中国嘉德	2017-05-29
黄宾虹 朱祖谋 秋山幽居 曹组《蓦山溪・梅花词》成扇	18.1cm×50cm	166,750	北京诚轩	2017-06-18
黄宾虹 篆书 山水扇面双挖 立轴	18cm×51cm×2	1,437,500	中国嘉德	2017-12-19
黄宾虹 篆书七言联 对联	128cm×22cm×2	241,500	中国嘉德	2017-09-02
黄宾虹 篆书七言联 立轴	132cm×21cm×2	529,000	北京匡时	2017-12-03
黄宾虹 篆书七言联 立轴	138cm×22cm×2	402,500	上海匡时	2017-11-05
黄宾虹 篆书七言联 立轴	149cm×26cm×2	517,500	北京匡时	2017-06-04
黄宾虹 篆书七言联 立轴	131.5cm×20cm×2	379,500	上海明轩	2017-06-30
黄宾虹 自悦图 立轴	89cm×32.5cm	402,500	中国嘉德	2017-12-18
黄才松 2013年作 苗寨之二 镜心	76cm×115cm	230,000	北京保利	2017-06-05
黄才松 当代 浇得岁月沙花开 立轴	82.5cm×69cm	172,500	广东小雅斋	2017-05-26
黄才松 当代 山水 镜片	70cm×138cm	184,000	广东小雅斋	2017-05-26
黄才松 奇岩捕云 镜心	97cm×152cm	287,500	北京保利	2017-06-05
黄独峰 1950年作 大吉图 立轴	134cm×67cm	172,500	北京银座	2017-12-20
黄独峰 潮州风景写生画集 十二开册	28cm×39.5cm	518,925	纽约苏富比	2017-03-16
黄独峰 山水写生 镜框	34cm×44cm×2；38cm×49cm×4	218,500	华艺国际	2017-05-27
黄独峰 戊午（1978）年作 红荷镜片	129cm×76cm	299,000	广东崇正	2017-06-15
黄幻吾 1941年作 芭蕉 立轴	138.5cm×67.5cm	172,500	北京匡时	2017-12-03
黄幻吾 1947年作 群鹿图 镜片	85.5cm×40.5cm	345,000	朵云轩	2017-12-14
黄幻吾 1963年作 一枝先已透春寒 立轴	135cm×60cm	230,000	北京匡时	2017-03-29
黄幻吾 1965年作 大吉图 立轴	134.5cm×67cm	230,000	北京匡时	2017-06-03
黄幻吾 丙午（1966年）作 江南春晓 立轴	137cm×60.6cm	189,750	北京诚轩	2017-06-18
黄幻吾 大宛胡马 镜片	128.5cm×47cm	322,000	广东崇正	2017-12-13
黄幻吾 河畔帆影 镜框	72cm×140cm	299,363	佳士得	2017-05-30

拍品名称	物品尺寸	成交价RMB	拍卖公司	拍卖日期
黄幻吾 黄山烟云 立轴	81cm×44.5cm	172,500	荣宝斋（济南）	2017-06-10
黄幻吾 柳塘饮牛 立轴	103.5cm×46cm	161,000	中国嘉德	2017-06-20
黄幻吾 庐山之秋 镜心	131.5cm×66.5cm	287,500	北京匡时	2017-03-29
黄幻吾 鸟哢花浓 镜框	68.5cm×136cm	166,313	佳士得	2017-05-30
黄幻吾 仕女图 立轴	78cm×35cm	207,000	中国嘉德	2017-03-31
黄幻吾 柿柿大利 立轴	137cm×62.5cm	225,262	中国嘉德	2017-10-03
黄幻吾 樱花双鸟 立轴	114cm×49cm	264,500	华艺国际	2017-05-27
黄幻吾 樱花双鸟 立轴	114cm×48cm	299,000	保利华谊	2017-12-08
黄嘉明 2016年作 江南旧事 镜心	21cm×48cm×2	207,000	北京保利	2017-06-05
黄嘉明 2017年作 撑篙图两则 扇面	20cm×54cm×2	207,000	北京保利	2017-12-18
黄建南 2011年作 高原神韵 镜心	48cm×49cm	345,000	保利山东	2017-10-29
黄建南 2011年作 光明在即 镜心	50cm×50cm	345,000	保利山东	2017-10-29
黄建南 朝晖 镜心	178cm×67cm	2,875,000	中联环球	2017-06-18
黄建南 高原密码 镜心	68cm×68cm	690,000	中联环球	2017-06-18
黄建南 梦中缠绵	70cm×70cm	1,725,000	中联环球	2017-06-18
黄建南 山边小村 镜心	68cm×68cm	920,000	中联环球	2017-06-18
黄建南 手绘陶瓷作品	高50cm	1,380,000	中联环球	2017-06-18
黄建南 书法 镜心	32cm×127cm	402,500	中联环球	2017-06-18
黄建南 天泉	146cm×75cm	4,370,000	中联环球	2017-06-18
黄均 1943年作 游鉴湖 镜心	35cm×35cm	230,000	北京保利	2017-06-06
黄均 庚辰（1940年）作 仕女 四屏立轴	70cm×27cm×4	805,000	中国嘉德	2017-06-19
黄均 仕女 四屏镜心	98cm×32cm×4	379,500	北京荣宝	2017-12-02
黄均 月明楼畔 立轴	101cm×32cm	172,500	北京翰海	2017-06-02
黄均（古）清；1837年作 停云水竹图 手卷	32.8cm×113.5cm	170,200	佳士得	2017-11-27
黄君璧 云泉仙馆 立轴	97cm×59cm	414,000	荣宝斋（南京）	2017-07-08
黄君璧 1931年作 水月观音 镜心	100cm×31.5cm	218,500	北京匡时	2017-06-03
黄君璧 1938年作 仿石涛山水 镜框	129cm×47cm	287,500	华艺国际	2017-11-25
黄君璧 1939年作 日色泉声 立轴	95cm×31cm	172,500	北京翰海	2017-06-02
黄君璧 1939年作 梧桐仕女图 镜片	110cm×32cm	276,000	西泠拍卖	2017-07-15
黄君璧 1941年作 嘉陵春色 镜心	96cm×23cm	161,000	北京匡时	2017-06-03
黄君璧 1941年作 云山飞瀑图 画心	105.5cm×58cm	333,500	西泠拍卖	2017-07-15
黄君璧 1942年作 秋林向瀑 镜框	92.2cm×28.2cm	612,563	香港苏富比	2017-04-04
黄君璧 1942年作 松林烹茶图 立轴	56cm×106cm	713,000	北京保利	2017-06-06
黄君璧 1948年作 晴川飞瀑图 镜片	115cm×49cm	253,000	西泠拍卖	2017-07-15
黄君璧 1948年作 艇子赏荷 镜心	32.5cm×67.5cm	172,500	北京银座	2017-12-20
黄君璧 1955年作 双栖图 立轴	66.2cm×33.6cm	744,625	佳士得	2017-11-28
黄君璧 1958年作 春山诗意图 镜心	33.5cm×79cm	151,800	北京银座	2017-06-07
黄君璧 1960年作 水仙顽石 镜心	90.5cm×45cm	186,086	北京匡时	2017-10-02
黄君璧 1961年作 苍松 立轴	178cm×93cm	207,000	华艺国际	2017-11-25
黄君璧 1965年作 横贯公路 镜框	120.3cm×57.2cm	249,000	香港蘇富比	2017-10-02
黄君璧 1966年作 秋山云涌 四连屏 立轴	each: 175.3×88.9cm×4	4,166,600	香港蘇富比	2017-10-02
黄君璧 1968年作 松云古寺 镜片	40cm×60cm	161,000	鼎天国际	2017-06-24
黄君璧 1969年作 幽溪云影 镜心	76cm×147cm	352,584	保利香港	2017-10-03
黄君璧 1970年作 夏瀑晴川图 镜片	60cm×100cm	322,000	上海泓盛	2017-06-27
黄君璧 1972年作 云壑飞瀑 镜片	59cm×119cm	322,000	广东小雅斋	2017-05-26
黄君璧 1973年作 嘉陵一角 镜框	60cm×94cm	221,750	佳士得	2017-05-30
黄君璧 1973年作 江岸图 镜框	117cm×53cm	230,000	华艺国际	2017-11-25

拍品名称	物品尺寸	成交价RMB	拍卖公司	拍卖日期
黄君璧 1973年作 云山浩荡 镜心	59cm×104.5cm	345,000	北京匡时	2017-06-03
黄君璧 1975年作 深谷采兰 横幅	145cm×370cm	5,175,000	北京保利	2017-12-16
黄君璧 1979年作 青山白云 镜框	57.5cm×87.5cm	184,000	华艺国际	2017-05-27
黄君璧 1979年作 山水 立轴	92cm×57cm	172,500	广东小雅斋	2017-05-26
黄君璧 1981年作 观瀑图 镜片	123cm×243cm	3,450,000	华艺国际	2017-11-25
黄君璧 1981年作 万壑争流 片	61cm×94cm	184,000	广东小雅斋	2017-05-26
黄君璧 1982年作 山水清音 镜框	56.3cm×91cm	289,575	香港苏富比	2017-04-04
黄君璧 1984年作 飞瀑雷鸣 镜框	68cm×133.4cm	269,750	香港蘇富比	2017-10-02
黄君璧 1998年作 苍森飞瀑 镜片	60cm×93.5cm	218,500	广东小雅斋	2017-05-26
黄君璧 丙戌（1946年）作 秋山积翠 立轴	81cm×49cm	264,500	中国嘉德	2017-06-20
黄君璧 丙寅（1986）年作 幽壑飞瀑 镜片	45.5cm×68.5cm	172,500	朵云轩	2017-12-14
黄君璧 丙子（1936）年作 山水（八帧）册页	39cm×30.5cm×8	345,000	广东崇正	2017-12-13
黄君璧 采莲图 镜片	45cm×57cm	299,000	广东小雅斋	2017-03-26
黄君璧 沧波万里 立轴	89.7cm×40.5cm	311,250	香港蘇富比	2017-10-02
黄君璧 丁卯（1927年）作 山水四屏镜心	129cm×29.5cm×4	372,172	中国嘉德	2017-10-03
黄君璧 丁卯（1987年）作 书法山水（二幅）立轴	33cm×34cm×2	172,500	福建东南	2017-05-21
黄君璧 仿石溪笔意 镜心	137.5cm×58cm	2,300,000	中国嘉德	2017-12-18
黄君璧 飞瀑 镜框	60.5cm×120cm	665,250	佳士得	2017-05-30
黄君璧 高士观瀑图	82cm×47cm	439,680	罗芙奥	2017-06-03
黄君璧 高岩飞瀑 镜框	187.2cm×92cm	891,000	香港苏富比	2017-04-04
黄君璧 庚申（1980）年作 云山观瀑 镜片	59.5cm×120cm	207,000	朵云轩	2017-06-25
黄君璧 庚戌（1970）年作 碧嶂云岩 镜片	53cm×89cm	310,500	朵云轩	2017-06-25
黄君璧 庚寅（1950年）作 雨山青翠 立轴	119.5cm×51cm	460,000	中国嘉德	2017-06-19
黄君璧 古木疏篁 镜心	59cm×59cm	172,500	荣宝斋（济南）	2017-12-08
黄君璧 观瀑图 立轴	85cm×38cm	414,000	广东小雅斋	2017-05-26
黄君璧 癸卯（1963）年作 溪岸垂钓 镜片	132.5cm×68cm	207,000	朵云轩	2017-12-14
黄君璧 癸未（1943年）作 秋山幽居 镜心	84.5cm×26.5cm	230,000	中国嘉德	2017-06-19
黄君璧 花鸟 镜片	120cm×60cm	184,000	广东小雅斋	2017-03-26
黄君璧 己丑（1949）年作 听泉放鹤 镜片	131.5cm×67cm	460,000	朵云轩	2017-12-14
黄君璧 己卯（1939年）作 泉瀑松云 立轴	101cm×33cm	195,500	中国嘉德	2017-03-31
黄君璧 己卯（1939年）作 杨柳岸晓风残月 立轴	108cm×32.5cm	287,500	中国嘉德	2017-06-20
黄君璧 己巳（1989）年作 松阴待渡 镜片	132cm×61.5cm	368,000	朵云轩	2017-06-25
黄君璧 己未（1955）年作 云瀑山阁 镜片	59cm×123cm	230,000	上海敬华	2017-07-01
黄君璧 己未（1979年）作 春溪一曲 立轴	131cm×67cm	230,000	中国嘉德	2017-09-02
黄君璧 己酉（1969）年作 衣瓜索瀑布 镜片	54.5cm×89cm	402,500	朵云轩	2017-12-14
黄君璧 甲申（1944年）作 秋溪泊舟 立轴	96cm×58cm	414,000	中国嘉德	2017-12-18
黄君璧 甲寅（1974年）作 湖庄清夏 镜心	54.3cm×89.7cm	345,000	中国嘉德	2017-12-18
黄君璧 林泉高致 镜心	90cm×30cm	172,500	荣宝斋（济南）	2017-12-08
黄君璧 林泉小隐 镜片	150cm×73cm	632,500	广东崇正	2017-12-13

拍品名称	物品尺寸	成交价RMB	拍卖公司	拍卖日期
黄君璧 南斐维多利亚瀑布 镜框	93.3cm×54.3cm	354,800	佳士得	2017-05-30
黄君璧 壬辰（1952）年作 深山云瀑 镜片	47cm×83cm	218,500	广东崇正	2017-06-15
黄君璧 壬寅（1962年）作 野柳途中 立轴	136cm×70cm	368,000	中国嘉德	2017-06-19
黄君璧 壬子（1972）年作 飞瀑图 镜片	136cm×68.5cm	218,500	朵云轩	2017-12-14
黄君璧 山高水长 镜框	101cm×53cm	277,188	佳士得	2017-05-30
黄君璧 山林小居 立轴	91.5cm×46cm	172,500	荣宝斋（济南）	2017-06-10
黄君璧 山水 镜框	128cm×51cm	172,500	华艺国际	2017-03-19
黄君璧 山云飞瀑 立轴	106cm×31cm	184,000	北京匡时	2017-06-03
黄君璧 深山人家 镜心	108cm×54.5cm	368,000	保利厦门	2017-06-26
黄君璧 双清仕女 镜心	99cm×48cm	483,000	中国嘉德	2017-12-18
黄君璧 孙宗慰 宗其香 等 山城鸿影 册页	29.5cm×32cm×15	345,000	北京匡时	2017-06-03
黄君璧 舞 立轴	120cm×60cm	1,725,000	广东小雅斋	2017-03-26
黄君璧 戊申（1968年）作 秋林晚色 镜心	53cm×90cm	207,000	中国嘉德	2017-03-31
黄君璧 戊寅（1938年）作 秋山策杖 立轴	101.5cm×36cm	287,500	中国嘉德	2017-12-18
黄君璧 戊寅（1938年）作 游仙峰寺 立轴	113.5cm×40.5cm	230,000	中国嘉德	2017-12-18
黄君璧 辛巳（1941年）作 峨眉龙门洞 立轴	97.5cm×42.3cm	207,000	中国嘉德	2017-12-18
黄君璧 野水溪云 镜心	89cm×28cm	172,500	荣宝斋（济南）	2017-12-08
黄君璧 乙巳（1965年）作 烟霞云壑 镜心	74cm×40.5cm	276,000	中国嘉德	2017-12-18
黄君璧 乙未（1955）年作 孤情寒秋 立轴	134cm×69cm	1,092,500	朵云轩	2017-06-25
黄君璧 鸳鸯芦花图 镜框	49.5cm×33.5cm	184,800	羅芙奧	2017-12-02
黄侃 汪东 题赠马宗霍书画成扇	17cm×48cm	161,000	中国嘉德	2017-06-21
黄磊生 2007年作 山中一夜雨 镜心	121cm×66cm	313,408	保利香港	2017-10-03
黄苗子 潮平风定 镜片	64cm×41cm	172,500	广东崇正	2017-06-15
黄秋园 1967年作 峭壁寻蹊径 镜心	133cm×68cm	287,500	北京匡时	2017-03-29
黄秋园 1976年作 层岩秋色 镜心	120cm×84.5cm	1,567,040	保利香港	2017-10-03
黄秋园 1976年作 西登香炉峰 镜心	103cm×57cm	253,000	北京荣宝	2017-12-02
黄秋园 1977年作 松亭相叙 立轴	95.5cm×63.5cm	805,000	北京荣宝	2017-06-02
黄秋园 梦游秋山图 手卷	引首48cm×151.5cm；画心48cm×688cm；后纸48cm×55cm	244,850	中国嘉德	2017-10-03
黄少强 1928年作 不朽与幻灭 立轴	171cm×92cm	342,790	北京匡时	2017-10-02
黄文治 丰子恺 马公愚 施南池 潘伯鹰 民国 石（十六幅）四屏	119cm×40cm×4	195,500	上海泛华	2017-07-02
黄炎培 1944年作 行书祝寿文 册页	30cm×40cm×12	345,000	中国嘉德	2017-03-31
黄炎培 丙寅（1926年）作 行书五言诗 立轴	147cm×41cm	322,000	中国嘉德	2017-03-31
黄炎培 己巳（1929年）作 行书七言诗 立轴	85cm×30cm	471,500	中国嘉德	2017-03-31
黄炎培 乙亥（1935年）作 行书十言联 立轴	133cm×21.5cm×2	402,500	中国嘉德	2017-12-19
黄一瀚 女兵	154cm×83cm	690,000	广东崇正	2017-06-15
黄永玉 1961年作 大吉图 镜片	68cm×68.5cm	195,500	广东崇正	2017-06-15

(成交价RMB：15万元以上)

拍品名称	物品尺寸	成交价RMB	拍卖公司	拍卖日期
黄永玉 1973年作 牛性子大发作 镜心	67.5cm×85cm	207,000	北京荣宝	2017-04-02
黄永玉 1975年作 秋景 镜心	52.5cm×77.5cm	253,000	北京匡时	2017-06-03
黄永玉 1975年作 夏荷蜻蜓 镜心	51cm×68.5cm	525,690	北京匡时	2017-04-03
黄永玉 1977年作 报春图 镜心	65cm×63cm	253,000	北京荣宝	2017-09-24
黄永玉 1977年作 大吉羊 镜片	46.5cm×34cm	253,000	北京东正	2017-12-09
黄永玉 1977年作 狂花入梦 镜心	64.5cm×61cm	345,000	北京保利	2017-08-02
黄永玉 1978年作 荷花图 镜心	145cm×262cm	5,020,900	中金国际	2017-11-25
黄永玉 1978年作 韶山毛泽东故居 立轴	102cm×96cm	2,075,580	佳士得	2017-05-30
黄永玉 1979年作 玉井莲 镜片	137cm×69cm	402,500	广东崇正	2017-06-15
黄永玉 1981年作 留得残荷听雨声 镜框	69cm×136.5cm	510,600	佳士得	2017-11-28
黄永玉 1982年作 猫头鹰 画心	33.5cm×34cm（画心）；26cm×19cm×2（书信）	178,250	西泠拍卖	2017-07-16
黄永玉 1982年作 群鹤归来 镜心	92cm×175.5cm	575,000	北京匡时	2017-06-03
黄永玉 1982年作 贪泉 镜心	68cm×138cm	437,000	北京荣宝	2017-06-02
黄永玉 1983年作 七贤图 镜心	20.5cm×143cm	1,150,000	观唐皕榷	2017-01-11
黄永玉 1984年作 不老松 镜心	69.5cm×138cm	345,000	北京荣宝	2017-04-02
黄永玉 1984年作 曼殊持意 立轴	67cm×66cm	690,000	上海匡时	2017-11-05
黄永玉 1984年作 旗袍—红荷 手绘旗袍镜框	含手袖 133cm×90cm	340,400	佳士得	2017-11-28
黄永玉 1984年作 少焉月出 立轴	34.5cm×34.5cm	178,735	保利香港	2017-04-03
黄永玉 1985年作 朝发夕止 立轴	134.5cm×65.5cm	166,313	佳士得	2017-05-30
黄永玉 1985年作 荷花中秋 镜心	137cm×68cm	230,000	北京保利	2017-11-10
黄永玉 1985年作 花闹图 镜心	69cm×137cm	2,924,040	中濠典藏	2017-05-22
黄永玉 1986年作 搔背图 镜心	95cm×95cm	345,000	保利山东	2017-10-29
黄永玉 1988年作 奕秋图 镜心	34cm×137cm	195,500	北京荣宝	2017-09-24
黄永玉 1989年作 心流 镜心	131cm×65cm	345,000	北京匡时	2017-12-03
黄永玉 1991年作 大年初一 镜心	95cm×179cm	747,500	北京保利	2017-04-27
黄永玉 2002年作 荷花翠鸟图 镜心	69cm×69cm	1,253,160	中濠典藏	2017-05-22
黄永玉 2002年作 荷生于野 镜心	69cm×138cm	172,500	北京翰海	2017-01-08
黄永玉 2002年作 樱桃 镜框	70cm×45.5cm	554,375	佳士得	2017-05-30
黄永玉 2004年作 春潮带雨鹤来疾 镜心	68cm×137cm	230,000	北京荣宝	2017-09-24
黄永玉 2005年作 荷花一枝 镜框	136.5cm×69.3cm	1,971,250	香港蘇富比	2017-10-02
黄永玉 2006年作 百年好合 镜心	95.5cm×178.5cm	1,150,000	北京银座	2017-06-07
黄永玉 2011年作 几时你会回到故乡 镜心	69cm×137cm	287,500	北京荣宝	2017-09-24
黄永玉 报春图 镜片	69cm×47cm	287,500	广东崇正	2017-03-24
黄永玉 丙辰（1976年）作 阳秋三绝 镜心	35cm×70cm	156,704	中国嘉德	2017-10-03
黄永玉 丙戌（2006年）作 狗年大吉 镜心	38cm×48.5cm	736,000	中国嘉德	2017-12-20
黄永玉 丁丑（1997年）作 游鱼图 镜心	53cm×103cm	184,000	中国嘉德	2017-03-31
黄永玉 丁卯（1987年）作 一日千里 镜心	70cm×137cm	483,000	北京华辰	2017-12-16
黄永玉 丁巳（1977年）作 清幽	52cm×52cm	161,000	中国嘉德	2017-06-19
黄永玉 丁巳（1977年）作作 荷花 镜心	66cm×99.5cm	414,000	中国嘉德	2017-12-19
黄永玉 芙蓉国里尽朝晖 镜心	69cm×68cm	552,000	北京匡时	2017-12-03
黄永玉 庚申（1980年）作 墨荷图 镜框	68cm×68cm	184,000	北京华辰	2017-12-16
黄永玉 庚申（1980年）作 屈原 立轴	111cm×68cm	230,000	中国嘉德	2017-12-19
黄永玉 荷花 镜框	95cm×120cm	575,000	华艺国际	2017-05-27
黄永玉 荷花 镜心	66cm×65cm	230,000	北京匡时	2017-06-03
黄永玉 荷花 立轴	102cm×105cm	1,150,000	北京荣宝	2017-06-02
黄永玉 荷花 立轴	100cm×68cm	287,500	北京荣宝	2017-06-02
黄永玉 荷花蜻蜓 立轴	105cm×83cm	494,500	保利山东	2017-10-29
黄永玉 荷塘双禽	68cm×136	207,000	荣宝斋（济南）	2017-12-07
黄永玉 己未（1979）年作 好鸟 镜片	70cm×46cm	184,000	广东崇正	2017-06-15
黄永玉 己未（1979）年作 红荷 镜片	69cm×69cm	322,000	广东崇正	2017-06-15
黄永玉 己未（1979年）作 红荷蜻蜓图 设色纸本	102cm×47.5cm	402,500	北京华辰	2017-06-04
黄永玉 甲子（1984年）作 赏菊图 立轴	68.5cm×45cm	460,000	中国嘉德	2017-06-20
黄永玉 墨荷 镜心	96cm×57cm	172,500	北京荣宝	2017-09-24
黄永玉 墨荷图 立轴	179cm×97cm	977,500	北京荣宝	2017-06-02
黄永玉 秋色图 镜片	142cm×360cm	16,424,300	佳士得	2017-11-28
黄永玉 屈原像 立轴	134cm×68cm	172,500	北京荣宝	2017-06-02
黄永玉 人物 风景 水仙（三帧）镜心	尺寸不一	632,500	荣宝斋（济南）	2017-06-10
黄永玉 壬戌（1982）年作 晨荷 镜片	67.5cm×33cm	322,000	广东崇正	2017-12-13
黄永玉 水仙花 镜框	50cm×51.5cm	161,000	北京荣宝	2017-12-02
黄永玉 五色梅花 立轴	85.5cm×177.5cm	2,410,032	中金国际	2017-11-25
黄永玉 戊辰（1988年）作 有棋 横披	52cm×227cm	1,175,280	中国嘉德	2017-10-03
黄永玉 戊午（1978）年作 秋趣图 镜片	21.5cm×181cm	575,000	广东崇正	2017-06-15
黄永玉 戊午（1978）年作 听荷图 镜片	102cm×105cm	1,150,000	广东崇正	2017-06-15
黄永玉 献寿图 立轴	137cm×67cm	552,000	上海敬华	2017-07-01
黄永玉 辛酉（1981年）作 落花 镜心	135.5cm×68.5cm	322,000	中国嘉德	2017-12-19
黄永玉 乙卯（1975）年作 红荷 镜片	100cm×100cm	655,500	上海嘉禾	2017-07-02
黄永玉 在水之湄 镜心	69cm×68cm	172,500	中国嘉德	2017-03-31
黄永玉 钟馗夜巡 镜心	66cm×67cm	632,500	北京匡时	2017-12-03
黄元治 1701年作 三清图 立轴	219cm×70cm	218,500	北京荣宝	2017-06-02
黄胄 1973年作 风雪高原行 镜框	124cm×83cm	443,500	佳士得	2017-05-30
黄胄 1978年作 少女赶驴 镜框	47cm×69.8cm	243,925	佳士得	2017-05-30
黄胄 1979年作 牧驴图 立轴	68cm×46.5cm	328,653	纽约佳士得	2017-03-14
黄胄 1980年作 塔吉克舞蹈 镜框	105.5cm×67.6cm	243,925	佳士得	2017-05-30
黄胄 1981年作 赶驴图 立轴	69.6cm×45.5cm	501,188	香港苏富比	2017-04-04
黄胄 1982年作 草原策骑图 镜框	85.4cm×63.3cm	2,116,125	香港苏富比	2017-04-04
黄胄 1982年作 柳荫群鸟 镜框	57.3cm×61.3cm	891,000	香港苏富比	2017-04-04
黄胄 1982年作 竹荫白猫 立轴	96cm×44.5cm	334,125	香港苏富比	2017-04-04
黄胄 奔腾 镜框	69.2cm×137.5cm	421,325	佳士得	2017-05-30
黄胄 赶驴图 镜心	82cm×69cm	1,004,180	中金国际	2017-11-25
黄胄 水鸟 镜心	23cm×41.2cm	160,669	中金国际	2017-11-25
黄胄 1958年作 赛马 镜心	45.5cm×70cm	322,000	中国嘉德	2017-06-19
黄胄 1960年作 幸福一代 镜心	91cm×168cm	2,070,000	保利山东	2017-10-29
黄胄 1961年作 赶驴图 立轴	87cm×46cm	1,035,000	北京荣宝	2017-04-02
黄胄 1961年作 汲水归来 立轴	82cm×51cm	1,035,000	中国嘉德	2017-03-31
黄胄 1961年作 满载而归 立轴	68cm×41cm	299,000	上海明轩	2017-06-30
黄胄 1962年作 春兰图 立轴	88cm×47cm	3,680,000	北京荣宝	2017-09-24
黄胄 1963年作 1966年作 克拉贝尔 立轴	113cm×81cm	5,635,000	北京保利	2017-06-05
黄胄 1963年作 赶集图 立轴	89cm×47cm	920,000	北京荣宝	2017-06-02
黄胄 1963年作 牧驴图 镜心	69cm×43cm	437,000	观唐皕榷	2017-01-11
黄胄 1963年作 少女图 立轴	105.5cm×64.5cm	862,500	福建东南	2017-05-21
黄胄 1963年作 饲鸡图 镜心	179cm×95cm	3,450,000	北京保利	2017-12-17

拍品名称	物品尺寸	成交价RMB	拍卖公司	拍卖日期
黄胄 1964年作 赶驴图 镜心	89cm×48cm	575,000	观唐皕榷	2017-01-11
黄胄 1965年作 一树春声千万枝 软片	101.5cm×48cm	322,000	福建东南	2017-10-28
黄胄 1966年作 少女牧驴 镜心	58.5cm×46cm	230,000	中国嘉德	2017-06-19
黄胄 1971年作 公社牛群 镜片	48.5cm×34cm	1,610,000	广东崇正	2017-06-14
黄胄 1972年作 "今日宽裕勤读书"图 立轴	112cm×70cm	7,130,000	观唐皕榷	2017-01-11
黄胄 1972年作 出诊路上 立轴	61cm×65.5cm	943,000	中国嘉德	2017-12-19
黄胄 1972年作 赶驴图 立轴	69cm×45cm	460,000	中国嘉德	2017-04-01
黄胄 1972年作 金沙江边 立轴	136.5cm×68cm	3,105,000	中国嘉德	2017-12-19
黄胄 1972年作 牧驴图 立轴	66cm×42cm	828,000	观唐皕榷	2017-01-11
黄胄 1972年作 牧牛图 镜心	80cm×39cm	517,500	北京银座	2017-06-07
黄胄 1972年作 饲鸡图 镜心	182cm×96.5cm	1,380,000	中国嘉德	2017-06-20
黄胄 1972年作 五驴图 立轴	68.2cm×46.2cm	328,653	纽约佳士得	2017-03-16
黄胄 1972年作 学文化 立轴	108cm×67.5cm	3,795,000	中国嘉德	2017-06-19
黄胄 1972年作 渔归 镜片	31cm×44cm	287,500	上海敬华	2017-07-01
黄胄 1972年作 运粮图 立轴	81cm×49cm	345,000	中国嘉德	2017-06-20
黄胄 1973年作 赶驴图 镜心	76cm×40cm	293,820	中国嘉德	2017-10-03
黄胄 1973年作 赶驴图 立轴	86cm×50cm	552,000	北京保利	2017-12-17
黄胄 1973年作 六驴图 立轴	68cm×54cm	517,500	北京荣宝	2017-09-24
黄胄 1973年作 墨驴图 镜心	67cm×46cm	172,500	北京翰海	2017-09-10
黄胄 1973年作 牧牛图 立轴	69.5cm×38cm	575,000	北京荣宝	2017-06-02
黄胄 1973年作 枇杷少女 立轴	139.5cm×68cm	1,495,000	保利山东	2017-10-29
黄胄 1973年作 雀跃图 立轴	43.5cm×34cm；陆诗堂23.5cm×34cm	172,500	广东崇正	2017-06-15
黄胄 1973年作 四驴图 立轴	69cm×49cm	437,000	中国嘉德	2017-06-20
黄胄 1973年作 饲鸡图 立轴	76cm×44cm	1,495,000	中国嘉德	2017-03-31
黄胄 1973年作 饲鸡图 立轴	137cm×68.5cm	943,000	北京匡时	2017-06-03
黄胄 1973年作 驯马图 立轴	109cm×69cm	1,955,000	上海匡时	2017-11-05
黄胄 1973年作 彝族舞蹈 立轴	69cm×45cm	276,000	中国嘉德	2017-03-31
黄胄 1973年作 子母鸡图 镜心	41cm×50cm	161,000	中国嘉德	2017-03-31
黄胄 1974年作 女骑手 镜心	83cm×69cm	713,000	中国嘉德	2017-12-19
黄胄 1974年作 致张庆重学文化 立轴	101.8cm×104.5cm	7,935,000	中国嘉德	2017-06-19
黄胄 1975年作 巴扎归来 镜心	94cm×69.5cm	1,380,000	北京匡时	2017-12-04
黄胄 1975年作 赶驴图 立轴	139cm×70cm	3,450,000	北京荣宝	2017-06-02
黄胄 1975年作 红太阳照边疆 立轴	135.5cm×68cm	3,680,000	保利山东	2017-10-29
黄胄 1975年作 母子图 镜心	68cm×52cm	379,500	北京东正	2017-06-08
黄胄 1975年作 牧驴图 镜心	49cm×61cm	1,012,000	北京东正	2017-06-08
黄胄 1975年作 牧驴图 镜片	68.5cm×45.5cm	862,500	西泠拍卖	2017-07-15
黄胄 1975年作 人物少女 镜心	64.5cm×43.5cm	690,000	北京荣宝	2017-06-02
黄胄 1975年作 饲鸡图 镜片	55.2cm×37.7cm	1,667,500	广东崇正	2017-06-14
黄胄 1975年作 饲鸡图 镜心	25.5cm×24cm	345,000	北京荣宝	2017-04-02
黄胄 1975年作 五驴图 立轴	69cm×46cm	517,500	中国嘉德	2017-09-02
黄胄 1975年作 驯马图 镜框	68.5cm×97cm	3,795,000	北京荣宝	2017-04-02
黄胄 1975年作 刘草行 镜片	55.2cm×37.7cm	2,185,000	广东崇正	2017-06-14
黄胄 1975年作 运粮图 立轴	70cm×44cm	874,000	北京荣宝	2017-12-02
黄胄 1976年作 采药图 镜心	96cm×60cm	1,725,000	观唐皕榷	2017-01-11
黄胄 1976年作 出诊图 立轴	173cm×87cm	8,050,000	北京荣宝	2017-12-02
黄胄 1976年作 出诊图 立轴	138cm×69cm	3,450,000	北京保利	2017-12-17
黄胄 1976年作 放牧图 立轴	68.5cm×43cm	977,500	北京荣宝	2017-12-02
黄胄 1976年作 飞雪迎春 立轴	163.5cm×94.5cm	10,350,000	中国嘉德	2017-06-19
黄胄 1976年作 群驴 镜心	68cm×42cm	391,000	北京荣宝	2017-06-02
黄胄 1976年作 日夜想念毛主席 立轴	189.5cm×144.5cm	57,500,000	广东崇正	2017-06-14
黄胄 1976年作 四驴图 立轴	68cm×45cm	210,276	保利香港	2017-04-03
黄胄 1976年作 饲鸡图 立轴	69cm×45cm	920,000	北京保利	2017-12-17
黄胄 1976年作 五驴图 镜片	97cm×46.5cm	460,000	广东崇正	2017-06-15
黄胄 1976年作 雄鹰 立轴	124.5cm×48cm	287,500	北京匡时	2017-03-29

拍品名称	物品尺寸	成交价RMB	拍卖公司	拍卖日期
黄胄 1976年作 雄鹰展翅图 镜片	89.5cm×48.5cm	172,500	西泠拍卖	2017-07-15
黄胄 1976年作 长鼓舞 立轴	139.5cm×62.5cm	2,472,500	北京银座	2017-06-07
黄胄 1977年作 牧驴图 立轴	68cm×45.5cm	333,500	北京银座	2017-12-20
黄胄 1977年作 群驴图 镜框	44cm×63cm	253,000	北京荣宝	2017-04-02
黄胄 1977年作 饲鸡图 立轴	90.5cm×52.5cm	1,092,500	广东崇正	2017-06-15
黄胄 1977年作 驯驴图 立轴	46cm×69cm；诗塘20cm×69cm	1,265,000	北京荣宝	2017-09-24
黄胄 1978年作 赶驴图 镜心	49cm×68cm	828,000	北京匡时	2017-03-29
黄胄 1978年作 赶驴图 立轴	87cm×34cm	517,500	广东崇正	2017-06-15
黄胄 1978年作 墨驴图 镜心	62cm×52cm	178,250	上海匡时	2017-11-05
黄胄 1978年作 墨驴图 立轴	71cm×46cm	230,000	北京匡时	2017-06-03
黄胄 1978年作 三驴图 立轴	68cm×45cm	253,000	北京银座	2017-12-20
黄胄 1978年作 山杏花开 镜框	82.5cm×51.5cm	3,105,000	北京荣宝	2017-12-02
黄胄 1978年作 扇子舞 镜框	69cm×60cm	724,500	北京荣宝	2017-06-02
黄胄 1978年作 喂驴图 立轴	83cm×51cm	1,207,500	华艺国际	2017-05-27
黄胄 1978年作 雄鸡图 镜心	66cm×103cm	678,500	北京荣宝	2017-06-02
黄胄 1979年作 补网图 立轴	67.5cm×67.5cm	1,380,000	北京银座	2017-12-20
黄胄 1979年作 赶驴图 镜心	69cm×45cm	897,000	北京荣宝	2017-06-02
黄胄 1979年作 塔吉克人 立轴	69cm×45.5cm	2,012,500	北京荣宝	2017-06-02
黄胄 1980年作 赶驴图 立轴	92cm×34cm	345,000	北京荣宝	2017-06-02
黄胄 1980年作 柯尔克孜牧马 立轴	66cm×90.5cm	2,242,500	北京诚轩	2017-06-18
黄胄 1980年作 墨驴 立轴	67cm×45.5cm	172,500	北京荣宝	2017-06-02
黄胄 1980年作 群驴 立轴	96cm×49cm	552,000	北京匡时	2017-06-03
黄胄 1980年作 群驴图 立轴	68cm×45cm	230,000	北京保利	2017-06-05
黄胄 1980年作 群驴图 手卷	19cm×135cm	345,000	上海敬华	2017-07-01
黄胄 1980年作 三驴图 镜心	68cm×44cm	575,000	北京保利	2017-06-05
黄胄 1980年作 三驴图 立轴	67cm×46cm	230,000	上海匡时	2017-11-05
黄胄 1980年作 少女牧驴 立轴	68cm×44cm	274,232	中国嘉德	2017-10-03
黄胄 1980年作 五驴图 镜框	68cm×46cm	340,400	佳士得	2017-11-28
黄胄 1980年作 雄鹰 镜心	90.5cm×68.5cm	402,500	北京银座	2017-12-20
黄胄 1981年作 赶驴图 立轴	91cm×47cm	1,380,000	北京保利	2017-06-05
黄胄 1981年作 荷花游鱼 立轴	96cm×44cm	460,000	北京荣宝	2017-09-24
黄胄 1981年作 群驴 镜心	48cm×44cm	172,500	北京荣宝	2017-06-02
黄胄 1981年作 饲驴图 镜心	68.5cm×46cm	552,000	北京银座	2017-12-20
黄胄 1981年作 五驴图 镜心	40cm×58.5cm	161,000	北京银座	2017-06-07
黄胄 1981年作 于阗歌舞 立轴	137cm×68.5cm	4,025,000	北京荣宝	2017-12-02
黄胄 1982年作 墨驴图 立轴	106cm×52.5cm	207,000	北京匡时	2017-06-03
黄胄 1982年作 牧驴图 镜心	68cm×68cm	897,000	北京荣宝	2017-09-24
黄胄 1983年作 大吉图 立轴	70cm×48cm	598,000	北京荣宝	2017-09-24
黄胄 1983年作 赶驴图 镜心	83cm×52cm	1,380,000	北京荣宝	2017-06-02
黄胄 1983年作 母子图 立轴	70cm×48.5cm	632,500	北京匡时	2017-12-03
黄胄 1983年作 五驴图 镜框	46cm×53cm	161,000	北京荣宝	2017-06-02
黄胄 1983年作 运粮图 镜心	137cm×68cm	9,775,000	北京保利	2017-06-05
黄胄 1983年作 竹鸡图 镜心	68cm×136.5cm	1,840,000	北京匡时	2017-12-04
黄胄 1984年作 大吉图 立轴	96cm×57cm	1,265,000	北京匡时	2017-12-03
黄胄 1984年作 面壁图 镜心	60.5cm×48cm	161,000	北京银座	2017-12-20
黄胄 1984年作 母子图 立轴	66cm×45cm	264,500	北京荣宝	2017-09-24
黄胄 1984年作 群驴图 立轴	82.5cm×42cm	230,000	北京荣宝	2017-09-24
黄胄 1984年作 五驴图 立轴	68cm×44.5cm	448,500	北京荣宝	2017-06-02
黄胄 1985年作 赶集图 立轴	75cm×41cm	578,259	保利香港	2017-04-03
黄胄 1985年作 赶驴图 镜心	46cm×68cm	299,000	北京华辰	2017-06-04
黄胄 1985年作 猫 镜框	68.3cm×45.5cm	212,750	佳士得	2017-11-28
黄胄 1985年作 米元章像 镜心	96cm×45cm	483,000	北京银座	2017-12-20
黄胄 1985年作 沙海长龙 立轴	97cm×130cm	977,500	北京荣宝	2017-06-02
黄胄 1985年作 塔吉克民间舞 立轴	139cm×68cm	1,495,000	北京匡时	2017-03-29
黄胄 1985年作 运粮图 立轴	129cm×70cm	920,000	上海嘉禾	2017-07-02
黄胄 1986年作 双猫图 镜心	45.5cm×34cm	218,500	中国嘉德	2017-12-19
黄胄 1986年作 万方乐奏有于阗 镜框	59cm×49cm	1,725,000	北京华辰	2017-06-04

拍品名称	物品尺寸	成交价RMB	拍卖公司	拍卖日期
黄胄 1986年作 雄鸡 镜框	82.8cm×151.8cm	425,500	佳士得	2017-11-28
黄胄 1987年作 赶集图 镜心	68cm×39cm	342,790	保利香港	2017-10-03
黄胄 1987年作 驱邪纳福 立轴	136cm×68cm	1,380,000	北京荣宝	2017-06-02
黄胄 1987年作 水牛 女子 镜心	48cm×58cm	391,760	保利香港	2017-10-03
黄胄 1988年作 黑猫白猫 立轴	52cm×66cm	460,000	北京保利	2017-12-17
黄胄 1988年作 驯马图 镜心	67cm×137cm	2,938,200	保利香港	2017-10-03
黄胄 1989年作 少女牧驴 镜片	24cm×27cm	207,000	广东崇正	2017-12-13
黄胄 1990年作 粗砺不厌 立轴	135cm×66cm	448,500	北京银座	2017-12-20
黄胄 丙辰（1976）年作 赶驴图 立轴	96cm×51.5cm	2,070,000	广东崇正	2017-06-15
黄胄 丙辰（1976）年作 六驴图 镜片	69cm×46cm	460,000	广东崇正	2017-06-15
黄胄 丙辰（1976）年作 维族舞蹈 镜框	36cm×47cm	805,000	朵云轩	2017-12-14
黄胄 丙辰（1976年）作 采药图 立轴	118cm×68.5cm	2,242,500	中国嘉德	2017-12-18
黄胄 丙辰（1976年）作 傣族少女 立轴	91cm×48cm	2,012,500	中国嘉德	2017-12-19
黄胄 丙午（1966年）作 四驴图 镜心	69cm×43.5cm	264,500	中国嘉德	2017-06-19
黄胄 不倒翁 镜心	66.5cm×34cm	230,000	荣宝斋（济南）	2017-06-10
黄胄 陈秉忱 乙丑（1985）年作 东坡读书图 行书兰亭序 扇面	19cm×54cm	483,000	广东崇正	2017-12-12
黄胄 雏鸡图 立轴	67cm×44.5cm	287,500	上海嘉禾	2017-07-02
黄胄 大吉图 镜片	25cm×33cm	276,000	朵云轩	2017-12-14
黄胄 董寿平 刘海粟 邵宇 1984年作 眠琴绿阴 镜心	179.5cm×97cm	471,500	北京银座	2017-12-20
黄胄 方济众 四驴图 秋林麋鹿 镜心	（一）42cm×33.5cm；（二）69cm×45.5cm	230,000	中国嘉德	2017-12-19
黄胄 仿陈洪绶老莲人物画 镜片	46.5cm×34cm	828,000	广东崇正	2017-06-14
黄胄 风华正茂 镜心	47cm×68cm	828,000	北京保利	2017-04-27
黄胄 赶驴 镜心	96cm×66cm	667,000	北京荣宝	2017-06-02
黄胄 赶驴图 镜心	95cm×58.5cm	2,300,000	荣宝斋（南京）	2017-07-08
黄胄 赶驴图 镜心	27.5cm×34.5cm	230,000	荣宝斋（上海）	2017-07-30
黄胄 赶驴图 立轴	75cm×36cm	632,500	荣宝斋（南京）	2017-09-10
黄胄 赶驴图 立轴	100cm×45cm	299,000	北京保利	2017-04-27
黄胄 赶驴图 立轴	69.5cm×46.5cm	990,000	荣宝斋（南京）	2017-07-08
黄胄 赶驴图 立轴	83cm×51.5cm	1,092,500	荣宝斋（南京）	2017-07-08
黄胄 赶驴图 立轴	71.5cm×44.5cm	368,000	中国嘉德	2017-06-20
黄胄 庚申（1980年）作 驴 立轴	76cm×49cm	376,798	中国嘉德	2017-05-29
黄胄 癸丑（1973）年作 饲鸡图 立轴	109cm×56cm	632,500	上海敬华	2017-07-01
黄胄 癸亥（1983年）作 运粮图 镜心	104cm×48.5cm	1,552,500	中国嘉德	2017-12-19
黄胄 哈萨克猎人 镜心	89cm×48cm	2,185,000	荣宝斋（济南）	2017-12-08
黄胄 行书“日夜想念毛主席” 镜心	88.5cm×68cm	230,000	观唐皕榷	2017-01-11
黄胄 花阴群鸡图 镜片	55.2cm×37.7cm	897,000	广东崇正	2017-06-14
黄胄 惠安女 镜心	68cm×44.5cm	977,500	荣宝斋（济南）	2017-06-10
黄胄 惠安女 立轴	66cm×65.5cm	575,000	华艺国际	2017-05-27
黄胄 己亥（1959年）作赶驴 立轴	66.5cm×40cm	402,500	中国嘉德	2017-12-18
黄胄 己亥（1959年）作牧驴图立轴	64cm×42cm	322,000	中国嘉德	2017-06-20
黄胄 甲辰（1964）年作 赛马图 镜片	56cm×110cm	2,070,000	朵云轩	2017-12-14
黄胄 甲戌（1994年）作 运粮路上 立轴	64cm×44cm	172,500	中国嘉德	2017-12-19
黄胄 甲子（1984年）作 八驴图 立轴	67cm×40cm	172,500	中国嘉德	2017-06-20
黄胄 甲子（1984年）作 赶驴图 软片	96.5cm×35.5cm	724,500	福建东南	2017-05-21
黄胄 甲子（1984年）作 群驴图 镜心	83cm×41.5cm	598,000	中国嘉德	2017-06-19
黄胄 金沙江畔 手卷	17cm×120cm	2,070,000	北京荣宝	2017-09-24
黄胄 九驴图 镜心	136.9cm×67.2cm	2,070,000	北京保利	2017-06-05
黄胄 漓江舟行 镜心	50cm×32cm	218,500	北京银座	2017-12-20
黄胄 李可染 刘海粟 1983年作 水牛 镜片	96cm×179cm	9,430,000	广东崇正	2017-06-14
黄胄 凌波仙子 镜片	55.2cm×37.7cm	920,000	广东崇正	2017-06-14
黄胄 骆驼 镜片	64cm×76cm	345,000	广东崇正	2017-06-15
黄胄 骆驼 镜心	96cm×58.5cm	989,000	荣宝斋（济南）	2017-06-10
黄胄 猫 镜心	68cm×42cm	368,000	荣宝斋（济南）	2017-06-10
黄胄 猫 立轴	126.5cm×67cm	747,500	北京荣宝	2017-12-02
黄胄 猫趣图 镜心	70cm×47cm	322,000	荣宝斋（济南）	2017-06-10
黄胄 猫竹图 立轴	69cm×53cm	201,250	荣宝斋（南京）	2017-09-10
黄胄 毛驴图 立轴	82.5cm×49cm	380,000	上海驰翰	2017-06-26
黄胄 漠上行 立轴	52cm×63cm	1,840,000	荣宝斋（济南）	2017-12-08
黄胄 墨竹 镜片	55.2cm×37.7cm	483,000	广东崇正	2017-06-14
黄胄 母子图 立轴	43cm×62cm	402,500	北京荣宝	2017-09-24
黄胄 牧归图 立轴	55.5cm×46cm	218,500	朵云轩	2017-06-25
黄胄 牧驴图 立轴	68cm×47.5cm	920,000	荣宝斋（济南）	2017-06-10
黄胄 牧牛 镜心	66cm×43cm	322,000	荣宝斋（济南）	2017-06-10
黄胄 牧牛图 镜心	104.5cm×33cm	195,500	北京银座	2017-12-20
黄胄 牧羊图 立轴	124.5cm×58.5cm	2,415,000	荣宝斋（济南）	2017-12-08
黄胄 年年有余 镜心	49cm×44cm	172,500	北京银座	2017-12-20
黄胄 骑驴图 立轴	47cm×68cm	1,035,000	荣宝斋（济南）	2017-06-10
黄胄 骑马姑娘 镜心	36cm×47.5cm	460,000	上海匡时	2017-11-05
黄胄 清漓渔歌 镜心	68cm×137cm	3,910,000	北京荣宝	2017-06-02
黄胄 雀跃图 镜片	55.2cm×37.7cm	575,000	广东崇正	2017-06-14
黄胄 群鸡图 镜心	46cm×67cm	184,000	北京华辰	2017-06-04
黄胄 群驴 镜心	79cm×55cm	1,265,000	荣宝斋（济南）	2017-12-08
黄胄 群驴 立轴	70cm×34cm	253,000	荣宝斋（济南）	2017-06-10
黄胄 群驴图 立轴	96cm×49cm	437,000	荣宝斋（济南）	2017-12-08
黄胄 群驴图 立轴	92cm×34cm	287,500	华艺国际	2017-11-25
黄胄 人物驴 镜心	71cm×44cm	287,500	荣宝斋（济南）	2017-12-08
黄胄 壬戌（1982）年作 赶驴图 镜片	96cm×59cm	1,380,000	广东崇正	2017-06-15
黄胄 壬戌（1982）年作 驼背上的小学生 立轴	143cm×135cm	15,525,000	广东崇正	2017-06-15

拍品名称	物品尺寸	成交价RMB	拍卖公司	拍卖日期
黄胄 壬戌（1982）年作 五驴图 镜片	44.5cm×68cm	195,500	朵云轩	2017-06-25
黄胄 壬戌（1982年）作 六驴图 立轴	67.5cm×44.0cm	299,000	中国嘉德	2017-06-19
黄胄 壬戌（1982年）作 犬 镜心	29cm×48cm	287,500	北京华辰	2017-12-16
黄胄 壬寅（1962年）作 赶驴图 镜心	87cm×47cm	782,000	中国嘉德	2017-03-31
黄胄 壬寅（1962年）作 少女赶驴 镜心	68.5cm×42.5cm	747,500	中国嘉德	2017-12-19
黄胄 壬寅（1962年）作 体操少女 镜心	69cm×47cm	483,000	中国嘉德	2017-06-19
黄胄 任重道远 镜心	94cm×179cm	3,277,500	上海匡时	2017-11-05
黄胄 日暮倚修竹 立轴	110cm×69cm	575,000	广东崇正	2017-12-13
黄胄 三驴图 镜心	48cm×58.5cm	201,250	中贸圣佳	2017-06-19
黄胄 山水 镜片	48cm×46.5cm	161,000	广东崇正	2017-12-13
黄胄 上学图 立轴	112.5cm×68cm	4,255,000	中国嘉德	2017-06-19
黄胄 十驴图 横批	35cm×128cm	690,000	荣宝斋（济南）	2017-06-10
黄胄 双驴 立轴	37cm×55cm	368,000	荣宝斋（南京）	2017-09-10
黄胄 水牛 镜心	33.5cm×43cm	207,000	北京荣宝	2017-04-02
黄胄 四季平安 镜心	96cm×58.5cm	517,500	荣宝斋（济南）	2017-06-10
黄胄 四驴图 镜心	48cm×44cm	230,000	北京保利	2017-11-10
黄胄 饲鸡图 镜心	81cm×49.5cm	195,500	荣宝斋（济南）	2017-06-10
黄胄 饲鸡图 镜心	35cm×46cm	460,000	中国嘉德	2017-03-31
黄胄 饲鸡图 立轴	103.5cm×44cm	1,035,000	上海匡时	2017-11-05
黄胄 饲鸡图 立轴	67cm×45cm	172,500	北京保利	2017-12-17
黄胄 饲鸡图 立轴	95cm×60cm	667,000	北京荣宝	2017-06-02
黄胄 天下大吉 画心	69.5cm×33.5cm	575,000	西泠拍卖	2017-07-16
黄胄 五驴图 镜心	92.5cm×34cm	184,000	荣宝斋（上海）	2017-07-30
黄胄 戊辰（1988年）作 牛 镜心	118cm×249cm	3,232,020	中国嘉德	2017-10-02
黄胄 戊午（1978）年作 五驴图 立轴	46cm×68cm	345,000	广东崇正	2017-12-13
黄胄 戊午（1978年）作 少女双驴 立轴	82cm×51.5cm	402,500	中国嘉德	2017-06-20
黄胄 戊午（1978年）作 塔克拉玛干之歌 镜心	69.5cm×40.5cm	207,000	中国嘉德	2017-06-20
黄胄 洗衣 镜心	45.5cm×68.5cm	1,265,000	北京银座	2017-06-07
黄胄 峡江扬帆 镜片	50cm×32.5cm	287,500	广东崇正	2017-06-15
黄胄 辛丑（1961年）作 哈萨克猎人 镜心	50.5cm×69.5cm	1,265,000	中国嘉德	2017-06-19
黄胄 新疆歌舞 立轴	67.5cm×44.5cm	1,495,000	中国嘉德	2017-12-19
黄胄 新疆舞 立轴	132cm×70cm	2,300,000	荣宝斋（南京）	2017-09-10
黄胄 新疆舞蹈 立轴	69cm×45.5cm	1,955,000	北京荣宝	2017-06-02
黄胄 亚明 丁卯（1987）年作 春江水暖 镜片	137.5cm×68cm	253,000	广东崇正	2017-06-15
黄胄 一家子 镜片	47cm×35cm	299,000	广东崇正	2017-12-13
黄胄 乙丑（1985）年作 三驴图 镜片	46.5cm×68.5cm	299,000	广东崇正	2017-06-15
黄胄 乙卯（1975）年作 库尔班吐鲁穆 镜片	55.2cm×37.7cm	2,990,000	广东崇正	2017-06-14
黄胄 乙卯（1975）年作 洛神图 镜片	96cm×45cm	1,437,500	广东崇正	2017-06-15
黄胄 乙卯（1975）年作 牧鹅图 镜片	37.7cm×55.2cm	1,150,000	广东崇正	2017-06-14

拍品名称	物品尺寸	成交价RMB	拍卖公司	拍卖日期
黄胄 乙卯（1975）年作 山杏丰收 镜片	55.2cm×37.7cm	2,415,000	广东崇正	2017-06-14
黄胄 乙卯（1975年）作 出诊图 立轴	82cm×60.5cm	2,300,000	中国嘉德	2017-06-19
黄胄 乙卯（1975年）作 飞雪 镜心	97cm×62cm	2,415,000	中国嘉德	2017-12-19
黄胄 乙卯（1975年）作 六驴图 镜心	78cm×49cm	368,000	中国嘉德	2017-06-20
黄胄 乙卯（1975年）作 养鸡姑娘 镜心	138.5cm×68.5cm	1,127,000	中国嘉德	2017-06-20
黄胄 鱼乐图 镜心	69cm×34cm	253,000	保利山东	2017-10-29
黄胄 育羔图 立轴	60cm×48cm	287,500	荣宝斋（济南）	2017-12-08
黄胄 运粮图 立轴	63cm×44cm	1,092,500	荣宝斋（济南）	2017-12-08
黄胄 运粮图 立轴	97.5cm×50.5cm	2,760,000	中国嘉德	2017-12-18
黄胄 运粮图 立轴	70cm×46cm	345,000	荣宝斋（南京）	2017-09-10
黄胄 织网图 镜片	37.7cm×55.2cm	1,437,500	广东崇正	2017-06-14
黄胄 钟馗 镜片	43.5cm×32cm	161,000	广东崇正	2017-12-13
黄胄 周怀民 昆仑之春 立轴	140cm×71cm	943,000	北京匡时	2017-06-03
黄胄 竹荫少女 立轴	68cm×34cm	230,000	中国嘉德	2017-12-19
霍春阳 白梅 镜心	138cm×70cm	172,500	荣宝斋（济南）	2017-06-10
霍春阳 万利图 镜心	97cm×180cm	230,000	北京荣宝	2017-06-02
霍春阳 长寿 立轴	137cm×53cm	207,000	荣宝斋（济南）	2017-12-07
纪京宁 姐妹 镜心	68.5cm×68.5cm	184,000	中国嘉德	2017-06-21
加藤良造 2017年作 洞天山水	130cm×227cm	221,750	佳士得	2017-05-28
加藤良造 2017年作 山水境	180cm×130.3cm	212,750	佳士得	2017-11-26
家昌 松鼠 镜心	27cm×37cm	161,000	北京保利	2017-06-05
家昌 小狗 镜心	36cm×27cm	207,000	北京保利	2017-06-05
贾国英 山水	75cm×47cm	460,000	北京翰海	2017-06-03
贾国英 山水	75cm×47cm	437,000	北京翰海	2017-06-03
贾浩义 浑然天地 镜心	67cm×68.5cm	460,000	北京保利	2017-12-18
贾荣志 春潮带雨 手卷	34cm×272cm	184,000	上海东方	2017-06-25
贾荣志 泰山云涌 镜框	120cm×240cm	460,000	上海东方	2017-06-25
贾又福 1965年作 乡村冬雪	35cm×41cm	345,000	北京翰海	2017-12-16
贾又福 1972年作 春江水暖 立轴	91.5cm×69cm	345,000	北京荣宝	2017-12-02
贾又福 80年代 云山牧趣图	68.5cm×45.5cm	207,000	北京翰海	2017-12-16
贾又福 爱晚亭 镜框	50cm×34cm	172,500	北京荣宝	2017-06-02
贾又福 彩云牧趣图 镜心	69cm×139cm	1,840,000	中国嘉德	2017-04-01
贾又福 高山彩云图 镜心	62.5cm×37.5cm	1,610,000	中国嘉德	2017-12-20
贾又福 梦到山乡 镜心	67cm×220cm	10,580,000	北京荣宝	2017-06-02
贾又福 牧牛图 立轴	67cm×66cm	230,000	荣宝斋（济南）	2017-06-10
贾又福 牧趣图 镜心	96cm×155cm	310,500	北京荣宝	2017-12-02
贾又福 牧羊图 镜心	66cm×48cm	184,000	北京荣宝	2017-04-02
贾又福 暮云图 镜框	40cm×67cm	1,023,500	北京荣宝	2017-04-02
贾又福 樵父图 镜心	69cm×45cm	230,000	荣宝斋（济南）	2017-12-07
贾又福 清净世界 镜框	45cm×66.5cm	210,663	佳士得	2017-05-29
贾又福 太行风情 镜心（十二开）	26cm×26cm×12	4,600,000	北京荣宝	2017-12-02
贾又福 太行归暮 镜心	79.4cm×20.8cm	241,500	北京诚轩	2017-06-18
贾又福 太行山 镜框	96cm×42cm	487,850	佳士得	2017-05-29
贾又福 太行山景 镜心	40cm×130cm	943,000	北京荣宝	2017-12-02
贾又福 天涯对月吟 镜框	49cm×34cm	276,000	北京荣宝	2017-09-24
贾又福 霞光云影 镜心	110cm×46.8cm	3,565,000	北京匡时	2017-06-03
贾又福 霞光云影图 镜心	79cm×52cm	1,265,000	北京保利	2017-12-18

(成交价RMB：15万元以上)

拍品名称	物品尺寸	成交价RMB	拍卖公司	拍卖日期
贾又福 月夜澄怀图 镜框	64cm×130cm	170,200	佳士得	2017-11-27
江寒汀 1933年作 松石灵芝图 镜心	132cm×65cm	161,000	北京保利	2017-06-05
江寒汀 1941年作 花鸟 立轴	91cm×40cm	184,000	北京翰海	2017-12-15
江寒汀 1941年作 岁寒图 横幅镜心	35.5cm×109.5cm	184,000	北京翰海	2017-06-02
江寒汀 1942年作 红梅喜鹊图 立轴	137cm×33cm	437,000	西泠拍卖	2017-07-16
江寒汀 1943年作 花间禽戏图 立轴	137cm×33.5cm	253,000	西泠拍卖	2017-07-16
江寒汀 1944年作 着手便成春 立轴	145cm×78cm	1,495,000	上海匡时	2017-11-05
江寒汀 1948年作 灵鸟栖枝图 立轴	95cm×50cm	230,000	上海匡时	2017-11-05
江寒汀 1949年作 松阴鸣翠 立轴	130cm×66cm	747,500	上海匡时	2017-11-05
江寒汀 1950年作 葡萄松鼠 立轴	108cm×46cm	207,000	上海匡时	2017-11-05
江寒汀 1951年作 花鸟草虫 手卷	引首34cm×100cm；画34cm×559cm；跋34cm×80cm	713,000	上海匡时	2017-11-05
江寒汀 1953年作 百鸟朝凤 横幅	94.5cm×23cm	207,000	北京翰海	2017-09-13
江寒汀 1956年作 西湖春晓 手卷	41cm×239cm	230,000	上海匡时	2017-11-05
江寒汀 1961年作 桃花春坻 立轴	136cm×69cm	322,000	北京翰海	2017-12-15
江寒汀 丙申（1956）年作 西湖春晓 横披	41cm×239cm	345,000	上海敬华	2017-07-01
江寒汀 陈祥 乙亥（1935年）作 花鸟 行书 成扇	19.3cm×56cm	391,000	中国嘉德	2017-12-19
江寒汀 寒菊图 立轴	175cm×96cm	218,500	中贸圣佳	2017-06-19
江寒汀 花鸟 四屏镜心	96cm×33cm×4	575,000	荣宝斋（上海）	2017-07-30
江寒汀 甲午（1954年）年作 杜甫诗意 立轴	136cm×66.5cm	322,000	朵云轩	2017-12-14
江寒汀 陆平石 1949年作 梅石竹雀 书法 成扇	18cm×46cm	345,000	华艺国际	2017-05-27
江寒汀 王漴 丙子（1936）年作 七夕图 篆书 成扇	18.5cm×49cm	195,500	朵云轩	2017-12-14
江寒汀 梧桐鹦鹉 镜心	85cm×25cm	253,000	北京银座	2017-12-20
江寒汀 萧退闇 闽中山景 傅山诗二首 成扇	18.5cm×50cm	161,000	北京诚轩	2017-06-18
江寒汀 辛巳（1941年）作 春柳鸣禽 立轴	110.5cm×48cm	230,000	中国嘉德	2017-12-18
江寒汀 栩栩如生册 九开册	各22.5cm×27.5cm	612,563	香港苏富比	2017-04-04
江寒汀 乙酉（1945年）作 四时花鸟 镜心	66cm×33cm×4	690,000	福建东南	2017-10-28
江寒汀 张石园 吴徵 缪谷瑛 庚辰（1940年）作 祝寿图 立轴	134.5cm×33cm×4	276,000	中国嘉德	2017-12-19
江衡 2014年作 十二生肖NO.11	60cm×80cm	172,500	广东崇正	2017-12-13
江宏伟 1988年作 寒鹭图 镜心	62.5cm×45.5cm	178,250	中国嘉德	2017-12-20
江宏伟 1994年作 牡丹图 镜心	62.5cm×98.5cm	333,500	北京保利	2017-12-18
江宏伟 1996年作 秋水双禽图 镜心	47.5cm×49cm	230,000	北京荣宝	2017-12-02
江宏伟 1999年作 岭南风情 镜心	49.5cm×175cm	862,500	北京荣宝	2017-12-02
江宏伟 2001年作 秋水游鸭图 镜心	46cm×43cm	207,000	北京荣宝	2017-12-02
江宏伟 2001年作 秋塘红韵 镜心	46cm×46cm	207,000	北京荣宝	2017-12-02
江宏伟 2002年作 秋荷白禽图 镜心	65.5cm×43.5cm	310,500	北京荣宝	2017-12-02
江宏伟 2002年作 桐阴水鸟 镜心	35cm×131cm	313,408	北京匡时	2017-10-02
江宏伟 2003年作 拂柳游鸭 镜心	65.5cm×43.5cm	287,500	北京荣宝	2017-12-02
江宏伟 2007年作 清塘荷韵 册页	33.5cm×23cm×10	1,380,000	北京匡时	2017-12-03
江宏伟 2009年作 荷塘清风 镜心	63cm×66cm	552,000	北京荣宝	2017-12-02

拍品名称	物品尺寸	成交价RMB	拍卖公司	拍卖日期
江宏伟 2015年作 花鸟团扇（四帧）镜心	直径31cm×4	460,000	北京荣宝	2017-12-02
江宏伟 2017年作 顾影逗轻波 镜心	66cm×34cm	322,000	北京荣宝	2017-12-02
江宏伟 2017年作 闲坐听春禽图 镜心	66cm×34cm	322,000	北京荣宝	2017-12-02
江宏伟 2017年作 新春新声 镜心	72.5cm×45cm	690,000	北京匡时	2017-06-03
江宏伟 春风 镜心	34.2cm×45.2cm	172,500	北京荣宝	2017-06-02
江宏伟 繁花幽禽 镜心	44.7cm×48cm；44.7cm×44cm	230,000	北京保利	2017-12-18
江宏伟 风花一片飞 镜心	66.4cm×33.6cm	368,000	北京荣宝	2017-06-02
江宏伟 何处秋风至 镜心	66.4cm×34.2cm	356,500	北京荣宝	2017-06-02
江宏伟 荷塘翠鸟 镜心	39cm×56cm	172,500	北京匡时	2017-03-29
江宏伟 荷塘小鸟 立轴	66cm×23cm	161,000	荣宝斋（南京）	2017-07-08
江宏伟 红蓼双鹅 镜框	45cm×65cm	230,000	北京荣宝	2017-09-24
江宏伟 红樱白羽 镜心	67cm×46.2cm	575,000	北京荣宝	2017-06-02
江宏伟 花卉（四帧）册页	直径31.5cm×4	379,500	中贸圣佳	2017-06-19
江宏伟 灰鸭白鹅 镜框	34cm×137cm	575,000	北京荣宝	2017-06-02
江宏伟 芦花孤禽 镜心	66cm×50cm	333,500	北京荣宝	2017-12-02
江宏伟 梅花双雀 镜心	43.8cm×58.8cm	483,000	北京荣宝	2017-06-02
江宏伟 梅花小鸟 镜心	46cm×43cm	207,000	中贸圣佳	2017-06-19
江宏伟 秋江双鹭 镜心	61.5cm×54.5cm	322,000	北京荣宝	2017-12-02
江宏伟 秋禽图 镜心	46cm×42.5cm；46cm×43cm	230,000	北京保利	2017-12-18
江宏伟 四季花鸟 四屏镜心	136cm×37cm×4	2,070,000	北京荣宝	2017-12-02
江兆申 1965年作 赤壁夜游 镜心	62.5cm×30cm	172,500	北京银座	2017-12-20
江兆申 1991年作 彭蠡秋光	195cm×500cm	3,297,600	罗芙奥	2017-06-04
江兆申 1991年作 长林大泽	143.5cm×370cm	1,374,000	罗芙奥	2017-06-04
江兆申 林表暮云 立轴	170.5cm×97cm	176,292	中国嘉德	2017-10-03
姜宝林 秋实 镜心	144cm×69cm	155,250	北京荣宝	2017-12-02
姜宝林 丝瓜 镜心	132cm×67cm	172,500	北京荣宝	2017-06-02
姜吉安 2009年作 两重性 NO.1	30cm×90cm	253,000	北京匡时	2017-06-03
姜学炳 福 镜心	97cm×97cm	690,000	北京翰海	2017-01-08
蒋方震 辛未（1931年）作 行书 立轴	87cm×20cm	253,000	中国嘉德	2017-06-20
蒋介石 楷书书法 镜心	57cm×118cm	287,500	保利厦门	2017-06-26
蒋经国 1962年作 岁寒劲节 立轴	134.5cm×68cm	161,000	北京银座	2017-12-20
蒋美艳 郁金香	75cm×75cm	264,500	北京翰海	2017-06-03
蒋山青 语鸣	24cm×25.5cm	598,000	北京翰海	2017-12-16
蒋兆和 1937年作 饭后一袋烟 镜心	84.5cm×48.5cm	4,600,000	北京匡时	2017-06-03
蒋兆和 1939年作 对门女 镜心	89.5cm×49cm	2,070,000	中国嘉德	2017-12-18
蒋兆和 1948年作 一篮春色 镜框	92.7cm×53.5cm	3,967,400	香港蘇富比	2017-10-02
蒋兆和 1962年作 南国风光 镜心	118cm×54cm	3,220,000	上海匡时	2017-11-05
蒋兆和 1962年作 南国风光图 镜心	118cm×53cm	1,610,000	观唐皕榷	2017-01-11
蒋兆和 1964年作 倪志福像 镜心	80.5cm×54.5cm	1,150,000	中国嘉德	2017-12-18
蒋兆和 1978年作 东坡行吟 镜框	61.5cm×48cm	159,563	佳士得	2017-11-28
蒋兆和 1978年作 太白迎春 立轴	102cm×65.5cm	435,750	香港蘇富比	2017-10-02
蒋兆和 1978年作 学写字 镜心	46.5cm×63.5cm	1,840,000	中国嘉德	2017-12-18
蒋兆和 1979年作 梅花鸽子 立轴	66.5cm×38cm	222,750	香港苏富比	2017-04-04
蒋兆和 1980年作 杜甫吟诗图 立轴	77cm×49cm	1,840,000	观唐皕榷	2017-01-11
蒋兆和 报童 镜框	105.5cm×58.3cm	3,967,400	香港蘇富比	2017-10-02
蒋兆和 给爷爷读报 镜心	96cm×83.5cm	9,200,000	中国嘉德	2017-12-18
蒋兆和 庚申（1980年）作 白居易诗意 立轴	124cm×68cm	2,530,000	中国嘉德	2017-12-18
蒋兆和 庚申（1980年）作 悠然见南山 立轴	133.5cm×64.5cm	1,667,500	中国嘉德	2017-12-19

拍品名称	物品尺寸	成交价RMB	拍卖公司	拍卖日期
蒋兆和 还乡 立轴	182cm×108.5cm	25,300,000	中国嘉德	2017-12-18
蒋兆和 和平鸽 立轴	82cm×47.5cm	575,000	荣宝斋（南京）	2017-07-08
蒋兆和 己未（1979年）作 小孩与双鸽 镜心	73cm×49.5cm	1,035,000	中国嘉德	2017-12-18
蒋兆和 毛主席在麦田 镜心	57cm×70cm	9,200,000	中国嘉德	2017-12-18
蒋兆和壬戌（1982年）作双鸽立轴	127cm×49cm	437,000	中国嘉德	2017-12-18
蒋兆和 童戏图 立轴	67cm×45cm	287,500	北京保利	2017-06-05
蒋兆和 下棋 镜心	47.5cm×70cm	2,127,500	中国嘉德	2017-06-19
蒋兆和 鱼戏 镜心	64cm×44cm	632,500	中国嘉德	2017-12-18
蒋中正 行书“轸怀耆旧” 镜心	56cm×110cm	155,250	北京匡时	2017-12-04
金城 伏虎罗汉 镜片	87cm×32cm	207,000	上海敬华	2017-07-01
金城（等）1925年作 岁朝清供立轴	151.5cm×40.5cm	200,475	香港苏富比	2017-04-04
金城 1907年作 风雪归程 镜框	17.5cm×34cm	423,225	香港苏富比	2017-04-04
金城 1909年作 溪山对谈 立轴	361cm×103cm	1,543,380	佳士得	2017-05-30
金城 1916年作 仿赵子昂饮马图立轴	27cm×57.5cm	230,000	北京荣宝	2017-12-02
金城 1916年作 临邵弥《仿子久禹玉二卷山水图》手卷	引首：20.2cm×70cm；画心：19.6cm×114.8cm；题跋：20.2cm×11.4cm	726,250	香港蘇富比	2017-10-02
金城 1916年作 临尤荫罗汉图 手卷	26.5cm×270cm	230,000	观唐皕榷	2017-01-11
金城 1919年作 密雨飞泉 立轴	185cm×48.3cm	668,250	香港苏富比	2017-04-04
金城 1922年作 豆花棚下觅秋声扇面 镜框	21.9cm×68.5cm	415,000	香港蘇富比	2017-10-02
金城 1922年作 香山古寺 立轴	94cm×33cm	779,625	香港苏富比	2017-04-04
金城 1923年作 江乡初夏图 立轴	130.5cm×66cm	437,000	西泠拍卖	2017-07-15
金城 1924年作 秋山草堂 立轴	103cm×55.5cm	322,000	北京匡时	2017-06-03
金城 1925年作 古木幽禽 立轴	133cm×63.5cm	2,155,329	北京匡时	2017-04-03
金城 1925年作 花溪鸭凫 立轴	107cm×52cm	414,000	北京翰海	2017-06-02
金城 1925年作 空山赏音图 立轴	134.5cm×67cm	891,000	香港苏富比	2017-04-04
金城 1926年作 临郭溪笔意 立轴	76cm×38cm	241,500	北京银座	2017-06-07
金城 秉烛夜咏 立轴	192cm×49.5cm	299,000	北京翰海	2017-12-15
金城 陈半丁 戊申（1908年）作桐阴却暑 立轴	139cm×40.5cm	471,500	北京诚轩	2017-06-18
金城 丁巳（1917年）作 松窗释篆图 镜心	98cm×39.6cm	1,380,000	中国嘉德	2017-12-19
金城 丁巳（1917年）作 晚山归骑 镜心	54cm×34cm	552,000	中国嘉德	2017-12-19
金城 己未（1919）年作 摹沈石田送吴匏庵行图并题 手卷	引首 31.3cm×114cm；画 32.5cm×1094cm；跋32.5cm×380cm	5,750,000	中国嘉德	2017-12-18
金城 甲寅（1914年）作 洪洞山中 镜心	65cm×32.5cm	184,000	中国嘉德	2017-12-18
金城 甲子（1924年）作 关山雪霁图 立轴	152cm×41cm	805,000	中国嘉德	2017-06-20
金城 秋山图 立轴	153.5cm×89cm	1,012,000	中国嘉德	2017-12-18
金城 秋兴泛舟图 横幅	52.5cm×105cm	552,000	北京翰海	2017-12-15
金城 壬戌（1922）年作 寒夜宿鸟 立轴	109cm×35cm	172,500	广东崇正	2017-06-15
金城 忍顶寺静郇 手卷	21cm×363cm	172,500	上海敬华	2017-07-01
金城 乙丑（1925）年作 春波戏麻雀 立轴	130cm×62cm	287,500	广东崇正	2017-06-15
金城 乙丑（1925年）作 竹荫静读 立轴	117cm×40cm	437,000	中国嘉德	2017-12-19
金城 朱祖谋 梅家牵牛媚素秋 行书 成扇	17.5cm×44cm	501,188	香港苏富比	2017-04-04

拍品名称	物品尺寸	成交价RMB	拍卖公司	拍卖日期
金城 篆书“嘉量”铭文 横披	31.5cm×132.5cm	287,500	上海匡时	2017-11-05
金城君 2009年作 春寒芳心 镜框	138cm×68cm	253,000	上海东方	2017-06-25
金城君 2011年作 画室 镜框	220cm×75cm×3	6,210,000	上海东方	2017-06-25
金城君 2011年作 数枝翠竹细摇风 镜框	120cm×240cm	517,500	上海东方	2017-06-25
金城君 2011年作 竹石清韵 镜框	120cm×240cm	552,000	上海东方	2017-06-25
金城君 2014年作 雨痕物润 镜框	67cm×174cm	207,000	上海东方	2017-12-10
金城君 让人打开心扉的地方 镜框	216cm×76.5cm×11	7,475,000	上海东方	2017-12-10
金蓉镜 1929年作 菩提精舍读书图 手卷	32cm×134cm	172,500	北京保利	2017-06-06
金申 草原英雄 镜心	68cm×90cm	184,000	北京匡时	2017-06-03
金醒石 彩云 镜心	18cm×26cm	172,500	北京保利	2017-12-18
金延林 金陵十二钗 镜心	74cm×23cm×12	621,000	北京保利	2017-11-10
金章 丙辰（1916年）作 花鸟 册页（十二开）	35cm×26cm×12	851,000	中国嘉德	2017-12-19
近卫文麿 行书题句 立轴	126cm×32cm	198,000	北京银座	2017-06-07
近卫文麿 楷书题句 立轴	120.5cm×33.5cm	198,000	北京银座	2017-06-07
京津名家 肥遯庐图（八开册）	each：30cm×21.7cm×22	4,067,000	香港蘇富比	2017-10-02
荆兆林 2011年作 丰收时节 镜框	120cm×240cm	218,500	上海东方	2017-06-25
井上有一 1961年作 孝	161cm×97cm	402,500	北京保利	2017-12-16
井上有一 1966年作 梦 镜框	125cm×218cm	1,245,000	香港蘇富比	2017-10-02
井上有一 1968年作 花	122.5cm×146.5cm	345,000	北京保利	2017-06-04
井上有一 1971年作 塔	97cm×142cm	310,500	上海明轩	2017-06-30
井上有一 1971年作 塔 立轴	101cm×161.2cm	289,575	香港苏富比	2017-04-04
井上有一 1973年作 野	126.5cm×213cm	460,000	上海明轩	2017-06-30
君寿 2000年作 荷塘 镜心	32cm×132cm	460,000	北京保利	2017-06-05
君寿 2016年作 得寿 镜心	直径42cm	345,000	北京保利	2017-06-05
康宁 2006年作 鹤舞 镜心	97cm×200cm	345,000	北京保利	2017-06-05
康宁 鹤唳碧霄 镜心	94cm×178cm	184,000	北京保利	2017-11-10
康生《中国古代音乐史料辑要》庾信诗 杜甫诗三帧 镜片	26.5cm×12cm；22.5cm×17.5cm；27cm×19.5cm	230,000	广东崇正	2017-12-12
康生 1924年作 松 立轴	69cm×33cm	437,000	广东崇正	2017-12-13
康生 1962年作 篆书敏求 立轴	122cm×61cm	4,485,000	广东崇正	2017-12-12
康生 1964年作 草书毛主席词 立轴	21.5cm×32cm×2	253,000	北京匡时	2017-12-04
康生 1984年作 草书毛主席诗 立轴	130cm×54.5cm	609,500	北京匡时	2017-06-03
康生 1984年作 草书七言联 立轴	130cm×32cm×2	1,173,000	北京匡时	2017-06-03
康生 跋陈叔老《黄庭经换鹅帖》王昌龄诗校注等（三帧）镜片	24cm×24cm；27cm×17cm×2	356,500	广东崇正	2017-12-12
康生 草书七言句 镜心	72cm×36cm	218,500	观唐皕榷	2017-01-11
康生 短笺（四帧）镜片	18.5cm×10cm×2；20cm×8cm；36cm×13cm	322,000	广东崇正	2017-12-12
康生 甲辰（1964）年作 戒骄 镜片	45cm×89cm	2,415,000	广东崇正	2017-12-12
康生 墨竹 立轴	32cm×41.5cm	724,500	北京匡时	2017-12-03
康生 诗草（四帧）镜片	34cm×20cm；34.5cm×23cm×3	402,500	广东崇正	2017-12-12
康生 小楷照片二十一张，书法册页（四开）	尺寸不一	287,500	广东崇正	2017-12-12
康生 一尘不染 立轴	111cm×33.5cm	2,530,000	广东崇正	2017-12-12
康生 章草书谱句 立轴	48cm×27.5cm	575,000	广东崇正	2017-12-12
康生 篆书“敏求” 立轴	179cm×96cm	3,335,000	广东崇正	2017-12-13
康生 篆书“田舍千家乐又来”镜心	61.5cm×33cm	201,250	北京匡时	2017-06-04
康师尧 1978年作 俏也不争春 镜心	180cm×88cm	483,000	北京荣宝	2017-06-02
康泰 西厢记（十六帧）八屏	29cm×26cm×16	207,000	中国嘉德	2017-09-03

拍品名称	物品尺寸	成交价RMB	拍卖公司	拍卖日期
康有为 1916年作 行书自作诗 手卷	引首20cm×100cm；本幅20cm×200cm；题跋26cm×328cm	356,500	北京匡时	2017-12-03
康有为 1921年作 行书七言联 立轴	165cm×35cm×2	230,000	北京保利	2017-12-17
康有为 1921年作 行书七言联 立轴	130.4×22.5cm×2	287,500	观唐皕槿	2017-01-11
康有为 1923年作 行书七言联 立轴	208cm×55cm×2	414,000	北京荣宝	2017-06-02
康有为 1924年作 草书四言联 镜心	166cm×40cm×2	4,117,138	中金国际	2017-11-25
康有为 草书 立轴	142cm×35cm	322,000	荣宝斋（上海）	2017-07-30
康有为 草书杜甫诗句 立轴	162.5cm×41cm	172,500	北京匡时	2017-06-04
康有为 行草七绝诗 立轴	152cm×41cm	253,000	上海泓盛	2017-06-27
康有为 行草五言联 立轴	131.5cm×31.5cm×2	602,508	中金国际	2017-11-25
康有为 行书 横批	17.5cm×45cm	230,000	上海明轩	2017-06-30
康有为 行书 救国箴言 立轴	170cm×45cm	264,500	西泠拍卖	2017-07-16
康有为 行书 立轴	142cm×36cm	287,500	荣宝斋（南京）	2017-09-10
康有为 行书 立轴	143.5cm×36.5cm	287,500	北京荣宝	2017-06-02
康有为 行书 六言联 对联	171.5cm×37cm×2	1,495,000	西泠拍卖	2017-07-15
康有为 行书 太上感应篇 四屏	132cm×31.5cm×4	299,000	西泠拍卖	2017-05-05
康有为 行书 五言联 对联	170cm×43cm×2	1,000,500	西泠拍卖	2017-07-15
康有为 行书 “克明峻德” 镜心	37.5cm×142cm	322,000	北京匡时	2017-06-03
康有为 行书 “清晖娱人” 镜心	39cm×147cm	391,000	北京匡时	2017-03-29
康有为 行书 “执义秉德” 镜心	30.5cm×114cm	460,000	北京匡时	2017-06-03
康有为 行书《登钓台谒子陵先生祠》诗 镜片	144cm×81cm	1,064,000	上海联合	2017-12-17
康有为 行书《焦氏易林》句 立轴	106.5cm×50.5cm	287,500	北京银座	2017-12-20
康有为 行书《茂竹出云》镜框	26.5cm×75.5cm	188,488	佳士得	2017-05-30
康有为 行书《南乡子》词句 立轴	133cm×65cm	230,000	北京荣宝	2017-06-02
康有为 行书《太上感应篇》立轴	132.5cm×32cm×4	897,000	北京匡时	2017-12-04
康有为 行书《重游太清宫》自注 镜心	131cm×65cm×2	690,000	北京保利	2017-12-16
康有为 行书八言联 立轴	243cm×60cm×2	690,000	北京保利	2017-12-17
康有为 行书八言联 立轴	170.5cm×36.5cm×2	356,500	北京匡时	2017-06-03
康有为 行书鲍照《飞白书势铭》八屏立轴	238cm×57.5cm×8	14,950,000	北京匡时	2017-06-03
康有为 行书东坡句 立轴	130.8cm×60.4cm	155,625	香港蘇富比	2017-10-02
康有为 行书杜甫诗句 立轴	156cm×38cm	310,500	中国嘉德	2017-12-20
康有为 行书金膏水碧 镜心	39cm×121cm	207,000	中国嘉德	2017-12-20
康有为 行书龙门联 立轴	162cm×35cm×2	1,725,000	广东崇正	2017-12-13
康有为 行书七言联 镜心	171cm×38cm×2	437,000	中国嘉德	2017-06-19
康有为 行书七言联 立轴	166cm×35cm×2	322,000	北京荣宝	2017-06-02
康有为 行书七言联 立轴	171cm×40.5cm×2	218,500	中国嘉德	2017-06-20
康有为 行书七言诗 镜心	145cm×39.5cm	230,000	北京荣宝	2017-06-02
康有为 行书七言诗 立轴	165cm×82cm	293,065	中国嘉德	2017-05-29
康有为 行书七言诗 立轴	149cm×39cm	195,500	北京匡时	2017-06-04
康有为 行书四言句 立轴	129cm×59.5cm	287,500	北京匡时	2017-06-03
康有为 行书四言联 立轴	122cm×36cm×2	195,500	北京匡时	2017-06-03
康有为 行书题瞿鸿禨像赞 镜心	18cm×73cm	253,000	北京匡时	2017-12-03
康有为 行书五言联 对联	138cm×20cm×2	264,500	上海敬华	2017-07-01
康有为 行书五言联 镜心	145cm×40cm×2	230,265	中国嘉德	2017-05-29
康有为 行书五言联 立轴	132cm×31cm×2	253,000	中国嘉德	2017-06-19
康有为 行书五言联 立轴	143.5cm×36cm×2	862,500	北京翰海	2017-12-15
康有为 行书五言联 立轴	174cm×43cm×2	483,000	广东崇正	2017-12-13

拍品名称	物品尺寸	成交价RMB	拍卖公司	拍卖日期
康有为 行书五言联 立轴	132cm×30.5cm×2	345,000	北京匡时	2017-12-03
康有为 行书五言联 立轴	168cm×38cm×2	287,500	北京匡时	2017-12-04
康有为 行书五言联 立轴	144.5cm×38cm×2	310,500	北京匡时	2017-03-29
康有为 行书五言联 立轴	167cm×36cm×2	310,500	北京匡时	2017-03-30
康有为 行书五言联 立轴	131cm×30cm×2	172,500	北京银座	2017-06-07
康有为 行书五言联 立轴	135cm×33cm×2	230,265	中国嘉德	2017-05-29
康有为 行书五言联 立轴	134cm×33cm×2	276,000	中国嘉德	2017-06-20
康有为 行书五言诗 镜心	103cm×54.5cm	218,500	中国嘉德	2017-06-19
康有为 行书五言诗 立轴	133cm×44cm	218,500	北京匡时	2017-06-03
康有为 行书张炎词一首 立轴	172.5cm×45.5cm	345,000	北京荣宝	2017-06-02
康有为 隶书五言联 立轴	139cm×35cm×2	195,500	北京翰海	2017-01-08
康有为 书法 横批	29.5cm×86cm	460,000	华艺国际	2017-11-25
康有为 书法《桃花源记》（一对）六折屏风	138cm×52.5cm×6	851,000	佳士得	2017-11-28
康有为 宋育仁 黄遵宪 等 九家跋运甓斋话别图诗文 手卷	36.5cm×587.5cm	1,840,000	观唐皕槿	2017-01-11
柯璜 秋菊图 立轴	119.5cm×62.5cm	230,000	北京银座	2017-06-07
孔维克 2016年作 霸王别姬 镜心	48cm×69cm	184,000	北京保利	2017-06-05
孔维克 2016年作 花木兰 镜心	48cm×69cm	184,000	北京保利	2017-06-05
孔小瑜 1929年作 岁朝清供图 立轴	145cm×80cm	172,500	西泠拍卖	2017-07-16
孔小瑜 庚寅（1950年）作 洗砚图 立轴	107cm×53.5cm	172,500	中国嘉德	2017-12-18
孔小瑜 清供图 镜心	134.5cm×66.5cm	241,500	中国嘉德	2017-12-18
寇月朋 丰碑 镜框	500cm×210cm	3,680,000	上海东方	2017-12-10
寇月朋 佛声 镜心	136cm×68cm	184,000	北京翰海	2017-09-10
赖少其 1976年作 梅花欢喜漫天雪 镜片	22cm×82cm	345,000	上海明轩	2017-06-30
赖少其 1983年作 黄山 立轴	93cm×38cm	517,500	中国嘉德	2017-06-19
赖少其 1983年作 流水苍松 镜片	29cm×39.5cm	287,500	广东崇正	2017-12-13
赖少其 1985年作 黄山烟云 镜心	68cm×43.5cm	368,000	中国嘉德	2017-06-19
赖少其 1985年作 有朋自远方来 横批	93cm×325.5cm	517,500	上海明轩	2017-06-30
赖少其 1987年作 海口新村 镜片	82.5cm×74cm	874,000	上海明轩	2017-06-30
赖少其 1987年作 黄山胜景 镜心	68cm×41cm	747,500	北京匡时	2017-12-03
赖少其 1988年作 暗香图 横披	49.5cm×69.5cm	207,000	上海明轩	2017-06-30
赖少其 1988年作 黄山桃花溪 立轴	96cm×52cm	402,500	上海明轩	2017-06-30
赖少其 1988年作 梅花 镜片	92cm×34.5cm	172,500	广东崇正	2017-12-13
赖少其 1989年作 高山流水 立轴	61.5cm×58cm	345,000	上海明轩	2017-06-30
赖少其 1989年作 荒山野林 镜片	47.5cm×44.5cm	368,000	上海明轩	2017-06-30
赖少其 1989年作 昨梦琼台 镜片	59.5cm×48cm	575,000	上海明轩	2017-06-30
赖少其 1990年作 隶书梁启超菊花砚铭 立轴	173cm×100cm	483,000	观唐皕槿	2017-01-11
赖少其 1991年作 云横山转 镜片	46cm×36cm	207,000	上海明轩	2017-06-30
赖少其 1992年作 楷书难得胡涂·行书自作文（二帧）画心	75cm×23cm；75cm×18.5cm	230,000	西泠拍卖	2017-07-15
赖少其 1992年作 清凉台 镜片	62.5cm×59cm	448,500	上海明轩	2017-06-30
赖少其 白云山 镜框	67cm×68cm	920,000	华艺国际	2017-11-25
赖少其 芙蓉嶂 镜框	47cm×75cm	690,000	华艺国际	2017-11-25
赖少其 庚申 1980年作 险峰如削 立轴	66.5cm×39.7cm	460,000	北京诚轩	2017-06-18
赖少其 花卉（四帧）镜心	25cm×21cm×4	1,469,100	中国嘉德	2017-10-03
赖少其 黄山天都峰 镜框	94cm×53cm	805,000	华艺国际	2017-11-25
赖少其 隶书 鲁迅赠许广平诗	69cm×36cm	253,000	中国嘉德	2017-06-21
赖少其 鹿回头 镜框	45cm×52.5cm	644,000	华艺国际	2017-11-25
赖少其 墨梅 镜心	178cm×48cm	207,000	北京保利	2017-12-16
赖少其 峭壁图 镜框	69cm×52cm	690,000	华艺国际	2017-11-25
赖少其 壬申（1992）年作 黄山始信峰 立轴	82cm×149cm	920,000	广东崇正	2017-06-15

拍品名称	物品尺寸	成交价RMB	拍卖公司	拍卖日期
赖少其 山水 立轴	92.5cm×40.5cm	391,000	华艺国际	2017-11-25
赖少其 桃花源 镜框	81cm×41cm	920,000	华艺国际	2017-11-25
赖少其 梧桐山下 镜框	103.5cm×231cm	7,762,500	华艺国际	2017-11-25
赖少其 辛酉（1981）年作 山居图 镜片	67.5cm×33.5cm	437,000	广东崇正	2017-06-15
赖少其 辛酉（1981年）作 黄山图 镜心	60cm×46cm	470,112	中国嘉德	2017-10-03
郎静山 大千自题相片 镜框	70cm×49cm	368,000	上海明轩	2017-06-30
郎静山 松下大千像 镜心	39.5cm×26.5cm	253,000	中国嘉德	2017-06-20
老舍 1963年作 行书七言联 镜心	69cm×21cm×2	207,000	北京保利	2017-12-17
老舍 1964年作 自书诗 立轴	85cm×38.5cm	345,000	北京银座	2017-06-07
老舍 对联 镜框	68cm×21cm×2	172,500	华艺国际	2017-05-27
乐震文 丁酉（2017）年作 秋山晨雾 镜心	60cm×82.5cm	241,500	朵云轩	2017-06-25
乐震文 四时山水 四屏镜心	135cm×34cm×4	292,404	中濠典藏	2017-05-22
冷冰川 周润达 2017年作 青影—法拉利授权款长桌套件	大166×86×43cm；小150×78×40cm	230,000	北京华辰	2017-12-16
黎雄才 1932年作 羚羊峡独钓图 立轴	144cm×77cm	920,000	广东崇正	2017-12-12
黎雄才 1933年作 渔家 镜心	173cm×94cm	1,150,000	北京保利	2017-12-17
黎雄才 1942年作 星岩烟雨 镜片	37cm×121cm；题跋37cm×12cm	460,000	广东崇正	2017-06-14
黎雄才 1944年作 拟石涛笔意山水 立轴	91cm×36.6cm	394,250	香港蘇富比	2017-10-02
黎雄才 1944年作 篁篮翠鸟 立轴	99.8cm×30.2cm	501,188	香港苏富比	2017-04-04
黎雄才 1953年作 渔港一角 立轴	140cm×68cm	3,335,000	广东崇正	2017-06-14
黎雄才 1954年作 柳溪渔隐 镜片	81cm×39.5cm	701,500	广东崇正	2017-12-12
黎雄才 1956年作 行旅图 镜心	41.5cm×54.5cm	402,500	中贸圣佳	2017-06-19
黎雄才 1956年作 山乡农家图 镜片	32.5cm×24cm	195,500	西泠拍卖	2017-07-15
黎雄才 1956年作 雪山商旅图 镜片	32cm×25cm	184,000	西泠拍卖	2017-07-15
黎雄才 1962年作 大井 镜片	136.5cm×68cm	3,910,000	广东崇正	2017-12-12
黎雄才 1962年作 桂林小景 镜心	69cm×38.5cm	253,000	北京荣宝	2017-12-02
黎雄才 1975年作 鼎湖山双桥 镜片	128cm×64.2cm	1,955,000	广东崇正	2017-12-12
黎雄才 1977年作 寒林蹇骑图 镜片	诗堂21.5cm×48.5cm；画34.5cm×48.5cm	195,500	广东崇正	2017-12-12
黎雄才 1978年作 松老苍崖雁唳天 立轴	65cm×32.7cm	289,575	香港苏富比	2017-04-04
黎雄才 1979年作 秋江放筏 叶帅诗印蜕 成扇	19cm×50cm	264,500	广东崇正	2017-12-12
黎雄才 1979年作 云山松茂 立轴	诗堂34cm×47cm；画34cm×47cm	218,500	广东崇正	2017-06-14
黎雄才 1980年作 飞瀑松声 镜框	36.3cm×44.7cm	269,750	香港蘇富比	2017-10-02
黎雄才 1981年作 飞瀑图 立轴	68cm×42.5cm	235,056	保利香港	2017-10-03
黎雄才 1981年作 江西行洲河畔 镜片	138cm×68.5cm	2,530,000	广东崇正	2017-06-14
黎雄才 1982年作 松涧鸟鸣 立轴	98cm×52cm	402,500	广东崇正	2017-12-12
黎雄才 1982年作 松瀑飞雀 立轴	99cm×54.5cm	460,000	广东崇正	2017-06-15
黎雄才 1984年作 松瀑飞禽图 镜片	66cm×47cm	322,000	广东崇正	2017-06-14
黎雄才 1984年作 松瀑图 立轴	138cm×68cm	690,000	广东崇正	2017-06-15
黎雄才 1985年作 空谷观瀑 镜框	62cm×132cm	690,000	北京保利	2017-12-17
黎雄才 1985年作 深山放筏 镜心	89cm×49cm	293,065	中国嘉德	2017-05-29
黎雄才 1986年作 绿树青山雨 镜心	68cm×138.5cm	897,000	观唐皕榷	2017-01-11
黎雄才 1987年作 雨中松林 立轴	79cm×43cm	287,500	华艺国际	2017-11-25
黎雄才 1988年作 飞瀑图 立轴	148cm×81cm	747,500	上海匡时	2017-11-05
黎雄才 1988年作 风正一帆悬 镜框	68cm×138cm	1,010,563	佳士得	2017-11-28
黎雄才 1988年作 深山行旅 镜框	138cm×69cm	1,063,750	佳士得	2017-11-28
黎雄才 1990年作 凌风知劲节并唐人诗句 成扇	20cm×53cm	155,250	上海匡时	2017-11-05
黎雄才 1991年作 松涧幽禽 镜心	137cm×69cm	736,000	北京保利	2017-06-05
黎雄才 1992年作 空谷幽兰 镜心	136cm×68cm	828,000	北京银座	2017-12-20
黎雄才 1992年作 松林飞瀑 立轴	136cm×67.5cm	234,025	佳士得	2017-11-20
黎雄才 峨眉松云 镜心	48cm×363cm	1,150,000	荣宝斋（济南）	2017-06-10
黎雄才 泛舟访古图 镜片	67.5cm×45cm	172,500	广东崇正	2017-12-12
黎雄才 庚午（1990）年作 松山飞鸟 镜片	66.5cm×44cm	287,500	广东崇正	2017-12-12
黎雄才 观瀑图 立轴	67cm×42.5cm	460,000	华艺国际	2017-05-27
黎雄才 癸酉（1993）年作 兰石飞瀑 镜片	137cm×69cm	460,000	广东崇正	2017-12-12
黎雄才 行旅图 立轴	94cm×47cm	517,500	华艺国际	2017-11-25
黎雄才 衡岳松云 镜心	95cm×40cm	345,000	北京宣石	2017-12-03
黎雄才 虎门 立轴	85.5cm×32cm	598,000	华艺国际	2017-05-27
黎雄才 花鸟（四帧）镜心	46cm×69cm×4	368,000	北京荣宝	2017-12-02
黎雄才 黄山松峰图 立轴	51cm×37.5cm	287,500	西泠拍卖	2017-07-15
黎雄才 己巳（1989）年作 峡江放筏 镜片	135cm×67cm	1,035,000	广东崇正	2017-12-12
黎雄才 己巳（1989）年作 长城内外 镜片	137cm×69cm	805,000	广东崇正	2017-12-12
黎雄才 甲戌（1994）年作 阳春双喜 立轴	88cm×39cm	402,500	广东崇正	2017-06-14
黎雄才 甲子（1984）年作 山村暮泊 镜片	36.5cm×47cm	218,500	广东崇正	2017-06-14
黎雄才 娄师白 许麟庐 尹瘦石等 为吴素秋作书画册（共十九页）册页	43.5×32.5cm×19	345,000	西泠拍卖	2017-07-15
黎雄才 墨松图 镜心	68cm×45cm	483,000	观唐皕榷	2017-01-11
黎雄才 青城红叶 立轴	125.5cm×31cm	881,460	北京匡时	2017-10-02
黎雄才 秋江放筏 镜片	74cm×32cm	460,000	广东崇正	2017-06-14
黎雄才 壬申（1992）年作 松瀑猿戏图 镜片	138cm×69cm	920,000	广东崇正	2017-06-14
黎雄才 山水 镜框	76cm×45.5cm	322,000	华艺国际	2017-11-25
黎雄才 山水中堂对联 镜心	68cm×45cm；67cm×17cm×2	345,000	荣宝斋（济南）	2017-06-10
黎雄才 深崖秋雨 镜框	137.5cm×68cm	920,000	华艺国际	2017-05-27
黎雄才 绶带石榴 镜心	68cm×45cm	161,000	荣宝斋（济南）	2017-06-10
黎雄才 松壑名泉 立轴	178cm×95.5cm	943,000	荣宝斋（济南）	2017-06-10
黎雄才 松涧图 镜框	133cm×64cm	1,380,000	华艺国际	2017-11-25
黎雄才 松瀑 镜框	68cm×33cm	172,500	华艺国际	2017-11-25
黎雄才 松瀑图 镜框	51cm×67.5cm	460,000	华艺国际	2017-05-27
黎雄才 松溪放筏 镜片	68cm×34cm	299,000	广东崇正	2017-12-12
黎雄才 戊辰（1988）年作 仿王维诗意 镜片	138cm×68.5cm	1,725,000	广东崇正	2017-12-12
黎雄才 艺苑摘英 册页	34cm×45cm×10	575,000	荣宝斋（济南）	2017-06-10
黎雄才 迎客松 镜片	80cm×122.5cm	2,185,000	广东崇正	2017-06-14
黎雄才 迎客松 立轴	152.5cm×83cm	1,782,500	华艺国际	2017-03-19
黎雄才 中天明月照青松 立轴	137.5cm×69.5cm	920,000	广东崇正	2017-12-12
黎雄才 纵马祁连 立轴	96.3cm×32.2cm	518,925	纽约苏富比	2017-03-16
黎元洪 1924年作 书匾 钓月耕云 镜片	136.5cm×34cm	345,000	西泠拍卖	2017-07-16
黎元洪 行书“道富海流” 镜心	72cm×158.5cm	207,000	北京匡时	2017-06-04
黎元洪 行书八言联 立轴	228cm×58cm×2	345,000	北京保利	2017-11-10
黎元洪 行书论文人一则（四帧）画心	130.5×32.5cm×4	356,500	西泠拍卖	2017-07-16

拍品名称	物品尺寸	成交价RMB	拍卖公司	拍卖日期
黎元洪 行书自作诗 镜心	131cm×33cm×4	322,000	北京匡时	2017-03-29
李爱国 乙未（2015年）作 陪你一起看草原 镜心	140.0cm×136.0cm	977,500	中国嘉德	2017-06-21
李爱国 乙未（2015年）作 阳光 镜心	85cm×54cm	322,000	中国嘉德	2017-12-20
李百战 2009年作 溪山远岫图 镜心	70cm×70cm	161,000	北京保利	2017-12-18
李德庄 2014年作 秋田	60cm×180cm	184,800	羅芙奧	2017-12-02
李德庄 2015年作 桃花节	68.5cm×142cm	151,140	罗芙奥	2017-06-03
李铎 行书“福寿康宁” 镜心	53cm×232cm	345,000	北京荣宝	2017-04-02
李铎 行书“家和万事兴” 镜心	52cm×232cm	161,000	北京荣宝	2017-06-02
李刚田楷书《般若波罗蜜多心经》全文长卷（1件）	360cm×31cm	161,000	北京保利	2017-06-06
李庚 1978年作 江南春色 镜心	88cm×38cm	205,674	中国嘉德	2017-10-03
李庚 山乡图 镜心	69cm×46cm	690,000	北京翰海	2017-04-30
李华弌 2006年作 立松重岭 立轴	136.5cm×68.5cm	2,127,500	佳士得	2017-11-27
李华弌 2007年作 重岭氤氲 镜框	70cm×134cm	2,944,460	佳士得	2017-11-27
李华弌 约1980年代作 观自在 镜框	204cm×69cm	830,000	香港蘇富比	2017-10-02
李建功 2017年作 草书	99cm×370cm	172,500	北京翰海	2017-12-16
李健 白门话雨图 立轴	65.5cm×31cm	172,500	中国嘉德	2017-06-20
李津 2001年作 丽人行 立轴 镜框	137.2cm×68.6cm	289,575	香港苏富比	2017-04-04
李津 2001年作 养金鱼的姑娘 立轴 镜框	137.2cm×68.6cm	389,813	香港苏富比	2017-04-04
李津 2011年作 雅鲁赞布江水再长也有源	53cm×470cm	1,660,000	香港蘇富比	2017-10-02
李津 2014年作 繁华如梦 镜框	70cm×138cm	720,688	佳士得	2017-05-29
李津 2017年作 加州行 册页	尺寸不一	690,000	北京匡时	2017-12-03
李津 满园春色 镜心	35cm×138cm	241,500	中国嘉德	2017-12-20
李津 去留无意	53cm×117cm	172,500	西泠拍卖	2017-07-16
李津 壬辰（2012年）作 行乐图 镜心	53.0cm×233.0cm	690,000	中国嘉德	2017-06-21
李津 饮食男女 立轴	185cm×54cm	517,500	北京荣宝	2017-06-02
李劲坤 2002年作 彩荷 镜框	149cm×101cm	322,000	华艺国际	2017-05-27
李劲坤 2012年作 夏风 镜框	232cm×102cm	575,000	华艺国际	2017-05-27
李劲堃 2014年作 夏日	20cm×133cm	207,000	北京翰海	2017-06-03
李劲堃 旧痕 镜片	95cm×62cm	166,750	广东崇正	2017-12-13
李劲堃 秋渐深 镜片	190cm×173.5cm	1,035,000	广东崇正	2017-12-13
李劲堃 戊子（2008）年作 秋山醉红 镜片	51cm×192cm	207,000	广东崇正	2017-06-15
李可染 1945年作 吹笛仕女图 立轴	35.5cm×28.5cm	161,000	观唐皕榷	2017-01-11
李可染 1946年作 辟邪图 立轴	67cm×43cm	483,000	西泠拍卖	2017-07-15
李可染 1946年作 闲院纳凉图 立轴	68cm×41.1cm	501,188	香港苏富比	2017-04-04
李可染 1947年作 茂林风日好 立轴	68cm×46cm	1,495,000	北京保利	2017-12-17
李可染 1947年作 雨天归牧图 立轴	68cm×33.5cm	322,000	观唐皕榷	2017-01-11
李可染 1948年作 秋趣图 镜片	66cm×43cm	747,500	上海敬华	2017-07-01
李可染 1949年作 白毛女 立轴	68cm×45cm	5,750,000	北京华辰	2017-12-16
李可染 1956年作 鲁迅故居百草园 镜心	56cm×43cm	9,200,000	北京保利	2017-12-17
李可染 1958年作 放风筝 镜心	68.5cm×48.2cm	953,971	中金国际	2017-11-25
李可染 1958年作 童戏蟋蟀 镜框	69cm×46cm	1,595,625	佳士得	2017-11-28
李可染 1959年作 铁封山雨景 立轴	55cm×44.5cm	3,220,000	北京匡时	2017-12-04
李可染 1962年作 春柳牧牛 立轴	69.5cm×46.5cm	1,255,992	中国嘉德	2017-05-29
李可染 1963年作 丑钟馗图 镜心	67.5cm×45.5cm	1,782,500	北京银座	2017-06-07
李可染 1963年作 漓江山水图 镜片	69.5cm×49.5cm	3,105,000	西泠拍卖	2017-07-15

拍品名称	物品尺寸	成交价RMB	拍卖公司	拍卖日期
李可染 1963年作 榕湖夕照 立轴	68cm×45.8cm	21,850,000	广东崇正	2017-06-15
李可染 1963年作 雁荡山 立轴	68.1cm×44.1cm	7,504,020	佳士得	2017-05-30
李可染 1964年作 丹霞秋色 镜心	画心67cm×46.5cm；诗堂26cm×46.5cm	27,580,900	中国嘉德	2017-10-03
李可染 1964年作 行书毛主席词两首 镜心	73cm×21cm	345,000	北京荣宝	2017-12-02
李可染 1964年作 看山图 镜心	70cm×59cm	6,440,000	北京荣宝	2017-04-02
李可染 1964年作 漓江山水甲天下 镜心	69.5cm×50cm	5,750,000	中国嘉德	2017-06-19
李可染 1964年作 漓江胜景 镜心	68.5cm×40.5cm	3,910,000	北京银座	2017-06-07
李可染 1964年作 漓江胜境 立轴	69cm×46.5cm	3,565,000	中国嘉德	2017-12-19
李可染 1964年作 雄关漫道 镜心	134cm×82cm	87,975,000	中国嘉德	2017-06-19
李可染 1965年作 东方欲晓 立轴	66cm×46.5cm	1,958,800	中国嘉德	2017-10-03
李可染 1965年作 秋声图 立轴	69cm×45cm	977,500	福建东南	2017-05-21
李可染 1971年作 毛主席词意图 镜心	63cm×75.5cm	13,225,000	上海匡时	2017-11-05
李可染 1972年作 清漓风光 镜心	37.5cm×69.5cm	6,900,000	中国嘉德	2017-12-18
李可染 1973年作 黄山烟霞 镜心	69cm×48cm	10,925,000	北京保利	2017-06-05
李可染 1974年作 韶山 革命圣地毛主席旧居 镜心	141.5cm×243cm	178,250,000	北京保利	2017-12-17
李可染 1975年作 行书《毛主席语录》 镜心	29.9cm×112.5cm	460,000	中国嘉德	2017-12-19
李可染 1976年作 牛图 镜心	34cm×70cm	586,500	中国嘉德	2017-12-19
李可染 1976年作 清漓渔歌 立轴	69cm×46cm	7,760,500	中国嘉德	2017-10-03
李可染 1977年作 井冈山主峰图 镜框	136.8cm×68.5cm	17,615,820	佳士得	2017-05-30
李可染 1978年作 归牧图 立轴	82cm×51cm	1,567,040	中国嘉德	2017-10-03
李可染 1978年作 牧牛图 镜心	32cm×41cm	299,000	中国嘉德	2017-03-31
李可染 1978年作 千岩竞秀万壑争流 立轴	171cm×94cm	101,394,875	香港蘇富比	2017-10-02
李可染 1978年作 孺子牛 镜心	26cm×31.5cm	483,000	中国嘉德	2017-06-20
李可染 1978年作 孺子牛 立轴	69.5cm×46cm	1,150,000	北京荣宝	2017-06-02
李可染 1979年作 行书毛主席词句 立轴	136cm×31cm	517,500	中国嘉德	2017-03-31
李可染 1979年作 行书毛主席诗句 镜心	81cm×37.5cm	943,000	中国嘉德	2017-12-19
李可染 1979年作 黄山烟云 镜心	170cm×94cm	69,000,000	北京保利	2017-12-17
李可染 1979年作 牧牛图 镜框	67.5cm×45.5cm	835,313	香港苏富比	2017-04-04
李可染 1979年作 牧童牛背画中行 镜心	69cm×46cm	1,495,000	上海匡时	2017-11-05
李可染 1980年作 迎春图 立轴	68cm×46cm	1,150,000	广东崇正	2017-12-13
李可染 1981年作 俯首甘为孺子牛 镜心	36cm×36cm	575,000	北京荣宝	2017-06-02
李可染 1981年作 九华山歌图 镜心	68.5cm×91cm	17,250,000	中国嘉德	2017-12-18
李可染 1981年作 孺子牛 镜片	27cm×35cm	483,000	广东崇正	2017-12-13
李可染 1981年作 孺子牛 镜心	35cm×27cm	437,000	北京荣宝	2017-09-24
李可染 1982年作 万里风光万里船 镜心	48cm×79cm	17,250,000	北京保利	2017-12-17
李可染 1983年作 牧牛图 镜框	29.5cm×43cm	1,288,000	北京华辰	2017-06-04
李可染 1984年作 牧牛 立轴	72cm×47cm	2,070,000	中国嘉德	2017-06-20
李可染 1984年作 牧牛图 镜心	68cm×46cm	1,092,500	北京匡时	2017-06-03
李可染 1985年作 春在枝头已十分 镜心	45cm×37cm	460,000	北京银座	2017-06-07
李可染 1987年作 行书《大风歌》 镜心	137cm×69cm	943,000	中国嘉德	2017-12-19
李可染 1987年作 行书书法 立轴	68cm×46cm	632,500	中贸圣佳	2017-06-19
李可染 1987年作 篆书“鱼乐”立轴	62cm×38cm	575,000	北京荣宝	2017-06-02
李可染 1988年作 草坪放牧图 镜框	72cm×72cm	4,025,000	华艺国际	2017-11-25

拍品名称	物品尺寸	成交价RMB	拍卖公司	拍卖日期
李可染 1988年作 行书 立轴	52cm×34cm	184,000	朵云轩	2017-06-25
李可染 丙戌（1946年）作 村居 立轴	68.5cm×46cm	782,000	中国嘉德	2017-12-18
李可染 丙戌（1946年）作 牧童 镜心	60.7cm×34cm	1,207,500	中国嘉德	2017-12-19
李可染 丙寅（1986年）作 行书 “滨虹草堂” 镜心	34.5cm×110cm	563,500	中国嘉德	2017-12-19
李可染 赤城霞 立轴	68cm×47.5cm	13,225,000	广东崇正	2017-12-13
李可染 春花灿如霞 立轴	68cm×45cm	1,035,000	上海匡时	2017-11-05
李可染 春牧 镜框	68cm×45.5cm	1,756,260	佳士得	2017-05-30
李可染 春牧图 镜框	69.2cm×46.8cm	638,250	佳士得	2017-11-28
李可染 春牛图 镜心	35cm×47cm	517,500	荣宝斋（南京）	2017-09-10
李可染 春意浓 镜心	69cm×45.5cm	1,265,000	北京银座	2017-06-07
李可染 春雨图 镜心	69cm×47cm	3,220,000	北京保利	2017-06-05
李可染 春在枝头 立轴	68.5cm×46.5cm	897,000	中国嘉德	2017-12-19
李可染 丁亥（1947年）作 寒山拾得 立轴	136.5cm×67.5cm	489,700	中国嘉德	2017-10-03
李可染 丁卯（1987年）作 行书 “翰墨移情” 镜心	68.5cm×34cm	402,500	中国嘉德	2017-12-19
李可染 俯首甘为孺子牛 镜片	34cm×49cm	1,012,000	上海敬华	2017-07-01
李可染 古塔奔流 镜框	69cm×46cm	851,000	佳士得	2017-11-28
李可染 归牧图 镜心	67cm×44.5cm	1,610,000	北京荣宝	2017-12-02
李可染 归牧图 立轴	82cm×52cm	1,664,980	中国嘉德	2017-10-03
李可染 癸亥（1983年）作 行书 “有金书画社” 镜心	34cm×100.5cm	230,000	中国嘉德	2017-12-19
李可染 桂林山水甲天下 立轴	69.7cm×45.6cm	18,400,000	广东崇正	2017-06-14
李可染 行书“百寿堂” 镜心	25cm×68.5cm	2,622,000	中国嘉德	2017-12-19
李可染 行书“传统今朝” 立轴	21cm×65cm	172,500	北京保利	2017-12-16
李可染 行书“福新楼” 镜心	35cm×103.5cm	483,000	荣宝斋（上海）	2017-07-30
李可染 行书“翰墨因缘” 镜片	44.7cm×67cm	2,070,000	广东崇正	2017-06-14
李可染 行书“龙腾虎跃” 镜心	68.5cm×34.5cm	1,207,500	荣宝斋（南京）	2017-07-08
李可染 行书“美术” 镜心	34cm×60.5cm	402,500	中国嘉德	2017-12-19
李可染 行书“三家村” 镜心	34.5cm×104.5cm	575,000	中国嘉德	2017-12-19
李可染 行书“书画怡神” 立轴	66cm×33cm	322,000	中国嘉德	2017-12-19
李可染 行书“书屋” 镜心	38cm×58.5cm	356,500	北京银座	2017-06-07
李可染 行书“四海崇誉” 镜心	34cm×98.5cm	3,220,000	中国嘉德	2017-12-18
李可染 行书“苏园” 镜心	34.5cm×54cm	1,472,000	中国嘉德	2017-12-19
李可染 行书“唐伯虎” 镜心	68cm×26.5cm	241,500	中国嘉德	2017-12-19
李可染 行书“雄狮美术” 镜心	34.5cm×107.5cm	368,000	中国嘉德	2017-12-19
李可染 行书“炎黄艺术馆” 镜心	59.5cm×19.5cm	287,500	中国嘉德	2017-12-19
李可染 行书“逸苑” 镜心	37cm×74cm	391,000	中国嘉德	2017-12-19
李可染 行书“园丁喜看百花鲜” 镜心	68cm×43cm	414,000	中国嘉德	2017-12-19
李可染 行书“云龙画屋” 镜心	34.5cm×116cm	517,500	中国嘉德	2017-12-19
李可染 行书澄怀观道 镜心	68.5cm×40cm	414,000	观唐皕榷	2017-01-11
李可染 行书对联 立轴	111cm×49cm	1,150,000	北京宣石	2017-05-21
李可染 行书毛主席词句 镜心	28cm×81.5cm	2,415,000	中国嘉德	2017-12-19
李可染 黄山烟霞 镜框	66.5cm×47cm	12,075,000	华艺国际	2017-05-27
李可染 黄胄 谢稚柳 吴作人 唐云 亚明 等 墨缘集书画册（三十四页）册页	60cm×42cm×34	4,600,000	西泠拍卖	2017-07-15
李可染 甲申（1944年）作 春草绿色 立轴	67.5cm×46.5cm	345,000	中国嘉德	2017-06-19
李可染 甲子（1984年）作 牧牛图 立轴	68cm×45cm	2,530,000	中国嘉德	2017-03-31
李可染 江村清晓 立轴	34cm×46cm	2,990,000	荣宝斋（南京）	2017-07-08

拍品名称	物品尺寸	成交价RMB	拍卖公司	拍卖日期
李可染 江南水乡 镜心	44cm×52cm	3,450,000	北京荣宝	2017-06-02
李可染 井冈山主峰图 立轴	124cm×69cm	37,030,000	北京荣宝	2017-12-02
李可染 看山图 镜片	68cm×45cm	920,000	上海敬华	2017-07-01
李可染 看山图 镜心	66cm×45cm	1,265,000	北京荣宝	2017-06-02
李可染 看山图 镜心	70cm×47cm	1,380,000	北京荣宝	2017-06-02
李可染 漓江天下景 立轴	84cm×50.8cm	13,800,000	中国嘉德	2017-06-19
李可染 漓江雨霁图 立轴	66cm×43.5cm	4,025,000	西泠拍卖	2017-07-15
李可染 林间独伫 镜心	44.5cm×32.5cm	747,500	北京诚轩	2017-06-18
李可染 林区放筏 镜片	69.5cm×47cm	16,675,000	广东崇正	2017-06-15
李可染 灵隐冷泉 镜心	56cm×44cm	5,175,000	北京保利	2017-12-17
李可染 柳塘归牧 镜心	74.5cm×45.5cm	345,000	北京翰海	2017-06-02
李可染 柳塘牧牛图 立轴	68.5cm×46.5cm	1,456,061	中金国际	2017-11-25
李可染 柳下牧牛 镜框	67.5cm×46cm	1,276,500	佳士得	2017-11-28
李可染 梅花 软片	69cm×46cm	230,000	福建东南	2017-10-28
李可染 明月松间照 镜心	69.5cm×46cm	1,955,000	荣宝斋（济南）	2017-12-08
李可染 牧歌 立轴	68cm×45cm	1,058,000	中国嘉德	2017-06-20
李可染 牧牛图 镜框	41cm×31.5cm	340,400	佳士得	2017-11-28
李可染 牧牛图 镜心	69cm×45cm	437,000	北京荣宝	2017-09-24
李可染 牧牛图 镜心	43cm×46cm	529,000	北京匡时	2017-03-29
李可染 牧牛图 镜心	88cm×43cm	747,500	北京荣宝	2017-06-02
李可染 牧牛图 镜心	61cm×48.5cm	920,000	北京荣宝	2017-06-02
李可染 牧牛图 镜心	33.5cm×44.5cm	437,000	北京银座	2017-06-07
李可染 牧牛图 立轴	80cm×48cm	1,058,000	中国嘉德	2017-12-19
李可染 牧牛图 立轴	69cm×46.5cm	897,000	北京匡时	2017-12-03
李可染 牧牛图 立轴	94.5cm×27cm	230,000	北京匡时	2017-06-03
李可染 牧牛图 立轴	69cm×46.5cm	943,000	北京匡时	2017-06-03
李可染 牧童横笛图 立轴	69cm×44cm	2,242,500	荣宝斋（济南）	2017-06-10
李可染 牧童牛背画中行 镜心	69cm×47cm	1,150,000	保利厦门	2017-06-25
李可染 牧童牛背画中行 立轴	69cm×45.5cm	1,108,750	佳士得	2017-05-30
李可染 牧童戏水 立轴	68cm×45cm	1,725,000	北京荣宝	2017-06-02
李可染 暮韵图 镜心	68cm×46cm	1,955,000	荣宝斋（济南）	2017-06-10
李可染 暮韵图 镜心	69cm×46cm	1,437,500	北京保利	2017-06-05
李可染 暮韵图 立轴	68cm×45cm	2,760,000	北京匡时	2017-12-04
李可染 暮韵图 立轴	69cm×47cm	1,840,000	西泠拍卖	2017-07-15
李可染 暮韵图 立轴	69.5cm×46cm	1,150,000	中国嘉德	2017-12-19
李可染 纳凉图 立轴	83cm×30cm	1,380,000	上海敬华	2017-07-01
李可染 骑牛暮归 镜框	70cm×46cm	531,875	佳士得	2017-11-28
李可染 浅塘渡牛图 镜心	60cm×49cm	920,000	荣宝斋（南京）	2017-09-10
李可染 浅塘闲话 镜心	37.7cm×54.5cm	345,000	中国嘉德	2017-12-19
李可染 桥亭听泉图 镜框	68cm×46cm	6,900,000	荣宝斋（南京）	2017-07-08
李可染 清漓帆影图 镜心	69cm×44cm	5,175,000	北京保利	2017-12-17
李可染 清漓渔歌 镜心	66.5cm×44.5cm	2,404,080	中濠典藏	2017-11-29
李可染 秋风 镜心	40cm×46cm	345,000	荣宝斋（济南）	2017-06-10
李可染 秋牧 立轴	70cm×43cm	1,610,000	中国嘉德	2017-12-19
李可染 群峰栈道图 立轴	69cm×46cm	3,220,000	福建东南	2017-05-21
李可染 壬戌（1982年）作 行书 “啸风斋” 镜心	34cm×104cm	483,000	中国嘉德	2017-12-19
李可染 壬戌（1982年）作 云水帆影图 镜心	69cm×46.2cm	6,900,000	中国嘉德	2017-06-19
李可染 榕荫牧牛 镜框	69.5cm×45.5cm	957,375	佳士得	2017-11-28
李可染 三牛图 镜心	69cm×45.5cm	2,530,000	中国嘉德	2017-12-19
李可染 山水 镜框	74cm×50cm	404,225	佳士得	2017-11-28
李可染 少年与牛 立轴	27.5cm×46.5cm	313,408	中国嘉德	2017-10-03
李可染 书法—逸墨楼 镜框	35cm×100cm	234,025	佳士得	2017-11-28

拍品名称	物品尺寸	成交价RMB	拍卖公司	拍卖日期
李可染 蜀中小景 镜心	66cm×45cm	8,970,000	北京荣宝	2017-06-02
李可染 双牛对撞 镜心	45.5cm×67.5cm	517,500	北京匡时	2017-12-03
李可染 双牛图 镜心	68.5cm×49.5cm	1,495,000	荣宝斋（南京）	2017-07-08
李可染 双牛图 软片	69cm×45.5cm	483,000	福建东南	2017-10-28
李可染 四季牧牛图 立轴	69cm×46cm×4	5,791,500	保利香港	2017-04-03
李可染 太湖帆影 镜片	63.5cm×46.5cm	7,820,000	广东崇正	2017-06-15
李可染 掏尽红心为人民 镜心	139cm×35cm	1,150,000	中国嘉德	2017-12-18
李可染 桐庐山景 镜框	36cm×46cm	2,185,000	北京荣宝	2017-12-02
李可染 王雪涛 吴作人 李苦禅 1972年作 花鸟 牧童牛（四帧）镜心	30cm×40cm×4	1,840,000	北京银座	2017-06-07
李可染 戊午（1978年）作 牧牛图 镜心	76cm×35cm	230,000	中国嘉德	2017-09-02
李可染 戊子（1948年）作 七贤图 立轴	131.5cm×65cm	2,185,000	中国嘉德	2017-06-19
李可染 戊子（1948年）作 听琴图 立轴	70cm×46cm	1,322,500	中国嘉德	2017-03-31
李可染 小舟穿过桃花村 镜心	68cm×46cm	598,000	北京匡时	2017-03-29
李可染 辛酉（1981年）作 山堂清暑图 镜心	69.5cm×46.5cm	4,600,000	中国嘉德	2017-06-20
李可染 雪牧图 立轴	68cm×46cm	575,000	荣宝斋（济南）	2017-12-08
李可染 迎春 镜心	46cm×39cm	2,415,000	荣宝斋（济南）	2017-12-08
李可染 迎喜 立轴	75.5cm×49cm	805,000	中国嘉德	2017-12-18
李可染 重墨山水 立轴	81cm×50cm	10,925,000	北京荣宝	2017-06-02
李苦禅 1924年作 豆荚 立轴	173.5cm×28cm	230,000	北京翰海	2017-12-15
李苦禅 1927年作 浮萍游虾图 镜片	137cm×33cm	253,000	西泠拍卖	2017-07-15
李苦禅 1928年作 凋零 立轴	179cm×46.5cm	184,000	北京翰海	2017-06-02
李苦禅 1944年作 教子图 立轴	94.5cm×35.5cm	207,000	北京翰海	2017-12-15
李苦禅 1945年作 荷塘白鹭 立轴	139cm×69cm	1,173,000	北京匡时	2017-03-29
李苦禅 1960年作 荷塘鹭影图 立轴	135cm×69cm	517,500	西泠拍卖	2017-07-15
李苦禅 1963年作 蕉石禽鸟 立轴	108.5cm×49.5cm	402,500	上海匡时	2017-11-05
李苦禅 1964年作 荷花 镜心	95cm×47cm	448,500	中国嘉德	2017-12-19
李苦禅 1972年作 竹荫群栖图 镜心	76cm×57cm	184,000	北京保利	2017-12-17
李苦禅 1973年作 花卉册页 镜心（八开）	46cm×34cm×8	1,265,000	观唐皕榷	2017-01-11
李苦禅 1979年作 苍鹰图 立轴	64cm×48.2cm	230,000	观唐皕榷	2017-01-11
李苦禅 1979年作 绿雨 立轴	96.5cm×44.5cm	170,200	佳士得	2017-11-28
李苦禅 1979年作 天峰远瞻 立轴	139cm×68.5cm	2,300,000	北京荣宝	2017-06-02
李苦禅 1979年作 野水游禽 轴	45.5cm×96.5cm	230,000	八益拍卖	2017-09-24
李苦禅 1979年作 英视瞬瞬待时发 立轴	137cm×68.5cm	437,000	上海嘉禾	2017-07-02
李苦禅 1980年作 初晴 镜心	96cm×44cm	517,500	北京诚轩	2017-06-18
李苦禅 1980年作 花鸟册页 镜心	34cm×45.5cm	1,265,000	北京匡时	2017-12-04
李苦禅 1980年作 绿雨 立轴	134cm×69cm	782,000	北京荣宝	2017-12-02
李苦禅 1980年作 秋味 立轴	68.5cm×46cm	200,836	中金国际	2017-11-25
李苦禅 1980年作 双鹰图 镜心	121cm×67.2cm	862,500	观唐皕榷	2017-01-11
李苦禅 1981年作 远瞻 立轴	68cm×46cm	517,500	保利山东	2017-10-29
李苦禅 1983年作 水乡 镜心	68.7cm×137.1cm	1,253,160	中濠典藏	2017-05-22
李苦禅 八哥兰竹 镜心	48.5cm×123cm	345,000	荣宝斋（济南）	2017-06-10
李苦禅 芭蕉双禽 立轴	80cm×48cm	207,000	荣宝斋（上海）	2017-07-30
李苦禅 白菜蘑菇 立轴	66cm×33cm	164,326	纽约苏富比	2017-03-16
李苦禅 报春声中梅怒放 镜心	95.5cm×44.5cm	862,500	中国嘉德	2017-06-20
李苦禅 丁巳（1977）年作 鹰 镜片	82cm×35cm	368,000	广东崇正	2017-06-15
李苦禅 丁巳（1977年）作 芭蕉麻雀 镜心	68.5cm×45cm	598,000	中国嘉德	2017-06-20
李苦禅 飞禽图 立轴	81.5cm×44cm	172,500	荣宝斋（南京）	2017-07-08
李苦禅 庚申（1980）年作 行书龙门对 对联	365cm×72cm×2	345,000	上海嘉禾	2017-07-02
李苦禅 癸卯（1963年）作 荷塘立轴	150cm×81cm	782,000	中国嘉德	2017-12-19
李苦禅 寒梅 立轴	59.5cm×48cm	161,000	中国嘉德	2017-12-19
李苦禅 荷塘清夏图 立轴	96cm×59cm	207,000	北京宣石	2017-12-03
李苦禅 花鸟 手卷	24cm×179cm	345,000	北京保利	2017-06-05
李苦禅 鸡 立轴	95cm×38cm	345,000	中国嘉德	2017-12-19
李苦禅 己未 1979年作 清味 立轴	67.5cm×44cm	253,000	北京诚轩	2017-06-18
李苦禅 己未(1979)年作 远瞻山河壮 镜片	134.5cm×66cm	230,000	上海嘉禾	2017-04-30
李苦禅 力争上游 镜心	102cm×34cm	218,500	北京保利	2017-12-17
李苦禅 荔枝松鼠 镜心	134cm×33.5cm	224,250	北京匡时	2017-06-03
李苦禅 莲塘图 立轴	90cm×48cm	261,075	中濠典藏	2017-05-22
李苦禅 刘继卣 等 集群彦之豪翰 册页	25.5cm×33cm×12	172,500	荣宝斋（济南）	2017-06-10
李苦禅 绿雨 镜心	62.5cm×113cm	207,000	保利山东	2017-10-29
李苦禅 牡丹蝴蝶 镜心	31cm×107.5cm	241,500	北京银座	2017-12-20
李苦禅 禽瓜图 镜片	69cm×35cm	207,000	广东崇正	2017-06-15
李苦禅 秋味图 镜心	66cm×44cm	276,000	荣宝斋（济南）	2017-12-08
李苦禅 秋味图 镜心	69.5cm×47cm	253,000	荣宝斋（济南）	2017-12-08
李苦禅 壬寅（1962年）作 蔬果图 立轴	106cm×50cm	261,665	中国嘉德	2017-05-29
李苦禅 盛荷图 团扇	直径70cm	172,500	荣宝斋（济南）	2017-12-08
李苦禅 双凫图 立轴	88cm×47cm	667,000	中贸圣佳	2017-06-19
李苦禅 水鸟 立轴	87.5cm×47cm	200,836	中金国际	2017-11-25
李苦禅 水乡 镜心	69cm×137cm	1,725,000	荣宝斋（济南）	2017-12-08
李苦禅 水族图 立轴	149cm×82cm	150,627	中金国际	2017-11-25
李苦禅 四季平安 镜心	98cm×34cm	207,000	北京保利	2017-04-27
李苦禅 松鹰图 镜心	138cm×69cm	1,437,500	荣宝斋（济南）	2017-12-08
李苦禅 松鹰图 立轴	116cm×47cm	391,000	荣宝斋（南京）	2017-09-10
李苦禅 天峰洸羽 镜心	67cm×45cm	1,380,000	荣宝斋（济南）	2017-12-08
李苦禅 田园风趣 镜心	34.5cm×137cm	1,104,598	中金国际	2017-11-25
李苦禅 王雪涛 潘素 风雨鸣秋 立轴	135.5cm×67.5cm	345,000	中国嘉德	2017-12-19
李苦禅 王雪涛 于希宁 书画 册页	24cm×13.5cm×12	414,000	荣宝斋（济南）	2017-12-08
李苦禅 戊午（1978）年作 湖边即景 镜片	68cm×136cm	920,000	上海嘉禾	2017-07-01
李苦禅 戊午（1978）年作 蔬香图 立轴	92cm×34.5cm	253,000	广东崇正	2017-06-15
李苦禅 戊午（1978年）作 高瞻远瞩 立轴	104cm×68cm	690,000	中国嘉德	2017-03-31
李苦禅 小品 册页（八开）	孙44.7×67cm; 李34.7×24cm×2; 李34.3×25cm×3; 李34.5×25.5cm; 李34.3×27.5cm×2	1,725,000	广东崇正	2017-06-14
李苦禅 荫雨 镜片	150cm×82cm	437,000	上海嘉禾	2017-07-02
李苦禅 幽谷比翼 立轴	90.5cm×48cm	471,500	荣宝斋（上海）	2017-07-30

拍品名称	物品尺寸	成交价RMB	拍卖公司	拍卖日期
李苦禅 重阳声色 立轴	89cm×48cm	299,000	荣宝斋（济南）	2017-12-08
李老十 1986年作 雄鸡独步 镜心	89cm×57cm	517,500	北京荣宝	2017-12-02
李老十 1987年作 群雄图 镜心	137.5cm×69cm	690,000	北京保利	2017-12-18
李老十 1989年作 孙过庭《书谱》立轴	68cm×68cm	299,000	北京荣宝	2017-12-02
李老十 1993年作 如何是好 镜心	87cm×47cm	287,500	北京荣宝	2017-12-02
李老十 1995年作怪石游鱼图 镜心	137cm×68cm	770,500	北京保利	2017-12-18
李老十 1996年作 风摧霜剉有余香 镜心	88cm×137cm	1,207,500	北京荣宝	2017-12-02
李老十 残荷 镜心	34cm×135cm	322,000	北京荣宝	2017-12-02
李老十 残荷图 镜心	132cm×86.5cm	828,000	北京保利	2017-12-18
李老十 残荷图 镜心	69cm×33.5cm	230,000	北京荣宝	2017-12-02
李老十 达摩面壁 镜心	133cm×67cm	644,000	北京保利	2017-12-18
李老十 达摩图 镜心	69cm×45.5cm	322,000	北京荣宝	2017-12-02
李老十 读书图 镜心	61cm×40.5cm	253,000	北京荣宝	2017-12-02
李老十 风荷 镜心	136cm×22cm	207,000	北京荣宝	2017-12-02
李老十 行草 立轴	114cm×28cm	184,000	北京荣宝	2017-06-02
李老十 荷 镜心	34cm×136cm	575,000	北京荣宝	2017-06-02
李老十 荷花图 镜心	82cm×34.5cm	299,000	北京荣宝	2017-12-02
李老十 荷塘风雨图 镜心	58cm×58cm	241,500	北京荣宝	2017-12-02
李老十 荷韵 镜心	30cm×171cm	483,000	中国嘉德	2017-12-20
李老十 南瓜图 镜心	100cm×42.5cm	322,000	北京荣宝	2017-12-02
李老十 奇石怪树犹可观 镜心	79cm×50cm	563,500	北京荣宝	2017-12-02
李老十 秋风又起 镜心	53.5cm×47cm	184,000	北京保利	2017-12-18
李老十 秋荷图 镜心	23cm×136cm	218,500	北京保利	2017-12-18
李老十 搔背图 镜心	63cm×55cm	253,000	北京荣宝	2017-12-02
李老十 扇面葫芦 镜心	63cm×93cm	207,000	北京保利	2017-12-18
李老十 鱼伴枯荷听雨声 镜心	138cm×69cm	575,000	北京匡时	2017-06-03
李老十 执剑斩愁魔 镜心	134cm×68cm	862,500	北京荣宝	2017-06-02
李老十 钟馗赏花 镜心	95cm×45.5cm	310,500	北京保利	2017-12-18
李老十 自在图 镜心	67cm×45cm	207,000	北京荣宝	2017-12-02
李牧遥 山水	138cm×69cm	172,500	北京翰海	2017-12-16
李强 雪岭 镜框	37cm×170cm	253,000	上海东方	2017-12-10
李琼久 1972年作 林区小景 轴	67cm×133cm	310,500	八益拍卖	2017-04-22
李琼久 1982年作 鹰 轴	67.5cm×137cm	276,000	八益拍卖	2017-04-22
李琼久 1984年作 祇林精舍 轴	57cm×96cm	230,000	八益拍卖	2017-09-24
李琼久 1986年作 打渔图 轴	89cm×95cm	207,000	八益拍卖	2017-04-22
李秋君 1938年作 摹宋人演乐图 镜片	31.5cm×94cm	667,000	上海明轩	2017-06-30
李瑞清 行书七言联 立轴	169.5cm×35cm×2	184,000	中国嘉德	2017-06-20
李世南 血与火的洗礼 镜心	138cm×139cm	1,725,000	中贸圣佳	2017-06-19
李守白 丁酉（2017）年作 蓝色畅想曲 镜框	68cm×67.5cm	172,500	朵云轩	2017-12-14
李树宝 2012年作 小园春色 镜心	67cm×67cm	172,500	北京保利	2017-06-05
李唐 2011年作 飞天 镜心	61cm×126cm	1,035,000	北京匡时	2017-12-03
李唐 2014年作 地藏王菩萨 镜心	190cm×108.5cm	4,600,000	北京匡时	2017-12-03
李唐 2017年作 青绿山水 镜心	207cm×97cm	1,150,000	北京匡时	2017-12-03
李唐 般若波罗莲花 镜心	56.5cm×43.5cm	253,000	北京匡时	2017-12-03
李唐 华严三圣 镜心	116cm×39.5cm×3	1,840,000	北京匡时	2017-12-03
李唐 秋水长天 镜心	52cm×133.5cm	1,035,000	北京匡时	2017-12-03
李唐 十二生肖 镜心	59.5×38.5cm×12	3,105,000	北京匡时	2017-12-03
李唐 四大菩萨 镜心	104cm×38cm	1,469,100	北京匡时	2017-10-02
李唐 闻法图 册页	尺寸不一	1,840,000	北京匡时	2017-12-03
李唐 闻法图 册页	尺寸不一	1,725,000	北京匡时	2017-12-03
李唐 五福捧弥勒 镜心	38.5cm×54.5cm	345,000	北京匡时	2017-12-03
李唐 药师佛 镜心	131cm×46.5cm	805,000	北京匡时	2017-12-03
李唐 玉兰喜鹊 镜心	110cm×34cm	517,500	北京匡时	2017-12-03
李巍松 乙未（2015年）作 月色竹韵 镜心	100.0cm×35.5cm	230,000	中国嘉德	2017-06-21

拍品名称	物品尺寸	成交价RMB	拍卖公司	拍卖日期
李霞 乙亥（1935年）作 罗汉图 手卷	41cm×390.5cm	851,000	中国嘉德	2017-06-20
李翔 2014年作 红土养得绿满天 镜心	54.5cm×52cm	437,000	北京荣宝	2017-06-02
李翔 2015年作 白云环抱 镜心	69cm×45cm	402,500	北京荣宝	2017-06-02
李翔 2015年作 花动一山春 镜心	140.5cm×69cm	1,437,500	北京荣宝	2017-12-02
李翔 2015年作 凌云抚翠 镜心	69cm×45cm	414,000	北京荣宝	2017-06-02
李翔 2015年作 秦皇岛写生之二 镜心	69cm×23cm	195,500	北京荣宝	2017-06-02
李翔 2015年作 山雨才歇天地清 镜心	69cm×45cm	402,500	北京荣宝	2017-06-02
李翔 2015年作 云淡风轻 镜心	69cm×45cm	391,000	北京荣宝	2017-06-02
李翔 2015年作 云雨翠岩 镜心	69cm×45cm	402,500	北京荣宝	2017-06-02
李翔 2015年作 早春烟霭 镜心	69cm×45cm	391,000	北京荣宝	2017-06-02
李翔 2016年作 春风化雨 镜心	136.5cm×68cm	1,380,000	北京荣宝	2017-12-02
李翔 2016年作 雨后春山 镜心	135cm×69cm	1,552,500	北京荣宝	2017-12-02
李翔 李白与杜甫 镜心	68cm×65cm	195,500	北京翰海	2017-01-08
李翔 莫尼山希热庙 镜心	70.0cm×47.5cm	322,000	中国嘉德	2017-06-21
李小超 池塘 镜心	39cm×65cm	230,000	北京保利	2017-12-18
李小超 故土 镜心	50cm×60cm	230,000	北京保利	2017-06-05
李小可 2016年作 佛 镜心	54.5cm×46cm	299,000	北京保利	2017-06-05
李小可 2016年作 帕巴寺墨韵 镜心	45cm×53cm	322,000	北京保利	2017-06-05
李小可 2016年作 西藏系列 镜心	45cm×53cm	322,000	北京保利	2017-06-05
李小可 2016年作 雪原 镜心	45cm×53cm	310,500	北京保利	2017-06-05
李小可 2017年作 苍岩墨韵 镜心	138.5cm×70cm	1,380,000	北京荣宝	2017-12-02
李小可 2017年作 春月 镜心	103cm×99cm	1,207,500	北京匡时	2017-12-03
李小可 2017年作 山魂 镜心	105cm×102cm	1,840,000	北京保利	2017-12-18
李小可 丁酉（2017年）作 黄山墨韵 镜心	139.0cm×70.0cm	1,035,000	中国嘉德	2017-06-21
李晓柱 2017年作 幻真 镜心	185cm×62cm	313,290	中濠典藏	2017-05-22
李晓柱 观音图 立轴	137cm×59cm	207,000	北京东正	2017-12-09
李晓柱 人物 立轴	169cm×72cm	920,000	北京东正	2017-12-09
李孝萱 2005年作 伯乐相马图 立轴	136cm×68cm	207,000	北京荣宝	2017-12-02
李孝萱 2006年作 高士 四条屏镜心	138cm×23cm×4	253,000	北京保利	2017-12-18
李孝萱 2006年作 花鸟 四条屏镜心	138cm×23cm×4	253,000	北京保利	2017-12-18
李孝萱 2014年作 钟馗图 书法 立轴	109cm×53cm; 136cm×33cm×2	287,500	北京荣宝	2017-09-24
李孝萱 2014年作 钟馗图 书法七言联 镜片	108cm×54cm; 136cm×34cm×2	172,500	北京荣宝	2017-06-02
李孝萱 荷塘清趣 手卷	47cm×338cm	460,000	北京荣宝	2017-06-02
李孝萱 人物 镜心	176cm×90cm	469,935	中濠典藏	2017-05-22
李孝萱 乙酉（2005年）作 人物四条屏	137cm×34cm×4	161,000	中国嘉德	2017-04-01
李忻峰 塞鸿秋 镜心	200cm×49cm	276,000	北京保利	2017-06-05
李虚白 2016年作 湖山初曙 镜框	66cm×132.5cm	199,575	佳士得	2017-05-29
李雪松 2017年作 花卉 四屏镜心	26.3×77.2cm×4	276,000	北京匡时	2017-12-03
李研山 金陵山水 扇面（十六开）	18.5×52.5cm×16	322,000	华艺国际	2017-11-25
李毅 少女与艾捷克 镜心	136cm×68cm	368,000	北京翰海	2017-01-08
李英保 富贵有骨是清香	27cm×48cm	172,500	北京翰海	2017-12-16
李元佳 约1960年代作 无题	24cm×24cm	243,925	佳士得	2017-05-28
李远东 书法 镜片	137cm×68cm	178,250	华艺国际	2017-08-27
李振先 吴汉宗 秋山访友、楷书成扇	20cm×52cm	212,750	荣宝斋（南京）	2017-09-10
李知弥 2008年作 松风高卧	150cm×85cm	724,500	上海敬华	2017-07-01
李宗仁 临苏帖四册	28.5cm×17cm	437,000	北京银座	2017-06-07

拍品名称	物品尺寸	成交价RMB	拍卖公司	拍卖日期
梁明 烟云江山图 镜心	138cm×69cm	184,000	北京荣宝	2017-12-02
梁启超 1915年作 行书《淮海诗》镜心	135cm×33cm×4	1,265,000	北京匡时	2017-12-04
梁启超 1917年作 楷书节录《韩诗外传》立轴	170.5cm×40cm×4	2,875,000	上海匡时	2017-11-05
梁启超 1924年作 楷书七言联 镜心	128cm×31.5cm×2	753,135	中金国际	2017-11-25
梁启超 1924年作 楷书十三言联 立轴	167cm×27cm×2	1,955,000	北京匡时	2017-06-03
梁启超 1925年作 告李夫人墓文 手卷	24cm×251cm	2,875,000	中国嘉德	2017-06-19
梁启超 1925年作 楷书七言联 立轴	128cm×30cm×2	828,000	北京匡时	2017-03-29
梁启超 1925年作 楷书七言联 立轴	141cm×36cm×2	345,000	北京匡时	2017-12-04
梁启超 1926年作 隶书七言诗 立轴	132cm×31cm	234,025	佳士得	2017-11-28
梁启超 1927年作 楷书七言联 立轴	123.2×31.4cm×2	690,000	观唐皕榷	2017-01-11
梁启超 行书七言联 镜心	131cm×30cm×2	517,500	北京匡时	2017-12-04
梁启超 行书七言联 镜心	131cm×30.5cm×2	261,665	中国嘉德	2017-05-29
梁启超 行书七言联 立轴	129cm×31cm×2	523,250	北京保利	2017-11-10
梁启超 行书七言联 立轴	133cm×31.5cm×2	529,000	北京匡时	2017-06-04
梁启超 楷书七言联（一对）立轴	132.6cm×31.2cm	415,140	纽约苏富比	2017-03-16
梁启超 楷书七言联 对联	134cm×31cm×2	345,000	中贸圣佳	2017-06-19
梁启超 楷书七言联 立轴	143cm×31cm×2	644,000	北京银座	2017-12-20
梁启超 楷书七言联 立轴	157.5cm×38cm×2	345,000	保利厦门	2017-06-26
梁启超 楷书七言联 立轴	127cm×29cm×2	209,332	中国嘉德	2017-05-29
梁启超 楷书七言联 立轴	125cm×29cm×2	747,500	中国嘉德	2017-06-19
梁启超 壬子 1912年作 节录都穆《南濠诗话》立轴	121cm×46cm	172,500	北京华辰	2017-06-04
梁启超 乙丑（1925）年作 楷书镜片	180cm×48cm	345,000	广东崇正	2017-12-13
梁启超 乙卯（1915年）作 行书台湾集诗 立轴	117.5cm×53cm	402,500	中国嘉德	2017-06-20
梁铨 2010年作 常在水边	118cm×88cm	172,500	北京匡时	2017-12-04
梁实秋 1985年作 行书黄庭坚词 镜心	70cm×35cm	172,500	北京保利	2017-06-06
梁树年 敢叫日月换新天 镜心	137cm×83cm	345,000	中贸圣佳	2017-06-19
梁漱溟 辛酉（1921年）作 行书五言诗 立轴	65cm×32cm	287,500	中国嘉德	2017-03-31
梁文博 微山湖系列 镜心	146cm×143cm	184,000	荣宝斋（济南）	2017-06-10
梁岩 1999年作 金婚五十年 镜心	132.5cm×168.5cm	230,000	北京荣宝	2017-06-02
梁占岩 2010年作 康巴汉子 镜心	170cm×83cm	939,870	中濠典藏	2017-05-22
廖文潭 2013年作 云山松涛	75cm×100cm	287,500	北京翰海	2017-06-03
廖文潭 2014年作 青山茂林观瀑	80cm×100cm	345,000	北京翰海	2017-12-16
廖文潭 2015年作 湖山幽居 镜心	50cm×110cm	195,880	保利香港	2017-10-03
林伯禧 2017年作 富贵花开 镜心	100cm×57cm	313,408	保利香港	2017-10-03
林丰俗 1991年作 粤山春晓 立轴	137cm×68cm	517,500	华艺国际	2017-11-25
林丰俗 2009年作 夜静春山 镜框	50cm×139cm	345,000	华艺国际	2017-11-25
林丰俗 2009年作 云山叠翠 镜片	145cm×367cm	7,820,000	华艺国际	2017-11-25
林丰俗 荔枝小鸟 镜框	68cm×136cm	161,000	华艺国际	2017-11-25
林丰俗 粤山秋深 镜框	69cm×137cm	552,000	华艺国际	2017-11-25
林风眠《芦苇飞雁》镜框	67cm×66cm	726,619	伦敦苏富比	2017-05-10
林风眠《树下人家》 镜框	66.5cm×66cm	1,006,088	伦敦苏富比	2017-05-10
林风眠《树下人家》水墨设色纸本 镜框	66.5cm×66cm	1,008,141	伦敦苏富比	2017-05-10
林风眠 1934年作 荷花双鹤 立轴	135cm×32cm	345,000	北京荣宝	2017-09-24
林风眠 1939年作 戏剧人物 镜片	34.5cm×30cm	1,265,000	广东崇正	2017-12-13
林风眠 1944年作 大吉图 立轴	96cm×32cm	2,242,500	上海敬华	2017-07-01
林风眠 1944年作 花丛双蜂 立轴	60.5cm×23cm	483,000	中国嘉德	2017-06-19
林风眠 1946年作 荷塘飞禽 镜心	106cm×45cm	690,000	北京翰海	2017-12-15
林风眠 1946年作 玉兰栖禽 立轴	96cm×35.5cm	273,359	保利香港	2017-04-03
林风眠 1949年作 渔家趣味 扇片	15cm×50cm	172,500	朵云轩	2017-06-25
林风眠 1950年代作 柳树景色	66.8cm×67.2cm	887,000	佳士得	2017-05-28
林风眠 1950年代作 芦苇鹭鸶	65.7cm×66.2cm	609,813	佳士得	2017-05-28
林风眠 1950年作 仙克莱与茶壶	67cm×67.5cm	2,938,200	保利香港	2017-10-02
林风眠 1953年作 持花仕女	69.5cm×70cm	5,175,000	中国嘉德	2017-12-19
林风眠 1954年作 赏花图 立轴	68cm×67cm	1,495,000	广东崇正	2017-06-15
林风眠 1960年代作 持花仕女	70cm×66.8cm	2,840,260	保利香港	2017-10-02
林风眠 1960年代作 秋林暮艳	66cm×66cm	2,944,460	佳士得	2017-11-26
林风眠 1964年作 古琴仕女	34.5cm×34.5cm	1,725,000	北京保利	2017-06-04
林风眠 1977年作 白鹭 镜片	46cm×69cm	713,000	朵云轩	2017-12-14
林风眠 1977年作 为吴素秋作 双鹭图 镜片	88cm×60cm	2,127,500	西泠拍卖	2017-07-15
林风眠 1980年代作 秋景	68cm×68cm	4,140,000	中国嘉德	2017-06-19
林风眠 1985年作 双美图	69cm×68cm	6,440,000	西泠拍卖	2017-07-16
林风眠 50年代作 丰收图	68cm×91cm	4,025,000	西泠拍卖	2017-07-16
林风眠 白鹭 镜心	直径35.5cm	851,618	保利香港	2017-04-03
林风眠 宝莲灯	66cm×68.7cm	2,331,740	佳士得	2017-11-26
林风眠 宝莲灯 镜心	65cm×63cm	2,530,000	北京匡时	2017-06-03
林风眠 拨弦图 镜心	70cm×66.5cm	977,500	观唐皕榷	2017-01-11
林风眠 伯乐相马 镜心	40cm×45cm	322,000	上海匡时	2017-11-05
林风眠 捕鱼图 镜心	34cm×34cm	356,500	中国嘉德	2017-03-31
林风眠 菖兰 镜心	68cm×68cm	3,220,000	中国嘉德	2017-06-19
林风眠 持莲仕女 镜框	69.1cm×68.9cm	3,938,220	香港苏富比	2017-04-04
林风眠 春山翠岭 镜框	67cm×67cm	7,015,000	华艺国际	2017-11-25
林风眠 打渔杀家	68cm×67cm	2,070,000	北京匡时	2017-06-03
林风眠 读书仕女 镜心	33cm×33cm	575,000	中国嘉德	2017-06-19
林风眠 风景 镜片	68cm×68cm	4,025,000	上海东方	2017-12-10
林风眠 风景 镜片	68.5cm×68cm	2,300,000	广东崇正	2017-12-13
林风眠 枫林月夜	70cm×67cm	2,070,000	保利华谊	2017-12-08
林风眠 抚猫图 画心	44cm×32cm	701,500	西泠拍卖	2017-07-16
林风眠 抚琴仕女 镜心	69cm×66cm	3,680,000	中国嘉德	2017-06-19
林风眠 抚琴图 镜框	30cm×37cm	322,000	上海嘉禾	2017-07-02
林风眠 抚头仕女 镜心	36cm×31.5cm	483,000	中国嘉德	2017-06-19
林风眠 负薪人物 镜心	34.5cm×34.5cm	264,500	中国嘉德	2017-12-19
林风眠 高林山居 镜片	70cm×68cm	1,380,000	上海敬华	2017-07-01
林风眠 高士 镜心	23.5cm×22cm	299,000	中国嘉德	2017-12-18
林风眠 归帆	32.6cm×32.6cm	218,500	北京诚轩	2017-06-19
林风眠 荷塘 镜框	66cm×66cm	2,655,180	香港苏富比	2017-04-04
林风眠 荷塘 镜框	68cm×69cm	4,312,500	华艺国际	2017-05-27
林风眠 花前仕女 镜框	66cm×68cm	2,300,000	华艺国际	2017-11-25
林风眠 黄叶小鸟 镜心	33.5cm×34cm	506,000	中国嘉德	2017-06-20
林风眠 嘉陵江畔 镜心	31cm×44cm	713,000	中国嘉德	2017-12-18
林风眠 江边渔船 镜框	69cm×69.5cm	1,840,000	北京荣宝	2017-06-02
林风眠 江山万里	35cm×35cm×4	4,485,000	保利华谊	2017-12-08
林风眠 金秋 镜心	34.5cm×49cm	1,104,000	中国嘉德	2017-06-19
林风眠 静思 镜片	68cm×68cm	3,220,000	上海东方	2017-12-10
林风眠 静物 镜框	67cm×66.2cm	2,869,020	香港苏富比	2017-04-04
林风眠 静物 镜框	51.5cm×49cm	665,250	佳士得	2017-05-30
林风眠 静物 镜片	68cm×68cm	4,370,000	上海东方	2017-12-10
林风眠 静物 镜片	68cm×68cm	3,450,000	上海东方	2017-12-10
林风眠 静物花卉 镜片	65cm×56.5cm	920,000	西泠拍卖	2017-07-15
林风眠 菊花 镜框	67cm×64cm	2,714,220	佳士得	2017-05-30
林风眠 蓝衣仕女 立轴	68cm×65.8cm	3,668,600	香港蘇富比	2017-10-02
林风眠 劳作 镜框	33.5cm×33.5cm	221,750	佳士得	2017-05-30
林风眠 莲花仕女 镜片	68cm×68cm	3,162,500	上海东方	2017-12-10

拍品名称	物品尺寸	成交价RMB	拍卖公司	拍卖日期
林风眠 林间 镜心	70cm×66.5cm	3,450,000	北京保利	2017-12-17
林风眠 林中小憩 镜框	34.1cm×30.9cm	2,171,813	香港苏富比	2017-04-04
林风眠 柳畔荷影 镜框	65cm×66cm	830,000	香港蘇富比	2017-10-02
林风眠 芦浦白鹭	42cm×51cm	1,610,000	西泠拍卖	2017-07-16
林风眠 芦塘双鹭 镜心	68cm×67cm	714,938	保利香港	2017-04-03
林风眠 芦塘丝鹭 镜心	69cm×133cm	3,565,000	北京匡时	2017-03-29
林风眠 芦塘图 镜片	36.5cm×36cm	667,000	西泠拍卖	2017-07-15
林风眠 芦塘晚色 镜心	27cm×29cm	230,000	北京保利	2017-12-16
林风眠 芦塘晚雁 镜心	68cm×68cm	1,839,915	北京匡时	2017-04-03
林风眠 芦苇 镜框	66cm×66cm	585,063	佳士得	2017-11-28
林风眠 鸬鹚 镜心	64cm×65cm	575,000	北京匡时	2017-03-29
林风眠 鹭鸶 镜心	47.5cm×62.5cm	342,790	保利香港	2017-10-03
林风眠 裸女	67.5cm×66.5cm	6,439,620	佳士得	2017-05-27
林风眠 摩登仕女 镜心	39cm×27.5cm	575,000	中国嘉德	2017-06-19
林风眠 穆桂英 镜心	34cm×23cm	862,500	北京荣宝	2017-06-02
林风眠 南天门 镜框	67.2cm×67.7cm	5,063,000	香港蘇富比	2017-10-02
林风眠 南天门 镜心	67cm×66cm	3,220,000	北京保利	2017-12-17
林风眠 柠檬与画 镜心	35cm×35cm	1,265,000	北京保利	2017-12-17
林风眠 琵琶仕女 镜片	68cm×68cm	3,162,500	上海东方	2017-12-10
林风眠 瓶花 镜心	66cm×66cm	2,760,000	北京匡时	2017-12-04
林风眠 瓶花仕女 镜框	67.6cm×67.8cm	3,469,400	香港蘇富比	2017-10-02
林风眠 瓶花仕女 镜心	69.5cm×67cm	2,530,000	中国嘉德	2017-12-18
林风眠 千帆竞发	48.5cm×60cm	5,462,500	西泠拍卖	2017-07-16
林风眠 秋景 镜框	65.1cm×64.9cm	3,510,540	香港苏富比	2017-04-04
林风眠 秋景 镜心	68cm×68.5cm	1,892,484	北京匡时	2017-04-03
林风眠 秋林 镜心	66cm×66cm	4,370,000	北京保利	2017-06-05
林风眠 秋林深居 镜框	67cm×67.5cm	3,033,540	佳士得	2017-05-30
林风眠 秋色孤鹜 镜心	68cm×67cm	2,530,000	中国嘉德	2017-06-20
林风眠 秋思 镜片	67cm×69cm	4,025,000	上海东方	2017-12-10
林风眠 群舞 镜片	68cm×68cm	3,967,500	上海东方	2017-12-10
林风眠 群雄争霸	70cm×67cm	6,328,750	中国嘉德	2017-10-02
林风眠 山村秋色 镜框	66.7cm×67.8cm	5,063,000	香港蘇富比	2017-10-02
林风眠 山村图 镜心	20.4cm×22.4cm	345,000	观唐皕榷	2017-01-11
林风眠 山居秋暝 镜框	66cm×64.5cm	920,000	朵云轩	2017-06-25
林风眠 山居图 镜心	66cm×65cm	2,070,000	北京保利	2017-12-16
林风眠 山林秋色 镜心	75cm×108.5cm	4,407,300	北京匡时	2017-10-02
林风眠 山水 镜框	67cm×69cm	1,725,000	华艺国际	2017-11-25
林风眠 赏花图 立轴	68cm×66.5cm	1,380,000	华艺国际	2017-11-25
林风眠 赏梅图 镜心	40cm×50cm	210,276	保利香港	2017-04-03
林风眠 深芦雁影 镜片	32cm×45cm	575,000	十竹斋	2017-01-01
林风眠 仕女 画心	44cm×31.5cm	483,000	西泠拍卖	2017-07-16
林风眠 仕女 镜框	66cm×65cm	3,139,980	佳士得	2017-05-30
林风眠 仕女 镜框	67cm×66cm	3,162,500	华艺国际	2017-11-25
林风眠 仕女 镜框	66.5cm×67.5cm	2,535,980	佳士得	2017-11-28
林风眠 仕女 镜片	68cm×68cm	3,220,000	上海东方	2017-12-10
林风眠 仕女 镜心	66cm×69cm	5,405,000	中贸圣佳	2017-06-19
林风眠 仕女 镜心	34.5cm×34.5cm	367,983	北京匡时	2017-04-03
林风眠 仕女 立轴	67cm×67cm	943,000	华艺国际	2017-05-27
林风眠 仕女与猫 立轴	39cm×32cm	244,850	中国嘉德	2017-10-03
林风眠 瘦马 镜心	34cm×33cm	575,000	北京保利	2017-12-16
林风眠 双吉 镜心	34cm×35cm	747,500	北京翰海	2017-12-15
林风眠 双吉 镜心	37cm×39.5cm	460,000	中国嘉德	2017-12-18
林风眠 双鹭 镜框	66cm×66.8cm	830,000	香港蘇富比	2017-10-02
林风眠 双鹭 镜片	67cm×70cm	1,035,000	广东崇正	2017-06-15
林风眠 双鹭图 镜框	83cm×47cm	920,000	华艺国际	2017-11-25
林风眠 双鸟 镜心	133.5cm×66cm	2,875,000	中国嘉德	2017-06-20
林风眠 双栖图 立轴	33cm×32cm	230,000	广东崇正	2017-12-13
林风眠 睡莲 镜心	68cm×68cm	1,150,000	上海匡时	2017-11-05
林风眠 四喜图 镜框	67.6cm×67.7cm	2,441,340	香港苏富比	2017-04-04
林风眠 松 镜心	67cm×67cm	2,185,000	北京保利	2017-12-16
林风眠 松风幽林 镜框	80cm×40cm	3,450,000	华艺国际	2017-11-25
林风眠 松岩山居 镜框	31.5cm×31.5cm	467,775	香港苏富比	2017-04-04
林风眠 松云山居图 立轴	77cm×41.5cm	4,370,000	西泠拍卖	2017-07-15
林风眠 苇荡秋鹭 镜心	65.5cm×66.5cm	1,567,040	北京匡时	2017-10-02
林风眠 苇塘飞雁 镜框	40.6cm×50cm	638,250	佳士得	2017-11-28
林风眠 武生	21cm×21cm	356,500	朵云轩	2017-06-26
林风眠 西湖秋色 镜心	67cm×66cm	1,150,000	保利山东	2017-10-29
林风眠 西湖秋色 镜心	67cm×66cm	1,150,000	北京保利	2017-12-16
林风眠 溪畔秋色 镜框	70.2cm×67.2cm	3,831,300	香港苏富比	2017-04-04
林风眠 溪畔人家 镜框	64.6cm×64.7cm	3,082,860	香港苏富比	2017-04-04
林风眠 戏曲人物 镜心	33cm×33cm	376,798	中国嘉德	2017-05-29
林风眠 仙鹤图 立轴	67cm×68cm	172,500	印千山	2017-07-09
林风眠 小镇秋色 立轴	68cm×68cm	2,587,500	北京匡时	2017-12-04
林风眠 雪景 镜心	42cm×51cm	1,552,500	北京保利	2017-06-05
林风眠 烟松闲居	66.5cm×66.5cm	2,300,000	中国嘉德	2017-12-19
林风眠 野渡 镜框	31cm×31cm	684,250	北京荣宝	2017-06-02
林风眠 夜泊 镜心	68cm×68cm	2,300,000	北京保利	2017-08-02
林风眠 渔父图	32cm×33cm	333,500	北京荣宝	2017-12-02
林风眠 渔家女 镜心	66cm×69cm	1,380,000	北京保利	2017-06-05
林风眠 渔家女 镜心	66cm×69cm	1,150,000	北京保利	2017-12-16
林风眠 渔舟系岸 镜框	33cm×33cm	612,563	香港苏富比	2017-04-04
林风眠 羽鹤 镜心	36.5cm×40.5cm	241,500	中国嘉德	2017-12-18
林风眠 长江三峡 镜心	68cm×138cm	7,820,000	北京保利	2017-12-16
林风眠 争艳 镜片	70cm×67cm	5,290,000	上海东方	2017-12-10
林风眠 枝头成双 镜片	33cm×45cm	690,000	上海敬华	2017-07-01
林风眠 枝头小鸟 镜心	直径35cm	379,500	北京匡时	2017-06-03
林风眠 执伞雨人 镜心	33.5cm×34cm	402,500	中国嘉德	2017-12-18
林风眠 烛伴清音 镜框	45.8cm×33cm	498,000	香港蘇富比	2017-10-02
林风眠 驻马图	42cm×53cm	1,380,000	保利华谊	2017-12-08
林风眠 紫衣仕女图	67.5cm×67.5cm	1,380,000	西泠拍卖	2017-07-16
林海钟 2017年作 货郎担歌图 立轴	画68cm×47cm；书法21cm×47cm	368,000	北京保利	2017-12-16
林湖奎 2017年作 鹤舞 镜框	68.8cm×136.5cm	180,838	佳士得	2017-11-28
林湖奎 鹤舞 镜框	70.2cm×138cm	243,925	佳士得	2017-05-30
林剑冲 虎啸图 行书七言联 镜片	画123cm×124cm；联132cm×33cm×2	184,000	广东崇正	2017-12-12
林钦松 2015年作 禅意山水 镜框	70cm×242.5cm	310,450	佳士得	2017-05-30
林钦松 2016年作 书法《观音经》镜框	32.5cm×131cm	166,313	佳士得	2017-05-30
林琴南 1920年作 侍栉箴纫图 立轴	87cm×45.5cm	160,669	中金国际	2017-11-25
林容生 2004年作 峡谷听泉 镜心	96cm×180cm	241,500	北京保利	2017-06-05
林容生 2005年作 溪山清韵 镜心	136cm×69cm	161,000	北京保利	2017-04-27
林容生 2009年作 江南胜景图 镜心	144cm×367cm	824,997	中濠典藏	2017-05-22
林容生 2016年作 山乡三月 镜心	138cm×69cm	460,000	北京荣宝	2017-12-02
林容生 秋山图 镜心	136cm×69cm	172,500	北京保利	2017-04-27
林散之 刘采春 啰唝曲 立轴	100cm×35cm	345,000	南京经典	2017-07-23
林散之 1963年作 书法 手卷	29cm×146cm	207,000	华艺国际	2017-05-27
林散之 1965年作 行书王杰日记 立轴	137.5cm×33.5cm	264,500	中国嘉德	2017-06-19
林散之 1974年作 草书论画诗 横披	47cm×178cm	345,000	北京匡时	2017-03-29
林散之 1976年作 草书 毛主席词句 立轴	99.5cm×33.5cm	172,500	西泠拍卖	2017-07-15
林散之 1976年作 草书 毛主席诗 立轴	138cm×51.5cm	448,500	西泠拍卖	2017-07-15
林散之 1978年作 草书 立轴	135cm×34cm	195,500	北京翰海	2017-04-30
林散之 1978年作 草书 王昌龄诗 立轴	100.5cm×33.5cm	172,500	西泠拍卖	2017-07-15

拍品名称	物品尺寸	成交价RMB	拍卖公司	拍卖日期
林散之 1978年作 草书杜牧诗 立轴	96cm×33.5cm	166,750	北京匡时	2017-03-29
林散之 1979年作 草书 王安石乌塘诗 立轴	103.5cm×33.5cm	207,000	西泠拍卖	2017-07-15
林散之 1982年作 草书“难得糊涂”镜心	33.5cm×106cm	345,000	北京匡时	2017-06-03
林散之 1986年作 草书 七言联 镜片	133.5cm×28cm×2	356,500	西泠拍卖	2017-07-15
林散之 八十自述二首 镜心	34cm×139cm	437,000	南京经典	2017-07-23
林散之 八十自述诗 立轴	20cm×68cm	155,250	南京经典	2017-07-23
林散之 丙辰（1976）年作 草书 立轴	116.5cm×39.5cm	253,000	上海嘉禾	2017-07-02
林散之 丙辰（1976年）作 草书唐诗 立轴	102cm×32.8cm	368,000	中国嘉德	2017-12-19
林散之 草书 横批	39cm×160.5cm	379,500	荣宝斋（南京）	2017-07-08
林散之 草书 立轴	103cm×28.5cm	460,000	广东崇正	2017-12-13
林散之 草书 立轴	105cm×33cm	333,500	广东崇正	2017-03-24
林散之 草书 立轴	100cm×34cm	218,500	广东崇正	2017-06-15
林散之 草书 立轴	112cm×33.5cm	207,000	荣宝斋（上海）	2017-07-30
林散之 草书 立轴	106cm×34.5cm	219,799	中国嘉德	2017-05-29
林散之 草书“杜牧诗”立轴	94cm×34cm	172,500	荣宝斋（南京）	2017-07-08
林散之 草书“毛主席诗词”镜心	136cm×33.5cm	517,500	荣宝斋（上海）	2017-07-30
林散之 草书“王昌龄诗”立轴	135cm×47.5cm	345,000	荣宝斋（南京）	2017-07-08
林散之 草书《卜算子·咏梅》镜心	109cm×32cm	161,000	北京荣宝	2017-09-24
林散之 草书《春晓》立轴	95.5cm×29.5cm	184,000	中国嘉德	2017-12-19
林散之 草书《枫桥夜泊》立轴	132cm×32.5cm	220,920	中金国际	2017-11-25
林散之 草书《归来》诗 镜框	83.5cm×31.5cm	467,775	香港苏富比	2017-04-04
林散之 草书《秋晚》立轴	100cm×32cm	333,500	十竹斋	2017-01-01
林散之 草书《无题》镜片	109.5cm×31cm	224,250	十竹斋	2017-01-01
林散之 草书·归来 镜片	103cm×34cm	172,500	十竹斋	2017-01-01
林散之 草书·张继诗一首 立轴	119cm×31cm	270,250	十竹斋	2017-01-01
林散之 草书博算子 镜心	96cm×43cm	253,000	中国嘉德	2017-04-01
林散之 草书曾几诗 镜心	94cm×33cm	168,221	保利香港	2017-04-03
林散之 草书大佛寺诗 立轴	88cm×27.5cm	161,000	中贸圣佳	2017-06-19
林散之 草书李白诗 立轴	105cm×33cm	172,500	中国嘉德	2017-06-20
林散之 草书刘禹锡诗 立轴	95cm×29cm	230,000	中贸圣佳	2017-06-19
林散之 草书鲁迅《赠画师》立轴	108cm×33cm	184,000	十竹斋	2017-01-01
林散之 草书陆游诗 立轴	96cm×35cm	345,000	广东崇正	2017-03-24
林散之 草书毛主席词 镜心	129cm×33.5cm	437,000	中国嘉德	2017-12-19
林散之 草书毛主席词 立轴	97cm×36.5cm	253,000	北京匡时	2017-12-04
林散之 草书七絶 镜框	99cm×34.8cm	176,375	香港蘇富比	2017-10-02
林散之 草书七言诗 立轴	73cm×30cm	161,000	北京保利	2017-12-17
林散之 草书七言诗 立轴	102cm×33cm	155,250	北京保利	2017-12-17
林散之 草书王安石诗 立轴	112cm×32.5cm	264,500	中贸圣佳	2017-06-19
林散之 草书五言联 镜心	90cm×23cm×2	166,498	中国嘉德	2017-10-03
林散之 草书五言联 立轴	94cm×25cm×2	218,500	中贸圣佳	2017-06-19
林散之 草书扬州杂诗 镜片	132.5cm×33cm	299,000	广东崇正	2017-12-13
林散之 草书自作诗 镜片	141cm×365cm	575,000	上海嘉禾	2017-07-02
林散之 草书自作诗 立轴	134.5cm×65cm	598,000	广东崇正	2017-12-13
林散之 草书自作诗 立轴	134.5cm×65cm	460,000	朵云轩	2017-06-25
林散之 草书自作诗 立轴	105.5cm×33.5cm	172,500	中贸圣佳	2017-06-19
林散之 草书自作诗一首 镜心	38cm×149cm	287,500	荣宝斋（南京）	2017-07-08
林散之 等 1973年作 艺苑集景 册页	17cm×26.5cm×8	184,000	北京荣宝	2017-12-02
林散之 丁巳（1977）年作 草书镜片	105cm×35cm	230,000	朵云轩	2017-12-14
林散之 丁巳（1977年）作 草书李义山词 横披	34cm×132.5cm	230,000	中国嘉德	2017-06-20
林散之 庚申（1980）年作 草书《归思》镜片	96cm×36.5cm	287,500	上海嘉禾	2017-07-02
林散之 庚申（1980）年作 草书《三衢道中》镜片	138.5cm×31cm	253,000	上海嘉禾	2017-07-02
林散之 行书“读书”镜心	36cm×68cm	172,500	中贸圣佳	2017-06-19
林散之 行书“杜甫秋兴”一首 镜心	186cm×42cm	500,250	荣宝斋（上海）	2017-07-30
林散之 行书“多情佛心”镜心	69cm×29cm	586,500	中贸圣佳	2017-06-19
林散之 行书“锲而不舍”镜心	67.5cm×32cm	172,500	中贸圣佳	2017-06-19
林散之 行书·大吉羊 镜心	33cm×92cm	368,000	中贸圣佳	2017-06-19
林散之 行书王杰日记 立轴	138cm×33cm	345,000	华艺国际	2017-11-25
林散之 甲寅（1974）年作 草书立轴	150cm×41cm	207,000	上海敬华	2017-07-01
林散之 甲寅（1974）年作 山水立轴	63.5cm×33cm	172,500	广东崇正	2017-12-13
林散之 练硬功 立轴	127cm×45.5cm	380,000	上海驰翰	2017-06-26
林散之 论学书法稿	19cm×125cm	172,500	北京保利	2017-12-16
林散之 妙趣真成佛 立轴	108cm×33.5cm	184,000	南京经典	2017-07-23
林散之 秋山红叶 立轴	68cm×40cm	920,000	中贸圣佳	2017-06-19
林散之 壬戌（1982）年作 草书《江南春》立轴	95cm×35cm	230,000	广东崇正	2017-12-13
林散之 书法 册页（三开）	39cm×54cm×3	402,500	华艺国际	2017-11-25
林散之 书法 立轴	97cm×25cm	414,000	华艺国际	2017-11-25
林散之 书法 立轴	102cm×32cm	184,000	北京保利	2017-12-17
林散之 书法 立轴	129cm×32cm	172,500	北京保利	2017-12-17
林散之 王昌龄芙蓉楼送辛渐 立轴	60cm×42cm	195,500	南京经典	2017-07-23
林散之 王建中秋望月 镜心	136cm×36cm	230,000	南京经典	2017-07-23
林散之 戊午（1978）年作 草书镜片	137.5cm×70cm	322,000	朵云轩	2017-06-25
林散之 戊午（1978）年作 草书镜片	35cm×138cm	287,500	上海敬华	2017-07-01
林散之 戊午（1978年）作 行书论书诗 立轴	109cm×33cm	156,704	中国嘉德	2017-10-03
林散之 辛酉（1981年）作 草书《逢雪》立轴	87cm×30.5cm	184,000	中国嘉德	2017-12-19
林散之 玄武湖畔 立轴	64cm×33cm	264,500	十竹斋	2017-01-01
林散之 乙卯（1975）年作 草书镜片	140cm×41cm	448,500	朵云轩	2017-09-18
林散之 自作诗 立轴	68cm×34cm	207,000	南京经典	2017-07-23
林散之 自作诗 立轴	95cm×33cm	195,500	南京经典	2017-07-23
林散之 自作诗 题画 立轴	99cm×35cm	322,000	南京经典	2017-07-23
林散之 自作诗 昔游 镜心	104cm×34cm	184,000	南京经典	2017-07-23
林散之 自作诗 滞归 镜心	30cm×124cm	184,000	南京经典	2017-07-23
林纾 1923年作 山水人家图 立轴	104cm×52cm	166,750	西泠拍卖	2017-07-16
林纾 松石图 立轴	87cm×37cm	178,250	上海敬华	2017-07-01
林纾 张之汉 北征图合卷 长卷	32.6cm×59.4cm；32.6cm×58cm	207,000	福建东南	2017-10-28
林顺文 2016年作 峡间心象	137cm×69cm	253,000	北京翰海	2017-06-03
林顺文 意象铁行山 镜心	137cm×68.5cm	230,000	北京荣宝	2017-06-02
林维 2017年作 凤花翔鸟亦欣然 镜心	138cm×70cm	172,500	北京保利	2017-12-18
林墉 1972年作 南国三月 镜片	47.5cm×103cm	172,500	广东崇正	2017-06-15
林墉 1980年作 霜叶红于二月花 立轴	134.5cm×67cm	172,500	北京荣宝	2017-04-02

拍品名称	物品尺寸	成交价RMB	拍卖公司	拍卖日期
林墉 1980年作 浴罢 镜框	98.8cm×45cm	622,500	香港蘇富比	2017-10-02
林墉 1981年作 执扇仕女 立轴	92cm×56cm	166,313	佳士得	2017-05-30
林墉 1982年作 桃园结义 镜片	143cm×244cm	5,520,000	华艺国际	2017-11-25
林墉 1984年作 有情者上钩 镜框	137cm×67cm	230,000	华艺国际	2017-11-25
林墉 1993年作 多彩 镜片	66cm×45.5cm	575,000	上海明轩	2017-06-30
林墉 1997年作 清韵 镜框	43cm×69cm	172,500	华艺国际	2017-05-27
林墉 1998年作 阳春三月 立轴	137cm×69cm	437,000	华艺国际	2017-11-25
林墉 丙寅（1986）年作 在水一方 镜片	74.5cm×80cm	184,000	广东崇正	2017-12-13
林墉 丙子（1996）年作 钟馗正气图 镜片	134cm×68cm	230,000	广东崇正	2017-06-15
林墉 布袋罗汉 立轴	113cm×69cm	276,000	荣宝斋（济南）	2017-12-07
林墉 赤壁怀古 镜片	174cm×371cm	1,495,000	华艺国际	2017-08-27
林墉 啖荔图 镜心	95cm×59cm	172,500	荣宝斋（济南）	2017-06-10
林墉 丁丑（1997）年作 耳无虫心乃静 立轴	138cm×68cm	460,000	广东崇正	2017-06-15
林墉 丁丑（1997）年作 清气图 立轴	137cm×69cm	517,500	广东崇正	2017-06-15
林墉 丁卯（1987年）作 南国五月 镜心	68cm×137cm	644,000	广东保利	2017-11-26
林墉 庚辰（2000）年作 窗外梅开 镜片	70cm×138.5cm	287,500	广东崇正	2017-06-15
林墉 癸亥（1983）年作 红荷盛开 立轴	138cm×69cm	230,000	广东崇正	2017-06-15
林墉 癸酉（1993）年作 花季少女 镜片	68cm×69cm	218,500	广东崇正	2017-12-13
林墉 癸酉（1993）年作 金凤图 镜片	137cm×68cm	483,000	广东崇正	2017-06-15
林墉 甲戌（1994）年作 青青杨柳 镜片	66cm×68cm	207,000	广东崇正	2017-12-13
林墉 甲戌（1994）年作 她在丛中笑 立轴	134cm×67cm	1,150,000	广东崇正	2017-06-15
林墉 甲戌（1994）年作 听鸟图 立轴	135cm×68cm	402,500	广东崇正	2017-12-13
林墉 嗟食图 立轴	136.5cm×67.5cm	425,500	广东崇正	2017-03-24
林墉 人生如歌 镜心	136cm×67cm	230,000	荣宝斋（南京）	2017-07-08
林墉 赏兰图 立轴	137cm×68cm	356,500	广东崇正	2017-03-24
林墉 少女 镜框	133cm×67cm	287,500	华艺国际	2017-11-25
林墉 少女 镜片	69cm×137cm	345,000	广东崇正	2017-03-24
林墉 松风高士 立轴	137cm×68cm	345,000	广东崇正	2017-03-24
林墉 戊辰（1988）年作 松树仕女 镜片	138cm×68cm	517,500	广东崇正	2017-12-13
林墉 戊午（1978）年作 少女饲鸡图 镜片	67cm×40cm	207,000	广东崇正	2017-06-15
林墉 戊午（1978）年作 喜雨 立轴	136cm×68cm	575,000	广东崇正	2017-06-15
林墉 戊寅（1998）年作 山鬼 镜片	136.5cm×68.5cm	1,035,000	广东崇正	2017-12-13
林墉 辛未（1991）年作 日本少女 镜片	66cm×67cm	230,000	广东崇正	2017-06-15
林墉 旭日东升 镜框	176cm×96cm	1,495,000	华艺国际	2017-08-27
林墉 乙丑（1985）年作 晨韵 立轴	94cm×57cm	184,000	广东崇正	2017-12-13
林墉 乙丑（1985）年作 女孩 镜片	94cm×58cm	184,000	广东崇正	2017-12-13
林墉 乙亥（1995）年作 梅花少女 镜片	67cm×135cm	287,500	广东崇正	2017-12-13
林墉 乙亥（1995）年作 梅花少女 立轴	67cm×68cm	276,000	广东崇正	2017-06-15
林墉 印度舞 镜框	139cm×69cm	575,000	华艺国际	2017-11-25
林墉 渔夫 立轴	136cm×68cm	161,000	荣宝斋（济南）	2017-12-07
林永松 2017年作 春醉峨嵋	137cm×68cm	10,120,000	北京翰海	2017-06-03
林永松 2017年作 横绝峨嵋	137cm×68cm	7,360,000	北京翰海	2017-12-16
林永松 2017年作 山谷泉声	137cm×68cm	8,970,000	北京翰海	2017-06-03
林永松 2017年作 书法	78cm×149cm	184,000	北京翰海	2017-12-16
林永松 2017年作 太行通途	137cm×68cm	7,820,000	北京翰海	2017-12-16
林语堂 1968年作 行书东坡词 镜框	33cm×48.8cm	570,625	香港蘇富比	2017-10-02
林语堂 行书四言句 立轴	65.5cm×42cm	184,000	北京匡时	2017-12-04
林语堂 行书四言句 立轴	65.5cm×42cm	207,000	北京匡时	2017-06-03
林跃平 2017年作 天宫赐福图 镜心	68cm×40cm	184,000	北京保利	2017-12-18
林跃平 马 镜心	43.5cm×66.5cm	230,000	北京匡时	2017-12-03
林长民 丙辰（1916年）作 行书四屏立轴	143cm×39cm×4	184,000	中国嘉德	2017-06-20
林长民 楷书墓志铭文 立轴	135cm×41cm	207,000	上海匡时	2017-11-05
林直勉 1931年作 隶书八言联 立轴	209cm×45cm×2	218,500	广东崇正	2017-12-13
林子平 城镇风景	144.5cm×184cm	356,400	香港苏富比	2017-04-03
林子平 新加坡河	145cm×185cm	221,750	佳士得	2017-05-28
临米芾群玉堂帖 手卷	24cm×750cm	2,392,000	南京经典	2017-07-23
刘炳森 1978年作 隶书毛主席词 镜心	91cm×32cm	230,000	中国嘉德	2017-06-19
刘炳森 1983年作 隶书节录《题西山红叶》镜心	133cm×64cm	184,000	北京翰海	2017-06-02
刘炳森 隶书张继诗 立轴	130cm×67.5cm	172,500	中国嘉德	2017-12-19
刘炳森 隶书自作诗 镜框	132cm×65cm	172,500	北京华辰	2017-06-04
刘炳森 壬午（2002年）作 书法 镜心	95cm×234.5cm	494,500	福建东南	2017-10-28
刘大为 1998年作 高原牧歌 镜心	68cm×45cm	172,500	北京匡时	2017-06-03
刘大为 1998年作 千里之行 镜心	68cm×137cm	783,225	中濠典藏	2017-05-22
刘大为 1999年作 东篱赏菊图 镜心	69cm×68cm	276,000	北京保利	2017-06-05
刘大为 1999年作 秋郊饮马图 镜心	158cm×379cm	4,715,000	北京保利	2017-06-04
刘大为 2004年作 洗马图 镜心	68cm×68cm	365,505	中濠典藏	2017-05-22
刘大为 2006年作 跃马图 镜心	72cm×140cm	1,725,000	北京荣宝	2017-12-02
刘大为 2009年作 大漠健足 立轴	68cm×68cm	253,000	上海东方	2017-12-10
刘大为 2010年作 吉祥图 镜框	68cm×68cm	690,000	上海东方	2017-12-10
刘大为 2012年作 吉祥图 镜心	68cm×68cm	632,500	北京荣宝	2017-12-02
刘大为 2012年作 跃马图	68cm×136cm	2,300,000	北京翰海	2017-12-16
刘大为 丙戌（2006）年作 跃马图 镜片	128cm×36cm	172,500	广东崇正	2017-06-15
刘大为 程振国 塞上行旅 镜心	2448cm×122cm	437,000	北京荣宝	2017-12-02
刘大为 杜甫诗意 镜心	68cm×68cm	241,500	北京荣宝	2017-06-02
刘大为 千里之行 镜心	70cm×138cm	172,500	荣宝斋（济南）	2017-06-10
刘大为 饶宗颐 等《艺海鸿泥》册页（十五开选二）	35cm×49.5cm×15	172,500	广东崇正	2017-12-13
刘大为 人物 镜心	66cm×48cm	230,000	中贸圣佳	2017-06-19
刘大为 瑞雪 镜心	95cm×96cm	345,000	北京荣宝	2017-06-02
刘大为 苏武牧羊 镜心	68cm×138cm	333,500	荣宝斋（济南）	2017-06-10
刘大为 塔吉克新娘 镜心	69cm×68cm	161,000	北京荣宝	2017-06-02
刘丹 1979年作 观音 镜框	195.6cm×61cm	1,559,250	香港苏富比	2017-04-04
刘丹 1985年作 书本拼贴系列：窗外 镜框	23.5cm×32cm	249,000	香港蘇富比	2017-10-02

拍品名称	物品尺寸	成交价RMB	拍卖公司	拍卖日期
刘丹 1995年作 亭中诗人 镜框	25.7cm×13.4cm	556,875	香港苏富比	2017-04-04
刘丹 1998年作 灵璧（两幅）扇面镜框	19cm×52.5cm×2	221,750	佳士得	2017-05-29
刘丹 1998年作 玲珑石 镜框	44cm×38.4cm	946,688	香港苏富比	2017-04-04
刘丹 2000年作 水仙 镜框	30.5cm×41.2cm	1,382,875	佳士得	2017-11-27
刘丹 2002年作 罂粟花 镜框	42.5cm×37.4cm	1,556,250	香港蘇富比	2017-10-02
刘丹 2003年作 太湖石	40.2cm×36cm	946,242	保利香港	2017-04-03
刘丹 2003年作 罂粟花 镜框	40.9cm×35.8cm	779,625	香港苏富比	2017-04-04
刘丹 2003年作 罂粟花 镜框	40.9cm×35.8cm	835,313	香港苏富比	2017-04-04
刘丹 2004年作 烟山万壑拟李唐笔意	121.9cm×365.8cm	4,152,060	香港苏富比	2017-04-04
刘丹 2013年作 剪淞阁藏太湖石镜框	70cm×136cm	3,403,620	香港苏富比	2017-04-04
刘丹 2013年作 山原的凝视 镜心	147.5cm×350cm	8,324,900	北京匡时	2017-10-02
刘丹 敦煌人物 镜框	67cm×43cm	266,100	佳士得	2017-05-29
刘丹 罂粟 镜框	39.4cm×43.5cm	942,438	佳士得	2017-05-29
刘旦宅《屈原》手稿 镜心	20cm×27cm×118	943,000	北京荣宝	2017-06-02
刘旦宅 1958年作 修竹仕女 立轴	106cm×42cm	172,500	朵云轩	2017-06-25
刘旦宅 1977年作 屈子行吟图 立轴	72.5cm×59cm	460,000	西泠拍卖	2017-07-16
刘旦宅 1978年作 二湘图 镜心	124cm×61.5cm	420,552	保利香港	2017-04-03
刘旦宅 1978年作 红叶题诗图 立轴	66cm×45cm	460,000	西泠拍卖	2017-07-16
刘旦宅 1978年作 天风海水图 立轴	95.5cm×58.5cm	747,500	上海匡时	2017-11-05
刘旦宅 1984年作 风尘三侠 镜心	69cm×137cm	460,000	保利华谊	2017-12-08
刘旦宅 1985年作 稼轩清夏图 镜心	137cm×68cm	1,265,000	北京匡时	2017-03-29
刘旦宅 1985年作 唐人诗意 立轴	68.5cm×45cm	241,500	西泠拍卖	2017-07-16
刘旦宅 1987年作 奔马 立轴	138cm×70cm	172,500	北京匡时	2017-03-29
刘旦宅 1990年作 醉卧松下 镜框	68cm×46.1cm	166,313	佳士得	2017-05-30
刘旦宅 1994年作 米颠拜石图 镜片	136cm×66.5cm	713,000	西泠拍卖	2017-07-16
刘旦宅 1995年作 福寿康宁 镜心	94cm×45cm	517,500	上海匡时	2017-11-05
刘旦宅 丙寅（1986）年作 生时面壁 镜片	90cm×48cm	322,000	上海嘉禾	2017-07-02
刘旦宅 庚申（1980）年作 东坡词意图 立轴	90.5cm×44cm	207,000	上海嘉禾	2017-07-02
刘旦宅 己未（1979）年作 艳雪图 立轴	69cm×46cm	224,250	上海敬华	2017-07-01
刘旦宅 己未（1979年）作 观菊立轴	96cm×59.5cm	402,500	中国嘉德	2017-06-19
刘旦宅 甲戌（1994）年作 莲塘私语 镜片	79cm×59cm	172,500	朵云轩	2017-12-14
刘旦宅 壬申（1992）年作 松风阁·行书 立轴	34cm×46cm×2	264,500	上海嘉禾	2017-07-02
刘旦宅 戊午（1978）年作 采芝图 立轴	69cm×46cm	320,000	上海驰翰	2017-06-26
刘旦宅 应野平 琵琶行图 立轴	88.5cm×49cm	402,500	西泠拍卖	2017-07-16
刘广 2001年作 玉米芦鸭 镜心	179cm×91.5cm	862,500	北京保利	2017-12-18
刘广 2007年作 瀑泉飞泻 镜心	66cm×130cm	575,000	北京保利	2017-12-18
刘广 2007年作 万壑松声 镜心	170cm×91cm	1,035,000	北京保利	2017-12-18
刘广 2008年作 锦江春色 镜心	66cm×129cm	517,500	北京保利	2017-12-18
刘广 2009年作 春山微云 镜心	92cm×172cm	1,058,000	北京保利	2017-12-18
刘广 2009年作 春云晓雾 镜心	66cm×130cm	517,500	北京保利	2017-12-18
刘广 2010年作 江山春晓 镜心	68cm×68cm	253,000	北京保利	2017-12-18
刘广 2012年作 澜沧竞秀 镜心	68cm×68cm	253,000	北京保利	2017-12-18
刘广 2012年作 清辉晨耀 镜心	68cm×68cm	287,500	北京保利	2017-12-18
刘广 2013年作 溪山访友图 镜心	141cm×325cm	5,980,000	北京保利	2017-12-18
刘广 2013年作 溪山图四则 镜心	直径41.5cm×4	276,000	北京保利	2017-12-18

拍品名称	物品尺寸	成交价RMB	拍卖公司	拍卖日期
刘广 2013年作 携琴访友 立轴	136cm×66cm	489,700	保利香港	2017-10-03
刘广 2013年作 云山清韵 镜心	66cm×130cm	517,500	北京保利	2017-12-18
刘广 2013年作 长风破浪 镜心	68cm×68cm	276,000	北京保利	2017-12-18
刘广 2014年作 春意太行 镜心	74.5cm×149.5cm	368,000	北京保利	2017-06-05
刘广 2014年作 高山仰止 镜心	68cm×68cm	299,000	北京保利	2017-12-18
刘广 2014年作 溪桥酒家 镜心	65cm×132cm	552,000	北京保利	2017-12-18
刘广 2014年作 云壑春泉 镜心	66cm×133cm	552,000	北京保利	2017-12-18
刘广 2014年作 长松卓立万壑风镜心	92.5cm×173cm	2,300,000	北京保利	2017-12-18
刘广 2015年作 溪山雅集图 手卷	18.5cm×239cm	368,000	北京保利	2017-12-18
刘广 2016年作 溪山春意图 镜心	281cm×109cm	1,794,000	北京保利	2017-12-18
刘国恩 2011年作 江村清晓图 镜框	120cm×240cm	253,000	上海东方	2017-06-25
刘国恩 2011年作 牧归图 镜框	120cm×240cm	230,000	上海东方	2017-06-25
刘国松 1963年作 抽象山水 镜框	85cm×55.5cm	446,775	佳士得	2017-11-27
刘国松 1965年作 无题	62cm×91.5cm	691,438	佳士得	2017-11-26
刘国松 1965年作 无题	55.6cm×85.8cm	498,938	佳士得	2017-05-28
刘国松 1966年作 抽象的运动 镜框	59cm×91.5cm	638,250	佳士得	2017-11-27
刘国松 1966年作 太虚的运动 镜框	58cm×93.5cm	340,400	佳士得	2017-11-27
刘国松 1967年作 雪山幽径 镜框	77cm×60cm	363,125	香港蘇富比	2017-10-02
刘国松 1968年作 斑剥可玩	67cm×100cm	950,400	羅芙奧	2017-12-03
刘国松 1968年作 山水 镜心	69.0cm×50.0cm	529,000	中国嘉德	2017-06-21
刘国松 1970–1971年作 “地球何许？”之九十六 镜框	153.1cm×66.7cm	1,914,750	佳士得	2017-11-27
刘国松 1971年作 月之蜕变系列 镜框	73.3cm×73.3cm	423,225	香港苏富比	2017-04-04
刘国松 1971年作 Moon’s Metamorphosis I	77cm	720,000	佳士得（上海）	2017-09-24
刘国松 1971年作 移云追月 镜框	58.4cm×85.8cm	668,250	香港苏富比	2017-04-04
刘国松 2005年作 夔门新貌 立轴	75cm×118.5cm	887,000	佳士得	2017-05-29
刘国松 2013年作 翠绿的月亮升自五花海 镜框	86.3cm×73.8cm	443,500	佳士得	2017-05-29
刘国松 2013年作 重重叠叠	93cm×93cm	587,640	中国嘉德	2017-10-02
刘国松 2014年作 月之蜕变201 镜心	102cm×42.5cm	538,670	北京匡时	2017-10-02
刘海粟 1988年作 黄山奇峰 镜心	83.5cm×153.5cm	1,552,500	上海匡时	2017-11-05
刘海粟 1938年作；1979年作 临石涛山水 立轴	238cm×102cm	1,380,000	北京保利	2017-12-17
刘海粟 1960年作 秋滩息影 立轴	133cm×66.6cm	207,500	香港蘇富比	2017-10-02
刘海粟 1960年作 松下论道 立轴	162cm×82cm	1,150,000	北京保利	2017-06-05
刘海粟 1972年作 傲霜红梅 镜心	68cm×137cm	805,000	保利华谊	2017-12-08
刘海粟 1972年作 黄山松云图 镜心	85cm×100cm	441,580	保利香港	2017-04-03
刘海粟 1974年作 国色天香 立轴	124cm×47cm	460,000	上海嘉禾	2017-07-02
刘海粟 1976年作 松鹰图 镜心	136cm×68cm	157,707	保利香港	2017-04-03
刘海粟 1976年作 熊猫 立轴	135.5cm×69cm	1,725,000	中国嘉德	2017-12-19
刘海粟 1977年作 国色天香 立轴	132.5cm×69.5cm	3,220,000	中国嘉德	2017-12-18
刘海粟 1977年作 黄山云海 镜心	118cm×265cm	2,760,000	北京保利	2017-12-17
刘海粟 1977年作 葡萄 立轴	100cm×51.5cm	460,000	中国嘉德	2017-12-19
刘海粟 1977年作 青山绿水 镜框	69.2cm×135cm	532,200	佳士得	2017-05-30
刘海粟 1978年作 多子图 立轴	70cm×47cm	287,500	保利山东	2017-10-29
刘海粟 1978年作 溪阁闲居图 镜心	136cm×69cm	874,000	保利华谊	2017-12-08
刘海粟 1980年作 牡丹园 镜心	139cm×69.5cm	1,207,500	北京匡时	2017-06-03
刘海粟 1982年作 红梅图 镜心	136cm×68cm	253,000	北京匡时	2017-03-29
刘海粟 1982年作 水殿宫中疑云香 立轴	148cm×77cm	621,000	保利山东	2017-10-29
刘海粟 1983年作 行书 镜片	68.5cm×271cm	575,000	朵云轩	2017-06-25

拍品名称	物品尺寸	成交价RMB	拍卖公司	拍卖日期
刘海粟 1983年作 泼彩山水·一片孤云千树低 立轴	137cm×68cm	920,000	北京荣宝	2017-06-02
刘海粟 1983年作 石榴图 立轴	137cm×68cm	322,000	北京荣宝	2017-06-02
刘海粟 1983年作 松鹰图 立轴	136cm×68cm	552,000	上海匡时	2017-11-05
刘海粟 1984年作 黄山 镜心	69cm×137cm	230,000	北京保利	2017-12-16
刘海粟 1984年作 忆黄山旧游 镜框	83cm×153cm	1,382,875	佳士得	2017-11-28
刘海粟 1985年作 黄海奇观 镜框	60.5cm×93cm	443,500	佳士得	2017-05-30
刘海粟 1985年作 雨后黄山 镜心	70.5cm×138cm	862,500	上海匡时	2017-11-05
刘海粟 1988年作 慈光阁 立轴	130cm×61cm	207,000	上海敬华	2017-07-01
刘海粟 1988年作 红梅 镜心	123cm×122cm	460,000	北京银座	2017-12-20
刘海粟 1988年作 黄山云海 横批	138.5cm×365.5cm	2,990,000	中国嘉德	2017-06-20
刘海粟 1992年作 高山流水 立轴	118cm×55cm	1,058,000	上海敬华	2017-07-01
刘海粟 丙辰（1976）年作 福寿 立轴	96.5cm×115.5cm	253,000	上海嘉禾	2017-07-02
刘海粟 丙辰（1976年）作 荷香 立轴	130cm×68cm	885,500	福建东南	2017-10-28
刘海粟 丁卯（1987）年作 黄山白龙潭 镜片	136cm×68cm	1,265,000	广东崇正	2017-06-15
刘海粟 丁卯（1987）年作 万壑争流 立轴	137cm×68cm	1,092,500	广东崇正	2017-06-15
刘海粟 丁巳（1977）年作 葡萄 镜片	99cm×53.5cm	310,500	广东崇正	2017-12-13
刘海粟 丁巳（1977年）作 莫干山剑池 立轴	107cm×55.5cm	1,150,000	中国嘉德	2017-12-18
刘海粟 仿米家山水 立轴	126cm×55cm	195,500	北京保利	2017-06-05
刘海粟 庚辰（1940年）作 枫月宿鸟图 立轴	45cm×66.5cm	264,500	中国嘉德	2017-06-20
刘海粟 庚申（1980）年作 行书 立轴	135cm×61cm	207,000	上海敬华	2017-07-01
刘海粟 庚戌（1970年）作 风雨暮归图 立轴	128cm×67.5cm	747,500	福建东南	2017-10-28
刘海粟 庚戌（1970年）作 行书七言诗 立轴	128cm×67cm	218,500	中国嘉德	2017-12-19
刘海粟 癸亥（1983）年作 天都夕照 立轴	画心135cm×68.5；诗堂28.5cm×68.5cm	667,000	上海嘉禾	2017-07-02
刘海粟 癸酉（1993年作） 葫芦 立轴	151.5cm×41.5cm	345,000	福建东南	2017-10-28
刘海粟 行书“金石齐寿” 镜心	88cm×46cm	322,000	中国嘉德	2017-06-20
刘海粟 行书“无为轩” 镜片	30cm×86cm	178,250	十竹斋	2017-01-01
刘海粟 行书中堂 立轴	113cm×67cm	161,000	北京宣石	2017-05-21
刘海粟 荷花 镜片	138cm×69cm	782,000	广东崇正	2017-06-15
刘海粟 红梅 镜心	68cm×138cm	546,718	保利香港	2017-04-03
刘海粟 己未（1979年）作 墨葡萄 立轴	137cm×67.5cm	391,000	中国嘉德	2017-06-20
刘海粟 鲲鹏万里 立轴	200cm×133cm	920,000	荣宝斋（济南）	2017-06-10
刘海粟 墨鹰 镜心	123cm×245cm	575,000	北京东正	2017-03-31
刘海粟 秋江烟暝 镜心	68.5cm×135.5cm	1,265,000	中国嘉德	2017-06-19
刘海粟 壬戌（1982年）作 天都峰 镜心	98.5cm×67.5cm	287,500	中国嘉德	2017-06-19
刘海粟 壬子（1972）年作 雄鹰图 镜片	136.5cm×68cm	333,500	朵云轩	2017-06-25
刘海粟 狮子 立轴	127cm×65.5cm	517,500	中国嘉德	2017-12-19
刘海粟 太湖风光 立轴	49cm×69cm	287,500	福建东南	2017-10-28
刘海粟 戊辰（1988）年作 洛阳花艳 立轴	152cm×82cm	207,000	上海敬华	2017-07-01
刘海粟 戊午（1978年）作 行书五言联 对联	709cm×141cm×2	1,495,000	中国嘉德	2017-03-31
刘海粟 乙丑（1985）年作 黄山神秀 镜片	99cm×63cm	230,000	朵云轩	2017-12-14

拍品名称	物品尺寸	成交价RMB	拍卖公司	拍卖日期
刘海粟 震泽渔民 镜片	41cm×57cm	253,000	广东崇正	2017-12-13
刘浩锋 2017年作 菩萨正果图 镜心	67cm×64cm	230,000	北京保利	2017-06-05
刘基 隶书 卷	25cm×115cm	287,500	北京翰海	2017-06-02
刘继卣 1976年作 木兰从军 立轴	97cm×19cm	218,500	北京保利	2017-12-17
刘继卣 1977年作 神猴献寿 立轴	70cm×41cm	161,000	北京荣宝	2017-09-24
刘继卣 1981年作 雄鹰 立轴	136cm×67.5cm	460,000	北京匡时	2017-03-29
刘继卣 春 立轴	68cm×33cm	230,000	中贸圣佳	2017-06-19
刘继卣 大闹天宫 立轴	93cm×28cm	261,075	中濠典藏	2017-05-22
刘继卣 丁巳（1977）年作 双兔 镜片	69.5cm×46cm	253,000	广东崇正	2017-06-15
刘继卣 丁巳（1977）年作 松鹰 镜片	138cm×69.8cm	483,000	广东崇正	2017-12-13
刘继卣 庚申（1980年）作 清纯少女 立轴	136.5cm×68.5cm	943,000	中国嘉德	2017-06-19
刘继卣 庚申（1980年）作 松鼠 立轴	68cm×45cm	172,500	中国嘉德	2017-06-19
刘继卣 马 立轴	138cm×69cm	437,000	北京保利	2017-12-17
刘继卣 少女 立轴	136cm×71.5	2,300,000	北京匡时	2017-06-03
刘继卣 狮子 立轴	138cm×69.5cm	782,000	中国嘉德	2017-06-20
刘继卣 十全图 立轴	138cm×69.5cm	483,000	北京匡时	2017-03-29
刘继卣 双鹿图 横批	46cm×67.5cm	230,000	中国嘉德	2017-06-19
刘继卣 苏武牧羊图 镜心	96cm×50cm	287,500	观唐皕榷	2017-01-11
刘继卣 辛酉（1981）年作 松鼠 镜片	68cm×45cm	178,250	上海嘉禾	2017-07-02
刘继卣 雄狮图 立轴	242cm×119.5cm	575,000	北京翰海	2017-06-02
刘继卣 熊猫 镜心	95.5cm×59.5cm	402,500	中国嘉德	2017-12-19
刘继卣 乙卯（1975）年作 金猴报喜 镜片	67cm×45.5cm	195,500	朵云轩	2017-06-25
刘继卣 已未（1979年）作 国宝图 立轴	95cm×56cm	322,000	中国嘉德	2017-04-01
刘继卣 倚床仕女图 立轴	136cm×71cm	1,955,000	观唐皕榷	2017-01-11
刘继卣 茵肥 镜心	71cm×48cm	195,500	荣宝斋（济南）	2017-06-10
刘建伟 金刚经 册页	33cm×60cm×10	184,000	北京翰海	2017-09-10
刘金贵 丙申（2016年）作 荷香图 镜心	137cm×69cm	276,000	中国嘉德	2017-04-01
刘进安 2017年作 水墨静物 册页	33cm×33.5cm×8	920,000	北京匡时	2017-12-03
刘进安 大吉图 镜心	55cm×46cm	207,000	北京匡时	2017-06-03
刘进安 米脂诗意 镜心	138cm×59cm	626,580	中濠典藏	2017-05-22
刘静云 2013年作 敦煌梦影	123cm×247cm	172,500	北京翰海	2017-06-03
刘奎龄 1928年作 双吉图 立轴	132cm×80.5cm	1,610,000	华艺国际	2017-11-25
刘奎龄 1930年作 牵牛鹦鹉 立轴	109cm×40cm	1,725,000	北京荣宝	2017-12-02
刘奎龄 1932年作 教子图 成扇	18.5cm×50cm	402,500	北京翰海	2017-12-15
刘奎龄 1932年作 农篱一隅 立轴	107cm×52cm	1,380,000	北京匡时	2017-12-04
刘奎龄 1933年作 花鸟 四屏立轴	120cm×33cm×4	4,177,200	中濠典藏	2017-05-22
刘奎龄 1933年作 秋实图 扇面镜框	17.6cm×52cm	501,188	香港苏富比	2017-04-04
刘奎龄 1933年作 松鹤延年 镜心	72.5cm×102.5cm	862,500	上海匡时	2017-11-05
刘奎龄 1940年作 桐阴消夏 扇面镜框	19.5cm×59cm	356,400	香港苏富比	2017-04-04
刘奎龄 1944年作 山水清音 四屏立轴	133cm×33cm×4	3,450,000	北京荣宝	2017-12-02
刘奎龄 1944年作 以介眉寿 镜心	26cm×60cm	575,000	北京保利	2017-12-17
刘奎龄 芭蕉双犬 立轴	101.5cm×35cm	517,500	中国嘉德	2017-12-18
刘奎龄 丙辰（1916年）作 松崖云涛 镜心	162cm×106cm	667,000	中国嘉德	2017-12-18
刘奎龄 高凌霨 1935年作 蓬岛仙踪并行书诗 成扇	19cm×50cm	517,500	上海匡时	2017-11-05
刘奎龄 庚辰（1940年）作 篱笆双吉 立轴	104cm×33cm	324,465	中国嘉德	2017-05-29

拍品名称	物品尺寸	成交价RMB	拍卖公司	拍卖日期
刘奎龄 狼狗 立轴	116cm×53cm	207,000	北京宣石	2017-12-03
刘奎龄 梅兰芳 张伯苓 方若 富贵长春图	113cm×51cm	517,500	中国嘉德	2017-12-20
刘奎龄 双禄图 镜心	103cm×34.5cm	264,500	中国嘉德	2017-06-20
刘奎龄 双犬牵牛图 镜心	87cm×43.5cm	920,000	中国嘉德	2017-06-20
刘奎龄 卧虎图 立轴	54.5cm×92cm	253,000	中国嘉德	2017-06-19
刘奎龄 戊寅（1938年）作 花鸟四屏	147cm×45cm×4	6,900,000	中国嘉德	2017-06-19
刘奎龄 向迪琮 将雏图 节录《东坡先生志林》成扇	20cm×53cm	253,000	北京诚轩	2017-06-18
刘力上 仿大千花鸟风韵 册页（六开）	43cm×32cm×6	575,000	荣宝斋（上海）	2017-07-30
刘立勇 2011年作 奇峰秀色 镜框	120cm×240cm	690,000	上海东方	2017-06-25
刘立勇 2014年作 千峰掩翠 镜框	67cm×174cm	172,500	上海东方	2017-12-10
刘立勇 青山可居图 手卷	34cm×272cm	460,000	上海东方	2017-06-25
刘凌仓 喜象太平 立轴	165.5cm×94cm	172,500	荣宝斋（南京）	2017-07-08
刘凌沧 1978年作 文成公主 镜心	93.5cm×59cm	402,500	北京银座	2017-06-07
刘凌沧 1980年作 文成公主 立轴	131cm×66cm	632,500	北京匡时	2017-03-29
刘凌沧 乙亥（1935年）作 宝琴立雪图 立轴	109cm×40cm	287,500	中国嘉德	2017-12-19
刘庆和 2016年作 唱响2017 镜心	65.5cm×55cm	322,000	北京匡时	2017-06-03
刘庆和 2016年作 红水 镜心	51cm×135cm	731,010	中濠典藏	2017-05-22
刘庆和 2016年作 退潮 册页	35.6cm×35.5cm×12	1,265,000	北京匡时	2017-12-03
刘庆和 风和日丽图 镜心	46cm×33.5cm×13	402,500	北京荣宝	2017-12-02
刘庆和 田黎明 刘二刚 李津 儿童 高士图 梅妻鹤子 清静门中定机缘 镜心	33cm×34.5cm×3；37.5cm×43.5cm	230,000	北京荣宝	2017-06-02
刘庆和 消夏 镜心	69cm×69cm	172,500	北京荣宝	2017-12-02
刘泉义 乙未（2015年）作 云南风情 镜心	137cm×68cm	322,000	中国嘉德	2017-04-01
刘人岛 2012年作 百丈银河悬碧峰 镜心	143cm×177.5cm	3,995,244	保利香港	2017-04-03
刘人岛 溪谷烟雨媚 镜心	74cm×68cm	630,828	保利香港	2017-04-03
刘铁飞 关公 镜心	120cm×90cm	345,000	荣宝斋（济南）	2017-06-10
刘万鸣 封侯 镜心	45cm×30.5cm×2	345,000	北京荣宝	2017-12-02
刘文西 1978年作 女孩 镜框	36cm×46.5cm	172,500	朵云轩	2017-12-14
刘文西 1982年作 春江花月夜 镜心	133cm×65.5cm	920,000	北京荣宝	2017-12-02
刘文西 1986年作 少女 镜片	60cm×83cm	287,500	广东崇正	2017-06-15
刘文西 1987年作 日本小姑娘 镜心	68cm×42cm	241,500	北京荣宝	2017-12-02
刘文西 1987年作 陕北少女 镜心	70cm×68cm	253,000	北京荣宝	2017-12-02
刘文西 1992年作 老子图 镜心	137cm×70cm	287,500	北京匡时	2017-06-03
刘文西 1992年作 昭君 镜心	138cm×70cm	310,500	北京匡时	2017-06-03
刘文西 1992年作 昭君出塞 镜心	133cm×65cm	851,000	北京保利	2017-06-05
刘文西 1992年作 钟馗进士图 镜心	138cm×69cm	575,000	北京荣宝	2017-12-02
刘文西 1998年作 黄土地的老人 镜心	137cm×69cm	437,000	北京荣宝	2017-12-02
刘文西 黄土地的老人 镜心	89.5cm×69.5cm	460,000	荣宝斋（南京）	2017-07-08
刘文西 日本新娘 立轴	65cm×43cm	460,000	北京荣宝	2017-06-02
刘文西 陕北老农 镜心	137cm×70cm	759,000	北京荣宝	2017-06-02
刘文西 少女 镜框	36cm×47cm	172,500	北京荣宝	2017-06-02
刘文西 仕女 立轴	67.5cm×44.5cm	207,000	华艺国际	2017-11-25
刘文西 钟馗进士 镜片	134cm×67cm	402,500	广东崇正	2017-12-13
刘延风 四季条屏 镜心	136cm×17cm×4	253,000	北京保利	2017-12-18
刘岩 行书唐·王维《奉和圣制重阳节宰臣及群官上寿应制》五言诗 立轴	230cm×50cm	322,000	北京荣宝	2017-04-02
刘墉 2013年作 国香共和 镜心	45cm×63cm	176,292	保利香港	2017-10-03
刘永明 夕阳红 镜框	100cm×100cm	638,250	佳士得	2017-11-28
刘佑局 2015年作 草莽 镜心	68cm×136cm	862,500	北京保利	2017-06-05
刘佑局 2015年作 幻境 镜心	81cm×69.5cm	345,000	北京保利	2017-04-27
刘佑局 2015年作 丝丝春讯 镜心	54cm×136cm	690,000	北京保利	2017-04-27
刘元稷 杂画 册页（二十六开）	26cm×18cm×26	1,092,500	北京保利	2017-12-18
刘兆平 生态家园 镜心	70cm×46cm	287,500	北京保利	2017-06-05
刘知白 山水 镜心	133cm×68cm	218,500	广东保利	2017-11-26
柳子谷 飞泉挂玉峰 镜心	127cm×45cm	230,000	荣宝斋（济南）	2017-06-10
龙瑞 2004年作 烟水苍茫 镜心	138cm×68.5cm	247,250	北京荣宝	2017-12-02
龙瑞 2005年作 江流天地外 镜心	135cm×68cm	230,000	北京荣宝	2017-12-02
龙瑞 2005年作 岭下看山 镜心	135.5cm×67.5cm	264,500	北京荣宝	2017-12-02
龙瑞 2005年作 一个溪亭四面风 镜心	139cm×68.5cm	253,000	北京荣宝	2017-12-02
龙瑞 陈平 等 溪山晴远图 镜心	145cm×366cm	161,000	荣宝斋（济南）	2017-12-07
龙瑞 群峰倒影 镜心	95.5cm×178.5cm	224,250	荣宝斋（济南）	2017-12-07
龙瑞 山水 镜心	138cm×69cm	322,000	荣宝斋（济南）	2017-06-10
龙榆生 1946年作 倚声学	31cm×22.5cm	177,400	佳士得	2017-05-30
龙榆生 1947年作 革命之决心 镜片	22.2cm×492cm	188,488	佳士得	2017-05-30
娄师白 1981年作 多寿 镜心	67cm×134cm	172,500	北京荣宝	2017-12-02
娄师白 芭蕉青蛙 立轴	85cm×33.5cm	166,750	荣宝斋（南京）	2017-07-08
娄师白 蓖麻 立轴	141cm×45cm	195,500	北京荣宝	2017-12-02
娄师白 春光明媚 镜心	124cm×246cm	517,500	北京荣宝	2017-04-02
娄师白 荷塘蛙趣 立轴	178cm×79cm	189,750	北京翰海	2017-01-08
娄师白 花卉 镜心（四屏）	100cm×34.5cm×4	322,000	北京翰海	2017-12-15
娄师白 岁朝清供 镜芯	157cm×87cm	207,000	印千山	2017-07-09
卢沉 版纳小景 立轴	138cm×69cm	460,000	荣宝斋（济南）	2017-12-08
卢沉 戊午（1978年）作 版纳风光 镜心	137.5cm×68.0cm	230,000	中国嘉德	2017-06-21
卢甫圣 东方图像志六 镜心	84cm×95cm	828,000	北京保利	2017-06-05
卢甫圣 鹤女 镜心	65.5cm×64.5cm	437,000	北京保利	2017-06-05
卢加 大将军 镜心	144cm×96cm	155,250	北京保利	2017-04-27
卢清远 2015年作 高飞万里 立轴	137cm×76.2cm	155,225	佳士得	2017-05-30
卢禹舜 1985年作 荒野 镜心	228cm×95cm	322,000	北京荣宝	2017-12-02
卢禹舜 1997年作 日出行诗意图 镜心	69cm×69cm	184,000	北京保利	2017-12-18
卢禹舜 2006年作 唐人诗意图 镜心	68cm×68cm	402,500	北京荣宝	2017-12-02
卢禹舜 2011年作 精神家园系列之十 镜心	96cm×178cm	690,000	北京保利	2017-06-04
卢禹舜 春溪诗意图 镜心	23.5cm×138cm	805,000	北京荣宝	2017-12-02
卢禹舜 雾山图 镜心	202cm×136cm	356,500	北京保利	2017-08-02
卢禹舜 赠阙下裴舍人诗意图 镜心	68.5cm×68.5cm	184,000	北京保利	2017-12-18
卢振寰 1954年作 山水楼阁 立轴	112cm×39cm	264,500	北京保利	2017-12-17
陆春涛 2014年作 荷塘No.105 镜框	97cm×97cm	289,575	香港苏富比	2017-04-04
陆恢 1916年作 拟古花鸟 四屏	143cm×39cm×4	552,000	西泠拍卖	2017-07-16
陆恢 4帧 仿古四帧 立轴	各130cm×32.5cm	222,750	香港苏富比	2017-04-04
陆恢 春溪仙桃图 立轴	206.5cm×106.5cm	460,000	西泠拍卖	2017-07-16
陆恢 甲寅（1914）年作 江乡春暖 立轴	140cm×63cm	230,000	广东崇正	2017-06-15
陆小曼 1935年作 荒山秋凉图 立轴	38cm×22cm	247,250	上海泓盛	2017-06-27
陆俨少 1957年作 祖国新貌 镜片	69cm×139cm	3,507,500	朵云轩	2017-06-25
陆俨少《劝爱宝》手稿 镜心	19cm×14cm×52	920,000	北京荣宝	2017-06-02
陆俨少 1931年作 无量寿佛 立轴	99cm×48.5cm	2,645,000	北京翰海	2017-06-02
陆俨少 1941年作 春柳含烟 立轴	94cm×30cm	411,348	中国嘉德	2017-10-03
陆俨少 1942年作 江边高士图 立轴	78cm×35cm	977,500	北京荣宝	2017-06-02
陆俨少 1946年作 拟董巨山水 成扇	18cm×48cm	254,644	北京匡时	2017-10-02
陆俨少 1947年作 仿古山水 立轴	101cm×50cm	930,430	保利香港	2017-10-03

拍品名称	物品尺寸	成交价RMB	拍卖公司	拍卖日期
陆俨少 1948年作 江上风帆图 树外重汀图 手卷	10cm×268cm	2,070,000	北京荣宝	2017-12-02
陆俨少 1958年作 山水合册册页（十开）册页	22.5cm×28.5cm×10	4,772,500	北京东正	2017-12-09
陆俨少 1959年作 江山风帆 立轴	79cm×26.5cm	1,058,000	上海匡时	2017-11-05
陆俨少 1959年作 峡江 镜片	36cm×24cm	575,000	北京荣宝	2017-06-02
陆俨少 1960年作 清溪渔艇 镜心	19cm×51cm	402,500	北京荣宝	2017-06-02
陆俨少 1961年作 慈元庙风景 镜框	34.5cm×45cm	1,322,500	福建东南	2017-10-28
陆俨少 1961年作 新会西湖 立轴	46.5cm×34cm	1,380,000	北京诚轩	2017-06-18
陆俨少 1962年作 蜀江放筏图 镜片	136cm×60.5cm	4,600,000	西泠拍卖	2017-07-15
陆俨少 1963年作 杜甫诗意图 立轴	112cm×55.5cm	3,335,000	上海匡时	2017-11-05
陆俨少 1973年作 高士观瀑图 立轴	67cm×46.5cm	1,380,000	北京匡时	2017-06-03
陆俨少 1975年作 青城晓霭图 立轴	69cm×35cm	2,530,000	北京匡时	2017-12-04
陆俨少 1975年作 峡江胜概 手卷	30.3cm×202cm	17,743,350	中金国际	2017-11-25
陆俨少 1976年作 山水 册页	20cm×15cm×10	1,725,000	上海匡时	2017-11-05
陆俨少 1976年作 山水册（十页）册页	20cm×15cm×10	2,875,000	西泠拍卖	2017-07-15
陆俨少 1977年作 风正一帆悬 镜心	34cm×34cm	241,500	上海匡时	2017-11-05
陆俨少 1977年作 剑门蜀道路 扇面	18.7cm×52.2cm	552,000	观唐皕榷	2017-01-11
陆俨少 1977年作 毛泽东诗意井冈山《大井新貌》镜片	142cm×366cm	34,615,000	上海嘉禾	2017-07-01
陆俨少 1977年作 排云亭 镜心	66.5cm×46cm	920,000	北京荣宝	2017-06-02
陆俨少 1977年作 天台胜境 镜心	69cm×38cm	862,500	观唐皕榷	2017-01-11
陆俨少 1978年作 飞瀑千山 立轴	77cm×45cm	690,000	朵云轩	2017-06-25
陆俨少 1978年作 行书李白诗二首 镜片	35cm×137cm	172,500	上海嘉禾	2017-07-02
陆俨少 1978年作 行书张继诗 镜片	138cm×69cm	299,000	广东崇正	2017-06-15
陆俨少 1978年作 黄山松云 立轴	69cm×45cm	448,500	北京保利	2017-06-05
陆俨少 1978年作 黄山烟霭 立轴	67.8cm×44.2cm	622,500	香港蘇富比	2017-10-02
陆俨少 1978年作 井冈山黄洋界 立轴	69.4cm×69.6cm	3,335,000	北京匡时	2017-12-03
陆俨少 1978年作 梅花册并跋 册页（八开）	35cm×40cm×9	690,000	北京保利	2017-12-17
陆俨少 1978年作 梅石 镜片	91cm×48cm	402,500	广东崇正	2017-06-15
陆俨少 1978年作 梅石图 镜心	35cm×46cm	178,735	北京匡时	2017-04-03
陆俨少 1978年作 鄱阳帆影 立轴	89.3cm×47.5cm	1,225,125	香港苏富比	2017-04-04
陆俨少 1978年作 泰山观日 镜心	67cm×137cm	14,413,750	中国嘉德	2017-05-29
陆俨少 1978年作 溪山清远 立轴	46.6cm×44.5cm	345,000	中国嘉德	2017-12-19
陆俨少 1978年作 峡江图 立轴	122.5cm×55.5cm	5,175,000	华艺国际	2017-05-27
陆俨少 1978年作 峡江险水 立轴	67cm×44cm	1,265,000	上海嘉禾	2017-07-02
陆俨少 1978年作 新安江上 立轴	83cm×50.5cm	2,702,500	上海嘉禾	2017-07-02
陆俨少 1978年作 重湖叠峡清嘉 立轴	96cm×45cm	1,437,500	北京荣宝	2017-06-02
陆俨少 1979年作 枫桥夜泊 立轴	70cm×45cm	713,000	中国嘉德	2017-06-19
陆俨少 1979年作 梅石图 手卷	20cm×138cm	460,000	北京荣宝	2017-09-24
陆俨少 1979年作 清漓帆影 镜心	69cm×48cm	391,000	中国嘉德	2017-09-02
陆俨少 1979年作 天台云雾 立轴	68cm×45.5cm	805,000	北京荣宝	2017-06-02
陆俨少 1979年作 峡江行帆 镜心	31cm×106cm	690,000	北京荣宝	2017-06-02
陆俨少 1979年作 烟江叠嶂图 手卷	引首82.5cm×22cm；画心138cm×22cm；题跋37cm×22cm	2,070,000	西泠拍卖	2017-07-15
陆俨少 1979年作 雁荡泉石 立轴	68cm×45.3cm	782,000	上海嘉禾	2017-07-02
陆俨少 1979年作 云水扬州图 立轴	97cm×59cm	1,380,000	北京荣宝	2017-06-02
陆俨少 1979年作 云峡图 立轴	67cm×33cm	230,000	北京翰海	2017-01-08
陆俨少 1979年作 竹榭清暑 立轴	97.5cm×46cm	1,840,000	北京匡时	2017-12-04
陆俨少 1980年作 朝云春树 立轴	95cm×58cm	1,725,000	北京荣宝	2017-09-24
陆俨少 1980年作 朝云春树 立轴	95cm×58cm	1,380,000	北京荣宝	2017-06-02
陆俨少 1980年作 黄山松云 立轴	96.5cm×45cm	862,500	北京银座	2017-06-07
陆俨少 1980年作 黄山云松图 立轴	96cm×58cm	1,610,000	西泠拍卖	2017-07-15
陆俨少 1980年作 李太白诗意图 立轴	67.5cm×44.5cm	322,000	上海嘉禾	2017-07-02

拍品名称	物品尺寸	成交价RMB	拍卖公司	拍卖日期
陆俨少 1980年作 青城晓霭 立轴	95.5cm×44cm	1,261,656	北京匡时	2017-04-03
陆俨少 1980年作 扫叶庄 镜心	97cm×45cm	1,840,000	北京保利	2017-12-17
陆俨少 1980年作 松石图 镜片	66cm×42.5cm	253,000	广东崇正	2017-12-13
陆俨少 1980年作 万木千峰图 立轴	69cm×46cm	897,000	中国嘉德	2017-03-31
陆俨少 1980年作 王维诗意 立轴	96cm×45cm	2,530,000	北京荣宝	2017-12-02
陆俨少 1980年作 仰眺庐山 立轴	96cm×45cm	690,000	北京保利	2017-06-05
陆俨少 1980年作 一帆风顺 镜片	67.5cm×44.5cm	828,000	广东崇正	2017-06-15
陆俨少 1981年作 青城晓翠 镜片	87cm×37.5cm	2,760,000	上海嘉禾	2017-07-02
陆俨少 1981年作 溪山清远 镜心	71.7cm×36.3cm	293,820	北京匡时	2017-10-02
陆俨少 1982年作 春消息 立轴	66.5cm×46cm	276,000	上海嘉禾	2017-07-02
陆俨少 1982年作 归渔图 立轴	77.5cm×50cm	1,150,000	西泠拍卖	2017-07-16
陆俨少 1982年作 嘉陵江上 立轴	67cm×46cm	897,000	北京荣宝	2017-04-02
陆俨少 1982年作 沙汀夏居 立轴	69cm×34cm	598,000	上海嘉禾	2017-07-02
陆俨少 1982年作 原树湖楼图 镜片	34cm×33.5cm	333,500	西泠拍卖	2017-07-16
陆俨少 1983年作 黄涪翁竹枝词意 立轴	96cm×58.5cm	3,220,000	北京保利	2017-06-05
陆俨少 1983年作 江山揽胜 镜心	67cm×43cm	1,035,000	北京荣宝	2017-06-02
陆俨少 1983年作 巫峡云涛 立轴	95cm×59cm	3,680,000	上海嘉禾	2017-07-01
陆俨少 1984年作 车行千转图 立轴	96cm×60cm	2,990,000	北京保利	2017-12-17
陆俨少 1984年作 广教寺图 镜心	67cm×46cm	828,000	北京匡时	2017-06-03
陆俨少 1984年作 黄山之胜 镜心	137cm×69cm	4,370,000	北京保利	2017-12-17
陆俨少 1984年作 李白诗意图 立轴	178cm×47cm	5,060,000	保利华谊	2017-12-08
陆俨少 1984年作 梅石图 行书 成扇	17.2cm×43.3cm	167,063	香港苏富比	2017-04-04
陆俨少 1984年作 山行图 镜心	44.5cm×23.5cm	207,000	上海匡时	2017-11-05
陆俨少 1984年作 山水册页（八开）	34cm×23cm×8	1,150,000	北京保利	2017-12-17
陆俨少 1985年作 梅花 立轴	137cm×67cm	1,552,500	北京荣宝	2017-06-02
陆俨少 1985年作 山水 册页（十二开）	34cm×23cm×13	4,715,000	北京匡时	2017-12-04
陆俨少 1985年作 唐人诗意图 镜心	68.5cm×36.5cm	828,000	上海匡时	2017-11-05
陆俨少 1985年作 云表奇峰图 立轴	96cm×59cm	1,495,000	西泠拍卖	2017-07-15
陆俨少 1985年作 云横秀岭 立轴	76cm×42cm	667,000	北京荣宝	2017-06-02
陆俨少 1986年作 红梅 镜心	54cm×37.5cm	184,000	北京东正	2017-06-08
陆俨少 1986年作 云山雨过图 立轴	88.5cm×48cm	1,725,000	西泠拍卖	2017-07-15
陆俨少 1986年作 长江帆影 立轴	132cm×68cm	3,795,000	北京匡时	2017-03-29
陆俨少 1987年作 春消息 镜框	23.5cm×179cm	388,063	佳士得	2017-05-30
陆俨少 1987年作 梅石图 镜心	69cm×137cm	1,606,688	中金国际	2017-11-25
陆俨少 1987年作 梅石图 镜心	69.5cm×44.5cm	322,000	观唐皕榷	2017-01-11
陆俨少 1987年作 钟馗 立轴	69cm×34cm	402,500	北京翰海	2017-12-15
陆俨少 1988年作 秋山行旅图 立轴	68cm×44cm	575,000	北京匡时	2017-06-03
陆俨少 1988年作 峡江行 立轴	68cm×44cm	460,000	北京匡时	2017-06-03
陆俨少 1989年作 黄山揽胜 手卷	36cm×365cm	6,785,000	华艺国际	2017-11-25
陆俨少 1990年作 巫峡秋涛 立轴	137cm×68.5cm	4,370,000	北京荣宝	2017-09-24
陆俨少 1990年作 峡江情 镜心	135cm×68cm	5,750,000	北京荣宝	2017-06-02
陆俨少 巴船出峡图 镜心	34.5cm×67.5cm	368,000	中国嘉德	2017-06-19
陆俨少 巴船出峡图 立轴	68.5cm×34.5cm	3,565,000	上海嘉禾	2017-07-01
陆俨少 巴船出峡图 立轴	50cm×34cm	636,610	中国嘉德	2017-10-03
陆俨少 百卷楼图 手卷		7,820,000	中贸圣佳	2017-12-21
陆俨少 丙辰（1976）年作 新安江 立轴	68.5cm×34.5cm	1,725,000	上海嘉禾	2017-07-02
陆俨少 丙辰（1976年）作 寒林雪霁 立轴	85.5cm×38.5cm	2,760,000	中国嘉德	2017-12-19
陆俨少 丙辰（1976年）作 新安云起图 立轴	120cm×48.5cm	2,242,500	中国嘉德	2017-06-20
陆俨少 丙寅（1986）年作 溪山云泉 立轴	89cm×48cm	862,500	广东崇正	2017-06-15
陆俨少 丙寅（1986年）作 梅石图 立轴	136.5cm×68.5cm	368,000	中国嘉德	2017-06-19
陆俨少 草书七言联 立轴	136.5cm×33.5cm×2	322,000	中国嘉德	2017-06-20
陆俨少 程十发 唐云 张大壮 等为松亭同志作书画册（十页）册页	26.5cm×20cm×10	368,000	西泠拍卖	2017-07-15

拍品名称	物品尺寸	成交价RMB	拍卖公司	拍卖日期
陆俨少 圖山箭洞 镜心	28cm×42cm	747,500	南京经典	2017-07-23
陆俨少 春山耸翠 立轴	67.5cm×45cm	517,500	十竹斋	2017-01-01
陆俨少 等 长春图 对联 镜心	138cm×68cm； 138cm×33cm×2	713,000	北京荣宝	2017-06-02
陆俨少 丁酉（1957年）作 杜陵诗意图 成扇	19cm×50cm	1,725,000	中国嘉德	2017-06-21
陆俨少 丁酉（1957年）作 松溪乘槎 立轴	79cm×47.5cm	930,430	中国嘉德	2017-10-03
陆俨少 杜甫诗意 镜心	67.5cm×32.5cm	3,890,106	北京匡时	2017-04-03
陆俨少 杜甫诗意图 册页（十开）	43.5cm×27.5cm×10	32,200,000	中国嘉德	2017-12-18
陆俨少 杜陵诗意图 镜片	39cm×27.5cm	368,000	西泠拍卖	2017-07-16
陆俨少 对联 立轴	136.5cm×32cm×2	230,000	北京荣宝	2017-06-02
陆俨少 仿古人物图 立轴	43cm×31cm	299,000	南京经典	2017-07-23
陆俨少 访友图 镜框	23cm×83cm	1,380,000	华艺国际	2017-05-27
陆俨少 风帆云影 立轴	70cm×45.5cm	287,500	荣宝斋（南京）	2017-07-08
陆俨少 冯远 童中焘 卢坤峰 等 1989年作 书画册（共十三页）册页	55.5cm×40.5cm×13	218,500	西泠拍卖	2017-07-15
陆俨少 负薪图 镜心	18.5cm×52cm	287,500	上海匡时	2017-11-05
陆俨少 庚申（1980）年作 十月江湖吐乱洲 立轴	95.5cm×44.5cm	1,380,000	上海嘉禾	2017-07-02
陆俨少 庚子 1960年作 陶潜诗意图 扇面镜心	17.8cm×51.5cm	356,500	北京诚轩	2017-06-18
陆俨少 癸亥（1983年）作 桃花源 立轴	88.5cm×46.5cm	2,415,000	中国嘉德	2017-06-20
陆俨少 癸亥（1983年）作 雄奇雁荡 立轴	137cm×67.5cm	2,875,000	中国嘉德	2017-12-19
陆俨少 癸卯（1963）年作 蕉荫高士 立轴	68cm×36cm	1,552,500	上海敬华	2017-07-01
陆俨少 行书 李白诗 镜片	69cm×35cm	178,250	西泠拍卖	2017-07-16
陆俨少 行书“李白诗” 镜心	66cm×44cm	241,500	荣宝斋（济南）	2017-06-10
陆俨少 行书“李白诗” 立轴	137cm×66cm	299,000	荣宝斋（南京）	2017-07-08
陆俨少 行书李白诗 立轴	66cm×42cm	161,000	广东崇正	2017-12-13
陆俨少 行书刘宾客文节 立轴	137cm×50cm	253,000	北京荣宝	2017-06-02
陆俨少 行书七言联 对联	135cm×31cm×2	207,000	上海嘉禾	2017-07-02
陆俨少 胡问遂 天目胜景图·书法 成扇	51.5cm×18.5cm	690,000	西泠拍卖	2017-07-15
陆俨少 黄山松云 镜心	42.5cm×32cm	253,000	中国嘉德	2017-06-20
陆俨少 黄山松云 立轴	68.5cm×36.5cm	483,000	中国嘉德	2017-12-19
陆俨少 黄山松云 立轴	68.5cm×46cm	391,760	北京匡时	2017-10-02
陆俨少 黄山烟雨 立轴	99.5cm×50cm	2,300,000	北京诚轩	2017-06-18
陆俨少 黄胄 吴作人 等 1979年作 名家翰墨 册页	42cm×37.5cm×12； 42cm×37.5cm×2	1,472,000	北京匡时	2017-06-03
陆俨少 急流勇进 立轴	43cm×36cm	287,500	印千山	2017-07-09
陆俨少 己巳（1989）年作 梅石图 镜片	67cm×33.5cm	172,500	广东崇正	2017-12-13
陆俨少 甲辰（1964年）作 娄山关大捷 插屏	18.5cm×35cm	862,500	福建东南	2017-05-21
陆俨少 甲子（1984）年作 梅石图 镜片	67cm×44.5cm	172,500	广东崇正	2017-12-13
陆俨少 甲子（1984）年作 晚晴图 立轴	94.5cm×44cm	2,242,500	广东崇正	2017-12-13
陆俨少 蒋兆和 启功 李苦禅 逸趣阑珊 镜心	33cm×43cm×4	367,983	保利香港	2017-04-03
陆俨少 匡庐读书图 立轴	68cm×45cm	1,566,450	中濠典藏	2017-05-22
陆俨少 陆亨 山水 书法 成扇	17cm×47cm	402,500	华艺国际	2017-11-25
陆俨少 梅花 镜心	67.5cm×34.5cm	172,500	荣宝斋（上海）	2017-07-30

拍品名称	物品尺寸	成交价RMB	拍卖公司	拍卖日期
陆俨少 名贤诗意 册页（十二开）	15cm×19cm×12	5,290,000	北京保利	2017-12-17
陆俨少 女真人生活图 镜心	79.5cm×252.5cm	34,500,000	北京匡时	2017-06-03
陆俨少 片片珠玉 册页（六开）	16cm×25cm×6	1,782,500	中国嘉德	2017-06-19
陆俨少 平江林荫·行书《登司马错古城》成扇	18.5cm×50cm	379,500	上海嘉禾	2017-07-02
陆俨少 平江远望 镜片	44.5cm×23.5cm	166,750	上海嘉禾	2017-07-02
陆俨少 青城山色	138cm×70cm	3,392,500	广东崇正	2017-06-15
陆俨少 青城树色 立轴	69cm×47cm	690,000	印千山	2017-03-30
陆俨少 青松 镜框	68cm×51cm	1,265,000	上海嘉禾	2017-07-02
陆俨少 秋江帆影 立轴	34cm×34cm	230,000	北京荣宝	2017-06-02
陆俨少 秋牧图 镜框	18.5cm×36cm	402,500	上海嘉禾	2017-07-02
陆俨少 秋山古寺图 镜框	60cm×34cm	632,500	华艺国际	2017-05-27
陆俨少 壬戌（1982）年作 江山佳胜 手卷		460,000	上海嘉禾	2017-07-02
陆俨少 壬戌(1982)年作 蒲江远岫 镜片	68cm×46cm	799,250	上海嘉禾	2017-04-30
陆俨少 壬戌（1982）年作 四明山色 立轴	90.5cm×48.5cm	1,322,500	朵云轩	2017-12-14
陆俨少 壬戌（1982）年作 松云绕山巅 镜框	34.5cm×34cm	230,000	北京东正	2017-12-09
陆俨少 壬戌（1982年）作 云山茅舍 立轴	68.5cm×35cm	368,000	中国嘉德	2017-12-19
陆俨少 山水册页 镜心	24cm×33cm×8	5,750,000	北京荣宝	2017-12-02
陆俨少 山中人家 立轴	67cm×45cm	862,500	印千山	2017-07-09
陆俨少 深山访友图 扇面	18.7cm×50.7cm	552,000	观唐皕榷	2017-01-11
陆俨少 狮子口云海图 立轴	84cm×42cm	2,645,000	上海嘉禾	2017-07-01
陆俨少 书法“鸣翠轩” 横批	26.5cm×66cm	172,500	北京银座	2017-06-07
陆俨少 书画 册页（八开）	34cm×34cm×8	690,000	广东崇正	2017-06-15
陆俨少 松下高仕 立轴	70cm×35cm	437,000	荣宝斋（南京）	2017-09-10
陆俨少 松雪 立轴	45cm×34cm	759,000	上海嘉禾	2017-07-02
陆俨少泰山顶上一青松·行书成扇	19cm×52cm	851,000	上海嘉禾	2017-07-02
陆俨少 唐云 应野平 江山入画图 手卷	画 21.5cm×361cm； 引首 21.5cm×127cm	322,000	北京保利	2017-06-05
陆俨少 万山红遍 镜心	75cm×38cm	1,883,988	中国嘉德	2017-05-29
陆俨少 无声诗 册页	28cm×39cm×10	3,105,000	印千山	2017-07-09
陆俨少 戊午（1978年）作 山居图 立轴	97cm×45cm	1,207,500	中国嘉德	2017-06-20
陆俨少 戊午（1978年）作 溪山佳胜图 手卷		943,000	中国嘉德	2017-06-20
陆俨少 西樵流瀑 镜芯	59.5cm×78cm	667,000	印千山	2017-07-09
陆俨少 溪岸幽翠 立轴	37.5cm×52cm	333,500	华艺国际	2017-05-27
陆俨少 溪口待渡图 立轴	68.5cm×35cm	630,828	北京匡时	2017-04-03
陆俨少 溪山深秀 镜心	69cm×34.5cm	506,000	荣宝斋（济南）	2017-12-08
陆俨少 峡江行 镜心	68cm×131cm	34,500,000	北京保利	2017-12-17
陆俨少 谢稚柳 徐子鹤 三公奇逸图 手卷		731,010	中濠典藏	2017-05-22
陆俨少 辛丑 1961年作 溪山清远 扇面镜心	18.4cm×51.5cm	425,500	北京诚轩	2017-06-18
陆俨少 辛未（1991）年作 云山策杖 镜片	67.5cm×49cm	483,000	广东崇正	2017-12-13
陆俨少 辛未（1991年）作 杜甫诗意图 镜心	97cm×59.5cm	4,140,000	中国嘉德	2017-12-19
陆俨少 辛未（1991年）作 江深草阁 镜心	96.5cm×178cm	8,293,450	中国嘉德	2017-05-29
陆俨少 欣欣向荣 立轴	画心 49.5cm×67cm；诗堂28cm×67cm	322,000	上海嘉禾	2017-07-02
陆俨少 雁荡飞瀑 立轴	96.2cm×43.7cm	1,113,750	香港苏富比	2017-04-04

拍品名称	物品尺寸	成交价RMB	拍卖公司	拍卖日期
陆俨少 雁荡四景 立轴	68.5cm×45.5cm×4	5,060,000	荣宝斋（南京）	2017-07-08
陆俨少 夜图 立轴	68cm×34cm	1,760,000	荣宝斋（南京）	2017-07-08
陆俨少 一帆风顺 镜片	69.5cm×34.5cm	1,035,000	广东崇正	2017-06-15
陆俨少 一枝清远 镜心	68cm×34cm	172,500	北京保利	2017-12-17
陆俨少 黟县春田 立轴	99.5cm×34cm	4,255,000	上海匡时	2017-11-05
陆俨少 乙丑（1985）年作 陈简斋诗意 立轴	96cm×58cm	1,610,000	上海嘉禾	2017-07-02
陆俨少 乙丑（1985）年作 山清水秀 立轴	95cm×44cm	1,437,500	上海敬华	2017-07-01
陆俨少 乙丑（1985）年作 云壑虬松 立轴	画心68cm×45cm；诗堂20cm×45cm	667,000	上海嘉禾	2017-07-02
陆俨少 乙丑（1985年）作 赋溪石林图 立轴	96cm×59cm	2,070,000	中国嘉德	2017-12-18
陆俨少 乙丑（1985年）作 梅石图 镜心	83.5cm×37.5cm	276,000	中国嘉德	2017-12-19
陆俨少 映日荷花 立轴	97cm×44cm	632,500	北京荣宝	2017-09-24
陆俨少 云壑幽居 立轴	62cm×39.5cm	230,000	印千山	2017-07-09
陆俨少 云山楼阁 成扇	16.5cm×47cm	172,500	广东崇正	2017-12-13
陆俨少 云山清话 立轴	68.5cm×45.5cm	402,500	北京匡时	2017-06-03
陆俨少 朱砂冲哨口 立轴	140cm×68.5cm	12,535,000	上海匡时	2017-11-05
陆俨少 朱砂冲哨口 立轴	69cm×35.5cm	690,000	广东崇正	2017-06-15
陆俨少 壮美山河 书法 成扇	18cm×46cm	1,207,500	华艺国际	2017-11-25
陆一飞 山水 四屏镜心	136cm×68cm×4	207,000	北京保利	2017-12-17
陆抑非 1938年作 临仇英《洗马图》手卷	24.5cm×238cm	345,000	北京荣宝	2017-12-02
陆抑非 1939年作 抚周之冕双欢图意 镜心	133cm×67cm	1,380,000	北京荣宝	2017-12-02
陆抑非 1943年作 清露湿银塘 镜框	71.2cm×106.6cm	612,563	香港苏富比	2017-04-04
陆抑非 1944年作 日高花影重 镜心	116.5cm×48cm	1,092,500	上海匡时	2017-11-05
陆抑非 1959年作 紫藤八哥 镜心	99.5cm×253.5cm	1,380,000	北京荣宝	2017-06-02
陆抑非 1972年作 向日葵 立轴	103cm×51.5cm	184,000	中国嘉德	2017-06-20
陆抑非 1978年作 孔雀开屏 立轴	136cm×68cm	287,500	北京荣宝	2017-12-02
陆抑非 1995年作 牡丹富贵 立轴	120cm×42cm	230,000	上海匡时	2017-11-05
陆抑非 大利图 立轴	83cm×35cm	264,500	北京翰海	2017-12-15
陆抑非 瓜虫图 立轴	103cm×34cm	172,500	上海匡时	2017-11-05
陆抑非 荷花 立轴	96cm×46cm	230,000	北京荣宝	2017-06-02
陆抑非 花鸟山水 册页（四开）	尺寸不一	575,000	上海东方	2017-12-10
陆抑非 临恽南田桃花飞燕 立轴	45cm×27cm	172,500	保利山东	2017-10-29
陆抑非 群鸟月下聚宿图 立轴	179cm×99cm	2,127,500	上海匡时	2017-11-05
陆抑非 壬辰（1952）年作 秋树鸟鸣（两幅）立轴	60cm×27.5cm×2	195,500	朵云轩	2017-12-14
陆抑非 沈尹默 紫鸢金蝶 林逋《过芜城县》成扇	18.2cm×50cm	333,500	北京诚轩	2017-06-18
陆抑非 松下煮茶 张民立 曹翰《内宴奉诏作》成扇	18.5cm×50cm	172,500	北京诚轩	2017-06-18
陆抑非 吴待秋 1939年作 翠竹图 书法 成扇	19cm×51cm	483,000	华艺国际	2017-11-25
陆抑非 西山红叶 立轴	65cm×40cm	253,000	上海东方	2017-12-10
陆抑非 谢稚柳 1960年作 蚕蛾图 王子猷看竹图 成扇	18cm×47cm	724,500	华艺国际	2017-11-25
陆抑非 英雄独立 立轴	137cm×68.5cm	207,000	荣宝斋（南京）	2017-09-10
论书 镜心	105cm×35.5cm	172,500	南京经典	2017-07-23
罗建武 2011年作 崖畔老松 镜框	85cm×105cm	319,125	佳士得	2017-11-27
罗建武 松树 镜框	58cm×118.7cm	256,163	香港苏富比	2017-04-04
罗铭 1963年作 峨嵋观瀑 立轴	94.5cm×52.5cm	184,000	广东崇正	2017-12-13
罗平安 田园雪景 镜框	68cm×100cm	221,750	佳士得	2017-05-29

拍品名称	物品尺寸	成交价RMB	拍卖公司	拍卖日期
罗渊 丁酉（2017）年作 宁江皓月 立轴	144cm×74cm	172,500	广东崇正	2017-12-13
罗振玉 1913年作 篆书《孝经》手卷		575,000	北京匡时	2017-12-03
罗振玉 1919年作 篆书《松茂山庄》镜心	41cm×154.5cm	301,254	中金国际	2017-11-25
罗振玉 1926年作 行书陶渊明诗 立轴	69cm×46cm	161,000	保利山东	2017-10-29
罗振玉 庚申（1920）年作 篆书"自胜者强" 镜片	26.5cm×120cm	230,000	上海驰翰	2017-06-26
罗振玉 行书七言联 镜心	135.5cm×33cm×2	391,630	中金国际	2017-11-25
罗振玉 甲骨文八言联 立轴	133cm×31.5cm×2	230,000	北京匡时	2017-06-04
罗振玉 甲骨文七言联 立轴	131.5cm×32cm×2	218,500	北京翰海	2017-12-15
罗振玉 甲骨文十二言联 立轴	131cm×20cm×2	230,000	荣宝斋（济南）	2017-06-10
罗振玉 楷书《养愚》镜心	28cm×54cm	301,254	中金国际	2017-11-25
罗振玉 隶书七言联 立轴	140cm×34cm×2	155,250	北京银座	2017-12-20
罗振玉 石鼓文 立轴	128cm×63cm	201,250	北京荣宝	2017-12-02
罗振玉 辛酉（1921年）作 贞松 镜心	67cm×31.5cm	195,500	中国嘉德	2017-12-18
吕凤子 1922年作 双寿图 立轴	151cm×82cm	460,000	北京翰海	2017-12-15
吕凤子 1941年作 维摩诘病起说法图 镜心	70cm×39cm	667,000	北京匡时	2017-06-03
吕凤子 1945年作 访迹图 立轴	136cm×56cm	287,500	中贸圣佳	2017-06-19
吕凤子 1946年 罗汉图 立轴	140cm×38cm	575,000	中贸圣佳	2017-06-19
吕凤子 1946年作 松经行者 立轴	126cm×66cm	207,000	北京匡时	2017-06-03
吕凤子 1947年作 达摩图 镜心	83cm×44cm	253,000	上海匡时	2017-11-05
吕凤子 苍松挺立图 立轴	138cm×54cm	264,500	南京经典	2017-07-23
吕凤子 丁亥（1947）年作 罗汉图 立轴	83cm×38cm	155,250	上海嘉禾	2017-07-02
吕凤子 丁亥（1947）年作 世亲谢过 立轴	87cm×40cm	494,500	朵云轩	2017-09-18
吕凤子 丁亥（1947年）作 人物 立轴	80.5cm×37cm	517,500	中国嘉德	2017-06-19
吕凤子 高士图 镜心	68cm×44cm	207,000	南京经典	2017-07-23
吕凤子 高松古梅图 立轴	175.5cm×64cm	552,000	南京经典	2017-07-23
吕凤子 庚午（1930）年作 数流萤过墙 屏轴	30cm×41cm	253,000	朵云轩	2017-09-18
吕凤子 罗汉 镜心	66cm×34cm	281,750	南京经典	2017-07-23
吕凤子 洛神 立轴	134cm×34cm	207,000	南京经典	2017-07-23
吕凤子 梅花 立轴	71cm×38.5cm	172,500	荣宝斋（南京）	2017-07-08
吕凤子 群山写松 册页	27.5cm×35cm×12	471,500	南京经典	2017-07-23
吕凤子 壬戌（1922）年作 江南春图 立轴	80cm×47cm	264,500	朵云轩	2017-09-18
吕凤子 松下高士 立轴	169.5cm×71.1cm	862,500	中国嘉德	2017-12-18
吕凤子 松荫悟道 立轴	96cm×46cm	304,750	南京经典	2017-07-23
吕凤子 无着世亲像 立轴	81.5cm×44cm	368,000	南京经典	2017-07-23
吕焕成（款）仕女游春图 立轴	177.7cm×97.6cm	176,375	香港蘇富比	2017-10-01
吕吉人 1974年作 伲囡走的是金光道 镜框	104cm×75cm	828,000	上海东方	2017-06-25
吕吉人 2012年作 平江春色浓 镜框	78cm×75cm	575,000	上海东方	2017-12-10
吕吉人 2015年作 马六甲海峡的早晨 镜框	60cm×120cm	529,000	上海东方	2017-12-10
吕吉人 黄英浩 等 1977年作 红旗漫卷 镜框	85cm×95cm	690,000	上海东方	2017-06-25
吕吉人 中华锦锈全图 镜框	200cm×3400cm	34,500,000	上海东方	2017-12-10
吕寿琨 1967年作 香港写生－荃湾 镜框	120.1cm×60.2cm	243,925	佳士得	2017-05-29
吕寿琨 1969年作 禪 镜框	150.5cm×82.5cm	585,063	佳士得	2017-11-27

(成交价RMB：15万元以上)

拍品名称	物品尺寸	成交价RMB	拍卖公司	拍卖日期
吕寿琨 1969年作 香江春日 镜框	109cm×83.5cm	363,125	香港蘇富比	2017-10-02
吕寿琨 1970年作 禅 镜框	148cm×86.5cm	887,000	佳士得	2017-05-29
吕寿琨 1974年作 禅 镜框	69cm×33.5cm	425,500	佳士得	2017-11-27
吕寿琨 1974年作 晚趣 镜心	61cm×96cm	186,086	中国嘉德	2017-10-03
吕寿琨 禅荷 立轴	152cm×53.3cm	389,813	香港苏富比	2017-04-04
吕寿琨 丁未（1967年）作 沙田雨趣 镜心	59.5cm×101.5cm	209,332	中国嘉德	2017-05-29
吕寿琨 荷花 立轴	152cm×84cm	467,775	香港苏富比	2017-04-04
吕寿琨 拟王石谷临安山色图 手卷	引首45cm×118cm；本幅45cm×555cm；后纸45cm×103cm	523,330	中国嘉德	2017-05-29
吕章申 2017年作 行书《沁园春·雪》镜心	44.7cm×96.5cm×4	322,000	北京匡时	2017-12-03
吕章申 2017年作 行书七言联 镜心	137cm×34cm×2	184,000	北京匡时	2017-06-03
马公愚 1940年作 隶书十四言联 镜框	each: 133.2cm×16.3cm×2	228,250	香港蘇富比	2017-10-02
马公愚 王福厂 等 书画隔景 成扇	18.5cm×51cm	184,000	中国嘉德	2017-12-19
马海方 夏趣图 镜心	123cm×246cm	161,000	北京荣宝	2017-09-24
马晋 1933年作 动物 册页	31cm×31cm×12	3,335,000	北京保利	2017-12-17
马晋 1934年作 十二生肖卷 镜心	22.5cm×132cm	1,897,500	北京荣宝	2017-12-02
马晋 1935年作 鸲鸽图 立轴	82cm×50cm	345,000	北京荣宝	2017-04-02
马晋 1941年作 红叶小鸟 镜心	70cm×29.5cm	276,000	北京匡时	2017-12-03
马晋 1944年作 柳荫双骏 镜心	99cm×32cm	207,000	北京翰海	2017-12-15
马晋 1950年作 南无消灾延寿药师佛 立轴	65.5cm×32.5cm	782,000	北京匡时	2017-12-03
马晋 奔马 立轴	86.5cm×44.5cm	502,090	中金国际	2017-11-25
马晋 奔马 立轴	86cm×44.5cm	156,999	中国嘉德	2017-05-29
马晋 春酣 立轴	108cm×38cm	172,500	荣宝斋（济南）	2017-06-10
马晋 等 养马场 立轴	86cm×99.5cm	747,500	荣宝斋（济南）	2017-06-10
马晋 甲申（1944年）作 花荫小狗 立轴	102.5cm×49.5cm	598,000	中国嘉德	2017-12-18
马晋 甲子（1924年）作 柳荫双骏 立轴	80cm×40cm	207,000	中国嘉德	2017-06-20
马晋 骏马 六屏镜心	画心17cm×8.5cm×6；诗塘4cm×8.5cm×6	224,250	北京银座	2017-12-20
马晋 李鹤筹 牡丹孔雀 镜心	152cm×52.5cm	460,000	中国嘉德	2017-06-20
马晋 柳荫八骏 立轴	131cm×65cm	230,000	北京保利	2017-04-27
马晋 柳荫双骏 立轴	90.5cm×32cm	184,000	荣宝斋（济南）	2017-06-10
马晋 六骏图 屏风	17cm×9cm×6	184,000	中国嘉德	2017-09-02
马晋 三骏图 立轴	128.5cm×65.5cm	542,400	北京银座	2017-12-20
马晋 三骏图 立轴	98cm×32cm	172,500	北京翰海	2017-06-02
马晋 双骏图 立轴	95.5cm×32.5cm	184,000	北京翰海	2017-12-15
马晋 松山双骏 镜心	102cm×33cm	218,500	中国嘉德	2017-12-19
马晋 戊辰（1928年）作 春溪八骏 镜心	44.8cm×223cm	1,380,000	北京诚轩	2017-06-18
马晋 浴马图 立轴	142cm×74.5cm	299,000	北京翰海	2017-12-15
马欣乐 2017年作 风雪千里图	68cm×136cm	368,000	北京翰海	2017-06-03
马欣乐 大吉图 镜片	60.5cm×67.6cm	242,165	纽约佳士得	2017-03-14
马欣乐 怀素狂草 镜片	135.2cm×67.9cm	475,681	纽约佳士得	2017-03-14
马叙伦 1926年作 篆书十三言联 立轴	166.5cm×22cm×2	218,500	北京匡时	2017-06-03
马一浮 1934年作 篆书 八言联 对联	192cm×39.5cm×2	506,000	西泠拍卖	2017-07-15
马一浮 1944-1946年作 致杨樵谷诗稿（二十七帧）镜心	41cm×48cm×25；28cm×22cm×2	3,220,000	北京匡时	2017-06-03
马一浮 1944年作 篆书“弹琴咏诗忘忧” 镜心	39cm×145.5cm	538,670	北京匡时	2017-10-02

拍品名称	物品尺寸	成交价RMB	拍卖公司	拍卖日期
马一浮 1945年作 行书《苦雾行》镜心	24cm×148.5cm	402,500	北京东正	2017-06-08
马一浮 1946年作 草书书论 立轴	129cm×32.5cm	184,000	北京匡时	2017-12-03
马一浮 1946年作 隶书 禅宗三祖信心铭 立轴	130cm×67cm	552,000	西泠拍卖	2017-07-15
马一浮 1946年作 隶书十言联 立轴	177cm×31cm×2	517,500	北京匡时	2017-12-04
马一浮 1961年作 行书诗稿 立轴	32cm×50cm	230,000	北京保利	2017-06-06
马一浮 1961年作 为蒋国榜自作诗 手卷	32cm×829cm	3,622,500	北京匡时	2017-12-04
马一浮 毕竟空舍 镜心	32cm×38cm	230,000	北京保利	2017-12-16
马一浮 草书 录索靖书论 立轴	122cm×38cm	345,000	西泠拍卖	2017-07-15
马一浮 癸酉（1933年）作 篆书十言联 立轴	240.5cm×37.5cm×2	483,000	中国嘉德	2017-06-20
马一浮 行书 立轴	136cm×48.5cm	195,500	荣宝斋（南京）	2017-09-10
马一浮 行书 七言诗 立轴	133.5cm×31cm	161,000	西泠拍卖	2017-07-15
马一浮 行书 王安石诗《西太一宫楼》	124.8cm×32.5cm	425,500	中国嘉德	2017-06-21
马一浮 行书八言联 立轴	133cm×23cm×2	230,000	北京匡时	2017-12-03
马一浮 行书五言联 立轴	130cm×32.5cm×2	218,500	北京匡时	2017-12-03
马一浮 行书五言联 立轴	125cm×32cm×2	184,000	上海匡时	2017-11-05
马一浮 行书钟嵘《诗品序》立轴	146cm×35cm	322,000	北京匡时	2017-12-03
马一浮 行书自作咏物诗 八屏 镜心	149cm×39cm×8	2,875,000	上海匡时	2017-11-05
马一浮 临古 四屏镜心	130cm×31.5cm×4	517,500	中国嘉德	2017-12-19
马一浮 为熊希龄作 行书五言诗 立轴	94.5cm×30cm	207,000	西泠拍卖	2017-07-15
马一浮 余任天 行书咏西湖诗·山水 成扇	36cm×12cm	207,000	西泠拍卖	2017-05-06
马一浮 篆书七言联 立轴	130cm×22cm×2	172,500	广东崇正	2017-06-15
马子恺 不忘初心，方得始终 镜心	69cm×69cm	230,000	北京保利	2017-12-18
马子恺 周易锦言系列·君子道长 镜心	48cm×44cm	195,500	北京保利	2017-06-05
毛泽东 卜算子·咏梅 立轴	141cm×46cm	782,000	南京经典	2017-07-23
毛泽东 清平乐·会昌 镜心	80cm×36cm	276,000	南京经典	2017-07-23
毛泽东 清平乐·会昌 镜心	26cm×146cm	345,000	南京经典	2017-07-23
毛泽东 清平乐·六盘山 立轴	103.5cm×32cm	218,500	南京经典	2017-07-23
毛泽东 如梦令·元旦 立轴	94cm×27cm	161,000	南京经典	2017-07-23
毛泽东 忆秦娥·娄山关 立轴	117cm×32cm	322,000	南京经典	2017-07-23
毛泽东 忆秦娥·娄山关 立轴	123cm×37cm	287,500	南京经典	2017-07-23
毛泽东诗句 立轴	103cm×34cm	230,000	南京经典	2017-07-23
茅盾 1978年作 书法 镜框	83.6cm×35.3cm	562,169	纽约佳士得	2017-03-14
茅盾 1979年作 行书《无题》镜框	70cm×35cm	943,000	北京荣宝	2017-12-02
茅盾 题白杨图	59.5cm×33cm	506,000	中国嘉德	2017-06-21
茅瀚 1698年作 雪山访友图 立轴	163.5cm×97.5cm	253,000	西泠拍卖	2017-07-15
梅兰芳 1924年作 楷书十六言联 镜心	168.5cm×21.5cm×2	414,000	北京翰海	2017-12-15
梅兰芳 1928年作 洛神 立轴	112cm×34cm	322,000	北京翰海	2017-09-10
梅兰芳 1929年作 达摩 立轴	94.5cm×32cm	253,000	北京翰海	2017-12-15
梅兰芳 1945年作 吉祥八哥图 镜片	77.5cm×34cm	253,000	西泠拍卖	2017-07-15
梅兰芳 1956年作 书画双挖 立轴	15cm×49cm×2	184,000	北京保利	2017-12-17
梅兰芳 花鸟 册页（二十四帧）	24cm×36cm×24	701,500	中贸圣佳	2017-06-19
梅兰芳 许姬传 梅花 行书 成扇	18cm×52cm	184,000	荣宝斋（上海）	2017-07-30
梅兰芳荀慧生程砚秋等群英会册页	16cm×47cm×15	2,127,500	北京保利	2017-12-17
梅兰芳 鱼寿图 立轴	131cm×60.5cm	218,500	荣宝斋（上海）	2017-07-30
梅兰芳 张大千 繁花翠鸟 仕女图 成扇	19.5cm×53cm	370,000	上海驰翰	2017-06-26
梅兰芳 赵叔孺 1933年作 九秋鹤寿 镜心	173cm×46cm	552,000	北京荣宝	2017-12-02

拍品名称	物品尺寸	成交价RMB	拍卖公司	拍卖日期
孟鸣 岱岳印迹 手卷	34cm×272cm	161,000	上海东方	2017-06-25
孟祥顺 2003年作 王者神威图 镜心	89cm×96cm	1,150,000	北京保利	2017-06-05
孟旭耀 2011年作 万舞千妆 镜框	120cm×240cm	276,000	上海东方	2017-06-25
孟旭耀 2011年作 银花玉雪 镜框	120cm×240cm	253,000	上海东方	2017-06-25
糜耕云 风景这边独好 镜心	44cm×88cm	218,500	荣宝斋（上海）	2017-07-30
泳力村男 2017年作 粉红季节	112cm×145cm	159,563	佳士得	2017-11-27
苗再新 版纳春色 镜心	145cm×367cm	814,554	中濠典藏	2017-05-22
莫晓松 2016年作 鹤鸣于池塘 镜心	130.5cm×66cm	365,505	中濠典藏	2017-05-22
莫晓松 白玉兰 镜心	65cm×134cm	253,000	北京匡时	2017-12-03
莫晓松 荷花 镜心	66cm×128cm	287,500	北京匡时	2017-12-03
慕凌飞 1946年作 番女掣庞图 镜心	96.5cm×47.5cm	862,500	北京银座	2017-12-20
慕凌飞 1981年作 湖山胜概 册页	42cm×63cm×11	862,500	北京银座	2017-12-20
慕凌飞 1995年作 松下雄风 镜心	138cm×62cm	161,000	北京银座	2017-12-20
慕凌飞 卞庄刺虎 立轴	119cm×56.5cm	230,000	北京银座	2017-12-20
慕凌飞 峨眉天下秀 立轴	130cm×55.5cm	713,000	荣宝斋（济南）	2017-12-08
慕凌飞 仿韩干双骥图 立轴	130cm×60cm	552,000	荣宝斋（济南）	2017-12-08
慕凌飞 风云际会 镜心	137cm×67.5cm	483,000	荣宝斋（济南）	2017-12-08
慕凌飞 三异图 立轴	131.5cm×66cm	287,500	荣宝斋（济南）	2017-12-08
慕凌飞 山高水长 立轴	137.5cm×68cm	172,500	荣宝斋（济南）	2017-12-08
慕凌飞 天女散花 立轴	104cm×47cm	207,000	北京翰海	2017-06-02
慕凌飞 危峦耸翠 立轴	132.5cm×66cm	437,000	荣宝斋（济南）	2017-12-08
慕凌飞 玉凤披丹岗 立轴	118.5cm×57.5cm	690,000	荣宝斋（济南）	2017-12-08
南海岩 1995年作 迎春 镜心	134.5cm×67.0cm	345,000	中国嘉德	2017-06-21
南海岩 2005年作 藏女 镜心	68cm×67cm	195,500	北京荣宝	2017-04-02
南海岩 2012年作 美好的时光 镜心	68.5cm×68.5cm	195,500	北京荣宝	2017-12-02
南海岩 藏女 镜心	82cm×56cm	207,000	荣宝斋（济南）	2017-12-07
南海岩 朝日光辉 镜心	49.5cm×68cm	632,500	中国嘉德	2017-12-20
南海岩 丁酉（2017年）作 家园 镜心	83.0cm×81.0cm	1,265,000	中国嘉德	2017-06-21
南海岩 母女情 镜心	103cm×68.5cm	345,000	北京荣宝	2017-12-02
南海岩 母子图 镜框	68cm×69cm	299,000	北京荣宝	2017-06-02
南海岩 母子图 镜框	68cm×67cm	195,500	北京荣宝	2017-06-02
南海岩 牧归 镜心	49.5cm×68cm	632,500	中国嘉德	2017-12-20
尼玛泽仁 翁振新 任惠中 2012年作 高原之春	144cm×366cm	230,000	北京翰海	2017-12-16
牛惠民 2011年作 芳草春晖 镜框	120cm×240cm	195,500	上海东方	2017-12-10
欧阳小林 2015年作 翠影笼烟树 镜心	80cm×69cm	184,000	北京保利	2017-12-18
欧阳中石 1997年作 行书毛主席词 镜心	140.5cm×342cm	1,667,500	北京银座	2017-12-20
欧阳中石 行书 镜心	69cm×137cm	155,250	荣宝斋（济南）	2017-12-07
欧阳中石 行书 镜心	70cm×230cm	172,500	荣宝斋（南京）	2017-09-10
欧阳中石 行书”沁园春·雪” 镜心	144cm×288cm	230,000	北京保利	2017-11-10
欧阳中石 行书寿词 立轴	135cm×68cm	218,500	保利山东	2017-10-29
欧阳中石 行书武元衡句 镜心	68cm×68cm	250,632	中濠典藏	2017-05-22
欧阳中石 宋·朱淑真《除夜》	136cm×68cm	241,500	北京翰海	2017-12-16
潘伯鹰 1960年作 行书集宋词联 立轴	each: 134.5cm×22cm×2	342,375	香港蘇富比	2017-10-02

拍品名称	物品尺寸	成交价RMB	拍卖公司	拍卖日期
潘伯鹰 临褚遂良《阴符经》册页	40.5cm×31cm×25	345,000	上海匡时	2017-11-05
潘达 子路问津 镜框	86cm×36.5cm	212,750	华艺国际	2017-05-27
潘洁兹 献荔图 镜心	165cm×90cm	207,000	北京翰海	2017-12-15
潘絜兹 1992年作 碧玉新妆 立轴	132cm×66cm	322,000	北京匡时	2017-03-29
潘絜兹 丁丑（1997年）作 春睡图 镜心	134cm×68cm	172,500	北京华辰	2017-12-16
潘絜兹 佛像 镜心	125cm×65cm	172,500	北京华辰	2017-12-16
潘絜兹 琵琶行 行书 成扇		172,500	上海敬华	2017-07-01
潘絜兹 献荔图 立轴	131cm×65cm	230,000	北京华辰	2017-12-16
潘静淑 1937年作 桃花流水 立轴	64.5cm×30cm	920,000	北京翰海	2017-06-02
潘静淑 花果虫草（四片）镜片	66cm×34cm×4	299,000	上海敬华	2017-07-01
潘静淑 水仙 立轴	39cm×27cm	230,000	北京东正	2017-06-08
潘静淑 水仙 桃花（两帧）镜框	画心：28cm×37cm×2；题跋：28cm×37cm	311,250	香港蘇富比	2017-10-02
潘龄皋 癸未（1943）年作 行书节录带经堂诗话 四屏立轴	129cm×30cm×4	201,250	广东崇正	2017-06-15
潘龄皋 行书 四条屏立轴	82cm×9cm×4	253,000	北京宣石	2017-05-21
潘然 陈巨来 甲午（1954）年作 春意图 楷书 成扇	18cm×48cm	172,500	朵云轩	2017-06-25
潘素 漓江春霁 立轴	73cm×32.5cm	259,900	北京银座	2017-12-20
潘素 青碧山水 镜心	68cm×45cm	195,500	北京荣宝	2017-09-24
潘素画 张伯驹 等 画 题 己卯（1939年）作 素心兰图咏 手卷	20cm×101.5cm	460,000	北京诚轩	2017-06-18
潘天寿 1929年作 墨竹图 立轴	136cm×33.5cm	402,500	北京东正	2017-12-09
潘天寿 1930年作 炼丹台 立轴	34cm×34cm	646,404	中国嘉德	2017-10-02
潘天寿 1937年作 行书七言诗 立轴	133cm×34cm	287,500	北京匡时	2017-06-03
潘天寿 1941年作 插了梅花便过年 立轴	74.7cm×41.2cm	2,655,180	香港苏富比	2017-04-04
潘天寿 1943年作 行书七言句 立轴	147.5cm×36cm	632,500	北京匡时	2017-12-03
潘天寿 1944年作 松下高士图 立轴	244.5cm×61cm	32,200,000	中国嘉德	2017-12-18
潘天寿 1945年作 雏鸡 立轴	46cm×34cm	920,000	保利华谊	2017-12-08
潘天寿 1945年作 观瀑图 立轴	66cm×31.5cm	4,657,500	北京东正	2017-12-09
潘天寿 1945年作 江洲夜泊图 立轴	151cm×48cm	14,950,000	上海匡时	2017-11-05
潘天寿 1945年作 兰竹双清 镜片	139cm×34cm	2,300,000	广东崇正	2017-12-13
潘天寿 1945年作 秋意图 镜心	69cm×61cm	2,185,000	中贸圣佳	2017-06-19
潘天寿 1958年作 秋塘一角 立轴	90cm×54cm	2,300,000	中国嘉德	2017-06-19
潘天寿 1959年作 菊酒 立轴	65cm×45.5cm	4,015,540	中国嘉德	2017-10-02
潘天寿 1959年作 灵石幽兰 镜框	44.3cm×45cm	1,336,500	香港苏富比	2017-04-04
潘天寿 1960年作 芙蕖花 镜心	74cm×53cm	920,000	北京保利	2017-12-17
潘天寿 1960年作 行书弘一法师句 立轴	140cm×37cm	690,000	北京保利	2017-06-05
潘天寿 1960年作 行书毛主席词句 立轴	127cm×36cm	1,150,000	北京保利	2017-06-05
潘天寿 1961年作 晴荷 镜框	69.5cm×51.5cm	665,250	佳士得	2017-05-30
潘天寿 1961年作 微风燕子斜 立轴	125cm×47cm	28,750,000	中国嘉德	2017-12-18
潘天寿 1962年作 独踞枝头 立轴	62.1cm×40.2cm	2,116,125	香港苏富比	2017-04-04
潘天寿 1962年作 新雏 成扇	19cm×51cm	1,380,000	北京保利	2017-12-16
潘天寿 1963年作 行书《六盘山》词句 立轴	133.5cm×32cm	690,000	中国嘉德	2017-12-19
潘天寿 1965年作 行书毛主席诗一首 立轴	95cm×34.5cm	1,092,500	北京荣宝	2017-06-02
潘天寿 1965年作 红荷 镜框	43.5cm×36.7cm	498,938	佳士得	2017-05-30
潘天寿 1965年作 晴晨 立轴	69cm×44cm	5,750,000	北京荣宝	2017-06-02
潘天寿 1965年作 秋深菘菜正添肥 镜心	121cm×52cm	552,000	北京翰海	2017-09-10
潘天寿 1965年作 战地黄花 镜心	79.5cm×34cm	322,000	中国嘉德	2017-12-19
潘天寿 1966年作 孤梅图 镜心	93cm×34cm	3,277,500	上海匡时	2017-11-05
潘天寿 雏鸡 立轴	46cm×34cm	1,265,000	北京保利	2017-06-05
潘天寿 独立幽石图 立轴	134cm×42cm	897,000	西泠拍卖	2017-07-16

拍品名称	物品尺寸	成交价RMB	拍卖公司	拍卖日期
潘天寿 庚子（1960）年作 雏鸡图 立轴	62cm×32cm	920,000	广东崇正	2017-12-13
潘天寿 庚子（1960年）作 一枝花 立轴	65cm×32cm	920,000	中国嘉德	2017-06-19
潘天寿 耕罢 立轴	227cm×121cm	158,930,000	中国嘉德	2017-06-19
潘天寿 荷花 立轴	68cm×67.5cm	5,750,000	中国嘉德	2017-06-19
潘天寿 红运当头 立轴	129cm×32cm	2,070,000	北京翰海	2017-06-02
潘天寿 甲辰（1964）年作 夕阳山外山 镜片	50cm×38cm	2,645,000	上海嘉禾	2017-07-01
潘天寿 经亨颐 1935年作 竹石图 立轴	177cm×39.5cm	218,500	北京匡时	2017-03-29
潘天寿 菊花 立轴	67cm×42.5cm	1,380,000	北京匡时	2017-06-03
潘天寿 老屋秋风 立轴	141cm×40.5cm	1,380,000	荣宝斋（南京）	2017-07-08
潘天寿 洛浦神仙 立轴	39cm×21cm	517,500	朵云轩	2017-06-25
潘天寿 猫石图 镜心	87cm×68cm	943,000	中国嘉德	2017-06-20
潘天寿 美人蕉 立轴	71cm×40.5cm	4,370,000	北京保利	2017-06-05
潘天寿 拟个山僧墨鸟 立轴	67cm×34cm	1,380,000	上海嘉禾	2017-07-01
潘天寿 秋意 镜片	71cm×54.5cm	1,265,000	上海嘉禾	2017-07-01
潘天寿 壬戌（1922）年作 老屋秋雨 立轴	140cm×40.5cm	977,500	广东崇正	2017-12-13
潘天寿 壬戌（1922）年作 墨荷图 立轴	143.5cm×79.7cm	2,070,000	上海嘉禾	2017-07-01
潘天寿 石榴 镜框	43.2cm×31.1cm	221,750	佳士得	2017-05-30
潘天寿 书法 立轴	133cm×34.5cm	575,000	华艺国际	2017-11-25
潘天寿 水仙灵石图 镜心	143cm×70cm	3,450,000	北京保利	2017-12-17
潘天寿 戊辰（1928年）作 双燕 立轴	126.5cm×32.2cm	6,900,000	中国嘉德	2017-06-19
潘天寿 戊子（1948）年作 行书七言诗 立轴	134cm×33cm	379,500	上海敬华	2017-07-01
潘天寿 指墨鱼乐图 镜框	36.5cm×47.7cm	556,875	香港苏富比	2017-04-04
潘玉良 1956年作 裸女与镜子	91.4cm×61cm	6,212,300	佳士得	2017-11-25
潘振镛 光绪癸卯（1903年）作 花神图 立轴	148.5cm×79.5cm	437,000	中国嘉德	2017-12-19
潘振镛 沈尹默 1914年作 人物·行书 成扇	18cm×48cm	253,000	北京保利	2017-12-17
潘振镛 乙卯（1916）年作 四美图 四屏	132cm×32cm×4	172,500	上海敬华	2017-07-01
潘志云 沈尹默 行书《御选明诗》 圯上受书 成扇	19cm×49cm	333,500	北京保利	2017-06-05
潘主兰 1986年作 山水 镜框	67cm×33cm	448,500	福建东南	2017-10-28
潘主兰 1998年作 朱竹图 立轴	66cm×43.5cm	230,000	福建东南	2017-05-21
潘主兰 江山如此多娇 软片	43cm×116.5cm	402,500	福建东南	2017-05-21
潘主兰 朱竹 立轴	49cm×83cm	310,500	福建东南	2017-10-28
庞荣年 2017年作 风景	34cm×34cm×2	201,250	北京翰海	2017-06-03
庞熏琹 春风动罗衣	81cm×46cm	287,500	北京匡时	2017-12-04
庞熏琹 独舞 扇页	40cm×60cm	218,500	西泠拍卖	2017-07-16
庞熏琹 我欲乘风归去	66.5cm×39.8cm	501,188	香港苏富比	2017-04-03
庞薰琹 捕鱼图 木板镜框	35cm×50cm	297,850	佳士得	2017-11-28
彭醇士 庚子（1960年）作 峨眉山川 立轴	82cm×61cm	219,799	中国嘉德	2017-05-29
彭鸣亮 彩墨画 镜框	68cm×35cm	287,500	上海拍卖	2017-06-24
彭世强 甕底下村追忆 镜心	66cm×67cm	161,000	北京翰海	2017-09-10
彭薇 2004年作 彩墨锦绣 I 镜框	80cm×153cm	638,250	佳士得	2017-11-27
彭薇 2009年作 锦秀系列 镜框	118cm×168cm	445,500	香港苏富比	2017-04-04
彭薇 2012-2014年作 艮岳遗峰	190.5cm×432cm	1,997,622	保利香港	2017-04-03
彭先诚 1995年作 游春图 镜心	64.5cm×43.5cm	184,000	八益拍卖	2017-04-22
彭先诚 2001年作 昭君出塞图 手卷	画31cm×191cm；引首24cm×91cm	552,000	上海匡时	2017-11-05
彭先诚 2006年作 丽人行 轴	34cm×138.5cm	322,000	八益拍卖	2017-09-24

拍品名称	物品尺寸	成交价RMB	拍卖公司	拍卖日期
彭先诚 游春图 镜心	68.5cm×139cm	207,000	北京匡时	2017-06-03
蒲华 1865年作 金竹图 立轴	143.5cm×30.5cm	310,500	北京匡时	2017-12-03
蒲华 1866年作 四君子图 四屏	136cm×31cm×4	690,000	西泠拍卖	2017-07-16
蒲华 1872年作 富贵寿考图 立轴	127cm×62.5cm	287,500	西泠拍卖	2017-07-16
蒲华 1876年作 草书十二言联 立轴	136.5cm×23cm×2	299,000	北京匡时	2017-06-03
蒲华 1889年作 溪山真意图 立轴	33cm×67cm	161,000	北京匡时	2017-06-03
蒲华 1890年作 拢石叠云册 十二开册	各20.5cm×10.2cm	668,250	香港苏富比	2017-04-04
蒲华 1895年作 月月平安 立轴	144.5cm×38.5cm	178,250	北京匡时	2017-12-03
蒲华 1896年作 墨竹图 立轴	147cm×72cm	287,500	西泠拍卖	2017-07-16
蒲华 1896年作 拟前贤山水册 镜框（十二开）	each: 26.1cm×35.6cm×12	830,000	香港蘇富比	2017-10-02
蒲华 1897年作 松室论道图 立轴	177cm×92cm	1,092,500	西泠拍卖	2017-07-16
蒲华 1908年作 酒盈菊香图 立轴	95cm×43cm	299,000	西泠拍卖	2017-07-16
蒲华 丙子（1876）年作 岚翠涵烟 立轴	134cm×67cm	218,500	上海敬华	2017-07-01
蒲华 东坡诗意 立轴	146cm×80cm	345,000	荣宝斋（南京）	2017-07-08
蒲华 对联 立轴	130cm×23.5cm×2	184,000	华艺国际	2017-11-25
蒲华 高邕 1904年作 秋菊蕉石图 立轴	143.5cm×76.5cm	161,000	西泠拍卖	2017-07-15
蒲华 行书李白诗 立轴	233cm×58.5cm	690,000	中国嘉德	2017-06-20
蒲华 行书七言联 立轴	132.5cm×23.5cm×2	207,000	北京匡时	2017-06-03
蒲华 何煜 1910年作 红荷白鹭图 立轴	147.5cm×79cm	322,000	西泠拍卖	2017-07-15
蒲华 花卉 四屏立轴	150cm×40cm×4	1,265,000	广东崇正	2017-06-15
蒲华 青山红叶图·行书鸳湖棹歌（二帧） 扇页	52cm×16.5cm；51cm×17.5cm	287,500	西泠拍卖	2017-07-15
蒲华 山居静读图 立轴	184cm×48cm	287,500	西泠拍卖	2017-07-16
蒲华 山水四景 镜心	135cm×67cm×4	1,610,000	北京匡时	2017-06-03
蒲华 竹石图 立轴	165cm×78.5cm	322,000	北京匡时	2017-12-03
溥伒 1941年作 溪山招饮图 立轴	151.5cm×82.5cm	264,500	西泠拍卖	2017-07-15
溥伒 溥儒 祁昆 吴熙曾 等 山水隔景·书法隔景 成扇	23cm×66cm	402,500	中国嘉德	2017-06-21
溥伒 壬申（1932年）作 松涧访友 立轴	99cm×33cm	172,500	中国嘉德	2017-12-18
溥伒 山水册页	14.5cm×15cm	172,500	中国嘉德	2017-06-21
溥伒 松涧幽居 立轴	173.5cm×75cm	897,000	中国嘉德	2017-12-18
溥伒 溪山高逸图 立轴	98.5cm×31cm	172,500	西泠拍卖	2017-07-15
溥伒 张大千 水村图·行书五言诗 成扇	18.5cm×51.5cm	1,150,000	中国嘉德	2017-12-18
溥伒 自题“涂雅”书画 册页	12cm×18cm×13	575,000	北京华辰	2017-12-16
溥佺 花鸟 立轴	198.5cm×39cm	299,000	华艺国际	2017-11-25
溥佺 山水四屏 四屏镜心	101.5cm×34cm×4	230,000	北京匡时	2017-06-03
溥佺 松壑立马 镜心	136.5cm×65.5cm	425,500	中国嘉德	2017-12-18
溥佺 松荫立马 立轴	129.5cm×65cm	207,000	荣宝斋（济南）	2017-06-10
溥佺 相马图 镜心	154cm×79cm	565,000	北京银座	2017-12-20
溥佺 雪山征骑 立轴	132cm×66.5cm	230,000	北京银座	2017-12-20
溥佺 源远流长 立轴	134.5cm×66cm	218,500	荣宝斋（济南）	2017-06-10
溥儒 雪山行旅图 立轴	130cm×67cm	598,000	上海敬华	2017-07-01
溥儒 1925年作 楷书浚海禅师源流 手卷	引首：25cm×83cm；书法：25cm×260.5cm	1,336,500	香港苏富比	2017-04-04
溥儒 1928年作 执扇仕女图 镜片	79.5cm×34cm	230,000	西泠拍卖	2017-07-15
溥儒 1928年作 致陈曾寿行书诗卷 镜心	10cm×102cm	1,012,000	北京保利	2017-12-17
溥儒 1931年作 远障江流 镜心	104.5cm×45cm	747,500	北京匡时	2017-12-04
溥儒 1933年作 湖山楼阁图 镜片	30cm×24.5cm	368,000	西泠拍卖	2017-07-15

拍品名称	物品尺寸	成交价RMB	拍卖公司	拍卖日期
溥儒 1933年作 秋江无尽图 手卷	画9cm×318cm；引首9cm×46cm；题跋14cm×32cm	1,725,000	北京保利	2017-06-05
溥儒 1934年作 拟文衡山画意 镜心	125cm×37cm	1,092,500	北京保利	2017-06-06
溥儒 1934年作 水榭闲谈并行书文 成扇	18cm×50cm	460,000	上海匡时	2017-11-05
溥儒 1934年作 猿戏图 镜片	65cm×28.5cm	1,035,000	西泠拍卖	2017-07-15
溥儒 1934年作 钟馗戏鬼 立轴	68.5cm×30.5cm	460,000	北京银座	2017-06-07
溥儒 1935年作 观音 立轴	119.7cm×39.1cm	726,250	香港蘇富比	2017-10-02
溥儒 1936年作 秋水寒天 立轴	110.5cm×33cm	437,000	上海匡时	2017-11-05
溥儒 1936年作 自作诗十二首 镜心	26cm×174cm	372,172	北京匡时	2017-10-02
溥儒 1937年代 闲亭秋意·行书自作书诗 成扇	18.5cm×50cm×2	782,000	北京银座	2017-12-20
溥儒 1937年作 楷书《东坡志林》镜框	21cm×54cm	1,348,750	香港蘇富比	2017-10-02
溥儒 1937年作 松影石塔 立轴	132cm×31cm	172,500	北京保利	2017-12-17
溥儒 1937年作 溪堂道古图 立轴	113.2cm×46.6cm	1,608,125	香港蘇富比	2017-10-02
溥儒 1938年作 赏秋图 立轴	99cm×64.5cm	690,000	北京保利	2017-06-06
溥儒 1939年作 泛舟图 镜心	本幅89cm×39.5cm；诗堂25.5cm×39cm	575,000	北京匡时	2017-06-03
溥儒 1939年作 福自天申 立轴	76cm×37.5cm	276,000	北京银座	2017-06-07
溥儒 1939年作 楷书心经 手卷	24cm×270cm	1,265,000	中贸圣佳	2017-06-19
溥儒 1940年作 双钩楷书七言联 镜框	74.5cm×33cm	356,400	香港苏富比	2017-04-04
溥儒 1941年作 春郊放鸢图 立轴	47cm×26cm	229,746	中濠典藏	2017-05-22
溥儒 1941年作 丹桂仕女 镜框	95cm×27.8cm	638,250	佳士得	2017-11-28
溥儒 1941年作 江山秋晚 镜心	10.5cm×156.5cm	460,000	北京银座	2017-06-07
溥儒 1942年作 观音大士、楷书七言联 镜心	绘画49cm×26.5cm；书法57cm×11cm×2	1,552,500	上海匡时	2017-11-05
溥儒 1942年作 楷书十五言联 镜框	each: 121.8cm×12.3cm×2	311,250	香港蘇富比	2017-10-02
溥儒 1943年作 河上泛舟 镜框	9.5cm×77.5cm	166,313	佳士得	2017-05-30
溥儒 1943年作 双猿图 立轴	212cm×41cm	342,790	北京匡时	2017-10-02
溥儒 1943年作 云迷雪深并行书诗 镜心	19.5cm×61cm×2	230,000	上海匡时	2017-11-05
溥儒 1945年作 楷书八言联（两幅）镜框	62cm×10cm×2	255,300	佳士得	2017-11-28
溥儒 1945年作 楷书十八言联（两幅）立轴	134cm×13.5cm×2	1,170,125	佳士得	2017-11-28
溥儒 1946年作 红蓼蜻蜓 扇面镜框	18.4cm×49.9cm	612,563	香港苏富比	2017-04-04
溥儒 1947年作 行书"纹卿堂"镜心	60cm×130cm	322,000	北京保利	2017-06-06
溥儒 1947年作 行书古诗四则 立轴	132cm×32cm×4	483,000	上海匡时	2017-11-05
溥儒 1947年作 钟馗图 立轴	32cm×20cm	322,000	西泠拍卖	2017-07-15
溥儒 1948年作 控马图 立轴	66.5cm×34.5cm	904,188	佳士得	2017-11-28
溥儒 1948年作 秋山夕照 立轴	97cm×33cm	622,500	香港蘇富比	2017-10-02
溥儒 1949年作 行书传略 横披		665,992	北京匡时	2017-10-02
溥儒 1949年作 楷书自写诗 立轴	81.3cm×34.4cm	197,125	香港蘇富比	2017-10-02
溥儒 1949年作 绵绵瓜瓞 镜框	57cm×26.5cm	159,563	佳士得	2017-11-20
溥儒 1950年作 白描罗汉 立轴	53cm×22.5cm	230,000	北京银座	2017-06-07
溥儒 1950年作 牡丹翠鸟 镜心	30cm×22cm	241,500	北京银座	2017-12-20
溥儒 1950年作 秋溪放鹤图 镜心	49.5cm×30cm	172,500	北京翰海	2017-12-15
溥儒 1951年作 碧落云飞 立轴	53cm×27cm	207,000	保利华谊	2017-12-08
溥儒 1951年作 柴门幽栖图 镜框	69cm×25.7cm	1,002,375	香港苏富比	2017-04-04
溥儒 1951年作 寒林远帆图 镜片	79cm×27cm	172,500	西泠拍卖	2017-07-15
溥儒 1951年作 岚光霁色 立轴	118cm×31.5cm	510,600	佳士得	2017-11-28
溥儒1952年作山水册页（十二开）	33cm×21cm×12	1,058,000	北京匡时	2017-06-03
溥儒 1952年作 携琴图 行书 成扇	18.3cm×45.3cm	394,250	香港蘇富比	2017-10-02
溥儒 1952年作 游银河洞 立轴	87.5cm×28cm	1,382,875	佳士得	2017-11-28
溥儒 1953年作 楷书心经 立轴	101.5cm×42cm	782,000	北京匡时	2017-06-03
溥儒 1953年作 秋圃寒蔬 立轴	60.5cm×28.5cm	290,500	香港蘇富比	2017-10-02

拍品名称	物品尺寸	成交价RMB	拍卖公司	拍卖日期
溥儒 1955年作 行书七言联 立轴	141cm×38.5cm×2	321,338	中金国际	2017-11-25
溥儒 1955年作 十二花神诗咏（十二幅）镜框	12.9cm×4.5cm×12	443,500	佳士得	2017-05-30
溥儒 1955年作 书法《停云诗》（四幅）镜框	169cm×39.5cm×4	1,053,313	佳士得	2017-05-30
溥儒 1955年作 陶渊明像 镜框	87cm×32cm	1,010,563	佳士得	2017-11-28
溥儒 1955年作 自画小像 镜心	79.5cm×39cm	1,524,501	北京匡时	2017-04-03
溥儒 1956年代 千山浮翠·行书自作诗 成扇	19cm×50cm×2	276,000	北京银座	2017-12-20
溥儒 1956年作 鸟鸣枝头 镜框	31.6cm×29.4cm	332,625	佳士得	2017-05-30
溥儒 1957年作 饲鸡图 立轴	66cm×32cm	345,000	北京保利	2017-12-17
溥儒 1957年作 陶渊明诗意图 镜心	86cm×37cm	641,342	北京匡时	2017-04-03
溥儒 1958年作 寒玉堂诗钞 手卷	19.8cm×305.5cm	281,170	中金国际	2017-11-25
溥儒 1958年作 行书十一言联 立轴	each: 260.5cm×43.4cm×2	1,037,500	香港蘇富比	2017-10-02
溥儒 1958年作 柳影归牧 立轴	98.4cm×28.5cm	579,150	香港苏富比	2017-04-04
溥儒 1958年作 山水小景（两幅）镜框	直径26cm×2	478,688	佳士得	2017-11-28
溥儒 1958年作 西山松树 手卷	12.5cm×107cm	372,313	佳士得	2017-11-28
溥儒 1958年作 岩石观泉 立轴	95.5cm×34cm	195,500	上海匡时	2017-11-05
溥儒 1958年作 钟馗 镜心	78cm×30cm	252,331	保利香港	2017-04-03
溥儒 1960年作 骏马图 镜框	16cm×117.4cm	4,169,900	佳士得	2017-11-28
溥儒 1960年作 楷书八言联 立轴	201cm×42.5cm×2	345,000	上海匡时	2017-11-05
溥儒 1960年作 双勾书法 镜心	355.3cm×70.5cm	301,254	中金国际	2017-11-25
溥儒 1960年作 水月观音 立轴	79cm×41.7cm	744,625	佳士得	2017-11-28
溥儒 1960年作 童子拜观音·心经 镜心	20cm×100cm	805,000	北京荣宝	2017-06-02
溥儒 1961年作 观音 镜心	102cm×41cm	563,500	北京保利	2017-06-05
溥儒 1961年作 阙汉骞六十寿序八屏立轴	150cm×40cm×8	2,645,000	北京匡时	2017-06-03
溥儒 1961年作 松下高仕 立轴	94cm×34cm	230,000	北京保利	2017-12-17
溥儒 1962年作 策杖行吟图 镜心	16.5cm×82cm	420,552	北京匡时	2017-04-03
溥儒 1962年作 行书《杜甫李太白诗》手卷	44.5cm×184cm	531,875	佳士得	2017-11-28
溥儒 1963年作 溪山独钓图 手卷	画心9.5cm×130cm	522,150	中濠典藏	2017-05-22
溥儒 八卦图 镜框	49cm×23cm	437,000	朵云轩	2017-06-25
溥儒 白描观音 立轴	189cm×83cm	701,500	北京保利	2017-06-05
溥儒 白屋青灯纺织勤 镜框	24cm×69cm	166,313	佳士得	2017-05-30
溥儒 百寿图 镜框	101.5cm×51cm	1,170,125	佳士得	2017-11-28
溥儒 宝驹图 立轴	66cm×39cm	420,552	北京匡时	2017-04-03
溥儒 报喜图 镜心	67.5cm×28cm	517,500	中国嘉德	2017-06-20
溥儒 碧峰千寻 行书五言联 立轴	画61cm×30cm；联67.5cm×17cm×2	460,000	中国嘉德	2017-06-20
溥儒 碧嶂青林 立轴	60cm×22.5cm	172,500	中国嘉德	2017-06-20
溥儒 丙申（1956年）作 观音大士像 立轴	120cm×55cm	6,440,000	中国嘉德	2017-06-20
溥儒 丙申（1956年）作 楷书《海中龟山赋》镜心	27.5cm×102.5cm	207,000	中国嘉德	2017-12-19
溥儒 丙申（1956年）作 凝碧蟠青 手卷	引首16.5cm×42cm；画16.5cm×134cm；跋16.5cm×100cm	1,725,000	中国嘉德	2017-12-18
溥儒 丙戌（1946）年作 松下高士 扇片	18cm×51cm	225,000	上海驰翰	2017-06-26
溥儒 丙寅十二月（1927年）作 千峰凝黛拥烟鬟 立轴	78.3cm×33.2cm	207,000	北京诚轩	2017-06-18
溥儒 泊舟清话图 立轴	95cm×29cm	1,495,000	中国嘉德	2017-06-20
溥儒 菜单 镜心	28cm×57.6cm	598,000	北京保利	2017-06-06
溥儒 草书七言联 立轴	132cm×29.5cm×2	195,500	北京翰海	2017-12-15
溥儒 禅心驯鹭图 成扇	18.5cm×47cm	253,000	北京银座	2017-06-07

(成交价RMB：15万元以上)

拍品名称	物品尺寸	成交价RMB	拍卖公司	拍卖日期
溥儒 巉岩云翳 镜心	31cm×40cm	218,500	北京诚轩	2017-06-18
溥儒陈含光致周至柔册页（九开）	24.5cm×32cm×9	172,500	中国嘉德	2017-06-20
溥儒 持扇仕女 立轴	74cm×30.5cm	1,116,938	佳士得	2017-11-28
溥儒 赤城霞起 镜心	60cm×29cm	172,500	中国嘉德	2017-06-20
溥儒 春山图 立轴	95cm×22cm	368,000	西泠拍卖	2017-07-15
溥儒 春溪泛舟 立轴	94cm×45.5cm	851,000	中国嘉德	2017-06-20
溥儒 萃锦 册页（六开）	画 25.5cm×27cm×6；字17cm×27cm×2	517,500	中国嘉德	2017-06-20
溥儒 翠蒲仙芝图 立轴	75.5cm×23cm	437,000	中国嘉德	2017-06-20
溥儒 大头和尚度柳翠 立轴	字17cm×29cm；画60cm×29cm	575,000	中国嘉德	2017-06-20
溥儒 丹壑云泉 镜心	81cm×29cm	253,000	中国嘉德	2017-12-18
溥儒 叠文吉语（四幅）纸板镜框	28.5cm×21cm×4	478,688	佳士得	2017-11-28
溥儒 叠嶂穹岩 手卷		1,092,500	北京银座	2017-06-07
溥儒 丁丑（1937年）作 小景山水（四帧）镜心	22cm×10cm×4	713,000	中国嘉德	2017-06-20
溥儒 丁亥（1947年）作 高士图 立轴	101.5cm×32.5cm	862,500	中国嘉德	2017-06-20
溥儒 丁亥（1947年）作 云山高士 镜心	99cm×32.5cm	230,000	中国嘉德	2017-12-19
溥儒 丁酉（1957年）作 行书七言联 立轴	126cm×23cm×2	230,000	中国嘉德	2017-06-20
溥儒 丁酉（1957年）作 童子扑蝶 镜心	81.5cm×37cm	575,000	中国嘉德	2017-12-19
溥儒 洞庭雨霁 镜心	77cm×27cm	230,000	北京银座	2017-12-20
溥儒 杜少陵诗意图 立轴	59cm×34cm	218,500	广东崇正	2017-06-15
溥儒 二美图 镜片	49.5cm×25cm	172,500	广东崇正	2017-12-13
溥儒 繁英故枝 立轴	56cm×29.5cm	713,000	中国嘉德	2017-06-20
溥儒 泛舟图 立轴	58.5cm×41cm	276,000	中贸圣佳	2017-06-19
溥儒 仿北宗山水 立轴	70cm×28.5cm	460,000	中国嘉德	2017-12-18
溥儒 仿宋花鸟 手卷	引首 27cm×99cm；本幅27cm×388cm	5,175,000	北京匡时	2017-06-03
溥儒 仿唐寅纨扇仕女 立轴	82.5cm×43.5cm	437,000	中国嘉德	2017-12-19
溥儒 仿文徵明山水 立轴	111cm×36cm	172,500	北京保利	2017-12-16
溥儒 放纸鸢 镜心	97cm×31.5cm	517,500	中贸圣佳	2017-06-19
溥儒 飞白书“黄鹤” 镜片	53cm×32.5cm	230,000	广东崇正	2017-06-15
溥儒 枫林双骏 镜心	70.5cm×39cm	322,000	中国嘉德	2017-12-19
溥儒 枫林晚景 立轴	120cm×39.5cm	638,250	佳士得	2017-11-28
溥儒 凤舞（竹丝飞白书）镜心	36cm×70cm	230,000	北京保利	2017-06-06
溥儒 福灵寿海图 镜框	8.5cm×24.5cm	172,500	北京东正	2017-12-09
溥儒 福禄宜之 镜片	58cm×31cm	276,000	广东崇正	2017-12-13
溥儒 福禄宜之 镜心	59cm×31cm	322,000	北京银座	2017-06-07
溥儒 高处人家 立轴	119.5cm×28.5cm	1,150,000	中国嘉德	2017-06-20
溥儒 高士策杖 立轴	98.5cm×33cm	828,000	中国嘉德	2017-06-20
溥儒 庚午（1930年）作 西山诗意 立轴	101cm×33cm	293,065	中国嘉德	2017-05-29
溥儒 庚寅（1950年）作 碧潭秋意 镜心	86cm×27cm	293,820	中国嘉德	2017-10-03
溥儒 庚寅（1950年）作 丹华通畔图 立轴	字 16.5cm×16.5cm；画34.7cm×16.5cm	805,000	中国嘉德	2017-06-20
溥儒 庚寅（1950年）作 行书五言诗 镜心	73.5cm×29.5cm	230,000	中国嘉德	2017-06-20
溥儒 庚寅（1950年）作 马上封侯 镜心	65cm×33cm	1,380,000	中国嘉德	2017-06-20
溥儒 庚寅（1950年）作 小楷《自撰易训篇》手卷	引首 23cm×83.5cm；书法23cm×70.5cm	3,105,000	中国嘉德	2017-06-20
溥儒 庚寅（1950年）作 终南进士图 镜心	28cm×12cm	523,330	中国嘉德	2017-05-29
溥儒 供养佛 心经 镜心	17.5cm×15cm×2	368,000	北京荣宝	2017-12-02

拍品名称	物品尺寸	成交价RMB	拍卖公司	拍卖日期
溥儒 孤峰翠岭 镜心	70.5cm×37cm	517,500	上海匡时	2017-11-05
溥儒 孤鹤扁舟 镜框	68.7cm×33cm	190,273	纽约苏富比	2017-03-16
溥儒 孤柳图 镜框	87.5cm×29.5cm	250,000	上海驰翰	2017-06-26
溥儒 古松骏马 立轴	66cm×38.5cm	316,400	北京银座	2017-12-20
溥儒 古冢狐 立轴	28cm×18cm	234,025	佳士得	2017-11-28
溥儒 观鹤楼图 立轴	128.5cm×62cm	747,500	北京匡时	2017-03-29
溥儒 观瀑图 镜心	94cm×27cm	345,000	北京保利	2017-11-10
溥儒 观音 立轴	74cm×40.5cm	391,000	中国嘉德	2017-12-19
溥儒 归帆图 立轴	126cm×36cm	209,332	中国嘉德	2017-05-29
溥儒 鬼趣 四屏镜心	27cm×19cm×4	230,000	北京银座	2017-06-07
溥儒 癸卯（1963）年作 鹤鸣松峰 立轴	88cm×28cm	184,000	朵云轩	2017-06-25
溥儒 癸巳（1953年）作 茅舍清话 立轴	57cm×35.5cm	437,000	中国嘉德	2017-06-20
溥儒 癸巳（1953年）作 游东鲲诗 镜心	27.5cm×120cm	598,000	中国嘉德	2017-06-20
溥儒癸酉（1933年）作对弈图立轴	97cm×50cm	920,000	中国嘉德	2017-06-20
溥儒 寒林归牧 立轴	67cm×41.5cm	465,675	佳士得	2017-05-30
溥儒 寒玉堂书画册（十开）	11cm×10.5cm×10cm	2,300,000	上海嘉禾	2017-07-01
溥儒 行书（六帧）镜心	8.5cm×18cm×6	437,000	中国嘉德	2017-06-20
溥儒 行书（四幅）四屏立轴	104.4cm×33cm×4	638,250	佳士得	2017-11-28
溥儒 行书 对屏立轴	131cm×31.5cm×2	184,000	广东崇正	2017-12-13
溥儒 行书 四屏立轴	131cm×33cm×4	287,500	北京匡时	2017-03-30
溥儒 行书“果证菩提” 镜心	35cm×78cm	195,500	北京保利	2017-06-06
溥儒 行书八言联 立轴	169cm×43cm×2	172,500	中国嘉德	2017-06-20
溥儒 行书白兔诗 镜心	65cm×32cm	207,000	中国嘉德	2017-06-20
溥儒 行书寒玉堂自书赋 手卷	引首 22cm×57.5cm；正文22cm×134cm；22cm×103cm	782,000	中国嘉德	2017-12-18
溥儒 行书七言迭字联 镜框	each：25.7cm×4.6cm×2	290,500	香港蘇富比	2017-10-02
溥儒 行书七言联 镜心	106.5cm×16.5cm×2	207,000	中国嘉德	2017-06-20
溥儒 行书七言联 镜心	102.5cm×17cm×2	184,000	中国嘉德	2017-06-20
溥儒 行书七言联 镜心	67.5cm×11.5cm×2	172,500	中国嘉德	2017-06-20
溥儒 行书七言联 立轴	129cm×30cm×2	437,000	北京翰海	2017-12-15
溥儒 行书七言联 立轴	144cm×38cm×2	345,000	北京银座	2017-12-20
溥儒 行书七言联 立轴	131.5cm×31cm×2	161,000	中国嘉德	2017-06-20
溥儒 行书七言联 立轴	97.5cm×22cm×2	368,000	中国嘉德	2017-06-20
溥儒 行书七言联 立轴	86cm×17cm×2	230,000	中国嘉德	2017-06-20
溥儒 行书七言诗 立轴	100cm×32.5cm	161,000	北京银座	2017-12-20
溥儒 行书七言诗 立轴	115cm×39.5cm	172,500	中国嘉德	2017-06-20
溥儒 行书诗 手卷	17.5cm×357cm	920,000	中国嘉德	2017-12-18
溥儒 行书十言联 立轴	351cm×46cm×2	483,000	北京保利	2017-04-27
溥儒 行书五言联 立轴	67.5cm×19cm×2	253,000	中国嘉德	2017-06-20
溥儒 行书五言诗 立轴	90.5cm×34.5cm	218,500	中国嘉德	2017-06-20
溥儒 河汾秋色图 横披	33.5cm×142cm	1,207,500	北京匡时	2017-12-04
溥儒 荷花蜻蜓 镜框	88.6cm×35.4cm	356,400	香港苏富比	2017-04-04
溥儒 黑和尚 立轴	43cm×19cm	184,000	广东崇正	2017-12-13
溥儒 红树青山 镜框	92cm×30.5cm	532,200	佳士得	2017-05-30
溥儒 红叶扁舟 立轴	53cm×25cm	276,000	北京荣宝	2017-12-02
溥儒 红叶双栖 镜心	71.6cm×28cm	184,000	北京保利	2017-12-16
溥儒 红衣钟馗 立轴	109cm×37cm	782,000	广东崇正	2017-12-13
溥儒 湖山幽趣（八帧）镜框	画心：13.2cm×8.7cm；14cm×8.8cm×7；题跋：29.1cm×37cm×2	1,348,750	香港蘇富比	2017-10-02
溥儒 画必有得 立轴	165cm×30cm×2	184,000	北京保利	2017-12-16
溥儒 荒村残雪 立轴	67.5cm×32.5cm	161,000	中国嘉德	2017-12-19
溥儒 己丑（1949年）作 高士图 立轴	66cm×32cm	161,000	中国嘉德	2017-04-01

拍品名称	物品尺寸	成交价RMB	拍卖公司	拍卖日期
溥儒 己丑（1949年）作 临安山色 立轴	106cm×28cm	391,760	中国嘉德	2017-10-03
溥儒 己丑（1949年）作 绵绵瓜瓞 立轴	56cm×30.5cm	920,000	中国嘉德	2017-06-20
溥儒 己丑（1949年）作 秋江扁舟图 行书七言诗 成扇		437,000	中国嘉德	2017-09-02
溥儒 己丑（1949年）作 题画全卷（四帧）手卷	33.5cm×37.5cm×4	218,500	中国嘉德	2017-06-19
溥儒 己亥（1959年）作 行书《咏猿》诗 镜心	26cm×71.5cm	299,000	中国嘉德	2017-06-20
溥儒 己亥（1959年）作 夕阳塔影 镜心	70.5cm×25.2cm	391,760	中国嘉德	2017-10-03
溥儒 己巳（1929年）作 行书画跋 镜心	11cm×32cm	287,500	中国嘉德	2017-06-20
溥儒 季景山水 屏轴	130cm×39cm	230,000	朵云轩	2017-06-25
溥儒 甲申（1944年）作《寒玉堂千字文》手卷	28.4cm×146.5cm	1,725,000	北京诚轩	2017-06-18
溥儒 甲戌（1934年）作 山水 手卷	画11cm×183cm；跋16.5cm×25cm	1,207,500	中国嘉德	2017-06-19
溥儒 江村归牧图 镜心	78cm×22cm	345,000	北京保利	2017-12-17
溥儒 江村平远 镜框	22.2cm×6.4cm	249,000	香港蘇富比	2017-10-02
溥儒 江干携琴 立轴	100cm×33cm	253,000	中国嘉德	2017-06-19
溥儒 江阁秋烟 镜框	43.7cm×20.2cm	207,500	香港蘇富比	2017-10-02
溥儒 江山帆影 镜心	97cm×43cm	402,500	北京保利	2017-12-17
溥儒 江上归帆 镜心	53cm×30cm	287,500	北京银座	2017-12-20
溥儒 江树青红 立轴	130cm×68cm	448,500	北京匡时	2017-03-29
溥儒 江天帆影 镜心	97cm×43.5cm	402,500	北京银座	2017-06-07
溥儒 江天秋色 镜心	99cm×34cm	218,500	北京银座	2017-12-20
溥儒 江云楼阁并行书文 成扇	19cm×50cm	460,000	上海匡时	2017-11-05
溥儒 江云图 立轴	85cm×41.5cm	1,058,000	中国嘉德	2017-06-20
溥儒 降福穰穰 立轴	50cm×38cm	1,330,500	佳士得	2017-05-30
溥儒 降龙罗汉 立轴	54.5cm×31cm	287,500	上海匡时	2017-11-05
溥儒 金缕衣 镜心	62cm×23cm	166,498	北京匡时	2017-10-02
溥儒 静思图 立轴	81cm×27cm	230,000	上海敬华	2017-07-01
溥儒 静坐图 镜心	70.3cm×26cm	230,000	中国嘉德	2017-12-19
溥儒 镜湖扁舟 立轴	53cm×28.5cm	828,000	中国嘉德	2017-06-20
溥儒楷书水仙扇面（二帧）镜片	19cm×54cm×2	178,250	广东崇正	2017-12-13
溥儒 楷书"般若波罗蜜多心经"镜心	24cm×6.5cm×6	287,500	荣宝斋（上海）	2017-07-30
溥儒 楷书"遂和"镜心	67cm×34cm	943,000	中国嘉德	2017-06-20
溥儒 楷书《佛说阿弥陀经》镜框	59.5cm×103cm	720,688	佳士得	2017-05-30
溥儒 楷书集宋词联 立轴	each：139cm×23.8cm×2	1,141,250	香港蘇富比	2017-10-02
溥儒 楷书七言联（一对）	36cm×6cm	155,678	纽约苏富比	2017-03-16
溥儒 楷书七言联 镜心	67.5cm×10cm×2	230,000	北京荣宝	2017-06-02
溥儒 楷书书斋联 册（十六开）	36.5cm×15cm×16	2,530,000	北京翰海	2017-06-02
溥儒 空翠泛舟 镜心	11cm×66.5cm	575,000	中国嘉德	2017-06-20
溥儒 昆明湖词意图 镜心	58.5cm×28cm	2,070,000	北京匡时	2017-06-03
溥儒 癞虾蟆想吃天鹅肉 镜框	23.8cm×27cm	311,850	香港苏富比	2017-04-04
溥儒 兰石图 镜心	30cm×56cm	230,000	中国嘉德	2017-06-20
溥儒 蓝衣钟馗 镜心	45cm×19cm	345,000	中国嘉德	2017-06-20
溥儒 磊磊奇石 镜心	28.5cm×80.5cm	632,500	中国嘉德	2017-06-20
溥儒 醴泉胜景图 立轴	99cm×42.5cm	4,025,000	北京匡时	2017-06-03
溥儒 隶书六言联 立轴	180cm×37.5cm×2	920,000	中国嘉德	2017-06-20
溥儒 隶书七言联（两幅） 立轴	127.7cm×29cm×2	155,225	佳士得	2017-05-30
溥儒 林壑凝寒图 手卷	14.3cm×86cm	862,500	北京诚轩	2017-06-18
溥儒 林园小景 镜心	68cm×27cm	272,132	中国嘉德	2017-05-29
溥儒 临郭熙雪意图 立轴	89.5cm×51cm	2,331,740	佳士得	2017-11-28
溥儒 临宋人《牧牛图》镜心	53.2cm×31cm	253,000	北京保利	2017-12-16
溥儒 凌波仙子 镜心	106cm×46cm	920,000	北京银座	2017-12-20
溥儒 零金碎玉 镜心	尺寸不一	215,468	中国嘉德	2017-10-03
溥儒 刘海戏金蟾 立轴	37.5cm×27.5cm	529,000	中国嘉德	2017-06-20
溥儒 柳岸春风 镜心	23.5cm×26.5cm	322,000	北京匡时	2017-06-03
溥儒 柳堤散牧 镜心	78cm×27cm	345,000	北京银座	2017-12-20
溥儒 柳浪图 立轴	88cm×33cm	184,000	北京荣宝	2017-12-02
溥儒 柳塘春水 镜片	28.5cm×53.5cm	150,000	上海驰翰	2017-06-26
溥儒 柳塘暮色 镜心	28cm×53cm	241,500	北京银座	2017-12-20
溥儒 柳荫归牧 书法对联（三幅）镜框	89.5cm×26.6cm×2；90cm×14.5cm	744,625	佳士得	2017-11-28
溥儒 芦雁 镜心	29.5cm×21cm	241,500	北京银座	2017-12-20
溥儒 芦雁 立轴	69.5cm×31.5cm	391,000	中国嘉德	2017-06-20
溥儒 罗汉、楷书十二言联一堂	对联32cm×10cm×2；画63cm×32cm	690,000	北京保利	2017-12-17
溥儒 罗清媛 商衍鎏 江雨萧寺图·行书七言诗 成扇	19cm×51cm	299,000	中国嘉德	2017-06-21
溥儒 绿梅喜鹊 镜框	63cm×30.5cm	177,400	佳士得	2017-05-30
溥儒 茅屋秋涧图 立轴	91cm×33cm	172,500	北京荣宝	2017-06-02
溥儒 茂竹引杖屐 立轴	60cm×28cm	172,500	北京保利	2017-12-17
溥儒 墨梅 立轴	105cm×39.5cm	531,875	佳士得	2017-11-28
溥儒 墨松 立轴	132cm×64cm	1,702,000	佳士得	2017-11-28
溥儒 墨蟹 立轴	117.5cm×36.5cm	897,000	北京匡时	2017-06-03
溥儒 牧人吹笛·临孙过庭书 立轴	18cm×51cm×2	201,250	北京银座	2017-06-07
溥儒 拟古山水册 立轴		636,610	北京匡时	2017-10-02
溥儒 年年大吉 镜框	68.8cm×34.6cm	234,025	佳士得	2017-11-28
溥儒 鸟啼娇韵依红叶 立轴	68.5cm×28.5cm	421,325	佳士得	2017-05-30
溥儒 潘龄皋 松荫骏马·行书议诏 成扇	18.5cm×51.5cm	207,000	中国嘉德	2017-06-21
溥儒 攀岩撼霜木 镜心	57cm×29.3cm	402,500	荣宝斋（上海）	2017-07-30
溥儒 蟠桃图 镜心	59cm×28cm	207,000	上海匡时	2017-11-05
溥儒 蓬莱仙境 立轴	89cm×41cm	977,500	朵云轩	2017-12-14
溥儒 枇杷 镜心	28cm×56cm	345,000	中国嘉德	2017-06-20
溥儒 枇杷小鸟 镜框	48cm×35cm	372,313	佳士得	2017-11-28
溥儒 琵琶行诗意图 镜片	78.5cm×44.5cm	1,840,000	西泠拍卖	2017-07-15
溥儒 瓶花 镜框	68.5cm×34.5cm	1,010,563	佳士得	2017-11-28
溥儒 瓶花 镜框	55.5cm×18.5cm	443,500	佳士得	2017-05-30
溥儒 葡萄 镜框	44.5cm×28.5cm	197,125	香港蘇富比	2017-10-02
溥儒 溥伒 己巳（1929年）作 秋江烟树·行书书论 成扇	19.5cm×54cm	345,000	中国嘉德	2017-06-21
溥儒 溥伒 萧寺行僧 扇面镜框	19.2cm×54.4cm	155,925	香港苏富比	2017-04-04
溥儒 溥伒 幽谷读书图·行书五言诗 成扇	19.5cm×55cm	368,000	中国嘉德	2017-06-21
溥儒 溥修 翠阑清晓·行书李太白诗 成扇	18cm×50cm×2	169,500	北京银座	2017-12-20
溥儒 奇峰丛翠 镜框	30cm×92cm	1,219,625	佳士得	2017-05-30
溥儒 骑驴图·行书七言诗 扇面	18cm×51cm×2	345,000	中国嘉德	2017-06-20
溥儒 启功 1941年作 书画合璧 扇面镜框	18.3cm×50.8cm	1,113,750	香港苏富比	2017-04-04
溥儒 启功 傅增湘 溥伒 等 名家隔景 成扇	18.5cm×50cm×2	632,500	北京银座	2017-12-20
溥儒 千峰万壑 镜心	59cm×120cm	345,000	上海匡时	2017-11-05
溥儒 千峰万柯图 手卷	98cm×13.5cm	437,000	北京宣石	2017-05-21
溥儒 千山挹翠 立轴	127cm×64.5cm	897,000	华艺国际	2017-05-27
溥儒 牵马图 镜片	55cm×36cm	210,000	上海驰翰	2017-06-26
溥儒 樵风出幽谷 立轴	39.7cm×28.6cm	166,750	中贸圣佳	2017-06-19
溥儒 青山古寺 镜心	104cm×52.5cm	356,500	北京匡时	2017-03-29
溥儒 青山云海 镜心	104cm×52cm	517,500	保利华宜	2017-12-08
溥儒 青松飞瀑 立轴	99.4cm×31.6cm	242,165	纽约苏富比	2017-03-16
溥儒 青松高士 立轴	67cm×37cm	345,000	中国嘉德	2017-06-20
溥儒 青蛙 镜片	26cm×16cm	260,000	上海驰翰	2017-06-26

拍品名称	物品尺寸	成交价RMB	拍卖公司	拍卖日期
溥儒 清峰高阁 镜心	39cm×11cm	230,000	北京银座	2017-12-20
溥儒 清溪帆影 立轴	111.5cm×33cm	333,500	中国嘉德	2017-12-18
溥儒 秋风立马 成扇	18.5cm×47cm	276,000	北京翰海	2017-12-15
溥儒 秋江泛舟 立轴	120cm×41cm	345,000	北京荣宝	2017-06-02
溥儒 秋江孤棹 扇面	19cm×54.5cm	172,500	中国嘉德	2017-06-20
溥儒 秋郊夕照 镜心	30cm×53cm	161,000	中国嘉德	2017-12-19
溥儒 秋林归棹图 立轴	129cm×32cm	166,750	上海泓盛	2017-06-27
溥儒 秋林夕照·行书 成扇	19cm×50.5cm×2	322,000	北京银座	2017-12-20
溥儒 秋牧 成扇	19.8cm×51.5cm	155,625	香港蘇富比	2017-10-02
溥儒 秋浦钓船 立轴	68cm×31cm	437,000	中国嘉德	2017-06-20
溥儒 秋日登山 立轴	139.5cm×40.5cm	862,500	中国嘉德	2017-06-20
溥儒 秋山泛舟 立轴	66.7cm×27cm	302,706	纽约苏富比	2017-03-16
溥儒 秋山泛舟 立轴	66.5cm×27cm	352,584	保利香港	2017-10-03
溥儒 秋山访友 立轴	102.5cm×33cm	713,000	中国嘉德	2017-06-20
溥儒 秋山古寺 立轴	118.5cm×43cm	747,500	中国嘉德	2017-06-20
溥儒 秋山观云 立轴	89cm×33.8cm	632,500	中国嘉德	2017-06-20
溥儒 秋山青影 立轴	56.5cm×27cm	862,500	中国嘉德	2017-06-20
溥儒 秋山听泉 镜心	105cm×35cm	322,000	北京匡时	2017-03-29
溥儒 秋山图 横披	10.2cm×134.5cm	1,955,000	中国嘉德	2017-12-18
溥儒 秋山图·书法 立轴	画119cm×27cm；字59cm×28cm	460,000	中国嘉德	2017-06-20
溥儒 秋山夕照 设色纸本	99cm×33cm	287,500	北京华辰	2017-06-04
溥儒 秋山渔归 立轴	102.5cm×41cm	304,900	保利香港	2017-04-03
溥儒 秋树孤渔 立轴	89.5cm×35cm	207,570	纽约苏富比	2017-03-16
溥儒 秋水孤棹 立轴	67.5cm×32cm	690,000	中国嘉德	2017-06-20
溥儒 秋晚山蔬 镜心	30cm×57cm	667,000	中国嘉德	2017-06-20
溥儒 秋味图 镜心	58cm×29cm	172,500	北京银座	2017-06-07
溥儒 秋雨山禽 立轴	73cm×29.5cm	230,000	中国嘉德	2017-06-20
溥儒 秋斋读书 立轴	79.5cm×34cm	287,500	中国嘉德	2017-06-20
溥儒 曲岸孤棹 立轴	9.1cm×55.4cm	471,500	北京诚轩	2017-06-18
溥儒 人物（二幅）（两幅） 镜框	直径26cm×2	425,500	佳士得	2017-11-28
溥儒 壬辰（1952年）作 碧蕉清影 立轴	40cm×23cm	322,000	中国嘉德	2017-06-20
溥儒 壬辰（1952年）作 驭马图·四体临古 成扇	18cm×46cm	607,063	中国嘉德	2017-05-29
溥儒 壬午（1942年）作 渡海观音·楷书七言联 镜框	画49cm×27cm；字56cm×11cm×2	1,495,000	北京华辰	2017-06-04
溥儒 壬寅（1962）年作 柳岸双骏 镜片	69cm×34cm	230,000	上海敬华	2017-07-01
溥儒 壬寅（1962年）作 寒玉堂书画 册页（十四开）	33cm×47.6cm×14	897,000	北京诚轩	2017-06-18
溥儒 壬寅（1962年）作 行书四条屏 镜心	139.5cm×39.5cm×4	2,415,000	中国嘉德	2017-06-20
溥儒 日暮归帆 镜心	27cm×57cm	207,000	北京银座	2017-12-20
溥儒 三清图 立轴	63.6cm×28.7cm	207,000	北京保利	2017-12-16
溥儒 桑梓白头 镜框	团扇面直径27.2cm	621,000	朵云轩	2017-06-26
溥儒 沙垣奔马图 镜框	28.9cm×90cm	467,775	香港苏富比	2017-04-04
溥儒 山村夕晖 立轴	125cm×31cm	207,000	朵云轩	2017-06-25
溥儒 山居图 立轴	101cm×28cm	172,500	北京荣宝	2017-12-02
溥儒 山林夕照 立轴	133cm×32.5cm	391,000	北京匡时	2017-06-03
溥儒 山路松声图 镜心	104.5cm×37.5cm	414,000	上海匡时	2017-11-05
溥儒 山色斜阳 立轴	105cm×33cm	184,000	北京保利	2017-04-28
溥儒 山水 行书 成扇	20cm×53cm	368,000	荣宝斋（上海）	2017-07-30
溥儒 山水 镜心	132cm×33cm	264,500	福建东南	2017-10-28
溥儒 山水 立轴	99.5cm×33.5cm	210,000	上海驰翰	2017-06-26
溥儒 山水 四屏镜心	132cm×31.5cm×4	1,725,000	北京匡时	2017-12-04
溥儒 山水 四屏镜心	51cm×16cm×4	402,500	北京荣宝	2017-06-02
溥儒 山水 四屏立轴	87.5cm×13.5cm×4	690,000	北京保利	2017-06-06
溥儒 山楂栖禽 立轴	61cm×21.5cm	198,865	中国嘉德	2017-05-29

拍品名称	物品尺寸	成交价RMB	拍卖公司	拍卖日期
溥儒 山中楼阁 立轴	102cm×33cm	368,000	北京荣宝	2017-06-02
溥儒 山中幽谷 立轴	132cm×31.5cm	230,000	北京荣宝	2017-06-02
溥儒 山自古来 立轴	120cm×19cm×2	172,500	北京保利	2017-12-16
溥儒 深山雪霁 立轴	130cm×40.5cm	1,265,000	中国嘉德	2017-06-20
溥儒 石隙孤松 立轴	89.5cm×23.5cm	241,500	中国嘉德	2017-06-19
溥儒 手书《毛诗证诂》《经训类编》	25cm×18cm	2,909,440	纽约苏富比	2017-03-16
溥儒 书法 镜框	91cm×43cm	159,563	佳士得	2017-11-28
溥儒 书法《日进斗金》镜心	93cm×38cm	322,000	上海匡时	2017-11-05
溥儒 书法对联（两幅）镜框	87.5cm×18cm×2	166,313	佳士得	2017-05-30
溥儒 疏林远岫 立轴	120.5cm×41.5cm	460,000	北京银座	2017-12-20
溥儒 双姝并立 立轴	101cm×32cm	342,790	中国嘉德	2017-10-03
溥儒 双双羝羊 立轴	84cm×26.5cm	414,000	中国嘉德	2017-06-20
溥儒 双燕来时 立轴	110cm×20cm	299,000	北京银座	2017-12-20
溥儒 双猿 镜框	59.2cm×23.8cm	210,663	佳士得	2017-05-30
溥儒 水月观音 镜框	93.5cm×38cm	319,125	佳士得	2017-11-28
溥儒 水月观音 镜心	93cm×42cm	575,000	中国嘉德	2017-12-18
溥儒 水月观音 镜心	18.5cm×38cm	230,000	上海匡时	2017-11-05
溥儒 水月观音 立轴	112cm×44cm	747,500	北京银座	2017-06-07
溥儒 四季山水（四幅）镜框	50cm×9.3cm×4	609,813	佳士得	2017-05-30
溥儒 四季写生 四屏立轴	46cm×25.5cm×4	759,000	中国嘉德	2017-12-19
溥儒 四景山水 立轴	166cm×36cm×4	1,380,000	广东崇正	2017-06-15
溥儒 四君子 立轴	56cm×20.5cm×4	977,500	中国嘉德	2017-06-20
溥儒 四时景色 镜框 四帧	各127.6cm×31.4cm	3,510,540	香港苏富比	2017-04-04
溥儒 松岸归樵	23.3cm×26.2cm	184,000	北京保利	2017-06-06
溥儒 松风吹涧水并行书词 立轴	28cm×37.5cm×2	161,000	上海匡时	2017-11-05
溥儒 松风对弈 立轴	131cm×65cm	1,012,000	北京匡时	2017-03-29
溥儒 松风论道 立轴	125.5cm×41.5cm	598,000	北京银座	2017-12-20
溥儒 松鹤延年 立轴	55cm×30cm	402,500	北京保利	2017-12-17
溥儒 松青鹤展 手卷	9.5cm×111.5cm	446,775	佳士得	2017-11-28
溥儒 松山观云图 立轴	101cm×32.5cm	195,500	北京匡时	2017-03-29
溥儒 松山清泉 水墨纸本	101cm×25.5cm	230,000	北京华辰	2017-06-04
溥儒 松溪泛舟 镜片	62cm×23cm	172,500	上海敬华	2017-07-01
溥儒 松溪访友 立轴	93cm×26.5cm	460,000	中国嘉德	2017-06-20
溥儒 松溪云隐图 立轴	110cm×31.5cm	184,000	西泠拍卖	2017-07-15
溥儒 松下读书 立轴	96.5cm×48.2cm	345,950	纽约苏富比	2017-03-16
溥儒 松下高士 立轴	100cm×33.5cm	345,000	北京匡时	2017-12-03
溥儒 松下观瀑 成扇	18.5cm×48cm	931,500	北京翰海	2017-12-15
溥儒 松下逸士 镜心	54.5cm×29.5cm	253,000	中国嘉德	2017-06-20
溥儒 松下钟馗 镜框	63cm×27.5cm	202,113	佳士得	2017-11-20
溥儒 松岫独吟 立轴	100.5cm×36.5cm	1,265,000	中国嘉德	2017-06-20
溥儒 松岩飞瀑 手卷		1,840,000	中国嘉德	2017-12-18
溥儒 松阴待月吟 镜心	80cm×39cm	231,304	保利香港	2017-04-03
溥儒 松荫独钓 立轴	65cm×32.5cm	977,500	中国嘉德	2017-06-20
溥儒 松荫高士 立轴	94.5cm×31cm	230,000	上海明轩	2017-06-30
溥儒 松荫清话 立轴	104cm×45.7cm	920,000	中国嘉德	2017-06-20
溥儒 松猿图 手卷	11cm×118cm	313,998	中国嘉德	2017-05-29
溥儒 宋育德 垂钓图 行书 成扇	18cm×51cm	345,000	荣宝斋（上海）	2017-07-30
溥儒 苏武牧羊 立轴	60.5cm×33.5cm	215,468	中国嘉德	2017-10-03
溥儒 岁寒幽姿 扇面镜心	18cm×50.8cm	241,500	北京诚轩	2017-06-18
溥儒 岁时清供图 立轴	64cm×27cm	322,000	观唐皕榷	2017-01-11
溥儒 台车游乌来 镜心	16.8cm×56cm	632,500	北京诚轩	2017-06-18
溥儒 桃柳啼禽 立轴	97cm×28cm	299,000	中国嘉德	2017-06-19
溥儒 桃熟千年实 镜心	57.5cm×28.5cm	184,000	北京银座	2017-06-07
溥儒 天清远峰出 镜心	79cm×31cm	437,000	荣宝斋（上海）	2017-07-30
溥儒 调琴图 镜心	56cm×29cm	184,000	北京保利	2017-12-17
溥儒 听松图 立轴	74.5cm×28cm	172,500	北京匡时	2017-03-29
溥儒 亭台远帆 镜片	136cm×9.3cm	302,706	纽约苏富比	2017-03-16

拍品名称	物品尺寸	成交价RMB	拍卖公司	拍卖日期
溥儒 纨扇仕女 镜心	53.5cm×20.5cm	575,000	中国嘉德	2017-06-19
溥儒 王筠诗意图 镜片	11.5cm×66.5cm	460,000	广东崇正	2017-06-15
溥儒 危嶂渡舟 镜心	100cm×28cm	509,288	保利香港	2017-10-03
溥儒 危嶂千仞 镜心	93.5cm×41.5cm	218,500	北京匡时	2017-06-03
溥儒 吴咏香 山水（二帧）镜心	27cm×24cm×2	172,500	中国嘉德	2017-06-19
溥儒 五柳先生像 镜心	58cm×22cm	529,000	北京保利	2017-12-16
溥儒 戊戌（1958年）、己亥（1959年）作 书画合璧 册页（六开十二页）	17.3cm×16.5cm×12	437,000	中国嘉德	2017-12-19
溥儒 戊戌除夕（1959年）作《般若波罗蜜多心经》镜心	29.5cm×32.2cm	690,000	北京诚轩	2017-06-18
溥儒 戊寅（1938年）作 秋柳 镜心	83cm×23.5cm	862,500	中国嘉德	2017-12-19
溥儒 戊子（1948年）作 行书五言诗 立轴	133cm×33cm	287,500	中国嘉德	2017-06-20
溥儒 戊子（1948年）作 夏山泛舟图 设色纸本	108cm×32cm	690,000	北京华辰	2017-06-04
溥儒 西施 立轴	91.5cm×27cm	904,188	佳士得	2017-11-28
溥儒 溪边孤亭 镜框	110cm×29.5cm	188,488	佳士得	2017-05-30
溥儒 溪山无尽 镜框	53.5cm×29cm	159,563	佳士得	2017-11-28
溥儒 溪山萧寺图 镜心	8.5cm×57cm	177,531	中濠典藏	2017-05-22
溥儒 喜上眉梢 镜心	57cm×34cm	345,000	北京保利	2017-06-06
溥儒 戏猿图 手卷	8.5cm×110.5cm	276,575	佳士得	2017-11-28
溥儒 仙女乘槎图 镜框	77.5cm×37.9cm.	423,225	香港苏富比	2017-04-04
溥儒 仙山楼阁 立轴	89.2cm×41.2cm	648,656	纽约佳士得	2017-03-14
溥儒 香升佛界 立轴	54.5cm×28.5cm	598,000	中国嘉德	2017-06-20
溥儒 小荷蜻蜓图 镜片	27cm×20.5cm	345,000	西泠拍卖	2017-07-15
溥儒 斜阳秋光 立轴	129cm×46cm	575,000	中国嘉德	2017-06-20
溥儒 携友观云图 立轴	98.5cm×33.5cm	1,035,000	中国嘉德	2017-06-20
溥儒 心猿意马图 扇面镜框	14.2cm×43.9cm	245,025	香港苏富比	2017-04-04
溥儒 辛卯（1951年）作 行书九日山中诗 镜心	33.5cm×14.5cm	230,000	中国嘉德	2017-06-20
溥儒 辛卯（1951年）作 扑蝶图 镜心	50.5cm×25cm	276,000	中国嘉德	2017-06-19
溥儒 辛巳（1941年）作 鸟道入云深 立轴	22cm×6.2cm	230,000	北京诚轩	2017-06-18
溥儒 邢端 1945年作 花卉双碟·楷书《心经》成扇	19.5cm×52.5cm×2	402,500	北京银座	2017-06-07
溥儒 邢端 1946年作 梨花蝴蝶·楷书《赤壁赋》成扇	19.5cm×52.5cm×2	322,000	北京银座	2017-06-07
溥儒 邢端 秋山放舟图 楷书 成扇	18cm×50cm	345,000	荣宝斋（上海）	2017-07-30
溥儒 雪峰萧寺图 手卷	10.3cm×71.8cm	575,000	中国嘉德	2017-12-18
溥儒 雪后寒林 镜心	90cm×16cm×2	161,000	北京保利	2017-12-16
溥儒 雪山行旅 立轴	98.5cm×31.5cm	184,000	北京匡时	2017-06-03
溥儒 雪夜访友 立轴	55cm×28.5cm	598,000	中国嘉德	2017-06-20
溥儒 驯马图 立轴	60cm×27.5cm	1,150,000	中国嘉德	2017-06-20
溥儒 烟云水村图 立轴	99cm×33cm	690,000	华艺国际	2017-05-27
溥儒 燕文贵春山图 镜框	6cm×123cm	465,675	佳士得	2017-05-30
溥儒 仰看林际鸟 镜心	34.5cm×22cm	460,000	中国嘉德	2017-06-20
溥儒 乙未（1955年）作 行书七言联 立轴	91cm×16.5cm×2	218,500	中国嘉德	2017-06-20
溥儒 乙未（1955年）作 洛神 立轴	95cm×38cm	517,500	中国嘉德	2017-06-20
溥儒 乙未（1955年）作 清溪归棹 镜心	21.3cm×43cm	322,000	中国嘉德	2017-06-20
溥儒 乙未（1955年）作 山水清音 手卷	引首18.5cm×51cm；画18.5cm×94.5cm；跋18.5cm×42cm	1,610,000	中国嘉德	2017-12-18
溥儒 忆西山松 镜心	33cm×67.5cm	803,344	中金国际	2017-11-25
溥儒 异卉图 镜框	23cm×26cm	690,000	上海明轩	2017-06-30
溥儒 樱花 镜心	65.5cm×27cm	253,000	中国嘉德	2017-06-20

拍品名称	物品尺寸	成交价RMB	拍卖公司	拍卖日期
溥儒 幽客寻泉 立轴	91.5cm×32.2cm	517,500	中国嘉德	2017-06-20
溥儒 幽林咏兴 立轴	131cm×40cm	977,500	中国嘉德	2017-06-20
溥儒 幽山观瀑 镜片	100cm×34.8cm	389,194	纽约佳士得	2017-03-14
溥儒 玉兰花 镜心	59.5cm×28.5cm	632,500	中国嘉德	2017-06-20
溥儒 元宵婴戏图 镜框	40cm×50cm	188,488	佳士得	2017-05-30
溥儒 猿戏图 镜心	39cm×30cm	209,332	中国嘉德	2017-05-29
溥儒 猿戏图 立轴	100cm×28cm	261,665	中国嘉德	2017-05-29
溥儒 远渡沧水 镜心	13cm×124cm	2,185,000	北京匡时	2017-12-04
溥儒 远岫孤亭 立轴	98cm×25cm	1,495,000	中国嘉德	2017-06-20
溥儒 月夜泛舟图 立轴	86cm×40cm	172,500	北京华辰	2017-12-16
溥儒 云溪独钓 立轴	74cm×36.5cm	368,000	中国嘉德	2017-12-18
溥儒 增福财神象 镜框	61cm×20cm	2,021,125	佳士得	2017-11-28
溥儒 张心煦 天津小景 洛阳双娇 成扇	18.2cm×49.2cm	517,500	北京诚轩	2017-06-18
溥儒 张元济 煮茶图 行书 成扇	19cm×50cm	517,500	荣宝斋（上海）	2017-07-30
溥儒 长耳公 镜心	60cm×28.5cm	276,000	中国嘉德	2017-06-20
溥儒 长寿图 立轴	69.5cm×26.5cm	667,000	西泠拍卖	2017-07-15
溥儒 折枝花卉 镜心	52cm×27cm	517,500	中国嘉德	2017-06-20
溥儒 终南进士捶背图 镜框	40.5cm×23.5cm	332,625	佳士得	2017-05-30
溥儒 钟进士图 立轴	99cm×33cm	244,850	北京匡时	2017-10-02
溥儒 钟进士作书像 镜心	84cm×28.5cm	483,000	中国嘉德	2017-06-20
溥儒 钟馗 镜心	26cm×11.5cm	345,000	北京东正	2017-06-08
溥儒 钟馗 立轴	90cm×39cm	437,000	北京匡时	2017-06-03
溥儒 钟馗嫁妹 镜框	75cm×36.8cm	4,949,460	佳士得	2017-05-30
溥儒 钟馗群像图 镜心	30.5cm×52cm	1,437,500	上海匡时	2017-11-05
溥儒 众生异态（九帧）镜框	each: 6.3cm×9.6cm×9	435,750	香港蘇富比	2017-10-02
溥儒 朱松猿猴 镜心	34cm×31cm	186,086	中国嘉德	2017-10-03
溥儒 竹报平安 镜片	26cm×58.6cm	190,273	纽约佳士得	2017-03-14
溥儒 竹屋清话 立轴	96cm×26cm	244,850	中国嘉德	2017-10-03
溥儒 煮茶图 镜心	90cm×53cm	4,255,000	中国嘉德	2017-06-20
溥儒 啄木鸟 立轴	87cm×27cm	287,500	北京保利	2017-12-17
溥松窗 松间五骏 立轴	130cm×79.5cm	253,000	荣宝斋（济南）	2017-06-10
溥僩 海东青 立轴	136.5cm×70.5cm	517,500	北京匡时	2017-03-29
溥佐 1923年作 浴马图 镜心	134cm×68cm	184,000	北京匡时	2017-12-03
溥佐 1982年作 大宛名驹 立轴	128cm×66cm	517,500	北京匡时	2017-03-29
溥佐 1989年作 八骏图 镜心	66cm×130cm	322,000	北京翰海	2017-06-02
溥佐 溥儒 溥伒 画 题 双骏踏边月 立轴	97.4cm×47.5cm	276,000	北京诚轩	2017-06-18
溥佐 人马图 镜心	98.5cm×32cm	161,000	中国嘉德	2017-12-19
溥佐 松瀑图 镜心	245cm×125cm	437,000	北京荣宝	2017-06-02
溥佐 松荫八骏 立轴	130cm×65.5cm	195,500	中国嘉德	2017-12-18
溥佐 松鹰图 镜心	100cm×50cm	322,000	中国嘉德	2017-03-31
溥佐 松鹰图 立轴	128cm×64cm	161,000	观唐皕榷	2017-01-11
溥佐 叶昀 吴镜汀 松山牧马 镜心	103.2cm×50.5cm	391,000	中国嘉德	2017-12-19
齐白石《莲花》立轴	42cm×29cm	335,363	伦敦苏富比	2017-05-10
齐白石 蜻蜓菊花 立轴	104cm×35cm	2,472,500	上海敬华	2017-07-01
齐白石（款）鹌鹑 立轴	59cm×24cm	402,500	北京保利	2017-11-10
齐白石（款）大吉图 镜心	101cm×49cm	276,000	北京保利	2017-11-10
齐白石（款）篆书四言联 立轴	137cm×41cm×2	299,000	北京翰海	2017-09-10
齐白石《蟹》立轴	135cm×34.5cm	558,938	伦敦苏富比	2017-05-10
齐白石 1917年作 葡萄 立轴	145.5cm×61cm	3,277,500	北京荣宝	2017-12-02
齐白石 1918年作 李铁拐	107cm×72cm	1,056,000	羅芙奧	2017-12-02
齐白石 1919年作 洞庭归帆图 立轴	69.5cm×33.6cm	1,495,000	观唐皕榷	2017-01-11
齐白石 1920年作 花卉果蔬图 册页（十二开）	33cm×34cm×12	5,520,000	华艺国际	2017-05-27
齐白石 1920年作 蔬果草虫 镜框	13.5cm×19cm	864,825	佳士得	2017-05-30
齐白石 1920年作 双秋图 立轴	95cm×33cm	598,000	北京荣宝	2017-06-02

拍品名称	物品尺寸	成交价RMB	拍卖公司	拍卖日期
齐白石 1920年作 四蟹图 镜心	19cm×55cm	195,500	北京保利	2017-12-16
齐白石 1920年作 藤萝小雀 镜心	89cm×47cm	6,226,600	观唐皕榷	2017-01-11
齐白石 1921年作 红梅 立轴	168.5cm×42cm	2,012,500	北京银座	2017-12-20
齐白石 1922年作 海棠翠鸟 立轴	132cm×31.5cm	2,070,000	北京荣宝	2017-12-02
齐白石 1922年作 海棠幽鸟 立轴	132cm×31.5cm	1,725,000	华艺国际	2017-05-27
齐白石 1922年作 红梅结子 立轴	137cm×19cm	2,185,000	北京银座	2017-12-20
齐白石 1922年作 莲仁水鸟 立轴	119cm×34cm	2,300,000	北京荣宝	2017-12-02
齐白石 1922年作 秋菊 立轴	135cm×32.5cm	747,500	北京匡时	2017-06-03
齐白石 1922年作 夏山图 立轴	135.5cm×33cm	16,100,000	北京匡时	2017-12-04
齐白石 1923年作 多子多寿 立轴	174cm×47cm	11,500,000	北京荣宝	2017-06-02
齐白石 1923年作 福禄重鸣图 立轴	110.5cm×24.5cm	1,725,000	观唐皕榷	2017-01-11
齐白石 1923年作 群荷争妍（四幅）镜框	134.6cm×33.6cm×4	7,744,100	佳士得	2017-11-28
齐白石 1923年作 书画合璧 成扇	24cm×68cm	690,000	北京匡时	2017-12-04
齐白石 1923年作 竹报平安 立轴	136cm×33cm	2,507,000	北京银座	2017-06-07
齐白石 1923年作 竹鸡图 立轴	136cm×33.5cm	3,047,500	北京荣宝	2017-12-02
齐白石 1924年作 傲雪之姿 立轴	104cm×34cm	862,500	北京保利	2017-12-17
齐白石 1924年作 花卉禽石 四屏立轴	136cm×57cm×4	43,700,000	北京保利	2017-12-17
齐白石 1924年作 临水高人 成扇	18.5cm×50cm	172,500	北京匡时	2017-12-03
齐白石 1924年作 螃蟹酒瓮 立轴	132cm×32cm	5,750,000	北京保利	2017-12-17
齐白石 1924年作 秋菊图 立轴	136cm×33.5cm	690,000	保利厦门	2017-06-25
齐白石 1924年作 秋色 镜心	134cm×33cm	782,000	北京保利	2017-08-02
齐白石 1924年作 一帆风顺 立轴	131cm×24cm	6,900,000	北京荣宝	2017-12-02
齐白石 1925年作 独立山隐 立轴	136cm×33cm	2,875,000	北京保利	2017-06-05
齐白石 1925年作 归鸦 镜心	35.6cm×39.4cm	562,341	中金国际	2017-11-25
齐白石 1925年作 隶书 立轴	132cm×31cm	1,506,270	中金国际	2017-11-25
齐白石 1925年作 拟金农梅花图镜心	117cm×40cm	632,500	上海匡时	2017-11-05
齐白石 1925年作 蜻蜓莲蓬 立轴	76.5cm×30cm	354,800	佳士得	2017-05-30
齐白石 1925年作 山水十二条屏立轴	180cm×47cm×12	931,500,000	北京保利	2017-12-17
齐白石 1925年作 山芋 镜心	133cm×33cm	1,150,000	北京荣宝	2017-06-02
齐白石 1926年作 芋魁螃蟹 立轴	93cm×42cm	1,092,500	北京保利	2017-06-05
齐白石 1927年作 荷花莲蓬 镜心	19cm×54cm	828,000	北京匡时	2017-12-04
齐白石 1929年作 堤岸鸬鹚 镜心	136cm×34.5cm	4,485,000	北京翰海	2017-06-02
齐白石 1929年作 柳牛图 立轴	155cm×37.5cm	4,577,000	北京银座	2017-12-20
齐白石 1929年作 松鹰 立轴	134cm×61cm	7,475,000	上海匡时	2017-11-05
齐白石 1930年作 芭蕉小鸡 立轴	137cm×34cm	2,185,000	北京荣宝	2017-12-02
齐白石 1930年作 月下寻旧图 镜心	153cm×40.5cm	5,520,000	北京银座	2017-06-07
齐白石 1931年作 紫藤双蜂 立轴	32cm×33.5cm	575,000	北京银座	2017-06-07
齐白石 1932年作 行书"石笋斋"镜心	39cm×134.5cm	805,000	北京匡时	2017-12-04
齐白石 1932年作 行书七言诗 立轴	135cm×67cm	6,325,000	观唐皕榷	2017-01-11
齐白石 1932年作 水草游虾 成扇	18cm×49cm	517,500	北京翰海	2017-12-15
齐白石 1933年作 小鸡 镜心	37cm×17.5cm	207,000	北京翰海	2017-12-15
齐白石 1934年作 吉祥多子图 镜片	83.5cm×42cm	1,725,000	西泠拍卖	2017-07-15
齐白石 1934年作 无量寿佛 立轴	101cm×33cm	4,140,000	北京匡时	2017-12-04
齐白石 1934年作 雁来红八哥 镜心	18.5cm×52cm	402,500	上海匡时	2017-11-05
齐白石 1935年作 荷花蜜蜂 立轴	79cm×40cm	1,265,000	北京荣宝	2017-06-02
齐白石 1935年作 花卉草虫 册页（八开）	32.5cm×27.5cm×8	16,790,000	北京荣宝	2017-12-02
齐白石 1935年作 葡萄草虫图 立轴	65cm×33.5cm	5,175,000	观唐皕榷	2017-01-11
齐白石 1935年作 绶带桃花 立轴	135.5cm×37.5cm	904,188	佳士得	2017-11-28
齐白石 1935年作 鼠子啮书图 镜框	33.8cm×45.4cm	498,000	香港蘇富比	2017-10-02
齐白石 1936年作 池塘清趣 立轴	136cm×33.5cm	2,012,500	北京荣宝	2017-12-02
齐白石 1936年作 芦蟹图 立轴	110.5cm×33cm	1,725,000	北京翰海	2017-12-15
齐白石 1936年作 群乐图 立轴	135cm×34cm	1,322,500	北京保利	2017-06-05
齐白石 1936年作 事事多利 扇面镜框	18cm×47.6cm	467,775	香港苏富比	2017-04-04

拍品名称	物品尺寸	成交价RMB	拍卖公司	拍卖日期
齐白石 1936年作 幽兰图 镜心	108cm×50cm	977,500	北京荣宝	2017-12-02
齐白石 1936年作 紫藤蜜蜂 镜心	106cm×36cm	1,955,000	北京保利	2017-12-17
齐白石 1937年作 池塘野趣 立轴	69cm×34cm	1,150,000	北京匡时	2017-06-03
齐白石 1937年作 东坡赏砚 立轴	68cm×34cm	3,162,500	北京荣宝	2017-12-02
齐白石 1937年作 荷花游鱼 立轴	94.5cm×33cm	470,112	保利香港	2017-10-03
齐白石 1937年作 寿桃	137cm×34cm	2,473,623	伦敦佳士得	2017-11-07
齐白石 1938年作 篆书 镜片	184cm×32cm	437,000	朵云轩	2017-12-14
齐白石 1939年作 秋卉工虫·行书陆放翁诗 成扇	20cm×50.5cm×2	1,127,000	北京银座	2017-06-07
齐白石 1939年作 秋声并行书诗成扇	20cm×54cm	1,437,500	上海匡时	2017-11-05
齐白石 1939年作 蔬菜小鸡 立轴	71cm×36cm	293,820	保利香港	2017-10-03
齐白石 1939年作 夏日良品 镜心	17cm×50cm	667,000	上海匡时	2017-11-05
齐白石 1940年作 豆荚 镜心	19cm×50cm	391,000	上海匡时	2017-11-05
齐白石 1940年作 菊花 书法 成扇	20cm×51cm	690,000	华艺国际	2017-05-27
齐白石 1940年作 牵牛蜻蜓 立轴	70cm×32cm	1,495,000	北京荣宝	2017-12-02
齐白石 1940年作 三秋图 立轴	67cm×34cm	2,185,000	北京荣宝	2017-12-02
齐白石 1940年作 双蝶 立轴	102cm×34cm	575,000	北京荣宝	2017-06-02
齐白石 1942年作 五蟹图 立轴	67cm×34.5cm	575,000	保利华谊	2017-12-08
齐白石 1942年作 种豆得豆 立轴	135.5cm×34.5cm	517,500	上海匡时	2017-11-05
齐白石 1943年作 桂花双兔 镜心	100.5cm×34cm	3,220,000	上海匡时	2017-11-05
齐白石 1943年作 红梅花开 立轴	102cm×34cm	1,725,000	北京荣宝	2017-06-02
齐白石 1944年作 川虾 立轴	67cm×33.4cm	638,250	佳士得	2017-11-28
齐白石 1944年作 旧舍垂藤 立轴	133cm×32.5cm	1,667,500	上海匡时	2017-11-05
齐白石 1944年作 兰花蜻蜓 镜心	18cm×51.5cm	368,000	上海匡时	2017-11-05
齐白石 1946年作 菊花草虫 立轴	66cm×35cm	977,500	北京荣宝	2017-12-02
齐白石 1946年作 菊酒延年 立轴	103.5cm×34cm	9,430,000	北京保利	2017-06-05
齐白石 1946年作 篱边花下 立轴	136cm×50cm	3,507,500	北京匡时	2017-12-04
齐白石 1946年作 牵牛花 立轴	96.5cm×36cm	805,000	北京翰海	2017-12-15
齐白石 1946年作 牵牛蚱蜢 立轴	96cm×33cm	1,092,500	北京翰海	2017-12-15
齐白石 1946年作 松鹰图 立轴	136.2cm×64.3cm	10,350,000	北京保利	2017-12-17
齐白石 1946年作 虾趣 立轴	102cm×35cm	1,051,380	保利香港	2017-04-03
齐白石 1946年作 虾趣图 立轴	103.5cm×33.5cm	1,897,500	北京荣宝	2017-12-02
齐白石 1946年作 迎春 立轴	102cm×34.5cm	2,102,760	保利香港	2017-04-03
齐白石 1946年作 篆书"花鸟虫鱼"立轴	33cm×34cm	299,000	北京匡时	2017-12-04
齐白石 1946年作 篆书五言联 立轴	143cm×36cm×2cm	3,132,900	中濠典藏	2017-05-22
齐白石 1947年作 大富贵 镜心	33cm×67cm	313,408	保利香港	2017-10-03
齐白石 1947年作 多寿 立轴	99.5cm×34cm	1,667,500	北京匡时	2017-12-04
齐白石 1947年作 海棠蜻蜓 镜心	101cm×33.5cm	460,000	北京匡时	2017-12-04
齐白石 1947年作 墨虾 立轴	97cm×32cm	1,725,000	北京保利	2017-12-17
齐白石 1947年作 群鸡 镜框	43cm×35.3cm	510,600	佳士得	2017-11-28
齐白石 1947年作 群虾图 镜框	102cm×34cm	1,380,000	华艺国际	2017-05-27
齐白石 1947年作 水族存趣 立轴	102cm×34cm	2,185,000	北京银座	2017-12-20
齐白石 1947年作 雁来红 立轴	93.5cm×36cm	632,500	北京荣宝	2017-12-02
齐白石 1947年作 一生清白 立轴	103cm×34cm	4,830,000	北京保利	2017-12-17
齐白石 1948年作 白头富贵 立轴	138cm×34cm	5,520,000	北京荣宝	2017-06-02
齐白石 1948年作 雏鸡图 镜心	105cm×35cm	690,000	北京匡时	2017-12-04
齐白石 1948年作 大富贵亦寿考立轴	130.5cm×47cm	9,200,000	上海匡时	2017-11-05
齐白石 1948年作 大富贵亦寿考立轴	34cm×68.5cm	1,610,000	北京保利	2017-12-17
齐白石 1948年作 丰年多鼠 立轴	105.5cm×44cm	3,450,000	北京翰海	2017-12-15
齐白石 1948年作 福禄双喜 镜框	96cm×36.5cm	2,760,000	北京荣宝	2017-12-02
齐白石 1948年作 和合鸳鸯 镜心	96cm×36.5cm	3,335,000	北京银座	2017-06-07
齐白石 1948年作 荷花鸳鸯图 立轴	103.5cm×50.5cm	4,140,000	西泠拍卖	2017-07-15
齐白石 1948年作 花草神仙 镜心	101cm×34cm	690,000	北京翰海	2017-12-15
齐白石 1948年作 老鼠偷油图 立轴	101cm×34cm	4,082,500	上海匡时	2017-11-05
齐白石 1948年作 葡萄 立轴	98cm×34cm	943,000	北京银座	2017-12-20
齐白石 1948年作 牵牛花 立轴	102cm×33cm	1,955,000	北京荣宝	2017-12-02

拍品名称	物品尺寸	成交价RMB	拍卖公司	拍卖日期
齐白石 1948年作 属到百岁 立轴	102cm×33cm	3,450,000	北京保利	2017-12-17
齐白石 1948年作 水族图 立轴	61cm×32cm	172,500	北京匡时	2017-03-29
齐白石 1948年作 四时花卉 册页（八开）	28cm×19cm×8	1,610,000	北京保利	2017-06-05
齐白石 1948年作 蟹趣图 镜心	67cm×34cm	379,500	上海匡时	2017-11-05
齐白石 1948年作 延年益寿 镜心	80cm×43cm	3,335,000	北京匡时	2017-12-04
齐白石 1948年作 益寿 立轴	100cm×32cm	2,300,000	北京保利	2017-12-17
齐白石 1949年作 大利图 立轴	103cm×34cm	1,495,000	北京保利	2017-06-05
齐白石 1949年作 大利图 立轴	103cm×34cm	1,380,000	保利山东	2017-10-29
齐白石 1949年作 桂花双鸠 立轴	113.5cm×43cm	2,185,000	北京匡时	2017-12-04
齐白石 1949年作 双寿 立轴	103cm×34cm	4,600,000	北京匡时	2017-12-04
齐白石 1949年作 棕榈蚱蜢 立轴	90cm×43.5cm	1,380,000	保利华谊	2017-12-08
齐白石 1949年作 棕榈蚱蜢 立轴	95cm×43.5cm	1,265,000	北京保利	2017-06-05
齐白石 1950年作 大匠根苗 立轴	76cm×30.5cm	920,000	北京诚轩	2017-06-18
齐白石 1950年作 秋菊 立轴	143cm×43.5cm	5,750,000	北京荣宝	2017-12-02
齐白石 1950年作 小鸡 镜心	101cm×34cm	977,500	北京荣宝	2017-06-02
齐白石 1950年作 紫藤 镜心	102cm×35cm	1,419,363	北京匡时	2017-04-03
齐白石 1951年作 多子图 立轴	102cm×34cm	690,000	北京匡时	2017-03-29
齐白石 1951年作 荷花图 立轴	137.5cm×68.5cm	16,708,800	中濠典藏	2017-05-22
齐白石 1951年作 江上余霞 镜心	152cm×48.5cm	7,820,000	北京荣宝	2017-06-02
齐白石 1951年作 秋菊 镜心	104cm×35cm	2,760,000	北京保利	2017-06-05
齐白石 1951年作 五子图 镜框	26cm×48.5cm	518,750	香港蘇富比	2017-10-02
齐白石 1951年作 虾戏图 镜心	106cm×34cm	805,000	上海匡时	2017-11-05
齐白石 1951年作 樱桃 镜框	27cm×43.5cm	404,225	佳士得	2017-11-28
齐白石 1951年作 棕树小鸡 镜心	176cm×46cm	2,127,500	北京匡时	2017-12-04
齐白石 1951年作 棕榈雏鸡 镜心	176cm×46cm	3,335,000	北京银座	2017-06-07
齐白石 1952年作 蝶戏幽兰 立轴	100cm×31.5cm	1,380,000	北京匡时	2017-12-04
齐白石 1952年作 多寿·双寿 成扇	23.5cm×64cm	1,035,000	北京保利	2017-12-17
齐白石 1952年作 红梅 立轴	104cm×34cm	1,782,500	中贸圣佳	2017-06-19
齐白石 1952年作 红梅报喜 立轴	68cm×23.9cm	556,875	香港苏富比	2017-04-04
齐白石 1952年作 事事太平 立轴	103cm×34cm	1,495,000	北京匡时	2017-12-04
齐白石 1952年作 双清 立轴	66.8cm×41.5cm	690,000	北京保利	2017-06-05
齐白石 1952年作 鱼乐图 立轴	88cm×35cm	1,567,040	北京匡时	2017-10-02
齐白石 1953年作 枇杷 立轴	103cm×34cm	2,185,000	北京匡时	2017-12-04
齐白石 1953年作 葡萄藤下纺车声 立轴	136cm×35cm	1,092,500	北京匡时	2017-12-04
齐白石 1954年作 荷花鸳鸯 立轴	100cm×33cm	8,280,000	北京荣宝	2017-06-02
齐白石 1954年作 牡丹富贵 立轴	134cm×34cm	4,600,000	北京保利	2017-12-17
齐白石 1954年作 水族图 立轴	68cm×35cm	690,000	北京匡时	2017-12-04
齐白石 1955年作 虾戏图 镜心	104.5cm×35cm	1,495,000	北京匡时	2017-12-04
齐白石 1955年作 虾蟹图 立轴	104cm×35cm	2,185,000	北京荣宝	2017-12-02
齐白石 1955年作 鱼蟹图 立轴	102cm×34cm	701,500	北京匡时	2017-12-04
齐白石 1956年作 喜上眉梢 立轴	105cm×34.5cm	1,782,500	北京荣宝	2017-12-02
齐白石 安得太平 立轴	68cm×34cm	3,910,000	北京荣宝	2017-06-02
齐白石 安居图 镜心	18.5cm×52.5cm	230,000	北京匡时	2017-12-04
齐白石 八哥蟋蟀 镜片	140cm×33cm	977,500	上海敬华	2017-07-01
齐白石 白菜 立轴	136.5cm×33cm	1,610,000	中国嘉德	2017-12-19
齐白石 白菜 立轴	28.5cm×36.5cm	253,000	北京匡时	2017-06-03
齐白石 白菜雏鸡 立轴	136cm×33cm	747,500	北京保利	2017-06-05
齐白石 白菜蘑菇 镜心	28.5cm×37cm	157,707	保利香港	2017-04-03
齐白石 白菜螃蟹 立轴	62cm×38cm	977,500	荣宝斋（南京）	2017-07-08
齐白石 白菜蜻蜓 立轴	68cm×33cm	437,000	北京保利	2017-06-05
齐白石 白梅 立轴	135.5cm×54.5cm	3,469,554	北京匡时	2017-04-03
齐白石 百财图 立轴	67cm×33cm	1,840,000	北京保利	2017-06-06
齐白石 抱儿妇 立轴	67.5cm×33.5cm	6,900,000	北京银座	2017-06-07
齐白石 贝叶草虫 镜框	103cm×34cm	8,625,000	华艺国际	2017-11-25
齐白石 贝叶草虫 镜框	96cm×33cm	11,500,000	北京荣宝	2017-12-02
齐白石 碧叶芙蓉 成扇	11.3cm×32cm	334,125	香港苏富比	2017-04-04
齐白石 碧阴双禽 立轴	133cm×46.5cm	489,700	中国嘉德	2017-10-03

拍品名称	物品尺寸	成交价RMB	拍卖公司	拍卖日期
齐白石 扁舟林桃图 镜心	68cm×42cm	4,485,000	中国嘉德	2017-06-20
齐白石 丙辰（1916年）作 芙蓉图 立轴	48.5cm×33cm	2,185,000	中国嘉德	2017-12-18
齐白石 丙戌（1946年）作 篆书四言联 立轴	178cm×48cm×2	6,900,000	中国嘉德	2017-12-18
齐白石 丙子（1936）年作 香蜜时节 扇片		172,500	上海敬华	2017-07-01
齐白石 丙子（1936年）作 仿八大小鸟 立轴	105cm×34cm	1,725,000	中国嘉德	2017-06-20
齐白石 丙子（1936年）作 牵牛工虫 立轴	110cm×34.5cm	1,725,000	中国嘉德	2017-12-19
齐白石 丙子（1936年）作 紫藤雏鸡	128.5cm×33cm	4,600,000	中国嘉德	2017-06-19
齐白石 采蜜图 镜心	51cm×23cm	690,000	北京匡时	2017-06-03
齐白石 彩荷 镜框	101cm×40cm	5,520,000	北京保利	2017-06-05
齐白石 菜根香 立轴	97cm×36cm	1,035,000	北京匡时	2017-12-04
齐白石 菜根有味图 镜片	126.5cm×32.8cm	920,000	广东崇正	2017-12-13
齐白石 草虫蝴蝶兰 立轴	100cm×34cm	4,370,000	中国嘉德	2017-12-18
齐白石 茶花 立轴	182cm×56cm	3,335,000	上海匡时	2017-11-05
齐白石 菖蒲青蛙 立轴	101cm×34.2cm	1,002,375	香港苏富比	2017-04-04
齐白石 陈半丁 1945年作 米颠拜石 立轴	109cm×50cm	354,800	佳士得	2017-05-30
齐白石 陈半丁 芭蕉墨兔 镜心	136cm×34cm	690,000	北京匡时	2017-06-03
齐白石 陈半丁 海榴草虫 镜心	135cm×34cm	276,000	北京匡时	2017-06-03
齐白石 陈半丁 菊花草虫山水 成扇	17.5cm×51.5cm	345,000	广东崇正	2017-12-13
齐白石 陈半丁 枇杷松鼠 镜心	136cm×34cm	483,000	北京匡时	2017-06-03
齐白石 陈半丁 松树鸣蝉 立轴	101cm×32cm	172,500	中国嘉德	2017-06-20
齐白石 陈半丁 王雪涛 萧谦中 等 无量寿佛 立轴	106cm×40cm	1,058,000	中国嘉德	2017-12-18
齐白石 陈半丁 吴瑛 春江水暖鸭先知 立轴	173cm×46cm	195,500	印千山	2017-07-09
齐白石 陈半丁 萧愻 马晋 祁昆 书画合璧 扇面	18cm×50cm	230,000	观唐皕榷	2017-01-11
齐白石 陈师曾 1920年作 大利图花卉 成扇	23cm×61cm	7,705,000	华艺国际	2017-11-25
齐白石 池塘初暖 立轴	67cm×33cm	1,380,000	北京荣宝	2017-06-02
齐白石 池塘清趣 立轴	99cm×34.5cm	931,500	荣宝斋（济南）	2017-12-08
齐白石 持螯把酒 人生几何 镜心	104.5cm×35cm	2,587,500	荣宝斋（上海）	2017-07-30
齐白石 持菊作寿 立轴	96.5cm×34.5cm	7,475,000	荣宝斋（济南）	2017-12-08
齐白石 雏鸡 镜心	58cm×32cm	460,000	北京保利	2017-06-05
齐白石 雏鸡 立轴	62.5cm×31.5cm	483,000	中国嘉德	2017-06-19
齐白石 雏鸡出窠 立轴	136.4cm×33.2cm	4,565,000	香港蘇富比	2017-10-02
齐白石 雏鸡工虫 镜片	22cm×44cm	747,500	广东崇正	2017-06-15
齐白石 雏鸡图 立轴	67cm×33.5cm	782,000	中国嘉德	2017-12-19
齐白石 雏子趣味 镜心	92.5cm×34cm	920,000	保利华谊	2017-12-08
齐白石 川虾慈菇 立轴	66.6cm×33cm	744,625	佳士得	2017-11-28
齐白石 春光图 立轴	152.4cm×70cm; 19cm×82.5cm	4,169,900	佳士得	2017-11-28
齐白石 春声 立轴	137cm×37cm	5,750,000	北京荣宝	2017-12-02
齐白石 茨菇游虾图 立轴	66cm×34cm	2,242,500	北京华辰	2017-12-16
齐白石 翠柏吟堂 立轴	82cm×49cm	3,569,000	香港蘇富比	2017-10-02
齐白石 村塾晚归图 立轴	114.5cm×43cm	17,825,000	中国嘉德	2017-06-19
齐白石 达摩渡江 立轴	87cm×41cm	2,990,000	北京保利	2017-12-17
齐白石 达摩悟道 镜心	69.5cm×16.5cm	1,150,000	北京匡时	2017-06-03
齐白石 大涤子作画图 立轴	59cm×27cm	2,415,000	北京保利	2017-06-05
齐白石 大富贵 镜框	68cm×34cm	1,955,000	北京荣宝	2017-12-02
齐白石 大富贵亦寿考 镜心	103.5cm×34.5cm	4,025,000	中国嘉德	2017-06-19

拍品名称	物品尺寸	成交价RMB	拍卖公司	拍卖日期
齐白石 大吉大利 镜心	113cm×40cm	4,150,800	观唐皕榷	2017-01-11
齐白石 大利 扇面	18cm×45cm	368,000	荣宝斋（南京）	2017-09-10
齐白石 大利图·行书七言诗 成扇	19cm×55cm	1,035,000	北京保利	2017-11-10
齐白石 大寿 镜框	58.2cm×32cm	465,675	佳士得	2017-05-30
齐白石 大寿可期 镜心	100.5cm×34.5cm	2,530,000	北京荣宝	2017-06-02
齐白石 稻穗草虫 立轴	67.5cm×33cm	2,530,000	北京银座	2017-12-20
齐白石 得荔图 立轴	130cm×30cm	3,680,000	北京华辰	2017-12-16
齐白石 灯鼠图 立轴	102cm×34cm	1,380,000	中国嘉德	2017-12-19
齐白石 钓虾 立轴	133.7cm×32.7cm	5,435,100	香港苏富比	2017-04-04
齐白石 钓虾 立轴	132cm×32.3cm	1,382,875	佳士得	2017-11-28
齐白石 蝶兰蜜蜂 镜心	33cm×67.5cm	747,500	北京匡时	2017-12-04
齐白石 蝶恋花 立轴	70cm×33cm	1,035,000	上海嘉禾	2017-07-01
齐白石 丁丑（1937年）作 篆书四言联 立轴	92cm×27.5cm×2	3,105,000	中国嘉德	2017-06-19
齐白石 丁亥（1947年）作螃蟹 立轴	102.5cm×36cm	293,820	中国嘉德	2017-10-02
齐白石 丁亥（1947年）作 蜻蜓牵牛花 立轴	101cm×34cm	1,380,000	中国嘉德	2017-12-18
齐白石 丁亥（1947年）作 双寿立轴	100cm×34.5cm	3,525,840	中国嘉德	2017-10-03
齐白石 东坡先生玩砚图 镜心	103.5cm×34cm	5,750,000	中国嘉德	2017-12-18
齐白石 动物 四屏镜心	133cm×33cm×4	14,950,000	中国嘉德	2017-12-18
齐白石 豆荚蟋蟀 镜心	25.8cm×18cm	322,000	中国嘉德	2017-12-18
齐白石 对虾图 镜心	27cm×30cm	264,500	中国嘉德	2017-03-31
齐白石 多寿 成扇	19cm×51cm	690,000	北京匡时	2017-12-04
齐白石 多寿 镜心	103cm×34cm	4,025,000	荣宝斋（上海）	2017-07-30
齐白石 多寿 立轴	98cm×34.2cm	1,971,250	香港蘇富比	2017-10-02
齐白石 多子大吉图 立轴	136cm×33cm	2,070,000	中国嘉德	2017-06-19
齐白石 多子图 镜心	68cm×34.5cm	241,003	中金国际	2017-11-25
齐白石 多子图 立轴	68cm×33.5cm	1,495,000	北京翰海	2017-12-15
齐白石 仿八大山水 立轴	135cm×66cm	4,140,000	北京匡时	2017-03-29
齐白石 枫叶 立轴	100.5cm×34cm	1,380,000	北京匡时	2017-12-04
齐白石 凤仙花 扇面	20cm×51cm	287,500	荣宝斋（南京）	2017-09-10
齐白石 福禄 立轴	100cm×34cm	1,725,000	北京荣宝	2017-12-02
齐白石 福禄多寿 立轴	114cm×43.5cm	1,840,000	北京匡时	2017-12-04
齐白石 福禄寿长 对屏镜心	104cm×32.5cm×2	6,670,000	北京银座	2017-12-20
齐白石 富贵白头 立轴	101cm×34cm	2,760,000	中国嘉德	2017-12-18
齐白石 富贵白头 立轴	132.5cm×38cm	1,495,000	北京匡时	2017-12-04
齐白石 富贵大寿 立轴	91cm×33cm	920,000	广东崇正	2017-12-13
齐白石 富贵根基 立轴	62cm×34cm	230,000	朵云轩	2017-12-14
齐白石 富贵荣华 立轴	54cm×22cm	517,500	中国嘉德	2017-04-01
齐白石 高山明月图 立轴	32cm×42cm	402,500	十竹斋	2017-01-01
齐白石 庚辰（1940）年作 迎春吉庆 立轴	98cm×34cm	6,440,000	朵云轩	2017-12-14
齐白石 庚辰（1940年）作 墨虾立轴	81cm×33cm	977,500	中国嘉德	2017-12-19
齐白石 庚辰（1940年）作 秋色高声 立轴	123cm×33.5cm	783,520	中国嘉德	2017-10-03
齐白石 庚午（1930年）作 紫藤缀绮光 立轴	137cm×39.2cm	2,242,500	北京诚轩	2017-06-18
齐白石 工虫 镜心	16cm×21cm	667,000	荣宝斋（济南）	2017-06-10
齐白石 狗 镜心	44cm×31.5cm	207,000	中国嘉德	2017-12-19
齐白石 瓜瓞绵绵 立轴	103cm×34cm	3,565,000	荣宝斋（南京）	2017-07-08
齐白石 瓜果图 镜心	73.5cm×30.5cm	1,840,000	北京翰海	2017-12-15
齐白石 官上加官 立轴	101.5cm×34.5cm	3,450,000	中国嘉德	2017-06-19
齐白石 冠上加冠 立轴	108.5cm×51.5cm	3,132,900	中濠典藏	2017-05-22

拍品名称	物品尺寸	成交价RMB	拍卖公司	拍卖日期
齐白石 癸巳（1953年）作 和平鸽 立轴	34.5cm×65.5cm	2,875,000	中国嘉德	2017-12-19
齐白石 癸酉（1933年）作 松鼠立轴	47cm×29cm	230,265	中国嘉德	2017-05-29
齐白石 果实累累 扇片	20cm×54.5cm	517,500	朵云轩	2017-06-25
齐白石 果蔬图 立轴	164cm×44cm	5,750,000	北京荣宝	2017-12-02
齐白石 过门不入 立轴	123.5cm×35cm	3,134,080	北京匡时	2017-10-02
齐白石 海棠虫趣 镜框	101cm×34cm	5,060,000	北京华辰	2017-06-04
齐白石 海棠虫趣 镜心	101cm×33.5cm	3,450,000	上海匡时	2017-11-05
齐白石 海棠蜻蜓 镜心	100cm×33.5cm	575,000	北京银座	2017-06-07
齐白石 海棠蜻蜓 立轴	66.5cm×33cm	1,012,000	北京诚轩	2017-06-18
齐白石 海棠小鸟 立轴	82cm×40.5cm	1,610,000	北京荣宝	2017-12-02
齐白石 行书"小楼残月雪无声"镜心	73cm×30cm	1,322,500	北京保利	2017-12-16
齐白石 行书东坡词 立轴	132cm×32.5cm	713,000	北京匡时	2017-12-03
齐白石 行书七言诗 立轴	120cm×45cm	1,308,325	中国嘉德	2017-05-29
齐白石 行书苏轼词 立轴	131.5cm×32.5cm	218,500	中国嘉德	2017-06-19
齐白石 好好学习 镜心	100.5cm×34cm	1,150,000	中国嘉德	2017-12-18
齐白石 荷花 立轴	68.1cm×33.5cm	638,250	佳士得	2017-11-28
齐白石 荷花蜻蜓 立轴	138cm×34.5cm	2,932,500	北京匡时	2017-12-04
齐白石 荷花鸳鸯 横披	28.5cm×86cm	1,495,000	北京匡时	2017-06-03
齐白石 荷花鸳鸯 镜心	39cm×162cm	2,300,000	北京银座	2017-12-20
齐白石 荷花鸳鸯 镜心	34cm×101cm	2,185,000	朵云轩	2017-12-14
齐白石 荷花鸳鸯 镜心	100cm×34cm	3,680,000	中国嘉德	2017-06-19
齐白石 荷花鸳鸯 立轴	103cm×40cm	6,440,000	中国嘉德	2017-06-19
齐白石 荷花鸳鸯 立轴	102cm×33.5cm	1,255,992	中国嘉德	2017-05-29
齐白石 荷塘清趣 立轴	106.5cm×29cm	287,500	北京匡时	2017-06-03
齐白石 荷塘清趣图 立轴	75cm×34cm	1,610,000	观唐皕榷	2017-01-11
齐白石 荷塘鸳鸯 立轴	80cm×34cm	3,220,000	上海嘉禾	2017-07-01
齐白石 鹤寿 镜心	120cm×34.5cm	4,140,000	中国嘉德	2017-12-18
齐白石 红荷 立轴	136cm×60.5cm	920,000	中国嘉德	2017-12-19
齐白石 红荷 立轴	67.5cm×33cm	1,092,500	中国嘉德	2017-06-20
齐白石 红荷水禽 立轴	100cm×34cm	1,552,500	北京匡时	2017-12-04
齐白石 红荷水禽 立轴	101cm×35cm	1,103,949	北京匡时	2017-04-03
齐白石 红荷鸳鸯 镜心	179cm×71cm	6,555,000	北京匡时	2017-06-03
齐白石 红菊 镜心	34cm×64cm	402,500	北京匡时	2017-03-29
齐白石 红蓼蜻蜓 立轴	104cm×34cm	368,000	北京保利	2017-11-10
齐白石 红蓼蜻蜓 立轴	104cm×34cm	345,000	北京荣宝	2017-04-02
齐白石 红蓼蚱蜢 立轴	103cm×34cm	977,500	中国嘉德	2017-12-19
齐白石 红蓼蚱蜢 扇面镜框	18.5cm×54.8cm	289,575	香港苏富比	2017-04-04
齐白石 红梅 镜心	19cm×51cm	207,000	北京匡时	2017-03-29
齐白石 红梅 立轴	102cm×34.5cm	1,495,000	北京银座	2017-06-07
齐白石 红梅 立轴	40cm×58cm	920,000	北京保利	2017-12-17
齐白石 红梅 立轴	100cm×34cm	977,500	北京荣宝	2017-06-02
齐白石 红梅 立轴	68cm×34.5cm	517,500	中国嘉德	2017-06-19
齐白石 红梅 立轴	66cm×33cm	575,000	中国嘉德	2017-06-19
齐白石 红梅蝴蝶 立轴	96cm×33cm	1,840,000	北京保利	2017-06-05
齐白石 红梅蝴蝶·行书七言诗立轴	18.5cm×18.5cm×2	2,252,620	中国嘉德	2017-10-02
齐白石 红梅喜鹊 镜心	97.5cm×34.5cm	1,207,500	中国嘉德	2017-12-19
齐白石 胡嗣瑗 书画双挖 镜心	32.5cm×33cm×2	448,500	北京匡时	2017-06-03
齐白石 葫芦 镜框	67cm×33cm	425,500	佳士得	2017-11-28
齐白石 葫芦 镜心	68cm×33cm	333,500	北京匡时	2017-03-29
齐白石 葫芦蜻蜓 立轴	101.5cm×34cm	1,610,000	北京银座	2017-06-07
齐白石 蝴蝶 镜心	34cm×101.5cm	1,265,000	朵云轩	2017-12-14
齐白石 花卉蜜蜂 立轴	26.5cm×43cm	207,000	十竹斋	2017-01-01
齐白石 花石蜻蜓图 立轴	117.5cm×33.5cm	2,070,000	西泠拍卖	2017-07-15
齐白石 荒山野居图 立轴	136cm×34.8cm	5,750,000	北京翰海	2017-12-15
齐白石 黄金果 立轴	135cm×38.5cm	3,335,000	中国嘉德	2017-06-19
齐白石 黄金果 立轴	26.5cm×34cm	460,000	北京银座	2017-06-07

拍品名称	物品尺寸	成交价RMB	拍卖公司	拍卖日期
齐白石 鸡冠花 镜心	100cm×34.5cm	1,552,500	中国嘉德	2017-06-19
齐白石 吉利 镜心	101.5cm×34.5cm	1,380,000	中国嘉德	2017-12-19
齐白石 汲汲高官 立轴	136cm×33cm	3,680,000	北京匡时	2017-12-04
齐白石 己卯（1939年）作 墨蟹立轴	93.5cm×35cm	747,500	中国嘉德	2017-06-20
齐白石 己巳（1929年）作 佛手镜心	27cm×124cm	313,998	中国嘉德	2017-05-29
齐白石 甲申（1944年）作 萝卜竹笋 立轴	67.5cm×33.5cm	1,495,000	中国嘉德	2017-12-19
齐白石 甲申（1944年）作 蟋蟀故居 镜心	26cm×30cm	460,000	北京华辰	2017-12-16
齐白石 甲戌 1934年作 棕树 镜心	137cm×34cm	230,000	北京华辰	2017-06-04
齐白石 甲戌（1934年）作 蔬香图 成扇		517,500	中国嘉德	2017-04-01
齐白石 甲戌（1934年）作 雁来红八哥 扇面镜心	18.4cm×51.5cm	345,000	北京诚轩	2017-06-18
齐白石 甲子（1924）年作 墨梅立轴	103cm×34cm	805,000	广东崇正	2017-06-15
齐白石 甲子（1924年）作 花卉四屏立轴	136cm×33.5cm×4	9,200,000	中国嘉德	2017-12-18
齐白石 简经纶 群虾 书法 成扇	19cm×45cm	159,563	佳士得	2017-11-28
齐白石 蕉雀图 立轴	84cm×26.5cm	805,000	北京匡时	2017-06-03
齐白石 蕉阴雏鸡图 镜心	136cm×34cm	1,380,000	观唐皕榷	2017-01-11
齐白石 教子图 立轴	110cm×62.5cm	8,970,000	北京保利	2017-06-05
齐白石 教子图 立轴	99cm×45cm	2,300,000	北京保利	2017-06-05
齐白石 金果盈枝 扇面 立轴	17.7cm×50.5cm	155,625	香港蘇富比	2017-10-02
齐白石 九如图 立轴	112cm×36.5cm	517,500	观唐皕榷	2017-01-11
齐白石 酒仙图 立轴	50cm×66cm	2,530,000	北京银座	2017-06-07
齐白石 菊花 立轴	174cm×47cm	1,725,000	北京荣宝	2017-06-02
齐白石 菊花 扇面	18.5cm×52cm	322,000	北京银座	2017-06-07
齐白石 菊花草虫 镜心	102.5cm×32cm	1,380,000	中国嘉德	2017-12-19
齐白石 菊花雏鸡 立轴	134cm×34cm	2,070,000	北京保利	2017-06-05
齐白石 菊花蜻蜓 镜框	63cm×29cm	388,063	佳士得	2017-05-30
齐白石 菊花蜻蜓 立轴	99.1cm×33cm	1,336,500	香港苏富比	2017-04-04
齐白石 菊酒延年 立轴	43cm×126cm	968,000	湖北中盛	2017-12-03
齐白石 菊下双鹌图 立轴	90cm×46cm	1,030,352	北京匡时	2017-04-03
齐白石 空山松子落 立轴	135cm×33.5cm	1,524,501	北京匡时	2017-04-03
齐白石 枯藤双鸠 立轴	151cm×40.5cm	4,427,500	北京匡时	2017-12-04
齐白石 兰花 镜心	29.5cm×18.5cm	230,000	北京翰海	2017-12-15
齐白石 老当益壮 镜框	26.5cm×20.5cm	723,938	香港苏富比	2017-04-04
齐白石 老来红双雀 镜心	65cm×28cm	713,000	北京银座	2017-06-07
齐白石 老来红蟹趣图 立轴	97cm×47.5cm	1,840,000	北京荣宝	2017-04-02
齐白石 老少年 行书成扇 成扇	18cm×50cm	253,000	北京荣宝	2017-04-02
齐白石 老鼠 镜心	44cm×31.5cm	207,000	中国嘉德	2017-12-19
齐白石 李铁拐 镜框	87.2cm×44.5cm	2,127,593	纽约佳士得	2017-03-14
齐白石 荔枝 立轴	137cm×33.5cm	552,000	中国嘉德	2017-12-19
齐白石 荔枝草虫 立轴	67cm×26cm	4,600,000	荣宝斋（济南）	2017-06-10
齐白石 荔枝蝴蝶 立轴	68.5cm×34cm	3,162,500	荣宝斋（济南）	2017-12-08
齐白石 荔枝蚱蜢 立轴	98.5cm×33.7cm	3,510,540	香港苏富比	2017-04-04
齐白石 蓼花 镜心	102.5cm×33cm	1,725,000	中国嘉德	2017-12-18
齐白石 凌文渊 甲子（1924年）作 紫藤麻雀 立轴	169cm×45cm	575,000	中国嘉德	2017-06-20
齐白石 岭南佳菓 立轴	133.4cm×33.2cm	2,174,600	香港蘇富比	2017-10-02
齐白石 柳牛图 立轴	131cm×32cm	5,750,000	北京荣宝	2017-12-02
齐白石 柳牛图 立轴	98.5cm×34cm	3,680,000	中国嘉德	2017-12-18
齐白石 柳荫牧牛图 镜心	96cm×33cm	1,150,000	中贸圣佳	2017-06-19
齐白石 芦草群蟹图 立轴	180cm×46cm	3,220,000	北京匡时	2017-06-03
齐白石 芦花双蛙 立轴	104.5cm×34cm	2,990,000	北京华辰	2017-06-04

拍品名称	物品尺寸	成交价RMB	拍卖公司	拍卖日期
齐白石 芦鰕 立轴	131.8cm×32.1cm	933,750	香港蘇富比	2017-10-02
齐白石 罗惇曧 紫藤蜜蜂 行书 立轴双挖		172,500	上海敬华	2017-07-01
齐白石 耄耋富贵图 立轴	110cm×32cm	862,500	观唐皕榷	2017-01-11
齐白石 耄耋图 镜心	49cm×30cm	1,495,000	荣宝斋（南京）	2017-07-08
齐白石 梅花 立轴	105cm×33.5cm	862,500	中国嘉德	2017-12-19
齐白石 梅花喜鹊 立轴	123cm×42.7cm	665,250	佳士得	2017-05-30
齐白石 梅兰芳 月季蛱蝶 扇面	17cm×52cm	483,000	北京保利	2017-12-17
齐白石 梅雀图 立轴	136.5cm×39.5cm	1,840,000	中国嘉德	2017-06-19
齐白石 鸣蝉 镜框	34cm×26cm	301,254	中金国际	2017-11-25
齐白石 墨荷蜻蜓 镜心	136cm×34.5cm	632,500	北京保利	2017-06-05
齐白石 墨兰图 镜心	38cm×26cm	172,500	北京保利	2017-11-10
齐白石 墨松 行书诗 镜心	24cm×70cm×2	3,967,500	北京保利	2017-06-05
齐白石 墨虾 立轴	83cm×34cm	1,035,000	北京保利	2017-12-17
齐白石 墨虾 立轴	68.5cm×33.5cm	172,500	中国嘉德	2017-06-19
齐白石 墨蟹 立轴	100cm×33cm	632,500	北京匡时	2017-06-03
齐白石 墨蟹图 立轴	99cm×34cm	1,265,000	上海敬华	2017-07-01
齐白石 墨叶群虾 立轴	134.5cm×34cm	862,500	中国嘉德	2017-06-19
齐白石 墨竹 镜片	19cm×53cm	483,000	广东崇正	2017-12-13
齐白石 墨竹 立轴	127.5cm×31cm	1,012,000	中国嘉德	2017-12-19
齐白石 母子图 镜框	67cm×33.5cm	1,606,688	中金国际	2017-11-25
齐白石 牡丹图 立轴	101cm×33cm	1,725,000	北京保利	2017-11-10
齐白石 木棉花 立轴	130cm×32cm	1,150,000	荣宝斋（济南）	2017-12-08
齐白石 南瓜 立轴	101.5cm×34.5cm	805,000	北京荣宝	2017-12-02
齐白石 牛 镜心	44cm×31.5cm	345,000	中国嘉德	2017-06-20
齐白石 潘龄皋 游虾 行书七言诗镜心	19cm×47cm	287,500	北京匡时	2017-06-03
齐白石 螃蟹 镜心	98.5cm×33cm	1,205,016	中金国际	2017-11-25
齐白石 螃蟹 镜心	100.5cm×34cm	575,000	中国嘉德	2017-12-19
齐白石 螃蟹 立轴	132.5cm×32.3cm	744,625	佳士得	2017-11-28
齐白石 螃蟹 立轴	131cm×34cm	575,000	北京匡时	2017-12-03
齐白石 螃蟹 立轴	135cm×34cm	1,077,340	中国嘉德	2017-10-03
齐白石 螃蟹 立轴	34cm×29cm	322,000	保利厦门	2017-06-26
齐白石 螃蟹图 镜片	75cm×22cm	1,069,500	西泠拍卖	2017-07-16
齐白石 螃蟹图 立轴	99cm×34cm	1,207,500	西泠拍卖	2017-07-15
齐白石 枇杷 立轴	173cm×48cm	3,450,000	北京保利	2017-12-17
齐白石 枇杷 立轴	100cm×33cm	1,437,500	保利山东	2017-10-29
齐白石 枇杷 立轴	97cm×47.5cm	2,075,580	佳士得	2017-05-30
齐白石 枇杷雏鸡 立轴	96cm×34cm	862,500	中国嘉德	2017-12-19
齐白石 枇杷图 立轴	135.5cm×34cm	2,875,000	中国嘉德	2017-06-19
齐白石 枇杷竹篮 立轴	102cm×34cm	1,196,000	北京保利	2017-04-28
齐白石 葡萄 镜心	179cm×46.5cm	3,450,000	北京匡时	2017-12-04
齐白石 葡萄 镜心	135cm×33cm	1,273,220	保利香港	2017-10-03
齐白石 葡萄 镜心	67cm×33cm	747,500	北京保利	2017-06-05
齐白石 葡萄 镜心	134cm×33cm	414,000	北京匡时	2017-03-29
齐白石 葡萄 立轴	69cm×33.5cm	3,565,000	北京匡时	2017-12-04
齐白石 葡萄 立轴	133cm×34.5cm	1,725,000	中国嘉德	2017-12-19
齐白石 葡萄蜜蜂 镜心	105cm×35cm	920,000	北京荣宝	2017-12-02
齐白石 溥儒 鱼虾负我宝剑 楷书扇面	18.5cm×51cm	494,500	荣宝斋（上海）	2017-07-30
齐白石 栖禽山花图 立轴	141cm×35cm	4,370,000	西泠拍卖	2017-07-15
齐白石 齐如山赠葡萄 镜心	67cm×33cm	690,000	保利华谊	2017-12-08
齐白石 启功大福行书七言联镜框	67.5cm×33.4cm；各63.3cm×12.7cm	8,642,700	香港苏富比	2017-04-04
齐白石 牵牛花 镜心	135cm×33cm	460,000	北京银座	2017-06-07
齐白石 牵牛花 镜心	133cm×33cm	2,530,000	中贸圣佳	2017-06-19
齐白石 牵牛花 立轴	102.5cm×34.5cm	1,380,000	北京银座	2017-12-20
齐白石 牵牛花 立轴	131.5cm×33cm	1,265,000	中国嘉德	2017-12-19

拍品名称	物品尺寸	成交价RMB	拍卖公司	拍卖日期
齐白石 牵牛花 立轴	36.5cm×51.5cm	1,092,500	北京匡时	2017-12-04
齐白石 牵牛花 立轴	92cm×31cm	1,012,000	北京保利	2017-12-17
齐白石 牵牛花 立轴	134.2cm×34.6cm	638,250	佳士得	2017-11-28
齐白石 牵牛花 立轴	96cm×33cm	489,700	北京匡时	2017-10-02
齐白石 牵牛花 立轴	102.5cm×34cm	1,495,000	北京匡时	2017-06-03
齐白石 牵牛花 立轴	136cm×33cm	2,702,500	中国嘉德	2017-03-31
齐白石 牵牛花图 立轴	64.5cm×34cm	690,000	西泠拍卖	2017-07-15
齐白石 牵牛蜜蜂 立轴	66cm×33cm	1,150,000	广东崇正	2017-12-13
齐白石 牵牛蜜蜂 立轴	106cm×44cm	2,760,000	荣宝斋（南京）	2017-07-08
齐白石 牵牛蜜蜂 立轴	66cm×33cm	805,000	上海明轩	2017-06-30
齐白石 牵牛蜻蜓 镜心	102cm×34cm	897,000	荣宝斋（上海）	2017-07-30
齐白石 牵牛蜻蜓 立轴	68cm×34cm	943,000	北京保利	2017-06-05
齐白石 牵牛螳螂 镜心	100cm×33cm	632,500	北京匡时	2017-12-03
齐白石 青白心里美 立轴	64.5cm×33cm	1,092,500	中国嘉德	2017-12-18
齐白石 青鸟 立轴	88cm×43.5cm	1,035,000	中国嘉德	2017-06-20
齐白石 青蛙兰草 立轴	68cm×33.5cm	1,012,000	中国嘉德	2017-06-20
齐白石 青虾 立轴	96cm×32cm	2,070,000	北京保利	2017-06-05
齐白石 清白图 立轴	97cm×36cm	782,000	华艺国际	2017-05-27
齐白石 清蔬秋虫 扇面 镜框	18.8cm×54.3cm	311,250	香港蘇富比	2017-10-02
齐白石 清湘老人作画图 镜片	103.5cm×34.5cm	7,130,000	西泠拍卖	2017-07-15
齐白石 蜻蜓雁来红 镜心	20cm×59cm	253,000	北京匡时	2017-12-04
齐白石 秋卉（两帧）立轴	34.5cm×34cm×2	920,000	中国嘉德	2017-12-18
齐白石 秋菊图 立轴	138cm×70cm	9,200,000	荣宝斋（济南）	2017-06-10
齐白石 秋趣 立轴	66cm×33cm	1,725,000	北京荣宝	2017-12-02
齐白石 秋趣图 立轴	100cm×34cm	3,622,500	北京保利	2017-11-10
齐白石 秋声 立轴	99cm×33cm	1,012,000	中国嘉德	2017-12-19
齐白石 秋实 立轴	101cm×34cm	747,500	北京保利	2017-06-05
齐白石 秋意正浓 镜心 四屏	135cm×30cm×4	6,900,000	北京保利	2017-12-17
齐白石 秋韵 扇面	17.5cm×50.5cm	483,000	中国嘉德	2017-06-19
齐白石 秋中图 镜心	102cm×34cm	2,070,000	北京保利	2017-06-05
齐白石 群鸡图 镜心	76cm×30cm	494,500	北京匡时	2017-12-04
齐白石 群虾 立轴	137cm×33cm	1,035,000	中国嘉德	2017-12-18
齐白石 群虾慈菇 立轴	134cm×34cm	1,840,000	北京保利	2017-12-17
齐白石 群虾图 镜心	113cm×34.5cm	552,000	北京匡时	2017-12-04
齐白石 群虾图 镜心	34cm×98cm	920,000	北京保利	2017-04-27
齐白石 群仙祝寿 立轴	151cm×46.5cm	2,760,000	北京荣宝	2017-12-02
齐白石 群蟹图 立轴	134cm×34cm	2,300,000	北京荣宝	2017-12-02
齐白石 群蟹图 立轴	68cm×33.5cm	920,000	华艺国际	2017-05-27
齐白石 群鱼图 镜心	112cm×34cm	874,000	北京匡时	2017-12-04
齐白石 人物 册页（八开）	29.5cm×25cm×8	2,185,000	北京匡时	2017-06-03
齐白石 人物 镜心	114cm×32cm	1,207,500	北京荣宝	2017-06-02
齐白石 壬辰（1952年）作 牵牛花	103.5cm×34.5cm	2,242,500	福建东南	2017-05-21
齐白石 壬戌（1922年）作 墨荷图 立轴	132cm×33cm	3,220,000	北京华辰	2017-06-04
齐白石壬戌（1922年）作桃花立轴	137.5cm×34cm	2,530,000	中国嘉德	2017-12-18
齐白石 三秋 立轴	132cm×30cm	1,380,000	保利山东	2017-10-29
齐白石 三秋图 立轴	132cm×30cm	690,000	中国嘉德	2017-06-19
齐白石 三色菊 扇面	18cm×51cm	552,000	北京保利	2017-06-05
齐白石 三寿 镜心	100cm×35cm	2,530,000	荣宝斋（南京）	2017-09-10
齐白石 三寿图 立轴	88.5cm×33.5cm	2,185,000	北京银座	2017-12-20
齐白石 三友图 立轴	132cm×32cm	2,760,000	北京匡时	2017-12-04
齐白石 山茶画眉 镜心	127cm×29cm	632,500	中国嘉德	2017-06-19
齐白石 山水 镜片	32cm×5.5cm	460,000	广东崇正	2017-06-15
齐白石 山水 四屏立轴	122cm×36.3cm	19,450,530	北京匡时	2017-04-03
齐白石 邵逸轩 丁卯（1927年）作 雏鸡 镜片	127.5cm×33cm	356,500	朵云轩	2017-06-25

拍品名称	物品尺寸	成交价RMB	拍卖公司	拍卖日期
齐白石 石榴蚱蜢 立轴	99.5cm×33.5cm	897,000	中国嘉德	2017-06-20
齐白石 事事大喜 立轴	134cm×32.6cm	1,763,750	香港蘇富比	2017-10-02
齐白石 事事如意 立轴	100cm×35cm	230,000	北京匡时	2017-03-29
齐白石 事事太平 立轴	99.5cm×33.5cm	3,335,000	北京荣宝	2017-12-02
齐白石 寿酒 立轴	102cm×33.5cm	3,831,300	香港苏富比	2017-04-04
齐白石 寿酒 立轴	120cm×34cm	920,000	北京荣宝	2017-06-02
齐白石 寿鉨 南瓜图 行书 成扇	18cm×45cm	747,500	荣宝斋（上海）	2017-07-30
齐白石 寿鉨 许公泽 1949年作 牵牛花 江边河岸 成扇	18cm×46cm	563,500	北京荣宝	2017-12-02
齐白石 书法 镜框	75cm×35cm	920,000	华艺国际	2017-05-27
齐白石 蔬果图 立轴	96cm×36cm	517,500	北京匡时	2017-12-04
齐白石 蔬菌俱香 立轴	130.5cm×33.3cm	531,875	佳士得	2017-11-28
齐白石 蔬菌图 镜心	96cm×33cm	837,328	中国嘉德	2017-05-29
齐白石 蔬圃秋香 立轴	136cm×33cm	920,000	保利厦门	2017-06-25
齐白石 蔬香图 立轴	104.5cm×65cm	7,935,000	观唐皕榷	2017-01-11
齐白石 双蛾图 镜心	19cm×24cm	208,860	中濠典藏	2017-05-22
齐白石 双寿 镜心	27.5cm×32.8cm	333,500	北京诚轩	2017-06-18
齐白石 双寿 立轴	181.5cm×48cm	2,875,000	广东崇正	2017-12-13
齐白石 双寿 立轴	67cm×39cm	1,437,500	北京保利	2017-06-05
齐白石 双寿 扇面	18.5cm×52.5cm	747,500	中国嘉德	2017-12-19
齐白石 双寿图 镜框	30cm×43cm	690,000	北京华辰	2017-12-16
齐白石 双喜坚固 立轴	137cm×34cm	2,875,000	华艺国际	2017-05-27
齐白石 双喜坚固 立轴	137cm×34cm	2,645,000	北京匡时	2017-12-04
齐白石 双虾 立轴	34cm×39cm	477,250	香港蘇富比	2017-10-02
齐白石 水墨山水 立轴	88.9cm×47.6cm	1,150,000	中国嘉德	2017-12-18
齐白石 水竹图 镜框	20cm×29cm	200,836	中金国际	2017-11-25
齐白石 水族 立轴	68cm×30cm	230,000	北京保利	2017-04-27
齐白石 水族 立轴	106cm×36.6cm	1,225,125	香港苏富比	2017-04-04
齐白石 水族图 镜心	23cm×19.5cm	253,000	北京翰海	2017-12-15
齐白石 水族图 立轴	99cm×34cm	667,000	北京荣宝	2017-09-24
齐白石 水族图 立轴	68cm×33cm	575,000	朵云轩	2017-06-25
齐白石 硕果 镜心	31cm×127cm	3,680,000	北京荣宝	2017-06-02
齐白石 丝瓜草虫 镜心	32.5cm×32.5cm	1,051,380	北京匡时	2017-04-03
齐白石 丝瓜草虫 立轴	67.5cm×33.5cm	1,552,500	荣宝斋（济南）	2017-06-10
齐白石 丝瓜蚂蚱 立轴	67.5cm×33cm	1,552,500	北京荣宝	2017-06-02
齐白石 四蟹图 立轴	78.5cm×44cm	1,380,000	中国嘉德	2017-12-19
齐白石 松石双鸟 立轴	151cm×35.5cm	2,760,000	北京荣宝	2017-12-02
齐白石 松鹰图 立轴	134.5cm×42.3cm	3,148,700	佳士得	2017-11-28
齐白石 岁朝图 镜框	108.5cm×36.2cm	1,893,375	香港苏富比	2017-04-04
齐白石 唐肯 大利·行书五言诗 成扇	19.5cm×53.5cm	2,472,500	中国嘉德	2017-06-21
齐白石 塘草三蟹 立轴	101cm×33cm	2,300,000	荣宝斋（济南）	2017-06-10
齐白石 桃花 立轴	124.5cm×34cm	3,335,000	北京匡时	2017-12-04
齐白石 桃实 立轴	102.5cm×34cm	2,530,000	中国嘉德	2017-12-18
齐白石 藤萝 立轴	139cm×34cm	1,725,000	北京荣宝	2017-12-02
齐白石 蛙趣 镜片	135.5cm×35cm	672,000	上海联合	2017-12-17
齐白石 蛙趣 立轴	66.5cm×33.5cm	690,000	北京保利	2017-12-17
齐白石 晚秋 扇面镜框	19.6cm×58.6cm	356,400	香港苏富比	2017-04-04
齐白石 汪亚尘 枇杷双鸡 立轴	132cm×66cm	1,437,500	荣宝斋（上海）	2017-07-30
齐白石 王雪涛 1952年作 多寿图 立轴	105.5cm×46cm	5,980,000	西泠拍卖	2017-07-15
齐白石 为报平安 立轴	68cm×34cm	1,207,500	北京匡时	2017-12-04
齐白石 为梅兰芳书匾 无双 镜片	70.5cm×30.5cm	4,600,000	西泠拍卖	2017-07-15
齐白石 为梅兰芳作 大富贵喜坚固立轴	109.5cm×33cm	5,865,000	西泠拍卖	2017-07-15
齐白石 惟汝夏熟 立轴	99.5cm×33.5cm	1,437,500	北京荣宝	2017-12-02

拍品名称	物品尺寸	成交价RMB	拍卖公司	拍卖日期
齐白石 无量寿佛 立轴	133cm×35cm	6,440,000	华艺国际	2017-05-27
齐白石 吴湖帆 紫藤 行书成扇 成扇	20cm×52cm	897,000	北京荣宝	2017-04-02
齐白石 梧桐鸣蝉 镜心	32cm×32cm	735,966	北京匡时	2017-04-03
齐白石 戊子（1948）年作 行书"静涵斋"镜片	33.5cm×66cm	782,000	上海嘉禾	2017-07-02
齐白石 戊子（1948）年作 牵牛花 立轴	94cm×31.5cm	460,000	朵云轩	2017-12-14
齐白石 戊子（1948）年作 牵牛花开 立轴	134cm×33cm	287,500	朵云轩	2017-06-25
齐白石 戊子（1948年）作 牵牛花 立轴	103.5cm×34cm	345,000	中国嘉德	2017-12-19
齐白石 戊子（1948年）作 牵牛蜻蜓 镜心	101cm×33cm	313,998	中国嘉德	2017-05-29
齐白石 戊子（1948年）作 篆书唐人绝句 立轴	101cm×40cm	690,000	中国嘉德	2017-12-19
齐白石 夕阳古树 立轴	103.5cm×34.5cm	502,397	中国嘉德	2017-05-29
齐白石 洗耳图 立轴	68cm×34cm	638,250	佳士得	2017-11-28
齐白石 喜上眉梢 立轴	100cm×33cm	3,680,000	北京匡时	2017-06-03
齐白石 喜上眉梢 立轴	93.5cm×28.5cm	977,500	北京匡时	2017-12-04
齐白石 虾 镜心	23cm×26cm	345,000	荣宝斋（南京）	2017-09-10
齐白石 虾 立轴	101cm×33cm	920,000	北京银座	2017-06-07
齐白石 虾趣图 立轴	100cm×33cm	759,000	北京荣宝	2017-06-02
齐白石 虾蟹图 镜框	68cm×34.6cm	1,506,270	中金国际	2017-11-25
齐白石 夏荷图 立轴	69cm×34cm	483,000	北京保利	2017-11-10
齐白石 夏荷图 立轴	69cm×34cm	345,000	北京保利	2017-04-27
齐白石 夏寿田 庚申（1920）年作 蝶戏图 篆书 成扇	19cm×55cm	759,000	朵云轩	2017-06-25
齐白石 香炉紫烟 立轴	28.5cm×17.5cm	920,000	中国嘉德	2017-12-19
齐白石 萧逊 周肇祥 喜上眉梢 立轴	95cm×36cm	166,750	北京匡时	2017-06-03
齐白石 萧愻 祁昆 清味·游山·观云三挖 立轴	直径31cm×3	437,000	北京诚轩	2017-06-18
齐白石 小孤山借山图 立轴	133cm×32cm	690,000	保利山东	2017-10-29
齐白石 小鸡戏虫图 镜心	98cm×34cm	460,000	北京匡时	2017-12-04
齐白石 蟹 立轴	93cm×33cm	759,000	广东崇正	2017-12-13
齐白石 辛巳（1941）年作 国寿无疆 立轴	98cm×34cm	7,015,000	朵云轩	2017-12-14
齐白石 辛未（1931年）作 虾蟹 立轴	98.5cm×34cm	920,000	中国嘉德	2017-12-18
齐白石 辛酉（1921年）作 石榴 镜心	38cm×53cm	345,000	中国嘉德	2017-06-19
齐白石 邢端 书画双挖 镜心	32.5cm×33cm×2	471,500	北京匡时	2017-06-03
齐白石 杏花 立轴	101cm×32cm	598,000	北京荣宝	2017-06-02
齐白石 杏花迎春 立轴	137cm×33cm	1,725,000	北京保利	2017-12-17
齐白石 雁来红 镜心	68cm×34cm	667,000	上海匡时	2017-11-05
齐白石 雁来红 镜心	103cm×34cm	517,500	北京荣宝	2017-06-02
齐白石 雁来红 立轴	67cm×33.5cm	1,782,500	北京荣宝	2017-12-02
齐白石 雁来红 立轴	70cm×34.5cm	1,725,000	北京匡时	2017-12-04
齐白石 雁来红 立轴	67cm×33cm	1,092,500	荣宝斋（济南）	2017-12-08
齐白石 雁来红草虫 立轴	67.5cm×33.5cm	1,577,070	保利香港	2017-04-03
齐白石 雁来红蝴蝶 立轴	67cm×33.5cm	1,012,000	北京诚轩	2017-06-18
齐白石 杨昭 1925年作 紫藤蜜蜂 成扇	19cm×46cm	230,000	北京荣宝	2017-09-24
齐白石 姚华 1923年作 博古图 镜心	138cm×68.5cm	1,058,000	北京匡时	2017-12-03
齐白石 依样 立轴	102cm×34cm	575,000	中国嘉德	2017-06-20
齐白石 乙丑（1925年）作 松树双鸟 立轴	136cm×33cm	1,207,500	中国嘉德	2017-06-19
齐白石 英雄报德 立轴	101.5cm×34cm	6,325,000	北京银座	2017-12-20
齐白石 英雄独立 立轴	316cm×70cm	98,900,000	中国嘉德	2017-12-18

拍品名称	物品尺寸	成交价RMB	拍卖公司	拍卖日期
齐白石 樱桃图 镜心	26cm×24cm	529,000	上海匡时	2017-11-05
齐白石 幽菊 镜片	34cm×34.5cm	322,000	朵云轩	2017-06-25
齐白石 幽兰双雀 镜框	28.1cm×37.5cm	267,300	香港苏富比	2017-04-04
齐白石 游虾 镜心	87cm×47.5cm	2,127,500	中国嘉德	2017-06-20
齐白石 于非闇 1942年作 采花图 成扇	18.8cm×47cm	1,348,750	香港蘇富比	2017-10-02
齐白石 鱼虾图 立轴	102cm×34cm	1,955,000	北京荣宝	2017-12-02
齐白石 鱼虾图 立轴	89cm×40.5cm	4,025,000	北京荣宝	2017-06-02
齐白石 鱼蟹清趣 镜心	104cm×34.5cm	783,520	中国嘉德	2017-10-03
齐白石 雨后山烟图 镜框	133cm×31cm	6,785,000	北京荣宝	2017-12-02
齐白石 玉兰 立轴	137cm×33.5cm	2,012,500	北京荣宝	2017-12-02
齐白石 玉兰 立轴	105cm×32.7cm	467,775	香港苏富比	2017-04-04
齐白石 玉兰、秋菊对屏 立轴	97.5cm×41cm×2	5,980,000	荣宝斋（南京）	2017-09-10
齐白石 玉簪花 镜心	91.5cm×32.5cm	418,664	中国嘉德	2017-05-29
齐白石 玉珠 立轴	135cm×35cm	2,056,740	保利香港	2017-10-03
齐白石 芋魁螃蟹图 立轴	95.5cm×31cm	322,000	西泠拍卖	2017-07-15
齐白石 芋蟹图 立轴	137cm×33cm	1,150,000	北京保利	2017-12-17
齐白石 芋叶螃蟹 立轴	104cm×33cm	575,000	保利山东	2017-10-29
齐白石 芋叶喜鹊 立轴	122cm×33cm	1,725,000	北京保利	2017-06-05
齐白石 芋叶虾蟹 立轴	124cm×34cm	1,150,000	中国嘉德	2017-06-19
齐白石 芋叶游虾 镜心	85cm×26cm	299,000	北京保利	2017-06-05
齐白石 芋叶游虾 立轴	134.5cm×33cm	1,610,000	北京银座	2017-06-07
齐白石 芋叶游虾 立轴	132.5cm×33cm	1,595,000	荣宝斋（南京）	2017-07-08
齐白石 芋叶游虾 立轴	135.5cm×33cm	747,500	中国嘉德	2017-06-19
齐白石 鸳鸯 镜心	99.5cm×32.5cm	489,700	保利香港	2017-10-03
齐白石 约1922年作 湖山秋色 立轴	133cm×51cm	6,900,000	北京保利	2017-12-17
齐白石 月夜图 镜框	45cm×32cm	2,070,000	华艺国际	2017-05-27
齐白石 张伯英 1943年作 菊花草虫 行书录古文 成扇	18.5cm×47cm	402,500	北京匡时	2017-06-03
齐白石 张伯英 红蓼山雀·行书书论 扇面	18.5cm×53cm×2	161,000	北京银座	2017-06-07
齐白石 张伯英 荔枝·行书诗四首 成扇	18cm×50cm	1,265,000	中国嘉德	2017-06-21
齐白石 张海若 墨虾图并隶书词七首 成扇	19cm×51cm	264,500	上海匡时	2017-11-05
齐白石 章梫 喜上眉梢 草书 成扇	18cm×47cm	1,035,000	荣宝斋（上海）	2017-07-30
齐白石 枝头小鸟 立轴	50.5cm×43.5cm	598,000	中国嘉德	2017-06-19
齐白石 稚鸡 镜心	40cm×34cm	230,000	北京荣宝	2017-09-24
齐白石 稚鸡图 立轴	91cm×33cm	437,000	北京翰海	2017-04-30
齐白石 中秋清饮图 立轴	136.5cm×33.5cm	2,987,170	北京匡时	2017-10-02
齐白石 周肇祥 1937年作 群鸡图 书法 成扇	18.5cm×47cm	460,000	华艺国际	2017-11-25
齐白石 周作人 枇杷 书法 成扇	18cm×47cm	460,000	华艺国际	2017-05-27
齐白石 猪 镜心	44cm×31.5cm	345,000	中国嘉德	2017-06-20
齐白石 竹报平安 立轴	102.2cm×33.5cm	1,141,250	香港蘇富比	2017-10-02
齐白石 竹报平安 立轴	102cm×33.5cm	1,495,000	北京匡时	2017-12-04
齐白石 竹笼雏鸡 立轴	96cm×37.5cm	1,958,800	保利香港	2017-10-03
齐白石 竹院围棋图 立轴	30.5cm×41.5cm	356,500	北京匡时	2017-12-03
齐白石 烛照吉寿图 镜片	107cm×33.5cm	4,370,000	西泠拍卖	2017-07-15
齐白石 篆书"旅泊龛" 镜心	33.5cm×108cm	3,450,000	北京匡时	2017-06-03
齐白石 篆书"仁者寿" 镜片	32cm×107cm	345,000	广东崇正	2017-12-13
齐白石 篆书"松草堂" 镜心	36cm×71cm	2,070,000	北京匡时	2017-12-03
齐白石 篆书"无产者必胜" 镜心	64.5cm×29.5cm	218,500	北京银座	2017-06-07
齐白石 篆书家居诗 立轴	68cm×28cm	1,840,000	北京匡时	2017-06-03
齐白石 紫藤 镜框	34cm×34cm	552,000	华艺国际	2017-05-27
齐白石 紫藤 立轴	137cm×34cm	1,782,500	北京银座	2017-12-20
齐白石 紫藤 立轴	117.5cm×33cm	713,000	中国嘉德	2017-12-19

2017书画拍卖成交汇总

(成交价RMB：15万元以上)

拍品名称	物品尺寸	成交价RMB	拍卖公司	拍卖日期
齐白石 紫藤花 立轴	135.5cm×33.5cm	1,265,000	中国嘉德	2017-12-18
齐白石 紫藤花开 立轴	34cm×41.5cm	207,000	朵云轩	2017-06-25
齐白石 紫藤蜜蜂 镜心	135.5cm×33cm	862,500	北京匡时	2017-12-04
齐白石 紫藤蜜蜂 镜心	160cm×39cm	1,175,280	北京匡时	2017-10-02
齐白石 紫藤蜜蜂 立轴	117cm×40cm	747,500	北京翰海	2017-06-02
齐白石 紫藤蜜蜂 扇面	16.5cm×49.5cm	207,000	北京银座	2017-06-07
齐白石 紫藤小鸟 镜心	130cm×33cm	2,530,000	北京保利	2017-06-05
齐白石 棕荫群雏 立轴	67cm×33cm	690,000	北京匡时	2017-06-03
齐白石 最后的辉煌 立轴、镜心		8,280,000	中国嘉德	2017-06-19
齐白石 尊者像 立轴	52cm×32cm	632,500	朵云轩	2017-06-25
齐良迟 花开益寿 立轴	104cm×34cm×4	356,500	北京荣宝	2017-06-02
祁海峰 2017年作 层林叠嶂 镜心	68cm×134cm	368,000	北京保利	2017-06-05
祁海峰 2017年作 晨辉 镜心	68cm×68cm	184,000	北京保利	2017-12-18
祁井西 山水 立轴 四屏	128cm×32cm×4	230,000	北京保利	2017-12-17
祁昆 1942年作 秋山萧寺 立轴	131cm×32cm	172,500	北京翰海	2017-06-02
祁昆 戊辰（1928）年作 柳烟斜雨 镜片	146.5cm×81cm	345,000	朵云轩	2017-06-25
祁璐 2017年作 诗象系列·相依镜心	66cm×66cm	230,000	北京保利	2017-06-05
祁璐 2017年作 诗象系列·馨香	71cm×43cm	161,000	北京翰海	2017-06-03
祁璐 诗象系列·春 镜心	66cm×66cm	230,000	北京保利	2017-12-18
启功《贺新郎》两首 水墨纸本	23cm×42cm	253,000	北京华辰	2017-06-04
启功 1933年作 拟宋元诸家 镜框	31cm×21cm×2	437,000	北京荣宝	2017-06-02
启功 1941年作 书画合璧 成扇	18.5cm×48.5cm	425,500	北京翰海	2017-12-15
启功 1942年作 望山图 镜心	70cm×33cm	690,000	北京翰海	2017-12-15
启功 1943年作 溪山访友 成扇	20cm×53cm	460,000	北京匡时	2017-12-03
启功 1947年作 白石诗意图 团扇	直径19cm	483,000	北京匡时	2017-06-03
启功 1948年作 山林幽居图 行书杂书 成扇	20cm×51cm	368,000	北京保利	2017-06-06
启功 1974年作 楷书《秦始皇泰山刻石文》镜片	32cm×131cm	782,000	上海嘉禾	2017-07-01
启功 1975年作 行书毛主席诗词镜片	65.5cm×33cm	184,000	广东崇正	2017-12-13
启功 1975年作 行书七言诗 镜心	130.5cm×61.5cm	1,092,500	北京银座	2017-06-07
启功 1975年作 行书七言诗 镜心	131cm×61cm	920,000	北京荣宝	2017-12-02
启功 1976年作 行书《观沧海》立轴	102cm×32cm	460,000	北京荣宝	2017-12-02
启功 1978年作 行书李白诗 镜片	107cm×34.5cm	379,500	广东崇正	2017-06-15
启功 1978年作 行书李白诗 镜心	69cm×45cm	172,500	北京华辰	2017-06-04
启功 1978年作 行书毛主席句 镜心	136cm×67.5cm	552,000	观唐皕榷	2017-01-11
启功 1978年作 自作诗《读太白词》立轴	103.5cm×33.5cm	276,000	北京诚轩	2017-06-18
启功 1979年作 白居易《暮江吟》立轴	102cm×32.5cm	276,000	北京诚轩	2017-06-18
启功 1979年作 行书东坡诗 立轴	93cm×41cm	241,500	上海匡时	2017-11-05
启功 1979年作 行书七言诗 立轴	128cm×29.5cm	241,500	中国嘉德	2017-12-19
启功 1979年作 行书七言诗 立轴	81cm×33cm	241,500	中国嘉德	2017-09-02
启功 1980年作 行书《宰相安和帖》水墨纸本	67cm×35cm	230,000	北京华辰	2017-06-04
启功 1980年作 行书七言诗 立轴	105cm×34.5cm	304,750	北京银座	2017-12-20
启功 1980年作 行书唐诗 立轴	67cm×33.5cm	230,000	中国嘉德	2017-12-19
启功 1981年作 行书 镜片	65.5cm×133cm	345,000	广东崇正	2017-06-15
启功 1981年作 行书七言诗 镜片	68cm×184cm	690,000	北京华辰	2017-12-16
启功 1981年作 行书五言诗 立轴	135cm×67cm	690,000	中国嘉德	2017-03-31
启功 1981年作 坚净居习字 手卷	46cm×440cm	3,450,000	中国嘉德	2017-12-18
启功 1981年作 书法 立轴	92cm×44.5cm	1,334,000	福建东南	2017-10-28
启功 1982年作 行书 立轴	133cm×32cm	172,500	上海敬华	2017-07-01
启功 1982年作 行书横幅 镜心	59cm×128cm	345,000	北京保利	2017-12-17
启功 1982年作 行书七言诗 镜心	103cm×33.5cm	230,000	中国嘉德	2017-12-19
启功 1982年作 行书七言诗 镜心	83.5cm×34.5cm	230,000	中国嘉德	2017-12-19

拍品名称	物品尺寸	成交价RMB	拍卖公司	拍卖日期
启功 1982年作 行书自写诗 立轴	131.6cm×46.2cm	690,525	香港苏富比	2017-04-04
启功 1982年作 书法 立轴	134cm×66.5cm	340,400	佳士得	2017-11-28
启功 1983年作 行书 立轴	134.5cm×61.5cm	1,253,160	中濠典藏	2017-05-22
启功 1983年作 行书 墨趣 镜片	26.5cm×23.5cm	172,500	西泠拍卖	2017-07-15
启功 1983年作 行书《论书》镜片	136cm×67cm	322,000	北京东正	2017-12-09
启功 1983年作 行书《王荆公诗句一首》立轴	66cm×65cm	241,500	北京荣宝	2017-09-24
启功 1983年作 行书李纲句 镜心	96cm×32cm	345,000	北京匡时	2017-06-03
启功 1983年作 行书七言诗 立轴	66cm×41cm	172,500	中国嘉德	2017-04-01
启功 1983年作 行书诗 立轴	134cm×32cm	208,860	中濠典藏	2017-05-22
启功 1984年作 行书 云兴霞蔚 镜片	43.5cm×32.5cm	184,000	西泠拍卖	2017-07-15
启功 1984年作 行书“虎跃”立轴	97cm×48cm	460,000	北京保利	2017-06-05
启功 1984年作 行书“怡兰轩”镜心	25cm×67cm	402,500	北京匡时	2017-03-29
启功 1984年作 行书《论诗》立轴	135cm×66cm	322,000	北京荣宝	2017-06-02
启功 1984年作 行书诗 镜片	36cm×48cm	184,000	朵云轩	2017-06-25
启功 1984年作 行书诗句 镜心	76cm×27cm	230,000	北京荣宝	2017-12-02
启功 1984年作 葡萄 手卷	28cm×172cm	920,000	北京保利	2017-12-17
启功 1985年作 行书 立轴	103cm×49cm	506,000	广东崇正	2017-12-13
启功 1985年作 行书《登鹳雀楼》立轴	136cm×67cm	437,000	北京保利	2017-06-05
启功 1985年作 行书七言诗 镜心	40.5cm×59cm	253,000	北京翰海	2017-06-02
启功 1985年作 行书七言诗 立轴	67.5cm×40cm	195,500	北京匡时	2017-12-04
启功 1985年作 行书诗一首 立轴	134cm×32cm	402,500	北京荣宝	2017-12-02
启功 1985年作 行书五言诗 立轴	101cm×32cm	276,000	北京保利	2017-06-05
启功 1985年作 行书元人诗 立轴	136.4cm×31.3cm	269,750	香港蘇富比	2017-10-02
启功 1986年作 行书七言联 镜心	129cm×30cm×2	287,500	北京翰海	2017-06-02
启功 1986年作 行书七言联 镜心	135.5cm×33.5cm×2	460,000	北京银座	2017-06-07
启功 1986年作 行书苏轼诗一首镜心	101cm×50cm	345,000	北京荣宝	2017-12-02
启功 1987年作 行书 镜心	67cm×64.5cm	322,000	北京银座	2017-06-07
启功 1987年作 行书杜律 立轴	138cm×28.5cm	207,000	北京荣宝	2017-06-02
启功 1987年作 行书欧阳修词 镜心	68cm×45cm	253,000	北京保利	2017-06-05
启功 1987年作 行书七言联 镜心	127.5cm×32cm×2	713,000	中国嘉德	2017-06-20
启功 1987年作 行书七言诗 立轴	137.5cm×68cm	253,000	中国嘉德	2017-06-19
启功 1987年作 书法《发》镜框	66.5cm×66.4cm	297,850	佳士得	2017-11-28
启功 1987年作 雨后竹青 立轴	136cm×69cm	3,392,500	北京荣宝	2017-12-02
启功 1988年作 行书七言联 镜心	127cm×32cm×2	690,000	北京匡时	2017-03-29
启功 1988年作 行书七言诗 镜片	68.5cm×45.5cm	310,500	广东崇正	2017-12-13
启功 1988年作 行书宋人绝句 立轴	133.5cm×32cm	402,500	北京荣宝	2017-12-02
启功 1988年作 行书自作诗 立轴	99cm×79cm	172,500	北京保利	2017-06-05
启功 1988年作 秋月何圆 镜心	135cm×67cm	517,500	福建东南	2017-10-28
启功 1989年作 行书“敬佛”镜心	27cm×17cm	310,500	上海匡时	2017-11-05
启功 1989年作 行书“自强不息”镜片	69cm×45cm	356,500	广东崇正	2017-12-13
启功 1989年作 行书七言联 镜片	130cm×31cm×2	632,500	北京荣宝	2017-06-02
启功 1989年作 行书诗一首 镜框	68cm×46cm	207,000	北京荣宝	2017-06-02
启功 1989年作 行书诗一首 镜心	67cm×45cm	253,000	北京荣宝	2017-06-02
启功 1989年作 双寿图 立轴	136cm×68.5cm	563,500	福建东南	2017-05-21
启功 1989年作 朱竹 镜心	68cm×45.5cm	575,000	北京银座	2017-06-07
启功 1989年作 竹石图 立轴	64cm×84cm	517,500	中国嘉德	2017-09-02
启功 1990年作 泽畔双清 行书自作诗扇面 镜心	74cm×220cm×2	1,610,000	北京保利	2017-12-17
启功 1990年作 朱砂劲竹图 立轴	89.7cm×47.7cm	190,273	纽约佳士得	2017-03-14
启功 1990年作 朱竹 立轴	99.5cm×33cm	529,000	北京荣宝	2017-12-02
启功 1990年作 朱竹 立轴	100cm×48cm	448,500	北京匡时	2017-06-03
启功 1993年作 行书七言联 镜心	128cm×30cm×2	437,000	北京荣宝	2017-06-02
启功 1994年作 行书“皇家楼”立轴	52cm×29cm	230,000	保利山东	2017-10-29
启功 1994年作 行书自作诗 镜心	69cm×135.5cm	552,000	中国嘉德	2017-06-19

拍品名称	物品尺寸	成交价RMB	拍卖公司	拍卖日期
启功 1995年作 行书诗二首 立轴	151cm×60cm	1,150,000	北京荣宝	2017-12-02
启功 1995年作 行书诗二首 立轴	151cm×60cm	1,092,500	北京荣宝	2017-12-02
启功 1995年作 行书诗二首 立轴	151cm×60cm	1,035,000	北京荣宝	2017-12-02
启功1996年作 行书 颜鲁公句 立轴	70cm×45cm	161,000	西泠拍卖	2017-05-05
启功 1997年作 行书七言联 镜心	129cm×30cm×2	460,000	北京保利	2017-06-05
启功 1997年作 兰竹 立轴	126cm×31cm	598,000	北京荣宝	2017-06-02
启功 1997年作 三友图 立轴	127cm×32cm	805,000	北京东正	2017-12-09
启功 1998年作 行书“福德开运”镜心	60cm×49.5cm	567,745	北京匡时	2017-04-03
启功 1998年作 行书“麓衡山馆”镜心	31.5cm×131cm	356,500	中贸圣佳	2017-06-19
启功 1999年作 行书“龙”镜心	68cm×46cm	322,000	北京荣宝	2017-12-02
启功2000年作 行书“奋斗”立轴	58cm×45.5cm	172,500	北京荣宝	2017-06-02
启功 2002年作 行书诗一首 镜心	68.5cm×41.5cm	287,500	北京荣宝	2017-06-02
启功 2004年作 松泉图 镜心	96cm×33cm	1,092,500	北京荣宝	2017-12-02
启功 碧竹 镜心	180cm×90cm	1,150,000	荣宝斋（上海）	2017-07-30
启功 草书十六字令 镜心	138cm×69cm	345,000	北京保利	2017-12-16
启功 荻花晚江 成扇	20cm×53cm	322,000	北京翰海	2017-12-15
启功 丁卯（1987年）作 行书自作诗 立轴	79cm×38cm	276,000	中国嘉德	2017-12-19
启功 东游旧作 镜框	87cm×46cm	207,000	华艺国际	2017-05-27
启功 董寿平 魏紫熙 饶宗颐 等 书画 册页（十一开选四）	31.5cm×62cm×11	690,000	广东崇正	2017-12-13
启功 对联 立轴	127cm×30cm×2	402,500	华艺国际	2017-05-27
启功 庚午（1990年）作 行书七言联 对联	130cm×31cm×2	598,000	中国嘉德	2017-03-31
启功 龚元凯 1942年作 仿大痴山水·楷书欧阳修诗话 成扇	17.5cm×48cm×2	172,500	北京银座	2017-06-07
启功癸未（1943年）作听泉图立轴	79cm×27.5cm	368,000	中国嘉德	2017-12-18
启功 癸酉（1993）年作 朱竹图·行书《心经》手卷	画24cm×160cm；书24cm×112cm	1,000,500	上海嘉禾	2017-07-02
启功 行书 镜框	70cm×44cm	368,000	福建东南	2017-10-28
启功 行书 镜片	102cm×50cm	480,000	上海驰翰	2017-06-26
启功 行书 镜心	67cm×45cm	253,000	北京荣宝	2017-09-24
启功 行书 镜心	68cm×44cm	448,500	荣宝斋（南京）	2017-09-10
启功 行书 镜心	134cm×65cm	172,500	荣宝斋（南京）	2017-07-08
启功 行书 立轴	129cm×63cm	977,500	荣宝斋（济南）	2017-12-08
启功 行书 立轴	127cm×49cm	552,000	荣宝斋（济南）	2017-12-08
启功 行书 立轴	97cm×40cm	529,000	荣宝斋（济南）	2017-12-08
启功 行书 立轴	66cm×43cm	460,000	荣宝斋（济南）	2017-12-08
启功 行书 立轴	115cm×62.5cm	460,000	荣宝斋（济南）	2017-12-08
启功 行书 立轴	137cm×68cm	460,000	荣宝斋（济南）	2017-12-08
启功 行书 立轴	65cm×40cm	345,000	荣宝斋（济南）	2017-12-08
启功 行书 立轴	84cm×44.5cm	172,500	荣宝斋（济南）	2017-12-08
启功 行书 立轴	95cm×43.5cm	166,750	朵云轩	2017-12-14
启功 行书 立轴	68cm×45cm	276,000	荣宝斋（南京）	2017-09-10
启功 行书 立轴	94cm×42cm	172,500	荣宝斋（济南）	2017-06-10

拍品名称	物品尺寸	成交价RMB	拍卖公司	拍卖日期
启功 行书 立轴	139cm×53cm	563,500	上海嘉禾	2017-07-02
启功 行书 立轴	102cm×33cm	287,500	上海明轩	2017-06-30
启功 行书“杜少陵诗”立轴	137cm×67cm	1,196,000	荣宝斋（济南）	2017-06-10
启功 行书“仿膳”镜心	50cm×98cm	575,000	中国嘉德	2017-06-19
启功 行书“含英咀华”镜心	35cm×84.5cm	161,000	北京荣宝	2017-06-02
启功 行书“翰墨”镜片	34cm×68cm	161,000	上海嘉禾	2017-07-02
启功 行书“旧作诗”镜心	66.5cm×66.5cm	322,000	荣宝斋（济南）	2017-06-10
启功 行书“旧作诗”镜心	66.5cm×66.5cm	230,000	荣宝斋（济南）	2017-06-10
启功 行书“乐观”镜心	19.5cm×44.5cm	287,500	中国嘉德	2017-06-20
启功 行书“论书旧作”镜心	45cm×140cm	1,610,000	荣宝斋（南京）	2017-09-10
启功 行书“琴思楼”镜心	34cm×98cm	161,000	北京保利	2017-11-10
启功 行书“清风”扇面	32cm×50cm	460,000	荣宝斋（南京）	2017-09-10
启功 行书“宋人名句”立轴	67cm×42cm	299,000	荣宝斋（济南）	2017-06-10
启功 行书“王安石诗”立轴	82cm×47.5cm	241,500	北京匡时	2017-12-04
启功 行书“瓮山即事”立轴	68cm×44cm	166,750	荣宝斋（南京）	2017-07-08
启功 行书“长征”立轴	136cm×67cm	1,150,000	荣宝斋（南京）	2017-09-10
启功 行书“自强不息”镜片	28.5cm×69cm	184,000	广东崇正	2017-12-13
启功 行书《琴台铭》立轴	110cm×45cm	230,000	中国嘉德	2017-12-19
启功 行书《王安石金陵即事》镜片	100cm×48cm	299,000	上海嘉禾	2017-07-02
启功 行书《赠吕洞宾》立轴	65.5cm×43cm	218,500	北京荣宝	2017-06-02
启功 行书陈帅诗 立轴	115cm×62cm	552,000	北京荣宝	2017-06-02
启功 行书东坡卜算子一首 镜芯	96cm×178cm	230,000	印千山	2017-07-09
启功 行书杜甫《秋兴八首》镜心	87.5cm×31cm×4	3,220,000	中国嘉德	2017-12-18
启功 行书杜甫句 立轴	97cm×33.2cm	167,063	香港苏富比	2017-04-04
启功 行书对联 镜心	136cm×34cm×2	322,000	北京宣石	2017-05-21
启功 行书古诗 立轴	136cm×33cm	345,000	上海匡时	2017-11-05
启功 行书李白诗 立轴	62.5cm×46cm	218,500	上海嘉禾	2017-07-02
启功 行书论书二则 镜心	26cm×102cm	333,500	北京匡时	2017-12-04
启功 行书毛主席诗词 镜心	102cm×34cm	172,500	观唐皕榷	2017-01-11
启功 行书七言句 立轴	134cm×31cm	310,500	北京匡时	2017-12-04
启功 行书七言联 镜片	127cm×30.5cm×2	402,500	广东崇正	2017-12-13
启功 行书七言联 镜心	129cm×31cm×2	437,000	北京保利	2017-04-27
启功 行书七言联 立轴	97.5cm×25.5cm×2	920,000	福建东南	2017-10-28
启功 行书七言联 立轴	66cm×11.5cm×2	172,500	北京荣宝	2017-06-02
启功 行书七言联 立轴	131cm×32cm×2	264,500	十竹斋	2017-01-01
启功 行书七言诗 镜心	67cm×127cm	345,000	北京保利	2017-06-05
启功 行书七言诗 镜心	139cm×69cm	402,500	中国嘉德	2017-03-31
启功 行书七言诗 立轴	98cm×32.5cm	287,500	北京银座	2017-06-07
启功 行书七言诗 立轴	135cm×32.5cm	322,000	北京银座	2017-06-07
启功 行书前贤句 立轴	98.5cm×32.5cm	241,500	北京匡时	2017-12-04
启功 行书诗 立轴	131cm×64cm	253,000	北京保利	2017-04-27
启功 行书诗词 镜心	59cm×82cm	172,500	北京荣宝	2017-04-02
启功 行书诗句 立轴	95.5cm×31.5cm	218,500	中国嘉德	2017-12-19
启功 行书书法 镜心	99cm×67.5cm	460,000	保利厦门	2017-06-26
启功 行书书法 立轴	73cm×46cm	180,838	佳士得	2017-11-28
启功 行书四言句 镜心	139cm×68cm	316,250	北京东正	2017-06-08
启功 行书唐诗 镜心	63.5cm×39cm	575,000	北京东正	2017-06-08
启功 行书题盆景一首 镜心	83.5cm×47.5cm	299,000	北京荣宝	2017-04-02
启功 行书五言联 镜心	126cm×29cm×2	287,500	荣宝斋（济南）	2017-12-08
启功 行书五言联 镜心	123cm×31cm×2	368,000	中国嘉德	2017-06-19

拍品名称	物品尺寸	成交价RMB	拍卖公司	拍卖日期
启功 行书五言诗 镜心	66cm×32cm	195,500	中国嘉德	2017-12-19
启功 行书信诗 立轴	68cm×43cm	168,221	保利香港	2017-04-03
启功 行书杂稿 镜心	19cm×104cm	713,000	北京匡时	2017-06-03
启功 行书中堂 镜心	136cm×68cm	655,500	北京宣石	2017-05-21
启功 行书朱继芳诗 立轴	84cm×40cm	322,000	北京匡时	2017-06-04
启功 行书自作诗 镜片	96cm×34cm	218,500	上海嘉禾	2017-07-02
启功 行书自作诗 立轴	66cm×43.5cm	276,000	北京匡时	2017-06-04
启功 己巳（1989年）作 行书苏轼诗 镜心	134cm×62cm	529,000	中国嘉德	2017-12-19
启功 己未（1979年）作 行书“时露楼”镜心	26cm×47cm	184,000	中国嘉德	2017-09-02
启功 甲申（1944年）作 云山清话图 立轴	66cm×33cm	402,500	中国嘉德	2017-12-18
启功 坚净居杂稿 手卷	19.2cm×210.3cm	1,169,438	香港苏富比	2017-04-04
启功 九峰春霁 立轴	96cm×32cm	690,000	华艺国际	2017-05-27
启功 李可染 书法 镜框	33cm×46cm	201,250	华艺国际	2017-05-27
启功 临苏轼《黄州寒食帖》横轴	34cm×130cm	1,495,000	福建东南	2017-05-21
启功 墨竹图 镜心	67cm×28cm	230,000	荣宝斋（济南）	2017-12-08
启功 溥伒 陈缘督 汪溶 顾随 等 赠似丹墨缘 册页	21cm×33cm×9	517,500	北京华辰	2017-12-16
启功 溥佐 癸未（1943年）作 松溪三骏 立轴	110.5cm×49.5cm	1,725,000	中国嘉德	2017-06-20
启功 秋阁闲眺 行书 立轴	59cm×29.5cm	682,000	荣宝斋（南京）	2017-07-08
启功 壬戌（1982年）作 行书八言联 镜心	179cm×48cm×2	575,000	中国嘉德	2017-06-19
启功 山水（四帧）镜心	23cm×26cm×4	632,500	中国嘉德	2017-12-19
启功 山水 行书（两帧）立轴	32cm×32；31cm×31cm	402,500	广东崇正	2017-12-13
启功 山水双挖 镜心	18.5cm×26.5cm×2	437,000	中国嘉德	2017-12-19
启功 赏荷图 镜心	67cm×35.5cm	1,265,000	中国嘉德	2017-06-20
启功 寿玺 庚辰（1940年）作 古木苍岩·行书 成扇	18.5cm×51cm	483,000	中国嘉德	2017-06-21
启功 书法 镜框	63cm×32.5cm	161,000	华艺国际	2017-11-25
启功 书法 镜心	45cm×36cm	678,500	南京经典	2017-07-23
启功 书法 立轴	134cm×65cm	460,000	荣宝斋（济南）	2017-12-08
启功 书法 立轴	98cm×32cm	184,000	荣宝斋（济南）	2017-12-08
启功 书法 立轴	66cm×43cm	253,000	华艺国际	2017-05-27
启功 书法 立轴	138cm×68cm	402,500	华艺国际	2017-05-27
启功 书法对联 立轴	127cm×28cm	299,000	北京宣石	2017-12-03
启功 书法条幅 立轴	130cm×33cm	166,750	北京宣石	2017-12-03
启功 书法条幅 立轴	118cm×33cm	161,000	北京宣石	2017-12-03
启功 书画合璧 镜心	23cm×17.5cm×2	356,500	荣宝斋（济南）	2017-06-10
启功 松溪孤棹 立轴	100cm×34cm	460,000	中国嘉德	2017-06-19
启功 苏东坡 念奴娇·赤壁怀古 镜心	72cm×241cm	4,427,500	南京经典	2017-07-23
启功 王汉章 山水 书法 成扇	18.5cm×48cm	920,000	华艺国际	2017-11-25
启功 戊辰（1988年）作 草书“水流花开”镜心	69cm×45cm	184,000	中国嘉德	2017-09-02
启功 戊辰（1988年）作行书镜心	69cm×45cm	161,000	中国嘉德	2017-09-02
启功 戊子（1948年）作 春溪茅舍 镜心	21cm×53.5cm	460,000	中国嘉德	2017-06-20
启功 溪山渔隐 立轴	65cm×27cm	264,500	印千山	2017-03-30
启功 徐北汀 李智超 吴镜汀 秦仲文 祁大夔 周元亮 溥佺 乙酉（1945年）作 山水人物八扇屏 屏风	25cm×8cm×8	598,000	中国嘉德	2017-09-02
启功 徐墀 山水 书法 成扇	18cm×48cm	172,500	华艺国际	2017-11-25
启功 乙丑（1985年）作行书镜心	140cm×32cm	287,500	中国嘉德	2017-03-31
启功 乙亥（1995年）作 行书七言诗句 立轴	95cm×44cm	460,000	中国嘉德	2017-06-19
启功 乙亥（1995年）作 行书五言诗 立轴	95cm×44cm	575,000	中国嘉德	2017-06-19
启功 张元济 秋溪幽居·楷书古诗 成扇	20cm×52cm	230,000	北京保利	2017-11-10
启功 周而复题《簪花仕女图》手卷		690,000	中国嘉德	2017-06-20
启功 周怀民 田世光 等 1991年作 艺圃春秋 镜心	83.5cm×153cm	402,500	中国嘉德	2017-06-19
启功 朱砂红竹（二帧）镜心	27cm×23.5cm×2	218,500	荣宝斋（济南）	2017-12-08
启功 朱竹 行书四言联 立轴	竹59cm×49cm；对联63cm×22cm×2	287,500	北京保利	2017-04-27
启功 卓君庸 丙子（1936）年作 山水清音 行书 成扇		230,000	上海敬华	2017-07-01
启功 自作诗 镜心	105cm×34cm	299,000	荣宝斋（济南）	2017-12-08
钱行健 国色天香 镜片	100cm×69cm	598,000	上海嘉禾	2017-07-02
钱行健 花溪凫禽图 镜片	59cm×48.5cm	552,000	西泠拍卖	2017-07-15
钱化佛 搜山图 手卷	54cm×1513cm	322,000	北京匡时	2017-06-03
钱名山 1944年作 行书“知足斋”镜心	39.5cm×132cm	310,500	北京匡时	2017-06-04
钱名山 黄宾虹 柳亚子 汤涤 等 书画合 册页（七开）	30cm×37cm×7	156,999	中国嘉德	2017-05-29
钱穆 1960年作 书法 镜框	59.6cm×32.5cm	190,273	纽约佳士得	2017-03-14
钱瘦铁 庚午（1930年）作 黄山幽居 立轴	147.5cm×57.5cm	437,000	中国嘉德	2017-06-20
钱瘦铁 壬寅（1962）年作 江山新貌 镜片	67cm×120cm	380,000	上海驰翰	2017-06-26
钱松喦 古戍高秋 立轴	117cm×47.5cm	322,000	中国嘉德	2017-12-18
钱松喦 云山飞瀑 立轴	68cm×45cm	172,500	中国嘉德	2017-09-02
钱松喦 “鼓楼岗”山水 镜心	34cm×42cm	230,000	北京宣石	2017-12-03
钱松喦 1940年作 陂池幽居 立轴	110.3cm×41.7cm	276,575	佳士得	2017-11-28
钱松喦 1946年作 烟波渔乐图 镜片	99cm×32.5cm	253,000	西泠拍卖	2017-07-15
钱松喦 1957年作 莫愁湖畔 镜片	45cm×66cm	862,500	北京荣宝	2017-12-02
钱松喦 1959年作 祖国山河仔细描 镜框	50cm×35cm	437,000	北京荣宝	2017-12-02
钱松喦 1963年作 学雷锋小组 立轴	68cm×29cm	172,500	北京荣宝	2017-12-02
钱松喦 1964年作 溪山如画厂如林 立轴	65cm×41cm	1,092,500	北京保利	2017-12-17
钱松喦 1964年作 延安颂 立轴	46cm×53.5cm	1,840,000	中贸圣佳	2017-06-19
钱松喦 1973年作 七星岩 镜心	69cm×35cm	322,000	北京华辰	2017-12-16
钱松喦 1973年作 太湖胜境 镜心	134cm×220cm	3,565,000	中贸圣佳	2017-06-19
钱松喦 1976年作 梅园香透 镜片	33cm×51cm	425,500	广东崇正	2017-06-14
钱松喦 1977年作 梅园新村 镜心	48cm×68cm	9,200,000	北京保利	2017-06-05
钱松喦 1978年作 太湖鱼场 镜心	68cm×136cm	2,875,000	北京荣宝	2017-09-24
钱松喦 1979年作 海天一角 镜框	67cm×80cm	805,000	华艺国际	2017-11-25
钱松喦 1979年作 南山晋颂 镜心	49.5cm×68.5cm	172,500	北京荣宝	2017-06-02
钱松喦 1979年作 星湖泛舟 立轴	101cm×53cm	1,104,000	上海匡时	2017-11-05
钱松喦 碧岩红树映山村 立轴	67.5cm×74cm	402,500	北京翰海	2017-06-02
钱松喦 丙戌（1946年）作 竹边教子 立轴	94cm×42cm	494,500	中国嘉德	2017-12-18
钱松喦 丙子（1936年）作 桐院清暑 立轴	110cm×53cm	276,000	中国嘉德	2017-06-19
钱松喦 丁亥（1947年）作 南山图 立轴	129cm×64cm	667,000	中国嘉德	2017-12-18

拍品名称	物品尺寸	成交价RMB	拍卖公司	拍卖日期
钱松喦 庚申（1980年）作 潭柘寺辽代银杏 镜心	66cm×45cm	598,000	中国嘉德	2017-06-20
钱松喦 庚子（1960年）作 陕北秋景 立轴	53.5cm×42cm	1,782,500	中国嘉德	2017-12-19
钱松喦 孤山忆游 镜心	20.5cm×27cm	230,000	中国嘉德	2017-12-18
钱松喦 癸卯（1963）年作 天柱岩 镜片	46cm×34cm	402,500	广东崇正	2017-12-13
钱松喦 海上渔村 镜心	46.5cm×33cm	529,000	中国嘉德	2017-06-20
钱松喦 红井 镜心	23cm×34cm	230,000	北京保利	2017-06-05
钱松喦 黄山 立轴	56cm×87cm	864,875	纽约佳士得	2017-03-14
钱松喦 黄山揽胜 镜芯	40cm×34cm	207,000	印千山	2017-07-09
钱松喦 黄洋界 立轴	51cm×41cm	2,645,000	广东崇正	2017-12-13
钱松喦 积肥大军战太湖 镜心	52cm×38cm	1,265,000	荣宝斋（南京）	2017-07-08
钱松喦 己未（1979）年作 海天一角 镜片	66cm×80cm	575,000	上海敬华	2017-07-01
钱松喦 江山万里图 镜芯	51cm×34cm	253,000	印千山	2017-07-09
钱松喦 锦绣江南 立轴	58cm×32.5cm	1,012,000	十竹斋	2017-01-01
钱松喦 锦绣岭南 镜框	52cm×100cm	1,610,000	华艺国际	2017-05-27
钱松喦 九江景色 镜心	40.5cm×51cm	230,000	北京匡时	2017-06-03
钱松喦 九龙山 立轴	46.5cm×38cm；诗堂15.5cm×38cm	322,000	华艺国际	2017-05-27
钱松喦 林泉清幽 镜片	67cm×43cm	667,000	北京荣宝	2017-12-02
钱松喦 林泉幽趣图 镜心	96cm×180cm	3,220,000	北京匡时	2017-06-03
钱松喦 林屋山居图 立轴	143cm×80cm	805,000	上海嘉禾	2017-07-01
钱松喦 龙潭雨 镜心	36cm×52cm	632,500	中贸圣佳	2017-06-19
钱松喦 南山积翠 立轴	135.5cm×67cm	782,000	华艺国际	2017-05-27
钱松喦 南山晋颂 镜心	49.5cm×69cm	207,000	中国嘉德	2017-12-19
钱松喦 清供图 立轴	138cm×68cm	322,000	荣宝斋（南京）	2017-07-08
钱松喦 秋山行旅 立轴	120cm×40cm	414,000	北京保利	2017-04-27
钱松喦 三峡风涛 立轴	105cm×45cm	805,000	广东崇正	2017-06-15
钱松喦 山村儿女 立轴	142cm×39cm	517,500	南京经典	2017-07-23
钱松喦 山高水长 镜心	108cm×46.5cm	690,000	中国嘉德	2017-12-19
钱松喦 十里店前工厂多 镜心	26cm×35cm	322,000	南京经典	2017-07-23
钱松喦 蜀国多仙山 立轴	67cm×45cm	437,000	中国嘉德	2017-12-19
钱松喦 蜀江图 立轴	45cm×33cm	195,500	西泠拍卖	2017-07-15
钱松喦 松风海涛 镜片	69cm×33cm	402,500	广东崇正	2017-06-15
钱松喦 岁朝图 立轴	94cm×33cm	172,500	北京保利	2017-12-17
钱松喦 太湖胜景 镜心	68cm×106cm	1,667,500	中贸圣佳	2017-06-19
钱松喦 太湖胜境 镜心	68cm×44cm	529,000	北京保利	2017-04-27
钱松喦 太湖小景 镜心	68cm×38.5cm	161,000	北京荣宝	2017-09-24
钱松喦 太湖月色 镜片	32cm×45cm	172,500	十竹斋	2017-01-01
钱松喦 太湖之滨 镜心	28cm×35cm	207,000	中国嘉德	2017-03-31
钱松喦 泰山顶上 立轴	67cm×34cm	287,500	十竹斋	2017-01-01
钱松喦 泰山六朝松 镜心	111cm×66cm	1,610,000	中贸圣佳	2017-06-19
钱松喦 泰山松 立轴	98cm×60cm	920,000	南京经典	2017-07-23
钱松喦 魏紫熙 亚明 宋文治 四时山水 扇面	19cm×52cm×4	287,500	中国嘉德	2017-06-21
钱松喦 雾城重庆 镜芯	46cm×34cm	264,500	印千山	2017-07-09
钱松喦 溪山胜概 立轴	97cm×51cm	1,840,000	南京经典	2017-07-23
钱松喦 溪亭清幽 立轴	68.5cm×34cm	609,500	南京经典	2017-07-23
钱松喦 延安 镜心	45cm×69cm	976,100	荣宝斋（南京）	2017-07-08
钱松喦 延安 立轴	68cm×44cm	552,000	上海匡时	2017-11-05
钱松喦 英姿图 镜心	85cm×34cm	322,000	南京经典	2017-07-23
钱松喦 婴戏图 立轴	149.5cm×80cm	1,840,000	北京荣宝	2017-12-02
钱松喦 幽居图 镜心	67cm×49.5cm	920,000	荣宝斋（南京）	2017-07-08

拍品名称	物品尺寸	成交价RMB	拍卖公司	拍卖日期
钱松喦 鱼米之乡 立轴	51cm×30cm	598,000	荣宝斋（南京）	2017-07-08
钱松喦 渔获 扇面	18.5cm×55cm	310,500	荣宝斋（南京）	2017-07-08
钱松喦 雨花台 立轴	66.5cm×50cm	554,375	佳士得	2017-05-30
钱松喦 粤海纪游 镜心	33cm×46cm	356,500	南京经典	2017-07-23
钱松喦 云海松涛 镜心	51cm×82.5cm	411,348	中国嘉德	2017-10-03
钱松桥 长江帆影 镜片	75cm×41cm	345,000	广东崇正	2017-12-13
钱松喦 肇庆星湖 镜心	34.5cm×46cm	437,000	观唐皕榷	2017-01-11
钱松喦 朱修立 1973年作 太湖胜景 镜心	134cm×220cm	3,795,000	北京保利	2017-12-17
钱松喦 竹海人家 镜心	71cm×48cm	345,000	北京匡时	2017-06-03
钱玄同 还书帖 镜心		161,000	北京保利	2017-06-04
钱玄同 手书章炳麟《广论语骈枝》册页（十五页）	29cm×21.5cm×15	264,500	西泠拍卖	2017-07-16
钱振锽 齐白石 墨虾?书法 成扇	20cm×55cm	632,500	北京保利	2017-06-05
钱钟书 1986年作 钱默存诗 册页	本幅33.5cm×21.5cm×26 题跋33.5cm×22cm	3,680,000	北京匡时	2017-06-03
乔十光 爱尼姑娘	61cm×45.5cm	253,000	福建东南	2017-05-21
乔十光 纺织姑娘	90cm×180cm	1,932,000	福建东南	2017-05-21
秦风 西风东水 三连屏	320cm×220cm	1,756,260	佳士得	2017-05-29
秦古柳 庐山观瀑图 立轴	100.5cm×63cm	207,000	北京翰海	2017-06-02
秦理斌 2017年作 录周昂诗句	138cm×70cm	184,000	北京翰海	2017-12-16
秦仲文 1960年作 岳阳江云 镜心	73cm×34cm	172,500	北京保利	2017-12-17
邱汉桥 秋色红霞一夜来	40cm×40cm	598,000	北京翰海	2017-12-16
邱笑秋 黄山 镜心	96cm×90cm	1,495,000	北京翰海	2017-09-10
邱振中 2013年作 纳兰性德·鹧鸪天 镜心	86.5cm×70cm	230,000	北京保利	2017-06-06
邱振中 草书李益诗 镜心	140cm×68cm	264,500	北京匡时	2017-06-03
仇传澄 2009年作 幽壑听泉 镜框	138cm×68cm	172,500	上海东方	2017-06-25
仇传澄 2012年作 溪山无尽图 手卷	34cm×272cm	161,000	上海东方	2017-06-25
仇传澄 2014年作 云山可居图 镜框	68cm×180cm	253,000	上海东方	2017-06-25
仇德树 裂变-本原-禅境之十一 镜框	65cm×122公分	280,125	香港蘇富比	2017-10-02
曲真慧 2017年作 群芳图 镜心	69cm×136cm	460,000	北京保利	2017-11-10
犬养毅 行书格言 立轴	130cm×30cm	165,000	北京银座	2017-06-07
犬养毅 行书五言诗 立轴	130.5cm×30.5cm	220,000	北京银座	2017-06-07
犬养毅 行书五言诗 立轴	133cm×33cm	198,000	北京银座	2017-06-07
饶宗颐 1975年作 悠然水竹居 镜心	32cm×90cm	157,707	保利香港	2017-04-03
饶宗颐 1976年作 法伯雨诗卷 长卷	32cm×537cm	172,500	北京荣宝	2017-12-02
饶宗颐 2003年作 选堂十二体书 册页（十二开）	42cm×41.5cm	274,232	北京匡时	2017-10-02
饶宗颐 2011年作行书四言联 立轴	233cm×53cm×2	517,500	北京荣宝	2017-12-02
饶宗颐 2012年作 书法对联（两幅）立轴	137.5cm×34.5cm×2	170,200	佳士得	2017-11-28
饶宗颐 丁丑（1997）年作 鱼浦秋晴书画合 手卷	引首33.5cm×92cm；画33.5cm×250cm；书法33.5cm×257cm	2,185,000	广东崇正	2017-06-15
饶宗颐 丁亥（2007）年作 行书七言联 镜片	138cm×35cm×2	161,000	广东崇正	2017-12-13
饶宗颐 渡海观音 镜框	71cm×24cm	333,500	北京华辰	2017-06-04
饶宗颐 对联 立轴	136cm×33cm×2	155,250	华艺国际	2017-03-19
饶宗颐 癸酉(1993)年作 行书七言联 镜片	129cm×30cm×2	172,500	广东崇正	2017-06-15
饶宗颐 行书七言联 立轴	168cm×32cm×2	253,000	荣宝斋（济南）	2017-12-07
饶宗颐 青瓷盆地 镜心	34cm×139cm	470,112	中国嘉德	2017-10-03

拍品名称	物品尺寸	成交价RMB	拍卖公司	拍卖日期
饶宗颐 山光潋滟·草书五言联镜心	画60.5cm×50cm；字60.5cm×16.5cm×2	293,820	中国嘉德	2017-10-03
饶宗颐 篆书八言联 立轴	179cm×41.5cm×2	264,500	荣宝斋（济南）	2017-06-10
任率英 红线盗盒 镜心	67cm×132cm	230,000	北京银座	2017-12-20
任率英 己未（1979年）作 红线盗盒 立轴	95.5cm×56.5cm	391,000	中国嘉德	2017-06-20
任重 2001年作 松下抚琴图 镜心	42cm×95.8cm	437,000	观唐皕榷	2017-01-11
任重 2003年作 幽篁逸趣图 镜心	66cm×75cm	805,000	观唐皕榷	2017-01-11
任重 2004年作 高士图 四屏镜心	91cm×34.3cm×4	2,506,320	中濠典藏	2017-05-22
任重 2005年作 松下高仕 镜心	90cm×39.5cm	402,500	北京荣宝	2017-06-02
任重 2008年作 松下高士图 镜心	44cm×95cm	402,500	观唐皕榷	2017-01-11
任重 2013年作 江上抚琴 镜心	38.5cm×78cm	207,000	中贸圣佳	2017-06-19
任重 2013年作 停舟琴韵 镜心	39cm×78cm	218,500	上海匡时	2017-11-05
任重 2015年作 秋林幽禽 镜心	85cm×55cm	690,000	北京保利	2017-12-18
任重 2015年作 幽篁伯劳	68cm×34cm	552,000	北京翰海	2017-12-16
任重 2017年作 富贵难羁·狗	65cm×39cm	713,000	北京翰海	2017-06-03
任重 2017年作 富贵难羁·猴	65cm×39cm	1,092,500	北京翰海	2017-06-03
任重 2017年作 富贵难羁·虎	65cm×39cm	667,000	北京翰海	2017-06-03
任重 2017年作 富贵难羁·鸡	65cm×39cm	1,092,500	北京翰海	2017-06-03
任重 2017年作 富贵难羁·龙	65cm×39cm	494,500	北京翰海	2017-06-03
任重 2017年作 富贵难羁·马	65cm×39cm	483,000	北京翰海	2017-06-03
任重 2017年作 富贵难羁·牛	65cm×39cm	552,000	北京翰海	2017-06-03
任重 2017年作 富贵难羁·蛇	65cm×39cm	402,500	北京翰海	2017-06-03
任重 2017年作 富贵难羁·鼠	65cm×39cm	977,500	北京翰海	2017-06-03
任重 2017年作 富贵难羁·兔	65cm×39cm	724,500	北京翰海	2017-06-03
任重 2017年作 富贵难羁·羊	65cm×39cm	598,000	北京翰海	2017-06-03
任重 2017年作 富贵难羁·猪	65cm×39cm	747,500	北京翰海	2017-06-03
任重 2017年作 卷起千堆雪	45cm×38cm	368,000	北京翰海	2017-12-16
任重 2017年作 秋林敲句	168cm×80cm	3,220,000	北京翰海	2017-12-16
任重 2017年作 松溪闲棹 镜心	52cm×69cm	805,000	北京匡时	2017-12-03
任重 2017年作 雪松双联屏	50cm×70cm	897,000	北京翰海	2017-12-16
任重 入眼荒寒一洒然 镜心	50cm×35cm×4	1,610,000	中国嘉德	2017-12-20
任重 松荫高士图 镜心	136cm×69cm	2,300,000	北京荣宝	2017-12-02
任重 逸侯双翼 镜心	32.5cm×66.0cm×2	1,150,000	中国嘉德	2017-06-21
任重 重彩文殊像 镜心	77cm×34.5cm	920,000	北京匡时	2017-12-03
任重 竹石高士图 镜心	77cm×30cm	724,500	北京宣石	2017-05-21
任重 竹石观音 镜框	101cm×34cm	402,500	北京荣宝	2017-06-02
容庚 仿冯起震竹 手卷	30cm×265cm；题30cm×18cm	586,500	广东崇正	2017-12-13
若槻礼次郎 行书格言 立轴	139cm×33cm	220,000	北京银座	2017-06-07
森田子龙 1954年作 苍 画框	172.5cm×95.5cm	2,274,200	香港蘇富比	2017-10-01
森田子龙 1963年作 寿 画框	96cm×62.4cm	207,500	香港蘇富比	2017-10-01
森田子龙 1964年作 龙 画框	157.5cm×79.4cm	985,625	香港蘇富比	2017-10-01
森田子龙 1965年作 寒山 画框	78.5cm×143.8cm	1,245,000	香港蘇富比	2017-10-01
森田子龙 约1960年代作 静 画框	62.5cm×89cm	249,000	香港蘇富比	2017-10-01
森田子龙 约1960年代作 凄 框	59.1cm×91.8cm	256,163	香港苏富比	2017-04-04
森田子龙 约1960年代作 圆 画框	134.3cm×134.3cm	415,000	香港蘇富比	2017-10-01
森田子龙 约1960年作 龙与落（两幅作品）镜框	19.5cm×27cm	332,000	香港蘇富比	2017-10-01
森田子龙 约1969年作 回光 画框	151.8cm×332cm	933,750	香港蘇富比	2017-10-01
森田子龙 约1969年作 舞 画框	78cm×51.3cm	332,000	香港蘇富比	2017-10-01
森田子龙 约1969年作 圆 画框	52.5cm×77cm	290,500	香港蘇富比	2017-10-01
森田子龙 约1969年作 转 画框	134.4cm×134.4cm	207,500	香港蘇富比	2017-10-01
沙孟海 榜书金石寿 立轴	91.5cm×45cm	161,000	上海匡时	2017-11-05
沙孟海 草书 四屏立轴	132cm×30.5cm×4	322,000	北京匡时	2017-06-04
沙孟海 行书 浮香阁 镜片	75.5cm×21.5cm	207,000	西泠拍卖	2017-07-15
沙孟海 行书 镜片	180cm×48cm	287,500	朵云轩	2017-12-14
沙孟海 行书八言联 镜心	257cm×43cm×2	460,000	北京荣宝	2017-12-02
沙孟海 行书诗 立轴	144.5cm×39.5cm	322,000	上海匡时	2017-11-05
沙孟海 行书五言诗 镜心	89cm×51cm	207,000	中国嘉德	2017-12-19
沙孟海 余任天 书法 山水 成扇	18cm×47cm	172,500	华艺国际	2017-11-25
邵戈 芳草白云留我住 卡纸	45cm×53cm	598,000	北京翰海	2017-09-10
邵戈 老木溪边 卡纸	45cm×53cm	598,000	北京翰海	2017-09-10
邵戈 溪流 卡纸	45cm×53cm	575,000	北京翰海	2017-09-10
邵戈 一溪云水一渔夫 卡纸	45cm×53cm	575,000	北京翰海	2017-09-10
邵章 1928年作 行书九言联 立轴	254cm×29.5cm×2	230,000	北京银座	2017-12-20
申石伽 戊戌（1958年）作 层峰春晓 立轴	168.5cm×42cm×4	184,000	中国嘉德	2017-06-19
沈曾植 1921年作 临书 四屏立轴	113cm×36.5cm×4	943,000	北京匡时	2017-12-03
沈曾植 1922年作 行书七言联 立轴	136cm×31.5cm×2	207,000	北京匡时	2017-06-03
沈曾植 行书 卷	19.5cm×151cm	368,000	北京翰海	2017-12-15
沈曾植 行书 王维诗 立轴	126.5cm×44.5cm	483,000	西泠拍卖	2017-07-15
沈曾植 行书八言联 镜心	147cm×27cm×2	184,000	北京匡时	2017-06-03
沈曾植 行书孟襄阳诗 立轴	153cm×43.5cm	310,500	北京匡时	2017-06-03
沈曾植 行书七言 对联	176cm×41cm×2	207,000	朵云轩	2017-12-14
沈曾植 行书七言联 立轴	147.5cm×36.5cm×2	5,980,000	中国嘉德	2017-06-19
沈曾植 行书七言联 立轴	126cm×29cm×2	218,500	北京匡时	2017-06-03
沈曾植 行书七言联 立轴	128cm×30cm×2	264,500	北京匡时	2017-06-03
沈曾植 行书七言诗 立轴	141cm×35cm	747,500	北京匡时	2017-06-03
沈曾植 行书七言诗 立轴	126cm×45cm	345,000	北京匡时	2017-03-29
沈曾植 行书扇面 节录龚自珍《已亥杂诗》五首	19cm×50.5cm	230,000	中国嘉德	2017-06-21
沈曾植 行书五言诗 立轴	72cm×38.5cm	184,000	北京匡时	2017-12-03
沈曾植 己未（1919年）作 行书七言联 立轴	107cm×18.5cm×2	368,000	中国嘉德	2017-06-19
沈曾植 楷书六言联 立轴	108cm×25cm×2	299,000	北京匡时	2017-12-03
沈曾植 隶书（六幅）屏轴	82cm×44cm×6	529,000	朵云轩	2017-12-14
沈曾植 临《秘阁帖》立轴	129cm×52cm	184,000	北京匡时	2017-06-03
沈曾植 山水 四屏立轴	25cm×22cm×4	483,000	北京匡时	2017-12-03
沈曾植 四体书·山水 镜心、立轴		253,000	中国嘉德	2017-06-19
沈从文 1963年作 行书 镜片	105cm×27cm	207,000	广东崇正	2017-12-13
沈从文 章草白居易诗 立轴	105cm×24.5cm	678,500	广东崇正	2017-03-24
沈道鸿 1991年作 宫乐图 镜心	96cm×450cm	336,442	保利香港	2017-04-03
沈道鸿 1993年作 竹林七贤 镜心	124cm×494cm	342,790	保利香港	2017-10-03
沈剑知 吴湖帆 并蒂芙蕖·行书成扇	18.5cm×51.5cm	690,000	中国嘉德	2017-12-18
沈鹏 “北芒诗”草书 立轴	219cm×51cm	322,000	北京宣石	2017-12-03
沈鹏 1982年作 草书杜甫诗 镜心	137cm×68cm	161,000	北京荣宝	2017-04-02
沈鹏 1984年作 草书七言联 立轴	134cm×32cm×2	172,500	保利山东	2017-10-29
沈鹏 1989年作 对联	124cm×31cm×2	368,000	北京翰海	2017-12-16
沈鹏 2006年作 春江花月夜 镜心	250cm×712cm	4,830,000	保利山东	2017-10-29
沈鹏 2008年作 草书 立轴	137cm×68cm	195,500	北京保利	2017-06-05
沈鹏 草书 镜心	148.5cm×80cm	172,500	荣宝斋（济南）	2017-12-07
沈鹏 草书 立轴	136cm×69.5cm	299,000	荣宝斋（济南）	2017-06-10
沈鹏 草书《海松》立轴	137cm×68cm	172,500	北京保利	2017-06-05
沈鹏 草书六言联 镜心	77cm×19.5cm×2	177,531	中濠典藏	2017-05-22
沈鹏 龚自珍诗	137cm×69.5cm	172,500	北京荣宝	2017-06-02
沈鹏 行草杜甫诗一首 镜框	52cm×208cm	345,000	上海东方	2017-12-10
沈鹏 行书“逍遥游”立轴	94cm×54cm	241,500	上海东方	2017-12-10
沈鹏 行书 立轴	68cm×47.5cm	184,000	荣宝斋（上海）	2017-07-30
沈鹏 元·萨都剌《送人之浙东》	136cm×68cm	281,750	北京翰海	2017-12-16
沈勤 山 镜框	35cm×175cm	221,750	佳士得	2017-05-29
沈威峰 2017年作 柳绿鸣蜩 立轴	136cm×68cm	402,500	北京保利	2017-06-05
沈威峰 丙申（2016年）作 紫气东来 镜心	70cm×138cm	517,500	中国嘉德	2017-04-01

拍品名称	物品尺寸	成交价RMB	拍卖公司	拍卖日期
沈香吟 2014年作 上善若水 镜心	247cm×123cm	1,380,000	北京保利	2017-12-18
沈香吟 2015年作 一念执着 四屏镜心	96cm×36cm×4	402,500	北京荣宝	2017-06-02
沈香吟 2017年作 希望之路 镜心	180cm×97cm	832,490	保利香港	2017-10-03
沈尹默 1939年作 行书杜甫诗 立轴	130cm×26cm	195,500	北京保利	2017-06-06
沈尹默 1939年作 行书诗稿 手卷	17cm×219cm	586,500	北京保利	2017-06-05
沈尹默 1943年作 行书陆游跋《查元章书》、《岑嘉州诗集》两书 手卷	34cm×245cm	166,313	佳士得	2017-05-30
沈尹默 1949年作 行书八绝句 镜心	21cm×129cm	368,000	北京荣宝	2017-12-02
沈尹默 1961年 楷书范成大散文长 手卷	34cm×370cm	517,500	北京华辰	2017-12-16
沈尹默 1962年作 行书东坡居士诗 立轴	135cm×32cm×4	207,000	上海东方	2017-12-10
沈尹默 1963年作 行书《癸亥生日·汉宫春》词一首 镜心	101cm×33.5cm	224,250	北京荣宝	2017-12-02
沈尹默 1963年作 行书五言联 立轴	130.5cm×32cm×2	161,000	北京匡时	2017-06-04
沈尹默 1964年作 行书四言联 对联	129cm×21cm×2	172,500	上海嘉禾	2017-10-14
沈尹默 1965年作 草书 毛主席诗 镜片	106.5cm×57cm	402,500	西泠拍卖	2017-07-15
沈尹默 1965年作 行书《蝶恋花·从汀州向长沙》立轴	130.5cm×30cm	195,500	上海嘉禾	2017-07-02
沈尹默 1965年作 论书诗 手卷	引首26cm×100cm；本幅28.5cm×403.5cm；题跋22cm×38cm	3,047,500	北京匡时	2017-06-03
沈尹默 答章士钊行书诗稿 镜片	23cm×117cm	224,250	上海泓盛	2017-06-27
沈尹默 郭沫若 周慧珺 张海 为耕读小学作书法十件（二对 六轴 二帧）对联·立轴·横披		805,000	西泠拍卖	2017-07-15
沈尹默 行书 杜少陵诗 立轴	111cm×24.5cm	201,250	西泠拍卖	2017-07-16
沈尹默 行书 镜心	106cm×36.5cm	215,468	中国嘉德	2017-10-03
沈尹默 行书《登庐山》立轴	127.5cm×29.5cm	207,000	上海嘉禾	2017-07-02
沈尹默 行书《满江红》镜心	102cm×48.5cm	188,399	中国嘉德	2017-05-29
沈尹默 行书《山谷跋语》立轴	143cm×77cm	402,500	北京保利	2017-06-05
沈尹默 行书《山谷赋》（四幅）立轴	144cm×28cm×4	319,125	佳士得	2017-11-28
沈尹默 行书《陶渊明诗》立轴	31cm×121cm	379,500	北京保利	2017-06-05
沈尹默 行书八言书房联 镜心	63cm×10.2cm×2	345,000	北京诚轩	2017-06-18
沈尹默 行书册（八开）册页	28cm×23cm×8	908,500	上海敬华	2017-07-01
沈尹默 行书东坡诗 镜心	103cm×32cm	276,000	北京保利	2017-12-17
沈尹默 行书黄庭坚诗一首 立轴	130cm×33cm	230,000	上海东方	2017-12-10
沈尹默 行书陆游诗 立轴	139cm×72cm	172,500	印千山	2017-07-09
沈尹默 行书论画 镜框	33cm×132cm	363,125	香港蘇富比	2017-10-02
沈尹默 行书欧阳修诗文 手卷	69cm×1720cm	805,000	印千山	2017-07-09
沈尹默 行书七言联 立轴	232cm×65cm×2	552,000	上海匡时	2017-11-05
沈尹默 行书七言联 立轴	each: 129.3cm×21.1cm×2	228,250	香港蘇富比	2017-10-02
沈尹默 行书七言联 立轴	132cm×32cm×2	414,000	上海明轩	2017-06-30
沈尹默 行书七言诗 镜片	31cm×121cm	230,000	上海泓盛	2017-06-27
沈尹默行书诗二首册页（十五开）	32cm×16cm×15	299,000	上海东方	2017-12-10
沈尹默 行书书法 手卷	31cm×250cm	354,800	佳士得	2017-05-30
沈尹默 行书五言诗 立轴	100.5cm×25cm×4	483,000	上海匡时	2017-11-05
沈尹默 行书辛弃疾词 立轴	99.5cm×31.5cm	172,500	中国嘉德	2017-06-20
沈尹默 行书渔家傲词二阙 立轴	80cm×31cm	161,000	上海匡时	2017-11-05
沈尹默 楷书 八言联 对联	115cm×19cm×2	207,000	西泠拍卖	2017-07-15
沈尹默 楷书 水周堂 横披	66cm×21.5cm	529,000	西泠拍卖	2017-07-15
沈尹默 楷书集山谷句联 立轴	each: 243.5cm×60cm×2	1,037,500	香港蘇富比	2017-10-02
沈尹默 楷书七言联 镜心	129cm×21cm×2	230,000	上海匡时	2017-11-05
沈尹默 楷书七言联 立轴	131cm×31cm×2	301,254	中金国际	2017-11-25
沈尹默 戊子（1948）年作 行书《书论》册页（二十四开）	26.5cm×17cm×24	2,607,000	上海元贞	2017-11-06
沈尹默 约1955年作、1962年作 行书 和畅 镜片	69cm×38.5cm	172,500	西泠拍卖	2017-07-15
沈尹默 张大壮 1957年作 富贵花蝶并行书诗 成扇	18.5cm×51cm	172,500	上海匡时	2017-11-05
沈子丞 1947年作 八仙图 四屏	98.5cm×40.5cm×4	517,500	上海明轩	2017-06-30
沈子丞 渊明故实 手卷	28.5cm×403cm	575,000	朵云轩	2017-12-14
师行坤 2014年作 修竹鸣禽 镜框	68cm×180cm	207,000	上海东方	2017-06-25
施大畏 1991年作 精绘人物故事 立轴	47cm×44cm×2（题跋）；47cm×44cm×8	356,500	西泠拍卖	2017-07-16
十竹斋画谱（上、下）册页	尺寸不一	368,000	北京荣宝	2017-12-02
石虎 人体 镜心	180cm×97cm	667,000	北京荣宝	2017-06-02
石鲁 1956年作 埃及少女 镜心	77.5cm×50.5cm	4,255,000	中国嘉德	2017-12-19
石鲁 1956年作 埃及写生 镜心	49.5cm×74cm	3,910,000	上海匡时	2017-11-05
石鲁 1962年作 集锦册 镜心	23cm×20cm×7	2,702,500	北京保利	2017-12-17
石鲁 1962年作 牧牛图 立轴	198cm×52cm	13,225,000	北京保利	2017-06-05
石鲁 1971年作 荷花 立轴	80cm×41cm	1,380,000	北京荣宝	2017-06-02
石鲁 1971年作 夕阳古道乱鸦飞 立轴	146cm×28.5cm	1,610,000	北京荣宝	2017-12-02
石鲁 1972年作 行书七绝 立轴	53.5cm×46.8cm	178,200	香港苏富比	2017-04-04
石鲁 1972年作 花卉（四幅）镜框	56cm×47cm×4	1,914,750	佳士得	2017-11-28
石鲁 1972年作 华山一丈峰 立轴	150cm×59cm	6,325,000	北京保利	2017-12-17
石鲁 1972年作 华岳雄秀 镜片	143.5cm×212cm	1,969,140	佳士得	2017-05-30
石鲁 1978年作 黄河两岸 立轴	44cm×53.5cm	1,610,000	上海匡时	2017-11-05
石鲁 1978年作 黄河两岸渡春秋 立轴	画心44cm×53cm	1,150,000	北京保利	2017-06-05
石鲁 白玉兰 立轴	78cm×50cm	437,000	福建东南	2017-05-21
石鲁 行书七言诗 立轴	138cm×57cm	460,000	中贸圣佳	2017-06-19
石鲁 行书四言联 立轴	129.5cm×33cm×2	2,185,000	中国嘉德	2017-12-18
石鲁 行书五言联 镜心	134cm×34.5cm×2	207,000	中贸圣佳	2017-06-19
石鲁 荷花 立轴	142cm×75cm	2,938,200	中国嘉德	2017-10-03
石鲁 荷花·四言联 立轴	73cm×67cm；180.5cm×48cm×2	1,840,000	中国嘉德	2017-06-20
石鲁 华岳雪霁图 立轴	180cm×91cm	38,525,000	中国嘉德	2017-12-18
石鲁 教子图 立轴	129cm×57cm	1,762,920	中国嘉德	2017-10-03
石鲁 兰花 镜心	113.5cm×46.5cm	299,000	中国嘉德	2017-12-19
石鲁 兰花 立轴	63.5cm×94cm	159,563	佳士得	2017-11-28
石鲁 老者坐像 镜心	51cm×37.5cm	517,500	中贸圣佳	2017-06-19
石鲁 两个交谈的人 镜心	26.5cm×36.5cm	1,265,000	中贸圣佳	2017-06-19
石鲁 梅石图 立轴	137cm×68cm	3,105,000	中国嘉德	2017-12-19
石鲁 秋林放牧 镜心	100cm×69.5cm	8,280,000	上海匡时	2017-11-05
石鲁 壬子（1972年）作 长安丹柿 立轴	136cm×34.5cm	1,012,000	中国嘉德	2017-12-19
石鲁 四季花卉 手卷	42.5cm×302cm	3,012,540	中金国际	2017-11-25
石鲁 田头所见 镜心	27cm×27cm	575,000	中贸圣佳	2017-06-19
石鲁 吴作人 林风眠 关山月 吴冠中 等 祝寿杂 册页（八开）	32cm×34cm×8	4,680,500	佳士得	2017-11-28
石鲁 纤夫 镜心	67cm×41cm	1,495,000	北京保利	2017-12-17
石鲁 写生人物 镜心	33.5cm×44cm	460,000	中贸圣佳	2017-06-19
石鲁 玉兰花 立轴	137cm×24.5cm	897,000	北京银座	2017-12-20
石鲁 终南之兰 立轴	58.5cm×59cm	1,840,000	北京银座	2017-12-20
石齐 1979年作 小憩 立轴	66cm×43.5cm	253,000	北京荣宝	2017-09-24
石齐 黄遵宪在香港 镜心	94cm×88cm	1,265,000	观唐皕榷	2017-01-11
石齐 牧歌图 镜心	137cm×68.5cm	506,000	北京荣宝	2017-12-02
石齐 柔软的阳光 镜心	97cm×90cm	1,495,000	中国嘉德	2017-12-20
石齐 三美神 镜心	96cm×88.5cm	437,000	北京荣宝	2017-12-02
石齐 饲鸡图 立轴	137.0cm×69.5cm	230,000	中国嘉德	2017-06-21

(成交价RMB：15万元以上)

拍品名称	物品尺寸	成交价RMB	拍卖公司	拍卖日期
石齐 虞美人 镜心	68cm×49cm	632,500	北京荣宝	2017-12-02
石齐 昭君出塞图 镜心	100cm×67cm	483,000	北京荣宝	2017-04-02
史东山 蔡楚生 费穆 欧阳予倩 马徐维邦 金焰 安娥 司徒慧敏 王人美 童月娟 陈燕燕 黎铿 薛伯青等 1935年作 中国第二代电影人致屠梅卿《桃花扇》合作纪念成扇 成扇	49cm×17cm	195,500	西泠拍卖	2017-07-16
史国良 1979年作 捕鸟图	67cm×45cm	172,500	北京翰海	2017-06-03
史国良 1981年作 牧鹅图	68cm×68cm	230,000	北京翰海	2017-06-03
史国良 1981年作 牧鸭 镜片	129cm×48cm	184,000	广东崇正	2017-12-13
史国良 1986年作 搓线图 轴	67cm×66.5cm	322,000	八益拍卖	2017-04-22
史国良 1987年作 牧鸭 镜心	68cm×45.5cm	253,000	北京荣宝	2017-12-02
史国良 1988年作 大格格 立轴	69cm×75cm	172,500	北京荣宝	2017-04-02
史国良 1988年作 牧鸭图 镜心	68cm×46cm	253,000	北京荣宝	2017-12-02
史国良 1998年作 棋逢对手 镜心	54.5cm×76cm	345,000	北京荣宝	2017-12-02
史国良 1999年作 大祥图 镜心	68.5cm×68.5cm	379,500	北京荣宝	2017-12-02
史国良 1999年作 踏青图 镜片	94cm×58cm	517,500	北京荣宝	2017-06-02
史国良 1999年作 新竹	138cm×69cm	782,000	北京荣宝	2017-12-02
史国良 1999年作 新竹鸟语 镜心	70cm×69cm	402,500	北京荣宝	2017-12-02
史国良 2001年作 赶集图 立轴	138cm×68cm	1,150,000	北京荣宝	2017-06-02
史国良 2003年作 天山之舞 四屏镜心	66cm×16cm×4	647,466	中濠典藏	2017-05-22
史国良 2004年作 牧鹅图 镜心	90cm×32cm	299,000	北京荣宝	2017-09-24
史国良 2004年作 天山之舞 成扇	19.5cm×57cm	417,720	中濠典藏	2017-05-22
史国良 2005年作 苗岭风 镜心	137cm×69cm	1,265,000	北京荣宝	2017-04-02
史国良 2005年作 珠珠牧猪图 小娥牧鹅图（二帧）镜框	102cm×11cm×2	402,500	北京荣宝	2017-09-24
史国良 2010年作 童年 成扇	20cm×56cm	322,000	北京荣宝	2017-06-02
史国良 2011年作 金秋时节 镜心	26cm×138.5cm	598,000	北京荣宝	2017-12-02
史国良 2013年作 百鸭图 镜心	35cm×139cm	782,000	上海匡时	2017-11-05
史国良 2013年作 金秋 镜心	24cm×177cm	1,253,160	中濠典藏	2017-05-22
史国良 阿娜尔罕 镜心	101cm×44cm	920,000	北京荣宝	2017-06-02
史国良 背鹅图 立轴	90cm×60cm	460,000	北京荣宝	2017-12-02
史国良 大祥丰收图	34cm×140cm	402,500	北京荣宝	2017-12-02
史国良 傣家小景 镜心	112cm×31cm	483,000	荣宝斋（济南）	2017-06-10
史国良 钉马掌	68cm×136cm	920,000	北京荣宝	2017-12-02
史国良 放生图 镜心	67cm×136cm	1,610,000	荣宝斋（济南）	2017-06-10
史国良 丰收图	34cm×136cm	483,000	北京翰海	2017-06-03
史国良 富贵之路 镜心	69cm×35cm	414,000	北京荣宝	2017-12-02
史国良 赶鹅图 镜心	96cm×50cm	299,000	观唐皕榷	2017-01-11
史国良 己卯（1999年）作 绿影镜心	50.5cm×97.0cm	483,000	中国嘉德	2017-06-21
史国良 捡土豆 镜心	121.5cm×241.5cm	4,025,000	北京保利	2017-12-18
史国良 绿荫 镜心	134.5cm×69cm	920,000	荣宝斋（济南）	2017-06-10
史国良 母子情深 镜心	69.5cm×69cm	437,000	北京荣宝	2017-12-02
史国良 母子图 镜心	69cm×68cm	322,000	北京荣宝	2017-06-02
史国良 牧鹅图 镜心	72.5cm×60.5cm	483,000	北京荣宝	2017-06-02
史国良 七夕小景 镜心	65cm×67cm	195,500	北京保利	2017-12-18
史国良 人物 四屏镜框	68cm×17cm×4	690,000	北京荣宝	2017-06-02
史国良 拾穗图 镜心	90cm×32cm	414,000	北京荣宝	2017-06-02
史国良 收获时节 镜心	69cm×23cm	264,500	荣宝斋（济南）	2017-12-07
史国良 饲鹅图 镜心	63cm×41cm	184,000	北京荣宝	2017-06-02
史国良 太平有象 立轴	138cm×34cm	454,000	荣宝斋（南京）	2017-07-08
史国良 天山舞步 手卷	47.5cm×178cm；47.5cm×133cm	1,725,000	上海匡时	2017-11-05
史国良 天山之舞 镜心	38cm×95cm	575,000	北京保利	2017-06-04
史国良 童年 镜心	33.5cm×43cm	201,250	荣宝斋（济南）	2017-06-10
史国良 五祥丰收图	97cm×180cm	1,437,500	北京荣宝	2017-12-02
史国良 新疆女子 镜心	62.5cm×24.5cm	161,000	北京荣宝	2017-12-02
史国良 亚明 不可居无竹 镜心	137cm×69cm	299,000	北京荣宝	2017-06-02
史国良 杨排风 立轴	65.5cm×43cm	172,500	荣宝斋（济南）	2017-06-10
史国良 一年一度黄金路 镜心	17.5cm×138cm	690,000	北京荣宝	2017-06-02
史国良 育子图 镜心	34cm×117cm	483,000	北京荣宝	2017-06-02
史国良 载歌载舞 立轴	106cm×47cm	460,000	北京保利	2017-06-05
释弘一 楷书六言联 立轴	116cm×21.5cm×2	805,000	十竹斋	2017-01-01
释印光 富贵石图 立轴	146cm×81cm	345,000	十竹斋	2017-01-01
释印光 隶书八言联 立轴	171cm×38.5cm×2	805,000	上海匡时	2017-11-05
释印光 戊寅（1938年）作 楷书十四言联 立轴	145cm×27cm×2	235,750	北京华辰	2017-06-04
释圆瑛 行书七言联 立轴	142cm×36.5cm×2	483,000	十竹斋	2017-01-01
寿石工 已卯（1939年）作 品泉室 镜心	23cm×61.6cm	161,000	北京诚轩	2017-06-18
舒同 1981年作 草书节录李白诗 立轴	134cm×65cm	276,000	北京匡时	2017-03-29
舒同 1981年作 古贝春赞 镜心	93cm×176cm	437,000	荣宝斋（济南）	2017-06-10
舒同 行草五言联 镜心	130cm×33cm×2	184,000	保利山东	2017-10-29
舒同 行书 立轴	133cm×64.5cm	402,500	荣宝斋（济南）	2017-06-10
舒同 行书 沁园春·雪 立轴	137cm×34cm×4	379,500	观唐皕榷	2017-01-11
舒同 刘旦宅 朱屺瞻 刘海粟 陆俨少 沙孟海 程十发 王蘧常 等 1983～1986年作 为书画教育电影作书法册	册页26cm×16cm；册页21.5cm×15.5cm	345,000	西泠拍卖	2017-07-16
舒同 书法 镜心	132cm×66cm	241,500	荣宝斋（济南）	2017-12-08
水松石山房主人 2012年作 老庄开怀 镜心	94cm×212cm	244,850	北京匡时	2017-10-02
松风画会四家 荒村策杖 扇面镜框	18.3cm×54cm.	222,750	香港苏富比	2017-04-04
宋伯鲁 1922年作 潜庐图 卷	32cm×102.5cm	264,500	北京翰海	2017-12-15
宋桂安 春山飞翠 镜心	48cm×133cm	218,500	北京翰海	2017-09-10
宋桂安 长河接天船归迟 镜心	69cm×136.5cm	207,000	北京翰海	2017-01-08
宋慧莹 隶书对联 立轴	245cm×62cm×2	322,000	北京保利	2017-08-02
宋美玲 飞瀑图 镜心	60cm×75cm	230,000	荣宝斋（南京）	2017-09-10
宋美龄 1941年作 春夏秋冬 四屏立轴	65cm×23cm×4	184,000	北京保利	2017-06-05
宋美龄 1952年作 蟠桃捧日三千岁 立轴	89cm×48cm×4	460,000	北京荣宝	2017-12-02
宋美龄 1955年1月19日作 梅竹图及签名打印信 镜框	24.5cm×15.5cm；17.5cm×16.5cm	166,750	西泠拍卖	2017-07-16
宋美龄 1969年作 云山耸翠 镜框	45cm×65cm	340,400	佳士得	2017-11-28
宋美龄 峡江 立轴	78.5cm×40cm	333,500	荣宝斋（南京）	2017-07-08
宋美龄 云山幽居 镜心	68.5cm×126.8cm	920,000	中国嘉德	2017-12-19
宋美龄 主易平安 立轴	画87cm×34.5cm；字25cm×34.5cm	667,000	中国嘉德	2017-12-19
宋文治 1950年作 花果之乡 立轴	37cm×44.5cm	168,221	保利香港	2017-04-03
宋文治 1958年作 长江之晨 镜片	56cm×176cm	4,945,000	广东崇正	2017-12-13
宋文治 1964年作 新安江上 立轴	120.5cm×83cm	908,500	北京匡时	2017-03-29
宋文治 1964年作 新安江上 立轴	121cm×83cm	1,012,000	上海匡时	2017-11-05
宋文治 1973年作 嘉陵帆影 镜心	32.5cm×44.5cm	216,200	北京荣宝	2017-06-02
宋文治 1977年作 峨嵋胜景图 立轴	65cm×39.5cm	161,000	西泠拍卖	2017-07-15
宋文治 1977年作 嘉陵帆影 立轴	67cm×43.5cm	207,000	北京荣宝	2017-12-02

拍品名称	物品尺寸	成交价RMB	拍卖公司	拍卖日期
宋文治 1977年作 太湖之滨 立轴	67cm×42cm	230,000	上海敬华	2017-07-01
宋文治 1979年作 太湖新装 镜心	50cm×82cm	207,000	北京华辰	2017-06-04
宋文治 1979年作 峡江秋意图 立轴	70cm×49cm	161,000	北京匡时	2017-12-03
宋文治 1979年作 峡江秋意图 立轴	69.5cm×49cm	189,750	上海嘉禾	2017-04-30
宋文治 1980年作 洞庭帆影 立轴	诗堂22.5cm×123.5cm；绘画69.5cm×123.5cm	310,500	北京匡时	2017-06-03
宋文治 1980年作 蜀江晓行图 镜心	67cm×45cm	287,500	保利山东	2017-10-29
宋文治 1980年作 巫山十二峰 立轴	67.5cm×44.5cm	276,000	中国嘉德	2017-06-20
宋文治 1982年作 千里江陵一日还 立轴	67cm×45cm	172,500	北京荣宝	2017-09-24
宋文治 1984年作 春风又绿江南岸 立轴	83.5cm×47.5cm	172,500	北京荣宝	2017-09-24
宋文治 1984年作 太湖渔歌 立轴	62cm×47cm	368,000	上海东方	2017-06-25
宋文治 1984年作 新安佳色 立轴	138.5cm×69cm	161,000	中国嘉德	2017-06-20
宋文治 1984年作 云壑飞流图 镜心	85cm×150cm	2,875,000	北京荣宝	2017-09-24
宋文治 1985年作 云壑飞流 镜片	96cm×59cm	632,500	北京荣宝	2017-04-02
宋文治 1993年作 千里江陵一日还 镜心	43.5cm×114cm	1,840,000	北京荣宝	2017-09-24
宋文治 1997年作 春风又绿江南岸 镜心	73cm×67.5cm	261,075	中濠典藏	2017-05-22
宋文治 丙辰（1976）年作 洞庭春晓 镜片	32cm×101cm	178,250	上海嘉禾	2017-07-02
宋文治 丙辰（1976）年作 庐山飞瀑 立轴	99cm×52cm	460,000	广东崇正	2017-06-15
宋文治 丙寅（1986）年作 庐山高秋图 镜片	45cm×37.5cm	241,500	广东崇正	2017-12-13
宋文治 陈佩秋 江南早春 王安石《登飞来峰》成扇	18cm×51.5cm	195,500	北京诚轩	2017-06-18
宋文治 洞庭帆影 镜心	34cm×45.5cm	241,500	观唐皕榷	2017-01-11
宋文治 庚申（1980）年作 太湖春晓 立轴	37cm×45cm	322,000	上海敬华	2017-07-01
宋文治 庚申（1980年）作 江南春泛 立轴	68cm×67.5cm	529,000	中国嘉德	2017-06-20
宋文治 庚寅（1950）年作 花果之乡 立轴	37cm×45cm	207,000	上海敬华	2017-07-01
宋文治 黄山胜景 立轴	95cm×52cm	598,000	华艺国际	2017-05-27
宋文治 黄山松云 镜心	21.5cm×179.5cm	271,518	中濠典藏	2017-05-22
宋文治 黄山云起图 立轴	57cm×45cm	172,500	十竹斋	2017-01-01
宋文治 己未（1979年）作 富春江小景 镜心	37cm×44.5cm	264,500	中国嘉德	2017-06-19
宋文治 甲子（1984）年作 太湖晓霭 立轴	68cm×44cm	253,000	上海嘉禾	2017-07-01
宋文治 甲子（1984）年作 峡山图 镜片	118cm×59cm	230,000	广东崇正	2017-12-13
宋文治 江南春晓 立轴	33.5cm×45.5cm	207,000	中国嘉德	2017-12-19
宋文治 江南春晓 立轴	49cm×63cm	155,250	荣宝斋（南京）	2017-07-08
宋文治 江南三月 镜片	48.5cm×53.5cm	218,500	广东崇正	2017-12-13
宋文治 江南三月春意浓 镜心	67cm×48cm	334,931	中国嘉德	2017-05-29
宋文治 钱松喦 等 山水花鸟集锦册页（十八开）	25cm×34cm×18	920,000	华艺国际	2017-11-25
宋文治 轻舟已过万重山 镜框	58cm×34cm	207,000	华艺国际	2017-11-25
宋文治 山高水长图 立轴	95cm×52cm	920,000	南京经典	2017-07-23
宋文治 亚明 桂林一枝 册页	30cm×40cm×24	782,000	北京保利	2017-06-05
宋彦君 苗族少女 宫扇	27.5cm×27.5cm	230,000	北京荣宝	2017-06-02
宋吟可 1975年作 洱海渔女 镜片	97cm×66cm	414,000	广东崇正	2017-06-14
宋雨桂 2009年作 海鸥声声 镜心	51cm×187cm	460,000	北京保利	2017-04-27
宋雨桂 冯大中 1983年作 远去的小溪 立轴	128cm×94cm	356,500	广东崇正	2017-12-13
宋雨桂 李雪晴 2013年作 牡丹	180cm×47cm	632,500	北京翰海	2017-06-03
宋雨桂 峡江帆影 立轴	106cm×68cm	161,000	朵云轩	2017-12-14
宋雨桂 乙未（2015年）作 舞阳图 镜心	34cm×135cm	736,000	中国嘉德	2017-04-01
苏百钧 阳春 镜片	111cm×167cm	483,000	广东崇正	2017-12-13
苏葆桢 1978年作 珍禽竹菊图 轴	69cm×137cm；诗堂68cm×34cm；题签5cm×49cm	379,500	八益拍卖	2017-09-24
苏葆桢 1983年作 洁白无瑕 镜心	120cm×238cm	184,000	北京翰海	2017-01-08
苏君良 村居 镜框	200cm×180cm	218,500	上海东方	2017-12-10
苏曼殊 甲寅（1914）年作 雪蝶倩影 赵朴初等题诗堂 镜片	画心61cm×31cm；诗堂30cm×31cm	575,000	广东崇正	2017-12-13
苏士澍 2013年作 篆书 镜心	137cm×68cm	161,000	北京荣宝	2017-12-02
苏士澍 2014年作 行书澳门区旗赞 镜心	97cm×180cm	250,632	中濠典藏	2017-05-22
苏士澍 行书团扇 扇面	33cm×30cm×4	230,000	北京保利	2017-06-05
苏士澍 书法"潇洒出风尘"镜心	69cm×138cm	460,000	北京荣宝	2017-06-02
苏宇光 2017年作 安居图 镜心	87.5cm×34.5cm	414,000	北京荣宝	2017-12-02
苏宇光 颂秋图 镜心	68cm×41cm	414,000	北京荣宝	2017-06-02
孙伯翔 行书词三首 手卷	34cm×666.5cm	250,632	中濠典藏	2017-05-22
孙传芳 楷书五言律诗 软片	144cm×39cm	150,627	中金国际	2017-11-25
孙浩 丙申（2016年）作 岁月如歌 镜心	145.0cm×182.0cm	483,000	中国嘉德	2017-06-21
孙菊生 百猫图 镜心	53cm×129cm×10	287,500	中国嘉德	2017-09-02
孙立军 爬 镜心	64cm×31cm	218,500	北京保利	2017-12-18
孙其峰 1999年作 红杏枝头春意闹 镜心	67cm×138cm	207,000	保利山东	2017-10-29
孙其峰 白鹰 镜片	68cm×43.5cm	287,500	广东崇正	2017-06-15
孙其峰 花鸟 册页（八开）	33cm×45cm×8	517,500	北京荣宝	2017-04-02
孙其峰 梅花绶带 立轴	126cm×52.5cm	207,000	荣宝斋（济南）	2017-12-08
孙其峰 睥睨万山 镜心	68.5cm×68.5cm	184,000	荣宝斋（济南）	2017-06-10
孙其峰 守梅图 镜心	67cm×44cm	212,750	荣宝斋（济南）	2017-12-08
孙其峰 雄鹰图 镜心	134cm×67cm	184,000	北京荣宝	2017-06-02
孙琴生 周琪 1953年作 采莲图并小楷文 成扇	18cm×50cm	161,000	上海匡时	2017-11-05
孙文 1891年作 楷书六言联 立轴	133cm×32cm×2	322,000	北京匡时	2017-06-03
孙文 1913年作 行书"博爱"立轴	132cm×34cm	437,000	北京匡时	2017-12-04
孙文 1921年作 行书"一德同心"立轴	128cm×75cm	920,000	北京保利	2017-12-17
孙文 博爱 镜片		190,273	纽约苏富比	2017-03-16
孙文 博爱 镜心	35cm×74cm	180,752	中金国际	2017-11-25
孙文 行书"博爱"镜心	33cm×65cm	690,000	北京保利	2017-12-17
孙文 行书"博爱"镜心	41cm×105cm	241,500	北京保利	2017-04-27
孙文 行书"天下为公"镜心	37.5cm×137.5cm	828,000	中国嘉德	2017-06-19
孙文 行书警句 立轴	79cm×46cm	172,500	中国嘉德	2017-12-19
孙文 楷书"博爱"镜心	38.5cm×130cm	189,750	荣宝斋（上海）	2017-07-30
孙文 楷书四言联 立轴	132cm×38.5cm×2	322,000	北京匡时	2017-06-04
孙文 明道 立轴	121cm×39cm	253,000	上海敬华	2017-07-01
孙文 书法-天地正气 镜框	31.6cm×68.5cm	255,300	佳士得	2017-11-28
孙文 天下为公 镜心	32cm×130cm	2,990,000	北京保利	2017-06-04
孙文 杨圻 吴佩孚 汪兆铭 谭延闿 陈半丁 等 山水 书法（四把）成扇	19cm×55cm×2；19.5cm×55.5cm；18.5cm×51.5cm	2,415,000	华艺国际	2017-11-25
孙晓云 行书李清照诗手卷 卷	引首24cm×68cm；本幅24cm×225cm	276,000	中贸圣佳	2017-06-19
孙晓云 唐代禅诗二十首 册页	29.5cm×33cm×9	460,000	南京经典	2017-07-23

拍品名称	物品尺寸	成交价RMB	拍卖公司	拍卖日期
孙云生 壬寅（1962年）作 鹳鸽红叶 立轴	101cm×49.5cm	172,500	中国嘉德	2017-12-18
孙中山 行书“博爱” 镜心	46cm×125cm	310,500	荣宝斋（南京）	2017-09-10
孙中山 书法“博爱” 镜心	32cm×81cm	195,500	上海匡时	2017-11-05
孙竹篱 1973年作 紫藤 轴	203cm×55.5cm	161,000	八益拍卖	2017-09-24
孙竹篱 1985年作 布袋和尚 镜心	91cm×67.5cm	264,500	八益拍卖	2017-09-24
孙竹篱 布袋和尚 轴	67.5cm×131cm	207,000	八益拍卖	2017-09-24
孙宗慰 1944年作 飞天 立轴	119cm×63cm	253,000	北京保利	2017-12-17
孙宗慰 1952年作 天津新港	44cm×210cm	977,500	北京翰海	2017-12-16
太虚 1920年作 清溪避暑图 手卷	引首22.5cm×50.5cm；画心22.5cm×404cm；尾跋25.5cm×39.5cm	230,000	北京银座	2017-06-07
太虚 行书七言句 立轴	66cm×31cm	247,500	荣宝斋（南京）	2017-07-08
太虚 行书诗 立轴	135cm×63cm	161,000	上海匡时	2017-11-05
泰祥洲 2012年作 溪山图 镜框	84.5cm×44.5cm	177,400	佳士得	2017-05-29
泰祥洲 2015年作 天象 [2015.1]	40cm×178cm	264,000	羅芙奧	2017-12-02
谈月色 胡韵璈 等 花卉草虫格锦扇 成扇	18cm×49cm	167,466	中国嘉德	2017-05-29
谭延闿 行书《争座位帖》四屏镜心	147cm×38.5cm×4	207,000	北京匡时	2017-06-04
谭延闿 行书七言 对联	169cm×35cm×2	230,000	朵云轩	2017-12-14
谭延闿 行书七言联 对联	205cm×42cm×2	166,750	上海泓盛	2017-06-27
谭延闿 壬戌（1922）年作 行书四屏	146cm×39cm×4	201,250	上海敬华	2017-07-01
谭泽闿 申茂之 屯云馆 镜心	书法32cm×132cm；画100cm×40cm	207,000	北京保利	2017-06-05
汤地丈雄 行书七言诗 立轴	136.5cm×33cm	198,000	北京银座	2017-06-07
汤琳南 快雪时晴图 镜框	120cm×240cm	460,000	上海东方	2017-12-10
汤万清 江山多娇 镜心	69cm×138cm	552,000	北京翰海	2017-01-08
汤哲明 2011年作 溪山行旅图 立轴	173.3cm×93.1cm	334,125	香港苏富比	2017-04-04
汤哲明 2016年作 谢东山宴集之图 镜心	画67cm×32cm；书69cm×33.5cm×2	187,974	中濠典藏	2017-05-22
唐大雾 乱石崩云，惊涛裂岸	258cm×138.5cm	155,925	香港苏富比	2017-04-03
唐建 刘彦水 任清 刘波 田黎明 刘万鸣 赵建成 江宏伟 许俊 崔进 2016年作 松龄鹤寿	144cm×366cm	161,000	北京翰海	2017-12-16
唐勇力 2002年作 声声清迴行归镜框	45.8cm×45.6cm	345,000	北京荣宝	2017-06-02
唐勇力 2003年作 春山雅趣图 镜心	70cm×138cm	368,000	北京荣宝	2017-12-02
唐勇力 2007年作 香雾空蒙月满庭 镜框	68cm×48.8cm	517,500	北京荣宝	2017-06-02
唐勇力 2011年作 马球队之征 镜心	34cm×64cm	230,000	北京荣宝	2017-06-02
唐勇力 2012年作 盛唐盛世慈母爱子图 镜框	34.6cm×34.6cm	287,500	北京荣宝	2017-06-02
唐勇力 2017年作 观音 镜框	69.5cm×47cm	1,380,000	北京荣宝	2017-12-02
唐勇力 读圣贤书图 镜心	46cm×68.5cm	287,500	北京匡时	2017-06-03
唐勇力 读史通今图 镜框	93cm×59.6cm	1,150,000	北京荣宝	2017-06-02
唐勇力 对弈图 镜心	34.5cm×97cm	276,000	北京荣宝	2017-12-02
唐勇力 风弦自有声 镜心	81cm×57cm	1,150,000	北京荣宝	2017-12-02
唐勇力 深院黄昏 镜心	69cm×138cm	345,000	荣宝斋（济南）	2017-12-07
唐勇力 盛世佳人图 镜框	34.8cm×34.6cm	287,500	北京荣宝	2017-06-02
唐勇力 宋人词意 镜心	70cm×137cm	172,500	保利山东	2017-10-29
唐勇力 吟诗图 镜心	34.5cm×96.5cm	391,000	荣宝斋（济南）	2017-12-07
唐云 1940年作 花荫猫戏图 立轴	122cm×38cm	161,000	西泠拍卖	2017-07-16
唐云 1943年作 花雨暖情图 立轴	107.5cm×51.7cm	313,290	中濠典藏	2017-05-22

拍品名称	物品尺寸	成交价RMB	拍卖公司	拍卖日期
唐云 1944年作 临八大鸟石图 立轴	69cm×25.7cm	155,925	香港苏富比	2017-04-04
唐云 1946年作 独钓秋江 立轴	104cm×50cm	241,500	上海匡时	2017-11-05
唐云 1952年作 高士观瀑 立轴	93cm×41cm	253,000	上海东方	2017-06-25
唐云 1952年作 杂画（三帧）横披	34cm×128cm	504,662	北京匡时	2017-04-03
唐云 1953年作 灵鸟栖枝 立轴	100cm×49cm	402,500	上海匡时	2017-11-05
唐云 1954年作；1949年作 牡丹蜂蝶 牡丹蜜蜂（两幅）扇面镜框	18.5cm×46.5cm×2	166,313	佳士得	2017-05-30
唐云 1956年作 柳溪鸳鸯图 立轴	67cm×33cm	172,500	西泠拍卖	2017-07-16
唐云 1958年作 菊蟹图 镜片	133cm×56cm	437,000	广东崇正	2017-06-15
唐云 1962年作 柳梢鸟语图 镜片	89cm×47cm	218,500	西泠拍卖	2017-07-16
唐云 1964年作 新安小景写生册（二十四页）册页	16cm×13cm×24	1,092,500	西泠拍卖	2017-07-15
唐云 1965年作 稻香 镜心	131cm×62cm	264,500	北京匡时	2017-06-03
唐云 1965年作 雄鹰图 镜片	140cm×69.5cm	287,500	西泠拍卖	2017-07-15
唐云 1969年作 秋树鸠声 立轴	105cm×52cm	598,000	上海匡时	2017-11-05
唐云 1971年作 晓山图 手卷	画心136.5cm×10cm；题跋85.5cm×10cm	345,000	西泠拍卖	2017-07-15
唐云 1972年作 爱晚亭 镜片	95cm×59cm	230,000	上海敬华	2017-07-01
唐云 1973年作 花卉 四屏立轴	108cm×33.5cm×4	345,000	观唐皕榷	2017-01-11
唐云 1973年作 竹林飞雀 镜心	83cm×178.5cm	249,312	中濠典藏	2017-11-29
唐云 1975年作 红梅 镜心	132cm×30cm	195,500	北京翰海	2017-04-30
唐云 1976年作 双吉图 立轴	90cm×42cm	253,000	上海嘉禾	2017-07-02
唐云 1977年作 芭蕉小鸟 立轴	68cm×47cm	195,500	上海东方	2017-06-25
唐云 1978年作 龙潭 镜框	131cm×64cm	460,000	上海嘉禾	2017-07-02
唐云 1980年作 松鹰图 立轴	135cm×67cm	805,000	西泠拍卖	2017-07-15
唐云 1981年作 鹰击长空 镜片	123cm×247cm	713,000	上海嘉禾	2017-07-01
唐云 1984年 一片天机 镜心	137cm×68cm	483,000	北京匡时	2017-03-29
唐云 1984年作 拟八大山人鸟石图 镜框	114cm×47cm	159,563	佳士得	2017-11-20
唐云 1988年作 松龄鹤寿之图 立轴	136cm×68cm	230,000	北京荣宝	2017-06-02
唐云 芭蕉麻雀 镜心	174cm×93cm	368,000	北京荣宝	2017-12-02
唐云 拔除不祥 立轴	69cm×44cm	287,500	荣宝斋（济南）	2017-12-08
唐云 白蕉 汪东 邓散木 等 1944~1951年作 为范烟桥作书画册（两册共计五十一页）册页	31.5cm×23.5cm×51	218,500	西泠拍卖	2017-07-15
唐云 茶熟香温图 立轴	33cm×33.5cm	460,000	中贸圣佳	2017-09-04
唐云 春江水暖 镜心	93cm×180cm	1,150,000	北京保利	2017-06-05
唐云 大吉图 立轴	120cm×56cm	345,000	北京东正	2017-12-09
唐云 等 1947年作 山水花鸟人物杂 册页（十二开）	22cm×26cm×12	202,113	佳士得	2017-11-28
唐云 丁亥（1947）年作 春光满园 立轴	104cm×32.5cm	201,250	上海嘉禾	2017-07-02
唐云 丁亥（1947）年作 春柳翠鸟 立轴	104cm×33cm	172,500	朵云轩	2017-12-14
唐云 扶桑花 立轴	117.5cm×56cm	184,000	中国嘉德	2017-12-19
唐云 庚戌（1970）年作 荷塘情趣 竹石小鸟 成扇	19.5cm×53.5cm	161,000	朵云轩	2017-06-25
唐云 癸未（1943年）作 八百遐龄 立轴	129cm×66.5cm	264,500	北京诚轩	2017-06-18
唐云 海棠八哥 镜片	68cm×136cm	644,000	上海嘉禾	2017-07-02
唐云 红衣罗汉 立轴	66cm×41cm	322,000	南京经典	2017-07-23
唐云 花虫 册页	28cm×40cm×11	322,000	中国嘉德	2017-03-31
唐云 花间闹 镜心	68cm×111cm	575,000	荣宝斋（南京）	2017-07-08
唐云 己卯（1939年）作 红梅大吉 立轴	135cm×66cm	414,000	中国嘉德	2017-06-19
唐云 己巳（1989年）作 萍鱼图 镜心	89cm×47.5cm	253,000	中国嘉德	2017-06-20

拍品名称	物品尺寸	成交价RMB	拍卖公司	拍卖日期
唐云 己巳（1989年）作 日午观鱼图 立轴	89cm×48cm	161,000	中国嘉德	2017-09-02
唐云 江寒汀 1947年作 荷塘翠鸟 镜框	65.5cm×117cm	170,200	佳士得	2017-11-28
唐云 江寒汀 方介堪 等 山水花卉杂 册页（十四开选十二）	23.5cm×35.5cm×7	253,000	中贸圣佳	2017-06-19
唐云 金鱼图 立轴	137.5cm×68cm	460,000	荣宝斋（南京）	2017-07-08
唐云 荔枝松鼠图 镜片	96cm×59.5cm	241,500	西泠拍卖	2017-07-15
唐云 鸬鹚图 镜片	136cm×68cm	230,000	广东崇正	2017-12-13
唐云 陆抑非 江寒汀 张大壮 等 春风和鸣图 立轴	114cm×65cm	460,000	西泠拍卖	2017-07-16
唐云 母子图 镜心	67cm×44.5cm	299,000	荣宝斋（济南）	2017-06-10
唐云 枇杷小鸡 镜心	48cm×90cm	172,500	荣宝斋（南京）	2017-09-10
唐云 枇杷竹鸡图 立轴	136.5cm×68cm	207,000	西泠拍卖	2017-07-16
唐云 壬戌（1982年）作 秋水鸬鹚 立轴	137cm×68cm	366,331	中国嘉德	2017-05-29
唐云 三余图 立轴	95cm×43cm	207,000	荣宝斋（南京）	2017-07-08
唐云 深林幽居 立轴	91.8cm×40cm	177,400	佳士得	2017-05-30
唐云 水电风光图 镜片	179cm×66.5cm	322,000	西泠拍卖	2017-07-15
唐云 水鸟竹雀 镜心	96cm×44.5cm	287,500	荣宝斋（济南）	2017-06-10
唐云 四时花果 册页	13.5cm×17cm×13	460,000	北京保利	2017-12-17
唐云 吴青霞 白蕉 马公愚 等 辛巳（1941）年作 书画 册页（十开）	29.5cm×35cm×10	345,000	广东崇正	2017-06-15
唐云 戊子（1948）年作 四季写景（四幅） 镜片	100cm×34.5cm×4	759,000	朵云轩	2017-12-14
唐云 辛巳（1941）年作 观沧海 镜片	138cm×36cm	345,000	上海嘉禾	2017-07-01
唐云 一片天机 立轴	86cm×43cm	322,000	北京荣宝	2017-04-02
唐云 依样图 镜片	125.5cm×58.5cm	218,500	西泠拍卖	2017-07-15
唐云 幽鸟新花 立轴	91.7cm×40.3cm	199,575	佳士得	2017-05-30
唐云 育雏图 立轴	94cm×43cm	310,500	西泠拍卖	2017-07-16
唐云 粤游记山水 手卷	5cm×110cm	736,000	华艺国际	2017-05-27
唐云 张大壮 1961年作 雪中访友 瓜田 成扇	18cm×44.5cm	155,925	香港苏富比	2017-04-04
唐云 钟馗爱酒 镜片	30cm×25cm	293,250	朵云轩	2017-09-18
唐云 竹雀图 镜心	96cm×44.5cm	195,500	荣宝斋（济南）	2017-12-08
唐云 竹石鸣禽 立轴	118cm×44cm	368,000	荣宝斋（济南）	2017-12-08
唐云 竹石松鼠 立轴	95.5cm×58cm	230,000	中国嘉德	2017-06-20
陶行知 1926年作 楷书六言联 立轴	132cm×32cm×2	1,058,000	北京匡时	2017-06-03
陶冷月 1937年作 雁荡秋色 立轴	67.5cm×41.9cm	356,400	香港苏富比	2017-04-04
陶冷月 1942年作 天河灵鹊 行书七夕诗	壬午七夕，偶写《天河灵鹊图》，并录秦少游《鹊桥仙》词。永庆先生雅属。宏斋陶冷月。《书》	445,500	香港苏富比	2017-04-04
陶冷月 1947年作 山水 立轴	113cm×55cm	391,000	北京荣宝	2017-06-02
陶冷月 1966年代 万木流泉·行书毛主席《长征》 成扇	18cm×50cm×2	322,000	北京银座	2017-12-20
陶冷月 1972年作 毛泽东诗意图 雨余飞瀑 成扇	18cm×53cm	862,500	北京翰海	2017-06-02
陶冷月 1972年作 松梅芝寿图 镜心	41.5cm×75.5cm	578,259	北京匡时	2017-04-03
陶冷月 1980年作 陈毅咏三峡诗意图 立轴	68cm×34cm	253,000	西泠拍卖	2017-07-15
陶冷月 1980年作 太白诗意图 镜心	82cm×50cm	538,670	北京匡时	2017-10-02
陶冷月 丁巳 1977年作 黄山奇峰 镜心	51cm×110cm	402,500	北京诚轩	2017-06-18
陶冷月 寒梅图并瀑布苍翠 成扇	19cm×50cm	195,500	北京匡时	2017-03-30
陶冷月 甲戌（1934年）作 溪山飞瀑 立轴	144cm×40cm	261,665	中国嘉德	2017-05-29
陶冷月 梅影月色图 镜片	67cm×32cm	460,000	西泠拍卖	2017-07-16
陶冷月 梅月清浅 立轴	128cm×25cm	184,000	中国嘉德	2017-12-19
陶冷月 秋江月色图 镜片	90cm×32cm	862,500	西泠拍卖	2017-07-16
陶冷月 松雪寒心 立轴	102cm×29cm	437,000	北京匡时	2017-03-29
陶冷月 巫峡清月 立轴	101cm×32.5cm	322,000	北京翰海	2017-12-15
陶冷月 吴征 乙酉（1945）年作 洞庭秋月 行书 成扇		333,500	上海敬华	2017-07-01
陶冷月 雨后阑珊 镜心	25cm×37cm	244,850	中国嘉德	2017-10-03
陶冷月 月上中峰 镜心	32.5cm×22cm	156,704	中国嘉德	2017-10-03
陶冷月 赵叔孺 1943年代 天清江月白·节临鲜于枢《千字文》 成扇	18cm×51cm×2	828,000	北京银座	2017-12-20
陶冷月 芝柏梅石图 立轴	121cm×48cm	1,035,000	中贸圣佳	2017-06-19
陶淇 仿各家山水 册页（十开）	27cm×31cm×10	333,500	中国嘉德	2017-12-20
陶一清 春风杨柳映碧江 镜片	57cm×78cm	632,500	上海敬华	2017-07-01
陶一清 1936年作 苍岩浓露 立轴	236cm×122cm	517,500	北京荣宝	2017-06-02
陶一清 1957年作 大渡桥 镜心	60cm×84cm	287,500	中国嘉德	2017-06-19
陶一清 1964年作 漓江雨霁 立轴	129cm×67cm	184,000	北京荣宝	2017-09-24
陶一清 1972年作 万水千山图 镜心	143cm×288cm	4,025,000	观唐皕榷	2017-01-11
陶一清 1977年作 烟江秋意早 镜心	95cm×180cm	437,000	北京荣宝	2017-12-02
陶一清 苍山如海 镜心	131.5cm×68cm	368,000	中国嘉德	2017-06-20
陶一清 更喜岷山千里雪 镜心	120cm×169cm	805,000	中国嘉德	2017-06-19
陶一清 归舟图 镜心	137cm×70cm	195,880	中国嘉德	2017-10-03
陶一清 挥矿图 立轴	135cm×67cm	230,000	荣宝斋（济南）	2017-12-08
陶一清 泸定建设村 镜心	84cm×60cm	230,000	中国嘉德	2017-06-19
陶一清 清漓雨后烟霞漫 镜心	135cm×68cm	166,498	中国嘉德	2017-10-03
滕成钰 2017年作 过秋红叶落新诗	70cm×178cm	172,500	北京翰海	2017-06-03
藤田嗣治 1950年作 小女孩	26.5cm×19.5cm	425,500	北京匡时	2017-06-03
田伯平 2017年作 楷书桃花源记	177cm×47cm×6	460,000	北京翰海	2017-12-16
田汉 1961年作 祝贺周信芳舞台生活六十年书法 镜片	43.5cm×23.5cm	172,500	西泠拍卖	2017-07-15
田黎明 2015年作 高士图 镜心	34.5cm×46.5cm	345,000	北京荣宝	2017-12-02
田黎明 2017年作 观照 册页	55cm×41cm×8	6,670,000	北京匡时	2017-12-03
田黎明 2017年作 清清的小河 镜心	56cm×40.3cm	621,000	北京荣宝	2017-12-02
田黎明 2017年作 远山图 镜心	54.5cm×68.5cm	759,000	北京荣宝	2017-12-02
田黎明 2017年作 自然 镜心	68.5cm×47.5cm	931,500	北京荣宝	2017-12-02
田黎明 村姑 镜心	68cm×141cm	920,000	北京荣宝	2017-06-02
田黎明 村姑 镜心	69cm×46.5cm	517,500	北京荣宝	2017-06-02
田黎明 都市女孩 镜心	50cm×69cm	575,000	保利山东	2017-10-29
田黎明 高士图 镜心	70cm×71cm	299,000	荣宝斋（济南）	2017-12-07
田黎明 吉祥图 镜心	55.2cm×82.8cm	1,127,000	北京匡时	2017-06-03
田黎明 漂浮 镜心	48cm×46cm	365,505	中濠典藏	2017-05-22
田黎明 秋水图 镜心	52cm×70cm	368,000	北京荣宝	2017-06-02
田黎明 山高图 镜心	140cm×26cm	402,500	北京荣宝	2017-06-02
田黎明 山间雅集 镜心	35cm×138cm	253,000	北京保利	2017-12-18
田黎明 山上阳光 镜心	40cm×68cm	230,000	北京保利	2017-12-18
田黎明 山石筑精神 镜心	68cm×136cm	483,000	北京保利	2017-12-18
田黎明 山水高士图 镜心	39cm×141cm	690,000	北京荣宝	2017-06-02
田黎明 山水高士图 镜心	66.5cm×136cm	345,000	北京荣宝	2017-09-24
田黎明 山水随处是吾家 镜心	68cm×136cm	483,000	北京保利	2017-12-18
田黎明 树姑 镜心	46cm×68.5cm	414,000	荣宝斋（济南）	2017-12-07
田黎明 水边映淡日 镜心	68cm×140.5cm	494,500	北京保利	2017-12-18

拍品名称	物品尺寸	成交价RMB	拍卖公司	拍卖日期
田黎明 天地之大以和为上 镜心	69cm×137cm	184,000	北京荣宝	2017-06-02
田黎明 五月河 镜心	40cm×69cm	276,000	北京保利	2017-12-18
田黎明 小河清清 镜心	35cm×69cm	365,505	中濠典藏	2017-05-22
田黎明 阳光下 镜心	49.5cm×77cm	161,000	中国嘉德	2017-12-20
田黎明 又回桃园中 镜心	68cm×136cm	483,000	北京保利	2017-12-18
田黎明 远方 镜心	69.2cm×46.2cm	747,500	北京荣宝	2017-06-02
田黎明 远山 镜心	71cm×35.5cm	575,000	北京荣宝	2017-06-02
田黎明 赵建成 崔进 刘万鸣 江宏伟 唐建 许俊 2016年作 荷风清夏图	144cm×366cm	977,500	北京翰海	2017-12-16
田瑞龙 2011年作 大美无言 镜框	120cm×240cm	322,000	上海东方	2017-06-25
田世光1940年作 花鸟 镜心（四屏）	52.5cm×18.5cm×4	552,000	北京翰海	2017-12-15
田世光 1943年作 荷塘翠鸟 镜框	98.8cm×32.6cm	334,125	香港苏富比	2017-04-04
田世光 1943年作 猫戏鹦鹉图 立轴	111.5cm×52.5cm	288,275	佳士得	2017-05-30
田世光 1961年作 春色满园 立轴	131cm×66cm	437,000	北京匡时	2017-03-29
田世光 1980年作 禽鸟双清图 立轴	129cm×65cm	522,150	中濠典藏	2017-05-22
田世光 1984年作 朱竹双喜 立轴	136cm×69cm	598,000	北京荣宝	2017-06-02
田世光 1986年作 梅鹊图 立轴	127.5cm×65cm	368,000	北京银座	2017-06-07
田世光 白劳 立轴	67cm×45.5cm	276,000	荣宝斋（济南）	2017-12-08
田世光 白雪石 1997年作 松鹰图 镜心	96cm×180cm	897,000	北京荣宝	2017-12-02
田世光 白猿还啼 立轴	136cm×68cm	448,500	北京匡时	2017-03-29
田世光 报春图 镜心	68cm×45.5cm	253,000	荣宝斋（济南）	2017-12-08
田世光 春霞玉羽 镜框	141cm×174cm	1,380,000	华艺国际	2017-11-25
田世光 芙蓉锦羽 镜心	103.6cm×50cm	301,254	中金国际	2017-11-25
田世光 癸未 1943年作 花鸟 镜心	30cm×71cm	287,500	北京华辰	2017-06-04
田世光 荷塘清趣 立轴	102cm×34cm	207,000	中国嘉德	2017-12-19
田世光 红荷 镜片	121cm×82cm	1,667,500	广东崇正	2017-12-13
田世光 红叶白猿 镜心	95cm×50cm	322,000	北京翰海	2017-12-15
田世光 红叶山禽 镜片	68.5cm×43cm	172,500	上海嘉禾	2017-07-02
田世光 梅雀争春图 立轴	78cm×55cm	345,000	北京华辰	2017-12-16
田世光 梅竹双雀 镜心	66cm×28cm	161,000	北京银座	2017-12-20
田世光 牡丹 镜心	67.8cm×41.5cm	172,500	中国嘉德	2017-06-19
田世光 峭壁白猿图 立轴	98cm×32cm	1,035,000	西泠拍卖	2017-07-15
田世光 青竹小鸟 立轴	68cm×65cm	207,000	北京保利	2017-06-05
田世光 秋声图 镜心	67.5cm×68cm	161,000	观唐皕榷	2017-01-11
田世光 秋意浓 镜框	87cm×133cm	517,500	华艺国际	2017-11-25
田世光 沈曾迈 花鸟 篆书 成扇	19cm×50cm	207,000	荣宝斋（上海）	2017-07-30
田世光 双禽图 镜心	91cm×58cm	195,500	观唐皕榷	2017-01-11
田世光 双雀 立轴	128.5cm×65cm	460,000	荣宝斋（济南）	2017-12-08
田世光 王雪涛 何涵宇 1943年作 封侯图 镜心	101cm×34cm	322,000	北京银座	2017-12-20
田世光 五子图 立轴	101cm×32cm	322,000	北京匡时	2017-06-03
田世光 喜报丰秋 立轴	129cm×68cm	241,500	北京翰海	2017-12-15
田世光 相伴 立轴	67.5cm×41.5cm	276,000	荣宝斋（济南）	2017-06-10
田世光 辛酉（1981年）作 长寿图 立轴	128cm×66cm	483,000	中国嘉德	2017-12-19
田世光 迎春图 立轴	130cm×66cm	345,000	北京保利	2017-06-05
田世光 猿 软片	136cm×67.5cm	299,000	福建东南	2017-10-28
田世光 竹石小鸟 镜片	36cm×48cm	161,000	朵云轩	2017-06-25
仝凌飞 2016年作 晴川寒林图 镜心	48cm×178cm	264,500	北京保利	2017-06-05
童大年 篆书“淡斋” 立轴	38cm×93cm	172,500	上海匡时	2017-11-05
童心田 2017年作 沁园春·雪	100cm×245cm	230,000	北京翰海	2017-12-16
童中焘 1981年作 九华山顶 镜片	82cm×50.5cm	189,750	朵云轩	2017-06-25
童中焘 1983年作 灵峰春雪 立轴	119cm×40.5cm	345,000	朵云轩	2017-12-14
万芾 稻园即景 镜心	138cm×145cm	187,974	中濠典藏	2017-05-22

拍品名称	物品尺寸	成交价RMB	拍卖公司	拍卖日期
汪东 辛巳（1941年）作 春山田舍 镜心	60cm×32.5cm	207,000	中国嘉德	2017-06-20
汪观清 1994年作 美加大瀑壮观 镜框	90cm×180cm	322,000	上海东方	2017-12-10
汪楫 行书“清慎” 镜心	49.5cm×96.7cm	195,500	中国嘉德	2017-12-20
汪家珍 行旅图 扇面	17cm×51cm	172,500	广东崇正	2017-12-13
汪精卫 1931年作 书法 立轴	132cm×62cm	322,000	华艺国际	2017-05-27
汪精卫 1941年作 双照楼诗《舟夜》镜框	71.5cm×32.8cm	177,400	佳士得	2017-05-30
汪精卫 1943年作 民国三十二年（1943）祭孙中山文 册页（十一页）	册21.5cm×13.5cm	166,750	西泠拍卖	2017-07-16
汪精卫 曾国藩语 立轴	27.8cm×30.6cm	184,000	北京诚轩	2017-06-18
汪精卫 双照楼诗《飞花》镜框	39.5cm×98cm	332,625	佳士得	2017-05-30
汪精卫 双照楼诗《夜起》立轴	120cm×35.5cm	166,313	佳士得	2017-05-30
汪精卫 双照楼诗《舟次檀香山书寄冰如》镜框	34.8cm×21cm	177,400	佳士得	2017-05-30
汪精卫 双照楼诗集 皮革封面笔记本一册	17.5cm×14cm	421,325	佳士得	2017-05-30
汪精卫 汪文惺 何孟恒 1942年作 牵驴图 圆光双挖立轴	直径25.1cm×2	199,575	佳士得	2017-05-30
汪精卫 为悼吴湖帆妻子潘静淑自作《木兰花慢》词稿	26cm×16cm	161,000	西泠拍卖	2017-07-16
汪良 2016年作 晌午 镜心	239.5cm×198cm	187,974	中濠典藏	2017-05-22
汪溶 1934年作 百卉图 卷	38.5cm×631cm	195,500	北京翰海	2017-12-15
汪溶 曹克家 1944年作 耄耋图 成扇	19cm×50cm	276,000	北京翰海	2017-12-15
汪溶 孙智敏 朱益潘 黄起凤 汪东 吕式斌 曾纪芬 彭醇士 黄晓汀 胡应祥 等 致着青先生书画成扇（十五把）成扇		241,500	北京匡时	2017-03-30
汪溶 辛未（1931年）作 猿嬉图 立轴	124cm×65cm	172,500	中国嘉德	2017-06-20
汪亚尘 1945年作 游鱼图（四轴）立轴	90.5cm×31.5cm×4	230,000	西泠拍卖	2017-07-16
汪亚尘 1969年作 鱼跃于渊 册页（十六开）	30cm×41.4cm×16	218,500	北京诚轩	2017-06-18
汪亚尘 癸未（1943年）作 鱼乐四屏	102cm×34cm×4	172,500	中国嘉德	2017-03-31
汪亚尘 郭沫若 丙戌（1946）年作 鱼戏图 行书 成扇	18.5cm×50cm	368,000	朵云轩	2017-06-25
汪亚尘 群鸡图 立轴	137.5cm×68cm	253,000	荣宝斋（上海）	2017-07-30
汪兆铭 双照楼诗词稿 册页（两册节选）	26cm×17cm×97	9,430,000	中国嘉德	2017-06-19
王本杰 2011年作 远峰带雨色 镜框	120cm×240cm	230,000	上海东方	2017-06-25
王成喜 1998年作 红梅 立轴	136cm×67.5cm	177,531	中濠典藏	2017-05-22
王成喜 冰雪红梅 镜心	68cm×136cm	276,000	北京东正	2017-03-31
王崇节 锦鸡芍药 立轴	133.5cm×61.5cm	411,348	保利香港	2017-10-03
王德芳 国色天香 镜心	37.5cm×50cm	172,500	北京荣宝	2017-12-02
王福厂 1930年作 篆书阮侍中咏怀诗 立轴	86cm×38.5cm	207,000	上海匡时	2017-11-05
王福厂 1941年作 隶书十六言联 镜框	各104.8cm×10.1cm	389,813	香港苏富比	2017-04-04
王福厂 1942年作 篆书十言联（两幅）镜框	168cm×23cm×2	188,488	佳士得	2017-05-30
王福厂 1943年作 隶书五言联 对联	164cm×35cm×2	425,500	中贸圣佳	2017-06-19
王福厂 1943年作 篆书八言联 立轴		222,750	香港苏富比	2017-04-04
王福厂 1943年作 篆书十二言联 立轴	132cm×22cm×2	207,000	上海匡时	2017-11-05
王福厂 1943年作 篆书十一言联 立轴	134.5cm×21.5cm×2	230,000	北京匡时	2017-06-03

拍品名称	物品尺寸	成交价RMB	拍卖公司	拍卖日期
王福厂 1944年作 金文 四条屏	137.5cm×34cm×4	267,120	中濠典藏	2017-11-29
王福厂 1958年作 篆书“馨玉斋”镜框	60.1cm×132.8cm	467,775	香港苏富比	2017-04-04
王福厂 乙酉（1945年）作 隶书八言联 立轴	130cm×20.5cm×2	218,500	中国嘉德	2017-12-18
王福厂 乙酉（1945年）作 隶书八言联 立轴	132.5cm×21.5cm×2	184,000	中国嘉德	2017-12-18
王福厂 于逢涒滩（甲申1944年）作 篆书十一言联 立轴	128cm×26.5cm×2	184,000	中国嘉德	2017-06-19
王福厂 篆书《东都赋》扇面镜框	17.2cm×50.7cm	211,613	香港苏富比	2017-04-04
王福厂 篆书八言联 立轴	129cm×20cm×2	172,500	北京匡时	2017-03-29
王福厂 篆书十二言联 立轴	131cm×21cm×2	184,000	北京匡时	2017-06-04
王福元 2015年作 船过梁溪又一郁 镜心	133cm×66cm	345,000	保利山东	2017-10-29
王富龙 茶禅一味	宽52cm；高135cm	230,000	北京保利	2017-12-20
王冠军 暗香 镜心	134cm×83cm	575,000	中国嘉德	2017-04-01
王贵华 2003年作 祥云 镜框	196cm×160cm	230,000	上海东方	2017-12-10
王贵华 轻云漫峰 镜框	67cm×174cm	161,000	上海东方	2017-12-10
王国维 行书扇面 耶律楚材《西域河中十咏》其二	20.5cm×54.5cm	483,000	中国嘉德	2017-12-20
王国维 楷书 节录黄庭坚诗	80cm×40.5cm	1,012,000	中国嘉德	2017-06-21
王国维 楷书成扇 成扇	16.5cm×45cm	1,092,500	北京匡时	2017-06-03
王海鲲 黄海松云 镜心	69cm×46cm	345,000	北京翰海	2017-04-30
王翰尊 百花仙子	144cm×220cm	230,000	北京翰海	2017-12-16
王鸿亮 2001年作 惊蛰 镜框	120cm×240cm	1,495,000	上海东方	2017-06-25
王鸿亮 2011年作 清清地里好庄稼 镜框	120cm×240cm	690,000	上海东方	2017-06-25
王璜生 2016年作 舍利子	68cm×135cm	287,500	广东崇正	2017-12-13
王己干 1969年作 雪掩山村图 镜框	40cm×60.5cm	178,200	香港苏富比	2017-04-04
王己干 1988年作 怀抱山中 立轴	66.8cm×87cm	155,925	香港苏富比	2017-04-04
王己千 1969年作 寒山峭壁 立轴	39cm×60cm	166,000	香港蘇富比	2017-10-02
王己千 1983年作 山水第472号 镜框	100.4cm×49.5cm	2,655,180	香港苏富比	2017-04-04
王己千 1985年作 山水第870号 立轴	63cm×47cm	166,000	香港蘇富比	2017-10-02
王己千 1987年作 江岸阳春 立轴	76cm×50cm	290,500	香港蘇富比	2017-10-02
王己千 1988年作 层峦迭翠 手卷	29cm×123cm	210,663	佳士得	2017-05-29
王己千 山水 立轴	101.5cm×69.9cm	278,438	香港苏富比	2017-04-04
王季迁 1945年作 早春晴霭 立轴	61cm×34cm	178,250	北京翰海	2017-06-02
王季迁 1985年作 重江迭嶂 立轴	119.8cm×66.6cm	207,570	纽约佳士得	2017-03-14
王季迁 丁丑（1937年）作 野水荒亭 立轴	95.5cm×43.5cm	345,000	中国嘉德	2017-12-18
王季迁 秋山隐居 立轴	102.5cm×50cm	224,250	上海匡时	2017-11-05
王季迁 壬申（1932年）作 江山胜览 立轴	116cm×52cm	209,332	中国嘉德	2017-05-29
王季迁 壬戌（1982年）作 苍麓悬瀑 镜心	60cm×86.5cm	253,000	中国嘉德	2017-12-18
王济远 1962年作 牡丹玉兰图	57.5cm×306.1cm	244,850	保利香港	2017-10-02
王济远 1966年作 蔬果图	27.3cm×555.7cm	254,644	保利香港	2017-10-02
王敬恒 癸未（2003年）作 蜀山图 镜心	137cm×68cm	322,000	中国嘉德	2017-09-02
王久斌 2016年作 十三太保	95cm×180cm	1,495,000	北京翰海	2017-06-03
王久斌 2016年作 中华七匹狼 镜心	68cm×138cm	828,000	北京保利	2017-06-05
王久斌 2017年作 道亦有道 镜心	68cm×138cm	483,000	北京保利	2017-06-05
王久斌 2017年作 狼图腾	137cm×68cm×2	1,840,000	北京翰海	2017-06-03
王久斌 2017年作 雄风狼道出天山	138cm×68cm	632,500	北京翰海	2017-06-03
王遽常 草书龙门对 立轴	68.5cm×13cm×2	471,500	北京匡时	2017-06-03
王遽常 草书四言联 立轴	106cm×31cm×2	310,500	北京匡时	2017-06-03
王遽常 草书五言联 立轴	135cm×32.5cm×2	218,500	北京匡时	2017-12-03
王兰若 丁卯（1987）年作 鱼乐图 立轴	137cm×68cm	161,000	广东崇正	2017-06-15
王立星 2016年作 墨白之七 镜心	162cm×82cm	313,408	保利香港	2017-10-03

拍品名称	物品尺寸	成交价RMB	拍卖公司	拍卖日期
王立星 2016年作 墨白之三 镜心	162cm×82cm	313,408	保利香港	2017-10-03
王良 山水 镜心	189cm×115cm	253,000	北京保利	2017-06-06
王良虎 2017年作 草书道德经句 立轴	125cm×65cm	230,000	北京保利	2017-06-05
王明明 1978年作 小歇 立轴	68cm×45cm	172,500	北京荣宝	2017-04-02
王明明 1981年作 东坡玩砚图 镜心	137cm×68.5cm	517,500	北京荣宝	2017-12-02
王明明 1984年作 曹雪芹像 镜心	135cm×67.5cm	207,000	北京荣宝	2017-12-02
王明明 1984年作 曹雪芹像 立轴	135cm×67.5cm	218,500	北京荣宝	2017-04-02
王明明 1986年作 香梦沉酣图 镜心	68.5cm×138cm	552,000	北京保利	2017-12-18
王明明 1987年作 牧归图 镜心	68cm×136cm	345,000	北京荣宝	2017-04-02
王明明 1988年作 春荫 镜框	68cm×134.5cm	177,400	佳士得	2017-05-30
王明明 1988年作 东坡先生独步图 镜心	59cm×96cm	218,500	北京荣宝	2017-06-02
王明明 1989年作 翠满谷 镜心	68cm×68cm	184,000	北京荣宝	2017-06-02
王明明 1990年作 东坡诗意图 立轴	68cm×68cm	230,000	北京保利	2017-11-10
王明明 1990年作 连年有余 镜心	50cm×69cm	230,000	北京保利	2017-04-27
王明明 1991年作 春荫文会图 镜心	40cm×147cm	333,500	北京荣宝	2017-06-02
王明明 1991年作 林泉清幽图 镜心	48cm×68cm	212,750	北京荣宝	2017-09-24
王明明 2001年作 苗乡三月 镜心	124.5cm×125cm	1,012,000	北京荣宝	2017-12-02
王明明 2002年作 板桥吟诗图 镜心	49cm×68.5cm	184,000	北京荣宝	2017-06-02
王明明 2004年作 连年有余 镜心	68cm×68cm	552,000	北京荣宝	2017-06-02
王明明 2004年作 醉翁亭同乐图 立轴	152cm×82cm	630,828	保利香港	2017-04-03
王明明 2011年作 醉翁亭同乐图 镜心	123.4cm×243cm	6,325,000	北京荣宝	2017-06-02
王明明 2012年作 高原牧歌 镜心	34cm×136cm	710,124	中濠典藏	2017-05-22
王明明 2012年作 林泉清韵图 镜心	234cm×53cm	3,162,500	北京荣宝	2017-12-02
王明明 白居易诗意图 镜心	68cm×135.5cm	195,500	荣宝斋（济南）	2017-06-10
王明明 丙申（2016年）作 兰亭修禊图 手卷	引首 46.5cm×153cm；画心 46.5cm×677.5cm	9,049,075	中国嘉德	2017-10-03
王明明 丙申（2016年）作 醉翁亭同乐图 镜心	133cm×154cm	6,555,000	中国嘉德	2017-06-21
王明明 丁卯（1987年）作 报春图 镜心	68cm×138cm	414,000	中国嘉德	2017-04-01
王明明 东坡先生闲居图 镜心	67cm×67cm	218,500	荣宝斋（南京）	2017-07-08
王明明 高原踏歌行 镜心	69.5cm×69cm	253,000	北京匡时	2017-06-03
王明明 己卯（1999）年作 闲居图 镜片	68cm×134.5cm	690,000	广东崇正	2017-12-13
王明明 甲申（2004年）作 曹雪芹金秋闲居图 镜心	68cm×136cm	425,500	中国嘉德	2017-09-02
王明明 甲戌（1994年）作 莲塘抚琴 镜心	68.0cm×68.5cm	230,000	中国嘉德	2017-06-21
王明明 连年有余 镜心	69cm×50cm	178,250	荣宝斋（济南）	2017-12-07
王明明 四季风情 镜心	97cm×44.5cm×4	4,427,500	中国嘉德	2017-12-20
王明明 苏武牧羊图 镜心	67cm×68cm	172,500	荣宝斋（济南）	2017-06-10
王明明 听松图 镜片	107cm×53cm	218,500	荣宝斋（南京）	2017-09-10
王明明 乙丑（1985年）作 杜甫诗意 镜心	68cm×137cm	414,000	中国嘉德	2017-04-01
王明明 紫气东来 镜心	68cm×137cm	552,000	荣宝斋（济南）	2017-12-07
王其智 2015年作 福安	69cm×46cm	483,000	北京翰海	2017-06-03
王其智 2015年作 福寿	70cm×34.5cm	345,000	北京翰海	2017-06-03
王其智 2016年作 福寿安康	70cm×46cm	517,500	北京翰海	2017-06-03
王其智 2017年作 福寿	74cm×71cm	805,000	北京翰海	2017-12-16

拍品名称	物品尺寸	成交价RMB	拍卖公司	拍卖日期
王其智 2017年作 长寿	69cm×45cm	540,500	北京翰海	2017-12-16
王清健 2011年作 听松图 镜框	120cm×240cm	172,500	上海东方	2017-12-10
王庆军 2009年作 静居图 镜框	138cm×68cm	172,500	上海东方	2017-06-25
王庆军 溪山积翠图 手卷	34cm×272cm	161,000	上海东方	2017-06-25
王蘧常 草书"欢喜坚固"立轴	56cm×39cm	161,000	中国嘉德	2017-06-20
王蘧常 章草 横披	21cm×110cm	184,000	广东崇正	2017-12-13
王蘧常 章草七言联 立轴	175cm×43cm×2	494,500	保利山东	2017-10-29
王仁治 1910年作 养园清夏图 卷	31cm×81cm	172,500	北京翰海	2017-12-15
王师子 花鸟草虫写生 册页（十二开）	26cm×33cm×12	253,000	上海嘉禾	2017-10-14
王世涛 癸巳（2013年）作 幽谷景趣 镜心	63cm×36cm	225,262	中国嘉德	2017-10-03
王世襄 行书竹枝词 立轴	69cm×34cm	276,000	中贸圣佳	2017-09-04
王肃达 1937年作 受难图 镜心	112cm×76.5cm	575,000	中国嘉德	2017-12-18
王提 篆书宋人词句 立轴	131cm×20cm×2	207,000	北京荣宝	2017-06-02
王天德 2015年作 后山图NO.15—（雪）镜框	33cm×185cm	253,000	上海明轩	2017-06-30
王天德 2015年作 后山图No15-MHST04179 镜框	149cm×96cm	288,275	佳士得	2017-05-29
王同愈 临大痴山水 手卷	17.5cm×303.5cm	319,125	佳士得	2017-11-20
王维烈 白梅报喜 立轴	108cm×42.5cm	269,750	香港蘇富比	2017-10-01
王无邪 1987年作 抒怀之二 镜框	84.2cm×55cm	216,206	佳士得	2017-05-29
王无邪 1999年作 书兴廿七 镜框	68.5cm×98.5cm	234,025	佳士得	2017-11-27
王无邪 2004年作 城梦十二	179cm×96cm；整体179cm×192cm	554,375	佳士得	2017-05-28
王无邪 2009年作 城韵之一 镜框	68.5cm×68.5cm	188,488	佳士得	2017-05-29
王无邪 2013年作 水在静中流 立轴	81.5cm×65.5cm	195,880	北京匡时	2017-10-02
王西京 2009年作 丽春图 镜心	134cm×70cm	208,860	中濠典藏	2017-05-22
王西京 2014年作 竹林兴会图 镜心	211cm×635cm	4,370,000	北京保利	2017-06-05
王西京 贵妃醉酒 立轴	137cm×67cm	172,500	北京荣宝	2017-06-02
王西京 消夏图 镜心	178cm×94cm	287,500	北京宣石	2017-05-21
王西京 乙丑（1985）年作 郑板桥诗意图 镜片	105cm×55cm	299,000	广东崇正	2017-06-14
王霞 菩萨像（三十三帧）镜心	54cm×41cm×33	552,000	荣宝斋（上海）	2017-07-30
王心竞 仙山楼阁 镜心	102cm×53.5cm	189,750	北京翰海	2017-12-15
王学仲 行书"熙宝斋"镜心	33cm×68cm	172,500	保利山东	2017-10-29
王雪涛 1929年作 秋趣 成扇	18cm×48cm	368,000	北京翰海	2017-12-15
王雪涛 1930年作 花鸟 镜心 四屏	124cm×33cm×4	172,500	北京保利	2017-12-17
王雪涛 1930年作 水仙竹雀 立轴	127cm×32.5cm	301,254	中金国际	2017-11-25
王雪涛 1932年作 花鸟 成扇	17.5cm×50cm	172,500	北京翰海	2017-12-15
王雪涛 1934年作 双鹰 立轴	152cm×40cm	747,500	北京银座	2017-12-20
王雪涛 1934年作 双影相伴 镜心	84cm×46cm	345,000	北京荣宝	2017-06-02
王雪涛 1935年作 芦草小鸟 立轴	78cm×49cm	299,000	北京荣宝	2017-06-02
王雪涛 1940年作 蜂舞花间 立轴	98cm×30cm	483,000	北京荣宝	2017-06-02
王雪涛 1941年作 秋趣 成扇	19.5cm×52cm	230,000	北京翰海	2017-12-15
王雪涛 1942年作 桃都高唱 镜心	67cm×136cm	2,127,500	北京荣宝	2017-12-02
王雪涛 1942年作 紫藤天牛 镜心	89cm×33.5cm	212,750	中贸圣佳	2017-06-19
王雪涛 1943年作 花卉草虫·行书七言诗 成扇	18.5cm×49cm×2	161,000	北京银座	2017-06-07
王雪涛 1944年作 春塘聚禽图 立轴	93.5cm×175cm	2,185,000	北京荣宝	2017-06-02
王雪涛 1944年作 荷塘翠鸟 镜心	90cm×37cm	218,500	北京翰海	2017-06-02
王雪涛 1945年作 秋卉草虫 立轴	90cm×32.5cm	287,500	北京翰海	2017-06-02
王雪涛 1945年作 喜登眉梢 镜心	88cm×32cm	195,500	北京荣宝	2017-06-02
王雪涛 1954年作 虫趣图 镜框	33cm×48cm	207,000	北京荣宝	2017-09-24
王雪涛 1956年作 桃花八哥 立轴	105.5cm×67cm	287,500	北京翰海	2017-12-15
王雪涛 1959年作 清供图 立轴	83.5cm×34cm	437,000	北京荣宝	2017-12-02
王雪涛 1960年作 雀鹰乌桕图 立轴	67cm×50cm	1,127,000	北京荣宝	2017-06-02
王雪涛 1961年作 浩态狂香 立轴	68.5cm×47cm	391,000	北京匡时	2017-12-03
王雪涛 1961年作 牡丹图 立轴	70cm×46cm	157,707	保利香港	2017-04-03
王雪涛 1963年作 荷塘蛙鸣图 成扇	18cm×47cm	172,500	北京荣宝	2017-06-02
王雪涛 1963年作 蝴蝶兰 立轴	69cm×48cm	598,000	北京荣宝	2017-06-02
王雪涛 1963年作 九秋图 镜心	29cm×126cm	632,500	观唐皕榷	2017-01-11
王雪涛 1963年作 新笋图 立轴	105cm×52.5cm	1,840,000	中国嘉德	2017-06-19
王雪涛 1973年作 红梅 立轴	68cm×44cm	195,500	北京荣宝	2017-12-02
王雪涛 1977年作 梅石图 立轴	91.4cm×45cm	276,000	上海明轩	2017-06-30
王雪涛 1978年作 芙蓉双鸟 镜心	34cm×46cm	184,000	北京荣宝	2017-09-24
王雪涛 1978年作 梅花双鱼 立轴	69cm×45cm	234,025	佳士得	2017-11-28
王雪涛 1978年作 抬头见喜 镜心	70cm×45.5cm	253,000	北京匡时	2017-12-03
王雪涛 1979年作 大吉图 镜框	82cm×40cm	540,500	北京荣宝	2017-06-02
王雪涛 1979年作 荷花鸳鸯图 立轴	69cm×46cm	747,500	北京荣宝	2017-06-02
王雪涛 1979年作 蝴蝶双仙 立轴	69.5cm×39cm	231,304	保利香港	2017-04-03
王雪涛 1979年作 菊花八哥 立轴	68.5cm×45cm	230,000	北京荣宝	2017-06-02
王雪涛 1979年作 墨牡丹 镜心	140cm×70cm	770,500	北京东正	2017-06-08
王雪涛 1979年作 扬艳 立轴	96.5cm×59cm	460,000	北京银座	2017-12-20
王雪涛 1979年作 紫藤八哥 镜心	97cm×67cm	713,000	北京荣宝	2017-06-02
王雪涛 1981年作 八哥 立轴	68cm×45cm	402,500	北京荣宝	2017-06-02
王雪涛 1981年作 清供图 镜心	69cm×46cm	368,000	北京荣宝	2017-06-02
王雪涛 1981年作 双喜图 镜框	51cm×32cm	172,500	北京荣宝	2017-06-02
王雪涛 案头清供 立轴	88cm×32cm	274,232	中国嘉德	2017-10-03
王雪涛 八哥螳螂图 立轴	93cm×46.5cm	322,000	北京匡时	2017-12-03
王雪涛 白梅八哥 立轴	130cm×33cm	172,500	北京保利	2017-12-17
王雪涛 百合蝴蝶 立轴	104cm×52cm	1,092,500	荣宝斋（济南）	2017-12-08
王雪涛 百事如意 立轴	66cm×32.5cm	224,250	北京匡时	2017-03-29
王雪涛 报春 镜心	66.5cm×44cm	322,000	荣宝斋（济南）	2017-12-08
王雪涛 曹克家 耄耋图 镜心	99.5cm×33cm	178,250	北京匡时	2017-06-03
王雪涛 曹克家 喜从天降 镜心	99cm×33cm	178,250	北京匡时	2017-06-03
王雪涛 册页 立轴	32cm×44cm×10	434,700	荣宝斋（济南）	2017-12-08
王雪涛 迟园篱角 立轴	89cm×33cm	342,790	中国嘉德	2017-10-03
王雪涛 迟园秋兴图 成扇	19cm×51cm	172,500	荣宝斋（上海）	2017-07-30
王雪涛 窗前小景 镜心	33.5cm×46cm	218,500	北京荣宝	2017-06-02
王雪涛 春圃逸趣 立轴	46cm×69cm	759,000	北京荣宝	2017-06-02
王雪涛 春色满园 镜心	84cm×168cm	3,220,000	北京荣宝	2017-12-02
王雪涛 翠羽蛙声 立轴	68cm×46cm	414,000	北京翰海	2017-12-15
王雪涛 大富贵亦寿考 立轴	68.5cm×45.5cm	345,000	中国嘉德	2017-12-19
王雪涛 大鸡图 立轴	73cm×44cm	402,500	北京荣宝	2017-06-02
王雪涛 大吉图 镜心	35cm×47cm	322,000	北京匡时	2017-06-03
王雪涛 大吉图 立轴	135cm×34cm	161,000	中国嘉德	2017-09-02
王雪涛 大吉图 立轴	127cm×63.5cm	473,121	北京匡时	2017-04-03
王雪涛 大吉图 立轴	68cm×44cm	575,000	北京荣宝	2017-06-02
王雪涛 大利图 镜心	76cm×42cm	402,500	中国嘉德	2017-03-31
王雪涛 东风浓艳 镜心	67cm×42cm	264,500	北京匡时	2017-06-03
王雪涛 东篱一角 立轴	104cm×34cm	402,500	北京荣宝	2017-06-02
王雪涛 豆荚丝瓜 成扇	19.5cm×54cm	333,500	北京翰海	2017-12-15
王雪涛 繁花意趣 立轴	102cm×33cm×4	1,242,000	上海匡时	2017-11-05
王雪涛 仿八大墨荷 立轴	86cm×44cm	287,500	广东崇正	2017-12-13
王雪涛 仿八大山人墨荷图 立轴	87cm×44.5cm	230,000	北京荣宝	2017-06-02
王雪涛 富贵神仙 立轴	89cm×31.5cm	274,232	中国嘉德	2017-10-03
王雪涛 富贵图 立轴	109cm×33cm	195,500	北京匡时	2017-06-03
王雪涛 富贵长寿 立轴	101cm×34cm	230,000	荣宝斋（济南）	2017-12-08
王雪涛 庚辰（1940）年作 海鲜镜片	66cm×29cm	207,000	上海敬华	2017-07-01
王雪涛 癸卯（1963年）作 八哥草虫 镜心	86cm×45.5cm	460,000	中国嘉德	2017-12-19
王雪涛 寒梅图 镜心	80.5cm×44cm	230,000	上海匡时	2017-11-05

拍品名称	物品尺寸	成交价RMB	拍卖公司	拍卖日期
王雪涛 荷花翠鸟 立轴	68.5cm×46cm	299,000	北京翰海	2017-12-15
王雪涛 荷花蜻蜓 镜心	35cm×47.5cm	253,000	北京匡时	2017-06-03
王雪涛 荷花蜻蜓 立轴	120cm×52cm	230,000	荣宝斋（济南）	2017-12-08
王雪涛 荷塘 立轴	69cm×44cm	215,468	中国嘉德	2017-10-03
王雪涛 荷塘清趣 立轴	107cm×46cm	333,500	北京翰海	2017-06-02
王雪涛 荷塘生机 立轴	101cm×49cm	632,500	北京匡时	2017-06-03
王雪涛 荷塘游鱼 立轴	137cm×46cm	368,000	北京匡时	2017-03-29
王雪涛 荷塘鱼戏图 立轴	130cm×76.5cm	2,645,000	北京荣宝	2017-06-02
王雪涛 红虫玉簪花 立轴	67cm×44cm	172,500	北京荣宝	2017-06-02
王雪涛 红梅 镜片	50cm×31cm	207,000	广东崇正	2017-06-15
王雪涛 红梅八哥 镜心	55cm×41cm	287,500	荣宝斋（济南）	2017-12-08
王雪涛 红粟鹦鹉 立轴	83cm×47.5cm	253,000	北京翰海	2017-12-15
王雪涛 红叶八哥 立轴	107cm×38.5cm	540,500	北京荣宝	2017-09-24
王雪涛 红叶松鼠 立轴	98.5cm×32cm	517,500	北京银座	2017-06-07
王雪涛 蝴蝶牡丹 立轴	69.5cm×46cm	362,378	保利香港	2017-10-03
王雪涛 蝴蝶牵牛花 立轴	69cm×43.5cm	184,000	中国嘉德	2017-06-20
王雪涛 花蝶图 立轴	68.5cm×46cm	460,000	北京荣宝	2017-12-02
王雪涛 花卉 册页（十二开）	29cm×20cm×12	5,175,000	北京荣宝	2017-06-02
王雪涛 花卉 四屏镜心	55cm×16cm×4	368,000	北京匡时	2017-06-03
王雪涛 花卉 四屏立轴	164.5cm×43.5cm×4	5,520,000	北京荣宝	2017-06-02
王雪涛 花卉草虫（八幅）镜心	24.5cm×38cm×8	460,000	中国嘉德	2017-06-20
王雪涛 花卉草虫（四帧）册页	25cm×30cm×4	1,150,000	北京荣宝	2017-06-02
王雪涛 花卉草虫 立轴	102cm×33cm	230,000	荣宝斋（济南）	2017-12-08
王雪涛 花鸟（两帧）镜心	31.2cm×33cm；33cm×34.2cm	241,500	中国嘉德	2017-12-18
王雪涛 花鸟（六帧）镜心	34cm×34cm×6	930,430	中国嘉德	2017-10-03
王雪涛 花鸟 立轴	130.5cm×64.5cm	805,000	荣宝斋（上海）	2017-07-30
王雪涛 花鸟 立轴	103cm×39cm	230,000	印千山	2017-07-09
王雪涛 花香深处 立轴	80cm×52.5cm	1,322,500	北京荣宝	2017-06-02
王雪涛 花荫鸳鸯 立轴	68cm×34.5cm	368,000	中国嘉德	2017-12-19
王雪涛 黄鹂蛙趣 立轴	91.5cm×37cm	322,000	北京银座	2017-06-07
王雪涛 己未（1979年）作 桃花牡丹八哥 镜心	82cm×150cm	5,060,000	中国嘉德	2017-06-19
王雪涛 甲辰（1964年）作 葡萄草虫 立轴	102cm×34cm	207,000	中国嘉德	2017-12-19
王雪涛 甲戌（1934年）作 鸳鸯戏水 立轴	120cm×40cm	207,000	中国嘉德	2017-03-31
王雪涛 锦绣前程 立轴	117cm×50cm	471,500	荣宝斋（济南）	2017-06-10
王雪涛 孔雀古松 立轴	131cm×67cm	6,325,000	北京荣宝	2017-06-02
王雪涛 柳荫八哥 立轴	67.5cm×44.5cm	184,000	荣宝斋（济南）	2017-06-10
王雪涛 麻雀花卉 立轴	102.5cm×34cm	460,000	北京荣宝	2017-06-02
王雪涛 梅上鸣禽图 镜心	69cm×105.5cm	897,000	北京银座	2017-06-07
王雪涛 梅竹双鹤 镜心	70cm×70cm	1,150,000	上海匡时	2017-11-05
王雪涛 牡丹 立轴	76cm×53cm	402,500	北京荣宝	2017-06-02
王雪涛 牡丹蝶蜂 立轴	69cm×46.5cm	230,000	北京翰海	2017-06-02
王雪涛 牡丹蝴蝶 镜片	36cm×48cm	287,500	朵云轩	2017-06-25
王雪涛 牡丹蝴蝶 镜心	69cm×45cm	575,000	中国嘉德	2017-12-19
王雪涛 牡丹蝴蝶 立轴	67cm×44cm	517,500	观唐皕榷	2017-01-11
王雪涛 牡丹蜜蜂 立轴	34cm×43cm	161,000	荣宝斋（济南）	2017-06-10
王雪涛 牡丹双蝶 镜心	69cm×47cm	517,500	北京荣宝	2017-12-02
王雪涛 牡丹双蝶 立轴	133cm×70cm	2,990,000	北京荣宝	2017-06-02
王雪涛 牡丹双鹅 立轴	138cm×79cm	1,782,500	北京荣宝	2017-12-02
王雪涛 鸟语花香 立轴	99cm×49cm	552,000	中国嘉德	2017-03-31

拍品名称	物品尺寸	成交价RMB	拍卖公司	拍卖日期
王雪涛 葡萄草虫图 立轴	77cm×20cm	161,000	上海匡时	2017-11-05
王雪涛 葡萄蜜蜂 立轴	89.5cm×31.5cm	313,408	中国嘉德	2017-10-03
王雪涛 清趣 镜心	103cm×35cm	207,000	中国嘉德	2017-09-02
王雪涛 秋花图 立轴	80cm×44cm	195,500	中国嘉德	2017-09-02
王雪涛 秋趣图 镜心	95cm×33cm	345,000	上海匡时	2017-11-05
王雪涛 秋趣图 立轴	102cm×33.5cm	517,500	北京翰海	2017-12-15
王雪涛 秋实图 立轴	100.5cm×32.5cm	345,000	北京银座	2017-12-20
王雪涛 群仙祝寿 立轴	101cm×34cm	310,500	荣宝斋（济南）	2017-06-10
王雪涛 壬午（1942年）作 秋趣图 镜心	91.5cm×33cm	299,000	中国嘉德	2017-12-19
王雪涛 三秋图 成扇	18cm×46cm	172,500	北京荣宝	2017-06-02
王雪涛 三喜图 立轴	98cm×33cm	230,000	荣宝斋（济南）	2017-12-08
王雪涛 山林所见 立轴	68cm×44.5cm	632,500	中国嘉德	2017-12-19
王雪涛 沈尹默 1955年代 花卉草虫·行书题画诗 成扇	18cm×51cm×2	166,750	北京银座	2017-12-20
王雪涛 石榴鹦鹉图 镜心	107cm×46cm	287,500	上海匡时	2017-11-05
王雪涛 书画 成扇	18cm×48cm×2	195,500	荣宝斋（济南）	2017-06-10
王雪涛 双鹤 立轴	136.5cm×66cm	517,500	荣宝斋（济南）	2017-12-08
王雪涛 双吉 镜心	97cm×41.5cm	207,000	北京匡时	2017-06-03
王雪涛 双吉图 镜心	73.5cm×51.5cm	517,500	北京银座	2017-12-20
王雪涛 双喜 镜心	67.5cm×45cm	437,000	北京荣宝	2017-06-02
王雪涛 双喜 立轴	71cm×45.5cm	172,500	荣宝斋（济南）	2017-12-08
王雪涛 松鹤山鹧图 立轴	133cm×65.5cm	1,012,000	北京银座	2017-06-07
王雪涛 松鼠 立轴	97.5cm×31cm	408,250	荣宝斋（济南）	2017-12-08
王雪涛 松芝图 立轴	99.5cm×33cm	345,000	荣宝斋（上海）	2017-07-30
王雪涛 螳螂葡萄 立轴	76.5cm×20cm	172,500	北京匡时	2017-06-03
王雪涛 桃花八哥 立轴	67cm×47cm	402,500	北京匡时	2017-03-29
王雪涛 桃花水仙 立轴	102cm×33cm	218,500	中国嘉德	2017-12-18
王雪涛 桃竹八哥 立轴	74cm×33.5cm	172,500	中国嘉德	2017-06-20
王雪涛 汪溶 1941年作 荷塘小景 成扇	17.5cm×50cm	172,500	北京荣宝	2017-06-02
王雪涛 王叔晖 吴光宇 管平湖 1943年作 人物 花鸟 四屏 镜心	130cm×32cm×4	747,500	北京银座	2017-06-07
王雪涛 吴仲康 猫蝶图 立轴	87cm×26cm	195,500	荣宝斋（济南）	2017-06-10
王雪涛 戊午（1978年）作 红梅八哥 镜心	79cm×49cm	437,000	中国嘉德	2017-06-20
王雪涛 喜鹊登梅 立轴	70cm×48cm	368,000	北京荣宝	2017-12-02
王雪涛 喜上眉梢 立轴	103cm×41cm	368,000	中国嘉德	2017-12-19
王雪涛 仙禽图 立轴	104cm×49cm	805,000	北京荣宝	2017-06-02
王雪涛 香远益清 立轴	98cm×47cm	460,000	北京荣宝	2017-12-02
王雪涛 雄鸡图 立轴	67cm×43cm	448,500	北京荣宝	2017-06-02
王雪涛 乙酉（1945年）作 榴花八哥 立轴	90cm×33cm	274,232	中国嘉德	2017-10-03
王雪涛 乙酉（1945年）作 葡萄麻雀 镜心	97cm×35cm	209,332	中国嘉德	2017-05-29
王雪涛 乙酉（1945年）作 清供图 立轴	89cm×32.5cm	293,820	中国嘉德	2017-10-03
王雪涛 乙酉（1945年）作 彤蕊八哥 立轴	90cm×32cm	342,790	中国嘉德	2017-10-03
王雪涛 乙酉（1945年）作 喜鹊登梅 立轴	96cm×34.5cm	218,500	中国嘉德	2017-06-20
王雪涛 鹦鹉 立轴	130cm×67cm	2,185,000	北京荣宝	2017-06-02

拍品名称	物品尺寸	成交价RMB	拍卖公司	拍卖日期
王雪涛 咏梅图 立轴	82cm×48.5cm	494,500	北京荣宝	2017-06-02
王雪涛 幽情婉转 立轴	69cm×46cm	275,000	荣宝斋（南京）	2017-07-08
王雪涛 玉兰禽戏图 立轴	167.5cm×71cm	2,760,000	北京荣宝	2017-06-02
王雪涛 月季双碟 立轴	34cm×45.5cm	287,500	北京荣宝	2017-12-02
王雪涛 纸上鲜味 立轴	72cm×32cm	172,500	北京保利	2017-12-17
王雪涛 雉鸡 镜心	69cm×45cm	310,500	北京保利	2017-06-05
王雪涛 紫荆双禽图 立轴	44.5cm×56cm	345,000	北京荣宝	2017-06-02
王雪涛 紫藤小鸟 镜心	98cm×33cm	575,000	北京荣宝	2017-06-02
王雪涛师徒 富贵吉祥图 镜心	123cm×245cm	287,500	北京宣石	2017-05-21
王瑶卿 姜妙香 尚小云 等 书画合璧 成扇（5）	尺寸不一	156,645	中濠典藏	2017-05-22
王一明 寄情黄土塬 镜心	44cm×96cm	184,000	北京保利	2017-12-18
王一亭 1923年作 花卉 立轴 四屏	134cm×66cm×4	253,000	北京保利	2017-12-17
王一亭 山茶花 立轴	157cm×40cm	195,500	荣宝斋（南京）	2017-09-10
王一亭 乙丑（1925年）作 牧牛图 立轴	141.5cm×46.5cm	172,500	中国嘉德	2017-06-20
王已千 山水图 立轴	76cm×45cm	172,500	北京宣石	2017-12-03
王易 2008年作 戊子年写彩墨山水 镜心	52.5cm×136.5cm	402,500	八益拍卖	2017-04-22
王镛 2002年作 几处青山远断云 镜框	68cm×68cm	189,750	北京荣宝	2017-09-24
王镛 2002年作 人生一知己 镜心	227cm×25cm×2	322,000	北京保利	2017-12-16
王镛 2005年作 芳屿生烟图 镜框	35cm×49.8cm	253,000	北京荣宝	2017-06-02
王镛 2005年作 燕山霜秋图 镜框	35cm×49.8cm	287,500	北京荣宝	2017-06-02
王镛 2011年作 空山泉响图 镜框	66.5cm×137cm	1,150,000	北京荣宝	2017-06-02
王镛 2012年作 李白五言古风三首 镜框	33cm×132cm	184,000	北京荣宝	2017-06-02
王镛 2013年作 题汉君高迁八字砖 镜框	138cm×70cm	402,500	北京荣宝	2017-12-02
王镛 2013年作 赵松雪诗 镜框	132.7cm×36.6cm	184,000	北京荣宝	2017-06-02
王镛 2015年作 苍山秋树图 镜框	39cm×39cm	253,000	北京荣宝	2017-06-02
王镛 2015年作 李白五律四首 镜框	33.2cm×181cm	195,500	北京荣宝	2017-06-02
王镛 2016年作 孤屿晓春图 镜框	39cm×39cm	253,000	北京荣宝	2017-06-02
王镛 2016年作 李白将进酒诗句 镜框	123.6cm×248.6cm	1,380,000	北京荣宝	2017-12-02
王镛 2016年作 孟浩然句 镜框	134.5cm×34.3cm	161,000	北京荣宝	2017-06-02
王镛 2016年作 溪村晴岚图 镜框	149.5cm×75.8cm	1,207,500	北京荣宝	2017-12-02
王镛 寸耕堂研铭三则 镜心	34cm×67cm	166,750	上海匡时	2017-11-05
王镛 甲申（2004年）作 秋风图 镜心	177.7cm×95.5cm	690,000	中国嘉德	2017-12-20
王镛 秋山图 镜心	136cm×69cm	632,500	荣宝斋（济南）	2017-12-07
王镛 壬午（2002年）作 春梅图 镜心	132.5cm×33cm×2	368,000	中国嘉德	2017-12-20
王镛 斜阳红尽暮云碧 镜心	137cm×69cm	368,000	荣宝斋（济南）	2017-06-10
王镛 袁武 钟馗嫁妹 篆书六言联 镜心	书法29.5cm×8.6cm×2；绘画29.5cm×50cm	287,500	北京匡时	2017-06-03
王有政 奶奶妈妈都爱我 镜心	131cm×110cm	253,000	中贸圣佳	2017-06-19
王震 1914年作 荷花翠鸟 立轴	138cm×69cm	322,000	北京翰海	2017-12-15
王震 1914年作 鸟宿僧敲图 立轴	119.5cm×45cm	172,500	西泠拍卖	2017-07-15
王震 1915年作 花鸟 四屏立轴	150cm×40cm×4	230,000	北京翰海	2017-01-08
王震 1915年作 山茶寿带图 立轴	154.5cm×84cm	460,000	西泠拍卖	2017-07-15
王震 1917年作 梧桐栖凤 立轴	178cm×93cm	690,000	上海东方	2017-12-10
王震 1918年作 三老图 立轴	140cm×69cm	402,500	北京保利	2017-12-17
王震 1919年作 蟠桃献寿 立轴	94.5cm×34cm	207,000	上海东方	2017-12-10
王震 1919年作 喜从天降图 立轴	134.5cm×66.5cm	575,000	西泠拍卖	2017-07-15

拍品名称	物品尺寸	成交价RMB	拍卖公司	拍卖日期
王震 1920年作 鸳福乘喜图 镜片	111cm×48.5cm	287,500	西泠拍卖	2017-07-15
王震 1920年作 念佛图 立轴	97.5cm×44cm	172,500	西泠拍卖	2017-07-15
王震 1921年作 岁朝清供 立轴	135.5cm×56cm	172,500	北京匡时	2017-06-03
王震 1922年作 达摩渡厄图 立轴	137cm×40cm	253,000	西泠拍卖	2017-07-15
王震 1922年作 达摩面壁 立轴	152cm×32.5cm	180,752	中金国际	2017-11-25
王震 1922年作 双吉 立轴	149.5cm×80cm	230,000	北京翰海	2017-12-15
王震 1922年作 一帆风顺 镜框	135.5cm×57cm	1,559,250	香港苏富比	2017-04-04
王震 1923年作 红衣达摩 立轴	150cm×56.8cm	319,125	佳士得	2017-11-28
王震 1923年作 寿桃无量图 立轴	149cm×81cm	460,000	西泠拍卖	2017-07-15
王震 1923年作 桃实贺寿图 立轴	130.5cm×65.5cm	402,500	西泠拍卖	2017-07-15
王震 1925年作 腊梅飞禽图 立轴	135cm×66cm	161,000	西泠拍卖	2017-07-15
王震 1926年作 献寿图 立轴	135cm×67cm	690,000	西泠拍卖	2017-07-15
王震 1926年作 香稻麻雀 立轴	135cm×33cm	170,711	中金国际	2017-11-25
王震 1927年作 岁朝清供图 立轴	138cm×68cm	161,000	西泠拍卖	2017-07-15
王震 1928年作 松鹤延龄图 立轴	136.5cm×69cm	184,000	西泠拍卖	2017-07-15
王震 1928年作 醉钟馗 立轴	137cm×68cm	322,000	北京匡时	2017-12-03
王震 1930年作 玉堂富贵图 立轴	147.5cm×81.1cm	289,575	香港苏富比	2017-04-04
王震 1932年作 富贵玉堂 立轴	138cm×68cm	517,500	上海东方	2017-12-10
王震 1933年作 花开富贵图 立轴	150.5cm×81cm	322,000	西泠拍卖	2017-07-15
王震 1933年作 陶庵肖像 立轴	151cm×41cm	170,200	佳士得	2017-11-28
王震 1933年作 无量寿佛 立轴	138cm×67cm	345,000	北京匡时	2017-03-29
王震 1934年作 百卉争妍图 立轴	168cm×85cm	176,375	香港蘇富比	2017-10-02
王震 1934年作 无量寿佛 立轴	125cm×44cm	195,500	北京匡时	2017-06-03
王震 1936年作 七十自画像 立轴	131.5cm×57.5cm	1,380,000	西泠拍卖	2017-07-15
王震 白衣观音 立轴	138cm×48cm	155,250	北京保利	2017-12-17
王震 丙辰（1916）年作 戏剧人物 横披	44cm×88cm	253,000	朵云轩	2017-06-25
王震 丙辰（1916年）作 香山九老 立轴	150cm×82cm	402,500	中国嘉德	2017-06-20
王震 丙寅（1926）年作 固财图 屏轴	135.5cm×67cm	276,000	朵云轩	2017-12-14
王震 丙寅（1926）年作 满载而归 屏轴	135.5cm×67.5cm	379,500	朵云轩	2017-12-14
王震 丙寅（1926）年作 梅香书屋 屏轴	136cm×67.5cm	356,500	朵云轩	2017-12-14
王震 丙寅（1926）年作 牧牛图 屏轴	136.5cm×67cm	299,000	朵云轩	2017-12-14
王震 丙寅（1926年）作 荷塘 立轴	138cm×68.5cm	172,500	中国嘉德	2017-06-19
王震 丙寅（1926年）作 接福图 立轴	120cm×53cm	483,000	中国嘉德	2017-12-19
王震 癸丑（1933年）作 无量寿佛 立轴	109cm×46cm	172,500	中国嘉德	2017-09-02
王震 癸亥（1923年）作 岁朝清供 立轴	137cm×68cm	230,265	中国嘉德	2017-05-29
王震 行书诗 立轴	243cm×104cm	172,500	上海匡时	2017-11-05
王震 红衣达摩 镜心	136cm×40.5cm	215,468	中国嘉德	2017-10-03
王震 甲戌（1934）年作 无量寿佛 立轴	135cm×65cm	166,750	上海嘉禾	2017-07-02
王震 刘海戏金蟾 立轴	127cm×35cm	293,820	中国嘉德	2017-10-03
王震 壬申（1932年）作 花鸟 四屏镜心	107cm×52cm×4	598,000	中国嘉德	2017-12-19
王震 无量寿佛 镜片	107.5cm×50cm	172,500	朵云轩	2017-12-14
王震 无量寿佛 立轴	123cm×55.5cm	253,000	中国嘉德	2017-06-20
王震 吴藏龛 藤花飞燕图 立轴	145.5cm×40cm	207,000	西泠拍卖	2017-07-15
王震 辛未（1931）年作 千岁松鹤 立轴	171cm×90cm	264,500	朵云轩	2017-09-17
王震 辛酉（1921年）作 钟馗 立轴	137cm×51cm	172,500	中国嘉德	2017-06-20
王震 乙丑（1925年）作 和合双仙 立轴	151cm×81cm	184,000	北京诚轩	2017-06-18
王震 增福 立轴	89cm×47.5cm	150,627	中金国际	2017-11-25

拍品名称	物品尺寸	成交价RMB	拍卖公司	拍卖日期
王禔 1935年作 篆书《金刚般若波罗蜜多心经》册页（十一开）	19.5cm×20cm×11	483,000	北京翰海	2017-06-02
王禔 1944年作 篆书 八言联 对联	131cm×21cm×2	172,500	西泠拍卖	2017-07-15
王子锟 2016年作 秋山行 镜心	44cm×136cm×2	172,500	北京保利	2017-12-18
王子武 1976年作 展翅 镜心	79cm×49.5cm	322,000	北京银座	2017-12-20
王子武 1977年作 雄鸡 立轴	100cm×34cm	402,500	北京匡时	2017-06-03
王子武 1981年作 大吉 立轴	68cm×46cm	172,500	北京保利	2017-06-05
王子武 1981年作 长春并行书五言联 镜心	画66cm×45cm；字138cm×35cm×2	368,000	上海匡时	2017-11-05
王子武 1983年作 鹰 立轴	136.0cm×66.5cm	437,000	中国嘉德	2017-06-21
王子武 1983年作 鱼乐图 立轴	68cm×44cm	161,000	广东崇正	2017-12-13
王子武 1984年作 鹰 镜心	69cm×45cm	195,500	北京荣宝	2017-09-24
王子武 1987年作 李白送晁衡图 立轴	175cm×93cm	5,865,000	北京荣宝	2017-06-02
王子武 大吉图 镜片	68cm×41cm	184,000	广东崇正	2017-06-15
王子武 丁卯（1987年）作 齐白石像 立轴	137cm×70cm	1,175,280	中国嘉德	2017-10-03
王子武 杜甫行吟 立轴	68.5cm×46cm	253,000	中国嘉德	2017-06-19
王子武 杜甫像 立轴	129cm×67cm	1,725,000	中贸圣佳	2017-06-19
王子武 己未（1979年）作 三吉图 立轴	62cm×46cm	207,000	中国嘉德	2017-12-18
王子武 甲子（1984）年作 月下独酌 镜心	135cm×68cm	690,000	朵云轩	2017-12-14
王子武 甲子（1984年）作 水深鱼极乐 立轴	68cm×45cm	184,000	中国嘉德	2017-06-19
王子武 鹭鸶 立轴	69cm×46cm	230,000	北京荣宝	2017-06-02
王子武 梅妃 镜心	135.5cm×65.5cm	437,000	北京荣宝	2017-09-24
王子武 母子图 镜心	68cm×45cm	517,500	荣宝斋（济南）	2017-06-10
王子武 母子图 镜心	69.5cm×45.5cm	184,000	荣宝斋（济南）	2017-12-08
王子武 青蛙 立轴	69cm×46cm	207,000	北京荣宝	2017-06-02
王子武 喂食图 镜心	70cm×46.5cm	184,000	北京东正	2017-06-08
王子武 戊午（1978）年作 柳树双鹊 镜片	92cm×49cm	230,000	广东崇正	2017-12-13
王子武 小鸡 立轴	35cm×40cm	184,000	北京荣宝	2017-06-02
王子武 雄鹰 镜心	89cm×67cm	517,500	中贸圣佳	2017-06-19
王子武 雄鹰 立轴	138cm×68cm	172,500	荣宝斋（济南）	2017-12-08
王子武 野趣 镜心	95cm×35cm	172,500	中贸圣佳	2017-06-19
王子武 吟梅图并行书诗 立轴	137cm×68cm；135cm×34cm×2	690,000	北京匡时	2017-03-29
王子武 鹰 镜心	68cm×44.5cm	517,500	荣宝斋（济南）	2017-06-10
王子武 长春 朱砂 立轴	69cm×46cm	310,500	北京荣宝	2017-06-02
王自凡 丁酉（2017年）作 竹鹤图 镜心	116cm×238cm	460,000	广东保利	2017-11-26
王作人 行书张说诗 立轴	172cm×41cm	195,500	中国嘉德	2017-12-20
韦远柏 2010年作 廊桥碧波 镜框	69cm×68cm	195,880	保利香港	2017-10-03
韦远柏 武夷接笋峰 镜框	96cm×60cm	235,056	保利香港	2017-10-03
卫德章 2015年作 杨家岭记事之二 镜心	143.5cm×96.5cm	575,000	北京保利	2017-06-05
魏裔介 草书 立轴	158cm×51.5cm	161,000	北京翰海	2017-12-15
魏云飞 2017年作 伏虎罗汉 镜心	47cm×66cm	287,500	北京保利	2017-06-05
魏镇 1992年作 峡江帆影 镜心	68cm×138cm	230,000	北京荣宝	2017-06-02
魏紫熙 1959年作 修锚 镜心	56.5cm×41cm	299,000	中国嘉德	2017-06-20
魏紫熙 1969年作 响应号召 镜心	118cm×80cm	287,500	北京匡时	2017-06-03
魏紫熙 1973年作 松云 立轴	50cm×40cm	161,000	北京荣宝	2017-04-02
魏紫熙 1976年作 黄坳大桥 立轴	45cm×68.5cm	552,000	中国嘉德	2017-06-20

拍品名称	物品尺寸	成交价RMB	拍卖公司	拍卖日期
魏紫熙 1977年作 云山电站 立轴	66cm×44cm	207,000	北京荣宝	2017-12-02
魏紫熙 1978年作 黄山迎客松图 镜心	68cm×44.5cm	402,500	观唐皕榷	2017-01-11
魏紫熙 1979年作 西樵山瀑布 立轴	138cm×68.5cm	293,820	中国嘉德	2017-10-03
魏紫熙 1985年作 山水有清音 镜片	139cm×71cm	402,500	北京荣宝	2017-12-02
魏紫熙 1991年作 太行秋色 镜心	83cm×51cm	172,500	北京荣宝	2017-06-02
魏紫熙 1992年作 太行秋色图 镜心	50cm×68cm	747,500	观唐皕榷	2017-01-11
魏紫熙 1994年作 黄山松云 立轴	68cm×67cm	161,000	北京匡时	2017-12-03
魏紫熙 1997年作 秋山云横 镜片	69cm×45cm	207,000	广东崇正	2017-12-13
魏紫熙 1997年作 一山飞峙大江边 镜心	34.5cm×46cm	172,500	观唐皕榷	2017-01-11
魏紫熙 擦炮弹 镜框	45.5cm×33.5cm	483,000	荣宝斋（南京）	2017-07-08
魏紫熙 费新我 守卫海疆·行书毛主席词 成扇	18.5cm×50cm	207,000	中国嘉德	2017-06-21
魏紫熙 黄海渔歌 立轴	96cm×62cm	517,500	荣宝斋（南京）	2017-07-08
魏紫熙 黄山行云图 镜心	69.5cm×137cm	402,500	南京经典	2017-07-23
魏紫熙 秋山观瀑图 立轴	99cm×69cm	230,000	南京经典	2017-07-23
魏紫熙 韶山水库 镜框	33.5cm×45cm	345,000	荣宝斋（南京）	2017-07-08
魏紫熙 宋文治 亚明 傅二石 宋玉麟 刘懋善 华拓 孙君良 金陵八家画 手卷		977,500	广东崇正	2017-06-14
魏紫熙 雪瀑古松 立轴	68cm×45cm	166,750	荣宝斋（南京）	2017-09-10
魏紫熙 钟山翠峦 镜心	59cm×90cm	322,000	南京经典	2017-07-23
文蔚 2016年作 晨兴望远图 镜片	108cm×39cm	172,500	西泠拍卖	2017-07-15
文蔚 2017年作 李易安诗意仕女 四屏	90cm×35cm×4	529,000	北京翰海	2017-12-16
文蔚 2017年作 唐人诗意	108cm×25cm×4	402,500	北京翰海	2017-06-03
文蔚 2017年作 唐人诗意山水 四屏镜心	107cm×24cm×4	529,000	北京保利	2017-12-18
文蔚 2017年作 薛校书浣花溪诗意四首 镜心	88cm×29cm×4	310,500	北京保利	2017-06-05
闻钧天 黄松涛 赵合俦 鲁光 金月波 陈志宏 曹立庵 秋兴 立轴	290cm×95cm	151,800	湖北中盛	2017-12-03
翁祖清 2017年作 明月清辉 镜框	102cm×69.2cm	255,300	佳士得	2017-11-27
翁祖清 阳春畅和图 镜框	65cm×100cm	266,100	佳士得	2017-05-29
无崖虎 行书题句 立轴	155cm×42cm	198,000	北京银座	2017-06-07
吴昌硕 1880年作 篆书 五言联 镜片	94cm×21cm×2	172,500	西泠拍卖	2017-07-16
吴昌硕 1883年作 篆书九言联 立轴	124cm×18.5cm×2	552,000	北京匡时	2017-12-03
吴昌硕 1884年作 临石鼓文 立轴 四屏	109cm×47cm×4	690,000	北京保利	2017-12-17
吴昌硕 1885年作 篱菊自黄图 镜片	75.5cm×23.5cm	977,500	西泠拍卖	2017-07-16
吴昌硕 1892年作 岁朝清供 立轴	74cm×27cm	402,500	北京匡时	2017-03-29
吴昌硕 1893年作 松径·杨柳水边 镜心	27cm×32cm×2	402,500	北京保利	2017-06-05
吴昌硕 1893年作 煨炉图·暖烘烘 立轴	71cm×37cm	460,000	北京保利	2017-12-16
吴昌硕 1894年作 梅石图 立轴	128.5cm×32cm	207,000	北京翰海	2017-12-15
吴昌硕 1895年作 菊石图 立轴	114cm×44cm	1,035,000	华艺国际	2017-05-27
吴昌硕 1895年作 玉兰花 立轴	138.5cm×33.5cm	421,325	佳士得	2017-05-30
吴昌硕 1896年作 翠豪夜湿天香露 立轴	133cm×66cm	3,450,000	北京匡时	2017-12-04
吴昌硕 1898年作 荷花 镜心	51cm×150.5cm	437,000	北京匡时	2017-06-03
吴昌硕 1900年作 富贵寿石 立轴	142cm×78cm	2,357,500	上海明轩	2017-06-30
吴昌硕 1900年作 松石寿芝 立轴	145cm×46cm	575,000	北京保利	2017-12-16
吴昌硕 1900年作 王者香 立轴	134cm×66cm	3,220,000	北京保利	2017-12-17
吴昌硕 1900年作 王者香 立轴	133cm×66.5cm	2,242,500	北京银座	2017-06-07

2017书画拍卖成交汇总

(成交价RMB：15万元以上)

拍品名称	物品尺寸	成交价RMB	拍卖公司	拍卖日期
吴昌硕 1902年作 花卉 镜心 四屏	114cm×30cm×4	2,990,000	北京保利	2017-12-17
吴昌硕 1902年作 冷梅图 立轴	108cm×33cm	632,500	西泠拍卖	2017-07-16
吴昌硕 1902年作 梅香清影 立轴	108cm×33cm	713,000	上海东方	2017-12-10
吴昌硕 1903年作 红梅 立轴	120.5cm×38.5cm	690,000	北京荣宝	2017-04-02
吴昌硕 1903年作 墨梅 横披	110cm×18cm	368,000	西泠拍卖	2017-07-15
吴昌硕 1903年作 墨梅图 镜片	126cm×32.5cm	287,500	西泠拍卖	2017-05-05
吴昌硕 1903年作 墨梅图 立轴	134cm×32.5cm	437,000	观唐皕榷	2017-01-11
吴昌硕 1903年作 四景花卉 立轴四屏	151cm×41cm×4	5,577,500	华艺国际	2017-11-25
吴昌硕 1903年作 仙源三月花 立轴	177cm×95cm	3,105,000	保利华谊	2017-12-08
吴昌硕 1903年作 月影倚梅枝 立轴	137cm×69cm	1,667,500	上海匡时	2017-11-05
吴昌硕 1905年作 花卉 四屏立轴	152cm×42cm×4	6,900,000	北京保利	2017-06-05
吴昌硕 1905年作 为李宗颢作 苗山亭书画 手卷	168cm×30cm; 129cm×33.5cm	3,220,000	西泠拍卖	2017-07-15
吴昌硕 1905年作 延年益寿 立轴	135cm×65cm	2,070,000	北京荣宝	2017-06-02
吴昌硕 1906年作 白菜瓶梅 立轴	115cm×31cm	345,000	北京匡时	2017-06-03
吴昌硕 1906年作 花果寿石 立轴	133cm×62.5cm	2,070,000	北京匡时	2017-12-04
吴昌硕 1906年作 珊瑚珠 立轴	115cm×35cm	230,000	北京荣宝	2017-06-02
吴昌硕 1907年作 富贵寿考 立轴	172cm×42cm	2,185,000	北京荣宝	2017-12-02
吴昌硕 1907年作 折梅图 立轴	59.5cm×27cm	365,505	中濠典藏	2017-05-22
吴昌硕 1908年作 佛手石榴图 镜心	67cm×138cm	5,980,000	北京荣宝	2017-06-02
吴昌硕 1908年作 墨笔观音 立轴	128cm×47cm	1,000,500	上海匡时	2017-11-05
吴昌硕 1908年作 千年实如斗 镜框	23cm×50cm	287,500	北京荣宝	2017-12-02
吴昌硕 1908年作 山花图 立轴	105.5cm×43.5cm	322,000	西泠拍卖	2017-05-05
吴昌硕 1908年作 石鼓文《汧殹》立轴	148cm×38cm	575,000	北京荣宝	2017-12-02
吴昌硕 1908年作 题瞎牛先生画册 立轴	29cm×37cm	207,000	北京荣宝	2017-12-02
吴昌硕 1909年作 玉堂富贵 立轴	108.9cm×52cm	363,125	香港蘇富比	2017-10-02
吴昌硕 1910年作 荷塘清趣 立轴	136cm×54cm	448,500	北京荣宝	2017-12-02
吴昌硕 1911年作 秋容图 立轴	132cm×35cm	977,500	北京匡时	2017-06-03
吴昌硕 1911年作 篆书六言联 立轴	113cm×24cm×2	368,000	上海匡时	2017-11-05
吴昌硕 1911年作 紫绶 立轴	109.8cm×54.3cm	920,000	北京荣宝	2017-06-02
吴昌硕 1912年作 大富贵 立轴	181cm×52cm	1,725,000	北京荣宝	2017-12-02
吴昌硕 1912年作 花卉 四屏立轴	146cm×39cm×4	2,401,890	中濠典藏	2017-05-22
吴昌硕 1912年作 梅花书屋 立轴	135cm×34cm	977,500	北京荣宝	2017-06-02
吴昌硕 1912年作 竹石图 立轴	150cm×40cm	460,000	北京荣宝	2017-04-02
吴昌硕 1912年作 篆书八言联 对联	164cm×35cm×2	287,500	西泠拍卖	2017-07-16
吴昌硕 1912年作 篆书八言联 立轴	160cm×36cm×2	690,000	上海东方	2017-12-10
吴昌硕 1913年作 行书 自作诗二首 立轴	151cm×48.5cm	828,000	西泠拍卖	2017-07-15
吴昌硕 1913年作 蕉荫图 立轴	33cm×46cm	207,000	中贸圣佳	2017-06-19
吴昌硕 1913年作 节临《泰室铭》镜心	86cm×39cm	460,000	北京匡时	2017-12-03
吴昌硕 1913年作 琅玕瘦石图 立轴	138.7cm×33.8cm	423,225	香港苏富比	2017-04-04
吴昌硕 1913年作 平安多寿多子图 镜心	68cm×137cm	1,471,932	北京匡时	2017-04-03
吴昌硕 1913年作 杨柳水邨图 立轴	147cm×41cm	1,437,500	西泠拍卖	2017-07-15
吴昌硕 1913年作 依样 立轴	138cm×34cm	782,000	保利华谊	2017-12-08
吴昌硕 1913年作 篆书七言联 立轴	138.5cm×32cm×2	287,500	上海匡时	2017-11-05
吴昌硕 1914年作 草书《平山堂诗》立轴	50.5cm×17cm	230,000	北京翰海	2017-06-02
吴昌硕 1914年作 富贵神仙 立轴	127.5cm×42cm	420,552	北京匡时	2017-04-03
吴昌硕 1914年作 空山野梅（一幅）屏风	127.5cm×68.5cm	1,382,875	佳士得	2017-11-28
吴昌硕 1914年作 腊梅图 立轴	130cm×33cm	920,000	北京银座	2017-06-07
吴昌硕 1914年作 腊梅图 立轴	130cm×33.5cm	805,000	北京匡时	2017-12-03
吴昌硕 1914年作 老龙擎出夜明珠 立轴	314cm×143.5cm	1,610,000	北京翰海	2017-12-15
吴昌硕 1914年作 临郑燮墨竹 立轴	133cm×67.5cm	874,000	北京匡时	2017-12-03
吴昌硕 1914年作 榴花庐橘 镜心	32.5cm×55cm	368,000	上海匡时	2017-11-05
吴昌硕 1914年作 绿梅图 立轴	131cm×33cm	713,000	观唐皕榷	2017-01-11
吴昌硕 1914年作 梅石 立轴	139cm×57cm	598,000	北京荣宝	2017-12-02
吴昌硕 1914年作 清供图 瓜实图 镜心	56.5cm×104cm; 57.5cm×102.5cm	6,670,000	北京匡时	2017-06-03
吴昌硕 1914年作 秋山策杖 立轴	132.5cm×33cm	920,000	北京荣宝	2017-12-02
吴昌硕 1914年作 寿石天竺 立轴	137cm×68cm	3,450,000	北京匡时	2017-12-04
吴昌硕 1914年作 篆书七言联（两幅）立轴	138cm×33cm×2	465,675	佳士得	2017-05-30
吴昌硕 1915-1916年作 花卉十二屏 镜心	133.5cm×52.8cm×12	209,300,000	北京保利	2017-12-17
吴昌硕 1915年作 行书《客来》立轴	129cm×52cm	460,000	北京荣宝	2017-12-02
吴昌硕 1915年作 行书题画诗 立轴	130.5cm×40cm	241,500	北京银座	2017-06-07
吴昌硕 1915年作 菊石图 立轴	132.5cm×32.5cm	665,250	佳士得	2017-05-30
吴昌硕 1915年作 梅石清影 立轴	107cm×50cm	862,500	北京匡时	2017-12-03
吴昌硕 1915年作 美意延年 立轴	126.2cm×44cm	531,875	佳士得	2017-11-28
吴昌硕 1915年作 绵绵红锦 立轴	151cm×81cm	6,325,000	北京荣宝	2017-12-02
吴昌硕 1915年作 牡丹富贵 立轴	152cm×41cm	667,000	北京荣宝	2017-06-02
吴昌硕 1915年作 三千年桃实 立轴	153cm×83cm	3,680,000	西泠拍卖	2017-07-16
吴昌硕 1915年作 松石图 立轴	140cm×41cm	402,500	北京荣宝	2017-12-02
吴昌硕 1915年作 松竹梅 三屏立轴	132cm×32cm×3	2,242,500	北京荣宝	2017-12-02
吴昌硕 1915年作 岁寒三友 立轴	150cm×81cm	3,105,000	上海匡时	2017-11-05
吴昌硕 1915年作 萧山古寺 立轴	127cm×40cm	1,610,000	北京匡时	2017-06-03
吴昌硕 1915年作 携琴访友图 立轴	134cm×65cm	2,530,000	北京荣宝	2017-12-02
吴昌硕 1915年作 嫣红 立轴	113.5cm×41cm	460,000	保利华谊	2017-12-08
吴昌硕 1915年作 一苇渡江 立轴	99cm×46.5cm	1,092,500	北京银座	2017-12-20
吴昌硕 1915年作 竹石图 立轴	132.5cm×33cm	299,000	西泠拍卖	2017-07-16
吴昌硕 1916年作 行书《涉徐氏园林》立轴	129cm×39cm	517,500	北京匡时	2017-12-03
吴昌硕 1916年作 节临石鼓文 立轴	97cm×45cm	506,000	北京匡时	2017-12-03
吴昌硕 1916年作 临石鼓文 四屏立轴	159cm×41.5cm×4	552,000	北京匡时	2017-06-03
吴昌硕 1916年作 蒲塘秋艳 立轴	147.5cm×40.5cm	977,500	北京荣宝	2017-12-02
吴昌硕 1916年作 墙根菊花可沽酒 立轴	126cm×39cm	1,380,000	北京匡时	2017-12-03
吴昌硕 1916年作 三千年寿桃图 立轴	146.5cm×78cm	2,300,000	西泠拍卖	2017-07-15
吴昌硕 1916年作 双清 立轴	125.5cm×41cm	977,500	上海匡时	2017-11-05
吴昌硕 1916年作 篆书 节临石鼓文 立轴	102cm×33.5cm	667,000	西泠拍卖	2017-07-15
吴昌硕 1916年作 篆书 七言联 对联	143cm×25.5cm×2	1,265,000	西泠拍卖	2017-07-15
吴昌硕 1916年作 篆书"寿"立轴	102cm×39.5cm	287,500	北京翰海	2017-06-02
吴昌硕 1916年作 篆书七言联 立轴	131cm×32cm×2	667,000	北京匡时	2017-12-03
吴昌硕 1916年作 篆书七言联 立轴	132.5cm×29.5cm×2	828,000	北京匡时	2017-06-03
吴昌硕 1917年 墨兰图 立轴	18cm×49cm	230,000	上海匡时	2017-11-05
吴昌硕 1917年作 节临《石鼓文》立轴	129cm×30cm	218,500	北京保利	2017-06-05
吴昌硕 1917年作 节临汧鼓字 立轴	127cm×59.5cm	437,000	北京匡时	2017-12-03
吴昌硕 1917年作 柳燕图 立轴	145cm×40cm	266,100	佳士得	2017-05-30
吴昌硕 1917年作 墨松红梅 立轴	131.5cm×62cm	243,925	佳士得	2017-05-30
吴昌硕 1917年作 墨竹图 立轴	132.5cm×66.6cm	1,380,000	观唐皕榷	2017-01-11
吴昌硕 1917年作 南极寿翁图 立轴	129.5cm×40.5cm	1,058,000	西泠拍卖	2017-07-15
吴昌硕 1917年作 秋山幽居图 立轴	132cm×33cm	368,000	北京保利	2017-06-05
吴昌硕 1917年作 石鼓文 镜心	137cm×65cm	575,000	北京匡时	2017-03-29
吴昌硕 1917年作 石鼓文 四屏立轴	128.5cm×31cm×4	2,875,000	观唐皕榷	2017-01-11
吴昌硕 1917年作 石鼓文七言联 立轴	130.4cm×29.8cm×2	460,000	观唐皕榷	2017-01-11
吴昌硕 1917年作 书法 成扇	18cm×45cm	230,000	华艺国际	2017-11-25
吴昌硕 1917年作 松竹梅石 立轴	132cm×33cm×3	2,357,500	北京荣宝	2017-12-02

拍品名称	物品尺寸	成交价RMB	拍卖公司	拍卖日期
吴昌硕 1917年作 篆书《泛太湖》镜心	140cm×35.5cm	759,000	北京匡时	2017-06-03
吴昌硕 1917年作 篆书七言联 立轴	150cm×40cm×2	690,000	上海匡时	2017-11-05
吴昌硕 1918年作 傲骨山嶙峋 立轴	123cm×51cm	1,207,500	北京荣宝	2017-12-02
吴昌硕 1918年作 行书"避风雨"镜心	29.5cm×67cm	1,150,000	中贸圣佳	2017-06-19
吴昌硕 1918年作 花果四屏 镜心	140.5cm×35cm×4	4,370,000	保利山东	2017-10-29
吴昌硕 1918年作 节临石鼓文 立轴	177.8cm×46.4cm×4	1,610,000	观唐皕榷	2017-01-11
吴昌硕 1918年作 金凤奇石 立轴	116.5cm×48.6cm	668,250	香港苏富比	2017-04-04
吴昌硕 1918年作 九秋风露 立轴	137cm×68cm	575,000	北京匡时	2017-03-29
吴昌硕 1918年作 旧时月色 镜心	146cm×65cm	1,092,500	北京保利	2017-12-17
吴昌硕 1918年作 梅石图 立轴	123cm×51cm	667,000	中贸圣佳	2017-06-19
吴昌硕 1918年作 墨梅图 镜框	31.5cm×47cm	195,500	北京荣宝	2017-06-02
吴昌硕 1918年作 秋菊落英 立轴	133cm×33cm	702,926	中金国际	2017-11-25
吴昌硕 1918年作 秋色斑斓 立轴	138cm×69cm	1,495,000	北京荣宝	2017-12-02
吴昌硕 1918年作 秋色斓斑 立轴	123cm×45.5cm	1,610,000	北京荣宝	2017-06-02
吴昌硕 1918年作 石鼓文七言联 立轴	150cm×39.5cm×2	805,000	北京荣宝	2017-12-02
吴昌硕 1918年作 竹石当风 镜心	136cm×66cm	1,035,000	北京匡时	2017-03-29
吴昌硕 1918年作 铸成明月 立轴	117cm×39cm	1,150,000	北京荣宝	2017-12-02
吴昌硕 1918年作 篆书八言联 立轴	199cm×33.5cm×2	575,000	北京银座	2017-12-20
吴昌硕 1919年作 富贵花开 立轴	148.5cm×66cm	2,300,000	北京荣宝	2017-12-02
吴昌硕 1919年作 古木寒鸦 立轴	134cm×40.5cm	1,610,000	北京翰海	2017-06-02
吴昌硕 1919年作 行书 五言诗 立轴	137.5cm×33.5cm	402,500	西泠拍卖	2017-07-16
吴昌硕 1919年作 节临猎碣字 立轴	133cm×33cm	448,500	北京荣宝	2017-12-02
吴昌硕 1919年作 结实之桃三千年 立轴	131.5cm×33cm	443,500	佳士得	2017-05-30
吴昌硕 1919年作 菊石图 立轴	162cm×42cm	957,375	佳士得	2017-11-28
吴昌硕 1919年作 篱菊秋色 立轴	126cm×52.5cm	1,035,000	北京荣宝	2017-12-02
吴昌硕 1919年作 墨梅图 立轴	139cm×63cm	1,035,000	保利厦门	2017-06-25
吴昌硕 1919年作 水仙灵石 镜框	135.5cm×42.6cm	612,563	香港苏富比	2017-04-04
吴昌硕 1919年作 仙桃图 立轴	138cm×34.5cm	1,907,942	中金国际	2017-11-25
吴昌硕 1919年作 樱桃 立轴	139.5cm×34cm	1,725,000	华艺国际	2017-11-25
吴昌硕 1919年作 竹如意斋 镜心	60cm×210cm	2,875,000	北京荣宝	2017-12-02
吴昌硕 1919年作 篆书 七言联 对联	127cm×31cm×2	402,500	西泠拍卖	2017-07-15
吴昌硕 1919年作 篆书八言联 立轴	165cm×32.5cm×2	345,000	北京翰海	2017-12-15
吴昌硕 1919年作 篆书节临汧鼓字 立轴	104.5cm×40.5cm	322,000	北京匡时	2017-12-04
吴昌硕 1919年作 篆书临琅琊石刻 立轴	141cm×46cm	575,000	上海匡时	2017-11-05
吴昌硕 1920年作 苍柯翠竹 立轴	135cm×33.5cm	322,000	北京匡时	2017-12-03
吴昌硕 1920年作 行草杂书 手卷	尺寸不一	2,300,000	北京荣宝	2017-12-02
吴昌硕 1920年作 红绿梅花 立轴	109cm×39.5cm	1,495,000	北京荣宝	2017-06-02
吴昌硕 1920年作 斓斑秋色 立轴	142cm×35cm	460,000	北京匡时	2017-06-03
吴昌硕 1920年作 芦蓼秋意 书法成扇	18cm×46cm	701,500	华艺国际	2017-11-25
吴昌硕 1920年作 梅石图 立轴	109cm×39cm	977,500	华艺国际	2017-11-25
吴昌硕 1920年作 梅竹 对屏立轴	134.5cm×42.5cm×2	2,070,000	北京匡时	2017-12-04
吴昌硕 1920年作 墨兰 立轴	172cm×41cm	473,121	保利香港	2017-04-03
吴昌硕 1920年作 枇杷寿石图 镜心	80cm×40.5cm	1,403,000	北京银座	2017-06-07
吴昌硕 1920年作 诗情夕照图 立轴	146cm×40.5cm	805,000	北京荣宝	2017-06-02
吴昌硕 1920年作 石鼓文七言联 立轴	134cm×31cm×2	345,000	北京保利	2017-12-17
吴昌硕 1920年作 写拙政园遗意 立轴	135.5cm×33.5cm	862,500	北京荣宝	2017-12-02
吴昌硕 1920年作 真龙 立轴	130cm×67cm	1,265,000	北京保利	2017-06-05
吴昌硕 1920年作 篆书"既寿永康"镜心	34cm×132.5cm	1,437,500	北京匡时	2017-12-04
吴昌硕 1920年作 篆书七言联 立轴	148cm×37cm×2	230,000	北京匡时	2017-06-03
吴昌硕 1921年作 芭蕉枇杷图 立轴	137cm×33.5cm	747,500	西泠拍卖	2017-07-15

拍品名称	物品尺寸	成交价RMB	拍卖公司	拍卖日期
吴昌硕 1921年作 不人千红万紫中 镜心	139cm×71.5cm	2,742,320	北京匡时	2017-10-02
吴昌硕 1921年作 茶花 镜心	137cm×33cm	920,000	北京荣宝	2017-06-02
吴昌硕 1921年作 怪石供 立轴	131cm×33cm	437,000	北京匡时	2017-12-03
吴昌硕 1921年作 兰石图 立轴	126.5cm×30.5cm	402,500	观唐皕榷	2017-01-11
吴昌硕 1921年作 桃花图 立轴	139cm×34cm	977,500	北京荣宝	2017-06-02
吴昌硕 1921年作 竹石图 立轴	137.5cm×40.5cm	734,500	北京银座	2017-12-20
吴昌硕 1921年作 篆书七言联 对联	127cm×32cm×2	345,000	西泠拍卖	2017-07-16
吴昌硕 1921年作 篆书"生龙活虎"镜心	30cm×117cm	1,092,500	北京荣宝	2017-06-02
吴昌硕 1922年作 春容 镜框	36cm×48cm	466,875	香港蘇富比	2017-10-02
吴昌硕 1922年作 富贵寿康图 立轴	127cm×65.5cm	1,380,000	观唐皕榷	2017-01-11
吴昌硕 1922年作 美意延年 立轴	136cm×52.5cm	2,300,000	华艺国际	2017-05-27
吴昌硕 1922年作 美意延年 立轴	137cm×53cm	1,955,000	上海匡时	2017-11-05
吴昌硕 1922年作 篆书 横幅	39.5cm×150cm	1,495,000	北京翰海	2017-12-15
吴昌硕 1923年作 行书诗句 立轴	132.5cm×67cm	713,000	北京荣宝	2017-12-02
吴昌硕 1923年作 行书题画诗 立轴	105.5cm×37cm	368,000	北京匡时	2017-12-04
吴昌硕 1923年作 红绿梅花 立轴	148.5cm×68.5cm	1,225,125	香港苏富比	2017-04-04
吴昌硕 1923年作 卢橘夏熟图 立轴	116.5cm×55cm	2,070,000	西泠拍卖	2017-07-15
吴昌硕 1923年作 真龙 镜心	31cm×112cm	828,000	北京保利	2017-12-16
吴昌硕 1923年作 篆书七言联 立轴	145cm×39cm×2	747,500	北京荣宝	2017-06-02
吴昌硕 1924年作 贵而康 镜框	33.5cm×70cm	1,725,000	华艺国际	2017-05-27
吴昌硕 1924年作 行书 七言诗 立轴	104cm×33.5cm	897,000	西泠拍卖	2017-07-15
吴昌硕 1924年作 黄金果 立轴	142cm×34cm	575,000	北京匡时	2017-06-03
吴昌硕 1924年作 牡丹湖石 立轴	20cm×57cm	274,232	保利香港	2017-10-03
吴昌硕 1924年作 铁网珊瑚 扇面镜框	18cm×50.8cm	269,750	香港蘇富比	2017-10-02
吴昌硕 1924年作 篆书临石鼓 立轴	169.5cm×84cm	483,000	观唐皕榷	2017-01-11
吴昌硕 1925年作 傲霜 书法 成扇	18cm×43cm	1,069,500	华艺国际	2017-11-25
吴昌硕 1925年作 行书 七言句 立轴	42cm×29cm	368,000	西泠拍卖	2017-07-16
吴昌硕 1925年作 行书《酒家》立轴	86cm×45.5cm	575,000	北京荣宝	2017-12-02
吴昌硕 1925年作 节临石鼓文 立轴	80cm×34.5cm	402,500	西泠拍卖	2017-07-15
吴昌硕 1925年作 梅花图 立轴	138cm×34cm	1,606,688	中金国际	2017-11-25
吴昌硕 1925年作 墨舞横枝 镜心	33.5cm×69cm	437,000	上海匡时	2017-11-05
吴昌硕 1925年作 秋色斓斑图 立轴	131cm×40cm	862,500	西泠拍卖	2017-07-16
吴昌硕 1925年作 神仙富贵图 立轴	129cm×56cm	2,990,000	西泠拍卖	2017-07-15
吴昌硕 1925年作 桃寿千年 立轴	90cm×42.5cm	1,610,000	北京荣宝	2017-06-02
吴昌硕 1925年作 用祝眉寿 立轴	124.5cm×50cm	2,300,000	北京荣宝	2017-06-02
吴昌硕 1925年作 竹报平安 立轴	138cm×73cm	862,500	北京保利	2017-12-17
吴昌硕 1926年作 行书七言诗 镜心	135cm×33cm	563,500	北京保利	2017-12-16
吴昌硕 1926年作 行书十四言联 立轴	137cm×17cm×2	3,392,500	北京匡时	2017-06-03
吴昌硕 1926年作 行书五律 立轴	103.5cm×45cm	897,000	北京荣宝	2017-12-02
吴昌硕 1926年作 行书自作诗 立轴	104.5cm×55cm	437,000	北京匡时	2017-12-04
吴昌硕 1926年作 花开富贵 镜心	24cm×68cm	897,000	中贸圣佳	2017-06-19
吴昌硕 1926年作 金凤花 立轴	50cm×81cm	1,437,500	北京荣宝	2017-06-02
吴昌硕 1926年作 青松图 立轴	149.5cm×40cm	529,000	北京荣宝	2017-12-02
吴昌硕 1926年作 寿而康 立轴	135cm×33cm	517,500	北京匡时	2017-12-03
吴昌硕 1926年作 无量寿佛图 立轴	诗堂30cm×52.5cm；本幅83.5cm×52.5cm	402,500	北京匡时	2017-06-03
吴昌硕 1926年作 篆书《枫桥夜泊》立轴	137cm×33cm	368,000	北京匡时	2017-06-03
吴昌硕 1926年作 篆书七言联 立轴	132cm×28cm×2	747,500	北京翰海	2017-06-02
吴昌硕 1927年作 行书《野马》镜心	34cm×94cm	747,500	北京保利	2017-12-16
吴昌硕 1927年作 墨竹 立轴	38.5cm×49.5cm	340,400	佳士得	2017-11-28
吴昌硕 丙辰（1916）年作 富贵坚固 屏轴	141cm×49cm	4,600,000	朵云轩	2017-12-14

拍品名称	物品尺寸	成交价RMB	拍卖公司	拍卖日期
吴昌硕 丙辰（1916）年作 临石鼓文 四屏 立轴	158.5cm×41cm×4	230,000	上海嘉禾	2017-10-14
吴昌硕 丙辰（1916）年作 蒲塘秋艳 立轴	148cm×39cm	460,000	朵云轩	2017-12-14
吴昌硕 丙辰（1916年）作 菜根香 镜心	43cm×56.5cm	322,000	中国嘉德	2017-06-20
吴昌硕 丙辰（1916年）作 双清立轴	136cm×45cm	437,000	北京诚轩	2017-06-18
吴昌硕 丙辰（1916年）作 携琴访友 立轴	138.5cm×38.5cm	575,000	中国嘉德	2017-06-19
吴昌硕 丙寅（1926）年作 钟馗立轴	81cm×32cm	575,000	上海敬华	2017-07-01
吴昌硕 丙寅（1926年）作 行书五言句 立轴	119cm×25.5cm	345,000	中国嘉德	2017-06-19
吴昌硕 丙寅（1926年）作 黄菊立轴	51cm×82cm	1,150,000	中国嘉德	2017-12-18
吴昌硕 丙寅（1926年）作 芦花立轴	50.5cm×81.5cm	1,495,000	中国嘉德	2017-12-18
吴昌硕 丙寅（1926年）作 田家风味 立轴	68cm×33cm	538,670	中国嘉德	2017-10-03
吴昌硕 丙寅（1926年）作 种松皆作老龙鳞 立轴	50.5cm×81cm	1,150,000	中国嘉德	2017-12-18
吴昌硕 丙寅（1926年）作 篆书七言诗 立轴	138cm×33cm	218,500	中国嘉德	2017-09-02
吴昌硕 曾熙 1917年作 牡丹?书法扇面 成扇	18cm×50cm	207,000	北京保利	2017-06-05
吴昌硕 陈师曾 1919年作 国色天香 书法 成扇	23cm×68cm	1,840,000	华艺国际	2017-11-25
吴昌硕 春在图 立轴	33cm×133.5cm	517,500	北京荣宝	2017-12-02
吴昌硕 丁卯（1927）年作 篆书"野瀑横秋"镜片	29cm×73cm	839,500	上海嘉禾	2017-07-01
吴昌硕 丁卯（1927）年作 篆书七言 对联	147cm×38cm×2	172,500	朵云轩	2017-06-25
吴昌硕 丁卯（1927年）作 行书五言诗 立轴	19cm×69cm	920,000	中国嘉德	2017-12-18
吴昌硕丁巳（1917）年作红梅扇片	17cm×51.5cm	207,000	朵云轩	2017-06-25
吴昌硕 丁巳（1917）年作 菊石延年 立轴	136cm×43.5cm	609,500	广东崇正	2017-12-13
吴昌硕 丁巳（1917）年作 曼倩偷来 立轴	137.5cm×41.5cm	3,162,500	上海嘉禾	2017-07-01
吴昌硕 丁巳（1917年）作 临石鼓文 立轴	136.5cm×67.5cm	862,500	中国嘉德	2017-12-18
吴昌硕 丁巳（1917年）作 篆书八言联 立轴	145.5cm×30.5cm×2	517,500	中国嘉德	2017-06-19
吴昌硕 丁巳（1917年）作 篆书七言联 镜心	168cm×39cm×2	313,998	中国嘉德	2017-05-29
吴昌硕 丁酉（1897年）作 绿梅花图 立轴	83cm×32cm	207,000	中国嘉德	2017-06-19
吴昌硕 洞口移来 镜心	83cm×52cm	460,000	中国嘉德	2017-06-19
吴昌硕 多利图 立轴	93.5cm×40cm	920,000	上海嘉禾	2017-07-01
吴昌硕 福禄连绵 立轴	133cm×51cm	713,000	保利厦门	2017-06-25
吴昌硕 富贵人间 立轴	134cm×52cm	460,000	朵云轩	2017-12-14
吴昌硕 富贵寿康图 立轴	127cm×65.5cm	1,150,000	荣宝斋（济南）	2017-12-08
吴昌硕 甘谷泉香 屏轴	201cm×40cm	690,000	上海敬华	2017-07-01
吴昌硕 庚申(1920)年作 风竹 立轴	138cm×33.5cm	322,000	北京东正	2017-12-09
吴昌硕 庚申（1920）年作 咬得菜根 百事可为 镜片	37cm×58cm	184,000	上海敬华	2017-07-01
吴昌硕 庚申（1920）年作 篆书七言联 对联	137cm×24cm×2	667,000	上海敬华	2017-07-01

拍品名称	物品尺寸	成交价RMB	拍卖公司	拍卖日期
吴昌硕 庚申（1920年）作 赤城霞 立轴	138cm×34cm	483,000	中国嘉德	2017-06-19
吴昌硕 庚申（1920年）作 兰竹对屏 立轴	146cm×41cm×2	1,437,500	中国嘉德	2017-06-20
吴昌硕 庚申（1920年）作 梅石图 立轴	157cm×42.5cm	753,595	中国嘉德	2017-05-29
吴昌硕 庚申（1920年）作 千年桃实大如斗 立轴	131cm×33.5cm	483,000	中国嘉德	2017-12-19
吴昌硕 庚申（1920年）作 双清图 立轴	135cm×33.5cm	575,000	中国嘉德	2017-06-19
吴昌硕 庚戌（1910）年作 墨兰图 立轴	95cm×39cm	598,000	朵云轩	2017-12-14
吴昌硕 庚戌（1910年）作 石鼓文 四屏立轴	144.5cm×40cm×4	1,955,000	中国嘉德	2017-06-19
吴昌硕 庚子（1900年）作 草书七言诗 立轴	155.5cm×48cm	828,000	中国嘉德	2017-12-19
吴昌硕 古雪 镜框	36cm×45cm	253,000	北京荣宝	2017-06-02
吴昌硕 癸丑（1913）年作 篆书八言联 对联	128cm×29cm×2	678,500	上海敬华	2017-07-01
吴昌硕 癸丑（1913年）作 节临《石鼓文》扇面镜心	18.5cm×52cm	172,500	北京诚轩	2017-06-18
吴昌硕 癸丑（1913年）作 临石鼓文 立轴	159cm×42cm	575,000	中国嘉德	2017-12-20
吴昌硕 癸丑（1913年）作 篆书六言联 立轴	130cm×28cm×2	470,112	中国嘉德	2017-10-03
吴昌硕 癸亥（1923）年作 美意延年 立轴	139cm×33.5cm	253,000	朵云轩	2017-12-14
吴昌硕 癸亥（1923年）作 紫藤明珠 立轴	152.5cm×82cm	1,667,500	中国嘉德	2017-06-19
吴昌硕 行书 四屏立轴	73.4cm×32.3cm×4	1,840,000	观唐皕榷	2017-01-11
吴昌硕 行书 自作诗二首 立轴	146cm×38cm	287,500	西泠拍卖	2017-07-16
吴昌硕 行书七言联 立轴	119cm×20cm×2	345,000	北京匡时	2017-12-03
吴昌硕 行书书法 立轴	21cm×44cm	354,800	佳士得	2017-05-30
吴昌硕 何维朴 等 书法 四屏立轴	177cm×47cm×4	1,380,000	荣宝斋（济南）	2017-06-10
吴昌硕 花卉 立轴	165cm×40cm	747,500	华艺国际	2017-11-25
吴昌硕 集石鼓文篆书对联 立轴	232cm×38cm×2	1,907,942	中金国际	2017-11-25
吴昌硕 己亥（1899）年作 行书立轴	105cm×46cm	862,500	上海嘉禾	2017-07-01
吴昌硕 己未（1919）年作 石鼓文立轴	51cm×32cm	471,500	广东崇正	2017-06-14
吴昌硕 己未（1919年）作 风骨立轴	158cm×47cm	345,000	中国嘉德	2017-06-19
吴昌硕 己未（1919年）作 芦苇旅雁 立轴	134.5cm×33.5cm	253,000	北京诚轩	2017-06-18
吴昌硕 己未（1919年）作 石鼓七言联 立轴	134.5cm×32cm×2	805,000	北京诚轩	2017-06-18
吴昌硕 己酉(1909)年作 篆书七言联 镜片	143cm×30cm×2	517,500	广东崇正	2017-06-15
吴昌硕 己酉（1909年）作 篆书八言联 立轴	171.5cm×35cm×2	782,000	中国嘉德	2017-12-20
吴昌硕 甲辰（1904）年作 兰石图 立轴	212cm×51cm	172,500	上海敬华	2017-07-01
吴昌硕 甲寅（1914）年作 行书《归舟》立轴	138cm×40.5cm	667,000	上海嘉禾	2017-07-01
吴昌硕 甲寅（1914）年作 卢桔夏熟 镜片	95cm×34cm	207,000	上海敬华	2017-07-01
吴昌硕 甲寅（1914年）作 竹林七贤 立轴	146cm×39.5cm	1,380,000	中国嘉德	2017-06-20

拍品名称	物品尺寸	成交价RMB	拍卖公司	拍卖日期
吴昌硕 甲子（1924年）作 篆书汉书语 镜心	40cm×147cm	3,105,000	中国嘉德	2017-06-19
吴昌硕 甲子（1924年）作 篆书七言联 立轴	132cm×33.5cm×2	805,000	中国嘉德	2017-06-19
吴昌硕 金凤花 立轴	50cm×81cm	2,070,000	荣宝斋（南京）	2017-09-10
吴昌硕 金英延年 立轴	98.9cm×33.5cm	345,950	纽约苏富比	2017-03-16
吴昌硕 君子之风 立轴	96.5cm×45cm	517,500	中国嘉德	2017-12-18
吴昌硕 临石鼓文 四屏立轴	127cm×31.5cm×4	345,000	荣宝斋（济南）	2017-06-10
吴昌硕 灵石 立轴	132cm×33cm	276,000	北京保利	2017-04-27
吴昌硕 灵芝 镜框	115cm×25cm	713,000	福建东南	2017-10-28
吴昌硕 梅花 立轴	133cm×33cm	1,150,000	荣宝斋（济南）	2017-12-08
吴昌硕 梅石图 立轴	123.5cm×27.5cm	274,232	北京匡时	2017-10-02
吴昌硕 梅石图 立轴	145cm×54cm	1,610,000	荣宝斋（南京）	2017-07-08
吴昌硕 墨荷 立轴	243cm×60.5cm	6,325,000	中国嘉德	2017-12-18
吴昌硕 墨梅图 立轴	106cm×30cm	345,000	上海匡时	2017-11-05
吴昌硕 墨松 立轴	132cm×33cm	862,500	荣宝斋（南京）	2017-07-08
吴昌硕 牡丹图 立轴	135cm×33cm	805,000	福建东南	2017-05-21
吴昌硕 牡丹顽石图 立轴	150cm×40cm	473,121	北京匡时	2017-04-03
吴昌硕 破荷 立轴	92cm×40cm	207,000	北京匡时	2017-06-03
吴昌硕 杞菊延年 立轴	84cm×34cm	230,000	上海匡时	2017-11-05
吴昌硕 钱瘦铁 李健 王廷珏 吴淑娟 1926年作 贺寿图（五件）镜框	21cm×18cm×5	437,000	上海明轩	2017-06-30
吴昌硕 清供 镜框	63.5cm×38cm	920,000	华艺国际	2017-05-27
吴昌硕 清供图 立轴	123cm×32cm	287,500	北京匡时	2017-12-03
吴昌硕 清秋金实图 立轴	136cm×67.5cm	5,750,000	西泠拍卖	2017-07-15
吴昌硕 秋菊 立轴	138cm×35.5cm	575,000	荣宝斋（南京）	2017-09-10
吴昌硕 秋林漫步 立轴	30cm×60.3cm	897,000	中国嘉德	2017-12-18
吴昌硕 壬戌（1922）年作 寒梅图 立轴	130cm×45cm	920,000	上海敬华	2017-07-01
吴昌硕 壬戌（1922年）作 斑斓秋色 立轴	133cm×67cm	1,840,000	福建东南	2017-05-21
吴昌硕 壬戌（1922年）作 赤城霞 立轴	91cm×37cm	667,000	中国嘉德	2017-12-19
吴昌硕 壬子（1912年）作 风竹 立轴	135cm×33.5cm	368,000	中国嘉德	2017-06-20
吴昌硕 三清图 立轴	137cm×34cm	667,000	保利华谊	2017-12-08
吴昌硕 珊瑚枝 立轴	89cm×33.5cm	977,500	荣宝斋（济南）	2017-06-10
吴昌硕 石佛山造像 立轴	93.5cm×30.5cm	2,300,000	中国嘉德	2017-06-19
吴昌硕 石鼓文七言联 立轴	138cm×33cm×2	287,500	保利华谊	2017-12-08
吴昌硕 石鼓文五言联 立轴	130.5cm×30.5cm×2	345,000	上海匡时	2017-11-05
吴昌硕 石榴 镜心	136cm×33cm	176,292	中国嘉德	2017-10-03
吴昌硕 石头禅 扇面镜框	18cm×52.7cm	267,300	香港苏富比	2017-04-04
吴昌硕 寿桃 立轴	19cm×53cm	172,500	中国嘉德	2017-12-19
吴昌硕 书法对联 立轴	150cm×40cm×2	1,092,500	荣宝斋（济南）	2017-06-10
吴昌硕 书法石鼓文 四屏	158.5cm×41cm×4	168,000	上海联合	2017-12-17
吴昌硕 双寿图 立轴	96cm×43cm	345,000	中贸圣佳	2017-06-19
吴昌硕 水仙柏树 立轴	178cm×45cm	4,025,000	北京保利	2017-08-02
吴昌硕 松寿图 立轴	149cm×40cm	920,000	荣宝斋（济南）	2017-06-10
吴昌硕 松竹对屏 立轴	131cm×35cm×2	1,265,000	荣宝斋（南京）	2017-09-10
吴昌硕 桃花源 立轴	128cm×41cm	212,750	上海敬华	2017-07-01

拍品名称	物品尺寸	成交价RMB	拍卖公司	拍卖日期
吴昌硕 题松禅巨石图 立轴	182cm×94cm	322,000	北京匡时	2017-06-03
吴昌硕 天竺寿石 立轴	115cm×35cm	161,000	荣宝斋（南京）	2017-09-10
吴昌硕 王震 1923年作 观世音像 立轴	133cm×58.5cm	460,000	西泠拍卖	2017-07-15
吴昌硕 王震 松坪闲坐图 立轴	96.5cm×43cm	287,500	西泠拍卖	2017-07-15
吴昌硕 王震 燕燕于飞 立轴	144.5cm×39cm	172,500	西泠拍卖	2017-07-15
吴昌硕 王震 英雄独立图 立轴	137.5cm×69.5cm	713,000	西泠拍卖	2017-07-15
吴昌硕 吴门谪居 手卷	28.5cm×55.5cm；24.5cm×47.5cm	1,092,500	北京荣宝	2017-12-02
吴昌硕 戊申 1908年作 石鼓文 立轴	149cm×39cm	345,000	北京华辰	2017-06-04
吴昌硕 戊申（1908年）作 银云玉影 立轴	135cm×55cm	207,000	北京东正	2017-12-09
吴昌硕 戊午（1918）年作 金错刀 立轴	111cm×36cm	287,500	上海敬华	2017-07-01
吴昌硕 戊午（1918）年作 枇杷 立轴	130cm×30cm	207,000	上海敬华	2017-07-01
吴昌硕 戊午（1918）年作 紫葡萄 立轴	176cm×59cm	920,000	上海敬华	2017-07-01
吴昌硕 戊午（1918年）作 冰心傲骨 镜心	66.5cm×128cm	587,640	中国嘉德	2017-10-03
吴昌硕 戊午（1918年）作 富贵长寿 立轴	133cm×33cm	575,000	中国嘉德	2017-06-19
吴昌硕 戊午（1918年）作 行书诗 立轴	147cm×46.5cm	1,012,000	中国嘉德	2017-06-19
吴昌硕 戊午（1918年）作 石鼓文八言联 立轴	202.5cm×42.5cm×2	506,000	中国嘉德	2017-12-19
吴昌硕 辛酉（1921）年作 玉堂贵寿 镜片	134cm×62cm	920,000	上海敬华	2017-07-01
吴昌硕 辛酉（1921）年作 秋色斓斑 立轴	136.5cm×33.5cm	747,500	上海嘉禾	2017-07-01
吴昌硕 辛酉（1921年）作 寒山拾得 立轴	133.5cm×53.5cm	644,000	中国嘉德	2017-06-19
吴昌硕 辛酉（1921年）作 行书八言联 立轴	168.5cm×36cm×2	1,955,000	中国嘉德	2017-06-19
吴昌硕 辛酉（1921年）作 行书七言诗 立轴	100cm×40cm	397,731	中国嘉德	2017-05-29
吴昌硕 辛酉（1921年）作 金错刀 立轴	132cm×41cm	598,000	中国嘉德	2017-06-19
吴昌硕 辛酉（1921年）作 木棉花 立轴	137cm×33cm	253,000	中国嘉德	2017-03-31
吴昌硕 杏花 设色纸本 立轴	230cm×50cm	1,210,825	纽约苏富比	2017-03-16
吴昌硕 杏花春雨江南 扇片	15.5cm×50cm	437,000	荣宝斋（上海）	2017-07-30
吴昌硕 雪夜访戴 立轴		735,144	纽约苏富比	2017-03-16
吴昌硕 依样 立轴	123cm×57cm	1,610,000	荣宝斋（南京）	2017-09-10
吴昌硕 依依 立轴	137cm×27.4cm	779,625	香港苏富比	2017-04-04
吴昌硕 乙丑（1925）年作 石鼓文七言联 对联	140cm×34cm×2	552,000	上海嘉禾	2017-07-01
吴昌硕 乙丑（1925年）作 墨荷 立轴	137cm×67cm	12,650,000	中国嘉德	2017-12-18
吴昌硕 乙丑（1925年）作 清供图 立轴	101.5cm×42cm	1,958,800	中国嘉德	2017-10-03
吴昌硕 乙丑（1925年）作 秋艳 立轴	99cm×39cm	747,500	中国嘉德	2017-12-19
吴昌硕 乙丑（1925年）作 篆书猎碣文 立轴	40cm×149.5cm	943,000	中国嘉德	2017-06-19
吴昌硕 乙丑（1925年）作 篆书七言联 立轴	148.5cm×35.5cm×2	391,760	中国嘉德	2017-10-03

2017书画拍卖成交汇总

(成交价RMB：15万元以上)

拍品名称	物品尺寸	成交价RMB	拍卖公司	拍卖日期
吴昌硕 乙卯（1915）年作 菊石图 立轴	113cm×46cm	862,500	上海嘉禾	2017-07-01
吴昌硕 乙卯（1915）年作 石鼓文 立轴	92cm×49cm	862,500	上海嘉禾	2017-07-01
吴昌硕 乙卯（1915）年作 仙境寻幽 镜片	123cm×40cm	552,000	朵云轩	2017-12-14
吴昌硕 乙卯（1915年）作 山水对屏立轴	129cm×40.5cm×2	2,070,000	中国嘉德	2017-06-19
吴昌硕 乙卯（1915年）作 水仙立轴	130cm×27cm	345,000	中国嘉德	2017-06-19
吴昌硕 乙卯（1915年）作 桃源仙境 镜心	123cm×40cm	264,500	中国嘉德	2017-06-20
吴昌硕 乙卯（1915年）作 竹石图 立轴	132cm×33cm	437,000	中国嘉德	2017-12-19
吴昌硕 乙卯/甲寅，1915/1914年作 清荷·行书十一言联 中堂加对联	画135cm×66cm；对联 137cm×26cm×2	2,070,000	上海嘉禾	2017-07-01
吴昌硕 乙酉（1925年）作 篆书嵌名联 立轴	105.3cm×25.9cm×2	552,000	中国嘉德	2017-12-18
吴昌硕 月梅图 立轴	129cm×30.5cm	241,500	北京匡时	2017-06-03
吴昌硕 杂花册 日本定制屏风	39cm×53.5cm	2,300,000	朵云轩	2017-06-25
吴昌硕 张熊 书画合璧 成扇	19cm×48cm	172,500	北京匡时	2017-12-03
吴昌硕 郑孝胥 花卉 书法 成扇	18cm×49cm	1,035,000	华艺国际	2017-11-25
吴昌硕 竹石图 立轴	136cm×66cm	1,265,000	荣宝斋（济南）	2017-12-08
吴昌硕 竹石图 立轴	137.5cm×40cm	690,000	荣宝斋（南京）	2017-07-08
吴昌硕 篆书 石鼓文 立轴	106cm×56cm	253,000	西泠拍卖	2017-07-16
吴昌硕 篆书《芦台秋望》镜心	140.5cm×35.5cm	782,000	北京匡时	2017-06-03
吴昌硕 篆书八言联 镜心	172.5cm×46cm×2	931,500	北京荣宝	2017-12-02
吴昌硕 篆书八言联 立轴	157cm×32cm×2	224,250	北京匡时	2017-06-03
吴昌硕 篆书七言联 镜心	131cm×30.5cm×2	253,000	荣宝斋（南京）	2017-07-08
吴昌硕 篆书七言联 立轴	134cm×33cm×2	207,000	上海匡时	2017-11-05
吴昌硕 篆书七言联 立轴	166cm×35cm×2	230,000	荣宝斋（南京）	2017-09-10
吴昌硕 篆书七言联 立轴	129cm×30cm×2	195,880	中国嘉德	2017-10-03
吴昌硕 篆书十四言联（一对）立轴	176.8cm×18.4cm	1,729,750	纽约苏富比	2017-03-16
吴昌硕 篆书石鼓文 四屏立轴	176.7cm×46.7cm×4	1,610,000	观唐皕榷	2017-01-11
吴昌硕 篆书五言联（两幅）立轴	93.5cm×22.5cm×2	354,800	佳士得	2017-05-30
吴昌硕 篆书五言联 立轴	129.5cm×34.5cm×2	690,000	北京银座	2017-12-20
吴昌硕 篆书五言联 立轴	148cm×31cm×2	230,000	中国嘉德	2017-12-19
吴昌硕 篆书五言联 立轴	84.5cm×14.5cm×2	414,000	中国嘉德	2017-06-19
吴大澂 1861年作 富春山图 镜框	23cm×107.5cm	1,660,000	香港蘇富比	2017-10-02
吴大澂 1872年作 消夏六咏图（六帧）镜框	each：22cm×26.2cm×6	249,000	香港蘇富比	2017-10-02
吴大澂 1885年作 无量寿佛 立轴	75.3cm×36.5cm	332,000	香港蘇富比	2017-10-02
吴待秋 1926年作 小亭深树 立轴	137cm×67cm	184,000	北京荣宝	2017-06-02
吴待秋 1942年作 慎思斋图 手卷	引首：29cm×99cm；画心：29cm×127cm；题跋：29cm×52cm	805,000	北京匡时	2017-03-29
吴待秋 行书"琴石楼"镜框	32cm×88cm	166,750	上海嘉禾	2017-07-02
吴待秋 香世界 立轴	134cm×66cm	287,500	荣宝斋（南京）	2017-07-08
吴冠中 1974年作 竹林人家 镜框	69cm×48cm	3,246,420	佳士得	2017-05-30
吴冠中 1976年作 山城 镜心	45.5cm×48cm	2,185,000	中国嘉德	2017-06-19
吴冠中 1976年作 山东荣成成山角	50cm×101cm	3,335,000	上海敬华	2017-07-01
吴冠中 1976年作 山与村	38.6cm×53.7cm	1,063,750	佳士得	2017-11-25
吴冠中 1976年作 松与海 镜框	38.5cm×53.8cm	674,375	香港蘇富比	2017-10-02
吴冠中 1977年作 渔归 镜心	34cm×34cm	471,500	中贸圣佳	2017-06-19
吴冠中 1978年作 团泊洼的秋天 镜心	38cm×40cm	2,007,770	中国嘉德	2017-10-03
吴冠中 1978年作 西双版纳 镜框	69.7cm×87cm	7,453,400	香港蘇富比	2017-10-02
吴冠中 1978年作 玉龙山下	49cm×41.5cm	3,680,000	华艺国际	2017-11-25
吴冠中 1978年作 云南森林 镜框	68cm×54cm	2,638,100	佳士得	2017-11-28
吴冠中 1979年作 日出山城 立轴	37.5cm×41cm	1,610,000	中国嘉德	2017-06-20
吴冠中 1979年作 张家界写生 镜框	103.2cm×103.4cm	13,988,700	香港苏富比	2017-04-04
吴冠中 1980年作 青岛渔场 镜心	61cm×48.5cm	1,955,000	中国嘉德	2017-06-19
吴冠中 1981年作 阿尔泰牧场 镜框	28.5cm×48cm	332,625	佳士得	2017-05-30
吴冠中 1981年作 牧歌 镜框	28.5cm×48cm	554,375	佳士得	2017-05-30
吴冠中 1982年作 龙潭湖公园 立轴	34cm×41cm	598,000	中国嘉德	2017-06-19
吴冠中 1982年作 山水（四幅）镜框	29.6cm×39cm×4	1,276,500	佳士得	2017-11-28
吴冠中 1983年作 远方的风景 镜片	96cm×180.5cm	2,300,000	朵云轩	2017-06-25
吴冠中 1984年作 故乡 镜心	68cm×137.5cm	10,925,000	北京保利	2017-06-05
吴冠中 1986年作 黄山日出 镜心	136.5cm×67cm	5,635,000	北京保利	2017-12-17
吴冠中 1986年作 江南水乡 镜心	68cm×78cm	1,437,500	中国嘉德	2017-06-19
吴冠中 1986年作 旭日东升 镜片	68cm×67.5cm	4,025,000	广东崇正	2017-06-15
吴冠中 1986年作 忆玉龙山 镜心	96cm×179cm	17,825,000	保利华谊	2017-12-08
吴冠中 1986年作 忆玉龙山 镜心	96cm×179cm	12,650,000	北京保利	2017-06-05
吴冠中 1986年作 鱼乐图 镜片	51cm×47.5cm	2,760,000	西泠拍卖	2017-07-15
吴冠中 1987年作 黄山石	68cm×91cm	2,645,000	保利厦门	2017-06-25
吴冠中 1987年作 松林 镜心	88cm×69cm	9,147,006	保利香港	2017-04-03
吴冠中 1987年作 天台山水怀里	70cm×80cm	2,645,000	北京保利	2017-12-16
吴冠中 1987年作 迎春 镜框	40cm×68.5cm	2,842,340	佳士得	2017-11-28
吴冠中 1988年作 白桦 镜框	96.3cm×179cm	11,318,300	佳士得	2017-11-25
吴冠中 1988年作 登峰造极 镜框	130.8cm×66.5cm	7,131,380	佳士得	2017-11-25
吴冠中 1988年作 树 镜框	64cm×66.5cm	3,033,540	佳士得	2017-05-30
吴冠中 1988年作 水乡（白屋）镜框	66.5cm×80cm	2,927,100	佳士得	2017-05-30
吴冠中 1988年作 西双版纳风景 镜框	70cm×69cm	5,701,700	佳士得	2017-11-28
吴冠中 1988年作 长城 镜心	96cm×179cm	10,120,000	中国嘉德	2017-06-19
吴冠中 1989年作 河曲黄土高原 镜心	68cm×136cm	8,280,000	中国嘉德	2017-06-19
吴冠中 1989年作 江南水乡	48cm×68cm	3,220,000	华艺国际	2017-11-25
吴冠中 1989年作 江南水乡 镜框	50cm×66.5cm	3,033,540	佳士得	2017-05-30
吴冠中 1989年作 江南水乡 镜心	67cm×136cm	4,945,000	中国嘉德	2017-12-18
吴冠中 1989年作 山西高原 镜心	69cm×96cm	3,335,000	北京匡时	2017-06-03
吴冠中 1989年作 生命跃动 镜框	68cm×68.5cm	957,375	佳士得	2017-11-28
吴冠中 1989年作 松魂 镜片	34cm×44cm	402,500	广东崇正	2017-12-13
吴冠中 1989年作 岁月年华 镜框	128cm×246cm	9,275,900	佳士得	2017-11-28
吴冠中 1990年作 烂漫山花 镜心	49.5cm×32cm	1,035,000	中国嘉德	2017-06-19
吴冠中 1990年作 双燕 纸板镜框	23cm×26.5cm	1,330,500	佳士得	2017-05-30
吴冠中 1990年作 卧	68.5cm×137cm	8,411,040	保利香港	2017-04-03
吴冠中 1991年作 泛舟图 镜框	38cm×41cm	368,000	北京荣宝	2017-06-02
吴冠中 1991年作 松魂 镜框	68.2cm×138.2cm	4,565,000	香港蘇富比	2017-10-02
吴冠中 1992年作 白桦林	41cm×38cm	402,500	北京翰海	2017-12-16
吴冠中 1992年作 瀑 镜心	69cm×137.5cm	7,820,000	北京保利	2017-06-05
吴冠中 1992年作 熊猫 镜框	67.5cm×135.8cm	9,711,900	香港苏富比	2017-04-04
吴冠中 1993年作 年华 镜心	68.5cm×137cm	7,835,200	保利香港	2017-10-03
吴冠中 1993年作 墙 镜心	68.5cm×137.5cm	12,732,200	保利香港	2017-10-03
吴冠中 1995年作 紫藤	67.5cm×135cm	7,590,000	北京保利	2017-12-16
吴冠中 1997年作 榕树与海 镜框	90cm×96.2cm	11,761,620	佳士得	2017-05-30
吴冠中 2006年作 江南小景 镜心	47.5cm×45cm	322,000	北京荣宝	2017-04-02
吴冠中 2007年作 黑色殖民 镜心	70cm×96cm	3,450,000	北京华辰	2017-06-04
吴冠中 2007年作 紫气东来	48cm×59cm	2,070,000	北京华辰	2017-06-05
吴冠中 80年代作 忆江春	60cm×80cm	575,000	西泠拍卖	2017-07-16

拍品名称	物品尺寸	成交价RMB	拍卖公司	拍卖日期
吴冠中 90年代年作 日出 镜心	178cm×96cm	31,329,000	中濠典藏	2017-05-22
吴冠中 白桦 镜心	135cm×67cm	4,897,000	中国嘉德	2017-10-03
吴冠中 滨海松林	48.5cm×45cm	5,290,000	华艺国际	2017-11-25
吴冠中 春光 镜框	68.2cm×69cm	2,740,220	佳士得	2017-11-28
吴冠中 春江水暖 立轴	45.0cm×68.0cm	1,495,000	中国嘉德	2017-06-19
吴冠中 春柳江南 立轴	47cm×44cm	345,000	北京保利	2017-11-10
吴冠中 春苗 镜框	69cm×67.8cm	8,625,000	华艺国际	2017-05-27
吴冠中 春水 横披	42cm×61cm	782,000	北京匡时	2017-06-03
吴冠中 春野 镜片	68cm×128cm	1,725,000	上海敬华	2017-07-01
吴冠中 春忆 镜心	50cm×45.5cm	1,958,800	保利香港	2017-10-03
吴冠中 达活泉 镜框	68cm×68cm	1,649,820	佳士得	2017-05-30
吴冠中 观鱼 镜框	53.5cm×48cm	776,125	佳士得	2017-05-30
吴冠中 观鱼图 镜心	34cm×46cm	420,552	北京匡时	2017-04-03
吴冠中 贵州侗家山寨 镜心	95cm×90cm	20,534,050	中国嘉德	2017-05-29
吴冠中 荷塘 镜框	33.5cm×45cm	500,000	上海驰翰	2017-06-26
吴冠中 荷塘鱼趣 镜框	43.5cm×68cm	575,000	北京荣宝	2017-12-02
吴冠中 黄山迎客松 镜心	47cm×44cm	1,840,000	北京匡时	2017-03-29
吴冠中 江岸渔舟 镜心	48cm×44cm	805,000	中国嘉德	2017-12-19
吴冠中 江南水乡 镜框	78.4cm×89.6cm	3,510,540	香港苏富比	2017-04-04
吴冠中 江南水乡 镜心	36cm×36cm	805,000	北京匡时	2017-03-29
吴冠中 江南小镇 镜框		4,565,000	香港蘇富比	2017-10-02
吴冠中 江山如画 镜框	56cm×56cm	2,530,000	华艺国际	2017-05-27
吴冠中 巨龙参天 镜片	70cm×69cm	1,782,500	朵云轩	2017-06-25
吴冠中 鲁迅故乡 镜心	66.5cm×65.5cm	2,760,000	中国嘉德	2017-06-19
吴冠中 弥勒佛 镜心	81cm×149cm	14,950,000	北京荣宝	2017-12-02
吴冠中 盆景海 镜心	96cm×179cm	8,293,450	中国嘉德	2017-05-29
吴冠中 山村 立轴	48cm×45cm	1,495,000	中国嘉德	2017-06-20
吴冠中 山村好风光 镜心	96.5cm×179cm	7,245,000	保利厦门	2017-06-25
吴冠中 山水清音 立轴	79cm×52cm	667,000	中国嘉德	2017-03-31
吴冠中 石涧山村 横批	66cm×132cm	2,093,320	中国嘉德	2017-05-29
吴冠中 水田 镜片	68.5cm×137.5cm	4,370,000	朵云轩	2017-12-14
吴冠中 水乡 镜心	69cm×45.5cm	1,380,000	北京荣宝	2017-06-02
吴冠中 水乡 镜心	41.5cm×48cm	313,408	北京匡时	2017-10-02
吴冠中 水乡 镜心	68cm×68.5cm	1,035,000	中贸圣佳	2017-06-19
吴冠中 苏州庭院 镜心	67cm×65cm	2,530,000	北京保利	2017-06-05
吴冠中 泰国莲池 镜心	68cm×101cm	10,443,000	中濠典藏	2017-05-22
吴冠中 泰山之颠 镜片	130cm×66cm	2,300,000	上海敬华	2017-07-01
吴冠中 网师园 镜片	68cm×133cm	6,210,000	广东崇正	2017-06-15
吴冠中 巫山一瞥之二	138cm×69cm	690,000	朵云轩	2017-06-26
吴冠中 巫山一瞥 镜心	68cm×138cm	747,500	北京保利	2017-04-27
吴冠中 巫峡山区 镜心	68cm×138cm	713,000	北京保利	2017-04-27
吴冠中 巫峡写生 镜心	68cm×138cm	690,000	北京保利	2017-04-27
吴冠中 巫峡写生稿之四	138cm×60cm	345,000	朵云轩	2017-06-26
吴冠中写生水墨纸本镜片（四开）	30.5cm×40.5cm	415,140	纽约苏富比	2017-03-16
吴冠中 写生 四开镜片	40.8cm×30.5cm	345,950	纽约苏富比	2017-03-16
吴冠中 延年益寿 镜心	48.5cm×49cm	1,495,000	北京保利	2017-06-06
吴冠中 竹涧图 镜框	48.1cm×45cm	3,668,600	香港蘇富比	2017-10-02
吴冠中 竹下泊舟 镜框	53cm×58.5cm	665,250	佳士得	2017-05-30
吴光宇 1949年作 秋爽斋 立轴	133cm×63cm	287,500	北京匡时	2017-03-29
吴光宇 仕女 立轴	133cm×64cm	172,500	北京翰海	2017-01-08
吴湖帆 1935年作 浮峦暖翠图 立轴	33cm×48cm	460,000	北京荣宝	2017-06-02
吴湖帆 “一品大夫”松图 成扇	19cm×51.5cm	172,500	荣宝斋（上海）	2017-07-30
吴湖帆 1926年作 仿董其昌山水图 立轴	105cm×48cm	1,150,000	华艺国际	2017-05-27
吴湖帆 1927年作 金文（四帧）镜心	26cm×40.5cm×4	264,500	中贸圣佳	2017-06-19
吴湖帆 1929年作 山水 奇石（一对）扇面镜框	各17.6cm×52cm	612,563	香港苏富比	2017-04-04
吴湖帆 1930年作 层岩积翠 镜心	91cm×34cm	2,300,000	北京银座	2017-06-07
吴湖帆 1930年作 临王昱仿高克恭夜山图 立轴	87cm×43cm	460,000	北京保利	2017-06-05
吴湖帆 1930年作 篆书七言联 对联	132cm×32.5cm×2	345,000	中贸圣佳	2017-06-19
吴湖帆 1931年作 花溪渔隐图 镜心	23cm×30.5cm	483,000	北京银座	2017-06-07
吴湖帆 1931年作 柳永词意 立轴	68.4cm×34.8cm	1,559,250	香港苏富比	2017-04-04
吴湖帆 1931年作 秋壑丹枫 立轴	70.5cm×35.5cm	460,000	中贸圣佳	2017-06-19
吴湖帆 1932年作 梅溪春晓 立轴	88.5cm×28.5cm	1,725,000	北京匡时	2017-06-03
吴湖帆 1932年作 秋江泛舟图 立轴	88cm×28.5cm	828,000	观唐皕榷	2017-01-11
吴湖帆 1932年作 云山幽居 立轴	44cm×28.5cm	184,000	北京翰海	2017-06-02
吴湖帆 1935年作 洞庭秋色图·行书宋人词 成扇	50.5cm×18cm	667,000	西泠拍卖	2017-07-15
吴湖帆 1935年作 瘦金自书诗 立轴	102.5cm×51.5cm	423,225	香港苏富比	2017-04-04
吴湖帆 1936年作 幽篁图 成扇	18cm×49cm	230,000	华艺国际	2017-05-27
吴湖帆 1937年作 柏芝图 立轴	46.5cm×25cm	713,000	中国嘉德	2017-12-18
吴湖帆 1937年作 松云流瀑 镜心	26cm×95cm	851,000	北京匡时	2017-12-04
吴湖帆 1939年作 翠岫琼林 镜心	59cm×36cm	9,775,000	北京匡时	2017-06-03
吴湖帆 1940年作 秀竹紫萼 行书自作词 成扇	19cm×46cm	747,500	北京翰海	2017-06-02
吴湖帆 1940年作 雪港捕鱼图 立轴	145cm×64.5cm	1,667,500	北京匡时	2017-06-03
吴湖帆 1941年作 隶书 临汉马宪刻石 立轴	81cm×29cm	195,500	西泠拍卖	2017-07-16
吴湖帆 1943年作 聚瑞图 立轴	66.5cm×33cm	483,000	上海匡时	2017-11-05
吴湖帆 1943年作 竹石 书法 成扇	17cm×45cm	322,000	华艺国际	2017-11-25
吴湖帆 1944年作 行书集宋词联 镜框	each:131cm×15.1cm×2	1,867,500	香港蘇富比	2017-10-02
吴湖帆 1944年作 青山放棹 镜心	18cm×51cm	425,500	上海匡时	2017-11-05
吴湖帆 1945年作 春岭晴庄 立轴	133cm×67cm	5,520,000	北京荣宝	2017-12-02
吴湖帆 1945年作 墨竹 行书 成扇	17.5cm×43cm	207,500	香港蘇富比	2017-10-02
吴湖帆 1945年作 墨竹图 立轴	100cm×52cm	287,500	北京保利	2017-12-17
吴湖帆 1946年作 仿良常山馆图 立轴	81cm×31.5cm	713,000	上海匡时	2017-11-05
吴湖帆 1947年 绿窗清影 立轴	94.2cm×39.2cm	1,782,000	香港苏富比	2017-04-04
吴湖帆 1947年作 寒江钓艇 立轴	98cm×32.5cm	1,472,000	华艺国际	2017-05-27
吴湖帆 1948年作 行书陆游诗 立轴	79.5cm×33cm	161,000	上海匡时	2017-11-05
吴湖帆 1949年作 抚孤松而盘桓 镜片	69cm×30.5cm	1,840,000	上海明轩	2017-06-30
吴湖帆 1950年作 蝶影落新篁 镜心	18cm×51cm	437,000	上海匡时	2017-11-05
吴湖帆 1950年作 经雨幽篁 立轴	95cm×39.5cm	690,000	北京翰海	2017-06-02
吴湖帆 1950年作 楷书《合欢带》镜心	28.5cm×16cm	184,000	北京翰海	2017-12-15
吴湖帆 1953年作 红了樱桃 书法 扇面	17cm×45cm×2	345,000	华艺国际	2017-11-25
吴湖帆 1953年作 红树青山 行书白石诗 扇面镜框	13.2cm×42.7cm	2,116,125	香港苏富比	2017-04-04
吴湖帆 1953年作 樱桃芭蕉 行书温庭筠《菩萨蛮·雨晴夜合玲珑日》成扇	17.5cm×44cm	667,000	北京翰海	2017-06-02
吴湖帆 1955年作 墨竹 立轴	83cm×39cm	322,000	保利华谊	2017-12-08
吴湖帆 1957年作 云山萧寺 镜心	47cm×26cm	437,000	北京保利	2017-12-17
吴湖帆 1957年作 云山萧寺 立轴	47.5cm×26cm	322,000	北京翰海	2017-06-02
吴湖帆 1958年作 仿沈石田蔬果图 手卷	本幅30.5cm×366cm；题跋30.5cm×23cm	8,740,000	华艺国际	2017-11-25
吴湖帆 1959年作 风熏大地三春绿 立轴	画65cm×47cm；书法64cm×47cm	7,820,000	北京保利	2017-06-05
吴湖帆 1963年作 草书《登鹳雀楼》立轴	134cm×65.5cm	322,000	北京匡时	2017-06-03
吴湖帆 1964年作 菖兰 成扇	13cm×36cm	363,125	香港蘇富比	2017-10-02
吴湖帆 1964年作 松风涧泉 行书临米芾《淡墨秋山诗帖》成扇	19cm×44cm	1,092,500	北京翰海	2017-06-02

拍品名称	物品尺寸	成交价RMB	拍卖公司	拍卖日期
吴湖帆 丙戌（1946）年作 行书七言联 对联	128cm×25cm×2	287,500	上海敬华	2017-07-01
吴湖帆 丙戌（1946年）作 层岩积翠 立轴	108cm×45cm	299,000	中国嘉德	2017-06-19
吴湖帆 丙戌（1946年）作 凌云气概 立轴	113cm×51.5cm	342,790	中国嘉德	2017-10-03
吴湖帆 草书七言联 立轴	130cm×30cm×2	345,000	北京匡时	2017-06-03
吴湖帆 陈半丁 1942年作 书画合璧 成扇	18.5cm×53cm	172,500	北京匡时	2017-12-03
吴湖帆 程十发 张石园 行书“光明画店”镜心	30cm×101cm；111cm×33cm；82cm×31cm	172,500	上海匡时	2017-11-05
吴湖帆 仇采 庚辰（1940）年作 烟雨楼台 行书 成扇		621,000	上海敬华	2017-07-01
吴湖帆 丁丑（1937）年作 神仙眷属 立轴	59.5cm×30cm	1,035,000	朵云轩	2017-12-14
吴湖帆 丁亥（1947）年作 风娇雨秀 立轴	69cm×39cm	184,000	上海敬华	2017-07-01
吴湖帆 丁亥（1947年）作 邃谷寒潭 立轴	90.5cm×48.3cm	8,970,000	中国嘉德	2017-12-18
吴湖帆 丁酉（1957年）作 玉屏秋色 立轴	92.5cm×46cm	9,200,000	中国嘉德	2017-06-19
吴湖帆 仿各家山水 册页	册首 16.5cm×10.5cm×2；绘画 16.5cm×10.5cm×8；书法 16.5cm×10.5cm×8；题跋 17cm×10.5cm×2	483,000	北京匡时	2017-06-03
吴湖帆 仿古山水 册页（二十开）	23cm×28cm×20	15,525,000	北京保利	2017-06-05
吴湖帆 冯超然 郑慕康 等 辛未（1931年）作；壬申（1932年）作 月波楼无声唱和 册页（十六开）	23cm×31cm×16	1,035,000	中国嘉德	2017-12-19
吴湖帆 庚辰（1940）年作 黄山一角 立轴	64cm×31cm	460,000	上海敬华	2017-07-01
吴湖帆 庚辰（1940）年作 山居秋暝 行书（两件）扇片连框	18cm×50.5cm×2	460,000	朵云轩	2017-06-25
吴湖帆 庚申（1920）年作 天池石壁图 立轴	66cm×33cm	230,000	上海敬华	2017-07-01
吴湖帆 庚申（1920）年作 幽山小景 立轴	66cm×26cm	172,500	上海敬华	2017-07-01
吴湖帆 庚午（1930）年作 涧边小景·楷书 成扇	17.5cm×50cm	161,000	上海嘉禾	2017-07-02
吴湖帆 庚戌（1910年）作 仿古山水 册页（八开）	30.5cm×21cm×8	264,500	中国嘉德	2017-06-20
吴湖帆 庚寅（1950）年作 墨竹图 立轴	95.5cm×39cm	851,000	朵云轩	2017-12-14
吴湖帆 庚寅（1950）年作 水绘庵填词图 手卷	32cm×166.5cm	3,795,000	朵云轩	2017-12-14
吴湖帆 庚寅（1950年）作 仿巨然危峰云树图 镜心	38cm×23.5cm	253,000	中国嘉德	2017-12-18
吴湖帆 癸未 1943年作 书画合璧扇 成扇	18cm×47.5cm	690,000	北京诚轩	2017-06-18
吴湖帆 癸未 1943年作 书画合璧扇 成扇	18.7cm×50cm	770,500	北京诚轩	2017-06-18
吴湖帆 癸未（1943）年作 雁荡飞瀑 立轴	100cm×46cm	2,300,000	上海敬华	2017-07-01
吴湖帆 癸未（1943年）作 溪山深秀 立轴	92.5cm×34cm	3,450,000	北京诚轩	2017-06-18
吴湖帆 癸酉（1933年）、癸巳（1953年）作 南岳松云 立轴	117cm×55cm	4,370,000	中国嘉德	2017-12-18

拍品名称	物品尺寸	成交价RMB	拍卖公司	拍卖日期
吴湖帆 癸酉（1933年）作 春鸟报平安 镜心	26.5cm×19cm×2	1,058,000	中国嘉德	2017-06-19
吴湖帆 寒江钓艇图 立轴	98cm×32.5cm	1,782,500	荣宝斋（南京）	2017-07-08
吴湖帆 寒木奇峰 立轴	64.5cm×21cm	440,730	中国嘉德	2017-10-03
吴湖帆 行楷书八言联 立轴	165.5cm×35.5cm×2	207,000	北京翰海	2017-12-15
吴湖帆 行书 七言联 镜片	128cm×32cm×2	862,500	西泠拍卖	2017-07-15
吴湖帆 行书“烟岚松风”镜框	28.6cm×69.4cm	334,125	香港苏富比	2017-04-04
吴湖帆 行书八言联 立轴	146cm×26cm×2	172,500	上海匡时	2017-11-05
吴湖帆 行书八言联 立轴	167cm×36cm×2	230,000	北京荣宝	2017-06-02
吴湖帆 行书八言联 立轴	169cm×38cm×2	366,331	中国嘉德	2017-05-29
吴湖帆 行书七言 对联	147.5cm×33.5cm×2	184,000	朵云轩	2017-06-25
吴湖帆 行书七言联（两幅）立轴	130cm×29.5cm×2	159,563	佳士得	2017-11-28
吴湖帆 行书七言联 对联	129cm×26cm×2	260,000	上海驰翰	2017-06-26
吴湖帆 行书七言联 对联	145cm×36.5cm×2	189,750	中贸圣佳	2017-06-19
吴湖帆 行书七言联 镜片	135cm×32cm×2	172,500	上海嘉禾	2017-07-02
吴湖帆 行书七言联 镜心	130cm×30.5cm×2	166,498	中国嘉德	2017-10-03
吴湖帆 行书七言联 立轴	141cm×33.5cm×2	690,000	上海匡时	2017-11-05
吴湖帆 行书七言联 立轴	131cm×32cm×2	401,672	中金国际	2017-11-25
吴湖帆 行书七言联 立轴	140cm×26cm×2	253,000	上海匡时	2017-11-05
吴湖帆 行书七言联 立轴	130cm×22cm×2	230,000	中国嘉德	2017-12-18
吴湖帆 行书七言联 立轴	139cm×22cm×2	201,250	上海匡时	2017-11-05
吴湖帆 行书七言联 立轴	130cm×32cm×2	184,000	北京保利	2017-12-17
吴湖帆 行书七言联 立轴	115cm×21.5cm×2	156,645	中濠典藏	2017-05-22
吴湖帆 行书七言联 立轴	132cm×28cm×2	161,000	北京匡时	2017-03-29
吴湖帆 行书七言联 立轴	132cm×23cm×2	207,000	北京荣宝	2017-06-02
吴湖帆 行书七言联 立轴	135.3cm×30.7cm×2	172,500	观唐皕榷	2017-01-11
吴湖帆 行书七言联 立轴	130cm×21cm×2	230,000	广东崇正	2017-06-15
吴湖帆 行书七言联 立轴	各128cm×21.7cm	378,675	香港苏富比	2017-04-04
吴湖帆 行书十三言对联 立轴	164cm×26cm×2	3,220,000	荣宝斋（上海）	2017-07-30
吴湖帆 行书十言联 镜心	107cm×21cm×2	402,500	北京匡时	2017-06-03
吴湖帆 行书十言联 立轴	156.5cm×29cm×2	332,996	保利香港	2017-10-03
吴湖帆 己巳（1929年）作 月波楼图 手卷	引首 27.5cm×89.5cm；画28cm×92.5cm；后跋 27.5cm×183cm	2,990,000	中国嘉德	2017-06-19
吴湖帆 甲申（1944）年作 红荷映水 立轴	95cm×46cm	1,150,000	广东崇正	2017-06-15
吴湖帆江寒汀 张大壮 春霁图 立轴	124cm×75.5cm	534,600	香港苏富比	2017-04-04
吴湖帆 楷书八言联 立轴	172cm×36cm×2	172,500	保利厦门	2017-06-26
吴湖帆 楷书七言联 镜心	173.5cm×42cm×2	402,500	北京匡时	2017-06-03
吴湖帆 楷书七言联 立轴	133cm×27cm×2	310,500	北京匡时	2017-12-03
吴湖帆 凌风潇潇 镜片	40cm×20.5cm	402,500	上海嘉禾	2017-10-14
吴湖帆 罗振玉 1927年作 1945年作 荷塘清韵 金文 立轴	19cm×50cm×2	230,000	上海东方	2017-06-25
吴湖帆 拟古山水（四帧）镜片	33cm×16cm×4	276,000	西泠拍卖	2017-07-16
吴湖帆 潘静淑 1938年作 春风燕喜 镜框	120cm×50cm	4,255,000	上海明轩	2017-06-30
吴湖帆 清荷 书法 镜框	各11cm×16.3cm	334,125	香港苏富比	2017-04-04
吴湖帆 秋盦访碑图 镜心	63cm×28.5cm	172,500	北京翰海	2017-12-15
吴湖帆 群玉斋校碑图 手卷	28cm×126.8cm	8,625,000	华艺国际	2017-05-27
吴湖帆 壬辰 1952年作 观瀑图 扇面	18cm×50cm	230,000	北京华辰	2017-06-04
吴湖帆 壬辰（1952）年作 松壑烟云 成扇		287,500	上海敬华	2017-07-01
吴湖帆 壬申（1932年）作 山村清斋图 立轴	59cm×31.5cm	575,000	中国嘉德	2017-06-20
吴湖帆 山水 立轴	73.5cm×39cm	862,500	华艺国际	2017-11-25
吴湖帆 沈卫 1933年作 溪山深秀 姜夔《眉妩·看垂杨连苑》成扇	18.5cm×49.5cm	333,500	北京诚轩	2017-06-18

拍品名称	物品尺寸	成交价RMB	拍卖公司	拍卖日期
吴湖帆 沈卫 1940年作 松下高士图并楷书古文 成扇	20cm×53cm	540,500	上海匡时	2017-11-05
吴湖帆 沈尹默 1947年作 墨竹图行书稼轩词 成扇	18cm×48cm	230,000	北京匡时	2017-12-03
吴湖帆 沈尹默 1950年作 竹石·书法 成扇	18cm×47cm	690,000	北京保利	2017-06-06
吴湖帆 石壁出翠 立轴	18cm×47cm	167,466	中国嘉德	2017-05-29
吴湖帆 松风涧泉 书法 成扇	18cm×46cm	770,500	华艺国际	2017-11-25
吴湖帆 王同愈 江乡清夏·草书书论 成扇	18.5cm×49.5cm×2	172,500	北京银座	2017-12-20
吴湖帆 吴徵 己丑（1949）年作 翠竹 行书 红梅 行书 成扇	18.5cm×51cm；扇骨31cm×1.8cm×2	161,000	广东崇正	2017-12-13
吴湖帆 戊寅（1938）年作 万松金阙 立轴	95cm×49cm	49,450,000	朵云轩	2017-06-25
吴湖帆 戊寅（1938年）作 水村 立轴	99cm×41.5cm	977,500	北京诚轩	2017-06-18
吴湖帆 戊寅（1938年）作 夏山高隐图 立轴	94.5cm×40.5cm	483,000	中国嘉德	2017-06-20
吴湖帆 戊子（1948年）作 恽寿平《米虎儿云山墨戏》立轴	129.4cm×35cm	230,000	北京诚轩	2017-06-18
吴湖帆 萧俊贤 吴徵 祁崑 己卯（1939年）、庚辰（1940年）作 书画合璧 四屏镜心	画42cm×29.5cm×4；字29cm×29.5cm×4	621,000	中国嘉德	2017-12-19
吴湖帆 萧退厂 松泉 行书 成扇	19.5cm×55cm	287,500	朵云轩	2017-06-25
吴湖帆 辛巳（1941年）作 临青卞隐居图 镜心	92cm×24cm	1,465,324	中国嘉德	2017-05-29
吴湖帆 邢端 1945年作 溪山归耕 楷书《桃花园记》成扇	18cm×50cm	299,000	北京荣宝	2017-12-02
吴湖帆 姚钟葆 山水册页（六开）	36cm×36.5cm×6	184,000	朵云轩	2017-06-25
吴湖帆 夜山图 立轴	87.5cm×43.5cm	690,000	荣宝斋（南京）	2017-09-10
吴湖帆 乙未（1955）年作 夜雨山泉重 镜片	12cm×74cm	437,000	上海敬华	2017-07-01
吴湖帆 俞子才 癸卯（1963）年作 丁丑（1937）年作 古木竹石*松山云霭 镜片 镜片	34cm×69cm；34.5cm×34cm	540,500	上海嘉禾	2017-07-01
吴湖帆 张启后 1950年作 松涧瀑泉 行书节录李慈铭评《校礼堂诗》扇面立轴	17.5cm×51.5cm×2	207,000	北京翰海	2017-06-02
吴湖帆 周炼霞 1954年作 水田白鹭 扇面	18cm×52cm	1,150,000	北京保利	2017-06-06
吴湖帆 朱梅邨 己卯（1939年）作 三友清供 立轴	87.5cm×46cm	368,000	中国嘉德	2017-12-18
吴湖帆 篆书十二言联 水墨纸本立轴	132.3cm×30.2cm	605,413	纽约苏富比	2017-03-16
吴华源 1943年作 春夏秋冬 立轴	210cm×55cm×4	1,610,000	北京荣宝	2017-12-02
吴欢 2016年作 行书五言诗 镜心	136cm×70cm	172,500	北京保利	2017-12-18
吴欢 2016年作 双寿图 镜心	69cm×69cm	345,000	北京保利	2017-12-18
吴欢 2017年作 大吉图 镜心	99cm×49cm	184,000	北京保利	2017-06-05
吴静山 癸卯（1963年）作 清明上河图 手卷	引首25.5cm×97cm；本幅25.5cm×528cm	538,670	中国嘉德	2017-10-03
吴镜汀 1962年作 峨眉揽胜 镜心	144cm×363cm	1,955,000	北京荣宝	2017-06-02
吴镜汀 潘素 汪霭翔 桂香重撷图卷（三段）	尺寸不一	460,000	北京翰海	2017-12-15
吴历 1674年作 拟云林山水 手卷	引首20cm×69cm；本幅20cm×169cm；题跋20cm×81.5cm	1,380,000	北京匡时	2017-12-04
吴笠帆 2013年作 秋丰南	68cm×44cm	207,000	朵云轩	2017-06-26
吴笠帆 2015年作 祥福泽涯	40cm×60cm	230,000	上海明轩	2017-06-30

拍品名称	物品尺寸	成交价RMB	拍卖公司	拍卖日期
吴梅 1935年作 书游摄山栖霞寺诗 横批	95cm×21cm	155,250	西泠拍卖	2017-07-15
吴梅 楷书"梅影书屋" 镜框	27.4cm×97.2cm	534,600	香港苏富比	2017-04-04
吴佩孚 草书 四条屏立轴	142cm×38cm×4	437,000	北京宣石	2017-05-21
吴佩孚 草书四言联 立轴	149cm×39cm×2	184,000	中国嘉德	2017-12-19
吴佩孚 行书 君子坦荡 镜片	109.5cm×31.5cm	166,750	西泠拍卖	2017-07-16
吴佩孚 行书五言 对联	127cm×30.5cm×2	201,250	朵云轩	2017-06-25
吴佩孚 墨竹图（四幅）立轴	133.9cm×32.7cm×4	172,975	纽约佳士得	2017-03-14
吴琴木 1932年作 烟壑奔泉图 立轴	107cm×35.5cm	230,000	西泠拍卖	2017-07-16
吴琴木 丙戌（1946）年作 柳堤春晓 镜片	41cm×123cm	287,500	朵云轩	2017-12-14
吴琴木 丁卯（1927）年作 万壑松风图 立轴	150cm×81cm	150,000	上海驰翰	2017-06-26
吴琴木 关山秋霁 镜框	170cm×50.5cm	404,225	佳士得	2017-11-28
吴琴木 关山秋霁图 立轴	诗堂30cm×19cm；画心60.5cm×30cm	184,000	西泠拍卖	2017-07-16
吴琴木 甲戌（1934年）作 秋山读书图 立轴	139cm×67.5cm	230,000	中国嘉德	2017-12-18
吴琴木 青山烟云图 立轴	168cm×51cm	287,500	西泠拍卖	2017-07-16
吴琴木 石壁过云图 立轴	168.5cm×50.5cm	253,000	西泠拍卖	2017-07-16
吴琴木 万壑松涛 立轴	134cm×68cm	402,500	北京匡时	2017-03-29
吴琴木 竹院僧话 立轴	66cm×35cm	207,000	北京翰海	2017-12-15
吴青霞 1933年作 云游迭嶂图·紫藤双翠图 成扇	50.5cm×18.5cm	184,000	西泠拍卖	2017-05-06
吴青霞 1934年作 明人诗意图 立轴	148cm×80cm	1,092,500	上海匡时	2017-11-05
吴青霞 1956年作 太湖渔舟 镜心	94.5cm×52.5cm	368,000	中国嘉德	2017-06-20
吴青霞 1979年作 玉兰鹦鹉 镜心	137cm×66cm	230,000	北京匡时	2017-06-03
吴青霞 1981年作 九鲤图 镜心	185cm×488cm	2,300,000	上海匡时	2017-11-05
吴青霞 1981年作 鱼跃图 立轴	134.5cm×69cm	172,500	西泠拍卖	2017-07-16
吴青霞 1988年作 飞腾万里 镜心	91cm×171cm	161,000	北京银座	2017-12-20
吴青霞 1989年作 鸥鲤飞 镜心	67cm×117cm	272,132	中国嘉德	2017-05-29
吴青霞 2005年作 高花如盏藤阴密 立轴	103cm×44cm	287,500	上海匡时	2017-11-05
吴青霞 得利图 立轴	109cm×40.5cm	274,400	上海联合	2017-12-17
吴青霞 己未（1979）年作 青樽黄姜红螯肥 立轴	89cm×48cm	172,500	广东崇正	2017-06-15
吴青霞 秋山归樵 立轴	74.5cm×40cm	184,000	中国嘉德	2017-12-18
吴青霞 辛卯（1951）年作 渡海尊者 镜片	134cm×67cm	218,500	上海敬华	2017-07-01
吴山明 2010年作 骄子 镜心	138cm×69cm	483,000	北京荣宝	2017-06-02
吴山明 丁酉（2017年）作 高原女儿 镜心	68.5cm×69cm	575,000	中国嘉德	2017-12-20
吴山明 刘国辉 连环画《陆游》手稿 镜心	20cm×27cm×141	575,000	北京荣宝	2017-06-02
吴山明 南国之花 立轴	69cm×55cm	207,000	印千山	2017-07-09
吴石僊 1894年作 蜀山行旅图 镜心	84cm×173cm	259,900	北京银座	2017-12-20
吴石僊 1913年作 秋山夕照图 立轴	104cm×54cm	172,500	西泠拍卖	2017-07-16
吴淑娟 1922年作 花卉 十二屏立轴	132cm×32.5cm×12	218,500	观唐皕榷	2017-01-11
吴泰 乙酉（2005年）作 国色天香图 立轴	179.0cm×84.0cm	172,500	中国嘉德	2017-06-21
吴熙曾 1939年作 澄怀山水 册页（二十四页）	33.5cm×33.5cm×24	195,500	西泠拍卖	2017-07-15
吴一峰 1963年作 山林幽径 轴	28cm×67cm	287,500	八益拍卖	2017-09-24
吴一峰 1981年作 大鹏古寨 镜心	39cm×55cm	299,000	北京匡时	2017-12-03
吴一峰 广元明月峡 镜心	39cm×55cm	207,000	八益拍卖	2017-09-24
吴悦石 2010年作 抬头见喜 立轴	137cm×68cm	1,173,000	北京荣宝	2017-12-02
吴悦石 荷塘鸣翠 镜心	95cm×177cm	345,000	荣宝斋（济南）	2017-06-10
吴悦石 松鹰图 镜心	141cm×84cm	2,300,000	北京荣宝	2017-06-02

拍品名称	物品尺寸	成交价RMB	拍卖公司	拍卖日期
吴征 庚午（1930年）作 海滨送别图 手卷	引首10.7cm×70cm；画10.7cm×103.3cm；跋10.7cm×144cm	575,000	中国嘉德	2017-06-19
吴征 壬午（1942年）作 山水 四屏立轴	132cm×33.5cm×4	310,500	中国嘉德	2017-06-19
吴徵 山水 立轴	145cm×79.5cm	184,000	北京翰海	2017-12-15
吴子复 1956年作 临碑五则 册页四十二开	各35.3cm×53cm	178,200	香港苏富比	2017-04-04
吴子复 丙申（1956）年作 临汉碑书法 册页（四十开）	35cm×53cm×40	230,000	广东崇正	2017-12-13
吴子健 草书横批 镜心	68cm×136cm	195,500	北京宣石	2017-05-21
吴祖光 范曾 宋雨桂 雪泥集 雁过集 册页（十开）	38cm×54.5cm×10	1,725,000	中国嘉德	2017-06-19
吴作人 1946年作 牦牛 镜心	30cm×40cm	184,000	中国嘉德	2017-12-18
吴作人 1961年作 牧驼图 立轴	90cm×45.7cm	162,881	伦敦佳士得	2017-11-07
吴作人 1964年作 光芒万丈 镜心	96cm×51cm	920,000	中国嘉德	2017-06-19
吴作人 1972年作 熊猫 镜框	60cm×43cm	230,000	北京荣宝	2017-06-02
吴作人 1973年作 金鱼 镜心	67cm×40cm	184,000	保利山东	2017-10-29
吴作人 1975年作 奋进 镜心	44.5cm×35cm	207,000	中国嘉德	2017-12-19
吴作人 1975年作 齐奋进 立轴	64cm×48cm	632,500	北京翰海	2017-12-15
吴作人 1975年作 熊猫图 镜心	68cm×46cm	345,000	观唐皕榷	2017-01-11
吴作人 1977年作 低昂 镜心	61cm×34.5cm	218,500	北京银座	2017-12-20
吴作人 1977年作 牧驼图 立轴	86cm×69cm	460,000	北京荣宝	2017-06-02
吴作人 1977年作 牧驼图 立轴	画心87cm×70cm；诗塘20cm×80.5cm	437,000	北京银座	2017-12-20
吴作人 1977年作 天鹅 立轴	55cm×33cm	632,500	上海敬华	2017-07-01
吴作人 1977年作 熊猫 镜框	72cm×45cm	368,000	北京荣宝	2017-06-02
吴作人 1977年作 熊猫图 镜心	51.5cm×44.5cm	322,000	观唐皕榷	2017-01-11
吴作人 1977年作 长空 立轴	70cm×52.5cm	402,500	中国嘉德	2017-06-19
吴作人 1978年作 荷塘清趣 立轴	93cm×47cm	805,000	北京华辰	2017-12-16
吴作人 1979年作 藏原放牦 立轴	69cm×94cm	1,265,000	北京荣宝	2017-12-02
吴作人 1979年作 低昂 镜心	69cm×45cm	342,790	中国嘉德	2017-10-03
吴作人 1981年作 戏藻 镜心	76cm×33cm	195,500	中国嘉德	2017-03-31
吴作人 1984年作 池趣 立轴	85.5cm×48cm	322,000	北京翰海	2017-12-15
吴作人 1985年作 芦塘禽戏 立轴	83cm×57cm	172,500	朵云轩	2017-12-14
吴作人 1985年作 群鹤图 立轴	133cm×68cm	460,000	北京荣宝	2017-06-02
吴作人 1987年作 牧驼图 镜心	36cm×133cm	460,000	北京荣宝	2017-12-02
吴作人 1987年作 天鹅图 镜心	57.5cm×42.5cm	437,000	观唐皕榷	2017-01-11
吴作人 1987年作 啸传万里 镜心	128cm×68cm	977,250	北京银座	2017-06-07
吴作人 1989年作 天远地遥 镜片	68cm×46cm	977,500	广东崇正	2017-12-13
吴作人 藏族舞蹈 镜心	44cm×55cm	414,000	中国嘉德	2017-12-18
吴作人 奋进 镜心	98cm×71cm	828,000	荣宝斋（南京）	2017-07-08
吴作人 高瞻 立轴	87cm×67cm	1,265,000	荣宝斋（济南）	2017-06-10
吴作人 己巳（1989年）作 漫漫好雪天 镜心	45cm×68cm	506,000	中国嘉德	2017-06-19
吴作人 金鱼 镜心	68cm×45cm	184,000	荣宝斋（南京）	2017-09-10
吴作人 莲塘鱼戏 镜片	32cm×45cm	172,500	十竹斋	2017-01-01
吴作人 骆驼 立轴	38cm×53cm	201,250	荣宝斋（南京）	2017-09-10
吴作人 三余图 立轴	52cm×39cm	176,292	中国嘉德	2017-10-03
吴作人 辛酉（1981年）作 熊猫 立轴	68cm×45cm	172,500	中国嘉德	2017-06-19
吴作人 熊猫 镜心	55cm×40cm	215,468	中国嘉德	2017-10-03
吴作人 熊猫 镜心	67.5cm×45.5cm	276,000	荣宝斋（南京）	2017-07-08
吴作人 熊猫 软片	63cm×43.5cm	195,500	福建东南	2017-10-28

拍品名称	物品尺寸	成交价RMB	拍卖公司	拍卖日期
吴作人 一览众山小 镜心	画117cm×82cm；书法30cm×82cm	4,485,000	中国嘉德	2017-06-19
吴作人 鹰石图 立轴	94cm×69cm	862,500	北京保利	2017-06-05
武艺 2016年作 岁月 册页	34.4cm×34.5cm×12	1,265,000	北京匡时	2017-12-03
武中奇 1982年作 草书正气歌 镜心	23cm×172cm	161,000	中贸圣佳	2017-06-19
席德进 1961年作 台湾街景	68.3cm×95.8cm	332,625	佳士得	2017-05-28
席德进 1979年作 水乡	138cm×35cm	391,760	中国嘉德	2017-10-02
席德进 1980年作 山水	53cm×73cm	195,880	保利香港	2017-10-02
夏墨 2011年作 溪深树密 镜框	120cm×240cm	805,000	上海东方	2017-06-25
夏墨 2011年作 溪源无尽 镜框	120cm×240cm	517,500	上海东方	2017-06-25
肖舜之 暮雨潇潇 镜框	143cm×182cm	230,000	上海东方	2017-12-10
肖旭 2012年作 鸟烟 镜心	137cm×69cm	315,414	保利香港	2017-04-03
萧瀚 2016年作 荷塘月色	138cm×69cm	3,220,000	北京翰海	2017-06-03
萧晖荣 2012年作 君子之风 镜心	103cm×178.5cm	1,664,980	北京匡时	2017-10-02
萧晖荣 2017年作 东方明珠 镜框	138cm×69cm	616,975	佳士得	2017-11-28
萧俊贤 丁巳（1917年）作 山居图 立轴	147cm×79.5cm	218,500	中国嘉德	2017-06-20
萧朗 大吉图 镜心	69.5cm×45cm	161,000	荣宝斋（南京）	2017-07-08
萧朗 公鸡图 镜心	83cm×41cm	184,000	北京宣石	2017-05-21
萧丽 2011年作 无边春色图 镜框	120cm×240cm	218,500	上海东方	2017-06-25
萧丽 2014年作 紫薇花开 镜框	67cm×174cm	172,500	上海东方	2017-12-10
萧平 2012年作 碧叶映娇花 镜心	144cm×501cm	2,300,000	北京保利	2017-06-04
萧淑芳 1980年作 舞翩翩 镜心	90cm×42cm	184,000	中国嘉德	2017-03-31
萧淑芳 儿童游戏 册页（十六开）	25.5cm×32cm×16	598,000	中国嘉德	2017-12-19
萧淑芳 向日葵 镜框	85cm×116cm	2,070,000	华艺国际	2017-05-27
萧淑芳 欣欣向荣 镜心	80.5cm×47.5cm	368,000	荣宝斋（南京）	2017-07-08
萧淑芳 雪中嬉戏 镜心	52cm×75cm	747,500	中国嘉德	2017-12-19
萧愻 1928年作 林泉高逸 立轴	130cm×64.5cm	207,000	北京匡时	2017-03-29
萧愻 1929年作 溪山策杖 立轴	181cm×62.5cm	195,500	北京荣宝	2017-12-02
萧愻 1938年作 溪山清远图 镜框	14.4cm×49.3cm	176,375	香港蘇富比	2017-10-02
萧愻 甲戌（1934年）作 松涧幽居 立轴	92cm×27.5cm	172,500	中国嘉德	2017-06-19
萧愻 江南春色 立轴	63cm×32.5cm×2	184,000	中国嘉德	2017-06-20
萧愻 辛未（1931年）作 拟古山水 立轴	66.5cm×21.5cm×4	552,000	中国嘉德	2017-12-18
谢无量 1924年作 行书七言诗 立轴	163cm×40cm	345,000	北京匡时	2017-03-29
谢无量 1959年作 行书七言联 对联	136cm×33.5cm×2	264,500	上海嘉禾	2017-07-02
谢无量 费新我 行书李商隐诗·行书毛主席诗 镜片·画心	111cm×25.5cm；140cm×34.5cm	264,500	西泠拍卖	2017-07-15
谢无量 冯灌父 行书自作诗 松石图 成扇	18cm×45cm	218,500	北京匡时	2017-06-03
谢无量 庚辰（1940年）作 行书七言联 立轴	133cm×31.5cm×2	862,500	中国嘉德	2017-06-19
谢无量 行书 成扇	20cm×52cm	230,000	北京翰海	2017-12-15
谢无量 行书 五言联 对联	132.5cm×32cm×2	230,000	西泠拍卖	2017-07-15
谢无量 行书“精诚书屋”镜心	34.5cm×120cm	184,000	北京匡时	2017-03-30
谢无量 行书七言联 立轴	138cm×24cm×2	437,000	北京翰海	2017-12-15
谢无量 行书七言联 立轴	127cm×36cm×2	253,000	北京保利	2017-12-17
谢无量 行书五言诗 立轴	135.5cm×66cm	230,000	保利山东	2017-10-29
谢无量 书法 轴	32cm×130cm	322,000	八益拍卖	2017-09-24
谢义错 2014年作 晨曦似金 四屏镜心	125cm×65cm×4	372,172	保利香港	2017-10-03
谢义错 2014年作 晨曦似金 四屏镜心	125cm×65cm×4	372,172	保利香港	2017-10-03
谢义耕 郑乃珖 1982年作 白梅图 镜片	40cm×68cm	207,000	广东崇正	2017-06-14
谢振瓯 居延消息 镜心	130cm×65cm	276,000	中国嘉德	2017-04-01
谢之光 1942年作 京兆画眉 立轴	88cm×32cm	184,000	上海匡时	2017-11-05

拍品名称	物品尺寸	成交价RMB	拍卖公司	拍卖日期
谢之光 钱瘦铁 顾坤伯 等六十四家 1931年作 献寿图 册页	34cm×39cm×73	287,500	北京匡时	2017-03-29
谢稚柳 青山舟游 镜片	60cm×30cm	1,437,500	上海敬华	2017-07-01
谢稚柳 香溢 立轴	104cm×48cm	207,000	上海敬华	2017-07-01
谢稚柳 1941年作 红叶珍禽 立轴	69cm×44.5cm	411,348	北京匡时	2017-10-02
谢稚柳 1942年作 白梅水仙 立轴	90cm×46cm	693,911	北京匡时	2017-04-03
谢稚柳 1943年作 山茶翠羽图 立轴	88cm×34cm	414,000	观唐皕榷	2017-01-11
谢稚柳 1943年作 霜叶幽禽 镜片	79cm×35.5cm	1,207,500	上海明轩	2017-06-30
谢稚柳 1944年作 芙蓉蝴蝶 镜框	78cm×50.5cm	2,820,660	佳士得	2017-05-30
谢稚柳 1944年作 览卷图 镜心	81.5cm×42.5cm	578,259	北京匡时	2017-04-03
谢稚柳 1945年作 江干策杖 立轴	66.5cm×37.5cm	805,000	北京荣宝	2017-06-02
谢稚柳 1946年作 秋山红树图 立轴	82.5cm×41cm	2,012,500	北京匡时	2017-12-03
谢稚柳 1947年作 南浦芙蓉影 立轴	107cm×44cm	1,012,000	上海匡时	2017-11-05
谢稚柳 1949年作 翠篁灵禽 立轴	90.5cm×42cm	3,105,000	上海匡时	2017-11-05
谢稚柳 1949年作 仿北苑山水 镜框	101.1cm×60cm	3,296,700	香港苏富比	2017-04-04
谢稚柳 1949年作 松溪策杖 立轴	63cm×29.6cm	1,670,625	香港苏富比	2017-04-04
谢稚柳 1949作 秋浦雁影 镜心	82cm×41.6cm	11,270,000	北京诚轩	2017-06-18
谢稚柳 1951年作 山水 手卷	13cm×102cm	368,000	北京荣宝	2017-06-02
谢稚柳 1951年作 松壑鸣泉 立轴	136.5cm×44cm	2,300,000	北京匡时	2017-06-03
谢稚柳 1953年作 江乡新霁图 手卷	22.3cm×57cm	4,370,000	保利华谊	2017-12-08
谢稚柳 1958年作 荷花湖石 立轴	143cm×83cm	5,290,000	朵云轩	2017-12-14
谢稚柳 1958年作 花鸟书法（二帧）扇面	18cm×53.5cm×2	218,500	观唐皕榷	2017-01-11
谢稚柳 1963年作 红荷清晓 立轴	66cm×43.5cm	1,092,500	北京翰海	2017-12-15
谢稚柳 1964年作 溪山幽居图 镜心	65.5cm×36cm	417,720	中濠典藏	2017-05-22
谢稚柳 1975 年作 梅清溢香 立轴	38cm×23cm	184,000	上海东方	2017-12-10
谢稚柳 1975年作 红梅 镜框	68.2cm×30.1cm	534,600	香港苏富比	2017-04-04
谢稚柳 1975年作 满树春风图 立轴	131.5cm×65cm	2,185,000	上海嘉禾	2017-07-01
谢稚柳 1975年作 松鹰图 立轴	138cm×68cm	632,500	上海东方	2017-12-10
谢稚柳 1975年作 夏山雨霁图 镜心	57cm×56cm	1,092,500	北京银座	2017-12-20
谢稚柳 1976年作 行书毛泽东词 立轴	152.2cm×36.3cm	334,125	香港苏富比	2017-04-04
谢稚柳 1977年作 莲塘翠鸟 镜心	36cm×65.5cm	230,000	北京银座	2017-12-20
谢稚柳 1978年作 芙蓉花开 镜框	88cm×48cm	483,000	上海东方	2017-12-10
谢稚柳 1978年作 黄山松云 镜心	18cm×52cm	552,000	上海匡时	2017-11-05
谢稚柳 1978年作 松鹤图 镜框	64.8cm×130cm	5,221,260	香港苏富比	2017-04-04
谢稚柳 1978年作 溪山清晓 立轴	135cm×61cm	678,000	北京银座	2017-12-20
谢稚柳 1979年作 牡丹 镜心	96cm×43cm	161,000	北京荣宝	2017-06-02
谢稚柳 1979年作 山亭飞瀑图 镜片	109cm×62.5cm	460,000	西泠拍卖	2017-07-16
谢稚柳 1979年作 水仙寿石图 镜框	48cm×89cm	920,000	华艺国际	2017-05-27
谢稚柳 1980年作 黄山松云 镜心	30cm×84cm	184,000	北京翰海	2017-04-30
谢稚柳 1980年作 黄山雪松图 立轴	诗堂 55cm×26.5cm；画心81cm×54.5cm	977,500	西泠拍卖	2017-07-15
谢稚柳 1980年作 山馆峰围 镜心	85.5cm×47.5cm	172,500	北京匡时	2017-03-29
谢稚柳 1980年作 山光紫翠图 手卷	34cm×96cm	862,500	观唐皕榷	2017-01-11
谢稚柳 1981年作 翠嶂亭泉 手卷	画心 10.5cm×128.5cm；引首 10.5cm×65.5cm；尾跋10.5cm×71cm	230,000	北京银座	2017-12-20
谢稚柳 1981年作 夏雨既霁 镜心	188cm×164cm	3,680,000	北京银座	2017-12-20
谢稚柳 1983年作 花鸟精品 册页（十开）	画 34cm×34cm×10；启字 46.8cm×83.5cm；徐字 46.8cm×42.2cm	9,660,000	广东崇正	2017-06-14
谢稚柳 1983年作 霜入林丘 立轴	88cm×47cm	1,265,000	北京保利	2017-12-17
谢稚柳 1986年作 春山竞秀图 手卷	31cm×178cm	598,000	观唐皕榷	2017-01-11
谢稚柳 1986年作 竹岭泉声 立轴	90cm×54.5cm	402,500	北京匡时	2017-12-03
谢稚柳 1987年作 青绿山水 立轴	68cm×45.5cm	402,500	北京银座	2017-06-07
谢稚柳 1987年作 松泉山色图 立轴	83cm×50cm	402,500	上海明轩	2017-06-30

拍品名称	物品尺寸	成交价RMB	拍卖公司	拍卖日期
谢稚柳 1988年作 山茶珍禽 镜心	68cm×45cm	287,500	上海匡时	2017-11-05
谢稚柳 1989年作 霜叶白头 立轴	75cm×41cm	517,500	北京荣宝	2017-06-02
谢稚柳 1996年作 行书“长生长乐之居”镜心	38cm×82.5cm	172,500	上海匡时	2017-11-05
谢稚柳 丙辰（1976）年作 繁英图 立轴	67cm×33cm	230,000	朵云轩	2017-12-14
谢稚柳 丙戌（1946）年作 荷塘鹡鸰 立轴	87cm×58cm	2,645,000	朵云轩	2017-06-25
谢稚柳 丙戌（1946）年作 横溏野凫 镜片	102.5cm×59cm	7,110,000	上海元贞	2017-11-06
谢稚柳 丙寅（1986）年作 三友图 镜片	95cm×46cm	184,000	上海敬华	2017-07-01
谢稚柳 丙子（1996）年作 行书七言联 对联	133cm×32cm×2	264,500	上海嘉禾	2017-07-02
谢稚柳 彩荷 立轴	67.5cm×29.7cm	881,875	香港蘇富比	2017-10-02
谢稚柳 苍松飞瀑图 立轴	93cm×48cm	218,500	西泠拍卖	2017-07-15
谢稚柳 朝辉争春图 镜芯	68cm×136cm	287,500	印千山	2017-07-09
谢稚柳 陈佩秋 1954年作 行书自作诗·雪竹栖禽图（二帧）扇页	51cm×18.5cm×2	483,000	西泠拍卖	2017-07-15
谢稚柳 陈佩秋 1963年作 白海棠春兰 成扇	15.7cm×48cm	643,250	香港蘇富比	2017-10-02
谢稚柳 陈佩秋 1977年作 枫竹蛱蝶 立轴	诗堂 23.5cm×29.5cm；画心 42.5cm×29.5cm	517,500	北京银座	2017-06-07
谢稚柳 陈佩秋 1978年作 松岭悬瀑并行书诗 成扇	19cm×50cm	161,000	北京匡时	2017-03-30
谢稚柳 陈佩秋 1981年作 红梅双雀图 镜片	100cm×49.5cm	690,000	西泠拍卖	2017-07-16
谢稚柳 陈佩秋 庚申（1980）年作 清江帆影·行书五言联 镜片	画136cm×67cm；书 137cm×34cm×2	966,000	上海嘉禾	2017-07-02
谢稚柳 陈佩秋 庚午（1990年）作 松梅山雀 镜心	66.5cm×127.5cm	460,000	中国嘉德	2017-12-19
谢稚柳 陈佩秋 癸卯（1963）年作 虬松 行书 成扇	20cm×53cm	207,000	朵云轩	2017-12-14
谢稚柳 陈佩秋 甲戌（1994）年作 双妙 册页（十二开）		1,840,000	上海敬华	2017-07-01
谢稚柳 陈佩秋 兰石图 镜心	69cm×31.5cm	161,000	上海匡时	2017-11-05
谢稚柳 陈佩秋 壬戌（1982）年作 雨后 行书 成扇	18.8cm×52cm	230,000	广东崇正	2017-12-12
谢稚柳 陈佩秋 众香聚研 册页	26.5cm×33cm×24	1,955,000	北京匡时	2017-12-03
谢稚柳 程十发 小中现大 手卷	尺寸不一	201,250	上海匡时	2017-11-05
谢稚柳 春山图 立轴	87cm×46cm	253,000	北京保利	2017-04-27
谢稚柳 翠嶂泉亭 手卷	10cm×129cm	287,500	上海敬华	2017-07-01
谢稚柳 翠竹图 立轴	88.8cm×43.3cm	723,938	香港苏富比	2017-04-04
谢稚柳 丁亥（1947）年作 秋塘图 立轴	83cm×42cm	7,820,000	朵云轩	2017-12-14
谢稚柳 丁亥（1947）年作 溪山无尽 立轴	114.5cm×47cm	2,875,000	朵云轩	2017-06-25
谢稚柳 丁卯（1987）年作 竹石图 立轴	82cm×58cm	230,000	上海敬华	2017-07-01
谢稚柳 丁巳（1977）年作 红叶小鸟 镜片	69cm×46cm	713,000	上海敬华	2017-07-01
谢稚柳 丁巳（1977年）作 碧荷图 立轴	95cm×33cm	184,000	中国嘉德	2017-09-02
谢稚柳 丁酉（1957）年作 海棠小鸟·新篁图 成扇	19cm×54cm	690,000	上海嘉禾	2017-07-02
谢稚柳 丁酉（1957年）作 竹石幽禽 镜心	36.5cm×105.5cm	3,220,000	中国嘉德	2017-12-18
谢稚柳 读书秋树根图 镜心	98.7cm×40.8cm	1,495,000	中国嘉德	2017-12-19

拍品名称	物品尺寸	成交价RMB	拍卖公司	拍卖日期
谢稚柳 峨嵋华严顶 立轴	88.5cm×64cm	509,288	中国嘉德	2017-10-03
谢稚柳 芙蓉花开 立轴	94cm×44cm	172,500	上海匡时	2017-11-05
谢稚柳 芙蓉花开并行书诗 成扇	14cm×47cm	241,500	上海匡时	2017-11-05
谢稚柳 庚申（1980）年作 春山图 镜片	97cm×44.5cm	667,000	上海嘉禾	2017-07-02
谢稚柳 癸丑（1973）年作 溪山积翠 镜框	37cm×40.5cm	161,000	上海嘉禾	2017-07-02
谢稚柳 癸亥（1983）年作 霜入林丘 立轴	88cm×47cm	1,150,000	上海敬华	2017-07-01
谢稚柳 癸亥（1983）年作 秋谷图 立轴	89cm×48cm	437,000	上海嘉禾	2017-07-02
谢稚柳 癸亥（1983）年作 夏树图 立轴	89cm×47.5cm	300,000	上海驰翰	2017-06-26
谢稚柳 荷塘翠鸟 镜心	67cm×43cm	230,000	北京荣宝	2017-06-02
谢稚柳 荷塘鹡鸰 镜心	67cm×41.5cm	3,220,000	中国嘉德	2017-06-19
谢稚柳 红叶立鸟 立轴	74.5cm×33.2cm	449,735	纽约苏富比	2017-03-16
谢稚柳 红叶小鸟 镜心	27.5cm×34.5cm	166,750	荣宝斋（上海）	2017-07-30
谢稚柳 花卉（六帧）镜片	45cm×28cm；38cm×28cm；44cm×34cm；尺寸不一	805,000	上海嘉禾	2017-07-01
谢稚柳 花鸟 册页（十二开）	34cm×46cm×12	9,545,000	华艺国际	2017-11-25
谢稚柳 徽州墨兰 镜心	69.5cm×34cm	2,693,350	中国嘉德	2017-10-03
谢稚柳 己巳（1989年）作 绝谷茅亭 镜心	96cm×59cm	391,000	中国嘉德	2017-12-19
谢稚柳 己未（1979）年作 竹岭飞泉 立轴	45cm×97cm	460,000	朵云轩	2017-06-25
谢稚柳 己未（1979年）作 翠林泉声 立轴	133cm×66cm	920,000	中国嘉德	2017-09-02
谢稚柳 己未（1979年）作 泉声带雨 立轴	89cm×47.5cm	517,500	中国嘉德	2017-06-20
谢稚柳 甲申（1944年）作 梅竹双禽 立轴	66.5cm×58cm	920,000	中国嘉德	2017-06-19
谢稚柳 甲申（1944年）作 唐装仕女 镜心	102.5cm×36.2cm	3,220,000	中国嘉德	2017-12-18
谢稚柳 甲申（1944年）作 桃花山禽 镜心	76cm×39cm	1,127,000	中国嘉德	2017-03-31
谢稚柳 甲子（1984年）作 罗汉图 立轴	66.5cm×43cm	414,000	中国嘉德	2017-06-20
谢稚柳 江干策杖 立轴	66.5cm×37.5cm	690,000	荣宝斋（南京）	2017-09-10
谢稚柳 锦幛芙蓉图 手卷	引首97.5cm×21cm；画心128cm×21cm；题跋136.5cm×21cm	195,500	西泠拍卖	2017-07-15
谢稚柳 峻岭飞泉 立轴	76cm×39cm	287,500	朵云轩	2017-06-25
谢稚柳 漓江山色 立轴	54cm×50cm	230,000	北京保利	2017-12-17
谢稚柳 荔枝幽禽 立轴	78.5cm×35cm	287,500	北京诚轩	2017-06-18
谢稚柳 莲花 镜框	30cm×45.5cm	184,000	华艺国际	2017-05-27
谢稚柳 陆抑非 1946年作 花卉草虫 立轴	65cm×37cm	345,000	保利华谊	2017-12-08
谢稚柳 落墨牡丹 立轴	131cm×65cm	3,450,000	上海嘉禾	2017-07-01
谢稚柳 落墨三清图 镜片	69cm×40cm	172,500	上海泓盛	2017-06-27
谢稚柳 绿叶小鸟 立轴	77cm×36cm	292,404	中濠典藏	2017-05-22
谢稚柳 梅石 镜框	68cm×44cm	230,000	朵云轩	2017-06-25
谢稚柳 牡丹	26.5cm×27cm	397,731	中国嘉德	2017-05-29
谢稚柳 牡丹蝴蝶 镜框	30cm×45.5cm	184,000	华艺国际	2017-05-27
谢稚柳 鸟啼果熟 镜框	69.1cm×34.5cm	445,500	香港苏富比	2017-04-04
谢稚柳 青山绿水 立轴	82cm×58cm	4,310,820	佳士得	2017-05-30
谢稚柳 清溪茅屋 立轴	90cm×48cm	460,000	中贸圣佳	2017-06-19

拍品名称	物品尺寸	成交价RMB	拍卖公司	拍卖日期
谢稚柳 秋山晴色 立轴	94cm×43cm	271,518	中濠典藏	2017-05-22
谢稚柳 曲径山亭 镜片	68cm×136cm	805,000	朵云轩	2017-06-25
谢稚柳 泉谷松云 镜心	78cm×44cm	713,000	北京匡时	2017-06-03
谢稚柳 壬辰（1952年）作 西域降灵图 手卷	尺寸不一cm×7	575,000	中国嘉德	2017-04-01
谢稚柳 壬寅（1962）年作 荷花立轴	52cm×51cm	356,500	上海嘉禾	2017-07-02
谢稚柳 壬寅（1962年）作 花鸟四屏立轴	72cm×51cm×4	1,035,000	中国嘉德	2017-12-19
谢稚柳 容庚 吴灏 癸丑（1973）年作 花鸟七帧 书法各一帧 镜片	29cm×38.5cm×9	1,380,000	广东崇正	2017-12-13
谢稚柳 若瓢 山茶花 川兰 镜心	29.5cm×32cm×2	287,500	北京匡时	2017-06-03
谢稚柳 山泉下谷 镜心	91cm×47cm	184,000	北京翰海	2017-06-02
谢稚柳 山水册 镜心	27.5cm×25.5cm×4	517,500	北京匡时	2017-06-03
谢稚柳 山水花卉 册页（二十开）	32cm×21cm×20	2,070,000	中国嘉德	2017-12-18
谢稚柳 沈兆奎 庚寅（1950）年作 翠竹小鸟 行书 成扇		552,000	上海敬华	2017-07-01
谢稚柳 蜀中山色 立轴	89cm×65.5cm	977,500	北京荣宝	2017-06-02
谢稚柳 双骏图 镜片	89.5cm×42cm	2,012,500	西泠拍卖	2017-07-15
谢稚柳 松鹰图 镜心	69cm×69cm	230,000	北京匡时	2017-06-03
谢稚柳 戊辰（1988）年作 苍松尤翠 立轴	88cm×47cm	425,500	朵云轩	2017-12-14
谢稚柳 戊辰（1988）年作 春山晴色 立轴	133cm×67.5cm	2,070,000	上海嘉禾	2017-07-02
谢稚柳 戊午（1978）年作 荷花镜片	46cm×69cm	218,500	朵云轩	2017-06-25
谢稚柳 戊子（1948年）作 芙蓉镜心	46cm×38.5cm	552,000	中国嘉德	2017-06-19
谢稚柳 溪山暮霭图 手卷	画心36.5cm×140.5cm；引首36.5cm×93cm；题跋一36.5cm×58cm；题跋二27cm×60cm	2,070,000	上海嘉禾	2017-07-02
谢稚柳 辛未（1991）年作 松岭飞泉 立轴	136cm×67cm	1,207,500	上海嘉禾	2017-07-02
谢稚柳 新篁图 镜片	63cm×30cm	207,000	朵云轩	2017-04-20
谢稚柳 修竹寿桃 立轴	109cm×65cm	333,500	上海匡时	2017-11-05
谢稚柳 虚亭飞瀑 立轴	98cm×54cm	415,000	香港蘇富比	2017-10-02
谢稚柳 乙亥（1995）年作 行书七言联 镜片	138cm×69cm	218,500	上海嘉禾	2017-07-02
谢稚柳 乙酉（1945年）作 华山东峰 立轴	77.8cm×40cm	575,000	北京诚轩	2017-06-18
谢稚柳 早春图 立轴	61cm×46cm	218,500	中贸圣佳	2017-06-19
谢稚柳 张大千 癸未（1943）年作 红枫小鸟 镜片	62.5cm×24cm	897,000	朵云轩	2017-12-14
谢稚柳 枝头鸟趣 立轴	68cm×45cm	155,250	朵云轩	2017-12-14
谢稚柳 执扇仕女 镜框	104cm×31.6cm	1,756,260	佳士得	2017-05-30
辛绍民 2010年作 唐人游春图 镜框	120cm×240cm	322,000	上海东方	2017-12-10
辛绍民 2011年作 闲雅踏春风 镜框	120cm×240cm	230,000	上海东方	2017-06-25
新凤霞 吴欢 无量寿图 镜心	67.5cm×34cm	207,000	北京保利	2017-06-05
邢诚爱 母子情 镜框	64.5cm×65cm	170,200	佳士得	2017-11-28
邢诚爱 戏蝶 镜框	111.5cm×68cm	266,100	佳士得	2017-05-30
邢端 溥儒 楷书诗 山水 成扇	18cm×47cm	207,000	北京保利	2017-06-06
邢少臣 莫晓松 杜平让 李雪松 王政印 2013年作 荷风盛世	144cm×366cm	230,000	北京翰海	2017-12-16
熊海 1992年作 深山古寺 立轴	179cm×96.5cm	221,750	佳士得	2017-05-29
熊海 癸未（2003年）作 华山清泉 立轴	89.5cm×110cm	215,468	中国嘉德	2017-10-03
熊海 黄山天都峰 立轴	137.5cm×69.5cm	155,250	北京匡时	2017-12-03
熊红钢 2012年作 秋山高气图 镜片	142cm×70cm	322,000	西泠拍卖	2017-07-15

拍品名称	物品尺寸	成交价RMB	拍卖公司	拍卖日期
熊红钢 2012年作 秋山俊逸	136cm×68cm	230,000	北京翰海	2017-06-03
熊红钢 2013年作 大岳云涌 镜心	96.5cm×177cm	345,000	北京银座	2017-06-07
熊红钢 2013年作 静湖人家 镜心	69cm×138cm	184,000	北京荣宝	2017-12-02
熊红钢 2015年作 湖山含翠 镜心	69cm×138cm	178,250	北京荣宝	2017-12-02
熊红钢 2015年作 秋高云起 立轴	179cm×96cm	517,500	北京保利	2017-12-18
熊红钢 2016年作 云峰水亭 镜心	248cm×93cm	782,000	北京保利	2017-06-05
熊红钢 丙申（2016年）作 翠隐渔人 镜心	180cm×96.5cm	552,000	中国嘉德	2017-12-20
熊红钢 丙戌（2006年）作 山溪清流图 镜心	137cm×69cm	299,000	中国嘉德	2017-09-02
熊红钢 壬辰（2012年）作 苍崖含翠 镜心	136cm×68cm	414,000	中国嘉德	2017-04-01
徐邦达 1938年作 湾东钓艇 立轴	64.5cm×41.5cm	345,000	北京荣宝	2017-06-02
徐邦达 1990年作 小留香馆图 立轴	52cm×29cm	287,500	北京荣宝	2017-12-02
徐邦达 1991年作 云岭疏亭图 镜心	43.5cm×86.2cm	261,075	中濠典藏	2017-05-22
徐邦达 1997年作 仿元人《赏桂图》镜心	88cm×39cm	172,500	北京荣宝	2017-06-02
徐邦达 199年作 贵妃醉酒 立轴	126.5cm×37.5cm	483,000	上海明轩	2017-06-30
徐邦达 庚申（1980）年作 唐人诗意图 立轴	61cm×31cm	494,500	广东崇正	2017-06-14
徐邦达 湾东钓艇 立轴	64.5cm×41.5cm	287,500	荣宝斋（南京）	2017-09-10
徐悲鸿 1931年作 千里马 镜框	97.7cm×45.4cm	3,659,300	佳士得	2017-11-28
徐悲鸿 1934年作 鹤 立轴	110.5cm×35.5cm	920,000	中国嘉德	2017-12-18
徐悲鸿 1935年作 独立 镜心	133cm×65cm	2,530,000	北京荣宝	2017-06-02
徐悲鸿 1935年作 行书五言联 立轴	178.5cm×34.5cm×2	3,220,000	北京保利	2017-06-05
徐悲鸿 1935年作 行书五言联 立轴	135cm×33.5cm×2	1,840,000	北京荣宝	2017-06-02
徐悲鸿 1935年作 猫 立轴	107.8cm×36cm	797,813	佳士得	2017-11-28
徐悲鸿 1935年作 千里马 立轴	68.5cm×117cm	1,914,750	佳士得	2017-11-28
徐悲鸿 1935年作 天目山纪事 镜心	108cm×53.5cm	4,830,000	北京保利	2017-12-17
徐悲鸿 1935年作 战马 立轴	130.5cm×76.5cm	3,352,940	佳士得	2017-11-28
徐悲鸿 1935年作 竹石图 镜心	134cm×40.5cm	989,000	北京银座	2017-06-07
徐悲鸿 1936年作 立马 立轴	76cm×43cm	705,168	保利香港	2017-10-03
徐悲鸿 1937年作 立马 镜片	110cm×39cm	1,610,000	广东崇正	2017-12-13
徐悲鸿 1937年作 喜上枝头 镜框	64.5cm×33cm	1,495,000	华艺国际	2017-11-25
徐悲鸿 1937年作 枝头相伴 镜框		2,274,200	香港蘇富比	2017-10-02
徐悲鸿 1937年作 竹石图 立轴	111cm×28cm	920,000	华艺国际	2017-11-25
徐悲鸿 1938年作 奔马 镜心	75.5cm×101.5cm	920,000	中国嘉德	2017-12-19
徐悲鸿 1938年作 奔马图 镜心	51cm×74cm	1,840,000	观唐皕槯	2017-01-11
徐悲鸿 1938年作 春江饮马 立轴	133cm×53.5cm	10,925,000	福建东南	2017-10-28
徐悲鸿 1938年作 大吉图 立轴	107.5cm×34.5cm	3,450,000	北京荣宝	2017-06-02
徐悲鸿 1938年作 立马图 立轴	87cm×48cm	1,380,000	保利华谊	2017-12-08
徐悲鸿 1938年作 猫 镜框	108.5cm×41.5cm	1,543,380	佳士得	2017-05-30
徐悲鸿 1938年作 耄耋图 立轴	129.5cm×45.5cm	897,000	中国嘉德	2017-06-20
徐悲鸿 1938年作 秋风万里 镜心	109cm×62cm	5,175,000	保利山东	2017-10-29
徐悲鸿 1938年作 秋树八哥 镜心	36cm×67.5cm	897,000	中国嘉德	2017-12-18
徐悲鸿 1938年作 醒狮 镜心	71.5cm×61.5cm	9,430,000	北京保利	2017-12-17
徐悲鸿 1938年作 竹雀图 立轴	138.5cm×53cm	1,897,500	北京荣宝	2017-06-02
徐悲鸿 1939年作 奔马 镜心	69.5cm×99cm	2,070,000	福建东南	2017-10-28
徐悲鸿 1939年作 驰骋千里 镜框	103cm×66.6cm	5,063,000	香港蘇富比	2017-10-02
徐悲鸿 1939年作 大吉图 立轴	68cm×34.5cm	1,380,000	北京银座	2017-12-20
徐悲鸿 1939年作 飞扬跋扈为谁雄 立轴	154.7cm×82cm	14,027,000	香港蘇富比	2017-10-02
徐悲鸿 1939年作 楷书五言联 立轴	153.5cm×32cm×2	1,150,000	北京保利	2017-06-05
徐悲鸿 1939年作 马到成功 立轴	110cm×53cm	4,626,072	保利香港	2017-04-03
徐悲鸿 1939年作 视天梦梦 立轴	111cm×55.5cm	5,750,000	北京匡时	2017-06-03
徐悲鸿 1939年作 天马行空 立轴	104cm×59cm	632,500	北京匡时	2017-03-29
徐悲鸿 1939年作 喜上眉梢 立轴	31.5cm×50.5cm	404,225	佳士得	2017-11-28
徐悲鸿 1940年作 喜马拉雅疏林 立轴	63cm×46.5cm	897,000	中国嘉德	2017-12-19

拍品名称	物品尺寸	成交价RMB	拍卖公司	拍卖日期
徐悲鸿 1941年作 柏荫仕女图 立轴	152.5cm×78cm	11,040,000	上海匡时	2017-11-05
徐悲鸿 1941年作 奔马 立轴	69cm×45.5cm	1,035,000	中国嘉德	2017-06-19
徐悲鸿 1941年作 寒枝百雀图 镜心	85.5cm×73cm	2,070,000	北京翰海	2017-06-02
徐悲鸿 1941年作 行书五言联 立轴	151cm×32.5cm×2	1,610,000	北京荣宝	2017-06-02
徐悲鸿 1941年作 狸奴戏蝶 立轴	110.8cm×54.5cm	6,059,000	香港蘇富比	2017-10-02
徐悲鸿 1941年作 猫石图 镜框	49cm×44cm	1,782,500	北京荣宝	2017-12-02
徐悲鸿 1941年作 双清 立轴	100cm×34cm	437,000	上海明轩	2017-06-30
徐悲鸿 1941年作 枝头小鸟 镜心	48cm×20.5cm	241,500	北京银座	2017-06-07
徐悲鸿 1942年作 行书《中庸》镜心	95cm×44cm	207,000	北京荣宝	2017-06-02
徐悲鸿 1942年作 行书四言联 镜片	139.5cm×35cm×2	2,645,000	上海明轩	2017-06-30
徐悲鸿 1942年作 行书五言联 立轴	137cm×32.5cm×2	2,530,000	北京匡时	2017-06-03
徐悲鸿 1942年作 吼狮 立轴	104cm×64.2cm	2,740,220	佳士得	2017-11-28
徐悲鸿 1942年作 九雀 立轴	68cm×34cm	920,000	北京保利	2017-12-17
徐悲鸿 1942年作 狸猫图 立轴	132cm×48cm	230,000	北京翰海	2017-04-30
徐悲鸿 1942年作 猫戏图 立轴	98cm×45cm	2,875,000	华艺国际	2017-05-27
徐悲鸿 1942年作 群鹅图 立轴	80cm×36cm	2,875,000	观唐皕槯	2017-01-11
徐悲鸿 1942年作 四吉图 立轴	92cm×61cm	28,750,000	北京保利	2017-06-05
徐悲鸿 1942年作 一竿直上 镜心	89cm×29cm	552,000	北京保利	2017-12-16
徐悲鸿 1942年作 英雄独立图 立轴	107cm×33.5cm	3,680,000	观唐皕槯	2017-01-11
徐悲鸿 1943年作 奔马 立轴	101cm×61cm	28,750,000	北京保利	2017-12-17
徐悲鸿 1943年作 奔马图 镜心	75cm×55cm	4,715,000	上海匡时	2017-11-05
徐悲鸿 1943年作 立马 纸板镜框	56.1cm×57.8cm	1,595,625	佳士得	2017-11-28
徐悲鸿 1943年作 绿荫猫趣图 镜片	75cm×30cm	3,680,000	西泠拍卖	2017-07-15
徐悲鸿 1943年作 猫戏图 镜心	101cm×45cm	1,840,000	观唐皕槯	2017-01-11
徐悲鸿 1943年作 平安大吉 立轴	150cm×55cm	6,900,000	北京保利	2017-12-17
徐悲鸿 1943年作 平川立马图 立轴	89cm×54.5cm	3,917,600	北京匡时	2017-10-02
徐悲鸿 1943年作 秋风立马图 立轴	71cm×33cm	207,000	北京翰海	2017-04-30
徐悲鸿 1943年作 喜上枝头 立轴	65.5cm×34cm	1,610,000	北京荣宝	2017-06-02
徐悲鸿 1943年作 饮马图 镜心	81cm×30cm	1,150,000	北京匡时	2017-06-03
徐悲鸿 1943年作 鹰扬 镜片	76.5cm×57cm	1,495,000	广东崇正	2017-12-13
徐悲鸿 1943年作 竹石图 立轴	79cm×40.5cm	805,000	西泠拍卖	2017-07-15
徐悲鸿 1944年作 立马图 立轴	100cm×61cm	3,335,000	华艺国际	2017-05-27
徐悲鸿 1944年作 立马图 立轴	118cm×72cm	5,750,000	北京荣宝	2017-06-02
徐悲鸿 1944年作 凝视 立轴	62cm×35cm	1,265,000	北京保利	2017-12-17
徐悲鸿 1944年作 天马行空 立轴	100cm×62cm	8,510,000	保利华谊	2017-12-08
徐悲鸿 1944年作 跃进 立轴	104cm×61cm	23,575,000	中国嘉德	2017-06-19
徐悲鸿 1944年作 竹报平安 镜心	100cm×30cm	3,795,000	北京保利	2017-12-17
徐悲鸿 1945年作 奔马 立轴	78cm×43cm	1,556,250	香港蘇富比	2017-10-02
徐悲鸿 1945年作 奔马 立轴	77cm×43.5cm	1,725,000	中国嘉德	2017-12-19
徐悲鸿 1945年作 奔马图 镜心	98cm×55cm	8,740,000	北京荣宝	2017-06-02
徐悲鸿 1945年作 柳丝三喜图 镜框	95.5cm×31cm	1,725,000	北京华辰	2017-12-16
徐悲鸿 1945年作 三喜图 镜片	79cm×32cm	2,012,500	上海敬华	2017-07-01
徐悲鸿 1945年作 竹报平安 立轴	100.5cm×31cm	1,092,500	北京银座	2017-06-07
徐悲鸿 1946年作 猫石图 立轴	102cm×52cm	920,000	北京华辰	2017-06-04
徐悲鸿 1946年作 双喜图 立轴	80.5cm×34cm	1,380,000	北京匡时	2017-06-03
徐悲鸿 1946年作 万马奔腾 镜心	诗堂23cm×45.5cm；画89cm×45.5cm	13,711,600	保利香港	2017-10-03
徐悲鸿 1946年作 喜上梢头 镜心	78.5cm×40.5cm	1,495,000	上海匡时	2017-11-05
徐悲鸿 1947年作 奔马 镜心	106cm×53cm	4,830,000	北京保利	2017-06-05
徐悲鸿 1947年作 春喜图 立轴	81.5cm×35.5cm	345,000	北京翰海	2017-12-15
徐悲鸿 1947年作 猫 镜心	67cm×40cm	918,984	中濠典藏	2017-05-22
徐悲鸿 1947年作 桐荫狸奴 立轴	67cm×40cm	979,400	保利香港	2017-10-03
徐悲鸿 1948年作 奔马 镜心	108cm×56cm	4,600,000	北京保利	2017-12-17
徐悲鸿 1948年作 采芝图 立轴	110cm×68cm	28,750,000	上海嘉禾	2017-07-01
徐悲鸿 1948年作 立马图 镜心	70cm×44cm	2,300,000	观唐皕槯	2017-01-11
徐悲鸿 1949年作 立马图 立轴	82cm×40.5cm	1,380,000	北京匡时	2017-12-04
徐悲鸿 1950年作 奔马 镜心	61.5cm×99cm	5,750,000	中国嘉德	2017-06-19

拍品名称	物品尺寸	成交价RMB	拍卖公司	拍卖日期
徐悲鸿 1950年作 奔马图 镜心	画心55cm×90cm；诗塘14.5cm×90cm	4,600,000	北京银座	2017-06-07
徐悲鸿 1951年作 天马行空 立轴	87.5cm×55.2cm	7,787,340	香港苏富比	2017-04-04
徐悲鸿 奔马 镜心	78cm×106cm	4,887,500	北京匡时	2017-03-29
徐悲鸿 奔马 立轴	42.5cm×49.5cm	517,500	荣宝斋（上海）	2017-07-30
徐悲鸿 奔马图 镜心	106cm×105cm	3,450,000	北京保利	2017-08-02
徐悲鸿 丙子（1936年）作 乾坤峥嵘 立轴	130.5cm×77.5cm	18,400,000	中国嘉德	2017-06-19
徐悲鸿 苍松 立轴	133cm×33cm	1,610,000	北京荣宝	2017-06-02
徐悲鸿 大吉图 立轴	76cm×45.5cm	2,185,000	荣宝斋（济南）	2017-06-10
徐悲鸿 丁亥（1947年）作 猫石图 镜心	29cm×40cm	437,000	中国嘉德	2017-09-02
徐悲鸿 丁亥（1947年）作 喜气立轴	111cm×37cm	5,750,000	中国嘉德	2017-12-18
徐悲鸿 庚午（1930年）作 牧牛图 立轴	85cm×52cm	5,750,000	中国嘉德	2017-06-19
徐悲鸿 癸未（1943）年作 奔马立轴	95cm×48cm	1,840,000	上海敬华	2017-07-01
徐悲鸿 癸未（1943年）作 春柳喜鹊 立轴	81.5cm×30.5cm	2,587,500	中国嘉德	2017-12-19
徐悲鸿 癸未（1943年）作 立马镜心	110cm×62cm	5,750,000	中国嘉德	2017-06-19
徐悲鸿 癸未（1943年）作 室上大吉 镜心	74.5cm×52cm	5,290,000	中国嘉德	2017-06-19
徐悲鸿 癸未（1943年）作 桐阴独坐惹愁思 立轴	104cm×35.5cm	4,600,000	北京诚轩	2017-06-18
徐悲鸿 行书《诗经》句 立轴	66cm×29.5cm	414,000	中国嘉德	2017-12-19
徐悲鸿 红叶双喜 镜心	48cm×46.5cm	3,220,000	荣宝斋（上海）	2017-07-30
徐悲鸿 甲申（1944年）作 钟馗立轴	101cm×61.5cm	11,270,000	中国嘉德	2017-12-18
徐悲鸿 李烈钧 1934年作 雄鸡 对联 立轴	112cm×53cm；173cm×46cm×2	2,530,000	北京荣宝	2017-06-02
徐悲鸿 立马图 立轴	45cm×72cm	2,211,000	湖北中盛	2017-12-03
徐悲鸿 柳雀图 立轴	72cm×34cm	207,000	北京保利	2017-11-10
徐悲鸿 梅竹双清 立轴	81cm×46cm	1,610,000	荣宝斋（南京）	2017-09-10
徐悲鸿 廿七年除夕（1939）作 雄鸡一唱天下白 镜心	79.8cm×34.8cm	805,000	北京诚轩	2017-06-18
徐悲鸿 廿四年（1935）作 迥立向苍苍 立轴	104.6cm×56cm	483,000	北京诚轩	2017-06-18
徐悲鸿 女娃 镜心	17.5cm×11.5cm	506,000	上海匡时	2017-11-05
徐悲鸿 齐白石 1948年作 捕鼠图镜框	62.5cm×45cm	665,250	佳士得	2017-05-30
徐悲鸿 齐白石 1948年作 无稽之谈 立轴	100.5cm×34.5cm	1,787,346	保利香港	2017-04-03
徐悲鸿 虬龙 立轴	41.6cm×84.5cm	632,500	荣宝斋（济南）	2017-12-08
徐悲鸿 虬松图 镜心	53cm×95.5cm	1,035,000	上海匡时	2017-11-05
徐悲鸿 壬午（1942）年作 马 镜片	105cm×55cm	5,002,500	广东崇正	2017-12-13
徐悲鸿 壬午（1942年）作 日长如小年 立轴	80.4cm×35.6cm	3,047,500	北京诚轩	2017-06-18
徐悲鸿 壬午（1942年）作 三吉图 立轴	91cm×59.5cm	5,520,000	中国嘉德	2017-12-18
徐悲鸿 日长如小年 立轴	69cm×35cm	828,000	荣宝斋（济南）	2017-06-10
徐悲鸿 书法 立轴	110cm×38cm	172,500	南京经典	2017-07-23

拍品名称	物品尺寸	成交价RMB	拍卖公司	拍卖日期
徐悲鸿 双马 立轴	108cm×56cm	18,500,000	荣宝斋（济南）	2017-06-10
徐悲鸿 倘得优游销岁月 镜心	68cm×97cm	6,670,000	保利厦门	2017-06-25
徐悲鸿 桃花湖石 立轴	62cm×32.5cm	483,000	广东崇正	2017-12-13
徐悲鸿 五花散作云满身 镜心	39cm×29.5cm	1,322,500	北京诚轩	2017-06-18
徐悲鸿 戊寅（1938年）作 暗香浮动 行书 镜心 立轴	画110cm×62cm；字27.5cm×27.5cm	4,025,000	中国嘉德	2017-12-18
徐悲鸿 戊寅（1938年）作 猫 立轴	25cm×33cm	977,500	福建东南	2017-05-21
徐悲鸿 戊寅（1938年）作 喜气立轴	63cm×96cm	17,825,000	中国嘉德	2017-06-19
徐悲鸿 戊子（1948年）作 耄耋图 镜心	60cm×35.5cm	575,000	中国嘉德	2017-12-18
徐悲鸿 喜鹊 立轴	66cm×30.5cm	920,000	北京荣宝	2017-06-02
徐悲鸿 喜鹊登梅 立轴	84cm×25cm	782,000	北京匡时	2017-06-03
徐悲鸿 辛巳 1941年作 猫石图 镜心	49cm×44cm	1,667,500	北京华辰	2017-06-04
徐悲鸿 辛巳（1941年）作 奔马镜心	93cm×69.5cm	2,530,000	中国嘉德	2017-12-18
徐悲鸿 辛巳（1941年）作 马 立轴	45.5cm×34.5cm	1,150,000	中国嘉德	2017-12-19
徐悲鸿 辛未（1931年）作 双马立轴	47cm×48.3cm	2,300,000	中国嘉德	2017-12-18
徐悲鸿 辛未（1931年）作 雄狮立轴	45.5cm×82cm	2,415,000	中国嘉德	2017-12-18
徐悲鸿 雄狮 镜片	51.8cm×82cm	5,732,392	纽约苏富比	2017-03-16
徐悲鸿 杨柳八哥 立轴	130cm×32cm	5,175,000	荣宝斋（南京）	2017-07-08
徐悲鸿 杨仲子 1935年作 回顾 篆书十言联 立轴	112cm×56cm×2	6,900,000	北京保利	2017-12-17
徐悲鸿 乙亥（1935）年作 猫戏图 立轴	130.5cm×56cm	2,242,500	朵云轩	2017-12-14
徐悲鸿 乙亥（1935年）作 蜀妇汲水图 立轴	66cm×115cm	13,800,000	中国嘉德	2017-06-19
徐悲鸿 饮马出长城 镜片	107.5cm×56.5cm	850,000	上海驰翰	2017-11-03
徐悲鸿 饮马图 立轴	98cm×56cm	8,050,000	荣宝斋（南京）	2017-07-08
徐悲鸿 赵少昂 甲戌（1934）年作 劲草飞雀 镜框	58cm×69cm	287,500	朵云轩	2017-12-14
徐悲鸿 赵少昂 戊子（1948）年作 柳雀图 镜片	68cm×33cm	747,500	广东崇正	2017-06-15
徐悲鸿 濯足万里之流 行书五言联 镜心	110cm×55cm；110cm×27cm×2	4,715,000	北京保利	2017-11-10
徐冰 2001年 毛主席语录——在延安文艺座谈会上的讲话（四联作）	227.5cm×70cm×4	6,440,000	中国嘉德	2017-12-19
徐冰 艺术的赤诚	86.3cm×57.2cm	161,000	北京匡时	2017-06-03
徐渤 草书七言诗 立轴	128cm×40.5cm	313,290	中濠典藏	2017-05-22
徐操 1930年作 花鸟 立轴	83.5cm×36.5cm	195,500	北京翰海	2017-01-08
徐操 1936年作 千秋舞马图 镜心	130cm×54.5cm	897,000	观唐皕榷	2017-01-11
徐操 1940年作 控马图 立轴	119cm×43cm	287,500	保利华谊	2017-12-08
徐操 1942年作 仕女 立轴	105cm×40cm	161,000	北京匡时	2017-12-03
徐操 1948年作 孙姬试剑图 横幅镜心	41.5cm×75cm	322,000	北京翰海	2017-06-02
徐操 1948年作 孙姬试剑图 镜心	41cm×74cm	276,000	上海匡时	2017-11-05
徐操 郇女图 立轴	105.5cm×40cm	172,500	北京翰海	2017-06-02
徐操 董学论 1937年作 1936年作 钟馗徙宅图 书法 成扇	18.5cm×44cm	191,475	佳士得	2017-11-28
徐操 历史人物 立轴	172cm×90cm	207,000	北京翰海	2017-12-15
徐操 罗复堪 1937年作 高士听泉图·行书诗 成扇	18.5cm×50cm×2	161,000	北京银座	2017-06-07
徐操 美人春思图 镜心	117.5cm×44cm	287,500	北京银座	2017-06-07
徐操 壬申（1932）年作 炼雪图立轴	136cm×51cm	897,000	广东崇正	2017-12-13

拍品名称	物品尺寸	成交价RMB	拍卖公司	拍卖日期
徐操 石李龙问道图 镜心	100.5cm×41cm	287,500	北京翰海	2017-06-02
徐操 纨扇仕女 立轴	156.5cm×67cm	356,500	北京匡时	2017-03-29
徐操 许经 1934年作 钟馗嫁妹图并篆书文 成扇	19cm×52cm	747,500	上海匡时	2017-11-05
徐操 章士钊 1936年作 风尘三侠书法 成扇	19cm×51cm	172,500	华艺国际	2017-05-27
徐华翎 2005年作 花儿与少年	170cm×130cm	322,000	北京翰海	2017-06-03
徐华翎 2005年作 香	109cm×69cm	172,500	北京翰海	2017-06-03
徐华翎 花丛中	169cm×129cm	253,000	西泠拍卖	2017-07-16
徐华翎 香 镜心	159cm×100cm	333,500	中国嘉德	2017-12-20
徐华翎 之·间 镜心	150cm×90cm	644,000	中国嘉德	2017-12-20
徐华翎 之·间37 镜心	60.0cm×75.5cm	253,000	中国嘉德	2017-06-21
徐华翎 之·间五十七 镜心	52cm×42cm	276,000	中国嘉德	2017-04-01
徐九龙 2016年作 万事吉祥 镜心	135cm×69cm	230,000	北京保利	2017-06-05
徐九龙 2017年作 金玉满堂 镜心	135cm×69cm	241,500	北京保利	2017-12-18
徐乐乐 1996年作 赏画图 镜心	110cm×37cm	494,500	北京荣宝	2017-12-02
徐乐乐 2000年作 秋菊笛声 镜心	70cm×46cm	333,500	北京荣宝	2017-12-02
徐乐乐 2004年作 虎溪三笑图 镜心	45cm×70cm	322,000	北京荣宝	2017-12-02
徐乐乐 2005年作 扑蝶图 扇面	26cm×46cm	177,531	中濠典藏	2017-05-22
徐乐乐 2005年作 钟进士不愿嫁妹图 镜心	46.5cm×69cm	287,500	北京匡时	2017-06-03
徐乐乐 2006年作 乘槎探河图 镜心	90.5cm×28cm	264,500	北京荣宝	2017-12-02
徐乐乐 2006年作 蜀中枇杷图 镜心	66cm×27cm	178,250	北京荣宝	2017-12-02
徐乐乐 2006年作 杏园煮酒图 镜心	70cm×34cm	241,500	北京荣宝	2017-12-02
徐乐乐 2006年作 钟进士训教图 镜心	46.5cm×34.5cm	172,500	北京荣宝	2017-12-02
徐乐乐 2006年作 自在飞花轻似梦 镜心	70cm×34.5cm	287,500	北京荣宝	2017-12-02
徐乐乐 2016年作 练功图 册页	34.8cm×46cm×10	920,000	北京匡时	2017-12-03
徐乐乐 布袋和尚 镜心	69cm×46cm	230,000	中贸圣佳	2017-06-19
徐乐乐 敦煌梦影图 镜心	59cm×138cm	1,702,000	南京经典	2017-07-23
徐乐乐 宫乐图 镜心	70cm×34cm	253,000	荣宝斋（上海）	2017-07-30
徐乐乐 宫乐图 镜心	70cm×34cm	230,000	荣宝斋（上海）	2017-07-30
徐乐乐 胡服美人图 镜心	70cm×34cm	241,500	荣宝斋（上海）	2017-07-30
徐乐乐 己卯（1999年）作 人物画 册页（八开）	41.0cm×29.0cm×8	460,000	中国嘉德	2017-06-21
徐乐乐 将士图 镜心	70cm×34.5cm	230,000	荣宝斋（上海）	2017-07-30
徐乐乐 金翅天使图 镜心	97cm×60cm	782,000	南京经典	2017-07-23
徐乐乐 金发女郎 镜心	32cm×34cm	172,500	北京荣宝	2017-06-02
徐乐乐 门吏 镜心	70cm×34.5cm	230,000	荣宝斋（上海）	2017-07-30
徐乐乐 清明宴图 镜心	66cm×135cm	2,300,000	中贸圣佳	2017-06-19
徐乐乐 善财童子图 镜心	49cm×48.5cm	402,500	北京荣宝	2017-06-02
徐乐乐 书写女子 镜心	70cm×34.5cm	218,500	荣宝斋（上海）	2017-07-30
徐乐乐 演乐女子 镜心	70cm×34.5cm	253,000	荣宝斋（上海）	2017-07-30
徐乐乐 乙未（2015年）作 飞天散花图 镜心	87cm×83cm	368,000	中国嘉德	2017-12-20
徐乐乐 乙酉（2005年）作 文姬思汉 镜心	46cm×70cm	276,000	中国嘉德	2017-12-20
徐乐乐 弈棋仕女 镜心	70cm×34cm	241,500	荣宝斋（上海）	2017-07-30
徐乐乐 簪花仕女 镜心	70cm×34cm	230,000	荣宝斋（上海）	2017-07-30
徐累 1993年作 栖 镜框	58cm×45cm	363,125	香港蘇富比	2017-10-02

拍品名称	物品尺寸	成交价RMB	拍卖公司	拍卖日期
徐累 1997年作 断梦 镜框	64cm×50.5cm	518,750	香港蘇富比	2017-10-02
徐累 2009年作 龙壁	166cm×143cm	2,300,000	北京保利	2017-12-16
徐累 2014年作 Green Mountain After Rain	89.5cm×148.5cm	2,880,000	佳士得（上海）	2017-09-24
徐累 2014年作 马．逸 镜框	88cm×148cm	2,535,980	佳士得	2017-11-27
徐累 2014年作 气与骨—董其昌	88.5cm×91cm	1,069,200	保利香港	2017-04-03
徐累 龙 镜框	84.8cm×63.2cm	1,225,125	香港苏富比	2017-04-04
徐累 霓石 镜框	45.5cm×64cm	425,500	佳士得	2017-11-27
徐里 2014年作 富尼尔雪山 镜心	68cm×137cm	368,000	北京荣宝	2017-06-02
徐里 2016年作 山岚晴秀图 镜心	136.5cm×69cm	368,000	北京荣宝	2017-12-02
徐青峰 黑天鹅 镜心	直径68cm	218,500	北京保利	2017-06-05
徐青峰 天鹅 镜心	68cm×69cm	172,500	荣宝斋（济南）	2017-06-10
徐生翁 行书七言联 对联	131cm×31cm×2	220,000	上海驰翰	2017-06-26
徐生翁 行书七言联 立轴	130cm×30cm×2	230,000	广东崇正	2017-12-13
徐生翁 行书四屏 立轴	147cm×39.5cm×4	943,000	北京匡时	2017-12-04
徐世昌 1934年作 行书临王羲之帖 手卷	35.5cm×1080cm	747,500	北京匡时	2017-12-04
徐世昌 丙寅（1926）年作 临王献之帖 手卷	42cm×490.5cm	414,000	朵云轩	2017-12-14
徐世昌 行书（四幅）镜心	133cm×32.5cm×4	230,000	朵云轩	2017-06-25
徐世昌 行书 七言联 对联	171cm×39cm×2	184,000	西泠拍卖	2017-05-05
徐世昌 行书“临苏东坡卷”手卷	18cm×522cm	632,500	荣宝斋（南京）	2017-07-08
徐世昌 行书《苏帖》手卷	引首 35cm×81cm；字 35.5cm×260cm	241,500	中国嘉德	2017-12-19
徐世昌 行书八言联 立轴	209cm×34cm×2	155,250	北京荣宝	2017-06-02
徐世昌 行书七言 对联	189cm×45cm×2	460,000	朵云轩	2017-12-14
徐世昌 行书七言联 镜心	166cm×40cm×2	287,500	中国嘉德	2017-06-20
徐世昌 行书七言联 立轴	174cm×43cm×2	218,500	北京保利	2017-11-10
徐世昌 行书七言联 立轴	149.5cm×30cm×2	161,000	北京匡时	2017-12-04
徐世昌 行书七言联 立轴	164cm×37cm×2	161,000	北京匡时	2017-12-04
徐世昌 行书七言联 立轴	166cm×41cm×2	195,500	北京匡时	2017-06-04
徐世昌 行书七言联 立轴	173.5cm×43cm×2	218,500	北京匡时	2017-06-04
徐世昌 行书五言联 立轴	242cm×59.5cm×2	345,000	中国嘉德	2017-06-20
徐世昌 行书五言联 立轴	239cm×57cm×2	391,000	中国嘉德	2017-06-19
徐世昌 临十七帖 四屏立轴	132cm×33cm×4	207,000	中国嘉德	2017-12-18
徐世昌 戊午（1918）年作 行书七言 对联	173cm×40cm×2	201,250	朵云轩	2017-12-14
徐无闻 1985年作 中山王书法 四屏轴	32cm×134cm×4	460,000	八益拍卖	2017-09-24
徐砚《玉合记》插图 镜心	29cm×42cm×16	172,500	北京银座	2017-06-07
徐砚 戏曲人物 手卷	29cm×426cm	322,000	观唐皕榷	2017-01-11
徐义生 2009年作 秦中自古帝王州 镜心	124cm×247.5cm	747,500	北京匡时	2017-12-03
徐峄 仿新罗山水笔意 册页（十二开）	17.8cm×27cm×12	241,500	中国嘉德	2017-12-20
徐玥 芬陀仙伴 立轴	93.5cm×47.8cm	570,625	香港蘇富比	2017-10-02
徐子鹤 吴华源 1947年作 仕女 书法 成扇	18cm×47cm	172,500	华艺国际	2017-05-27
徐宗浩 1951年作 墨竹图 手卷	36.9cm×859cm	575,000	北京荣宝	2017-04-02
许麟庐 2003年作事事大吉图 镜心	137cm×69cm	1,044,300	中濠典藏	2017-05-22
许麟庐 2004年作吉庆有余图 镜心	137cm×69cm	1,044,300	中濠典藏	2017-05-22
许麟庐 高瞻远瞩 立轴	130cm×68cm	345,000	荣宝斋（南京）	2017-07-08
许麟庐 花卉 册页（十二开）	30.5cm×41cm×12	483,000	广东崇正	2017-06-14
许麟庐 清气图 镜片	138cm×68cm	345,000	广东崇正	2017-06-14
许麟庐 秋艳图 立轴	137cm×68cm	172,500	北京荣宝	2017-12-02
许麟庐 秋英烂漫图 镜片	138cm×69.5cm	345,000	广东崇正	2017-06-14

2017书画拍卖成交汇总

(成交价RMB：15万元以上)

拍品名称	物品尺寸	成交价RMB	拍卖公司	拍卖日期
许麟庐 鹰 立轴	240cm×122.5cm	178,250	荣宝斋（济南）	2017-06-10
许麟庐 紫藤图 镜心	140cm×70cm	322,000	观唐皕榷	2017-01-11
许钦松 2013年作 南岭晴晖	69cm×137cm	1,035,000	北京翰海	2017-06-03
许钦松 2013年作 松谷云深	97cm×180cm	2,530,000	北京翰海	2017-06-03
许钦松 2014年作 春山云林	69cm×137cm	920,000	北京翰海	2017-06-03
许钦松 2014年作 寒泉	69cm×137cm	862,500	北京翰海	2017-06-03
许钦松 2014年作 山泉细语	69cm×137cm	1,035,000	北京翰海	2017-06-03
许钦松 2014年作 山溪	69cm×137cm	920,000	北京翰海	2017-06-03
许钦松 2014年作 溪流	69cm×137cm	977,500	北京翰海	2017-06-03
许钦松 2014年作 小溪涓流	69cm×137cm	1,035,000	北京翰海	2017-06-03
许钦松 2014年作 岩道	69cm×137cm	1,092,500	北京翰海	2017-06-03
许钦松 2017年作 南岭春晖 镜心	96cm×177cm	2,185,000	北京保利	2017-06-05
许钦松 2017年作 松谷清晓	91cm×180cm	2,530,000	北京翰海	2017-06-03
许世英 1938年作 楷书廿一言联 立轴	各 131.6cm×20.8cm	189,338	香港苏富比	2017-04-04
薛海涛 2016年作 松鹰图 镜心	132cm×65.5cm	184,000	北京荣宝	2017-09-24
薛海涛 2017年作 春色 镜心	179cm×97cm	345,000	北京荣宝	2017-09-24
薛亮 2003年作 青山绿水图 镜心	48cm×44cm	218,500	观唐皕榷	2017-01-11
薛亮 2007年作 达摩悟道图 镜心	49cm×50cm	253,000	上海匡时	2017-11-05
薛亮 2008年作 黔山生态图 镜心	47.5cm×179cm	1,253,160	中濠典藏	2017-05-22
薛亮 春潮图 秋江云自秋水生 镜心	49cm×49.5cm×2	920,000	北京匡时	2017-06-03
薛亮 春风染碧山 镜心	34.5cm×138cm	391,000	荣宝斋（南京）	2017-07-08
薛亮 黔山生态图 镜心	97cm×180cm	1,150,000	南京经典	2017-07-23
薛亮 万山红遍 镜心	50cm×50cm	241,500	南京经典	2017-07-23
薛宣林 1988年作 牛 镜心	101cm×133cm	575,000	北京保利	2017-12-18
亚明 1973年作 钟山晴晓 镜心	145cm×275cm	3,220,000	北京保利	2017-06-05
亚明 1981年作 江畔思归 镜框	69.5cm×69.2cm	155,625	香港蘇富比	2017-10-02
亚明 1983年作 莫斯科写生 镜心	69cm×46cm	161,000	北京匡时	2017-12-03
亚明 1988年作 郑板桥诗意图 立轴	136cm×68cm	218,500	观唐皕榷	2017-01-11
亚明 1993年作 山水（四条）镜心	34cm×45cm×4	161,000	北京荣宝	2017-06-02
亚明 1993年作 宋人诗意 镜心	66.5cm×90cm	345,000	北京荣宝	2017-06-02
亚明 1998年作 采菊东篱 镜心	138.6cm×69cm	460,000	北京荣宝	2017-04-02
亚明 春雨江南 立轴	60cm×48cm	161,000	荣宝斋（济南）	2017-06-10
亚明 虎溪三笑 立轴	136cm×69cm	172,500	荣宝斋（济南）	2017-06-10
亚明 列宁格勒 镜心	68cm×45.5cm	167,466	中国嘉德	2017-05-29
亚明 列宁格勒郊外所见 镜心	69cm×49cm	150,627	中金国际	2017-11-25
亚明 启功 高士图 行书 宫扇	24cm×24.5cm	200,000	上海驰翰	2017-06-26
亚明 宋文治 魏紫熙 山水（三帧）镜心	32.5cm×46cm×3	161,000	中国嘉德	2017-12-19
严信厚 1903年作 行书 四屏立轴	248cm×59cm×4	189,750	北京银座	2017-12-20
阎锡山 行书哲语 立轴	139cm×35cm×2；136cm×32cm×2	345,000	上海匡时	2017-11-05
颜伯龙 1926年作 红叶栖鹰 立轴	149cm×39cm	184,000	北京荣宝	2017-04-02
颜伯龙 1939年作 春庭猫趣 镜心	106cm×32cm	287,500	北京翰海	2017-06-02
颜伯龙 1941年作 双雀图 镜心	127cm×31.8cm	301,254	中金国际	2017-11-25
颜伯龙 1943年作 花鸟四屏 镜心	104cm×35cm×4	379,500	北京翰海	2017-04-30
颜伯龙 1943年作 松石绶带 立轴	98.5cm×31cm	322,000	北京翰海	2017-06-02
颜伯龙 1944年作 松寿图 镜心	98cm×34cm	253,000	北京翰海	2017-12-15
颜伯龙 1945年作 松寿图 立轴	97.5cm×33.5cm	264,500	北京翰海	2017-12-15
颜伯龙 1946年作 三公寿喜 立轴	101cm×34cm	184,000	北京翰海	2017-12-15
颜伯龙 1946年作 松涧三猿 镜心	101.5cm×34cm	299,000	北京翰海	2017-06-02
颜伯龙 1948年作 白鹅引颈 立轴	100.5cm×33.5cm	161,000	北京翰海	2017-06-02
颜伯龙 春意盎然 镜心	100cm×33cm	172,500	北京匡时	2017-06-03
颜伯龙 仿新罗山人笔意 镜心	100.5cm×34cm	172,500	北京匡时	2017-06-03
颜伯龙 芙蓉双鸡 立轴	123cm×28cm	230,000	荣宝斋（济南）	2017-12-08
颜伯龙 癸酉（1933年）作 老僧坐禅图 立轴	116cm×47cm	230,000	中国嘉德	2017-12-19
颜伯龙 癸酉（1933年）作 罗汉图 立轴	110cm×39cm	161,000	中国嘉德	2017-09-02
颜伯龙 红叶双禽 立轴	63cm×31cm	184,000	北京翰海	2017-12-15
颜伯龙 乙酉（1945）年作 百鸟朝凤 镜片	138.5cm×69.5cm	793,500	上海嘉禾	2017-07-01
颜伯龙 周颂椒 1943年作 花鸟 书法 成扇	18cm×49cm	310,500	华艺国际	2017-05-27
颜文樑 渔舟唱晚 镜心	30.5cm×40cm	244,850	中国嘉德	2017-10-03
晏济元 1990年作 笔底银河 镜框	136cm×67cm	253,000	华艺国际	2017-05-27
晏济元 执扇仕女 镜片	120.5cm×48.5cm	575,000	广东崇正	2017-06-15
燕敦俭 红霞万朵百重衣 镜心	67cm×135cm	333,500	北京翰海	2017-09-10
燕敦俭 天地一沙鸥 镜心	94cm×85cm	310,500	北京翰海	2017-09-10
阳■弟 甲午（2014年）作 江南墨韵 镜心	80cm×123cm	184,000	广东保利	2017-11-26
杨德衡 2014年作 静夜思 镜心	131cm×66cm	172,500	北京保利	2017-12-18
杨德衡 2016年作 亲情图 镜心	78.9cm×45.9cm	172,500	北京保利	2017-06-05
杨德玉 金秋图 镜框	120cm×240cm	264,500	上海东方	2017-12-10
杨德玉 清露 镜框	120cm×240cm	230,000	上海东方	2017-12-10
杨度 隶书五言联 立轴	150.5cm×40cm×2	322,000	中国嘉德	2017-06-20
杨佴旻 2016年作 原野	68cm×136cm	2,127,500	北京翰海	2017-12-16
杨佴旻 2017年作 天鹅湖	69cm×138cm	1,725,000	北京翰海	2017-06-03
杨佴旻 2017年作 途	68cm×68cm	805,000	北京翰海	2017-12-16
杨明义 2016年作 江南月 镜心	69cm×138cm	287,500	北京保利	2017-06-05
杨善深 1953年作 司晨伴侣 立轴	119.5cm×48cm	354,800	佳士得	2017-05-30
杨善深 1967年作 阖家欢 立轴	102.5cm×60cm	207,000	北京银座	2017-12-20
杨善深 1981年作 吉庆团圆 镜框	34.5cm×98.5cm	178,200	香港苏富比	2017-04-04
杨善深 1986年作 春风 册页（十一开）	绘画 35cm×49.5cm×10；书法 35cm×49.5cm×3	509,288	北京匡时	2017-10-02
杨善深 1988年作 双鸭 镜心	42.6cm×51.7cm；43.2cm×51.5cm	150,627	中金国际	2017-11-25
杨善深 1988年作 游山寻诗图 镜片	177cm×72.5cm	207,000	西泠拍卖	2017-07-15
杨善深 1989年作 深山静读 镜框	95.6cm×179cm	1,725,000	华艺国际	2017-11-25
杨善深 1995年作 苍鹰图 立轴	174.5cm×46.5cm	552,000	上海匡时	2017-11-05
杨善深 2000年作 白马寺 镜框	65cm×133cm	632,500	华艺国际	2017-11-25
杨善深 2000年作 群鸡 镜框	48cm×180cm	354,800	佳士得	2017-05-30
杨善深 2001年作 合浦珠城 镜框	57.5cm×143.5cm	172,500	华艺国际	2017-11-25
杨善深 2001年作 忆西湖旧游 镜心	48.5cm×180cm	2,070,000	北京荣宝	2017-12-02
杨善深 残荷鸳鸯 立轴		190,273	纽约苏富比	2017-03-16
杨善深 苍鹰 镜心	180cm×97cm	3,012,540	中金国际	2017-11-25
杨善深 丁未（1967年）作 合家欢 立轴	102.5cm×60cm	167,466	中国嘉德	2017-05-29
杨善深 癸亥（1983年）作 十二生肖图 册页（十二开）	36cm×48cm×12	4,255,000	中国嘉德	2017-12-18
杨善深 行旅图 立轴	133cm×66cm	172,500	中贸圣佳	2017-06-19
杨善深 花果杂册（十帧）镜心	32cm×34.5cm×10	156,704	保利香港	2017-10-03
杨善深 罗宝山 1944年作 人物故事 四屏立轴	128.5cm×37cm×4	161,000	北京匡时	2017-06-03
杨善深 壬子（1972年）作 红荷 镜心	48cm×89cm	215,468	中国嘉德	2017-10-03
杨善深 深山行旅图・行书七言联 镜心	61cm×91cm；138cm×35cm×2	262,845	保利香港	2017-04-03
杨善深 雄鸡・行书五言联 镜心	75cm×41.5cm；138cm×35cm×2	168,221	保利香港	2017-04-03
杨善深 烟雨荷塘 镜片	104.7cm×53.5cm	155,678	纽约苏富比	2017-03-16
杨善深 鱼乐图 立轴	105cm×30cm	445,500	香港苏富比	2017-04-04
杨世勇 2017年作 山水	50cm×96cm	207,000	北京翰海	2017-12-16
杨世勇 2017年作 山水（四帧）	直径42cm×4	207,000	北京翰海	2017-06-03

拍品名称	物品尺寸	成交价RMB	拍卖公司	拍卖日期
杨世勇 2017年作 雪山	96cm×50cm	207,000	北京翰海	2017-12-16
杨涛 2015年作 篆书陆游诗 镜心	246cm×123cm	299,000	北京荣宝	2017-12-02
杨廷鉴 行书节录《简明医彀》序 立轴	224.5cm×67cm	172,500	中国嘉德	2017-12-20
杨夏林 石榕苍龙 镜心	68cm×99.5cm	172,500	保利厦门	2017-06-26
杨先让 1977年作 大庆油田会战横披	124cm×198cm	1,035,000	广东崇正	2017-06-14
杨晓阳 2012年作 晨妆 横幅	48cm×175cm	240,189	中濠典藏	2017-05-22
杨新收 2016年作 龙井神游 镜心	138cm×47cm	172,500	北京保利	2017-06-05
杨延文 1986年作 漓江晴日图 镜心	88cm×95cm	287,500	北京荣宝	2017-04-02
杨延文 1987年作 掩映竹篱三两家 镜心	66cm×135cm	172,500	北京诚轩	2017-06-18
杨延文 1990年作 醉翁亭 镜心	137cm×67cm	172,500	北京荣宝	2017-06-02
杨彦 宋人诗意图 镜心	53cm×45.5cm×4	287,500	中国嘉德	2017-12-20
杨耀忠 2017年作 含笑春风 镜框	90cm×248cm	253,000	上海东方	2017-06-25
杨长槐 雄关漫道真如铁 镜心	123cm×110cm	437,000	北京荣宝	2017-06-02
杨之光 1968年作 火车大夫 镜框	180cm×360cm	5,060,000	上海东方	2017-06-25
杨之光 1981年作 亲亲 立轴	68.5cm×45.5cm	245,025	香港苏富比	2017-04-04
杨之光 1991年作 藏原放牧 镜框	69.1cm×111.8cm	415,000	香港蘇富比	2017-10-02
杨之光 1993年作 牧羊女 立轴	177cm×96cm	713,000	华艺国际	2017-11-25
杨之光 2003年作 天鹅湖 镜心	38cm×54cm	189,750	上海匡时	2017-11-05
杨之光 芭蕾舞 镜框	83cm×154cm	1,265,000	华艺国际	2017-11-25
杨之光 丙子（1996）年作 裸女镜片	87cm×59cm	632,500	广东崇正	2017-06-15
杨之光 藏舞 镜片	74cm×67cm	184,000	广东崇正	2017-06-15
杨之光 朝鲜舞 立轴	69cm×47cm	172,500	广东崇正	2017-06-15
杨之光 反弹琵琶 镜片	138cm×70cm	805,000	华艺国际	2017-11-25
杨之光 庚申（1980）年作 维吾尔族少女 立轴	69cm×46cm	230,000	广东崇正	2017-06-15
杨之光 癸亥（1983）年作 新疆舞 立轴	96.5cm×59.5cm	172,500	广东崇正	2017-12-13
杨之光 癸未（2003）年作 西班牙舞 镜片	68cm×137cm	1,437,500	广东崇正	2017-06-15
杨之光 癸酉（1993）年作 孔雀舞 镜片	99cm×68cm	287,500	广东崇正	2017-06-15
杨之光 汲水图 镜片	88.5cm×55cm	230,000	广东崇正	2017-03-24
杨之光 己巳（1989）年作 老人像 立轴	118cm×68cm	207,000	广东崇正	2017-12-13
杨之光 己未（1979）年作 芭蕾舞 立轴	83cm×53.5cm	230,000	广东崇正	2017-12-13
杨之光 甲申（2004）年作 天鹅湖 镜片	89cm×69cm	690,000	广东崇正	2017-06-15
杨之光 牧羊姑娘 立轴	97cm×76cm	506,000	广东崇正	2017-06-15
杨之光 鸥洋 永远进击 立轴	159cm×95cm	2,645,000	上海匡时	2017-11-05
杨之光 屈原 镜心	98cm×70cm	230,000	中国嘉德	2017-06-20
杨之光 人体 镜框	66cm×43cm	287,500	华艺国际	2017-11-25
杨之光 日本古典舞 立轴	68.5cm×39cm	189,750	广东崇正	2017-03-24
杨之光 少女与鲜花 镜片	69cm×137cm	805,000	华艺国际	2017-11-25
杨之光 委内瑞拉民间舞 镜心	38cm×54cm	201,250	上海匡时	2017-11-05
杨之光 戊辰（1988）年作 胜利舞 立轴	81cm×55.5cm	184,000	广东崇正	2017-12-13
杨之光 乙亥（1995）年作 礼佛图 立轴	96cm×69cm	425,500	广东崇正	2017-06-15
杨之光 至美集 册页（十开）	65.4cm×42.9cm×10	6,900,000	华艺国际	2017-11-25
姚华 1902年作 桃源图 卷	8cm×114cm	460,000	北京翰海	2017-12-15
姚华 1923年作 花卉立轴（四屏）	91cm×47cm×4	460,000	北京翰海	2017-12-15
姚华 1925年作 儒童菩萨 立轴	76cm×48cm	253,000	北京翰海	2017-12-15
姚华 丙辰（1916）年作 姚华题自画像 镜片	题24cm×43cm；画85cm×43cm	218,500	广东崇正	2017-12-13
姚华 摹古造像 册页（十开）	16.5cm×12cm×10	391,000	中国嘉德	2017-06-20

拍品名称	物品尺寸	成交价RMB	拍卖公司	拍卖日期
姚华 墨香秋兴 立轴	115.5cm×40.2cm	249,000	香港蘇富比	2017-10-02
姚有多 1998年作 版纳春景 手卷	47cm×535cm	563,500	北京荣宝	2017-04-02
叶恭绰 1933年作 行书五言联 立轴	各245cm×60cm	1,782,000	香港苏富比	2017-04-04
叶恭绰 1939年作 松 立轴	148cm×45.5cm	585,063	佳士得	2017-11-28
叶丽美 家园 镜心	97cm×95cm	230,000	北京保利	2017-06-05
叶曼叔 房毅 邱水碧 三圣图 立轴	60cm×30.5cm	310,500	中国嘉德	2017-12-18
叶曼叔 己卯（1939年）作 十二孝图 立轴	29cm×34cm×12	287,500	中国嘉德	2017-12-18
叶浅予 1958年作 拉萨舞步 立轴	68cm×45cm	195,500	广东崇正	2017-12-13
叶浅予 1960年作 藏女祈福图 画心	71cm×47cm	172,500	西泠拍卖	2017-07-16
叶浅予 1960年作 锅庄舞 立轴	133cm×66cm	207,000	北京保利	2017-12-17
叶浅予 1963年作 印度舞女 立轴	69.5cm×45.5cm	276,000	北京匡时	2017-03-29
叶浅予 1964年作 拉萨舞步 镜心	135cm×66.5cm	517,500	北京荣宝	2017-06-02
叶浅予 1964年作 为李铁梅造像镜心	136.5cm×69cm	1,012,000	北京匡时	2017-06-03
叶浅予 1978年作 舞蹈 立轴	45cm×34cm	172,500	广东崇正	2017-12-13
叶浅予 1980年作 印度舞 镜心	135cm×69cm	483,000	北京匡时	2017-03-29
叶浅予 1982年作 鄂尔多斯草原之景 镜心	66cm×66cm	322,000	北京保利	2017-06-05
叶浅予 1991年作 乌鲁木齐晚会镜心	67cm×137cm	417,720	中濠典藏	2017-05-22
叶浅予 敦煌千佛洞之春 镜心	33cm×56cm	437,000	中国嘉德	2017-06-20
叶浅予 荷花人物 镜心	45cm×68cm	172,500	荣宝斋（济南）	2017-06-10
叶浅予 献哈达 镜心	55.5cm×70cm	184,000	荣宝斋（南京）	2017-07-08
叶浅予 秧歌步 立轴	138cm×70cm	356,500	荣宝斋（济南）	2017-12-08
叶浅予 印度人物 立轴	132cm×67cm	575,000	荣宝斋（济南）	2017-06-10
叶浅予 印度舞女 立轴	68.5cm×66cm	345,000	荣宝斋（济南）	2017-06-10
叶尚青 丁丑（1997）年作 攫身万里 镜片	67.5cm×135cm	230,000	上海嘉禾	2017-07-02
叶韶霖 楷书岳阳楼记 手卷	34cm×806cm	172,500	保利厦门	2017-06-26
叶圣陶 1976年作 楷书鲁迅诗 立轴	69cm×30cm	161,000	北京匡时	2017-03-30
叶圣陶 1981年作 书杜甫诗 立轴	67cm×30.5cm	172,500	广东崇正	2017-12-13
叶圣陶 楷书《朱子家训》镜心	141cm×68cm	230,000	北京匡时	2017-12-04
叶振家 1916年作 仿烟客笔意手卷	24cm×240cm	230,000	北京荣宝	2017-04-02
伊与参 陈云诰 张伯驹 等 草书兰亭叙并诸家跋 手卷	引首 31.5cm×87cm；书法 26.5cm×100.5cm；跋34cm×124.5cm	184,000	中国嘉德	2017-06-20
佚名 民国年间《牛郎织女》国画 四屏	27cm×34.4cm×16	517,500	西泠拍卖	2017-07-16
易大厂 无量寿佛 镜框	120.5cm×38cm	207,000	华艺国际	2017-05-27
阴澍雨 丙申（2016年）作 果熟来禽 镜心	133.0cm×67.0cm	195,500	中国嘉德	2017-06-21
殷丽 2011年作 紫藤 镜框	120cm×240cm	276,000	上海东方	2017-06-25
殷梓湘 1947年作 八骏图 立轴	137.5cm×66.7cm	184,000	观唐皕榷	2017-01-11
殷梓湘 1953年作 天香书屋 立轴	151.2cm×50cm	356,400	香港苏富比	2017-04-04
印光 1939年作 楷书八言 对联	172cm×38cm×2	241,500	朵云轩	2017-04-20
印光 吟思 对联	120cm×22cm×2	345,000	北京保利	2017-12-16
印光法师 行书五言诗 立轴	77cm×37cm	299,000	北京荣宝	2017-12-02
应诗流 孔雀 镜框	34cm×137cm	230,000	朵云轩	2017-12-14
应野平 1956年作 富春江畔 镜心	102cm×62cm	322,000	中国嘉德	2017-06-19
应野平 1958年作泰山云步桥图镜片	90.5cm×45.5cm	195,500	西泠拍卖	2017-07-16
应野平 1976年作 清凉台 镜心	136cm×67.5cm	253,000	北京匡时	2017-03-29
应野平 壬午（1942）年作 春深高树 立轴	179cm×67.5cm	230,000	朵云轩	2017-12-14

(成交价RMB：15万元以上)

拍品名称	物品尺寸	成交价RMB	拍卖公司	拍卖日期
应野平 乙丑（1985）年作 万壑浮云 镜片	60cm×96.5cm	184,000	朵云轩	2017-06-25
于非闇 1931年作 牵牛蜻蜓 镜心	98cm×33cm	345,000	北京翰海	2017-12-15
于非闇 1932年作 山鹊鸣蝉 镜心	92.5cm×50cm	483,000	北京匡时	2017-03-29
于非闇 1932年作 双鸟登枝 镜心	92cm×50cm	345,000	北京荣宝	2017-12-02
于非闇 1935年作 独坐江中 镜框	97cm×27cm	184,000	北京荣宝	2017-06-02
于非闇 1936年作 牡丹富贵图 立轴	88cm×41.5cm	8,050,000	北京荣宝	2017-12-02
于非闇 1939年作 耄耋图 立轴	88cm×39cm	690,000	北京翰海	2017-12-15
于非闇 1939年作 牡丹图 成扇	18cm×46cm	598,000	华艺国际	2017-11-25
于非闇 1940年作 仿宋人笔意工笔花鸟 成扇	19cm×48cm	255,300	佳士得	2017-11-28
于非闇 1940年作 黄筌竹鸠图 立轴	108.5cm×35.5cm	1,380,000	北京银座	2017-06-07
于非闇 1940年作 梅竹文禽 扇面镜框	17.3cm×51cm	356,400	香港苏富比	2017-04-04
于非闇 1941年作 佳偶 立轴	96cm×48cm	3,885,060	佳士得	2017-05-30
于非闇 1941年作 蛱蝶图 临右军帖 扇面镜框	各16cm×49.9cm	267,300	香港苏富比	2017-04-04
于非闇 1942年作 五色鹦鹉 镜框	134.5cm×33.5cm	1,330,500	佳士得	2017-05-30
于非闇 1942年作 游骑图 镜框	21cm×126.8cm	1,971,250	香港蘇富比	2017-10-02
于非闇 1943年作 果蔬草虫 镜心	31cm×31cm×4	1,150,000	北京保利	2017-12-17
于非闇 1944年作 对联 立轴	168cm×27.5cm×2	552,000	华艺国际	2017-05-27
于非闇 1944年作 牡丹蜜蜂 立轴	92cm×44cm	368,000	北京匡时	2017-12-03
于非闇 1944年作 青紫仙枝 立轴	67.5cm×37cm	977,500	北京荣宝	2017-06-02
于非闇 1944年作 野蔬草虫 立轴	118.5cm×55cm	5,060,000	北京匡时	2017-06-03
于非闇 1945年作 瓜果图 立轴	99cm×45.5cm	241,500	北京匡时	2017-12-03
于非闇 1945年作 牡丹锦鸡 立轴	117cm×50.8cm	6,440,000	北京荣宝	2017-06-02
于非闇 1946年作 花蝶图 镜心	26cm×99cm	230,000	北京荣宝	2017-06-02
于非闇 1946年作 霜叶红于二月花 镜框	40cm×26cm	218,500	北京荣宝	2017-12-02
于非闇 1948年作 荷花蜻蜓 立轴	66cm×33.5cm	2,070,000	北京翰海	2017-12-15
于非闇 1948年作 荷花蜻蜓 立轴	69cm×33cm	460,000	保利华谊	2017-12-08
于非闇 1948年作 梅竹绶带 立轴	80cm×36cm	575,000	北京匡时	2017-06-03
于非闇 1948年作 秋蝉 镜心	直径43.2cm	460,000	中贸圣佳	2017-06-19
于非闇 1948年作 秋梨戴胜 立轴	89.5cm×50.3cm	4,365,800	香港蘇富比	2017-10-02
于非闇 1952年作 萃锦图 立轴	117cm×61cm	8,970,000	北京荣宝	2017-12-02
于非闇 1957年作 青春永驻 镜心	96.5cm×62.5cm	3,680,000	中国嘉德	2017-12-18
于非闇 1958年作 杏花 立轴	65cm×48cm	828,000	中国嘉德	2017-03-31
于非闇 丹柿白头 成扇	19.2cm×48.8cm	351,463	中金国际	2017-11-25
于非闇 丁丑嘉平（1938年）作 竹石伯劳 立轴	98.5cm×31.7cm	253,000	北京诚轩	2017-06-18
于非闇 董康 牡丹黄鹂 行书七言诗 成扇	19.5cm×55cm	540,500	中国嘉德	2017-12-19
于非闇 瓜蝶图 立轴	100cm×34cm	1,380,000	北京荣宝	2017-06-02
于非闇 癸酉（1933年）作 秋虫之癖 镜心	38.2cm×57.1cm	172,500	北京诚轩	2017-06-18
于非闇 行书“岳阳楼记” 镜心	32cm×132cm	322,000	北京荣宝	2017-06-02
于非闇 荷塘清趣 立轴	114.5cm×56.8cm	1,907,942	中金国际	2017-11-25
于非闇 胡佩衡 汪溶 汤涤 等 1932年作 山水花卉 镜心	27cm×5.5cm×12	178,080	中濠典藏	2017-11-29
于非闇 罗惇㬊 荷花 书法 成扇	17.5cm×49.5cm	230,000	华艺国际	2017-11-25
于非闇 墨竹双鹊 立轴	99cm×55cm	2,990,000	上海匡时	2017-11-05
于非闇 牡丹花蝶 镜心	60cm×29cm	575,000	北京诚轩	2017-06-18
于非闇 壬午（1942年）作 临梁楷白描十六应真图 手卷	引首30.5cm×91cm；画30.5cm×516.5cm	13,800,000	中国嘉德	2017-12-18
于非闇 壬午（1942年）作 桃花绶带 立轴	91cm×33.5 cm	632,500	北京诚轩	2017-06-18
于非闇 山茶 扇面	12cm×41cm	172,500	北京保利	2017-06-05
于非闇 戊戌（1958年）作 行书《沁园春》镜心	34cm×134cm	345,000	中国嘉德	2017-03-31

拍品名称	物品尺寸	成交价RMB	拍卖公司	拍卖日期
于非闇 戊寅（1938年）作 鹦鹉湖石 立轴	100cm×25cm	1,035,000	中国嘉德	2017-12-18
于非闇 戊子 1948年作 大富贵 镜心	67cm×32cm	189,750	北京华辰	2017-06-04
于非闇 戊子（1948年）作 碧绛雪 立轴	66cm×33cm	977,500	中国嘉德	2017-12-18
于非闇 戊子（1948年）作 竹枝春侣 立轴	81.5cm×40.7cm	1,380,000	北京诚轩	2017-06-18
于非闇 辛巳（1941年）作 竹叶双禽 立轴	65cm×33.5cm	483,000	中国嘉德	2017-06-20
于非闇 辛未（1931年）作 篆书十一言联 立轴	196.5cm×23cm×2	253,000	中国嘉德	2017-06-20
于非闇 邢端 丙子（1936）年作 竹雀，楷书 成扇	16cm×47cm	281,750	上海嘉禾	2017-10-14
于非闇 戊子（1948）年作 牡丹蝴蝶 立轴	91cm×45cm	368,000	上海敬华	2017-07-01
于非闇 姚黄 立轴	81cm×48.5cm	2,300,000	北京匡时	2017-06-03
于非闇 乙酉（1945年）作 蔬果百虫 立轴	130.5cm×67cm	8,050,000	中国嘉德	2017-12-18
于非闇 玉兔图 镜心	27cm×34cm	313,290	中濠典藏	2017-05-22
于非闇 竹蝶图 立轴	98.5cm×32.5cm	1,209,087	北京匡时	2017-04-03
于军福 2011年作 深山隐居图 镜框	120cm×240cm	276,000	上海东方	2017-06-25
于立群 隶书“毛主席诗词” 镜心	137cm×35cm	161,000	荣宝斋（南京）	2017-09-10
于水 人物 四屏镜心	134cm×34cm×4	195,500	北京荣宝	2017-12-02
于水 人物 四屏镜心	76cm×35.5cm×4	172,500	荣宝斋（济南）	2017-12-07
于文江 2003年作 吹笛图 镜心	100cm×182cm	460,000	北京保利	2017-12-18
于文江 2008年作 牧牛 镜心	144.5cm×159cm	437,000	北京荣宝	2017-12-02
于文江 2012年作 出水荷风带露香 镜心	137.5cm×70cm	276,000	北京荣宝	2017-12-02
于文江 蕉下仕女 镜心	69cm×136cm	253,000	荣宝斋（济南）	2017-12-07
于文江 两个阿语学校的女生 镜心	137.5cm×68.5cm	172,500	北京荣宝	2017-12-02
于希宁 1983年作 竹石白梅 立轴	81cm×50cm	241,500	保利山东	2017-10-29
于希宁 1996年作 杞菊延年 镜心	68cm×68cm	184,000	保利山东	2017-10-29
于希宁 白梅 立轴	81cm×50cm	172,500	保利山东	2017-10-29
于希宁 红梅 镜心	68cm×139cm	155,250	荣宝斋（济南）	2017-12-08
于希宁 红梅 立轴	91.5cm×51cm	169,050	荣宝斋（济南）	2017-06-10
于希宁 罗浮初霁雪 镜心	95cm×178cm	1,035,000	保利山东	2017-10-29
于希宁 梅花 镜心	178cm×95cm	552,000	荣宝斋（南京）	2017-07-08
于希宁 梅竹图 镜心	95cm×68cm	218,500	保利山东	2017-10-29
于希宁 三友图 立轴	68cm×46cm	172,500	保利山东	2017-10-29
于希宁 十里香风 立轴	68cm×139cm	816,500	荣宝斋（济南）	2017-12-08
于希宁 玉树春 镜片	90cm×47cm	207,000	广东崇正	2017-06-14
于希宁 直上凌霄 镜心	87cm×50cm	161,000	保利山东	2017-10-29
于右任 1922年作 楷书 立轴	91cm×38cm	1,472,000	朵云轩	2017-12-14
于右任 1945年作 行书 自作生日诗 镜片	132.5cm×32.5cm	224,250	西泠拍卖	2017-07-16
于右任 1947年作 行书自作词 镜心	86.5cm×32cm	184,000	中国嘉德	2017-12-19
于右任 1948年作 草书“为万世开太平” 立轴	120cm×30.5cm	287,500	北京翰海	2017-06-02
于右任 1948年作 草书《浣溪沙》四屏立轴	150cm×40cm×4	391,000	北京匡时	2017-06-04
于右任 1948年作 草书《看天山之行摄影》立轴	128.5cm×64cm	322,000	北京匡时	2017-06-04
于右任 1948年作 草书八言联 镜心	139cm×36cm×2	230,961	中金国际	2017-11-25

拍品名称	物品尺寸	成交价RMB	拍卖公司	拍卖日期
于右任 1948年作 草书五言 对联片	153.5cm×41.5cm×2	345,000	朵云轩	2017-12-14
于右任 1948年作 草书五言联 立轴	146cm×39cm×2	3,220,000	中国嘉德	2017-06-19
于右任 1948年作 草书五言联 立轴	149.5cm×38.5cm×2	460,000	北京匡时	2017-12-04
于右任 1948年作 书法中堂 立轴	128.5cm×65cm	157,707	保利香港	2017-04-03
于右任 1949年作 草书《墨子非命》立轴	144cm×79cm	368,000	北京匡时	2017-12-04
于右任 1949年作 草书八言联 镜心	136cm×32cm×2	368,000	中国嘉德	2017-12-19
于右任 1949年作 草书五言联 立轴	133.5cm×33cm×2	483,000	中国嘉德	2017-12-18
于右任 1950年作 草书七言联 立轴	137.5cm×32.5cm×2	253,000	北京匡时	2017-12-04
于右任 1951年作 草书 四屏镜心	152cm×40.7cm×4	575,000	中国嘉德	2017-12-19
于右任 1955年作 草书“陶盦”镜心	23cm×70cm	523,330	中国嘉德	2017-05-29
于右任 1957年作 草书 唐李益诗（四帧）镜片	151cm×40.5cm×4	1,207,500	西泠拍卖	2017-07-16
于右任 1957年作 草书“李益”诗 镜心	150cm×40.5cm×4	473,121	保利香港	2017-04-03
于右任 1958年作 草书《满江红》镜心	30cm×83.5cm	274,232	中国嘉德	2017-10-03
于右任 1959年作 草书八言联 对联	131cm×22cm×2	161,000	中国嘉德	2017-03-31
于右任 1960年作 行书“宝德隆”镜心	34cm×108cm	167,466	中国嘉德	2017-05-29
于右任 1961年作 草书十二言联 立轴	138cm×18.5cm×2	299,000	上海明轩	2017-06-30
于右任 1961年作 行书七绝两首 镜框	34.2cm×73.6cm	167,063	香港苏富比	2017-04-04
于右任 1962年作 行书七言诗 立轴	152.5cm×67.5cm	172,500	中国嘉德	2017-06-19
于右任 1964年作 草书警句 立轴	102cm×111cm	195,500	北京匡时	2017-03-30
于右任 草书（四件）屏轴	144cm×37.5cm×4	644,000	朵云轩	2017-06-25
于右任 草书 镜框	40cm×125cm	372,313	佳士得	2017-11-28
于右任 草书 镜心	112cm×33cm	172,500	北京翰海	2017-12-15
于右任 草书 镜心	100cm×34cm	161,000	荣宝斋（南京）	2017-09-10
于右任 草书 镜心	106cm×14cm	172,500	中国嘉德	2017-04-01
于右任 草书 立轴	106.5cm×47cm	184,000	荣宝斋（南京）	2017-09-10
于右任 草书 四屏四屏条	133cm×31.5cm×4	345,000	中贸圣佳	2017-06-19
于右任 草书“为万世开太平”镜心	132cm×30.5cm	178,250	中国嘉德	2017-12-19
于右任 草书“写经楼”镜心	34cm×92.5cm	299,000	北京匡时	2017-12-04
于右任 草书《狂夫》立轴	81cm×29cm	184,000	北京荣宝	2017-06-02
于右任 草书《宿顾城》镜框	61cm×31cm×4	207,000	北京荣宝	2017-06-02
于右任 草书《正气歌》（八幅）立轴	147.5cm×38.5cm×8	3,250,820	佳士得	2017-11-28
于右任 草书八言 对联	169cm×38cm×2	379,500	朵云轩	2017-09-18
于右任 草书格言 立轴	181cm×47cm	184,000	中国嘉德	2017-03-31
于右任 草书李白诗 镜心	139cm×34cm	172,500	北京匡时	2017-03-29
于右任 草书李白诗 立轴	135.5cm×19.5cm	230,000	中国嘉德	2017-12-18
于右任 草书李白诗 立轴	135.8cm×94cm	207,000	中国嘉德	2017-12-19
于右任 草书李白诗 立轴	132cm×32cm	184,000	北京匡时	2017-03-29
于右任 草书六言诗 镜框	58cm×39cm	180,838	佳士得	2017-11-20
于右任 草书罗隐诗 镜心	171cm×89cm	448,500	北京匡时	2017-12-04
于右任 草书七言联 镜心	130cm×33cm×2	437,000	北京银座	2017-12-20
于右任 草书七言联 镜心	150cm×37cm×2	253,000	北京荣宝	2017-12-02
于右任 草书七言联 立轴	110.5cm×26.5cm×2	333,500	北京银座	2017-12-20
于右任 草书七言联 立轴	139cm×28cm×2	184,000	北京匡时	2017-06-04
于右任 草书七言联 立轴	105cm×26cm×2	253,000	北京荣宝	2017-06-02
于右任 草书七言联 立轴	202cm×42cm×2	540,500	中国嘉德	2017-06-20
于右任 草书十五言联 镜心	176cm×24cm×2	322,000	北京匡时	2017-06-03
于右任 草书十一言联 镜心	203cm×34.5cm×2	920,000	北京匡时	2017-12-04
于右任 草书书论 立轴	36cm×53cm	172,500	中国嘉德	2017-03-31

拍品名称	物品尺寸	成交价RMB	拍卖公司	拍卖日期
于右任 草书四言联 镜心	104.5cm×31.5cm×2	253,000	中国嘉德	2017-12-19
于右任 草书四言联 立轴	146cm×40.5cm×2	157,707	保利香港	2017-04-03
于右任 草书四言联 立轴	150.5cm×41cm×2	460,000	中国嘉德	2017-06-20
于右任 草书太白诗 立轴	178cm×46.5cm	155,250	北京匡时	2017-06-04
于右任 草书陶渊明诗 立轴	135cm×69cm	437,000	北京匡时	2017-03-29
于右任 草书陶渊明诗 立轴	138cm×33cm	207,000	北京银座	2017-06-07
于右任 草书天净沙 镜心	71cm×35.5cm	172,500	北京匡时	2017-06-03
于右任 草书王渔洋诗 镜心扇面	17.5cm×51cm	166,750	北京银座	2017-12-20
于右任 草书五言联 对联	142cm×36cm×2	276,000	上海敬华	2017-07-01
于右任 草书五言联 镜心	79cm×16cm×2	172,500	北京匡时	2017-03-29
于右任 草书五言联 镜心	129cm×30.5cm×2	172,500	北京匡时	2017-06-04
于右任 草书五言联 立轴	168cm×44.5cm×2	460,000	中国嘉德	2017-06-20
于右任 草书五言联 立轴	186cm×44cm×2	1,380,000	上海匡时	2017-11-05
于右任 草书五言联 立轴	168cm×43cm×2	517,500	北京翰海	2017-12-15
于右任 草书五言联 立轴	133.5cm×33cm×2	310,500	北京匡时	2017-12-04
于右任 草书五言联 立轴	132.5cm×31cm×2	287,500	北京翰海	2017-12-15
于右任 草书五言联 立轴	127cm×31.5cm×2	253,000	北京翰海	2017-12-15
于右任 草书五言联 立轴	144cm×39cm×2	218,500	北京匡时	2017-12-04
于右任 草书五言联 立轴	133cm×32cm×2	207,000	北京匡时	2017-12-04
于右任 草书五言联 立轴	145.5cm×37.5cm×2	184,000	广东崇正	2017-12-13
于右任 草书五言联 立轴	142cm×36cm×2	189,750	北京保利	2017-06-05
于右任 草书五言联 立轴	129cm×29.5cm×2	178,250	北京匡时	2017-06-04
于右任 草书五言联 立轴	168cm×40cm×2	299,000	北京银座	2017-06-07
于右任 草书五言联 立轴	175.5cm×46cm×2	345,000	北京银座	2017-06-07
于右任 草书五言诗 对联	140cm×35cm×2	322,000	上海敬华	2017-07-01
于右任 草书五言诗 立轴	145cm×36.5cm	207,000	北京银座	2017-06-07
于右任 草书心经 立轴	69.5cm×33.5cm	402,500	保利厦门	2017-06-26
于右任 草书正气歌 手卷	24cm×346cm	287,500	北京匡时	2017-06-03
于右任 春及堂 镜心	30cm×67cm	345,000	北京保利	2017-06-05
于右任 对联 立轴	358cm×50.5cm×2	4,600,000	华艺国际	2017-05-27
于右任 对联 立轴	145cm×33cm×2	345,000	华艺国际	2017-11-25
于右任 冯玉祥 等 蔡公时纪念书册 镜心	尺寸不一	293,820	中国嘉德	2017-10-03
于右任 行草 立轴	142cm×35.5cm	230,000	北京荣宝	2017-06-02
于右任 行草“中庸”节句 立轴	139cm×27cm	184,000	北京荣宝	2017-06-02
于右任 行草《诫子书》节句 行书对联 镜框	70cm×34.5cm; 75.5cm×17.5cm×2	172,500	北京荣宝	2017-12-02
于右任 行草《呻吟语》节句 镜心	73cm×64cm	230,000	北京荣宝	2017-12-02
于右任 行草《醉高歌》镜心	136cm×35cm×4	690,000	北京荣宝	2017-06-02
于右任 行草对联 立轴	66cm×33cm×2	253,000	北京荣宝	2017-12-02
于右任 行草诗一首 立轴	132cm×33.5cm×4	667,000	北京荣宝	2017-06-02
于右任 行草五言联 立轴	127cm×30cm×2	368,000	北京荣宝	2017-06-02
于右任 行楷七言联 立轴	169cm×37cm×2	241,500	北京荣宝	2017-06-02
于右任 行书（两幅）镜框 / 镜心	72cm×19cm×2; 74.5cm×36.5cm	235,750	北京荣宝	2017-06-02
于右任 行书 对联	172cm×36cm×2	966,000	朵云轩	2017-06-25
于右任 行书 镜片	78cm×32.5cm	287,500	朵云轩	2017-06-25
于右任 行书 镜心	67cm×34cm	172,500	中国嘉德	2017-12-19
于右任 行书 神明自得 镜片	81cm×31cm	218,500	西泠拍卖	2017-07-16
于右任 行书 五言联 镜片	170cm×46cm×2	1,092,500	西泠拍卖	2017-07-15
于右任 行书“藏修息游”镜心	36.5cm×92cm	253,000	中国嘉德	2017-12-19
于右任 行书“三阳开泰”镜片	37cm×93cm	220,000	上海驰翰	2017-06-26
于右任 行书“双余斋”横披	33cm×102.5cm	667,000	北京匡时	2017-06-03
于右任 行书“心地光明”镜心	117cm×43cm	287,500	上海匡时	2017-11-05
于右任 行书“吟画阁”镜心	32.5cm×99cm	161,000	北京匡时	2017-06-04
于右任 行书《易经》句 镜心	127.5cm×45.5cm	299,000	北京匡时	2017-06-04
于右任 行书《咏王雨楼》诗一首 立轴	131cm×33.5cm	172,500	荣宝斋（上海）	2017-07-30
于右任 行书八言联 镜心	201cm×43cm×2	713,000	北京匡时	2017-12-04
于右任 行书八言联 立轴	145cm×37.5cm×2	690,000	北京匡时	2017-12-04

拍品名称	物品尺寸	成交价RMB	拍卖公司	拍卖日期
于右任 行书杜诗 立轴	136.5cm×34cm	184,000	北京匡时	2017-12-04
于右任 行书格言 立轴	131.6cm×31.9cm	200,475	香港苏富比	2017-04-04
于右任 行书古诗 立轴	147cm×77cm	345,000	上海匡时	2017-11-05
于右任 行书七言 对联	126.5cm×29.5cm×2	253,000	朵云轩	2017-06-25
于右任 行书七言句 立轴	124cm×40cm	161,000	北京匡时	2017-06-04
于右任 行书七言句 立轴	132cm×64.5cm	230,000	北京匡时	2017-06-04
于右任 行书七言联 立轴	each: 67cm×16cm×2	228,250	香港蘇富比	2017-10-02
于右任 行书七言联 立轴	144.5cm×38cm×2	322,000	北京匡时	2017-12-04
于右任 行书七言联 立轴	122cm×19cm×2	299,000	上海匡时	2017-11-05
于右任 行书七言联 立轴	172cm×44cm×2	241,500	北京保利	2017-12-17
于右任 行书七言联 立轴	131cm×30cm×2	368,000	北京荣宝	2017-06-02
于右任 行书七言联 立轴	134cm×29.5cm×2	184,000	北京荣宝	2017-06-02
于右任 行书七言联 立轴	145cm×36cm×2	483,000	中国嘉德	2017-06-20
于右任 行书七言联 立轴	132cm×27cm×2	471,500	中国嘉德	2017-06-20
于右任 行书七言诗 镜心	149cm×46cm	218,500	中国嘉德	2017-12-19
于右任 行书四言联 立轴	130cm×32cm×2	1,610,000	北京银座	2017-06-07
于右任 行书王昌龄诗 立轴	119cm×63cm	161,000	北京匡时	2017-03-30
于右任 行书五言 对联	170.5cm×37cm×2	2,702,500	朵云轩	2017-12-14
于右任 行学五言 对联片	128.5cm×31.5cm×2	322,000	朵云轩	2017-06-25
于右任 行书五言对联 立轴	130.8cm×32.8cm×2	172,500	荣宝斋（上海）	2017-07-30
于右任 行书五言联 对联	147cm×39cm×2	310,000	上海驰翰	2017-06-26
于右任 行书五言联 对联	146cm×37cm×2	701,500	上海敬华	2017-07-01
于右任 行书五言联 对联片	130.5cm×31.5cm×2	250,000	上海驰翰	2017-06-26
于右任 行书五言联 镜片	151cm×41cm×2	402,500	北京荣宝	2017-06-02
于右任 行书五言联 镜心	125cm×33cm×2	244,850	中国嘉德	2017-10-03
于右任 行书五言联 镜心	141.5cm×38.5cm×2	315,414	保利香港	2017-04-03
于右任 行书五言联 镜心	144cm×32cm×2	402,500	北京保利	2017-04-27
于右任 行书五言联 镜心	171cm×46cm×2	690,000	北京荣宝	2017-06-02
于右任 行书五言联 立轴	183cm×40cm×2	1,840,000	北京荣宝	2017-04-02
于右任 行书五言联 立轴	131cm×33cm×2	736,000	北京匡时	2017-06-04
于右任 行书五言联 立轴	131cm×32cm×2	644,000	上海匡时	2017-11-05
于右任 行书五言联 立轴	144cm×38cm×2	494,500	北京匡时	2017-12-04
于右任 行书五言联 立轴	145cm×38.5cm×2	425,500	北京匡时	2017-12-04
于右任 行书五言联 立轴	246cm×50cm×2	345,000	北京保利	2017-12-16
于右任 行书五言联 立轴	146cm×37cm×2	287,500	北京匡时	2017-12-04
于右任 行书五言联 立轴	141cm×37cm×2	287,500	上海匡时	2017-11-05
于右任 行书五言联 立轴	169cm×36cm×2	253,000	北京翰海	2017-12-15
于右任 行书五言联 立轴	174cm×46.5cm×2	207,000	北京匡时	2017-12-04
于右任 行书五言联 立轴	145cm×38.5cm×2	195,500	上海匡时	2017-11-05
于右任 行书五言联 立轴	128cm×31cm×2	161,000	上海匡时	2017-11-05
于右任 行书五言联 立轴	130cm×30cm×2	161,000	上海匡时	2017-11-05
于右任 行书五言联 立轴	132.5cm×32cm×2	1,552,500	保利厦门	2017-06-25
于右任 行书五言联 立轴	130cm×31.5cm×2	218,500	北京匡时	2017-03-30
于右任 行书五言联 立轴	238cm×55cm×2	1,150,000	北京匡时	2017-06-03
于右任 行书五言联 立轴	133cm×32cm×2	195,500	北京匡时	2017-06-04
于右任 行书五言联 立轴	170cm×45.5cm×2	345,000	北京荣宝	2017-06-02
于右任 行书五言联 立轴	172cm×45cm×2	345,000	北京荣宝	2017-06-02
于右任 行书五言联 立轴	130cm×31.5cm×2	391,000	北京荣宝	2017-06-02
于右任 行书五言联 立轴	130cm×32cm×2	506,000	中国嘉德	2017-06-20
于右任 行书心经 四屏镜心	135cm×35cm×4	1,322,500	中国嘉德	2017-12-19
于右任 横贯公路颂 镜心	110cm×272.5cm	632,500	北京匡时	2017-12-04
于右任 黄花岗诗 手卷	27.5cm×991cm	287,500	北京保利	2017-06-05
于右任 蒋经国 草书张溥泉诗 楷书"寿"镜心	117cm×53cm；68cm×39cm	161,000	中国嘉德	2017-03-31
于右任 节录韩愈《送王秀才序》立轴	82cm×37cm	207,000	北京银座	2017-12-20
于右任 蒙树培 行书五言诗、溪山亭子 立轴	110.5cm×42cm；132cm×66cm	345,000	北京匡时	2017-12-04

拍品名称	物品尺寸	成交价RMB	拍卖公司	拍卖日期
于右任 千字文 八屏镜心	134cm×29cm×8	5,577,500	荣宝斋（上海）	2017-07-30
于右任 壬戌（1922年）作 行书苍雪诗 镜心	94cm×133.5cm	244,850	中国嘉德	2017-10-03
于右任 石鱼湖上醉歌 立轴	98cm×29.5cm	161,000	北京匡时	2017-03-30
于右任 书法 册页（二十五开）	29.1cm×21.4cm×25	159,563	佳士得	2017-11-28
于右任 书法 镜心	102.5cm×34cm	172,500	荣宝斋（济南）	2017-12-08
于右任 书法 立轴	140cm×70cm	255,300	佳士得	2017-11-28
于右任 书法《松寿》镜框	69cm×136cm	498,938	佳士得	2017-05-30
于右任 书法对联（两幅）镜片	365cm×73cm×2	691,438	佳士得	2017-11-28
于右任 书法对联（两幅）立轴	138cm×33.2cm×2	319,125	佳士得	2017-11-28
于右任 书法对联 立轴	158cm×34cm×2	172,500	北京宣石	2017-12-03
于右任 魏碑五言联 立轴	130.5cm×31cm×2	509,288	保利香港	2017-10-03
于右任 阎锡山 草书高适诗 行书范言 立轴	82cm×36cm；76cm×38cm	161,000	中国嘉德	2017-03-31
于右任 张继《再到枫桥》立轴	128.5cm×31cm	287,500	北京诚轩	2017-06-18
于右任 张书旗 花鸟·书法成扇镜心	20cm×56cm×2	195,500	北京保利	2017-06-06
于志学 塞外风光 镜心	95cm×180cm	253,000	北京荣宝	2017-06-02
余承尧 1988年作 筑室望高	136cm×55cm	412,200	罗芙奥	2017-06-04
余承尧 蓝天白石	119.5cm×44.3cm	445,500	香港苏富比	2017-04-03
余军 道德经（两件）手卷	20cm×272cm×2	230,000	上海铭广	2017-06-30
余任天 1976年作 岩壑松溪图 镜片	92cm×33cm	161,000	西泠拍卖	2017-07-15
余作赋 冰火之歌 镜心	40cm×50cm	276,000	北京翰海	2017-09-10
俞法三 丙寅（1926）年作 面壁图 立轴	101cm×49cm	241,500	朵云轩	2017-04-20
俞剑华 1954年作 云冈石窟全景 手卷	画心18.5cm×433；题跋18cm×53cm	207,000	上海嘉禾	2017-07-02
俞剑华 山居图 镜心	138cm×53cm	172,500	荣宝斋（济南）	2017-12-08
俞明 1917年作 枯树古佛 月下赏荷 成扇	18.2cm×54cm	498,000	香港蘇富比	2017-10-02
俞明 董小苑 立轴	78cm×42cm	207,000	华艺国际	2017-11-25
俞明 己未（1919年）作 踏花仕女 镜心	46cm×32cm	172,500	中国嘉德	2017-12-18
俞明 辛酉（1921年）作 仕女 团扇	25cm×25cm	293,065	中国嘉德	2017-05-29
俞平伯 行书 伴书楼 镜片	63.5cm×23.5cm	218,500	西泠拍卖	2017-07-16
俞致贞 1941年作 繁花锦鸡 立轴	134cm×64.5cm	690,000	北京匡时	2017-03-29
俞致贞 1962年作 富贵锦鸡 镜心	104cm×52cm	253,000	北京翰海	2017-12-15
俞致贞 1962年作 牡丹 镜心	143cm×84.5cm	172,500	北京匡时	2017-06-03
俞致贞 1978年作 玉兰凤鸟 镜心	134cm×67cm	241,500	北京荣宝	2017-06-02
俞致贞 1980年作 富贵吉祥 镜心	76.5cm×51cm	230,000	北京匡时	2017-06-03
俞致贞 刘力上 1988年作 荷韵清风 立轴	137cm×71cm	218,500	上海匡时	2017-11-05
俞致贞 刘力上 红叶枝鸟 镜心	135cm×57cm；60.5cm×34cm；79cm×47cm；37cm×46cm；42cm×56cm	632,500	北京荣宝	2017-06-02
俞致贞 牡丹双鸽 立轴	129cm×65cm	218,500	荣宝斋（济南）	2017-06-10
俞致贞 壬戌（1982）年作 和谐富贵 镜片	127cm×66cm	287,500	上海敬华	2017-07-01
俞致贞 寿石工 1945年作 红叶双娇·行书谭复堂诗 成扇	23.5cm×68cm×2	184,000	北京银座	2017-06-07
俞致贞 四喜图 镜心	168.7cm×66.7cm	572,383	中金国际	2017-11-25
俞致贞 乙丑（1985年）作 丹柿图 立轴	129cm×65.5cm	345,000	福建东南	2017-10-28
俞子才 1948年作阿里山纪游图镜框	93.2cm×42.5cm	2,869,020	香港苏富比	2017-04-04

拍品名称	物品尺寸	成交价RMB	拍卖公司	拍卖日期
俞子才 癸未（1943）年作 消夏图 立轴	93cm×47cm	189,750	朵云轩	2017-06-25
俞子才 壬戌（1982）年作 晴山图 镜片	88cm×37.5cm	230,000	广东崇正	2017-06-14
俞子才 吴湖帆 画 题 甲午（1954年）作 骑驴归思图 镜心	87cm×38.5cm	483,000	北京诚轩	2017-06-18
俞子才 吴湖帆 画 题 溪山清秀图卷 镜心	19.3cm×119.5cm	264,500	北京诚轩	2017-06-18
郁达夫 丁丑（1937）年作 行书 立轴	104cm×28cm	299,000	广东崇正	2017-06-15
郁达夫 庚辰（1940年）作 行书七言联 镜心	138cm×27.5cm×2	529,000	北京诚轩	2017-06-18
郁达夫 行书七言联 立轴	165cm×33cm×2	218,500	北京荣宝	2017-12-02
郁达夫 辛未(1931)年作 行书七言联 立轴	160cm×35cm×2	552,000	广东崇正	2017-06-15
喻慧 2005年作 鹤寿图 镜心	135cm×67.5cm	177,531	中濠典藏	2017-05-22
喻慧 海棠依旧 镜框	124cm×92.5cm	509,288	北京匡时	2017-10-02
喻慧 岁月的守望 镜心	133cm×67cm	274,232	北京匡时	2017-10-02
喻慧 仙鹤 镜心	134cm×66.5cm	230,000	中贸圣佳	2017-06-19
喻继高 1991年作 国色天香 镜心	65cm×129cm	172,500	北京荣宝	2017-09-24
喻继高 2011年作 金秋雅韵 镜心	106cm×47.5cm	155,250	北京荣宝	2017-06-02
喻继高 和平新春 镜心	68cm×68cm	172,500	南京经典	2017-07-23
喻继高 瑞鹤迎春 镜心	500cm×190cm；50cm×200cm	5,750,000	北京荣宝	2017-06-02
喻继高 瑞鹤迎春 镜心	70cm×137cm	345,000	南京经典	2017-07-23
尉晓榕 2005年作 牧牛图 镜心	68cm×136cm	250,632	中濠典藏	2017-05-22
尉晓榕 80～90年代作 红松与人参 连环画原稿（全）	29cm×26cm×25	552,000	西泠拍卖	2017-07-16
尉晓榕 前山闲居图 镜心	70cm×138.5cm	230,000	北京荣宝	2017-06-02
袁波 蒲塘雁影 镜心	71cm×205cm	230,000	中国嘉德	2017-09-02
袁克权 隶书十六言联 立轴	387.5cm×42.5cm×2	402,500	上海匡时	2017-11-05
袁克文 1930年作 对联 立轴	175cm×22cm×2	690,000	华艺国际	2017-11-25
袁克文 1931年作 舌画山水 立轴	170cm×83cm	391,000	北京翰海	2017-12-15
袁克文 行书八言联 立轴	each：167cm×28cm×2	228,250	香港蘇富比	2017-10-02
袁克文 行书浣溪沙词 手卷	书法44cm×199.5cm；后跋44cm×30cm	402,500	中国嘉德	2017-12-18
袁克文 行书七言 对联	115cm×26cm×2	483,000	朵云轩	2017-04-20
袁克文 行书七言联 立轴	171cm×43cm×2	322,000	上海匡时	2017-11-05
袁克文 行书五言 对联	169cm×45cm×2	207,000	朵云轩	2017-12-14
袁克文 行书五言联（两幅）立轴	217cm×64cm×2	166,313	佳士得	2017-05-30
袁克文 行书五言联 立轴	143.5cm×39cm×2	713,000	北京银座	2017-06-07
袁克文 行书五言联 立轴	146cm×38cm×2	483,000	北京匡时	2017-12-04
袁克文 行书五言联 立轴	150cm×35cm×2	345,000	北京匡时	2017-06-04
袁克文 溥僩 书法·水暖桃香图 成扇	52cm×19.5cm	287,500	西泠拍卖	2017-07-15
袁克文 书法扇面 镜心	18cm×52cm	172,500	荣宝斋（济南）	2017-06-10
袁克文 向佛庐 镜框	31.5cm×74.2cm	259,463	纽约苏富比	2017-03-16
袁励准 1933年作 篆书十二言联 立轴	161cm×27.5cm×2	172,500	北京匡时	2017-06-03
袁培基 辛丑（1901）年作 岁朝图 立轴	142cm×77cm	218,500	上海嘉禾	2017-07-02
袁世凯 1916年作 行书"志气壮山河"镜心	130cm×46cm	322,000	北京匡时	2017-06-04
袁松年 1943年作 溪山揽胜 立轴	138cm×68cm	253,000	上海匡时	2017-11-05
袁松年 1954年作 关山暮雪图 横披	109cm×64.5cm	253,000	西泠拍卖	2017-07-15
袁松年 己丑（1949）年作 桃源问津 立轴	107cm×51cm	178,250	上海敬华	2017-07-01

拍品名称	物品尺寸	成交价RMB	拍卖公司	拍卖日期
袁松年 汪亚尘 贺天健 输墨因缘 册页	25cm×32cm×25	172,500	北京保利	2017-06-05
袁武 2003年作 老子出关 镜心	270cm×96cm	1,150,000	北京保利	2017-06-04
袁武 2005年作 老子出关图 镜心	246cm×123cm	1,127,000	北京荣宝	2017-06-02
袁武 2017年作 笔墨宗门 册页	34cm×61cm×10	3,105,000	北京匡时	2017-12-03
袁武 大寿图 软片	68cm×68cm	230,000	荣宝斋（南京）	2017-09-10
袁武 对酒图 镜心	68cm×136cm	230,000	北京荣宝	2017-06-02
袁武 红衣钟馗 镜心	136cm×69cm	172,500	北京保利	2017-04-27
袁武 孔子暮年 镜心	144cm×178cm	805,000	北京保利	2017-12-18
袁武 老子出关图 镜心	245cm×116cm	1,035,000	中国嘉德	2017-12-20
袁武 苗再新 孔紫 等 癸未（2003年）作 雪城千秋 镜心	142cm×366cm	207,000	中国嘉德	2017-09-02
袁武 申万胜 1999年作 观沧海 镜心	122cm×242cm	529,000	保利山东	2017-10-29
袁武 钟进士造像 镜心	180cm×68cm	667,000	荣宝斋（济南）	2017-12-07
袁熙坤 比翼	69cm×46cm	2,012,500	北京翰海	2017-12-16
袁晓岑 1978年作 群鸡通景 立轴四屏	133cm×62cm×4	368,000	北京保利	2017-12-17
袁旃 2011年作 飞石 镜心	150cm×95cm	437,000	北京匡时	2017-06-03
圆霖 波上往来舟 立轴	105cm×67cm	172,500	南京经典	2017-07-23
圆霖 布袋和尚 立轴	100cm×69cm	195,500	南京经典	2017-07-23
圆霖 皆大欢喜 镜心	画137cm×70cm；书137cm×23cm×2	161,000	南京经典	2017-07-23
圆霖 灵山法会 镜心	66cm×178cm	161,000	南京经典	2017-07-23
圆霖 灵山法会 手卷	44cm×485cm	483,000	南京经典	2017-07-23
圆霖 南无阿弥陀佛 立轴	137cm×68cm	368,000	南京经典	2017-07-23
圆霖 深山古寺 立轴	画94cm×43cm；诗堂25cm×43cm	161,000	南京经典	2017-07-23
圆霖 西方三圣 镜心	画60cm×48cm；书94cm×17cm×2	195,500	南京经典	2017-07-23
圆霖 西方三圣 立轴	120cm×73cm	460,000	南京经典	2017-07-23
圆霖 竹林观音 立轴	35.5cm×32cm	172,500	南京经典	2017-07-23
圆瑛 行书 镜心	127cm×47cm	517,500	上海匡时	2017-11-05
圆瑛法师 太虚法师 兴慈法师 守培法师 持松法师 妙真法师 等 1946至1947年作 为菩提协会书圖册页（八页）	册页33cm×25cm	212,750	西泠拍卖	2017-07-16
岳敏君 1999年作 无题	109cm×77.5cm	264,500	上海敬华	2017-07-01
岳黔山 2015年作 六盘水风光 镜心	48cm×180cm	276,000	北京荣宝	2017-12-02
载瀛 1925年作 神骏图 镜心	123cm×63cm	690,000	北京匡时	2017-03-29
曾健勇 2013年作 戏法 镜心	144.5cm×74.5cm	365,505	中濠典藏	2017-05-22
曾宓 2004年作 染神先骨 手卷	35cm×366cm	345,000	北京保利	2017-06-05
曾宓 甲申（2004年）作 山水人物集 册页（十二开）	25.0cm×25.0cm×12	379,500	中国嘉德	2017-06-21
曾宓 山居图及田园（两幅）镜框	40.5cm×40.5cm；41cm×49.5cm	267,300	香港苏富比	2017-04-04
曾熙 1924年作 浯溪一角 立轴	108cm×58cm	288,275	佳士得	2017-05-30
曾熙 1925年作 清流绕楮山 立轴	109.3cm×49cm	311,250	香港蘇富比	2017-10-02
曾熙 1926年作 焦墨山水 立轴	134cm×66cm	310,450	佳士得	2017-05-30
曾熙 寿松图	148.5cm×47cm	230,000	中国嘉德	2017-06-21
曾小俊 2004年作 清奇古怪	130.5cm×320.5cm	830,000	香港蘇富比	2017-10-02
曾灶财 2004年作 墨宝 镜框	69.5cm×70cm	155,925	香港苏富比	2017-04-03
张伯驹 1979年作 行书七言联 立轴	55.5cm×15cm×2	195,500	上海匡时	2017-11-05
张伯驹 1979年作 行书五言联 立轴	55.5cm×12.5cm×2	201,250	上海匡时	2017-11-05
张伯驹 行书七言联 镜心	55cm×15cm×2	178,735	保利香港	2017-04-03
张伯驹 己未（1979）年作 行书七言诗 立轴	79cm×43cm	161,000	上海嘉禾	2017-07-02
张伯驹 兰蕙齐芳 立轴	50cm×22cm	178,250	北京华辰	2017-06-04
张伯驹 绿萼梅 镜心	45cm×37cm	166,750	北京匡时	2017-06-03

拍品名称	物品尺寸	成交价RMB	拍卖公司	拍卖日期
张伯驹 潘素 双清图（二帧）镜片	43.5cm×32.5cm×2	310,500	西泠拍卖	2017-07-15
张伯驹 潘素 赠王益知扇面	19cm×52cm	184,000	北京保利	2017-12-17
张伯驹 赠周颖南《红梅》书画	72cm×15cm	201,250	北京保利	2017-12-17
张伯英 1937年作 行书十一言联 立轴	151.5cm×25.5cm×2	241,500	北京翰海	2017-12-15
张伯英 1938年作 石门铭 扇片	20cm×56cm	172,500	北京匡时	2017-03-30
张伯英 1940年作 行书十三言联 立轴	195cm×25cm×2	460,000	北京匡时	2017-06-03
张伯英 1941年作 楷书五言联 立轴	168.5cm×41.5cm×2	264,500	上海匡时	2017-11-05
张伯英 1942年作 楷书 镜心	30cm×113cm	184,000	北京翰海	2017-12-15
张伯英 行书九言联 镜片	110cm×23.5cm×2	178,250	上海明轩	2017-06-30
张伯英 行书文 立轴	132cm×61cm	241,500	上海匡时	2017-11-05
张伯英 楷书 四屏	167cm×41cm×4	552,000	中国嘉德	2017-04-02
张伯英 书法“沧江虹月”立轴	121.5cm×24cm	218,500	北京翰海	2017-09-13
张伯英 书法中堂并对联 立轴	中堂117cm×49；对联132cm×32cm×2	287,500	北京匡时	2017-03-29
张充和 1976年作 行书唐诗册 镜心	21.5cm×29.5cm×7	253,000	北京匡时	2017-12-03
张充和 楷书《酒德颂》镜心	24.5cm×78cm	241,500	北京匡时	2017-12-04
张充和 书《牡丹亭·惊梦》画心	51.5cm×39cm	241,500	西泠拍卖	2017-07-15
张充和 书《题凤凰沈从文墓》斗方 画心	45.5cm×35cm	207,000	西泠拍卖	2017-07-15
张充和 书自作诗九首 画心	64.5cm×42.5cm	195,500	西泠拍卖	2017-07-15
张大千 张善孖 甲戌（1934年）作 春柳牧牛 镜心	108cm×46.5cm	828,000	中国嘉德	2017-06-20
张大千 “我与敦煌”（一套十三件）镜心	尺寸不一cm×13	9,200,000	中国嘉德	2017-12-18
张大千 1926年作 仕女图 立轴	92cm×34cm	1,012,000	北京保利	2017-06-05
张大千 1928年作 行书 四屏立轴	129cm×30cm×4	287,500	北京翰海	2017-01-08
张大千 1929年作 墨葡萄图 立轴	122cm×39.5cm	575,000	西泠拍卖	2017-07-16
张大千 1930年作 黄山九龙潭 镜心	诗堂34cm×76cm；画心169cm×77cm	3,450,000	北京保利	2017-06-05
张大千 1930年作 乙蜜台 行书诗 成扇	19cm×53cm	230,000	保利华谊	2017-12-08
张大千 1931年作 仿石涛山水 镜心	20.5cm×29.5cm	184,000	北京银座	2017-06-07
张大千 1932年作 黄山清凉台 镜心	108cm×52cm	3,450,000	上海匡时	2017-11-05
张大千 1932年作 梦影 扇面 镜框	19.3cm×53.2cm	466,875	香港蘇富比	2017-10-02
张大千 1932年作 水殿风来 镜心	18cm×50cm	287,500	北京匡时	2017-03-29
张大千 1933年作 仿石涛山水 立轴	144cm×81cm	2,415,000	北京荣宝	2017-06-02
张大千 1933年作 海棠春睡 立轴	66cm×26cm	402,500	北京保利	2017-06-05
张大千 1933年作 黄山图 镜心	90cm×40cm	690,000	北京保利	2017-12-16
张大千 1933年作 隶书“奔宵腾雾”镜心	26cm×104.5cm	172,500	北京匡时	2017-06-03
张大千 1933年作 仕女 立轴	115.7cm×51.8cm	432,438	纽约佳士得	2017-03-14
张大千 1933年作 无量寿佛 立轴	107cm×39cm	1,725,000	上海匡时	2017-11-05
张大千 1933年作 无量寿佛 立轴	106.5cm×39cm	1,380,000	北京银座	2017-06-07
张大千 1934年作 仿王晋卿笔 立轴	90cm×28cm	1,610,000	北京荣宝	2017-12-02
张大千 1934年作 梅妃图 立轴	110cm×53.5cm	2,875,000	观唐皕榷	2017-01-11
张大千 1934年作 美人顾影图 镜心	112cm×43cm	368,000	观唐皕榷	2017-01-11
张大千 1934年作 米癫拜石 立轴	121cm×44.5cm	414,000	北京匡时	2017-06-03
张大千 1934年作 暮雨朝云 立轴	119.5cm×44.5cm	13,800,000	北京荣宝	2017-09-24
张大千 1934年作 清园消夏 镜框	119.6cm×56cm	1,245,000	香港蘇富比	2017-10-02
张大千 1935年作 泛舟图 立轴	97cm×36.5cm	437,000	北京荣宝	2017-09-24
张大千 1935年作 仿石涛笔意 镜心	80.5cm×32cm	506,000	北京匡时	2017-06-03
张大千 1935年作 江东高会图 立轴	99.5cm×32.5cm	207,000	西泠拍卖	2017-07-16
张大千 1935年作 隶书七言联 立轴	各139.3cm×34.5cm	289,575	香港苏富比	2017-04-04
张大千 1935年作 南阳公主 立轴	127cm×66cm	3,335,000	北京匡时	2017-03-29
张大千 1935年作 南阳公主像 立轴	127cm×66cm	1,840,000	北京保利	2017-12-17

拍品名称	物品尺寸	成交价RMB	拍卖公司	拍卖日期
张大千 1935年作 三友图·临王铎《昨服散帖》成扇	19cm×49cm×2	483,000	北京银座	2017-12-20
张大千 1935年作 踏游图 立轴	110cm×39cm	598,000	北京荣宝	2017-06-02
张大千 1935年作 五色荷花 立轴	184cm×95cm	32,200,000	北京保利	2017-06-05
张大千 1936年作 芭蕉仕女 立轴	134cm×53.5cm	632,500	上海匡时	2017-11-05
张大千 1936年作 碧岩寿带 立轴	132cm×50cm	920,000	北京保利	2017-06-05
张大千 1936年作 海棠春睡图 立轴	109cm×48cm	517,500	北京匡时	2017-06-03
张大千 1936年作 落叶幽禽 立轴	102.5cm×32cm	322,000	北京翰海	2017-12-15
张大千 1936年作 五色荷花 镜心	185cm×94.7cm	27,600,000	北京荣宝	2017-06-02
张大千 1937年作 碧湖泛舟 书法 成扇	18.5cm×50cm	2,300,000	华艺国际	2017-11-25
张大千 1937年作 水月观音 立轴	165cm×67cm	5,750,000	北京保利	2017-12-17
张大千 1937年作 松风晓霭 行书自作诗 镜心	19.5cm×55.5cm×2	805,000	北京匡时	2017-03-29
张大千 1937年作 载酒畅游 立轴	125.5cm×47cm	1,762,920	保利香港	2017-10-03
张大千 1938年作 陈居中二马图 立轴	181cm×82.5cm	9,200,000	北京匡时	2017-06-03
张大千 1938年作 东坡居士 镜心	133cm×60.5cm	2,817,500	北京匡时	2017-03-29
张大千 1938年作 黄山莲花峰 立轴	91.5cm×47.5cm	862,500	北京银座	2017-06-07
张大千 1938年作 蜀道秋云图 镜心	91.5cm×45.5cm	2,070,000	北京银座	2017-12-20
张大千 1938年作 无量寿佛 立轴	119.5cm×61cm	1,495,000	福建东南	2017-05-21
张大千 1938年作 渊明爱菊图 立轴	64cm×38.5cm	293,820	保利香港	2017-10-03
张大千 1938年作 竹石图 立轴	86cm×53cm	345,000	北京荣宝	2017-06-02
张大千 1939年作 独步入东山 镜心	111cm×48cm	1,265,000	北京荣宝	2017-06-02
张大千 1939年作 荷香满溢 立轴	105cm×47cm	3,220,000	上海东方	2017-06-25
张大千 1939年作 黄山光明顶 立轴	128cm×55cm	5,980,000	北京荣宝	2017-09-24
张大千 1939年作 蜀山行旅图 立轴	105cm×40.5cm	6,440,000	北京匡时	2017-12-04
张大千 1939年作 水月观音 立轴	124cm×41cm	4,600,000	北京保利	2017-06-05
张大千 1939年作 松荫高士 行书（一对）扇面 镜框	each: 18cm×51.5cm×2	518,750	香港蘇富比	2017-10-02
张大千 1940年作 东坡行吟 立轴	153cm×40cm	805,000	北京荣宝	2017-06-02
张大千 1940年作 峨眉三顶 立轴	125cm×66.3cm	1,914,750	佳士得	2017-11-28
张大千 1940年作 飞仙关 立轴	79cm×39cm	1,273,220	北京匡时	2017-10-02
张大千 1940年作 观世音造像 立轴	145cm×69cm	17,250,000	北京保利	2017-06-05
张大千 1940年作 江帆云影 镜心	85cm×44cm	402,500	上海匡时	2017-11-05
张大千 1940年作 青城上清宫 镜心	83.5cm×33.5cm	1,150,000	北京荣宝	2017-12-02
张大千 1940年作 塘中对话 立轴	66cm×32cm	552,000	北京荣宝	2017-06-02
张大千 1940年作 桐荫话旧 镜心	19cm×51cm	189,750	北京匡时	2017-06-03
张大千 1941年作 法古 四屏立轴	102cm×34cm×4	12,650,000	北京匡时	2017-06-03
张大千 1941年作 飞天图 立轴	182cm×94cm	43,700,000	华艺国际	2017-05-27
张大千 1941年作 观世音菩萨 镜心	175.5cm×66.5cm	4,600,000	北京翰海	2017-06-02
张大千 1941年作 红叶小鸟 立轴	101cm×39cm	3,220,000	北京荣宝	2017-06-02
张大千 1941年作 江干高士 立轴	100cm×40cm	460,000	上海匡时	2017-11-05
张大千 1942年作 泛舟图 立轴	112cm×32cm	552,000	北京荣宝	2017-06-02
张大千 1943年作 北齐校书图 立轴	109cm×49.5cm	8,395,000	北京匡时	2017-06-03
张大千 1943年作 高崖悬瀑 立轴	107.5cm×40.5cm	3,910,000	北京荣宝	2017-12-02
张大千 1943年作 黄山诗意 册页（八开）	21.5cm×35cm×8	3,105,000	上海匡时	2017-11-05
张大千 1944年作 芭蕉仕女 立轴	66cm×43.5cm	11,500,000	华艺国际	2017-11-25
张大千 1944年作 仿八大石鱼图 镜心	165cm×81cm	1,150,000	北京保利	2017-12-17
张大千 1944年作 荷塘清逸图 立轴	138cm×69cm	1,380,000	西泠拍卖	2017-07-15
张大千 1944年作 花卉 镜框	108cm×44.5cm	478,688	佳士得	2017-11-28
张大千 1944年作 黄山光明顶 立轴	93cm×39cm	805,000	北京保利	2017-06-06
张大千 1944年作 临江高士 立轴	102.5cm×50cm	1,150,000	北京匡时	2017-06-03
张大千 1944年作 柳荫仕女 立轴	134cm×67.5cm	1,380,000	北京翰海	2017-06-02
张大千 1944年作 牡丹蝴蝶 成扇	19cm×48cm	322,000	北京荣宝	2017-09-24
张大千 1944年作 秋山垂钓 立轴	70.5cm×33cm	1,725,000	北京荣宝	2017-12-02
张大千 1944年作 秋禊雅集图 镜心	78.5cm×34cm	1,725,000	北京匡时	2017-12-04
张大千 1944年作 天水旧游图 立轴	124cm×55.5cm	14,950,000	中贸圣佳	2017-06-19

拍品名称	物品尺寸	成交价RMB	拍卖公司	拍卖日期
张大千 1944年作 吴越小景 立轴	111.5cm×55.5cm	575,000	北京翰海	2017-12-15
张大千 1945年作 碧树低云屋 镜心	161cm×61cm	4,370,000	北京荣宝	2017-06-02
张大千 1945年作 蕃女礼佛图 立轴	111cm×67cm	26,450,000	北京荣宝	2017-06-02
张大千 1945年作 降龙罗汉 立轴	101.5cm×35.5cm	1,150,000	上海匡时	2017-11-05
张大千 1945年作 墨竹 立轴	157.5cm×56.5cm	460,000	北京匡时	2017-06-03
张大千 1945年作 水月观音 镜框	134.5cm×61cm	1,969,140	佳士得	2017-05-30
张大千 1945年作 松下高士 立轴	124cm×53cm	402,500	北京匡时	2017-03-29
张大千 1946年作 白荷 镜心	118cm×54cm	2,415,000	北京匡时	2017-12-03
张大千 1946年作 晨荷书法 成扇	24cm×70cm	1,495,000	北京保利	2017-06-05
张大千 1946年作 仿漠高窟北魏人画马 镜框	106cm×64.5cm	8,568,420	佳士得	2017-05-30
张大千 1946年作 高士 立轴	68cm×30cm	460,000	北京荣宝	2017-06-02
张大千 1946年作 高士图 镜框	22cm×26.5cm	372,313	佳士得	2017-11-28
张大千 1946年作 观瀑图 立轴	106cm×42.5cm	2,817,500	北京银座	2017-06-07
张大千 1946年作 海棠清华图·行书画论 成扇	19cm×51cm×2	575,000	北京银座	2017-06-07
张大千 1946年作 行书七言联 立轴	130cm×31cm×2	172,500	北京匡时	2017-03-29
张大千 1946年作 红衣高士 立轴	91cm×34.6cm	720,688	佳士得	2017-05-30
张大千 1946年作 黄山玉屏 镜心	29.5cm×83.5cm	391,760	北京匡时	2017-10-02
张大千 1946年作 京口道中小景 立轴	129cm×47cm	5,980,000	北京荣宝	2017-06-02
张大千 1946年作 柳子图 立轴	78cm×32.5cm	805,000	北京荣宝	2017-12-02
张大千 1946年作 拟元人工笔花鸟 镜心	106.5cm×25.5cm	575,000	北京银座	2017-06-07
张大千 1946年作 情寄山河 立轴	108cm×50cm	4,140,000	北京荣宝	2017-12-02
张大千 1946年作 山茶 镜心	132.5cm×32.5cm	402,500	北京匡时	2017-06-03
张大千 1946年作 萱花瓢虫 立轴	105cm×41.5cm	345,000	北京匡时	2017-06-03
张大千 1946年作 执扇仕女 镜心	54cm×99cm	517,500	八益拍卖	2017-04-22
张大千 1947年作 步壑松风 立轴	107cm×40.3cm	726,250	香港蘇富比	2017-10-02
张大千 1947年作 蝉鸣在林 行书雁荡诗 镜心	18.5cm×52cm×2	460,000	北京匡时	2017-03-29
张大千 1947年作 春草白云 行书自作诗 镜心	18.5cm×50cm×2	253,000	北京匡时	2017-03-29
张大千 1947年作 达摩渡江 镜心	156cm×62.5cm	747,500	北京匡时	2017-06-03
张大千 1947年作 仿敦煌南无观世音菩萨 镜框	142cm×72.5cm	35,249,380	佳士得	2017-05-30
张大千 1947年作 行书七言联 立轴	133cm×32cm×2	368,000	保利华谊	2017-12-08
张大千 1947年作 江岸话别 镜心	32cm×116cm	667,000	北京保利	2017-12-16
张大千 1947年作 江岸送别图 镜心	90cm×47.5cm	1,782,500	北京匡时	2017-06-03
张大千 1947年作 空谷足音 立轴	76cm×29.5cm	4,025,000	北京荣宝	2017-12-02
张大千 1947年作 李德裕见客图 镜片	33.5cm×95.5cm	12,075,000	上海明轩	2017-06-30
张大千 1947年作 松阳滴翠 镜心	132cm×40.5cm	5,520,000	北京匡时	2017-12-04
张大千 1947年作 松云碧翠 立轴	120.3cm×50.2cm	10,246,500	香港苏富比	2017-04-04
张大千 1947年作 天女散花 镜心	154cm×64cm	920,000	北京保利	2017-12-16
张大千 1947年作 天中五瑞图 行书 成扇	14cm×37cm	830,000	香港蘇富比	2017-10-02
张大千 1947年作 瓦口沟寄景 镜心	113cm×52cm	1,840,000	北京翰海	2017-12-15
张大千 1947年作 携童访道图 镜心	85cm×44cm	632,500	北京匡时	2017-12-03
张大千 1947年作 携仗听泉声 成扇	18.5cm×48cm	621,000	北京匡时	2017-03-29
张大千 1947年作 云山渔隐 立轴	107cm×50cm	5,750,000	北京保利	2017-08-02
张大千 1948年作 白荷 立轴	100cm×50cm	920,000	北京保利	2017-12-17
张大千 1948年作 芙蓉艳发 镜心	91cm×46cm	11,270,000	北京东正	2017-06-08
张大千 1948年作 行书"古道秋风"镜心	34cm×113cm	264,500	北京匡时	2017-06-03
张大千 1948年作 行书八言联 对联	147cm×27.5cm×2	230,000	中贸圣佳	2017-06-19
张大千 1948年作 行书八言联 立轴	each: 130.2cm×20.3cm×2	311,250	香港蘇富比	2017-10-02
张大千 1948年作 行书七言联 立轴	147cm×26cm×2	230,000	北京保利	2017-12-16
张大千 1948年作 江上同醉 立轴	99cm×36cm	1,955,000	北京保利	2017-12-17

拍品名称	物品尺寸	成交价RMB	拍卖公司	拍卖日期
张大千 1948年作 柳岸图 镜心	16cm×51cm	195,500	北京匡时	2017-03-29
张大千 1948年作 木叶含风静 立轴	103cm×44cm	1,955,000	北京荣宝	2017-12-02
张大千 1948年作 溪山逸居图 镜心	112cm×51cm	7,130,000	北京荣宝	2017-12-02
张大千 1948年作 岩岩日地山 镜心	108cm×51cm	690,000	保利华谊	2017-12-08
张大千 1948年作 重江晴峦 镜框	98.1cm×36.2cm	1,878,509	纽约佳士得	2017-03-14
张大千 1949年作 春江归棹 镜心	17cm×51cm	3,335,000	北京匡时	2017-06-03
张大千 1949年作 峨眉清音阁 书法 成扇	17cm×51cm	828,000	华艺国际	2017-11-25
张大千 1949年作 柳下高士 立轴	110.5cm×41.2cm	1,556,250	香港蘇富比	2017-10-02
张大千 1949年作 南无观世音菩萨 镜心	115cm×40cm	8,510,000	北京荣宝	2017-12-02
张大千 1949年作 秋林访友 镜框	102.4cm×43.3cm	4,067,000	香港蘇富比	2017-10-02
张大千 1949年作 松堂读书图 立轴	113cm×46cm	4,701,120	保利香港	2017-10-03
张大千 1949年作 松堂读书图 立轴	113cm×46cm	3,450,000	北京保利	2017-06-05
张大千 1949年作 桐荫高仕 镜心	86cm×52cm	1,610,000	北京匡时	2017-06-03
张大千 1949年作 幽山信步 扇面镜框	17.6cm×52cm	332,000	香港蘇富比	2017-10-02
张大千 1949年作 重溪叠嶂 立轴	116cm×56cm	8,625,000	北京荣宝	2017-12-02
张大千 1950年作 蜀山图	107cm×51cm	3,680,000	北京荣宝	2017-12-02
张大千 1951年作 观瀑图 镜心	27cm×24cm	1,955,000	上海匡时	2017-11-05
张大千 1951年作 黄山松石 立轴	98cm×46.5cm	1,419,363	北京匡时	2017-04-03
张大千 1951年作 柳阴高士 立轴	107cm×40cm	506,000	北京银座	2017-12-20
张大千 1951年作 陆游诗意图 立轴	95cm×34cm	489,700	北京匡时	2017-10-02
张大千 1951年作 书画合璧 成扇	19cm×50cm	172,500	北京匡时	2017-06-03
张大千 1952年作 高士凭眺 镜框	46.2cm×25cm	166,313	佳士得	2017-05-30
张大千 1952年作 天竺覆斗牛 镜心	26cm×32.5cm	6,670,000	北京匡时	2017-06-03
张大千 1952年作 拄杖观书图 立轴	90cm×45cm	2,415,000	华艺国际	2017-11-25
张大千 1953年作 风荷图 立轴	画心 130.5cm×29cm; 诗堂14cm×29cm	782,000	北京银座	2017-06-07
张大千 1953年作 柳荫凝思 镜心	78cm×38cm	4,945,000	北京荣宝	2017-12-02
张大千 1953年作 墨荷图 立轴	131cm×29cm	402,500	上海匡时	2017-11-05
张大千 1953年作 仕女 立轴	74cm×39cm	287,500	北京匡时	2017-06-03
张大千 1953年作 竹林高士 镜心	27cm×23.5cm×2cm	483,000	北京匡时	2017-12-03
张大千 1953年作 子猷赏竹 成扇	17.8cm×44.7cm	601,750	香港蘇富比	2017-10-02
张大千 1954年作 泛舟图 镜心	35cm×141cm	1,242,000	北京保利	2017-12-17
张大千 1955年作 水殿风来 镜心	46cm×93.5cm	1,380,000	保利厦门	2017-06-25
张大千 1955年作 折柳集 册页	书法 18cm×23.5cm×8; 绘画 18cm×23.5cm×6	7,475,000	北京匡时	2017-06-03
张大千 1955年作 枝上春鸣 镜框	43.7cm×36cm	554,375	佳士得	2017-05-30
张大千 1956年作 松崖高士 镜框	52.4cm×39.1cm	1,867,500	香港蘇富比	2017-10-02
张大千 1957年作 松下高仕图 镜心	98.5cm×45cm	678,500	北京荣宝	2017-06-02
张大千 1958年作 背临《石门颂》镜心	100.5cm×50cm	276,000	北京匡时	2017-06-03
张大千 1958年作 柳下高士 镜心	38cm×91cm	713,000	北京匡时	2017-06-03
张大千 1958年作 三巴山水（无图）立轴	90cm×45.5cm	1,955,000	北京匡时	2017-06-03
张大千 1959年作 报春图 立轴	92cm×35cm	460,000	北京匡时	2017-12-03
张大千 1959年作 荷花 镜框	70.5cm×48cm	920,000	华艺国际	2017-05-27
张大千 1959年作 梅花 玉簪（两幅）木板镜框	34.8cm×38cm×2	332,625	佳士得	2017-05-30
张大千 1959年作 梅竹双清 镜心	27cm×24cm	253,000	北京银座	2017-12-20
张大千 1959年作 秋海棠 立轴	58cm×34cm	2,871,800	香港蘇富比	2017-10-02
张大千 1960年作 寻幽图 镜框	141cm×69cm	3,105,000	华艺国际	2017-05-27
张大千 1961年作 传钵图 手卷	27cm×90cm	460,000	北京保利	2017-06-05
张大千 1961年作 二老游山图 立轴	138.5cm×79.5cm	4,025,000	北京荣宝	2017-06-02
张大千 1961年作 摩诘诗意图 立轴	195.8cm×104cm	28,750,000	上海匡时	2017-11-05
张大千 1961年作 三巴话旧 立轴	191.5cm×99cm	8,625,000	华艺国际	2017-11-25
张大千 1961年作 嵩寿图 立轴	89.4cm×48.6cm	5,435,100	香港苏富比	2017-04-04

拍品名称	物品尺寸	成交价RMB	拍卖公司	拍卖日期
张大千 1962年作 普陀潮音洞图 立轴	134.5cm×68cm	8,050,000	西泠拍卖	2017-07-15
张大千 1962年作 岁寒图 手卷	38.5cm×143cm	4,169,900	佳士得	2017-11-28
张大千 1963年作 粉荷 镜框	35cm×38cm	585,063	佳士得	2017-11-28
张大千 1963年作 蕉阴闲适 立轴	96cm×59.5cm	667,000	北京银座	2017-12-20
张大千 1963年作 冷香飞上诗句 立轴	141cm×74.8cm	8,642,700	香港苏富比	2017-04-04
张大千 1963年作 摩诘山一角 立轴	135cm×55cm	2,127,500	上海匡时	2017-11-05
张大千 1963年作 蘑菇 镜心	87.5cm×42.5cm	441,580	保利香港	2017-04-03
张大千 1963年作 墨荷图 立轴	165cm×82cm	2,530,000	北京保利	2017-06-05
张大千 1963年作 南山之颂 立轴	125cm×56cm	4,600,000	北京荣宝	2017-12-02
张大千 1963年作 峡江行舟图 镜心	44cm×36cm	538,670	北京匡时	2017-10-02
张大千 1963年作 义山诗意 立轴	95cm×30.5cm	1,314,225	保利香港	2017-04-03
张大千 1964年作 行书“思危斋”镜心	20cm×105cm	402,500	北京荣宝	2017-12-02
张大千 1964年作 墨荷图 镜心	199cm×107cm	17,250,000	上海匡时	2017-11-05
张大千 1964年作 泼彩荷花 镜框	40.5cm×93.7cm	1,862,700	佳士得	2017-05-30
张大千 1964年作 泼彩山水 纸板镜框	31.5cm×40cm	1,595,625	佳士得	2017-11-28
张大千 1965年作 临流清话 镜框	49.3cm×31.2cm	881,875	香港蘇富比	2017-10-02
张大千 1965年作 秋江垂钓 纸板镜框	23.9cm×27cm	797,813	佳士得	2017-11-28
张大千 1965年作 云岚丹翠 镜框	129cm×70.5cm	16,019,220	佳士得	2017-05-30
张大千 1965年作 云山古寺 镜框	172cm×89.5cm	90,882,020	佳士得	2017-05-30
张大千 1966年作 高山栖隐 镜框	27cm×23.8cm	1,336,500	香港苏富比	2017-04-04
张大千 1966年作 高仕咏诗图 镜心	95cm×55.5cm	783,520	保利香港	2017-10-03
张大千 1966年作 阔浦遥山 册页	书法 24cm×36cm×9；绘画 24cm×36cm×6	7,820,000	北京匡时	2017-06-03
张大千 1966年作 青山对谈 镜框	96.6cm×56cm	1,108,750	佳士得	2017-05-30
张大千 1966年作 严陵濑 立轴	166cm×93cm	8,050,000	北京保利	2017-06-05
张大千 1967年作 花卉蔬果小册纸板散册页（十开）	20.5cm×22cm×10	851,000	佳士得	2017-11-28
张大千 1967年作 侣松图 镜框	69cm×139.1cm	1,113,750	香港苏富比	2017-04-04
张大千 1967年作 瀟霍瑞靄 镜框	128.2cm×63.5cm	27,654,413	香港苏富比	2017-04-04
张大千 1967年作 松竹梅兰 镜框	137cm×55.5cm	1,219,625	佳士得	2017-05-30
张大千 1967年作 溪山春色 镜心	73.5cm×133.5cm	4,600,000	北京保利	2017-12-17
张大千 1967年作 芝仙双清 纸板镜片	40.3cm×31.3cm	302,706	纽约佳士得	2017-03-14
张大千 1968年作 归渔图 立轴	138cm×68.5cm	6,325,000	北京东正	2017-06-08
张大千 1968年作 归渔图 立轴	134cm×68.5cm	3,450,000	北京匡时	2017-12-04
张大千 1968年作 泼墨山水 立轴	182cm×91.5cm	8,970,000	北京银座	2017-06-07
张大千 1968年作 秋山岚翠 镜框	61cm×94cm	18,011,000	香港蘇富比	2017-10-02
张大千 1968年作 萱寿图 立轴	125cm×62cm	276,000	北京匡时	2017-03-29
张大千 1968年作 养神 镜心	62cm×20cm	322,000	北京匡时	2017-12-03
张大千 1968年作 养神图 镜片	62cm×20cm	345,000	西泠拍卖	2017-07-15
张大千 1968年作 野渡无人 镜心	60.5cm×120cm	989,000	中贸圣佳	2017-06-19
张大千 1969年作 荷花 镜框	61.8cm×121.5cm	3,046,580	佳士得	2017-11-28
张大千 1969年作 秋山扁舟图 镜心	68cm×111cm	2,990,000	观唐皕榷	2017-01-11
张大千 1969年作 松江远眺 镜心	137cm×69.5cm	3,852,500	北京银座	2017-12-20
张大千 1969年作 梧桐图 立轴	137cm×68cm	3,220,000	北京匡时	2017-03-29
张大千 1969年作 溪山春雪 镜框	68cm×138cm	35,507,975	佳士得	2017-11-28
张大千 1970年作 山厨清味 镜心	135cm×70cm	1,955,000	北京荣宝	2017-12-02
张大千 1970年作 深山野寺 立轴	139cm×71cm	2,070,000	北京荣宝	2017-06-02
张大千 1971年作 白莲·行书题画白莲 立轴	136.5cm×69.5cm×2	3,450,000	北京保利	2017-06-05
张大千 1971年作 菜单 镜心	35cm×65.5cm	230,000	北京匡时	2017-06-03
张大千 1971年作 行书七言诗 立轴	136cm×68cm	287,500	北京银座	2017-06-07
张大千 1971年作 利柿三倍 镜心	68.5cm×134.5cm	1,092,500	北京荣宝	2017-06-02
张大千 1971年作 山居图 镜心	75cm×66cm	517,500	北京荣宝	2017-09-24

拍品名称	物品尺寸	成交价RMB	拍卖公司	拍卖日期
张大千 1971年作 松崖飞瀑 立轴	172cm×93cm	11,730,000	北京银座	2017-06-07
张大千 1972年作 泊舟桥渚 镜片	68cm×135cm	3,622,500	上海敬华	2017-07-01
张大千 1972年作 粉荷 镜心	90cm×48cm	943,000	北京保利	2017-12-17
张大千 1972年作 云山烟靄 镜心	55cm×110cm	2,056,740	保利香港	2017-10-03
张大千 1972年作 子猷赏竹图 镜心	90cm×49cm	1,380,000	北京保利	2017-06-05
张大千 1973年作 策杖寻诗 镜心	60cm×90.5cm	3,220,000	中贸圣佳	2017-06-19
张大千 1973年作 富春江 镜心	117cm×45cm	4,945,000	北京荣宝	2017-06-02
张大千 1973年作 行书“绮肴雕俎”镜心	60cm×125cm	287,500	北京荣宝	2017-06-02
张大千 1973年作 泼彩白莲 镜心	49cm×80cm	6,457,360	中国嘉德	2017-05-29
张大千 1973年作 泼彩山水 镜心	58cm×91cm	4,830,000	北京匡时	2017-12-04
张大千 1973年作 水殿风来 立轴	132.5cm×64.5cm	1,207,500	北京匡时	2017-06-03
张大千 1973年作 朱荷出水 镜框	64.8cm×103.6cm	3,296,700	香港苏富比	2017-04-04
张大千 1974年 溪头夜游图 镜心	55.5cm×79.5cm	10,580,000	中国嘉德	2017-06-19
张大千 1974年作 黄山松涛 镜心	69cm×135.5cm	4,309,360	北京匡时	2017-10-02
张大千 1974年作 墨荷图 镜片	135cm×68cm	1,092,500	西泠拍卖	2017-07-15
张大千 1974年作 水殿荷香 镜心	69cm×136cm	5,635,000	上海匡时	2017-11-05
张大千 1974年作 溪山访友图 镜心	91cm×35.5cm	1,552,500	北京匡时	2017-12-03
张大千 1975年作 富昌大吉 镜框	106cm×43.5cm	1,382,875	佳士得	2017-11-28
张大千 1975年作 红叶栖禽 镜心	86cm×35cm	460,000	北京保利	2017-06-06
张大千 1975年作 泼彩钩金红莲纸板镜框	120cm×56.8cm	8,994,180	佳士得	2017-05-30
张大千 1975年作 泼彩夏山	91.5cm×208.5cm	22,739,200	羅芙奧	2017-12-02
张大千 1975年作 泼墨山水 镜框	60cm×97cm	8,254,700	佳士得	2017-11-28
张大千 1976年作 浮峦暖翠 镜框	64cm×134.5cm	11,730,000	上海明轩	2017-06-30
张大千 1976年作 江上春山远 镜心	100cm×45cm	7,590,000	北京荣宝	2017-12-02
张大千 1976年作 梅石图 团扇面镜框	23.7cm×23.8cm	466,875	香港蘇富比	2017-10-02
张大千 1976年作 芍药花开 镜心	69cm×135cm	1,840,000	上海匡时	2017-11-05
张大千 1976年作 寿石灵芝 镜框	69.2cm×45.6cm	415,000	香港蘇富比	2017-10-02
张大千 1976年作 疏池芙蕖 镜框	89cm×44.5cm	1,702,000	佳士得	2017-11-28
张大千 1976年作 双清图 团扇面镜框	24cm×23.8cm	363,125	香港蘇富比	2017-10-02
张大千 1976年作 松崖论道 镜心	68cm×134cm	7,360,000	北京保利	2017-12-17
张大千 1976年作 一枝独秀 镜心	45cm×91cm	2,415,000	北京银座	2017-12-20
张大千 1976年作 雨裛红蕖冉冉香 镜框	132.8cm×69.5cm	8,642,700	香港苏富比	2017-04-04
张大千 1976年作 芝兰图 立轴	90cm×45cm	747,500	中国嘉德	2017-03-31
张大千 1977年作 浮峦百舸 镜框	52.5cm×53.5cm	2,714,220	佳士得	2017-05-30
张大千 1977年作 落花游鱼 镜框	90cm×45.8cm	1,782,000	香港苏富比	2017-04-04
张大千 1977年作 泼彩山水 镜心	38cm×45cm	2,093,320	中国嘉德	2017-05-29
张大千 1977年作 奇峰耸翠 镜框	50.8cm×72cm	5,599,580	佳士得	2017-11-28
张大千 1977年作 山厨清供 镜框	89cm×43.5cm	1,276,500	佳士得	2017-11-28
张大千 1977年作 山厨清供 镜心	35.5cm×55cm	529,000	北京匡时	2017-06-03
张大千 1977年作 水殿风来暗香满 镜心	49.5cm×107cm	1,725,000	北京匡时	2017-12-03
张大千 1977年作 松猿长寿 镜心	69cm×137cm	4,025,000	北京保利	2017-12-17
张大千 1977年作 雅歌·香草嘉果良木 册页（十二开）	45.5cm×53cm×12	37,950,000	北京保利	2017-06-05
张大千 1978年作 行书七言联 立轴	135cm×34.5cm×2	322,000	中国嘉德	2017-12-19
张大千 1978年作 红荷图 镜心	43cm×92cm	2,300,000	中国嘉德	2017-06-20
张大千 1978年作 利市三倍 镜框	34cm×67cm	1,610,000	北京荣宝	2017-12-02
张大千 1978年作 临《瘗鹤铭》镜心	101cm×48.5cm	218,500	上海匡时	2017-11-05
张大千 1978年作 牡丹 镜框	67.5cm×35.2cm	612,563	香港苏富比	2017-04-04
张大千 1978年作 清荷 镜框	39.2cm×68.6cm	891,000	香港苏富比	2017-04-04
张大千 1978年作 溪山闲居 木板镜框	93.5cm×48.3cm	5,375,220	佳士得	2017-05-30
张大千 1978年作 一枝红杏 镜心	53.5cm×90cm	1,725,000	上海匡时	2017-11-05
张大千 1979年作 放牧图 镜框	39.6cm×71.4cm	2,441,340	香港苏富比	2017-04-04

拍品名称	物品尺寸	成交价RMB	拍卖公司	拍卖日期
张大千 1979年作 富贵牡丹 镜心	46cm×76cm	713,000	北京银座	2017-12-20
张大千 1979年作 菰蒲远帆图 镜框	48cm×81cm	1,437,500	上海泓盛	2017-06-27
张大千 1979年作 国花 镜心	88cm×45cm	575,000	保利华谊	2017-12-08
张大千 1979年作 行书《春怨》立轴	132cm×33cm	345,000	北京荣宝	2017-12-02
张大千 1979年作行书五言诗 立轴	137cm×34cm	230,000	上海敬华	2017-07-01
张大千 1979年作 千山尚绿肥 镜心	60cm×126cm	9,200,000	北京保利	2017-12-17
张大千 1979年作 十二月令花卉 镜心	24cm×27cm	5,520,000	北京翰海	2017-12-15
张大千 1979年作 天中五瑞图 镜心	103cm×60cm	1,577,070	北京匡时	2017-04-03
张大千 1979年作 晓寒冷翠图 横披	53cm×90cm	1,725,000	北京匡时	2017-12-03
张大千 1980年作 策仗高士图 立轴	96cm×50cm	460,000	北京荣宝	2017-12-02
张大千 1980年作 国色天香 镜框	95.3cm×53.5cm	531,875	佳士得	2017-11-28
张大千 1980年作 行书座右铭 立轴	140.8cm×66.3cm	1,225,125	香港苏富比	2017-04-04
张大千 1980年作 凌波晚妆 镜心	48cm×95cm	1,322,190	中国嘉德	2017-10-03
张大千 1980年作 晴山翠霭图 镜心	57cm×137cm	18,399,150	北京匡时	2017-04-03
张大千 1980年作 事事如意 镜心	101cm×50cm	2,300,000	北京保利	2017-12-16
张大千 1980年作 蔬果 镜框	51cm×94.5cm	690,000	北京荣宝	2017-12-02
张大千 1980年作 松下高士图 镜框	48.5cm×99cm	638,250	佳士得	2017-11-28
张大千 1980年作 松荫高士 镜心	73cm×38cm	1,012,000	北京匡时	2017-06-03
张大千 1981年作 归渔图 镜心	94cm×33cm	1,725,000	北京荣宝	2017-12-02
张大千 1981年作 行书 寿 立轴	69cm×39cm	161,000	西泠拍卖	2017-07-15
张大千 1981年作 行书七言联 立轴	each: 133.3cm×33.7cm×2	363,125	香港蘇富比	2017-10-02
张大千 1981年作 荷花 立轴	96.5cm×53.5cm	322,000	北京匡时	2017-06-03
张大千 1981年作 耄耋图 镜框	96.5cm×49.2cm	904,188	佳士得	2017-11-28
张大千 1981年作 泼彩荷花 镜框	134.5cm×68.5cm	36,465,350	佳士得	2017-11-28
张大千 1982年作 碧荷图 立轴	96.5cm×51.5cm	287,500	北京匡时	2017-12-03
张大千 1982年作 红叶小鸟 镜片连框	67.5cm×34cm	977,500	朵云轩	2017-06-25
张大千 1982年作 降福驱邪 镜框	100.5cm×54.5cm	1,595,625	佳士得	2017-11-28
张大千 白荷 纸板镜框	24cm×27cm	421,325	佳士得	2017-05-30
张大千 柏寿图 立轴	183cm×93cm	1,840,000	北京匡时	2017-03-29
张大千 抱秋 拟石涛山水 螃蟹 成扇	19cm×50cm	322,000	荣宝斋（上海）	2017-07-30
张大千 扁舟载酒图 镜心	24cm×36cm	207,000	中国嘉德	2017-09-02
张大千 丙午（1966）年作 九江秀色 镜片	41cm×60cm	2,645,000	朵云轩	2017-12-14
张大千 丙午（1966年）作 清味 镜心	70.7cm×37.5cm	356,500	北京诚轩	2017-06-18
张大千 丙戌（1946）年作 步壑看松图 立轴	67cm×40cm	195,500	上海敬华	2017-07-01
张大千 丙戌（1946年）作 行书十一言联 立轴	142cm×25cm×2	1,035,000	中国嘉德	2017-06-19
张大千 丙戌（1946年）作 江堤晚景 立轴	187.5cm×120cm	132,250,000	中国嘉德	2017-12-18
张大千 丙戌（1946年）作 青城丈人峰 立轴	150.8cm×70.5cm	6,670,000	中国嘉德	2017-06-19
张大千 丙戌（1946年）作 听松居图 立轴	179.5cm×70cm	14,375,000	中国嘉德	2017-12-18
张大千 丙寅（1926）年作 松下高士 立轴	132cm×33cm	345,000	广东崇正	2017-06-15
张大千 苍崖远眺 立轴	106cm×48.5cm	630,828	保利香港	2017-04-03
张大千 曾克端 柳荫放棹 楷书 成扇	18cm×47cm	575,000	荣宝斋（上海）	2017-07-30
张大千 赤壁夜游 立轴	103.5cm×36cm	1,265,000	中国嘉德	2017-06-19
张大千 出水荷姿 立轴	135.5cm×66cm	2,242,500	北京匡时	2017-03-29
张大千 春困图 镜心	22cm×23.5cm	230,000	北京匡时	2017-12-03
张大千 春山晴峦 镜框	66cm×55cm	1,840,000	朵云轩	2017-06-25
张大千 促膝清谭图 立轴	116cm×51cm	2,070,000	北京保利	2017-06-06

拍品名称	物品尺寸	成交价RMB	拍卖公司	拍卖日期
张大千 翠盖白荷 镜框	134cm×70cm	3,459,300	佳士得	2017-05-30
张大千 大同山水 镜心	18.5cm×53.5cm	322,000	北京匡时	2017-12-03
张大千 登高行吟 立轴	113cm×48cm	691,438	佳士得	2017-11-28
张大千 丁丑（1937）年作 听泉观瀑 屏轴	80.5cm×33cm	172,500	朵云轩	2017-12-14
张大千 丁丑（1937年）作 鱼篮观音 立轴	177.5cm×78.5cm	25,300,000	中国嘉德	2017-06-19
张大千 丁辅之 1938年作 临江远眺・果蔬图 扇面	19.5cm×52cm×2	253,000	北京银座	2017-06-07
张大千 丁亥（1947）年作 赋梅图 立轴	103.5cm×40.5cm	1,955,000	朵云轩	2017-12-14
张大千 丁亥（1947）年作 虎 立轴	62cm×33cm	1,035,000	上海敬华	2017-07-01
张大千 丁亥（1947）年作 萱蝶图 镜框	32cm×23cm	161,000	上海嘉禾	2017-07-02
张大千 丁巳（1977年）作 秋山萧寺 立轴	90cm×45cm	1,469,100	中国嘉德	2017-10-03
张大千 丁未（1967年）作 五亭湖 立轴	画72cm×48.5cm；字25cm×48.5cm	1,552,500	中国嘉德	2017-06-19
张大千 东坡携妓 镜心	185cm×94cm	8,050,000	北京荣宝	2017-12-02
张大千 对联 镜框	66.5cm×15.5cm×2	345,000	华艺国际	2017-05-27
张大千 峨眉金顶 镜心	26cm×24cm	1,322,500	北京匡时	2017-06-03
张大千 峨眉三顶 镜心	94cm×54cm	2,012,500	荣宝斋（南京）	2017-09-10
张大千 峨眉山色 镜心	90cm×45cm	3,910,000	中贸圣佳	2017-06-19
张大千 峨眉夕照图 纸板	80cm×40cm	940,000	上海驰翰	2017-06-26
张大千 蕃马图 立轴	86cm×42cm	2,875,000	中国嘉德	2017-06-19
张大千 泛舟会友图 立轴	105.5cm×56.5cm	1,380,000	西泠拍卖	2017-07-15
张大千 泛舟图 镜心	25.5cm×22.5cm	195,500	北京匡时	2017-03-29
张大千 泛舟图 镜心	46cm×87.5cm	920,000	中贸圣佳	2017-06-19
张大千 仿八大册页 册页	30cm×56cm×5	345,000	北京保利	2017-12-17
张大千 仿八大双禽图 立轴	179cm×48cm	2,300,000	上海嘉禾	2017-07-02
张大千 仿白阳山人笔 镜心	110cm×31cm	287,500	北京荣宝	2017-06-02
张大千 仿金农双色梅花 镜心	28.5cm×22.6cm	483,000	中国嘉德	2017-12-18
张大千 仿梁楷拾得大士 立轴	163cm×80cm	2,070,000	荣宝斋（上海）	2017-07-30
张大千 仿石涛笔意 镜心	136cm×68cm	1,380,000	北京保利	2017-11-10
张大千 访友图 隶书七言诗 镜心	49cm×31cm×2	207,000	中国嘉德	2017-03-31
张大千 放犊刁修图 镜心	22cm×26cm	207,000	上海匡时	2017-11-05
张大千 风荷 镜框	68.5cm×136.5cm	7,029,260	佳士得	2017-11-28
张大千 风荷图 立轴	165cm×83cm	5,750,000	北京荣宝	2017-12-02
张大千 傅增湘 甲戌（1933）年作 乙亥（1935）年作 空山新雨 立轴	18cm×51cm	184,000	朵云轩	2017-06-25
张大千 高洁居士图 立轴	132cm×60.5cm	920,000	北京东正	2017-03-31
张大千 高士登临 镜心	78.5cm×30.5cm	161,000	中国嘉德	2017-06-19
张大千 高士行吟 立轴	91cm×35cm	805,000	朵云轩	2017-12-14
张大千 高士图 镜心	30cm×39cm	264,500	中国嘉德	2017-03-31
张大千 高士图 立轴	59cm×26.5cm	172,500	北京荣宝	2017-06-02
张大千 庚辰（1940年）作 蝶恋花 镜心	33cm×27cm	598,000	中国嘉德	2017-12-18
张大千 庚辰（1940年）作 松荫高士 镜心	96cm×29cm	685,580	中国嘉德	2017-10-03
张大千 庚辰（1940年）作 太平景象 立轴	125cm×54.5cm	13,800,000	中国嘉德	2017-06-19
张大千 庚辰（1940年）作 夕阳津渡图 镜心	18cm×50cm	184,000	中国嘉德	2017-03-31
张大千 庚辰（1940年）作 渊明采菊 立轴	73.5cm×34cm	207,000	中国嘉德	2017-06-20
张大千 庚申（1980）年作 云破月来花弄影 镜片	34.5cm×95.5cm	1,380,000	朵云轩	2017-06-25

2017书画拍卖成交汇总

(成交价RMB：15万元以上)

拍品名称	物品尺寸	成交价RMB	拍卖公司	拍卖日期
张大千 庚午（1930年）作 树石图 立轴	85cm×41.5cm	598,000	中国嘉德	2017-06-19
张大千 庚戌（1970年）作 红荷镜心	56.5cm×90cm	3,450,000	中国嘉德	2017-06-19
张大千 庚戌（1970年）作 利市三倍 镜心	46cm×60cm	276,000	中国嘉德	2017-09-02
张大千 庚戌（1970年）作 芍药镜心	82cm×35.5cm	803,108	中国嘉德	2017-10-03
张大千 庚寅（1950年）作 密积金刚 立轴	95cm×53cm	28,975,300	中国嘉德	2017-10-03
张大千 庚寅（1950年）作 山水书法双挖 立轴	24cm×71cm×2	598,000	北京华辰	2017-12-16
张大千 观涧图 镜片	53cm×104cm	2,760,000	广东崇正	2017-12-13
张大千 癸丑（1973）年作 荷花镜框	75cm×39cm	575,000	朵云轩	2017-06-25
张大千 癸丑（1973年）作 白荷镜心	134cm×66cm	1,058,000	中国嘉德	2017-06-19
张大千 癸卯（1963）年作 松下高士 立轴	106cm×34cm	460,000	朵云轩	2017-06-25
张大千 癸卯（1963年）作 山水清音 镜心	119.5cm×59cm	1,725,000	中国嘉德	2017-06-19
张大千 癸卯（1963年）作 游山图 镜心	132cm×68cm	3,220,000	中国嘉德	2017-06-19
张大千 癸卯（1963年）作 竹中高士 立轴	174.5cm×95cm	14,950,000	中国嘉德	2017-12-18
张大千 癸巳（1953年）作 易安小姐 镜心	27cm×24cm	1,255,992	中国嘉德	2017-05-29
张大千 癸未（1943年）作 爱莲图 立轴	82cm×32.5cm	342,790	中国嘉德	2017-10-03
张大千 癸未（1943年）作 仿石涛山水 立轴	73cm×33cm	943,000	中国嘉德	2017-12-18
张大千 癸未（1943年）作 水月观音 镜心	158.5cm×87.5cm	101,200,000	中国嘉德	2017-12-18
张大千 癸酉（1933年）作 山水花卉（四帧）镜心	24cm×54cm×4	575,000	中国嘉德	2017-06-20
张大千 海榴图 立轴	132cm×46cm	402,500	中国嘉德	2017-03-31
张大千 菡萏清香 对屏镜心	92cm×41cm×2	1,273,220	保利香港	2017-10-03
张大千 行草书七言联 立轴	132cm×25cm×2	253,000	北京翰海	2017-12-15
张大千 行书 "六如山庄" 镜心	34cm×131cm	391,760	中国嘉德	2017-10-03
张大千 行书 立轴	136cm×33cm	276,000	荣宝斋（济南）	2017-12-08
张大千 行书 七言联 对联	134cm×33cm×2	172,500	西泠拍卖	2017-07-15
张大千 行书 "水流花开" 镜心	20.5cm×61cm	207,000	北京匡时	2017-06-03
张大千 行书 "松亭" 镜心	24cm×56cm	253,000	北京匡时	2017-06-03
张大千 行书 "竹坞" 镜心	26.5cm×51cm	264,500	北京匡时	2017-06-03
张大千 行书《水调歌头》镜框	55cm×105.7cm	269,750	香港蘇富比	2017-10-02
张大千 行书词组 镜框	28.5cm×117.5cm	259,463	纽约苏富比	2017-03-16
张大千 行书词组 镜片	26.4cm×72cm	389,194	纽约苏富比	2017-03-16
张大千 行书六言联 立轴	133cm×32cm×2	195,500	北京荣宝	2017-06-02
张大千 行书七言对联 立轴	147cm×33.5cm×2	218,500	北京荣宝	2017-12-02
张大千 行书七言联（一对）立轴	198.3cm×49.5cm	345,950	纽约苏富比	2017-03-16
张大千 行书七言联 对联	130cm×30cm×2	264,500	上海敬华	2017-07-01
张大千 行书七言联 镜心	135cm×33.5cm×2	452,000	北京银座	2017-12-20
张大千 行书七言联 镜心	67cm×15cm×2	345,000	北京匡时	2017-12-03
张大千 行书七言联 镜心	135.5cm×35.5cm×2	176,292	中国嘉德	2017-10-03
张大千 行书七言联 立轴	135.2cm×33cm×2	502,090	中金国际	2017-11-25
张大千 行书七言联 立轴	143cm×39cm×2	322,000	上海匡时	2017-11-05
张大千 行书七言联 立轴	132cm×31cm×2	276,000	上海匡时	2017-11-05
张大千 行书七言联 立轴	135.5cm×34cm×2	368,000	北京匡时	2017-06-03

拍品名称	物品尺寸	成交价RMB	拍卖公司	拍卖日期
张大千 行书七言联 立轴	135.5cm×33cm×2	230,000	荣宝斋（济南）	2017-06-10
张大千 行书七言联 立轴	135cm×34cm×2	230,000	中国嘉德	2017-06-20
张大千 行书十三言联 立轴	215cm×40cm×2	172,500	荣宝斋（南京）	2017-07-08
张大千 行书十一言联 立轴	各141.3cm×26cm	534,600	香港苏富比	2017-04-04
张大千 行书长联 立轴	163.5cm×16.5cm×2	241,500	北京匡时	2017-06-03
张大千 荷花 镜框	66.5cm×138cm	1,223,313	佳士得	2017-11-28
张大千 荷花 镜框	87cm×48.5cm	831,563	佳士得	2017-05-30
张大千 荷花 镜心	44cm×37cm	1,840,000	北京匡时	2017-12-04
张大千 荷花 镜心	43.5cm×54.5cm	322,000	北京匡时	2017-12-03
张大千 荷花 镜心	41.5cm×30cm	252,331	北京匡时	2017-04-03
张大千 荷花·水仙（二帧）镜心	30.5cm×40.5cm×2	230,000	北京诚轩	2017-06-18
张大千 荷塘清风图 镜片	36cm×25cm	230,000	西泠拍卖	2017-05-05
张大千 红荷 镜心	38.5cm×92cm	1,366,794	北京匡时	2017-04-03
张大千 红了樱桃 立轴	96cm×51cm	2,093,320	中国嘉德	2017-05-29
张大千 红叶小鸟·行书七言诗成扇	20.5cm×55cm	345,398	中国嘉德	2017-05-29
张大千 红衣绿池 镜心	44.5cm×90cm	979,400	中国嘉德	2017-10-03
张大千 湖山清夏图 立轴	156cm×88.5cm	8,740,000	华艺国际	2017-05-27
张大千 花卉墨菊 镜心	67cm×33cm	273,359	保利香港	2017-04-03
张大千 花卉竹石 手卷	25.7cm×180.2cm	259,463	纽约苏富比	2017-03-16
张大千 华山仙掌峰 立轴	106cm×46.5cm	3,850,000	荣宝斋（南京）	2017-07-08
张大千 画稿（四件）镜心	91cm×63cm；90cm×86cm；63cm×49.5cm；82.5cm×46.5cm	575,000	北京荣宝	2017-06-02
张大千 黄葆戊 1948年作 修竹高士 临《礼器碑》成扇	18.5cm×48cm	402,500	北京匡时	2017-06-03
张大千 黄葆戊 1948年作 坐看云起·临《礼器碑》成扇	18.5cm×50cm×2	437,000	北京银座	2017-12-20
张大千 黄凤起 新安江一角·行书 成扇	18cm×48cm	805,000	北京保利	2017-12-17
张大千 黄君璧 1977年作 白云清溪 镜框	84cm×54cm	425,500	佳士得	2017-11-28
张大千 黄君璧 1977年作 天中午瑞 镜心	83.5cm×54.5cm	529,000	北京银座	2017-12-20
张大千 黄君璧 等 大壑雄风 镜片	96cm×180cm	1,173,000	华艺国际	2017-05-27
张大千 黄起凤 黄山九龙潭 立轴	134cm×33cm	397,731	中国嘉德	2017-05-29
张大千 黄山莲蕊峰 立轴	96.3cm×33.3cm	554,375	佳士得	2017-05-30
张大千 黄山蒲团松 镜心	33.5cm×42cm	552,000	北京匡时	2017-06-03
张大千 黄山始信峰图 镜心	60.5cm×115cm	3,220,000	荣宝斋（上海）	2017-07-30
张大千 黄山汤口 立轴	77cm×29cm	322,000	上海嘉禾	2017-07-02
张大千 黄山游记 镜心	24cm×27cm	345,000	北京匡时	2017-06-03
张大千 黄山云海 手卷	25cm×248cm	4,255,000	荣宝斋（南京）	2017-07-08
张大千 鸡冠墨竹图 立轴	115.5cm×40.5cm	747,500	北京荣宝	2017-12-02
张大千 集雅图 镜框	37cm×59cm	402,500	华艺国际	2017-11-25
张大千 己丑（1949）年作 高呼兴可 立轴	132cm×49cm	1,058,000	上海敬华	2017-07-01
张大千 己丑（1949）年作 行书厉樊榭诗 镜片	105cm×39cm	155,250	广东崇正	2017-06-15
张大千 己丑（1949年）作 酒醒山楼 立轴	111cm×33cm	816,395	中国嘉德	2017-05-29
张大千 己丑（1949年）作 拟巨然溪山老屋 立轴	141cm×64cm	20,700,000	中国嘉德	2017-06-19
张大千 己亥嘉平（1960年）作 蜀山图 立轴	132.6cm×65.8cm	8,740,000	北京诚轩	2017-06-18

拍品名称	物品尺寸	成交价RMB	拍卖公司	拍卖日期
张大千 己未（1979）年作 红梅 镜片	42cm×36.5cm	552,000	朵云轩	2017-06-25
张大千 己未（1979年）作 春云晓霭 镜心	68cm×136cm	10,120,000	中国嘉德	2017-12-18
张大千 己酉（1969年）作 利柿三倍 立轴	120cm×45cm	430,936	中国嘉德	2017-10-03
张大千 季守正 芦荡行舟 临忆六种 成扇		207,000	上海敬华	2017-07-01
张大千 甲辰（1964年）作 空谷维舟 立轴	141cm×74cm	5,660,600	中国嘉德	2017-10-03
张大千 甲申（1944）年作 释迦文佛 立轴	116cm×58cm	16,675,000	朵云轩	2017-12-14
张大千 甲申（1944）年作 天水纪游 立轴	123cm×55cm	4,600,000	上海敬华	2017-07-01
张大千 甲申（1944）年作 游麦积山 镜片	125cm×56cm	5,175,000	广东崇正	2017-06-15
张大千 甲戌（1934）年作 赤壁图 立轴	116cm×43cm	4,542,500	朵云轩	2017-12-14
张大千 甲戌（1934年）作 高士策杖 立轴	124.5cm×31.5cm	437,000	中国嘉德	2017-06-20
张大千 甲戌（1934年）作 石梁飞瀑 立轴	100cm×37cm	1,046,660	中国嘉德	2017-05-29
张大千 甲寅（1974年）作 泼墨山水 镜心	69cm×134.4cm	6,042,400	中国嘉德	2017-10-03
张大千 江边高士 镜心	32.5cm×21cm	425,500	北京匡时	2017-06-03
张大千 江庸 乙亥（1935）年作 高士阁 行书 成扇	18cm×50.5cm	287,500	广东崇正	2017-12-13
张大千 蕉荫高士 立轴	97cm×60cm	470,112	北京匡时	2017-10-02
张大千 蕉荫仕女 立轴	84cm×38cm	244,850	中国嘉德	2017-10-03
张大千 蕉荫小禽 立轴	134cm×45cm	690,000	北京荣宝	2017-12-02
张大千 净瓶观音 镜心	48.5cm×83cm	402,500	八益拍卖	2017-09-24
张大千 昆明泛艳图 手卷	23cm×88cm	4,140,000	北京荣宝	2017-06-02
张大千 昆明湖 立轴	133cm×41.7cm	446,775	佳士得	2017-11-28
张大千 兰石图 立轴	76cm×33.5cm	425,500	北京匡时	2017-06-03
张大千 李秋君 1938年作 紫陌寻春 立轴	127cm×54.5cm	1,380,000	北京银座	2017-12-20
张大千 隶书“百忍堂” 镜心	37cm×93.5cm	209,332	中国嘉德	2017-05-29
张大千 隶书七言联 立轴	133cm×33cm×2	195,500	北京匡时	2017-12-03
张大千 栗子花鸟 立轴	111cm×32cm	2,242,500	北京宣石	2017-05-21
张大千 梁启超 高士图·行书 成扇	17.5cm×43.5cm	450,064	中国嘉德	2017-05-29
张大千 梁又铭 书法·三羊 镜心	字106cm×49.5cm；画69cm×34cm	207,000	中国嘉德	2017-06-19
张大千 临溪高士 立轴	133cm×33cm	437,000	上海敬华	2017-07-01
张大千 灵谷深松图 立轴	116cm×44cm	3,105,000	北京银座	2017-06-07
张大千 柳梢蝉鸣图 立轴	84.5cm×25cm	184,000	西泠拍卖	2017-05-05
张大千 柳竹高士 立轴	78cm×34cm	1,012,000	北京匡时	2017-06-03
张大千 罗浮白鹤观 立轴	153cm×61cm	221,750	佳士得	2017-05-30
张大千 罗浮梦影 立轴	149cm×74cm	4,600,000	华艺国际	2017-11-25
张大千 落日渔樵 镜心	24cm×27cm	379,500	北京匡时	2017-06-03
张大千 梅花 立轴	176cm×58cm	322,000	北京华辰	2017-12-16
张大千 梅花 立轴	135cm×33cm	368,000	荣宝斋（济南）	2017-06-10
张大千 梅柳渡江春 立轴	95cm×42cm	552,000	北京保利	2017-06-06
张大千 梅竹双清图 镜片	104.5cm×41cm	1,265,000	华艺国际	2017-05-27
张大千 民国28年（1939）年作 观音宝相 镜心	95cm×47cm	5,750,000	朵云轩	2017-06-25
张大千 摩登女郎像 镜片	94.5cm×43cm	747,500	西泠拍卖	2017-07-15
张大千 蘑菇 立轴	26.5cm×39.5cm	230,000	北京银座	2017-12-20
张大千 墨竹水仙 立轴	108cm×40.5cm	529,000	北京银座	2017-12-20
张大千 牡丹 团扇镜片	直径40.2cm	207,570	纽约佳士得	2017-03-14
张大千 牧牛读书图 立轴	85.5cm×40cm	313,600	荣宝斋（南京）	2017-07-08
张大千 南山秋菊 镜框	34.5cm×69.5cm	490,000	上海驰翰	2017-06-26
张大千 拟北苑江堤晚景图 镜芯	82cm×405cm	1,725,000	印千山	2017-07-09
张大千 拟道君皇帝真本牡丹图 立轴	99cm×59cm	690,000	印千山	2017-07-09
张大千 潘飞声 读书图·行书诗词 成扇	18cm×49cm	201,250	北京保利	2017-04-27
张大千 潘龄皋 芭蕉仕女 小楷 扇面	23cm×69cm×2	172,500	中国嘉德	2017-04-01
张大千 潘龄皋 芭蕉仕女·行书 立轴	23.5cm×69.5cm×2	379,500	上海嘉禾	2017-07-02
张大千 潘素 张伯驹 赏梅图 镜框	34cm×23.5cm	166,750	北京华辰	2017-12-16
张大千 泼彩山水 镜心	95cm×186cm	19,135,116	北京匡时	2017-04-03
张大千 泼彩山水 镜心	47.5cm×53cm	1,437,500	荣宝斋（南京）	2017-07-08
张大千 泼彩山水 纸板镜框	32.5cm×49cm	4,374,140	佳士得	2017-11-28
张大千 泼彩山水 纸板镜框	31.5cm×41cm	665,250	佳士得	2017-05-30
张大千 溥儒 1935年作 孤舟钓翁 书法 成扇	17.7cm×47cm	319,125	佳士得	2017-11-28
张大千 溥儒 1946年作 携友观瀑图 立轴	93cm×27.5cm	1,207,500	北京银座	2017-06-07
张大千 溥儒 仿吴山涛山水 立轴	119cm×54cm	345,000	华艺国际	2017-05-27
张大千 溥儒 荷花 书法（两幅） 纸板镜框	27cm×24cm×2	691,438	佳士得	2017-11-28
张大千 溥儒 寂寥抱冬心 立轴	115cm×41.5cm	437,000	北京匡时	2017-06-03
张大千 溥儒 江天帆影 镜心	41cm×34cm	218,500	北京银座	2017-12-20
张大千 溥儒 秋山画意 册页	29cm×19cm×9	1,725,000	上海匡时	2017-11-05
张大千 溥儒 壬申（1932年）作 山水 册页（十二开）	29.5cm×19.4cm×12	4,025,000	中国嘉德	2017-12-18
张大千 溥儒 树下高士 镜心	119cm×45cm	368,000	荣宝斋（济南）	2017-12-08
张大千 溥儒 于非闇 寂寥抱冬心 立轴	115cm×42cm	287,500	上海匡时	2017-11-05
张大千 千峰云起 镜框	26.4cm×59.7cm	259,463	纽约苏富比	2017-03-16
张大千 峭壁苍松图 立轴	83cm×36.5cm	509,288	北京匡时	2017-10-02
张大千 禽惜红叶图 镜心	32cm×41cm	209,332	中国嘉德	2017-05-29
张大千 秋山策杖 镜心	39.5cm×30cm	713,000	中国嘉德	2017-12-18
张大千 秋山林屋 镜片	127.5cm×64.5cm	9,775,000	朵云轩	2017-12-14
张大千 秋水畅游图 立轴	88.5cm×39cm	1,077,340	北京匡时	2017-10-02
张大千 秋思 镜心	88cm×55.5cm	1,907,942	中金国际	2017-11-25
张大千 秋枝栖禽 镜片	43cm×47.5cm	184,000	上海嘉禾	2017-07-02
张大千 壬申（1932年）作 松下高士 立轴	112.5cm×38cm	161,000	中国嘉德	2017-06-19
张大千 壬午（1942年）作 秋江舟泛 立轴	82.5cm×41.6cm	1,897,500	北京诚轩	2017-06-18
张大千 壬戌（1982）年作 牡丹 行书七言 对联片	134.5cm×34cm；90.5cm×44.5cm×2	2,300,000	朵云轩	2017-06-25
张大千 壬戌（1982）年作 丝意绵绵 镜片	69cm×35cm	920,000	广东崇正	2017-06-15
张大千 壬戌（1982年）作 垂钓图 立轴	95.5cm×57cm	783,520	中国嘉德	2017-10-03
张大千 壬子（1972年）作 七十四岁自画像 立轴	134cm×69.5cm	3,349,312	中国嘉德	2017-05-29
张大千 山厨清供 镜片	56cm×99cm	1,400,000	上海驰翰	2017-06-26
张大千 山谷奇峰 立轴	101cm×49cm	1,955,000	北京宣石	2017-05-21
张大千 山涧渔人 镜片	40.5cm×68.5cm	1,035,000	朵云轩	2017-06-25
张大千 山居图 镜心	40cm×31cm	1,469,100	北京匡时	2017-10-02
张大千 山居图 镜心	75cm×66cm	517,500	荣宝斋（济南）	2017-06-10

拍品名称	物品尺寸	成交价RMB	拍卖公司	拍卖日期
张大千 山水 书法中堂 镜心	对联35.5cm×8.5cm×2；绘画31.5cm×50cm	313,408	保利香港	2017-10-03
张大千 山寺图 镜心	60cm×45cm	979,400	北京匡时	2017-10-02
张大千 山翁策杖图 立轴	130.5cm×33cm	287,500	西泠拍卖	2017-07-16
张大千 山源春涨 镜心	18cm×51cm	402,500	北京匡时	2017-12-03
张大千 沈曾植 梅花行书双挖立轴	18.5cm×54cm×2	391,760	中国嘉德	2017-10-03
张大千 盛唐藻井 镜心	75cm×76cm	690,000	上海匡时	2017-11-05
张大千 诗意图 镜心	89cm×41cm	471,500	北京翰海	2017-09-10
张大千 仕女图 立轴	104cm×53cm	1,725,000	荣宝斋（济南）	2017-06-10
张大千 手绘和服腰带 腰带	107cm×30cm；15cm×206cm	2,203,650	中国嘉德	2017-10-03
张大千 寿鉨 书画双挖 镜心	32cm×32.5cm×2	287,500	北京匡时	2017-12-03
张大千 书超画哉 镜心	33cm×123cm	161,000	上海匡时	2017-11-05
张大千 书法《松宇秋琴》镜框	40.6cm×97cm	310,450	佳士得	2017-05-30
张大千 书法《松云居》镜框	31.3cm×61.9cm	332,625	佳士得	2017-05-30
张大千 书联 镜心	140cm×33cm×2	862,500	南京经典	2017-07-23
张大千 梳妆 镜心	103.5cm×39cm	552,000	荣宝斋（南京）	2017-07-08
张大千 蔬笋图 镜心	23.5cm×27cm	253,000	中国嘉德	2017-12-19
张大千 蜀山图 镜框	96cm×60cm	1,495,000	朵云轩	2017-12-14
张大千 双清图 立轴	87cm×16cm	172,500	北京保利	2017-12-17
张大千 水殿风来暗满香 镜心	49.8cm×106.5cm	1,713,950	北京匡时	2017-10-02
张大千 水仙 镜心	37.5cm×38.5cm	195,500	中国嘉德	2017-06-19
张大千 水仙 立轴	90cm×45cm	244,850	中国嘉德	2017-10-03
张大千 水仙墨竹 立轴	108cm×41cm	402,500	中国嘉德	2017-06-20
张大千 水玉乾坤 镜框	95cm×185cm	18,400,000	华艺国际	2017-05-27
张大千 水竹居 立轴	110cm×55.5cm	506,000	广东崇正	2017-12-13
张大千 松风高士图 立轴	120cm×60cm	3,220,000	印千山	2017-03-30
张大千 松峰高士图 立轴	131cm×33cm	172,500	西泠拍卖	2017-07-16
张大千 松梅水仙 立轴	122cm×32.5cm	191,475	佳士得	2017-11-28
张大千 松下高士 镜框	72.5cm×42cm	432,438	纽约苏富比	2017-03-16
张大千 松下高士 镜心	27cm×23cm	517,500	南京经典	2017-07-23
张大千 松下高士 立轴	135cm×59cm	1,104,000	荣宝斋（济南）	2017-06-10
张大千 松荫高士 立轴	111cm×51.5cm	1,173,000	北京匡时	2017-03-29
张大千 松荫高仕图 立轴	84cm×25.5cm	345,000	荣宝斋（南京）	2017-07-08
张大千 松云幽壑 立轴	95cm×48cm	2,090,000	荣宝斋（南京）	2017-07-08
张大千 唐人大士像 立轴	115.5cm×50cm	25,300,000	朵云轩	2017-06-25
张大千 听泉图 镜心	95cm×31cm	598,000	中国嘉德	2017-12-18
张大千 桐庐晚色 立轴	104cm×41cm	690,000	上海敬华	2017-07-01
张大千 纨扇仕女 立轴	107cm×66cm	1,725,000	北京翰海	2017-06-02
张大千 纨扇仕女 立轴	107cm×44cm	1,380,000	北京匡时	2017-12-04
张大千 晚波鱼艇 立轴	353cm×130cm	36,800,000	北京匡时	2017-12-04
张大千 王福厂 红叶栖禽·隶书陶诗 成扇	18.5cm×49cm	734,550	中国嘉德	2017-10-03
张大千 王蘧 乙亥1935年作 松风吹解带 自作诗《癸酉苦热》成扇	18.5cm×51cm	218,500	北京诚轩	2017-06-18
张大千 为于非闇作仿浙江山水 镜心	83cm×32cm	920,000	北京保利	2017-12-17
张大千 无量寿佛图 镜片	71cm×44cm	1,012,000	西泠拍卖	2017-07-15
张大千 吴待秋 1938年作 山水人物 成扇	17cm×49.5cm	575,000	华艺国际	2017-05-27
张大千 吴湖帆 1940年作 春水亭台并行书诗 成扇	19cm×49cm	920,000	上海匡时	2017-11-05
张大千 吴子深 王子猷爱竹图 立轴	111cm×44cm	575,000	北京荣宝	2017-06-02
张大千 戊申（1968）年作 荷花 镜片	53cm×103cm	1,955,000	广东崇正	2017-12-13

拍品名称	物品尺寸	成交价RMB	拍卖公司	拍卖日期
张大千 戊申（1968）年作 劲松 镜片	52.5cm×104cm	1,955,000	广东崇正	2017-12-13
张大千 戊戌（1958）年作 高士图 立轴	143.5cm×49cm	1,495,000	朵云轩	2017-12-14
张大千 戊戌（1958年）作 策杖踏春 镜心	96cm×45cm	2,760,000	中国嘉德	2017-06-20
张大千 戊寅（1938）年作 林间婉鸣 立轴	92.5cm×39cm	218,500	朵云轩	2017-06-25
张大千 戊寅（1938年）作 春波访友 镜心	93cm×33cm	506,000	中国嘉德	2017-06-20
张大千 戊寅（1938年）作 游山图 立轴	105cm×47cm	920,000	中国嘉德	2017-12-19
张大千 戊子（1948）年作 梨花幽禽图 镜片	101cm×43cm	4,370,000	广东崇正	2017-12-13
张大千 戊子（1948年）作 花阴凝坐 镜心	111.5cm×49.5cm	1,552,500	中国嘉德	2017-12-19
张大千 戊子（1948年）作 临溪闲眺 立轴	109.5cm×55cm	517,500	中国嘉德	2017-06-19
张大千 戊子（1948年）作 秋江访友图 立轴	99.5cm×47cm	1,495,000	中国嘉德	2017-06-20
张大千 戊子（1948年）作 水佩风裳 立轴	63cm×33cm	293,820	中国嘉德	2017-10-03
张大千 戊子（1948年）作 松荫滴翠 镜心	102cm×50.5cm	2,990,000	中国嘉德	2017-12-19
张大千 夕阳垂钓 镜心	135cm×47cm	1,725,000	中国嘉德	2017-03-31
张大千 夕阳千叠山 镜心	135cm×47cm	1,495,000	保利山东	2017-10-29
张大千 西园第一红 镜框	59.8cm×38.8cm	10,043,000	香港蘇富比	2017-10-02
张大千 溪山观瀑 立轴	150cm×49cm	632,500	北京保利	2017-06-05
张大千 峡江帆影 立轴	54cm×36cm	253,000	中国嘉德	2017-09-02
张大千 香兰 镜心	60cm×32.5cm	345,000	北京保利	2017-12-17
张大千 香芋 镜心	32.7cm×53cm	299,000	北京诚轩	2017-06-18
张大千 谢无量 子猷赏竹图·行书七言诗 成扇	50.5cm×17.5cm	552,000	西泠拍卖	2017-07-15
张大千 谢稚柳 1947年作 秋山策杖并"忆大千"诗 成扇	19cm×51cm	920,000	北京匡时	2017-03-30
张大千 谢稚柳 山水·行书七言联一堂 镜心	画137cm×46cm；书法136cm×33cm×2	448,500	北京保利	2017-12-17
张大千 谢稚柳 唐云 等 花卉人物集锦 册页（八开）	26cm×33cm×8	632,500	中国嘉德	2017-06-19
张大千 辛亥（1971）年作 萱草幽禽 镜片	69cm×33.5cm	667,000	上海嘉禾	2017-07-02
张大千 辛卯（1951）年作 江岛佛宫 镜片	26cm×23cm	1,150,000	上海敬华	2017-07-01
张大千 辛卯（1951）年作 芍药花 立轴	101cm×47cm	943,000	广东崇正	2017-06-15
张大千 辛卯（1951年）作 荷花 立轴	103cm×48.5cm	402,500	中国嘉德	2017-12-19
张大千 辛卯（1951年）作 山中观瀑 镜心	27cm×27cm	303,531	中国嘉德	2017-05-29
张大千 辛巳（1941）年作 赤壁漫游 立轴	156.5cm×43cm	529,000	朵云轩	2017-06-25
张大千 辛未（1931）年作 高士听松 立轴	127cm×64cm	1,265,000	上海嘉禾	2017-07-01
张大千 辛未（1931年）作 黄山莲花峰 立轴	108cm×47cm	2,300,000	中国嘉德	2017-12-19
张大千 辛未（1931年）作 四季花卉 四屏立轴	147cm×39cm×4	1,265,000	中国嘉德	2017-12-18
张大千 辛酉（1981年）作 春云晓霭 立轴	57cm×127cm	15,433,800	中国嘉德	2017-05-29

拍品名称	物品尺寸	成交价RMB	拍卖公司	拍卖日期
张大千 辛酉（1981年）作 芝兰竞秀 立轴	73cm×41.5cm	411,348	中国嘉德	2017-10-03
张大千 形式自作诗 镜心	69cm×136.5cm	552,000	北京匡时	2017-06-03
张大千 修竹仕女图 立轴	119cm×51cm	2,300,000	中国嘉德	2017-03-31
张大千 徐建融 读书秋树根 行书七言诗 成扇		632,500	上海东方	2017-12-10
张大千 徐云叔 墨荷 镜心	38cm×66cm; 44cm×64.5cm	575,000	福建东南	2017-10-28
张大千 许世英 己丑（1949）年作 牡丹 行书 成扇	18cm×51.5cm	483,000	朵云轩	2017-12-14
张大千 悬崖飞瀑 镜心	89.5cm×60.5cm	2,817,500	荣宝斋（南京）	2017-09-10
张大千 雪夜梅香 镜框	35.5cm×29.5cm	460,000	上海东方	2017-12-10
张大千 烟波泛舟图 立轴	110cm×41cm	287,500	荣宝斋（济南）	2017-12-08
张大千 燕子矶 立轴	127cm×47cm	1,380,000	北京保利	2017-06-05
张大千 叶恭绰 1948年作 芦湖泛舟 行书七言诗 成扇	20cm×45cm	747,500	北京翰海	2017-06-02
张大千 一览众山小 镜心	116cm×51cm	1,955,000	中国嘉德	2017-12-18
张大千 乙亥（1935）年作 华山云海 立轴	112cm×51.5cm	2,472,500	上海嘉禾	2017-07-02
张大千 乙亥（1935）年作 五龙潭 立轴		253,000	上海敬华	2017-07-01
张大千 乙亥（1935）年作 渔舟唱晚 立轴	107.5cm×44.5cm	310,500	朵云轩	2017-12-14
张大千 乙亥（1935年）作 行书七言联 立轴	134.5cm×33.5cm×2	207,000	中国嘉德	2017-12-18
张大千 乙亥（1935年）作 秋江斜阳 镜心	125cm×48cm	2,875,000	中国嘉德	2017-12-18
张大千 乙未（1955年）作 赤壁夜游 镜心	30cm×36cm	575,000	中国嘉德	2017-12-18
张大千 乙未（1955年）作 香远益清 镜心	37cm×41cm	517,500	中国嘉德	2017-09-02
张大千 乙未（1979年）作 游鱼戏花 镜片	66cm×33cm	368,000	朵云轩	2017-06-25
张大千 乙酉（1945年）作 红叶小鸟 镜心	162.5cm×62cm	1,840,000	中国嘉德	2017-06-20
张大千 已亥（1959年）作 行书七言诗 镜心	39cm×30cm	218,500	中国嘉德	2017-12-18
张大千 幽石芭蕉图 立轴	91.5cm×27cm	1,035,000	西泠拍卖	2017-07-15
张大千 于非闇 1935年作 玉井金莲 立轴	110cm×42.5cm	977,500	北京荣宝	2017-12-02
张大千 于非闇 1935年作 折枝仕女图 镜框	64cm×23cm	862,500	北京荣宝	2017-06-02
张大千 于非闇 茶熟菊黄 扇面镜框	各19.5cm×54.6cm	167,063	香港苏富比	2017-04-04
张大千 于非闇 丁丑（1937年）作 秋英双雀 立轴	134.5cm×59.5cm	2,932,500	中国嘉德	2017-12-18
张大千 于非闇 荷塘清趣 立轴	154cm×63cm	3,220,000	中国嘉德	2017-06-20
张大千 于非闇 胡佩衡 秦仲文 山水书法隔景	17.5cm×52cm	943,000	中国嘉德	2017-12-19
张大千 于非闇 绿天闲话 立轴	106.5cm×36cm	1,205,016	中金国际	2017-11-25
张大千 于右任 李超哉 1968年作 水殿暗香 书法（一幅）（两幅）立轴 / 镜框	131.6cm×66cm; 67.5cm×33cm; 95cm×35.3cm	1,649,820	佳士得	2017-05-30
张大千 鱼乐图 立轴	94cm×62cm	368,000	荣宝斋（济南）	2017-06-10
张大千 雨后云山 镜心	59cm×82cm	3,450,000	北京保利	2017-12-17
张大千 远山双帆 立轴	85.8cm×29.2cm	518,925	纽约苏富比	2017-03-16
张大千 云山行路图 成扇	20.5cm×55cm	276,000	上海匡时	2017-11-05
张大千 云山小景 镜心	60cm×44.5cm	1,265,000	北京银座	2017-12-20

拍品名称	物品尺寸	成交价RMB	拍卖公司	拍卖日期
张大千 云雾源 镜片	66cm×89cm	1,437,500	上海敬华	2017-07-01
张大千 张伯英 1938年作 春风柳色并行书诗 成扇	20cm×51cm	1,035,000	上海匡时	2017-11-05
张大千 张大千册页	27cm×40cm×12	9,315,000	北京翰海	2017-09-10
张大千 张善孖 1921年作 长啸激风图 立轴	134cm×64.5cm	310,500	西泠拍卖	2017-07-16
张大千 张善孖 1937年作 孙思邈救龙图 立轴	167cm×75cm	6,785,000	北京保利	2017-06-05
张大千 张善孖 甲戌（1934）年作 松下猛虎 立轴	118cm×40cm	195,500	广东崇正	2017-12-13
张大千 张善孖 松泉调心图 立轴	121cm×63cm	5,290,000	中国嘉德	2017-06-19
张大千 张文修 黄山野卉 楷书 成扇	20cm×54cm	218,500	中国嘉德	2017-12-19
张大千 长松高士 立轴	125cm×64cm	1,725,000	中贸圣佳	2017-06-19
张大千 折枝海棠 立轴	132cm×46cm	402,500	中国嘉德	2017-03-31
张大千 纸上余香 立轴	87cm×61cm	460,000	保利华谊	2017-12-08
张大千 钟馗读书图 立轴	78.5cm×31.5cm	322,000	北京匡时	2017-12-03
张大千 朱益藩 高士图・行书七言诗 扇面	20cm×53.5cm×2	414,000	中国嘉德	2017-06-21
张大千 竹石小鸟 镜心	107.5cm×50cm	402,500	上海匡时	2017-11-05
张大千 自写小象 镜框	49.7cm×36.3cm	302,706	纽约苏富比	2017-03-16
张大壮 庚辰（1940）年作 匡庐读书图 立轴	152cm×74cm	207,000	上海嘉禾	2017-07-02
张大壮 壬辰（1952年）作 梅雪山禽 镜心	93cm×33cm	230,000	中国嘉德	2017-12-18
张大壮 生生不息 手卷	30.5cm×523.5cm	222,750	香港苏富比	2017-04-04
张道胜 2017年作 傲骨	52cm×137cm	212,750	北京翰海	2017-12-16
张仃 1941年作 照壁村 镜心	68cm×44cm	368,000	北京荣宝	2017-06-02
张仃 1978年作 金猴奋起千钧棒 镜片	45cm×45cm	264,500	西泠拍卖	2017-07-16
张仃 1981年作 武夷九曲溪隐屏峰 镜心	62cm×94cm	460,000	北京荣宝	2017-06-02
张仃 1983年作 桥殿飞虹图 立轴	74cm×42cm	299,000	北京荣宝	2017-12-02
张仃 1985年作 欣欣向荣 立轴	68cm×68cm	345,000	北京荣宝	2017-06-02
张仃 1991年作 黔西行 镜心	68cm×68cm	402,500	北京保利	2017-08-02
张仃 1991年作 桃溪深处 镜心	68.5cm×68cm	368,000	北京荣宝	2017-12-02
张仃 1992年作 黄水石壁 镜心	95cm×88cm	460,000	北京保利	2017-12-18
张仃 1992年作 雪霁图 镜心	52cm×68cm	598,000	北京荣宝	2017-06-02
张仃 1993年作 江帆 镜心	68.7cm×68cm	287,500	北京荣宝	2017-06-02
张仃 1994年作 石村暮韵 镜心	95cm×89cm	1,552,500	北京荣宝	2017-09-24
张仃 1994年作 溪壑 镜心	69cm×69cm	345,000	北京荣宝	2017-06-02
张仃 1995年作 沱江岸 镜心	68cm×68cm	460,000	北京保利	2017-12-18
张仃 1996年作 诚无垢 镜心	96cm×59.5cm	402,500	北京荣宝	2017-12-02
张仃 1996年作 大渡河 镜心	136cm×68cm	690,000	北京荣宝	2017-12-02
张仃 1996年作 崖畔人家 镜心	69cm×136cm	897,000	北京保利	2017-06-05
张仃 2001年作 傲昆仑 镜心	68cm×45cm	230,000	北京荣宝	2017-12-02
张仃 2001年作 白塔陋巷 镜心	68cm×45cm	368,000	北京荣宝	2017-06-02
张仃 2002年作 黄崖关长城 镜心	68cm×44cm	230,000	北京保利	2017-06-05
张仃 2002年作 岭南荒村 镜心	68cm×69cm	287,500	北京荣宝	2017-06-02
张仃 霸王别姬 镜心	34cm×34cm	230,000	北京保利	2017-06-06
张仃 版纳风情 镜心	83cm×76cm	517,500	北京荣宝	2017-06-02
张仃 参石壶而写 镜心	68cm×68cm	345,000	北京宣石	2017-12-03
张仃 苍岩山口 镜心	68cm×68cm	402,500	北京荣宝	2017-06-02
张仃 高山仰止 镜心	138cm×68cm	920,000	北京保利	2017-12-18
张仃 狼山飞舟图 手卷	22.5cm×269cm	943,000	北京荣宝	2017-06-02
张仃 王鲁湘 1992年作 石板岩 隶书对联 镜心	138cm×69cm	1,782,500	北京荣宝	2017-12-02
张仃 辋川入口 镜心	46cm×89cm	425,500	北京荣宝	2017-04-02
张东 1997年作 百越升平 镜框	146.7cm×184.7cm	200,475	香港苏富比	2017-04-04
张尔宾 2013年作 数峰如画	70cm×140cm	402,500	北京翰海	2017-06-03
张尔宾 2017年作 清风生古木	69cm×46cm	172,500	北京翰海	2017-12-16

(成交价RMB：15万元以上)

拍品名称	物品尺寸	成交价RMB	拍卖公司	拍卖日期
张国祥 2017年作 荷气致福	69.5cm×69.5cm	414,000	北京翰海	2017-12-16
张海 隶书苏东坡诗 手卷	33cm×660cm	189,750	中贸圣佳	2017-06-19
张继馨 2017年作 涧底百重花 镜框	68cm×138cm	322,000	上海东方	2017-06-25
张继馨 2017年作 天风摇曳宝花垂 镜框	120cm×240cm	1,725,000	上海东方	2017-06-25
张江舟 2009年作 清风边地 镜心	144.5cm×366cm	856,326	中濠典藏	2017-05-22
张捷 2014年作 林泉雅会图 镜心	49cm×180.5cm	690,000	北京匡时	2017-12-03
张晋 1977年作 夔门柚 镜片	92cm×52cm	609,500	广东崇正	2017-06-14
张晋 和平鸽 镜心	133cm×66cm	598,000	南京经典	2017-07-23
张晋 矿山 立轴	66cm×48cm	253,000	南京经典	2017-07-23
张晋 三门峡 镜心	59cm×81cm	483,000	南京经典	2017-07-23
张晋 太湖一角 镜心	28cm×40cm	172,500	南京经典	2017-07-23
张晋 云山图 镜心	32cm×191cm	345,000	南京经典	2017-07-23
张静江 临赵孟頫书 册页（六十五开）	27cm×48cm×6	1,610,000	北京保利	2017-12-18
张君秋 壬戌（1982）年作 老来红 镜片	119cm×54cm	241,500	广东崇正	2017-06-14
张坤仪 鼠食 立轴	86.8cm×40cm	570,625	香港蘇富比	2017-10-02
张乐平 三毛与体育 镜心	39.5cm×37.5cm×4	161,000	中国嘉德	2017-06-19
张良勋 行书《陋室铭》镜心	53cm×410cm	178,250	北京保利	2017-12-18
张孟皋 芙蕖出水图 立轴	128cm×53cm	156,800	上海联合	2017-12-17
张凭 1984年作 江峡晚照 镜框	97cm×181cm	230,000	北京荣宝	2017-09-24
张凭 1998年作 泛舟图 镜心	68cm×138cm	184,000	北京荣宝	2017-04-02
张清智 丙子（1996）年作 塞上曲 镜片	93cm×176cm	287,500	广东崇正	2017-12-12
张人杰 1921年作 楷书 临赵孟頫书 册页（一百三十页）	26.5cm×24cm×130	782,000	西泠拍卖	2017-05-05
张人杰 1923年作 行书八言 对联	148cm×26cm×2	178,250	朵云轩	2017-12-14
张人杰 行书五言 对联	171cm×36cm×2	253,000	朵云轩	2017-12-14
张人杰 行书五言联 立轴	146cm×40.5cm×2	166,750	北京匡时	2017-03-29
张善孖 1922年作 风云际会 镜框	235.5cm×116cm	415,000	香港蘇富比	2017-10-02
张善孖 1928年作 虎啸图 立轴	106cm×51cm	155,250	中贸圣佳	2017-06-19
张善孖 1928年作 芦溪虎啸 立轴	172.5cm×92.5cm	862,500	上海匡时	2017-11-05
张善孖 1928年作 一品富贵 立轴	146.5cm×78cm	489,700	保利香港	2017-10-03
张善孖 1930年作 虎啸乾坤图 立轴	132.5cm×67cm	299,000	西泠拍卖	2017-05-05
张善孖 1930年作 虎啸雄风图 立轴	148.5cm×81.5cm	322,000	西泠拍卖	2017-07-16
张善孖 1930年作 林壑双虎 立轴	103.5cm×52cm	437,000	北京匡时	2017-12-03
张善孖 1930年作 双虎 镜心	130cm×64.5cm	322,000	北京匡时	2017-06-03
张善孖 1930年作 无量寿佛图 立轴	121.5cm×48.5cm	287,500	西泠拍卖	2017-07-16
张善孖 1931年作 双虎图 镜心	147cm×79cm	667,000	北京匡时	2017-06-03
张善孖 1934年作 伏虎 立轴	88cm×44cm	299,000	北京荣宝	2017-06-02
张善孖 1934年作 卧雪图 镜框	130.7cm×50.7cm	243,925	佳士得	2017-05-30
张善孖 1934年作 卧雪图 镜心	131cm×51cm	437,000	北京荣宝	2017-12-02
张善孖 1935年作 神骏图 立轴	119cm×44cm	195,500	上海泓盛	2017-06-27
张善孖 1936年作 拟南田花卉虫鱼册 十二开册	各24cm×17.8cm	556,875	香港苏富比	2017-04-04
张善孖 1936年作 仁风披丹岗 立轴	146cm×82cm	402,500	北京匡时	2017-03-29
张善孖 1939年作 大圣若瑟 镜心	54.5cm×34cm	161,000	中国嘉德	2017-12-18
张善孖 1939年作 救世圣母像 镜心	64cm×43.5cm	195,500	中国嘉德	2017-12-18
张善孖 1939年作 万王之王 镜心	131cm×66cm	345,000	中国嘉德	2017-12-18
张善孖 丙寅（1926）年作 秋郊牧马 立轴	131cm×65cm	368,000	广东崇正	2017-06-15
张善孖 春社醉归图 立轴	125cm×45cm	178,250	北京荣宝	2017-06-02
张善孖 风林虎啸 立轴	135cm×67cm	391,000	北京匡时	2017-03-29
张善孖 庚午（1930）年作 双虎图 立轴	136.5cm×67.5cm	667,000	朵云轩	2017-06-25
张善孖 虎 立轴	103cm×50.5cm	287,500	北京匡时	2017-06-03
张善孖 虎啸松风 立轴	诗堂26cm×74cm；本幅143cm×74cm	299,000	北京匡时	2017-06-03
张善孖 己巳(1929年)作 虎啸龙潭 立轴	127cm×56cm	287,500	北京东正	2017-12-09
张善孖 己巳（1929年）作 柳岸牧马图 镜心	55cm×112cm	402,500	中国嘉德	2017-03-31
张善孖 甲戌（1934）年作 竹林虎啸 立轴	91.5cm×38.5cm	201,250	上海嘉禾	2017-07-02
张善孖 甲戌（1934年）作 山君 镜心	152.5cm×72.5cm	379,500	中国嘉德	2017-12-18
张善孖 壬申（1932）年作 深山高士图 立轴	119cm×44cm	345,000	广东崇正	2017-12-13
张善孖 壬申（1932年）作 草莽双雄 立轴	122cm×50.5cm	368,000	中国嘉德	2017-06-20
张善孖 三羊开泰 镜片	100.5cm×39.5cm	460,000	广东崇正	2017-06-15
张善孖 山林虎啸 立轴	149cm×39cm	333,500	荣宝斋（南京）	2017-09-10
张善孖 天都说禅图 立轴	105cm×47cm	287,500	保利厦门	2017-06-26
张善孖 戊辰（1928年）作 爱鹅图 立轴	139cm×55cm	345,000	中国嘉德	2017-03-31
张善孖 戊辰（1928年）作 风云际会 立轴	126.5cm×78cm	713,000	中国嘉德	2017-12-18
张善孖 辛未（1931）作 竹丛虎啸 立轴	135cm×67cm	322,000	上海敬华	2017-07-01
张善孖 辛未（1931年）作 竹溪高隐 立轴	108.5cm×52.5cm	207,000	北京诚轩	2017-06-18
张善孖 叶恭绰 江小鹣 钱瘦铁 陆维钊 张光宇 徐悲鸿 邵洵美等 1930年作、1931年作 为郎静山、雷佩芝结婚典礼作书画册（三十二页）册页	册页 29cm×19cm×32	356,500	西泠拍卖	2017-07-16
张善孖 张大千 1929年作 悬崖双雄图 立轴	135cm×32cm	483,000	观唐皕榷	2017-01-11
张善孖 张大千 1930年作 清泉白牛图・行书题画诗 成扇	17.5cm×46cm×2	345,000	北京银座	2017-06-07
张善孖 张大千 马孟容 马公愚 陈运培 己巳（1929）年作 小观园撷秀图 立轴	138cm×67cm	322,000	朵云轩	2017-06-26
张善孖 张大千 渥洼赭白 立轴	137cm×61cm	736,000	北京匡时	2017-06-03
张石园 松风流泉 立轴	126cm×68cm	322,000	朵云轩	2017-06-25
张石园 松谷云径图 立轴	103cm×52cm	173,600	上海联合	2017-12-17
张石园 乙酉（1945年）作 秋山读书图 镜心	149cm×79cm	287,500	中国嘉德	2017-12-18
张士莹 2013年作 藏族人物 镜心	95cm×177cm	276,000	八益拍卖	2017-04-22
张士莹 2014年作 阿咪子的春天 镜心	68.5cm×138cm	379,500	八益拍卖	2017-09-24
张守成 群鸟归宿 镜心	52.5cm×73cm	207,000	北京翰海	2017-06-02
张书 1933年作 孔雀 立轴	109cm×55cm	207,000	北京翰海	2017-09-13
张书旂 1942年作 富贵白头 镜心	48cm×63.5cm	184,000	中国嘉德	2017-12-18
张书旂 1945年作 花鸟（两帧）镜心	21.5cm×33cm×2	356,500	中国嘉德	2017-12-18
张书旂 1947年作 春江花月夜 镜心	129cm×45.5cm	414,000	上海匡时	2017-11-05
张书旂 和平 镜心	107.5cm×60.5cm	425,500	中国嘉德	2017-12-18
张书旗 白孔雀 镜片	126cm×65cm	483,000	上海敬华	2017-07-01
张书旗 丙子（1936）年作 大吉图 立轴	86cm×38cm	172,500	上海嘉禾	2017-07-02
张书旗 己卯（1929）年作 玉堂文采 立轴	140.5cm×60cm	563,500	朵云轩	2017-06-25
张书旗 梁子真 行书七言联 芦燕 形质不一	130cm×24cm×2；128cm×62cm	172,500	北京保利	2017-06-05
张书旗 戊寅（1938）年作 春郊生趣 立轴	133cm×40cm	161,000	上海嘉禾	2017-07-02

拍品名称	物品尺寸	成交价RMB	拍卖公司	拍卖日期
张书旗 戊子（1948年）作 花鸟立轴	98cm×32.5cm	184,000	中国嘉德	2017-06-19
张书旗 月夜幽香 镜片	51cm×84cm	180,000	上海驰翰	2017-06-26
张锁诚 2011年作 垄塬牧歌 镜框	120cm×240cm	253,000	上海东方	2017-06-25
张孝勇 2017年作 泰山雄风 镜心	34cm×34cm	172,500	北京翰海	2017-04-30
张辛稼 辛丑（1961）年作 花鸟虫草 册页（十二开）	21cm×30cm×12	207,000	上海敬华	2017-07-01
张跃华 2016年作 山川走瑞 镜心	24cm×15cm	345,000	北京保利	2017-12-18
张跃华 2017年作 高山仰止	23.5cm×14.5cm	184,000	北京翰海	2017-12-16
张正宇 吴之琦 1976年作 1977年作 隶书毛泽东词句 对屏镜片	151cm×41cm×2	230,000	广东崇正	2017-06-14
张志中 2014年作 墨荷 镜心	236cm×107cm	199,762	保利香港	2017-04-03
张祖翼 丁未（1907年）作 篆书节录古诗文 四屏立轴	167.5cm×42.5cm×4	172,500	中国嘉德	2017-12-20
张祖翼 丁酉（1897年）作 行书《燕子矶记》立轴	180.5cm×45.5cm×4	172,500	中国嘉德	2017-06-21
张祖翼 静观 镜心	40.5cm×107cm	345,000	荣宝斋（济南）	2017-12-08
章炳麟 1931年作 篆书节录《道德经》立轴	120cm×46cm	230,000	北京保利	2017-12-17
章炳麟 行书 杜隐君墓志稿 横披	48.5cm×32.5cm；44cm×32.5cm	172,500	西泠拍卖	2017-07-16
章炳麟 行书《独漉篇》立轴	171.5cm×45cm	322,000	北京匡时	2017-06-03
章炳麟 行书七言联 立轴	136cm×24.5cm×2	172,500	北京匡时	2017-12-03
章炳麟 行书七言联 立轴	144cm×38.5cm×2	172,500	北京匡时	2017-03-29
章炳麟 行书七言诗 立轴	141.5cm×37cm	161,000	北京匡时	2017-12-04
章炳麟 篆书“家门雍睦” 横披	41.5cm×135cm	218,500	北京匡时	2017-03-29
章炳麟 篆书《修身篇》立轴	131cm×64.5cm	230,000	中国嘉德	2017-06-20
章炳麟 篆书七言联 立轴	112.5cm×25.5cm×2	172,500	广东崇正	2017-12-13
章炳麟 篆书五言联 对联	143cm×38cm×2	290,000	上海驰翰	2017-06-26
章炳麟 篆书五言联 立轴	126cm×24.5cm×2	230,000	中国嘉德	2017-12-19
章炳麟 篆书五言联 立轴	130cm×32.5cm×2	184,000	北京匡时	2017-12-03
章青 将进酒 立轴	310cm×97cm	172,500	北京翰海	2017-09-10
章青 雪里见精神 镜心	83cm×125cm	287,500	北京翰海	2017-01-08
章青 遥知不是雪 镜心	69cm×69cm	218,500	北京翰海	2017-09-10
章士钊 行书五言联 立轴	173.5cm×44cm×2	230,000	北京银座	2017-12-20
章士钊 甲辰（1964年）作 行书七言诗 镜心	74.5cm×40.5cm	184,000	中国嘉德	2017-06-20
章太炎 篆书 李白诗《行路难·其三》	163.5cm×45cm	287,500	中国嘉德	2017-06-21
章太炎 篆书 立轴	249cm×62cm	172,500	朵云轩	2017-12-14
章燕紫 2014–2015年作 六味地黄丸 册页（十二开）	33cm×22cm×12	212,750	佳士得	2017-11-27
赵春秋 2013年作 大壑晴雪 镜心	40cm×140cm	230,000	北京保利	2017-12-18
赵国经 王美芳 红楼梦人物–王熙凤 立轴	115cm×82.5cm	438,606	中濠典藏	2017-05-22
赵浩 1943年作 仿古花鸟四帧 立轴 四屏		356,400	香港苏富比	2017-04-04
赵鸿月 梅花四条屏 镜心	143cm×36cm×4	552,000	北京宣石	2017-12-03
赵华双 2011年作 田园野逸 镜框	120cm×240cm	230,000	上海东方	2017-06-25
赵建成 情系圣域 镜心	144cm×176cm	920,000	北京荣宝	2017-06-02
赵冷月 行书杜甫诗 镜心	180.5cm×97cm	299,000	北京匡时	2017-12-03
赵冷月 行书七言联 镜心	178.5cm×47cm×2	247,250	北京匡时	2017-06-03
赵冷月 节临《爨龙颜碑》六屏镜心	182cm×48cm×6	2,760,000	北京匡时	2017-06-03
赵冷月 隶书 六屏镜心	181cm×48cm×6	2,990,000	北京匡时	2017-12-03
赵冷月 隶书五言联 镜心	180cm×48cm×2	253,000	北京匡时	2017-12-03
赵冷月 篆书八言联 镜心	178cm×48cm×2	402,500	北京匡时	2017-12-03
赵箖 花卉人物 册页（十二开）	31.8cm×22.5cm×12	241,500	中国嘉德	2017-12-20

拍品名称	物品尺寸	成交价RMB	拍卖公司	拍卖日期
赵曼 春隐 镜心	138cm×69cm	172,500	荣宝斋（上海）	2017-07-30
赵朴初 1967年作 行书《感遇诗》软片	70cm×29cm	161,000	上海嘉禾	2017-07-02
赵朴初 1975年作 行书咏梅 立轴	82cm×30cm	172,500	广东崇正	2017-12-13
赵朴初 1976年作 反听曲 镜心	32.5cm×88cm	437,000	北京荣宝	2017-06-02
赵朴初 1976年作 行书七言诗 立轴	68.5cm×27.5cm	218,500	西泠拍卖	2017-07-15
赵朴初 1976年作 行书《周总理挽诗》镜心	35cm×20cm	207,000	北京保利	2017-06-05
赵朴初 1977年作 行书红旗渠颂镜心	133cm×33cm	517,500	北京保利	2017-06-05
赵朴初 1977年作 行书自作词 立轴	56cm×21.5cm	184,000	北京匡时	2017-06-04
赵朴初 1977年作 金缕曲词 镜片	22cm×53cm	207,000	广东崇正	2017-12-13
赵朴初 1978年作 行书 自作词 立轴	75.5cm×32cm	195,500	西泠拍卖	2017-07-15
赵朴初 1978年作 行书七言诗 横幅	67cm×130cm	287,500	中国嘉德	2017-03-31
赵朴初 1978年作 行书长短句 镜心	67.5cm×22cm	218,500	观唐皕榷	2017-01-11
赵朴初 1978年作 行书自作诗 镜心	68cm×35cm	276,000	中国嘉德	2017-12-19
赵朴初 1979年作 行书七言诗 立轴	66cm×41cm	207,000	北京荣宝	2017-06-02
赵朴初 1985年作 行书《诗品》一则 立轴	66cm×31.5cm	207,000	中国嘉德	2017-12-19
赵朴初 1986年作 行书 立轴	65cm×32cm	184,000	朵云轩	2017-06-25
赵朴初 1986年作 行书七言诗 镜框	67cm×31cm	322,000	北京荣宝	2017-12-02
赵朴初 1986年作 行书自作诗 镜心	66.5cm×33.5cm	276,000	中国嘉德	2017-12-19
赵朴初 1986年作 书法 镜心	55.5cm×19.5cm	230,000	福建东南	2017-10-28
赵朴初 1987年作 行书 立轴	70.5cm×34cm	391,000	广东崇正	2017-12-13
赵朴初 1987年作 行书 立轴	66.5cm×31cm	299,000	广东崇正	2017-12-13
赵朴初 1990年作 皆大欢喜书法条幅 镜片	38cm×22.5cm	218,500	福建东南	2017-05-21
赵朴初 1992年作 行书诗 镜心	45cm×67cm	368,000	上海匡时	2017-11-05
赵朴初 1992年作 楷书“吉祥经” 镜心	27cm×121cm	420,552	保利香港	2017-04-03
赵朴初 关山月 1987年作 行书 草书手卷	31.5cm×99cm；31.5cm×257cm；31.5cm×208.5cm	1,207,500	朵云轩	2017-06-25
赵朴初 行书《春早湖山·读雷锋日记》	67.5cm×33.3cm	345,000	中国嘉德	2017-06-21
赵朴初 行书 曹操诗《龟虽寿》	136cm×15.5cm	517,500	中国嘉德	2017-06-21
赵朴初 行书 弘一法师赞	135.5cm×66cm	862,500	中国嘉德	2017-06-21
赵朴初 行书 四言联	57.5cm×15.7cm	460,000	中国嘉德	2017-06-21
赵朴初 行书“何香凝诗” 立轴	134cm×66cm	517,500	荣宝斋（南京）	2017-09-10
赵朴初 行书“庄严” 立轴	68cm×36cm	184,000	北京保利	2017-11-10
赵朴初 行书《万松图》题诗 立轴	137cm×63cm	690,000	北京荣宝	2017-12-02
赵朴初 行书横幅	32cm×92.7cm	575,000	中国嘉德	2017-06-21
赵朴初 行书绝句二首 镜心	62cm×32cm	184,000	北京荣宝	2017-04-02
赵朴初 行书诗稿	26.5cm×18.8cm	207,000	中国嘉德	2017-12-20
赵朴初 行书王安石诗 立轴	53cm×33cm	161,000	广东崇正	2017-12-13
赵朴初 何香凝诗 立轴	134cm×66.5cm	575,000	北京荣宝	2017-06-02
赵朴初 赖少其 1977年 书法合卷	102.7cm×11.7cm	713,000	中国嘉德	2017-12-21
赵朴初 书法 镜框	45cm×16cm	207,000	福建东南	2017-10-28
赵朴初 题 灵山花雨	23.8cm×175.3cm	460,000	中国嘉德	2017-06-21
赵朴初 赠大西良庆长老诗 镜心	82cm×48cm	287,500	北京荣宝	2017-12-02
赵朴初 自书诗词卷	一、22.5cm×49.5cm；二、22.5cm×53.5cm；三、22.5cm×63.5cm；四、22.5cm×78cm	1,207,500	广东崇正	2017-06-14
赵普 1993年作 墨竹图 立轴	133cm×66cm	172,500	北京保利	2017-12-18
赵少昂 1926年作 晓烟 立轴	124cm×46.5cm	638,250	佳士得	2017-11-28
赵少昂 1948年作 牡丹蜂舞 镜框	28.4cm×35.7cm	311,850	香港苏富比	2017-04-04

拍品名称	物品尺寸	成交价RMB	拍卖公司	拍卖日期
赵少昂 1952年作 春归图 立轴	111cm×45.5cm	315,414	北京匡时	2017-04-03
赵少昂 1952年作 紫藤小鸟 镜框	109cm×30.5cm	161,000	华艺国际	2017-05-27
赵少昂 1953年作 茶花双雀 镜心	105cm×33cm	161,000	北京匡时	2017-06-03
赵少昂 1958年作；1959年作 枝上翠鸟 枝上朱蜂（二幅）镜框	29.5cm×36.5cm×2	166,313	佳士得	2017-05-30
赵少昂 1959年作 1960年作 翠竹鸣蝉 书法 团扇	24.1cm×24.1cm	311,250	香港蘇富比	2017-10-02
赵少昂 1959年作 落花流水共徘徊 镜框	48.5cm×81.5cm	483,000	华艺国际	2017-11-25
赵少昂 1959年作 蔓草螳螂 书法 团扇	24.1cm×24.1cm	290,500	香港蘇富比	2017-10-02
赵少昂 1960年作 芙蓉细蜂 书法 团扇	24.1cm×24.1cm	311,250	香港蘇富比	2017-10-02
赵少昂 1960年作 芋叶甲虫 书法 团扇	24.1cm×24.1cm	435,750	香港蘇富比	2017-10-02
赵少昂 1961年作 灯塔 镜框	86cm×61cm	1,867,500	香港蘇富比	2017-10-02
赵少昂 1961年作 狮子山风景 镜框	106cm×60.5cm	532,200	佳士得	2017-05-30
赵少昂 1962年作 寒枝缀翠 镜框	109cm×63.3cm	245,025	香港苏富比	2017-04-04
赵少昂 1962年作 金鱼 镜框	58cm×84.4cm	609,813	佳士得	2017-05-30
赵少昂 1966年作 秋光 立轴	184cm×81.5cm	1,150,000	华艺国际	2017-05-27
赵少昂 1966年作 缨络缤纷 立轴	95.5cm×92cm	1,150,000	华艺国际	2017-05-27
赵少昂 1968年作 江边独坐 镜心	107cm×37cm	253,000	上海匡时	2017-11-05
赵少昂 1972年作 向日葵 镜框	75.4cm×125.5cm	720,688	佳士得	2017-05-30
赵少昂 1974年作 红枫秋色 镜框	37cm×107.5cm	288,275	佳士得	2017-05-30
赵少昂 1975年作 湖畔幽禽 镜框	46cm×92cm	1,472,000	华艺国际	2017-05-27
赵少昂 1978年作 月照芭蕉影 立轴	132.3cm×65.7cm	1,245,000	香港蘇富比	2017-10-02
赵少昂 1979年作 雪夜红梅 镜框	84cm×45cm	191,475	佳士得	2017-11-28
赵少昂 1980年作 黄鹂翠柳 立轴	95cm×47cm	372,313	佳士得	2017-11-28
赵少昂 1980年作 木棉花 镜框	95cm×46cm	345,000	华艺国际	2017-11-25
赵少昂 1982年作 向日葵 镜框	45.5cm×77.5cm	202,113	佳士得	2017-11-28
赵少昂 1983年作 鱼乐图 镜框	96cm×33.5cm	319,125	佳士得	2017-11-28
赵少昂 1984年作 向日葵 镜框	66.5cm×135.5cm	556,875	香港苏富比	2017-04-04
赵少昂 1986年作 鸟鸣枝头 镜框	96cm×38.5cm	166,313	佳士得	2017-05-30
赵少昂 1989年作 白马图 立轴	134cm×65cm	920,000	华艺国际	2017-11-25
赵少昂 1989年作 消暑图 立轴	132cm×45.8cm	184,599	伦敦佳士得	2017-11-07
赵少昂 1990年作 六根清静 镜框	47cm×97cm	230,000	华艺国际	2017-11-25
赵少昂 1990年作 葡萄小鸟 镜框	96.5cm×47cm	253,000	华艺国际	2017-11-25
赵少昂 1991年作 草虫花卉 册页	29.5cm×37.5cm×4	184,000	上海匡时	2017-11-05
赵少昂 1991年作 动物（四帧）镜心	30cm×43cm×4	841,104	北京匡时	2017-04-03
赵少昂 白猿 镜框	95cm×43.5cm	957,375	佳士得	2017-11-28
赵少昂 丙申（1956年）作 玉蜀黍天牛 立轴	105cm×37cm	218,500	北京诚轩	2017-06-18
赵少昂 春色满人间 镜片	94cm×42.5cm	230,000	广东崇正	2017-06-15
赵少昂 丁未（1967）年作 葵花小鸟 镜片	118.5cm×44.5cm	345,000	朵云轩	2017-12-14
赵少昂 蜂花图 立轴	80cm×34cm	207,000	华艺国际	2017-11-25
赵少昂 庚申（1980年）作 春柳双燕图 立轴	100cm×50cm	172,500	福建东南	2017-05-21
赵少昂 庚申（1980年）作 消夏图 镜心	42cm×81cm	366,331	中国嘉德	2017-05-29
赵少昂 癸未（1943）年作 雨后桃花 立轴	97cm×33cm	241,500	广东崇正	2017-06-15
赵少昂 荷花世界梦皆香 镜片	112.5cm×56cm	605,413	纽约苏富比	2017-03-16
赵少昂 花卉、行书诗 成扇	43.5cm×18.5cm	224,868	纽约苏富比	2017-03-16
赵少昂 花开富贵 立轴	87cm×46cm	172,500	中贸圣佳	2017-06-19
赵少昂 花鸟（八帧）镜心	30cm×37cm×8	517,500	中国嘉德	2017-06-19
赵少昂 甲寅（1974）年作 春光正好 镜片	36cm×76cm	253,000	朵云轩	2017-06-25
赵少昂 金鱼、花溪旧作诗 成扇	45.5cm×18.5cm	302,706	纽约苏富比	2017-03-16

拍品名称	物品尺寸	成交价RMB	拍卖公司	拍卖日期
赵少昂 欧豪年 1969年作 白鹭垂柳 镜框	102cm×31.7cm	177,400	佳士得	2017-05-30
赵少昂 壬辰（1952年）作 山水四屏镜心	105cm×40cm×4	4,140,000	中国嘉德	2017-12-19
赵少昂 戊寅（1938）年作 催夏图 立轴	78cm×30cm	345,000	广东崇正	2017-06-15
赵少昂 西中文 书画合璧 册页	30cm×37.5cm×10	437,000	荣宝斋（济南）	2017-06-10
赵少昂 辛卯（1951）年作 花鸟 镜片	101cm×45.5cm	207,000	广东崇正	2017-06-15
赵少昂 辛酉（1981年）作 枝头香四溢 镜心	96.5cm×47cm	313,408	中国嘉德	2017-10-03
赵少昂 杨善深 花卉 三件 镜片	92.7cm×29cm	475,681	纽约苏富比	2017-03-16
赵少昂 乙巳（1965）年作 柳树翠鸟 立轴	115cm×45cm	172,500	广东崇正	2017-12-13
赵少昂 鱼乐图 镜框	诗堂：25cm×31.7cm；画心：83.5cm×29.7cm	389,813	香港苏富比	2017-04-04
赵少昂 竹蝉 立轴	115cm×33cm	161,000	华艺国际	2017-05-27
赵叔孺 1927年作 春郊散马图 镜心	138cm×69cm	345,000	北京匡时	2017-03-29
赵叔孺 1927年作 桂荫双兔 立轴	125cm×41.5cm	184,000	北京翰海	2017-06-02
赵叔孺 1927年作 郊野三骏 立轴	104cm×44.8cm	176,375	香港蘇富比	2017-10-02
赵叔孺 1941年作 岁朝清供 镜心	67.5cm×40cm	632,500	北京匡时	2017-12-04
赵叔孺 1943年作 临四体书 四屏	129cm×31cm×4	161,000	西泠拍卖	2017-07-16
赵叔孺 丁卯（1927年）作 溪岸散牧 镜心	102.2cm×45.1cm	161,000	北京诚轩	2017-06-18
赵叔孺 庚辰（1940年）作 柳荫八骏 立轴	133cm×65cm	287,500	中国嘉德	2017-12-18
赵叔孺 癸未（1943年）年作 柳荫双驹 立轴	111cm×51.5cm	218,500	朵云轩	2017-12-14
赵望云 1927年作 洛神 镜心	64cm×31cm	2,990,000	北京保利	2017-12-17
赵望云 1930年作 母子图 镜心	135cm×67.5cm	1,127,000	北京银座	2017-12-20
赵望云 1931年作 村居图 镜心	92cm×175cm	391,760	中国嘉德	2017-10-03
赵望云 1944年作 蜀绣山居图 立轴	163cm×90.7cm	3,815,884	中金国际	2017-11-25
赵望云 1946年作 山涧 镜心	104cm×31cm	207,000	北京荣宝	2017-06-02
赵望云 1946年作 小游印象 立轴	120cm×34cm	2,070,000	北京荣宝	2017-12-02
赵望云 1947年作 草原放骑 立轴	107.5cm×39.5cm	1,437,500	北京匡时	2017-03-29
赵望云 1947年作 牧羊女 立轴	108cm×57cm	2,875,000	北京匡时	2017-12-04
赵望云 1947年作 陕北人家 立轴	94.5cm×34cm	632,500	中国嘉德	2017-12-18
赵望云 1947年作 新疆生活写景 立轴	80cm×50cm	517,500	北京荣宝	2017-06-02
赵望云 1959年作 林区欢声图 立轴	118cm×47.5cm	264,500	观唐皕榷	2017-01-11
赵望云 1962年作 杉林麋鹿 镜心	69.5cm×54.5cm	782,000	中国嘉德	2017-06-19
赵望云 1963年作 群峦松翠 立轴	136cm×69cm	172,500	北京匡时	2017-03-29
赵望云 1973年作 岁寒图 立轴	131cm×34cm	562,500	北京银座	2017-12-20
赵望云 宝城铁路修筑写景 镜心	178cm×94cm	2,875,000	北京保利	2017-11-10
赵望云 林间山径 立轴	91cm×96cm	4,082,500	上海嘉禾	2017-07-01
赵无极 1988年作 无题	60.7cm×57.5cm	502,313	香港苏富比	2017-01-19
赵无极 2004年作 无题NO.1	140cm×70cm	1,265,000	上海明轩	2017-06-30
赵无极 二〇〇〇年作 无题2000	45cm×61cm	467,775	香港苏富比	2017-04-03
赵胥 片石山子 镜心	100cm×200cm	345,000	北京保利	2017-06-06
赵胥 在他乡 镜心	144cm×178cm	253,000	中国嘉德	2017-12-20
赵玉杰 2017年作 百寿百义 镜心	177cm×94cm	310,500	北京保利	2017-04-27
赵云壑 1913年作 临石鼓文 立轴	245cm×120cm	161,000	观唐皕榷	2017-01-11
赵云壑 1939年作 繁花四锦 立轴	153cm×40.5cm×4	529,000	上海匡时	2017-11-05
赵云壑 瓜瓞绵绵 篆书七言联 立轴	画105cm×34cm；字137cm×26cm×2	215,468	中国嘉德	2017-10-03
赵云壑 辛酉（1921年）作 苍岩过雨 立轴	150cm×81.5cm	253,000	中国嘉德	2017-12-18

拍品名称	物品尺寸	成交价RMB	拍卖公司	拍卖日期
赵准旺 2016年作 世外桃圆 镜心	124cm×246cm	690,000	北京保利	2017-06-05
赵准旺 2017年作 皇城苍柏图 镜心	138cm×69cm	207,000	北京保利	2017-12-18
郑百重 黄海揽胜 镜心	136cm×67cm	690,000	北京保利	2017-12-18
郑百重 山川氤氲 镜心	68cm×136cm	552,000	北京保利	2017-06-05
郑百重 唐诗画意（四帧）镜心	44.5cm×36.0cm×4	287,500	中国嘉德	2017-06-21
郑瑰玺 2009年作 啼鸟一声日已斜 镜框	138cm×68cm	172,500	上海东方	2017-06-25
郑力 红杏枝头春意开 镜心	81cm×144.5cm	575,000	北京匡时	2017-12-03
郑力 壬申（1992年）作 秋园舞鹤图 手卷	33cm×797cm	1,380,000	中国嘉德	2017-12-20
郑力为 奋飞	100cm×100cm	379,500	福建东南	2017-10-29
郑力为 海底世界	155cm×80cm	345,000	福建东南	2017-10-29
郑莲侠 白露·秋分 镜心	39cm×39cm×2	161,000	北京保利	2017-12-18
郑慕康 1939年作 调琴图 立轴	87cm×35cm	460,000	上海匡时	2017-11-05
郑慕康 1951年作 四大美人（四幅）镜框	107cm×35.5cm×4	687,425	佳士得	2017-05-30
郑慕康 丙子（1936年）作 教子图 立轴	100cm×48cm	184,000	中国嘉德	2017-12-18
郑慕康 庚申（1980）年作 吟秋图 镜片	78cm×46cm	230,000	广东崇正	2017-06-14
郑慕康 甲戌（1934年）作 闺乐情谐 立轴	33.5cm×36.5cm×2	368,000	中国嘉德	2017-06-19
郑慕康 甲戌（1934年）作 琴瑟调和谐 立轴	33.5cm×36.5cm×2	368,000	中国嘉德	2017-06-19
郑慕康 秋收图 立轴	94cm×43cm	195,500	上海匡时	2017-11-05
郑慕康 王福厂 戊子（1948）年作 高楼燕语 金文 成扇		276,000	上海敬华	2017-07-01
郑乃珖 1972年作 孔雀 镜心	147cm×79cm	575,000	北京荣宝	2017-06-02
郑乃珖 1982年作 朝气满堂 镜心	140cm×69cm	287,500	北京保利	2017-06-05
郑乃珖 1982年作 幽谷鸣禽 立轴	134.5cm×67.8cm	299,000	广东崇正	2017-12-13
郑乃珖 1985年作 雪景山水 镜心	133cm×164cm	460,000	北京荣宝	2017-06-02
郑乃珖 1995年作 锦鸡图 镜框	131cm×66cm	207,000	华艺国际	2017-11-25
郑乃珖 动物 四屏镜心	133cm×34cm×4	460,000	北京荣宝	2017-06-02
郑乃珖 瓜果挂屏（共四幅）镜框 四条屏	86cm×19cm×4	460,000	福建东南	2017-05-21
郑乃珖 癸亥（1983年）作 游鳞图 镜心	136cm×68cm	322,000	中国嘉德	2017-06-20
郑乃珖 己未（1979年）作 蓬莱锦鸡图 镜框	96cm×52cm	184,000	福建东南	2017-10-28
郑乃珖 戊辰（1988年）作 蓬莱锦衣图 立轴	68cm×139cm	276,000	福建东南	2017-05-21
郑乃珖 香远益清 镜心	136cm×68cm	207,000	北京匡时	2017-06-03
郑乃珖 欣欣向荣 镜心	88cm×86cm	230,000	观唐皕榷	2017-01-11
郑乃珖 幽谷鸣禽 立轴	135cm×68cm	207,000	北京荣宝	2017-09-24
郑乃珖 鸳鸯图 镜框	136cm×69cm	172,500	华艺国际	2017-11-25
郑师玄 1941年作 晋酒延龄 立轴	131cm×66cm	172,500	北京保利	2017-06-05
郑午昌 1926年作 柳永词意图 立轴	116cm×40.5cm	498,000	香港蘇富比	2017-10-02
郑午昌 1930年作 雪山行旅 立轴	108.7cm×34.6cm	267,300	香港苏富比	2017-04-04
郑午昌 1935年作 浮岚暖翠 成扇	18.5cm×46cm	332,000	香港蘇富比	2017-10-02
郑午昌 1935年作 虞山谒言图 镜框	23.4cm×116cm	779,625	香港苏富比	2017-04-04
郑午昌 1940年作 九树梅花怀故人 镜框	33.3cm×136cm	352,750	香港蘇富比	2017-10-02
郑午昌 1941年作 访友图 立轴	104.5cm×52cm	342,790	保利香港	2017-10-03
郑午昌 1941年作 梨花双燕 立轴	108.7cm×34.6cm	501,188	香港苏富比	2017-04-04
郑午昌 1945年作 观云图 镜心	133cm×66cm	1,725,000	北京荣宝	2017-12-02
郑午昌 1946年作 云壑奇峰图 立轴	100.5cm×43cm	552,000	西泠拍卖	2017-07-16
郑午昌 1948年作 柳阴待渡图 立轴	105.5cm×50.5cm	747,500	西泠拍卖	2017-07-16
郑午昌 富春泛棹 立轴	180.4cm×94.5cm	1,150,000	荣宝斋（上海）	2017-07-30

拍品名称	物品尺寸	成交价RMB	拍卖公司	拍卖日期
郑午昌 庚辰（1940）年作 柳堤春晓 立轴	105.5cm×52.5cm	690,000	朵云轩	2017-12-14
郑午昌 秋山横翠 立轴	104cm×48.5cm	460,000	荣宝斋（南京）	2017-07-08
郑午昌 壬午（1942年）作 松阴观瀑 立轴	143cm×33.2cm	172,500	北京诚轩	2017-06-18
郑午昌 壬午除夕（1943年）作 雪霁孤舟听急湍 立轴	137.5cm×67.5cm	690,000	北京诚轩	2017-06-18
郑午昌 溪山瑞霭图 立轴	134.4cm×66.7cm	1,150,000	中国嘉德	2017-12-18
郑午昌 严独鹤 1938年作 仕女 书法 成扇	18cm×47cm	172,500	华艺国际	2017-05-27
郑午昌 叶恭绰 幽山访客·行书节录《庄子》成扇	19.5cm×53cm	184,000	中国嘉德	2017-06-21
郑午昌 赵叔孺 王师子 商笙伯 等四君子书画格景 成扇	19cm×49cm	195,880	中国嘉德	2017-10-03
郑孝胥 1914年作 行书 四屏立轴	107.5cm×32cm×4	195,500	北京银座	2017-12-20
郑孝胥 1917年作 苍松图并隶书联 立轴	画150cm×41cm；字176.5cm×28cm×2	425,500	北京匡时	2017-03-29
郑孝胥 1917年作 行书四屏 镜心	132cm×28.5cm×4	782,000	北京匡时	2017-12-04
郑孝胥 1924年作 行书七言联 立轴	146cm×35.5cm×2	161,000	北京匡时	2017-06-04
郑孝胥 1930年作 墨松图 立轴	85cm×31cm	172,500	北京匡时	2017-03-29
郑孝胥 丁巳（1917）年作 行书六言联 对联轴	149cm×40cm×2	240,000	上海驰翰	2017-06-26
郑孝胥 冯煦 等 为陈曾寿作书法册 册页（二十八开选十开）	5cm×5.5cm×28	230,000	中国嘉德	2017-12-19
郑孝胥 行楷七言联 镜心	147cm×40cm×2	190,794	中金国际	2017-11-25
郑孝胥 行楷七言联 立轴	112cm×22cm×2	170,711	中金国际	2017-11-25
郑孝胥 行书（两幅）镜心	130cm×62cm；133cm×65cm	230,000	北京保利	2017-06-05
郑孝胥 行书 七言联 对联	132.5cm×32cm×2	172,500	西泠拍卖	2017-07-16
郑孝胥 行书 四屏立轴	137cm×34cm×4	517,500	北京匡时	2017-12-03
郑孝胥 行书 四屏立轴	144cm×37.5cm×4	368,000	北京匡时	2017-12-03
郑孝胥 行书 四屏立轴	150cm×39cm×4	230,000	荣宝斋（济南）	2017-12-08
郑孝胥 行书 四屏立轴	130cm×30cm×4	230,000	保利厦门	2017-06-26
郑孝胥 行书八言联 镜心	171.5cm×37cm×2	172,500	中国嘉德	2017-06-20
郑孝胥 行书八言联 立轴	234cm×55cm×2	920,000	上海匡时	2017-11-05
郑孝胥 行书八言联 立轴	202cm×42.5cm×2	517,500	观唐皕榷	2017-01-11
郑孝胥 行书八言联 立轴	173cm×43cm×2	155,250	北京保利	2017-12-16
郑孝胥 行书八言联 立轴	241cm×58cm×2	287,500	广东崇正	2017-06-15
郑孝胥 行书七言联 立轴	131.5cm×31.5cm×2	253,000	中国嘉德	2017-12-19
郑孝胥 行书七言联 立轴	125cm×29cm×2	172,500	广东崇正	2017-12-13
郑孝胥 隶书 屏轴	131.5cm×66cm	155,250	朵云轩	2017-12-14
郑孝胥 隶书“临汉沛相杨君碑”立轴	141cm×78cm	517,500	荣宝斋（南京）	2017-09-10
郑孝胥 隶书八言联 对联	198cm×42cm×2	230,000	北京保利	2017-06-06
郑孝胥 隶书五言联 立轴	162cm×36.5cm×2	425,500	北京匡时	2017-12-03
郑孝胥 临木简 四屏立轴	144.5cm×40.5cm×4	632,500	中国嘉德	2017-06-20
郑孝胥 书法 四屏立轴	132cm×32cm×4	230,000	华艺国际	2017-11-25
郑孝胥 书法对联 立轴	170cm×36.5cm×2	172,500	福建东南	2017-10-28
郑孝胥 魏碑 八屏镜心	151.5cm×35cm×8	667,000	保利厦门	2017-06-25
郑孝胥 乙未（1895年）作 行书夜谈稿 镜心	23cm×56cm	230,000	中国嘉德	2017-04-01
郑修钤 渔舟唱晚	50cm×111cm	218,500	福建东南	2017-05-21
郑益坤 鸡冠花	61cm×61cm	172,500	福建东南	2017-10-29
郑益坤 金鱼	45cm×36cm	172,500	福建东南	2017-10-29
郑益坤 年年有余	61cm×61cm	322,000	福建东南	2017-10-29
中村不折 行书格言 立轴	139.5cm×34cm	209,000	北京银座	2017-06-07
中村不折 行书格言 立轴	136.5cm×42cm	220,000	北京银座	2017-06-07

拍品名称	物品尺寸	成交价RMB	拍卖公司	拍卖日期
中村不折 楷书五言诗 立轴	135.5cm×36.5cm	198,000	北京银座	2017-06-07
钟基明 荷香猫趣 镜框	66cm×66cm	161,000	上海东方	2017-06-25
钟泗宾 1961年作 景观	94cm×40.5cm	310,450	佳士得	2017-05-28
钟泗宾 1974年作 淑女	94.5cm×45cm	297,850	佳士得	2017-11-26
钟泗宾 峇里女士们	38cm×51cm	239,344	佳士得	2017-11-26
钟泗滨 1982年作 姐妹	55cm×34cm	166,000	香港蘇富比	2017-10-01
钟泗滨 桂林	88cm×69.5cm	259,375	香港蘇富比	2017-10-01
钟泗滨 树下人像	117.5cm×56.5cm	389,813	香港苏富比	2017-04-03
钟泗滨 乡村生活	49cm×60.5cm	166,000	香港蘇富比	2017-10-01
钟质夫 秋收图 立轴	160cm×105cm	287,500	北京宜石	2017-12-03
周昌谷 1963年作 诚斋诗意 立轴	70cm×35cm	161,000	北京保利	2017-12-17
周昌谷 茶花姑娘 立轴	96cm×59cm	230,000	中国嘉德	2017-06-20
周昌谷 丛花图 立轴	68.5cm×51cm	598,000	朵云轩	2017-12-14
周昌谷 花邨小景 立轴	72cm×35cm	187,974	中濠典藏	2017-05-22
周昌谷 少女 镜片	68cm×46cm	253,000	广东崇正	2017-12-13
周澄 己丑（2009）年作 闲庭逸趣 镜片	81cm×157.5cm	150,000	上海驰翰	2017-06-26
周佛海 1942年作 书法 立轴	120cm×38cm	322,000	华艺国际	2017-05-27
周怀民 1940年作 江干行旅图 立轴	126cm×65cm	402,500	北京荣宝	2017-06-02
周怀民 迎客松 立轴	137.5cm×68cm	230,000	荣宝斋（济南）	2017-12-08
周慧珺 2008年作 行书李清照词一首 手卷	36cm×360cm	310,500	上海东方	2017-12-10
周慧珺 癸未（2003）年作 行书 镜片	94.5cm×178cm	322,000	朵云轩	2017-06-25
周京新 甲午（2014年）作 暗香浮动 册页	34.5cm×34cm×8	575,000	中国嘉德	2017-12-20
周京新 水浒 四屏镜心	69cm×34cm×4	184,000	荣宝斋（济南）	2017-12-07
周炼霞 长相思 成扇	18.6cm×45cm	267,300	香港苏富比	2017-04-04
周抡园 1978年作 剑门关 镜心	49cm×69cm	1,035,000	北京翰海	2017-01-08
周抡园 1979年作 江村 镜心	69cm×45cm	920,000	北京翰海	2017-01-08
周抡园 1979年作 水阁流泉图 镜心	66cm×44cm	1,035,000	北京匡时	2017-03-29
周绿云 1977年作 激霰二 镜框	66cm×139cm	378,675	香港苏富比	2017-04-04
周绿云 1990年作 无题 立轴	179cm×97cm	354,800	佳士得	2017-05-29
周绿云 1992年作 抽象 册页（七开）	18.5cm×21.2cm;16cm×19cm	266,100	佳士得	2017-05-29
周绿云 无垠的时空 立轴	138cm×67.8cm	310,450	佳士得	2017-05-29
周梦蝶 1958年作 无题 镜心	54cm×39cm	172,500	上海匡时	2017-11-05
周乃林 2011年作 硕果图 镜框	120cm×240cm	184,000	上海东方	2017-12-10
周乃林 2011年作 幽谷栖禽图 镜框	120cm×240cm	230,000	上海东方	2017-06-25
周润达 2017年作 彤颜	175cm×205cm	195,500	北京华辰	2017-12-16
周韶华 1994年作 山海图 镜心	67cm×65.5cm	172,500	北京保利	2017-12-18
周韶华 1995年作 胜似春光 镜心	94.5cm×176cm	713,000	北京保利	2017-12-18
周韶华 1996年作 心中的太阳 镜心	68.5cm×68cm	184,000	北京保利	2017-12-18
周韶华 2002年作 横断山新篇 镜心	96cm×179cm	4,025,000	北京保利	2017-11-10
周韶华 2002年作 黄金水道 镜心	96cm×178.5cm	713,000	北京保利	2017-12-18
周韶华 2004年作 落霞流火 镜心	69cm×138cm	1,840,000	北京保利	2017-11-10
周韶华 2006年作 丝路乐章 镜心	68cm×69cm	402,500	北京保利	2017-11-10
周韶华 2006年作 天空任鸟飞 镜心	68cm×68cm	287,500	北京保利	2017-04-27
周韶华 2007年作 长风破浪会有时 镜心	69cm×69cm	230,000	北京保利	2017-11-10
周韶华 2008年作 云松亭立 镜心	70cm×137cm	1,495,000	北京保利	2017-04-27
周韶华 2009年作 海之奏鸣 镜心	178cm×95cm	3,450,000	北京保利	2017-11-10
周韶华 2011年作 智者乐水	68cm×136cm	253,000	北京翰海	2017-12-16
周韶华 江山平远入新秋 镜心	97cm×175cm	184,000	荣宝斋（济南）	2017-06-10
周韶华 天外塞风吹海立 镜心	49cm×51cm	805,000	北京保利	2017-04-27
周世雄 2017年作 书法 镜心	136cm×66cm	323,202	保利香港	2017-10-03
周思聪 1977年作 上学去 立轴	39cm×45cm	172,500	北京荣宝	2017-06-02

拍品名称	物品尺寸	成交价RMB	拍卖公司	拍卖日期
周思聪 1978年作 小孔雀 镜心	35.5cm×47.5cm	253,000	上海匡时	2017-11-05
周思聪 1980年作 消夏图 镜心	68.5cm×68cm	264,500	北京荣宝	2017-09-24
周思聪 1983年作 顶罐女	68.5cm×44.5cm	172,500	北京翰海	2017-12-16
周思聪 1983年作 丰收 立轴	135cm×66cm	287,500	北京荣宝	2017-06-02
周思聪 1988年作 朝露图 镜框	84cm×72cm	478,688	佳士得	2017-11-28
周思聪 1988年作 纺纱图 镜心	68.5cm×68.5cm	345,000	北京保利	2017-12-18
周思聪 1989年作 秋收图 镜心	40.5cm×242cm	5,865,000	中国嘉德	2017-06-19
周思聪 1990年作 高原风情 册页	37.6cm×54.3cm×18	4,830,000	北京保利	2017-06-05
周思聪 1992年作 秋林负薪图 镜心	77cm×69cm	274,232	保利香港	2017-10-03
周思聪 朝露 立轴	64.5cm×67.8cm	172,500	中国嘉德	2017-12-20
周思聪 朝雾 镜心	68cm×68cm	345,000	荣宝斋（南京）	2017-09-10
周思聪 垂钓图 立轴	26cm×33cm	195,500	北京荣宝	2017-04-02
周思聪 傣族少女 立轴	45.5cm×33.9cm	186,750	香港蘇富比	2017-10-02
周思聪 戴月归 镜心	49cm×68cm	747,500	北京诚轩	2017-06-18
周思聪 戴月归 镜心	68cm×44.5cm	172,500	荣宝斋（济南）	2017-06-10
周思聪 读书图 立轴	36.5cm×41.5cm	184,000	北京荣宝	2017-04-02
周思聪 荷花少女 立轴	68cm×44cm	184,000	北京荣宝	2017-06-02
周思聪 荷塘 镜框	55.5cm×96.8cm	831,563	佳士得	2017-05-30
周思聪 荷塘 镜心	59cm×46.5cm	215,468	中国嘉德	2017-10-03
周思聪 荷香图 镜心	50.5cm×69cm	195,500	荣宝斋（济南）	2017-06-10
周思聪 汲水图 镜框	41cm×56cm	575,000	北京荣宝	2017-04-02
周思聪 汲水图 镜心	70cm×46.5cm	161,000	中国嘉德	2017-12-18
周思聪 己未（1979）年作 钓趣 镜片	35cm×48cm	207,000	上海嘉禾	2017-07-02
周思聪 甲子（1984年）作 水乡情 镜心	68.0cm×68.0cm	402,500	中国嘉德	2017-06-21
周思聪 蕉荫小憩 立轴	112cm×45cm	207,000	荣宝斋（南京）	2017-09-10
周思聪 蕉荫少女 立轴	50cm×42cm	161,000	观唐皕榷	2017-01-11
周思聪 落木萧萧 镜心	68cm×68cm	230,000	北京保利	2017-12-18
周思聪 秋林负薪图 镜心	70cm×68.5cm	448,500	北京匡时	2017-06-03
周思聪 秋林负薪图 镜心	70cm×60cm	437,000	荣宝斋（济南）	2017-12-08
周思聪 秋林负薪图 镜心	45cm×68.5cm	207,000	中国嘉德	2017-12-20
周思聪 壬申（1992年）作 墨荷 镜心	59cm×41cm	176,292	中国嘉德	2017-10-03
周思聪 少女 镜片	67cm×90cm	805,000	华艺国际	2017-11-25
周思聪 少女 镜心	68cm×68.5cm	215,468	中国嘉德	2017-10-03
周思聪 少女图 镜心	69cm×46.5cm	299,000	上海匡时	2017-11-05
周思聪 戊午（1978年）作 闽南五月 镜心	63cm×44cm	161,000	中国嘉德	2017-03-31
周思聪 西藏少女 立轴	137cm×69cm	437,000	北京匡时	2017-03-29
周思聪 纤手乘得枇杷香 立轴	60.5cm×48cm	195,500	北京荣宝	2017-09-24
周思聪 新疆少女 立轴	68cm×45.5cm	161,000	中国嘉德	2017-12-19
周思聪 雨荷 立轴	68cm×68cm	172,500	荣宝斋（济南）	2017-06-10
周彦生 春晖烂漫 镜片	96cm×178cm	1,265,000	华艺国际	2017-08-27
周彦生 荷花翠鸟 镜框	96cm×179cm	1,150,000	华艺国际	2017-05-27
周彦生 牡丹 镜框	94cm×171.5cm	2,300,000	华艺国际	2017-05-27
周彦生 玉堂富贵 镜片	194cm×506cm	21,850,000	华艺国际	2017-11-25
周艺文 2017年作 诗与远方 镜心	90cm×97cm	483,000	北京保利	2017-06-05
周艺文 民国女子	86cm×68cm	322,000	北京翰海	2017-06-03
周之江 2013年作 松鹰图 镜心	112cm×50cm	345,000	北京保利	2017-06-05
周之江 行书 镜心	34.5cm×135cm	230,000	朵云轩	2017-06-25
周作人 1935年作 书法《月夜书屋》镜框	32cm×64.5cm	166,313	佳士得	2017-05-30

拍品名称	物品尺寸	成交价RMB	拍卖公司	拍卖日期
周作人 1964年作 书法（两幅）镜框	23cm×24.5cm；18cm×19.3cm	212,750	佳士得	2017-11-28
周作人 陈楚珩 陈风子 行书孟兰诗 印拓 镜心	18cm×29.5cm；58cm×29.5cm；33cm×29.5cm	172,500	北京匡时	2017-06-03
朱德1963年作 行书毛主席词 立轴	135.5cm×68cm	575,000	北京匡时	2017-06-03
朱德群 1965年作 抽象	31.8cm×24.3cm	222,750	佳士得	2017-03-23
朱德群 2005年作 BRU 05 N 16	70cm×68cm	437,500	香港蘇富比	2017-10-01
朱德群 望江南·多少恨	100cm×33cm	554,375	佳士得	2017-05-28
朱德庸 云朵人生	48cm×46cm	184,000	西泠拍卖	2017-07-16
朱刚 2016年作 翔 镜框	70.5cm×138.4cm	267,300	香港苏富比	2017-04-04
朱九江 文稿手卷	题21.5cm×96cm；21cm×123cm	172,500	广东崇正	2017-12-13
朱林 2011年作 清风拂山川 镜框	120cm×240cm	195,500	上海东方	2017-06-25
朱林 2011年作 溪山和韵 镜框	120cm×240cm	195,500	上海东方	2017-06-25
朱梅邨 1943年作 荷塘采莲 立轴	66cm×31cm	276,000	北京匡时	2017-03-29
朱梅邨 1945年作 深院晚装 立轴	95.5cm×41.3cm	443,500	佳士得	2017-05-30
朱梅邨 1951年作 拟古山水 四屏镜心	65cm×35.5cm×4	839,500	上海匡时	2017-11-05
朱梅邨 1956年作 貂婵拜月 镜心	41cm×28cm	287,500	北京诚轩	2017-06-18
朱梅邨 1962年作 杨妃上马图 立轴	84.2cm×40.7cm	691,438	佳士得	2017-11-28
朱梅邨 1974年作 爱晚亭 镜心	107.5cm×58.5cm	690,000	上海匡时	2017-11-05
朱梅邨 1974年作 采茶歌声满山岗 立轴	139cm×69cm	1,897,500	上海匡时	2017-11-05
朱梅邨 1980年作 吹箫引凤 镜片	114.5cm×48.5cm	218,500	上海明轩	2017-06-30
朱梅邨 白蕉 壬午 1942年作 日长独自倚阑干 自作诗 成扇	17.9cm×50cm	230,000	北京诚轩	2017-06-18
朱梅邨 荷塘双鸳 立轴	61cm×69.5cm	264,500	北京匡时	2017-03-29
朱梅邨 甲申（1944年）作 欧母画荻图 立轴	107.5cm×53.5cm	299,000	中国嘉德	2017-06-20
朱梅邨 甲申（1944年）作 深柳读书图 立轴	71cm×34.5cm	287,500	中国嘉德	2017-12-18
朱梅邨 江南春 立轴	74.5cm×34.3cm	267,300	香港苏富比	2017-04-04
朱梅邨 耄耋图 镜心	72cm×29.5cm	218,500	中国嘉德	2017-12-18
朱梅邨 壬寅（1962年）作 谁家玉笛韵偏幽 镜心	38.2cm×20.8cm	172,500	北京诚轩	2017-06-18
朱梅邨 沈尹默 织布图 节录文心雕龙 成扇		437,000	上海明轩	2017-06-30
朱梅邨 吴湖帆 乱石崩云·行书杨炯赋 成扇	20cm×54cm	345,000	中国嘉德	2017-06-21
朱梅邨 戊寅（1938年）作 松冈竹坞 立轴	96cm×43cm	172,500	中国嘉德	2017-12-18
朱梅邨 戊子（1948）年作 携琴寻幽 立轴	104cm×52cm	264,500	上海敬华	2017-07-01
朱梅邨 辛巳（1941）年作 春色图 立轴	47cm×34.5cm	345,000	朵云轩	2017-12-14
朱梅邨 乙巳（1965）年作 鼋渚春涛图 立轴	54cm×28cm	170,000	上海驰翰	2017-06-26
朱梅邨 俞祖鑫 云壑松风 篆书成扇	17.8cm×47cm	167,063	香港苏富比	2017-04-04
朱乃正 山水 纠葛（五幅）镜框	59.5cm×60cm×4；60.5cm×52.5cm	212,750	佳士得	2017-11-20
朱屺瞻 1961年作 新貌写生 册页（八开）	28cm×30cm×8	529,000	上海敬华	2017-07-01
朱屺瞻 1962年作 苍松长茂老来红 立轴	260cm×135cm	322,000	中国嘉德	2017-06-19
朱屺瞻 1962年作 庙貌千古 镜心	138.5cm×67cm	920,000	上海匡时	2017-11-05
朱屺瞻 1965年作 山山无荒土 立轴	135cm×68.5cm	897,000	北京匡时	2017-03-29
朱屺瞻 1966年作 溪山居图 镜心	124cm×53cm	230,000	保利华谊	2017-12-08
朱屺瞻 1974年作 春云出谷 立轴	130cm×72.5cm	744,625	佳士得	2017-11-28
朱屺瞻 1974年作 漓江图 笺本	68cm×69cm	207,000	朵云轩	2017-12-14

拍品名称	物品尺寸	成交价RMB	拍卖公司	拍卖日期
朱屺瞻 1976年作 天门山图 立轴	139cm×70cm	230,000	上海匡时	2017-11-05
朱屺瞻 1979年作 香风远 镜框	136.4cm×68.3cm	170,200	佳士得	2017-11-28
朱屺瞻 1981年作 观瀑图 立轴	140cm×80cm	230,000	上海东方	2017-12-10
朱屺瞻 1987年作 菊鱼枇杷 立轴	89cm×47.5cm	249,000	香港蘇富比	2017-10-02
朱屺瞻 1988年作 春山朝雨图 立轴	68cm×68cm	207,000	西泠拍卖	2017-07-15
朱屺瞻 1990年作 帆影风光入画图 镜心	136cm×69cm	598,000	北京荣宝	2017-06-02
朱屺瞻 1991年作 行书 伴书楼 镜片	125.5cm×44cm	178,250	西泠拍卖	2017-07-16
朱屺瞻 丙寅（1986）年作 春花烂漫 立轴	136cm×66cm	299,000	上海敬华	2017-07-01
朱屺瞻 己巳（1989年）作 古寺钟声 镜心	68.5cm×136.5cm	575,000	中国嘉德	2017-06-19
朱屺瞻 甲子（1984年）作 倚栏眺望 镜心	66cm×68.5cm	207,000	中国嘉德	2017-06-19
朱屺瞻 满庭风露香 镜心	65cm×65cm	207,000	中国嘉德	2017-06-19
朱屺瞻 青山行舟 镜片	106.5cm×68cm	552,000	上海嘉禾	2017-07-02
朱屺瞻 山水 立轴	114cm×68.5cm	322,000	中国嘉德	2017-06-19
朱屺瞻 松树 立轴		172,975	纽约苏富比	2017-03-16
朱屺瞻 辛酉（1981年）作 澹荡韶光 立轴	96cm×60cm	172,500	中国嘉德	2017-06-20
朱屺瞻 月季 立轴	87cm×47cm	161,000	荣宝斋（济南）	2017-12-08
朱屺瞻 钟馗 镜心	68cm×36cm	345,000	荣宝斋（上海）	2017-07-30
朱新建 1991年作 相思图 镜心	64cm×65cm	172,500	中国嘉德	2017-12-20
朱新建 1996年作 春日 镜心	33cm×66cm	172,500	中国嘉德	2017-12-20
朱新建 花鸟 四屏镜心	138cm×33.5cm×4	1,380,000	荣宝斋（济南）	2017-06-10
朱新建 金瓶梅图 册页（十开）	12.5cm×8.5cm×10	396,834	中濠典藏	2017-05-22
朱新建 美人图 册页	34cm×34cm×10	299,000	荣宝斋（济南）	2017-12-07
朱新建 书联 镜心	139cm×23cm×2	195,500	南京经典	2017-07-23
朱砚因 1932年作 为高吹万作 九秋花蝶图 手卷	画心215cm×31cm；题跋50cm×34cm	287,500	西泠拍卖	2017-07-15
朱益藩 1932年作 行书《集禊帖》立轴	162cm×29cm×2	184,000	北京荣宝	2017-06-02
朱益藩 1905年作 杂书 手卷	题27cm×102cm；跋27cm×92cm；27cm×662cm	460,000	保利华谊	2017-12-08
朱自清 朱光潜 吴宓 蒙文通 书法集锦 扇面	18.5cm×52.5cm	828,000	中国嘉德	2017-12-19
朱祖谋 楷书集梦窗词联 立轴	each: 129cm×26.2cm×2	155,625	香港蘇富比	2017-10-02
庄赓良 王先谦 等 边疆行役图题跋四则 手卷	40cm×177cm	184,000	中国嘉德	2017-09-03
庄毓聪 2014年作 天寒有鹤守梅花 镜心	136cm×68cm	920,000	北京保利	2017-11-10
庄喆 1992年作 冰湖畔 镜框	109cm×93cm	180,838	佳士得	2017-11-27
宗其香 江作青罗带 镜心	47cm×69cm	241,500	荣宝斋（南京）	2017-07-08
宗其香 林中 镜心	70cm×46cm	161,000	荣宝斋（南京）	2017-09-10
宗其香 千花万花开白雪 镜心	68.5cm×67.5cm	172,500	荣宝斋（南京）	2017-07-08
作者年代不详				
佚名 幽居图 镜片	25.5cm×26.5cm	2,300,000	华艺国际	2017-05-27
佚名 楼阁山水 立轴	116.5cm×56.5cm×2	5,750,000	中国嘉德	2017-06-21
佚名 百子图 镜片	24cm×25.5cm	552,000	上海嘉禾	2017-07-02
佚名 朝觐图 手卷	29cm×241cm	425,500	中国嘉德	2017-04-02

2017书画拍卖成交汇总

(成交价RMB：15万元以上)

拍品名称	物品尺寸	成交价RMB	拍卖公司	拍卖日期
佚名 春宫图 册页（十二开）	26cm×26cm×12	366,331	中国嘉德	2017-05-29
佚名 春山烟霭图 立轴	178cm×102.5cm	1,725,000	中贸圣佳	2017-06-19
佚名 大吉图 立轴	106cm×46cm	575,000	上海嘉禾	2017-07-02
佚名 蝶恋花 镜心	130cm×56cm	460,000	中贸圣佳	2017-06-19
佚名 佛像图 立轴	239cm×129cm	1,495,000	南京经典	2017-07-23
佚名 归庄图 镜心	25cm×21cm	368,000	北京保利	2017-06-06
佚名 红袖添香 镜心	87cm×87cm	1,058,000	北京保利	2017-06-06
佚名 笏亭太老先生照像 手卷	本幅 53cm×100cm；跋1：58.5cm×109cm；跋2：25cm×117cm；跋3：53cm×133cm	575,000	中贸圣佳	2017-06-19
佚名 华灯侍宴图 立轴	121cm×52cm	575,000	上海敬华	2017-07-01
佚名 皇清供职图 册页（二开）	尺寸不一	598,000	观唐皕榷	2017-01-11
佚名 货郎图 立轴	161.5cm×85cm	920,000	中贸圣佳	2017-06-19
佚名 江天鱼乐图 手卷	271cm×34.5cm	816,500	西泠拍卖	2017-07-15
佚名 金光明经 手卷	引首 24cm×106cm；书心24cm×295cm；题跋24cm×10cm	494,500	北京保利	2017-06-06
佚名 驴马图 立轴	80.5cm×33cm	402,500	中国嘉德	2017-06-21
佚名 猫鹊图 立轴	177cm×102cm	460,000	上海嘉禾	2017-07-02
佚名 菩萨像 立轴	165cm×101cm	437,000	中贸圣佳	2017-06-19
佚名 人物故事图 手卷	31cm×508cm	402,500	保利厦门	2017-06-26
佚名 山水楼阁 立轴	202cm×110cm	368,000	北京翰海	2017-01-08
佚名 山水团扇 立轴	直径22.6cm	1,725,000	观唐皕榷	2017-01-11
佚名 十八学士图 手卷	54cm×567cm	1,667,500	上海嘉禾	2017-07-02
佚名 时苗留犊图 手卷	画27cm×101；跋26cm×274cm	1,897,500	上海明轩	2017-06-30
佚名 释迦摩尼佛像 镜心	147cm×70cm	483,000	保利厦门	2017-06-25
佚名 释迦三尊像 立轴	198cm×111.5cm	2,012,500	北京匡时	2017-06-04
佚名 无款 宫廷肖像（两幅）镜框	215.2cm×159cm；215cm×162.3cm	720,688	佳士得	2017-05-29
佚名 无款 六十甲子太岁图 手卷	25.5cm×1309cm	421,325	佳士得	2017-05-29
佚名 无款 山水 册页（八开）	15.5cm×19.8cm×8	3,778,620	佳士得	2017-05-29
佚名 无款 小楷《般若波罗蜜经》手卷末棣	25.5cm×302.6cm	1,989,213	纽约苏富比	2017-03-16
佚名 仙女祝寿图 立轴	124.5cm×79cm	425,500	上海嘉禾	2017-07-02
佚名 相马图 镜框	64cm×138cm	483,000	上海嘉禾	2017-07-02
佚名 雪鹭图 镜心	173.5cm×98.5cm	713,000	中国嘉德	2017-06-21
佚名 雪夜访戴 立轴	128cm×69.5cm	460,000	北京荣宝	2017-06-02
佚名 婴戏图 立轴	153.5cm×86cm	1,380,000	保利厦门	2017-06-25
佚名 渔乐图 镜片	149cm×54cm	356,500	上海嘉禾	2017-07-02
慈禧太后 清 富贵同春 镜框	123cm×62.6cm	255,300	佳士得	2017-11-27
佚名 玉兔临秋风 立轴	115cm×66cm	747,500	北京荣宝	2017-04-02
慈禧太后 清 行书 镜框	60cm×60.5cm	202,113	佳士得	2017-11-27
慈禧太后 清 楷书 镜框	60.4cm×205cm	340,400	佳士得	2017-11-27
程柯亭 江观涛 朱逢甲 高学裘 等 香雪论心图 手卷	31cm×1081.8cm	267,120	中濠典藏	2017-11-29
程孟阳 关外寒林 镜心	17cm×47.5cm	345,000	北京匡时	2017-12-04
程震佑 为春围作城南雪集图 手卷	引首 30cm×110cm；画心26cm×123cm；题跋27cm×500cm	437,000	北京保利	2017-12-18
程正揆 行书《秋意》立轴	161cm×54cm	460,000	北京匡时	2017-12-04
崇恩 同治辛未（1871年）作 行书诗稿 手卷	29cm×355cm	391,000	中国嘉德	2017-12-20
仇传澄 2011年作 溪山静远图 镜框	120cm×240cm	368,000	上海东方	2017-12-10
仇英（款）聚窟州图 镜框	41cm×53cm	230,000	北京保利	2017-12-18
仇英（款）溪口高士图 立轴	93cm×31cm	159,563	佳士得	2017-11-20
仇英（款）溪山文会图 镜心	150cm×97.5cm	287,500	北京匡时	2017-12-04

拍品名称	物品尺寸	成交价RMB	拍卖公司	拍卖日期
大般波罗蜜多经卷第四百八十四	25cm×889cm	575,000	北京保利	2017-12-16
大般若波罗蜜多经卷第二百八十（日本药师寺藏）	27cm×1153.5cm	1,725,000	北京保利	2017-12-16
大般若波罗蜜多经卷第一百六十七（兴福寺永恩经）	25cm×775cm	575,000	北京保利	2017-12-16
无款 龙潜 山水小品 指画小梅花带架 镜片	9.8cm×23.2cm×2	172,500	广东崇正	2017-12-12
无款 明 阿弥陀佛像 立轴	189.6cm×97cm	319,125	佳士得	2017-11-27
无款 明 古木苍松 镜框	94cm×69.3cm	276,575	佳士得	2017-11-27
无款 明 曲水流觞 立轴	132.2cm×60.8cm	297,850	佳士得	2017-11-27
无款 明 竹园访友 立轴	98cm×43cm	159,563	佳士得	2017-11-27
无款 清 江山无尽图 手卷	44.8cm×900.6cm	202,113	佳士得	2017-11-27
无款 宋 楷书 镜框	30.5cm×6.2cm	2,331,740	佳士得	2017-11-27
无款 宋；元 山水诗意图（两幅）团扇面 镜框	直径20.5cm×2	425,500	佳士得	2017-11-27
无款 元；明 立马 镜框	36cm×33cm	1,010,563	佳士得	2017-11-27
无款 元；明 凌波仙子 立轴	26.8cm×34.8cm	202,113	佳士得	2017-11-27
无款 元；明 岁寒春鸣 立轴	68.6cm×38cm	372,313	佳士得	2017-11-27
佚名 垂纶图 镜心	28cm×22cm	241,500	中国嘉德	2017-09-03
佚名 春宫图 册页（九开）	23cm×31cm×9	568,052	中国嘉德	2017-10-03
佚名 岱岳封禅图 手卷	48cm×586cm	253,000	中国嘉德	2017-09-03
佚名 蝶恋花 镜框	直径26cm	218,500	华艺国际	2017-11-25
佚名 督陶官年希尧像 立轴	191.5cm×129.5cm	1,566,450	中濠典藏	2017-05-22
佚名 鹅 立轴	69cm×41cm	632,500	北京宣石	2017-12-03
佚名 访友图 立轴	230cm×102cm	862,500	北京匡时	2017-12-04
佚名 高士图 立轴	144cm×76cm	345,000	北京保利	2017-12-18
佚名 宫苑图 木框	79.7cm×148.5cm	269,750	香港蘇富比	2017-10-01
佚名 观音像 镜心	130cm×86cm	207,000	中国嘉德	2017-09-03
佚名 果禽图 立轴	39cm×29cm	747,500	北京保利	2017-12-18
佚名 行旅图 镜心	29cm×25.5cm×2	2,987,170	中国嘉德	2017-10-03
佚名 鹤寿图 立轴	118cm×78cm	310,500	中国嘉德	2017-09-03
佚名 货郎图 立轴	92cm×47cm	440,730	保利香港	2017-10-03
佚名 楷书《妙法莲华经》手卷	26cm×520cm	943,000	中国嘉德	2017-12-20
佚名 控马图 立轴	181cm×110.5cm	3,565,000	北京匡时	2017-12-04
佚名 猎禽图 团扇片	直径26cm	201,250	朵云轩	2017-12-14
佚名 楼阁图 立轴	44cm×51.5cm	862,500	北京匡时	2017-12-04
佚名 罗汉图 立轴	96cm×41cm	184,000	中国嘉德	2017-09-03
佚名 麻姑献寿 镜心	159cm×116cm	172,500	北京翰海	2017-12-15
佚名 蒙古仕女 镜心	29.5cm×22.5cm	1,150,000	中国嘉德	2017-12-20
佚名 明良真像 册页（三十三开）	32cm×25cm×33	1,068,480	中濠典藏	2017-11-29
佚名 骑猎图 立轴	170.5cm×144cm	460,000	中国嘉德	2017-12-19
佚名 憩寂罗汉 补衲罗汉 镜心	63cm×33cm×2	172,500	北京匡时	2017-12-04
佚名 青绿山水 镜心	65.5cm×56cm	1,265,000	中国嘉德	2017-12-20
佚名 青绿山水 手卷	45cm×265cm	1,081,000	华艺国际	2017-11-25
佚名 青绿山水 手卷	30cm×262cm	690,000	北京保利	2017-12-18
佚名 人物故实 手卷	30cm×114cm；30cm×107.5cm	172,500	中国嘉德	2017-12-20
佚名 如来佛像 立轴	172cm×99cm	1,058,000	北京匡时	2017-12-04
佚名 山居自乐通景 四屏	331cm×48cm×2；331cm×51cm×2	253,000	中国嘉德	2017-09-03
佚名 山水 立轴	153cm×103cm	207,000	北京东正	2017-12-09
佚名 仕女图 镜心	172cm×80cm	460,000	北京荣宝	2017-12-02
佚名 仕女写画图 立轴	122cm×71.5cm	394,250	香港蘇富比	2017-10-01
佚名 释迦摩尼像 立轴	25cm×16cm	172,500	中国嘉德	2017-09-03
佚名 释迦牟尼佛 镜心	86cm×41cm	333,500	中国嘉德	2017-09-03
佚名 释迦五尊三联像 立轴	144cm×76cm×3	862,500	北京匡时	2017-12-04
佚名 书法、佛像贝叶 册页	17cm×24cm×18	195,500	上海匡时	2017-11-05
佚名 双鸽图 镜心	20cm×24cm	483,000	中国嘉德	2017-09-03
佚名 四天王与诸天众 镜心	171cm×92cm	287,500	中国嘉德	2017-09-03
佚名 松下观画图 镜心	136cm×95cm	276,000	中国嘉德	2017-09-03

拍品名称	物品尺寸	成交价RMB	拍卖公司	拍卖日期
佚名 宋人花鸟 团扇片	直径26cm	178,250	朵云轩	2017-12-14
佚名 唐士大夫写经 手卷	画心29cm×98cm	1,618,665	中濠典藏	2017-05-22
佚名 调酒图 立轴	142cm×100cm	414,000	北京匡时	2017-12-04
佚名 闻香煨玉图 立轴	154cm×98cm	333,500	中国嘉德	2017-09-03
佚名 西溪图 镜心	29cm×61cm	1,322,500	北京保利	2017-12-18
佚名 婴戏图 立轴	112cm×84cm	345,000	北京保利	2017-12-18
佚名 婴戏图 立轴	112cm×85cm	287,500	中国嘉德	2017-09-03
佚名 渔乐图 镜框	148cm×94cm	690,000	北京荣宝	2017-12-02
佚名 元代 彩绘佛像 镜心	187cm×87cm	575,000	上海匡时	2017-11-05
佚名 童子拜观音 立轴	245cm×142cm	172,500	北京翰海	2017-09-10
素 描				
阿尔贝托·贾科梅蒂 N.2286	50cm×42.3cm	345,000	保利华谊	2017-12-08
艾轩 1993年 龙日坝女孩	48cm×32cm	287,500	中国嘉德	2017-12-19
安布罗焦·菲吉诺 双面肢首研习	27.2cm×41.5cm	334,125	香港蘇富比	2017-04-04
安格尔 手部素描习作	18cm×23cm	1,150,000	北京华辰	2017-06-05
昂利·马蒂斯 1938年作2月11日 两个女人和狗（习作）	56.7cm×38.3cm	2,704,091	纽约佳士得	2017-05-15
巴布罗·毕加索 1937年3月2日作 睡觉的多拉·玛尔	37.7cm×51cm	14,399,330	纽约佳士得	2017-11-13
巴布罗·毕加索 1967年作 1970年作 国王与王后（两件一组）	29cm×23.3cm（左）；29cm×23.5cm（右）	769,440	羅芙奧	2017-06-03
巴布罗·毕加索 1969年作 小丑	30cm×23.5cm	274,800	羅芙奧	2017-06-04
贝斯塔·贝斯特黎萨 2017年作 携我冲天	200cm×300cm	255,300	佳士得	2017-11-26
毕沙罗《毕沙罗夫人肖像》画稿	21.4cm×28.7cm	230,000	中国嘉德	2017-06-20
曹晓阳 2017年 夜山图	80cm×85cm	299,000	华艺国际	2017-11-25
曹晓阳 2017年 云山图	直径111cm	575,000	华艺国际	2017-11-25
常玉 1920-1930年作 背影裸女	50cm×32cm	164,880	羅芙奧	2017-06-04
常玉 1920-1930年作 裸女	44cm×20cm	206,100	羅芙奧	2017-06-04
常玉 1920-1930年作 伸展肢体的裸女	45cm×26.5cm	171,600	羅芙奧	2017-12-02
常玉 1920-1930年作 双重坐姿裸女	45.5cm×27.5cm	343,200	羅芙奧	2017-12-02
常玉 1930-1940年代作 入浴	34.5cm×24.5cm	212,750	佳士得	2017-11-26
常玉 1930年代作 跪姿裸女	42.5cm×26cm	316,800	羅芙奧	2017-12-03
常玉 1930年代作 立姿裸女	44cm×16cm	475,200	羅芙奧	2017-12-03
常玉 1930年代作 作画女子	45cm×28.2cm	313,408	中国嘉德	2017-10-02
常玉 1930年作 站姿裸女	48.2cm×31cm	316,800	羅芙奧	2017-12-02
常玉 侧立裸女	49cm×29cm	264,000	羅芙奧	2017-12-03
常玉 侧坐裸女	26.2cm×43.3cm	198,000	羅芙奧	2017-12-02
常玉 穿皮草的女士	44cm×26.5cm	275,000	香港蘇富比	2017-10-01
常玉 俯卧裸女	28.5cm×44.5cm	316,800	羅芙奧	2017-12-02
常玉 裸女	44.5cm×30.5cm	467,775	香港蘇富比	2017-04-03
常玉 裸女	47.5cm×30cm	316,800	羅芙奧	2017-12-03
常玉 裸女	58cm×31.3cm	311,850	香港蘇富比	2017-04-03
常玉 人物速写	45cm×28cm	172,500	中国嘉德	2017-06-19
常玉 仕女	45cm×28.5cm	540,500	上海明轩	2017-06-30
常玉 仕女	45cm×28cm	151,140	羅芙奧	2017-06-04
常玉 躺卧的裸女	26.5cm×44cm	218,500	上海明轩	2017-06-30
常玉 躺卧裸女	45cm×28cm	391,760	保利香港	2017-10-02
常玉 躺卧裸女	25.2cm×43cm	313,408	保利香港	2017-10-02
常玉 舞中裸女	47.5cm×28cm	209,332	中国嘉德	2017-05-29
常玉 斜躺裸女	31cm×28cm	288,275	佳士得	2017-05-28
常玉 约1920-1930年作 作画女子的剪影	44.5cm×27.2cm	171,600	羅芙奧	2017-12-02
常玉 阅读的仕女	55.5cm×44.7cm	284,026	保利香港	2017-10-02
常玉 站姿裸女	44cm×19cm	277,188	佳士得	2017-05-28
常玉 坐着的裸女	45cm×27.8cm	342,790	保利香港	2017-10-02
常玉 坐姿仕女	26.5cm×31cm	205,920	羅芙奧	2017-12-02

拍品名称	物品尺寸	成交价RMB	拍卖公司	拍卖日期
陈丹青 1980年 西藏组画素描稿（一组八件）	尺寸不一	483,000	中国嘉德	2017-12-19
陈逸飞 素描	41cm×28cm	299,000	际华春秋	2017-06-23
德拉克罗瓦《法国国民议会图书馆半穹隆天顶画人物》创作素描稿	31cm×22.5cm.	207,000	中国嘉德	2017-06-20
何家英 何家英速写精品 册页	25cm×17.5cm×72	1,725,000	北京荣宝	2017-06-02
亨利·马蒂斯 1950年作 女子头像	52.7cm×40.3cm	2,572,858	纽约蘇富比	2017-05-16
金甲镇 2016-2017年作 故乡的记忆（一组九件）	28cm×28cm×9	184,000	华艺国际	2017-05-27
克劳德·莫内 1857年2月22日作 少年头像	30.9cm×22.9cm	212,750	佳士得	2017-11-26
克劳德·莫内 1857年作《小孩（习作）》	23cm×30.8cm	340,400	佳士得	2017-11-26
克劳德·莫内 1857年作 船只	22.9cm×30.7cm	904,188	佳士得	2017-11-26
克劳德·莫内 1857年作 坐在柳树下的人	31cm×22.9cm	372,313	佳士得	2017-11-26
雷诺阿《少年》素描创作稿	20.5cm×30cm	460,000	中国嘉德	2017-12-19
刘丹 约1996至1997年作 祈祷书 镜框	10cm×15.1cm	289,575	香港蘇富比	2017-04-04
罗工柳 1976年 伟大的创举	100cm×150cm	253,000	华艺国际	2017-11-25
莫迪利亚尼《坐着的裸女》素描作品	26.3cm×40.5cm	690,000	中国嘉德	2017-06-20
奈良美智 1989年作 Untitled	29cm×21cm	255,300	佳士得	2017-11-26
奈良美智 1996年作 Untitled	21cm×29cm	691,438	佳士得	2017-11-26
奈良美智 1997年作 Untitled	35.5cm×24.4cm	255,300	佳士得	2017-11-26
奈良美智 1999-2002年作 Untitled（Don't Laugh）	21cm×14cm	404,225	佳士得	2017-11-26
奈良美智 2007年作 Untitled	14.8cm×10cm	638,250	佳士得	2017-11-26
欧仁·布丹《海滩风景》画稿	11.9cm×9.9cm	218,500	中国嘉德	2017-06-20
齐白石 丙寅（1926年）作 蚱蜢写生稿 镜心	14cm×32.5cm	313,998	中国嘉德	2017-05-29
齐白石 草虫创作稿 镜心	11cm×19cm	313,998	中国嘉德	2017-05-29
齐白石 草虫写生册（七开）	7cm×10cm×7	607,063	中国嘉德	2017-05-29
齐白石 蝗虫写生稿 镜心	4cm×26.5cm	376,798	中国嘉德	2017-05-29
齐白石 甲虫写生稿 镜心	6.5cm×15cm	313,998	中国嘉德	2017-05-29
齐白石 甲虫写生稿 镜心	9.5cm×18.5cm	156,999	中国嘉德	2017-05-29
齐白石 土元写生稿 镜心	4.5cm×66.5cm	544,263	中国嘉德	2017-05-29
齐白石 土元写生稿 镜心	7.5cm×19cm	198,865	中国嘉德	2017-05-29
齐白石 辛酉（1921年）作 蚱蜢写生稿 镜心	8.5cm×10cm	261,665	中国嘉德	2017-05-29
让·弗朗索瓦·米勒 1854年作 乡间的路	24.5cm×32.1cm	1,092,500	北京华辰	2017-12-16
尚·米榭·巴斯基亚 1984年作 无题（烟草）	57cm×77cm	8,374,738	纽约蘇富比	2017-05-18
藤田嗣治 1924年作 小雪	26cm×22cm	300,000	香港蘇富比	2017-10-01
藤田嗣治 1931年作 站姿裸女	150.6by62.6cm	1,125,000	香港蘇富比	2017-10-01
藤田嗣治 1933年作 自画像	35cm×25cm	150,000	香港蘇富比	2017-10-01
藤田嗣治 1950年代作 姊妹	45.5cm×37cm	200,000	香港蘇富比	2017-10-01
藤田嗣治 1951年作 门下双姝	38.2cm×49.5cm	337,500	香港蘇富比	2017-10-01
藤田嗣治 1951年作 梦寐	16cm×25cm	150,000	香港蘇富比	2017-10-01
藤田嗣治 1951年作 梦中少女	17.4cm×23.6cm	150,000	香港蘇富比	2017-10-01
藤田嗣治 1951年作 天使的呼唤	49cm×56.5cm	400,000	香港蘇富比	2017-10-01
藤田嗣治 1951年作 旺多姆广场	66.3cm×48.8cm	293,820	保利香港	2017-10-02
藤田嗣治 1953年作 母与子	28.7cm×20.6cm	162,500	香港蘇富比	2017-10-01
藤田嗣治 1960年作 可卡犬	41.3cm×62cm	575,000	香港蘇富比	2017-10-01
藤田嗣治 1961年作 女孩与猫	39.2cm×28.5cm	212,500	香港蘇富比	2017-10-01
藤田嗣治 戴头纱的小女孩	41.3cm×32.4cm	389,813	香港蘇富比	2017-04-03
藤田嗣治 一九二六年作 沉思的少女	25.5cm×15.5cm	267,300	香港蘇富比	2017-04-03

拍品名称	物品尺寸	成交价RMB	拍卖公司	拍卖日期
藤田嗣治 一九三三年作 双美	41cm×31.7cm	289,575	香港蘇富比	2017-04-03
藤田嗣治 一九四八年作 少女坐像	52.7cm×32.5cm	534,600	香港蘇富比	2017-04-03
藤田嗣治 约1931年作 熟睡的玛德琳	59.5cm×113.5cm	598,000	北京保利	2017-12-16
王沂东 1995年《早春》油画素描稿	52cm×38cm	368,000	中国嘉德	2017-12-19
王沂东 2006年作 女孩	67cm×48cm	184,000	上海明轩	2017-06-30
王沂东 2017年作 红盖头·乡村游戏之三	50cm×74cm	218,500	北京华辰	2017-12-16
吴冠中 1976年作 山东荣成渔村	38cm×69cm	437,000	北京匡时	2017-12-04
吴冠中 1979年作 大巴山中桃李正开	46.5cm×103.5cm	4,897,000	保利香港	2017-10-02
吴冠中 1980年作 江南人家	33.5cm×24.5cm	345,000	北京匡时	2017-06-03
吴冠中 1983年作 拙政园写生稿 镜片	30cm×40cm	322,000	江苏聚德	2017-07-05
吴冠中 1984年作 江边竹	29.5cm×49.5cm	402,500	北京匡时	2017-06-03
吴冠中 1989年作 埃菲尔铁塔写生稿 镜片	43cm×31cm	402,500	江苏聚德	2017-07-05
吴冠中 北国春	28cm×38cm	483,000	北京翰海	2017-06-03
吴冠中 速写稿册 镜心（三十开）	57cm×39cm×30	1,725,000	北京保利	2017-04-27
吴冠中 约1980年代作 一帆风顺	31cm×41.5cm	372,172	中国嘉德	2017-10-02
小川信治 2015年作 布拉格2（对称性/非对称性系列）	纸张 150cm×110cm	199,575	佳士得	2017-05-28
徐悲鸿 1940年作 风景	18cm×25cm	943,000	北京保利	2017-06-04
徐悲鸿 1940年作 甘地与泰戈尔	18cm×25cm; 18cm×25cm	425,500	北京保利	2017-06-04
徐悲鸿 1940年作 鼓者	25cm×18cm	299,000	北京保利	2017-06-04
徐悲鸿 1940年作 乐课-1	18cm×25cm	218,500	北京保利	2017-06-04
徐悲鸿 1940年作 灵鹫-2·无题（双面画）	18cm×25cm（A面）； 18cm×25cm（B面）	460,000	北京保利	2017-06-04
徐悲鸿 1940年作 灵鹫-4·灵鹫-5（双面画）	18cm×25cm（A面）； 25cm×18cm（B面）	517,500	北京保利	2017-06-04
徐悲鸿 1940年作 灵鹫-6·无题（双面画）	25cm×18cm（A面）； 25cm×18cm（B面）	287,500	北京保利	2017-06-04
徐悲鸿 1940年作 灵鹫-7·灵鹫-1（双面画）	18cm×25cm（A面）； 25cm×18cm（B面）	517,500	北京保利	2017-06-04
徐悲鸿 1940年作 琴师（双面画）	25cm×18cm（A面）； 25cm×18cm（B面）	172,500	北京保利	2017-06-04
徐悲鸿 1940年作 水岸	18cm×25cm	299,000	北京保利	2017-06-04
徐悲鸿 1940年作 速写大象·无题（双面画）	18cm×25cm（A面）； 18cm×25cm（B面）	184,000	北京保利	2017-06-04
徐悲鸿 1940年作 速写猴	25cm×18cm	276,000	北京保利	2017-06-04
徐悲鸿 1940年作 速写牛	18cm×25cm	253,000	北京保利	2017-06-04
徐悲鸿 1940年作 无题	25cm×18cm	207,000	北京保利	2017-06-04
徐悲鸿 1940年作 小憩	18cm×25cm	184,000	北京保利	2017-06-04
徐悲鸿 1940年作 自画像	25cm×18cm	1,667,500	北京保利	2017-06-04
徐悲鸿 徐风 书法及青苗少女	56cm×38cm×2; 21cm×28.5cm	368,000	北京匡时	2017-12-04
约翰·辛格·萨金特 1919年作 肖像	54.5cm×36.5cm	690,000	北京匡时	2017-12-04
赵无极 1951年作 拥抱	37cm×28cm	1,273,220	中国嘉德	2017-10-02
版 画				
Gilbert George 1973年作 Imprisoned	30.8cm×25.7cm; 119cm×92cm	2,230,322	纽约佳士得	2017-11-16

拍品名称	物品尺寸	成交价RMB	拍卖公司	拍卖日期
爱德华·孟克《呐喊》	图像尺寸 41cm×25.2cm; 纸张尺寸 45.9cm×37.7cm	11,954,360	伦敦蘇富比	2017-03-01
昂利·马谛斯 1946年作 大洋洲，海洋	169cm×369cm	6,445,730	纽约佳士得	2017-11-13
巴布罗·毕加索 1934年作 四裸女与人首雕塑	22cm×31cm	189,763	香港蘇富比	2017-01-19
草间弥生 1985年作；及1994年作 无题；及烟（共两件）	21cm×27.5cm; 29.6cm×45.5cm	215,468	保利香港	2017-10-02
草间弥生 1986年作 南瓜	90.2cm×72.7cm; 96cm×75.5cm	312,550	香港蘇富比	2017-01-19
草间弥生 1988年作 灰皿	73cm×86cm	164,880	羅芙奧	2017-06-04
草间弥生 1988年作 南瓜	103cm×79.3cm	396,000	羅芙奧	2017-12-03
草间弥生 1988年作 南瓜	90.5cm×67cm	367,983	保利香港	2017-04-03
草间弥生 1990年作 南瓜	15.8cm×22.7cm	879,360	金仕发	2017-05-14
草间弥生 1992年作 南瓜（白）	60.4cm×72.3cm	165,899	中诚国际	2017-06-11
草间弥生 1993年作 沉睡的南瓜	52.9cm×64.2cm	176,292	保利香港	2017-10-02
草间弥生 2000年作 无限的爱（十件一组）	38cm×45.5cm（每件）	1,154,160	羅芙奧	2017-06-04
草间弥生 2006年作 发芽（TOXZS）	130.6cm×162cm	570,625	香港蘇富比	2017-10-01
草间弥生 2007年作 早上醒来（TQSTW）	130cm×162cm	554,375	佳士得	2017-05-28
常玉 1930年代作 猫	11.5cm×17.2cm	162,500	香港蘇富比	2017-10-01
常玉 1930年代作 双马图	11cm×17cm	150,000	香港蘇富比	2017-10-01
常玉 1930年作 陶潜诗集（共六件；三件黑色、另三件棕褐色）	booksize: 33×25.5×1.2cm; etchingsize: 19cm×14.5cm	375,000	香港蘇富比	2017-10-01
常玉 莲花	22.7cm×16cm	211,613	香港蘇富比	2017-04-03
常玉 无题 斑马（共两件）	12cm×17.5cm; 14cm×18cm; 14cm×27.5cm	210,663	佳士得	2017-05-28
陈庭诗 1973年作 日与夜 #25	121cm×180cm	501,600	羅芙奧	2017-12-03
陈庭诗 1980年作 昼与夜 #49-52（共四件）	30cm×180cm×4	156,704	保利香港	2017-10-02
达米恩·赫斯特 2007年作 圣母院（教堂版画）	120cm×120cm	223,250	香港蘇富比	2017-01-19
达米恩·赫斯特 2015年作 米奇（蓝色亮片） 米妮（粉色亮片）（两件）	87cm×70cm	212,088	香港蘇富比	2017-01-19
弗朗西斯·培根 1966年作 骑脚踏车的乔治·戴尔	198cm×147cm	249,000	香港蘇富比	2017-10-01
歌川广重 甲阳猿桥	72cm×24.2cm	478,688	佳士得	2017-11-26
歌川国芳 歌川广重 约1830至1835年；约1833至1834年 五景：日坂、挂川、袋井、见附和滨松（〈东海道五十三景〉系列）知立：初夏马展（〈东海道五十三景〉系列）	24.1cm×37.3cm; 23.7cm×36cm	159,563	佳士得	2017-11-26
歌川国贞 约1835至1837年；约1826年 誂染美女新形（布谷鸟飞越月亮图案的和服）松叶屋的花魁妆竞及她的女侍仁本和留喜（〈青楼美人合〉系列）	49cm×22.5cm	159,563	佳士得	2017-11-26
葛饰北斋 版画：摄津国安治川口天保山（〈诸国名侨奇览〉系列）（两幅）	25.3cm×36.8cm×2	255,300	佳士得	2017-11-26
何家英 毛泽东北戴河吟诵图 版画 镜心	196cm×143cm	207,000	北京荣宝	2017-06-02
亨利·德·图卢兹-劳特累克 她们（一套共十二件）	纸张及图像 52.5cm×40.3cm×12	10,422,530	纽约佳士得	2017-11-13

拍品名称	物品尺寸	成交价RMB	拍卖公司	拍卖日期
侯俊明 2007、2006年作 堀之龙，翔之凤	375cm×250cm（2）	179,724	中诚国际	2017-06-11
加藤辽子 乌托邦 云眼之间（两件一组）	103cm×146.5cm 80cm×65cm	176,280	景薰楼	2017-06-18
贾绍昌 2016年作 故宫-槐	60cm×90cm	560,000	北京双宝通	2017-11-05
凯绥·珂勒惠支 暴动	28cm×30cm	172,500	北京匡时	2017-12-04
凯绥·珂勒惠支 自画像	21cm×26cm	207,000	北京荣宝	2017-12-02
凯绥·珂勒惠支（Kaethe Kollwitz）1921-1922年作 母亲系列之六《穷人的悲剧》	24cm×33cm	207,000	北京翰海	2017-12-16
珂勒惠支 母亲	27.5cm×21.5cm	333,500	北京匡时	2017-06-03
赖少其 师松龄 陶天月 林之耀 1974年 煤海颂	71cm×164cm	184,000	华艺国际	2017-11-25
赖少其 师松龄 陶天月 林之耀 1976年作 淮北人民学大寨 镜片	172cm×91cm	460,000	广东崇正	2017-06-14
勒迈耶 沙努尔海滩上的两女子	22cm×26.5cm	166,000	香港蘇富比	2017-10-01
黎谱 1930年作 漆盒（越南景色）	24cm×46cm×8cm	726,250	香港蘇富比	2017-10-01
奈良美智 2002及2005年作 无题 镜框	76cm×57cm；49cm×39cm	501,188	香港蘇富比	2017-04-03
奈良美智 2003年作 Guitar Girl 镜框	65cm×50cm	189,338	香港蘇富比	2017-04-03
奈良美智 2003年作 星之岛	30cm×30cm	151,140	羅芙奧	2017-06-04
奈良美智 2013年作 JUST A LITTLE BIT	41.9cm×29cm	228,250	香港蘇富比	2017-10-01
奈良美智 2013年作 手中的豆芽	76.2cm×34.3cm	424,175	香港蘇富比	2017-01-19
奈良美智 2014年作 BALANCE GIRL	78.5cm×52cm	466,875	香港蘇富比	2017-10-01
奈良美智 2014年作 HOPE SO	41.5cm×29cm	177,400	佳士得	2017-05-28
奈良美智 2014年作 Tell Me	37.1cm×26cm	189,338	佳士得	2017-03-23
奈良美智 2015年作 Bow Wow Wow	42cm×29.5cm	446,775	佳士得	2017-11-26
奈良美智 2015年作 Dream Time	41.5cm×29cm	425,500	佳士得	2017-11-26
阮嘉治 两个女士	37cm×45cm	421,325	佳士得	2017-05-28
阮嘉智 风景	各：97.5cm×33cm×6；整体：97.5cm×198cm	2,473,400	香港蘇富比	2017-09-30
阮嘉智 约1940年作 外省村庄	各：93.5cm×33.5cm×6；整体：93.5cm×201cm	4,266,200	香港蘇富比	2017-10-01
阮生 1984年作 猫	40cm×60cm	210,663	佳士得	2017-05-28
阮忠 1995年作 女士和柚子	119.5cm×79.5cm	199,575	佳士得	2017-05-28
山口长男 1982年作 涯	91.7cm×91.7cm	570,625	香港蘇富比	2017-10-01
山口长男 一九八二年作 点 画框	20.4cm×45.4cm	334,125	香港蘇富比	2017-04-03
山口长男 一九八〇年作 望 画框	60cm×91.5cm	723,938	香港蘇富比	2017-04-03
山口长男 一九六八年作 画（横）画框	45.5cm×90.9cm	668,250	香港蘇富比	2017-04-03
山口长男 一九六六年 趺坐 画框	70.8cm×117cm	2,116,125	香港蘇富比	2017-04-03
山口长男 一九六七年作 接 画框	51cm×126cm	1,002,375	香港蘇富比	2017-04-03
山口长男 一九六三年作 个 画框	33cm×24cm	501,188	香港蘇富比	2017-04-03
山口长男 一九六四年作 切 画框	22.8cm×28cm	356,400	香港蘇富比	2017-04-03
山口长男 一九六一年作 形态 画框	60.5cm×91cm	1,058,063	香港蘇富比	2017-04-03
山口长男 一九七八年作 垂 画框	23cm×45cm	389,813	香港蘇富比	2017-04-03
山口长男 一九七九年作 撒 画框	60.6cm×91.5cm	835,313	香港蘇富比	2017-04-03
山口长男 一九七七年作 影B画框	91cm×61cm	779,625	香港蘇富比	2017-04-03
山口长男 一九七一年作 黑线画框	26.6cm×20cm	423,225	香港蘇富比	2017-04-03
山口长男 一九五八年作 重复画框	24cm×33cm	891,000	香港蘇富比	2017-04-03
山口长男 一九五七年作 铁形 画框	21cm×45.7cm	423,225	香港蘇富比	2017-04-03
山口长男 约一九四八年作 作品 画框	22.7cm×32cm	445,500	香港蘇富比	2017-04-03
尚·米榭·巴斯基亚 1983年作 无题（李奥纳多）（一套五件）	87cm×76cm×5	357,200	香港蘇富比	2017-01-19

拍品名称	物品尺寸	成交价RMB	拍卖公司	拍卖日期
沈尧伊 1966年作 跟着毛主席在大风大浪中前进	74cm×133cm	172,500	北京华辰	2017-06-05
随巴布罗·毕加索 1963年作 艺术家	75cm×59cm；97.1cm×74.6cm	156,275	香港蘇富比	2017-01-19
吴冠中 2006年作 一九七四年·长江	19.5cm×603.1cm	218,500	上海明轩	2017-06-30
喜多川歌麿 大山雀和日本知更鸟 鸡和鸮	37.8cm×25.8cm；38cm×24.5cm	191,475	佳士得	2017-11-26
伊夫·克莱因 1959年作《无题金单色画（MG 47）》（无图）	21.5cm×17.3cm	7,822,520	伦敦蘇富比	2017-03-08
张晓刚《说书人的魔法》版画集（共二十件）	尺寸不一	1,265,000	华艺国际	2017-11-25
赵无极 1994年作 无题	53cm×41cm	414,000	华艺国际	2017-11-25
赵无极 二〇一一年作 无题	180cm×96cm；178cm×95cm	222,750	香港蘇富比	2017-04-03
中南半岛美术学院 风景	125cm×78cm	269,750	香港蘇富比	2017-10-01
水粉水彩				
阿老 欢迎中国人民志愿军	45.5cm×70.5cm	276,000	西泠拍卖	2017-07-16
艾德加·德加 约1893年作 拭脚的女子	54.8cm×62cm	14,142,083	纽约佳士得	2017-05-15
艾利·斯密特 1972年作 KECAK DANCE	56cm×43cm	166,313	佳士得	2017-05-28
安德鲁·怀斯 冬景	33cm×43cm	287,500	北京匡时	2017-12-04
昂利·马谛斯 1953年作 格栅	300cm×109.9cm	15,194,690	纽约佳士得	2017-11-13
奥迪隆·雷东 约1876年作 手持带翼头颅的人（伊卡洛斯的堕落）	48.2cm×44.8cm	6,445,730	纽约佳士得	2017-11-13
奥古斯特·罗丹 约1895至1897年作 莎乐美	17.4cm×11.2cm	744,625	佳士得	2017-11-26
巴布罗·毕加索 1906年夏至秋作 女人侧脸	21cm×13cm	5,037,270	伦敦佳士得	2017-06-27
巴布罗·毕加索 1906年作 水池中的马群	31.4cm×49.2cm	3,235,930	纽约蘇富比	2017-05-16
白发一雄 1990年作 茜云	45.6cm×32.8cm	167,063	佳士得	2017-03-23
保罗·高更 1889年作 水之女神(III) 布列塔尼女孩裸像	扇面 12cm×38cm；纸張22.8cm×41cm	4,396,306	纽约蘇富比	2017-05-16
保罗·克利 1918年作 突尼西亚沙龙（突尼斯大道的交通）	22.5cm×28.5cm	17,762,663	伦敦蘇富比	2017-06-21
保罗·克利 1938年作 法则	纸本尺寸 48.6cm×32.7cm；裱框尺寸 63cm×42.3cm	6,268,103	纽约佳士得	2017-05-15
保罗·希涅克 1920年7月21日作 给克劳德·莫内的信	20.4cm×33.2cm	478,688	佳士得	2017-11-26
保罗·希涅克 约1914年作 昂蒂布朱安雷宾城堡	41cm×29.2cm	1,382,875	佳士得	2017-11-26
保罗·希涅克 约1926年作 尼斯（市集日）	27.3cm×40.4cm	404,225	佳士得	2017-11-26
草间弥生 1953年作 古老的火焰	15.6cm×22.3cm	319,125	佳士得	2017-11-26
草间弥生 1953年作 无题 镜框	34.5cm×39.4cm	946,688	香港蘇富比	2017-04-03
草间弥生 1955年作 An Island（13）	31.8cm×29.2cm	840,000	佳士得（上海）	2017-09-24
草间弥生 1959年作 No. 10. F.B.	60cm×70.8cm	3,352,940	佳士得	2017-11-26
草间弥生 1979年作 靴	24.2cm×27.2cm	156,704	中国嘉德	2017-10-02
曾海文 1974-1975年作 无题	69.7cm×49.7cm；整体 69.7cm×99.4cm	421,325	佳士得	2017-05-28
查尔斯·瓦斯涅尔 水彩画《米科诺斯城远眺》	38cm×62cm	172,500	北京保利	2017-12-17
常玉 1920-1930年代作 蓝帽女士	44.5cm×27cm	744,625	佳士得	2017-11-26
常玉 1920-1930年作 戴黑框眼镜的女士	48cm×31cm	1,154,160	羅芙奧	2017-06-04

(成交价RMB：15万元以上)

拍品名称	物品尺寸	成交价RMB	拍卖公司	拍卖日期
常玉 1920–1930年作 蓝衣女士	43cm×28cm	1,209,120	羅芙奧	2017-06-04
常玉 1920–1930年作 携皮包的女仕	39cm×31cm	1,236,600	羅芙奧	2017-06-04
常玉 约1920–1930年代作 立姿裸女	44.5cm×20.3cm	1,978,020	佳士得	2017-03-23
陈永亮 2010年作 渴望、尘埃与等待（三联作）	71cm×80cm×2；70cm×21cm	172,500	中国嘉德	2017-12-19
冯法祀 农民送子弟上中学	年画 42.3cm×72.3cm；素描 53.5cm×76.3cm×2；11.7cm×18.7cm	552,000	北京匡时	2017-06-03
弗朗西斯·毕卡比亚 1914年作 于巴黎 活力	53.7cm×64.4cm	19,171,490	纽约佳士得	2017-11-13
古元 1975年作 滨海农忙	32.5cm×49cm	391,000	中国嘉德	2017-06-19
关良 1940年作 终南山	29cm×38cm	322,000	北京匡时	2017-06-03
关良 1942年作 峨眉·黑龙江栈道	36.5cm×27cm	184,000	北京诚轩	2017-06-19
郭仁植 1982年作 作品82-K 镜框	95.2cm×125.3cm	334,125	香港蘇富比	2017-04-03
郭伟 人物	250cm×113cm	230,000	上海敬华	2017-07-01
郭雪湖 1938年作 蕉农家居	48.5cm×55.5cm	203,400	景薰楼	2017-06-18
胡安·米罗 1940年4月13日作 女子与鸟	38cm×46cm	213,032,738	伦敦蘇富比	2017-06-21
吉诺·塞维里尼 约1914年作 舞者	102.6cm×72.7cm	9,627,170	纽约佳士得	2017-11-13
康拉德·费利克斯米勒 画家与妻子隆达及儿子蒂图斯的自画像	64.4cm×50.2cm	5,069,783	伦敦蘇富比	2017-06-21
克劳德·莫内 大海与白云	12cm×20.8cm	1,170,125	佳士得	2017-11-26
克劳德·莫内 伊波尔的夜晚	13.2cm×26cm	1,010,563	佳士得	2017-11-26
克劳德·莫内 约1863年作 牧场的牛	16.5cm×24.8cm	1,808,375	佳士得	2017-11-26
拉乌尔·杜飞 1952年作 大运河上的贡多拉	50.5cm×66cm	535,800	香港蘇富比	2017-01-19
雷尼·马格利特 1962年作 提升	32.625.9cm	9,198,870	伦敦佳士得	2017-06-27
黎谱 1940年代作 牧歌	42cm×29cm	1,702,000	佳士得	2017-11-26
黎谱 1940年代作 女士与茶杯	32cm×27cm	851,000	佳士得	2017-11-26
黎谱 1940年作 采莲	95.5cm×59cm	2,075,000	香港蘇富比	2017-10-01
黎谱 桃花与少女	70cm×43.5cm	207,500	香港蘇富比	2017-10-01
黎谱 约1937年作 小男孩	28cm×21cm	159,563	佳士得	2017-11-26
黎谱 约1938–1940年作 家庭	63cm×46cm	3,469,400	香港蘇富比	2017-09-30
黎谱 约1938年作 越南女士	28.5cm×23.5cm	616,975	佳士得	2017-11-26
黎谱 约1940年代作 淑女梳发	33cm×24.8cm	609,813	佳士得	2017-05-28
李超士 1955年作 窗前小景	28.3cm×37.8cm	352,584	保利香港	2017-10-02
李超士 1962年作 花瓣豹	54.5cm×35.5cm	509,288	保利香港	2017-10-02
李铁夫 1927年作 山寺秋景	37cm×57cm	276,000	华艺国际	2017-11-25
李元佳 1963年作 无题	40cm×40cm	175,000	香港蘇富比	2017-10-01
刘野 2000年作 无题（天使）	31.5cm×24cm	297,850	佳士得	2017-11-26
卢齐欧·封塔纳 1964～1965年作	55cm×46cm	9,439,463	伦敦蘇富比	2017-06-28
卢齐欧·封塔纳 1965年作 空间概念，等待	73cm×60.3cm	21,636,178	纽约蘇富比	2017-05-18
卢齐欧·封塔纳 1965年作《空间概念，等待》（无图）	整体：84.5cm×84.5cm；各边：60cm	5,446,712	伦敦蘇富比	2017-03-08
卢齐欧·封塔纳 1966–1968年作《空间概念，等待》（无图）	65cm×54cm	12,470,840	伦敦蘇富比	2017-03-08
卢是 1954年作 青草地	37cm×29.3cm	517,500	北京匡时	2017-12-04
鲁齐奥·芳塔纳 1964年作 空间概念，期望	55.2cm×46.5cm	12,528,150	伦敦佳士得	2017-06-27
马克·夏加尔 1910年作《艾菲尔铁塔》（无图）	34.4cm×25.4cm	7,822,520	伦敦蘇富比	2017-03-01
马克·夏加尔 1962年作 马戏团或马戏团内的两张蓝绿色脸孔	58.2cm×44.9cm	6,838,463	伦敦蘇富比	2017-06-21
马克·夏卡尔 1969年至1970年作 彩虹马戏团	91cm×60.5cm	10,422,530	纽约佳士得	2017-11-13
马克·夏卡尔 约1923年作 喝酒的人 或 苦艾酒 或 醉（习作）	46cm×57.5cm	9,169,043	纽约佳士得	2017-05-15
梅忠恕 1942年作 童话故事	42cm×29cm	691,438	佳士得	2017-11-26
梅忠恕 1943年作 美人	33.5cm×25cm	319,125	佳士得	2017-11-26
梅忠恕 1951年作 琵琶少女与学者	22cm×20cm	234,025	佳士得	2017-11-26
梅忠恕 1953年作 戴面纱的女子	27cm×22cm	245,025	佳士得	2017-03-23
梅忠恕 1954年作 穿淡紫色长裙的女子	26cm×11cm	289,575	佳士得	2017-03-23
梅忠恕 1954年作 母与子	24cm×18cm	311,850	佳士得	2017-03-23
梅忠恕 1954年作 母子	22cm×16cm	319,125	佳士得	2017-11-26
梅忠恕 1954年作 自信	18cm×24cm	289,575	佳士得	2017-03-23
梅忠恕 1956年作 执扇女子与鸟	19cm×10cm	180,838	佳士得	2017-11-26
梅忠恕 1960年作 黄围巾	45cm×32cm	372,313	佳士得	2017-11-26
梅忠恕 1967年作 树枝上的小鸟	原装框架 20cm×15cm	188,488	佳士得	2017-05-28
梅忠恕 1968年作 日式花园中的欧洲少女	37cm×57cm	319,125	佳士得	2017-11-26
梅忠恕 花园	原装框架 60cm×46cm	609,813	佳士得	2017-05-28
梅忠恕 交谈	24.5cm×30cm	207,500	香港蘇富比	2017-10-01
梅忠恕 梳头	27.5cm×22.5cm	155,625	香港蘇富比	2017-10-01
梅忠恕 五少女图	34.5cm×92cm	933,750	香港蘇富比	2017-10-01
梅忠恕 阳台	46cm×26.5cm	643,250	香港蘇富比	2017-10-01
梅忠恕 倚窗少女	44cm×29cm	415,000	香港蘇富比	2017-10-01
梅忠恕 约1950年代作 娇媚女子	20cm×15cm	200,475	佳士得	2017-03-23
梅忠恕 做梦女子	40.5cm×26.5cm	290,500	香港蘇富比	2017-10-01
奈良美智 1989–1993年作 无题	22cm×14.5cm	207,000	北京匡时	2017-06-03
欧仁·布丹 1858至1865年间作 天空（习作）	11.8cm×14.6cm	191,475	佳士得	2017-11-26
萨尔瓦多·达利 1972年作 Sans titre（Convalescence，illustration pour Pantagruel）	70cm×50cm	900,000	佳士得（上海）	2017-09-24
山口长男 约一九六〇年作 作品 镜框	101cm×68.8cm	189,338	香港蘇富比	2017-04-03
寺冈政美 1977年作 拉布雷亚沥青坑的灾难	55.9cm×194.3cm	776,125	佳士得	2017-05-28
特奥·凡·杜斯伯格 1917年7月中至9月作 烟囱的颜色设计	图像 71.3cm×27.5cm；背板 74.3cm×30.7cm	3,423,362	纽约佳士得	2017-11-13
藤田嗣治 1918年作 单纯与现实	33.5cm×42cm	904,188	佳士得	2017-11-26
藤田嗣治 1926年作 大宫女	26.5cm×42cm	437,500	香港蘇富比	2017-10-01
藤田嗣治 1931年作 男士肖像	27cm×19.7	375,000	香港蘇富比	2017-10-01
藤田嗣治 1933年作 青年肖像	51cm×41cm	632,500	中国嘉德	2017-12-19
藤田嗣治 1939年作 带白色帽子的女人	27.2cm×24.1cm	812,500	香港蘇富比	2017-10-01
瓦西里·康丁斯基 1925年12月作《清晰连结》	48.2cm×31.8cm	12,470,840	伦敦蘇富比	2017-03-01
王攀元 奔	53.5cm×78.5cm	180,838	佳士得	2017-11-26
王沂东 2017年作 红盖头—乡村游戏之二	56cm×74cm	375,000	香港蘇富比	2017-10-01
王肇民 1977年 荔枝	39cm×58cm	575,000	华艺国际	2017-11-25
王肇民 1978年 天安门	39.5cm×54cm	575,000	华艺国际	2017-11-25
王肇民 1981年 从化流溪河畔	45cm×64cm	575,000	华艺国际	2017-11-25
王肇民 1987年 菠萝蜜	50cm×44cm	575,000	华艺国际	2017-11-25
王肇民 1987年作 苹果	39cm×54.5cm	517,500	中国嘉德	2017-06-19
王肇民 1991年 蓝色调女人体	78cm×54cm	690,000	华艺国际	2017-11-25
韦恩·蒂埃博 1967年作 三条领带	45.7cm×37.5cm	4,523,700	佳士得	2017-05-27
文森·梵谷 1882年9月作于海牙 坐在长凳上的人，位于海牙伯泽伊登霍特	27.3cm×38.1cm	6,053,986	纽约蘇富比	2017-05-16

拍品名称	物品尺寸	成交价RMB	拍卖公司	拍卖日期
吴冠中 1950年作 巴黎郊外乡村	21cm×27cm	1,170,125	佳士得	2017-11-25
吴冠中 1972年作 贵阳花溪	38cm×26cm	1,062,500	香港蘇富比	2017-10-01
吴冠中 1975年作 桂林山石	39.3cm×35.5cm	2,938,200	保利香港	2017-10-02
吴冠中 1977年作 村庄	14.5cm×22cm	460,000	华艺国际	2017-05-27
吴冠中 1988年作 白桦林居	70cm×69.5cm	4,600,000	北京匡时	2017-06-03
吴少云 1963年作 黛玉抚琴	71.5cm×49cm	218,500	西泠拍卖	2017-07-16
武高谈 约1939年作 越南少女	40cm×30cm	340,400	佳士得	2017-11-26
席德进 1958年作 庙宇	39.8cm×56.4cm	297,850	佳士得	2017-11-26
席德进 1979年作 淡江泛舟	57cm×76.5cm	243,925	佳士得	2017-05-28
席德进 1979年作 海棠花 法国画纸Aquarelle Arches	57cm×76cm	207,373	中诚国际	2017-06-11
席德进 1980年作 日月潭风光	57cm×76.5cm	498,938	佳士得	2017-05-28
席德进 1980年作 山下农家	57cm×76.5cm	276,575	佳士得	2017-11-26
席德进 1980年作 云舞山野间 法国画纸Aquarelle Arches	56.5cm×77.5cm	470,046	中诚国际	2017-06-11
徐悲鸿 1920年作 蒋碧薇肖像	29cm×22.5cm	1,058,000	西泠拍卖	2017-07-16
徐悲鸿 1920年作 老妇肖像	29cm×22.5cm	552,000	西泠拍卖	2017-07-16
徐悲鸿 1920年作 女子肖像	29cm×22.5cm	805,000	西泠拍卖	2017-07-16
徐悲鸿 1920年作 杨仲子侧面肖像	29cm×22.5cm	575,000	西泠拍卖	2017-07-16
徐悲鸿 1920年作 杨仲子肖像	29cm×22.5cm	793,500	西泠拍卖	2017-07-16
约1800年水彩花鸟画（四幅一组）	43.1cm×28.4cm×4	297,850	佳士得	2017-11-29
约1800年水彩花鸟画（四幅一组）	43.1cm×28.4cm×4	276,575	佳士得	2017-11-29
约1800年水彩花鸟画（四幅一组）	43.1cm×28.4cm×4	276,575	佳士得	2017-11-29
张光宇 1954年作 风景之十八	27cm×39cm	172,500	北京匡时	2017-12-04
张光宇 1955年作 风景之六	27cm×39cm	195,500	北京匡时	2017-12-04
赵无极《无题》水彩画作及信札	20cm×27.5cm；17cm×27cm	345,000	中国嘉德	2017-06-20
赵无极 1949年作 无题	36cm×45cm	1,764,180	佳士得	2017-03-23
赵无极 1949年作 无题	25.5cm×24.3cm	1,170,125	佳士得	2017-11-26
赵无极 1954年作 红色风景	22cm×27cm	1,420,130	中国嘉德	2017-10-02
赵无极 1954年作 无题	8.5cm×11cm	691,438	佳士得	2017-11-26
赵无极 1957年作 无题	33cm×41.2cm	1,170,125	佳士得	2017-11-26
赵无极 1960年作 无题	24.5cm×16.5cm	554,375	佳士得	2017-05-28
赵无极 1961年作 无题	54.5cm×74.2cm	720,000	佳士得（上海）	2017-09-24
赵无极 1963年作 无题	50cm×65cm	2,000,000	香港蘇富比	2017-10-01
赵无极 1964年作 无题	75.7cm×56.5cm	1,702,000	佳士得	2017-11-25
赵无极 1964年作 无题	40.6cm×32.7cm	443,500	佳士得	2017-05-28
赵无极 1967年作 无题	37.8cm×28.3cm	554,375	佳士得	2017-05-28
赵无极 1967年作 无题	34.5cm×52cm	1,020,000	佳士得（上海）	2017-09-24
赵无极 1973年作 无题	25cm×32.7cm	534,600	佳士得	2017-03-23
赵无极 2008年作 无题	71cm×99.5cm	1,680,000	佳士得（上海）	2017-09-24
赵无极 一九五九年作 湛蓝	36.7cm×54.2cm	868,725	香港蘇富比	2017-04-03
赵无极 一九五四年作 无题1954	2.5cm×33cm	423,225	香港蘇富比	2017-04-03
钟泗宾 1965年作 午休	69cm×45cm	155,225	佳士得	2017-05-28
钟泗滨 抽象风景	86.5cm×35cm	222,750	香港蘇富比	2017-04-03
朱德群 1961年作 构图 第80号	36.6cm×54.8cm	372,313	佳士得	2017-11-26
朱德群 1963年作 No · 162	37cm×52.5cm	630,828	保利香港	2017-04-03
朱德群 1965年作 第232号	60cm×47cm	723,938	佳士得	2017-03-23
朱德群 1970年作 无题	49.5cm×64.5cm	354,800	佳士得	2017-05-28
朱德群 1985年作 无题 32	50cm×32.5cm	788,535	保利香港	2017-04-03
油 画				
《爱是愚昧》	55.2cm×46cm	1,732,250	纽约蘇富比	2017-01-25
《保罗归主》	45cm×55.5cm	1,559,025	纽约蘇富比	2017-01-25
《传福音者圣约翰》	整体尺寸：21.6cm×26.8cm；画面：20.2cm×25cm	1,559,025	纽约蘇富比	2017-01-25

拍品名称	物品尺寸	成交价RMB	拍卖公司	拍卖日期
《但以理向尼布甲尼撒解梦》	153cm×196cm	2,747,349	纽约蘇富比	2017-01-25
《地中海海港的黄昏景观，聚集于港口的渔民与雅士及一艘驶近岸边的船》	90cm×137.8cm	3,578,829	纽约蘇富比	2017-01-25
《杜巴利伯爵夫人绘画路易十五肖像，旁为象征美术之天使，女神密涅瓦在上方》	26.5cm×20cm	692,900	纽约蘇富比	2017-01-25
《静物：半铺帛桌面上的中国青花瓷钵及执壶、一个银碗、果实及其他物品》	63.8cm×52.3cm	1,212,575	纽约蘇富比	2017-01-25
《静物：一只猴子与壁架上的一篮果实，风景背景》	88.9cm×118.8cm	692,900	纽约蘇富比	2017-01-25
《勒托与吕基亚农民》	38.1cm×55.8cm	1,039,350	纽约蘇富比	2017-01-25
《林景与行人》	61.9cm×53.7cm	1,472,413	纽约蘇富比	2017-01-25
《男子头像四习作》	47.6cm×66.4cm	519,675	纽约蘇富比	2017-01-25
《女子肖像，画中圣加大肋纳应为画家姨妹乌尔苏拉·达·韦佐》	74cm×58.5cm	1,039,350	纽约蘇富比	2017-01-25
《奇想》（马德里：由拉斐尔·埃斯特韦为画家印制，1799年作）	29.5cm×19.5cm	6,322,713	纽约蘇富比	2017-01-25
《少女肖像》	76.2cm×63.5cm	692,900	纽约蘇富比	2017-01-25
《圣家，远见天使向牧羊人报喜》	75.5cm×59cm	1,385,800	纽约蘇富比	2017-01-25
《圣母圣婴登位，施洗者圣约翰及天使在旁》	直径：86.3cm	5,491,233	纽约蘇富比	2017-01-25
《圣母圣婴与施洗者圣约翰、安东尼·阿巴特及两名天使》	直径：90.5cm	2,747,349	纽约蘇富比	2017-01-25
《圣母圣婴与施洗者圣约翰》	直径：87cm	5,491,233	纽约蘇富比	2017-01-25
《圣维洛尼卡手持圣帕》	107.5cm×82cm	4,659,753	纽约蘇富比	2017-01-25
《圣哲罗姆》	190cm×149.5cm	3,412,533	纽约蘇富比	2017-01-25
《圣朱利安杀害睡眠中的双亲：圣加大肋纳殉道》	33.7cm×47cm	433,063	纽约蘇富比	2017-01-25
《托马斯·汉默肖像，仿安东尼·凡·德克》	103.5cm×83cm	952,738	纽约蘇富比	2017-01-25
《威尼斯，朝大运河之卡纳雷吉欧景观》	56.5cm×83.4cm	5,491,233	纽约蘇富比	2017-01-25
《威尼斯，圣马可景观与耶稣升天节典礼船》	112cm×132cm	2,996,793	纽约蘇富比	2017-01-25
《维纳斯与阿多尼斯》	72.7cm×130.2cm	3,412,533	纽约蘇富比	2017-01-25
《瞎子领瞎子》	111cm×150.5cm	952,738	纽约蘇富比	2017-01-25
《愚人船》	36.5cm×28cm	2,664,201	纽约蘇富比	2017-01-25
《在罗马遗迹旁钓鱼的女子与他人》；《女子从水盆打水，男子在旁凝视古典雕像》（一组两幅）	各：63cm×79cm	1,472,413	纽约蘇富比	2017-01-25
《在圣尼科洛的浴者》	142.2cm×180.3cm	5,075,493	纽约蘇富比	2017-01-25
3W 2011年作 大慈悲	147.5cm×117cm	345,000	中国嘉德	2017-06-19
Agus Triyanto BR 梦想创造未来	180cm×250cm	269,750	香港蘇富比	2017-10-01
KAWS 2001年作 黄色通道	122.5cm×173cm	3,170,600	香港蘇富比	2017-10-01
Mr.(岩本正胜) 2013年作 夜空中飞翔的怀旧童年	直径：150cm	660,000	羅芙奧	2017-12-03
Mr. 2008年作 超市	117cm×73cm	415,000	香港蘇富比	2017-10-01
MR. 2009年作 雨季已结束	130.3cm×88.4cm	638,250	佳士得	2017-11-26
MR. 2012年作 真我	291cm×727.2cm	3,134,080	保利香港	2017-10-02
U Ngwe Gaing 大象与木材货车	67cm×91cm	498,000	香港蘇富比	2017-10-01
U San Win 蒲甘	40cm×79cm	197,125	香港蘇富比	2017-10-01
阿尔伯特·尔莱恩	229.9cm×180cm	5,069,783	伦敦蘇富比	2017-06-28
阿尔费雷多·艾斯奇洛 2013年作 塑料乐园	each 1525cm×91.5cm×3; overall 152.5cm×274.5cm	191,475	佳士得	2017-11-26

拍品名称	物品尺寸	成交价RMB	拍卖公司	拍卖日期
阿尔弗雷德·西斯利 1880年作 圣马梅河岸	50.5cm×65.6cm	7,118,070	伦敦佳士得	2017-06-27
阿尔弗雷德·希斯里 1874年作《路维希安雪景》	54cm×65cm	63,344,120	伦敦蘇富比	2017-03-01
阿尔弗雷德·希斯里 1892年作 于莫雷镇鲁应河 莫雷桥下的鲁应河	73.6cm×92cm	23,708,278	纽约蘇富比	2017-05-16
阿凡迪《巴隆》	95.5cm×155.5cm	2,004,750	香港蘇富比	2017-04-02
阿凡迪《罗马竞技场》	99.5cm×130cm	2,869,020	香港蘇富比	2017-04-02
阿凡迪 1963年作 船之二	100.5cm×130.5cm	997,875	佳士得	2017-05-28
阿凡迪 1964年作 默拉皮景观	95cm×128cm	1,649,820	佳士得	2017-05-27
阿凡迪 1966年作 海上风暴	96cm×129cm	997,875	佳士得	2017-05-28
阿凡迪 1967年作 自画像	105cm×87cm	2,182,020	佳士得	2017-05-27
阿凡迪 1969年作 马车	90cm×142cm	2,127,500	佳士得	2017-11-25
阿凡迪 1977年作 斗鸡	110cm×136cm	904,188	佳士得	2017-11-26
阿凡迪 埃利奥海滩的渔船	99cm×107.5cm	891,000	香港蘇富比	2017-04-03
阿凡迪 斗鸡	101cm×129cm	726,250	香港蘇富比	2017-10-01
阿凡迪 风景	63cm×79cm	498,000	香港蘇富比	2017-10-01
阿凡迪 男子与公鸡	120cm×95cm	1,660,000	香港蘇富比	2017-09-30
阿凡迪 骑马人	89cm×138cm	779,625	香港蘇富比	2017-04-03
阿凡迪 野猪	102cm×141cm	891,000	香港蘇富比	2017-04-03
阿凡迪 自画像	65cm×48.5cm	946,688	香港蘇富比	2017-04-03
阿凡迪 自画像习作	55cm×48cm	570,625	香港蘇富比	2017-10-01
阿凡迪 棕榄树	112cm×134cm	498,000	香港蘇富比	2017-10-01
阿戈斯帝诺·波纳鲁米 1965年作 Rosso	104×98×27cm	1,080,000	佳士得（上海）	2017-09-24
阿老 1950年代作 全中国的儿童都热爱您	80cm×65cm	6,900,000	中国嘉德	2017-12-19
阿列克榭·冯·雅佛林斯基 1912至1913年作 公主（西班牙人）	53.4cm×49.5cm	27,648,630	伦敦佳士得	2017-06-27
阿列克榭·冯·雅佛林斯基 约1912年作 穿红色长袍的女人	70.6cm×51.1cm	22,352,930	纽约佳士得	2017-11-13
阿列克榭·冯·雅佛林斯基 约1916年作 灰色辫子的苍白女孩	63.5cm×49.5cm	12,484,403	纽约佳士得	2017-05-15
阿曼德·萨达利《抽象构图》	88cm×99cm	2,869,020	香港蘇富比	2017-04-02
阿美迪奥·莫迪里亚尼 1919年作 自画像	52cm×18.5cm	6,045,600	羅芙奥	2017-06-03
阿莫索罗 1931年作 景观	64cm×96.5cm	887,000	佳士得	2017-05-28
阿莫索罗 1932年作 种植水稻	53.5cm×81.5cm	887,000	佳士得	2017-05-28
阿莫索罗 1934年作 帕瓦伊教堂	33cm×49.5cm	446,775	佳士得	2017-11-26
阿莫索罗 1935年作 溪边灌瓶	46cm×33cm	425,500	佳士得	2017-11-26
阿莫索罗 1941年作 河边沐浴与煮食	31.5cm×42cm	372,313	佳士得	2017-11-26
阿莫索罗 1953年作 女孩与瓶罐	40.5cm×51cm	372,313	佳士得	2017-11-26
阿莫索罗 1955年作 收割水稻	39cm×51.5cm	421,325	佳士得	2017-05-28
阿莫索罗 1960年作 安蒂波洛市场	60.5cm×86cm	443,500	佳士得	2017-05-28
阿莫索罗 1960年作 溪流边沐浴	86cm×60cm	332,625	佳士得	2017-05-28
阿莫索罗 1961年作 溪边少女	86.5cm×60.5cm	531,875	佳士得	2017-11-26
阿莫索罗 碧瑶伊哥洛人	32cm×40.5cm	423,225	香港蘇富比	2017-04-03
阿莫索罗 大树下	51cm×66.5cm	518,750	香港蘇富比	2017-10-01
阿莫索罗 丰收	39.5cm×48cm	723,938	香港蘇富比	2017-04-03
阿莫索罗 海边景致	68cm×88cm	415,000	香港蘇富比	2017-10-01
阿莫索罗 芒果树下	60cm×74.5cm	612,563	香港蘇富比	2017-04-03
阿莫索罗 翩然起舞	63cm×88cm	705,500	香港蘇富比	2017-10-01
阿莫索罗 人像与公鸡	43.5cm×34.5cm	467,775	香港蘇富比	2017-04-03
阿莫索罗 栽种稻米	47.5cm×65cm	747,000	香港蘇富比	2017-10-01
阿瑞·史密特 峇里景致	42cm×83.5cm	435,750	香港蘇富比	2017-10-01
阿瑞·史密特 詹姆的沙努尔花园	42.5cm×55cm	249,000	香港蘇富比	2017-10-01
阿图罗. 卢兹 约1960年代作 骑车者和吹号者	82cm×118cm	1,914,750	佳士得	2017-11-26

拍品名称	物品尺寸	成交价RMB	拍卖公司	拍卖日期
阿孜古丽·吾甫尔 2016年作 秋骏思	200cm×200cm	575,000	北京保利	2017-12-16
埃德华·鲁沙 宇宙，塞尔玛，藤蔓	177.8cm×350.5cm	10,032,418	纽约蘇富比	2017-05-18
埃德加·德加 1860年作 斯巴达女孩挑衅男孩	65.6cm×81.6cm	42,046,363	纽约蘇富比	2017-05-16
埃米尔·奥东·弗里茨《翁弗勒尔港码头》油画	50cm×61cm	322,000	中国嘉德	2017-06-20
埃米尔·奥东·弗里茨 1920年前后 坐在椅子上的裸女	55cm×38cm	713,000	北京华辰	2017-06-05
埃米尔·贝尔纳 约1887年作 粉红沙发上的女子	31cm×39.9cm	2,572,858	纽约蘇富比	2017-05-16
埃米尔·诺尔德 1910年作 弗里斯兰房子III	65cm×83.3cm	7,846,350	伦敦佳士得	2017-06-27
埃米尔·诺尔德 1917年作 印度舞者	86.7cm×100.4cm	34,879,850	纽约佳士得	2017-11-13
艾迪·玛汀尼兹 2015年作 警告标志	102cm×76cm	167,063	佳士得	2017-03-23
艾可·努谷厚 人生是场骗局	200cm×150cm	176,375	香港蘇富比	2017-10-01
艾利·斯密特 1971年作 清晨寺庙	60cm×40cm	255,300	佳士得	2017-11-26
艾利·斯密特 1974年作 森林寺庙	50cm×40cm	159,563	佳士得	2017-11-26
艾利·斯密特 1979年作 水稻	117.5cm×79cm	904,188	佳士得	2017-11-26
艾利·斯密特 1996年作 水淹稻田	70cm×90cm	212,750	佳士得	2017-11-26
艾利·斯密特 1966年作 峇里岛巴勒加村	40cm×60cm	310,450	佳士得	2017-05-28
艾利·斯密特 1986年作 迷人花园	80.5cm×75.5cm	498,938	佳士得	2017-05-28
艾利·斯密特 约1960年代作 水稻	60cm×50cm	465,675	佳士得	2017-05-28
艾轩 1995年 风暴撼动窗格	130cm×130cm	4,140,000	中国嘉德	2017-12-19
艾轩 2003年作 白雪覆盖了午后	80.3cm×80cm	2,875,000	上海明轩	2017-06-30
艾轩 2006年作 冬雪覆盖着荒原	70cm×70cm	1,811,890	保利香港	2017-10-02
艾轩 2007年作 二月	56cm×56cm	1,035,000	北京华辰	2017-06-05
艾轩 2007年作 荒原父子	55.2cm×55.2cm	581,000	保利香港	2017-10-02
艾轩 藏女	62cm×62cm	2,645,000	上海敬华	2017-07-01
艾轩 二月	51cm×61cm	437,000	北京保利	2017-12-16
艾轩 一九八九年作 西藏少女	98cm×79cm	2,004,750	香港蘇富比	2017-04-03
艾中信 1946年作 滑冰	71.5cm×88cm	2,185,000	中国嘉德	2017-06-19
艾中信 1946年作 向日葵	70.5cm×57.5cm	1,380,000	中国嘉德	2017-12-19
艾珠·克里丝汀《黑色与小片白色》	170cm×200cm	3,189,780	香港蘇富比	2017-04-02
艾珠·克里丝汀 自由之路	180cm×200cm	3,668,600	香港蘇富比	2017-09-30
爱德华·维亚尔 1899年作 在维伦纽夫的米希亚和瓦洛东	70.2cm×51.1cm	117,647,000	纽约佳士得	2017-11-13
爱德华·维亚尔 约1890年作 紫丁香（图解概括的瓶花）	34.9cm×28cm	7,241,090	纽约佳士得	2017-11-13
爱德华·维亚尔 约1891至1892年作 拿手杖与戴帽子的自画像	36cm×28.3cm	34,879,850	纽约佳士得	2017-11-13
安德烈·布拉吉利 1983年作 中央公园	195cm×150cm	1,099,200	羅芙奥	2017-06-03
安德烈·布拉吉利 2012年作 Camargue	81cm×116.2cm	660,000	佳士得（上海）	2017-09-24
安德烈·洛德《端盘子的裸女》油画	27cm×22cm	345,000	中国嘉德	2017-06-20
安德烈·洛特-加龙省 1945年作 露台上的洛特-加龙省夫人	50.5cm×62.5cm	839,500	北京匡时	2017-12-04
安迪·沃荷《旧金山银纹袖蝶》（无图）	152.4cm×152.4cm	14,536,760	伦敦蘇富比	2017-03-08
安迪·沃荷 1973年作 毛主席	127cm×106.6cm	87,796,913	香港蘇富比	2017-04-02
安迪·沃荷 锤子与镰刀	182.2cm×218.8cm	38,161,175	纽约蘇富比	2017-05-18
安迪·沃霍尔 1983年作 Monkey（Toy Painting）	35.5cm×28cm	1,440,000	佳士得（上海）	2017-09-24

拍品名称	物品尺寸	成交价RMB	拍卖公司	拍卖日期
安迪斯·巴里奥昆图 追逐呐喊	213cm×152.5cm	435,750	香港蘇富比	2017-10-01
安东尼·凡·戴克爵士 雕刻师让·巴蒂斯·巴尔贝肖像	23.6cm×16.5cm	14,121,263	伦敦蘇富比	2017-07-05
安东尼奥·布兰柯 峇里舞者	44cm×56.5cm	415,000	香港蘇富比	2017-10-01
安格百迪 1935年作 越南仕女	198.5cm×153.5cm	1,330,500	佳士得	2017-05-27
安妮·卡比格丁 2017年作 海滩上的骑师：贝耶勒基金会的花园	122cm×132cm	1,170,125	佳士得	2017-11-26
安妮塔·马赛赛·何 1967年作 颂歌	34cm×27cm	831,563	佳士得	2017-05-28
安妮塔·马赛赛·何 1979年作 妇女喂鸡	80.5cm×150cm	7,437,740	佳士得	2017-11-25
安妮塔·马赛赛·何 女子与果篮	77cm×102cm	10,043,000	香港蘇富比	2017-09-30
安特卫普画派，1526至1550年 圣加大肋纳全身立像，旁为长剑与礤轮 教堂前的圣白芭蕾全身立像，手持孔雀毛	各96.5cm×41cm	2,364,743	伦敦蘇富比	2017-07-05
昂利·马谛斯 1918年作 马赛国王的烟囱	32.8cm×41cm	2,644,350	伦敦佳士得	2017-06-27
昂利·马谛斯 1921年作于尼斯 尼斯的帆船赛	81cm×65.1cm	110,190,500	纽约佳士得	2017-11-13
昂利·马谛斯 1922年作 红色背景前的裸女	55.5cm×33.6cm	38,330,070	伦敦佳士得	2017-06-27
昂利·马谛斯 1928年作于尼斯 古罗马雕像与康乃馨	61cm×50.2cm	17,580,770	纽约佳士得	2017-11-13
昂利·马谛斯 1936年作 穿绿色绣花上衣的女子	16.1cm×22cm	20,762,210	纽约佳士得	2017-11-13
奥库. 苏恩赫 1949年作 峇里岛风景	61cm×76cm	297,850	佳士得	2017-11-26
奥斯卡·柯克西卡 1917年作《奥菲斯与尤丽黛》（无图）	70.5cm×50.8cm	28,481,720	伦敦蘇富比	2017-03-01
巴布罗·毕加索《静物与画作》（无图）	81.5cm×100.5cm	8,339,000	伦敦蘇富比	2017-03-01
巴布罗·毕加索《裸女坐像》（无图）	116cm×89cm	117,574,520	伦敦蘇富比	2017-03-01
巴布罗·毕加索《西红柿》（无图）	92cm×73cm	146,626,520	伦敦蘇富比	2017-03-01
巴布罗·毕加索 18663 棕榈别墅	89.1cm×115.9cm	33,388,550	纽约佳士得	2017-11-13
巴布罗·毕加索 1917至1920年作 坐在扶手椅上的女人	130.2cm×88.9cm	210,577,163	纽约佳士得	2017-05-15
巴布罗·毕加索 1932年5月17日作于布瓦杰鲁 憩息（玛丽—德雷莎）	27.3cm×46.3cm	76,636,250	纽约佳士得	2017-11-13
巴布罗·毕加索 1934年3月26日作 写信的女人（玛丽—德雷莎）	80.9cm×64.7cm	302,452,950	伦敦佳士得	2017-06-27
巴布罗·毕加索 1937年3月6日作 静物与水壶	50.2cm×65.1cm	7,846,350	伦敦佳士得	2017-06-27
巴布罗·毕加索 1937年6月19日作 蛋糕	16.8cm×22cm	3,164,550	伦敦佳士得	2017-06-27
巴布罗·毕加索 1937年作 人物（受西班牙内战启发而创作的女人像）	38.4cm×46cm	106,669,375	纽约佳士得	2017-11-13
巴布罗·毕加索 1939年作10月25日作 静坐的蓝袍女子	73cm×60cm	311,143,083	纽约佳士得	2017-05-15
巴布罗·毕加索 1939年作1月7日 女人头像（多拉·玛尔）	32.1cm×21.4cm	3,781,583	纽约佳士得	2017-05-15
巴布罗·毕加索 1943年5月28日作 戴帽子的女人半身像（多拉·玛尔）	73.3cm×59.9cm	39,353,750	纽约佳士得	2017-11-13

拍品名称	物品尺寸	成交价RMB	拍卖公司	拍卖日期
巴布罗·毕加索 1953年3月25日作《白色背景前坐扶手椅的女子》（无图）	100.5cm×81cm	104,016,920	伦敦蘇富比	2017-03-01
巴布罗·毕加索 1954年10月8日作 抱膝坐着的女子（杰奎琳）	146cm×114cm	244,407,500	纽约佳士得	2017-11-13
巴布罗·毕加索 1954年10月8日作 蹲坐女子像(无图)	146cm×113.5cm	63,800,363	伦敦蘇富比	2017-06-21
巴布罗·毕加索 1956年作4月19日作 坐在扶手椅上的女人	99.9cm×81cm	44,256,603	纽约佳士得	2017-05-15
巴布罗·毕加索 1962年6月13日作《女子头像》（无图）	42cm×27cm	9,888,440	伦敦蘇富比	2017-03-01
巴布罗·毕加索 1964年11月25日作 男人头像与坐着的裸女	38cm×46cm	9,667,050	伦敦佳士得	2017-06-27
巴布罗·毕加索 1967年3月20日至26日作《躺卧裸女与男子头像》（无图）	97cm×130cm	68,186,120	伦敦蘇富比	2017-03-01
巴布罗·毕加索 1968年1月13日作 女子半身像	73cm×60cm	13,080,863	伦敦蘇富比	2017-06-21
巴布罗·毕加索 1969年10月16日作 男子头像	116cm×89cm	75,458,975	纽约蘇富比	2017-05-16
巴布罗·毕加索 1969年3月25日作《男子头像》（无图）	96.5cm×50cm	10,404,920	伦敦蘇富比	2017-03-01
巴尔蒂斯 1959-60年作 少女与玫瑰	91.5cm×73cm	6,318,263	伦敦蘇富比	2017-06-21
巴托洛梅·埃斯特万·牟利罗 耶稣荆冠像	63.7cm×53.3cm	23,809,988	伦敦蘇富比	2017-07-05
白冰洋 2015年5月 派对	190cm×200cm	172,500	中国嘉德	2017-12-19
白发一雄 1960年代作 无题	52cm×45cm	1,595,625	佳士得	2017-11-26
白发一雄 1962年作 无题	45.5cm×52.8cm	1,108,750	佳士得	2017-05-28
白发一雄 1967年作 Wiper 8A 镜框	53cm×65.2cm	1,782,000	香港蘇富比	2017-04-03
白发一雄 1971年作 种子 不动明王 镜框	60.8cm×50cm	1,447,875	香港蘇富比	2017-04-03
白发一雄 1977年作 覩	44.5cm×33.5cm	554,375	佳士得	2017-05-28
白发一雄 1988年作 达陀 画框	112cm×162cm	4,900,500	香港蘇富比	2017-04-02
白发一雄 1988年作 妙乐 镜框	60.7cm×73cm	3,082,860	香港蘇富比	2017-04-02
白发一雄 1996年作 三昧 镜框	38cm×37.7cm	779,625	香港蘇富比	2017-04-03
柏佳甫 2016年作 小镇渔家静悄悄	96cm×108cm	230,000	大芬艺海	2017-05-14
班克斯 2002年作 做自己	25cm×20cm	837,188	香港蘇富比	2017-01-19
班克斯 2003年作 重装武器	30cm×30cm	725,563	香港蘇富比	2017-01-19
保罗·阿尔伯特·贝纳尔 1892年作 勒努瓦家人肖像	81.5cm×100.5cm	2,070,000	北京华辰	2017-12-16
保罗·阿尔伯特·贝纳尔 1900年前后 比亚里兹的夫人肖像	58cm×38cm	1,150,000	北京华辰	2017-06-05
保罗·高更 1888年作 溪边的布列塔尼人与鹅	25.1cm×39.4cm	34,200,011	纽约佳士得	2017-05-15
保罗·高更 1896年作《王后一女子与芒果（II）》	26.2cm×32.7cm	72,059,720	伦敦蘇富比	2017-03-01
保罗·塞尚 1879冬至1880年作于默论 白色盘子上的梨	18.5cm×38.2cm	45,318,950	纽约佳士得	2017-11-13
保罗·塞尚 约1877年作 蓬图瓦兹的圣丹尼斯海岸	65.4cm×54.2cm	59,728,283	纽约佳士得	2017-05-15
保罗·希涅克 1918年作 昂蒂布港码头	60cm×72.9cm	27,237,755	纽约佳士得	2017-05-15
保罗·席涅克 1899-1900年作 贝尔托酒庄的松树	65cm×81cm	28,059,688	纽约蘇富比	2017-05-16
保罗·詹肯斯 1968年作 现象·弓箭·东	88cm×182cm	224,400	羅芙奧	2017-12-02
保罗·詹肯斯 1975年作 现象·瑞士探访	195.5cm×180.3cm	245,025	佳士得	2017-03-23
贝尔纳·卡多兰 1962年作 罂粟花	120.5cm×60.3cm	409,200	羅芙奧	2017-12-02

2017书画拍卖成交汇总

(成交价RMB：15万元以上)

拍品名称	物品尺寸	成交价RMB	拍卖公司	拍卖日期
贝尔纳·夏洛瓦 2009年作 地中海花园	73.5cm×92.5cm	198,000	羅芙奧	2017-12-02
贝尔纳多·贝洛拓 威尼斯圣马可广场，东望圣马尔谷圣殿宗主教座堂	61cm×92.7cm	21,859,238	伦敦蘇富比	2017-07-05
彼埃·奥古斯特·雷诺阿 1884年作 少女半身像（女人侧面像）	65.1cm×54.2cm	54,266,750	纽约佳士得	2017-11-13
彼埃·奥古斯特·雷诺阿 1891年作 阅读的女子	42.4cm×34.3cm	9,169,043	纽约佳士得	2017-05-15
彼埃·奥古斯特·雷诺阿 1894年作 梳理头发的少女（梳妆）	55.3cm×46.4cm	15,592,370	纽约佳士得	2017-11-13
彼埃·奥古斯特·雷诺阿 约1879年作 雉鸡	49.3cm×65cm	5,765,550	伦敦佳士得	2017-06-27
彼埃·奥古斯特·雷诺阿 约1906至1907年作 喝茶 或 花园	80.1cm×65.1cm	29,558,507	纽约佳士得	2017-05-15
彼得·保罗·鲁本斯爵士《马与骑师习作》	118cm×56cm	35,164,675	纽约蘇富比	2017-01-25
彼得·保罗·鲁本斯爵士 老妇习作	50.2cm×40.6cm	3,613,223	伦敦蘇富比	2017-07-05
彼得·克拉斯 静物：德国锥脚球形酒杯、翻倒的锡壶、锡盘里的橄榄和半去皮柠檬	41cm×61.5cm	8,295,023	伦敦蘇富比	2017-07-05
布兰奇·奥修德·莫内 吉维尼的白杨树	65.3cm×54.3cm	744,625	佳士得	2017-11-26
布兰奇·奥修德·莫内 莫内在吉维尼的故居	59.4cm×72.8cm	851,000	佳士得	2017-11-26
蔡杰 2013年作 花语	110cm×55cm	517,500	北京保利	2017-06-04
曹辉 2012年作 莫斯科郊外的夏日	65cm×92cm	230,000	西泠拍卖	2017-07-16
曹力 1991年 笛声	135cm×115.5cm	402,500	中国嘉德	2017-12-19
曹力 1995年 光与影	80cm×90.5cm	529,000	中国嘉德	2017-12-19
曹力 2001年作 城市喧嚣之一	114cm×99cm	1,092,500	西泠拍卖	2017-07-16
曹力 2004年 金色草地	40cm×50cm	207,000	中国嘉德	2017-12-19
曹力 2013年作 马到功成	90cm×140cm	575,000	华艺国际	2017-05-27
曹力 2015年作 生之舞	60cm×80cm	437,000	上海明轩	2017-06-30
曹力 龙马系列之五	90cm×140cm	575,000	华艺国际	2017-05-27
曹涌 2007年作 现代悲剧的图式之二	128cm×182.5cm	1,725,000	中国嘉德	2017-06-19
草间弥生《无限网（FCPR）》（无图）	162cm×130.5cm	7,047,800	伦敦蘇富比	2017-03-08
草间弥生 1960年作 黄色网2号 镜框	96.5cm×71cm	22,542,300	香港蘇富比	2017-04-02
草间弥生 1964年作 No·B 镜框	33.5cm×28.2cm	1,782,000	香港蘇富比	2017-04-03
草间弥生 1970年作 雪莉·麦克琳	119cm×99cm	24,827,375	香港蘇富比	2017-09-30
草间弥生 1972年作 无题	106.7cm×91.8cm	35,098,625	香港蘇富比	2017-09-30
草间弥生 1980年作 休日	51.3cm×65.2cm	2,274,200	香港蘇富比	2017-10-01
草间弥生 1981年作 帽子	15.8cm×22.7cm	933,750	香港蘇富比	2017-10-01
草间弥生 1981年作 柠檬茶拼贴	116.7cm×91cm	7,716,900	佳士得	2017-05-28
草间弥生 1984年作 西瓜	45.5cm×53cm	3,659,300	佳士得	2017-11-26
草间弥生 1988年作 赤波	65.2cm×53cm	2,672,600	香港蘇富比	2017-10-01
草间弥生 1988年作 初夏的花片	38cm×45.5cm	1,276,000	羅芙奧	2017-12-03
草间弥生 1988年作 威尼斯之浪	53cm×45cm	1,808,375	佳士得	2017-11-26
草间弥生 1989年作 灰皿	37cm×44.5cm	1,265,000	北京匡时	2017-06-03
草间弥生 1989年作 菊	45.6cm×38.2cm	2,473,400	香港蘇富比	2017-10-01
草间弥生 1989年作 鸟 镜框	38cm×45.5cm	2,762,100	香港蘇富比	2017-04-03
草间弥生 1989年作 野	38cm×45cm	2,833,380	佳士得	2017-03-23
草间弥生 1990年作 Stars	53cm×45.5cm	1,440,000	佳士得（上海）	2017-09-24
草间弥生 1990年作 点	15.8cm×22.7cm	504,000	佳士得（上海）	2017-09-24
草间弥生 1990年作 南瓜	53cm×45.5cm	3,427,900	中国嘉德	2017-10-02

拍品名称	物品尺寸	成交价RMB	拍卖公司	拍卖日期
草间弥生 1990年作 南瓜	22.9cm×16cm	1,452,500	香港蘇富比	2017-10-01
草间弥生 1990年作 南瓜	16cm×23cm	783,520	中国嘉德	2017-10-02
草间弥生 1990年作 南瓜H·Q 镜框	72.6cm×60.8cm	7,038,900	香港蘇富比	2017-04-03
草间弥生 1990年作 水玉	71cm×60.8cm	2,772,200	香港蘇富比	2017-10-01
草间弥生 1990年作 新绿	22.7cm×15.8cm	633,600	羅芙奧	2017-12-03
草间弥生 1990年作 圆点	45.5cm×38cm	1,053,313	佳士得	2017-05-28
草间弥生 1991年作 南瓜	22.7cm×15.8cm	1,099,200	羅芙奧	2017-06-04
草间弥生 1991年作 银河	117cm×91cm	2,535,980	佳士得	2017-11-26
草间弥生 1992年作 南瓜 画框	45.5cm×53cm	4,579,740	香港蘇富比	2017-04-03
草间弥生 1995年作 黄南瓜4F	24cm×33cm	2,093,000	上海明轩	2017-06-30
草间弥生 1996年作 草间在花园	61cm×73cm	2,740,220	佳士得	2017-11-26
草间弥生 1998年作 南瓜	73cm×91cm	10,043,000	香港蘇富比	2017-09-30
草间弥生 1999年作 无限之网	45.5cm×53cm	1,550,340	佳士得	2017-03-23
草间弥生 2001年作 南瓜	53cm×45.5cm	6,212,300	佳士得	2017-11-26
草间弥生 2001年作 南瓜	22cm×27.3cm	2,373,800	香港蘇富比	2017-10-01
草间弥生 2001年作 无限网	130.1cm×162cm	7,553,000	香港蘇富比	2017-09-30
草间弥生 2003年作 南瓜	each 27.2cm×22.2cm×3	6,008,060	佳士得	2017-11-26
草间弥生 2003年作 无限星星（BC16）画框	116.7cm×91cm	4,365,900	香港蘇富比	2017-04-03
草间弥生 2004年作 Town HHH	22cm×27.5cm	723,938	佳士得	2017-03-23
草间弥生 2004年作 圆点的痴迷 - OWENG	38cm×45.5cm	2,535,980	佳士得	2017-11-26
草间弥生 2005年作 富士山（QPWE）	91cm×116.7cm	6,855,800	保利香港	2017-10-02
草间弥生 2005年作 绿南瓜 镜框	27.3cm×22cm	1,559,250	香港蘇富比	2017-04-03
草间弥生 2005年作 无限花片（AAAB）	91cm×116.7cm	3,668,600	香港蘇富比	2017-10-01
草间弥生 2005年作 无限水玉 QHYO	162cm×130cm	5,063,000	香港蘇富比	2017-09-30
草间弥生 2005年作 圆点的痴迷（TOWE）	91cm×116.7cm	5,162,340	佳士得	2017-05-28
草间弥生 2006年作 无限网（OBBXT）画框	100cm×100cm	5,221,260	香港蘇富比	2017-04-02
草间弥生 2007年作 无限之网（FUMW）	161.9cm×130.1cm	9,100,620	佳士得	2017-05-27
草间弥生 2007年作 圆点和圆点（QASTOL）	145.2cm×145.2cm	4,407,300	保利香港	2017-10-02
草间弥生 2008年 花	228cm×182cm	8,625,000	中国嘉德	2017-12-19
草间弥生 密西根湖	64.8cm×80cm	36,607,100	纽约蘇富比	2017-05-18
草间弥生 南瓜 镜框	33cm×32cm	240,732	宝港国际	2017-05-29
草间弥生 无题（蓝网）	51.8cm×41.9cm	14,954,820	佳士得	2017-05-27
草间弥生 约1960年作 无题	102cm×142.2cm	28,678,700	佳士得	2017-11-25
曾传兴 回味	115cm×108cm	713,000	际华春秋	2017-06-23
曾梵志 1992年作 叙述：画家与模特之二	117cm×83cm	4,025,000	北京保利	2017-06-04
曾梵志 1994年 面具系列第十六号	150cm×180cm	20,700,000	中国嘉德	2017-12-19
曾梵志 1996年作 面具系列 1996 No·6	199cm×179.3cm；199cm×358.6cm	93,572,820	保利香港	2017-04-03
曾梵志 1996年作 三年级一班系列第二十七号 油彩 画布	48cm×38cm	1,469,100	中国嘉德	2017-10-02
曾梵志 1996年作 三年级一班系列第二十五号 油彩 画布	48cm×38cm	1,469,100	中国嘉德	2017-10-02
曾梵志 1998年作 面具系列（蓝色）	59cm×49.5cm	3,778,620	佳士得	2017-05-28
曾梵志 2000年作 面具系列	199.6cm×69.2cm	13,800,000	北京保利	2017-12-16
曾梵志 2000年作 面具系列6号 画框	149.7cm×129.7cm	8,642,700	香港蘇富比	2017-04-02
曾梵志 2002年作 穿白风衣的肖像	120cm×60cm	2,742,320	保利香港	2017-10-02
曾梵志 2002年作 我．我们系列：无题	150cm×130cm	897,600	羅芙奧	2017-12-03

拍品名称	物品尺寸	成交价RMB	拍卖公司	拍卖日期
曾梵志 2004年作 无题	170cm×220cm	2,760,000	北京匡时	2017-12-04
曾梵志 2005年作 无题	150cm×150cm	3,867,800	香港蘇富比	2017-09-30
曾梵志 2005年作 长征	each 50cm×150cm; overall 50cm×300cm	1,914,750	佳士得	2017-11-26
曾梵志 2006年作 江山如此多娇之二	215cm×330cm	6,557,000	香港蘇富比	2017-09-30
曾梵志 2006年作 亚曼尼	80cm×80cm	1,108,800	羅芙奧	2017-12-03
曾梵志 2007年作 无题 07-10-8	215cm×330cm	9,775,000	保利华谊	2017-12-08
曾梵志 2010年作 鹿	220cm×180cm	10,513,800	保利香港	2017-04-03
曾浩 2004年 2004.12 日五点	150cm×130cm	172,500	中国嘉德	2017-12-19
曾华 微风·祥云·安乐村纪事	68cm×80cm	207,000	广东保利	2017-11-26
常陵 2008年作 五花肉系列—肉宗教—战神领土	105cm×140.5cm	151,140	羅芙奧	2017-06-04
常书鸿 李承仙 1993年作 敦煌春天	191.5cm×372cm	4,025,000	中国嘉德	2017-12-19
常玉 1930-1940年作 红底白菊	91cm×50cm	64,706,240	羅芙奧	2017-06-04
常玉 1930年代作 休闲之马	35.5cm×55cm	25,875,000	北京保利	2017-12-16
常玉 1930年作 白瓶花卉	115cm×88cm	66,046,020	佳士得	2017-05-27
常玉 1930年作 电线上的麻雀	50cm×80cm	17,935,140	佳士得	2017-05-27
常玉 1931年作 白瓶粉红菊	100cm×70.6cm	49,414,860	保利香港	2017-04-03
常玉 1931年作 粉瓶小野菊	81.2cm×45cm	43,166,975	佳士得	2017-11-25
常玉 1931年作 花豹		65,912,375	香港蘇富比	2017-09-30
常玉 1950年代作 盆中牡丹	92cm×75cm	6,072,000	羅芙奧	2017-12-03
常玉 1955年作 沙滩上的裸女	25.3cm×42.7cm	2,904,000	羅芙奧	2017-12-03
朝戈 1987年作 人体	68.5cm×52cm	575,000	西泠拍卖	2017-07-16
朝戈 2000年作 阴山的田野	50cm×180cm	897,000	北京保利	2017-06-04
车建全 2009年作 犹在镜中	100cm×75cm	184,000	华艺国际	2017-11-25
车建全 2009年作 犹在镜中	100cm×75cm	184,000	华艺国际	2017-05-27
陈承卫 2016年作 初吻	150cm×120cm	287,500	北京保利	2017-06-04
陈承卫 2016年作 大民国系列-玉生香	60cm×50cm	206,100	羅芙奧	2017-06-03
陈承卫 大民国-醉与茵	50cm×60cm	161,000	上海敬华	2017-07-01
陈澄波 1934年作 码头	35.5cm×49cm	540,500	西泠拍卖	2017-07-16
陈澄波 新竹迎曦门	25.5cm×38cm	705,120	景薰楼	2017-06-18
陈丹青 1985年 进城	86cm×65.5cm	7,935,000	中国嘉德	2017-12-19
陈丹青 2005年作 人体	60cm×51cm	1,092,500	际华春秋	2017-06-23
陈飞 2006年作 挤	110cm×90cm	289,575	佳士得	2017-03-23
陈飞 2008年 勤劳致富	200cm×180.5cm	1,897,500	中国嘉德	2017-12-19
陈福善 太平洋 镜框		228,250	香港蘇富比	2017-10-02
陈建锋 无题	50cm×120cm	2,185,000	浙江佳宝	2017-07-23
陈建伟 2011年作 你是如此特别，就像其他人一样	200cm×200cm	691,438	佳士得	2017-11-26
陈江洪 2009年作 嘉莲	150cm×150cm	224,400	羅芙奧	2017-12-03
陈均德 2001年作 春日	100cm×100cm	368,000	上海明轩	2017-06-30
陈钧德 1991年作 暖棚中的花房	80cm×100cm	253,000	朵云轩	2017-12-15
陈钧德 1992年作 鼓浪屿风景	69cm×78.5cm	218,500	中国嘉德	2017-06-19
陈钧德 1994年作 别墅	80cm×70cm	402,500	中国嘉德	2017-06-19
陈钧德 2000年 竹海书院	73cm×61cm	230,000	中国嘉德	2017-12-19
陈钧德 2000年作 青岛写生	50.5cm×60.5cm	161,000	中国嘉德	2017-06-19
陈钧德 2004年作 翠阳宅门	60.5cm×73cm	230,000	中国嘉德	2017-06-19
陈钧德 2005年作 洋房	70cm×80cm	345,000	中国嘉德	2017-06-19
陈钧德 2005年作 远眺上海音乐学院	80cm×116cm	1,207,500	上海东方	2017-12-10
陈钧德 2006年作 背影	30cm×40cm	172,500	上海东方	2017-12-10
陈钧德 2006年作 香港街景	70cm×80cm	667,000	上海东方	2017-12-10
陈可 2017年作 星孩	直径150cm	360,000	佳士得（上海）	2017-09-24
陈可之 2012年作 明月几时有	78cm×64cm	517,500	大芬艺海	2017-05-14
陈利 高原的阳光 镜心	104cm×76cm	391,760	保利香港	2017-10-03

拍品名称	物品尺寸	成交价RMB	拍卖公司	拍卖日期
陈亮浩 2014年作 木讷	140cm×160cm	172,500	北京保利	2017-12-16
陈秋草 1979年作 三峡石宝寨	94cm×71.5cm	322,000	北京匡时	2017-12-04
陈树中 2004年作 野草滩·田园初雪	128cm×98cm	264,500	北京华辰	2017-06-05
陈树中 2006年 野草滩物语之三十一	130cm×183cm	460,000	中国嘉德	2017-12-19
陈滔 爷孙俩	108cm×79cm	1,725,000	北京翰海	2017-12-16
陈文波 1996年作 TEST NO.4	157.4cm×170.1cm	230,000	北京荣宝	2017-12-02
陈文华 2004年作 马嵬坡	453cm×223cm	4,370,000	际华春秋	2017-06-23
陈文骥 1993年 牛仔裤·人民币	135cm×100cm	2,530,000	中国嘉德	2017-12-19
陈文骥 2009年作 满意	197.5cm×351.5cm	2,242,500	北京匡时	2017-12-04
陈文骥 2010年作 以为	120cm×120cm	402,500	北京保利	2017-12-16
陈文希 静物	49cm×61cm	423,225	香港蘇富比	2017-04-03
陈文希 约1949年作 新加坡河	87cm×104.5cm	2,021,125	佳士得	2017-11-25
陈晓杰 王子 启程	50cm×50cm	218,500	北京翰海	2017-09-10
陈衍宁 上海	74.5cm×100.5cm	221,750	佳士得	2017-05-28
陈逸飞 1983年作 周庄	86cm×106cm	2,875,000	上海敬华	2017-07-01
陈逸飞 1988年作 吹箫	107cm×76.5cm	7,015,000	中国嘉德	2017-06-19
陈逸飞 1989年作 法国号1	60cm×73cm	5,750,000	西泠拍卖	2017-07-16
陈逸飞 1993年 玉堂春暖	169.5cm×243.5cm	149,500,000	中国嘉德	2017-12-19
陈逸飞 2000年作 玄想	154cm×106cm	2,331,740	佳士得	2017-11-26
陈逸飞 姐妹花	165cm×115cm	3,680,000	上海明轩	2017-06-30
陈逸鸣 清丽仕女	120cm×90cm	322,000	朵云轩	2017-12-15
陈荫罴 1950-1960年代作 金黄麦穗	40cm×85cm	188,399	中国嘉德	2017-05-29
陈荫罴 1950-1960年作 青绿山水	122cm×76cm	769,440	羅芙奧	2017-06-04
陈荫罴 1950年代作 骨文集变	71cm×56cm	153,550	保利香港	2017-10-02
陈荫罴 1950年代作 书之间	172.5cm×163cm	1,577,070	保利香港	2017-04-03
陈荫罴 1970年代作 解迷	72cm×60cm	316,800	羅芙奧	2017-12-03
陈荫罴 1970年代作 桃花源	183cm×370cm	3,679,830	保利香港	2017-04-03
陈荫罴 抽象 画布	61cm×81.5cm	221,198	中诚国际	2017-06-11
陈荫罴 文字变奏系列	78cm×63cm	439,680	羅芙奧	2017-06-04
陈银辉 1988年作 韵律	80.5cm×100cm	177,400	佳士得	2017-05-28
陈银辉 1992年作 龙洞情怀	116.7cm×91cm	224,400	羅芙奧	2017-12-03
陈永森 1956年作 塔黄碧瑶台 框	114cm×88.5cm	771,720	台北艺流	2017-10-28
陈余 2008年 无题之七	170.5cm×140cm	184,000	中国嘉德	2017-12-19
晨晓 2015年作 海湾中的色彩3	100cm×240cm	517,500	北京保利	2017-06-04
程丛林 2004年作 二郎腿	200cm×50cm	345,000	中国嘉德	2017-06-19
仇德树 1988年作 裂谷之十二 镜框	113.3cm×182cm	289,575	香港蘇富比	2017-04-04
仇德树 2006至2008年作 裂变—青山白云	146cm×59cm	215,468	中国嘉德	2017-10-02
仇德树 裂变—晴日霞光	182.5cm×182.5cm	489,700	中国嘉德	2017-10-02
仇晓飞 2012年作 反复	300cm×400cm; 100cm×120cm; 30cm×20cm; 400cm×8cm; 12cm×12cm×12cm; 141cm×100cm×46cm	2,530,000	北京保利	2017-06-04
仇晓飞 2013年作 奥特莱斯的维纳斯	480cm×470cm	1,495,000	北京保利	2017-06-04
崔明永 1975年作 等式75-05	117cm×91cm	221,750	佳士得	2017-05-28
崔泉溪 2016年作 根系黄土	139cm×209cm	437,000	广东崇正	2017-06-15
崔小东 美丽世界	163cm×137cm	402,500	浙江佳宝	2017-07-23
崔小冬 2003年作 画室密语	130cm×160cm	690,000	华艺国际	2017-05-27
崔小冬 2004年作 初春时分	85.5cm×115.5cm	287,500	西泠拍卖	2017-07-16
村上隆 1997年作 MISS KO2	182.9（高）cm×63.5cm×82.6cm	20,403,900	香港蘇富比	2017-04-02
村上隆 2007年作 EYE LOVE SUPERFLAT	99.5cm×99.5cm	1,219,625	佳士得	2017-05-28
达芬奇 救世主	65.7cm×45.7 cm.	2,986,022,187	纽约佳士得	2017/11/15

(成交价RMB：15万元以上)

拍品名称	物品尺寸	成交价RMB	拍卖公司	拍卖日期
达米恩·赫斯特 2008年作 弥达斯与上帝	301.7cm×301.7cm	7,038,900	香港蘇富比	2017-04-02
达宛·都察尼 泰国兰纳农舍	81.5cm×124.5cm	851,000	佳士得	2017-11-25
大竹伸朗 1986年作 她的黑板	227.2cm×182cm	957,375	佳士得	2017-11-26
戴平均 2016年作 存在的惊奇	200cm×140cm	598,000	山东春秋	2017-05-28
戴平均 2016年作 豆蔻年华	180cm×180cm	575,000	山东春秋	2017-05-28
戴维·霍克尼《日间的海滨别墅》	60.9cm×91.4cm	14,536,760	伦敦蘇富比	2017-03-08
戴维·霍克尼 高更的椅子	121.9cm×91.4cm	26,505,613	纽约蘇富比	2017-05-18
戴维·霍克尼 建筑、潘兴广场、洛杉矶	147.3cm×147.3cm	54,478,963	纽约蘇富比	2017-05-18
戴泽 1960年作 芍药	53cm×40cm	212,750	北京翰海	2017-12-16
丹龙黄 1962年作 小船和渔村	61cm×86cm	498,938	佳士得	2017-05-28
丹尼尔·里希特 2011年作 OOA2	200.5cm×271cm	1,556,250	香港蘇富比	2017-10-01
嶋本昭三 1960年代早期作 无题	89.5cm×79.2cm	1,383,720	佳士得	2017-05-28
嶋本昭三 1964年作 爆发64-1 画框	239cm×179cm	18,265,500	香港蘇富比	2017-04-02
嶋本昭三 1965年作 幸运之星	40.9cm×31.5cm	1,660,000	香港蘇富比	2017-10-01
嶋本昭三 1993年作 无题 画框	162.4cm×247.6cm	668,250	香港蘇富比	2017-04-03
嶋本昭三 960年代初作 无题	80cm×72cm	1,756,260	佳士得	2017-05-28
德国画派，十五世纪末 圣约翰勋章骑士戴毛皮帽半身像	28cm×18.8cm	3,821,303	伦敦蘇富比	2017-07-05
丁方 1983年 浇灌及画稿一张	122cm×199cm；38cm×54cm	5,175,000	中国嘉德	2017-12-19
丁方 山系列	60cm×120cm	747,500	际华春秋	2017-06-23
丁绍光 母与女	106cm×104cm	920,000	际华春秋	2017-06-23
丁雄泉 1964年作 无题	71cm×96cm	221,750	佳士得	2017-05-28
丁雄泉 1970年作 雨后彩虹	73cm×101cm	199,575	佳士得	2017-05-28
丁雄泉 1973年作 小花	99cm×147.3cm	498,938	佳士得	2017-05-28
丁雄泉 1975年作 爱我，爱我	69.5cm×104cm	404,225	佳士得	2017-11-26
丁雄泉 1975年作 世界小姐	211cm×295cm	5,016,000	羅芙奧	2017-12-02
丁雄泉 1976年作 蝴蝶 蜜蜂 快来采我的蜂蜜	101cm×152.4cm	720,688	佳士得	2017-05-28
丁雄泉 1977年作 你正在做什么呢?	61cm×86cm	522,120	金仕发	2017-05-14
丁雄泉 1977年作 似曾相识	77cm×101cm	1,056,000	羅芙奧	2017-12-03
丁雄泉 1977年作 拥抱我	76cm×102cm	1,099,200	羅芙奧	2017-06-04
丁雄泉 1977年作 与我喝杯茶	91cm×102cm	1,161,600	羅芙奧	2017-12-03
丁雄泉 1978年作 鸟语	63cm×94cm；70cm×100cm	204,000	佳士得（上海）	2017-09-24
丁雄泉 1979年作 外头正下着雨	76.5cm×102.5cm	989,280	羅芙奧	2017-06-04
丁雄泉 1998年作 孔雀	126cm×200cm	713,000	保利华谊	2017-12-08
丁雄泉 1999年作 鹦鹉与女孩	40cm×60cm	316,800	羅芙奧	2017-12-03
丁雄泉 爱我爱我	71cm×100cm	352,560	景薰楼	2017-06-18
丁雄泉 花与鸟	96cm×176cm	415,000	香港蘇富比	2017-10-01
丁雄泉 静物	每幅：208cm×57cm；整体：208cm×228cm	1,113,750	香港蘇富比	2017-04-03
丁雄泉 蓝色女人	177cm×96cm	289,575	佳士得	2017-03-23
丁雄泉 美女与鹦鹉	58cm×88.5cm	176,292	中国嘉德	2017-10-02
丁雄泉 女子与水果	91.5cm×95cm	288,275	佳士得	2017-05-28
丁雄泉 七鹦鹉	90.5cm×181.5cm	302,280	羅芙奧	2017-06-03
丁雄泉 如鱼得水	127cm×247cm	389,813	香港蘇富比	2017-04-03
丁雄泉 三美图	184cm×123cm	437,500	香港蘇富比	2017-10-01
丁雄泉 三美图	178cm×96cm	488,160	景薰楼	2017-06-18
丁雄泉 三美图	179cm×97cm	367,983	保利香港	2017-04-03
丁雄泉 双美图	49.7cm×74.7cm	488,160	景薰楼	2017-06-18
丁雄泉 我吃红西瓜	40.7cm×51cm	230,520	景薰楼	2017-06-18
丁雄泉 鲜花美人	37.3cm×52cm	222,750	佳士得	2017-03-23
丁雄泉 炎夏	102cm×203.5cm	1,782,000	香港蘇富比	2017-04-03

拍品名称	物品尺寸	成交价RMB	拍卖公司	拍卖日期
丁雄泉 一九六〇年作 布鲁斯·拜伦肖像	183.5cm×193.5cm	1,447,875	香港蘇富比	2017-04-03
丁雄泉 一九七八年作 持扇仕女	69.7cm×99.5cm	311,850	香港蘇富比	2017-04-03
丁雄泉 约1970晚期作 三美图	180.5cm×97cm	313,408	中国嘉德	2017-10-02
丁雄泉 约1981-1982年作 执扇双美	89cm×97cm	211,200	羅芙奧	2017-12-02
丁雄泉 执扇双美	86.5cm×95cm	240,000	佳士得（上海）	2017-09-24
丁衍庸 1971年作 柿子与瓶花	40.9cm×31.6cm	2,740,220	佳士得	2017-11-25
丁衍庸 蓝色风景	90cm×61cm	5,405,000	中国嘉德	2017-12-19
丁衍庸 一九六三年作 裸女J	45.8cm×30.4cm	1,893,375	香港蘇富比	2017-04-03
丁乙 1995年作 十示95-18（双联作）	整张：160cm×280cm；每张：160cm×280cm	4,465,400	香港蘇富比	2017-09-30
丁乙 1997年 十示97-11	135cm×200cm	1,320,000	佳士得（上海）	2017-09-24
丁乙 2000年作 十示 2000-10	197cm×197cm	1,314,225	保利香港	2017-04-03
丁乙 2008年作 十示	90cm×121cm	946,242	保利香港	2017-04-03
丁乙 2011年作 十示2011-11	120cm×140cm	977,500	北京保利	2017-06-04
董春风 2016年作 醉林如梦	160cm×200cm	207,000	北京匡时	2017-06-03
董春风 2017年作 红裙	120cm×160cm	184,000	北京匡时	2017-12-04
董小蕙 2014年作 相聚．红茶花	130cm×97cm	274,232	中国嘉德	2017-10-02
独立游击队 2013年作 历史的重担	145cm×250cm	170,200	佳士得	2017-11-26
渡部满 2015年作 探访波希米亚人的奈绪子	162cm×162cm	354,800	佳士得	2017-05-28
段建伟 1991年作 指天	71cm×60cm	333,500	北京匡时	2017-12-04
段建宇 2000年作 嘿、哈啰、喂！之三	169cm×110cm	1,092,500	中国嘉德	2017-06-19
段建宇 2003年作 艺术鸡6号	179.5cm×139.5cm	830,000	香港蘇富比	2017-09-30
段建宇 2007年作 风景 No·11	120cm×120cm	276,000	北京保利	2017-06-04
段建宇 2007年作 猴子、腿、红色布帘	120cm×250cm	920,000	北京保利	2017-06-04
段建宇 2007年作 早上好11	110cm×170cm	862,500	北京匡时	2017-06-03
段建宇 2011年作 艺术女神刚刚醒来1	181cm×217cm	1,058,000	北京保利	2017-06-04
段建宇 2012年作 乡恋 No·3	120cm×250cm	1,495,000	北京保利	2017-06-04
段正渠 2005年作 金色黄河	100cm×180cm	805,000	北京保利	2017-06-04
段正渠 2006年作 黄河	60cm×80cm	172,500	上海敬华	2017-07-01
段正渠 2010年作 梳妆	160cm×130cm	1,265,000	北京保利	2017-12-16
恩斯特·路德维格·基尔希纳 1912年作 暴风雨中的帆船	90.2cm×120cm	30,332,091	纽约佳士得	2017-05-15
恩斯特·路德维格·基尔希纳 1913年作 斯达柏霍夫农场 III	81.6cm×90.5cm	31,897,250	纽约佳士得	2017-11-13
恩斯特·路德维希·基希纳 1910年作 森林之路	80.4cm×70.5cm	9,439,463	伦敦蘇富比	2017-06-21
恩斯特·路德维希·基希纳 1913年作《树下四裸体》	120.5cm×90cm	46,881,320	伦敦蘇富比	2017-03-01
方君璧 1935年作 隐者	102cm×92cm	1,380,000	中国嘉德	2017-12-19
方君璧 1942年作 北京香山碧云寺	100cm×81cm	2,127,500	北京保利	2017-12-16
方君璧 1952年作 塞维利亚	46cm×55cm	437,000	北京保利	2017-06-04
方君璧 1960年 女肖像	41cm×33cm	460,000	中国嘉德	2017-12-19
方君璧 梅映禅思	73cm×54cm	1,469,100	中国嘉德	2017-10-02
方力钧 1997年作 1997 No·7	150cm×110cm	2,760,000	北京保利	2017-06-04
方力钧 2004年作 2004.5.3	180cm×80cm	1,245,000	香港蘇富比	2017-10-01
方力钧 2014年作 2014春夏	140cm×180cm	1,380,000	保利华谊	2017-12-08
方仁洙 油画《天池》	120cm×60cm	239,250	东方典藏	2017-08-04
菲利普·加斯顿 雪茄	132.1cm×152.7cm	45,154,513	纽约蘇富比	2017-05-18
费德里克·亚吉拉·奥卡兹 杂耍艺人的梦	132cm×92.5cm	612,563	香港蘇富比	2017-04-03

拍品名称	物品尺寸	成交价RMB	拍卖公司	拍卖日期
费尔南·雷杰 1913年作 形式的对比	92.4cm×73.2cm	464,374,250	纽约佳士得	2017-11-13
费尔南·雷杰 1918年作 静物：机械构件	70.1cm×50.2cm	79,067,883	纽约佳士得	2017-05-15
费尔南·雷杰 1925年作 苹果	60.3cm×91.8cm	12,898,823	纽约佳士得	2017-05-15
费尔南·雷杰 1954年作 四个杂技演员	119.9cm×150.5cm	25,534,370	纽约佳士得	2017-11-13
费尔南·雷捷 1922年作 静物侧写	65cm×46cm	32,588,363	伦敦蘇富比	2017-06-21
费尔南·雷捷 1925年作 构图	54cm×64.7cm	15,834,298	纽约蘇富比	2017-05-16
费尔南·雷捷 1930年作 女子与钥匙	89cm×130cm	24,951,538	纽约蘇富比	2017-05-16
费尔南·雷捷 1935年作《绳索》(无图)	97cm×130cm	9,371,960	伦敦蘇富比	2017-03-01
费尔南·雷捷 1946年作《白星》(无图)	73cm×92cm	8,855,480	伦敦蘇富比	2017-03-01
费尔南德·柯罗蒙 1874年作 婢女	25cm×33cm	402,500	北京匡时	2017-12-04
费尔南德·柯罗蒙 1887年作 战场归来	51cm×33.5cm	345,000	北京匡时	2017-12-04
费南度·索培尔 SAETA 1956	93cm×152cm	4,565,000	香港蘇富比	2017-09-30
费南度·索培尔 胡加河XXVII	99cm×99cm	913,275	香港蘇富比	2017-04-03
费南度·索培尔 暂止的节奏	80cm×80cm	466,875	香港蘇富比	2017-10-01
费南度·索维尔 1957年作 赛塔48	61cm×92cm	3,659,300	佳士得	2017-11-25
冯斌 2010年作 2010黑白探戈之十六 镜框	70cm×85cm	288,275	佳士得	2017-05-29
冯法祀 1987年作 打伞的西双版纳姑娘	96.5cm×77.5cm	287,500	北京华辰	2017-12-16
冯法祀 1991年作 潭拓寺帝王树	160.8cm×120cm	460,000	北京翰海	2017-06-03
冯法祀 1996年作 护士的早晨	180cm×136.5cm	460,000	中国嘉德	2017-06-19
冯法祀 2002年作 阅江揽胜	160cm×120cm	402,500	北京翰海	2017-12-16
冯峰 2012-2013年作 鸭兔图	136cm×70cm×2	368,000	华艺国际	2017-05-27
冯良鸿 2016年作 黄 16-12-1	120cm×100cm	287,500	华艺国际	2017-05-27
俸正杰 2001年 中国十六号	150cm×150cm	218,500	中国嘉德	2017-12-19
俸正杰 2005年作 中国肖像系列	91cm×91cm	159,563	佳士得	2017-11-26
弗兰克·奥尔巴赫	79.7cm×59.1cm	8,607,143	伦敦蘇富比	2017-06-28
弗朗茨·盖尔驰《卢西亚诺II》(无图)	234cm×346cm	23,639,720	伦敦蘇富比	2017-03-08
弗朗契斯克·瓜尔迪 威尼斯圣马可广场，东望圣马尔谷圣殿宗主教座堂	39.2cm×52cm	2,468,783	伦敦蘇富比	2017-07-05
弗朗切斯科·索利梅纳 酒神巴克斯与阿里亚德妮	35.7cm×48.3cm	3,405,143	伦敦蘇富比	2017-07-05
弗朗索瓦·布雪 沙漠中的夏甲与以实玛利，天使在旁	39.8cm×52.3cm	2,052,623	伦敦蘇富比	2017-07-05
弗朗西斯·毕卡比亚 约1905年作《莫雷镇的鲁应河》(无图)	115cm×145.7cm	9,371,960	伦敦蘇富比	2017-03-01
弗朗西斯·毕卡比亚 约1929年作 赞西	92.7cm×73.3cm	6,268,103	纽约佳士得	2017-05-15
盖德·马罕杜拉·亚萨 2016-2017年作 Origen's Gambit	250cm×190cm	1,489,250	佳士得	2017-11-26
盖德·马罕杜拉·亚萨 你我之间的秘密#1&2	各：100cm×162.5cm×2；整体：200cm×325cm	404,625	香港蘇富比	2017-10-01
冈本太郎 1963年作 作品	130cm×97cm	1,108,750	佳士得	2017-05-28
高潮 1959-1979年作 走合作化道路	125cm×300cm	2,070,000	北京保利	2017-12-16
高崎元尚 1965年作 作品 1965	90cm×90cm	234,025	佳士得	2017-11-26
高野绫 2008年作 北京的鱼真美味	116.8cm×90.8cm	720,688	佳士得	2017-05-28
高野绫 2010年作 幸运海滩	100cm×100cm	189,248	保利香港	2017-04-03
高野绫 2013年作 千年螺旋的秘密：大冢	162cm×130cm	942,438	佳士得	2017-05-27
高瑀 遍地都是闪闪发光的金钱和智慧	83.5cm×111cm	207,000	北京匡时	2017-06-03
郜少华 2014年作 美术馆	120cm×160cm	575,000	中国嘉德	2017-06-19
格奥尔格·巴塞利兹《手持红旗》(无图)	161.9cm×130.8cm	64,312,520	伦敦蘇富比	2017-03-08
格奥尔格·巴塞利兹《一头巨犬》(无图)	162cm×130cm	14,536,760	伦敦蘇富比	2017-03-08
格哈德·里希特	112.4cm×102cm	33,563,738	伦敦蘇富比	2017-06-28
格哈德·里希特	85cm×90 cm	7,358,663	伦敦蘇富比	2017-06-28
格哈德·里希特《冰山》	100.5cm×151cm	152,436,920	伦敦蘇富比	2017-03-08
格哈德·里希特《抽象画》	91.5cm×67cm	34,292,120	伦敦蘇富比	2017-03-08
格哈德·里希特《女子侧面头像》	30.2cm×25cm	12,470,840	伦敦蘇富比	2017-03-08
格哈德·里希特《山》	200cm×160.5cm	35,260,520	伦敦蘇富比	2017-03-08
格哈德·里希特 抽象画	200cm×160cm	106,540,475	纽约蘇富比	2017-05-18
格哈德·里希特 抽象画(679-2)	120cm×100cm	40,701,125	香港蘇富比	2017-09-30
格哈德·里希特 山岭(5)	62.2cm×81.9cm	19,978,498	纽约蘇富比	2017-05-18
格哈德·里希特 无题(5·4·86)	124.5cm×97.5cm	15,005,458	纽约蘇富比	2017-05-18
葛鹏仁 1985年作 寒晨	125cm×115cm	402,500	北京华辰	2017-12-16
耿建翌 1998年作 Those in the Light	120cm×80cm	862,500	北京保利	2017-12-16
宫立龙 1994年 打台球	170cm×190cm	598,000	中国嘉德	2017-12-19
龚建英 2013年作 云淡风轻近午天	100cm×120cm	172,500	际华春秋	2017-06-23
古那弯 1955年作 山景	194cm×139cm	1,436,940	佳士得	2017-05-27
古那弯 1978年作 巴利岛妇女在沙滩上	75cm×75cm	498,938	佳士得	2017-05-28
古那弯 斗志昂扬	100cm×168cm	3,246,420	佳士得	2017-05-27
古那弯 峇里岛鱼贩	150cm×200cm	1,862,700	佳士得	2017-05-27
古那弯 寺庙巡游	128.5cm×45cm	1,276,500	佳士得	2017-11-26
古那弯 田园诗般景色中的女子	130cm×160cm	319,125	佳士得	2017-11-26
古那弯 约1960年代作 女士在沙滩上	89cm×131.5cm	1,219,625	佳士得	2017-05-28
古斯塔夫·克林姆 1896年作《绿叶前的女孩》	32.4cm×24cm	37,197,320	伦敦蘇富比	2017-03-01
古斯塔夫·克林姆 1897-98年作 扶手椅中的女子	52cm×52cm	51,370,813	纽约蘇富比	2017-05-16
古斯塔夫·克林姆 1907年作《花草农园》	110cm×110cm	412,936,520	伦敦蘇富比	2017-03-01
顾德新 1980年作 B41	66.5cm×66cm	322,000	北京保利	2017-06-04
顾德新 1981年作 B23	95cm×65cm	437,000	北京保利	2017-06-04
顾福生 1968年作 隐避	91cm×76cm	261,665	中国嘉德	2017-05-29
顾黎明 1991年作 汉·马王堆服饰NO·2	95cm×80cm	264,500	北京华辰	2017-06-05
顾黎明 2012年作 持锤门神	110cm×64cm	287,500	山东春秋	2017-05-28
顾致农 2016年作 祈	170cm×110cm	2,300,000	山东春秋	2017-05-28
顾致农 痕迹5	150cm×150cm	1,035,000	北京翰海	2017-06-03
关良 1950年代初作 小皮匠	35cm×25cm	2,645,000	中国嘉德	2017-06-19
关良 1959年作 造船厂	55cm×67.5cm	2,070,000	中国嘉德	2017-12-19
关良 20世纪30年代 上海乍浦路桥	38cm×44cm	460,000	北京华辰	2017-06-05
关良 风景	39.5cm×43cm	437,000	华艺国际	2017-11-25
关良 红玫瑰	55cm×38cm	1,380,000	北京保利	2017-12-16
关良 花卉与瓜果	50cm×50cm	3,036,140	中国嘉德	2017-10-02
关良 瓶花	40cm×30cm	460,000	北京荣宝	2017-06-02
关良 上海滩——黄浦码头	30cm×39cm	517,500	华艺国际	2017-11-25
关良 戏曲人物	40cm×50cm	920,000	北京荣宝	2017-06-02

2017书画拍卖成交汇总

(成交价RMB：15万元以上)

拍品名称	物品尺寸	成交价RMB	拍卖公司	拍卖日期
关则驹 1998年作 初夏	100cm×75cm	690,000	广东保利	2017-11-26
关紫兰 1930年代作 菊花	36cm×26cm	402,500	中国嘉德	2017-06-19
郭柏川 1962年作 静物	38.5cm×47.5cm	329,760	金仕发	2017-05-14
郭北平 母与子	100cm×80cm	977,500	际华春秋	2017-06-23
郭润文 1993年 夏困	120cm×120cm	690,000	中国嘉德	2017-12-19
郭润文 1993年作 画室	91.5cm×73cm	782,000	西泠拍卖	2017-07-16
郭润文 2000年作 画室中的女人体	91cm×72cm	460,000	华艺国际	2017-05-27
郭润文 2009年作 远方	60cm×50cm	172,500	华艺国际	2017-05-27
郭润文 2015年作 严群的肖像	80cm×50cm	862,500	北京华辰	2017-06-05
郭润文 2016年作 丁晨的肖像	80cm×50cm	1,035,000	北京华辰	2017-12-16
郭伟 1994年 正午之二	160.5cm×130cm	391,000	中国嘉德	2017-12-19
郭伟 2013年 传说的英雄	100cm×160cm	345,000	华艺国际	2017-11-25
郭伟 2013年作 故事待定	105cm×150cm	460,000	北京荣宝	2017-12-02
郭伟（油）2012年作 或叫圣母	150cm×120cm	402,500	北京保利	2017-12-16
韩洪伟 2012年作 草原的夏天	150cm×200cm	402,500	中国嘉德	2017-06-19
韩乐然 1945年作 毯市	200cm×150cm	287,500	西泠拍卖	2017-07-16
韩斯．耐尔 1977年作 市场风景	62.5cm×52.5cm	212,750	佳士得	2017-11-26
汉纳・霍克 1922年作 女子与克洛诺斯	86.5cm×66.7cm	9,406,950	伦敦佳士得	2017-06-27
汉斯・范・韦希林 乡村节庆中的欢乐农民	38.7cm×52.2cm	2,572,823	伦敦蘇富比	2017-07-05
郝量 2009年作 移用解剖学系列	尺寸不一	5,750,000	北京匡时	2017-06-03
何德威 2013年作 爱情的味道	150cm×100cm	172,500	际华春秋	2017-06-23
何多苓 1996年 窥听者	160cm×130cm	2,990,000	中国嘉德	2017-12-19
何孔德 1971年作 长征路上	60.5cm×91cm	172,500	北京荣宝	2017-06-02
何塞–马利亚・卡诺 2017年作 WS100一马云	212cm×151.5cm	2,869,020	香港蘇富比	2017-04-02
何绍教 1972年作 学耕	138cm×207cm	3,335,000	中国嘉德	2017-06-19
何绍教 新安江畔	86.5cm×120cm	761,600	浙江世贸	2017-07-16
荷西・荷雅 1957年作 无题	178.5cm×122cm	2,331,740	佳士得	2017-11-25
荷西・荷雅 1960年作 极乐世界	132cm×193cm	4,523,700	佳士得	2017-05-27
荷西・荷雅 红色沙漠	80cm×59.5cm	868,725	香港蘇富比	2017-04-03
荷西・荷雅 1982年作 绿色地带	134.5cm×91.5cm	554,375	佳士得	2017-05-28
贺丹 2017年 集体主义	230cm×450cm	977,500	华艺国际	2017-11-25
贺慕群 1968年作 玩具系列	130cm×97cm	977,500	中国嘉德	2017-12-19
贺慕群 1970–2003年作 面包系列之八	116cm×89cm	690,000	中国嘉德	2017-12-19
贺慕群 1989年作 桌上静物	146.5cm×114.5cm	460,000	中国嘉德	2017-06-19
贺慕群 2003年作 花木系列	100cm×73cm	437,000	中国嘉德	2017-06-19
赫利・多诺 2002年作 野马	150cm×200cm	243,925	佳士得	2017-05-28
赫南多・鲁伊斯・奥堪波 1974年作 致阿列里的歌	86cm×126cm	1,595,625	佳士得	2017-11-25
亨德拉・古拿温 俯瞰河流的两位女子	80cm×141.5cm	1,447,875	香港蘇富比	2017-04-03
亨德拉・古拿温 面具舞者	150cm×95cm	891,000	香港蘇富比	2017-04-03
亨德拉・古拿温 沐浴女子	146cm×73.5cm	830,000	香港蘇富比	2017-10-01
亨德拉・古拿温 韦塔尔沙的孙子 纪念印度尼西亚已逝足球明星贾米艾特・德尔哈	140cm×250cm	1,559,250	香港蘇富比	2017-04-03
亨德拉・古拿温 衣贩	89cm×133cm	1,971,250	香港蘇富比	2017-10-01
亨德拉・古拿温 鱼贩	143cm×292cm	4,465,400	香港蘇富比	2017-09-30
亨利・德・图卢兹–劳特累克 1900年作 小孩与狗：玛尔特夫人的儿子和帕梅拉・托萨特	127.6cm×71.1cm	8,340,203	纽约佳士得	2017-05-15
亨利・弗斯里，R・A・在利巴农洞相遇的波尔多爵士于翁与舍劳斯明，出自威兰（奥伯龙）	61cm×45cm	1,625,625	伦敦蘇富比	2017-07-05
亨利・劳伦斯 1915至1916年作 伯尔尼酒瓶	高24.2cm；宽23.6cm；深19.2cm	8,831,810	纽约佳士得	2017-11-13
恒旺 1994年作 忠融	136cm×108cm	299,000	北京翰海	2017-06-03
恒旺 2008年作 枫叶	107cm×96cm	345,000	北京翰海	2017-06-03
洪救国 静物九号	25.5cm×83.5cm	501,188	香港蘇富比	2017-04-03
洪救国 坐像	79.5cm×59.5cm	394,250	香港蘇富比	2017-10-01
洪凌 1989年作 山间野墅	225cm×128cm	470,997	中国嘉德	2017-05-29
洪凌 1992年作 山庄雪景	72.5cm×91cm	172,500	北京保利	2017-06-04
洪凌 1993年作 冬日・北方	75.5cm×103cm	184,000	中国嘉德	2017-06-19
洪凌 1998年作 祥云 画布	80cm×100cm	442,396	中诚国际	2017-06-11
洪凌 2001年作 浅塘幽舍 画布	80cm×100cm	304,147	中诚国际	2017-06-11
洪凌 2003年作 春雾	50cm×70cm	200,475	佳士得	2017-03-23
洪凌 2005年作 新安之春	85cm×200cm	575,000	华艺国际	2017-05-27
洪凌 2005年作 幽江	53cm×151cm	172,500	北京匡时	2017-12-04
洪凌 2006年作 黄山清雪	100cm×200cm	713,000	华艺国际	2017-05-27
洪凌 2006年作 雪静山空	150cm×160cm	1,056,000	羅芙奧	2017-12-03
洪凌 2012年作 秋声	105cm×120cm	897,600	羅芙奧	2017-12-03
洪凌 2013年作 香秋	60cm×120cm	471,500	中国嘉德	2017-06-19
洪凌 山里人家1986年作	90cm×90cm	388,063	佳士得	2017-05-28
洪瑞麟 淡水古厝	48cm×58cm	244,080	景薰楼	2017-06-18
鸿池朋子 2007年作 污点	160cm×300cm	315,414	保利香港	2017-04-03
胡安・德・阿雷利亚诺 两幅静物：石基座上水晶玻璃瓶内的玫瑰花、杂色郁金香、牡丹与花卉	各61.6cm×61.6cm	5,798,063	伦敦蘇富比	2017-07-05
胡安・德・巴尔德斯・莱亚尔 圣哲罗姆的争辩	226.5cm×252cm	1,083,750	伦敦蘇富比	2017-07-05
胡安・米罗 1933年4月4日作 绘画	129.8cm×161.9cm	154,929,500	纽约佳士得	2017-11-13
胡安・米罗 1946年作11月6日作 夜晚的女人和鸟	82.5cm×34cm	33,426,427	纽约佳士得	2017-05-15
胡安・米罗 1978年作 构图（德国路德维希港威廉・哈克博物馆瓷墙创作项目）	98.2cm×559.4cm	19,149,658	纽约蘇富比	2017-05-16
胡宏述 1981年作 沧 框	91cm×104cm	265,500	台北艺流	2017-04-15
胡建成 1993年作 折射	111cm×147cm	1,725,000	中国嘉德	2017-06-19
胡善余 1950年代作 柿子与壶	38cm×46cm	517,500	中国嘉德	2017-06-19
胡善余 1970年作 春吉	54cm×39cm	345,000	西泠拍卖	2017-07-16
胡善余 1976年作 采桔子	37.5cm×53.2cm	195,880	保利香港	2017-10-02
胡善余 1978年作 四川风景	45.5cm×60cm	322,000	北京荣宝	2017-06-02
胡善余 静物	37.9cm×45.4cm	195,880	保利香港	2017-10-02
胡善馀 1963年作 水果与花	50.5cm×65.5cm	1,380,000	中国嘉德	2017-12-19
胡善馀 风景	68.5cm×51.5cm	322,000	北京匡时	2017-12-04
胡善馀 水果静物	52.5cm×63cm	345,000	北京匡时	2017-12-04
华西里・康定斯基 1909年作 魏尔海姆—玛利亚广场	33cm×44.7cm	35,416,950	伦敦佳士得	2017-06-27
华西里・康定斯基 1911年作 即兴—马（即兴第20号习作）	71.1cm×99.1cm	84,092,750	纽约佳士得	2017-11-13
华西里・康定斯基 1925年作3月作 左方与上方	69.9cm×49.8cm	57,407,531	纽约佳士得	2017-05-15
黄海清 2011–2012年作 春夏秋冬	200cm×600cm	437,000	华艺国际	2017-05-27
黄建南 天泉	146cm×75cm	4,370,000	中联环球	2017-06-18
黄建南《脉》系列（12）	179cm×79cm	5,290,000	御宝嘉和	2017-06-18
黄建南 大地的情怀	70cm×70cm	1,840,000	御宝嘉和	2017-06-18
黄建南 地球密码	210cm×99cm	4,197,500	御宝嘉和	2017-06-18
黄建南 惊涛骇浪 镜心	46cm×50cm	575,000	荣宝斋（南京）	2017-09-10
黄建南 梦境	210cm×99cm	4,830,000	御宝嘉和	2017-06-18
黄建南 梦中森林	70cm×70cm	2,530,000	御宝嘉和	2017-06-18
黄觉寺 崖边生命	31cm×22cm	195,500	北京匡时	2017-06-03
黄礼攸 2017年作 寒风孤石图	160cm×150cm	402,500	北京保利	2017-12-16
黄铭昌 1993年作 一方心田	72cm×112cm	580,800	羅芙奧	2017-12-03
黄铭昌 1995年作 河西走廊（金色田园）	141cm×202cm	686,400	羅芙奧	2017-12-03

拍品名称	物品尺寸	成交价RMB	拍卖公司	拍卖日期
黄铭昌 2001年作 海岛之歌—海看系列	130cm×194cm	604,560	羅芙奥	2017-06-04
黄铭哲 1991年作 国王的面具	191cm×75.5cm	212,750	佳士得	2017-11-26
黄铭哲 2000年-2004年作 台北会飞的女人	240cm×100cm	177,400	佳士得	2017-05-28
黄铭哲 2007年作 面对北京	181cm×121cm	302,280	羅芙奥	2017-06-04
黄荣禧 一九八五年作 扮演	193cm×170cm	245,025	香港蘇富比	2017-04-03
黄锐 1991年作 红一号（两张一组）画框	130.5cm×130.5cm×2	389,813	香港蘇富比	2017-04-03
黄希舜 2001年作 女背	90cm×60cm	230,000	大芬艺海	2017-05-14
黄显之 1940年作 嘉陵江畔	24cm×33cm	230,000	北京匡时	2017-12-04
黄显之 1940年作 有玻璃果盆的静物	54cm×64cm	920,000	北京匡时	2017-12-04
黄显之 1963年作 修建水库	54cm×79cm	1,782,500	北京匡时	2017-12-04
黄养辉 1956年 齐白石像	66cm×51cm	920,000	中国嘉德	2017-12-19
黄引 2012年作 合唱团之一	80cm×100cm	241,500	北京匡时	2017-06-03
黄永玉 油画·水仙	51cm×52cm	7,659,000	香港皇室贵族	2017-10-29
黄用烨 1974年作 人间	79cm×63.5cm	243,925	佳士得	2017-05-28
黄用烨 1975年作 人间	130.5cm×96.5cm	498,938	佳士得	2017-05-28
黄用烨 1997年作 一天的故事	91cm×116cm	170,200	佳士得	2017-11-26
黄宇兴 1999年 香港	240.5cm×75cm	253,000	中国嘉德	2017-12-19
黄宇兴 1999年 坠海的伊卡洛斯（三联作）	244cm×366cm	575,000	中国嘉德	2017-12-19
黄宇兴 2000年作 红色的侵袭	240cm×130cm	253,000	中国嘉德	2017-06-19
黄宇兴 2005年作 一起快乐吧 画框	160cm×180cm	222,750	香港蘇富比	2017-04-03
黄宇兴 2008年作 Who am I?	150cm×160cm	161,000	北京保利	2017-12-16
黄宇兴 2012年作 陷阱	150cm×200cm	391,760	中国嘉德	2017-10-02
黄宇兴 2014年作 光之教堂	145cm×230cm；12cm×12cm	632,500	北京保利	2017-06-04
黄宇兴 2014年作 河流丨大的红色的漩涡	200cm×150cm	367,983	保利香港	2017-04-03
黄宇兴 2014年作 距离	大 152cm×189cm；中 45.5cm×60.5cm；小20cm×20cm	575,000	中国嘉德	2017-06-19
黄宇兴 2014年作 气泡	115cm×150cm	576,000	佳士得（上海）	2017-09-24
黄宇兴 2014年作 气泡	115cm×150cm	244,850	保利香港	2017-10-02
黄宇兴 2014年作 气泡不会消灭时间也不会流向未来（一组共两件）	175cm×275cm；30cm×60cm	1,053,313	佳士得	2017-05-27
黄宇兴 2014年作 漩涡中的气泡	175cm×275.5cm	920,000	北京保利	2017-12-16
黄宇兴 2015-2016年作 滋生之地	145cm×230cm	1,010,563	佳士得	2017-11-25
霍勒斯·安托·芳维尔 油画《洗衣妇人》	31cm×39cm	253,000	北京保利	2017-12-17
基思·凡·东根 戴项链的裸女或 阿尔及利亚人卡门	81cm×65.4cm	11,487,750	伦敦佳士得	2017-06-27
基思·凡·东根 煎饼磨坊	55cm×46cm	3,580,710	伦敦佳士得	2017-06-27
基思·凡·唐金 1920年作 艾丽西亚·阿兰诺娃肖像	65.1cm×54.2cm	5,059,378	纽约蘇富比	2017-05-16
吉格·克鲁斯 2011年作 无题	121.5cm×92cm	166,313	佳士得	2017-05-28
吉格·克鲁斯 SLIP%GAKJLGD	160cm×222cm	249,000	香港蘇富比	2017-10-01
吉原治良 约1950年代作 作品	64.1cm×48.6cm	189,338	香港蘇富比	2017-04-03
纪晓萍 羊	50cm×40cm	172,500	北京翰海	2017-01-08
季大纯 1992年作 说说白云	100cm×80cm	172,500	北京华辰	2017-06-05
季大纯 2004年作 大嘴	149cm×109cm	157,707	保利香港	2017-04-03
季大纯 2008年作 希希之火	30cm×25cm	172,500	中国嘉德	2017-06-19

拍品名称	物品尺寸	成交价RMB	拍卖公司	拍卖日期
季大纯 2011年作 医用风景	150cm×110cm	552,000	中国嘉德	2017-06-19
季大纯 2013年 神情备忘录	152cm×126.5cm	632,500	中国嘉德	2017-12-19
季大纯 招财猫	140cm×110cm	345,000	西泠拍卖	2017-07-16
加斯帕·凡·维塔尔－或称万维泰利 罗马，从奇克利尼葡萄园望向圣玛策林及圣伯多禄堂景观，可见拉特朗宫、拉特朗圣若望大殿、圣若望院和远处的克劳迪娅水道遗迹	75cm×132.8cm	3,717,263	伦敦蘇富比	2017-07-05
加斯帕·凡·维塔尔－或称万维泰利 罗马：塞维鲁凯旋门与农神庙 罗马：罗马竞技场与君士坦丁凯旋门	首幅：46.1cm×74cm；次幅：45.8cm×74.3cm	3,405,143	伦敦蘇富比	2017-07-05
加藤泉 2007年作 无题	each 145.5cm×145.5cm×3	638,250	佳士得	2017-11-26
加藤泉 2008年作 无题	145.8cm×97cm	266,100	佳士得	2017-05-28
贾蔼力 2007年作 无题	220cm×300cm	4,485,000	北京荣宝	2017-12-02
贾蔼力 2009年作 无题	20cm×30cm	228,250	香港蘇富比	2017-10-01
菅井汲 1952年作 女人与鸟	81cm×60cm	332,625	佳士得	2017-05-28
菅井汲 1956年作 KO-ONI	123.9cm×97.2cm	887,000	佳士得	2017-05-28
菅井汲 1974年作 节庆 A·P·	160cm×160cm	498,938	佳士得	2017-05-28
菅井汲 1987年作 春天	100cm×72.5cm	158,400	羅芙奥	2017-12-02
江衡 2016年作 花开花落No·11	86cm×135cm	368,000	广东崇正	2017-06-15
姜国芳 2001年 肖像系列之二十三	40cm×50.5cm	172,500	中国嘉德	2017-12-19
姜亨九 2017年作 达利	258.5cm×193.5cm	554,375	佳士得	2017-05-28
杰哈德·李希特 抽象画作（编号687-2）	125.4cm×100cm	29,288,740	佳士得	2017-05-27
今井俊满 1956年作 无题	89cm×130cm	332,625	佳士得	2017-05-28
今井俊满 1958年作 作品 画框	117cm×90.3cm	356,400	香港蘇富比	2017-04-03
今井俊满 1960年作 构图 画框	64.7cm×53.3cm	423,225	香港蘇富比	2017-04-02
今井俊满 1960年作 胜利之火	110cm×80cm	215,468	中国嘉德	2017-10-02
金·麦尔逊 2017年作 立体视觉	140cm×197cm	446,775	佳士得	2017-11-26
金昌烈 1973年作 水珠 画框	198.5cm×123.3cm	2,548,260	香港蘇富比	2017-04-02
金昌烈 1978年作 ENS No 42	150cm×150cm	3,139,980	佳士得	2017-05-27
金昌烈 2012年作 复与SP301408	80.5cm×117cm	245,575	香港蘇富比	2017-01-19
金根泰 2017年作 讨论 第29号	91cm×72.7cm	212,750	佳士得	2017-11-26
金焕基 1960年代作 太阳和云彩	91.4cm×61.2cm	1,649,820	佳士得	2017-05-28
金·麦尔逊 2000年作 我 VS 你	211.5cm×183cm	221,750	佳士得	2017-05-28
金泰浩 1995-1996年作 内在律95-29	163cm×132cm	478,688	佳士得	2017-11-26
金一德 2002年作 玉兰2	120cm×100cm	1,035,000	山东春秋	2017-05-28
金宗学 2001年作 冬日雪岳山	91cm×116.5cm	521,113	佳士得	2017-05-28
津高和一 1960年作 无题	95.3cm×157.5cm	228,250	香港蘇富比	2017-10-01
津高和一 1970年作 无题	97cm×145cm	311,250	香港蘇富比	2017-10-01
靳尚谊 1981年作 塔吉克老人	50cm×50cm	1,725,000	北京荣宝	2017-06-02
靳尚谊 1996年 祈祷	50cm×50cm	3,220,000	中国嘉德	2017-12-19
鹫见康夫 1963年作 作品 SY-49	155.8cm×125cm	372,172	保利香港	2017-10-02
居勒·杜普雷 油画《林中农夫》	22cm×32cm	207,000	北京保利	2017-12-17
卡米耶·毕沙罗《四季（冬春夏秋）》	各55cm×131cm	66,249,320	伦敦蘇富比	2017-03-01
卡密尔·毕沙罗 1878年作 蓬图瓦兹的小径	73cm×60.2cm	5,765,550	伦敦佳士得	2017-06-27
卡密尔·毕沙罗 1885年作 巴赞库尔草原	46cm×55cm	6,682,523	纽约佳士得	2017-05-15
卡密尔·毕沙罗 1892年作 伦敦皇家植物园的水池旁	46.3cm×55.2cm	31,101,890	纽约佳士得	2017-11-13
卡密尔·毕沙罗 1902年作 雪雾下的新桥	65.6cm×81.1cm	8,434,130	纽约佳士得	2017-11-13

拍品名称	物品尺寸	成交价RMB	拍卖公司	拍卖日期
卡密尔·毕沙罗 1902年作 早晨阳光下的亨利四世雕像（第二版）	73.6cm×92.3cm	24,088,163	纽约佳士得	2017-05-15
卡兹米尔·马列维奇 1915年作 至上主义构图与平面投射	53.3cm×53cm	146,169,388	纽约蘇富比	2017-05-16
凯绥·珂勒惠支 1921年作 农民战争系列之五《反抗》	50cm×58cm	552,000	北京荣宝	2017-06-02
康海涛 2007年 夜晚	102cm×161cm	402,500	中国嘉德	2017-12-19
柯比意（或译柯布西耶）1935年作 两名红衣女子	88.8cm×129.8cm	15,005,458	纽约蘇富比	2017-05-16
柯奈尔 1989年作 无题	100cm×100cm	396,000	羅芙奧	2017-12-02
克尔顿 1980年作 交通	71cm×122.5cm	1,436,940	佳士得	2017-05-27
克尔顿 1987年作 裸体	78cm×102cm	354,800	佳士得	2017-05-28
克尔顿 斗牛	103cm×156cm	361,675	佳士得	2017-11-26
克劳德·莫内 1875年作 夕阳下的小热讷维耶河畔	55cm×73.9cm	19,115,123	纽约佳士得	2017-05-15
克劳德·莫内 1879年作 通往弗特伊的道路（雪景）	61.1cm×81.1cm	79,067,883	纽约佳士得	2017-05-15
克劳德·莫内 1880年作 塞纳-马恩省河及香特梅尔山丘	54cm×80.2cm	15,649,350	伦敦佳士得	2017-06-27
克劳德·莫内 1880年作 维图伊	60cm×80cm	35,053,025	纽约蘇富比	2017-05-16
克劳德·莫内 1882年作 下陷的道路	60cm×73.5cm	49,011,510	伦敦佳士得	2017-06-27
克劳德·莫内 1884年作 小达勒的悬崖	59.6cm×73cm	30,721,100	佳士得	2017-11-26
克劳德·莫内 1885年作 吉维尼的春天下午	60.4cm×81.4cm	28,784,923	纽约佳士得	2017-05-15
克劳德·莫内 1887年作 吉维尼的三棵树（白杨树）	73.1cm×92.4cm	26,636,300	佳士得	2017-11-26
克劳德·莫内 1897年作 塞纳-马恩省河的早晨	89.3cm×92.3cm	154,929,500	纽约佳士得	2017-11-13
克劳德·莫内 1897年作 小艾莉的海角	73.5cm×92.7cm	46,810,250	纽约佳士得	2017-11-13
克劳德·莫内 1908年作 威尼斯安康运河	81.3cm×64.9cm	54,266,750	纽约佳士得	2017-11-13
克劳德·莫内 1918至1919年作 垂柳	130.5cm×110.2cm	77,171,670	伦敦佳士得	2017-06-27
克劳德·莫内 约1869至1870年作 通往卢韦谢讷的道路：夕阳下的融雪景致	41cm×54.2cm	32,652,843	纽约佳士得	2017-05-15
克劳德·莫内 约1917-20年作 睡莲池	97.2cm×129.9cm	110,425,663	纽约蘇富比	2017-05-16
克劳德·热莱－或称克劳德·洛兰 意大利景致：畜牧人与牧犬赶牛过河，远见瀑布	38cm×50.6cm	3,717,263	伦敦蘇富比	2017-07-05
克劳德-约瑟夫·维尔内 邻近拿波里波西利波的海滨景观	53.1cm×74.5cm	3,821,303	伦敦蘇富比	2017-07-05
克劳德-约瑟夫·维尔内 晚霞：夕阳下地中海码头上的渔民与商人 月光：月光下地中海港岸火堆旁的渔民，远见拱形岩石	各71.6cm×98.7cm	12,560,663	伦敦蘇富比	2017-07-05
克里斯托夫·安贝格尔 芭芭拉·施瓦茨肖像	72cm×61.2cm	6,838,463	伦敦蘇富比	2017-07-05
克里斯托弗·坞尔	228.6cm×152.4cm	14,641,463	伦敦蘇富比	2017-06-28
克里香·康纳 1961年作 苦乐图镜框	62.4cm×105.4cm	415,000	香港蘇富比	2017-10-02
克丽丝汀·嫒珠 2005年作 iii 1	100cm×120cm	297,850	佳士得	2017-11-26
克丽丝汀·嫒珠 2012年作 乌云只存在两秒	170cm×170cm	1,330,500	佳士得	2017-05-28
拉菲伊·加尼 红海的起源	184.5cm×155cm	289,575	香港蘇富比	2017-04-03

拍品名称	物品尺寸	成交价RMB	拍卖公司	拍卖日期
拉菲伊·加尼 两河之书	183cm×152cm	259,375	香港蘇富比	2017-10-01
拉斯洛·莫霍利—纳吉 1926年作 G 8	39.5cm×49.6cm	8,036,450	纽约佳士得	2017-11-13
拉乌尔·杜飞 1931年作 马丁尼克人	73cm×60cm	4,757,663	伦敦蘇富比	2017-06-21
莱昂内尔·费宁格 1910年作 会议结束	94.9cm×85.7cm	38,938,213	纽约蘇富比	2017-05-16
劳宜超 农村	150cm×150cm	333,500	上海东方	2017-12-10
老杨·凡·凯塞尔 蝴蝶、飞蛾、瓢虫、昆虫与一小枝报春花	13.7cm×19cm	2,572,823	伦敦蘇富比	2017-07-05
老杨·凡·凯塞尔 蝴蝶、飞蛾、蜻蜓、昆虫与一小枝苹果花	14cm×19.4cm	2,364,743	伦敦蘇富比	2017-07-05
勒·柯比意 1939至1940年作 双手交叉于头上的肖像	100cm×81cm	12,528,150	伦敦佳士得	2017-06-27
勒迈耶《荷塘》	100cm×120cm	3,510,540	香港蘇富比	2017-04-02
勒迈耶 蔓棚	100cm×120cm	6,059,000	香港蘇富比	2017-09-30
勒迈耶·德·莫赫普赫斯 1957年作 峇里岛妇女在市场	45.5cm×55.5cm	720,688	佳士得	2017-05-28
勒迈耶·德·莫赫普赫斯 织布女子	53.5cm×64cm	1,436,940	佳士得	2017-05-28
雷内·马格利特 对极致的思考	50cm×65.5cm	16,722,263	伦敦蘇富比	2017-06-21
雷尼·马格利特 1949年作于布鲁塞尔 光之帝国	48.5cm×58.7cm	136,288,250	纽约佳士得	2017-11-13
冷广敏 一半风景	140-160cm×200cm	172,500	北京匡时	2017-06-03
冷军 2006年作 雕塑	40cm×55cm	540,000	佳士得（上海）	2017-09-24
冷军 2011年作 秀竹	25cm×100cm	1,380,000	西泠拍卖	2017-07-16
冷军 2013年作 大提琴手	40cm×80cm	2,990,000	华艺国际	2017-11-25
冷军 2016年作 光头强	70cm×30cm	920,000	北京华辰	2017-06-05
冷军 2017年作 艾米瑞娜	40.5cm×51cm	897,000	北京华辰	2017-12-16
黎普 郁金香与金凤花	66cm×81.7cm	189,763	香港蘇富比	2017-01-19
黎谱《手持郁金香的少女》	113cm×150cm	612,563	香港蘇富比	2017-04-03
黎谱 编织中的女子	61.5cm×38cm	200,475	香港蘇富比	2017-04-03
黎谱 大战之前	50.5cm×65.5cm	222,750	香港蘇富比	2017-04-03
黎谱 粉红与红色杜鹃	81.5cm×100.5cm	267,300	香港蘇富比	2017-04-03
黎谱 花卉	89cm×116cm	1,024,650	香港蘇富比	2017-04-03
黎谱 花卉	98cm×130.5cm	267,300	香港蘇富比	2017-04-03
黎谱 静物花朵	86.5cm×39.5cm	389,813	香港蘇富比	2017-04-03
黎谱 玫瑰与剑兰	73.5cm×93cm	228,250	香港蘇富比	2017-10-01
黎谱 母爱的温柔	45.5cm×33cm	197,125	香港蘇富比	2017-10-01
黎谱 牡丹与罂粟花	91cm×58cm	166,000	香港蘇富比	2017-10-01
黎谱 瓶中花卉	129cm×96.5cm	445,500	香港蘇富比	2017-04-03
黎谱 瓶中花卉	46.5cm×61cm	189,338	香港蘇富比	2017-04-03
黎谱 瓶中花卉	73cm×54cm	228,250	香港蘇富比	2017-10-01
黎谱 向日葵	90cm×71cm	445,500	香港蘇富比	2017-04-03
黎谱 阳台上	146.5cm×95.5cm	332,000	香港蘇富比	2017-10-01
黎谱 园中母子	91cm×72.5cm	228,250	香港蘇富比	2017-10-01
黎谱 约1937-39年作《家庭生活》	82cm×66cm	8,108,100	香港蘇富比	2017-04-02
黎谱 约1960年作 母子	33.5cm×23cm	159,563	佳士得	2017-11-26
黎谱 约1960年作 青铜花瓶	92cm×60.5cm	340,400	佳士得	2017-11-26
黎谱 约1970年代作 室内的阳光	100cm×73cm	456,000	佳士得（上海）	2017-09-24
黎谱 约1970年作 花	81.5cm×60cm	243,925	佳士得	2017-05-28
黎谱 约1970年作 休息	82cm×112cm	388,063	佳士得	2017-05-28
黎谱 约1975年作 妇女与鲜花	72cm×102cm	425,500	佳士得	2017-11-26
黎谱 约1975年作 黄色的和谐	96cm×130cm	255,300	佳士得	2017-11-26
黎谱 摘水果	62cm×30cm	467,775	香港蘇富比	2017-04-03
黎谱 做梦女子	70cm×82cm	466,875	香港蘇富比	2017-10-01
李成民 太行恋歌之0097	100cm×80cm	207,000	北京翰海	2017-09-10

拍品名称	物品尺寸	成交价RMB	拍卖公司	拍卖日期
李成民 太行恋歌之0124	100cm×80cm	230,000	北京翰海	2017-09-10
李纲 2014年作 水墨元素 No·20140320 镜框	120cm×120cm	221,750	佳士得	2017-05-29
李贵君 2000年作 中国菜	110cm×83cm	368,000	华艺国际	2017-05-27
李贵君 2005年 小金鱼	65cm×65cm	414,000	中国嘉德	2017-12-19
李洪涛 2010年作 橘光	80cm×100cm	575,000	北京华辰	2017-12-16
李济勇 2017年作 水月观音	100cm×80cm	207,000	大芬艺海	2017-05-14
李家顺 大日如来	115cm×155cm	287,500	保利厦门	2017-06-26
李杰 2009年作 手绘布用以朋友聚会（四件一组）	照片：24cm×19cm；布：231cm×118cm	155,625	香港蘇富比	2017-10-01
李梁 2009年作 忧伤 五	165cm×125cm	164,880	金仕发	2017-05-14
李绫瑄 2010年作 紫色忧郁 I	150×150×5.5cm	744,625	佳士得	2017-11-26
李骆公 1945-1947年作 哈尔滨街景	38cm×46cm	598,000	北京保利	2017-12-16
李曼峰《峇里巡游队伍》	90cm×180cm	13,988,700	香港蘇富比	2017-04-02
李曼峰 1941年作 寺庙聚会	83cm×61cm	1,969,140	佳士得	2017-05-27
李曼峰 1946年作 峇里男子和公鸡	65cm×50cm	531,875	佳士得	2017-11-26
李曼峰 1975年作 边走边读	122cm×60cm	498,000	香港蘇富比	2017-10-01
李曼峰 巴利岛妇女与供品	122cm×61cm	388,063	佳士得	2017-05-28
李曼峰 纺纱少女 油彩纤维板	103cm×51cm	356,744	台湾富德	2017-04-30
李曼峰 鸽子	122cm×60cm	311,850	香港蘇富比	2017-04-03
李曼峰 公鸡	101.5cm×50cm	556,875	香港蘇富比	2017-04-03
李曼峰 光顾沙爹小贩	89.5cm×121.5cm	1,447,875	香港蘇富比	2017-04-03
李曼峰 和平鸽	70cm×100cm	776,125	佳士得	2017-05-28
李曼峰 老虎	121.5cm×59.5cm	332,625	佳士得	2017-05-28
李曼峰 鲤鱼	92cm×43cm	388,063	佳士得	2017-05-28
李曼峰 两鲤鱼	102cm×50cm	372,313	佳士得	2017-11-26
李曼峰 骑水牛的吹笛男孩	122cm×61cm	556,875	香港蘇富比	2017-04-03
李曼峰 收起雨伞的沙爹小贩	122cm×60cm	830,000	香港蘇富比	2017-10-01
李曼峰 梳头	122cm×61cm	1,002,375	香港蘇富比	2017-04-03
李曼峰 双鸽	121.5cm×60cm	288,275	佳士得	2017-05-28
李曼峰 兔子	120cm×42cm	311,250	香港蘇富比	2017-10-01
李曼峰 坐着的峇里少女	122cm×61cm	534,600	香港蘇富比	2017-04-03
李鸣鸣 2016年作 九儿	124cm×130cm	460,000	北京保利	2017-06-04
李牧遥 2008年作 悉尼歌剧院	120cm×150cm	1,012,000	北京保利	2017-06-04
李青萍 1984年作 休闲一刻	50cm×32cm	287,500	北京保利	2017-12-16
李青萍 1994年作 峡谷倩影	58cm×72cm	402,500	中国嘉德	2017-06-19
李青萍 富士山系列	35cm×78cm	230,000	上海敬华	2017-07-01
李群力 2006年 黑色台面	147.3cm×213.4cm	230,000	华艺国际	2017-11-25
李瑞年 1984年作 五里湖鸭场	73.5cm×131cm	1,380,000	中国嘉德	2017-06-19
李山 1984年作 扩延之一	120.5cm×57.5cm	518,750	香港蘇富比	2017-10-01
李山 1988年作 无题	110cm×166cm	747,500	北京匡时	2017-06-03
李山 1992年 胭脂系列，双星	58cm×137.5cm	1,495,000	中国嘉德	2017-12-19
李山 1994年作 胭脂系列	123.5cm×151cm	1,063,750	佳士得	2017-11-26
李山 1995年作 胭脂系列（九件一组）	32cm×51cm×9	2,127,500	北京匡时	2017-12-04
李山 2006年作 阅读系列：豹崽	122cm×201.5cm	540,000	佳士得（上海）	2017-09-24
李山 2015年 阅读No.4	190cm×110cm	1,380,000	华艺国际	2017-11-25
李山 胭脂系列C	107cm×163cm	2,655,180	香港蘇富比	2017-04-02
李山（油）1996年作 胭脂马	109cm×158.6cm	501,188	香港蘇富比	2017-04-03
李山（油）1997年作 乐园	150cm×180cm	747,500	保利华谊	2017-12-08
李山（油）2015年作 阅读-10	52cm×50cm	207,000	北京荣宝	2017-12-02
李山（油）2015年作 阅读-6	110cm×63cm	402,500	北京荣宝	2017-12-02
李圣子 1961年作 青春	64.7cm×46.3cm	1,170,125	佳士得	2017-11-26
李圣子 1963年作 无题	60.4cm×38.1cm	609,813	佳士得	2017-05-28
李圣子 2006年作 金星的一个城市，四月	72.6cm×91.6cm	404,225	佳士得	2017-11-26

拍品名称	物品尺寸	成交价RMB	拍卖公司	拍卖日期
李石樵 1982年作 桌上的静物	61cm×50cm	585,063	佳士得	2017-11-26
李石樵 1987年作 玫瑰花	53cm×45.5cm	437,500	香港蘇富比	2017-10-01
李石樵 八斗子渔港	45.5cm×52.5cm	244,080	景薰楼	2017-06-18
李世贤 2009年作 红色之间－099	300cm×300cm	575,000	北京保利	2017-06-04
李叔同 1911年作 花卉	56cm×39cm	20,240,000	际华春秋	2017-06-23
李爽 2005年作 怡然自得 画布	161cm×130.5cm	165,899	中诚国际	2017-06-11
李天元 1991-1992年 单刀赴会	184.5cm×250cm	943,000	中国嘉德	2017-12-19
李铁夫 1943年 刘思健肖像	92.5cm×64cm	10,810,000	华艺国际	2017-11-25
李秀实 1992年作 京华遗韵-钟楼胡同	60cm×80cm	437,000	北京匡时	2017-12-04
李秀实 1995年作 京华遗韵	52.5cm×65cm	161,000	北京匡时	2017-06-03
李延洲 2004年作 正午	156cm×175cm	287,500	北京华辰	2017-12-16
李尤松 2017年作 三番魔戏图	95cm×120cm	517,500	北京保利	2017-12-16
李禹焕 1979年作 始于点	73cm×60cm	1,452,000	羅芙奧	2017-12-03
李禹焕 1984年作 从风 画框	100cm×80.3cm	2,869,020	香港蘇富比	2017-04-02
李禹焕 1987年作 从风	91.1cm×72.7cm	1,348,750	香港蘇富比	2017-10-01
李禹焕 1993年作 对应	160cm×130cm	1,108,750	佳士得	2017-05-28
李禹焕 1994年作 对应	73cm×92cm	498,938	佳士得	2017-05-28
李禹焕 2001年作 对应	16cm×22.2cm	200,925	香港蘇富比	2017-01-19
李禹焕 2007年作 对话 2007	227cm×182.5cm	1,756,260	佳士得	2017-05-27
李煜明 2015年作 窗外	150cm×100cm	207,000	山东春秋	2017-05-28
李元佳 1956年作 无题	18cm×23cm；24cm×24cm	310,450	佳士得	2017-05-28
李元佳 1957年作 无题		249,000	香港蘇富比	2017-09-30
李元佳 1957年作 无题	18cm×49cm	200,000	香港蘇富比	2017-10-01
李元佳 1957年作 无题		155,625	香港蘇富比	2017-09-30
李元佳 1960年作 无题		518,750	香港蘇富比	2017-09-30
李元佳 1960年作（民国49年）无题	98cm×41.5cm	266,100	佳士得	2017-05-28
李元佳 1963年作 无题	98cm×98cm	609,813	佳士得	2017-05-28
李元佳 1964年作 无题（三件）	a.23.8cm×23.8cm；b.24.2cm×24.2cm；；c.17.4cm×24cm；	200,000	香港蘇富比	2017-10-01
李忠良 1980年 西藏牧人	175.5cm×140.5cm	437,000	中国嘉德	2017-12-19
李自力 潮唤	81cm×100cm	690,000	上海东方	2017-12-10
李自力 向梵高致敬	89cm×116cm	1,955,000	上海东方	2017-12-10
李宗津 1960年代 金色的季节	49cm×38cm	218,500	中国嘉德	2017-12-19
李宗津 1973年 青年毛泽东	65.5cm×46.5cm	713,000	中国嘉德	2017-12-19
李宗津 李桦像 卢沟桥等（五件一组）	24cm×31cm；9.5cm×8cm；20cm×25cm；19cm×26cm；93.5cm×48.5cm	563,500	北京匡时	2017-06-03
廉学洺 2017年作 枝—雾深深	100cm×100cm	207,000	北京匡时	2017-12-04
梁锡鸿 1934年作 花	40cm×31cm	391,000	北京匡时	2017-06-03
梁远苇 2013年作 无题	140cm×120cm	1,660,000	香港蘇富比	2017-09-30
廖德政 观音山眺望	60.5cm×53cm	596,640	景薰楼	2017-06-18
廖继春 1962年作 西班牙古城	72cm×91cm	12,293,820	佳士得	2017-05-27
廖继春 1967年作 风景	33.5cm×44.5cm	575,000	北京翰海	2017-06-03
廖继春 1967年作 花	45cm×38cm	4,365,900	香港蘇富比	2017-04-02
廖继春 1971年作 凯旋门	45.5cm×53cm	1,320,000	羅芙奧	2017-12-03
廖继春 1975年作 东港	20.1cm×25.2cm	659,520	金仕发	2017-05-14
廖继春 威尼斯	26cm×32cm	596,640	景薰楼	2017-06-18
林达川 傣族少女	78cm×56.5cm	172,500	朵云轩	2017-12-15
林风眠 1950年代作 丰收的早晨	85.8cm×123.8cm	21,473,100	香港蘇富比	2017-04-02
林金福 弓	120cm×80cm	178,250	上海敬华	2017-07-01
林茂 2016年作 三秋	50cm×70cm	437,000	北京保利	2017-06-04
林寿宇 1969年作 爱德华路	111.8cm×101.6cm	3,250,820	佳士得	2017-11-26
林寿宇 一九六八年作 七	63.5cm×63.5cm	779,625	香港蘇富比	2017-04-03
林伟豪 我离弃神的那天	183cm×56cm	167,063	香港蘇富比	2017-04-03
凌健 2007年作 北京天空	180cm×150cm	276,000	中国嘉德	2017-12-19

拍品名称	物品尺寸	成交价RMB	拍卖公司	拍卖日期
凌健 2007年作 摩登女郎	180cm×150cm	345,000	北京保利	2017-06-04
刘大鸿 1988年 惊蛰	129cm×166.5cm	1,897,500	中国嘉德	2017-12-19
刘德润 2002年作 裸体	73cm×61cm	230,000	际华春秋	2017-06-23
刘锋植 2008年作 红石	125cm×87cm×4	253,000	北京保利	2017-12-16
刘国松 2008年作 月之律动（C）	99.5cm×183.5cm	2,244,000	羅芙奧	2017-12-03
刘海粟 1931年作 裸女	80cm×50cm	5,175,000	北京保利	2017-06-04
刘浩锋 2009年作 失道 镜心	180cm×140cm	1,150,000	北京保利	2017-11-10
刘玖通 2008年作 野色蒙笼翠雨盖	160cm×130cm	199,575	佳士得	2017-05-28
刘玖通 2010年 忆	180cm×150cm	172,500	华艺国际	2017-11-25
刘玖通 2010年作 印象江南	130cm×208cm	172,500	北京荣宝	2017-12-02
刘玖通 2010年作 印象江南之一	130cm×208cm	207,000	华艺国际	2017-05-27
刘玖通 2011年作 仍怜故乡水	100cm×120cm	388,063	佳士得	2017-05-28
刘抗 休憩中的峇里少女	73cm×95.5cm	801,900	香港蘇富比	2017-04-03
刘抗 渔人	48cm×56cm	311,250	香港蘇富比	2017-10-01
刘孔喜 2009年作 青春纪事之十一—寂静山林	122cm×65.5cm	805,000	西泠拍卖	2017-07-16
刘磊 2017年作 最早从这里开始	140cm×100cm	172,500	北京保利	2017-12-16
刘炜 1991年作 革命家庭系列	100cm×100.5cm	12,533,000	香港蘇富比	2017-09-30
刘炜 1992年 自画像	177cm×129.5cm	24,150,000	中国嘉德	2017-12-19
刘炜 1992至1999年作 毛泽东的一代	123.5cm×103.8cm	9,711,900	香港蘇富比	2017-04-02
刘炜 1994年作 游泳	32cm×39cm	2,116,125	香港蘇富比	2017-04-03
刘炜 1995年作 1989年生于北京	200cm×200cm	18,011,000	香港蘇富比	2017-09-30
刘炜 1996年 你喜欢我吗？系列第十四号	30cm×40cm	598,000	中国嘉德	2017-12-19
刘炜 1996年作 你喜欢我吗？系列第三十号 油彩 复合媒材 画布	30cm×40cm	861,872	中国嘉德	2017-10-02
刘炜 1996年作 你喜欢我吗？系列第十二号 油彩 复合媒材 画布	30cm×40cm	685,580	中国嘉德	2017-10-02
刘炜 1998年作 无题（狗）	25cm×20cm	460,000	中国嘉德	2017-06-19
刘炜 2000年作 狗	80cm×60cm	552,000	北京保利	2017-12-16
刘炜 2001年作 猴子	252cm×166cm	1,955,000	北京匡时	2017-12-04
刘炜 2004年作 肖像	50cm×50cm	1,322,500	北京保利	2017-12-16
刘炜 2006年作 风景	199cm×149cm	5,520,000	北京匡时	2017-12-04
刘炜 2008年作 风景	170cm×170cm	3,450,000	北京保利	2017-12-16
刘韡 2006年作 紫气 1-15	181cm×222cm	720,688	佳士得	2017-05-28
刘韡 2013年作 无题	53.7cm×53.5cm	230,000	北京保利	2017-06-04
刘韡 2015年作 无题	300cm×200cm×3;共300cm×600cm	4,600,000	北京保利	2017-06-04
刘韡 2015年作 真实的维度No.18	300cm×150cm; 300cm×200cm; 300cm×150cm	6,440,000	北京保利	2017-12-16
刘小东 1990年 人鸟	167cm×120cm	9,200,000	中国嘉德	2017-12-19
刘小东 1996年作 睡眠与失眠系列第二十九号 油彩 画布	33cm×38cm	244,850	中国嘉德	2017-10-02
刘小东 1996年作 睡眠与失眠系列第十六号 油彩 画布	33cm×38cm	215,468	中国嘉德	2017-10-02
刘小东 1997年作 江泽民像	26.5cm×20cm	546,718	保利香港	2017-04-03
刘小东 2002年 小龟、小雄	162.5cm×130cm	2,875,000	中国嘉德	2017-12-19
刘小东 2011年作 ■	149.7cm×140.2cm	1,577,000	保利香港	2017-10-02
刘小东 2012年作 麻将馆	90cm×100cm	2,102,760	保利香港	2017-04-03
刘野 1991年作 娃娃	24cm×24cm	290,500	香港蘇富比	2017-10-01
刘野 1992年作 马利的兄弟们	85cm×85cm	1,035,000	北京匡时	2017-12-04
刘野 1999年作 朝阳	60cm×40cm	4,715,000	中国嘉德	2017-06-19
刘野 1999年作 女孩与花	38cm×38cm	1,969,140	佳士得	2017-05-28
刘野 1999年作 诗人	169.5cm×199.8cm	12,616,560	保利香港	2017-04-03
刘野 2001年作 下午的蒙德里安	160cm×160cm	7,145,820	香港蘇富比	2017-04-02

拍品名称	物品尺寸	成交价RMB	拍卖公司	拍卖日期
刘野 2002年作 小芳抱猪	60cm×60cm	3,680,000	北京保利	2017-12-16
刘野 2003年作 天使	28.2cm×19.2cm	178,200	佳士得	2017-03-23
刘野 2005年作 圆圆	直径50cm	1,840,000	中国嘉德	2017-12-19
刘野 2007年 竹子的构图No.1	40.5cm×30cm	977,500	中国嘉德	2017-12-19
刘野 2008年作 来 & 去	each 60cm×45cm×2	4,374,140	佳士得	2017-11-26
刘野 2011年作 鸟上鸟	22cm×28cm	2,875,000	北京匡时	2017-06-03
刘溢 纸玩具系列	151cm×76cm	1,495,000	际华春秋	2017-06-23
刘兆武 2016年作 唯有源头活水来	160cm×140cm	172,500	北京保利	2017-06-04
六角彩子 2007年作 蓝旗袍女孩	145cm×75.5cm	151,140	羅芙奧	2017-06-03
六角彩子 2009年作 女孩与小动物	100cm×150cm	192,360	羅芙奧	2017-06-03
龙力游 1996年作 诃额伦妈妈	46.5cm×35cm	483,000	中国嘉德	2017-06-19
卢卡・加塞尔 浪子回头	46cm×63.2cm	1,300,500	伦敦蘇富比	2017-07-05
卢齐欧・封塔纳 1962年作	146cm×114.2cm	18,803,063	伦敦蘇富比	2017-06-28
鲁道夫・斯丁格尔《无题》（无图）	241.3cm×193cm	15,569,720	伦敦蘇富比	2017-03-08
鲁迪・曼度凡尼《地平线的颜色8号》	280cm×480cm	1,091,475	香港蘇富比	2017-04-02
鲁兰策・萨费里 俄耳甫斯向动物弹奏里拉琴，被色雷斯迈那得斯杀害前夕	36.5cm×49cm	3,301,103	伦敦蘇富比	2017-07-05
罗伯・贡巴斯 1987年作 太阳王	218cm×134cm	1,483,920	羅芙奧	2017-06-03
罗伯特・德洛内 1913年作 撑伞的女人 或 巴黎人	122.8cm×90.2cm	24,917,003	纽约佳士得	2017-05-15
罗伯特・德洛内 1928年作于巴黎 艾菲尔铁塔	81.2cm×65.1cm	22,352,930	纽约佳士得	2017-11-13
罗伯特・劳森伯格 1961年作 索具架	259.1cm×152.4cm	84,783,425	纽约蘇富比	2017-05-18
罗伯特・印第安纳 爱	61cm×61cm	14,176,618	纽约蘇富比	2017-05-18
罗丹 2015年作 空城计	200cm×160cm	207,000	北京保利	2017-12-16
罗德尔・塔帕雅 拜访坎德家族	183cm×152.5cm	197,125	香港蘇富比	2017-10-01
罗德尔・塔帕雅 假装之树	120.5cm×182cm	155,925	香港蘇富比	2017-04-03
罗德尔・塔帕雅 神的忠告	182cm×152cm	197,125	香港蘇富比	2017-10-01
罗德尔・塔帕雅 寻访仙境	182.5cm×152.5cm	200,475	香港蘇富比	2017-04-03
罗尔纯 1970年代作 阳朔风景	100cm×120cm	1,265,000	中国嘉德	2017-12-19
罗尔纯 1980年作 躺姿的女人体	80cm×70cm	632,500	北京匡时	2017-06-03
罗尔纯 1989年作 泊	60cm×50cm	402,500	北京匡时	2017-12-04
罗尔纯 1990年作 草地上的女孩	100cm×100cm	342,790	中国嘉德	2017-10-02
罗尔纯 1996年作 乡居	90cm×100cm	1,840,000	北京保利	2017-12-16
罗尔纯 2007年作 招呼	130cm×70cm	805,000	北京翰海	2017-12-16
罗尔纯 地上行	97cm×95.5cm	253,000	中国嘉德	2017-06-19
罗工柳 1950年作 女肖像	46cm×35cm	172,500	广东崇正	2017-12-13
罗穆尔多・罗格泰利《金黄丰收》	92.5cm×117.5cm	2,762,100	香港蘇富比	2017-04-02
罗穆尔多・罗格泰利 少女肖像	100.5cm×60.5cm	3,569,000	香港蘇富比	2017-09-30
罗讷德・温杜拿《野性的凝望》	213.5cm×154.5cm	4,579,740	香港蘇富比	2017-04-02
罗讷德・温杜拿 狗战	123cm×244cm	3,668,600	香港蘇富比	2017-10-01
罗讷德・温杜拿 虚空与牢笼（原形）	91cm×121.5cm	1,559,250	香港蘇富比	2017-04-03
罗讷德・温杜拿 战甲	244cm×183cm	2,871,800	香港蘇富比	2017-09-30
罗讷德・文图拉 2010年作 视角之二	66cm×56cm	334,125	佳士得	2017-03-23
罗讷德・文图拉 2012年作 仙境	152.5cm×152.5cm	904,188	佳士得	2017-11-26
罗伊・李奇登斯坦	127.5cm×109cm	28,686,863	伦敦蘇富比	2017-06-28
罗伊・李奇登斯坦 颈系丝带的女子	152.7cm×127cm	35,830,063	纽约蘇富比	2017-05-18
罗伊・李奇登斯坦 裸体日光浴	147.6cm×152.4cm	165,768,000	纽约蘇富比	2017-05-18

拍品名称	物品尺寸	成交价RMB	拍卖公司	拍卖日期
罗中立 1980年代作 雪原静悄悄	101cm×75.5cm	1,436,940	佳士得	2017-05-28
罗中立 1982年作 春蚕	216cm×140cm	49,450,000	中国嘉德	2017-06-19
罗中立 1984年作 岁月	147.7cm×96.5cm	3,778,620	佳士得	2017-05-28
罗中立 1985年作 农家女	61.5cm×52.5cm	322,000	北京荣宝	2017-06-02
罗中立 1987年作 阿坝风情	79cm×107cm	1,322,500	北京荣宝	2017-12-02
罗中立 1989年作 牛和老人	97cm×126cm	4,715,000	保利华谊	2017-12-08
罗中立 1990年 山乡冬季	79cm×100cm	1,610,000	中国嘉德	2017-12-19
罗中立 1991年作 北风	59cm×76.5cm	759,000	西泠拍卖	2017-07-16
罗中立 1991年作 故乡温情	64cm×81cm	2,760,000	北京荣宝	2017-06-02
罗中立 1994年作 黄手帕	94cm×120cm	2,530,000	中国嘉德	2017-06-19
罗中立 1997年作 母与子	118.5cm×160cm	4,370,000	保利华谊	2017-12-08
罗中立 2001年作 黛湖秋浴	95cm×120cm	2,875,000	北京保利	2017-12-16
罗中立 2005年作 阵雨	73cm×53cm	1,150,000	华艺国际	2017-05-27
罗中立 2009年作 过河系列色稿之一	60cm×50cm	448,500	北京荣宝	2017-12-02
罗中立 木匠	52cm×40cm	310,500	华艺国际	2017-05-27
罗中立 晚归	39.5cm×54cm	234,025	佳士得	2017-11-26
吕斯百 1947年作 庐山晨曦	61cm×55cm	517,500	中国嘉德	2017-12-19
吕斯百 1948年作 海角	62cm×82cm	2,990,000	北京匡时	2017-12-04
吕斯百 1950年作 工厂	41.5cm×55cm	402,500	北京匡时	2017-06-03
吕斯百 读文汇报	31cm×44cm	293,820	保利香港	2017-10-02
吕斯百 晒蓝·望晴	45cm×53cm	538,670	保利香港	2017-10-02
马蒂亚斯?斯图梅尔 所罗门的审判	157cm×222cm	3,717,263	伦敦蘇富比	2017-07-05
马丁·基本伯格《约瑟夫·博伊斯的母亲》(无图)	整体：240cm×200cm	34,292,120	伦敦蘇富比	2017-03-08
马东民 2017年作 烟云——蓝马系列	150cm×200cm	920,000	北京保利	2017-12-16
马精虎 2017年 仕女图·云起时	75cm×143cm	253,000	中国嘉德	2017-12-19
马精虎 2017年作 繁星	内径148cm-108cm	253,000	中国嘉德	2017-06-19
马轲 1995年作 静物	130cm×162cm	207,000	上海明轩	2017-06-30
马轲 2000–2001年作 美丽的声音	100cm×81cm	172,500	北京华辰	2017-06-05
马轲 2003年作 读书黑海	150cm×200cm	172,500	西泠拍卖	2017-07-16
马轲 2007年作 英雄时代之五	200cm×150cm	287,500	北京保利	2017-12-16
马轲 2008年作 请君入瓮	200cm×150cm	437,000	北京保利	2017-06-04
马轲 2015年作 彼岸	254cm×200cm	345,000	北京保利	2017-06-04
马可鲁 1983年作 抽象构成 画框	81.3cm×66cm	155,925	香港蘇富比	2017-04-03
马克·格罗亚恩	152.4cm×127cm	34,539,113	伦敦蘇富比	2017-06-28
马克·格罗亚恩 无题(色面41·05)	127cm×100.7cm	48,262,663	纽约蘇富比	2017-05-18
马克·罗斯科 1969年作《无题》(无图)	193cm×122cm	28,696,920	伦敦蘇富比	2017-03-08
马克·夏加尔 1979–80年作《白色大公鸡》(无图)	92cm×65cm	14,020,280	伦敦蘇富比	2017-03-01
马克·夏加尔 约1978年作 红色天空下的恋人	100cm×65.1cm	21,636,178	纽约蘇富比	2017-05-16
马克·夏加尔 约1979–80年作 旺克的花卉	100.3cm×75.5cm	19,149,658	纽约蘇富比	2017-05-16
马克·夏卡尔 1927年至1928年作 桌子下的裸女	83.2cm×58.8cm	11,217,890	纽约佳士得	2017-11-13
马克·夏卡尔 1928年作 瓶花与人物	116.6cm×88.9cm	29,511,170	纽约佳士得	2017-11-13
马克·夏卡尔 1939年作 三支蜡烛	130.2cm×97.1cm	100,728,235	纽约佳士得	2017-05-15
马克·夏卡尔 1969年作 蓝衣女与红驴	41cm×33cm	4,224,000	羅芙奧	2017-12-02
马克·夏卡尔 1978年作 天堂	113.6cm×145.6cm	25,221,030	伦敦佳士得	2017-06-27
马克·夏卡尔 1979年作 蓝色的小马戏团	65cm×50cm	8,340,203	纽约佳士得	2017-05-15
马克·夏卡尔 约1923年作 屋顶上的静物	45.8cm×55cm	12,808,610	纽约佳士得	2017-11-13

拍品名称	物品尺寸	成交价RMB	拍卖公司	拍卖日期
马克布勒·菲达·侯赛因 1964年作 红色风景	92.7cm×92.7cm	781,375	香港蘇富比	2017-01-19
马克思·贝克曼《欧洲百合》(无图)	60cm×80cm	7,047,800	伦敦蘇富比	2017-03-01
马克斯·贝克曼 1937至1938年作 鸟的地狱	120cm×160.5cm	312,163,350	伦敦佳士得	2017-06-27
马克斯·恩斯特 1933年作 燕雀的歌声	81.4cm×99cm	6,445,730	纽约佳士得	2017-11-13
马克斯·恩斯特 1946年作 夜之相位	91.3cm×162.4cm	44,256,603	纽约佳士得	2017-05-15
马克西米安·卢斯《出浴后》油画	46cm×37cm	483,000	中国嘉德	2017-12-19
马克西米利安·罗赫 柏林城市宫	64cm×102cm	2,364,743	伦敦蘇富比	2017-07-05
马诺洛·华迪斯 2007年作 橘色背景肖像	222.3cm×166.4cm	1,867,500	香港蘇富比	2017-10-01
玛丽·罗兰珊 1930年作 城堡里的孩子	65.3cm×54.5cm	1,056,000	羅芙奧	2017-12-02
玛丽娜·克鲁斯 在我的皮肤下	169cm×114.5cm	222,750	香港蘇富比	2017-04-03
玛琳·杜马斯	125cm×70cm	4,445,543	伦敦蘇富比	2017-06-28
迈克尔·克莱伯《无题》(无图)	170cm×130cm	914,600	伦敦蘇富比	2017-03-08
毛罗·马朗·桑托斯 黄色摊贩	89cm×89cm；35cm×35cm	684,750	香港蘇富比	2017-10-01
毛旭辉 1982年作 圭山女人	50cm×35cm	230,000	北京保利	2017-06-04
毛旭辉 1990年作 坐在白色通道上的人	120cm×150cm	920,000	中国嘉德	2017-06-19
毛旭辉 1992年作 大家长系列——家长图 画框	98cm×72cm	668,250	香港蘇富比	2017-04-03
毛旭辉 1998年作 打开的黑色剪刀	150cm×180cm	253,000	北京匡时	2017-12-04
毛旭辉 2003年作 有金黄背景的红色剪刀	80.7cm×56.7cm	245,025	香港蘇富比	2017-04-03
毛焰 1990年作 忧郁	25cm×20cm	575,000	北京保利	2017-12-16
毛焰 1996年作 X的肖像	200cm×100cm	10,120,000	北京保利	2017-06-04
毛焰 1999年作 无题(JELMER VAN SIJK系列	90.5cm×79cm	997,875	佳士得	2017-05-28
毛焰 2004年作 托马斯肖像	41cm×33cm	287,500	上海明轩	2017-06-30
毛焰 2005年 托马斯肖像	36cm×27.5cm	322,000	中国嘉德	2017-12-19
毛焰 2008年作 托马斯	110cm×75cm	1,035,000	西泠拍卖	2017-07-16
毛焰 2008年作 托马斯NO.2	110cm×75cm	1,380,000	北京匡时	2017-12-04
毛焰 2008年作 托马斯肖像No·6	110cm×75cm	977,500	北京保利	2017-06-04
毛焰 2010年作 肖像	72.8cm×53.7cm	782,000	北京匡时	2017-12-04
梅尔滕·里克特 山景：崖顶城堡与岩石上嬉戏的山羊	43.4cm×67.4cm	671,925	伦敦蘇富比	2017-07-05
弥力村男 2008年作 后院系列 - 故居老树09 镜框	150cm×150cm	188,488	佳士得	2017-05-29
米开朗基罗·梅里西·达·卡拉瓦乔之追随者 传福音者圣约翰	58.7cm×45.5cm	1,948,583	伦敦蘇富比	2017-07-05
米巧铭 2017年作 霸王别姬	188cm×288cm	5,060,000	北京保利	2017-06-04
米巧铭 2017年作 穆桂英挂帅	132cm×99cm	3,047,500	北京保利	2017-12-16
米斯尼亚迪《大师(萨姆罗愤然猛击)》	300cm×200cm	1,559,250	香港蘇富比	2017-04-02
米斯尼亚迪 大师(萨姆罗的怒火)	300cm×200cm	2,075,000	香港蘇富比	2017-09-30
莫大风 2016年作 金山岭长城	80cm×160.5cm	460,000	中国嘉德	2017-06-19
莫大风 2017年作 夏至青龙桥	80cm×160cm	483,000	北京华辰	2017-12-16
莫里斯·德·乌拉曼克 乡村雪景	60cm×73cm	879,360	羅芙奧	2017-06-03

拍品名称	物品尺寸	成交价RMB	拍卖公司	拍卖日期
莫里斯·德·乌拉曼克 约1911年作 南安普敦风景	51cm×61cm	549,600	羅芙奧	2017-06-03
莫也 2009年作 人物	70cm×100cm	253,000	际华春秋	2017-06-23
莫依斯·基斯林 1938年作 红衣少女	46cm×38cm	575,000	保利华誼	2017-12-08
墨客 2012年作 ADORE	44.5cm×30.5cm	1,150,000	北京翰海	2017-12-16
墨客 云渍	30cm×20cm	897,000	北京荣宝	2017-06-02
那危 2014年作 红潮图	150cm×200cm	478,688	佳士得	2017-11-26
纳堤·尤塔瑞 静物 02	140cm×100cm	156,704	保利香港	2017-10-02
纳堤·尤塔瑞 2003年作 郁金香	140cm×100cm	404,225	佳士得	2017-11-26
纳堤·尤塔瑞 2012年作 说实话不比自杀好	90cm×100cm	310,450	佳士得	2017-05-28
纳斯伦 俯视风景	129cm×150cm	189,338	香港蘇富比	2017-04-03
奈良美智 1990年作 维琪 画框	24.5cm×24cm	267,300	香港蘇富比	2017-04-03
奈良美智 1990年作 无题 镜框	100cm×110cm	891,000	香港蘇富比	2017-04-03
奈良美智 1992年作 DEVIL CALLING	20.8cm×14.5cm	221,750	佳士得	2017-05-28
奈良美智 1992年作 献给小黑「」	34.8cm×24.5cm	580,800	羅芙奧	2017-12-03
奈良美智 1993年作 黑猫	35cm×35cm	714,400	香港蘇富比	2017-01-19
奈良美智 1994年作 K	55cm×59.5cm	1,219,625	佳士得	2017-05-28
奈良美智 1995年作 NIGHT FISHING	100cm×100cm	6,971,820	佳士得	2017-05-27
奈良美智 1995年作 静	47.3cm×35.8cm	412,200	羅芙奧	2017-06-04
奈良美智 1999年作 JAB	28.3cm×25cm	1,808,375	佳士得	2017-11-26
奈良美智 1999年作 PYROMANIAC	36.2cm×25.8cm	3,139,980	佳士得	2017-05-28
奈良美智 1999年作 U-KI-YO-E	34cm×25.5cm	498,938	佳士得	2017-05-28
奈良美智 2000年作 WAY	27cm×21cm	221,750	佳士得	2017-05-28
奈良美智 2001年作 MIA	180cm×180cm×26cm	19,487,900	佳士得	2017-11-25
奈良美智 2002年作 无题 镜框	72.6cm×51.6cm	3,510,540	香港蘇富比	2017-04-03
奈良美智 2003年作 舞	55cm×10.2cm	3,510,540	香港蘇富比	2017-04-02
奈良美智 2004年作 KAMEHAME-HA	直径55cm	2,871,800	香港蘇富比	2017-09-30
奈良美智 2010年作 Midnight Vampire	73cm×60.5cm；94cm×82cm	14,892,500	佳士得	2017-11-25
奈良美智 2011年作 Patched Head	144.4cm×130.1cm	9,926,400	羅芙奧	2017-12-03
奈良美智 2016年作 出口	91.2cm×60cm	4,205,520	保利香港	2017-04-03
奈良美智 衫户洋 2004年作 玛丽安 画框	66cm×60cm	4,365,900	香港蘇富比	2017-04-02
南宽 1964年作 古迹	130cm×163cm	887,000	佳士得	2017-05-27
南宽 1976年作 旧形态	65cm×80.3cm	255,300	佳士得	2017-11-26
尼奥·劳赫 2013年作 登岸假期	300cm×250cm	5,561,000	香港蘇富比	2017-09-30
尼古拉·德·斯塔埃尔 1952年作《王子公园运动场》(无图)	12cm×16.8cm	3,793,976	伦敦蘇富比	2017-03-08
尼古拉·德·斯塔埃尔 1952年作《翁夫勒》(无图)	13.5cm×22cm	1,721,600	伦敦蘇富比	2017-03-08
尼欧·劳贺 光	121.2cm×73.4cm	1,330,500	佳士得	2017-05-27
倪贻德 1940年作 乡村景色	38cm×46cm	517,500	北京匡时	2017-06-03
倪贻德 1950年作 女孩肖像与苏堤茶室（双面画）	45.5cm×70.5cm	2,507,000	北京匡时	2017-06-03
聂婧婧 2014年作 交响曲No.9	80cm×100cm	264,500	北京保利	2017-12-16
依那·卡西亚 水平视差	153cm×214cm	311,850	香港蘇富比	2017-04-03
诺娜·加西亚 2007年作 给仙境的颂歌	122cm×145cm	276,575	佳士得	2017-11-26
欧拉齐奥·简提列斯基《女子头像》	42cm×37cm	12,558,813	纽约蘇富比	2017-01-25
欧其·瑞·蒙特哈 2009年作 向Evorah致敬	each 150cm×100cm	159,563	佳士得	2017-11-26

拍品名称	物品尺寸	成交价RMB	拍卖公司	拍卖日期
欧阳春 2004年作 土鳖与洋人	210cm×210cm	253,000	北京匡时	2017-06-03
欧阳春 2004年作 珍珠2	230cm×180cm	184,000	北京匡时	2017-12-04
帕里斯·博尔多内 绅士肖像	101.7cm×76.5cm	1,083,750	伦敦蘇富比	2017-07-05
帕斯卡·达仰·布弗莱《安息日的玛格丽特》油画	52cm×40cm	322,000	中国嘉德	2017-06-20
帕斯塔 2003年作 爱之夜	244cm×181cm	319,125	佳士得	2017-11-26
帕特·斯特尔 1993年作《四座黄／红负喷水池》(无图)	182.9cm×182.9cm	5,859,896	伦敦蘇富比	2017-03-08
帕西姮·阿巴德 燃烧的渴望	231cm×180cm	363,125	香港蘇富比	2017-10-01
潘玉良 1936年作 静物	61.5cm×45cm	3,680,000	际华春秋	2017-06-23
潘玉良 1947年作 非洲风情	43cm×60cm	4,140,000	际华春秋	2017-06-23
潘玉良 1958年作 窗前裸女（双面画）	30.5cm×22.2cm	4,309,360	中国嘉德	2017-10-02
潘玉良 白壁	25.5cm×30.5cm	276,000	华艺国际	2017-11-25
潘玉良 约1940年代初期作 山中群牛	16.2cm×22.2cm	293,820	中国嘉德	2017-10-02
庞均 1978年作 阳朔	50.5cm×74cm	400,000	香港蘇富比	2017-10-01
庞均 1987年作 烟雨之乡	88cm×73cm	329,760	羅芙奧	2017-06-04
庞均 1994年作 观棋	51cm×61cm	158,400	羅芙奧	2017-12-03
庞均 2008年作 桂林山水	130cm×162cm	1,099,200	羅芙奧	2017-06-04
庞均 2011年作 江南水乡	59cm×80cm	172,500	朵云轩	2017-06-26
庞均 2016年作 不似春光胜似春光	73cm×89cm	824,400	羅芙奧	2017-06-03
庞均 2016年作 甲天下之最	71cm×89cm	311,850	佳士得	2017-03-23
庞均 2016年作 疑似仙境在人间	72cm×90cm	439,680	羅芙奧	2017-06-03
庞均 2016年作 迎春花	72.5cm×60.5cm	168,000	佳士得（上海）	2017-09-24
庞均 2017年作 鼓浪屿	130cm×162cm	1,062,500	香港蘇富比	2017-10-01
庞均 2017年作 红楼	72.9cm×91cm	470,112	中国嘉德	2017-10-02
庞均 2017年作 花满状元楼	200cm×200cm	1,465,324	中国嘉德	2017-05-29
庞均 2017年作 月满漓江	72.9cm×91cm	489,700	中国嘉德	2017-10-02
庞均 2017年作 周庄双桥	200cm×250cm	2,075,580	佳士得	2017-05-28
庞均 二〇一六至二〇一七年作 胜似春光	200cm×200cm	1,336,500	香港蘇富比	2017-04-03
庞茂琨 1985年作 藏女	123cm×159cm	460,000	西泠拍卖	2017-07-16
庞茂琨 1990年作 村口	106cm×77cm	287,500	西泠拍卖	2017-07-16
庞茂琨 1999年作 黑花瓶	116cm×91cm	575,000	北京诚轩	2017-06-19
庞茂琨 2010年作 逗留之二	160cm×200cm	1,150,000	华艺国际	2017-11-25
庞茂琨 2010年作 巧合之四	200cm×160cm	1,150,000	北京荣宝	2017-12-02
庞茂琨 2011年作 沉溺之四	160cm×200cm	2,070,000	华艺国际	2017-05-27
庞茂琨 2015年作 镜花缘之九	160cm×120cm	1,116,500	北京华辰	2017-06-05
龐均 2014年作 月满漓江	130cm×165.2cm	1,595,625	佳士得	2017-11-26
龐均 2016年作 漓江山色	73cm×91cm	633,600	羅芙奧	2017-12-03
龐均 2017年作 春到徽洲	73cm×91cm	501,600	羅芙奧	2017-12-03
龐均 2017年作 岛上人家之鼓浪屿	72.5cm×91.2cm	744,625	佳士得	2017-11-26
彭常安 2003年作 邛海三月	60cm×80cm	1,840,000	北京保利	2017-12-16
彭常安 2013年作 垂柳　睡莲	78.5cm×58cm	1,840,000	北京匡时	2017-06-03
彭常安 2013年作 邻居婆婆的窗台	50cm×60cm	1,725,000	北京保利	2017-06-04
彭斯 2008年作 怀忧	138cm×108cm	805,000	北京保利	2017-12-16
皮埃·波纳尔 1895年作 手摇风琴（演奏风琴的艺人）	40.9cm×26.3cm	2,468,930	纽约佳士得	2017-11-13
皮埃·波纳尔 1927年作于勒卡内 落地窗前的小狗	107.3cm×63.2cm	27,920,450	纽约佳士得	2017-11-13
皮埃·波纳尔 1928年作 卡内餐厅里的水果篮	51.3cm×60.1cm	10,826,723	纽约佳士得	2017-05-15
皮耶·博纳尔 1910年作 草莓	63.1cm×51.4cm	5,225,146	纽约蘇富比	2017-05-16
平贺敬 1981年作 大矶八景之二 - 照崎海岸	130.5cm×162cm	221,750	佳士得	2017-05-28

拍品名称	物品尺寸	成交价RMB	拍卖公司	拍卖日期
朴栖甫 1985年作 描法No.212-85	60.3cm×72.5cm	1,063,750	佳士得	2017-11-25
朴栖甫 1991年作 描法 NO·910814 镜框	98cm×191.5cm	2,869,020	香港蘇富比	2017-04-02
朴栖甫 描法 NO·45-75	129.9cm×161.9cm	8,374,738	纽约蘇富比	2017-05-18
朴庄年 1964年作 作品H-7.3刻系体	162cm×130.5cm	531,875	佳士得	2017-11-26
七户优 2012年作 少女的祈祷	130cm×97cm	732,662	中国嘉德	2017-05-29
七户优 无题	52cm×44.5cm	299,000	北京匡时	2017-12-04
祁志龙 1993年 消费形象十二号	170cm×200cm	805,000	中国嘉德	2017-12-19
祁志龙 1999年 中国女孩	130cm×97.5cm	345,000	中国嘉德	2017-12-19
前川强 1963年作 无题 画框	162.5cm×131cm	1,336,500	香港蘇富比	2017-04-02
前川强 1965年作 无题（A41）画框	65.6cm×52cm	245,025	香港蘇富比	2017-04-02
前川强 1991年作 无题	194.5cm×112.5cm	501,188	香港蘇富比	2017-04-03
钱德湘 2015年作 平安果 镜心	92cm×120cm	322,000	北京保利	2017-11-10
强·约翰逊 1980年作 模特儿睡姿	130cm×97cm	384,720	羅芙奧	2017-06-03
乔纳斯·伍德 2012年作 两盆兰花	87cm×56cm	2,971,400	香港蘇富比	2017-09-30
乔纳斯·伍德 法国网球公开赛1号	223cm×163cm	6,059,000	香港蘇富比	2017-09-30
乔纳斯·伍德 黑色静物画	222.9cm×208.3cm	7,960,318	纽约蘇富比	2017-05-18
乔书亚·雷诺兹爵士，P·R·A·米德尔马什庄园及克里切尔高沼的多塞特郡准男爵六世杰勒德·内皮尔肖像，身穿多塞特郡军服	127.5cm×101.5cm	2,156,663	伦敦蘇富比	2017-07-05
乔瓦尼·巴蒂斯塔·帕波洛 妆成花神福罗拉的女子肖像	88.3cm×69.9cm	20,883,863	伦敦蘇富比	2017-07-05
乔瓦尼·贝内代托·卡斯蒂廖内，或称伊利·格雷凯托 耶路撒冷圣殿内的异教献祭	43.2cm×77.4cm	5,485,943	伦敦蘇富比	2017-07-05
乔治·布拉克 1909年作 圣丹尼斯卡里耶尔教堂	54.6cm×46.4cm	23,943,650	纽约佳士得	2017-11-13
乔治·布拉克 1911年作 独脚小圆桌	41cm×32.9cm	69,784,875	纽约佳士得	2017-05-15
乔治·布拉克 1929年作 两张王牌	24.3cm×35cm	2,956,470	伦敦佳士得	2017-06-27
乔治·布拉克 1937年作 钢琴师	145cm×102.5cm	49,039,700	纽约蘇富比	2017-05-16
乔治·德·基里科 1917年4月至8月作 托比亚斯之梦	59cm×49cm	63,803,413	纽约蘇富比	2017-05-16
乔治·马修 1990年作 LE RUISSEAU SOLITAIRE 画框	80.9×100cm	389,813	香港蘇富比	2017-04-02
乔治·莫兰迪 1953年作 静物	30.3cm×45cm	7,960,318	纽约蘇富比	2017-05-16
乔治·万顿吉罗 1930年作 黄一绿一蓝一靛一橙色方块构图	50.2cm×50.2cm	9,406,950	伦敦佳士得	2017-06-27
秦风 2014年作 欲望风景系列030	160cm×130cm	336,000	佳士得（上海）	2017-09-24
秦风 2015年作 欲望风景系列：生命之悦 镜框	161cm×130.5cm	354,800	佳士得	2017-05-29
秦琦 2007年作 皮带和乌龟	160cm×200cm	336,442	保利香港	2017-04-03
秦琦 2009年作 三个篮板	133cm×183cm	517,500	北京保利	2017-06-04
秦琦 2011年 花房	153cm×251cm	249,000	香港蘇富比	2017-10-01
秦琦 2013年作 双鹅	160cm×160cm	425,500	佳士得	2017-11-26
秦琦 2016年作 青年	120cm×120cm	437,000	北京保利	2017-12-16
秦松 1988年作 裸女 框	94cm×182cm	318,600	台北艺流	2017-04-15
秦宣夫 1946年作 峨眉山景	54.7cm×73.5cm	253,000	北京诚轩	2017-06-19
秦蓁 2015年作 如影如形之八	80cm×63cm	402,500	北京保利	2017-12-16
琼·米切尔 1992年作 无题	整体：129.5cm×194cm	14,176,618	纽约蘇富比	2017-05-18

拍品名称	物品尺寸	成交价RMB	拍卖公司	拍卖日期
邱光平 2014年作 单独者	120cm×160cm	782,000	华艺国际	2017-05-27
邱世华 2001年作 无题	109cm×176cm	228,250	香港蘇富比	2017-10-01
邱亚才 1985年作 自负	80cm×65cm	274,232	中国嘉德	2017-10-02
邱亚才 1993年作 模特儿	191.5cm×130cm	1,273,220	中国嘉德	2017-10-02
邱亚才 1995年作 夜色山野里的流浪汉	163cm×131.5cm	300,000	香港蘇富比	2017-10-01
邱亚才 1998年作 女仕	143.5cm×95cm	739,200	羅芙奧	2017-12-03
邱亚才 达官贵人	90.5cm×73cm	191,475	佳士得	2017-11-26
邱亚才 咖啡厅闲坐	160cm×131cm	714,480	羅芙奧	2017-06-04
邱亚才 美男子	91cm×72.5cm	310,450	佳士得	2017-05-28
邱亚才 仕女	131cm×97cm	1,374,000	羅芙奧	2017-06-04
邱亚才 肖像	130.5cm×97.5cm	404,225	佳士得	2017-11-26
邱亚才 一九九六年作 历史教授	163cm×131.5cm	723,938	香港蘇富比	2017-04-03
邱亚才 一九九四年作 白衣少女	163cm×131.5cm	612,563	香港蘇富比	2017-04-03
全山石 1985年作 白桦林	46.5cm×72.5cm	322,000	西泠拍卖	2017-07-16
全山石 1991年作 威尼斯马可波罗故居	82cm×64.5cm	437,000	西泠拍卖	2017-07-16
让.苏弗尔皮 1915年作 高脚盘中的静物	34cm×42cm	575,000	北京匡时	2017-12-04
让一保罗·里奥佩尔 1956年作 暴风雨	97cm×162.2cm	8,366,550	伦敦佳士得	2017-06-27
让·阿尔普 1924年作 时钟	65.7cm×57.7cm	10,032,418	纽约蘇富比	2017-05-16
让·巴蒂斯·莫努瓦耶 斑岩基座上鎏金铜壶内的花束，建筑背景	208cm×160cm	4,133,423	伦敦蘇富比	2017-07-05
让·杜拜 1924年作 和平殿	35cm×27cm	575,000	北京华辰	2017-06-05
让·克罗蒂 1916年作于纽约 运动之爱的机械力量	60.2cm×74.3cm	6,843,410	纽约佳士得	2017-11-13
让·苏弗尔皮《穿红色连衣裙的女子》油画	47cm×30cm	241,500	中国嘉德	2017-06-20
让·苏弗尔皮 1948年作 小提琴静物	61cm×50cm	862,500	北京华辰	2017-06-05
让·苏弗尔皮 1970年作 背转身的浴女	82cm×65cm	1,012,000	北京华辰	2017-12-16
任传文 2006年作 海市蜃楼	70cm×135cm	161,000	上海明轩	2017-06-30
阮央 母爱与海	190cm×130cm	245,025	香港蘇富比	2017-04-03
阮忠 顺化女士们	131cm×180cm	188,488	佳士得	2017-05-28
瑞铎·塔帕亚 2009年作 山脉之源	193cm×152cm	255,300	佳士得	2017-11-26
瑞铎·塔帕亚 2008年作 年轻的将军	122cm×90cm	188,488	佳士得	2017-05-28
萨贝斯塔·贝斯特黎萨 2016年作 我相信－最美好的时刻尚未来临	200cm×300cm	221,750	佳士得	2017-05-28
萨洛蒙·凡·勒伊斯达尔 河景：前景见船只，背景见风车与教堂	36.3cm×32.5cm	2,988,983	伦敦蘇富比	2017-07-05
萨洛蒙·凡·勒伊斯达尔 河景与前景中划船的人	40.1cm×55.4cm	1,300,500	伦敦蘇富比	2017-07-05
塞·托姆布雷	100cm×70cm	6,006,143	伦敦蘇富比	2017-06-28
塞·托姆布雷 闪耀的火石	左 99.7cm×70.5cm；中 148.9cm×132.1cm；右9 9.7cm×70.5cm	57,587,113	纽约蘇富比	2017-05-18
塞西丽·布朗	253cm×279.5cm	16,202,063	伦敦蘇富比	2017-06-28
塞西丽·布朗 2014年作 四散离去的仙女	170cm×210cm	5,969,700	香港蘇富比	2017-04-02
塞西丽·布朗 争辩	183cm×244cm	6,971,820	佳士得	2017-05-27

拍品名称	物品尺寸	成交价RMB	拍卖公司	拍卖日期
森苏·阿里凡 站在正义之上	（i）（ii）150cm×99.5cm;（iii）150cm×120cm;整体:150cm×319cm	311,250	香港蘇富比	2017-10-01
沙耆 1942年作 天真烂漫	61cm×50cm	690,000	北京匡时	2017-12-04
沙耆 1983年作 红妆	26cm×18cm	437,000	北京匡时	2017-06-03
沙耆 1984年 秋菊	59cm×43cm	437,000	中国嘉德	2017-12-19
沙耆 1985年作 花卉与水果	60cm×70cm	368,000	西泠拍卖	2017-07-16
沙耆 1987年作 港口	77cm×117cm	1,035,000	上海敬华	2017-07-01
沙耆 1989年作 风景	36cm×58cm	184,000	朵云轩	2017-06-26
沙耆 1989年作 迎客松	77cm×67.5cm	437,000	北京匡时	2017-12-04
沙耆 1992年作 人生的行旅	38cm×52cm	195,880	保利香港	2017-10-02
沙耆 1995年作 门前的盆花	46cm×35.5cm	2,070,000	北京匡时	2017-06-03
沙耆 白花	59cm×39.5cm	437,000	中国嘉德	2017-12-19
沙耆 风景	95.5cm×112cm	402,500	西泠拍卖	2017-07-16
沙耆 嘉兴风景	88cm×115cm	299,000	上海敬华	2017-07-01
沙耆 裸女	44cm×78cm	207,000	上海敬华	2017-07-01
沙耆 上山虎	53cm×44cm	172,500	朵云轩	2017-06-26
沙耆 神曲	48.5cm×50cm	215,468	保利香港	2017-10-02
山口长男 1965年作 带	91.4cm×121.3cm	4,365,800	香港蘇富比	2017-09-30
山口长男 黄色眼睛	121.9cm×90.8cm	6,551,290	纽约蘇富比	2017-05-18
山口长男 一九六八年作 作品 画框	11cm×31.5cm	356,400	香港蘇富比	2017-04-03
山口长男 一九三三年作 玻璃 画框	53cm×71cm	501,188	香港蘇富比	2017-04-03
山口长男 约一九四〇年作 作品 画框	28cm×40cm	423,225	香港蘇富比	2017-04-03
山口长男 约一九五〇至一九五五年作 作品 画框	24cm×33cm	389,813	香港蘇富比	2017-04-03
山姆·弗朗西斯 1988年至1989年作 无题13号 画框	350cm×199.5cm	2,227,500	香港蘇富比	2017-04-02
山姆·弗朗西斯 1989年作 无题	197.5cm×167.6cm	6,290,460	香港蘇富比	2017-04-02
山姆·弗朗西斯 1994年作 Untitled（SF94-020）	69cm×92cm	1,140,000	佳士得（上海）	2017-09-24
山田正亮 1958年作 作品 B·180	73cm×91cm	199,575	佳士得	2017-05-28
山田正亮 1961-1962年作 作品 C.98	130.3cm×80.2cm	957,375	佳士得	2017-11-26
上前智佑 1956年作 无题	162cm×130cm	3,569,000	香港蘇富比	2017-09-30
上前智佑 1972年作 无题	168cm×137.5cm	363,125	香港蘇富比	2017-10-01
尚·杜布菲	88cm×61.5cm	22,834,613	伦敦蘇富比	2017-06-28
尚·杜布菲《路边》（无图）	116.2cm×61.9cm	6,789,560	伦敦蘇富比	2017-03-08
尚·杜布菲 船II	145.7cm×114cm	15,005,458	纽约蘇富比	2017-05-18
尚·杜布菲 指手划脚	73cm×60cm	37,384,138	纽约蘇富比	2017-05-18
尚·米榭·巴斯基亚《锦标》（无图）	218.7cm×172.8cm	23,639,720	伦敦蘇富比	2017-03-08
尚·米榭·巴斯基亚 1983年作	整体:244cm×191cm	56,289,975	伦敦蘇富比	2017-06-28
尚·米榭·巴斯基亚 1983年作	76cm×56cm	3,509,183	伦敦蘇富比	2017-06-28
尚·米榭·巴斯基亚 1984年作 无题	183cm×122cm	36,727,500	保利香港	2017-10-02
尚·米榭·巴斯基亚 1984年作 致水神	209.6cm×274cm	37,678,163	香港蘇富比	2017-04-02
尚·米榭·巴斯基亚 安塔尔	200cm×280cm	24,537,118	纽约蘇富比	2017-05-18
尚·米榭·巴斯基亚 无题	183.2cm×173cm	763,137,163	纽约蘇富比	2017-05-18
尚·米榭·巴斯基亚 舞台一侧	149.9cm×99.7cm	41,269,325	纽约蘇富比	2017-05-18
尚·史考利 希等寺岛	91.4cm×91.4cm	3,991,500	佳士得	2017-05-27
尚·斯卡里《两光之间》	整体:244cm×274cm	6,892,856	伦敦蘇富比	2017-03-08

拍品名称	物品尺寸	成交价RMB	拍卖公司	拍卖日期
尚小云 油画像（一幅）	70cm×53cm	184,000	北京保利	2017-12-18
尚扬 1983年作 窑洞—黄土系列	100cm×103cm	1,840,000	西泠拍卖	2017-07-16
尚扬 1991-1999年作 E地风景之十六	61.5cm×122cm	2,070,000	西泠拍卖	2017-07-16
尚扬 1995年作 SALE	153cm×192cm	5,175,000	北京保利	2017-06-04
尚扬 1999年作 E地风景-7	51cm×84cm	638,250	佳士得	2017-11-25
沈忱 2012年作 无题12447-12号（三联作）	每张:63cm×112cm	155,625	香港蘇富比	2017-10-01
沈汉武 2014年作 龙的血统	122.2cm×152.5cm	277,188	佳士得	2017-05-28
沈行工 1996年作 春暖	114cm×162.5cm	345,000	中国嘉德	2017-12-19
沈宇飞 2017年 事事如意	50cm×70cm	207,000	华艺国际	2017-11-25
石冲 2006年 物语——水、空气和身体之二	50cm×36cm	402,500	中国嘉德	2017-12-19
石冲 2006年 物语——水、空气和身体之一	50.5cm×35.5cm	402,500	中国嘉德	2017-12-19
石川钦一郎 1926年作 台湾风景	43cm×51cm	391,760	中国嘉德	2017-10-02
石村 2017年作 佛·莲花	116cm×76cm	920,000	北京保利	2017-12-16
石齐 2017年作 千嶂	79cm×59cm	920,000	北京荣宝	2017-12-02
石田彻也 1996年作 丰田汽车 IPSUM	59.4cm×84.1cm	3,033,540	佳士得	2017-05-27
石田彻也 1996年作 空置大厦内的经理座位	145.6cm×103cm	3,148,700	佳士得	2017-11-25
狩野宏明 2006年作 花园（双联幅）	227.3cm×363.6cm	192,360	羅芙奧	2017-06-03
舒群 1991年作 文化POP系列·崔健D	130cm×120cm	1,667,500	北京匡时	2017-12-04
司徒立 2004年作 古堡	114cm×146cm	904,188	佳士得	2017-11-25
斯里哈迪. 苏达索诺 2012年作 婆罗浮屠-心灵和灵魂的纯净	145cm×185cm	797,813	佳士得	2017-11-26
斯里哈迪. 苏达索诺 2015年作 Tari Topeng-神秘世界的精神	130cm×150cm	638,250	佳士得	2017-11-26
斯里哈迪·苏达索诺 1965年作 雅典卫城	92cm×118cm	609,813	佳士得	2017-05-28
斯里哈迪·苏达索诺 2000年作 勒功舞蹈精神	130cm×100cm×3;130cm×300cm	1,276,500	佳士得	2017-11-25
斯里哈迪·苏达索诺 地平线	130cm×97cm	726,250	香港蘇富比	2017-09-30
斯里哈迪·苏达索诺 峇里海滩（峇里海边风景）	100cm×130cm	985,625	香港蘇富比	2017-10-01
斯里哈迪·苏达索诺 雷贡舞者	130cm×96cm	222,750	香港蘇富比	2017-04-03
斯里哈迪·苏达索诺 舞者	52.5cm×44.5cm	155,625	香港蘇富比	2017-10-01
斯里哈迪·苏达索诺 杨格舞者	134cm×194cm	723,938	香港蘇富比	2017-04-03
斯里哈迪·苏达索诺 站立的舞者	140cm×94cm	389,813	香港蘇富比	2017-04-03
松山智一 2015年作 SAVE ME AND GET YOURS	137.2cm×172.7cm	210,663	佳士得	2017-05-28
宋冬 尹秀珍 2006年作（I）如果你看到什么，要说（II）如果你没看到什么，别说	每张:50cm×150.3cm	197,125	香港蘇富比	2017-10-01
宋元元 2014-2015年作 午夜88	160cm×210cm	184,000	北京保利	2017-06-04
苏加那·克尔顿 吃西瓜的阿凡迪	89cm×57cm	985,625	香港蘇富比	2017-10-01
苏拉吉 2012年作 给予精神	235cm×345cm	166,313	佳士得	2017-05-28
苏珊·杜尚 1916至1920年作 两个孤独者在远处的辐射	73.1cm×50cm	12,013,250	纽约佳士得	2017-11-13
苏天赐 1979年作 天台山国清寺	53cm×37cm	414,000	北京诚轩	2017-06-19
苏天赐 1980年代作 苏南初春	80cm×64cm	8,050,000	中国嘉德	2017-12-19
苏天赐 1990年作 静静的溪流	55cm×55cm	568,052	中国嘉德	2017-10-02
苏天赐 1992年作 大理花	64cm×49.5cm	1,150,000	西泠拍卖	2017-07-16
苏天赐 1995年作 春风又绿江南岸	54cm×65cm	747,500	保利华谊	2017-12-08
苏天赐 1996年作 玉瓶银花	56cm×56cm	1,150,000	西泠拍卖	2017-07-16

拍品名称	物品尺寸	成交价RMB	拍卖公司	拍卖日期
苏天赐 1997年作 漓江小景	35cm×45cm	333,500	保利华谊	2017-12-08
苏天赐 1998年作 江南景色	56cm×56cm	943,000	北京匡时	2017-12-04
苏旺伸 1995年作 防空洞	79.5cm×89.7cm	177,400	佳士得	2017-05-28
苏旺伸 2000年作 破土典礼	200cm×170cm	372,313	佳士得	2017-11-26
苏笑柏 2006年作 蹊径	121.4cm×122cm	630,828	保利香港	2017-04-03
苏笑柏 2007年作 大圆	143.8cm×136cm；144cm×180cm；144cm×316cm	1,261,656	保利香港	2017-04-03
苏笑柏 2010年作 后朱-1	141cm×151cm	632,500	北京保利	2017-06-04
苏新平 远眺	97cm×130cm	172,500	北京华辰	2017-06-05
苏玉云 约1940年作 早晨之梦后	47.5cm×40cm	310,450	佳士得	2017-05-28
苏佐佐诺 1956年作 遗址和钢琴	125.5cm×200cm	8,036,220	佳士得	2017-05-27
苏佐佐诺 1970年作 ORKES MUTIARA：KRONCHONG（合奏）	59.5cm×67.5cm	498,938	佳士得	2017-05-28
苏佐佐诺 风景	90cm×180cm	1,113,750	香港蘇富比	2017-04-03
苏佐佐诺 花瓶中的玫瑰	65.5cm×47cm	222,750	香港蘇富比	2017-04-03
苏佐佐诺 舞蹈预备	98cm×83cm	723,938	香港蘇富比	2017-04-03
孙浩 2007年作 舞蹈系小麻雀们的功课	130cm×180cm	253,000	际华春秋	2017-06-23
孙宗慰 1943年作 蒙藏人民歌舞图	90cm×120cm	5,175,000	北京保利	2017-12-16
孙宗慰 1955年作 女车工	55.5cm×68cm	1,610,000	北京匡时	2017-06-03
塔玛拉·德·蓝碧嘉 约1924年作 克丝特的肖像	133.1cm×58.1cm	19,966,850	纽约佳士得	2017-11-13
谭平 2014年作 无题	120cm×150cm	287,500	中国嘉德	2017-06-19
谭平 2015年作 无题	100cm×120cm	322,000	北京匡时	2017-12-04
汤姆·卫索曼《吸烟者#5（口#19）》（无图）	246cm×168cm	33,323,720	伦敦蘇富比	2017-03-08
汤姆·卫索曼 吸烟者#21	189.2cm×171.5cm	17,491,978	纽约蘇富比	2017-05-18
唐晖 1994年作 在DOS的轨道	218cm×109cm	176,292	保利香港	2017-10-02
唐伟民 2011年作 节日	147cm×110cm	517,500	广东崇正	2017-06-15
唐伟民 2013年作 祈福	149cm×90cm	345,000	中国嘉德	2017-06-19
唐一禾 1932年作 静物	24cm×33cm	747,500	中国嘉德	2017-06-19
唐蕴玉 1930年代作 女子肖像	79cm×64cm	690,000	北京保利	2017-06-04
唐志冈 2001年 儿童开会之四	169.5cm×200cm	460,000	中国嘉德	2017-12-19
唐志冈 2004年作 儿童时代	131cm×162cm	518,750	香港蘇富比	2017-10-01
唐志冈 2005年作 中国童话系列	180cm×150cm	445,500	香港蘇富比	2017-04-03
堂本尚郎 1958年作 无题 画框	161.7cm×130cm	1,002,375	香港蘇富比	2017-04-02
堂本尚郎 1958年作 无题 画框	186.5cm×67cm	467,775	香港蘇富比	2017-04-03
堂本尚郎 1959年作 1959-17	96.5cm×130cm	340,400	佳士得	2017-11-26
堂本尚郎 1959年作 无题	92cm×60cm	267,300	香港蘇富比	2017-04-03
藤田嗣治 1925年作 织女与猎犬（双联作）	Left：142cm×58cm；Right：142cm×60cm	9,047,000	香港蘇富比	2017-09-30
藤田嗣治 1926年作 知己	54cm×65cm	3,659,300	佳士得	2017-11-25
藤田嗣治 1926年作 梦中的裸女小雪	50cm×73cm	2,116,125	香港蘇富比	2017-04-02
藤田嗣治 1926年作 朋友俩	33.3cm×41.5cm	851,000	佳士得	2017-11-26
藤田嗣治 1932年作 斜躺裸女	71.5cm×91cm	6,439,620	佳士得	2017-05-27
藤田嗣治 1943年作 卧睡少女	22.3cm×27.5cm	531,875	佳士得	2017-11-26
藤田嗣治 1955年作 妈妈的礼帽		4,266,200	香港蘇富比	2017-09-30
藤田嗣治 1957年作 岩间圣母	46.2cm×38.2cm	7,055,000	香港蘇富比	2017-09-30
藤田嗣治 约1925年作 海之物语	29cm×90cm	345,000	北京保利	2017-12-16
天野喜孝 科学小飞侠	150cm×280cm	158,400	羅芙奧	2017-12-03
田中敦子 1990年作 90B	117cm×91cm	2,640,000	羅芙奧	2017-12-03
屠宏涛 2008年作 荒木的朋友	180cm×230cm	274,800	羅芙奧	2017-06-04
屠宏涛 2010年作 集书崖	150.5cm×210.5cm	322,000	中国嘉德	2017-06-19

拍品名称	物品尺寸	成交价RMB	拍卖公司	拍卖日期
托马斯·劳伦斯爵士，P·R·A·尊贵的查尔斯·詹姆斯·福克斯（1749–1806年）肖像	76.2cm×63.5cm	1,896,563	伦敦蘇富比	2017-07-05
妥木斯 1981年 草原	61cm×100.5cm	184,000	中国嘉德	2017-12-19
瓦西里·康丁斯基 1909年作 穆尔瑙—风景与绿屋	70cm×96cm	181,820,738	伦敦蘇富比	2017-06-21
瓦西里·康丁斯基 1913年10月作 白线构图	119.5cm×110cm	286,185,863	伦敦蘇富比	2017-06-21
瓦西里·康丁斯基 1943年10至11月作 三个正方形上的四人像	42cm×58cm	4,029,383	伦敦蘇富比	2017-06-21
汪楚雄 2015年作 觅香	150cm×100cm	172,500	广东崇正	2017-12-13
汪亚尘 1920年 金鱼	37cm×44cm	747,500	中国嘉德	2017-12-19
汪亚尘 1931年作 巴黎教堂	45.7cm×38cm	734,550	保利香港	2017-10-02
汪亚尘 1935年作 芍药花	38cm×50cm	548,464	保利香港	2017-10-02
王岱山 2009年作 花语之一	98cm×150cm	156,999	中国嘉德	2017-05-29
王岱山 2014年作 枝蔓	100cm×150cm	276,000	北京匡时	2017-12-04
王岱山 2015年作 影子之三	80cm×138cm	172,500	北京华辰	2017-12-16
王道源 1953年作 武汉长江大桥施工	73cm×60cm	575,000	广东崇正	2017-06-15
王道源 蓝衣肖像	73cm×60cm	517,500	西泠拍卖	2017-07-16
王德威 1972年作 进度	64.5cm×129cm	431,250	北京荣宝	2017-06-02
王光乐 2002年作 水磨石	50cm×49.8cm	466,875	香港蘇富比	2017-10-01
王光乐 2004年作 九罐丙烯	76cm×51cm	322,000	北京保利	2017-06-04
王光乐 2004年作 寿漆	76cm×51cm	437,000	北京保利	2017-06-04
王光乐 2009年作 90917	180cm×160cm	2,160,000	佳士得（上海）	2017-09-24
王光乐 2012年作 120103	114cm×146cm	1,092,500	北京保利	2017-06-04
王光乐 2012年作 120605	280cm×180cm	1,971,250	香港蘇富比	2017-10-01
王光乐 2013年作 130629	116cm×114cm	690,000	北京保利	2017-06-04
王广义 1986年作 后古典—马拉之死	100cm×120cm	2,645,000	北京匡时	2017-12-04
王广义 1987年作 黑色理性——病理学（双面画）	65.5cm×88.5cm	4,945,000	中国嘉德	2017-06-19
王广义 1988年 毛主席在延安	84.5cm×64.5cm	5,520,000	中国嘉德	2017-12-19
王广义 1988年作 人体三段式	88.8cm×64.2cm	1,010,563	佳士得	2017-11-26
王广义 1989年作 国际会谈—必要的签字	120cm×150cm	3,622,500	北京匡时	2017-06-03
王广义 1989年作 毛泽东 OU 画框	98cm×99cm	1,782,000	香港蘇富比	2017-04-02
王广义 1989年作 圣母与子 画框	119cm×99.5cm	1,893,375	香港蘇富比	2017-04-02
王广义 1993年作 小批判	98cm×98.5cm	575,000	北京诚轩	2017-06-19
王广义 1995年作 大批判系列—卡地亚	149.5cm×100cm	904,188	佳士得	2017-11-26
王广义 1997年 大批判——Swissair	100cm×100cm	460,000	中国嘉德	2017-12-19
王广义 1997年作 Visa系列 画框	148cm×148cm	612,563	香港蘇富比	2017-04-03
王广义 1997年作 大批判系列–Davidoff 画框	150cm×120cm	835,313	香港蘇富比	2017-04-03
王广义 1998年作 大批判·LG	149cm×149cm	552,000	中国嘉德	2017-06-19
王广义 2003年作 大批判系列（苏富比）	50cm×40cm	178,600	香港蘇富比	2017-01-19
王广义 2004年作 大批判系列：斯沃琪	60.3cm×70cm	189,248	保利香港	2017-04-03
王国斌 2013年作 思念	145cm×100cm	1,322,500	际华春秋	2017-06-23
王海洋 2013年作 无题	135cm×180cm	402,500	北京保利	2017-06-04
王华祥 1995年 山妖	70.5cm×93.5cm	253,000	中国嘉德	2017-12-19
王怀庆 2002年作 房中房—红色之床（双联作）	200cm×240cm；200cm×120cm	19,334,700	香港蘇富比	2017-04-02
王济远 1949年作 自画像	91.5cm×76.3cm	225,000	香港蘇富比	2017-10-01
王济远 1951年作 瓶菊	121cm×74.7cm	225,000	香港蘇富比	2017-10-01

拍品名称	物品尺寸	成交价RMB	拍卖公司	拍卖日期
王济远 1951年作 千岛湖	75cm×90cm	325,000	香港蘇富比	2017-10-01
王济远 1951年作 水果静物	76.3cm×92cm	937,500	香港蘇富比	2017-10-01
王济远 极目群山	62.5cm×75cm	437,500	香港蘇富比	2017-10-01
王济远 骏马	63.5cm×76.7cm	150,000	香港蘇富比	2017-10-01
王济远 路上雪景	76.5cm×63.5cm	237,500	香港蘇富比	2017-10-01
王济远 中央公园	62.5cm×74.6cm	275,000	香港蘇富比	2017-10-01
王劼音 1997年作 冰川传奇	60cm×80cm	186,086	保利香港	2017-10-02
王劼音 1997年作 悠然	60cm×80cm	195,500	朵云轩	2017-12-15
王劼音 1998年作 无题	60.5cm×83cm	157,707	保利香港	2017-04-03
王劼音 2001年作 港湾桅影	61cm×73cm	186,086	保利香港	2017-10-02
王劼音 2001年作 无题	100cm×60cm	157,707	保利香港	2017-04-03
王劼音 2004年作 花卉图谱	140cm×50cm	176,292	保利香港	2017-10-02
王劼音 2005年作 花开青云	60cm×80cm	218,500	西泠拍卖	2017-07-16
王劼音 2006年 绿色的家乡	100cm×135cm	460,000	中国嘉德	2017-12-19
王劼音 2006年作 蓝色妖姬	135cm×100cm	460,000	保利华谊	2017-12-08
王劼音 2012年作 古典花卉	194cm×140cm	632,500	北京保利	2017-06-04
王金成 尼泊尔	170cm×300cm	645,975	香港蘇富比	2017-04-03
王劲松 1994年 舞台游乐园	170cm×200cm	609,500	中国嘉德	2017-12-19
王珂 粉墨	170cm×150cm	1,357,000	际华春秋	2017-06-23
王克举 2017年作 丰收的花朵之二	100cm×120cm	345,000	北京华辰	2017-12-16
王攀元 长相思	60.2cm×50cm	221,750	佳士得	2017-05-28
王其钧 流水抚轻舟	83cm×130cm	552,000	北京翰海	2017-06-03
王其智 2016年作 毛主席像	90cm×70cm	4,370,000	北京翰海	2017-06-03
王晓燕 2016年作 自画像	100cm×80cm	345,000	北京翰海	2017-06-03
王兴伟 1998年作 新兵	195cm×118cm	2,672,600	香港蘇富比	2017-09-30
王兴伟 1999年作 觉醒的道德	92cm×80cm	4,830,000	北京保利	2017-12-16
王兴伟 2005年作 无题	88cm×99.7cm	552,000	上海敬华	2017-07-01
王雅桐 2015年作 初心	80cm×100cm	690,000	北京保利	2017-06-04
王雅桐 2017年作 马说	260cm×150cm	1,380,000	北京保利	2017-06-04
王雅桐 2017年作 缱绻	110cm×180cm	598,000	北京保利	2017-12-16
王亚彬 2008年作 无题	200cm×120cm	172,500	北京保利	2017-06-04
王衍成 2014年作 无题	180cm×180cm	18,400,000	北京保利	2017-12-16
王沂东 红绣球 镜心	100cm×150cm	7,015,000	北京保利	2017-11-10
王易罡 2013年 浅绛系列	200cm×130cm	230,000	华艺国际	2017-11-25
王音 1999年作 无题	65cm×64cm	483,000	北京保利	2017-06-04
王音 2005年作 花	225cm×420cm	2,300,000	北京匡时	2017-06-03
王音 2006年作 花	180cm×240cm	1,380,000	北京保利	2017-06-04
王音 2012年作 加油站	201cm×251cm	1,380,000	中国嘉德	2017-06-19
王音 2014年 无题	210cm×130cm	977,500	中国嘉德	2017-12-19
王音 2014年作 采薇No.3	60cm×80cm	322,000	保利华谊	2017-12-08
王音 2014年作 民族舞	150cm×230cm	1,245,000	香港蘇富比	2017-09-30
王音 2015年作 在火车上	150cm×230cm	1,320,000	佳士得（上海）	2017-09-24
王雨馨 2016年作 追梦	120cm×120cm	299,000	上海东方	2017-12-10
王雨馨 无题	140cm×110cm	230,000	上海东方	2017-12-10
王玉平 2000年作 鱼	100cm×220cm	368,000	上海明轩	2017-06-30
王玉平 2003年作 鱼	49.5cm×178cm	210,276	保利香港	2017-04-03
王玉平 2004年作 鱼—我跟丫急了	100.5cm×220cm	172,500	中国嘉德	2017-12-19
王郁洋 2012年作 杀戮	120cm×145cm	161,000	北京保利	2017-12-16
王郁洋 2012年作 议会	110cm×280cm	299,000	北京保利	2017-06-04
王郁洋 2012年作 州长	150cm×300cm	230,000	北京保利	2017-06-04
王中军 2016年作 园中园的绝色茶花	110cm×80cm	1,150,000	北京保利	2017-12-16
王中军 2017年作 北京红色1号	180cm×180cm	3,680,000	北京保利	2017-06-04
威廉·布吕克 柏林城市宫	80cm×135cm	1,517,250	伦敦蘇富比	2017-07-05
威廉·布吕克 柏林军械库	70cm×144cm	3,301,103	伦敦蘇富比	2017-07-05
威廉·德·库宁 1972年作 风景	91.4cm×121.9cm	12,293,820	佳士得	2017-05-27
威廉·德罗斯特《花神福罗拉》	99cm×84cm	32,046,625	纽约蘇富比	2017-01-25

拍品名称	物品尺寸	成交价RMB	拍卖公司	拍卖日期
韦尔申 1994年作 守望者	175cm×175cm	943,000	中国嘉德	2017-12-19
韦尔申 2003年作 带你去飞翔	176cm×155cm	402,500	北京保利	2017-06-04
韦尔申 清晨高尔夫 框	80cm×100cm	504,000	百高拍卖	2017-11-19
韦嘉 2008年作 哭墙 画框	99cm×200cm	423,225	香港蘇富比	2017-04-03
韦启美 1994年作 群花	80cm×99.5cm	667,000	北京匡时	2017-06-03
韦启美 1995年作 春雨江南	65.5cm×80cm	644,000	北京匡时	2017-12-04
韦启美 雨中	40cm×40cm	230,000	中国嘉德	2017-12-19
维参特·马南萨拉 1973年作 音乐家	101cm×137cm	3,778,620	佳士得	2017-05-27
维参特·马南萨拉 1980年作 受难	155cm×109cm	2,944,460	佳士得	2017-11-25
维参特·马南萨拉 1971年作 鱼贩	82.5cm×95cm	2,021,125	佳士得	2017-11-26
维达雅 1994年作 华丽的大树	94.5cm×140cm	277,188	佳士得	2017-05-28
维克多·瓦沙雷利 1956、1976年作 YABLA	145cm×65cm	480,000	佳士得（上海）	2017-09-24
维克多·瓦沙雷利 1970-1975、1988年作 DINN-C	62cm×62cm	336,000	佳士得（上海）	2017-09-24
卫天霖 1930年代早期 紫禁城外	44.5cm×45.5cm	575,000	北京保利	2017-06-04
卫天霖 寺庙	82cm×86cm	218,500	上海敬华	2017-07-01
魏东 2012年作 我的叙事者	100cm×100cm	747,500	北京保利	2017-06-04
魏巨川 2017年作《中国制造—工业2.0》（1）	135cm×150cm	345,000	广东崇正	2017-12-13
魏乐唐 1975年作 山水	61.5cm×92cm	609,813	佳士得	2017-05-28
魏立刚 金墨大草·西湖艋 龙山凤箫曲 镜框	97cm×90.5cm	177,400	佳士得	2017-05-29
文森·梵谷 1889年9月初作于圣雷米 田野里犁地的农夫	50.3cm×64.9cm	538,939,250	纽约佳士得	2017-11-13
文森·梵谷 1889年作 收割者（摹米勒）	43.3cm×24.3cm	210,204,150	伦敦佳士得	2017-06-27
文森·席尔瓦·马南萨拉《市集》	111.5cm×140cm	5,221,260	香港蘇富比	2017-04-02
翁伟 海棠花开 镜心	162cm×130cm	391,000	北京保利	2017-11-10
吾妻兼治郎 1976年作 MU-767	61cm×32.5cm	197,125	香港蘇富比	2017-09-30
吴大羽 1980年代作 采韵	53cm×38cm	7,015,000	中国嘉德	2017-12-19
吴大羽 1980年代作 飞光采韵	53.5cm×39cm	6,670,000	中国嘉德	2017-06-19
吴大羽 1980年作 绿韵	53cm×39cm	9,200,000	北京匡时	2017-06-03
吴大羽 1980年作 无题---106	51cm×36.5cm	6,555,000	北京匡时	2017-12-04
吴大羽 采韵-29	53cm×38cm	7,744,100	佳士得	2017-11-25
吴大羽 繁花争艳	45.5cm×32.5cm	7,573,500	香港蘇富比	2017-04-02
吴大羽 无题	35cm×38.5cm	402,500	朵云轩	2017-06-26
吴大羽 星火燎原 镜心	38cm×58cm	287,500	北京保利	2017-04-27
吴大羽 约1980年作 无题119	54.6cm×39.5cm	6,670,000	北京保利	2017-06-04
吴笛笛 2004年作 十二生肖	200cm×85cm×12	483,000	北京保利	2017-12-16
吴冠中 1961年作 格桑花儿开	158cm×81cm	18,975,000	际华春秋	2017-06-23
吴冠中 1963年作 富春江边	61cm×46cm	17,825,000	北京保利	2017-12-16
吴冠中 1963年作 瓜州古渡	29cm×38cm	1,170,125	佳士得	2017-11-25
吴冠中 1964年作 风景	49.5cm×49.5cm	1,207,500	朵云轩	2017-06-26
吴冠中 1972年作 苇塘秋雁	24cm×33cm	4,830,000	北京保利	2017-06-04
吴冠中 1972年作 喜鹊	36cm×28cm	5,750,000	北京保利	2017-12-16
吴冠中 1974 1993年作 野菊	46cm×61cm	9,177,300	香港蘇富比	2017-04-02
吴冠中 1974年作 红莲	54cm×73cm	32,775,000	北京保利	2017-06-04
吴冠中 1974年作 七十年代上海	45.5cm×60cm	20,003,000	香港蘇富比	2017-09-30
吴冠中 1974年作 松林	46cm×46cm	27,335,880	保利香港	2017-04-03
吴冠中 1975年作 乞力马扎罗雪山	100cm×180cm	32,200,000	北京保利	2017-06-04
吴冠中 1975年作 坦桑尼亚大瀑布	100.3cm×179.6cm	44,562,700	保利香港	2017-10-02
吴冠中 1976年作 崂山松石	53.5cm×45.5cm	13,225,000	中国嘉德	2017-12-19
吴冠中 1976年作 龙须岛	36cm×29cm	4,370,000	北京保利	2017-06-04

拍品名称	物品尺寸	成交价RMB	拍卖公司	拍卖日期
吴冠中 1977年作 金色田野	61.3cm×46cm	19,998,500	佳士得	2017-11-25
吴冠中 1978年作 雨后流泉	45cm×47cm	13,800,000	北京匡时	2017-06-03
吴冠中 1979年作 蜀中水田	25.4cm×35.3cm	4,701,120	保利香港	2017-10-02
吴冠中 1980年作 风景	70cm×70cm	1,840,000	朵云轩	2017-12-15
吴冠中 1989年作 春雨	37cm×44.5cm	4,025,000	北京保利	2017-06-04
吴冠中 1990年作 姐妹（人体）	92cm×60cm	25,300,000	保利华谊	2017-12-08
吴冠中 1991年作 桂林	44cm×53cm	14,691,000	保利香港	2017-10-02
吴冠中 1993年作 彩谷	50cm×61.2cm	25,233,120	保利香港	2017-04-03
吴冠中 1994年作 春秋	48cm×58cm	5,175,000	华艺国际	2017-05-27
吴冠中 1994年作 榕树与莲花	61cm×80cm	12,919,500	香港蘇富比	2017-04-02
吴冠中 1994年作 西双版纳村寨	76cm×61cm	14,381,900	佳士得	2017-11-25
吴冠中 1994年作 忆杭州	50cm×60cm	8,395,000	保利华谊	2017-12-08
吴冠中 1996年作 红莲	91cm×60cm	22,078,980	保利香港	2017-04-03
吴冠中 1996年作 苏州东山民居	35cm×40cm	3,450,000	华艺国际	2017-11-25
吴冠中 1998年作 在天涯	92.3cm×60.1cm	10,773,400	保利香港	2017-10-02
吴山专 2001年作 今天下午停水之六号－牙膏	140cm×100.2cm	249,000	香港蘇富比	2017-10-01
吴山专 2006年作 今天下午停水	199cm×298cm	373,500	香港蘇富比	2017-10-01
吴世烈 1984年作 无题	79.4cm×38.7cm	200,475	佳士得	2017-03-23
吴世烈 2012年作 无题（共两件）	193.5cm×130cm×2	665,250	佳士得	2017-05-28
吴宜恩 荷花一组	200cm×80cm×4	1,380,000	广东崇正	2017-06-15
吴宇芳 2011年作 谷雨	130cm×120cm	345,000	广东崇正	2017-06-15
吴育纶 南岛午后	116cm×80cm	207,000	际华春秋	2017-06-23
吴长富 2004年作 工业日记	150cm×150cm	2,127,500	北京翰海	2017-12-16
吴长富 2006年作 工业日记2006	150cm×150cm	1,288,000	北京翰海	2017-06-03
吴长富 2016年作 千山通明山	100cm×120cm	1,242,000	北京翰海	2017-06-03
吴作人 1934年作 蔷薇	50cm×40cm	3,450,000	北京匡时	2017-12-04
武高谈 1956年作 斗鸡	60cm×73cm	372,313	佳士得	2017-11-26
武高谈 1960年作 万斯村	92cm×65cm	585,063	佳士得	2017-11-26
武高谈 1964年作 诗人	81cm×100cm	332,625	佳士得	2017-05-28
武高谈 1968年作 母亲	73cm×60cm	354,800	佳士得	2017-05-28
武高谈 1970年作 家庭	48.5cm×40.5cm	166,313	佳士得	2017-05-28
武高谈 1972年作 会面	92cm×73cm	297,850	佳士得	2017-11-26
武高谈 1978年作 红色的神性	144cm×96cm	255,300	佳士得	2017-11-26
武高谈 1979年作 诗人	146cm×97cm	498,938	佳士得	2017-05-28
武高谈 1984年作 构图	113cm×145cm	1,330,500	佳士得	2017-05-28
武高谈 1984年作 天伦之乐	86.5cm×116.5cm	638,250	佳士得	2017-11-26
武元谈 1972年作 斗鸡图	46.3cm×61cm	167,438	香港蘇富比	2017-01-19
武元谈 阿德洛	100.5cm×73cm	289,575	香港蘇富比	2017-04-03
武元谈 红色神圣	73.5cm×64cm	211,613	香港蘇富比	2017-04-03
武元谈 母与子	46.5cm×55cm	200,475	香港蘇富比	2017-04-03
武元谈 母与子	71cm×59cm	186,750	香港蘇富比	2017-10-01
西奥·凡·杜斯伯格《对比构图VII》	45.3cm×45cm	13,503,800	伦敦蘇富比	2017-03-01
西奥·凡·利赛尔伯格 1892年作 黄昏的安特卫普埃斯科河上游 或 埃斯科河上的帆船	66.7cm×90.5cm	73,554,113	伦敦蘇富比	2017-06-21
西格马·波尔克《印刷错误》（无图）	110cm×90cm	6,273,080	伦敦蘇富比	2017-03-08
西格马·波尔克 1975年作《锻铁场》（无图）	150cm×130.4cm	20,734,520	伦敦蘇富比	2017-03-08
西蒙·韩泰 M·D·4（玛丽安）	235.5cm×207cm	22,465,018	纽约蘇富比	2017-05-18
西茜 2016年作 默声	40cm×50cm	713,000	北京翰海	2017-01-08
席德进 1961年作 凝望	72.5cm×100cm	1,862,700	佳士得	2017-05-28
席德进 1961年作 躺卧的裸女（林丝缎）	80.5cm×116cm	4,626,072	保利香港	2017-04-03
席德进 1967年作 西门町	61.5cm×61.5cm	1,250,000	香港蘇富比	2017-10-01
夏小万 1984年作 远人	90cm×120cm	690,000	中国嘉德	2017-12-19
夏小万 1992年作 爱	144cm×112cm	1,495,000	中国嘉德	2017-06-19

拍品名称	物品尺寸	成交价RMB	拍卖公司	拍卖日期
夏星 1987年作 多风的季节	81cm×65cm	212,750	华艺国际	2017-05-27
夏星 1994年 生熟饕餮（五联作）	60cm×40cm×5	713,000	中国嘉德	2017-12-19
夏星 2017年作 清风不识字	200cm×200cm	4,370,000	北京保利	2017-12-16
夏阳 一九七五年作 苏豪漫步5	147.5cm×183.5cm	757,350	香港蘇富比	2017-04-03
肖芳凯 2012年作 景物·园林卷：1215	152cm×108cm	230,000	上海明轩	2017-06-30
肖芳凯 2014年 景物·园林卷：1405	180cm×150cm	368,000	中国嘉德	2017-12-19
肖芳凯 2014年作 景物·园林卷1418	146cm×112cm	287,500	北京匡时	2017-12-04
肖峰 1959年作 站姿女人体·女裸之三（双面画）	正面150cm×81cm；背面81cm×150cm	1,012,000	西泠拍卖	2017-07-16
萧勤 2008年作 深沉的世界	110cm×90cm	264,000	罗芙奥	2017-12-03
萧勤 1961年 大道之行	99.5cm×138cm	322,000	中国嘉德	2017-12-19
萧勤 1962年作 无题	145cm×120cm	404,225	佳士得	2017-11-26
萧勤 1963年作 光之跃动 16	90cm×140cm	2,227,500	香港蘇富比	2017-04-02
萧勤 1964年作 光之跃动 17	130cm×160cm	4,963,400	香港蘇富比	2017-09-30
萧勤 1964年作 太阳之七	100cm×130cm	1,245,000	香港蘇富比	2017-09-30
萧勤 1965年作 光耀大地	58cm×81.5cm	156,999	中国嘉德	2017-05-29
萧勤 1966年作 太阳系列	200cm×200cm	1,276,500	佳士得	2017-11-25
萧勤 1990年代作 大限外之59	60cm×150cm	525,000	香港蘇富比	2017-10-01
萧勤 1993年作 大限外之一	100cm×130cm	554,375	佳士得	2017-05-28
萧勤 1996年作 三昧地	140cm×150cm	1,250,000	香港蘇富比	2017-10-01
萧勤 1997年作 新世界之八	130cm×200cm	616,975	佳士得	2017-11-26
萧勤 2009年作 爱之宇宙-2	150cm×120cm	440,730	中国嘉德	2017-10-02
萧勤 2015年作 神光10	130cm×160cm	1,187,500	香港蘇富比	2017-10-01
萧勤 一九九九年作 心灵的体现37	110cm×140cm	723,938	香港蘇富比	2017-04-03
萧淑芳 1954年作 北京冬季的什刹海	53.5cm×40cm	4,140,000	中国嘉德	2017-12-19
小彼得·布吕赫尔 户外婚宴群舞	47.1cm×37.6cm	4,237,463	伦敦蘇富比	2017-07-05
小彼得·布吕赫尔 婚宴	71.8cm×104.7cm	15,681,863	伦敦蘇富比	2017-07-05
小威廉·凡·德·维尔德 英国皇家游艇玛丽号准备鸣礼炮	126.5cm×178cm	7,046,543	伦敦蘇富比	2017-07-05
筱原有司男 1966年作 无题 花魁系列	40.3cm×50.7cm	177,400	佳士得	2017-05-28
谢楚余 2000年 湖	120cm×100cm	713,000	华艺国际	2017-11-25
谢尔盖·波利雅科 1963-1967年作《红色抽象构图》（无图）	97cm×130cm	5,240,120	伦敦蘇富比	2017-03-08
谢景兰 1988年作 无题	206cm×123cm	1,556,250	香港蘇富比	2017-09-30
谢墨凛 2011年作 爻No·1	150cm×199cm	389,813	香港蘇富比	2017-04-03
谢墨凛 2014年作；及2014年作 迭 No·045；及迭 No·050（共两件）	84cm×83.5cm×2	262,845	保利香港	2017-04-03
谢南星 2006年作 无题 No·1	220cm×325cm	1,610,000	北京保利	2017-06-04
忻东旺 1996年 客	132cm×108cm	2,990,000	中国嘉德	2017-12-19
忻东旺 1996年作 明天，多云转晴	150cm×160.5cm	4,255,000	中国嘉德	2017-06-19
忻东旺 2001年作 白菜	51cm×41cm	207,000	西泠拍卖	2017-07-16
忻东旺 2010年作 姚琳	60cm×50cm	253,000	北京华辰	2017-06-05
忻海洲 1994年 挑战自我	180cm×180cm	184,000	中国嘉德	2017-12-19
熊宇 2006年作 舞动幻意	200cm×300cm	230,000	北京匡时	2017-12-04
徐悲鸿 1928年作 人体	33cm×40.5cm	1,380,000	中国嘉德	2017-12-19
徐冰 2001年作 鸟飞了	23cm×23cm；13cm×19cm；22cm×38cm	6,900,000	北京保利	2017-12-16
徐福厚 1997年作 人与织物之一	150cm×180cm	207,000	西泠拍卖	2017-07-16

2017书画拍卖成交汇总

(成交价RMB：15万元以上)

拍品名称	物品尺寸	成交价RMB	拍卖公司	拍卖日期
徐骥 2017年作 盛世花开	59cm×49cm	368,000	北京匡时	2017-12-04
徐里 2014年作 追忆	80cm×100cm	805,000	中国嘉德	2017-06-19
徐里 2017年作 风高气清	90cm×120cm	1,150,000	北京匡时	2017-12-04
徐芒耀 2014年作 油画工作室系列之一	160cm×120cm	13,800,000	北京华辰	2017-12-16
徐渠 2013-2014年作 暴力	200cm×320cm	368,000	北京保利	2017-06-04
徐渠 2013-2014年作 瞬间	200cm×250cm×2	529,000	北京保利	2017-12-16
徐渠 2013-2014年作 饲鹰 橙紫	200cm×265cm	264,500	北京保利	2017-12-16
徐渠 2013年作 立体迷宫-蓝黄	187.5cm×250.5cm	356,400	香港蘇富比	2017-04-03
徐渠 2014年作 萦绕之影	200cm×265cm	276,575	佳士得	2017-11-26
徐唯辛 2015年作 长城之二	80cm×100cm	322,000	上海敬华	2017-07-01
徐唯辛 黎雄才肖像	110.5cm×80cm	207,000	西泠拍卖	2017-07-16
徐唯辛 毛泽东	100cm×80cm	287,500	广东崇正	2017-06-15
徐文华 2014年作 G弦上的咏叹调	89cm×219cm	379,500	上海敬华	2017-07-01
徐震 2014年作 天下-3233GK0416	90cm×120cm	311,250	香港蘇富比	2017-10-01
徐震 2014年作 天下系列：2232MT2151 镜框	高 130cm×180cm×13cm	668,250	香港蘇富比	2017-04-03
许江 1995年作 迷失云	98cm×160cm	391,760	保利香港	2017-10-02
许江 1998年作 山水的谐音之三	98cm×160cm	440,730	保利香港	2017-10-02
许江 九九冬	100cm×160cm	504,662	保利香港	2017-04-03
许江 夏日之网	100cm×160cm	504,662	保利香港	2017-04-03
许江 约1987年作 织网	100cm×67cm	159,563	佳士得	2017-11-26
许幸之 1962年作 化肥烟涌	44cm×62cm	2,300,000	北京匡时	2017-06-03
薛保瑕 2013年作 记号空间（三联作）	86cm×216.5cm	460,000	中国嘉德	2017-06-19
薛广陈 2016年作 有蜂来仪	26cm×70cm	598,000	中国嘉德	2017-06-19
薛广陈 2017年 花开正午有凤来	25cm×80cm	517,500	中国嘉德	2017-12-19
薛松 2011年作 山村雪霁图	180cm×85cm	299,000	保利华谊	2017-12-08
雅格·约达恩 坎道列斯王之妻	66cm×53.6cm	1,517,250	伦敦蘇富比	2017-07-05
雅各布布布·德·巴尔巴里 勃兰登堡的阿尔布雷希特主教（1490-1545年）肖像	68.3cm×53.3cm	12,560,663	伦敦蘇富比	2017-07-05
雅各布布布·菲利普·哈克特 柏林蒂尔加滕古老帐棚之景观与帐棚旁的雅士 柏林蒂尔加滕古老帐棚之景观与漫步中的雅士，远见林荫大道	各48.8cm×61.8cm	1,029,563	伦敦蘇富比	2017-07-05
雅各布布布·菲利普·哈克特 柏林蒂尔加滕维纳斯水池之景观与雅士 柏林蒂尔加滕维纳斯水池之景观与骑马的绅士	各59.7cm×74.5cm	1,734,000	伦敦蘇富比	2017-07-05
雅丝明·席松 起伏	每幅：183cm×122.5cm；整体：183cm×245cm	200,475	香港蘇富比	2017-04-03
亚当·德·科斯特《烛光前手持纺纱杆的少女》	134cm×94.9cm	33,605,650	纽约蘇富比	2017-01-25
亚德里安·格尼 2011年作《扮为达尔文的自画像》（无图）	202.5cm×238.3cm	27,997,520	伦敦蘇富比	2017-03-08
亚德里安·格尼 2015年作 1945年自画像 画框	40cm×27.1cm	5,862,780	香港蘇富比	2017-04-02
亚德里安·格尼 第二展示室	200cm×229.9cm	15,005,458	纽约蘇富比	2017-05-18
亚美迪欧·莫迪利安尼 1913年作 女神柱	80cm×45.8cm	59,692,950	伦敦佳士得	2017-06-27
亚美迪欧·莫迪瑞安尼 1918年作《巴拉诺夫斯基肖像》	112cm×56cm	137,910,920	伦敦蘇富比	2017-03-01
亚尼巴勒·卡拉奇 蓄须男子肖像	44.5cm×26.7cm	6,318,263	伦敦蘇富比	2017-07-05
亚旺·达米·阿麦德 战士之梦	174cm×178cm	289,575	香港蘇富比	2017-04-03
闫平 1995年作 母与子—擦脸	110cm×120cm	504,662	保利香港	2017-04-03
闫平 1995年作 母与子—吃饭	120cm×110cm	525,690	保利香港	2017-04-03
闫平 2001年作 母与子：妈妈的宝贝	117cm×117cm	418,664	中国嘉德	2017-05-29
闫平 2005年作 花开为谁红	100.5cm×80cm	368,000	中国嘉德	2017-12-19
闫平 2013年作 新年的忧伤	200cm×180cm	1,380,000	北京华辰	2017-06-05
闫振铎 2014年作 无题之一、二、三	64cm×50cm×3	575,000	北京保利	2017-12-16
严力 1981年作 八十年代	88cm×56cm	218,500	北京匡时	2017-06-03
严培明 2004年作 李小龙	200cm×200cm	1,108,750	佳士得	2017-05-28
阎平 1995年作 母与子	140cm×120cm	244,850	保利香港	2017-10-02
阎平 1995年作 母与子	120cm×120cm	215,468	保利香港	2017-10-02
阎平 2010年作 花	60cm×70cm	517,500	际华春秋	2017-06-23
塩谷亮 2008年作 春日	80.3cm×60.6cm	234,025	佳士得	2017-11-26
颜磊 2008年作 猛龙过江	200cm×1000cm	1,265,000	北京保利	2017-06-04
颜文梁 1940年代 夕照	33cm×47.5cm	230,000	华艺国际	2017-11-25
颜文樑 枫桥夜泊	直径35cm	552,000	西泠拍卖	2017-07-16
颜文樑 江南	26.5cm×34.5cm	1,029,250	北京荣宝	2017-06-02
燕娅娅 2003年作 盼	160cm×110cm	176,292	中国嘉德	2017-10-02
杨·凡·奥斯 静物：葡萄、甜瓜、李子、白鼠、蓝山雀与玻璃缸内的两尾金鱼	38cm×31cm	867,000	伦敦蘇富比	2017-07-05
杨·凡·海瑟姆 静物：大理石架上的果实	39.4cm×32.2cm	1,300,500	伦敦蘇富比	2017-07-05
杨·凡·斯霍勒尔 男子身穿毛边斗篷戴黑帽肖像	84.2cm×67cm	3,197,063	伦敦蘇富比	2017-07-05
杨·哈菲克斯·施特恩 医生出诊	49cm×37cm	7,046,543	伦敦蘇富比	2017-07-05
杨·利文斯 青年戴贝雷帽肖像	63cm×49cm	4,445,543	伦敦蘇富比	2017-07-05
杨·桑德·凡·赫米森 匈牙利安妮皇后之弄臣伊莉萨白肖像	49.4cm×40.4cm	18,803,063	伦敦蘇富比	2017-07-05
杨参军 1998年作 无题	69cm×180cm	195,500	北京华辰	2017-12-16
杨飞云 1992年作 窗前	80cm×70cm	1,725,000	北京保利	2017-12-16
杨飞云 1993年 女模特	92cm×76cm	1,035,000	中国嘉德	2017-12-19
杨飞云 2000年作 溯水	115.5cm×81cm	8,050,000	上海明轩	2017-06-30
杨飞云 2006年作 镜中无人	200cm×100cm	4,025,000	上海明轩	2017-06-30
杨飞云 2007年作 西藏青年	46cm×61cm	402,500	北京荣宝	2017-06-02
杨立光 1930年代末40年代初 菊花和桃	45cm×34.5cm	437,000	中国嘉德	2017-06-19
杨立光 1930年代末40年代初 有鸡的静物	60cm×74cm	517,500	中国嘉德	2017-06-19
杨立光 1940年代 红衣女子	51cm×44cm	517,500	中国嘉德	2017-12-19
杨立光 1940年作 抽烟的人	46cm×38cm	782,000	中国嘉德	2017-06-19
杨茂源 1998年作 1998 No.18	180cm×230cm	1,207,500	北京保利	2017-12-16
杨秋人 1961年 友谊塔	33.5cm×46.5cm	218,500	中国嘉德	2017-12-19
杨秋人 1980年 桂林市郊风景	38.5cm×55cm	172,500	中国嘉德	2017-12-19
杨三郎 风景	49cm×59cm	161,000	北京华辰	2017-06-05
杨少斌 1993年 无题	185cm×200cm	575,000	中国嘉德	2017-12-19
杨少斌 1995年 无题	54.5cm×45cm	253,000	中国嘉德	2017-12-19
杨少斌 1996年作 警察系列之四十九、五十九（两件）油彩 画布	37cm×27cm×2	215,468	中国嘉德	2017-10-02
杨识宏 2015年作 变奏	96.3cm×128.2cm	720,688	佳士得	2017-05-28
杨识宏 2015年作 龙吟	110.5cm×146.5cm	744,625	佳士得	2017-11-26
杨述 1988年作 旧梦	170cm×180cm	322,000	北京华辰	2017-06-05
杨勋 2011-2012年作 游园惊梦之琼楼仙境图	200cm×160cm	218,500	北京保利	2017-06-04
耶罗尼米斯·博斯之追随者 地狱劫	43.6cm×58.3cm	1,517,250	伦敦蘇富比	2017-07-05
叶永青 2002年作 香蕉	140cm×111cm	230,000	中国嘉德	2017-06-19

拍品名称	物品尺寸	成交价RMB	拍卖公司	拍卖日期
叶永青 2007年 鸟	197cm×197cm	483,000	中国嘉德	2017-12-19
叶永青 2008年作 鸟	150cm×200cm	322,000	上海明轩	2017-06-30
叶永青 2008年作 涂点彩2	200cm×150cm	437,000	北京华辰	2017-06-05
叶子奇 2000-03年作 大榕树	86.5cm×127cm	2,143,440	羅芙奧	2017-06-04
叶子奇 2011-2017年作 塔米亚茶花	30.5cm×46cm	171,600	羅芙奧	2017-12-03
叶子奇 2011-2017年作 元宵节的茶花	38.1cm×91.4cm	439,680	羅芙奧	2017-06-04
叶子烟 当代 入世	60cm×50cm	172,500	北京东正	2017-06-08
叶子烟 当代 夜僧	80cm×60cm	230,000	北京东正	2017-06-08
伊德尔 2002年作 广场	170cm×120cm	322,000	际华春秋	2017-06-23
伊凡 2016年作 如花似玉	200cm×250cm	177,400	佳士得	2017-05-28
意大利北部画派，伦巴第，约1560年 绅士肖像	65.4cm×52.5cm	867,000	伦敦蘇富比	2017-07-05
尹朝阳 2001年作 失乐园4号 画框	200cm×150cm	1,559,250	香港蘇富比	2017-04-02
尹朝阳 2007年作 广场	200cm×350cm	920,000	西泠拍卖	2017-07-16
尹朝阳 2007年作 图腾·红	250cm×250cm	517,500	西泠拍卖	2017-07-16
尹朝阳 神话	200cm×100cm	552,000	上海明轩	2017-06-30
尹亨根 1978年作 UMBER BLUE 画框	65.1cm×80.5cm	1,113,750	香港蘇富比	2017-04-02
尹亨根 1989-1993年作 焦赭和深蓝	65.5cm×46cm	170,200	佳士得	2017-11-26
尹亨根 1992年作 焦赭和深蓝	162cm×130cm	1,595,625	佳士得	2017-11-25
尹亨根 1993年作 焦赭和深蓝	90.5cm×72.5cm	554,375	佳士得	2017-05-28
由金 2015年作 路径-后花园	180cm×260cm	1,104,000	佳士得（上海）	2017-09-24
于向溟 2016年作 繁花如伊	225cm×185cm	632,500	北京保利	2017-06-04
余本 1937年作 期盼	88cm×68cm	2,300,000	中国嘉德	2017-12-19
余本 1950年作 女孩	41cm×31cm	483,000	中国嘉德	2017-06-19
余本 1962年作 镜泊湖储木场	54.5cm×79.1cm	636,610	保利香港	2017-10-02
余本 1963年作 林场采伐	54.5cm×78.3cm	313,408	保利香港	2017-10-02
余本 1976年作 长江三峡	71.5cm×91.5cm	529,000	中国嘉德	2017-06-19
余承尧 春盛江山美	94cm×185.5cm	3,831,300	香港蘇富比	2017-04-02
余友涵 1990年作 圆	109cm×89.5cm	2,655,180	香港蘇富比	2017-04-02
余友涵 1991年作 1991-3 画框	113cm×113cm	2,441,340	香港蘇富比	2017-04-02
余友涵 1991年作 33451	92cm×116cm	1,452,500	香港蘇富比	2017-10-01
余友涵 1991年作 抽象 1991-2	116.5cm×162cm	4,310,820	佳士得	2017-05-27
余友涵 1997年 数风流人物还看今朝系列之三	115cm×159cm	1,725,000	中国嘉德	2017-12-19
喻红 1989年 怀旧的肖像（自画像）	129.5cm×97cm	3,680,000	中国嘉德	2017-12-19
喻红 2011年作 不能自已的律动	114cm×101cm	494,500	北京匡时	2017-12-04
元永定正 1963年作 作品 画框	116.7cm×90.9cm	9,177,300	香港蘇富比	2017-04-02
元永定正 1969年作 作品 两种色	130.5cm×162cm	1,670,625	香港蘇富比	2017-04-02
元永定正 1982年作 十二色彩球	33cm×33cm	156,275	香港蘇富比	2017-01-19
元永定正 1983年作 无题	53cm×45.5cm	446,500	香港蘇富比	2017-01-19
元永定正 1988年作 双层	41cm×31.5cm	297,850	佳士得	2017-11-26
元永定正 1989年作 米色椭圆及不规则形状 画框	130.3cm×97cm	556,875	香港蘇富比	2017-04-03
袁远 2011年作 无助	180cm×147cm	942,438	佳士得	2017-05-27
约1490-1500年作《圣母圣婴浮雕》	52.5cm×42cm	3,828,273	纽约蘇富比	2017-01-25
约翰·康斯特勃，R·A· 红瓦村舍、风车与彩虹	32.7cm×41.7cm	6,318,263	伦敦蘇富比	2017-07-05
约翰·里克特 威尼斯，从圣马可大教堂南望圣马可小广场，旁为图书馆及一群喜剧表演观众、圣马可和圣托达洛柱、远处的圣乔治马焦雷岛与朱代卡岛	122.4cm×161.4cm	2,988,983	伦敦蘇富比	2017-07-05

拍品名称	物品尺寸	成交价RMB	拍卖公司	拍卖日期
约翰·里克特 威尼斯，从圣马可小广场朝西北方望钟楼，旁为图书馆、行政官邸大楼、圣马可时钟塔、多名身穿嘉年华服饰的人与一名身穿波兰服饰的男子	129.9cm×162.3cm	3,197,063	伦敦蘇富比	2017-07-05
约瑟夫·埃布尔斯	40.5cm×40.5cm	4,757,663	伦敦蘇富比	2017-06-28
约瑟夫·埃布尔斯	40.5cm×40.5cm	4,445,543	伦敦蘇富比	2017-06-28
约瑟夫·恩桂波提《吊床》	198.5cm×301cm	6,718,140	香港蘇富比	2017-04-02
约瑟夫·恩桂波提 休息	97cm×130cm	622,500	香港蘇富比	2017-10-01
约瑟夫·马洛德·威廉·泰纳 埃伦布赖特施泰因，或拜伦《恰尔德·哈罗尔德游记》中光辉的荣耀之石与马索之墓	93cm×123cm	160,687,613	伦敦蘇富比	2017-07-05
岳敏君 1996年 99偶像系列之六十二	25.5cm×20cm	253,000	中国嘉德	2017-12-19
岳敏君 1996年 99偶像系列之四十二	25.5cm×20cm	264,500	中国嘉德	2017-12-19
岳敏君 1996年作 偶像系列第四号 油彩 画布	40cm×40cm	274,232	中国嘉德	2017-10-02
岳敏君 1997年作 农夫	144.2cm×170cm	997,875	佳士得	2017-05-28
岳敏君 2001年作 无题	120cm×140cm	1,556,250	香港蘇富比	2017-10-01
岳敏君 2004年作 闲云野鹤之十二	218cm×299cm	4,310,820	佳士得	2017-05-28
岳敏君 2005年作 后花园	280cm×400cm	3,569,000	香港蘇富比	2017-09-30
岳敏君 无题	50cm×73cm	212,750	佳士得	2017-11-26
臧瑾 2016年作 知音	60cm×80cm	632,500	北京保利	2017-06-04
臧瑾 礼佛图	60cm×60cm	184,000	大羿拍卖	2017-12-04
臧瑾 末法时代	80cm×60cm	253,000	大羿拍卖	2017-12-04
臧坤坤 2008年作 能量NO·8	119.5cm×169.5cm	172,500	北京匡时	2017-06-03
臧坤坤 2014年作 容器 III	200cm×150cm	287,500	北京保利	2017-12-16
詹建俊 1987年作 遥远的地方	162cm×131cm	3,600,000	佳士得（上海）	2017-09-24
张充仁 1940年代作 树林	60cm×78cm	587,640	保利香港	2017-10-02
张充仁 春郊放牧	96.3cm×152.5cm	3,427,900	保利香港	2017-10-02
张闯 2006年作 都市精灵之三	198cm×100cm	1,380,000	中国嘉德	2017-06-19
张大力 2016年作 竹子	113cm×93cm	230,000	北京荣宝	2017-12-02
张恩利 1997年 扑克牌	168cm×148cm	3,450,000	中国嘉德	2017-12-19
张恩利 1998年作 静物	167.3cm×148cm	1,764,180	佳士得	2017-03-23
张恩利 2006年作 容器	128cm×114cm	691,438	佳士得	2017-11-26
张恩利 2008年作 摄影展	209cm×199cm	1,141,250	香港蘇富比	2017-09-30
张恩利 2009年作 花	179cm×158.5cm	1,058,063	香港蘇富比	2017-04-03
张恩利 2011年作 剥落的马赛克3号	150cm×150cm	835,313	香港蘇富比	2017-04-03
张恩利 2011年作 铁网4号	249.8cm×199.8cm	1,559,250	香港蘇富比	2017-04-02
张广军 2015年作 芦荡深处	120cm×200cm	575,000	中贸圣佳	2017-12-21
张京生 1996年作 敦煌印象（一组三件）	99cm×78cm×2；114cm×83cm	287,500	北京华辰	2017-12-16
张荔英《月饼与灯笼》	65cm×53cm	1,893,375	香港蘇富比	2017-04-02
张荔英 约1960-1969年作 海边	60cm×80cm	1,660,000	香港蘇富比	2017-09-30
张林海 2002年作 牧之二 油彩 画布	200cm×250cm	293,820	中国嘉德	2017-10-02
张淑芬 2010年作 山之岭	110cm×163cm	501,600	羅芙奧	2017-12-03
张淑芬 2012年作 润雪	97cm×130cm	396,000	羅芙奧	2017-12-03
张淑芬 2013年作 幽邃	139cm×161cm	396,000	羅芙奧	2017-12-03
张淑芬 2017年作 春晨曙光	145cm×112cm	1,003,200	羅芙奧	2017-12-03
张晓刚 1982年作 夕歌	28.5cm×45cm	690,000	华艺国际	2017-05-27
张晓刚 1990年作 夜 第四号	53.5cm×38cm	1,543,380	佳士得	2017-05-28
张晓刚 1997年作 血缘：大家庭	128cm×99cm	3,778,620	佳士得	2017-05-27
张晓刚 1997年作 血缘系列第五十二号 油彩 画布	48cm×38cm	1,762,920	中国嘉德	2017-10-02
张晓刚 1999年作 血缘——大家庭·戴军帽的男青年	190cm×150cm	4,830,000	北京保利	2017-06-04

拍品名称	物品尺寸	成交价RMB	拍卖公司	拍卖日期
张晓刚 2002–2005年作 全家福	280cm×450cm	29,325,000	北京保利	2017–12–16
张晓刚 2002年 小海军	190cm×150cm	6,957,500	中国嘉德	2017–12–19
张晓刚 2003年作 失忆与记忆：床	120cm×150cm	2,628,450	保利香港	2017–04–03
张晓刚 2003年作 失忆与记忆第二号 油彩 画布	40cm×50cm	1,175,280	中国嘉德	2017–10–02
张晓刚 2004年作 盼望	100cm×80cm	1,382,875	佳士得	2017–11–26
张晓刚 2005年作 红色女孩	91cm×64cm	2,070,000	北京华辰	2017–12–16
张晓刚 2006–2007年作 女孩	100cm×85cm	4,025,000	保利华宜	2017–12–08
张晓刚 2006年作 In-Out Series No. 11	150cm×200cm	745,650	纽约佳士得	2017–11–16
张晓刚 2006年作 里和外4号	170cm×330cm	5,175,000	北京保利	2017–06–04
张晓刚 2006年作 血缘：大家庭系列	160cm×200cm	9,313,500	中国嘉德	2017–05–29
张晓刚 2008年作 里与外—大坝	300cm×500cm	9,200,000	北京匡时	2017–12–04
张晓刚 2013～2017年作 暗红	50cm×60cm	900,000	佳士得（上海）	2017–09–24
章剑 2001年作 两个人	200cm×150cm	414,000	中国嘉德	2017–06–19
章剑 2005年作 广场	200cm×300cm	155,625	香港蘇富比	2017–10–01
章剑 2006年 天安门系列	200cm×145cm	230,000	中国嘉德	2017–12–19
赵春翔 一九六八年作 幸福	69cm×68cm	334,125	香港蘇富比	2017–04–03
赵春翔 一九七三年作 五福临门II	178cm×95cm	556,875	香港蘇富比	2017–04–03
赵梦歌 2012年作 惊鸿	100cm×100cm	345,000	北京翰海	2017–06–03
赵梦歌 2015年作 自在	140cm×95cm	460,000	北京翰海	2017–12–16
赵梦歌 人物	80cm×110cm	207,000	际华春秋	2017–06–23
赵容翊 1978年作 作品 78–513	91cm×72.5cm	266,100	佳士得	2017–05–28
赵文华 1996年作 生命之光	121cm×140cm	218,500	北京华辰	2017–06–05
赵无极 1948年作 无题	44cm×63cm	4,374,140	佳士得	2017–11–26
赵无极 1948年作 无题	46cm×38cm	3,022,800	羅芙奥	2017–06–04
赵无极 1948年作 无题（荷塘与水鸟）	38cm×46cm	1,808,375	佳士得	2017–11–26
赵无极 1949年作 09・11・49	27cm×22cm	2,726,460	佳士得	2017–03–23
赵无极 1949年作 村落	38cm×46cm	3,778,620	佳士得	2017–05–28
赵无极 1951年作 无题（茶壶、花瓶与花枝）	54cm×65cm	9,071,660	佳士得	2017–11–25
赵无极 1952年作 月满千帆	105cm×120cm	27,654,413	香港蘇富比	2017–04–02
赵无极 1952至1955年作 庄园 07・52–05・06・55	54cm×65.5cm	8,642,700	香港蘇富比	2017–04–02
赵无极 1953年作 圆桌静物	60cm×81.5cm	17,196,300	香港蘇富比	2017–04–02
赵无极 1954年作 漂浮的城市	46cm×55cm	11,318,300	佳士得	2017–11–25
赵无极 1957年作 小树林	53cm×80cm	14,892,500	佳士得	2017–11–25
赵无极 1959年作 24.03.59–31.12.59	162.3cm×99.5cm	50,928,800	保利香港	2017–10–02
赵无极 1960年作 09.02.60	73cm×92cm	13,376,000	羅芙奥	2017–12–03
赵无极 1962年作 16.04.62（三联作）	90cm×44cm	9,669,500	中国嘉德	2017–10–02
赵无极 1963年作 09.01.63	130cm×195cm	63,111,125	香港蘇富比	2017–09–30
赵无极 1964年作 16・02・64	64.8cm×80.2cm	11,229,420	佳士得	2017–05–28
赵无极 1964年作 29.01.64	260cm×200cm	172,412,600	佳士得	2017–11–25
赵无极 1964年作 29・09・64	230cm×345cm	135,586,820	佳士得	2017–05–27
赵无极 1965年作 11・6・65	112.7cm×161cm	24,181,740	保利香港	2017–04–03
赵无极 1967年作 05.07.67		4,764,200	香港蘇富比	2017–09–30
赵无极 1967年作 17・07・67	130cm×96.5cm	35,673,413	香港蘇富比	2017–04–02
赵无极 1968年作 14.07.68	22.2cm×27cm	2,127,500	佳士得	2017–11–26
赵无极 1968年作 24・10・68	114cm×161.5cm	32,592,780	保利香港	2017–04–03
赵无极 1970年作 01.05.70	65cm×100cm	19,214,500	中国嘉德	2017–10–02
赵无极 1974年作 06・02・74	65cm×81.5cm	7,359,660	保利香港	2017–04–03
赵无极 1976年作 20.2.76	55cm×65cm	5,980,000	北京保利	2017–12–16
赵无极 1979年作 8.11.79	90cm×116.7cm	42,209,600	佳士得	2017–11–25
赵无极 1984年作 28・11・84	60.9cm×73.2cm	3,246,420	佳士得	2017–05–28
赵无极 1988年作 04.02.88	54.5cm×65cm	3,659,300	佳士得	2017–11–26
赵无极 1993年作 11.06.93	130cm×97cm	18,400,000	北京匡时	2017–12–04
赵无极 1997年作 30・09・97	101cm×102cm	8,244,000	羅芙奥	2017–06–04
赵无极 2000年作 04・10・2000	100.5cm×146cm	7,573,500	香港蘇富比	2017–04–02
赵无极 2001年作 16.12.2001	146cm×114cm	32,200,000	华艺国际	2017–11–25
赵无极 2002年作 24.12.2002 - 双联作	整体 195cm×260cm	33,600,000	佳士得（上海）	2017–09–24
赵无极 约1950年作 帆船	46cm×55cm	3,304,100	香港蘇富比	2017–01–19
赵要 2012年作 很有想法的绘画 III–250	135cm×160cm	290,500	香港蘇富比	2017–10–01
赵赵 2015年作 一秒	200cm×300cm	690,000	北京保利	2017–12–16
赵赵 2016–2017年作 星空	200cm×160cm	744,625	佳士得	2017–11–26
正延正俊 1961年作 作品	162cm×97cm	1,348,750	香港蘇富比	2017–09–30
郑国谷 2011年作 大幻化 No・1	168cm×107cm	230,000	北京保利	2017–06–04
郑丽云 2015年作 艾丽斯 III	167cm×155cm	297,850	佳士得	2017–11–26
郑木奎 水牛	94cm×136.5cm	249,000	香港蘇富比	2017–10–01
郑相和 1978年作 无题 78–11–5	45.5cm×38cm	245,025	佳士得	2017–03–23
郑相和 1982年作 无题（82–6–B）	162cm×130.5cm	3,459,300	佳士得	2017–05–27
郑相和 1984年作 无题84–8–16	67.6cm×68cm	1,141,250	香港蘇富比	2017–10–01
郑相和 1985 年作 无题85–8–9	130cm×97cm	1,914,750	佳士得	2017–11–25
郑相和 2012年作 无题 12–3–12	53cm×45.5cm	212,750	佳士得	2017–11–26
郑英胄 2016年作 高山乡村 1220	112cm×162cm	388,063	佳士得	2017–05–28
郑英胄 2017年作 街道 819	162cm×112cm	202,113	佳士得	2017–11–26
郑在东 2006年 月夜山水	120cm×120cm	345,000	华艺国际	2017–11–25
郑泽生 2016年作 37亿年系列之百鸟朝凤 No.1	150cm×150cm	207,000	北京保利	2017–12–16
郑重宾 2013年作 三重空间 镜框	140cm×114.5cm	221,750	佳士得	2017–05–29
中西夏之 1987年作 LIR–87–I	194cm×142cm	4,884,740	佳士得	2017–11–26
钟飙 1996年作 王朝（三联作）油彩 画布	200cm×80cm×3	244,850	中国嘉德	2017–10–02
钟泗宾 1948年作 森林	56.5cm×68.5cm	2,182,020	佳士得	2017–05–27
钟泗宾 1959年作 景观	50cm×60cm	354,800	佳士得	2017–05–28
钟泗宾 1964年作 橘色建筑	87.5cm×43cm	421,325	佳士得	2017–05–28
钟泗宾 1965年作 渔村湖上的木头房子	100cm×71cm	609,813	佳士得	2017–05–28
钟泗宾 1966年作 抽象	85.5cm×53.5cm	221,750	佳士得	2017–05–28
钟泗宾 1966年作 村景	56cm×86.5cm	384,000	佳士得（上海）	2017–09–24
钟泗宾 1966年作 乡间日落	56cm×102cm	388,063	佳士得	2017–05–28
钟泗宾 1968年作 橙色	82cm×100cm	554,375	佳士得	2017–05–28
钟泗宾 1972年作 抽象	51cm×40.5cm	425,500	佳士得	2017–11–26
钟泗宾 1977年作 耕耘	102cm×81.5cm	2,021,125	佳士得	2017–11–25
钟泗宾 1979年作 丰收	73cm×73cm	691,438	佳士得	2017–11–26
钟泗濱 1961年作 住所	76.5cm×91.6cm	783,520	保利香港	2017–10–02
钟泗濱 抽象	81.5cm×99cm	1,002,375	香港蘇富比	2017–04–03
钟泗濱 康瓦尔	101.5cm×56cm	501,188	香港蘇富比	2017–04–03
钟泗濱 女子坐像	56.5cm×45cm	3,867,800	香港蘇富比	2017–09–30
钟泗濱 宇宙二号	39.5cm×49cm	723,938	香港蘇富比	2017–04–03
冢本智也 2017年作 宇宙中的圆点女孩	130.3cm×162cm	720,688	佳士得	2017–05–28
冢本智也 2017年作 在彩虹中游泳的鲤鱼	162.5cm×130.5cm	797,813	佳士得	2017–11–26
周碧初 1941年作 百合花	60.6cm×50.4cm	1,077,340	保利香港	2017–10–02
周碧初 1952年作 少女	55cm×46cm	3,450,000	中国嘉德	2017–12–19
周碧初 1960年作 柠檬	38cm×55cm	897,000	北京保利	2017–12–16
周碧初 1963年作 南瓜	48.5cm×58cm	920,000	北京匡时	2017–06–03
周碧初 山村	28.5cm×43.5cm	161,000	北京匡时	2017–12–04
周春芽 1981年作 藏族妇女像	53.2x37cm	396,000	羅芙奥	2017–12–03
周春芽 1981年作 藏族老人像	53cm×38cm	396,000	羅芙奥	2017–12–03
周春芽 1981年作 藏族青年像	53cm×38cm	396,000	羅芙奥	2017–12–03

拍品名称	物品尺寸	成交价RMB	拍卖公司	拍卖日期
周春芽 1981年作 藏族小男孩	36cm×27cm	211,200	羅芙奧	2017-12-03
周春芽 1981年作 剪羊毛	38cm×52cm	1,584,000	羅芙奧	2017-12-03
周春芽 1981年作 自画像	38cm×27cm	1,399,200	羅芙奧	2017-12-03
周春芽 1983年作 风景	34.5cm×44cm	250,800	羅芙奧	2017-12-03
周春芽 1985年作 昔日藏人屋	53.5cm×64.2cm	345,000	北京保利	2017-06-04
周春芽 1993年 中国风景	194cm×130cm	44,275,000	中国嘉德	2017-12-19
周春芽 1994年作 巴郎山石	72cm×60cm	1,058,000	西泠拍卖	2017-07-16
周春芽 1995年作 黑色太湖石	72cm×60cm	805,000	北京保利	2017-06-04
周春芽 1995年作 山石	73cm×60.5cm	632,500	中国嘉德	2017-06-19
周春芽 1997年作 百合花	75cm×60cm	686,400	羅芙奧	2017-12-03
周春芽 1997年作 绿狗系列—名牌时装	249cm×199cm	8,050,000	北京匡时	2017-06-03
周春芽 1997年作 双人体	44cm×37cm	345,000	北京荣宝	2017-06-02
周春芽 1997年作 月下情人	250cm×200cm	6,900,000	北京保利	2017-12-16
周春芽 1998年作 百合	72.5cm×60.5cm	528,000	羅芙奧	2017-12-03
周春芽 1998年作 绿色黑根 II	150cm×120cm	2,638,100	佳士得	2017-11-26
周春芽 1998年作 浴室	71.5cm×59cm	1,056,000	羅芙奧	2017-12-03
周春芽 1998年作 站立的绿狗 画框	150cm×119cm	1,002,375	香港蘇富比	2017-04-03
周春芽 1999年作 红色石头	114cm×89.5cm	1,660,000	香港蘇富比	2017-10-01
周春芽 1999年作 香水百合	75cm×60cm	714,480	羅芙奧	2017-06-03
周春芽 2001年作 玫瑰	71cm×60cm	483,000	北京保利	2017-06-04
周春芽 2002年作 绿狗	150cm×120cm	2,061,000	羅芙奧	2017-06-04
周春芽 2006-2014年作 桃花系列—火烧云	100cm×120cm	1,648,800	羅芙奧	2017-06-03
周春芽 2006年作 桃花	120cm×150cm	2,875,000	西泠拍卖	2017-07-16
周春芽 2006年作 桃花风景系列 2006－蓝色的天空	250cm×200cm	4,764,200	香港蘇富比	2017-10-01
周春芽 2006年作 桃花系列	120cm×150cm	8,254,700	佳士得	2017-11-26
周春芽 2007年作 3个TT	220cm×320cm	23,575,000	北京保利	2017-12-16
周春芽 2010年作 轻薄桃花逐水流	254cm×360cm	9,545,000	北京匡时	2017-12-04
周春芽 2011年作 组曲画	120cm×150cm	1,725,000	上海明轩	2017-06-30
周春芽 2012年作 豫园	272cm×204cm×2	8,625,000	华艺国际	2017-05-27
周春芽 2013年作 桃花林	150cm×200cm	3,724,380	香港蘇富比	2017-04-03
周春芽 2015年作 湖边	250cm×200cm	14,490,000	北京匡时	2017-06-03
周春芽 2016年作 桃花	100cm×120cm	3,162,500	北京华辰	2017-12-16
周刚 2016年作 矿工胡文德 镜心	105cm×75cm	747,500	北京保利	2017-11-10
周长江 1988年作 互补系列 No・113	160cm×138cm	287,500	西泠拍卖	2017-07-16
周长江 2000年作 互补2000.12	160cm×100cm×3	667,000	保利华谊	2017-12-08
朱德群 1961年作 抽象 No・82	65cm×100cm	4,946,400	羅芙奧	2017-06-04
朱德群 1962年作 第115号	81cm×65cm	2,191,860	佳士得	2017-03-23
朱德群 1964年作 第一百六十七号	65.2cm×81cm	6,971,820	佳士得	2017-05-27
朱德群 1964年作 构图第一七九号：内腑之光	73cm×60cm	3,450,000	中国嘉德	2017-12-19
朱德群 1974年作 No. 569	93cm×72cm	1,860,860	保利香港	2017-10-02
朱德群 1975年作 27488	91.7cm×65.2cm	2,714,220	佳士得	2017-05-28
朱德群 1976年作 夜	130cm×97cm	4,122,000	羅芙奧	2017-06-04
朱德群 1977年作 夏	89cm×116cm	2,102,760	保利香港	2017-04-03
朱德群 1979年作 红色构图	64.5cm×80.5cm	2,501,340	佳士得	2017-05-28
朱德群 1984年作 蓝色篇章	55cm×46cm	783,520	保利香港	2017-10-02
朱德群 1985年作 雪景II	65cm×49.5cm	3,569,000	香港蘇富比	2017-09-30
朱德群 1986年作 冬之圆舞曲	60cm×73cm	6,615,100	中国嘉德	2017-10-02
朱德群 1987年作 2.12.87	162cm×130cm	4,578,380	佳士得	2017-11-26
朱德群 1987年作 雪之舞	55cm×75cm	5,221,260	香港蘇富比	2017-04-02
朱德群 1987年作 紫空间	73cm×60cm	957,375	佳士得	2017-11-26
朱德群 1988年作 光之源	90.5cm×63.5cm	1,971,250	香港蘇富比	2017-09-30
朱德群 1989年作 第一道曙光	65cm×91.8cm	2,102,760	保利香港	2017-04-03
朱德群 1989年作 拂晓	81cm×65cm	1,680,000	佳士得（上海）	2017-09-24
朱德群 1989年作 光之灵动 画框	81.3cm×65.4cm	2,227,500	香港蘇富比	2017-04-02
朱德群 1991年作 无题	64.7cm×53.6cm	2,501,340	佳士得	2017-05-28
朱德群 1992年作 晨曲	66.5cm×82.5cm	1,958,800	中国嘉德	2017-10-02
朱德群 1992年作 陌生之地	96.7cm×129.8cm	2,739,000	保利香港	2017-10-02
朱德群 1998-1999年作 岩晶的挺现	200cm×200cm	18,977,300	佳士得	2017-11-25
朱德群 2001年作 春天的奥秘	194.5by129.5cm	5,500,000	香港蘇富比	2017-10-01
朱德群 2001年作 历史般的诗篇	130cm×162cm	5,808,000	羅芙奧	2017-12-03
朱德群 2004年作 变幻	80cm×100cm	3,022,800	羅芙奧	2017-06-04
朱德群 2006年作 CONTRASTE	73cm×92cm	2,300,000	华艺国际	2017-11-25
朱德群 2006年作 DE VOILEMENT	100cm×80cm	4,600,000	上海明轩	2017-06-30
朱德群 2007年作 和谐之音	130cm×190cm	7,694,400	羅芙奧	2017-06-04
朱德群 2007年作 未知的世界	97cm×130cm	4,370,000	中国嘉德	2017-06-19
朱德群 一九八九年作 夜之瀑流	65cm×81cm	2,227,500	香港蘇富比	2017-04-03
朱德群 一九七八年十二月二十八日	146cm×114cm	6,457,400	香港蘇富比	2017-09-30
朱金石 1985年作 无题 画框	100.5cm×75.5cm	612,563	香港蘇富比	2017-04-03
朱乃正 1980年作 神秘的青海湖	60cm×140cm	1,150,000	北京华辰	2017-06-05
朱乃正 1981年作 秋	62cm×51cm	425,500	北京翰海	2017-06-03
朱沅芷 1926年作 旧金山风光	29cm×22.5cm	372,313	佳士得	2017-11-26
朱沅芷 1926年作 旧金山街景	27.5cm×20.3cm	803,108	中国嘉德	2017-10-02
朱沅芷 1932年作 工业之轮在纽约		87,388,625	香港蘇富比	2017-09-30
庄普 1985年作 一块岩石	130cm×189.5cm	418,664	中国嘉德	2017-05-29
庄哲 2000年作 灵思	127cm×167cm	274,232	中国嘉德	2017-10-02
庄哲 2006年作 岭上风云	167cm×127cm	244,850	保利香港	2017-10-02
庄哲 2007年作 堤岸天光	167.8cm×167.8cm	367,983	保利香港	2017-04-03
庄哲 2010年作 梦循环 5	167.5cm×127.5cm	294,386	保利香港	2017-04-03
庄喆 2000年作 相依	76cm×168cm	302,280	羅芙奧	2017-06-04
左辉 1951年作 深夜	91.5cm×70.5cm	218,500	北京匡时	2017-06-03
左晋 2016年作 紫气东来	140cm×200cm	287,500	北京保利	2017-12-16
雕塑				
18世纪 吻	34cm×20cm×59cm	230,000	北京银座	2017-06-07
19世纪 汲水的女孩	82cm×33cm×65cm	195,500	北京银座	2017-06-07
19世纪 精益求精	27cm×43cm×74cm	575,000	北京银座	2017-06-07
19世纪 女孩与龟	65cm×22cm×46cm	195,500	北京银座	2017-06-07
19世纪 泉	46cm×46cm×103	1,610,000	北京银座	2017-06-07
19世纪 收获	32cm×32cm×92cm	517,500	北京银座	2017-06-07
KAWS（布莱恩・唐纳利）2007年作 4呎同伴（灰色）	37（长）cm×57（宽）cm×127（高）cm	290,400	羅芙奧	2017-12-02
KAWS（共两件）2007年；2009年作 同伴	125cm×50cm×33cm	900,000	佳士得（上海）	2017-09-24
KAWS 2001年作 同伴（KARIMOKU版本）	27cm×12.4cm×6.5cm	200,475	佳士得	2017-03-23
KAWS 2007年作 解剖同伴（灰色）	128cm×58cm×37cm	245,575	香港蘇富比	2017-01-19
KAWS 2007年作 解剖同伴（棕色）	128cm×58cm×37cm	212,088	香港蘇富比	2017-01-19
KAWS 2007年作；2007年作；及2007年作 同伴（三件作品）（共三件）	125.5cm×35cm×58cm	668,250	佳士得	2017-03-23
KAWS 2009年作 解剖同伴（灰色）	127cm×53.3cm×35.5cm	245,025	佳士得	2017-03-23
阿尔伯托・贾柯梅蒂 大型人像	高130.3cm	155,485,613	伦敦蘇富比	2017-06-21
阿尔伯托・贾柯梅蒂 无臂女子立像	高32cm	18,803,063	伦敦蘇富比	2017-06-21
阿尔伯托・贾柯梅蒂 约1957年构思，1957–58年铸造。迪亚哥头像	高62.9cm	75,458,975	纽约蘇富比	2017-05-16
阿尔伯托・贾克梅蒂 1962；1964年作 安妮特半身像VI	高59.5cm	21,601,643	纽约佳士得	2017-05-15

2017书画拍卖成交汇总

(成交价RMB：15万元以上)

拍品名称	物品尺寸	成交价RMB	拍卖公司	拍卖日期
阿里斯蒂·麦约 1925年构思，其后铸造。法兰西岛	145.1cm	5,888,218	纽约蘇富比	2017-05-16
阿里斯蒂德·马约尔 1911年构思；艺术家生前铸〈夏天〉的躯干	高139.7cm	4,457,330	纽约佳士得	2017-11-13
阿里斯蒂德·马约尔 1930年构思；约1935年铸 站立的浴者	155.6cm	12,013,250	纽约佳士得	2017-11-13
阿纳尔多·波莫多罗《球中球》（无图）	80cm×80cm×80cm	5,550,008	伦敦蘇富比	2017-03-08
艾德加·德加 1922年作 回看右脚掌的舞者	高46.1cm	4,030,235	纽约佳士得	2017-05-15
艾德加·德加 跃马	高31cm	8,886,750	伦敦佳士得	2017-06-27
爱德华多·卡斯特里略 有机形态的平静	84cm×58cm×41cm	207,500	香港蘇富比	2017-10-01
奥古斯特·罗丹 1886年构思；1905年至1910年间铸 吻（第一次缩小版）	70.9cm	9,627,170	纽约佳士得	2017-11-13
奥古斯特·罗丹《沉思者，小模型》	高37.6cm	13,503,800	伦敦蘇富比	2017-03-01
奥古斯特·罗丹《吻，第一缩小版》	高71.4cm	10,404,920	伦敦蘇富比	2017-03-01
奥古斯特·罗丹 1886年构思，1898年构思此缩减版，此作于1914至1918年间铸造。吻，第一缩小版	高70.8cm	10,861,258	纽约蘇富比	2017-05-16
巴里·弗拉纳根 1981年作 杂技	145（高）cm×43cm×43cm	2,473,400	香港蘇富比	2017-10-01
芭芭拉·赫普沃斯《夏之舞》（无图）	高89.5cm（不包括底座）	15,569,720	伦敦蘇富比	2017-03-01
芭芭拉·赫普沃斯 1951年至1952年雕塑及上色 少女	高158.6cm	10,422,530	纽约佳士得	2017-11-13
贝林德·德·布鲁克尔 2008年作《玛尔特》	159cm×51cm×90cm	3,070,904	伦敦蘇富比	2017-03-08
布莱恩·唐纳利 2007年作 同伴（黑色）	37（长）cm×57（宽）cm×127（高）cm	206,100	羅芙奧	2017-06-04
布莱恩·唐纳利 2011年作 Seated Companion	120cm×79.5cm×71cm	2,640,000	佳士得（上海）	2017-09-24
草间弥生 1984年作 南瓜	9cm×7cm×8cm	273,359	保利香港	2017-04-03
草间弥生 1985年作 南瓜	8cm×8cm×8cm	311,850	佳士得	2017-03-23
草间弥生 1988年作 南瓜2号	16.5cm×16.5cm	189,763	香港蘇富比	2017-01-19
草间弥生 1991年作 南瓜	8cm×12cm×11cm	465,675	佳士得	2017-05-28
草间弥生 1998年作 南瓜	27cm×27cm×28cm	420,552	保利香港	2017-04-03
草间弥生 1998年作 南瓜	27(长)cm×27(宽)cm×28(高)cm	528,000	羅芙奧	2017-12-03
草间弥生 1998年作 南瓜	27（长）cm×27（宽）cm×28（高）cm	549,600	羅芙奧	2017-06-04
草间弥生 2008年作 圆点小狗	130(长)cm×56(宽)cm×100(高)cm	2,244,000	羅芙奧	2017-12-03
草间弥生 2011年作 南瓜	180cm×190cm	11,263,100	保利香港	2017-10-02
草间弥生 2013年作 我与南瓜相伴的生活	180（长）cm×180（宽）cm×30（厚）cm	7,144,800	羅芙奧	2017-06-04
草间弥生 原模于1998年作；2008年作 南瓜	28cm×28cm×28cm	645,975	佳士得	2017-03-23
出浴的维纳斯	35cm×35cm×92cm	690,000	北京银座	2017-12-20
第一吻	30cm×30cm×77cm	230,000	北京银座	2017-12-20
费尔南度·波特罗 1976年作 Reclining Nude	40cm×85cm×53.3cm	3,120,000	佳士得（上海）	2017-09-24

拍品名称	物品尺寸	成交价RMB	拍卖公司	拍卖日期
丰收的季节	47cm×30cm×55cm	460,000	北京银座	2017-12-20
关根伸夫 1976年作 空相—从金字塔到金字塔	56cm×56cm×55cm；125cm×175cm×17cm	166,313	佳士得	2017-05-28
亨利·摩尔 1945；1946年作 家庭群像	高14.7cm	4,610,423	纽约佳士得	2017-05-15
亨利·摩尔 1950年作 摇椅1号	高31.8cm	14,970,923	纽约佳士得	2017-05-15
亨利·摩尔 1952至1953；1958至1960年作 直立的内外型态	高202.6cm	12,484,403	纽约佳士得	2017-05-15
亨利·摩尔 1957年构思，1960年铸造。女子坐像	高159.7cm	51,370,813	纽约蘇富比	2017-05-16
亨利·摩尔 1972至1973年作 四个组件的侧卧像（大型）	长400cm	56,633,947	纽约佳士得	2017-05-15
亨利·摩尔 1976年作 斜躺的人像模型：支撑形态	长80cm	19,943,963	纽约佳士得	2017-05-15
亨利·摩尔 1981年构思；1982年前铸〈侧卧的裸女（手肘）〉原稿模型	长93.7cm	21,955,250	纽约佳士得	2017-11-13
亨利·摩尔 1982年作 斜躺的人像	长246.3cm；高120cm	72,908,000	纽约佳士得	2017-11-13
洪易 2013年作 猫	173（长）cm×58（宽）cm×130（高）cm	522,120	羅芙奧	2017-06-04
胡里奥·冈萨雷斯 约1934年作 梦（吻）	高65.1cm	6,048,050	纽约佳士得	2017-11-13
黄昏 （Le Crepuscule）	44cm×33cm×93cm	598,000	北京银座	2017-12-20
加藤泉 2007年作 无题	91.2cm×39.5cm×37cm	340,400	佳士得	2017-11-26
加藤泉 2007年作 无题	整件作品：27.5cm×27.5cm	186,750	香港蘇富比	2017-10-01
家昌 2015年作 赣巨人	160cm×96cm×210cm	1,380,000	北京保利	2017-06-04
渐新世（三千万年前）法国枫丹白露宫固结砂岩	125cm×120cm	1,058,063	香港蘇富比	2017-04-04
渐新世（三千万年前）法国枫丹白露宫固结砂岩	58cm	211,613	香港蘇富比	2017-04-04
杰米·塞蒙（1971年生）自塑像	59cm×44.5cm	167,063	香港蘇富比	2017-04-04
金灿一 2005年作 点	90cm×90cm	180,000	佳士得（上海）	2017-09-24
康斯坦丁·布朗库西 1913年作 沉睡的缪斯	长26.7cm	396,237,323	纽约佳士得	2017-05-15
朗·阿拉德 2005年作 MT摇椅	85.1cm×101.6cm	1,004,625	香港蘇富比	2017-01-19
雷蒙德·梅斯特 鹿	高53cm；底部直径45cm	339,250	西泠拍卖	2017-07-16
雷内·波尔·马克特 牧羊人与羊群	高58cm；长68cm；宽28cm	276,000	西泠拍卖	2017-07-16
李禹焕 1972年作 从刻	56.5cm×40.2cm	2,116,125	香港蘇富比	2017.04.02
李占洋 2004年作 武松杀嫂	70cm×60cm×105cm	402,500	北京保利	2017-12-16
李真 2002年作 无心海	75（长）cm×36（宽）cm×54（高）cm	1,511,400	羅芙奧	2017-06-04
李真 2005年作 清风云露	43（长）cm×36（宽）cm×80（高）cm	1,319,040	羅芙奧	2017-06-04
李真 1998年作 三觉者	93cm×34cm×68cm	841,104	保利香港	2017-04-03
李真 1998年作 无忧国土	73（高）cm×125cm×23cm	1,193,125	香港蘇富比	2017-10-01
李真 2000年作 乘云气	33(长)cm×39(宽)cm×108(高)cm	580,800	羅芙奧	2017-12-03
李真 2002年作 云中一如来	47cm×30cm×88cm	685,580	保利香港	2017-10-02
李真 2004年作 两忘	19(长)cm×19(宽)cm×66(高)cm	501,600	羅芙奧	2017-12-03
李真 2007年作 天阙轻舟	224cm×107cm×82cm	6,971,820	佳士得	2017-05-27

拍品名称	物品尺寸	成交价RMB	拍卖公司	拍卖日期
李真 2007年作 天阙轻舟	68cm×30cm×23cm	1,276,500	佳士得	2017-11-26
李真 2009年作 蒙之初	96cm×86cm×40cm	861,872	中国嘉德	2017-10-02
李真 2010年作 大罗金掌	63cm×29cm×79cm	1,108,750	佳士得	2017-05-28
李真 2010年作 天火	124cm×54cm×41cm	960,000	佳士得（上海）	2017-09-24
李真 2010年作 天火5/8	39cm×27cm×88.5cm	782,000	上海明轩	2017-06-30
李真 2012年作 天空	65.5cm×54cm×124cm	1,682,208	保利香港	2017-04-03
李真 2012年作 天空	29cm×22cm×50cm	556,875	佳士得	2017-03-23
李真 2013年作 光年	86cm×30cm×66cm	685,580	保利香港	2017-10-02
刘开渠 1960年作 牦牛	26cm×11cm×19cm	264,500	北京匡时	2017-12-04
卢征远 2016年作 包裹的中正枪	151cm×81cm×32cm	690,000	中国嘉德	2017-06-19
露易丝·布尔乔亚 2007年作	233.7cm×48.3cm	8,607,143	伦敦蘇富比	2017-06-28
罗密欧与朱丽叶	55cm×46cm×102cm	1,035,000	北京银座	2017-12-20
罗讷德·文图拉 2010年作 疯子：老鼠	67cm×28cm×40cm	245,025	佳士得	2017-03-23
马克斯·恩斯特 1944年构思，1950年代由Modern Art Foundry铸造。国王与王后嬉戏	高97.8cm	110,425,663	纽约蘇富比	2017-05-16
马里诺·马里尼 1948年作 小骑士	高58.2cm	7,511,363	纽约佳士得	2017-05-15
马力诺·马里尼 1959-60年构思，1964年铸造。战士	長224.8cm	4,644,958	纽约蘇富比	2017-05-16
密涅瓦的战车	51cm×31cm×62cm	402,500	北京银座	2017-12-20
名和晃平 2008年作 PixCell：鹿第九号	108cm×72.5cm×47cm	1,914,750	佳士得	2017-11-25
拿花篮的孩子与蚱蜢	35cm×22cm×66cm	253,000	北京银座	2017-12-20
奈良美智 1990年作 苏珊	8cm×10cm×10(高)cm	198,000	羅芙奧	2017-12-03
奈良美智 1999年作 QUIET	243.8cm×94cm×94cm	2,714,220	佳士得	2017-05-28
奈良美智 2002年作 小朝圣者（梦游娃娃）	18(长)cm×16(宽)cm×27(高)cm	1,452,000	羅芙奧	2017-12-03
奈良美智 2003年作 MELTING MOON	180.3cm	3,170,600	香港蘇富比	2017-10-01
奈良美智 2006年作 迷你泡芙	71cm×155cm×155cm	1,443,420	佳士得	2017-03-23
奈良美智 2007年作 SLEEPLESS NIGHT（SITTING）	29cm×18cm×16cm	609,813	佳士得	2017-05-28
奈良美智 2007年作 失眠夜（坐着）	29（高）cm×19cm×15cm	363,125	香港蘇富比	2017-10-01
奈良美智 2007年作 失眠夜坐着	15(长)cm×16(宽)cm×30(高)cm（人物）；36(长)cm×26(宽)cm×24(高)cm（箱子）	580,800	羅芙奧	2017-12-03
奈良美智 2007年作 失眠夜坐着	15（长）cm×19（宽）cm×28（高）cm（人物）；36（长）cm×26（宽）cm×24（高）cm（箱子）	412,200	羅芙奧	2017-06-04
奈良美智 2010年作 Otafuku No.2（Moon-Faced Woman No.2）	125cm×127cm；20cm×140cm×140cm	4,169,900	佳士得	2017-11-25
奈良美智 2012年作 森子	18（长）cm×14.5（宽）cm×30（高）cm（森子）	219,840	羅芙奧	2017-06-04
奈良美智 2012年作 森子	29（高）cm×19cm×15cm	249,000	香港蘇富比	2017-10-01
南姆·嘉宝《鹿特丹雕像模型（为鹿特丹女王百货所作最终模型）》（无图）	高153.5cm（不包括底座）	2,244,536	伦敦蘇富比	2017-03-01
内田望 2017年作 极速公牛	136cm×72cm×124cm	276,575	佳士得	2017-11-26

拍品名称	物品尺寸	成交价RMB	拍卖公司	拍卖日期
妮基·桑法勒 1982年作 阴阳	63（高）cm×34cm×25cm	332,000	香港蘇富比	2017-10-01
潘鹤 1956年 艰苦岁月	53cm×40cm×53cm	1,840,000	华艺国际	2017-11-25
彭薇 2009年作 浴马图	31cm×39cm×15cm	234,025	佳士得	2017-11-26
钱绍武 1998年作 观音	97cm×22cm×20cm	575,000	北京翰海	2017-12-16
钱绍武 杜甫立像	68cm×15cm×15cm	345,000	北京翰海	2017-12-16
钱绍武 舞蹈	43cm×28cm×18cm	345,000	北京翰海	2017-12-16
让·阿尔普 1959年构思，1962年1月铸造。比利牛斯躯干	高102.8cm	33,498,950	纽约蘇富比	2017-05-16
任哲 格斗（一组两件）	82.5cm×70cm；78cm×70cm×33.5cm	483,000	中国嘉德	2017-06-19
萨尔瓦多·达利 1975年作 El é phant du triomphe	高265cm	13,200,000	佳士得（上海）	2017-09-24
塞·托姆布雷 1959年构思，1985年铸造 无题（罗马）	67cm×33.3cm×26cm	27,282,650	纽约蘇富比	2017-05-18
三木富雄 1965年作 耳 第113号	105.3cm×87.8cm	1,063,750	佳士得	2017-11-26
三宅一树 2016年作 瑜珈系列-轴芯	人像 140cm×43cm×40cm 整体 242cm×43cm×40cm	465,675	佳士得	2017-05-28
尚·唐格里《元-马列维奇》（无图）	61.2cm×49cm×16cm	3,484,088	伦敦蘇富比	2017-03-08
少女	36cm×20cm×53cm	253,000	北京银座	2017-12-20
舍梅恩·里奇尔 1950-51年构思 唐吉诃德	高223.2cm	20,807,338	纽约蘇富比	2017-05-16
沈烈毅 2017年作 雨	115cm×80cm×55cm	384,000	佳士得（上海）	2017-09-24
生死之搏	31cm×20cm×61cm	172,500	北京银座	2017-12-20
十九世纪 女神与斯芬克斯雕像	长40cm×宽35cm×高90cm	253,000	北京匡时	2017-12-04
隋建国 1997年作 衣钵（中山装）	140cm×190cm×240cm	1,035,000	北京保利	2017-06-04
隋建国 2003年作 衣纹研究——右手	258cm×758cm	1,035,000	北京保利	2017-06-04
唐纳德·贾德 1989年作《无题》（无图）	409cm×21cm	9,888,440	伦敦蘇富比	2017-03-08
陶醉的心灵	70cm×103cm；加柱高100cm；共高203cm	632,500	北京银座	2017-12-20
田世信 2005年作 牧羊人	42cm×50cm×81cm	517,500	中国嘉德	2017-06-19
田世信 2007年作 苏武牧羊	98cm×49cm×42cm	230,000	中国嘉德	2017-12-19
王广义 2002年作 唯物主义者	180cm×180cm×170cm	1,104,000	上海敬华	2017-07-01
王克平 1988年作 小丫	53.5cm×27.5cm×25cm	207,000	北京匡时	2017-12-04
王克平 2004年作 小丫	80cm×30.5cm×25.5cm	230,000	中国嘉德	2017-06-19
王克平 无题	48cm×19cm×18cm	172,500	中国嘉德	2017-06-19
王克平 约2002年作 无题（少女）	48cm×29cm×14cm	155,925	佳士得	2017-03-23
吴为山 2000年作 齐白石	20cm×15cm×150cm	3,450,000	北京保利	2017-06-04
向京 2005年作 全黑的瞬间	110cm×46cm×170cm	1,725,000	北京保利	2017-06-04
徐道获 2007年作 因果	sculpture 84.8cm×10cm×14cm base 39.8cm×39.8cm	319,125	佳士得	2017-11-26
许东荣 2014年作 大士	90cm×40cm×50cm	388,063	佳士得	2017-05-28
许东荣 2016年作 魁星	72cm×63cm×32cm	404,225	佳士得	2017-11-26
雅克·利普兹 1914年构思；艺术家生前铸 马背上的杂技演员	高53.9cm；长44.5cm	6,843,410	纽约佳士得	2017-11-13
亚历山大·阿契本科 1936年作 好莱坞躯干	高133.4cm	7,925,783	纽约佳士得	2017-05-15
亚历山大·考尔德 1947年作 单片眼镜	89.5cm×81.3cm	15,955,170	纽约蘇富比	2017-05-18

2017书画拍卖成交汇总

(成交价RMB：15万元以上)

拍品名称	物品尺寸	成交价RMB	拍卖公司	拍卖日期
亚历山大·考尔德 约1947年作《黑色蕾丝》（无图）	160cm×280cm×60cm	44,944,520	伦敦蘇富比	2017-03-08
亚历山大·亚齐宾克《坐像，黑色》（无图）	高53.7cm	7,306,040	伦敦蘇富比	2017-03-01
亚历山大·亚齐宾克 1913年构思，1964-65年铸造 蓝色舞者	高105.8cm	13,347,778	纽约蘇富比	2017-05-16
塩田 千春 创伤 / 日常生活（小号）	70cm×45cm×45cm	167,063	佳士得	2017-03-23
杨学军 2016年作 水浸街	50cm×40cm×60cm	184,000	华艺国际	2017-05-27
杨英风 1970年作 凤凰来仪（一）	72（长）cm×86（宽）cm×73（高）cm	206,100	羅芙奧	2017-06-04
佚名 当代 铜曙光2016	102cm×126cm×80cm	920,000	北京翰海	2017-04-30
幽思的少女	38cm×30cm×98cm	920,000	北京银座	2017-12-20
约1880年 法国青铜雕塑《努比亚舞者》（又名《弄蛇人》）	高83cm	195,500	北京东正	2017-12-09
岳敏君 2000年作 现代兵马俑	182cm×61cm×53.3cm	468,825	香港蘇富比	2017-01-19
岳敏君 2003年作 兵马俑系列A 铜雕	135cm×54cm×45cm	293,820	中国嘉德	2017-10-02
岳敏君 2003年作 兵马俑系列B 铜雕	135cm×66cm×37cm	342,790	中国嘉德	2017-10-02
岳敏君 2003年作 兵马俑系列C 铜雕	135cm×57cm×45cm	342,790	中国嘉德	2017-10-02
岳敏君 x KAWS 周春芽 金钕 周铁海 刘野 2008年作 露齿大笑 绿狗 美丽卡通 摩登骆驼 美人鱼(五件一组)	10(长)cm×12.5(宽)cm×30(高)cm；17(长)cm×35(宽)cm×30(高)cm；28(长)cm×19(宽)cm×21(高)cm；19(长)cm×14.5(宽)cm×30(高)cm；14(长)cm×15.5(宽)cm×30(高)cm	224,400	羅芙奧	2017-12-03
展望 1990年 坐着的女孩	130cm×110cm×49cm	3,910,000	中国嘉德	2017-12-19
展望 2006年作 假山石系列第63号	83cm×44.5cm×15cm	480,000	佳士得（上海）	2017-09-24
张充仁 1990年作 吴湖帆像	50cm×50cm×32cm	1,092,500	北京匡时	2017-12-04
张路 2017年 弓尔	46cm×46cm×123cm	172,500	华艺国际	2017-11-25
张晓刚 2008年作 工农商学兵	尺寸不一	920,000	北京保利	2017-06-04
郑路 2008年作 问语心觉	78（长）cm×60（宽）cm×100（高）cm	233,580	羅芙奧	2017-06-04
舟越桂 2000年作 图书馆中的草原		904,188	佳士得	2017-11-26
周春芽 2006年作 桃园三结义	45cm×45cm×30cm	287,500	北京保利	2017-12-16
朱尔斯·爱德蒙·马森 群鹿	高65cm；长56cm；宽38cm	184,000	西泠拍卖	2017-07-16
朱铭 1976年作 母鸡与小鸡（阿母）	112.4（长）cm×53.2（宽）cm×41.8（高）cm（含台座6cm）；重量：31kg	659,520	羅芙奧	2017.06.03
朱铭 1978年作 玉女穿梭	28.5cm×45.5cm	489,700	保利香港	2017-10-02
朱铭 1979年作 鲁智深	57cm×29cm×48cm	643,100	台北艺流	2017-10-28
朱铭 1979年作 羊	24.5cm×23.8cm	167,063	香港蘇富比	2017.04.03
朱铭 1980年代作 佛陀	67cm×46cm×27cm	851,000	佳士得	2017-11-26
朱铭 1980年作 单鞭下势	72.3cm×46cm	3,340,000	香港蘇富比	2017-10-01
朱铭 1980年作 鸡	23cm×38cm×13.3cm	445,500	香港蘇富比	2017.04.03
朱铭 1981年作 太极系列—单鞭下势	51(长)cm×24(宽)×29(高)cm	2,376,000	羅芙奧	2017-12-03
朱铭 1981年作 太极系列—单鞭下势	19cm×26cm×23cm	568,052	中国嘉德	2017-10-02
朱铭 1981年作 太极系列 - 十字手	25.5cm×20.5cm×12cm	388,063	佳士得	2017-05-28
朱铭 1983年作 太极系列—单鞭下势	40cm×70cm×31cm	3,455,060	佳士得	2017-11-25
朱铭 1986年作 和家（两件）	51cm×71cm×30cm；45cm×33cm×34cm	979,400	中国嘉德	2017-10-02
朱铭 1988年作 太极系列 - 玉女穿梭	42cm×32cm×24cm	887,000	佳士得	2017-05-28
朱铭 1989年作 太极	60cm×50cm×38cm	1,875,000	香港蘇富比	2017-10-01
朱铭 1990年作 太极系列—单鞭下势	53.5cm×93.5cm×35cm	2,938,200	中国嘉德	2017-10-02
朱铭 1991年作 太极拱门	92（长）cm×37.5（宽）cm×44（高）cm	989,280	羅芙奧	2017-06-04
朱铭 1991年作 太极系列：单鞭下势 铜雕	165cm×265cm	12,919,500	香港蘇富比	2017.04.02
朱铭 1991年作 太极系列—单鞭下势	43.5（长）cm×29.5（宽）cm×39（高）cm	3,022,800	羅芙奧	2017-06-04
朱铭 1992年作 太极系列—单鞭下势	52cm×45cm×36.5cm	1,063,750	佳士得	2017-11-26
朱铭 1995年作 太极系列	34(长)cm×20(宽)cm×34(高)cm	250,800	羅芙奧	2017-12-03
朱铭 1996年作 太极系列	a. 170.2cm×191.5cm；b. 178cm×239.4cm	10,541,000	香港蘇富比	2017-09-30
朱铭 1999年作 太极系列—单鞭下势	182.9cm×98cm×124cm	5,907,420	佳士得	2017-05-27
朱铭 2000年作 太极系列—太极拱门	97.5(长)cm×30(宽)cm×54.3(高)cm	1,108,800	羅芙奧	2017-12-03
朱铭 2002年 太极拱门	47cm×31cm×60.5cm	977,500	中国嘉德	2017-12-19
朱铭 2002年作 太极系列—十字手	61cm×57.5cm×27cm	1,063,750	佳士得	2017-11-26
朱铭 2006年作 彩绘人间系列	21.3cm×31.3cm；28.5cm×37.5cm	668,250	佳士得	2017-03-23
朱铭 2009年作 人间系列—游泳	145.1cm×62.6cm	425,500	佳士得	2017-11-26
朱铭 2009年作 人间系列—游泳	70.4（长）cm×29.4（宽）cm×104.6（高）cm	261,060	羅芙奧	2017-06-04
朱铭 达摩	17（长）cm×9.5（宽）cm×43.5（高）cm	178,620	羅芙奧	2017.06.03
朱铭 太极系列	22cm×36cm×26cm	421,325	佳士得	2017-05-28
朱铭 太极系列 - 单鞭下势	47.2cm×71.3cm×39.2cm	1,543,380	佳士得	2017-05-28
朱铭 太极系列——单鞭下势	75cm×45cm×28cm	1,955,000	中国嘉德	2017-12-19
朱铭 一九九六年作 太极	73.5cm×41cm×40cm	723,938	香港蘇富比	2017-04-03
朱伟 2008年作 中国 中国	122cm×53cm×43cm；雕塑 122cm×65cm×44cm；底座 25cm×112cm×81.5cm	720,688	佳士得	2017-05-28
朱伟 2008年作 中国中国	高 118cm×63cm×43cm；高 118cm×54cm×38cm；高3cm×81cm×111.5cm	835,313	香港蘇富比	2017-04-03

多媒体 装置

拍品名称	物品尺寸	成交价RMB	拍卖公司	拍卖日期
1975年出品《聪明的一休》之弥生小姐 动画赛璐璐片	十帧尺寸不一	230,000	西泠拍卖	2017-07-16
杨子颐 摄及旧藏 未刊艺术电影16mm、8mm胶片（一批）		161,000	西泠拍卖	2017-07-16
李禹焕 1986年作 相依关系	高 3cm×120cm×81cm；高 33cm×37cm×46cm；高31cm×41cm×41cm	1,782,000	香港蘇富比	2017-04-03
麦克·凯利 1991年作 粉红与灰	尺寸不一	13,347,778	纽约蘇富比	2017-05-18
米拉·申德尔 1966年作 无题，来自一无所有系列	66.7cm×26cm×15.7cm	10,446,838	纽约蘇富比	2017-05-18

拍品名称	物品尺寸	成交价RMB	拍卖公司	拍卖日期
摄 影				
1963年作 郎静山 等摄、张目寒特制并赠 于右任八十五大寿纪念相册	册39cm×27.5cm	207,000	西泠拍卖	2017-07-16
芭芭拉·克鲁格 1979年作 无题（具体）	76.2cm×94cm	535,800	香港蘇富比	2017-01-19
彼得·奥克兰斯基 1998年作《纳粹（A，B，C，D系列）》（无图）	各幅：35.6cm×25.4cm	2,657,720	伦敦蘇富比	2017-03-08
第一代红色战地记者摄、袁克忠 组织整理 1945至1950年间中国重大事件影像簿未刊稿二十册		851,000	西泠拍卖	2017-07-16
蒋志 2009年作 0·7%的盐		345,000	北京保利	2017-06-04
九世班禅额尔德尼 罕见签名照	15.5cm×23.5cm	207,000	西泠拍卖	2017-07-16
郎静山 丁卯（1987）年作 春树奇峰图	113cm×77cm	184,000	朵云轩	2017-06-25
郎静山 摄影并题跋 浙江、四川、山西等风光照（二十一帧）		184,000	西泠拍卖	2017-07-16
刘海粟 秦湓 等题、丁惠康摄 黄山留影册	44cm×33cm	172,500	西泠拍卖	2017-07-16
刘韡 2004年作 山水系列	158cm×308cm	159,563	佳士得	2017-11-26
梅兰芳 民国年间《太真外传》罕见大幅着色剧照	63.5cm×49cm	253,000	西泠拍卖	2017-07-15
邱志杰 1990-95年作 重复书写一千遍兰亭序（五件一组）	65cm×149.8cm	529,000	北京匡时	2017-12-04
邵洵美 题、郎静山 摄 罕见绫本重印代表作《绝峡行舟》	25.5cm×8.5cm	299,000	西泠拍卖	2017-07-16
肖鲁 1989-2003年作 十五枪从1989—2003（15件一组）	100cm×45cm	161,000	北京匡时	2017-12-04
辛蒂·雪曼 1984至1990年作 无题#217	129cm×83.5cm	245,575	香港蘇富比	2017-01-19
杨福东 2002年作 别担心，会好起来的	86cm×120cm×8	437,000	北京保利	2017-06-04
杨福东 2004年作 路客再遇No·3	82cm×109.5cm	184,000	北京保利	2017-06-04
杨福东 2006年作 黄小姐昨夜在M餐厅8号	120cm×180cm	360,000	佳士得（上海）	2017-09-24
杨福东 2010年作 国际饭店No.8	120cm×180cm	420,000	佳士得（上海）	2017-09-24
约1857至1860年 李阁郎 已知最早的杭州西湖影像：保俶塔及雷峰塔立体照片（四组）	卡纸17.5cm×8.5cm×4；照片7cm×6.5cm×8cm	195,500	西泠拍卖	2017-07-16
约1913至1935年作 民国早期 在华天主教传教士已刊及未刊重要照片（一百余帧）		373,750	西泠拍卖	2017-07-16
约1922年6月作 甘地 罕见狱中梵文签名照	11.5cm×9cm	207,000	西泠拍卖	2017-07-16
综合媒材				
阿美迪奥·莫迪里亚尼 约1917-1918年作 带圆帽的女人〈珍妮·艾布登〉	33cm×23cm	4,488,000	羅芙奧	2017-12-02
阿默·萨达里 1981年作 蓝色三角构图	99cm×176cm	1,276,500	佳士得	2017-11-25
阿默·萨达里 1981年作 熔金	110cm×100cm	212,750	佳士得	2017-11-26
阿默·萨达里 1986年作 抽象	60cm×60cm	404,225	佳士得	2017-11-26
艾林·迪维哈坦托·苏纳里奥 谐波震颤	每幅：180cm×155cm；整体：180cm×465cm	668,250	香港蘇富比	2017-04-03
艾珠·克里丝汀 另一个自我II	120cm×100cm	435,750	香港蘇富比	2017-10-01
安迪·沃荷	30.5cm×25.7cm	6,838,463	伦敦蘇富比	2017-06-28
安迪·沃荷 1963～1964年作 无题	50.5cm×40.4cm	52,095,863	伦敦蘇富比	2017-06-28
安迪·沃荷 1964年作 贾桂林	51.1cm×40.6cm	5,268,780	佳士得	2017-05-27
安迪·沃荷 尚·米榭·巴斯基亚 1984～1985年作 无题	244.5cm×206.1cm	38,440,613	伦敦蘇富比	2017-06-28
安迪·沃荷 尚·米榭·巴斯基亚 1985年作	201cm×269.6cm	20,883,863	伦敦蘇富比	2017-06-28
安森·基弗 1982年作	245cm×379cm	8,607,143	伦敦蘇富比	2017-06-28
安森·基弗 1991年作《熔炉》（无图）	281.9cm×381.6cm	19,185,080	伦敦蘇富比	2017-03-08
贝尔纳·毕费 1966年作 小丑	65cm×50cm	879,360	羅芙奧	2017-06-03
草间弥生 1981年作 午后	78.4cm×61.7cm	531,875	佳士得	2017-11-26
草间弥生 1982年作 南瓜（3）		3,557,180	佳士得	2017-11-26
草间弥生 1983年作 南瓜	28(长)cm×29.5(宽)cm×31(高)cm	2,376,000	羅芙奧	2017-12-03
草间弥生 1984年作 无题	8.5（高）cm×8.1cm×8.8cm	477,250	香港蘇富比	2017-10-01
草间弥生 1984年作 无题	6（高）cm×6cm×6.5cm	435,750	香港蘇富比	2017-10-01
草间弥生 1985年作 南瓜 (无题)	10.5(长)cm×10.5(宽)cm×11.5(高)cm	528,000	羅芙奧	2017-12-03
草间弥生 1985年作 无题	10.2cm×9cm×10cm	531,875	佳士得	2017-11-26
草间弥生 1985年作 无题（单一件）	10.7（长）cm×11（宽）cm×10.6（高）cm	687,000	羅芙奧	2017-06-04
草间弥生 1998年作 南瓜（HHP）	30（高）cm×36cm×27cm	2,672,600	香港蘇富比	2017-09-30
陈耀明 2016年作 明心见性	130cm×260cm	345,000	朵云轩	2017-06-26
陈箴 1998年作 持续不断的声音	160cm×150cm	3,335,000	中国嘉德	2017-06-19
达米恩·赫斯特	不连画框：213.4cm×213.4cm；连画框：268.5cm×268.5cm	6,526,343	伦敦蘇富比	2017-06-28
达米恩·赫斯特 1997～98年作	122cm×15.3cm	6,318,263	伦敦蘇富比	2017-06-28
嶋本昭三 1965年作 黑色涡流	183cm×231cm	15,487,020	佳士得	2017-05-27
丁乙 1991年作 十示91-11	85cm×114cm	609,813	佳士得	2017-05-28
丁乙 2006年作 十示2006-B23	57cm×76cm	322,000	北京保利	2017-06-04
丁乙 2010年作 十示2010-B3	54.7cm×75.5cm	172,500	北京诚轩	2017-06-19
费尔南多·波特罗 1991年作 斗牛	48cm×65cm（画心）54cm×73.5cm（纸）	164,880	羅芙奧	2017-06-03
冯放2014年作鹤·太极（双联作）	122cm×340cm	460,000	中国嘉德	2017-06-19
冯钟睿 1984年作 绘画1984-26综	122cm×153cm	665,250	佳士得	2017-05-28
高桥秀 1965年作 表面R647综	116cm×96.5cm	166,313	佳士得	2017-05-28
高野绫 2000年作 土豆	190cm×130cm	245,025	香港蘇富比	2017-04-03
顾德新 1983年作 83a-17 及 83a-05（共两件）	49.6cm×69.8cm；54.7cm×69.5cm×2	159,563	佳士得	2017-11-26
顾福生 1997年作 即刻启动	81cm×112cm	215,468	中国嘉德	2017-10-02
关乃平 捷克布拉格 镜框	36cm×54cm	437,000	北京荣宝	2017-12-02
韩啸 2015年作 CMYK手术台	130cm×170cm	690,000	北京翰海	2017-01-08
荒川修作 1967年作 怪兽	164.3cm×111.6cm	389,813	香港蘇富比	2017-04-03
季大纯 2002年作 挠痒痒	148.4cm×109cm	230,000	北京诚轩	2017-06-19
金康容 2014年作 现实+图像1460-1461	162cm×130cm	421,325	佳士得	2017-05-28
金康容 2015年作 现实+图像1504-1485	145cm×112cm	340,400	佳士得	2017-11-26
君特·弗格	各60.3cm×40.5cm	4,029,383	伦敦蘇富比	2017-06-28
君特·于克《钉子对象》	51.5cm×52.5cm	5,756,600	伦敦蘇富比	2017-03-08
凯斯·哈林 1982年作 无题	308.6cm×301.6cm	45,154,513	纽约蘇富比	2017-05-18
凯斯·哈林 1988年作 无题	100.5cm×75cm	1,897,625	香港蘇富比	2017-01-19
克丽丝汀·嫒珠 2004年作 追随我们之二	47cm×37cm	202,113	佳士得	2017-11-26

(成交价RMB：15万元以上)

拍品名称	物品尺寸	成交价RMB	拍卖公司	拍卖日期
克丽丝汀·媛珠 2001年作 Jati的另一面	100cm×80cm	443,500	佳士得	2017-05-28
冷广敏 2014年作 屏风的五个方向	180cm×220cm	287,500	北京保利	2017-12-16
黎谱 1938年作 音乐会	60cm×50cm	4,523,700	佳士得	2017-05-27
黎谱 1955年作 瓶花	99cm×64.5cm	288,275	佳士得	2017-05-28
黎谱 约1956年作 沐浴	69cm×46cm	372,313	佳士得	2017-11-26
黎谱 约1958年作 郁金香	92cm×65cm	310,450	佳士得	2017-05-28
李杰 2012年作 可丽柔（共三件）	32cm×35.5cm×3； 直径25cm	210,276	保利香港	2017-04-03
李禹焕 1979年作 从线系列 No.79013	73cm×60.5cm	1,725,000	北京匡时	2017-12-04
李元佳 1957年作 无题	51.5cm×37cm	162,500	香港蘇富比	2017-10-01
李元佳 1960年代作 无题	25cm×70cm	300,000	香港蘇富比	2017-10-01
李元佳 1964年作 无题（共二幅）	60cm×9.5cm×2	340,400	佳士得	2017-11-26
李元佳 约1962年作 宇宙点之研究（十件）		1,452,500	香港蘇富比	2017-09-30
李仲生 作品 143；作品 603；作品 139；作品 006；作品 181；及作品 606	27cm×37.6cm； 14.3cm×20.3； 26cm×36.1cm； 27.3cm×37.6cm； 40cm×28cm； 20.7cm×14.2cm	313,408	保利香港	2017-10-02
李仲生 作品115；作品142；作品106；作品194；作品610；及作品620	27.1cm×37.3cm； 27.6cm×37.8cm； 21.5cm×37.5cm； 28cm×40cm； 21cm×15.1cm； 13.6cm×20.5cm	293,820	保利香港	2017-10-02
理查德·普林斯	177.8cm×124.4cm	35,514,488	伦敦蘇富比	2017-06-28
梁铨 1986年作 山山水水	78cm×111cm	552,000	北京保利	2017-12-16
林寿宇 1961年作 绘画浮雕		2,672,600	香港蘇富比	2017-09-30
林寿宇 1964年作 8.8.64.（Painting Relief）	101.6cm×152.4cm	1,800,000	佳士得 （上海）	2017-09-24
刘安民 僧侣	109.5cm×78cm	200,475	香港蘇富比	2017-04-03
刘佑局 花中仙 镜心	67cm×67cm	230,000	北京保利	2017-12-18
鲁道夫·斯丁格尔 2012年作 无题	各幅 120cm×120cm； 整體 240cm×360cm	47,485,625	纽约蘇富比	2017-05-18
鲁多夫·史丁格尔 2002年作 无题	210.8cm×170cm	20,276,820	佳士得	2017-05-27
罗斯玛丽·特罗克尔 1987年作	200.3cm×200.3cm	9,959,663	伦敦蘇富比	2017-06-28
没顶公司 2010年作 蔓延B-053	208cm×500cm×50cm	575,000	北京保利	2017-06-04
没顶公司 2012年作 迷失于松林	170cm×250cm	345,000	北京保利	2017-06-04
名坂有子 1962年作 537-2	120.3cm×80cm	881,875	香港蘇富比	2017-10-01
名坂有子 1963年作 作品	46.3cm×46.3cm	212,750	佳士得	2017-11-26
名和晃平 2008年作 PixCell：鹿第十号	127cm×79cm×56cm	3,033,540	佳士得	2017-05-27
那危 2013年作 竹石图	162cm×120cm	332,625	佳士得	2017-05-28
奈良美智 2007年作 Our Thai House Mini		7,846,220	佳士得	2017-11-26
奈良美智 2007年作 Sleepless Night（Sitting）	28cm×17cm×15cm	691,438	佳士得	2017-11-26
奈良美智 2007年作 失眠夜（坐着）	高 28cm×15cm×17cm	723,938	香港蘇富比	2017-04-03
奈良美智 2012年作 Mori Girl	29.5cm×17cm×12.5cm	340,400	佳士得	2017-11-26
奈良美智 2012年作 森子+小森子（两件一组）	18(长)cm×14.5(宽)cm×30(高)cm（森子）； 9(长)cm×9(宽)cm×14(高)cm（小森子）	224,400	羅芙奧	2017-12-03
妮基德卡·阿昆以利·克罗斯比 2013年作 在纽哈文和埃努古的茶叙	210.8cm×281.3cm	6,226,740	佳士得	2017-05-27

拍品名称	物品尺寸	成交价RMB	拍卖公司	拍卖日期
尼基卡·奥库尼里·克罗斯比 线	132.1cm×132.1cm	7,131,478	纽约蘇富比	2017-05-18
朴栖甫 1975年作 描法NO.38-75	130.5cm×162.5cm	11,039,000	香港蘇富比	2017-09-30
朴栖甫 1979年作；1983年艺术家加笔 描法 NO·10-79-83	194cm×258.5cm	9,100,620	佳士得	2017-05-27
朴栖甫 2006年作 描法 No. 060214	160cm×260cm	1,175,280	保利香港	2017-10-02
前川强 1964年作 无题	98.5cm×79cm	311,250	香港蘇富比	2017-10-01
全光荣 1998年作 AGGREGATION 98-AU51	82cm×118cm	189,338	佳士得	2017-03-23
全光荣 2004年作 集合04-MA029	163cm×228.2cm	435,750	香港蘇富比	2017-10-01
全光荣 2011年作 集合 11-Dec 090（红）镜框	118cm×92cm	245,025	香港蘇富比	2017-04-03
塞·托姆布雷 1963年作《无题》（无图）	69.5cm×98.5cm	22,671,320	伦敦蘇富比	2017-03-08
尚扬 2007年 山语-1	118cm×167.5cm	2,875,000	中国嘉德	2017-12-19
尚扬 2010年作 E地风景-41	66cm×135cm	1,725,000	北京保利	2017-12-16
松谷武判 1986年作 波动50-'86	116cm×89cm	352,584	保利香港	2017-10-02
松谷武判 1986年作 两种的形态'86-5	92cm×72.6cm	264,438	保利香港	2017-10-02
苏纳尔约 2004年作 演出前综	150cm×120cm	288,275	佳士得	2017-05-28
苏笑柏 2013年 三色－殷白	223cm×205cm×10cm	960,000	佳士得 （上海）	2017-09-24
汤姆·卫索曼	114cm×170cm	14,121,263	伦敦蘇富比	2017-06-28
唐纳德·贾德 1988年作	各100.3cm×50.2cm	9,959,663	伦敦蘇富比	2017-06-28
藤田嗣治 1925至1926年作 女人侧像	31cm×24.2cm	901,048	中国嘉德	2017-10-02
王亚彬 2014年作 斜阳	132cm×120cm	241,500	上海明轩	2017-06-30
王沂东 二〇一六年作 远方的太阳	56cm×76cm	757,350	香港蘇富比	2017-04-03
吴冠中 一九九一年作 太行山中	31cm×41cm	801,900	香港蘇富比	2017-04-03
吴世烈 1991年作 无题	80cm×130cm	332,625	佳士得	2017-05-28
吴松 2016年作 瓶子. 147	130cm×110cm	607,228	中国嘉德	2017-10-02
西格马·波尔克 2003年作 无题	122.6cm×142.6cm	6,717,058	纽约蘇富比	2017-05-18
冼脑先生（泰瑞·库塔）2010年作 卓别麟—美丽人生	213.5cm×183.5cm	686,400	羅芙奧	2017-12-02
谢景兰 1994年作 无题	195cm×130cm	2,127,500	佳士得	2017-11-25
徐华翎 2010年作 合成10	42cm×52cm	195,500	北京匡时	2017-06-03
薛松 2002年作时尚系列——收租院	198cm×128cm	552,000	上海明轩	2017-06-30
薛松 2006年作 美人图	80cm×80cm	172,500	北京荣宝	2017-12-02
薛松 2016年作 意向书法 Domicil 合作款沙发一套	150cm×120cm； 尺寸不一	345,000	上海明轩	2017-06-30
亚历克斯·伊斯瑞奥《自画像》（无图）	180cm×145cm×8cm	2,037,944	伦敦蘇富比	2017-03-08
亚旺·达米·阿麦德 1993年作 文化精髓：稻草人II	183cm×152cm	166,000	香港蘇富比	2017-10-01
杨诘苍 1992-94年作 千层墨：我身上剪下的指甲	120.5cm×200.5cm	379,500	北京匡时	2017-12-04
叶永青 1989年作 追寻者	54.5cm×39cm	322,000	北京华辰	2017-12-16
叶永青 1990年作 奔逃者	53cm×38.2cm	253,000	北京荣宝	2017-06-02
叶永青 1991年作 气功 镜框	77cm×52.4cm	334,125	香港蘇富比	2017-04-03
元永定正 1963年作 作品	18cm×14.1cm	197,125	香港蘇富比	2017-10-01
张修竹 2016年作 山水之间No.6	60cm×120cm	517,500	北京保利	2017-12-16
钟泗宾 1972年作 女子综	95cm×71.5cm	388,063	佳士得	2017-05-28
朱铭 1980年作 人间系列·少女	33.3cm×33.5cm	264,500	北京诚轩	2017-06-19
当代艺术				
阿尼什·卡普尔	220cm×220cm×47cm	5,485,943	伦敦蘇富比	2017-06-28
阿尼什·卡普尔 1997年作《无题》（无图）	110cm×60cm×56cm	4,723,640	伦敦蘇富比	2017-03-08
埃德·鲁沙《公义的尺度》	57cm×73cm	3,194,859	伦敦蘇富比	2017-03-08
艾伯特·布里《白色裂缝》（无图）	38.5cm×52cm	12,987,320	伦敦蘇富比	2017-03-08

拍品名称	物品尺寸	成交价RMB	拍卖公司	拍卖日期
艾格妮斯·马丁 无题#13	182.9 by 182.9cm	56,033,038	纽约蘇富比	2017-05-18
艾珠·克里丝汀 A与B系列	各：39.5cm×49.5cm×2；整体：79cm×49.5cm	518,750	香港蘇富比	2017-10-01
安迪·沃荷 1962年作 十张一美元钞票 镜框	86.4cm×62.2cm	1,058,063	香港蘇富比	2017-04-02
安迪·沃荷 1980年作 钻石粉红鞋子	45.7cm×35.5cm	1,037,500	香港蘇富比	2017-10-01
安东尼·葛姆雷 2011年作 捆绑II	185（高）cm×40cm×53cm	3,668,600	香港蘇富比	2017-09-30
安立可·卡斯蒂拉尼	170cm×100cm	3,717,263	伦敦蘇富比	2017-06-28
巴勃罗·毕加索 1966年作 Tête d' homme	29.5cm×24.5cm	1,320,000	佳士得（上海）	2017-09-24
布尔奇·巴勒莫 红／黄	200.3cm×70.2cm	31,167,838	纽约蘇富比	2017-05-18
蔡国强 1990年作 我是E·T·与天神的相会计画之一：为外星人做的计画第4号	50cm×90cm	313,998	中国嘉德	2017-05-29
草间弥生 1952年作 秋	26.4cm×18.6cm	420,000	佳士得（上海）	2017-09-24
草间弥生 1979年作 雨之山国	27cm×24cm	269,750	香港蘇富比	2017-10-01
曾成钢 2009年作 莲说之二	45cm×90cm×80cm	230,000	北京匡时	2017-12-04
曾梵志 1999年作 无题（面具系列）	11cm×14.5cm	1,440,000	佳士得（上海）	2017-09-24
陈福善 无题（夕阳聚会）镜框	132.5cm×68公分	311,250	香港蘇富比	2017-10-02
次仁·夏尔巴 2014年作 失落的灵魂 镜框	80cm×116.8cm	176,375	香港蘇富比	2017-10-02
达米恩·赫斯特	335.3cm×355.6cm	5,798,063	伦敦蘇富比	2017-06-28
达米恩·赫斯特《力量，力量之后，力量之后，只在死亡止息》	各幅：121.9cm×121.9cm	5,240,120	伦敦蘇富比	2017-03-08
达米恩·赫斯特《美丽就是在画作投入所有色彩》	190.5cm×152.4cm	5,033,528	伦敦蘇富比	2017-03-08
达米恩·赫斯特 2004年作 爱的天空	121.9cm×152.4cm	3,469,400	香港蘇富比	2017-09-30
达明. 赫斯特 2015年作 米奇 米妮（二件一组）	87.5cm×70cm(eac高)	224,400	羅芙奧	2017-12-03
迪亚哥·贾柯梅蒂 约1966-1969年作 圣路易岛书架	433.71cm×362.7cm	43,600,438	纽约蘇富比	2017.05.16
丁乙 1993年作 十示93-18 画框	119.8cm×139.5cm	1,559,250	香港蘇富比	2017-04-03
弗兰克·史蒂拉 1959年作 阿伦德尔城堡（小型版本）	45.1cm×30.5cm	23,293,858	纽约蘇富比	2017-05-18
弗兰克·史蒂拉 百事影院素描I	175.3cm×175.3cm	31,167,838	纽约蘇富比	2017-05-18
弗朗西斯·培根 1969年作 仰躺人体	197.7cm×147.5cm；201cm×150.3cm	156,275	香港蘇富比	2017-01-19
关根伸夫 位相---金字塔（七幅）	23cm×16cm×7	322,000	上海明轩	2017-06-30
汉斯·哈同 1967年作 P1967－A47 镜框	74cm×99cm	415,000	香港蘇富比	2017-10-02
河原温 1990-1999年作 无题（十年）	各幅：20.3cm×25.4cm	28,836,725	纽约蘇富比	2017-05-18
赫苏斯·拉斐尔·索托 1991年作 黑与白	153cm×102cm×20cm	1,245,000	香港蘇富比	2017-09-30
亨利·马蒂斯《雅克》（无图）	49cm×37.2cm	3,380,792	伦敦蘇富比	2017-03-01
洪浩 2006年作 我的东西之二	165cm×270cm	166,000	香港蘇富比	2017-10-01
胡本七 2016年 徽州·秋韵	120cm×180cm	2,070,000	中国嘉德	2017-12-19
黄建南 2013年作 瓷板画	直径45cm	1,232,000	北京双宝通	2017-11-05
黄永砯 2000年 世界地图·第2号	49.9cm×64.8cm	437,000	北京匡时	2017-12-04
吉尔伯特与乔治《SHAG STIFF》	整体：241cm×201cm	9,888,440	伦敦蘇富比	2017-03-08
杰夫·昆斯 2012年作《龙虾墙壁浮雕》（无图）	198.1cm×122.9cm	4,000,568	伦敦蘇富比	2017-03-08
杰夫·昆斯 2013年作 气球维纳斯及唐培里侬香槟王	49.2 cm×34.5cm×45cm	312,550	香港蘇富比	2017-01-19
井上有一 1964年作 琴 画框	200cm×119.4cm	534,600	香港蘇富比	2017-04-02
井上有一 1967年作 花	91.3cm×107.3cm	197,125	香港蘇富比	2017-10-01
井上有一 1968年作 花	160.3cm×146.3cm	509,288	保利香港	2017-10-02
井上有一 1976年作 鸟	121.7cm×215.5cm	720,688	佳士得	2017-05-27
君特·弗格 1987年作《无题》（无图）	整体：180cm×250 cm	3,070,904	伦敦蘇富比	2017-03-08
卡罗尔·拉玛《阿卡迪亚（我爱你·．我爱你）》（无图）	190cm×60cm	2,037,944	伦敦蘇富比	2017-03-08
凯斯·哈林	90.8cm×120cm	8,190,983	伦敦蘇富比	2017-06-28
克里斯托弗·坞尔《无题》（无图）	320cm×243.8cm	61,407,320	伦敦蘇富比	2017-03-08
克里斯托弗·坞尔 消除	228.6cm×152.4cm	13,347,778	纽约蘇富比	2017-05-18
寇焱 2014年 空	80.5cm×80.5cm	345,000	中国嘉德	2017-12-19
黎谱 鸢尾花	63.5cm×38cm	228,250	香港蘇富比	2017-10-01
李晓刚 2015年作 潮	162cm×130cm	897,000	北京华辰	2017-12-16
李禹焕 1978年作 从点 镜框	71.4cm×60cm	2,655,180	香港蘇富比	2017-04-03
李禹焕 1987年作 与风 镜框	117cm×91cm	1,670,625	香港蘇富比	2017-04-02
理查德·普林斯 2001年作 无题（牛仔）	127cm×185.4cm	12,518,938	纽约蘇富比	2017-05-18
理查德·塞拉 2010年作《高度重量，垂直》	209cm×172cm	6,273,080	伦敦蘇富比	2017-03-08
梁诠 2014年作 无题	90cm×120cm	189,338	佳士得	2017-03-23
林国成 2014年作 霓裳	200cm×113cm	192,000	佳士得（上海）	2017-09-24
林天苗 2006年作 看影之十一	144cm×284.2cm	249,000	香港蘇富比	2017-10-01
刘善林 2007年 昔	80cm×60cm	172,500	中国嘉德	2017-12-19
路易丝·劳勒 1991年作	103.5cm×138.4cm	1,408,875	伦敦蘇富比	2017-06-28
露易丝·布尔乔亚《心脏》（无图）	整体：177.8cm×61cm×61cm	7,512,632	伦敦蘇富比	2017-03-08
米格尔·巴塞洛《斗牛场中心》（无图）	90cm×90cm	9,888,440	伦敦蘇富比	2017-03-08
米开朗基罗·皮斯特莱托 1962-1987年作《无题》（无图）	250cm×125cm	3,070,904	伦敦蘇富比	2017-03-08
名和晃平 2012年作 方向44号	高250cm×160.5cm×6cm	178,200	香港蘇富比	2017-04-03
名和晃平 2012年作 方向44号	37.5cm×45.2cm	178,200	香港蘇富比	2017-04-03
奈良美智 1994年作 无题	16cm×25cm	155,625	香港蘇富比	2017-10-01
奈良美智 1997年作 伙伴	25.4cm×17.8cm	580,800	羅芙奧	2017-12-03
奈良美智 1997年作 长发歌手	29.5cm×21cm	343,200	羅芙奧	2017-12-03
奈良美智 2002年作 无题	11.4cm×16.2cm	316,800	羅芙奧	2017-12-03
奈良美智 2004年作 无题（SCHULE IST NICHT MEHR KLASSE）	11cm×22cm	311,250	香港蘇富比	2017-10-01
奈良美智 2006年作 问候鸟儿（一组96件）	30cm×42cm	8,642,700	香港蘇富比	2017-04-02
奈良美智 2009年作 KIDS PLAY SOMETHIN' ON YOUR HEAD	54cm×24.1cm	809,250	香港蘇富比	2017-10-01
秦风 2005年作 欲望山水 镜框	128cm×93cm	155,925	香港蘇富比	2017-04-04
邱志杰 2002年作 2002年9月16日夜：指纹星球（五张一组）	每张：146cm×112cm	155,625	香港蘇富比	2017-10-01
阮忠 1991年作 女士与缅栀花	100cm×100cm	216,000	佳士得（上海）	2017-09-24
塞尔吉奥·卡马戈 无题（浮雕NO · 19/46）	81cm×61cm	10,861,258	纽约蘇富比	2017-05-18
森田子龙 1964年作 抱 画框	78.5cm×109cm	835,313	香港蘇富比	2017-04-02
尚·米榭·巴斯基亚《无题（单眼男子或影印纸脸）》（无图）	182.9cm×121.9cm	103,048,520	伦敦蘇富比	2017-03-08
尚·米榭·巴斯基亚 桑托4	91.4cm×91.4cm	28,059,688	纽约蘇富比	2017-05-18

(成交价RMB：15万元以上)

拍品名称	物品尺寸	成交价RMB	拍卖公司	拍卖日期
尚·唐格里	60cm×48.2cm×15cm	3,093,023	伦敦蘇富比	2017-06-28
沈克龙 沈平 大漆香几	43cm×43cm×85cm	156,000	佳士得（上海）	2017-09-24
沈平 周默 东非黑黄檀嵌黑柿木四面平喷面带霸王枨书桌	139cm×60cm×78cm	180,000	佳士得（上海）	2017-09-24
斯特林·鲁比	245cm×214cm	2,156,663	伦敦蘇富比	2017-06-28
苏国伟 2009年 土楼映霞	100cm×140cm	1,380,000	中国嘉德	2017-12-19
苏星 2012年 尽染	80cm×108cm	322,000	中国嘉德	2017-12-19
隋建国 2010年作 梦之石	57cm×85cm×65cm	713,000	北京匡时	2017-12-04
孙晓东 2011年 繁花之一	80cm×80cm	207,000	中国嘉德	2017-12-19
田中敦子 1963年作 作品 画框	145.5cm×113cm	11,315,700	香港蘇富比	2017-04-02
田中敦子 1987年作 87D 画框	116.4cm×90.5cm	3,296,700	香港蘇富比	2017-04-03
田中敦子 1988年作 88B	194cm×258.3cm	10,541,000	香港蘇富比	2017-09-30
田中敦子 1997年作 97C 画框	130.7cm×97cm	2,869,020	香港蘇富比	2017-04-03
田中敦子 1999年作 99g 画框	53.3cm×45.4cm	356,400	香港蘇富比	2017-04-03
王向阳 2010年 宁静	63.5cm×120cm	230,000	中国嘉德	2017-12-19
维克·穆尼斯 2001年作 红色玛丽莲梦露	102cm×88cm	686,400	羅芙奧	2017-12-02
沃尔夫冈·提尔曼斯 2004年作 自由泳者123	连框：181cm×240cm	4,562,074	纽约蘇富比	2017-05-18
沃尔夫冈·提尔曼斯 2005年作《自由泳者119》（无图）	连框：80.6cm×237.8cm	4,000,568	伦敦蘇富比	2017-03-08
吴大羽 20世纪60年作代 无题（四幅）	19cm×13cm；14cm×10cm	437,000	北京华辰	2017-12-16
肖禹蓁 2016年 万物无象系列之九	130cm×100cm	517,500	中国嘉德	2017-12-19
徐冰 为人民服务	55cm×167.5cm	332,625	佳士得	2017-05-28
杨诘苍 1990年至1991年作 千层墨 镜框	145cm×210cm	228,250	香港蘇富比	2017-10-02
伊夫·克莱因 约1960年作《无题人体测量学（ANT 114）》（无图）	246cm×50.3cm	18,152,120	伦敦蘇富比	2017-03-08
元永定正 1986年作 黑色背景的黄与白光	34cm×25cm	178,200	佳士得	2017-03-23
元永定正 1993年作 与红 镜框	50cm×60.6cm	167,063	香港蘇富比	2017-04-03
约瑟夫·康奈 約1950年作 无题（美第奇系列，平图里基奥男孩）	40cm×30.5 by 10.2cm	29,095,738	纽约蘇富比	2017-05-18
张洹 2007年作 中国国旗第二号	160cm×250cm	297,850	佳士得	2017-11-26
赵无极 1952年作 无题	27cm×35cm	2,530,000	保利华谊	2017-12-08
郑相和 1978年作 铅笔 78-P12	160.2cm×128.6cm	824,175	香港蘇富比	2017-04-03
郑相和 1978年作 无题 78-P2	161.5cm×129.5cm	957,825	香港蘇富比	2017-04-03
郑重宾 2013年作 加速场	243.8cm×122cm	290,500	香港蘇富比	2017-10-02
周雪 2011年作 秘密花园	105cm×58cm	156,000	佳士得（上海）	2017-09-24
朱昉 2009年 动感时空	120cm×120cm	920,000	中国嘉德	2017-12-19

其他艺术形式

拍品名称	物品尺寸	成交价RMB	拍卖公司	拍卖日期
Nguyen Van Ty 黑河上迅速的乔波	每幅：95.5cm×31cm；底座：4cm×31cm×1.2cm；整体：95.5cm×250cm	779,625	香港蘇富比	2017-04-03
爱德华·维亚尔 1919年至1921年作 坐在扶手椅的伊冯娜·普林坦普斯	129.9cm×96.9cm	10,422,530	纽约佳士得	2017-11-13
安德烈亚斯·古尔斯基 2003年作	297cm×207cm	5,069,783	伦敦蘇富比	2017-06-28
蔡国强 2001年作 热煤	45cm×81.2cm	319,125	佳士得	2017-11-26
蔡逸溪 2004年作 夏日中国	91cm×177cm	465,675	佳士得	2017-05-28
草间弥生 1978年作 星空的那方	65.7cm×51.2cm	776,125	佳士得	2017-05-28
程向君 2001年作 家书	60cm×80cm	575,000	朵云轩	2017-06-26
范光厚 林间鹿群	各：100cm×93cm×3；整体：100cm×279cm	1,245,000	香港蘇富比	2017-09-30
范厚 约1936年作 奇尼风景	105cm×30cm×6；105cm×180cm	1,010,563	佳士得	2017-11-25
高野绫 2010年作 金刀比罗宫之子：风景中的亭阁	171cm×89cm×21cm	354,800	佳士得	2017-05-28
贺夫卡 1943年作 Made Toei的肖像	44cm×32cm	265,938	佳士得	2017-11-26
胡晓媛 2008年作 三衣六物	60cm×120cm×240cm	345,000	北京保利	2017-06-04
胡晓媛 2014年作 木	8cm×38cm×396cm	437,000	北京保利	2017-06-04
黄渊青 2016年作 陶渊明的诗 禅花	19cm×25cm；150cm×150cm	322,000	上海明轩	2017-06-30
克劳德·莫内 约1860至1861年作 搁浅在海滩的船	19.7cm×29.8cm	851,000	佳士得	2017-11-26
勒迈耶·德·莫赫普赫斯 花园 沙努尔	46cm×62cm	319,125	佳士得	2017-11-26
李超士 1962年作 秋床	34cm×44cm	345,000	中国嘉德	2017-12-19
李晖 2010年作 轮回	225cm×176cm×550cm	1,150,000	北京保利	2017-06-04
刘海粟 1936年作 青岛基督教堂	37cm×30cm	920,000	际华春秋	2017-06-23
曼·雷 1920年作 凯瑟琳气压计	高122.2cm；长30.4cm；深5.9cm	21,557,570	纽约佳士得	2017-11-13
奈良美智 2000年作 无题 镜框	29cm×20.9cm	835,313	香港蘇富比	2017-04-03
奈良美智 2005年作 无题	31.5cm×32cm	420,552	保利香港	2017-04-03
奈良美智 2007年作 无题	42cm×29.5cm	735,966	保利香港	2017-04-03
奈良美智 约2003年作 无题 镜框	37.6cm×26.7cm	891,000	香港蘇富比	2017-04-03
乔治·马修 1990年作 褪去的黎明	146cm×114cm	390,688	香港蘇富比	2017-01-19
阮嘉治 1968年作 黄金领域	80cm×40cm	1,219,625	佳士得	2017-05-27
阮忠 1999年作 拈花女士	100cm×100cm	170,200	佳士得	2017-11-26
沈克龙 花事	120cm×160cm	437,000	福建东南	2017-10-29
施少平 2016年作 2012年作 莫非·逍遥游MA007 莫非·一刀 SC104	40cm×30cm；高87cm	598,000	上海明轩	2017-06-30
苏国伟 闹元宵	180cm×120cm	690,000	福建东南	2017-10-29
苏国伟 无声的歌	122cm×80cm	207,000	福建东南	2017-10-29
汤志义 爱莲	80cm×110cm	253,000	福建东南	2017-10-29
田中敦子 1984年作 ‘84A	218.5cm×291.5cm	9,275,900	佳士得	2017-11-25
田中敦子 1986年作 ‘86B	145.5cm×112cm	3,352,940	佳士得	2017-11-26
田中敦子 1988年作；1993年艺术家加笔 ’88A-93	162cm×130.5cm	5,162,340	佳士得	2017-05-27
王郁洋 2007年作 人造月	直径400cm	2,070,000	北京保利	2017-06-04
沃尔夫冈·提尔曼斯 2005年作	181cm×238.1cm	4,341,503	伦敦蘇富比	2017-06-28
吴大羽 无题 I-156	24.2cm×14.8cm	189,338	香港蘇富比	2017-04-03
吴大羽 无题 I-528	27cm×19cm	200,475	香港蘇富比	2017-04-03
萧勤 一九九二至二〇一五年作 往永久的花园 10	120cm×80cm×3cm	556,875	香港蘇富比	2017-04-03
杨心广 2008年作 书架上的竹子	25cm×80cm×180cm	207,000	北京保利	2017-06-04
尹秀珍 2008年作 我不能承诺未来	110cm×60cm×255cm	218,500	北京保利	2017-06-04
元永定正 1966年作 作品	23.4cm×28.7cm	465,675	佳士得	2017-05-28
赵赵 2012年作 重复	150cm×150cm×150cm	460,000	北京保利	2017-06-04
郑相和 1978年作 拓本 + 素描 P.8	87.9cm×85.6cm	155,625	香港蘇富比	2017-10-01
郑相和 1978年作 拓本 P.6	128.8cm×96.3cm	207,500	香港蘇富比	2017-10-01
郑相和 1979年作 无题 79-P.1	123.4cm×90.1cm	186,750	香港蘇富比	2017-10-01
周春芽 2013年作 桃花	26cm×37cm	253,000	广东崇正	2017-06-15
周春芽 2014年作 桃花林之二 镜框	47cm×55.5cm	389,813	香港蘇富比	2017-04-03
周春芽 2014年作 桃花林之一 镜框	47cm×55.8cm	467,775	香港蘇富比	2017-04-03
周春芽 2015年作 郁金香鸭子	29.5cm×21cm	207,000	广东崇正	2017-06-15
周俊辉 2011年作 十月围城（四联作）	每张：244.2cm×122.2cm；整张：244.2cm×488.8cm	228,250	香港蘇富比	2017-10-01